MICROECONOMIA

HISTÓRICO DA OBRA

- 1.ª edição: jan./2019
- 2.ª edição: maio/2022
- 3.ª edição: mar./2023
- 4.ª edição: mar./2025

COORDENADOR
PEDRO
LENZA

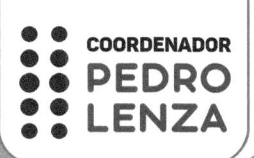

Luiza Sampaio

Mestre em Desenvolvimento
Regional e Políticas Sociais

MICROECONOMIA

4.ª edição
2025

Inclui **MATERIAL SUPLEMENTAR**
- Questões extras

RECOMENDADO

GRADUAÇÃO E CONCURSOS NA ÁREA FISCAL

COLEÇÃO
ESQUEMATIZADO®

saraiva jur

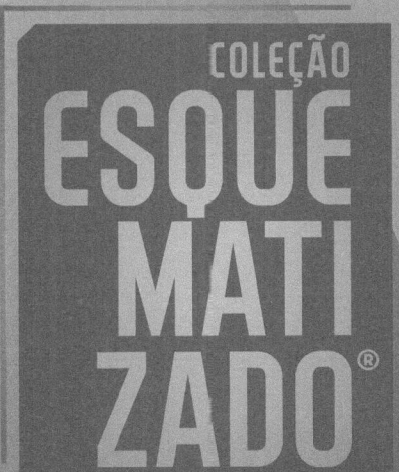

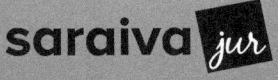

- A autora deste livro e a editora empenharam seus melhores esforços para assegurar que as informações e os procedimentos apresentados no texto estejam em acordo com os padrões aceitos à época da publicação, *e todos os dados foram atualizados até a data de fechamento do livro*. Entretanto, tendo em conta a evolução das ciências, as atualizações legislativas, as mudanças regulamentares governamentais e o constante fluxo de novas informações sobre os temas que constam do livro, recomendamos enfaticamente que os leitores consultem sempre outras fontes fidedignas, de modo a se certificarem de que as informações contidas no texto estão corretas e de que não houve alterações nas recomendações ou na legislação regulamentadora.

- Data do fechamento do livro: 21/01/2025

- A autora e a editora se empenharam para citar adequadamente e dar o devido crédito a todos os detentores de direitos autorais de qualquer material utilizado neste livro, dispondo-se a possíveis acertos posteriores caso, inadvertida e involuntariamente, a identificação de algum deles tenha sido omitida.

- Direitos exclusivos para a língua portuguesa
  Copyright ©2025 by
  Saraiva Jur, um selo da SRV Editora Ltda.
  Uma editora integrante do GEN | Grupo Editorial Nacional
  Travessa do Ouvidor, 11
  Rio de Janeiro – RJ – 20040-040

- **Atendimento ao cliente: https://www.editoradodireito.com.br/contato**

- Reservados todos os direitos. É proibida a duplicação ou reprodução deste volume, no todo ou em parte, em quaisquer formas ou por quaisquer meios (eletrônico, mecânico, gravação, fotocópia, distribuição pela Internet ou outros), sem permissão, por escrito, da **SRV Editora Ltda**.

- Capa: Lais Soriano
  Diagramação: Mônica Landi

- **DADOS INTERNACIONAIS DE CATALOGAÇÃO NA PUBLICAÇÃO (CIP)
  VAGNER RODOLFO DA SILVA - CRB-8/9410**

M838c   Moreira, Luiza Maria Sampaio
Microeconomia / Luiza Maria Sampaio Moreira, Roberto Caparroz, Pedro Lenza ;
    coordenado por Pedro Lenza. – 4. ed. - São Paulo : Saraiva Jur, 2025. (Coleção
    Esquematizado®)

632 p.
ISBN: 978-85-5362-792-9

1. Direito. 2. Direito financeiro. 3. Microeconomia. I. Caparroz, Roberto. II. Lenza, Pedro. III. Título. IV. Série.

2024-4586   CDD 343.8103
    CDU 351.72

Índice para catálogo sistemático:
1. Direito financeiro   343.8103
2. Direito financeiro   351.72

Aos meus filhos:
Pedro Ivan,
Arina Maria e
Luís Estevão.

Ao meu neto:
Giovanni
Razões da minha vida.

À minha mãe:
Arina Maria.
A quem devo tudo.

METODOLOGIA ESQUEMATIZADO

Durante o ano de **1999**, portanto, **há 25 anos**, pensando, naquele primeiro momento, nos alunos que prestariam o exame da OAB, resolvemos criar uma **metodologia de estudo** que tivesse linguagem "fácil" e, ao mesmo tempo, oferecesse o conteúdo necessário à preparação para provas e concursos.

O trabalho, por sugestão de **Ada Pellegrini Grinover**, foi batizado como *Direito constitucional esquematizado*. Em nosso sentir, surgia ali uma metodologia pioneira, idealizada com base em nossa experiência no magistério e buscando, sempre, otimizar a preparação dos alunos.

A metodologia se materializou nos seguintes "pilares" iniciais:

■ **Esquematizado:** verdadeiro método de ensino, rapidamente conquistou a preferência nacional por sua estrutura revolucionária e por utilizar uma linguagem clara, direta e objetiva.

■ **Superatualizado:** doutrina, legislação e jurisprudência, em sintonia com os concursos públicos de todo o País.

■ **Linguagem clara:** fácil e direta, proporciona a sensação de que o autor está "conversando" com o leitor.

■ **Palavras-chave (*keywords*):** a utilização do negrito possibilita uma leitura "panorâmica" da página, facilitando a recordação e a fixação dos principais conceitos.

■ **Formato:** leitura mais dinâmica e estimulante.

■ **Recursos gráficos:** auxiliam o estudo e a memorização dos principais temas.

■ **Provas e concursos:** ao final de cada capítulo, os assuntos são ilustrados com a apresentação de questões de provas de concursos ou elaboradas pelo próprio autor, facilitando a percepção das matérias mais cobradas, a fixação dos temas e a autoavaliação do aprendizado.

Depois de muitos anos de **aprimoramento**, o trabalho passou a atingir tanto os candidatos ao **Exame de Ordem** quanto todos aqueles que enfrentam os **concursos em geral**, sejam das **áreas jurídica** ou **não jurídica**, de **nível superior** ou mesmo os de **nível médio**, assim como **alunos de graduação** e demais **operadores do direito**, como poderosa ferramenta para o desempenho de suas atividades profissionais cotidianas.

Ada Pellegrini Grinover, sem dúvida, anteviu, naquele tempo, a evolução do *Esquematizado*. Segundo a Professora escreveu em **1999**, "a obra destina-se, declaradamente, aos candidatos às provas de concursos públicos e aos alunos de graduação, e, por isso mesmo, após cada capítulo, o autor insere questões para aplicação da parte teórica. Mas será útil também aos operadores do direito mais experientes, como fonte de consulta rápida e imediata, por oferecer grande número de informações buscadas em diversos autores, apontando as posições predominantes na doutrina, sem eximir-se de criticar algumas delas e de trazer sua própria contribuição. Da leitura amena surge um livro 'fácil', sem ser reducionista, mas que revela, ao contrário, um grande poder de síntese, difícil de encontrar mesmo em obras de autores mais maduros, sobretudo no campo do direito".

Atendendo ao apelo de "concurseiros" de todo o País, sempre com o apoio incondicional da Saraiva Jur, convidamos professores das principais matérias exigidas nos concursos públicos das áreas jurídica e não jurídica para compor a **Coleção Esquematizado®**.

Metodologia pioneira, vitoriosa, consagrada, testada e aprovada. **Professores** com larga experiência na área dos concursos públicos e com brilhante carreira profissional. Estrutura, apoio, profissionalismo e *know-how* da **Saraiva Jur**. Sem dúvida, ingredientes indispensáveis para o sucesso da nossa empreitada!

O resultado foi tão expressivo que a **Coleção Esquematizado®** se tornou **preferência nacional**, extrapolando positivamente os seus objetivos iniciais.

Para o livro de **Microeconomia**, tivemos a honra de contar com o trabalho de **Luiza Sampaio**, que soube, com maestria, aplicar a **metodologia esquematizado** à sua vasta e reconhecida experiência profissional.

A professora **Luiza**, que também é autora do consagrado **Macroeconomia** pela nossa **Coleção Esquematizado®**, é economista com pós-graduação *lato sensu* em Gestão, Consultoria e Avaliação de Projetos e Economia Aplicada às Empresas pela Universidade Regional do Cariri — URCA (CE).

Mestre em Desenvolvimento Regional pela mesma universidade, é também mestre em Políticas Sociais pela UNICSUL (SP) e professora de Economia e Finanças Públicas para concursos públicos em diversos cursos preparatórios, destacando-se: Damásio, LFG, Marcato, FMB, Siga, Finec, Qualidade, Federal, Getussp, IOB, Praetorium, Sapientia, Logga, Folha Dirigida, De Olho na Questão.

Estamos certos de que este livro será um valioso aliado para "encurtar" o caminho do ilustre e "guerreiro" concurseiro na busca do "sonho dourado", além de ser uma **ferramenta indispensável** para estudantes de Direito e profissionais em suas atividades diárias.

Esperamos que a **Coleção Esquematizado®** cumpra plenamente o seu propósito. Seguimos juntos nessa **parceria contínua** e estamos abertos às suas críticas e sugestões, essenciais para o nosso constante e necessário aprimoramento.

Sucesso a todos!

Pedro Lenza
Mestre e Doutor pela USP
Visiting Scholar **pela Boston College Law School**
✉ pedrolenza8@gmail.com
http://instagram.com/pedrolenza
https://www.youtube.com/pedrolenza
https://www.facebook.com/pedrolenza
https://www.editoradodireito.com.br/colecao-esquematizado

APRESENTAÇÃO

Todos os anos, milhões de pessoas, com os mais variados perfis e histórias de vida, resolvem ingressar no mundo dos concursos públicos. Trata-se de um movimento contínuo, crescente, inesgotável e tipicamente brasileiro.

Portanto, se a ideia já passou pela sua cabeça, saiba que você não está sozinho. A constatação serve, a um só tempo, tanto como estímulo para os estudos quanto para que possamos compreender o calibre do desafio que aguarda os candidatos.

Quais são os motivos para esse fenômeno, que só faz crescer?

A resposta mais simples e direta reside no fato de que o **Estado**, para a nossa realidade, é um **excelente empregador**. Se compararmos a remuneração da iniciativa privada com a de carreiras públicas equivalentes, em termos de exigências e atividades, na maioria dos casos, o valor percebido pelos servidores será igual ou superior. Some-se a isso a **estabilidade**, o **regime diferenciado de previdência** e a possibilidade de **ascensão funcional** e teremos a perfeita equação para a verdadeira legião de "concurseiros" que existe no Brasil.

Como vencer o desafio dos concursos se a concorrência é tão grande?

Ao contrário do que muita gente imagina, a dificuldade certamente não é quantitativa, pois o número de concorrentes, na prática, pouco importa. Todos os grandes concursos oferecem vagas suficientes, capazes de premiar os candidatos que conseguirem obter médias elevadas. O **fator determinante para o sucesso** é de natureza **qualitativa** e exige o domínio de duas metodologias: **saber estudar** e **resolver questões**.

Há muitos anos digo aos alunos que o segredo dos concursos não é simplesmente estudar mais (muito embora os vencedores estudem bastante) mas, principalmente, **estudar melhor**.

E o que significa isso? Estudar melhor implica escolher uma fonte de referência segura, completa e atualizada para cada matéria, absorvê-la ao máximo e, depois, verificar o aprendizado por meio de questões.

Costumo ponderar que se um candidato ler dois autores sobre o mesmo tema, provavelmente "elevará ao quadrado" suas dúvidas, pois não saberá como enfrentar, nas provas, as divergências de pensamento que, apesar de comuns e salutares no meio acadêmico, devem ser evitadas a todo custo nos concursos.

Essa é uma das propostas da presente **Coleção Esquematizado®**. Quando o amigo Pedro Lenza me convidou para ajudá-lo na coordenação das obras voltadas para as matérias não jurídicas, imediatamente vislumbrei a possibilidade de oferecer aos alunos das mais diversas carreiras a mesma **metodologia**, testada e aprovada no consagrado *Direito Constitucional Esquematizado*.

Sabemos que a grande dificuldade dos concursos de ampla concorrência, abertos a candidatos de qualquer formação, reside na quantidade e variedade de matérias, de tal sorte que não seria exagero afirmar que ninguém conhece, *a priori*, todos os temas que serão exigidos, ao contrário das carreiras jurídicas, nas quais os alunos efetivamente travaram conhecimento com as disciplinas durante a faculdade.

Ninguém faz "faculdade para concursos", até porque, na prática, ela não existe. Os candidatos provêm de áreas diferentes e acumularam conhecimento em temas que normalmente não são objeto de questões. É comum o relato de candidatos iniciantes que tiveram pior desempenho justamente nas matérias que conheciam a partir da experiência profissional.

Os **concursos não jurídicos** exigem **preparação específica**, na qual os candidatos normalmente "iniciam do zero" seus estudos.

A metodologia empregada na **Coleção Esquematizado®** permite que o leitor, de qualquer nível, tenha acesso à mais **completa** e **atualizada teoria**, exposta em linguagem **clara**, **acessível** e **voltada para concursos**, acrescida de **questões** especialmente selecionadas e comentadas em detalhes.

O projeto, apesar de audacioso, se sustenta pela **qualidade dos autores**, todos com larga experiência na preparação de candidatos para as diferentes provas e bancas examinadoras. As matérias são abordadas de forma teórico-prática, com farta utilização de exemplos e gráficos, que influem positivamente na fixação dos conteúdos.

A abordagem dos temas busca esgotar os assuntos, sem, no entanto, perder-se em digressões ou posições isoladas, com o objetivo de oferecer ao candidato uma **solução integrada**, naquilo que os norte-americanos chamam de *one stop shop*.

Com a estrutura e o suporte proporcionados pela **Saraiva Jur**, acreditamos que as obras serão extremamente úteis, inclusive para os alunos de cursos de graduação.

Lembre-se que o sucesso não decorre do "se", mas, sim, do "quando".

Boa sorte e felicidade a todos!

Roberto Caparroz
Mestre, Doutor e Pós-Doutor em Direito
http://www.caparroz.com
http://instagram.com/caparrozcom
https://www.linkedin.com/in/robertocaparroz

NOTA DA AUTORA À 4.ª EDIÇÃO

O livro *Microeconomia Esquematizado* nasceu da cobrança dos meus alunos por uma obra que contemplasse os editais de provas de concurso público. Depois de elaborar o livro *Macroeconomia Esquematizado,* que, atualmente, está em sua 6.ª edição, pude me dedicar ao de *Microeconomia* que compõe a **Coleção Esquematizado®**, da **Saraiva Jur**; agora, na sua 4.ª edição.

A obra contempla assuntos para concursos na área fiscal, de tribunais e carreira diplomática bem como atende a programas de cursos de graduação e pós-graduação.

Cada capítulo é constituído por uma **rica teoria** e **diversas questões** de provas de concursos anteriores, para que o leitor possa conhecer de que forma o assunto é cobrado pela banca examinadora e perceber os tópicos mais exigidos. Além disso, existem inúmeras questões extras, que podem ser acessadas por QRCodes disponíveis ao final de quase todos os capítulos.

Procurei, ao longo do livro, desmistificar a linguagem do "economês", que, muitas vezes, desestimula o estudo da economia. Para tanto, os capítulos são cercados de bons exemplos e diversos gráficos cujo intuito é facilitar a aprendizagem.

O livro é dividido em **27 capítulos**, numa sequência lógica, que permite ao leitor apreciá-lo a cada página lida. O **Capítulo 1** traz informações básicas que possibilitarão o conhecimento dos conceitos usados nos demais. Os **Capítulos 2, 3 e 4** permitem conhecer o equilíbrio de mercado por meio da demanda e da oferta. O **Capítulo 5** mostra a sensibilidade dos agentes econômicos mediante alterações de algumas variáveis estudadas. Os **Capítulos 6, 7, 8, 9, 12 e 20** expõem, por meio das curvas de demanda e oferta, o impacto da tributação na economia. Os **Capítulos 10 e 11** demonstram o impacto, no mercado, quando o governo interfere sem tributar. Os **Capítulos 13, 14 e 25** tratam da teoria da produção e dos custos das empresas no mercado. Os **Capítulos 15, 16, 17 e 18** abordam as diferentes estruturas de mercado que podem se formar quando as empresas decidem produzir. O **Capítulo 19** aponta quais são as situações em que se perde eficiência em decorrência de alguma falha de mercado. Os **Capítulos 21, 22 e 23** analisam a microeconomia sob a óptica do consumidor e não mais da empresa, como nos capítulos anteriores. O **Capítulo 24** mostra de que maneira decisões podem impactar a produção e o consumo de forma a alcançar ou não sua eficiência. Os dois últimos **Capítulos, 26 e 27**, tratam de assuntos de finanças públicas que auxiliam no entendimento de temas abordados de microeconomia.

Espero poder ajudar o leitor no seu intuito de melhor conhecer o mundo maravilhoso da microeconomia, seja para realizar uma boa prova, seja para se engajar com sapiência nas decisões pessoais ou da empresa e do mercado em que atua.

Gostaria de aproveitar a oportunidade para, aqui, agradecer ao professor **Roberto Caparroz** pelo convite para participar desta equipe, bem como ao professor **Pedro Lenza**, responsável pelo nascimento dos Esquematizados e coordenador da coleção.

Para mim, é uma honra pertencer ao quadro de escritores tão renomados da **Saraiva Jur**.

Não posso, também, esquecer de agradecer aos meus **queridos alunos**, que sempre me apoiaram e incentivaram para que esta obra se concretizasse. Com eles, a minha aprendizagem é constante e isso me motiva a sempre procurar uma sala de aula.

E é na sala de aula, em contato direto ou *on-line* com meus alunos, que minhas ações, concretizadas neste livro, permitem-me contestar a frase que diz: ***Sic transit gloria mundi***[1], já que um livro escrito é capaz de se eternizar na mente de estudantes, jovens e adultos, e dessa forma transcender as glórias deste mundo.

Luiza Sampaio
Mestre em Desenvolvimento Regional e Políticas Públicas
luizamsms@gmail.com
http://www.profluizasampaio.com.br
https://www.facebook.com/luizamsms

---

[1] As glórias deste mundo são transitórias.

SUMÁRIO

Histórico da obra II
Metodologia Esquematizado VII
Apresentação IX
Nota da autora à 4.ª edição XI

1 MICROECONOMIA: CONCEITOS FUNDAMENTAIS 1
    1.1. Definição de economia 1
        1.1.1. Microeconomia 2
    1.2. Princípios da economia 3
    1.3. Classificação dos bens 5
    1.4. Classificação dos mercados 6
    1.5. Fluxo Circular da Renda 7
    1.6. Conceito de curto prazo e longo prazo 10
    1.7. Curva de possibilidade de produção (CPP) 10
        1.7.1. Custo de oportunidade 12
    1.8. Análise positiva e normativa 18
    1.9. Representações gráficas 18
    1.10. Variáveis Endógenas e Variáveis Exógenas 21
    1.11. Questões 21
    1.12. Material suplementar .... *online*

2. DEMANDA 27
    2.1. Demanda 27
    2.2. Fatores que deslocam a curva de demanda 31
    2.3. Formas de representação da demanda 41
    2.4. Efeito renda, efeito substituição e efeito preço total 44
    2.5. Curva de demanda de mercado 46
        2.5.1. O caso de um bem público 48
    2.6. Curva de demanda representada por uma função potência 48
    2.7. Bens de Giffen 49
        2.7.1. Bem de Veblen 50
        2.7.2. Bens para especulação 51
    2.8. Demanda Walrasiana (Marshalliana) 51
    2.9. Demanda Hicksiana ou Compensada 51

2.10. Questões... 51
2.11. Material suplementar .... *online*

3 OFERTA 57
3.1. Oferta 57
3.2. Fatores que deslocam a curva de oferta 60
3.3. Formas de apresentação da oferta 67
3.4. Curva de oferta do mercado 70
3.5. Questões 72
3.6. Material suplementar .... *online*

4 EQUILÍBRIO ENTRE OFERTA E DEMANDA 77
4.1. Equilíbrio de mercado 77
4.2. Quando o preço não é o de equilíbrio 78
4.3. Mudanças no ponto de equilíbrio do mercado 80
    4.3.1. Deslocamento da curva de demanda 80
    4.3.2. Deslocamento da curva de oferta 82
    4.3.3. Caminho percorrido até o novo ponto de equilíbrio 83
    4.3.4. Deslocamento da curva de demanda e de oferta conjuntamente 86
        4.3.4.1. Por que se diz "deslocamento para cima ou para a direita" e "deslocamento para baixo ou para a esquerda" da curva de demanda? 90
        4.3.4.2. Por que se diz "deslocamento para cima ou para a esquerda" e "deslocamento para baixo ou para a direita" da curva de oferta? 91
4.4. Questões 92
4.5. Material suplementar .... *online*

5 ELASTICIDADE 99
5.1. Elasticidade-Preço da Demanda (EPD) 99
    5.1.1. Casos particulares da elasticidade-preço da demanda 102
    5.1.2. Fatores que afetam a elasticidade-preço da demanda 102
    5.1.3. Cálculo da elasticidade-preço da demanda 104
    5.1.4. Cálculo geométrico da elasticidade-preço da demanda ... 107
        5.1.4.1. Demanda com elasticidade-preço constante 109
    5.1.5. Elasticidade-preço da demanda e inclinação da curva de demanda 111
    5.1.6. Propriedade da demanda elástica/inelástica/unitária 112
        5.1.6.1. Propriedade da demanda elástica 112
        5.1.6.2. Propriedade da demanda inelástica 114
        5.1.6.3. Propriedade da elasticidade unitária 115
        5.1.6.4. Receita marginal positiva, negativa e nula 116
            5.1.6.4.1. Impacto da mudança de preços na receita total 118
5.2. Elasticidade Renda da Demanda (ERD) 120
    5.2.1. Cálculo da elasticidade renda da demanda........................ 123

5.2.2. Comportamento da curva de demanda quando ocorre uma alteração no nível de renda 124
5.2.3. Agregação de Engel 126
5.3. Elasticidade Cruzada da Demanda (ECD) 127
    5.3.1. Cálculo da elasticidade cruzada da demanda 129
5.4. Elasticidade da Demanda numa Função do Tipo Cobb-Douglas 129
5.5. Elasticidade-Preço da Oferta (EPO) 130
    5.5.1. Casos particulares da elasticidade-preço da oferta 132
    5.5.2. Cálculo da elasticidade-preço da oferta 134
    5.5.3. Elasticidade na função oferta linear 136
    5.5.4. Elasticidade na função oferta não linear 140
    5.5.5. Fatores que afetam a Elasticidade-Preço da Oferta (EPO) 141
    5.5.6. Deslocamento da oferta e receita total 142
5.6. Questões 143
5.7. Material suplementar .... *online*

6 INCIDÊNCIA TRIBUTÁRIA SOBRE AS EMPRESAS 149
6.1. Incidência tributária e a representação gráfica das funções demanda e oferta 151
6.2. Incidência tributária e as funções demanda e oferta 154
6.3. Incidência tributária em valores percentuais sobre o consumidor e produtor por meio da declividade das funções 156
6.4. Incidência tributária em valores percentuais sobre o consumidor e produtor por meio da elasticidade das funções 157
6.5. Imposto sobre venda (imposto específico, *ad valorem*, *lump sum tax*) 159
    6.5.1. Imposto específico ou unitário 159
    6.5.2. Imposto *ad valorem* 161
        6.5.2.1. Imposto *ad valorem* por dentro e por fora 163
    6.5.3. Imposto *lump sum tax* ou imposto *per capita* 165
6.6. Carga tributária do consumidor e produtor representadas graficamente 167
6.7. Questões 170
6.8. Material suplementar .... *online*

7 INCIDÊNCIA TRIBUTÁRIA SOBRE AS FAMÍLIAS 177
7.1. O ônus de um imposto sobre a folha de pagamento 180
7.2. Imposto de renda 182
7.3. Questões 184

8 EXCEDENTE DO CONSUMIDOR E DO PRODUTOR 187
8.1. Excedente do consumidor 187
8.2. Excedente do produtor 191
8.3. Eficiência no mercado 195

8.4.	Questões	199
8.5.	Material suplementar	*online*

9 PESO MORTO NA TRIBUTAÇÃO 207

9.1.	Incidência de um imposto sobre vendas	207
9.2.	Elasticidade das curvas de demanda e oferta e peso morto	211
9.3.	Peso morto e arrecadação do governo — Curva de Laffer	216
9.4.	Questões	218
9.5.	Material suplementar	*online*

10 CONTROLE DE PREÇOS PELO GOVERNO (PREÇOS MÁXIMOS E MÍNIMOS) — TETO DE PREÇOS E PESO MORTO 227

10.1.	Fixação de preços máximos	227
10.1.1.	Exemplo numérico da fixação de preço máximo abaixo do equilíbrio de mercado	229
10.2.	Fixação de preços mínimos	230
10.2.1	Exemplo numérico da fixação de preço mínimo acima do equilíbrio de mercado	232
10.3.	Peso morto na fixação dos preços máximos	232
10.3.1.	Exemplo numérico do cálculo do peso morto na fixação dos preços máximos abaixo do equilíbrio de mercado.	234
10.3.2.	O que determina o tamanho do peso morto	235
10.3.3.	Fixação de preço máximo quando a curva de oferta é totalmente inelástica	238
10.4.	Peso morto na fixação de preços mínimos	238
10.4.1.	Exemplo numérico do cálculo do peso morto na fixação dos preços mínimo acima do equilíbrio de mercado.	241
10.4.2.	Elasticidade da demanda e oferta e ganho líquido de excedente.	242
10.5.	Controle do governo sobre o salário mínimo	244
10.6.	Questões	244
10.7.	Material suplementar	*online*

11 POLÍTICA DE COMPRAS E SUBSÍDIOS 253

11.1.	Política de compras	253
11.2.	Política de subsídios	254
11.3.	Política de compras ou política de subsídios? Qual é a melhor?	255
11.4.	Questões	257

12 TARIFA DE IMPORTAÇÃO, SUBSÍDIO À EXPORTAÇÃO E PESO MORTO 261

12.1.	Bem-estar econômico de um país exportador	261
12.2.	Bem-estar econômico de um país importador	263
12.3.	Imposição de um imposto de importação e o peso morto	264

12.4.	Imposição de cotas de importação e peso morto	269
12.5.	Subsídio às exportações e peso morto	269
12.6.	Questões	274
12.7.	Material suplementar	*online*

13 TEORIA ELEMENTAR DA PRODUÇÃO NO CURTO PRAZO — 281

13.1.	Produto médio e marginal da mão de obra e do capital	281
13.2.	Lei dos rendimentos físicos marginais decrescentes	282
13.3.	Questões	289
13.4.	Material suplementar	*online*

14 CUSTOS DE PRODUÇÃO NO CURTO PRAZO E LONGO PRAZO — 297

14.1.	Custo implícito e custo explícito	297
14.2.	Custo fixo, custo variável e custo total no curto prazo	297
14.3.	Custo fixo médio, custo variável médio, custo total médio e custo marginal no curto prazo	299
14.4.	Relação entre o custo médio e o custo marginal com o produto médio e produto marginal no curto prazo	303
14.5.	Custos de produção no longo prazo	304
14.6.	Questões	307
14.7.	Material suplementar	*online*

15 TEORIA DOS MERCADOS: CONCORRÊNCIA PERFEITA — 313

15.1.	Mercado em concorrência perfeita	313
15.2.	Curva de demanda da firma num mercado em concorrência perfeita	314
15.3.	Receita média da firma em concorrência perfeita	315
15.4.	Receita marginal da firma em concorrência perfeita	315
15.5.	Maximização do lucro na concorrência perfeita	316
15.6.	Lucro supranormal ou extraordinário na concorrência perfeita	318
15.7.	Curva de oferta de curto prazo numa firma competitiva	321
15.8.	Curva de oferta de longo prazo numa firma competitiva	325
15.9.	Curva de oferta da indústria no curto prazo em concorrência perfeita	326
15.10.	Curva de oferta da indústria a longo prazo em concorrência perfeita	327
15.11.	Questões	330
15.12.	Material suplementar	*online*

16 ESTRUTURA DE MERCADO: MONOPÓLIO — 335

16.1.	Monopólio natural	335
16.2.	A curva de demanda, a receita média e a receita marginal no monopólio	336
16.3.	A maximização do lucro no monopólio	338
16.4.	O monopolista opera sempre no ramo elástico da curva de demanda	341

16.4.1. Markup 343
16.4.2. Índice de Lerner do poder de monopólio 344
16.5. O monopólio em decorrência de uma patente 345
16.6. A perda de eficiência do monopólio — peso morto 346
16.7. Discriminação de preços 347
    16.7.1. Discriminação de preços de 1.º grau ou discriminação perfeita de preços 347
    16.7.2. Discriminação de preços de 2.º grau 348
    16.7.3. Discriminação de preços de 3.º grau 349
    16.7.4. Tarifa em duas partes 349
16.8. No monopólio não se define curva de oferta 351
16.9. Regulação do governo nos monopólios 352
    16.9.1. Regulação do monopólio pelo tabelamento ideal (P = Cmg) 352
    16.9.2. Regulação do monopólio natural (P = Cme) 354
16.10. Monopólio com várias instalações 356
16.11. Monopólio com discriminação de preços (Discriminação de terceiro grau) 357
16.12. Efeito de um imposto sobre o monopólio 359
16.13. Questões 360
16.14. Material suplementar .... online

17 ESTRUTURA DE MERCADO: CONCORRÊNCIA MONOPOLÍSTICA 367
17.1. Concorrência monopolística no curto prazo 367
17.2. Concorrência monopolística no longo prazo 369
17.3. Regulação da concorrência monopolística 370
17.4. Questões 370
17.5. Material suplementar .... online

18 ESTRUTURA DE MERCADO: MERCADOS — OLIGOPÓLIO 377
18.1. Exemplo de duopólio 377
18.2. Jogos repetitivos × jogos não repetitivos 380
18.3. Oligopólio de Cournot — concorrência via quantidade 380
18.4. Oligopólio de Stackelberg — modelo de liderança-quantidade 388
18.5. Oligopólio de Bertran — concorrência via preços 393
    18.5.1. As empresas que participam do oligopólio produzem bens homogêneos e não há restrição de produção, ou seja, cada empresa consegue atender todo o mercado 393
    18.5.2. As empresas que participam do oligopólio produzem bens homogêneos, mas há restrição de produção, ou seja, cada empresa não consegue atender todo o mercado sozinha 395
    18.5.3. As empresas que participam do oligopólio produzem bens heterogêneos. 396
18.6. Oligopólio de Edgeworth — Concorrência via preços 397
18.7. Oligopólio com demanda quebrada de Sweezy 398

18.8.	Questões	399
18.9.	Material suplementar	*online*

19 FALHAS DE MERCADO ... 407

19.1.	Informações assimétricas		407
	19.1.1.	Relação agente-principal	408
	19.1.2.	Seleção adversa	408
	19.1.3.	Risco moral (*moral hazard*)	410
19.2.	Custos altos e riscos pesados		411
19.3.	Externalidades		411
	19.3.1.	Imposto de Pigou	416
		19.3.1.1. Regulação do governo: Imposto de Pigou ou determinação máxima para poluir	416
		19.3.1.1.1. Licenças negociáveis para poluir	419
	19.3.2.	Teorema de Coase	419
19.4.	Mercados imperfeitos		420
19.5.	Tipos de bens		421
	19.5.1.	Bens públicos	421
	19.5.2.	Bens semipúblicos ou meritórios	422
	19.5.3.	Bem privado	423
	19.5.4.	Monopólios naturais	424
	19.5.5.	Recursos comuns	424
		19.5.5.1. Tragédia dos comuns	425
	19.5.6.	Tabela comparativa dos tipos de bens	425
	19.5.7.	Federalismo de Tiebout	426
19.6.	Desemprego e inflação		428
19.7.	Mercados incompletos		428
19.8.	Como corrigir falhas de mercado		429
19.9.	Questões		429
19.10.	Material suplementar		*online*

20 IMPACTO SOBRE O CONSUMIDOR E A INDÚSTRIA DE CADA TIPO DE IMPOSTO ... 435

20.1.	Imposto de renda sobre pessoa física		435
20.2.	Incidência tributária sobre o mercado em concorrência perfeita		436
	20.2.1.	O imposto específico (ou unitário) sobre vendas num mercado em concorrência perfeita	436
	20.2.2.	O imposto *ad valorem* sobre vendas num mercado em concorrência perfeita	437
	20.2.3.	Incidência de um imposto *per capita* (ou imposto *lump sum* ou global) na concorrência perfeita	438
20.3.	Incidência tributária no monopólio		439
	20.3.1.	Incidência de um imposto específico (ou unitário) sobre vendas no monopólio	439

20.3.2. Incidência de um imposto *ad valorem* sobre vendas no monopólio 442

20.3.3. Incidência de um imposto *per capita* (ou imposto *lump sum* ou global) no monopólio 444

20.4. Imposto sobre o lucro 444

20.5. Efeito de um imposto específico no oligopólio 448

20.6. Efeito da ausência de impostos 449

20.7. Questões 449

21 TEORIA DO CONSUMIDOR 453

21.1. O espaço das mercadorias 453

21.2. Preferências do consumidor 454

21.3. Curvas de indiferença 455

21.4. Utilidade total 456

21.4.1. Utilidade cardinal e utilidade ordinal 457

21.4.1.1. Função utilidade aditiva 458

21.5. Princípio das utilidades marginais decrescentes 459

21.6. Características da curva de indiferença 462

21.7. Taxa Marginal de Substituição (TMGS) 465

21.8. Curvas de indiferença que não são bem-comportadas 469

21.8.1. Bens complementares perfeitos 469

21.8.2. Bens substitutos perfeitos 471

21.8.3. Bens neutros 472

21.8.4. Bens saciados 474

21.8.5. Um mal ou desbem 474

21.9. Função Utilidade do tipo Cobb-Douglas 475

21.10. Restrição orçamentária 476

21.10.1. Efeito de uma ampliação na renda 477

21.10.2. Efeito de uma redução de preços do produto "X" 478

21.10.3. Efeito de uma redução de preços do produto "Y" 478

21.10.4. Efeito de uma redução de preços dos produtos "X" e "Y" na mesma intensidade 479

21.10.5. Efeito de uma redução de preços dos produtos "X" e "Y" e da renda na mesma intensidade 479

21.11. O equilíbrio do consumidor 480

21.12. O problema do consumidor 481

21.13. Cálculo da cesta ótima 484

21.13.1. Cálculo da cesta ótima pelo método dos multiplicadores de Lagrange (L).... 485

21.13.2. Cálculo da cesta ótima utilizando a condição de equilíbrio do consumidor. 486

21.13.3. Cálculo da cesta ótima utilizando o método simplificado numa função do tipo Cobb-Douglas 486

21.13.4. Gasto do consumidor numa função utilidade do tipo Cobb-Douglas 487

21.14.	Utilidade marginal da moeda	489
21.15.	Equilíbrio do consumidor em casos particulares	489
21.15.1.	Solução de canto para bens substitutos perfeitos	489
21.15.2.	Solução ótima em bens complementares perfeitos	491
21.15.3.	Solução de canto em curvas de indiferença côncavas	492
21.16.	Questões	492
21.17.	Material suplementar	online

22 EFEITO RENDA, EFEITO SUBSTITUIÇÃO E EFEITO TOTAL — 499

22.1.	Efeito renda e efeito substituição pelo critério de Hicks	499
22.1.1.	Efeito substituição, efeito renda e efeito total para um bem normal ou superior	501
22.1.2.	Efeito substituição, efeito renda e efeito total para um bem inferior	503
22.1.3.	Efeito substituição, efeito renda e efeito total para um bem inferior do tipo bem de Giffen	504
22.1.4.	Compensação de Hicks	506
22.2.	Efeito renda e efeito substituição pelo critério de Slutsky	506
22.2.1.	Bens complementares perfeitos — efeito renda e efeito substituição	507
22.2.2.	Bens substitutos perfeitos — efeito renda e efeito substituição	508
22.2.3.	Exemplificando o modelo de Slutsky	508
22.2.4.	Compensação de Slutsky	512
22.3.	Questões	513
22.4.	Material suplementar	online

23 CURVA DE RENDA-CONSUMO, CURVA DE ENGEL, CURVA DE PREÇO-CONSUMO E CURVA DE DEMANDA — 519

23.1.	Curva de renda-consumo	519
23.2.	Curva de Engel	522
23.3.	Curva de preço-consumo	525
23.4.	Curva de demanda	527
23.5.	Questões	529

24 TEORIA DOS JOGOS — 535

24.1.	Matriz de *Payoff*	535
24.2.	Dilema dos prisioneiros	540
24.2.1.	Estratégia *tit-for-tat*	542
24.3.	Questões	542
24.4.	Material suplementar	online

25 TEORIA ELEMENTAR DA PRODUÇÃO DE LONGO PRAZO — 551

25.1.	Rendimento de escala	551

25.2. Homogeneidade da função 552
    25.2.1. Função Demanda Walrasiana 554
25.3. Espaço dos insumos 555
25.4. Isoquanta 556
25.5. Características das isoquantas convexas 557
25.6. Produto marginal do capital e produto marginal do trabalho 560
25.7. Taxa marginal de substituição técnica (TMGST) 560
    25.7.1. Interpretação Geométrica da TMGST 561
25.8. Principais funções de produção e suas isoquantas 564
25.9. Isocusto 567
25.10. O equilíbrio da firma no longo prazo 569
25.11. O cálculo do ótimo da firma 572
    25.11.1. Cálculo do ótimo da firma pelo método dos multiplicadores de Lagrange (La).. 572
    25.11.2. Cálculo do ótimo da firma utilizando a condição de equilíbrio da produção ... 573
    25.11.3. Cálculo do ótimo da firma pelo método simplificado 574
    25.11.4. Determinando uma função de custo de curto prazo através de uma função de custo de longo prazo e uma função de produção de longo prazo. 575
25.12. Solução de canto para isoquantas côncavas 575
25.13. Produtividade marginal da moeda 576
25.14. Elasticidade de substituição 576
25.15. Rendimento de escala e espaço entre as isoquantas 577
25.16. Questões 578
25.17. Material suplementar .... online

26 TRIBUTOS PROGRESSIVOS, REGRESSIVOS E PROPORCIONAIS 583
26.1. Elasticidade Tributo-Renda ($\mathcal{E}$) 583
26.2. Tributação média e marginal em relação a renda 584
26.3. Tributos progressivos 584
26.4. Tributos regressivos 587
26.5. Tributos proporcionais ou neutros 590
26.6. Questões 592

27 FUNÇÕES DA ATIVIDADE FINANCEIRA DO ESTADO – FUNÇÕES DO GOVERNO.. 599
27.1. Função alocativa 599
27.2. Função distributiva 600
27.3. Função estabilizadora 600
27.4. Questões 601
27.5. Material suplementar .... online

Referências 607

MICROECONOMIA: CONCEITOS FUNDAMENTAIS

1.1. DEFINIÇÃO DE ECONOMIA

Economia é a ciência que estuda a **escassez** e, por isso, preocupa-se em alocar os recursos, orientando o que produzir, como produzir e para quem produzir, com base em teorias e informações.

De acordo com Mankiw, a "Economia é o estudo de como a sociedade administra seus recursos escassos"[1]. Para Byrns & Stone, "A escassez ocorre porque as necessidades humanas excedem a capacidade de produção possível dados o tempo e os recursos limitados disponíveis"[2].

Como os **recursos** são **escassos ou limitados**, isto é, não é possível produzir tudo que se deseja ou que se necessite, e as **necessidades** humanas são **ilimitadas ou infinitas**, ou seja, os agentes econômicos necessitam sempre de mais bens e serviços, surge, então, o problema econômico que consiste em responder a três perguntas básicas:

- **O que e quanto produzir?** Dada a escassez de recursos, a sociedade terá de escolher, dentro do leque de possibilidades de produção, quais produtos serão produzidos e as respectivas quantidades.

- **Como produzir?** Consiste na decisão de como alocar a mão de obra (pessoas), a matéria-prima (terra), o capital físico (como prédios, equipamentos, máquinas) e o capital financeiro (dinheiro) mediante certa tecnologia, no intuito de realizar determinada tarefa. Assim, a sociedade terá de escolher quais recursos de produção serão utilizados para a produção de bens e serviços, dado o nível tecnológico existente. A concorrência entre os diferentes produtores acaba decidindo como vão ser produzidos os bens e serviços. Os produtores escolherão, dentre os métodos mais eficientes, aquele que tiver o menor custo de produção possível.

- **Como distribuir? Ou para quem produzir?**

Consiste na alocação de para quem será destinada a tarefa realizada. Por exemplo: quem terá acesso a linhas de metrô, quem terá acesso às linhas de ônibus, a quem beneficiará a ampliação de um aeroporto. Assim, a sociedade terá de decidir como seus membros participarão da distribuição dos resultados de sua produção.

---

[1] N. Gregory Mankiw, *Princípios de microeconomia*, p. 4.
[2] Ralph T. Byrns & Gerald W. Stone, *Microeconomia*, p. 4.

Quando os bens são escassos, existe demanda para eles e leva-se alguém a exercer o direito de propriedade sobre ele, então, é atribuído a ele um **valor econômico** ou um preço.

1.1.1. Microeconomia

A Economia divide-se em dois ramos principais: Microeconomia e Macroeconomia.

A Microeconomia se preocupa em estudar individualmente ou em grupos o comportamento dos consumidores, das empresas, dos trabalhadores, dos investidores ou quaisquer outros entes que contribuam para o funcionamento da economia, bem como suas interações e a forma como se determinam os preços e as quantidades produzidas em determinados tipos de mercado. Ela estuda como as famílias e as empresas tomam suas decisões e como interagem em um tipo específico de mercado.

Sandroni define Microeconomia como o "Ramo da ciência econômica que estuda o comportamento das unidades de consumo representadas pelos indivíduos e pelas famílias; as empresas e suas produções e custos; a produção e o preço dos diversos bens, serviços e fatores produtivos. Em outras palavras, a microeconomia ocupa-se da forma como as unidades individuais que compõem a economia — consumidores privados, empresas comerciais, trabalhadores, latifundiários, produtores de bens ou serviços particulares etc. — agem e reagem umas sobre as outras"[3].

Assim, Microeconomia estuda as preferências do consumidor e os motivos de suas escolhas mediante, entre outras causas, as variações dos preços dos produtos, da renda, do gosto, das expectativas do consumidor, ou seja, ela estuda **como os indivíduos tomam suas decisões** com base nos quatro primeiros princípios da Economia, citados no item 1.2.

Também, Microeconomia preocupa-se em estudar **como as unidades econômicas interagem umas com as outras** formando, operando e desenvolvendo o mercado e os setores de acordo com os princípios 5, 6 e 7 citados no item 1.2.

A Macroeconomia estuda a economia de forma agregada. Segundo Sampaio: "A Macroeconomia se caracteriza como a teoria que estuda o nível de produto, o nível de renda, o nível de emprego, o nível geral de preços, a taxa de salários, a taxa de juros, a taxa de câmbio, o balanço de pagamentos e o estoque de moeda, todos pelas médias globais e de forma agregada. Ela estuda o funcionamento da economia como um todo"[4].

A Macroeconomia se preocupa em estudar **como funciona a economia** tomando conhecimento dos princípios 8, 9 e 10 citados no item 1.2.

É bom frisar, contudo, que a linha que separa o estudo da Microeconomia e da Macroeconomia tem se tornado cada vez menos definida. Pindyck e Rubinfeld afirmam: "Isso ocorre porque a macroeconomia também envolve análise de mercados — por exemplo, mercados agregados de bens e serviços, mão de obra e títulos de empresas. Para entender como operam tais mercados agregados, é necessário compreender o

---

[3] Paulo Sandroni, *Novíssimo dicionário de economia*, p. 388.
[4] Luiza Sampaio, *Macroeconomia Esquematizado*®, 5.ª ed., p. 27.

comportamento das empresas, dos consumidores, dos trabalhadores e dos investidores que os compõem. Dessa maneira, os macroeconomistas têm se preocupado cada vez mais com os fundamentos microeconômicos dos fenômenos econômicos agregados, e grande parte da macroeconomia é, na realidade, uma extensão da análise microeconômica"[5].

Mankiw resume a Microeconomia como "o estudo de como as famílias e empresas tomam decisões e de como elas interagem em mercados específicos"[6].

1.2. PRINCÍPIOS DA ECONOMIA

Segundo Mankiw[7], há **dez princípios** da Economia, ou seja:
1. As pessoas enfrentam *trade-off*s.
2. O custo de alguma coisa é aquilo de que você desiste para obtê-la.
3. As pessoas racionais pensam na margem.
4. As pessoas reagem a incentivos.
5. O comércio pode ser bom para todos. Permite a especialização.
6. Os mercados são geralmente uma boa maneira de organizar a atividade econômica.
7. Às vezes, os governos podem melhorar os resultados dos mercados.
8. O padrão de vida de um país depende de sua capacidade de produzir bens e serviços.
9. Os preços sobem quando o governo emite moeda demais.
10. A sociedade enfrenta um *trade-off* de curto prazo entre inflação e desemprego.

Quando analisamos o **primeiro princípio** (As pessoas enfrentam *trade-off*s), que afirma que as **escolhas envolvem trocas**, entendemos que para possuir algo é necessário abrir mão de outra coisa. Assim, por exemplo, para que você, leitor, possa ler o capítulo deste livro que agora tem em mãos, é necessário, por exemplo, deixar de assistir a TV ou de dar uma voltinha com seu cachorro na pracinha do bairro, ou deixar de dormir uma hora a mais. Ou seja, você está trocando uma dessas opções para poder entender um pouco sobre os princípios de economia. Assim funciona na economia também, já que ela representa a interação entre as pessoas, ou seja, o comportamento social que compõe a economia.

Em exames de economia, fala-se muito no ***trade-off*** entre **eficiência e equidade**. A eficiência consiste em produzir o máximo possível mediante os recursos disponíveis e a equidade trata de justiça social, ou seja, fazer com que esses recursos produtivos sejam igualmente distribuídos. Eles, porém, podem ser conflitantes quando o governo passa a interferir no sentido de perseguir maior equidade, já que uma maior distribuição de

---

[5] Robert S. Pindyck & Daniel L. Rubinfeld, *Microeconomia*, p. 3.
[6] N. Gregory Mankiw, *Princípios de microeconomia*, p. 28.
[7] N. Gregory Mankiw, *Princípios de microeconomia*, p. 4-15.

renda pode gerar um desestímulo ao trabalho árduo. Mankiw descreve bem quando cita: "quando o governo tenta cortar o bolo econômico em fatias iguais, o bolo diminui de tamanho"[8].

O **segundo princípio** (O custo de alguma coisa é aquilo de que você desiste para obtê-la) refere-se ao **custo de oportunidade**, que é o assunto a ser visto quando tratarmos da Curva de Possibilidade de Produção, no item 1.7. Mas, em um breve relato, podemos dizer que o custo de oportunidade é o custo que se tem pelo fato de **renunciar** a algo para ter aquilo que se deseja. Por exemplo: o custo de oportunidade que você tem ao estudar microeconomia pode ser o salário que você está deixando de receber por recusar um emprego, ao mesmo tempo em que se dedica a esse estudo. Também, caso o jogador de futebol Neymar deixasse de jogar bola para cursar uma universidade, isso representaria um custo de oportunidade muito alto, já que deixaria de ganhar muito dinheiro por não jogar mais bola em prol de um diploma superior.

O **terceiro princípio** (As pessoas racionais pensam na margem) afirma que os agentes econômicos tomarão a decisão de agir caso o **benefício marginal** (que se refere ao aumento do benefício ou receita total em decorrência da aquisição de uma unidade adicional de produto) seja maior que o **custo marginal** (que se refere ao aumento no custo total em decorrência da produção de uma unidade adicional de produto). Por exemplo: suponhamos que um curso de Economia apresente um custo total por turma em funcionamento no valor de R$ 50.000,00 por mês. No caso de uma turma com 50 alunos, o curso não poderia matricular um aluno por menos de R$ 1.000,00, denominado custo médio, que se obtém pela divisão dos R$ 50.000,00 de custo total por 50, que é o número de alunos. Supondo que essa turma ainda comporte 1 aluno, além dos 50 já matriculados, e que você deseja fazer parte dela, mas só dispõe de R$ 800,00 por mês para pagar a mensalidade, e sabendo que o curso terá início imediato, é mais vantajoso o curso matricular você e ter um acréscimo mensal em sua receita de R$ 800,00 do que começar o curso sem você. Assim, se o acréscimo no custo, ou seja, se o custo marginal for de R$ 100,00 (que poderia ser, por exemplo, do material didático distribuído por aluno), é vantajoso tê-lo como aluno, mesmo você pagando um valor inferior ao custo médio de R$ 1.000,00. Observe que o benefício (ou receita) marginal de R$ 800,00 foi maior que o custo marginal de R$ 100,00.

O **quarto princípio** (As pessoas reagem a incentivos) pode ser exemplificado quando o preço de um produto sobe. Assim, os consumidores terão menos **incentivos** em comprar o produto e os produtores terão mais **incentivos** em vender, alterando o comportamento de ambos os agentes econômicos. Portanto, os incentivos podem ser positivos ou negativos.

O **quinto princípio** (O comércio pode ser bom para todos) afirma que o comércio em que uma parte ganha não implica que a outra perca. O comércio permite uma maior **especialização** no que se faz de melhor, bem como proporciona a possibilidade de **acesso** a uma maior variedade de bens e serviços a menores custos.

O **sexto princípio** (Os mercados são geralmente uma boa maneira de organizar a atividade econômica) afirma que, quando a decisão de quanto contratar e quanto

---

[8] N. Gregory Mankiw, *Princípios de microeconomia*, p. 5.

produzir fica a cargo das empresas e quando a decisão de onde trabalhar e quanto comprar fica a cargo das famílias, esses agentes vão interagir na economia e definirão o preço e a quantidade a ser produzida e consumida. O planejamento central, ou seja, quando o governo toma as decisões do que, quanto e para quem produzir, no intuito de promover maior bem-estar social, interferindo, assim, no mercado, tem se mostrado com pouco sucesso na atividade econômica.

O **sétimo princípio** (Às vezes, os governos podem melhorar os resultados dos mercados) afirma que a presença do governo é importante numa economia de mercado para garantir o **direito de propriedade**, ou seja, garantir que a safra do agricultor não seja saqueada, que a indústria não tenha seus produtos plagiados etc. Sua presença faz-se necessária também para aumentar a **eficiência e equidade** nos mercados. Muitas vezes, podem ocorrer **falhas de mercado**,[9] que geram ineficiência econômica. Para tanto, são necessárias políticas públicas de combate a essas falhas. Também, as economias de mercado não se preocupam em cuidar do bem-estar econômico de toda uma sociedade. A preocupação está em garantir a maximização do próprio bem-estar do agente em particular, podendo gerar concentração de renda. Compete ao governo intervir para promover uma melhor distribuição dessa renda gerada.

O **oitavo princípio** (O padrão de vida de um país depende de sua capacidade de produzir bens e serviços) afirma que quanto maior é a **produtividade** de um país, ou seja, quanto maior é a quantidade de produto que uma unidade a mais de mão de obra for capaz de produzir por unidade de tempo, mais elevado será seu padrão de vida.

O **nono princípio** (Os preços sobem quando o governo emite moeda demais) afirma que uma das causas do surgimento/crescimento da **inflação** é o aumento da emissão de moeda, já que provoca sua desvalorização, fazendo com que os produtores só concordem em se desfazer de seus bens e serviços se forem remunerados a preços cada vez maiores.

O **décimo princípio** (A sociedade enfrenta um *trade-off* de curto prazo entre inflação e desemprego) afirma que o aumento do desemprego é acompanhado de uma redução da inflação, e uma elevação da inflação é acompanhada de uma redução do desemprego no **curto prazo**. Isso se explica pelo fato de que, aumentando a quantidade de moeda na economia, o consumo aumenta, provocando uma elevação de preços e estimulando a contratação de mão de obra para produzir os bens e serviços demandados pelo aumento do consumo, reduzindo o desemprego.

1.3. CLASSIFICAÇÃO DOS BENS

Definimos "bem" como aquilo que tem utilidade e que pode satisfazer alguma necessidade. Os bens podem ser classificados em:

- **Bem livre**: é o bem que, embora satisfaça necessidades, não possui preço, porque existe em **abundância** na natureza e ninguém exerce o direito de propriedade sobre ele. Por exemplo: ar, luz do sol.

---

[9] Assunto a ser abordado no Capítulo 19 deste livro.

■ **Bem econômico**: é um bem que tem valor econômico, porque é relativamente **escasso** ou exige trabalho humano, além de ser demandado e alguém exercer o direito de propriedade sobre ele. Um bem econômico tem preço.

■ **Bem adicionado**: é aquele que é acrescido ou adicionado ao produto e determinará o bem final. Por exemplo, ao se transformar a farinha de trigo (que vale 2) em pão (que vale 3), adicionou-se o valor de 1, que corresponde ao bem adicionado.

■ **Bem intermediário**: é o bem ou insumo que será utilizado na produção de outro bem, ou seja, sofrerá algum processo de **transformação**. Por exemplo, ao se produzir pão (no valor de 3), utilizou-se farinha de trigo (no valor de 2). Logo, a farinha de trigo é o bem intermediário. Sandroni exemplifica da seguinte maneira: "O lingote de aço, originário de uma siderúrgica, é um bem intermediário que, numa fábrica de autopeças, pode se transformar em chassi, roda ou eixo, produtos que também são bens intermediários na fabricação do automóvel — um produto final, acabado"[10].

■ **Bem final**: é o produto que, pela sua natureza, é final, ou seja, já está pronto para o consumo e, portanto, não vai passar por mais nenhuma etapa produtiva, somada aos insumos que não entraram naquele processo produtivo (que ainda não estão prontos para o consumo), mas que poderão entrar em outro processo produtivo. Paulani e Braga afirmam: "Não é a natureza do bem que determina, para efeitos da contabilidade social, se ele é intermediário ou final e sim qual sua situação no momento em que se está apurando o valor do produto"[11].

■ **Bem de consumo**: é aquele que será utilizado na satisfação direta das necessidades. Podem ser subdivididos em bens de **consumo duráveis**, quando o uso é prolongado, por exemplo, um automóvel, e bens de **consumo não duráveis**, quando são usados uma única vez, por exemplo, um alimento.

■ **Bem de capital**: é aquele que não atende diretamente às necessidades da sociedade. Ele serve para produzir outros bens e não são consumidos totalmente no processo de produção desses outros bens. Por exemplo: máquinas, equipamentos, instalações.

1.4. CLASSIFICAÇÃO DOS MERCADOS

Quando compradores e vendedores **interagem**, isso dá origem a um **mercado**, e é nesse mercado que os preços dos produtos serão definidos. Segundo Baídya, Aiube e Mendes: "[...] ele engloba todas as possibilidades de trocas e negociações entre indivíduos, firmas e países"[12]. Assim, podemos citar dois tipos de mercado: o mercado de bens e o mercado de fatores:

■ **Mercado de bens**: onde as firmas ofertam **bens e serviços** e as unidades familiares demandam bens e serviços. Nesse mercado, as famílias pagarão para as empresas pelos bens e serviços que adquiriram.

---

[10] Paulo Sandroni, *Novíssimo dicionário de economia*, p. 52.
[11] Leda Maria Paulani & Márcio Bobik Braga, *A nova contabilidade social*, p. 11.
[12] Tara Keshar Nanda Baídya, Fernando Antônio Lucena Aiube & Mauro Roberto da Costa Mendes, *Introdução à microeconomia*, p. 13.

◼ **Mercado de fatores**: onde as unidades familiares ofertam **fatores de produção** (mão de obra, capital, empreendimento e matéria-prima) e as empresas demandam esses fatores de produção para poderem produzir. Nesse mercado, as empresas remunerarão as famílias sob a forma de salários, juros, lucros e aluguéis quando adquirirem delas esses fatores de produção.

Podemos observar que a demanda e a oferta nos dois mercados pertencem a agentes diferentes:

◼ **Mercado de bens:** a demanda é feita pelas famílias e a oferta é feita pelas empresas.

◼ **Mercado de fatores:** a demanda é feita pelas empresas e a oferta é feita pelas famílias. Observe que todos os fatores de produção pertencem às famílias e que, portanto, suas remunerações serão destinadas a essas famílias. Assim, o pagamento de salários, juros, aluguéis e lucros feito pelas empresas destinar-se-á às famílias.

Enquadra-se, no mercado de fatores, o **mercado de trabalho**.

Vemos que tanto no mercado de bens quanto no mercado de fatores há **compradores** e **vendedores**. Assim, no **mercado de bens**, os compradores são os consumidores ou as famílias que adquirem bens e serviços e, no **mercado de fatores**, os compradores são as empresas que adquirem mão de obra, capital, matéria-prima e empreendimento. Assim também, no **mercado de bens**, os vendedores são as empresas que vendem os bens e serviços, e, no **mercado de fatores**, estão as famílias que vendem seus serviços (fatores de produção). Pindyck e Rubinfeld reforçam, ao afirmar: "É evidente que a maioria das pessoas e das empresas atua tanto como comprador quanto como vendedor; verificaremos, contudo, que é prático pensar nelas simplesmente como compradores quando estão adquirindo, e vendedores quando estão vendendo alguma coisa"[13].

1.5. FLUXO CIRCULAR DA RENDA

Os agentes econômicos são aqueles que, por meio de suas ações e decisões, interferem ou influenciam na economia. São eles:

◼ **Unidades familiares ou famílias.**
◼ **Empresas.**
◼ **Governo.**
◼ **Setor externo.**

Num sistema econômico simples, no qual se considera a presença de apenas dois agentes econômicos tomadores de decisão, ou seja, as unidades familiares ou **famílias e as empresas**, podemos montar o fluxo da Figura 1.1:

---

[13] Robert S. Pindyck & Daniel L. Rubinfeld, *Microeconomia*, p. 7.

Figura 1.1. Fluxo circular da renda: as famílias vendem os fatores de produção (mão de obra, capital, matéria-prima e empreendimento) para as empresas e, estas últimas, remuneram esses fatores, gerando renda para essas famílias sob a forma de salários, juros, aluguéis e lucros. De posse dessa renda, as famílias vão realizar gastos, adquirindo das empresas bens e serviços. Podemos observar que o lado monetário da economia (gastos e renda) está sendo representado pelo fluxo externo, enquanto o lado real (bens e serviços e fatores de produção) está sendo representado pelo fluxo interno.

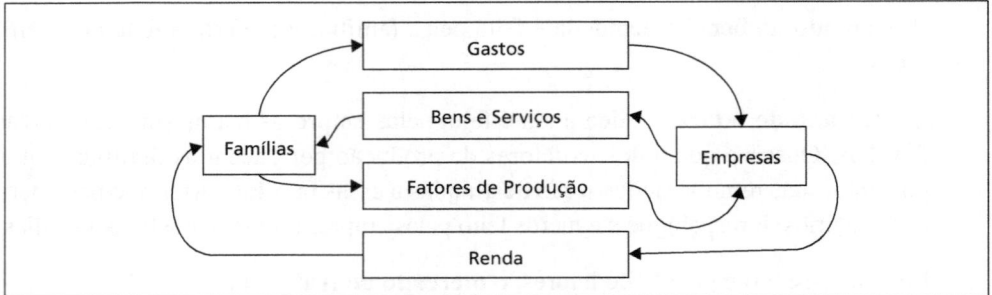

No fluxo circular da renda, podemos observar a existência de dois tipos de fluxos:

- **Fluxo real**: bens e serviços + fatores de produção ou insumos → **fluxo interno**.
- **Fluxo monetário**: rendas + gastos → **fluxo externo**.

As **famílias** são **donas dos fatores de produção** (mão de obra, matéria-prima, empreendimento e capital) e vendem esses fatores de produção para as empresas, que irão remunerar as famílias sob a forma de renda (salários, aluguéis, lucros e juros). Vemos que, com os gastos que as famílias realizam, as empresas remuneram os fatores de produção, como os salários, juros e aluguéis. O que sobra corresponderá aos **lucros**, que remunerarão os proprietários das empresas, que também são **famílias**. É possível perceber que **todas** as remunerações dos fatores produtivos destinar-se-ão às famílias. Embora no nosso dia a dia a prática presente seja pagar juros aos bancos, é importante perceber que o **banco** está apenas sendo um **intermediador** entre os tomadores de empréstimos e aqueles que disponibilizam esses recursos financeiros para terceiros. Portanto, o dono ou proprietário desses recursos continua sendo as famílias.

Por outro lado, as famílias demandam, por hipótese, **todos** os bens e serviços produzidos pelas empresas e pagam por eles realizando gastos.

É possível observar que isso conforma um fluxo contínuo. Além disso, verifica-se que a renda que sai das empresas para as famílias depois retorna para as empresas, quando as famílias adquirem produtos. Por esse motivo, falamos que o fluxo da renda é circular.

Observamos a presença de dois mercados nesse fluxo circular: o **mercado de bens e serviços** e o **mercado de fatores de produção**.

Um modelo de fluxo de renda mais complexo e, portanto, mais realista incluiria o governo e o setor externo.

Na Tabela 1.1, mostramos a associação entre os fatores produtivos e suas respectivas remunerações:

Tabela 1.1. Para cada fator de produção cedido pelas famílias para as empresas (mão de obra, capital, matéria-prima e empreendimento), há uma remuneração das empresas para as famílias (salário, juros, aluguel e lucro) que definimos como renda.

FATORES DE PRODUÇÃO E SUAS REMUNERAÇÕES	
Fatores de Produção	Remuneração dos Fatores de Produção = Renda
Mão de obra ou trabalho →	Salário (S)
Capital →	Juros (J)
Terra ou matéria-prima →	Aluguel (A)
Empreendimento →	Lucro (L)
	= Renda

Explicando melhor o que engloba cada um desses fatores de produção, temos:

Mão de obra ou trabalho corresponde a todo talento físico e mental que será disponibilizado para o processo produtivo. A remuneração pelo serviço de trabalho é denominada **salário**.

O **capital** pode englobar o **capital físico**, também chamado de capital econômico, que inclui equipamentos, construções e instalações; e o **capital financeiro**, que inclui moeda, ações e títulos. A remuneração desses dois tipos de capital recebe o nome de **juros**.

Byrns e Stone alertam que "o termo capital normalmente se refere ao capital econômico. Os pagamentos para ambos os tipos de serviços de capital são chamados juros. Note que a propriedade do capital é remunerada com juros — não lucro; todo o lucro vai para os empresários"[14].

Varian afirma que: "Os bens de capital são insumos da produção que também são eles próprios bens produzidos. Basicamente, os bens de capital são máquinas de um tipo ou de outro: tratores, prédios, computadores etc."[15].

A **terra** ou matéria-prima inclui todos os recursos naturais. A remuneração desse fator é denominada **aluguel**.

O **empreendimento**, também chamado de capacidade empresarial, corresponde ao risco que se corre ao combinar os demais recursos produtivos em busca de lucro. Byrns & Stone acrescentam: "O lucro empresarial é uma remuneração pela organização da produção, por suportar o risco dos negócios e pela introdução de inovações que melhoram a qualidade de vida"[16].

---

[14] Ralph T. Byrns & Gerald W. Stone, *Microeconomia*, p. 6.
[15] Hal R. Varian, *Microeconomia*: uma abordagem moderna, p. 347.
[16] Ralph T. Byrns & Gerald W. Stone, *Microeconomia*, p. 6.

1.6. CONCEITO DE CURTO PRAZO E LONGO PRAZO

Em microeconomia, o conceito de curto prazo e longo prazo se diferencia do conceito em macroeconomia[17]. Assim, temos:

Curto prazo em microeconomia é o período em que pelo menos um dos fatores de produção estudados permanece constante ou **fixo**.

Por exemplo, se representarmos a seguinte função de produção: $Q = 10L$, em que Q representa a quantidade produzida e L, a quantidade de mão de obra empregada, observamos que a Quantidade produzida (Q) só é alterada se a quantidade de mão de obra (L) for alterada também. Nesse caso, consideramos o capital e demais fatores produtivos constantes ou fixos e, portanto, não são capazes de alterar o produto.

Longo prazo em microeconomia é o período em que todos os fatores de produção estudados são **variáveis**. Por exemplo, se representarmos a seguinte função: $Q = 10 \cdot L \cdot K$, em que Q representa a quantidade produzida; L, a quantidade de mão de obra empregada; e K representa a quantidade de capital (e demais fatores de produção) empregado. Portanto, o produto (Q) pode ser alterado tanto por L como por K, ou seja, os fatores produtivos são variáveis e são capazes de alterar o produto.

1.7. CURVA DE POSSIBILIDADE DE PRODUÇÃO (CPP)

O modelo que trata da **Curva** ou **Fronteira** de Possibilidade de Produção considera, por hipótese, uma economia que produz apenas **dois bens** e, mediante a **plena** utilização dos fatores de produção disponíveis e dada uma certa tecnologia, vai mostrar as **combinações possíveis** de produção desses dois bens. Ela é um modelo econômico que simplifica o mundo real.

Dados os fatores de produção constantes, a Curva de Possibilidade de Produção mostra que a produção adicional de um dos bens implica a redução da produção do outro bem, já que não há recursos suficientes para produzir mais de um bem sem reduzir a produção de outro bem. Ela, portanto, mostrará a combinação de dois bens que poderão ser produzidos com a utilização de **todos** os recursos disponíveis. É uma curva típica de **curto prazo**, em que os recursos ou fatores produtivos são constantes.

A economia consegue produzir qualquer combinação dos dois bens cujos pontos estejam sobre a Curva de Possibilidade de Produção. Primeiro, vamos representar uma Curva de Possibilidade de Produção para que fique clara essa ideia.

Consideremos uma economia que produz apenas dois bens, X e Y. Dada certa tecnologia e utilizando **todos** os fatores produtivos, as possíveis combinações de produção do bem X e Y encontram-se **sobre** a CPP. Logo, é possível produzir as combinações de X e Y mostradas nos pontos A, B, C, D e E da Figura 1.2. Podemos perceber que, no ponto A, a economia só produz o bem Y. Caso queira produzir alguma quantidade do bem X, ou seja, caso queira ir do ponto A para o ponto B, obrigatoriamente terá que abrir mão de uma quantidade de Y em prol de uma quantidade de X. Se continuarmos descendo na CPP, do ponto B para o ponto C, observamos que é necessário novamente

---

[17] Em macroeconomia, curto prazo é o período em que preços e salários são fixos, e longo prazo é o período em que preços e salários são flexíveis.

abrir mão de certa quantidade do bem Y para podermos produzir uma certa quantidade a mais do bem X. E assim por diante. Quando atingimos o ponto E, só haverá produção do bem X, já que não há recursos produtivos suficientes para produzir essa quantidade de X e mais alguma quantidade de Y. Percebemos a presença de um *trade-off* (troca ou escolhas conflitantes), ou seja, no intuito de produzir mais de X, deve-se abrir mão de Y.

Quando unimos todos esses pontos (A, B, C, D e E) que representam possibilidades de produção de X e Y, formamos uma curva a que denominamos Curva de Possibilidade de Produção (CPP), também conhecida por Fronteira de Possibilidade de Produção (FPP). Todos esses pontos sobre a CPP apresentam **resultados eficientes**, já que se produz o máximo mediante os recursos e certa tecnologia disponíveis.

Figura 1.2. Curva de Possibilidade de Produção ou Fronteira de Possibilidade de Produção: todos os pontos localizados sobre a curva combinam a produção dos bens X e Y utilizando todos os recursos produtivos disponíveis.

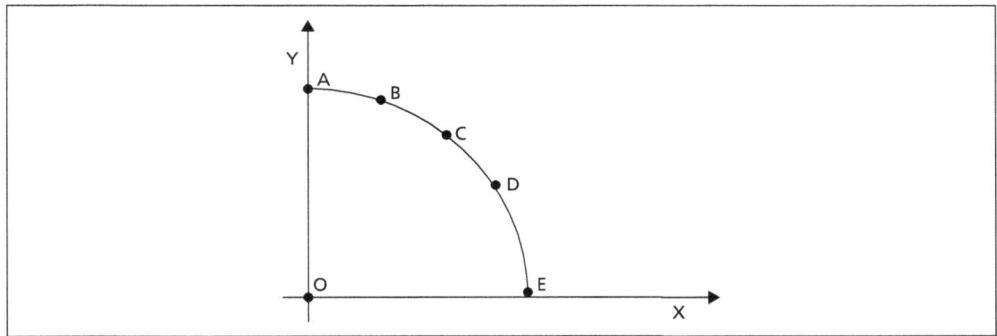

Qualquer ponto que esteja entre a origem (O) e a Curva de Possibilidade de Produção (CPP) apresenta uma produção possível, porém, essa economia estará operando de forma **ociosa**, ou seja, haverá recursos produtivos que não estarão sendo utilizados plenamente. Assim, o resultado apresentado será **ineficiente**, já que seria possível produzir mais dos dois bens caso fossem utilizados os recursos produtivos disponíveis.

Mas o que faria a empresa produzir no **ponto F** do gráfico da Figura 1.3, já que poderia produzir mais com os recursos produtivos que dispõem? A resposta poderia ser o fato da existência de uma demanda de mercado insuficiente.

Concluímos que a economia consegue produzir em qualquer ponto sobre a CPP de maneira eficiente e dentro dela (entre a origem e a curva), de maneira ineficiente. Acima da CPP, a produção não é possível.

Podemos chamar a atenção para alguns pontos distintos na CPP mostrados na Figura 1.3:

> **O** = origem dos eixos em que ocorre o pleno desemprego, ou seja, nenhum recurso produtivo estará sendo utilizado e, portanto, a produção será nula.
>
> **F** = a economia opera com capacidade ociosa, ou seja, não utiliza todos os recursos disponíveis. Nesse ponto, e em qualquer outro ponto localizado entre a CPP e a origem, O, a economia apresenta um resultado **ineficiente**.

H = produção impossível ou não factível, já que não há recursos suficientes para produzir aquela quantidade de X e Y conjuntamente.

Figura 1.3. Curva de Possibilidade de Produção. No ponto F, embora seja possível, os recursos produtivos não estão sendo plenamente utilizados. No ponto H, a produção é não factível, já que não há fatores de produção suficientes para produzir a combinação (X, Y) desse ponto.

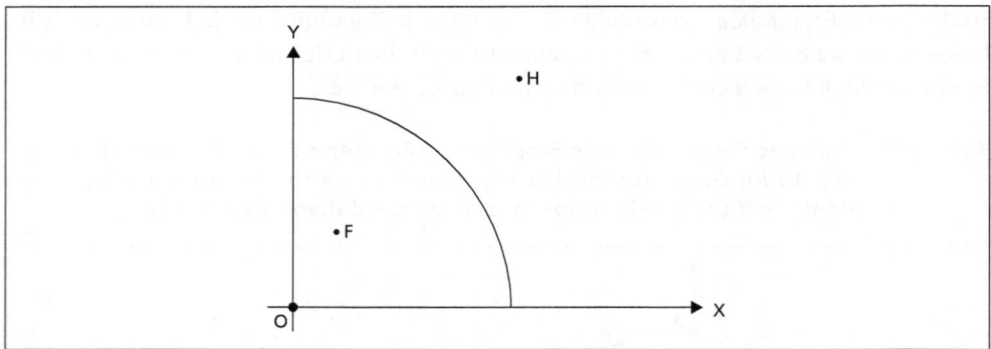

Podemos concluir, portanto, que a CPP é uma **curva decrescente** (ou negativamente inclinada), já que, para aumentar a quantidade do bem "X", utilizando todos os fatores produtivos e a tecnologia disponível, é necessário reduzir a quantidade do bem "Y".

1.7.1. Custo de oportunidade

Custo de oportunidade é, no processo produtivo, a **renúncia** em produzir um dos bens em detrimento do aumento da produção do outro bem, ou seja, é a quantidade de um dos produtos que deve ser reduzida para produzir mais do outro bem, quando os recursos produtivos já estão plenamente sendo utilizados. Como os recursos são limitados, para produzir mais de X, por exemplo, deve-se abrir mão de Y.

O custo de oportunidade é um conceito que pode ser utilizado para calcular o custo econômico.

O custo de oportunidade é **crescente** porque a capacidade de produção da empresa é limitada e os recursos **não são plenamente substituíveis** entre si[18], o que faz com que a curva seja **côncava** em relação à origem.

O custo de oportunidade de um bem é medido em termos do outro.

Para determinarmos o custo de oportunidade, basta calcular a **inclinação da reta tangente no ponto**[19] presente na CPP, conforme mostra a Figura 1.4. Portanto, o que se

---

[18] Os recursos não são plenamente substituíveis entre si devido à lei dos rendimentos físicos marginais decrescentes — assunto a ser visto no Capítulo 13.

[19] O Custo de Oportunidade (CO) é a variação (diminuição) que deverá haver de Y para poder provocar uma variação (aumento) de X, ou seja, CO = $|\Delta Y/\Delta X|$. Observe que a tangente no ponto também é $|\Delta Y/\Delta X|$. Portanto, podemos dizer que o custo de oportunidade é igual à tangente no ponto sobre a CPP.

observa é que, conforme vai se caminhando na Curva de Possibilidade de Produção, da esquerda para a direita, a inclinação ou tangente no ponto vai aumentando, portanto, o custo de oportunidade também, o que comprova que o custo de oportunidade **não é constante** ao longo da CPP.

Figura 1.4. Curva de Possibilidade de Produção. O ponto "A" apresenta um custo de oportunidade que pode ser medido pela tangente de θ

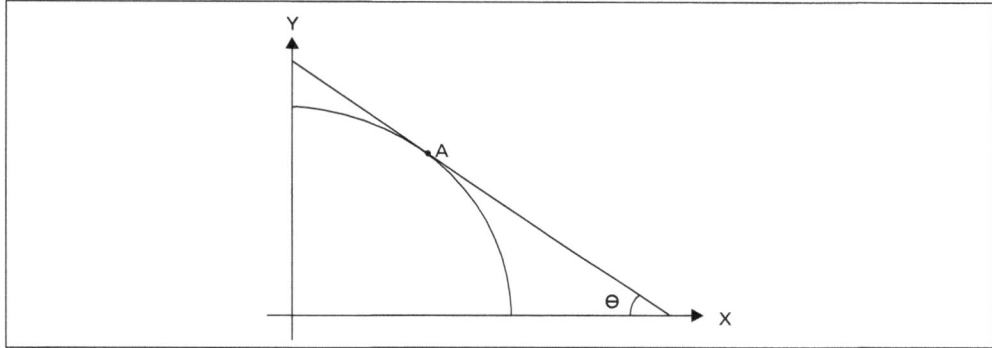

Observamos que a tangente no ponto B, que forma o ângulo α com a horizontal do gráfico da Figura 1.5, é maior que a tangente no ponto A, que forma o ângulo θ com a horizontal do gráfico da Figura 1.4. Portanto, o **custo de oportunidade de B é maior que o custo de oportunidade de A**.

Figura 1.5. Curva de Possibilidade de Produção. O ponto "A" apresenta um custo de oportunidade que pode ser medido pela tangente de θ. O ponto "B" apresenta um custo de oportunidade que pode ser medido pela tangente de α. Observe que a tangente de θ é menor que a tangente de α, logo, o custo de oportunidade no ponto "A" é menor que o custo de oportunidade de "B", comprovando que o custo de oportunidade é crescente à medida que se aumenta a produção de um bem (X) em detrimento de outro bem (Y).

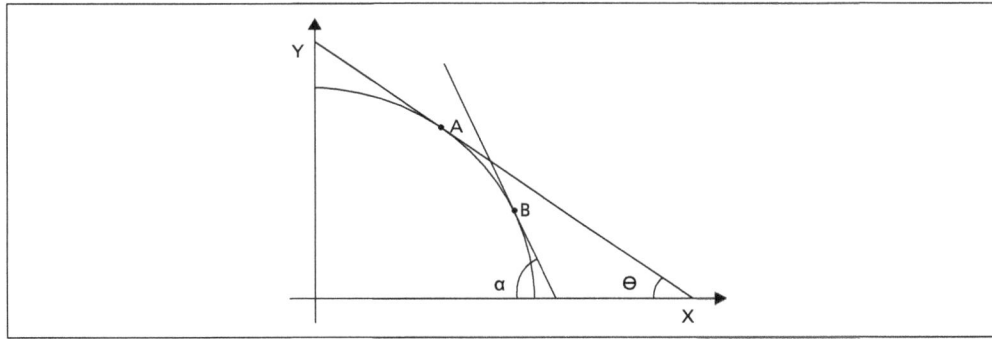

O custo de oportunidade, que é a renúncia que deve haver em deixar de produzir um bem para poder produzir mais de outro bem, é, portanto, **crescente**.

É costume falar do custo de oportunidade de produzir mais do bem X em detrimento do bem Y, mas se quisermos definir o custo de oportunidade de produzir mais de Y em detrimento de X, o custo de oportunidade da segunda situação será o **oposto** da primeira. Assim, se o custo de oportunidade de produzir mais uma unidade de X em detrimento de Y for igual a 4, o custo de oportunidade de produzir mais de Y em detrimento de X será igual a 1/4.

Quando estudamos a teoria sobre a Curva de Possibilidade de Produção, partimos, portanto, de três **hipóteses**:

1.ª hipótese: consideramos a possibilidade de produção de apenas dois bens.

2.ª hipótese: todos os recursos produtivos, como mão de obra, capital, matéria-prima e empreendimento, estão sendo plenamente utilizados.

3.ª hipótese: não há avanços tecnológicos, ou seja, a tecnologia é fixa.

Respondendo, então, às perguntas básicas a respeito da CPP, temos:

1) Por que a CPP é **côncava**?

Devido à especialização, a substituição de um produto por outro se depara com **custos de oportunidades crescentes**. Cada vez mais é preciso sacrificar mais de um produto para produzir mais do outro. Ou seja, para produzir mais "uma unidade" de X, cada vez mais se abre mão de Y. Observemos no gráfico da Figura 1.6 que, à medida que aumenta X (representado pela setinha ➤), a quantidade que deve ser reduzida de Y é maior (representado pelas setinhas no eixo das ordenadas do gráfico).

Figura 1.6. Curva de Possibilidade de Produção. À medida que aumenta a quantidade produzida de X, deve-se reduzir a quantidade produzida de Y, o que justifica a CPP decrescente. Observe que a quantidade que se está aumentando de X é constante, mas a quantidade que se está reduzindo de Y é crescente, ou seja, o custo de oportunidade de produzir mais "uma unidade" de X em detrimento de "Y" é crescente, o que justifica a CPP ser côncava para a origem.

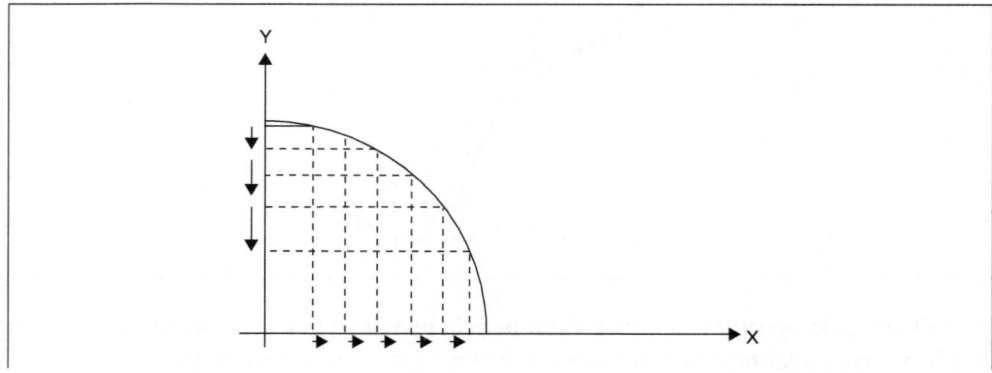

2) Por que é **decrescente**?

Porque para aumentar a produção de um dos bens é necessário reduzir a produção do outro, já que os recursos estão sendo plenamente utilizados. Portanto, há uma relação negativa ou decrescente entre os dois bens.

3) E se a CPP fosse representada por uma curva linear ou uma **reta**?

Caso a CPP fosse representada por uma reta, significaria dizer que os custos de oportunidade seriam constantes, ou seja, para aumentarmos a produção do bem X, precisaríamos reduzir em proporções sempre constantes a quantidade de Y que se está produzindo. Observemos que a tangente em qualquer ponto da reta é constante e, portanto, os custos de oportunidade também são. Vejamos o gráfico da Figura 1.7.

Figura 1.7. Curva de Possibilidade de Produção, no caso de o seu formato ser linear, mostra que o custo de oportunidade de produzir mais de X em detrimento de Y é constante.

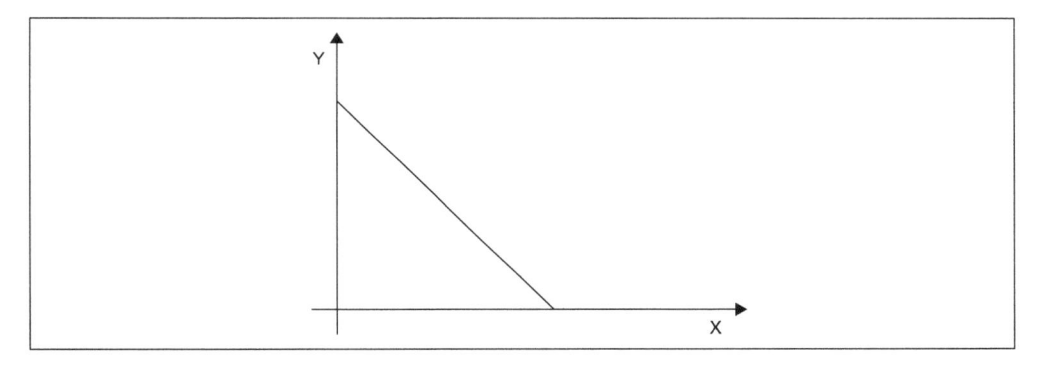

4) A CPP pode ser representada por uma curva **convexa** para a origem?

Dizer que a Curva de Possibilidade de Produção é convexa para a origem é uma falácia, porque se estaria afirmando que os custos de oportunidade são decrescentes e as quantidades sacrificadas são cada vez menores, o que contraria a Lei dos Rendimentos Físicos Marginais Decrescentes[20].

5) Qual é o **custo de oportunidade** se a produção estivesse ocorrendo entre a **CPP** e a **origem**?

Se a produção estivesse ocorrendo entre a origem e a Curva de Possibilidade de Produção, ou seja, de forma **ineficiente**, o custo de oportunidade seria **zero**. Isso porque, caso desejássemos aumentar a quantidade de um dos bens como mostra o gráfico da Figura 1.8, no deslocamento do ponto A para o ponto B, não precisaríamos abrir mão do bem Y para produzirmos mais de X. Isso decorre do fato de não se estar utilizando

---

[20] A Lei dos Rendimentos Físicos Marginais decrescentes diz que, considerando um dos fatores de produção constante, à medida que aumenta a utilização de outro fator, o produto cresce, porém, a taxas cada vez menores. Então, à medida que aumenta um dos insumos, o produto aumenta, porém, cada vez menos. Esse assunto será visto no Capítulo 13.

todos os fatores de produção disponíveis e, caso utilizássemos mais desses recursos ociosos, seria possível produzirmos mais de um dos bens sem precisar reduzir a quantidade do outro bem, ou seja, sem que se gerassem custos de oportunidade.

Figura 1.8. Curva de Possibilidade de Produção. Para passar do ponto "A" para o ponto "B" não há custo de oportunidade, já que não há necessidade de reduzir "Y" para produzir mais de "X". Entre a origem dos eixos e a CPP, a empresa está operando de maneira ociosa, ou seja, não está utilizando todos os recursos produtivos disponíveis.

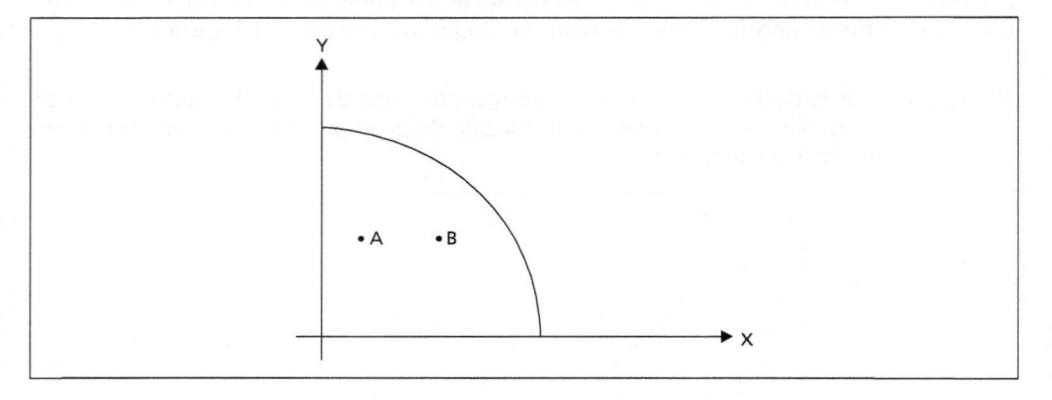

6) E se ocorrer **aumento dos fatores de produção ou melhoria tecnológica**?

A Curva de Possibilidade de Produção se desloca se houver modificação da dotação de fatores de produção ou se houver alteração do desenvolvimento tecnológico, que são variáveis exógenas ao modelo.

Se essa alteração for no sentido de aumentar os recursos produtivos ou melhorar a tecnologia, a curva se desloca para cima. Observemos o gráfico da Figura 1.9:

Figura 1.9. Curva de Possibilidade de Produção. Havendo um aumento dos fatores produtivos ou um avanço tecnológico, a CPP se desloca para cima ou para a direita paralelamente.

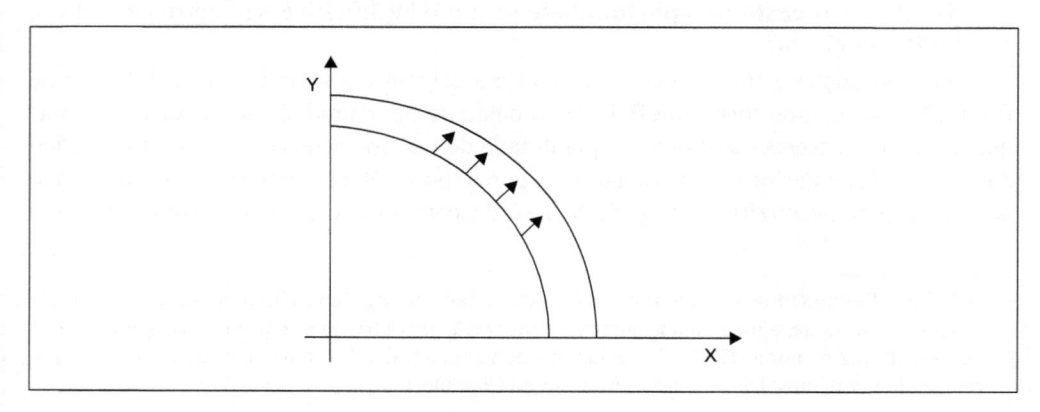

Se essa alteração for no sentido de diminuir os recursos produtivos ou piorar a tecnologia, a curva se desloca para baixo. Observemos o gráfico da Figura 1.10:

Figura 1.10. Curva de Possibilidade de Produção. Havendo uma redução dos fatores produtivos ou um retrocesso tecnológico, a CPP se desloca para baixo ou para a esquerda paralelamente.

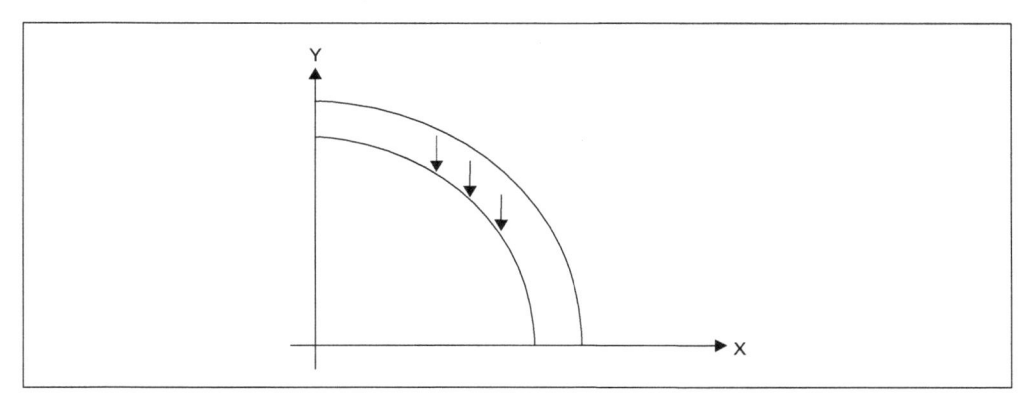

O deslocamento da CPP ocorre de forma paralela, considerando que esse avanço tecnológico ou aumento dos fatores produtivos afete igualmente a produção dos dois bens.

Se considerarmos, por exemplo, que esse avanço tecnológico ou aumento dos fatores produtivos afeta a produção de **apenas um dos bens**, por exemplo, o bem Y, a CPP não vai se deslocar paralelamente, mas, sim, conforme mostra o gráfico da Figura 1.11:

Figura 1.11. Curva de Possibilidade de Produção. Havendo um avanço tecnológico que afete positivamente apenas a produção do bem Y, a CPP se desloca para cima ou para a direita, mas não de forma paralela.

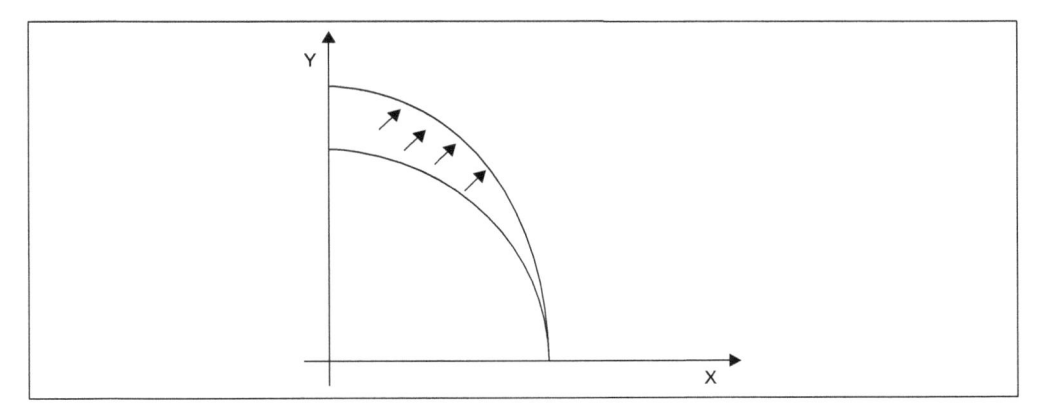

Perceba-se que a Curva de Possibilidade de Produção trata de uma situação de curto prazo, em que os fatores produtivos e a tecnologia são constantes ou fixas. Quando há uma alteração desses fatores ou da tecnologia, a situação passa a ser de **longo**

prazo até que se tornem fixas novamente, ou seja, no deslocamento de uma CPP para outra CPP, há uma análise de longo prazo.

1.8. ANÁLISE POSITIVA E NORMATIVA

Em economia, fala-se muito em análise positiva e análise normativa, embora grande parte dela seja positiva.

A análise **positiva** é uma **afirmação a respeito de algo**. Ela mostra "o que é", a verdade dos fatos, assim como vai apontar as tendências de eventos com base em observações e testes realizados nas relações econômicas. A análise **normativa** se refere como **deveria ser algo, refletindo valores ou opiniões a respeito de algo**. Assim, por exemplo, quando se diz que:

- a escassez de água limita o crescimento econômico, está fazendo uma afirmação positiva;
- deveria haver mais investimento na captação de água nos estados, está fazendo uma afirmação normativa.

Observemos que uma afirmativa positiva pode afetar uma afirmativa normativa, embora esta última englobe também **juízo de valor**.

Segundo Pindyck e Rubinfeld, "As questões positivas relacionam-se com explicações e previsões, e as, normativas, com aquilo que se supõe que seja adequado [...]. A análise positiva [...] consiste em proposições que descrevem relações de causa e efeito"[21].

Para Mansfield e Yohe, "[...] as análises positivas — destinadas a descrever o que aconteceria em um determinado sistema caso isso ou aquilo tivesse de ser mudado — e análises normativas — destinadas a descobrir o que **deve ser** feito em resposta a tal mudança"[22].

1.9. REPRESENTAÇÕES GRÁFICAS

Por meio dos gráficos, é possível mostrar as relações entre variáveis de maneira mais visual. Quando o estudo se concentra na análise de apenas **uma variável**, podemos utilizar os **gráficos de pizza, gráficos de barra ou gráficos de série temporal**. Quando o estudo se concentra em **duas variáveis**, utilizamos o **sistema de coordenadas**, que vai analisar a relação entre duas variáveis diferentes. Vejamos cada um deles:

→ **Gráfico de pizza**[23]:

Por exemplo: podemos analisar uma **única variável** (taxa de desemprego aberta — 30 dias) e sua divisão entre as cidades onde a pesquisa é realizada, conforme mostra a Figura 1.12.

---

[21] Robert S. Pindyck & Daniel L. Rubinfeld, *Microeconomia*, p. 6.
[22] Edwin Mansfield & Gary Yohe, *Microeconomia*, p. 7.
[23] Disponível em: <https://bit.ly/2PcdVRn>. Acesso em: 2 mar. 2022.

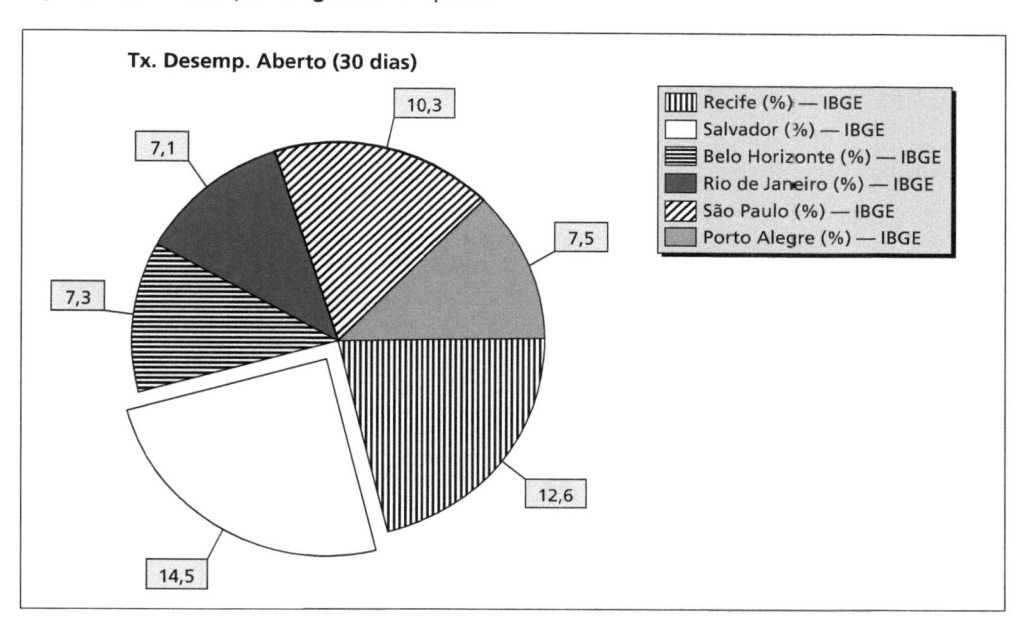

Figura 1.12. Exemplo de gráfico de pizza.

→ **Gráfico de barra:**

Por exemplo: podemos analisar uma **única variável** (acidentes automobilísticos) e analisar suas causas. A altura de cada barra representa a incidência por tipo de acidentes sendo possível fazer uma comparação visual entre cada uma delas, conforme mostra a Figura 1.13.

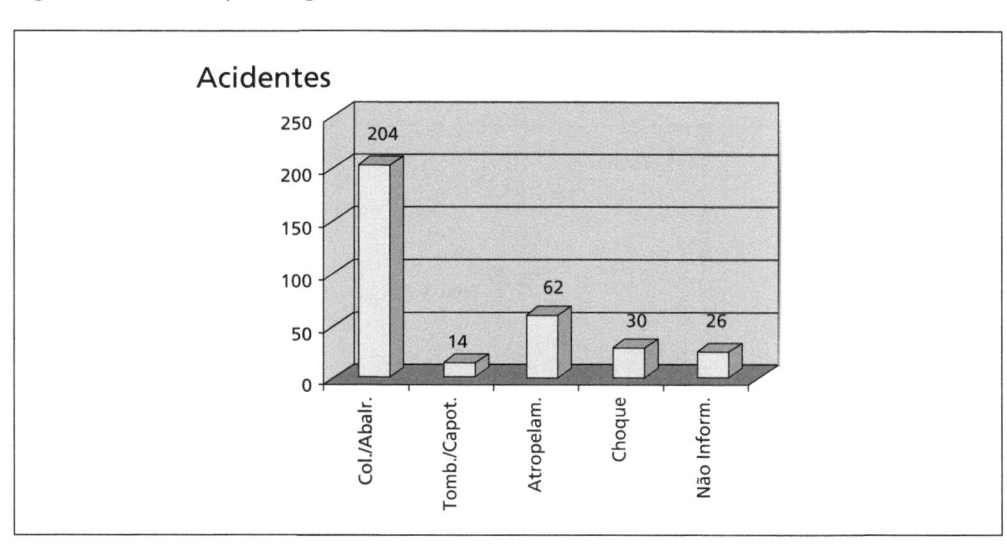

Figura 1.13. Exemplo de gráfico de barra.

→ **Gráfico série temporal**[24]:

Por exemplo: podemos analisar uma **única variável** (vendas de vinho) e o gráfico série temporal vai mostrar as oscilações na venda de vinho ao longo de alguns meses/ano, conforme mostra a Figura 1.14.

Figura 1.14. Exemplo de gráfico série temporal.

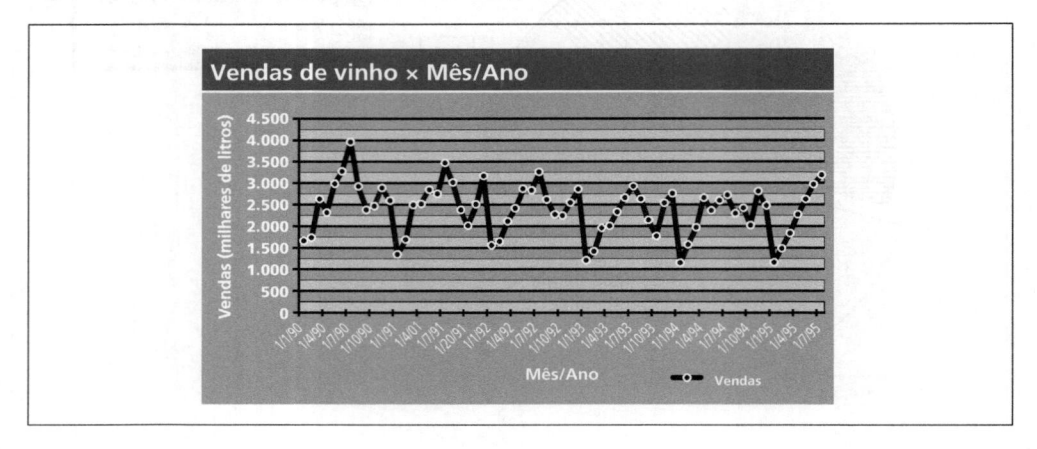

→ **Sistema de coordenadas:**

Por exemplo: podemos analisar **duas variáveis** (consumo e renda), em que para cada nível de renda se define um nível de consumo formando pares ordenados. Por exemplo: quando a renda for igual a 100, o nível de consumo será de 90. O par ordenado formado será (100, 90). Formando vários pares ordenados e unindo-os poderemos representar retas, curvas ou simplesmente pontos dispersos, que comporão um gráfico de dispersão. No gráfico da Figura 1.15, é possível ver um sistema de coordenadas que formou uma reta:

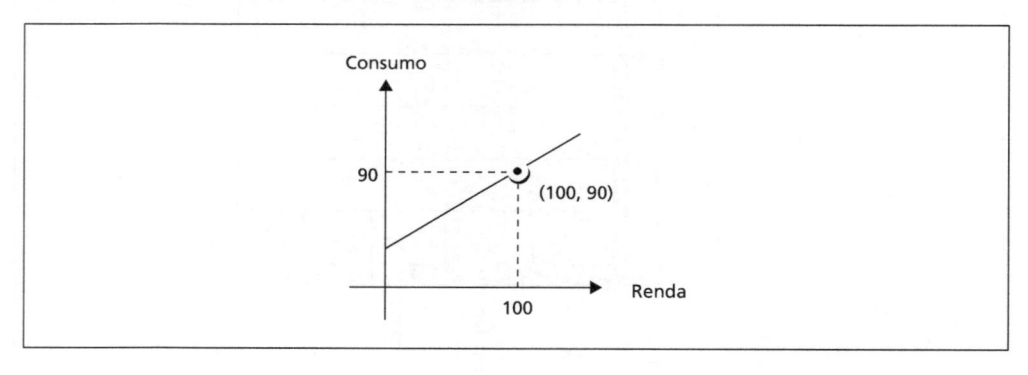

Figura 1.15. Exemplo de sistema de coordenadas.

---

[24] Disponível em: <https://bit.ly/2Q0eF17>. Acesso em: 2 mar. 2022.

1.10. VARIÁVEIS ENDÓGENAS E VARIÁVEIS EXÓGENAS

A variável que se pretende explicar dentro do modelo é denominada variável endógena. Vejamos um exemplo:

Dada a função demanda a seguir: Qd = 10 – 2P, onde Qd é a quantidade demandada e P é o preço do produto. Assim, se o preço (P) é 2, a quantidade demandada (Qd) é 6. Se o preço (P) é 3, a quantidade demandada (Qd) é 4.

Podemos perceber que o preço (P) e a quantidade demandada (Qd) são variáveis endógenas porque estão sendo apresentadas dentro do modelo.

Variáveis exógenas são aquelas determinadas fora do modelo e fixadas no momento em que são introduzidas no modelo. Elas não devem ser explicadas, pois são dadas como certas. Por exemplo:

Vamos supor que o clima esteja muito quente e o consumidor demande uma quantidade maior de picolé, ou seja, o clima alterou a quantidade demandada (Qd) do produto. Considerando a mesma função demanda Qd = 10 – 2p, percebemos que o clima não pertence à função, mas afeta a quantidade demandada (Qd) do bem. Portanto, o "clima" é uma variável exógena.

Vejamos a definição dada por Sandroni (1999)[25]: variável endógena é "variável determinada por forças que operam dentro do sistema em estudo e no qual está inserida" e variável exógena é "variável determinada por forças externas ao modelo em consideração".

1.11. QUESTÕES

1. (CEBRASPE — 2024 — FINEP) Assinale a opção em que é apresentado objeto de estudo da microeconomia.
   a) custo de captação através de debêntures.
   b) taxa de inflação.
   c) nível de desemprego.
   d) taxa básica de juros da economia.
   e) produto interno bruto (PIB).

2. (CEBRASPE — 2024 — FINEP) No que se refere à análise econômica em níveis micro e macro, julgue os itens a seguir.
   I – O impacto da concorrência de produtos estrangeiros na indústria de calçados de determinado estado da Federação insere-se entre os objetos de estudo da macroeconomia.
   II – Microeconomia e macroeconomia são ramos distintos da ciência econômica, inexistindo correlação entre elas.
   III – As consequências do endividamento da União sobre o desempenho econômico do país é objeto de estudo da macroeconomia.
   Assinale a opção correta.
   a) Apenas o item I está certo.
   b) Apenas o item III está certo.
   c) Apenas os itens I e II estão certos.
   d) Apenas os itens II e III estão certos.
   e) Todos os itens estão certos.

---

[25] Sandroni, Paulo. Novíssimo Dicionário de Economia, 1999 – Ed.Best Seller – 2.ª ed.

3. (Instituto AOCP — 2024 — Economista) A diferenciação entre as expressões economia positiva e economia normativa permite a compreensão dos conteúdos e dos significados da construção da economia como ciência. Considerando a distinção entre esses dois conceitos, analise as afirmações hipotéticas sobre orçamento e finanças realizadas por um economista que atua em um órgão público.
   1. O Superávit Financeiro do órgão foi de R$ 2.578.010 no ano de 2023.
   2. Os gastos com pagamento de salário do pessoal temporário no órgão não podem ser maiores do que 20% do gasto com pessoal efetivo.
   3. O investimento do órgão público previsto na Lei Orçamentária Anual (LOA) aprovada em 18 de dezembro de 2023 foi de 3,5% do orçamento total.

   As afirmações 1, 2 e 3 podem ser classificadas, respectivamente, como
   a) positiva, normativa e positiva.
   b) positiva, normativa e normativa.
   c) positiva, positiva e positiva.
   d) normativa, normativa e positiva.
   e) positiva, positiva e normativa.

4. (Instituto Consulplan — 2024 — DPE/Economia) Com base em conceitos fundamentais de microeconomia, a respeito do Custo de Oportunidade, marque V para as afirmativas verdadeiras e F para as falsas.
   1. ( ) É, também, conhecido como custo econômico, por se tratar de uma oportunidade que deixa de ser utilizada.
   2. ( ) Pode ser exemplificado por meio de situações em que existe um trade-off (expressão em inglês que significa o ato de escolher uma coisa em detrimento de outra).
   3. ( ) No mercado de trabalho, pode ser entendido como o benefício em se ter tempo livre quando a opção for se dedicar ao trabalho.
   4. ( ) Em um investimento (mercado financeiro) pode ser medido pelo valor que retornaria de outros investimentos que seria possível fazer com o mesmo montante aplicado.

   A sequência está correta em
   a) V, V, V, V.
   b) F, V, F, F.
   c) V, F, F, V.
   d) F, F, V, F.

5. (FGV — 2024 — ALEP/Economista) Considere um estudante que deve decidir se deve se matricular ou não em um curso privado de pós-graduação. Assuma que ele trabalha, mas que, ao decidir frequentar o curso, necessita largar o emprego devido à elevada carga horária e se mudar de cidade.

   Além do custo pecuniário, outro custo relevante na decisão do estudante que não envolve desembolso para ele é o custo
   a) monetário.
   b) contábil.
   c) de oportunidade.
   d) irrecuperável.
   e) de aluguel.

6. (CEBRASPE — 2024 — Diplomata) Um comentarista de rádio proferiu a seguinte frase a respeito do baterista de uma banda de rock: "O João não é o melhor baterista do mundo... sejamos sinceros, ele não é nem o melhor baterista da sua banda!".

   A partir da situação hipotética precedente, considerando que a habilidade musical de um membro daquela banda possa ser medida pela sua contribuição ao ganho monetário em um show e que Carlos, guitarrista da mesma banda, poderia ser o baterista da banda, julgue (C ou E) o item seguinte, tendo como referência a teoria das vantagens comparativas.

   O custo de oportunidade relativo de João ser baterista é menor que o custo de oportunidade relativo de Carlos ser baterista.
   ( ) Certo   ( ) Errado

7. **(FGV — 2024 — Pref. SJC/Ciências Econômicas)** Considere a curva de possibilidade de produção que relacione dois bens. Quando a economia está em pleno emprego
   a) não há uma combinação factível de produção dos dois bens, para a tecnologia dada.
   b) a economia não opera de forma eficiente.
   c) existe possibilidade de melhora no sentido de Pareto.
   d) a economia consegue obter o máximo dos escassos recursos disponíveis.
   e) é possível expandir a produção de um bem, sem reduzir a do outro bem.

8. **(CESGRANRIO — 2024 — CNU/Setores Econômicos e Regulação)** Considere a Curva de Possibilidade de Produção (CPP) clássica, apresentada abaixo.

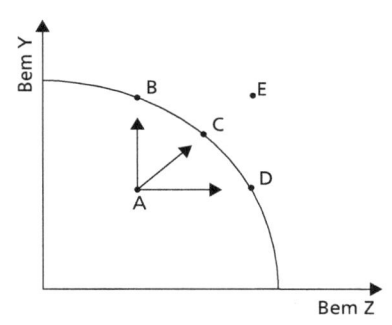

Nessa curva, verifica-se o seguinte:
   a) os vetores AB, AC e AD são isoquantas de fatores de produção que apontam para a mesma quantidade de produção dos bens Z e Y na curva.
   b) caso a curva se desloque integralmente para o ponto E, mantendo-se o comportamento, seria possível verificar uma expansão da capacidade produtiva.
   c) no ponto E, a produção dos bens não poderá ser atingida devido à ineficiência de alocação dos fatores produtivos existentes.
   d) nos pontos A e E, há uma capacidade ociosa de fatores produtivos.
   e) no ponto A, a produção dos bens não pode ser atingida, dada a indisponibilidade de fatores produtivos no curto e no longo prazo.

9. **(CEBRASPE — 2024 — Analista do Banco Central do Brasil/Economia e Finanças)**

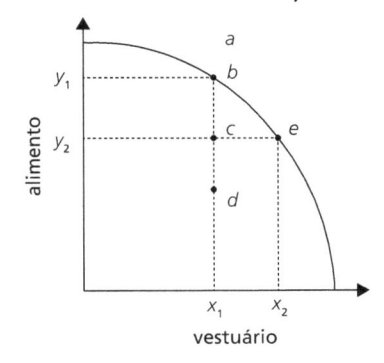

Com base na curva ou fronteira de possibilidades de produção em uma economia de dois produtos (alimento e vestuário), representada no gráfico precedente, julgue o próximo item.
   i. O que explica o deslocamento do ponto b para o ponto e é o custo de oportunidade de se produzir mais vestuário em detrimento de alimentos.
   ( ) Certo   ( ) Errado
   ii. O deslocamento do ponto c para o ponto b é explicado pelo avanço tecnológico.
   ( ) Certo   ( ) Errado

10. (CEBRASPE — 2024 — Especialista em Regulação de Aviação Civil/ANAC) Uma concessionária de serviços aeroportuários está projetando sua atuação nos próximos cinco anos em dois de seus aeroportos, A e B. Para o aeroporto A, pretende a ampliação da pista de pousos e decolagens, assim como a construção de mais dez portões de embarque. Para o aeroporto B, a projeção envolve apenas a contratação de mão de obra para o aperfeiçoamento dos diversos serviços prestados.

Acerca da situação hipotética precedente, julgue o item seguinte.

Ambas as projeções indicadas são estudos econômicos de longo prazo, uma vez que envolvem um horizonte temporal maior que um ano.
   ( ) Certo   ( ) Errado

GABARITO

1. "a". A microeconomia se preocupa em estudar individualmente ou em grupos o comportamento das empresas e como estas tomam suas decisões. Quando uma empresa emite debêntures para se financiar, ela está tomando uma decisão de como vai se financiar, o que representa um campo de estudo da microeconomia. A alternativa "a" está correta. Já a macroeconomia estuda a economia de forma agregada e, portanto, vai determinar a taxa de inflação, o nível de desemprego, a taxa de juros e o PIB da economia. Logo, as alternativas "b", "c", "d" e "e" estão incorretas.

2. "b". O impacto da concorrência de produtos estrangeiros na indústria de calçados de determinado estado da Federação insere-se entre os objetos de estudo da microeconomia, já que ela se preocupa com o comportamento individual ou em grupos de empresas, como é o caso da indústria de calçados. O item I está incorreto.

Microeconomia e macroeconomia são ramos cuja linha que as separa tem se tornado cada vez menos definida, existindo correlação entre elas. O item II está incorreto.

As consequências do endividamento da União sobre o desempenho econômico do país é objeto de estudo da macroeconomia, já que ela se preocupa em estudar como funciona a economia como um todo, de forma agregada e pelas médias. O item III está correto.

3. "a". A análise positiva é uma afirmação a respeito de algo que mostra a verdade real dos fatos. Ela mostra "o que é". Portanto, os itens 1 e 3 referem-se a uma análise positiva. Já a análise normativa se refere ao que "deveria ser", refletindo valores ou opiniões a respeito de algo. Portanto, o item 2 se refere a uma análise normativa.

4. "a". O custo de oportunidade é um conceito econômico que representa o custo associado a uma oportunidade perdida. O item 1 está correto. Quando existe um trade-off, ou seja, quando ocorre uma "troca", surge o custo de oportunidade de se escolher uma das opções em detrimento de outra. O item 2 está correto. O custo de oportunidade de se dedicar ao trabalho podem ser as horas de tempo livre de que se abre mão. O item 3 está correto. Ao se optar por uma aplicação no mercado financeiro, deixam-se de fazer outros investimentos que dariam retorno. Esse retorno que se deixa de ganhar é representado pelo custo de oportunidade. O item 4 está correto.

5. "c". O custo de oportunidade é um conceito econômico que representa o valor que se deixa de ganhar ao optar por uma alternativa em detrimento de outra. Assim, quando o estudante decide largar o emprego, o custo de oportunidade é o que ele deixa de ganhar de salário pelo fato de ter optado por se matricular em um curso de pós-graduação.

6. "certo". Para Carlos ser baterista, deveria deixar de ser guitarrista, o que geraria um grande prejuízo para a banda, ou seja, o custo de oportunidade para Carlos escolher ser baterista é muito alto. Já para João escolher ser baterista, ele não estaria renunciando a nada, já que ele não teria outra função na banda. Logo, o seu custo de oportunidade dentro da banda é zero. Logo, o custo de oportunidade de João ser baterista é menor que o de Carlos ser baterista.

7. "d". Quando a economia está em pleno emprego e a produção ocorre sobre a curva de possibilidade de produção, qualquer ponto que esteja sobre a CPP está utilizando todos os recursos disponíveis e está sendo o máximo eficiente. A alternativa "d" está correta. Quando a economia está em pleno emprego, há inúmeras combinações factíveis dos dois bens. Essas combinações, quando todos os recursos estão sendo plenamente utilizados, são pontos sobre a curva de pos-

sibilidade de produção. Caso os recursos não estejam sendo plenamente utilizados, as combinações são pontos abaixo da curva de possibilidade de produção e acima do encontro dos eixos. A alternativa "a" está incorreta. Quando a economia opera no pleno emprego, as combinações de produção de dois bens são pontos sobre a curva de possibilidade de produção e são eficientes. A alternativa "b" está incorreta. Sobre a curva de possibilidade de produção não existe a possibilidade de melhoria no sentido de Pareto porque, para produzir mais de um bem, tem que se abrir mão de certa quantidade na produção do outro bem, já que todos os recursos já estão sendo utilizados. As alternativas "c" e "e" estão incorretas.

8. "b". Caso a Curva de Possibilidade de Produção (CPP) se desloque paralelamente para a direita, significa que houve um avanço tecnológico ou um aumento dos fatores de produção. Portanto, dada uma certa tecnologia, o deslocamento da CPP seria justificado pela expansão da capacidade produtiva decorrente do aumento dos fatores produtivos. A alternativa "b" está correta.

Os vetores AB, AC, AD elevam o nível de produção, porém de formas diferentes. AB eleva a produção do bem Y, mas mantém a produção do bem Z. AC eleva a produção dos bens Y e Z e AD eleva a produção do bem Z, mas mantém a do bem Y. A alternativa "a" está incorreta.

No ponto E, a produção dos bens não poderia ser atingida devido a insuficiência de fatores produtivos ou devido a falta de avanço tecnológico. A alternativa "c" está incorreta.

No ponto A há capacidade ociosa, ou seja, seria possível aumentar a produção dos bens Y e X porque há fatores produtivos e tecnologia suficientes para isso. O ponto "e" é não factível porque não há recursos produtivos suficientes ou avanço tecnológico para produzir a quantidade de Y e Z nesse ponto E. A alternativa "d" está incorreta.

No ponto A é totalmente possível se produzir porque há fatores produtivos ociosos. A alternativa "e" está incorreta.

9. i. "certo". Tanto no ponto b quanto no ponto e estão sendo utilizados todos os fatores de produção existentes, dada uma certa tecnologia. Portanto, para aumentar a produção de vestuário, é necessário se reduzir a produção de alimentos. E essa renúncia de se produzir mais de um bem em troca de se produzir menos do outro chama-se custo de oportunidade. O item "i" está correto.

ii. "errado". Em c a produção ocorre de forma ociosa, ou seja, há recursos produtivos, mas não estão sendo plenamente utilizados. A sua utilização poderia deslocar c para qualquer ponto da Curva de Possibilidade de Produção. Portanto, o deslocamento de c para b é fruto da utilização dos fatores de produção que estavam sendo subutilizados. O item "ii" está errado.

10. "errado". Em microeconomia, longo prazo é o tempo necessário para que todos os fatores produtivos sejam variáveis. Assim, se o capital e a mão de obra variam conjuntamente, dizemos que estamos no longo prazo. Curto prazo é o tempo suficiente para que um ou nenhum dos fatores de produção se altere. Assim, se o capital ou a mão de obra isoladamente se alterarem ou se nenhum deles se alterar, dizemos que estamos no curto prazo. Na questão, o aeroporto A vai alterar apenas o capital, mantendo a mão de obra, e o aeroporto B vai alterar apenas a mão de obra, mantendo o capital. Logo, estamos no curto prazo.

1.12. MATERIAL SUPLEMENTAR

QUESTÕES DE CONCURSOS
> http://uqr.to/1yara

2
DEMANDA

2.1. DEMANDA

Entendemos por **demanda** todas as combinações de quantidade de bens ou serviços que um consumidor ou grupo de consumidores está **disposto** a comprar, a determinado preço em um determinado período. Observemos que a demanda mostra uma **intenção** e não um fato concreto.

Segundo Byrns & Stone: "Demandas são as quantidades de vários bens que as pessoas desejam e podem comprar durante um certo período, dadas as alternativas disponíveis"[1].

No **mercado de bens**, a demanda vai refletir o **comportamento dos consumidores**, ou seja, vai mostrar que, quando o preço do produto aumenta, os consumidores demandarão uma quantidade menor de produto e, quando o preço do produto diminui, os consumidores demandarão uma quantidade maior de produto.

Portanto: o Preço de um bem (P) e a sua Quantidade demandada (Qd) são **inversamente proporcionais**, ou seja, mantém uma **relação decrescente ou negativa** entre si.

O gráfico da Figura 2.1 mostra que, mantidas constantes todas as demais variáveis que influenciam os compradores, quando o P diminui, a Qd aumenta. o que faz com que a **inclinação** da curva de demanda seja **negativa**.

Figura 2.1. Curva de demanda pelo bem (D): mostra a relação inversa entre Preço (P) e Quantidade demandada (Qd).

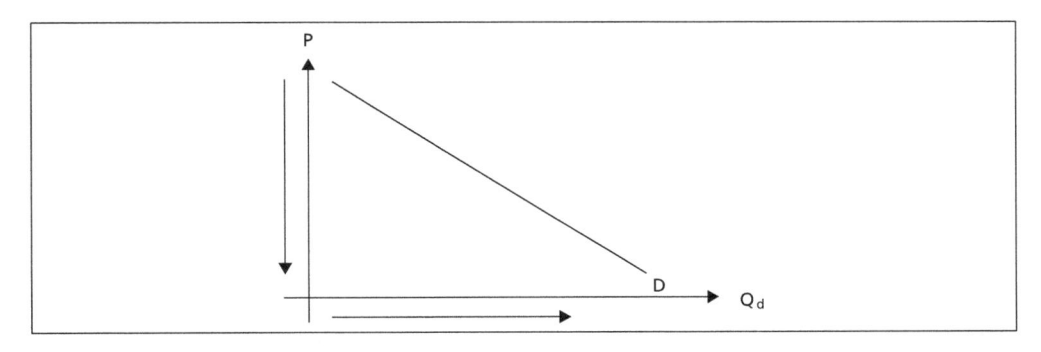

---
[1] Ralph T. Byrns & Gerald W. Stone, *Microeconomia*, p. 56.

Daí, surge a **Lei da Demanda**, que afirma que, com tudo o mais mantido constante, quando o Preço aumenta, sua Quantidade demandada diminui e, quando o Preço cai, a Quantidade demandada aumenta[2].

> Lei da Demanda afirma:
> P↑ Qd↓
> P↓ Qd↑

Varian complementa, ao citar o que os economistas chamam de **preço reserva**: "Os economistas costumam chamar de preço de reserva a quantia máxima que uma pessoa está disposta a pagar por alguma coisa. Ele é o preço máximo que a pessoa aceitará pagar por um bem e, ainda assim, comprá-lo. Em outras palavras, o preço de reserva de uma pessoa é o preço em relação ao qual essa pessoa é indiferente entre comprar ou não comprar o bem"[3].

A Qd e a Demanda (D) por um bem vão ocorrer em função de vários fatores, entre eles, o preço do bem X, preço de outros bens relacionados com o bem procurado, renda disponível dos consumidores, hábitos de consumo, entre outros.

Mankiw afirma que: "[...] são muitas as coisas que determinam a quantidade demandada de qualquer bem, mas, quando se analisa o funcionamento dos mercados, há uma determinante que representa um papel central: o preço do bem"[4].

Vejamos uma variação no preço do bem primeiro.

Considerando que haja uma variação no preço e que as demais variáveis sejam mantidas constantes, diremos que:

> Qd = f (P)

Ou seja, a Quantidade demandada pelo bem é função do Preço do bem *ceteris paribus*[5].

Falar em Demanda é diferente de falar em Quantidade demandada, ou seja:

> Demanda (D) ≠ Quantidade demandada (Qd)

A **quantidade demandada** é uma simples variável mediante inúmeras possibilidades encontradas na função demanda, enquanto a **demanda** é uma relação inversa entre preço e quantidade demandada, na qual é possível encontrarmos inúmeras possibilidades de combinação entre preço e quantidade demandada.

Graficamente, a quantidade demandada é representada no eixo das abscissas do gráfico, enquanto a demanda é a própria função que vai combinar um preço à sua respectiva quantidade demandada.

---

[2] Veremos mais adiante que alguns bens podem contrariar a Lei da Demanda.
[3] Hal R. Varian, *Microeconomia*: uma abordagem moderna, p. 4.
[4] N. Gregory Mankiw, *Princípios de microeconomia*, p. 67.
[5] *Ceteris paribus* é uma expressão latina que significa "tudo o mais constante".

Observemos a Figura 2.2.

Figura 2.2. Gráfico da curva de Demanda (D). A Quantidade demandada (Qd_1), quando associada ao preço (P_1), será um ponto na curva de demanda, enquanto a Demanda (D) é a combinação de inúmeras quantidades demandadas e preços.

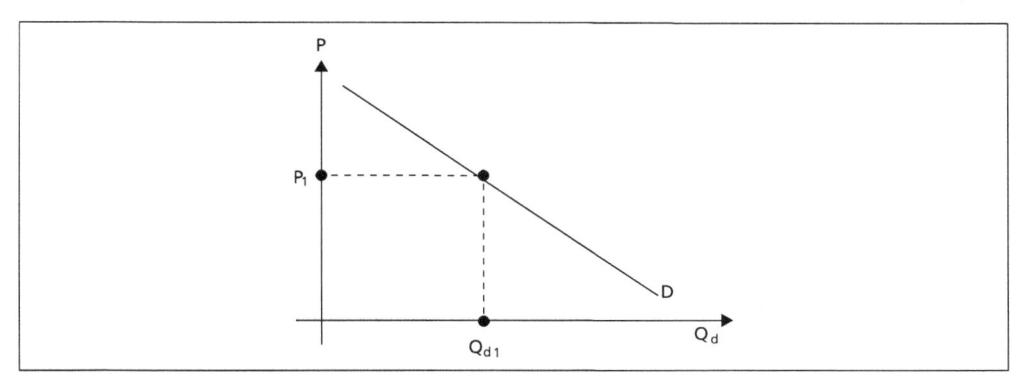

A **demanda são as inúmeras relações de preços com quantidades**, mantendo tudo o mais constante (*coeteris paribus*). Vamos observar, a seguir, duas funções demandas quaisquer:

Demanda 1 → Qd = 20 − 2p

Demanda 2 → Qd = 100 − 5p

Já a **quantidade demandada é um ponto definido na função**, ou seja:

Demanda 1 → Qd = 20 − 2p; quando o Preço é 5, a Quantidade demandada (Qd) é 10. Vejamos o gráfico da Figura 2.3.

Figura 2.3. Gráfico da curva de Demanda (D) e um ponto específico que mostra que quando o Preço é 5, a Quantidade demandada (Qd) é 1C.

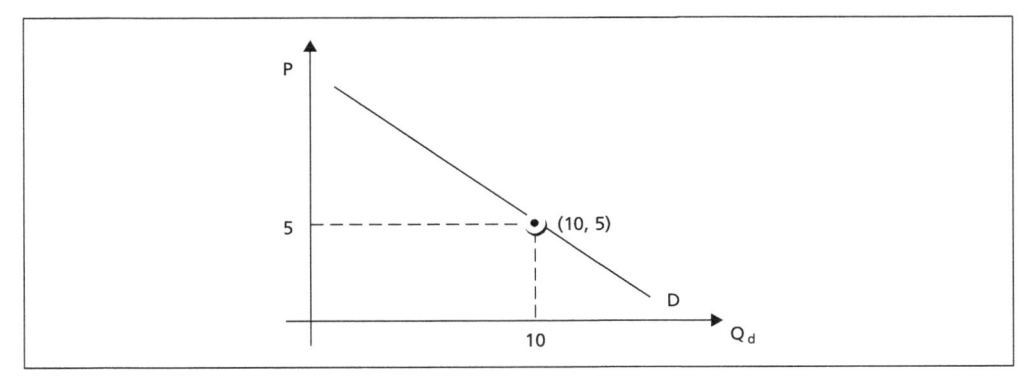

Observemos que, com a Quantidade demandada de 10 e o Preço de 5, definimos um ponto na função Demanda. Se houvesse alteração do preço do produto, que é uma variável endógena, a Quantidade demandada (Qd) se alteraria e um novo ponto seria definido na função Demanda (D), porém a curva de demanda não sairia do lugar, ou seja, **uma alteração no preço é capaz de alterar a quantidade demandada,** mas não é capaz de alterar a demanda.

Vejamos um segundo exemplo:

Demanda 2 → Qd = 100 – 5p; quando o Preço (P) é 5, a Quantidade demandada (Qd) é 75. Vejamos o gráfico da Figura 2.4.

Figura 2.4. Gráfico da curva de Demanda (D) e um ponto específico que mostra que quando o Preço é 5, a Quantidade demandada (Qd) é 75.

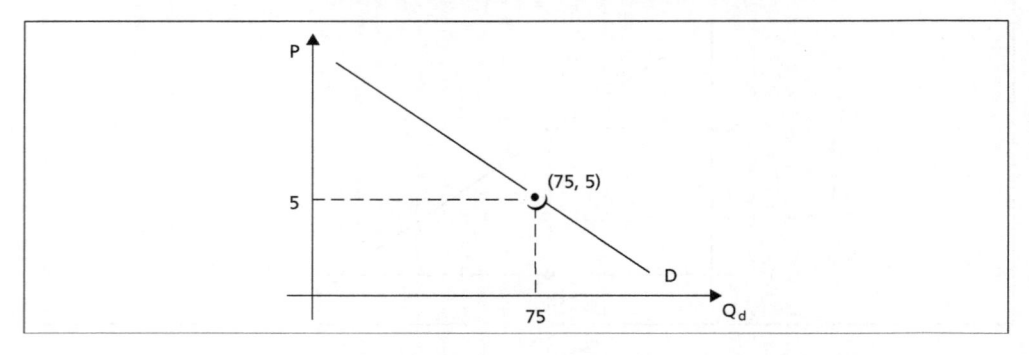

Observemos que, com a Quantidade demandada de 75 e o Preço de 5, definimos um ponto na função Demanda. Se houvesse alteração do preço do produto, que é uma variável endógena, a **Quantidade demandada (Qd) se alteraria** e um novo ponto seria definido na mesma função Demanda, ou seja, a **curva de Demanda não sairia do lugar**. Mais uma vez, comprovamos que o preço do próprio bem é capaz de alterar a quantidade demandada, mas não é capaz de alterar a demanda.

Vejamos, com um exemplo, o deslocamento **sobre a curva de Demanda** que ocorre quando há alteração do preço do bem que se está estudando:

Dada a função Demanda: Qd = 20 – 2p

Quando o p = 5 → Qd = 10

Caso o preço se eleve para p = 6 → Qd = 8

Representando graficamente, na Figura 2.5, temos:

Figura 2.5. Gráfico da curva de Demanda (D) e um ponto específico que mostra que quando o Preço é 5, a Quantidade demandada (Qd) é 10. Caso o Preço se eleve para 6, a Quantidade demandada cairá para 8. Observamos que uma alteração do Preço do bem provocou um deslocamento **sobre** a mesma curva de Demanda, alterando a Quantidade demandada. Contudo, percebemos que a curva de Demanda não se desloca.

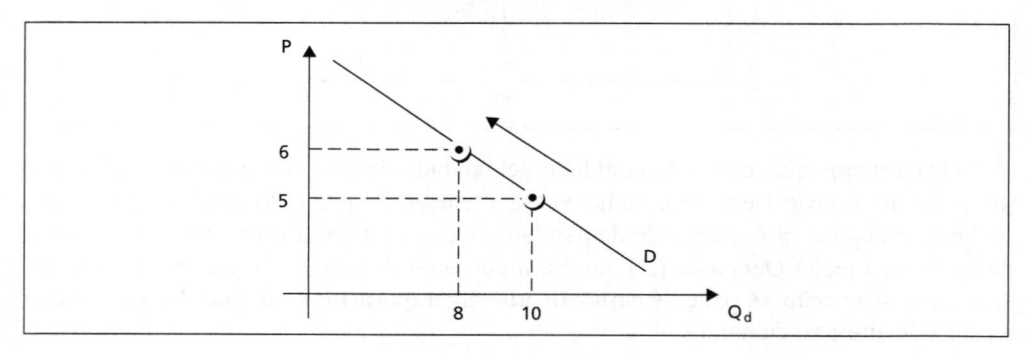

Observamos que a alteração no preço do próprio bem de 5 para 6 provocou o deslocamento "na" própria curva, ou "ao longo" da curva de Demanda, reduzindo a Quantidade demandada (Qd) de 10 para 8. Portanto, uma variação nos preços **desloca apenas Quantidade demandada (Qd) e nunca a Demanda (D)**.

2.2. FATORES QUE DESLOCAM A CURVA DE DEMANDA

Observamos que o Preço não é capaz de deslocar a curva de Demanda, mas apenas a Quantidade demandada. Quando falávamos sobre alteração no preço, considerávamos todos os outros fatores constantes ou *ceteris paribus*. Mas esses fatores podem não ser constantes e, portanto, deslocarem a curva de Demanda. Eles são considerados variáveis exógenas. Vejamos alguns deles:

I. Renda;
II. Gosto;
III. Propaganda;
IV. Preço dos bens relacionados (bens substitutos e bens complementares);
V. Expectativa;
VI. Número de consumidores.

I. Caso haja uma alteração na **Renda (R)** do consumidor, podemos nos deparar com quatro diferentes situações: quando se tratar de um **bem normal, superior, inferior** ou quando o bem for de **consumo saciado ou saturado**.

Vamos considerar que haja aumento da renda do consumidor nas situações mencionadas:

→ Quando o **bem for normal**: a Renda (R) aumentando, a Quantidade demandada (Qd) do bem aumenta, fazendo com que a relação entre a variação percentual da Quantidade demandada (%ΔQd) e a variação percentual da Renda (%ΔR) oscile entre 0% (exclusive) e 100% (inclusive).

$$0 < \%\Delta Qd / \%\Delta R \leq 1$$

→ Quando o **bem for superior**: a Renda (R) aumentando, a Quantidade demandada (Qd) do bem aumenta em uma proporção maior que o aumento da renda, fazendo com que a relação entre a variação percentual da Quantidade demandada (%ΔQd) e a Variação percentual da Renda (%ΔR) seja maior que 1, ou seja, a variação percentual da Quantidade demandada (%ΔQd) será maior que a Variação percentual da Renda (%ΔR). Encontramos uma situação como essa, por exemplo, na demanda por bebida alcóolica importada. Quando a renda aumenta, esse tipo de consumo tende a aumentar em uma proporção maior que o aumento da renda, ou seja, a relação entre a Variação percentual da Quantidade demandada (%ΔQd) e a Variação percentual da Renda (%ΔR) será maior que 100% (exclusive).

$$\%\Delta Qd / \%\Delta R > 1$$

→ Quando o **bem for inferior**: com a Renda (R) aumentando, a Quantidade demandada (Qd) do bem diminui, fazendo com que a relação entre a variação percentual da Quantidade demandada (%ΔQd) e a Variação percentual da Renda (%ΔR) seja menor que zero, ou seja, a relação da variação percentual da Quantidade demandada (%ΔQd) e Variação percentual da Renda (%ΔR) será negativa. Encontramos uma situação como essa, por exemplo, na demanda por carne de segunda. Quando a renda aumenta, consumimos menos carne de segunda.

$$\%\Delta Qd\ /\ \%\Delta R < 0$$

→ Quando o bem for de **consumo saciado ou saturado**: com a Renda (R) aumentando, a Quantidade demandada (Qd) não aumenta nem diminui. Encontramos uma situação dessas, por exemplo, na demanda por alimentos básicos, como arroz, açúcar, sal etc. A relação entre a Variação percentual da Quantidade demandada (%ΔQd) e a Variação percentual da Renda (%ΔR) é igual a zero.

$$\%\Delta Qd\ /\ \%\Delta R = 0$$

Observemos o que acontece graficamente quando a renda aumenta em cada uma das situações descritas:

1. Aumento da renda no caso de **bem normal**. A curva de demanda se desloca paralelamente para cima ou para a direita, ou seja, de D_1 para D_2, conforme mostra o gráfico da Figura 2.6.

Figura 2.6. Aumento da demanda por um bem normal em razão do aumento da renda. Isso ocorre porque uma mudança que provoca o aumento da quantidade demandada a cada preço desloca a curva de demanda para cima ou para a direita, aumentando a demanda.

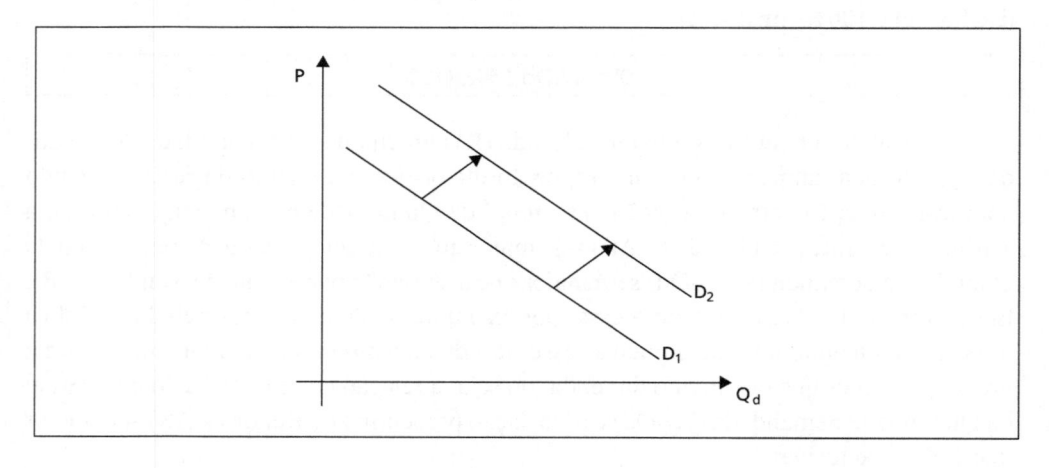

2. Aumento da renda no caso de **bem superior**. A curva de demanda se desloca para cima ou para a direita, ou seja, de D_1 para D_2. Observe que o deslocamento da

curva de demanda é maior que no caso anterior, na Figura 2.6, quando se tratava de um bem normal. Vejamos o gráfico da Figura 2.7.

Figura 2.7. Aumento da demanda por um bem superior em razão do aumento da renda. Isso ocorre porque uma mudança que provoca o aumento da quantidade demandada a cada preço desloca a curva de demanda para cima ou para a direita, aumentando a demanda. Observamos que o deslocamento da demanda é maior quando se trata de um bem superior quando comparado ao deslocamento da demanda quando se trata de um bem normal.

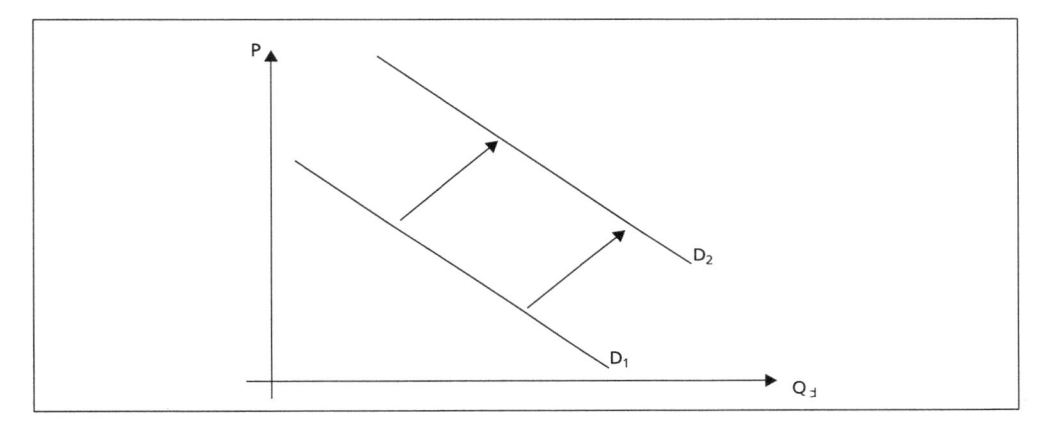

3. Aumento da renda no caso de **bem inferior**. A curva de demanda se desloca para baixo ou para a esquerda, ou seja, de D_1 para D_2, conforme mostra o gráfico da Figura 2.8.

Figura 2.8. Redução da demanda por um bem inferior em razão do aumento da renda. Isso ocorre porque uma mudança que provoca a redução da quantidade demandada a cada preço desloca a curva de demanda para baixo ou para a esquerda, reduzindo a demanda.

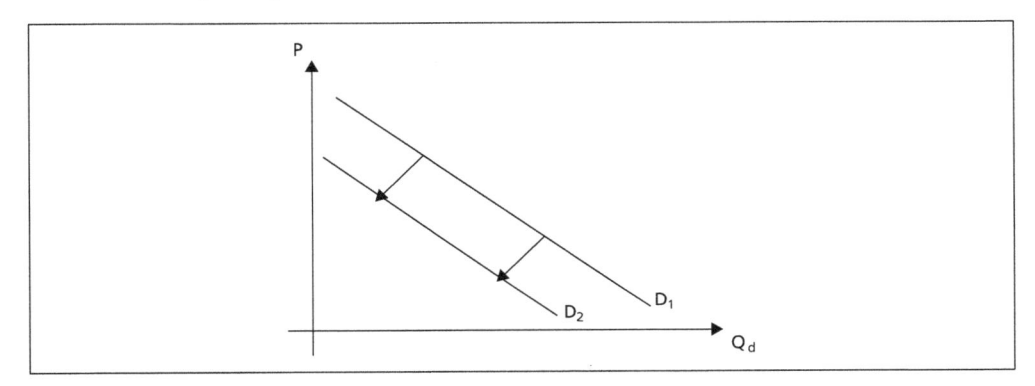

4. Aumento da renda no caso de **bem de consumo saciado**. A curva de demanda não se desloca, fazendo com que D_1 seja coincidente com D_2. Observemos o gráfico da Figura 2.9.

Figura 2.9. A curva de demanda de um bem saciado em razão do aumento da renda. Observamos que ela não se desloca.

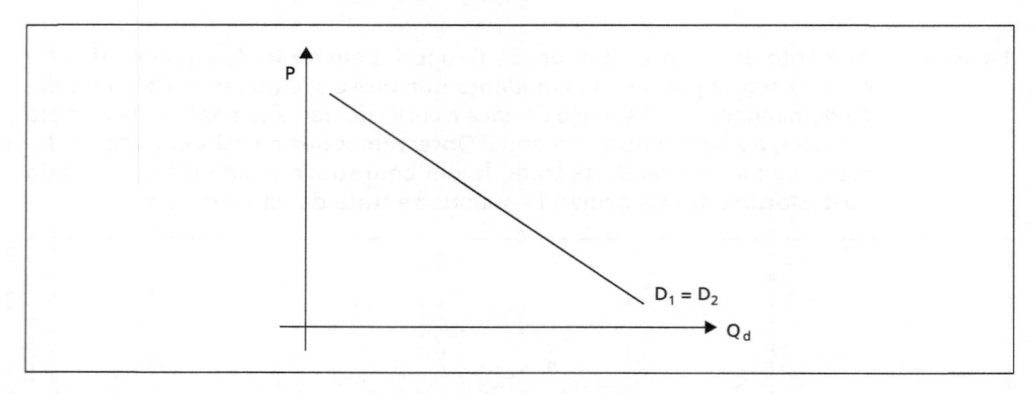

[Gráfico: eixos P (vertical) e Q_d (horizontal), com uma curva de demanda decrescente rotulada $D_1 = D_2$]

> Observemos que a **alteração na renda** do consumidor, com exceção de um bem saciado, provocou o **deslocamento "da" curva de demanda**. Isso ocorre porque, **a qualquer preço dado**, os consumidores desejariam alterar a quantidade demandada do bem, o que deslocaria a curva de demanda.

II. Caso haja alteração no **gosto do consumidor**, podem ocorrer duas situações:

→ O gosto pelo bem ter aumentado.

→ O gosto pelo bem ter diminuído.

Na primeira situação, quando o gosto pelo bem aumentou, haverá o deslocamento da curva de demanda para cima ou para a direita, ou seja, de D_1 para D_2; e no segundo caso, quando o gosto diminuiu, haverá o deslocamento da curva de demanda para baixo ou para a esquerda, ou seja, de D_1 para D'_2. Observemos o gráfico da Figura 2.10.

Figura 2.10. Aumento do gosto pelo bem desloca a curva de demanda D_1 para D_2. A redução do gosto pelo bem desloca a curva de demanda de D_1 para D'_2. Isso ocorre porque uma mudança que provoca o aumento/a redução da quantidade demandada a cada preço desloca a curva de demanda para cima/baixo ou para a direita/esquerda, aumentando/diminuindo a demanda.

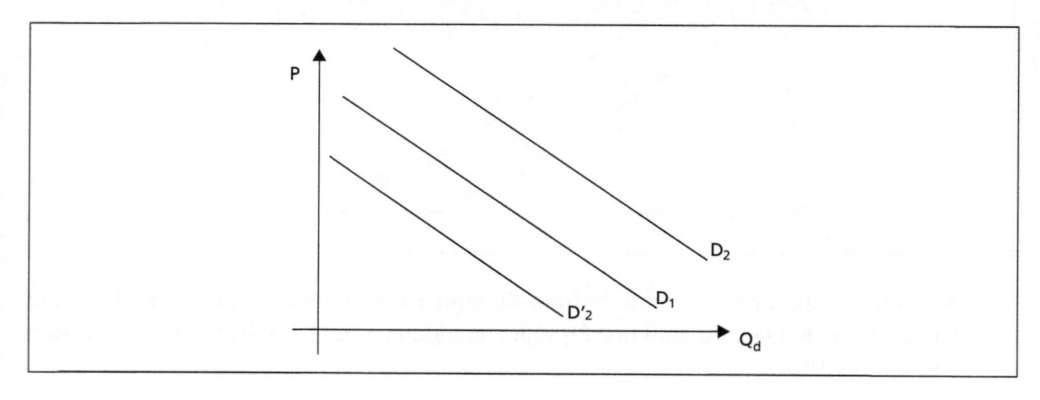

[Gráfico: eixos P (vertical) e Q_d (horizontal), com três curvas de demanda paralelas decrescentes rotuladas D'_2, D_1 e D_2, da esquerda para a direita]

> Observamos que a alteração no **gosto do consumidor** provocou o deslocamento **"da"** curva de demanda.

III. Caso haja maior divulgação do produto via **propaganda**, a demanda pelo bem aumenta. Caso contrário, a demanda pelo bem diminui. Na primeira situação, a curva de demanda se desloca para cima ou para a direita, de D_1 para D_2; e, na segunda situação, a curva de demanda se desloca para baixo ou para a esquerda, de D_1 para D'_2. Observemos o gráfico da Figura 2.11.

Figura 2.11. O aumento da propaganda do bem desloca a curva de demanda D_1 para D_2. A redução da propaganda do bem desloca a curva de demanda de D_1 para D'_2. Isso ocorre porque uma mudança que provoca o aumento/redução da quantidade demandada a cada preço desloca a curva de demanda para cima/baixo ou para a direita/esquerda, aumentando/diminuindo a demanda.

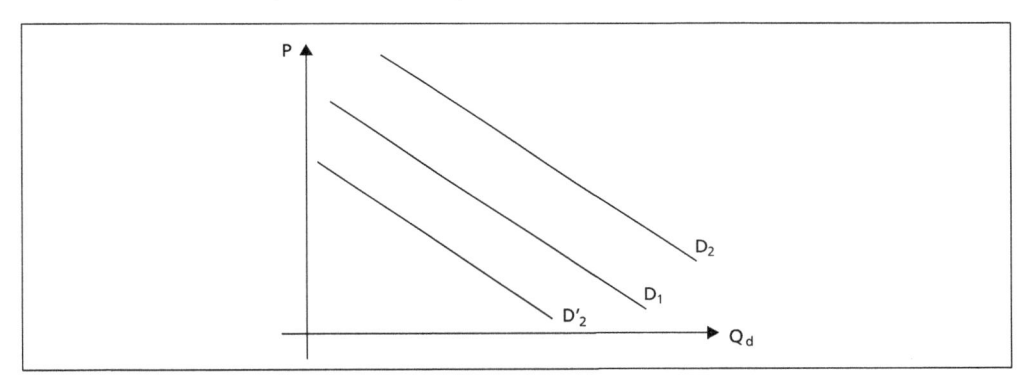

Como exemplo de propaganda que eleva a demanda pelo produto, podemos citar uma campanha como: "Coma frutas naturais!". Isso provavelmente levará os consumidores a demandarem mais frutas e a curva de demanda se desloca de D_1 para D_2.

Como exemplo de propaganda que diminui a quantidade demandada pelo produto, podemos citar uma campanha como: "Se for dirigir, não beba!". Isso levará os consumidores a demandarem menos bebida alcóolica, deslocando a curva de demanda por bebida alcoólica de D_1 para D'_2.

> Observe que a alteração na **propaganda** provocou o **deslocamento "da"** curva de demanda.

IV. Caso haja alteração do **preço de bens relacionados** ao bem em questão, devemos analisar dois tipos de bens: **bens substitutos ou bens complementares**. Vejamos cada um deles:

Bens substitutos são bens concorrentes no consumo, ou seja, se o consumidor consumir um dos bens, não consumirá o outro bem. Quando a queda do preço de um dos bens reduz a demanda pelo outro bem, dizemos que eles são substitutos. Portanto, o preço de um bem e a demanda de seu substituto são **diretamente** (ou positivamente) relacionados. Chamando o bem em questão de "X" e seu substituto de "Y", quando o Preço de "Y" (PY) aumenta, a Demanda de "X" (DX) aumenta também.

Podemos citar como exemplos a demanda por manteiga e margarina, a demanda por carne bovina e frango, a demanda por Coca-Cola e Pepsi-Cola.

Bens complementares são bens consumidos conjuntamente, ou seja, se o consumidor demandar um dos bens, demandará o outro também. Quando a queda do preço de um dos bens aumenta a demanda pelo outro bem, dizemos que eles são complementares. O preço de um bem e a demanda do seu complementar são **inversamente** (negativamente) relacionados. Chamando o bem em questão de "X" e seu complementar de "Y", quando o Preço de "Y" (PY) sobe, a Demanda de "X" (DX) cai.

Podemos citar como exemplos a demanda por terno e gravata; a demanda por pão e manteiga; a demanda por sapato e meia.

Supondo a elevação do preço do **bem substituto** (Py), a curva de Demanda do bem em questão (Dx) se desloca para a direita.

Assim, se o Preço do bem "Y" (Py) aumentar, sua Quantidade demandada (Qdy) irá cair, respeitando a lei da demanda. Como "Y" é um bem **substituto** de "X", a Quantidade demandada de "X" (Qdx) aumenta a cada preço e a curva de demanda se desloca de D_1 para D_2. Graficamente, temos a representação da demanda do bem "X" na Figura 2.12:

Figura 2.12. O aumento do preço pelo bem "Y", substituto de "X", desloca a curva de demanda do bem "X" de D_1 para D_2. Isso porque uma mudança que provoca o aumento da quantidade demandada de "X" a cada preço desloca a curva de demanda de "X" para cima ou para a direita, aumentando a demanda de D_1 para D_2.

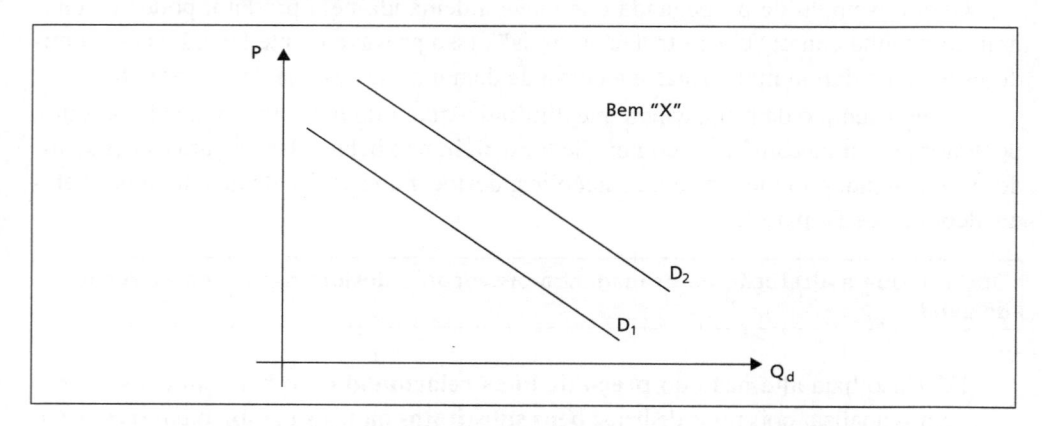

Para que seja fácil essa visualização do comportamento da demanda do bem "X", o leitor pode imaginar um preço fixo e uma quantidade demandada Qd_1 e outra quantidade Qd_2, sendo Qd_2 maior que Qd_1. É fácil perceber que o ponto que associa Qd_2 e P não está localizado na curva D_1, e sim em outra curva de **Demanda à direita ou acima de D_1**, a que nós denominamos D_2. Vejamos o gráfico da Figura 2.13.

2 ◾ Demanda

Figura 2.13. O aumento do preço pelo bem "Y", substituto de "X", desloca a curva de demanda do bem "X" de D_1 para D_2. Isso ocorre porque quando o Preço de "Y" (Py) aumenta, a Quantidade demandada de "Y" (Qdy) diminui. Como "Y" é substituto de "X", a quantidade demandada de "X" aumenta (Qd_1 passa para Qd_2 no gráfico). A nova quantidade demandada de "X" (Qd_2), associada ao mesmo preço P, está localizada em outra curva de demanda de "X", mais à direita ou acima de D_1, ou seja, na curva de demanda (D_2).

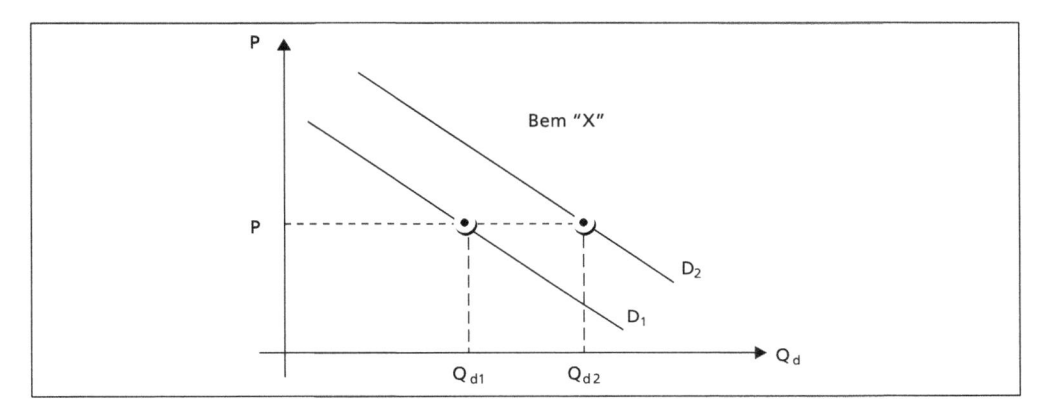

Supondo que haja elevação do Preço do **bem complementar** (Py), a curva de demanda do bem "X" (D_1) se desloca para a esquerda ou para baixo (D_2).

Assim, se o Preço de "Y" (Py) aumentar, a Quantidade demandada de Y (Qdy) cai, obedecendo à lei da demanda. Como o bem "Y" é complementar ao bem "X", a demanda de "X" (Dx) cai também. Isso provoca o deslocamento da curva de demanda para baixo ou para a esquerda, ou seja, de D_1 para D_2.

Graficamente, temos a representação da demanda de "X" na Figura 2.14.

Figura 2.14. O aumento do preço pelo bem "Y", complementar de "X", desloca a curva de demanda do bem "X" de D_1 para D_2. Isso porque uma mudança que provoca a redução da quantidade demandada a cada preço desloca a curva de demanda para baixo ou para a esquerda, diminuindo a demanda.

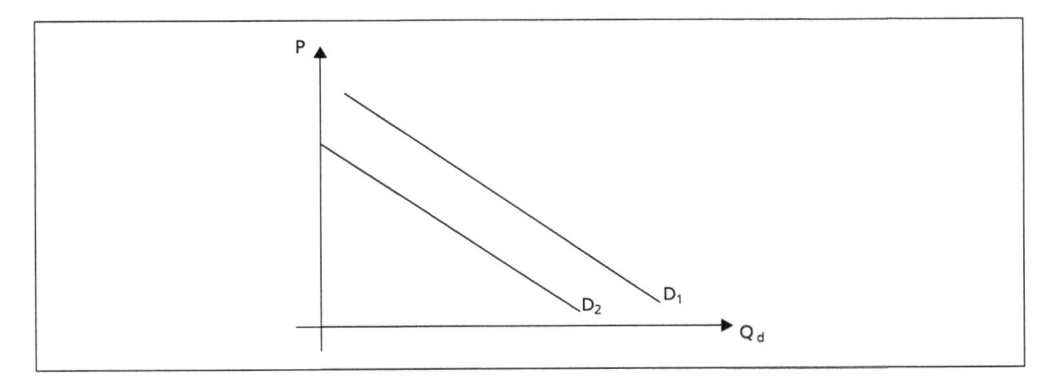

Para que seja fácil essa visualização do comportamento da demanda de "X", o leitor pode imaginar um preço fixo e uma Quantidade demandada Qd_1 e outra quantidade Qd_2, sendo Qd_2 menor que Qd_1. É fácil perceber que o ponto que associa Qd_2 e P não está localizado na curva D_1, e, sim, em outra curva de **Demanda à esquerda ou abaixo de D_1**, a que nós denominamos D_2. Vejamos o gráfico da Figura 2.15.

Figura 2.15. O aumento do preço pelo bem Y, complementar de X, desloca a curva de demanda do bem X de D_1 para D_2. Isso ocorre porque quando o Preço de Y (Py) aumenta, a Quantidade demandada de Y diminui (Qdy). Como Y é complementar de X, a quantidade demandada de X diminui também (Qd_1 passa para Qd_2 no gráfico). A nova Quantidade demandada de X (Qd_2), associada ao mesmo preço P, está localizada em outra curva de Demanda de X, mais à esquerda ou abaixo de D_1, ou seja, pertence à curva de demanda D_2.

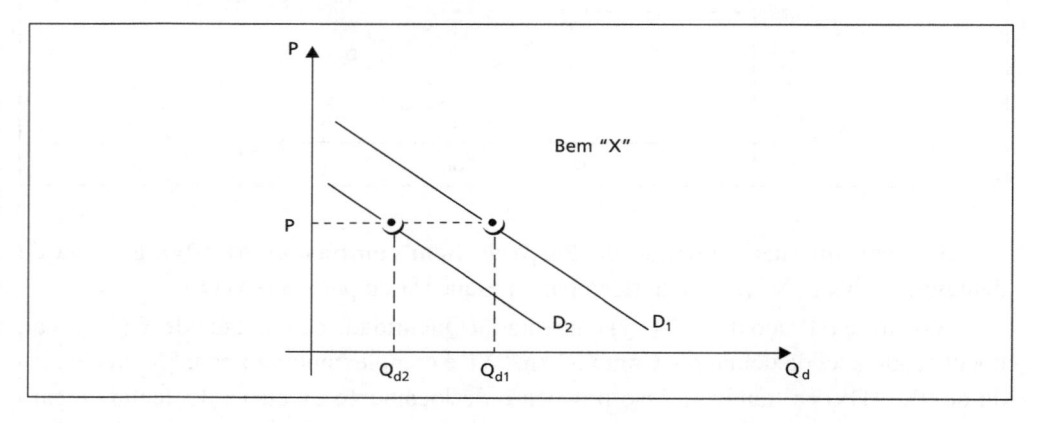

> Observemos que a alteração no **preço dos bens relacionados** provocou um **deslocamento "da" curva de demanda**. Se você afirmar que o deslocamento foi da quantidade demandada no lugar da demanda, pode dar a entender que a demanda não se alterou (que é o que ocorre quando o preço do próprio bem se modifica). Portanto, deve ficar claro que houve o deslocamento "da" curva de demanda e não "na" curva de demanda.

V. Caso haja **melhora das expectativas do consumidor**, a demanda tende a aumentar e a curva de demanda se desloca de D_1 para D_2. Como exemplo de melhoria das expectativas, podemos imaginar que o consumidor está convicto de que passará no próximo concurso público que prestar, e isso faz com que aumente sua demanda por determinado bem. Porém, caso haja **diminuição das expectativas do consumidor**, a demanda tende a diminuir e a curva de demanda se desloca para D'_2. Como exemplo, podemos citar o caso de um consumidor que acredita que vai ficar desempregado por um longo período, fazendo com que diminua sua demanda por determinado bem. Vejamos a Figura 2.16.

Figura 2.16. A melhoria da expectativa desloca a curva de demanda D_1 para D_2. A piora na expectativa desloca a curva de demanda de D_1 para D'_2. Isso porque uma mudança que provoca o aumento/redução da quantidade demandada a cada preço desloca a curva de demanda para cima/baixo ou para a direita/esquerda, aumentando/diminuindo a demanda.

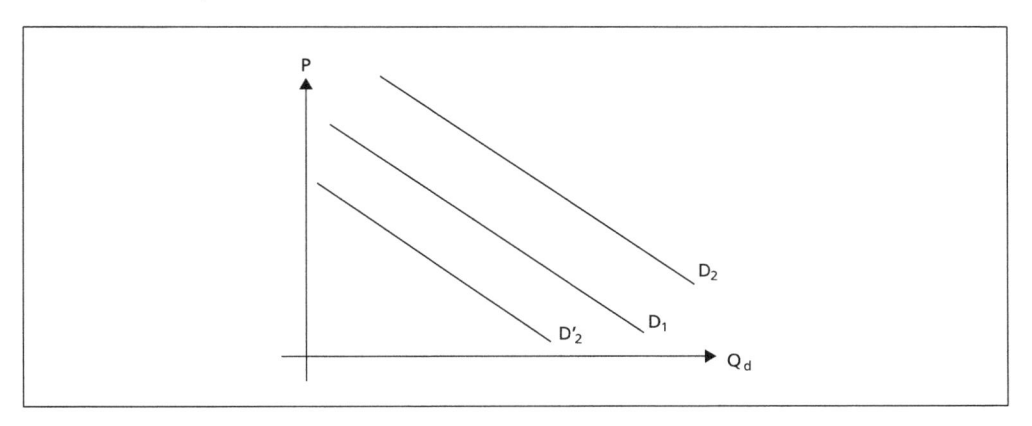

> Observemos que a alteração nas **expectativas** do consumidor provocou o **deslocamento "da" curva de demanda**.

VI. Caso haja aumento do **número de consumidores**, ocorre um deslocamento para a direita da curva de demanda, ou seja, D_1 vai para D_2. Caso haja uma diminuição do número de consumidores, ocorre um deslocamento para a esquerda da curva de demanda, ou seja, D_1 vai para D'_2. Vejamos a Figura 2.17.

Figura 2.17. O aumento do número de consumidores do bem desloca a curva de demanda D_1 para D_2. A redução do número de consumidores do bem desloca a curva de demanda de D_1 para D'_2. Isso porque uma mudança que provoca o aumento/redução da quantidade demandada a cada preço desloca a curva de demanda para cima/baixo ou para a direita/esquerda, aumentando/diminuindo a demanda.

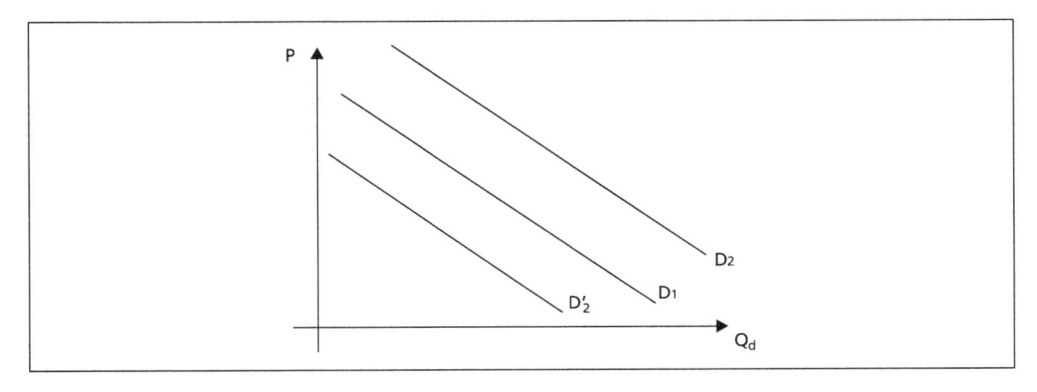

> Observamos que a alteração no **número de consumidores** provoca o **deslocamento "da" curva de demanda**.

Diante desses diversos exemplos, podemos concluir que a curva de Demanda se **desloca** quando há uma alteração em uma variável que **não é medida nos dois eixos**, seja na abscissa (Qd) ou na ordenada (P).

> CONCLUSÃO: SOMENTE A ALTERAÇÃO NO PREÇO DO PRÓPRIO BEM PROVOCA UM DESLOCAMENTO **"NA"** CURVA DE DEMANDA. TODAS AS OUTRAS ALTERAÇÕES PROVOCAM DESLOCAMENTO **"DA"** CURVA DE DEMANDA.

Portanto, quando se fala em aumentar ou diminuir a quantidade demandada, não é a mesma coisa que aumentar ou diminuir a demanda.

Quando se **aumenta a demanda**, desloca-se a curva de demanda para a direita ou para cima (D → D_1).

Quando se **diminui a demanda**, desloca-se a curva de demanda para a esquerda e para baixo (D → D_2). Vejamos a Figura 2.18.

Figura 2.18. Quando falamos em aumento da demanda, a curva de demanda se desloca para cima ou para a direita, de D para D_1. Quando falamos em diminuição da demanda, a curva de demanda se desloca para baixo ou para a esquerda, de D para D_2.

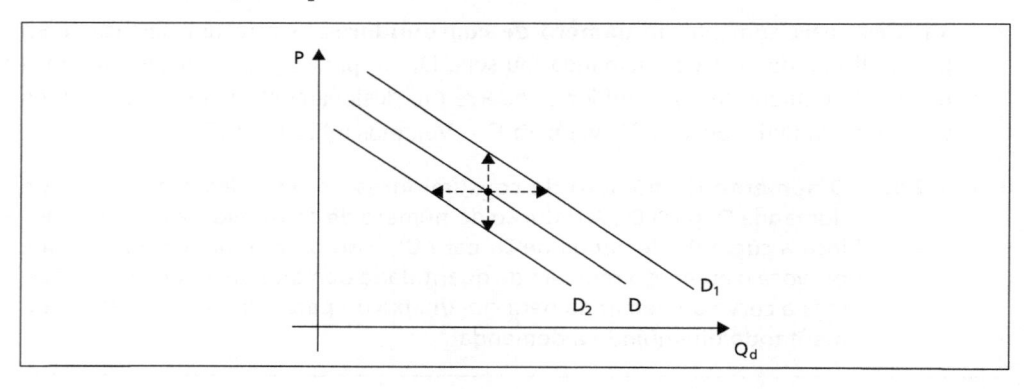

Assim, quando ocorre o **deslocamento da curva** de demanda, dizemos que houve **"mudança da demanda"**. Quando ocorre o **deslocamento ao longo de uma curva de demanda**, dizemos que houve mudança na **"quantidade demandada"**.

Podemos citar alguns fatores que podem **deslocar a curva de demanda para a direita** ou para cima, ou seja:

- Quando a renda de um consumidor de bem normal ou superior aumenta.
- Quando a renda de um consumidor de bem inferior diminui.
- Quando o preço de um bem complementar diminui.
- Quando o preço de um bem substituto aumenta.
- Quando aumenta o número de consumidores do bem.
- Quando os consumidores aumentam o seu gosto pelo bem.
- Quando as expectativas são favoráveis.

E alguns fatores que podem **deslocar a curva de demanda para a esquerda**, ou seja:

- Quando a renda de um consumidor de bem normal ou superior diminui.
- Quando a renda de um consumidor de bem inferior aumenta.
- Quando o preço de um bem complementar aumenta.
- Quando o preço de um bem substituto diminui.
- Quando diminui o número de consumidores do bem.
- Quando os consumidores diminuem o seu gosto pelo bem.
- Quando as expectativas são desfavoráveis.

2.3. FORMAS DE REPRESENTAÇÃO DA DEMANDA

Existem várias maneiras de **representarmos** a demanda. Podemos observar, abaixo, as principais formas.

I. Por meio de uma **função linear** (função de 1.º grau):

A função Demanda pode ser representada da seguinte maneira, ou seja, o preço do bem em função da quantidade demandada.

$P = c - d \cdot Q_d$

Em que:

c = coeficiente linear da função = o ponto que toca o eixo das ordenadas

d = coeficiente angular da função = tg β

Dada a função Demanda:

$$P = 25 - 1/2\ Q_d$$

$c = 25$ = coeficiente linear da função = o ponto que toca o eixo das ordenadas

$d = -1/2$ = coeficiente angular da função = tg β

Representando graficamente, podemos visualizar na Figura 2.19.

Figura 2.19. Função Demanda: o gráfico mostra o coeficiente angular e linear de uma função cujo preço é função da quantidade demandada.

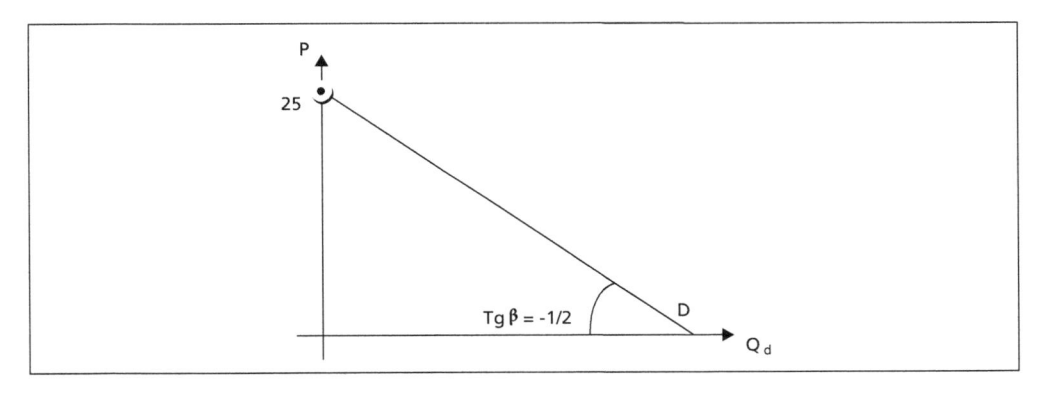

A função Demanda também pode ser representada da seguinte maneira, ou seja, a quantidade demandada do bem em função do seu preço.

Qd = a − b · p

Em que:

a = coeficiente linear da função = o ponto que toca o eixo das abscissas

b = coeficiente angular da função = tg α

Vejamos um exemplo de uma função Demanda em que a Quantidade demandada (Qd) seja função do Preço (p).

Qd = 50 − 2p

a = 50 = coeficiente linear da função = o ponto onde toca o eixo das abscissas

b = −2 = coeficiente angular da função = tg α

Representando graficamente, podemos visualizar na Figura 2.20.

Figura 2.20. Função Demanda: o gráfico mostra o coeficiente angular e linear de uma função cuja quantidade demandada é função do preço.

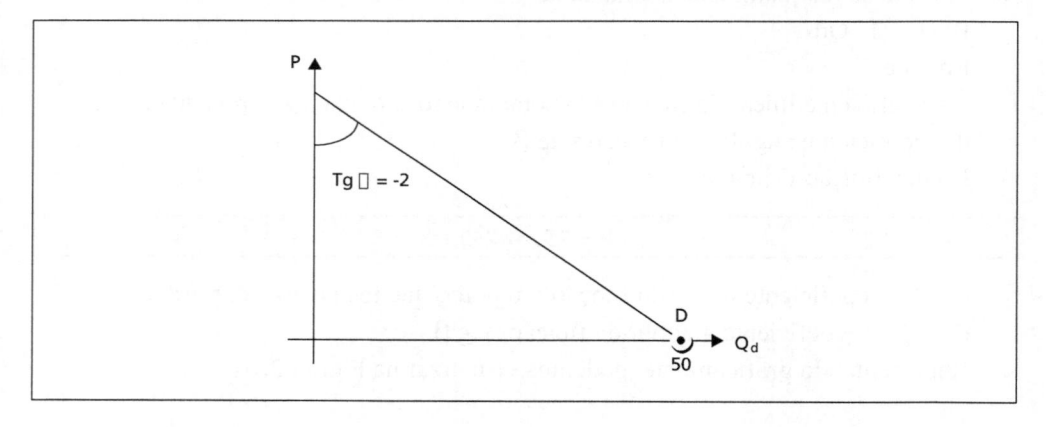

Vejamos outro exemplo:

Qd = 400 − 4p

a = 400 = coeficiente linear da função = o ponto que toca o eixo das abscissas

b = −4 = coeficiente angular da função = tg α

Isolando o preço, temos uma função Demanda invertida. Vejamos:

4p = 400 − Qd

P = 100 − Q/4

c = 100 = coeficiente linear da função = o ponto que toca o eixo das ordenadas

d = −1/4 = coeficiente angular da função = tg β

Representando graficamente a função Demanda e sua invertida, podemos visualizar a Figura 2.21.

Figura 2.21. Função Demanda: o gráfico mostra o coeficiente angular (–4) e linear (400) de uma função cuja quantidade demandada é função do preço e o coeficiente angular (–1/4) e linear (100) de uma função cujo preço é função da quantidade demandada.

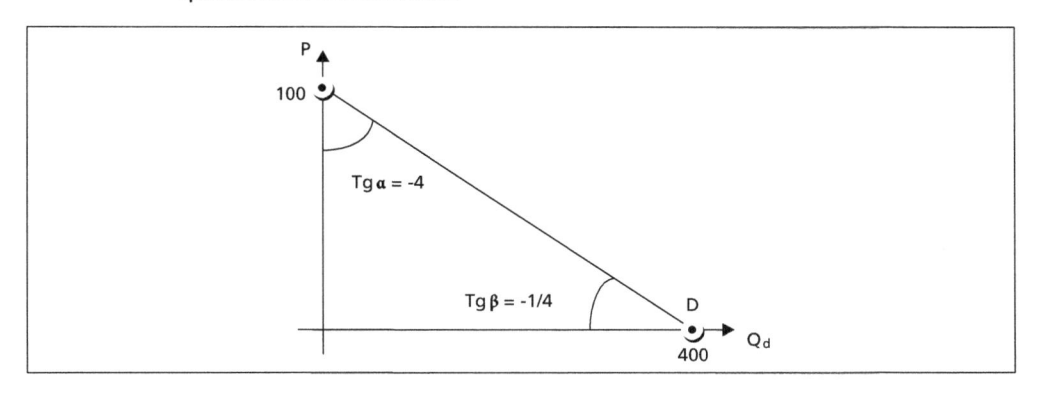

II. Por meio de uma **tabela** ou por uma **escala de demanda**:

A escala de demanda vai mostrar a relação entre o preço do bem e sua quantidade demandada, *ceteris paribus*.

Preço	Quantidade demandada (Qd)
15	5
10	20
5	35
0	50

Observe que a Demanda (D) é a própria tabela ou escala de demanda. Já a Quantidade demandada (Qd) é um dos pontos da tabela.

III. Por meio de um **gráfico — curva** (ou reta) **de demanda**:

A curva de demanda vai representar graficamente a escala de demanda. Ela mostrará o comportamento da quantidade demandada mediante uma variação dos preços. Como a relação entre preço e quantidade demandada é inversa, a curva de demanda será decrescente. Vejamos a Figura 2.22.

Figura 2.22. Curva de demanda — representação gráfica da escala de demanda.

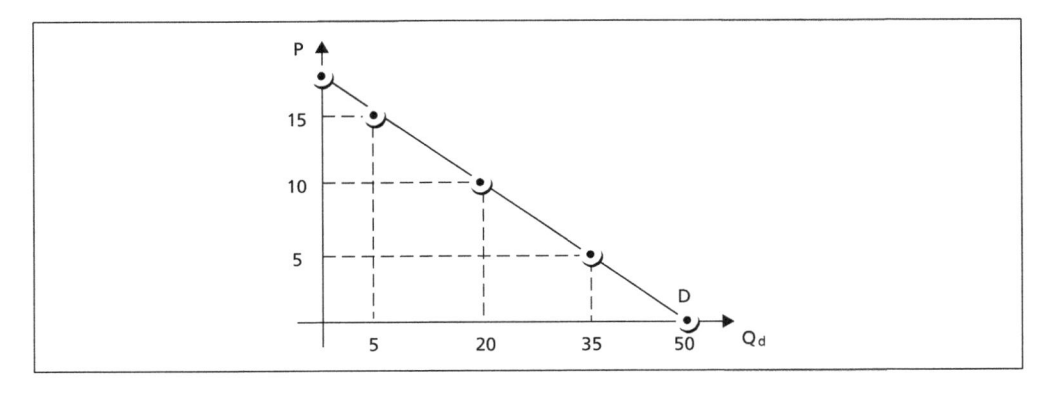

Observe que a demanda é a própria curva de demanda, que nesse caso está sendo representada por uma reta. A Quantidade demandada (Qd) é um dos eixos do gráfico. Sobre uma única curva de demanda existem inúmeras quantidades demandadas.

2.4. EFEITO RENDA, EFEITO SUBSTITUIÇÃO E EFEITO PREÇO TOTAL

A lei da demanda afirma que, quando o preço sobe, a quantidade demandada do bem cai, e vice-versa. Esse comportamento se deve ao **efeito renda** e ao **efeito substituição**.

Entende-se por **efeito renda** um dos efeitos que ocorre em decorrência de uma alteração no preço de um bem.

Mesmo a renda nominal não variando, a queda do preço do bem permite ao consumidor comprar maior quantidade dele, considerando que esse bem seja **normal ou superior**, já que sua renda real vai aumentar. Portanto, nesse caso, pelo efeito renda, uma queda no preço aumenta a quantidade demandada do bem.

Bem normal ou superior → EFEITO RENDA: P↓ → R↑ → Qd↑
Efeito Renda → Positivo

Se o bem for **inferior**, a queda do preço do bem mantém a renda nominal constante, mas a renda real aumenta, ou seja, o consumidor passa a ter maior poder de compra. Como o bem é inferior, a quantidade demandada do bem diminui. Portanto, nesse caso, pelo efeito renda, uma queda no preço diminui a quantidade demandada. Resta saber a intensidade com que essa quantidade demandada diminui: muito ou pouco? Representando por uma setinha (onde a setinha maior representa intensidade maior e a setinha menor, intensidade menor) a intensidade dessa queda, vejamos a seguir:

Bem inferior → EFEITO RENDA: P↓ → R↑ → Qd↓	ou:
Bem inferior → EFEITO RENDA: P↓ → R↑ → Qd↓	
Efeito Renda → Negativo	

Podemos observar que, sendo o bem inferior, uma redução do preço provoca um aumento da renda real e uma redução da quantidade demandada, que pode ser em menor ou maior intensidade.

Portanto, dependendo se o bem é normal ou inferior, o efeito renda pode ser positivo ou negativo.

P↓ → R↑ → Qd↑ → Trata-se de um **bem normal ou superior** → o **efeito renda é positivo**. Vejamos que as setinhas da renda e da quantidade demandada apresentam os mesmos sentidos.

P↓ → R↑ → Qd↓ → Trata-se de um **bem inferior** → o **efeito renda é negativo**. Vejamos que as setinhas do preço e da quantidade demandada apresentam sentidos opostos.

Segundo Ferguson: "[...] uma variação no preço nominal de um bem (a renda nominal permanecendo constante) causa uma mudança na renda real, ou no tamanho da cesta de bens e serviços que o consumidor pode adquirir. Se o preço nominal de um bem cai — todos os outros preços permanecendo constantes —, a renda real do consumidor aumenta, porque ele pode agora comprar mais daquele bem, cujo preço baixou, como dos outros bens... a variação na renda real conduz a um efeito-renda sobre a quantidade demandada"[6].

Entende-se por **efeito substituição** um dos efeitos que ocorre em decorrência de uma alteração no preço de um bem. Se houver redução do preço, isso faz com que fique mais barato um dos bens relativamente comparado aos dos seus concorrentes, levando a um aumento da quantidade demandada desse bem pelo consumidor.

Continuando o pensamento de Ferguson: "Uma mudança no preço nominal de uma mercadoria provoca realmente dois efeitos sobre a quantidade demandada. Em primeiro lugar, há uma variação no preço relativo — uma mudança na forma pela qual o consumidor pode trocar um bem por outro. A variação apenas no preço relativo nos leva a um efeito-substituição"[7].

Portanto, o **efeito substituição** será sempre **negativo**. Observe:

EFEITO SUBSTITUIÇÃO: P↓ → Qd↑ → Negativo

Independentemente do tipo de bem, ou seja, se é normal, superior ou inferior, o efeito substituição é sempre negativo. Observe que as setinhas do preço e da quantidade demandada apresentam sentidos contrários.

O **efeito preço total** é a soma do efeito renda e do efeito substituição. Então:

Se o **bem for normal** ou superior:	
EFEITO RENDA → P↓ R↑ Qd↑	EFEITO TOTAL: P↓ Qd↑
EFEITO SUBSTITUIÇÃO → P↓ Qd↑	

Ou seja, o **efeito preço total**, no caso de um **bem normal ou superior**, mostra que, quando o preço do bem cai, a quantidade demandada sobe.

Se o bem for **inferior**, ocorrem **duas situações**: a primeira com efeito renda menos intenso (setinha menor) e a segunda com efeito renda mais intenso (setinha maior). Vejamos:

Se o bem for **inferior** e o efeito renda for menos intenso que o efeito substituição:	
EFEITO RENDA → P↓ R↑ Qd↓	EFEITO TOTAL: P↓ Qd↑
EFEITO SUBSTITUIÇÃO → P↓ Qd↑	

Podemos verificar que o efeito substituição provocou um aumento na quantidade demandada em maior intensidade que a redução da quantidade demandada provocada pelo efeito renda. Observemos o tamanho das setinhas da quantidade demandada dos dois efeitos. É fácil perceber que a setinha na quantidade demandada do efeito substituição é maior que do efeito renda. Assim, o efeito total, que consiste na soma do efeito

---

[6] C. E. Ferguson, *Microeconomia*, p. 64.
[7] C. E. Ferguson, *Microeconomia*, p. 64.

renda e efeito substituição, mostra que, com a redução do preço, a quantidade demandada aumenta.

Se o bem for inferior e o efeito renda for mais intenso que o efeito substituição:
EFEITO RENDA → P↓ R↑ Qd↓
EFEITO SUBSTITUIÇÃO → P↓ Qd↑ } EFEITO TOTAL: P↓ Qd↓ → Bem de Giffen

Podemos verificar que o efeito substituição provocou um aumento na quantidade demandada em menor intensidade que a redução da quantidade demandada provocada pelo efeito renda. Observemos o tamanho das setinhas da quantidade demandada dos dois efeitos. É fácil perceber que a setinha da quantidade demandada do efeito substituição é menor que do efeito renda. Assim, o efeito total, que consiste na soma do efeito renda e efeito substituição, mostra que, com a redução do preço, a quantidade demandada se reduz, **contrariando a lei da demanda**. Nesse caso, diz-se que o bem é de **Giffen**.

Ou seja, o **efeito preço total**, no caso de um bem **inferior**, mostra que, quando o preço do bem cai, a quantidade demandada pode subir (caso o bem seja inferior) ou pode cair (caso o bem seja inferior do tipo de Giffen).

Ferguson afirma: "O Paradoxo de Giffen refere-se a um bem cuja quantidade demandada varia diretamente com o preço. Um bem, para pertencer a esta categoria, deve ser um bem inferior; mas, nem todos os bens inferiores se adaptam às condições do Paradoxo de Giffen. A classe dos bens para os quais o Paradoxo de Giffen é válido, constitui a única exceção à lei da demanda"[8].

2.5. CURVA DE DEMANDA DE MERCADO

A curva de demanda do mercado[9] ($D_{mercado}$) é a **soma horizontal** das curvas de demanda individuais, ou seja, é a soma de todas as demandas individuais por determinado bem ($\Sigma d_{consumidores\ individuais}$).

$$D_{mercado} = \Sigma d_{consumidores\ individuais}$$

Ferguson afirma: "A demanda do mercado para uma dada mercadoria, nada mais é que a soma horizontal das demandas individuais de cada consumidor. Em outras palavras, a quantidade demandada do mercado para cada preço é a soma de todas as quantidades demandadas individualmente àquele preço"[10].

---

[8] C. E. Ferguson, *Microeconomia*, p. 73.

[9] A demanda de mercado é diferente de demanda agregada. A soma das demandas individuais gera a demanda de mercado por um determinado bem e não pelo produto global da economia. A demanda agregada é derivada a partir do modelo ISLM. Quando o nível geral de preços sobe (P), a oferta real de moeda diminui, deslocando a função LM para cima ou para a esquerda, elevando a taxa de juros e reduzindo o produto agregado, Y, ou seja, um nível de preços mais elevado está associado a um produto agregado, Y, menor; o que define a demanda agregada.

[10] C. E. Ferguson, *Microeconomia*, p. 106.

A curva de demanda individual aponta o preço máximo que cada consumidor está disposto a pagar para ter uma unidade a mais do bem. Por isso, podemos dizer que a curva de demanda é capaz de mostrar os benefícios marginais de um bem.

Assim, afirmam Byrns & Stone: "Uma perspectiva alternativa considera as curvas de demanda como refletindo o preço máximo que as pessoas desejam pagar por uma unidade adicional de um bem, dado seu consumo corrente. Assim, as curvas de demanda refletem os benefícios marginais subjetivamente determinados dos bens"[11].

Suponha um mercado composto de três consumidores denominados consumidor 1, 2 e 3. A demanda do mercado será a soma das quantidades demandadas pelos três consumidores a um determinado preço.

Observando a Figura 2.23, podemos ver como é feita essa soma:

Figura 2.23. Curvas de demandas de três consumidores (d_1, d_2, d_3) que, quando somadas, definem a curva de Demanda do mercado (D). Podemos observar que a curva de demanda do mercado é a soma horizontal das curvas de demandas individuais.

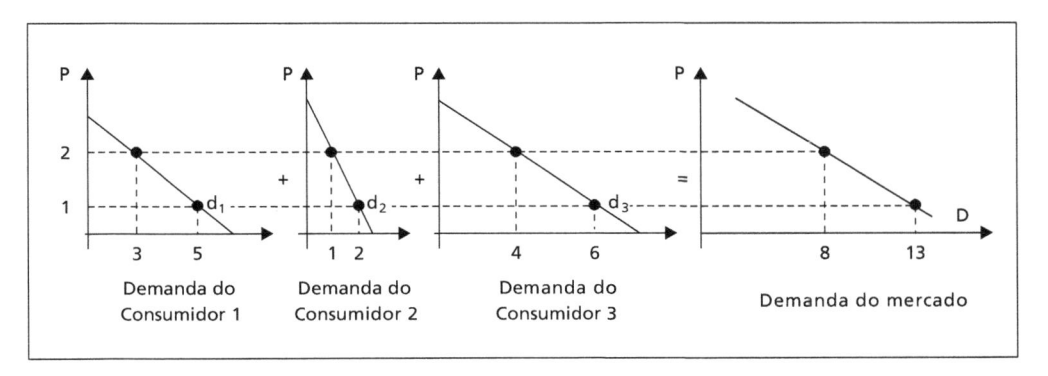

Em que:
D = demanda do mercado
d = demanda individual

Ao preço de 1 e depois ao preço de 2, podemos encontrar as seguintes quantidades demandadas em cada uma das demandas individuais (1, 2 e 3) e a quantidade demandada na demanda do mercado.

	Demanda 1	Demanda 2	Demanda 3	Demanda do mercado
Quantidade demandada ao preço = 1	5	2	6	5 + 2 + 6 = 13
Quantidade demandada ao preço = 2	3	1	4	3 + 1 + 4 = 8

Para encontrar a quantidade demandada de mercado ao preço de 1, somamos as quantidades demandadas individuais 1, 2 e 3, ou seja, somamos 5 (que é a quantidade

---

[11] Ralph T. Byrns & Gerald W. Stone, *Microeconomia*, p. 57.

demandada do consumidor 1 ao preço de 1) + 2 (que é a quantidade demandada do consumidor 2 ao preço de 1) + 6 (que é a quantidade demandada do consumidor 3 ao preço de 1). O resultado de 13 representa a quantidade demandada do mercado ao preço de 1.

Para encontrar a quantidade demandada de mercado ao preço de 2, somamos as quantidades demandadas individuais 1, 2 e 3, ou seja, somamos 3 (que é a quantidade demandada do consumidor 1 ao preço de 2) + 1 (que é a quantidade demandada do consumidor 2 ao preço de 2) + 4 (que é a quantidade demandada do consumidor 3 ao preço de 2). O resultado de 8 representa a quantidade demandada do mercado ao preço de 2.

Sendo a curva de demanda do mercado representada por uma reta, podemos unir os dois pontos encontrados (13,1) e (8,2) e representar graficamente a função demanda de mercado.

Falamos que a curva de demanda do mercado se forma pela soma horizontal das demandas individuais, porque a operação de soma é das quantidades que estão no eixo horizontal do gráfico, ou seja, no eixo das abscissas.

2.5.1. O caso de um bem público

Um **bem público** será ofertado eficientemente quando a **soma vertical** das demandas individuais for igual ao custo marginal de produção.

Isso ocorre porque os bens públicos[12] têm a característica de serem **"não rivais"** e **"não excludentes"**, ou seja, é **"não rival"** porque a utilização do bem por mais um consumidor não elimina a possibilidade de outro consumidor fazer uso dele, ou seja, o custo marginal caso o bem público já esteja sendo ofertado será zero se o bem tiver que ser oferecido para mais um consumidor. Também, o bem público é **"não excludente"** porque o consumidor não poderá ser impedido de adquirir ou fazer uso do bem e, por isso, a cobrança pela utilização do bem público torna-se praticamente inviável.

Como exemplos de bens públicos puros podemos citar o serviço de controle de inundação, o serviço de segurança pública, o serviço de meteorologia, entre outros.

2.6. CURVA DE DEMANDA REPRESENTADA POR UMA FUNÇÃO POTÊNCIA

Até agora, representamos uma função demanda linear do tipo:

$$Qd = a - bp$$

Em que:

Qd = quantidade demandada

a = coeficiente linear da função

b = coeficiente angular da função

p = preço do bem ou serviço

Mas a curva de demanda pode ser representada por uma função Potência, como está na Figura 2.24:

$$Qd = a\,p^{-b}$$

---

[12] Assunto a ser visto no Capítulo 19.

Em que:
a e b são constantes positivas.

Figura 2.24. Representação gráfica de uma função Demanda do tipo exponencial representado por uma hipérbole equilátera.

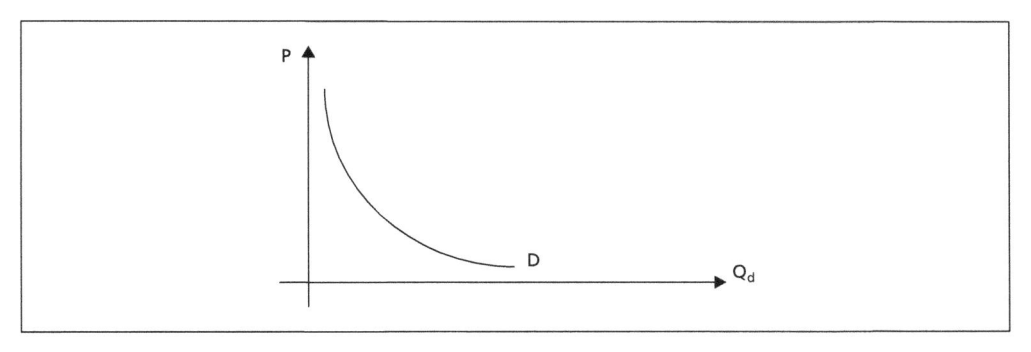

Vejamos alguns exemplos de funções demanda representadas por uma função Potência:

$Qd = 10\ p^{-2}$; em que: a = 10 e b = 2

$Qd = p^{-1/2}$; em que: a = 1 e b = 1/2

$Qd = 10\ /\ p^3$; em que: a = 10 e b = 3. Observe que essa função equivale a $Qd = 10\ p^{-3}$.

2.7. BENS DE GIFFEN

Os bens de Giffen são uma **exceção à Lei Geral da Demanda**, ou seja, há uma relação direta e não inversa entre a quantidade demandada e o preço do bem, *ceteris paribus*. É um caso especial de **bem inferior**.

Vejamos o seguinte exemplo do consumo de batata na Irlanda, durante o século XVIII. Com a queda do preço da batata, o poder aquisitivo da população aumentou (a renda nominal permaneceu constante, mas a renda real ou o poder de compra aumentou), fazendo com que as pessoas consumissem outros produtos, já que o consumo da batata era saturado, ou seja, não era possível comer mais batatas do que habitualmente consumiam. Mas o consumo de outro bem obrigou a população a diminuir o consumo de batata porque não suportavam comer a quantidade de batata que já comiam, acrescida de um novo produto. Então, o que se observa é que o preço da batata caiu e a quantidade demandada também.

Vamos acompanhar por meio do esquema a seguir:

Pb↓ R↑ Qdx↑ Qdb↓

Em que:
    Pb = preço da batata
    R = renda real
    Qdx = quantidade demandada de outro bem
    Qdb = quantidade demandada de batata

Observe que R↑ Qdb↓, ou seja, trata-se de um **bem inferior**, já que a renda aumentou e a demanda pelo bem (batata) diminuiu. Além disso, Pb↓ Qdb↓, ou seja, esse bem **contrariou a lei da demanda**.

A representação gráfica de um bem de Giffen é uma função crescente, na qual preço e quantidade demandada apresentam uma relação positiva. Na Figura 2.25, é possível constatarmos isso:

Figura 2.25. Representação gráfica da curva de demanda por um bem de Giffen.

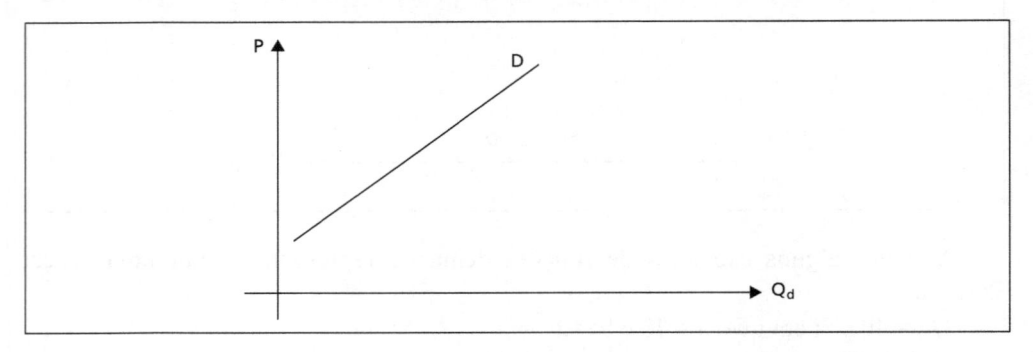

Algumas condições são necessárias para definir um bem de Giffen, ou seja:

1) Ser um **bem inferior**, isto é, se a renda aumentar, a demanda diminui, e vice-versa.

2) Apresentar **consumo saturado**, ou seja, o consumidor não consegue consumir mais do bem, além do que já consome.

3) Ter **alta participação no orçamento**, ou seja, grande parcela da renda é gasta para adquirir o bem.

4) Ter um **comportamento coletivo**, ou seja, o consumo do bem não é feito por poucos consumidores isolados.

5) Ter o **efeito renda maior que o efeito substituição**, conforme pudemos ver no item 2.4.

6) **Efeito renda positivo**, conforme item 2.4.

Fiquemos atentos para o seguinte:

> O bem de Giffen é um bem inferior, mas nem todo bem inferior é bem de Giffen.

2.7.1. Bem de Veblen

O bem de Veblen é aquele em que "**quanto mais caro, mais a pessoa quer comprar**", ou seja, o consumidor tem um **comportamento exibicionista**. Desloca a quantidade demandada no mesmo sentido do preço. Podemos dizer que é uma exceção à lei da demanda, embora seja uma exceção não legítima, porque se trata de um típico **bem superior** e porque apresenta um **comportamento individual** e não coletivo.

2.7.2. Bens para especulação

Os bens para especulação são aqueles em que o consumidor os adquire a um preço elevado, esperando que ele se eleve ainda mais no futuro. Com isso, esse consumidor será capaz de convencer terceiros da elevação do seu valor. Assim, ao se desfazer dele, garantirá ganhos.

2.8. DEMANDA WALRASIANA (MARSHALLIANA)

A função demanda é dita Walrasiana ou Marshalliana quando a Quantidade demandada (Qd) for expressa como função do Preço do bem (P) e da Renda (R). Assim, temos:

$$Qd = A \cdot R \cdot P^{-1}$$

Em que "A" representa uma constante positiva.

Podemos observar que, se multiplicarmos o Preço (P) e a Renda (R) por uma mesma constante, a Quantidade demandada (Qd) permanece constante.

Por exemplo, imaginemos uma função demanda Walrasiana com o seguinte comportamento:

$$Qd = 2R/P$$

Se $R = 10$ e $P = 4$, então $Qd = 5$.

Se dobrarmos a Renda (R) e o Preço (P), a Quantidade demandada (Qd) permanece a mesma. Vejamos:

Se $R = 20$ e $P = 8$, então $Qd = 5$.

Veremos no Capítulo 25 — Teoria Elementar da Produção de Longo Prazo — item 25.2.1 que a função Demanda Walrasiana será homogênea de grau zero.

2.9. DEMANDA HICKSIANA OU COMPENSADA

A demanda compensada de Hicks ou demanda hicksiana é uma função que determina a quantidade demandada de um bem quando os preços variam e há uma compensação da renda do consumidor mantendo constante sua utilidade. Assim, uma variação na renda do consumidor fará com que a cesta de consumo final escolhida por ele seja indiferente à cesta de consumo escolhida antes da variação no preço. No Capítulo 22, item 22.1, poderemos compreender melhor esse comportamento.

2.10. QUESTÕES

1. (FCC — TCM-RJ — 2015) Um dos fatores que leva ao deslocamento a curva de demanda são as preferências. Um aumento do gasto com propaganda e marketing tende a:
   a) levar a firma a gastar mais sem efeito algum sobre o nível de vendas.
   b) deslocar a curva de demanda para a esquerda, aumentando a demanda do bem.
   c) deslocar a curva de demanda para a direita, aumentando a demanda do bem.
   d) deslocar a curva de oferta e de demanda para a esquerda, reduzindo a demanda do bem.
   e) deslocar a curva de oferta para a direita reduzindo a oferta do bem.

2. (FGV — MPE-AM — 2002) O deslocamento, para a direita, da curva da demanda de um determinado bem é provocado pelo aumento:
a) do número de empresas concorrentes.
b) da renda do consumidor.
c) da quantidade de matéria-prima.
d) da utilização de tecnologia avançada pelos produtores.
e) da qualificação técnica do consumidor.

3. (VUNESP — Analista — Prefeitura de São Paulo — Planejamento e Desenvolvimento Organizacional — Ciências Econômicas — 2015) Um determinado munícipe da cidade de São Paulo, em uma condição controlada, ao perceber a redução de preços de um determinado bem adquirido localmente, avalias-se, concomitantemente, que a sua renda, seus gostos e preferências, os preços de outros relacionados e suas expectativas não se alteraram e, dessa forma, decidisse por adquirir mais produtos desse bem que sofreu a redução de preços, pode-se afirmar que:
a) a curva de demanda desse produto será obtida pela soma vertical das quantidades das curvas de demanda individuais a cada possível preço.
b) a oferta do bem em questão depende da renda, *ceteris paribus*.
c) a quantidade demandada desse bem depende de seu preço, *ceteris paribus*.
d) a curva de demanda deve-se inclinar positivamente e revelar a inversão do sentido do comportamento entre preço e quantidade, desde que não sejam bens de Giffen ou bens de Veblen.
e) sendo esse produto em questão um bem de Giffen ou um bem de Veblen a sua curva de demanda terá obrigatoriamente uma inclinação negativa, demonstrando que quanto menor seja o preço do bem, maior deverá ser a quantidade demandada dele.

4. (FCC — Economista — ALMS — 2016) Sobre a curva de demanda, é correto afirmar:
a) A mudança no preço das bicicletas não levará a um deslocamento da curva de demanda por bicicletas.
b) O aumento do preço dos carros levará a uma queda na demanda por motocicleta.
c) A mudança na demanda é equivalente a um movimento ao longo da curva de demanda.
d) Quando o preço cai, a quantidade demandada também cai.
e) Quando a curva de demanda se desloca para a direita, a curva de oferta também se desloca para a direita.

5. (CETREDE — Agente de ATER — EMATERCE — Ciências Econômicas — 2018) Com relação à Microeconomia, analise as afirmativas a seguir e marque (V) para as VERDADEIRAS e (F) para as FALSAS.
( ) Cuida do estudo das empresas e da produção de preços dos diversos bens, serviços e fatores produtivos.
( ) É o ramo da ciência econômica voltado ao estudo do comportamento das unidades de consumo (indivíduos e famílias).
( ) Quase todas as mercadorias obedecem à lei da procura decrescente, segundo a qual a quantidade procurada diminui, quando o preço aumenta.
Marque a opção que apresenta a sequência CORRETA.
a) V — V — V.
b) V — F — V.
c) V — F — F.
d) F — V — F.
e) F — F — F.

6. (CEBRASPE — Analista em Desenvolvimento Regional — CODEVASF — Economia — 2021) Acerca dessa situação hipotética, julgue o item subsequente. Uma consultoria especializada foi contratada para estimar a demanda de um determinado produto. A consultoria estima que a demanda seja dada por P = — 1/5 · Q + 10, em que P = preço do produto e q = quantidade demandada.
A curva de demanda mostra a relação entre o preço e o número de unidades demandadas.
( ) Certo   ( ) Errado

2 ◻ Demanda

7. (FGV — 2024 — Pref SJC/Ciências Econômicas) Considere uma economia de dois bens. Se um bem é normal, então o outro bem será necessariamente
   a) normal.
   b) inferior.
   c) normal ou inferior.
   d) independente do bem normal definido no enunciado.
   e) de luxo.

8. (CEBRASPE — 2024 — ANAC) Considerando a teoria microeconômica clássica, julgue o item a seguir.
   i. Se a queda do preço leva a uma redução da quantidade demandada, então o bem é inferior.
   ( ) Certo   ( ) Errado
   ii. Um bem inferior é necessariamente um bem de Giffen.
   ( ) Certo   ( ) Errado

9. (CEBRASPE — 2024 — ANA)

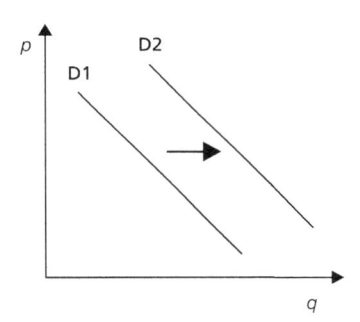

Com base no gráfico, que representa a curva de demanda do bem x, que se desloca no tempo de D1 para D2, é correto afirmar que o deslocamento da curva de demanda em questão pode ser explicado por
   i. um aumento no preço do bem y, se este for substituto do bem x.
   ( ) Certo   ( ) Errado
   ii. um aumento na renda, se x for um bem inferior.
   ( ) Certo   ( ) Errado
   iii. O deslocamento da demanda indicado no gráfico sugere que os compradores do bem x esperam que seu preço diminua no futuro.
   ( ) Certo   ( ) Errado

10. (FGV — 2024 — Consultor Técnico Legislativo-SP/Economia/modificada) Considere dois bens X e Y que são substitutos e considere um bem Z que é complementar a X.
Um aumento nos preços de X provoca
a) um deslocamento ao longo da curva de demanda de Z.
b) um aumento da demanda de Y e de Z.
c) um aumento da demanda de Y e uma queda da demanda de Z.
d) queda da quantidade demandada de X e queda da demanda de Y.
e) uma queda da demanda de Y e um aumento da demanda de Z.

GABARITO

1. "c". Quando a empresa gasta mais com propaganda, a demanda pelo bem aumenta. Isso provoca um deslocamento da curva de demanda para cima ou para a direita.

2. "b". O número de empresas concorrentes, a quantidade de matéria-prima, a utilização de tecnologia avançada e uma melhoria tecnológica que aumenta a qualificação técnica do consumidor deslocam a curva de oferta. A renda desloca a curva de demanda.

3. "c". A Quantidade demandada (Qd) desse bem depende de seu preço, de tal maneira que, se o preço subir, a quantidade demandada cai e, se o preço cair, a quantidade demandada sobe, considerando todos os outros fatores que deslocam a demanda constantes ou *ceteris paribus*. A alternativa "c" está correta.

A curva de demanda desse produto será obtida pela soma horizontal, e não vertical das quantidades das curvas de demanda individuais a cada possível preço. A alternativa "a" está incorreta.

A quantidade demandada do bem é função do preço. A demanda não irá se alterar em função da renda porque ela é constante. A renda não é capaz de alterar a oferta. Ela só seria capaz de alterar a demanda. A alternativa "b" está incorreta.

A curva de demanda não sai do lugar nem muda sua inclinação porque o deslocamento ocorre ao longo da curva de demanda. Logo, o que se altera é a quantidade demandada do bem, e não a demanda. Se fosse um bem de Giffen ou bem de Veblen, a curva de demanda seria positivamente inclinada, revelando que uma alteração no preço provocaria uma variação na quantidade demandada no mesmo sentido, ou seja, a demanda teria uma inclinação positiva. Mas a demanda permaneceria a mesma e em idêntica inclinação também. As alternativas "d" e "e" estão incorretas.

4. "a". Alterações no preço do próprio bem em questão provocam alterações ao longo da própria curva de demanda, ou seja, a curva de demanda não sai do lugar nem muda sua inclinação. A alternativa "a" está correta.

Carros e motocicletas são bens substitutos. O aumento no preço do carro fará com que a quantidade demandada de carros diminua, levando ao aumento da demanda por motocicletas. A alternativa "b" está incorreta.

A mudança na demanda é equivalente ao seu deslocamento paralelo para cima/direita ou para baixo/esquerda. Quando há alteração na quantidade demandada, há uma alteração ao longo da curva de demanda. A alternativa "c" está incorreta.

A lei da demanda afirma que, quando o preço cai, a quantidade demandada aumenta e, quando o preço sobe, a quantidade demandada cai. A alternativa "d" está incorreta.

Os fatores que fazem a curva de demanda se deslocar para a direita são totalmente diferentes dos fatores que deslocam a curva de oferta para a direita. Portanto, os fatores que provocarão o deslocamento da demanda deixarão a oferta constante. A alternativa "e" está incorreta.

5. "a". A Microeconomia estuda o comportamento das empresas e sua produção de bens e serviços. Com isso, estuda a determinação de preços dos produtos e dos fatores produtivos, por exemplo, o preço da mão de obra ou trabalho. Também se preocupa com o estudo da teoria do consumidor, que analisa o comportamento das unidades de consumo representadas pelos indivíduos e suas famílias. A lei da demanda afirma que quando o preço do produto diminui, a quantidade demandada aumenta e, quando o preço do produto aumenta, a quantidade demandada diminui. Existem exceções à lei da demanda como os bens de Giffen, bens de Veblen e bens destinados a especulação. Todas as afirmativas estão corretas, então, a opção a ser assinalada é a "a".

6. "certo". A curva de demanda mostra a relação negativa entre preço e quantidade demandada, ou seja, quanto maior o preço, menor a quantidade demandada e vice-versa. O item está certo.

7. "c". Numa economia com apenas dois bens, se um dos bens for normal, obrigatoriamente o outro será normal (isso inclui ser superior) ou inferior. Isso porque, se a renda aumentar e o consumidor utilizar toda sua renda para o consumo, se os dois bens forem normais (incluindo a possibilidade de um deles ser superior), a demanda dos dois bens aumenta. Se a renda aumentar e o consumidor utilizar toda sua renda para o consumo, se um dos bens for normal e o outro inferior, a demanda do bem normal aumenta e do bem inferior diminui, o que é totalmente possível. O que não pode ocorrer é, havendo um aumento na renda, os dois bens serem inferiores, porque isso faria com que o consumo dos dois bens diminuísse, fazendo com que a renda não fosse totalmente consumida. A alternativa "c" está correta. As alternativas "a" e "b" estão incompletas porque o outro bem pode ser tanto normal como inferior e apenas uma das hipóteses. A alternativa "d" está incorreta porque a resposta é válida se o bem do enunciado for normal porque, se o bem do enunciado fosse inferior, o outro deveria ser normal (ou superior).

Bem de luxo se classifica dentro de bens superiores. Logo, a resposta está incompleta porque o bem poderia ser também inferior. A alternativa "e" está incorreta.

8. i. "errado". Quando a queda no preço leva à redução da quantidade demandada, deparamo-nos com bem de Giffen, que é uma exceção à lei da demanda. O bem de Giffen é um tipo de bem inferior, mas nem todo bem inferior é bem de Giffen. O item "i" está incorreto.

ii. "errado". O bem de Giffen é aquele que contraria a lei da demanda e é um bem inferior, ou seja, quando a renda se eleva, a demanda do bem se reduz e, quando a renda se reduz, a demanda do bem se eleva. Porém, nem todo bem inferior é um bem de Giffen. O item "ii" está incorreto.

9. i. "certo". Quando o preço do bem Y aumenta, a quantidade demandada do bem Y diminui. Como ele é substituto de X, a demanda pelo bem X aumenta, fazendo com que a curva de demanda se desloque para cima ou para a direita. O item "i" está correto.

ii. "errado". Se o bem for inferior, um aumento na renda reduz a demanda pelo bem, o que provoca um deslocamento da curva de demanda para a esquerda ou para baixo. O item "ii" está incorreto.

iii. "errado". Se imaginarmos uma curva de oferta (que tem o comportamento crescente), poderemos notar que o novo ponto de equilíbrio ocorreria a um preço mais elevado. O item "iii" está incorreto.

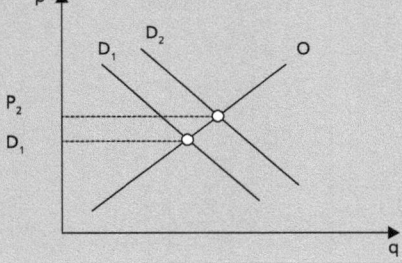

10. "c". Quando o preço de X aumenta, a quantidade demandada de X diminui, obedecendo a lei da demanda. Como X é substituto de Y, a demanda por Y aumenta, já que, consumindo menos de X, consumirá mais de Y. Como Z é complementar a X, a demanda de Z diminui, já que o consumo de Z acompanha o consumo de X. A alternativa "c" está correta.

2.11. MATERIAL SUPLEMENTAR

QUESTÕES DE CONCURSOS
> http://uqr.to/1yarb

3

OFERTA

3.1. OFERTA

Entendemos por oferta todas as combinações de quantidade de bens ou serviço que um produtor ou um grupo de produtores está **disposto** a vender, a determinado preço. Assim como a demanda, a oferta representa uma **intenção** e não a concretização de algo.

No mercado de bens, a oferta vai refletir o **comportamento dos produtores**, ou seja, quando o preço do produto aumenta, os produtores se sentem estimulados a ofertar uma quantidade maior de produto. Quando o preço do produto diminui, os produtores ofertam uma quantidade menor de produto.

O Preço de um bem (P) e a sua Quantidade ofertada (Qo) são **diretamente** relacionados, ou seja, mantêm uma relação **crescente ou positiva** entre si.

O gráfico da Figura 3.1 mostra, mantidas constantes todas as demais variáveis que influenciam os produtores (ou vendedores), que, quando o Preço do bem aumenta (P), a Quantidade ofertada do bem (Qo) aumenta também, o que faz com que a **inclinação** da curva de oferta seja **positiva**.

Figura 3.1. Curva de Oferta (O): mostra a relação direta entre Preço (P) e Quantidade ofertada (Qo).

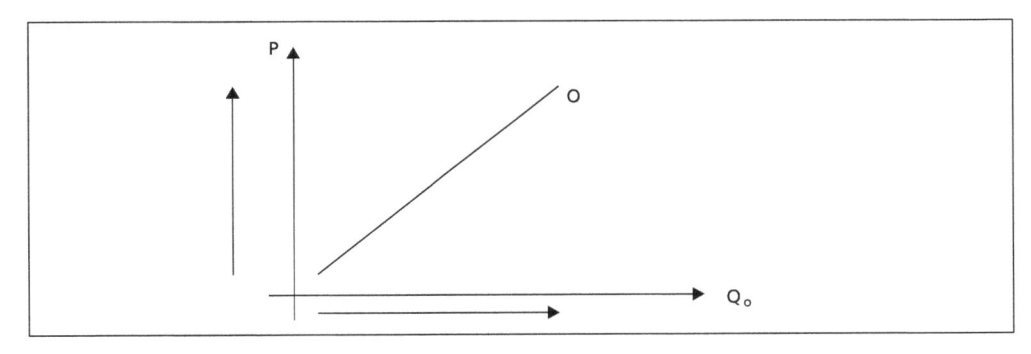

Segundo Pindyck & Rubinfeld: "A curva de oferta informa-nos a quantidade de mercadoria que os produtores estão dispostos a vender a determinado preço, mantendo-se constantes quaisquer fatores que possam afetar a quantidade ofertada"[1].

---

[1] Robert S. Pindyck & Daniel L. Rubinfeld, *Microeconomia*, p. 18.

Daí, surge a **Lei da Oferta**, que afirma que, com tudo o mais mantido constante, quando o Preço (P) de um bem aumenta, sua Quantidade ofertada (Qo) aumenta e quando o Preço (P) de um bem cai, a Quantidade ofertada (Qo) diminui.

> Lei da Oferta afirma:
>
> P↑ Qo↑
> P↓ Qo↓

A Quantidade ofertada (Qo) e a Oferta (O) de um bem vão ser função de vários fatores, entre eles, o Preço do bem (P), o preço de outros bens relacionados com o bem ofertado, o preço dos insumos de produção, condições climáticas, expectativas, entre outros.

Vejamos uma **variação no preço** do próprio bem primeiro.

Considerando que haja uma variação no preço e que as demais variáveis mantenham-se constantes, diremos que:

> Qo = f (P)

Ou seja, a Qo, é função do P, *ceteris paribus*.

Quando falamos em oferta, é diferente de falarmos em Qo.

> Oferta ≠ Quantidade ofertada (Qo)

A **quantidade ofertada** é uma simples variável mediante inúmeras possibilidades encontradas na função oferta, enquanto a **oferta** é uma relação direta entre preço e quantidade ofertada, em que é possível encontrar inúmeras possibilidades de combinação entre preço e quantidade ofertada numa única curva de oferta.

No gráfico da Figura 3.2, a quantidade ofertada é representada no eixo das abscissas, enquanto a oferta é a própria função que vai combinar um Preço (P) à sua respectiva Quantidade ofertada (Qo).

Figura 3.2. Gráfico da curva de Oferta (O). A quantidade ofertada quando associada ao preço será um ponto na curva de oferta, enquanto a oferta é a combinação de inúmeras quantidades ofertadas e preços.

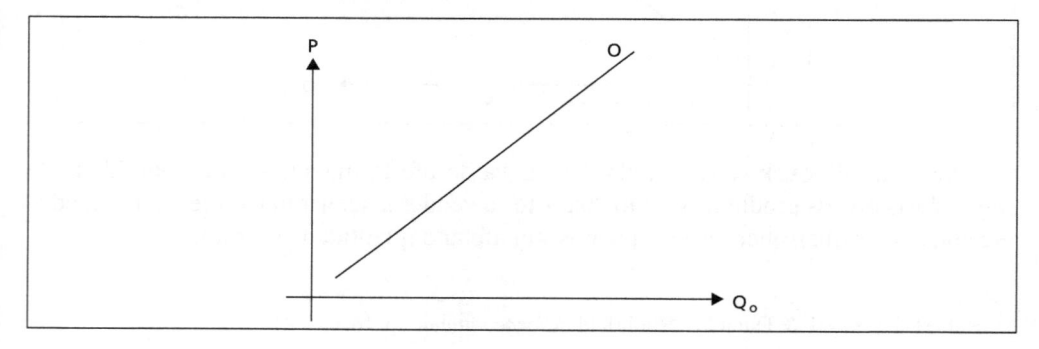

A **oferta são as inúmeras relações de preços com quantidades**, mantendo tudo o mais constante (*coeteris paribus*). Por exemplo, vamos observar, a seguir, duas funções ofertas quaisquer:

Oferta 1 → Qo = 20 + 2p
Oferta 2 → Qo = 100 + 5p

Já a **quantidade ofertada é um ponto na função**, ou seja:

Oferta 1 → Qo = 20 + 2p; quando o preço é 5, a quantidade ofertada é 30. Vejamos a Figura 3.3.

Figura 3.3. Gráfico da curva de Oferta (O) e um ponto específico que mostra que, quando o preço é 5, a Quantidade ofertada (Qo) é 30.

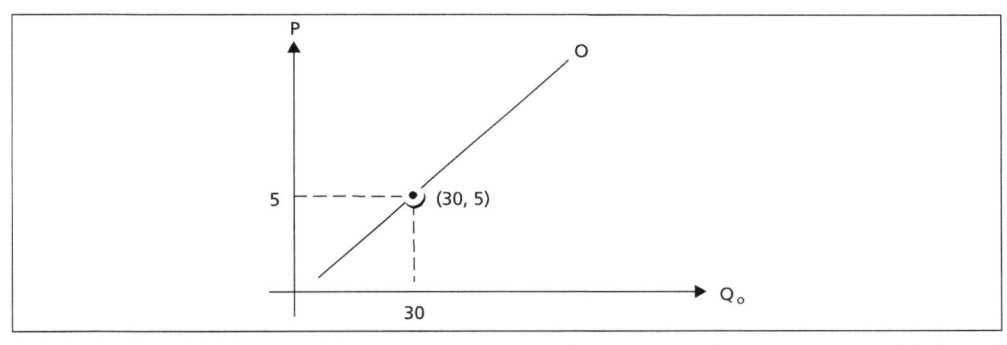

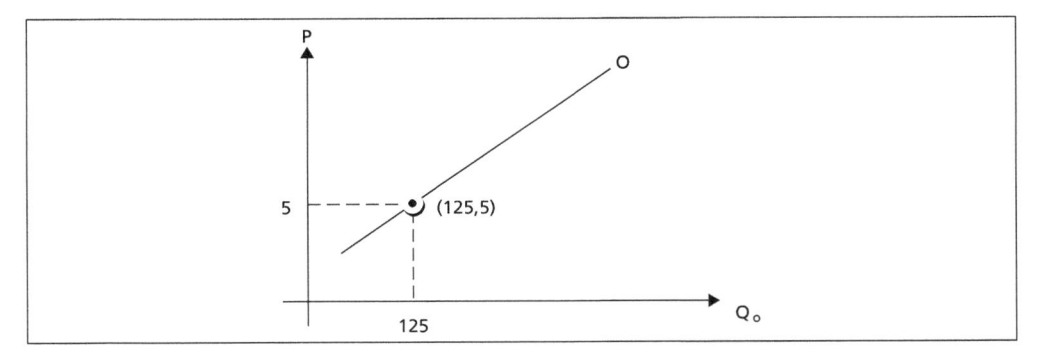

Podemos observar que, com a Quantidade ofertada (Qo) de 30 e o Preço (P) de 5, é possível definir um ponto na função oferta. Se houvesse alteração do preço do produto, a Qo se alteraria também e um novo ponto seria definido na função oferta, porém a curva de Oferta (O) não sairia do lugar, ou seja, **uma alteração no preço é capaz de alterar a quantidade ofertada**, mas não é capaz de alterar a oferta.

Portanto, o Preço (P) altera a Quantidade ofertada (Qo) e não a Oferta (O).

Vejamos um segundo exemplo:

Oferta 2 → Qo = 100 + 5p; quando o preço é 5, a quantidade ofertada é 125. Vejamos a Figura 3.4.

Figura 3.4. Gráfico da curva de Oferta (O) e um ponto específico que mostra que, quando o preço é 5, a Quantidade ofertada (Qo) é 125.

Observemos que, com a quantidade ofertada de 125 e o preço de 5, definimos um ponto na função oferta. Se houvesse alteração do preço do produto, a **Quantidade ofertada (Qo) se alteraria** e um novo ponto seria definido na mesma função oferta, ou seja, a **curva de oferta não sairia do lugar**. Mais uma vez comprovamos que o preço do próprio bem é capaz de alterar a quantidade ofertada, mas não é capaz de alterar a oferta.

Vejamos, com um exemplo, o deslocamento **sobre a curva de Oferta** que ocorre quando há alteração do preço do bem que se está estudando:

Dada a função oferta: $Qo = 20 + 2p$

Quando $p = 5 \rightarrow Qo = 30$

Caso o preço se eleve para $p = 6 \rightarrow Qo = 32$

Representando no gráfico da Figura 3.5, temos:

Figura 3.5. Gráfico da curva de Oferta (O) e um ponto específico que mostra que, quando o preço é 5, a Quantidade ofertada (Qo) é 30. Caso o preço se eleve para 6, a quantidade ofertada se eleva para 32. Observamos que uma alteração do preço do bem provocou um deslocamento sobre a mesma curva de oferta, alterando a quantidade ofertada. Contudo, percebemos que a curva de oferta não se desloca.

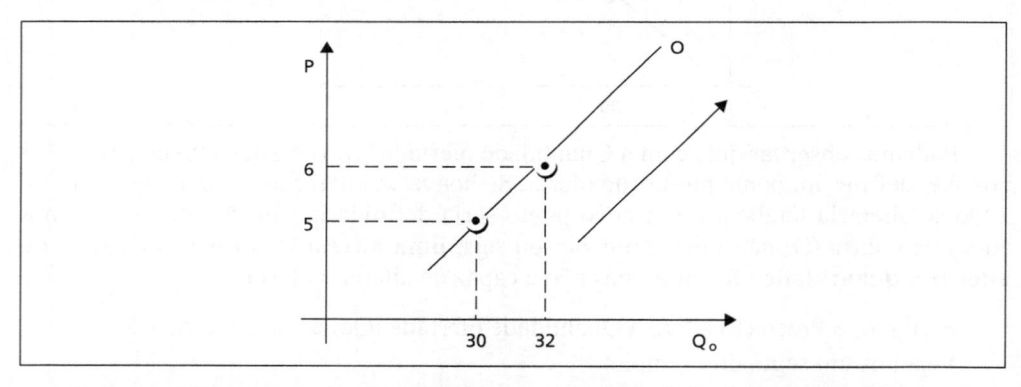

Podemos observar que a alteração no preço do próprio bem de 5 para 6 provocou o **deslocamento "na" própria curva ou "ao longo" da curva de oferta**, aumentando a Quantidade ofertada (Qo) de 30 para 32. Portanto, uma variação nos preços do próprio bem **desloca apenas a Quantidade ofertada e nunca a Oferta (O)**.

3.2. FATORES QUE DESLOCAM A CURVA DE OFERTA

Observamos que o preço do próprio bem não é capaz de deslocar a curva de Oferta (O), mas apenas a Quantidade ofertada (Qo), já que o preço do próprio bem é uma variável endógena. Quando falávamos de alteração no preço, considerávamos todos os outros fatores constantes ou *ceteris paribus*. Mas esses fatores podem não ser constantes e, portanto, deslocarem a curva de oferta. Esses fatores são variáveis exógenas. Vejamos alguns deles:

a) preço dos insumos que alteram os custos de produção;
b) condições climáticas;

c) tecnologia;
d) preço dos bens relacionados (bens substitutos e bens complementares);
e) expectativas;
f) número de firmas;
g) impostos sobre vendas.

a) Caso haja alteração no **preço dos insumos**, podem ocorrer duas situações:
   → O preço dos insumos pode subir.
   → O preço dos insumos pode cair.

Na primeira situação, quando o preço dos insumos sobe, haverá o deslocamento da curva de oferta para cima ou para a esquerda, ou seja, de O_1 para O_2 e, no segundo caso, quando o preço dos insumos cair, haverá o deslocamento da curva de oferta para baixo ou para a direita, ou seja, de O_1 para O'_2.

Logo:

Se o preço dos insumos aumentar → desloca a curva de oferta para a esquerda ou para cima ($O_1 \rightarrow O_2$).

Se o preço dos insumos diminuir → desloca a curva de oferta para a direita ou para baixo ($O_1 \rightarrow O'_2$).

Observemos a Figura 3.6.

Figura 3.6. O aumento do preço dos insumos desloca a curva de oferta de O_1 para O_2. A redução do preço dos insumos desloca a curva de oferta de O_1 para O'_2. Isso porque uma mudança que provoca o aumento/redução da quantidade ofertada a cada preço desloca a curva de oferta para baixo/cima ou para a direita/esquerda, aumentando/diminuindo a oferta.

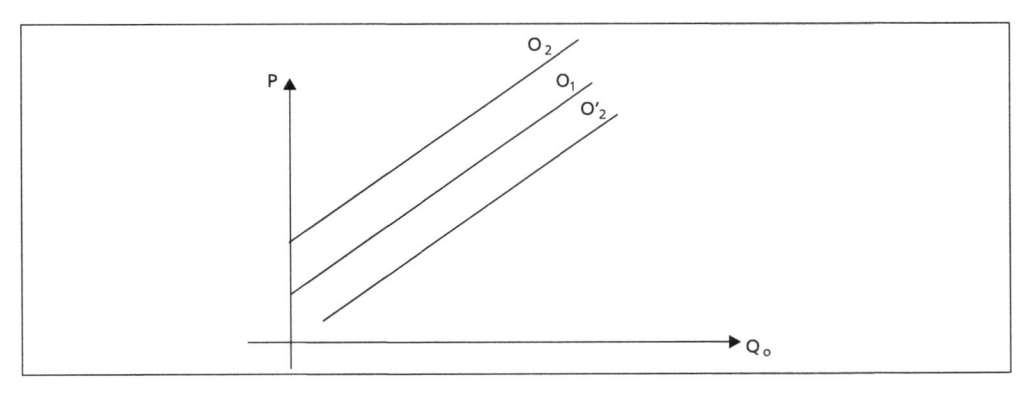

Observamos que a alteração no **preço dos insumos** provocou o deslocamento "da" curva de oferta.

b) Caso haja **mudança nas condições climáticas**, podem ocorrer duas situações:

Se houver melhora climática → desloca a curva de oferta para a direita ou para baixo ($O_1 \rightarrow O'_2$).

Se houver piora climática → desloca a curva de oferta para a esquerda ou para cima ($O_1 \rightarrow O_2$).

Observemos a Figura 3.7.

Figura 3.7. A piora do clima desloca a curva de oferta de O_1 para O_2. A melhoria do clima desloca a curva de oferta de O_1 para O'_2. Isso porque uma mudança que provoca aumento/redução da quantidade ofertada a cada preço desloca a curva de oferta para baixo/cima ou para a direita/esquerda, aumentando/diminuindo a oferta.

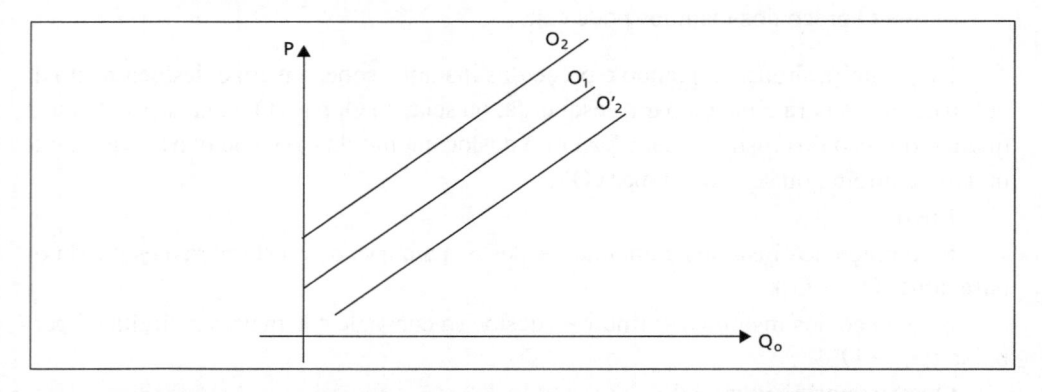

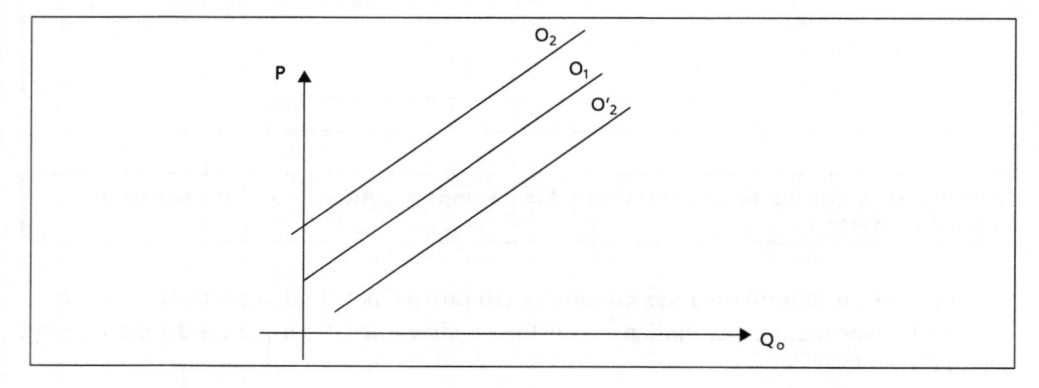

Observamos que a alteração no **clima** provoca o deslocamento "da" curva de oferta.

c) Caso haja **alteração tecnológica,** podem ocorrer duas situações distintas:

Se a tecnologia melhorar → desloca a curva de oferta para baixo ou para a direita ($O_1 \rightarrow O'_2$).

Se a tecnologia piorar → desloca a curva de oferta para cima ou para a esquerda ($O_1 \rightarrow O_2$).

Observemos a Figura 3.8.

Figura 3.8. A melhoria da tecnologia desloca a curva de oferta de O_1 para O'_2. A piora da tecnologia desloca a curva de oferta de O_1 para O_2. Isso porque uma mudança que provoca aumento/redução da quantidade ofertada a cada preço desloca a curva de oferta para baixo/cima ou para a direita/esquerda, aumentando/diminuindo a oferta.

> Observamos que a alteração na **tecnologia** provocou o deslocamento **"da"** curva de oferta.

d) Caso haja alteração no **preço dos bens relacionados** ao bem em questão, podemos nos deparar com dois tipos de bens: **bens substitutos na oferta ou complementares na oferta**.

Bens substitutos na oferta são aqueles que são concorrentes na produção, ou seja, o produtor pode produzir um ou outro produto. Quando a queda do preço de um dos bens aumenta a oferta pelo outro bem, dizemos que eles são substitutos. Portanto, o preço de um bem e a oferta de seu substituto são **inversamente** (ou negativamente) relacionados. Chamando o bem em questão de X e seu substituto de Y, quando o Preço de X (Px) sobe, a Oferta de Y (Oy) diminui.

Podemos citar como exemplos a oferta de feijão ou soja, a oferta de açúcar ou álcool, a oferta de carne de frango ou peru.

Bens complementares na oferta são bens produzidos conjuntamente, ou seja, se o produtor produzir um dos bens, produzirá o outro também. Quando a queda do preço de um dos bens diminui a oferta pelo outro bem, dizemos que eles são complementares na oferta. O preço de um bem e a oferta do seu complementar são **diretamente** (positivamente) relacionados. Chamando o bem em questão de X e seu complementar de Y, quando o Preço de X (Px) sobe, a Oferta de Y (Oy) aumenta.

Podemos citar como exemplos a oferta de carne e couro de boi, a oferta de diesel e gasolina.

Voltando ao bem substituto, sabemos que o preço de um bem e a quantidade ofertada do seu **substituto** são inversamente relacionados, ou seja, quando o preço do bem Y aumenta, a quantidade ofertada de Y aumenta (respeitando a lei da oferta) e como o bem Y é substituto do bem X, então, a quantidade ofertada de X diminui a cada preço, deslocando a curva de Oferta de X (Ox) para a esquerda. Vejamos o esquema e a Figura 3.9.

> Py↑ → Qoy↑ → Qox↓ → O↓ (sabendo que os bens x e y são substitutos)

Figura 3.9. O aumento do preço pelo bem Y, substituto na oferta de X, desloca a curva de oferta do bem X de O_1 para O_2. Isso porque uma mudança que provoca a redução da quantidade ofertada a cada preço desloca a curva de oferta para cima ou para a esquerda, diminuindo a oferta.

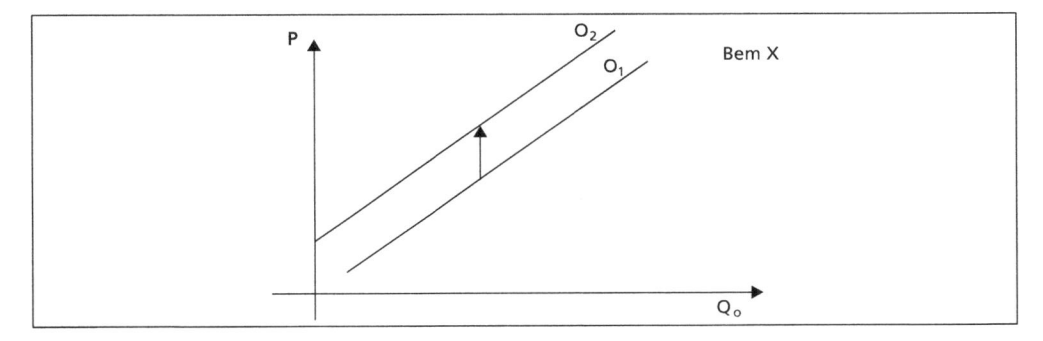

Já quando se trata de um bem complementar, sabemos que o preço de um bem e a quantidade ofertada do bem **complementar** são diretamente relacionados, ou seja, se o preço de Y aumentar, a quantidade ofertada de Y aumenta. Como Y é complementar de X, a quantidade de X aumenta também, deslocando a curva de oferta para a direita. Vejamos o esquema e a Figura 3.10:

> Py↑ Qoy↑ Qox↑ Ox↑ (sabendo que os bens x e y são complementares)

Figura 3.10. O aumento do preço pelo bem Y, complementar de X na oferta, desloca a curva de oferta do bem X de O_1 para O_2. Isso porque uma mudança que provoca o aumento da quantidade ofertada a cada preço desloca a curva de oferta para baixo ou para a direita, aumentando a oferta.

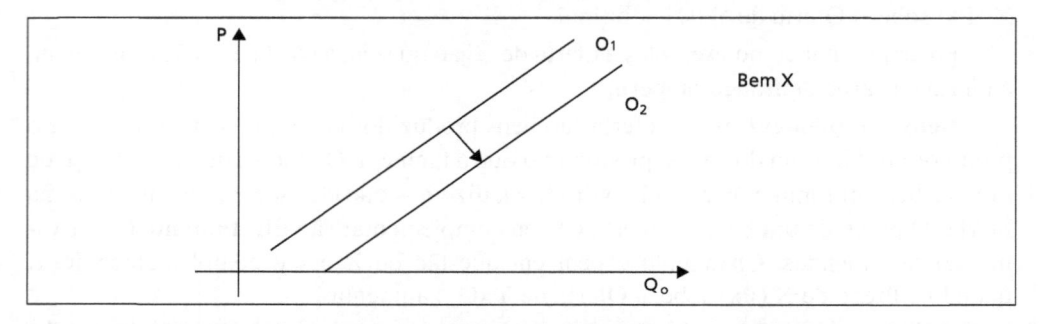

> Observamos que a alteração no preço dos bens relacionados provoca deslocamento "da" curva de oferta.

e) Se houver alteração nas **expectativas dos produtores**, podem ocorrer duas situações:

Se as expectativas forem favoráveis → a curva de oferta se desloca para a direita ou para baixo ($O_1 \to O'_2$).

Se as expectativas forem desfavoráveis → a curva de oferta se desloca para a esquerda ou para cima ($O_1 \to O_2$). É possível visualizar graficamente isso, por meio da Figura 3.11.

Figura 3.11. Expectativas favoráveis deslocam a curva de oferta de O_1 para O'_2. Expectativas desfavoráveis deslocam a curva de oferta de O_1 para O_2. Isso porque uma mudança que provoca a melhora/piora das expectativas aumenta/diminui a quantidade ofertada a cada preço, desloca a curva de oferta para baixo/cima ou para a direita/esquerda, aumentando/diminuindo a oferta.

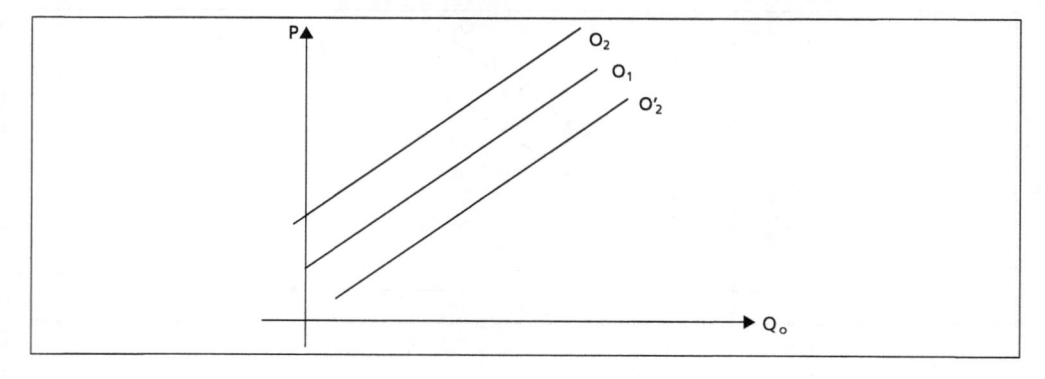

> Observamos que a alteração nas expectativas dos produtores provoca o deslocamento "da" curva de oferta.

f) Se houver aumento ou diminuição do número de firmas ofertantes, a curva de oferta se deslocará para a direita ($O_1 \to O'_2$) ou para a esquerda ($O_1 \to O_2$), respectivamente. É possível visualizar graficamente isso, por meio da Figura 3.12.

Figura 3.12. O aumento do número de ofertantes desloca a curva de oferta de O_1 para O'_2. A diminuição do número de ofertantes desloca a curva de oferta de O_1 para O_2. Isso porque uma mudança que provoca o aumento/diminuição do número de ofertantes, aumenta/diminui a quantidade ofertada a cada preço, desloca a curva de oferta para baixo/cima ou para a direita/esquerda, aumentando/diminuindo a oferta.

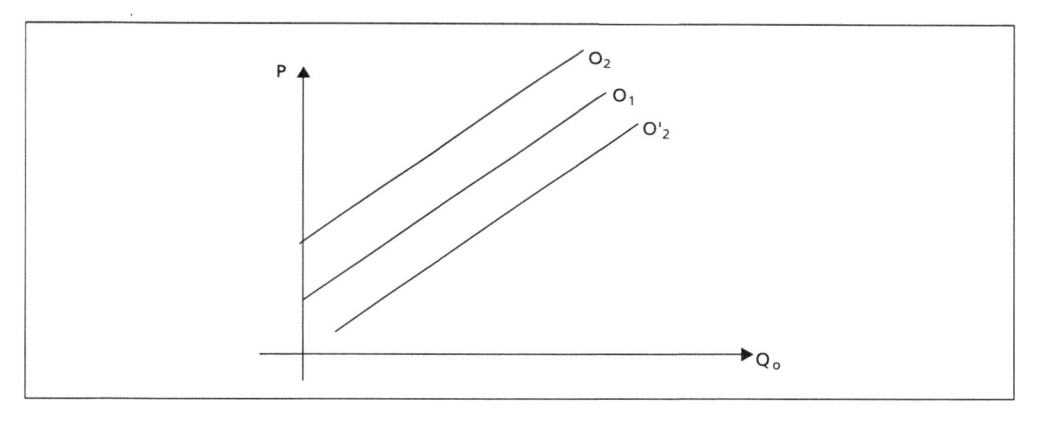

> Observamos que a alteração no número de ofertantes provoca o deslocamento "da" curva de oferta.

g) Se houver **alteração nos impostos sobre vendas**[2], podem ocorrer duas situações:

Se os impostos aumentarem → a curva de oferta se desloca para a esquerda ou para cima ($O_1 \to O_2$).

Se os impostos diminuírem → a curva de oferta se desloca para a direita ou para baixo ($O_1 \to O'_2$). É possível visualizar graficamente isso, por meio da Figura 3.13.

Figura 3.13. A redução dos impostos sobre vendas desloca a curva de oferta de O_1 para O'_2. O aumento dos impostos sobre vendas desloca a curva de oferta de O_1 para O_2. Isso porque uma mudança que provoca a diminuição/aumento dos impostos aumenta/diminui a quantidade ofertada a cada preço, desloca a curva de oferta para baixo/cima ou para a direita/esquerda, aumentando/diminuindo a oferta.

---

[2] Considerando que o imposto seja específico ou unitário, assunto a ser visto no Capítulo 6.

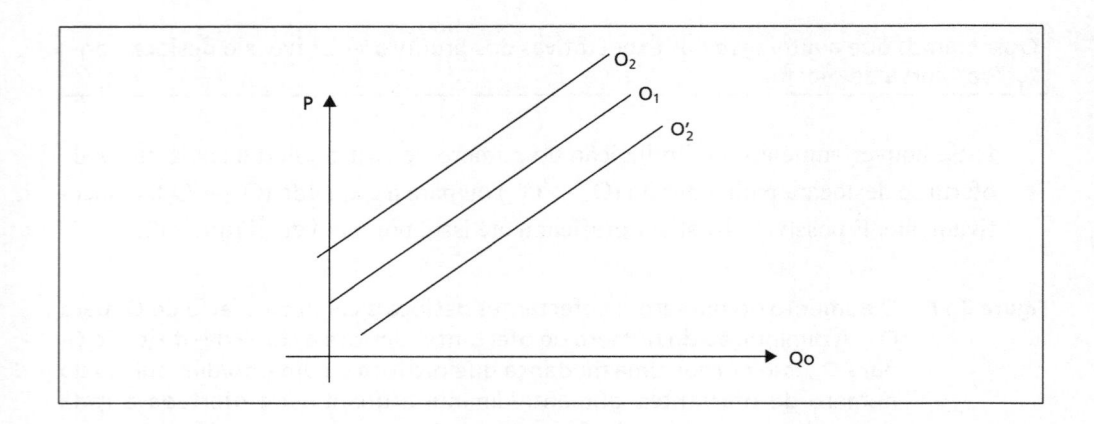

Observamos que a alteração nos impostos provoca o deslocamento "da" curva de oferta.

CONCLUSÃO: SOMENTE A ALTERAÇÃO NO PREÇO DO PRÓPRIO BEM PROVOCA UM DESLOCAMENTO **"NA"** CURVA DE OFERTA. TODAS AS OUTRAS ALTERAÇÕES PROVOCAM DESLOCAMENTO **"DA"** CURVA DE OFERTA.

Portanto, quando se fala em aumentar ou diminuir a quantidade ofertada, não é a mesma coisa que aumentar ou diminuir a oferta.

Quando se **aumenta a oferta**, se desloca a curva para a direita ou para baixo ($O \to O_1$).

Quando se **diminui a oferta**, se desloca a curva de oferta para a esquerda ou para cima ($O \to O_2$).

É possível visualizar graficamente isso, por meio da Figura 3.14.

Figura 3.14. Quando há aumento da oferta, a curva se desloca para baixo ou para a direita (de O para O_1). Quando há diminuição da oferta, a curva se desloca para cima ou para a esquerda (de O para O_2).

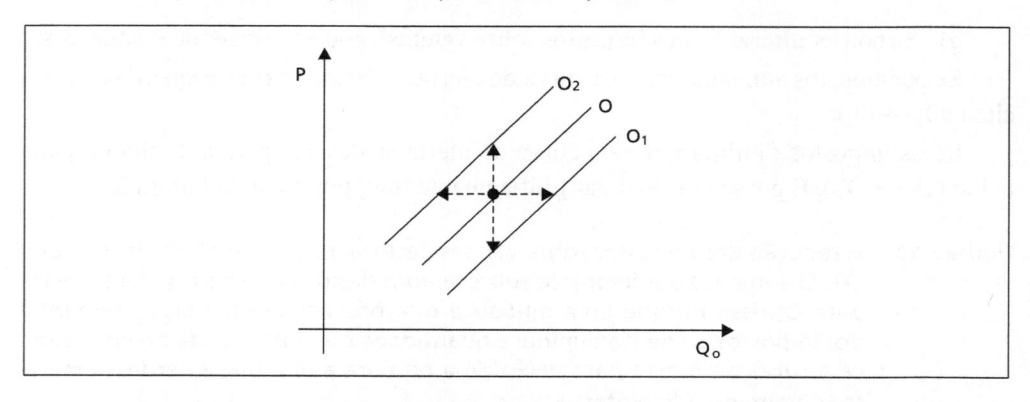

Assim, quando ocorre o **deslocamento da curva** de oferta dizemos que houve **"mudança da oferta"**. Quando ocorre o **deslocamento ao longo de uma curva de oferta**, dizemos que houve mudança na **"quantidade ofertada"**.

Exemplificando, podemos afirmar que alguns dos fatores que **deslocam a curva de oferta para a esquerda** ou para cima são:

- aumento do preço dos insumos;
- diminuição do preço de um bem complementar;
- condições climáticas desfavoráveis;
- piora da tecnologia;
- aumento no preço de um bem substituto;
- diminuição do número de firmas.

E alguns fatores que **deslocam a curva de oferta para a direita** ou para baixo:

- redução do preço dos insumos;
- diminuição do preço de um bem substituto;
- condições climáticas favoráveis;
- melhoria tecnológica;
- aumento do preço de um bem complementar;
- aumento do número de firmas.

3.3. FORMAS DE APRESENTAÇÃO DA OFERTA

Existem várias maneiras de representar a oferta. Podemos observar, a seguir, as principais formas.

1) Por meio de uma **função**:

A função oferta pode ser representada da seguinte maneira:

$$Q_o = a + bP$$

Em que:

a = coeficiente linear da função = o ponto que toca o eixo das abscissas

b = coeficiente angular da função = tg α

Nessa situação, a Quantidade ofertada (Q_o) é função do preço.

Vejamos um exemplo de uma função oferta em que a Quantidade Ofertada (Q_o) é função do Preço (P).

$$Q_o = -50 + P$$

Em que:

a = –50 = coeficiente linear da função = o ponto que toca o eixo das abscissas.

b = 1 = coeficiente angular da função = tg α

É possível visualizar graficamente essa função, por meio da Figura 3.15.

Figura 3.15. Função Oferta: o gráfico mostra o coeficiente angular e linear de uma função cuja quantidade ofertada é função do preço.

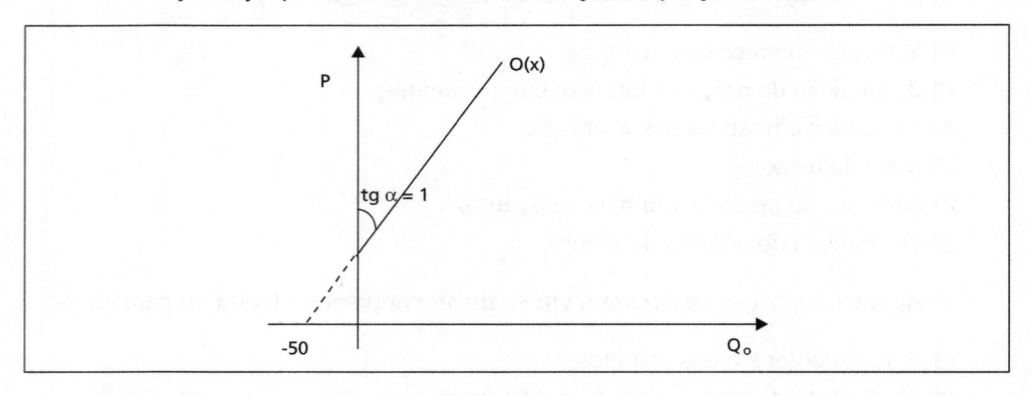

A oferta também pode ser representada adotando o preço como função da quantidade.

$P = c + dQ$

Em que:
c = coeficiente linear da função = o ponto que toca o eixo das ordenadas
d = coeficiente angular da função = tg β

Utilizando a mesma função oferta acima, isolamos o Preço (P) e encontramos a seguinte função:
$Qo = -50 + p$
$P = 50 + Qo$

$P = 50 + Qo$

c = 50 = coeficiente linear da função = o ponto que toca o eixo das ordenadas
d = 1 = coeficiente angular da função = tg β
Vejamos o gráfico da Figura 3.16.

Figura 3.16. Função Oferta: o gráfico mostra o coeficiente angular e linear de uma função cujo preço é função da quantidade ofertada.

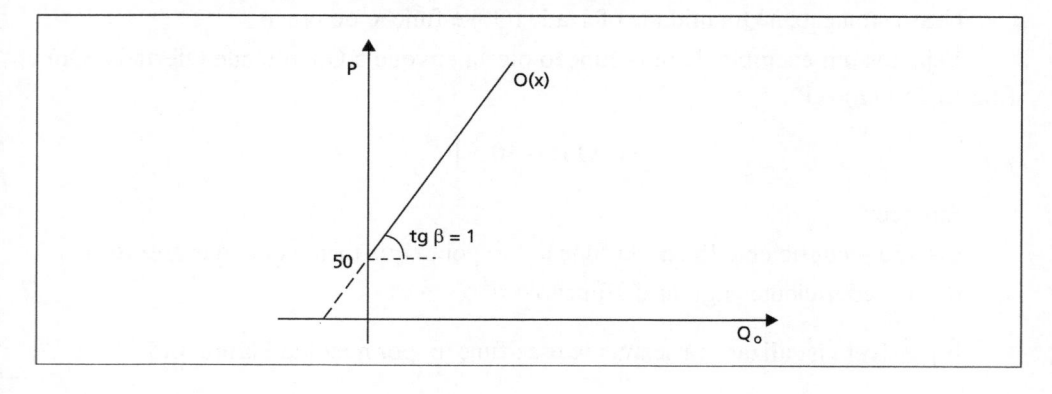

Vejamos outro exemplo:

Qo = –200 + 2p
a = –200 = coeficiente linear da função = o ponto que toca o eixo das abscissas
b = 2 = coeficiente angular da função = tg α

Invertendo a função, temos:

P = 100 + Qo/2
c = 100 = coeficiente linear da função = o ponto que toca o eixo das ordenadas
d = 1/2 = coeficiente angular da função = tg β

É possível visualizarmos graficamente os coeficientes angulares e lineares da função oferta quando a quantidade ofertada é função do preço e quando o preço é função da quantidade ofertada, por meio da Figura 3.17.

Figura 3.17. Função Oferta: o gráfico mostra o coeficiente angular (2) e linear (–200) da função, Qo = –200 + 2p, ou seja, quando a quantidade ofertada é função do preço e o coeficiente angular (1/2) e linear (100) da função P = 100 + 1/2 Qo, cujo preço é função da quantidade ofertada.

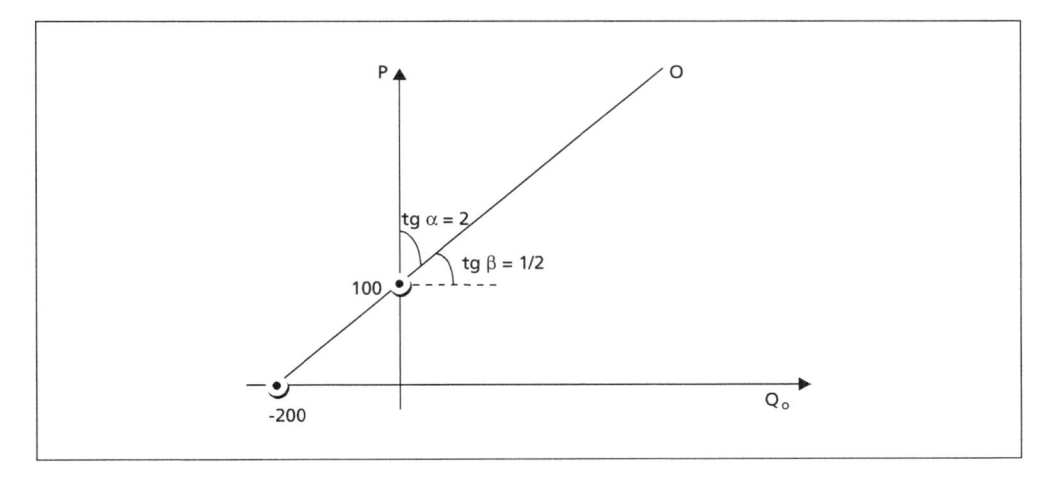

2) Por meio de uma **tabela** ou por uma **escala de oferta**:

A escala de oferta vai mostrar a relação entre o preço do bem e sua quantidade ofertada, *ceteris paribus*.

Quantidade ofertada (Qo)	Preço (P)
10	20
40	30
70	40
100	50

Observe que a oferta é a própria tabela ou escala de oferta. Já a quantidade ofertada é um ponto da tabela.

3) Por meio de um **gráfico — curva de oferta**

A curva de oferta vai representar graficamente a escala de oferta. Ela mostra o comportamento da quantidade ofertada mediante uma variação dos preços. Como a relação entre preço e quantidade é direta, a curva de oferta será crescente. É possível visualizar graficamente isso, por meio do gráfico da Figura 3.18.

Figura 3.18. A curva de oferta representa graficamente a escala de oferta.

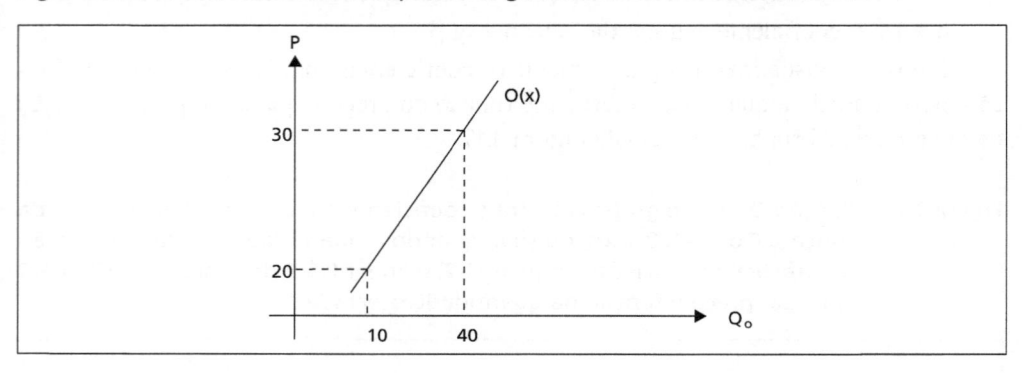

[Gráfico: eixo P (vertical) e Q_o (horizontal); reta crescente O(x) passando pelos pontos (10, 20) e (40, 30)]

Podemos observar que a oferta é a própria curva, que, neste caso, está sendo representada por uma reta. A Quantidade ofertada (Qo) é um dos eixos do gráfico. Sobre uma única curva de oferta existem inúmeras quantidades ofertadas.

3.4. CURVA DE OFERTA DO MERCADO

A curva de oferta do mercado ($O_{mercado}$) vai ser a **soma horizontal** das curvas de ofertas das firmas individuais, ou seja, vai ser a soma de todas as ofertas individuais de determinado bem ($\sum O_{firmas\ individuais}$).

$$O_{mercado} = \sum O_{firmas\ individuais}$$

Sob outra perspectiva, a curva de oferta individual aponta o preço mínimo que fará as firmas ofertarem uma unidade de produto a mais. Por isso, podemos dizer que a curva de oferta é capaz de mostrar os **custos marginais** de produzir um bem.

Assim, afirmam Byrns & Stone: "As inclinações positivas das curvas de oferta refletem acréscimos nos custos unitários quando a produção cresce, pois as firmas: (a) em última análise encontram rendimentos decrescentes; (b) podem ser forçadas a pagar a seus empregados salários adicionais por horas extras; ou (c) só conseguem ter sucesso em atrair mais trabalho ou outros recursos pagando mais por eles. Trabalhar próximo da utilização total da capacidade também leva a erros de cálculo e avarias nos equipamentos. Tais problemas aumentam os custos quando as firmas aumentam a produção"[3].

---

[3] Ralph T. Byrns & Gerald W. Stone, *Microeconomia*, p. 64.

3 ◘ Oferta

Suponha um mercado composto de três firmas denominadas 1, 2 e 3. A oferta do mercado será a soma das quantidades ofertadas pelas três firmas a determinado preço.

Observando a Figura 3.19, podemos ver como é feita essa soma.

Figura 3.19. Curvas de oferta de três firmas (O_1, O_2, O_3) que, quando somadas, definem a curva de Oferta do mercado (O). Podemos observar que a curva de oferta do mercado é a soma horizontal das curvas de ofertas individuais.

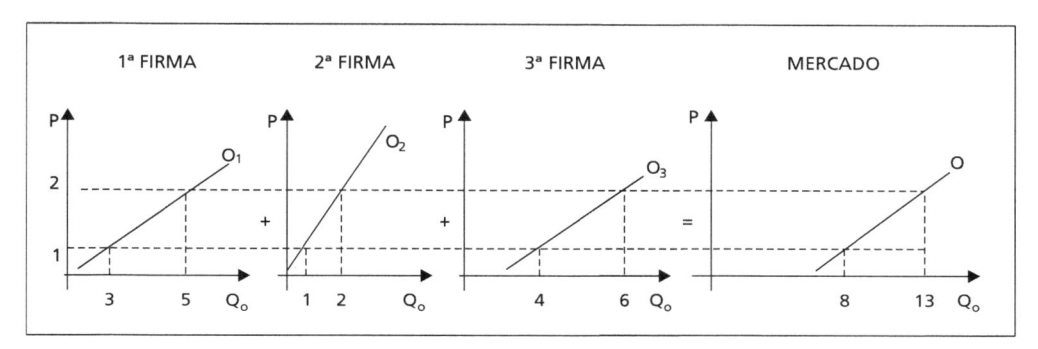

Observando a tabela a seguir, vemos que, ao preço de 1 (p = 1) e depois ao preço de 2 (p = 2), podemos encontrar as seguintes quantidades ofertadas em cada uma das ofertas individuais (O_1, O_2 e O_3) e a Quantidade ofertada na Oferta do mercado (O):

	Oferta 1 (O_1) Firma 1	Oferta 2 (O_2) Firma 2	Oferta 3 (O_3) Firma 3	Oferta do mercado (O) = Σ (Oferta 1 + Oferta 2 + Oferta 3)
Quantidade ofertada ao preço = 1	3	1	4	3 + 1 + 4 = 8
Quantidade ofertada ao preço = 2	5	2	6	5 + 2 + 6 = 13

Para encontrar a quantidade ofertada de mercado ao preço de 1 (p = 1), somamos as quantidades ofertadas individuais 1, 2 e 3, ou seja, somamos 3 (que é a quantidade ofertada da firma 1 ao preço de 1) + 1 (que é a quantidade ofertada da firma 2 ao preço de 1) + 4 (que é a quantidade ofertada da firma 3 ao preço de 1). O resultado de 8 representa a quantidade ofertada do mercado ao preço de 1.

Para encontrar a quantidade ofertada de mercado ao preço de 2, somamos as quantidades ofertadas individuais de 1, 2 e 3, ou seja, somamos 5 (que é a quantidade ofertada da firma 1 ao preço de 2) + 2 (que é a quantidade ofertada da firma 2 ao preço de 2) + 6 (que é a quantidade ofertada da firma 3 ao preço de 2). O resultado de 13 representa a quantidade ofertada do mercado ao preço de 2.

Sendo a curva de oferta do mercado representada por uma reta, podemos unir os dois pontos encontrados (8,1) e (13,2) e representar graficamente a função oferta de mercado.

Falamos que a curva de oferta do mercado se forma pela soma horizontal das ofertas individuais das firmas porque a operação de soma se dá cima das quantidades que estão no eixo horizontal do gráfico, ou seja, no eixo das abscissas.

3.5. QUESTÕES

1. (CEBRASPE – Polícia Federal – 2000 – Adaptada) A análise microeconômica estuda o comportamento individual dos agentes econômicos e, por essa razão, constitui um sólido fundamento à análise dos agregados econômicos. A esse respeito, julgue se os itens seguintes são verdadeiros (V) ou falsos (F).
   a) ( ) No Brasil, o crescimento da violência aumentou a procura por sistemas de vigilância eletrônica, provocando um deslocamento ao longo da curva de demanda por esses produtos.
   b) ( ) O progresso tecnológico verificado na área da microeletrônica reduziu os preços dos computadores, deslocando a curva de oferta desses produtos para baixo e para a direita.
   c) ( ) Os riscos, em termos de saúde, ocasionados pela febre aftosa em parte do rebanho brasileiro, além de desencorajarem o consumo de carne bovina, contribuem, também, para reduzir a demanda por outras fontes de proteínas, como frango e peixe.

2. (CEBRASPE – Polícia Federal – 2004) Julgue o item a seguir:
A gravidade da situação no Iraque aumenta a incerteza no que concerne à produção mundial de petróleo, provoca um deslocamento ao longo da curva de oferta de gasolina no Brasil, acarretando assim, a elevação do preço desse produto.
   ( ) Certo ( ) Errado

3. (FCC – SEFAZ-PI – 2015) A estática comparativa descreve os ajustamentos de preço e quantidades sofridos por um mercado em resposta a uma mudança em alguma das variáveis que afetam seu funcionamento. Partindo-se de uma posição inicial de equilíbrio entre o preço e a quantidade, um mercado atinge seu novo equilíbrio quando:
   I. um aumento autônomo da quantidade demandada desloca a curva de demanda para a direita, aumentando tanto o preço de equilíbrio quanto a quantidade de equilíbrio;
   II. um acontecimento que reduza a quantidade ofertada desloca a curva de oferta para a esquerda, ocasionando a elevação do preço de equilíbrio e da quantidade de equilíbrio;
   III. uma queda da renda dos consumidores diminui a quantidade demandada desloca a curva de demanda para a esquerda, de forma que tanto o preço de equilíbrio quanto a quantidade de equilíbrio aumentam;
   IV. um aumento da quantidade ofertada a qualquer preço dado desloca a curva de oferta para a direita. O preço de equilíbrio diminui e a quantidade de equilíbrio aumenta.

Está correto o que se afirma APENAS em:
   a) I e II.
   b) II e III.
   c) II e IV.
   d) I e IV.
   e) III.

4. (FGV – TJ-RO – 2015) Em relação à lei da oferta e da demanda, analise as afirmativas a seguir, considerando V para a(s) verdadeira(s) e F para a(s) falsa(s).
   I. ( ) A curva de demanda de mercado relaciona a quantidade total de bem demandada por todas as pessoas da economia a cada preço. Se o bem for normal, quando seu preço sobe, sua demanda cai. Ou seja, a curva de demanda de um bem normal é negativamente inclinada.
   II. ( ) Já a curva de oferta de mercado relaciona a quantidade total do bem que as empresas da economia estão dispostas a oferecer a cada preço. Quando o preço sobe, a quantidade ofertada aumenta. Ou seja, a curva de oferta de um bem é negativamente inclinada.
   III. ( ) O equilíbrio de um mercado é dado pela interseção entre as curvas de oferta e de demanda.

A sequência correta é:
   a) V, V, V.
   b) V, F, V.

c) F, F, V.
d) F, V. F.
e) V, F. F.

5. (FUNCAB — ANS — 2015) Analise o que ocorre nas situações a seguir e marque a opção correta.
a) No excesso de demanda surgem pressões para os preços subirem porque os compradores possuem valor numerário suficiente para absorver os aumentos propostos.
b) No excesso de demanda surgem pressões para os preços subirem porque os vendedores percebem a escassez e podem elevar os preços sem perder vendas.
c) No excesso de oferta os vendedores notam a fartura e passam a regatear no preço.
d) No excesso de oferta surgirão pressões para os preços subirem porque os vendedores percebem que a demanda é crescente.
e) O excesso de oferta e demanda é irrelevante para uma análise econômica eficaz.

6. (FCC — ALMS — 2016) A quantidade ofertada aumenta com o aumento de preços porque:
a) os produtores passam a considerar mais lucrativo produzir o bem.
b) os consumidores saem do mercado e assim compradores encontram um excesso de oferta.
c) quando a demanda aumenta com um preço alto surge um excedente.
d) a demanda sobe quando a oferta aumenta.
e) este aumento de preço reduz o custo marginal.

7. (CEBRASPE — CODEVASF — 2021)
A microeconomia ou teoria dos preços analisa a formação de preços no mercado, isto é, como a empresa e o consumidor interagem e decidem o preço e a quantidade de um produto ou serviço. A esse respeito, julgue o item a seguir.
A curva de demanda de um bem é afetada e deslocada pela variação do preço dos insumos.
( ) Certo   ( ) Errado

8. (CEBRASPE — CODEVASF — 2021)
A microeconomia ou teoria dos preços analisa a formação de preços no mercado, isto é, como a empresa e o consumidor interagem e decidem o preço e a quantidade de um produto ou serviço. A esse respeito, julgue o item a seguir.
O deslocamento para a esquerda da curva de oferta de um bem pode ser ocasionado pelo aumento do número de consumidores desse bem.
( ) Certo   ( ) Errado

9. (FGV — 2024 — Pref SJC/Ciências Econômicas) Assinale a opção que mostra um dos determinantes que afetam a oferta de um mercado.
a) Renda do consumidor.
b) Tecnologia.
c) Gostos ou preferências.
d) Preço de bens substitutos e complementares.
e) População das pessoas físicas.

10. (CEBRASPE - 2024 — TCE PR/Econômica) Em um mercado de concorrência perfeita, a curva de oferta de uma empresa é a relação entre o preço de determinado bem, conforme definido pelo equilíbrio de mercado, e a quantidade desse bem ofertada pela empresa àquele preço. Considerando essas informações, assinale a opção que apresenta um dos fatores que podem fazer diretamente a oferta de uma empresa aumentar.
a) redução da produção de energia elétrica.
b) aumento no custo do frete.
c) aumento da renda do consumidor.
d) redução no preço da matéria-prima.
e) aumento no preço de um bem complementar no consumo.

GABARITO

1. a. "F", b. "V", c. "F". Quando a demanda por sistema de vigilância eletrônica aumenta, isso provoca um deslocamento da curva de demanda para cima ou para a direita, e não ao longo da curva de demanda. O único fator que provoca o deslocamento ao longo da curva é a alteração no preço do próprio bem. O item "a" é, portanto, falso.

O progresso tecnológico provoca um aumento da oferta, deslocando a curva de oferta para baixo ou para a direita. O novo ponto de equilíbrio da oferta com a demanda aponta para um preço mais baixo e uma quantidade maior. O item "b", portanto, é verdadeiro.

Como a carne bovina é um bem substituto do frango e do peixe, caso haja uma redução da demanda por carne bovina em decorrência da febre aftosa, isso provocará um aumento na demanda por carne de frango e de peixe. O item "c" é, portanto, falso.

2. "falso". A incerteza na produção do petróleo provoca um deslocamento da curva de oferta de gasolina para a esquerda ou para cima, o que leva a um aumento do preço da gasolina.

3. "d". Um aumento autônomo da quantidade demandada, ou seja, que não é causado pela variação no preço do bem, provoca um deslocamento da curva de demanda para cima ou para a direita, elevando o preço e a quantidade de equilíbrio. O item "I" está correto.

Um acontecimento que reduza a quantidade ofertada desloca a curva de oferta para a esquerda ou para cima, ocasionando a elevação do preço de equilíbrio e uma redução da quantidade de equilíbrio. A alter-nativa "b" está incorreta.

Uma queda da renda dos consumidores diminui a quantidade demandada de um bem normal, deslocando a curva de demanda para a esquerda ou para baixo, de forma que tanto o preço de equilíbrio quanto a quan-tidade de equilíbrio diminuem. Se o bem for inferior, a demanda aumenta, deslocando-a para cima/direita, elevando o preço e a quantidade de equilíbrio.

Um aumento da quantidade ofertada dado um preço desloca a curva de oferta para a direita e com isso o preço de equilíbrio diminui e a quantidade de equilíbrio aumenta. O item "IV" está correto.

4. "b". A curva de demanda de mercado é a soma horizontal das demandas individuais e relaciona a quanti-dade total do bem demandado por todas as pessoas da economia a cada preço. Se o bem for normal ou inferior (sem ser de Giffen), quando seu preço sobe, sua demanda cai. Ou seja, a curva de demanda de um bem normal é negativamente inclinada. Se o bem for de Giffen, quando o preço sobe, a quantidade deman-dada sobe também e, quando o preço cai, a quantidade demandada cai também. Ou seja, a curva de de-manda de um bem de Giffen é positivamente inclinada. O item "I" está correto.

Já a curva de oferta de mercado relaciona a quantidade total do bem que as empresas da economia estão dispostas a oferecer a cada preço. Quando o preço sobe, a quantidade ofertada aumenta. Ou seja, a curva de oferta de um bem é positivamente inclinada e não negativamente inclinada. O item "II" está incorreto.

O equilíbrio de um mercado é dado pela interseção entre as curvas de oferta e de demanda de mercado. O item "III" está correto.

5. "b". Quando há excesso de demanda é porque os preços estão abaixo do preço de equilíbrio de mercado. Dessa maneira, as empresas só terão interesse em ofertar mais produtos se os preços subirem. Daí os produtores pressionarão por essa elevação de preços, já que percebem que a falta de produto no mercado faz com que seja possível elevar os preços. A preços mais altos, os consumidores demandarão menos produto e os produtores ofertarão mais produto. Dessa forma, o preço se ajusta até atingir o preço de equilíbrio entre a demanda e a oferta de mercado. A alternativa "b" está correta e a alternativa "a" está incorreta.

Quando há excesso de oferta é porque os preços estão acima do preço de equilíbrio de mercado. Dessa maneira, os consumidores só poderão adquirir a totalidade do produto se os preços caírem. Com isso, os consumidores pressionarão por essa queda de preços, já que percebem que há excesso de produto no mercado. A preços mais baixos, os consumidores demandarão mais produtos e os produtores ofertarão menos produtos. Dessa forma, o preço se ajusta até o equilíbrio entre a demanda e a oferta de mercado. As alternativas "c" e "d" estão incorretas. O excesso de oferta ou de demanda é relevante para a análise econômica. A alternativa "e" está incorreta.

6. "a". Os produtores passam a considerar mais lucrativo produzir o bem, já que, com preços mais altos, conseguem aumentar seus lucros. A alternativa "a" está correta.

Com preços mais elevados, os consumidores saem do mercado, levando a excesso de oferta. A alternativa "b" está incorreta.

Com preços mais elevados, a quantidade demandada diminui, gerando um excesso de oferta. A alternativa "c" está incorreta.

Com preços mais altos, a quantidade demandada diminui e a quantidade ofertada aumenta. A alternativa "d" está incorreta.

O aumento de preço eleva o custo marginal. É bom lembrar que a oferta no mercado em concorrência perfeita é um trecho da curva de custo marginal. Como a quantidade ofertada se eleva quando o preço sobe, então o custo marginal se eleva também. A alternativa "e" está incorreta.

7. "errado". A variação do preço dos insumos afeta a curva de oferta e não a de demanda. Logo, se o preço dos insumos sobe, a curva de oferta se desloca para cima ou para a esquerda. Se o preço dos insumos se reduz, a curva de oferta se desloca para baixo ou para a direita. O item está errado.

8. "errado". Se houver aumento do número de consumidores, a curva que deverá se deslocar é a curva de demanda, para cima ou para a direita. A curva de oferta não se desloca por conta do aumento do número de consumidores.

9. "b". Um dos fatores que podem alterar a oferta de mercado é o avanço tecnológico, muito embora possa afetar também a demanda. A renda do consumidor, os gostos ou preferências, o preço de bens substitutos e complementares na demanda e a população das pessoas físicas afetam a demanda de marcado. A alternativa "b" está correta.

10. "d". Quando se reduz o preço da matéria-prima, a oferta da empresa aumenta. A alternativa "d" está correta. A redução da produção de energia elétrica e o aumento do custo do frete fazem a oferta da empresa diminuir. As alternativas "a" e "b" estão incorretas. O aumento da renda do consumidor afeta a demanda e não a oferta. A alternativa "c" está incorreta. O aumento no preço de um bem complementar no consumo afeta a demanda do consumidor e não a oferta da empresa. A alternativa "e" está incorreta.

3.6. MATERIAL SUPLEMENTAR

QUESTÕES DE CONCURSOS
> http://uqr.to/1yarc

4

EQUILÍBRIO ENTRE OFERTA E DEMANDA

Nos Capítulos 2 e 3, analisamos o comportamento da demanda e da oferta separadamente. Agora, iremos uni-las para determinar a quantidade e o preço de equilíbrio no mercado.

4.1. EQUILÍBRIO DE MERCADO

Representando, em um único gráfico, a função demanda e a função oferta, encontramos um ponto de intersecção que denominamos ponto "E". Ele representa o Preço (P_E) e a Quantidade de Equilíbrio (Q_E). A esse Preço (P_E), os consumidores desejam e podem comprar exatamente a mesma quantidade que as empresas desejam e podem vender. A Figura 4.1 mostra isso.

Figura 4.1. O equilíbrio no mercado se dá na intersecção da curva de oferta e de demanda. Nesse ponto (E), é definido um preço de equilíbrio onde a quantidade demandada e a ofertada são iguais.

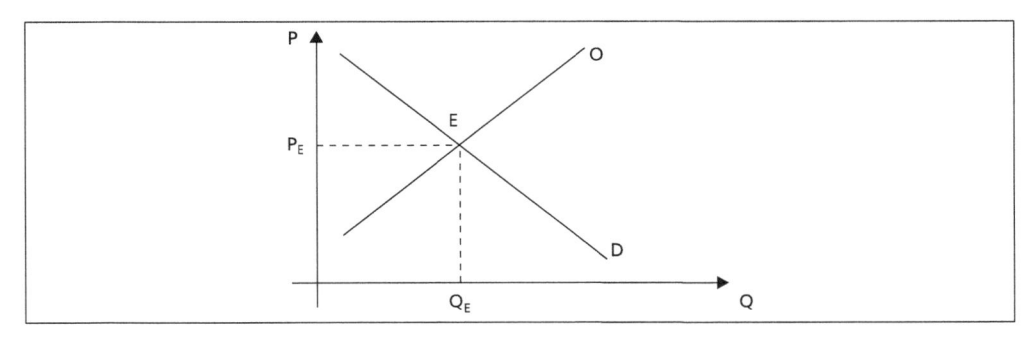

Podemos observar que a demanda sozinha não determina o preço, assim como a oferta sozinha não determina o preço. Ou seja, quem vai determinar o preço é o mercado pela intersecção da oferta e da demanda juntas.

Vejamos um exemplo de determinação do preço e quantidade de equilíbrio, quando são apresentadas as funções demanda e oferta:

Dadas as funções demanda, Qd = 100 − 3P, e oferta, Qo = -50 + 2P, onde Qd= Quantidade Demandada, Qo= Quantidade Ofertada e P=preço. O equilíbrio ocorre quando Qd = Qo. Logo:

100 -3P = -50 + 2P

5P = 150 → P = 30 e Qd = Qo = 10

Logo, ao preço de 30, a quantidade ofertada pelas empresas e a quantidade demandada pelos consumidores será de 10.

4.2. QUANDO O PREÇO NÃO É O DE EQUILÍBRIO

Caso o preço esteja **acima do preço de equilíbrio**, então a quantidade ofertada será maior que a quantidade demandada, ou seja, ocasionará um **excesso de oferta**. Isso se deve ao fato de que, a um preço mais alto, as empresas desejarão ofertar uma quantidade maior de bens. Já os consumidores sentir-se-ão desestimulados a consumir, fazendo com que a quantidade demandada diminua em relação ao equilíbrio inicial (E). Observemos no gráfico da Figura 4.2.

Figura 4.2. Quando o Preço praticado no mercado (P) está acima do de Equilíbrio (P_E), as firmas se sentirão estimuladas a ofertar seu produto, fazendo com que a Quantidade ofertada (Qo) seja maior que a Quantidade de Equilíbrio (Q_E). Também, as pessoas se sentirão menos estimuladas a consumir o produto, fazendo com que a Quantidade demanda (Qd) seja menor que a de Equilíbrio (Q_E). A diferença entre a Quantidade ofertada (Qo) e a Quantidade demandada (Qd), ao Preço (P), corresponde ao excesso de oferta do mercado.

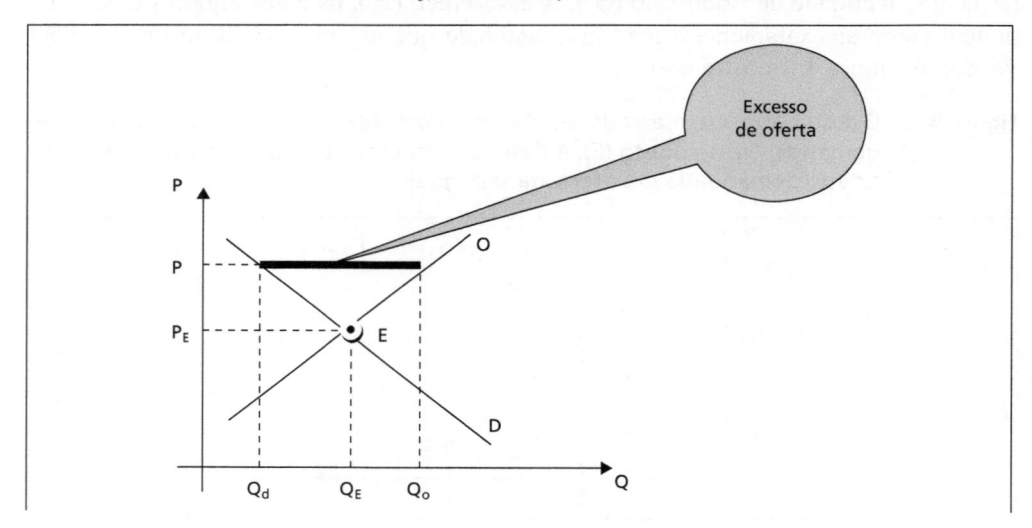

Como a Quantidade ofertada (Qo) é maior que a Quantidade demandada (Qd), haverá um **excesso de oferta**. Os produtores, diante desse excesso, tenderão a reduzir os preços, o que fará com que a quantidade demandada aumente e a quantidade ofertada diminua. Esse processo ocorrerá até o ponto em que a quantidade ofertada e demandada se iguale à Quantidade de Equilíbrio (Q_E).

Pensemos no seguinte exemplo:

Dadas as funções demanda, Qd= 40 – P e oferta, Qo = 10 + 0,5 P, caso o preço seja fixado em 30, então:

Qo = 10 + 0,5 . 30 → Qo = 25
Qd = 40 – 30 → Qd = 10

4 ◘ Equilíbrio entre Oferta e Demanda

Logo, as empresas estão ofertando 25, mas os consumidores só demandam 10. Logo, vai haver um excesso de oferta de 15 (= 25 – 10).

Caso o preço esteja **abaixo do Preço de Equilíbrio (Q_E)**, então a quantidade ofertada será menor que a quantidade demandada, ou seja, ocasionará um excesso de demanda. Isso se deve ao fato de que, a um preço mais baixo, as empresas desejarão ofertar uma quantidade menor de bens. Já os consumidores sentir-se-ão estimulados a consumir, fazendo com que a quantidade demandada aumente em relação à Quantidade de Equilíbrio inicial (Q_E). Observemos no gráfico da Figura 4.3:

Figura 4.3. Quando o Preço praticado no mercado (P) está abaixo do preço de Equilíbrio (P_E), as firmas se sentirão desestimuladas a ofertar seu produto, fazendo com que a Quantidade ofertada (Qo) seja menor que a Quantidade de Equilíbrio (Q_E). Também, as pessoas se sentirão mais estimuladas a consumir o produto, fazendo com que a Quantidade demandada (Qd) seja maior que a de Equilíbrio (Q_E). A diferença entre a quantidade demandada (Qd) e a Quantidade ofertada (Qo), ao Preço (P), corresponde ao excesso de demanda do mercado.

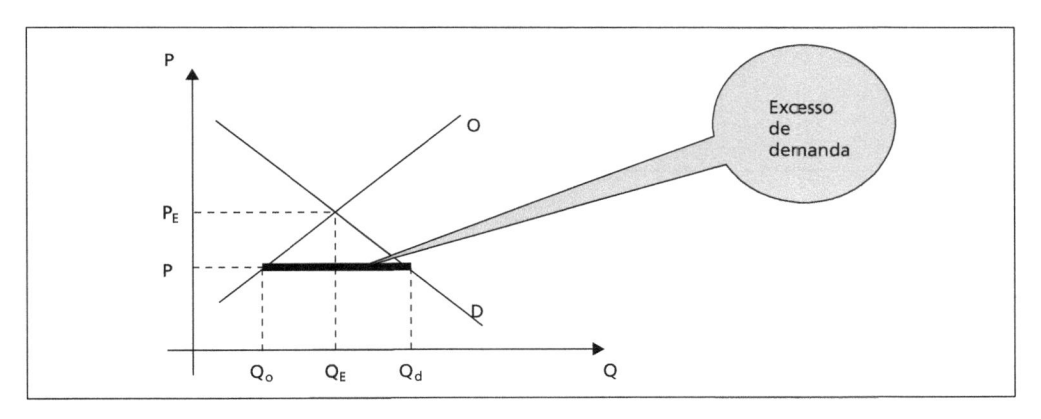

Como a Quantidade ofertada (Qo) é menor que a Quantidade demandada (Qd), haverá um **excesso de demanda**. Os consumidores, diante desse excesso, se disporão a pagar mais pelo produto, elevando os preços, o que levará à redução da quantidade demandada e ao aumento da quantidade ofertada. Esse processo ocorrerá até o ponto em que a quantidade ofertada e demandada se iguale à Quantidade de Equilíbrio (Q_E).

Pensemos no seguinte exemplo:

Dadas as funções demanda, Qd = 40 – P e oferta, Qo = 10 + 0,5 P, caso o preço seja fixado em 10, então:

Qo = 10 + 0,5 . 10 → Qo = 15

Qd = 40 – 10 → Qd = 30

Logo, as empresas estão ofertando 15, mas os consumidores demandam 30. Logo, vai haver um excesso de demanda de 15 (= 30 – 15).

Podemos perceber, portanto, que, quando o mercado funciona sob concorrência perfeita[1], o mecanismo de preços tende sempre ao equilíbrio.

4.3. MUDANÇAS NO PONTO DE EQUILÍBRIO DO MERCADO

4.3.1. Deslocamento da curva de demanda

Supondo um deslocamento da curva de demanda para a direita (de D_1 para D_2), o novo ponto de equilíbrio (E_2) apresentará um preço e uma quantidade mais elevados que o equilíbrio anterior (E_1). Observe o gráfico da Figura 4.4.

Figura 4.4. O deslocamento da curva de demanda para cima ou para a direita, mantendo-se constante a curva de oferta, eleva o preço e a quantidade de equilíbrio.

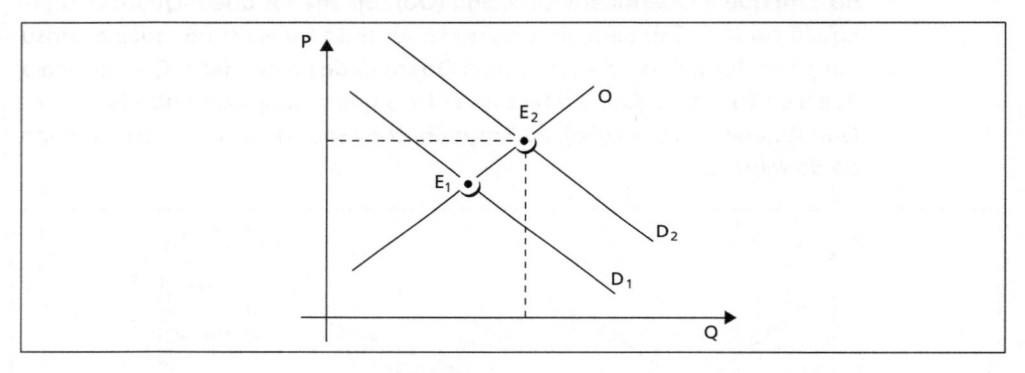

Diversos motivos poderiam ter deslocado a curva de demanda para cima ou para a direita, entre eles, o aumento da renda no consumo de um bem normal, o aumento do preço de um bem substituto, a queda no preço de um bem complementar e aumento das expectativas favoráveis do consumidor. Esses fatores e muitos outros mudam a quantidade demandada do bem **a qualquer preço dado**, o que provoca o **deslocamento da curva de demanda**. A curva de oferta fica inalterada porque esses fatores não afetam diretamente as empresas.

A consequência desse deslocamento da demanda é a **elevação dos preços e da quantidade demandada**.

Pensemos no seguinte exemplo numérico:

Dadas as funções demanda, $Qd = 40 - P$ e oferta, $Qo = 10 + 0,5\ P$.

Nessa situação, o ponto de equilíbrio será:

$Qd = Qo$

$40 - P = 10 + 0,5\ P \rightarrow 1,5\ P = 30 \rightarrow P = 20$. Logo, $Qd = Qo = 20$

Caso haja aumento do preço de um bem substituto, a função demanda pode assumir o seguinte comportamento:

$Qd_2 = 70 - P$

---

[1] Assunto a ser visto no Capítulo 15.

O novo ponto de equilíbrio será aquele que $Qd_2 = Qo$. Logo:

$70 - P = 10 + 0,5\,P \rightarrow 1,5\,P = 60 \rightarrow P = 40$. Logo, $Qd_2 = Qo = 30$

Ou seja, tanto o preço quanto a quantidade de equilíbrio aumentaram.

Supondo um deslocamento da curva de demanda para a esquerda (de D_1 para D_2), o novo ponto de equilíbrio (E_2) apresentará um preço e uma quantidade mais reduzidos que o equilíbrio anterior (E_1). Observe o gráfico da Figura 4.5.

Figura 4.5. O deslocamento da curva de demanda para baixo ou para a esquerda, mantendo-se constante a curva de oferta, reduz o preço e quantidade de equilíbrio.

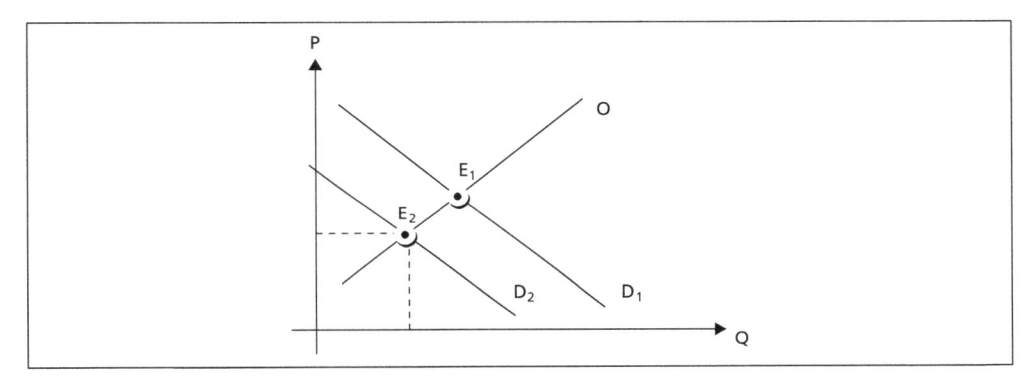

Diversos motivos poderiam ter deslocado a curva de demanda para baixo ou para a esquerda, entre eles, o aumento da renda no consumo de um bem inferior, a redução do preço de um bem substituto, a elevação no preço de um bem complementar e aumento das expectativas desfavoráveis do consumidor. Esses fatores e muitos outros mudam a quantidade demandada do bem **a qualquer preço dado**, o que provoca o **deslocamento da curva de demanda**. A curva de oferta fica inalterada porque esses fatores não afetam diretamente as empresas.

A consequência desse deslocamento da demanda é a **redução dos preços e da quantidade demandada**.

Pensemos no seguinte exemplo numérico:

Dadas as funções demanda, $Qd = 40 - P$ e oferta, $Qo = 10 + 0,5\,P$.

Nessa situação, o ponto de equilíbrio será:

$Qd = Qo$

$40 - P = 10 + 0,5\,P \rightarrow 1,5\,P = 30 \rightarrow P = 20$. Logo, $Qd = Qo = 20$

Caso haja aumento do preço de um bem complementar, a função demanda pode assumir esse comportamento:

$Qd_2 = 25 - P$

O novo ponto de equilíbrio será aquele que $Qd_2 = Qo$. Logo:

$25 - P = 10 + 0,5\,P \rightarrow 1,5\,P = 15 \rightarrow P = 10$. Logo, $Qd_2 = Qo = 15$

Ou seja, tanto o preço quanto a quantidade de equilíbrio diminuíram.

4.3.2. Deslocamento da curva de oferta

Supondo um deslocamento da curva de oferta para a direita ou para baixo (de O_1 para O_2), o novo ponto de equilíbrio (E_2) apresentará um preço menor e uma quantidade maior que o equilíbrio anterior (E_1). Observe o gráfico da Figura 4.6.

Figura 4.6. O deslocamento da curva de oferta para baixo ou para a direita, mantendo-se constante a curva de demanda, reduz o preço e aumenta a quantidade de equilíbrio.

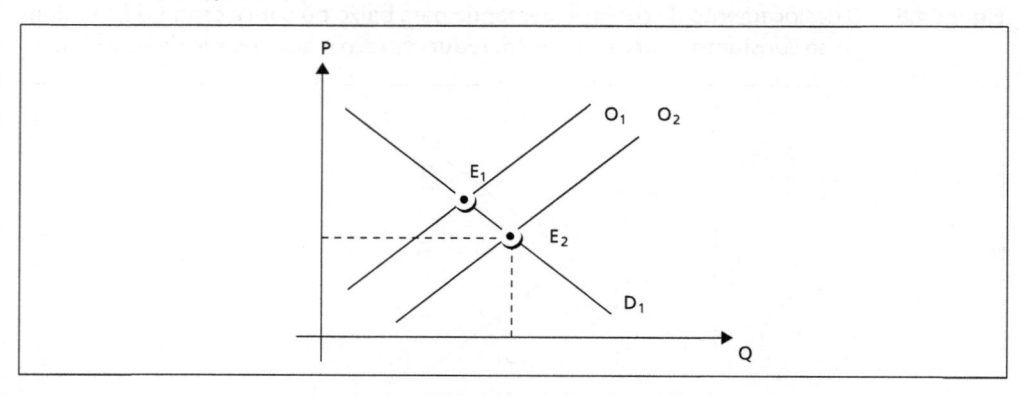

Diversos motivos poderiam ter deslocado a curva de oferta para baixo ou para a direita, entre eles, a redução dos preços dos insumos, a redução do preço de um bem substituto na oferta, a elevação no preço de um bem complementar na oferta, a instituição de um subsídio sobre vendas e melhoria nas expectativas do produtor. Esses fatores e muitos outros mudam a quantidade ofertada do bem **a qualquer preço dado**, o que provoca o **deslocamento da curva de oferta**. A curva de demanda fica inalterada porque esses fatores não afetam diretamente os consumidores.

A consequência desse deslocamento da oferta para baixo ou para a direita é a **redução dos preços e o aumento da quantidade ofertada**.

Pensemos no seguinte exemplo numérico:

Dadas as funções demanda, $Qd = 40 - P$ e oferta, $Qo = 10 + 0,5\ P$.

Nessa situação, o ponto de equilíbrio será:

$Qd = Qo$

$40 - P = 10 + 0,5\ P \rightarrow 1,5\ P = 30 \rightarrow P = 20$. Logo, $Qd = Qo = 20$

Caso haja aumento do subsídio dado pelo governo, a função oferta pode assumir esse comportamento:

$Qo_2 = 25 + 0,5\ P$

O novo ponto de equilíbrio será aquele que $Qo_2 = Qd$. Logo:

$25 + 0,5\ P = 40 - P \rightarrow 1,5\ P = 15 \rightarrow P = 10$. Logo, $Qd_2 = Qo = 30$

Ou seja, o preço caiu, mas a quantidade de equilíbrio aumentou.

Supondo um deslocamento da curva de oferta para a esquerda (de O_1 para O_2), o novo ponto de equilíbrio (E_2) apresentará um preço maior e uma quantidade menor que o equilíbrio anterior (E_1). Observe o gráfico da Figura 4.7.

Figura 4.7. O deslocamento da curva de oferta para cima ou para a esquerda, mantendo-se constante a curva de demanda, eleva o preço e reduz a quantidade de equilíbrio.

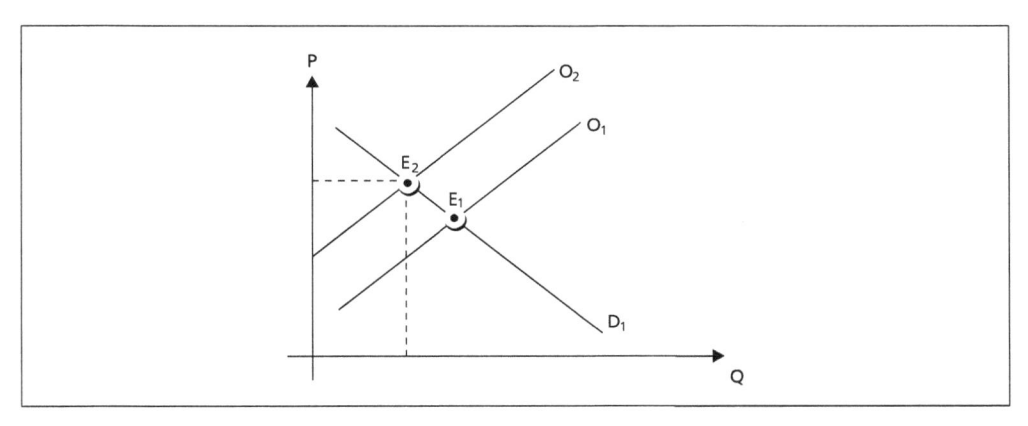

Diversos motivos poderiam ter deslocado a curva de oferta para cima ou para a esquerda, entre eles, a elevação dos preços dos insumos, a elevação do preço de um bem substituto na oferta, a redução no preço de um bem complementar na oferta, a instituição de um imposto sobre vendas e piora nas expectativas do produtor. Esses fatores e muitos outros mudam a quantidade ofertada do bem **a qualquer preço dado**, o que provoca o **deslocamento da curva de oferta**. A curva de demanda fica inalterada porque esses fatores não afetam diretamente os consumidores.

A consequência desse deslocamento da oferta para cima ou para a esquerda é a **elevação dos preços e a redução da quantidade ofertada**.

Pensemos no seguinte exemplo numérico:

Dadas as funções demanda, $Qd = 40 - P$ e oferta, $Qo = 10 + 0,5\ P$.

Nessa situação, o ponto de equilíbrio será:

$Qd = Qo$

$40 - P = 10 + 0,5\ P \rightarrow 1,5\ P = 30 \rightarrow P = 20$. Logo, $Qd = Qo = 20$

Caso haja aumento da tributação sobre vendas, a função oferta pode assumir esse comportamento:

$Qo_2 = -5 + 0,5\ P$

O novo ponto de equilíbrio será aquele que $Qo_2 = Qd$. Logo:

$-5 + 0,5\ P = 40 - P \rightarrow 1,5\ P = 45 \rightarrow P = 30$. Logo, $Qd_2 = Qo = 10$

Ou seja, o preço aumentou, mas a quantidade de equilíbrio reduziu.

4.3.3. Caminho percorrido até o novo ponto de equilíbrio

É importante entender que o novo ponto de equilíbrio, encontrado nos quatro gráficos das Figuras 4.4 a 4.7, percorre um estágio intermediário.

Suponhamos que **a curva de demanda se desloque para a direita ou para cima** (de D_1 para D_2), conforme mostra a Figura 4.8. Essa mudança **altera a quantidade**

demandada a cada preço dado, ou seja, em um primeiro momento, a quantidade demandada aumenta, mantendo-se o preço constante. Ocorre, portanto, o deslocamento da quantidade demandada do ponto "1" para o ponto "2". Como a nova quantidade demandada (ponto "2") é diferente da quantidade ofertada (ponto "1"), o mercado vai buscar um novo ponto de equilíbrio. Assim, o produtor só se dispõe a ofertar uma quantidade maior de produto se os preços subirem. A um preço maior, a quantidade demandada será reduzida porque os consumidores não se dispõem a pagar mais, mantendo o mesmo nível de consumo. Assim, atinge-se o ponto "3", onde a nova quantidade demandada iguala-se à nova quantidade ofertada. Nesse novo equilíbrio (ponto "3"), tanto a quantidade quanto o preço se elevam em relação ao equilíbrio inicial (ponto "1").

Figura 4.8. Quando a demanda se desloca de D_1 para D_2, o caminho percorrido até o novo equilíbrio de mercado é de 1 para 2 e, depois, de 2 para 3.

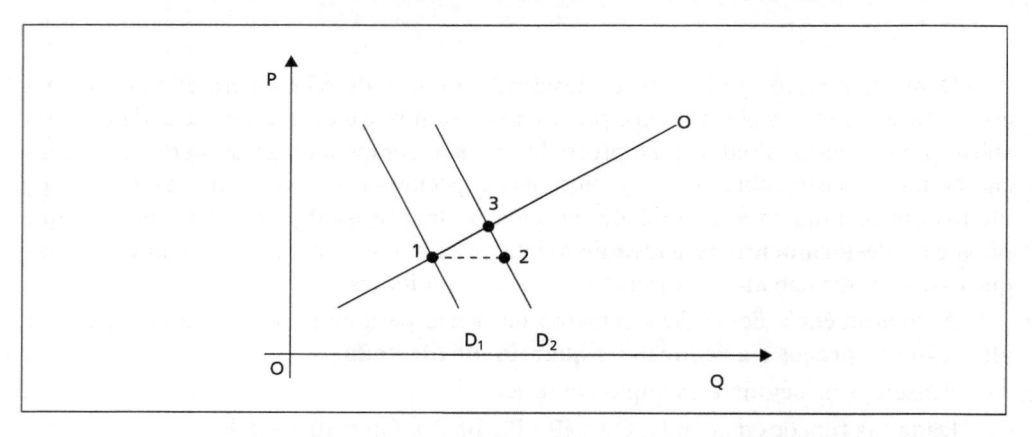

Podemos, portanto, perceber que, quando ocorre o deslocamento do ponto 1 para 2, há **excesso de demanda**. Para ajustar esse excesso, os preços sobem, e o ponto se desloca de "2" para "3". Porém, enquanto caminha de 1 para 2, o preço permanece constante.

Suponhamos que **a curva de demanda se desloque para a esquerda ou para baixo** (de D_1 para D_2), conforme mostra a Figura 4.9. Essa mudança **altera a quantidade demandada a cada preço dado**, ou seja, em um primeiro momento, a quantidade demandada diminui, mantendo-se o preço constante. Ocorre, portanto, o deslocamento da quantidade demandada do ponto "1" para o ponto "2". Como a nova quantidade demandada (ponto "2") é diferente da quantidade ofertada (ponto "1"), o mercado vai buscar um novo ponto de equilíbrio. Assim, o produtor só conseguirá vender seu produto se se dispuser a baixar o preço. A um preço menor, a quantidade demandada aumenta, porque, agora, é mais vantajoso consumir. Assim, atinge-se o ponto "3", no qual a nova quantidade demandada iguala-se à nova quantidade ofertada. Nesse novo equilíbrio (ponto "3"), tanto a quantidade quanto o preço diminuem em relação ao equilíbrio inicial (ponto "1").

Figura 4.9. Quando a demanda se desloca de D_1 para D_2, o caminho percorrido até o novo equilíbrio de mercado é de 1 para 2 e, depois, de 2 para 3.

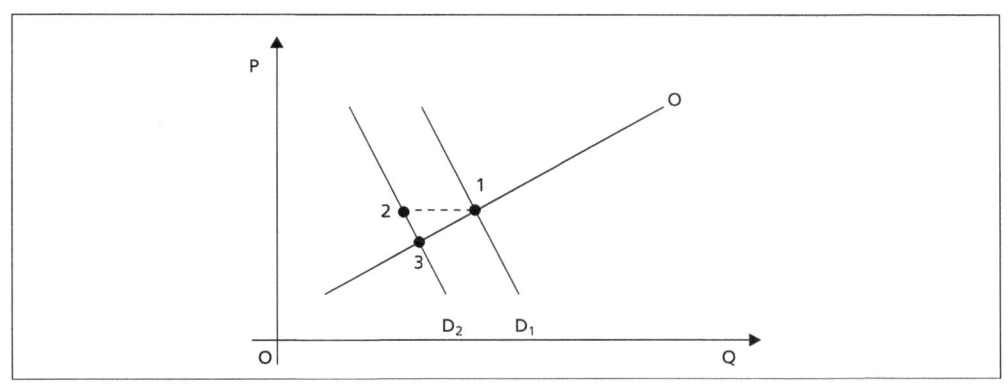

Podemos perceber, portanto, que, quando ocorre o deslocamento do ponto 1 para 2, há uma **escassez de demanda**. Para ajustar essa escassez, os preços caem, e o ponto se desloca de "2" para "3". Porém, enquanto caminha de 1 para 2, o preço permanece constante.

Suponhamos que **a curva de oferta se desloque para a direita ou para baixo** (de O_1 para O_2), conforme mostra a Figura 4.10. Essa mudança **altera a quantidade ofertada a cada preço dado**, ou seja, em um primeiro momento, a quantidade ofertada aumenta, mantendo-se o preço constante. Ocorre, portanto, o deslocamento da quantidade ofertada do ponto "1" para o ponto "2". Como a nova quantidade ofertada (ponto "2") é diferente da quantidade demandada (ponto "1"), o mercado vai buscar um novo ponto de equilíbrio. Assim, o produtor só conseguirá vender seu produto se se dispuser a baixar o preço. A um preço menor, a quantidade demandada aumenta, porque, agora, é mais vantajoso consumir. Assim, atinge-se o ponto "3", no qual a nova quantidade demandada iguala-se à nova quantidade ofertada. Nesse novo equilíbrio (ponto "3"), a quantidade de equilíbrio aumenta e o preço cai em relação ao equilíbrio inicial (ponto "1").

Figura 4.10. Quando a oferta se desloca de O_1 para O_2, o caminho percorrido até o novo equilíbrio de mercado é de 1 para 2 e, depois, de 2 para 3.

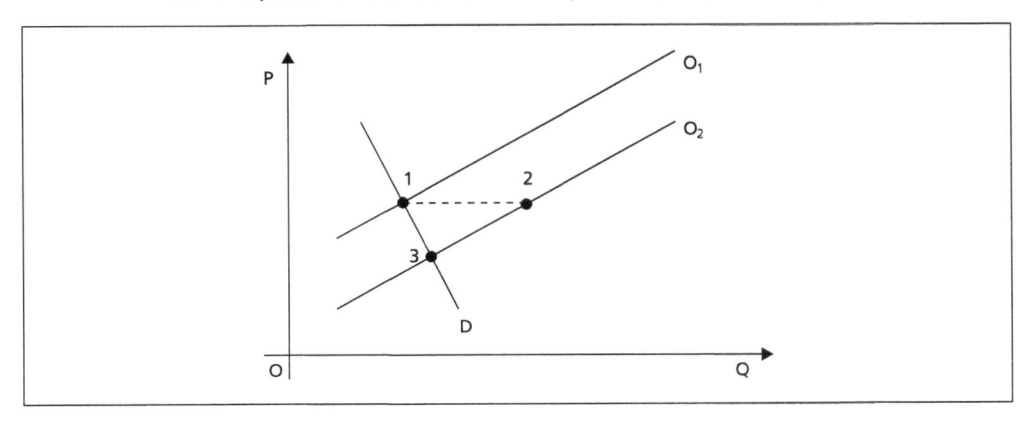

Podemos perceber, portanto, que, quando ocorre o deslocamento do ponto 1 para 2, há um **excesso de oferta**. Para ajustar esse excesso, os preços caem, e o ponto se desloca de "2" para "3". Porém, enquanto caminha de 1 para 2, o preço permanece constante.

Suponhamos que **a curva de oferta se desloque para a esquerda ou para cima** (de O_1 para O_2), conforme mostra a Figura 4.11. Essa mudança **altera a quantidade ofertada a cada preço dado,** ou seja, em um primeiro momento, a quantidade ofertada diminui, mantendo-se o preço constante. Ocorre, portanto, o deslocamento da quantidade ofertada do ponto "1" para o ponto "2". Como a nova quantidade ofertada (ponto "2") é diferente da quantidade demandada (ponto "1"), o mercado vai buscar um novo ponto de equilíbrio. Assim, o consumidor só conseguirá adquirir o produto se se dispuser a pagar um preço maior. A um preço maior, a quantidade ofertada aumenta, porque, agora, é mais vantajoso produzir. Assim, atinge-se o ponto "3", onde a nova quantidade demandada iguala-se à nova quantidade ofertada. Nesse novo equilíbrio (ponto "3"), a quantidade de equilíbrio diminui e o preço aumenta em relação ao equilíbrio inicial (ponto "1").

Figura 4.11. Quando a oferta se desloca de O_1 para O_2, o caminho percorrido até o novo equilíbrio de mercado é de 1 para 2 e, depois, de 2 para 3.

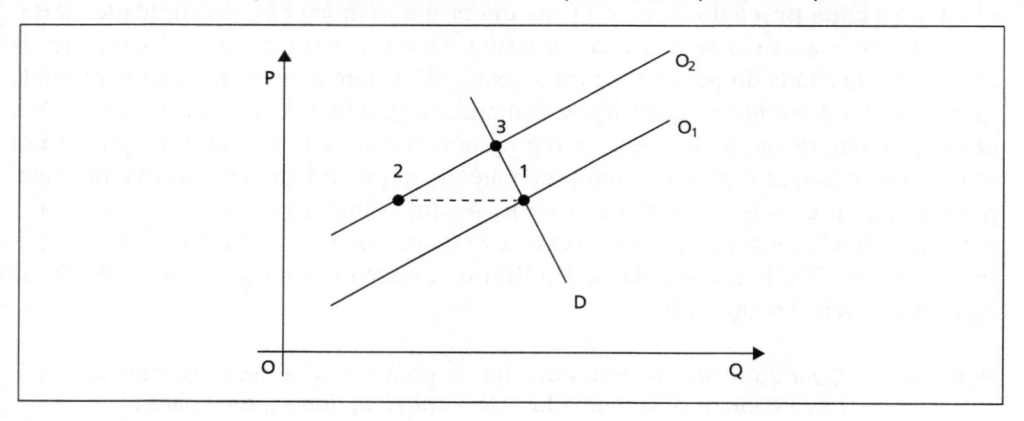

Podemos perceber, portanto, que, quando ocorre o deslocamento do ponto 1 para 2, há uma **escassez de oferta**. Para ajustar essa escassez, os preços sobem, e o ponto se desloca de "2" para "3". Porém, enquanto caminha de 1 para 2, o preço permanece constante.

4.3.4. Deslocamento da curva de demanda e de oferta conjuntamente

Quando a curva de demanda e a curva de oferta se deslocam, é necessário que analisemos a intensidade relativa com que elas se movem.

Vejamos o seguinte exemplo:

Suponhamos que a renda de um consumidor de um bem normal aumente e as expectativas dos empresários melhorem. Isso provocará um aumento da demanda e da oferta respectivamente. Contudo, não foi informado o quanto a demanda e a oferta aumentarão. Tudo dependerá da **intensidade relativa** com que elas serão afetadas. Assim, as curvas de demanda e oferta podem se deslocar igualmente, caso a intensidade relativa seja também igual. Podemos observar isso no gráfico "a" da Figura 4.12. Também pode ocorrer de a demanda se deslocar numa proporção maior que a oferta. Podemos acompanhar esse raciocínio no gráfico "b" da Figura 4.12, caso a demanda aumente numa intensidade relativa maior que a oferta, ou a oferta se deslocar numa proporção maior que a demanda. Nesse caso, podemos ver o gráfico "c" da Figura 4.12.

Figura 4.12. O comportamento do preço e da quantidade de equilíbrio quando a demanda e a oferta aumentam, considerando que o deslocamento das curvas apresenta (a) intensidades relativas iguais; (b) intensidade da demanda maior que da oferta; (c) intensidade da oferta maior que da demanda. Percebemos que a quantidade de equilíbrio, em qualquer uma das situações, aumenta. Com relação ao comportamento do preço, ele pode ficar constante, aumentar ou baixar.

A) DESLOCAMENTO DA CURVA DE OFERTA E DEMANDA EM INTENSIDADES RELATIVAS IGUAIS.

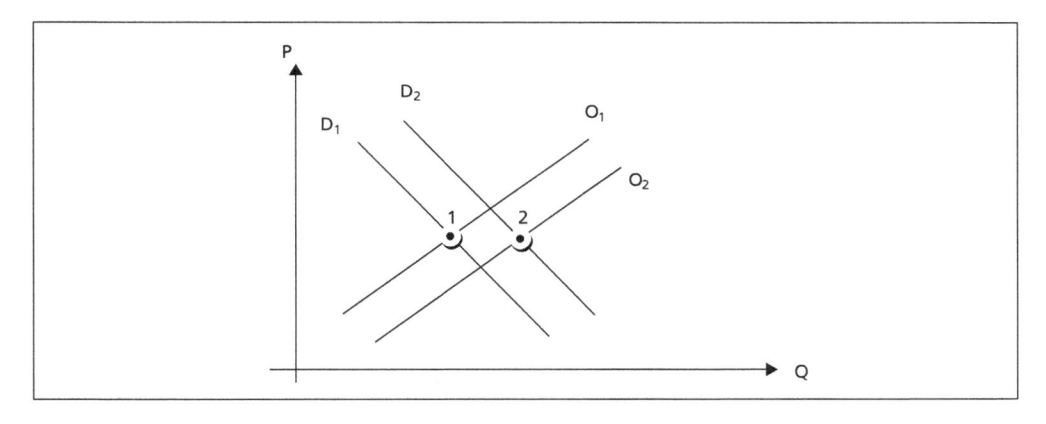

B) DESLOCAMENTO DA CURVA DE DEMANDA EM INTENSDADE RELATIVA MAIOR QUE DA CURVA DE OFERTA.

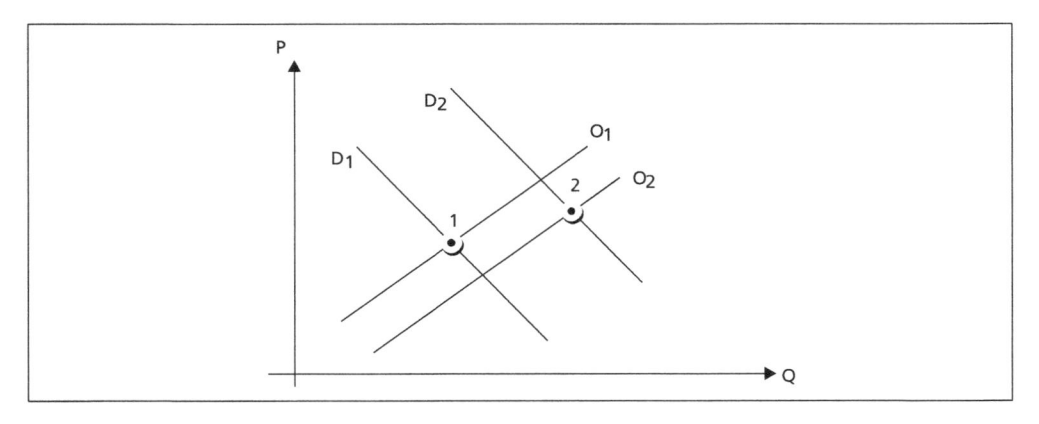

C) DESLOCAMENTO DA CURVA DE DEMANDA EM INTENSIDADE RELATIVA MENOR QUE A CURVA DE OFERTA.

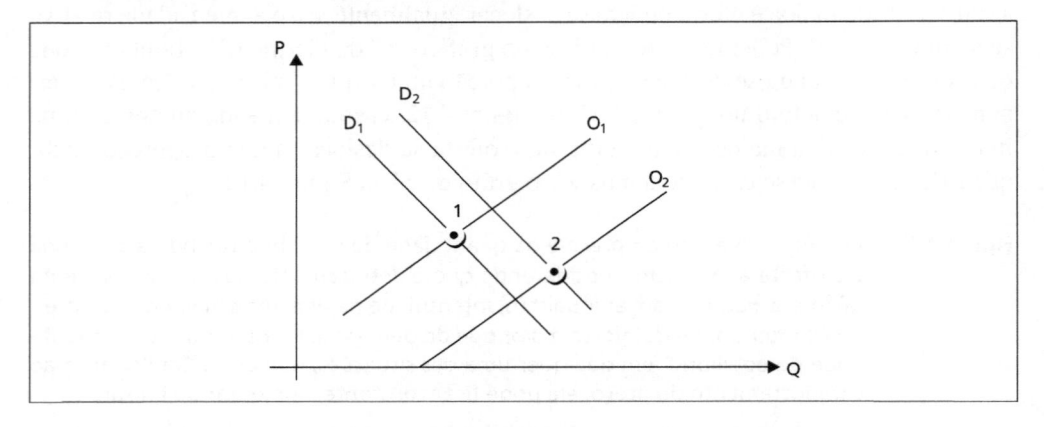

Podemos perceber que, independentemente da intensidade com que as curvas de demanda e oferta se desloquem, a **quantidade de equilíbrio sempre aumenta**. Com relação ao comportamento do preço, a situação muda. Se a intensidade relativa com que as curvas se deslocam for a mesma, **o preço não se altera**, conforme pode ser visto no gráfico (a) da Figura 4.12. Se a intensidade com que a curva de demanda se desloca for maior que a intensidade do deslocamento da curva de oferta, então **o preço se eleva**, conforme pode ser visto no gráfico (b) da Figura 4.12. Se a intensidade com que a curva de oferta se desloca for maior que a intensidade do deslocamento da curva de demanda, então o preço cai, conforme pode ser visto no gráfico (c) da Figura 4.12.

No exemplo citado, consideramos um deslocamento da curva de demanda para cima ou para a direita e um deslocamento da oferta para baixo ou para a esquerda. Mas essa análise serve para outras possibilidades de deslocamento.

Assim, suponhamos que a **demanda se desloque para baixo ou para a esquerda e a oferta se desloque para cima ou para a esquerda**. Isso representa uma redução da demanda e da oferta, respectivamente. Contudo, não foi informado o quanto a demanda e a oferta reduzirão. Tudo dependerá da **intensidade relativa** com que elas serão afetadas. Assim, as curvas de demanda e oferta podem se deslocar igualmente, caso a intensidade relativa das causas que provocaram o deslocamento seja também igual. Também pode ocorrer de a demanda se deslocar numa proporção maior que a oferta, caso a causa que provocou o deslocamento da curva de demanda apresente uma intensidade relativa maior que a causa que provocou o deslocamento da curva de oferta; ou, mesmo, a oferta se deslocar numa proporção maior que a demanda, caso a causa que provocou o deslocamento da curva de oferta tenha uma intensidade relativa maior que a causa do deslocamento da curva de demanda. Perceberemos que, independentemente da intensidade com que as curvas de demanda e oferta se desloquem, a **quantidade de equilíbrio sempre diminui**. Com relação ao comportamento do preço, a situação muda. Se a intensidade relativa com que as curvas se deslocam for a mesma, **o preço não se altera**. Se a intensidade com que a curva de demanda se desloca for maior que a intensidade do deslocamento da curva de oferta, então **o preço cai**. Se a intensidade com que a curva de oferta se desloca for maior que a intensidade do deslocamento da curva de demanda, então o **preço sobe**.

Agora, suponhamos que a **demanda se desloque para baixo ou para a esquerda e a oferta se desloque para baixo ou para a direita**. Isso representa uma redução da demanda e um aumento da oferta, respectivamente. Contudo, não foi informado o quanto a demanda aumentará e a oferta reduzirá. Tudo dependerá da **intensidade relativa** com que elas serão afetadas. Assim, as curvas de demanda e oferta podem se deslocar igualmente, caso a intensidade relativa das causas que provocaram o deslocamento seja também igual; como pode ocorrer de a demanda se deslocar numa proporção maior que a oferta, caso a causa que provocou o deslocamento da curva de demanda apresente uma intensidade relativa maior que a causa que provocou o deslocamento da curva de oferta; ou mesmo, a oferta se deslocar numa proporção maior que a demanda, caso a causa que provocou o deslocamento da curva de oferta tenha uma intensidade relativa maior que a causa do deslocamento da curva de demanda. Perceberemos que, independentemente da intensidade com que as curvas de demanda e oferta se desloquem, o **preço de equilíbrio sempre diminui**. Com relação ao comportamento da quantidade, a situação muda. Se a intensidade relativa com que as curvas se deslocam for a mesma, **a quantidade não se altera**. Se a intensidade com que a curva de demanda se desloca for maior que a intensidade do deslocamento da curva de oferta, então **a quantidade de equilíbrio cai**. Se a intensidade com que a curva de oferta se desloca for maior que a intensidade do deslocamento da curva de demanda, então a **quantidade de equilíbrio aumenta**.

Se a **demanda se deslocar para cima ou para a direita e a oferta se deslocar para cima ou para a esquerda**, representará um aumento da demanda e uma redução da oferta, respectivamente. Contudo, se não foi informado o quanto a demanda aumentará e a oferta reduzirá, tudo dependerá da **intensidade relativa** com que elas serão afetadas. Assim, as curvas de demanda e oferta podem se deslocar igualmente, caso a intensidade relativa das causas que provocaram o deslocamento seja também igual; como pode ocorrer de a demanda se deslocar numa proporção maior que a oferta, caso a causa que provocou o deslocamento de a curva demanda apresente uma intensidade relativa maior que a causa que provocou o deslocamento da curva de oferta; ou, mesmo, a oferta se deslocar numa proporção maior que a demanda, caso a causa que provocou o deslocamento da curva de oferta tenha uma intensidade relativa maior que a causa do deslocamento da curva de demanda. Perceberemos que, independentemente da intensidade com que as curvas de demanda e oferta se desloquem, o **preço de equilíbrio sempre aumenta**. Com relação ao comportamento da quantidade, a situação muda. Se a intensidade relativa com que as curvas se deslocam for a mesma, **a quantidade não se altera**. Se a intensidade com que a curva de demanda se desloca for maior que a intensidade do deslocamento da curva de oferta, então **a quantidade de equilíbrio aumenta**. Se a intensidade com que a curva de oferta se desloca for maior que a intensidade do deslocamento da curva de demanda, então a **quantidade de equilíbrio diminui**.

4.3.4.1. Por que se diz "deslocamento para cima ou para a direita" e "deslocamento para baixo ou para a esquerda" da curva de demanda?

Sempre que nos referimos ao deslocamento da curva de demanda, dizemos que se deu **para cima ou para a direita** e **para baixo ou para a esquerda**. Por que não dizemos apenas para cima e para baixo ou, então, para a direita e para a esquerda? O motivo é simples. Quando a função não está sendo representada graficamente diante dos olhos do leitor, não é possível saber como ele está pensando a curva de demanda, ou seja, não sabemos se ele está pensando em uma curva mais inclinada ou menos inclinada e, por isso, nem sempre pareceria correto dizer para a direita e, sim, para cima. Às vezes, contudo, não pareceria correto dizer para cima, e sim para a direita. Portanto, vejamos dois gráficos com a curva de demanda na Figura 4.13. Observemos que no gráfico (a) a curva de demanda se apresenta **menos inclinada** (mais horizontal). Quando a **demanda aumenta**, isso provoca um deslocamento da curva de demanda **para cima**. Se falarmos que ela se desloca para a direita, não soará muito bem. Já no gráfico (b), a curva de demanda se apresenta **mais inclinada** (mais vertical). Quando a demanda aumenta, a curva de demanda se desloca **para a direita**. Se falarmos que ela se desloca para cima, não soará tão bem. Como quem fala, não sabe como estamos pensando a curva de demanda (menos inclinada ou mais inclinada), então, ao se referir ao deslocamento da curva de demanda, cita as duas possibilidades, e assim se livra de uma falácia.

Figura 4.13. O aumento da demanda provoca o deslocamento da curva de demanda para cima, quando a curva de demanda se apresenta menos inclinada (gráfico a), ou para a direita, quando a curva de demanda se apresenta mais inclinada (gráfico b).

A) CURVA DE DEMANDA MENOS INCLINADA.

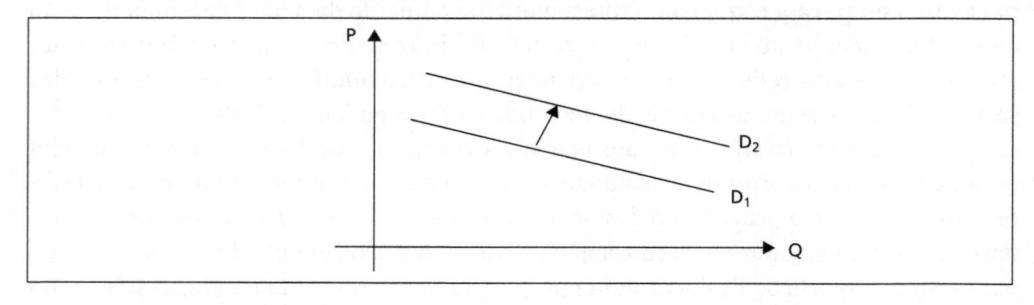

B) CURVA DE DEMANDA MAIS INCLINADA.

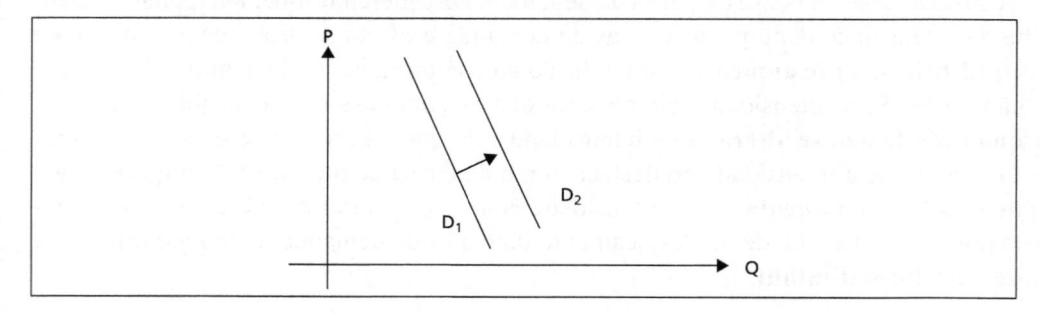

O mesmo raciocínio funciona quando dizemos que a **demanda diminuiu**. Caso a curva de demanda seja **menos inclinada**, falamos que a curva se desloca para **baixo**. Caso a curva de demanda seja **mais inclinada**, dizemos que a curva se desloca para a **esquerda**.

4.3.4.2. Por que se diz "deslocamento para cima ou para a esquerda" e "deslocamento para baixo ou para a direita" da curva de oferta?

Sempre que nos referimos ao deslocamento da curva de oferta, dizemos que se deu **para cima ou para a esquerda** e **para baixo ou para a direita**. Por que não dizemos apenas para cima e para baixo ou, então, para a esquerda e para a direita? O motivo é simples. Quando a função não está sendo representada graficamente diante dos olhos do leitor, não é possível saber como ele está pensando a curva de oferta, ou seja, não sabemos se ele está pensando em uma curva mais inclinada ou menos inclinada e, por isso, nem sempre pareceria correto dizer para a esquerda e, sim, para cima. Às vezes, contudo, não pareceria correto dizer para baixo e, sim, para a direita. Portanto, vejamos dois gráficos com a curva de oferta na Figura 4.14. Observemos que no gráfico (a) a curva de oferta se apresenta **menos inclinada** (mais horizontal). Quando a **oferta aumenta**, isso provoca um deslocamento da curva de oferta **para baixo**. Se falarmos que ela se desloca para a direita, não soará muito bem. Já no gráfico (b), a curva de oferta se apresenta **mais inclinada** (mais vertical). Quando a oferta aumenta, a curva de oferta se desloca **para a direita**. Se falarmos que ela se desloca para baixo, não soará tão bem. Como quem fala, não sabe como estamos pensando a curva de oferta (menos inclinada ou mais inclinada), então, ao se referir ao deslocamento da curva de oferta, cita as duas possibilidades e, assim, se livra de uma falácia.

Figura 4.14. O aumento da oferta provoca o deslocamento da curva de oferta para baixo, quando a curva de oferta se apresenta menos inclinada (gráfico a), ou para a direita, quando a curva de oferta se apresenta mais inclinada (gráfico b).

A) CURVA DE OFERTA MENOS INCLINADA.

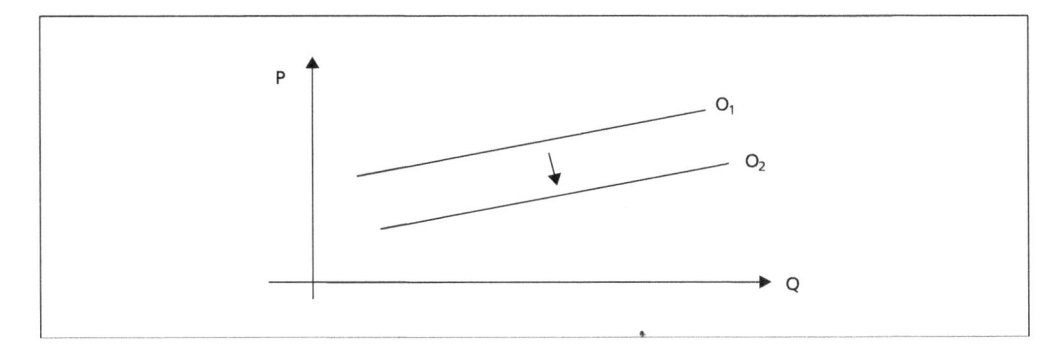

B) CURVA DE OFERTA MAIS INCLINADA.

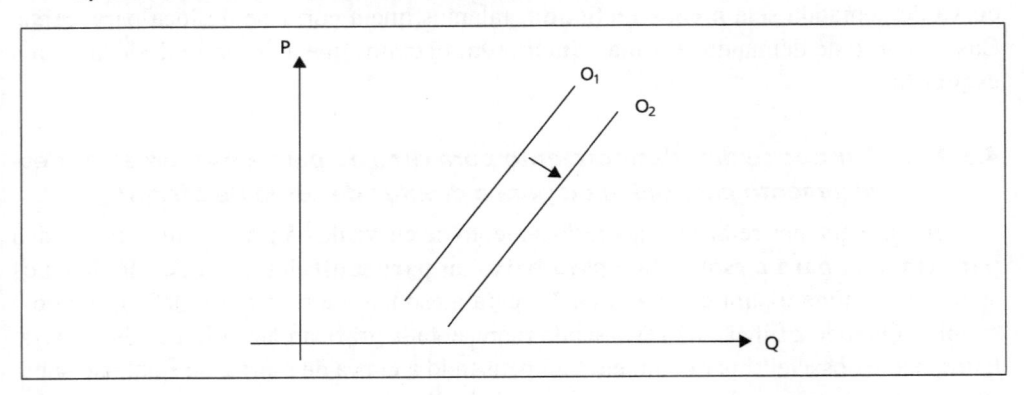

O mesmo raciocínio funciona quando dizemos que a **oferta diminuiu**. Caso a curva de oferta seja **menos inclinada**, falamos que a curva se desloca para **cima**. Caso a curva de oferta seja **mais inclinada**, dizemos que a curva se desloca para a **esquerda**.

4.4. QUESTÕES

1. (FCC — SEFAZ-PI — 2015) A estática comparativa descreve os ajustamentos de preço e quantidades sofridos por um mercado em resposta a uma mudança em alguma das variáveis que afetam seu funcionamento. Partindo-se de uma posição inicial de equilíbrio entre o preço e a quantidade, um mercado atinge seu novo equilíbrio quando:
   I. um aumento autônomo da quantidade demandada desloca a curva de demanda para a direita, aumentando tanto o preço de equilíbrio quanto a quantidade de equilíbrio;
   II. um acontecimento que reduza a quantidade ofertada desloca a curva de oferta para a esquerda, ocasionando a elevação do preço de equilíbrio e da quantidade de equilíbrio;
   III. uma queda da renda dos consumidores diminui a quantidade demandada e desloca a curva de demanda para a esquerda, de forma que tanto o preço de equilíbrio quanto a quantidade de equilíbrio aumentam;
   IV. um aumento da quantidade ofertada a qualquer preço dado desloca a curva de oferta para a direita. O preço de equilíbrio diminui e a quantidade de equilíbrio aumenta.

   Está correto o que se afirma APENAS em:
   a) I e II.
   b) II e III.
   c) II e IV.
   d) I e IV.
   e) III.

2. (FCC — TCE-CE — 2015) Em um regime de concorrência perfeita, as curvas de demanda e de oferta de um bem são dadas, respectivamente, por:
Qd = 1400 − 10 p
Qo = 500 + 20 p
Em que:
Qd = quantidade demandada
Qo = quantidade ofertada
P = preço do bem
Houve um ganho tecnológico e a nova curva de oferta se deslocou para a direita, passando a ser Qo = 800 + 20 P. Nesse caso,
   a) o novo preço de mercado será R$ 10,00 inferior ao preço inicial, e a nova quantidade de equilíbrio será de 1.200.

b) o novo preço de mercado será de R$ 20,00 e a nova quantidade de equilíbrio será de 1.000.
c) a nova quantidade de equilíbrio será 200 unidades superior à quantidade original.
d) a quantidade total demandada no mercado irá diminuir.
e) o novo preço de mercado será igual a R$ 60,00.

3. (FGV — TCM-SP — 2015) Na década de 1960, o governo dos Estados Unidos passou a regular o preço do gás natural. Suponha que, naquele período, as curvas de demanda e de oferta do gás natural no país fossem dadas, respectivamente, por $QD(P) = 14{,}8 - 1{,}6P$ e $QS(P) = 2{,}8 + 0{,}4P$, medidas em mil pés cúbicos de gás natural. Caso a regulação adotada por parte do governo dos Estados Unidos fosse um controle de preço que estipulasse um preço máximo por mil pés cúbicos de gás natural dado por *PMAX = 3* unidades monetárias, então o mercado de gás natural seria caracterizado por um excesso de:
   a) oferta de 5 mil pés cúbicos de gás natural.
   b) demanda de 5 mil pés cúbicos de gás natural.
   c) oferta de 6 mil pés cúbicos de gás natural.
   d) demanda de 6 mil pés cúbicos de gás natural.
   e) oferta de 7 mil pés cúbicos de gás natural.

4. (FGV — TCM-SP — 2015) "Uma supercolheita de trigo reduz os preços do pão". A opção que indica a justificativa correta desse trecho é:
   a) Pode-se supor que a supersafra levará a uma queda no preço do trigo, contribuindo para uma redução do custo de produção do pão, que tem o trigo como insumo. Logo, a curva de oferta de pães deslocar-se-á para a direita, o que contribuirá para baixar o preço de equilíbrio do pão. Com isso, aumenta a quantidade de equilíbrio demandada de pães. Ou seja, houve um movimento ao longo da curva de demanda por pães, sem alteração na posição da curva.
   b) Pode-se supor que a supersafra causará uma queda no preço do trigo, contribuindo para um aumento do custo de produção do pão, que tem o trigo como insumo. Consequentemente, a curva de oferta de pães deslocar-se-á para a esquerda, o que fará baixar o preço do pão. Com isso, diminui a quantidade demandada de pães. Ou seja, houve um movimento ao longo da curva de demanda por pães, sem alteração na posição da curva.
   c) Pode-se supor que a supersafra causará um aumento no preço do trigo, contribuindo para um aumento do custo de produção do pão, que tem o trigo como insumo. Logo, a curva de oferta de pães deslocar-se-á para a esquerda, o que contribuirá para aumentar o preço do pão. Com isso, diminui a quantidade demandada de pães. Ou seja, houve um movimento ao longo da curva de demanda por pães, sem alteração na posição da curva.
   d) Pode-se supor que a supersafra causará um aumento no preço do trigo, contribuindo para uma redução do custo de produção do pão, que tem o trigo como insumo. Consequentemente, a curva de oferta de pães deslocar-se-á para a direita, o que contribuirá para reduzir o preço do pão. Com isso, aumenta a quantidade demandada de pães. Ou seja, houve um movimento ao longo da curva de demanda por pães, sem alteração na posição da curva.
   e) Pode-se supor que a supersafra causará uma queda no preço do trigo, contribuindo para uma redução do custo de produção do pão, que tem o trigo como insumo. Consequentemente, a curva de oferta de pães deslocar-se-á para a esquerda, o que contribuirá para reduzir o preço do pão. Com isso, aumenta a quantidade demandada de pães. Ou seja, houve um movimento ao longo da curva de demanda por pães, sem alteração na posição da curva.

5. (FGV — Programa de Certificação de Qualidade — 2009) Num mercado em concorrência perfeita, a oferta e a procura de um produto são dadas, respectivamente, pelas seguintes equações: Qs = 48 + 10P e Qd = 300 — 8P, onde Qs, Qd e P representam, na ordem, a quantidade ofertada, a quantidade procurada e o preço do produto. A quantidade transacionada nesse mercado, quando ele estiver em equilíbrio, será (em unidades):
   a) 2.
   b) 188.
   c) 252.
   d) 14.
   e) 100.

6. (CESGRANRIO — Petrobras — 2008) A figura a seguir mostra a demanda (D) e a oferta (S) de maçãs, bem como o preço e a quantidade de equilíbrio do mercado (p* e q*, respectivamente).

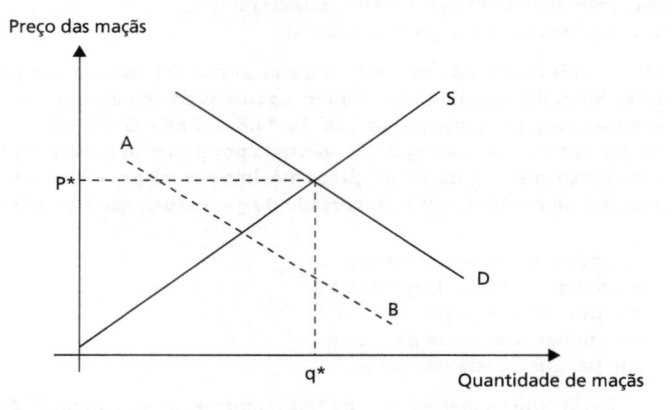

Suponha que os consumidores considerem a pera um bem substituto da maçã. Um aumento do preço da pera altera:
a) o preço de equilíbrio no mercado de peras, apenas.
b) o preço de equilíbrio no mercado de maçãs para um valor maior que p*.
c) a quantidade de equilíbrio no mercado de maçãs, para um valor menor que q*.
d) a curva de oferta de maçãs, apenas.
e) a curva de demanda por maçãs para uma posição como AB na figura.

7. (IADES — Diplomata — 2021) Em um pequeno país, o mercado de maçãs funciona em equilíbrio sob concorrência perfeita. Em determinada data, o quilo da maçã é vendido, em todo o país, por $ 5. Considere nulos os custos de transação e os custos de menu. De acordo com essa situação hipotética, julgue o item a seguir.

Suponha que, no final do ano, haverá a festa nacional das tortas de maçã não prevista no pequeno país; isso causará uma elevação no preço e um aumento nas quantidades vendidas de maçãs.
( ) Certo   ( ) Errado

8. (CEBRASPE — 2024 — ANAC) Durante o verão, é comum que haja um aumento na procura por passagens aéreas com destino a cidades litorâneas, ainda que o preço de tais passagens seja maior nesse período do que em outras épocas do ano. Tendo como referência esse contexto, julgue o item a seguir.

O citado aumento na procura por passagens aéreas pode ser atribuído à mudança nas preferências dos consumidores devido à sazonalidade.
( ) Certo   ( ) Errado

9. (CEBRASPE — 2024 — ANA) Segundo os autores Vieira Filho e Fishlow, a tecnologia foi o principal fator que deslocou a curva de oferta de alimentos no Brasil para a direita, ao longo do tempo, desde a criação da Empresa Brasileira de Pesquisa Agropecuária (EMBRAPA), em 1973. De acordo com o Instituto Brasileiro de Geografia e Estatística (IBGE), de 1970 a 2022, a população brasileira mais que dobrou nesse período, atingindo um contingente de 203 milhões de habitantes, o que aumentou a demanda por alimentos.

No gráfico seguinte, D1 e S1 representam, respectivamente, as curvas de demanda e de oferta de alimentos em 1970, enquanto D2, S2 e S3, os possíveis deslocamentos dessas curvas até o ano de 2022.

4 ◼ Equilíbrio entre Oferta e Demanda

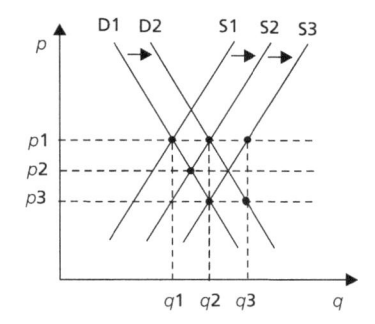

[Gráfico com eixos p e q, curvas D1, D2, S1, S2, S3, com preços p1, p2, p3 e quantidades q1, q2, q3]

Com base no gráfico e nas informações anteriores, bem como na teoria microeconômica, julgue o item a seguir.

i. Em uma situação hipotética dada pela curva de demanda D2 e pela curva de oferta S3, para um preço de mercado igual a p1, haveria um excesso de oferta de q2 menos q1.
( ) Certo ( ) Errado

ii. Caso a tecnologia se mantivesse constante ao longo do tempo, os preços dos alimentos se elevariam.
( ) Certo ( ) Errado

iii. Para que o preço final de equilíbrio fosse p3, a curva de oferta deveria deslocar-se para a direita de S3, no ponto em que as quantidades ofertadas e demandadas fossem iguais a q3.
( ) Certo ( ) Errado

10. (Instituto AOCP — 2024 — SEAP-PR/Economista) Em um estudo hipotético sobre o comportamento dos preços e das quantidades adquiridas no ano de 2023 pela Divisão de Licitação de um ente público, constatou-se que o preço do papel sulfite consumido sofreu uma queda de 20% no primeiro semestre. Tomando-se como base os determinantes da oferta e da demanda de mercado, assinale a alternativa que apresenta a explicação possível para o comportamento descrito.

a) Tudo o mais constante, o número de empresas aumentou, deslocando a curva de oferta para a direita.
b) Tudo o mais constante, ocorreu um aumento do preço de um insumo para a fabricação do papel sulfite, deslocando a curva de oferta para a direita.
c) Tudo o mais constante, ocorreu um aumento do preço de um insumo utilizado na fabricação do papel sulfite, deslocando a curva de oferta para a esquerda.
d) Tudo o mais constante, uma inovação tecnológica provocou um deslocamento da curva de demanda para a esquerda.
e) Tudo o mais constante, ocorreu uma queda do preço de um insumo para a fabricação de papel sulfite, deslocando a curva de demanda para a esquerda.

GABARITO

1. "d". A quantidade demandada é uma função composta de duas partes: uma parte autônoma e outra que depende do nível de preços. Vejamos: $Qd = a - bP$. O "a" representa a parte autônoma da função e é o coeficiente linear da função; "bP" representa a parte que depende do nível de preços; e "b" é o coeficiente angular da função. Quando "a" varia, a curva de demanda se desloca paralelamente; e quando "b" varia, a função demanda muda a declividade. Portanto, quando ocorre um aumento autônomo na quantidade demandada, o "a" da função está aumentando e, assim, deslocando a curva de demanda para a direita ou para cima. O novo ponto de equilíbrio que se dá pelo cruzamento da curva de demanda com a curva de oferta aponta para um preço maior e uma quantidade demandada maior. O item "I" está correto.

Quando a oferta se desloca para a esquerda, o novo preço de equilíbrio aumenta e a quantidade diminui. O item "II" está incorreto.

Quando a renda do indivíduo se altera é necessário que seja especificado se o bem é normal ou inferior. Caso contrário, nada se pode afirmar quanto ao deslocamento da curva da demanda ser para a direita ou para a esquerda e, por conseguinte, o comportamento dos preços e da quantidade de equilíbrio. O item "III" está incorreto.

Quando a quantidade ofertada aumenta, mantendo-se constante o preço, a curva de oferta se desloca para a direita ou para baixo. O novo ponto de equilíbrio da curva de oferta e demanda determinará uma quantidade maior e um preço menor. O item "IV" está incorreto.

2. "a". Para determinar o equilíbrio inicial entre a demanda e a oferta, devemos igualar as duas funções. Assim, temos:

$Qd = Qo$

$1.400 - 10p = 500 + 20p$

$30p = 900$

$P = 30$

Logo: $Qd = 1.400 - 10 \cdot 30$

$Qd = 1.100$

Quando a curva de oferta se desloca para a direita, o novo ponto de equilíbrio será:

$Qd = Qo_2$

$1.400 - 10p = 800 + 20p$

$30p = 600$

$P = 20$. Haverá, portanto, uma queda de 10 (= 30 - 20).

Logo $Qd = 1400 - 10 \cdot 20$.

$Qd = 1.200$

Logo, a quantidade de equilíbrio passa a ser 1.200, aumentando em 100 (= 1.200 - 1.100) e o novo preço de equilíbrio diminui 10 (passa de 30 para 20).

3. "d". Se o preço estipulado fosse igual a P = 3, então a quantidade demandada (Qd) e a Quantidade ofertada (Qs) seriam:

$Qd = 14,8 - 1,6 \cdot 3 \rightarrow Qd = 10$

$Qs = 2,8 + 0,4 \cdot 3 \rightarrow Qs = 4$

Logo, a Quantidade demandada (Qd) seria 6.000 pés cúbicos maior que a quantidade ofertada (Qs).

4. "a". Com a supersafra na produção de trigo (chamaremos o trigo de bem "X"), a curva de oferta de trigo se desloca para a direita, reduzindo seu preço e aumentando a quantidade ofertada (passa do ponto "1" para o ponto "2"). Vejamos o gráfico a seguir:

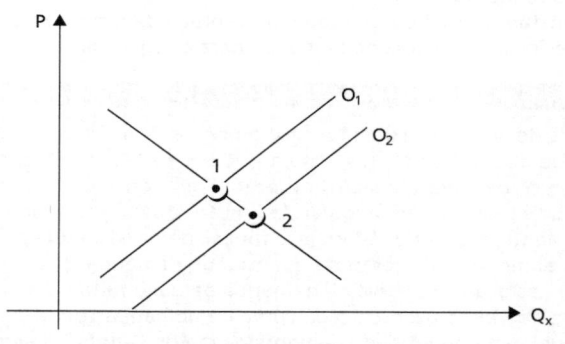

Com o preço mais barato do trigo, que é um insumo para produzir pão, a curva de oferta do pão também se desloca para a direita, aumentando a sua quantidade ofertada e reduzindo o seu preço (chamaremos o trigo de bem "Y"). Vejamos o gráfico a seguir. O novo ponto de equilíbrio passa a ser o ponto "2". Percebemos que a curva de demanda não sai do lugar. A quantidade demandada de equilíbrio aumenta, mas a demanda não.

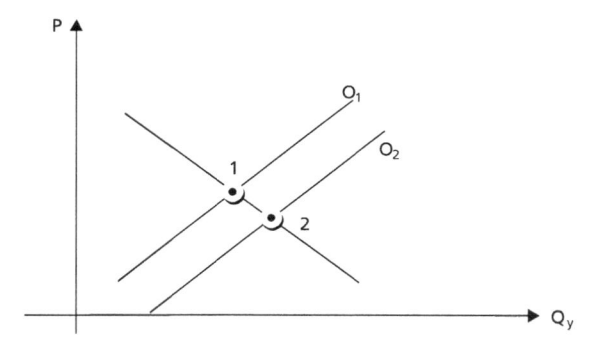

5. "b". O equilíbrio de mercado se dá quando a oferta for igual à demanda. Logo:

Qd = Qs
300 − 8P = 48 + 10P
18P = 252
P = 14

Substituindo o preço de equilíbrio em uma das funções (ou demanda ou oferta), temos:

Qd = 300 − 8 · 14
Qd = 188

6. "b". Chamando de Pp, o preço da pera, Qdp, a quantidade demandada de pera, Qdm, a quantidade demandada de maçã, Dm, a demanda de maçã, sabemos que, sendo a pera e a maçã bens substitutos, então, se:

Pp↑ Qdp↓ Qdm↑ Dm↑

Logo, a curva de demanda de maçã se desloca para cima ou para a direita, elevando o preço e a quantidade de equilíbrio de maçãs.

7. "certo". Se houver uma festa das tortas de maçã, a demanda por maçã aumentará (de D_1 para D_2). Considerando que a oferta de maçã continuará constante, já que, a festa não foi prevista e os produtores não puderam se preparar para ofertar mais maçãs, então, o aumento da demanda levará o deslocamento da curva de demanda para cima ou para a direita, elevando o preço e a quantidade de equilíbrio no mercado de maçãs (do ponto 1 para o ponto 2). Vejamos o gráfico a seguir:

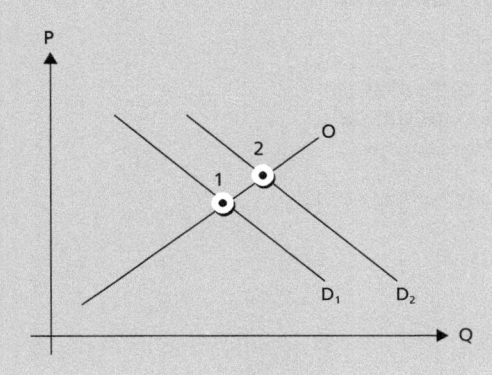

8. "certo". Um dos fatores que aumenta a demanda por determinado bem é o gosto. Logo, se os consumidores passarem a preferir (o gosto aumenta) viajar de avião em determinado período do ano, a demanda por viagens nesse período se eleva, de D1 para D2, aumentando o preço da passagem aérea.

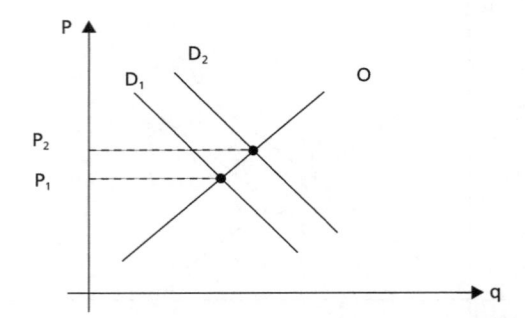

9. i. "errado". Ao preço P1, a quantidade demandada é q2 e a quantidade ofertada é q3. Logo, há um excesso de oferta medido pela diferença entre q3 e q2 (= q3-q2). O item "i" está incorreto.

ii. "certo". Caso não houvesse avanço tecnológico, a curva de oferta não se deslocaria, permanecendo em S1. Com o deslocamento da curva de demanda de D1 para D2, o novo ponto de equilíbrio de D2 com S1 mostraria um nível de preço mais alto. O item "ii" está certo.

iii. "certo". Para que o preço de equilíbrio fosse p3, a curva de oferta deveria se deslocar para a direita/baixo além da S3 até encontrar D2, ou seja, a oferta deveria aumentar ainda mais que S3. O item "iii" está certo.

10. "a". O aumento de número de firmas no mercado faz a oferta do bem aumentar, deslocando a curva de oferta para baixo ou para a direita. O novo ponto de equilíbrio entre oferta e demanda apontará um preço menor e a quantidade maior. A alternativa "a" está correta.

Um aumento do preço de um insumo reduz a oferta, deslocando a curva de oferta para cima ou para a esquerda, elevando o preço e reduzindo a quantidade de equilíbrio. A alternativa "b" está incorreta.

Quando ocorre um aumento do preço de um insumo, a oferta se contrai. Para o preço cair, a oferta deve aumentar e não diminuir. A alternativa "c" está incorreta.

O avanço tecnológico pode alterar tanto a demanda como a oferta. Se afetar a demanda é no sentido de elevá-la, provocando um deslocamento da curva de demanda para cima ou para a direita, elevando o preço do produto. A alternativa "d" está incorreta.

Uma queda do preço de um insumo desloca a curva de oferta para a direita ou para cima e não a curva de demanda. A alternativa "e" está incorreta.

4.5. MATERIAL SUPLEMENTAR

QUESTÕES DE CONCURSOS
> http://uqr.to/1yard

5
ELASTICIDADE

Quando ocorre alguma alteração nas condições de mercado, os agentes econômicos respondem a essa mudança. Dependendo da **sensibilidade** dos produtores e dos consumidores a essa mudança, o impacto pode ser maior ou menor. A essa sensibilidade nós damos o nome de **elasticidade**.

Por meio da elasticidade é possível fazer uma análise do impacto da alteração percentual de uma variável sobre a outra. Pode ser entendida, portanto, como a sensibilidade de resposta a alguma mudança.

Falaremos neste capítulo de vários tipos de elasticidade. Em primeiro lugar, abordaremos a elasticidade-preço da demanda e, em seguida, a elasticidade renda da demanda, elasticidade cruzada da demanda e, finalmente, a elasticidade-preço da oferta.

5.1. ELASTICIDADE-PREÇO DA DEMANDA (EPD)

A Elasticidade-Preço da Demanda (EPD) mede o impacto de **uma variação percentual na quantidade demandada (%ΔQd)** em relação a **uma variação percentual no preço de um bem (%ΔP)**.

$$EPD = \left| \frac{\text{variação percentual na quantidade demandada}}{\text{variação percentual no preço}} \right|$$

ou

$$EPD = \left| \frac{\%\Delta Qd}{\%\Delta P} \right|$$

Quando ocorre uma variação percentual do preço, gera, via de regra, uma variação percentual da quantidade demandada, porém em **sentido oposto**, ou seja, um aumento em valores percentuais do primeiro acarreta uma diminuição percentual do segundo, bem como uma diminuição percentual do primeiro acarreta um aumento percentual do segundo. Portanto, a elasticidade-preço da demanda será uma **relação sempre negativa**. Logo, o resultado negativo dessa relação não tem a ver com a intensidade, mas sim com a direção. Por esse motivo, a análise da elasticidade-preço da demanda será feita sempre em **módulo**.

Vamos supor três situações diversas. É possível verificar quando a elasticidade-preço da demanda é unitária, elástica ou inelástica. Vejamos a seguir:

1.º caso: supondo que o preço de determinado bem se eleve de 20 para 22 e que isso acarrete uma diminuição da quantidade demandada desse bem de 100 para 90.

A variação percentual da quantidade demandada será:

%ΔQd = ΔQd / Qd

Ou seja:

$$\%\Delta Qd = \left|\frac{90-100}{100}\right| = \left|\frac{-10}{100}\right| = |-0,1| = |-10\%| = 10\%$$

A variação percentual dos preços será:

%ΔP = ΔP / P

Ou seja:

$$\%\Delta P = \left|\frac{22-20}{20}\right| = \left|\frac{2}{20}\right| = |0,1| = |10\%| = 10\%$$

Logo, a elasticidade-preço da demanda será:

$$EPD = \left|\frac{\%\Delta Qd}{\%\Delta P}\right|$$

EPD = |–10% / 10%|

EPD = 1 (elasticidade unitária)

Significa que uma variação percentual dos preços de determinado bem vai acarretar igual variação percentual na quantidade demandada, porém em sentido oposto. Como a análise não leva em conta o sinal, ou seja, é feita em módulo, o resultado é 1. Dizemos, portanto, que a **elasticidade é unitária**.

2.º caso: supondo que o preço de determinado bem se eleve de 20 para 24 e que isso acarrete uma diminuição da quantidade demandada de 40 para 20.

A variação percentual da quantidade demandada será:

%ΔQd = ΔQd / Qd

Ou seja:

$$\%\Delta Qd = \left|\frac{20-40}{40}\right| = \left|\frac{-20}{40}\right| = |-1/2| = |-0,5| = 50\%$$

A variação percentual dos preços será:

%ΔP = ΔP / P

Ou seja:

$$\%\Delta P = \left|\frac{24-20}{20}\right| = \left|\frac{4}{20}\right| = |0,2| = 20\%$$

Logo, a elasticidade-preço da demanda será:

$$EPD = \left|\frac{\%\Delta Qd}{\%\Delta P}\right|$$

EPD = |–50% / 20%|

EPD = 2,5 (elástica)

Significa que uma variação percentual dos preços de determinado bem vai acarretar uma variação percentual maior na quantidade demandada. Como a análise não leva em conta o sinal, ou seja, é feita em módulo, o resultado é 2,5. Isso significa que uma variação nos preços provocará uma variação na quantidade demandada, 2,5 vezes maior. Dizemos, portanto, que a demanda desse bem é **elástica**.

3.º caso: supondo que o preço de determinado bem se eleve de 20 para 24 e que isso acarrete uma diminuição da quantidade demandada de 100 para 90.

A variação percentual da quantidade demandada será:

%ΔQd = ΔQd / Qd

Ou seja:

$$\%\Delta Qd = \left|\frac{90-100}{100}\right| = \left|\frac{-10}{100}\right| = |-0,1| = |-10\%| = 10\%$$

A variação percentual dos preços será:

%ΔP = ΔP / P

Ou seja:

$$\%\Delta P = \left|\frac{24-20}{20}\right| = \left|\frac{4}{20}\right| = |0,2| = |20\%| = 20\%$$

Logo, a elasticidade-preço da demanda será:

$$EPD = \left|\frac{\%\Delta Qd}{\%\Delta P}\right|$$

EPD = |−10% / 20%|

EPD = 0,5 (inelástica)

Significa que uma variação percentual dos preços de determinado bem vai acarretar uma variação percentual menor na quantidade demandada. Como a análise não leva em conta o sinal, ou seja, é feita em módulo, o resultado é 0,5. Isso significa que uma variação nos preços provocará uma variação de 50% ou 0,5 na quantidade demandada. Dizemos, portanto, que a demanda desse bem é **inelástica**.

Observe o quadro a seguir com o resumo dos três casos anteriormente descritos:

	Qd	P	EPD	Classificação
1.º caso	100	20		
	90	22	|−1|	unitária
2.º caso	40	20		
	20	24	> |−1|	elástica
3.º caso	100	20		
	90	24	< |−1|	inelástica

Contudo, existem alguns casos particulares do comportamento da variação percentual da quantidade demandada quando ocorre uma variação percentual no preço. Vejamos:

5.1.1. Casos particulares da elasticidade-preço da demanda

a) Demanda perfeitamente elástica

Suponhamos que haja uma variação percentual no preço de determinado bem e que isso acarrete uma variação percentual infinita na quantidade demandada. Nesse caso, dizemos que a elasticidade-preço da demanda é infinita e a **demanda é perfeitamente elástica ou totalmente elástica**. Portanto:

> Quando a EPD tende ao infinito, dizemos que a demanda é perfeitamente elástica.

$$EPD = \left|\frac{\%\Delta Qd}{\%\Delta P}\right|$$

$EPD = |-\infty / \%\Delta P|$

$EPD = \infty$ (perfeitamente elástica ou infinitamente elástica)

Significa que uma variação percentual dos preços de determinado bem vai acarretar uma variação percentual infinita na quantidade demandada. Como a análise não leva em conta o sinal, ou seja, é feita em módulo, o resultado é infinito (∞). Dizemos, portanto, que a demanda desse bem é **infinitamente elástica ou perfeitamente elástica**.

b) Demanda perfeitamente inelástica

Suponhamos que haja uma variação percentual no preço de determinado bem e que isso não acarrete nenhuma variação percentual na quantidade demandada. Nesse caso, dizemos que a elasticidade-preço da demanda é zero e a **demanda é perfeitamente inelástica ou totalmente inelástica**. Portanto:

> Quando a EPD é zero, dizemos que a demanda é perfeitamente inelástica.

$$EPD = \left|\frac{\%\Delta Qd}{\%\Delta P}\right|$$

$EPD = |0 / \%\Delta P|$

$EPD = 0$ (perfeitamente inelástica ou elasticidade igual a zero)

Significa que qualquer variação percentual dos preços de determinado bem não vai acarretar nenhuma variação percentual na quantidade demandada. Portanto, o resultado da EPD é zero. Dizemos, portanto, que a demanda desse bem é **infinitamente inelástica ou totalmente inelástica**.

Vimos, portanto, os diversos comportamentos da Elasticidade-Preço da Demanda (EPD). Precisamos, agora, compreender quais os fatores que podem afetar essa EPD.

5.1.2. Fatores que afetam a elasticidade-preço da demanda

Existem alguns fatores que podem determinar ou afetar a elasticidade-preço da demanda, fazendo com que se torne mais elástica ou menos elástica. Vejamos alguns deles:

■ **A existência de bens substitutos**. Caso o bem em questão possua substitutos próximos e havendo uma elevação de seu preço, a tendência é o consumidor substituir o bem em questão pelo seu substituto. Assim, a demanda por esse bem em questão se torna mais elástica. Quanto maior é o número de substitutos, mais elástica tende a ser a demanda. Vejamos um exemplo: suponhamos que o preço da manteiga suba e que sejamos indiferentes em comprar manteiga ou margarina. Nesse caso, a tendência é reduzirmos o consumo de manteiga e aumentarmos o de margarina, ou seja, a tendência é de sermos elásticos ao consumo de manteiga.

■ **Grau de essencialidade do bem**. Caso o bem seja muito **essencial**, mesmo o preço subindo, é provável que continuemos a consumi-lo ou que a redução no consumo seja pequena. No caso de **bens supérfluos**, a tendência é de uma redução maior no consumo, caso os preços subam.

Vejamos um exemplo: caso o preço do remédio suba, as pessoas, provavelmente, reduzirão o minimamente possível o seu consumo, já que aquele bem é essencial. Em contrapartida, caso o preço do perfume francês suba, é bem mais fácil o consumo dele se reduzir, já que se trata de um bem supérfluo. Assim, bens essenciais tendem a ter elasticidade-preço da demanda próximo a zero e bens supérfluos tendem a ter elasticidade-preço da demanda próximo ao infinito. É bom frisar, contudo, que a essencialidade ou não do bem depende das **preferências do consumidor**, ou seja, o que é essencial para mim pode não ser para você.

■ **Limites de mercado**. Quando se define o mercado de forma mais **ampla**, a elasticidade é menor. Quando se define o mercado de forma mais **restrita**, a elasticidade é maior, já que é possível encontrar substitutos com mais facilidade. Mankiw exemplifica isso muito bem quando diz: "[...] os alimentos, uma categoria ampla, têm demanda bastante inelástica, porque não há bons substitutos para eles. O sorvete, uma categoria restrita, tem demanda mais elástica, porque é fácil substituí-lo por outras sobremesas. Sorvete de baunilha, uma categoria mais restrita, tem demanda muito elástica, porque os outros sabores de sorvete são substitutos quase perfeitos para ele"[1].

■ **Curto e longo prazo**. Quando o preço de determinado produto sobe, no curto prazo, é mais difícil substituí-lo pelo consumo de outro bem ou adaptar-se ao baixo consumo do referido bem. Já, no longo prazo, isso se torna mais fácil, visto que o consumidor tem a oportunidade de tomar conhecimento de alternativas que existem e, assim, ajustar seu consumo ao preço do bem. Portanto, via de regra, **quanto maior o horizonte de tempo, mais elástica tende a ser a demanda**. A exceção a essa regra estaria no consumo de **bens duráveis** como geladeira, automóveis etc. A diferença entre as elasticidades de curto e longo prazo de um bem é explicada pela velocidade com que os consumidores reagem a mudanças no preço e pelo número de bens substitutos disponíveis. Pindyck & Rubinfeld afirmam: "A demanda norte-americana anual — aquisição de automóveis novos — está entre 8 e 11 milhões de unidades, enquanto o total de automóveis no país está em torno de 130 milhões de unidades. Se houver um aumento de preço, muitas pessoas adiarão a compra de automóveis novos, e a quantidade demandada apresentará uma drástica queda, mesmo que o total de automóveis que os consumidores queiram ter caia apenas um pouco. No entanto, tendo em vista que os automóveis velhos vão se desgastando e têm de ser substituídos,

---

[1] N. Gregory Mankiw, *Princípios de microeconomia*, p. 91.

a demanda voltará a aumentar. Portanto, a variação da quantidade demandada é muito menor no longo prazo do que no curto prazo"[2].

■ **Grau de participação no orçamento**. Quando o bem consumido representa pouco (em valores monetários) no orçamento de uma família, mesmo que os preços subam, a redução de seu consumo será pequena. Pensemos no preço de uma caixa de fósforo. Como seu valor representa muito pouco diante do orçamento de uma família, mesmo que seu preço venha a subir consideravelmente, as famílias dificilmente reduzirão muito o seu consumo. Portanto, quanto **menos o bem absorver uma parcela da renda do consumidor, menor será sua elasticidade-preço**.

■ **Possibilidades de uso**. Quando um produto possui muitos usos, o número de bens substitutos tende a ser alto também, o que faz com que seja fácil trocá-lo por um substituto caso o preço venha a subir. Portanto, quanto **maior for a possibilidade de uso de um bem, maior será a elasticidade dele**. Assim, afirma Ferguson: "Então uma mercadoria, como a lã — que pode ser usada na produção de roupas, estofamentos, tapeçarias e outros — tenderá a ter uma elasticidade-preço mais alta que uma mercadoria com somente um ou poucos usos — a manteiga, por exemplo"[3].

5.1.3. Cálculo da elasticidade-preço da demanda

Existem várias maneiras de determinar a Elasticidade-Preço da Demanda (EPD). A seguir, falaremos de algumas:

a) Quando forem dadas variações das quantidades demandadas e a variação de preços em valores percentuais.

Calculamos a EPD, fazendo a razão entre elas.

$$EPD = |\%\Delta Qd / \%\Delta P|$$

Vejamos um exemplo:
Dados: $\%\Delta Qd = -10\%$ e $\%\Delta P = 20\%$
Então: $EPD = |-10\% / 20\%|$

Ou seja, a Elasticidade-Preço da Demanda (EPD) é igual a 0,5, em módulo. Isso mostra que a esse preço a demanda é inelástica. Assim, uma variação percentual do preço levou a uma variação percentual da quantidade equivalente a 50% da variação percentual do preço.

b) Quando os dados são fornecidos por meio de uma tabela e se especifica o ponto onde se deseja determinar a EPD.

Preço	Quantidade demandada
20	80
50	20

---

[2] Robert S. Pindyck & Daniel L. Rubinfeld, *Microeconomia*, p. 34.
[3] C. E. Ferguson, *Microeconomia*, p. 116.

A fórmula da elasticidade-preço da demanda pode se desdobrar da seguinte maneira:

EPD = $|\%\Delta Q / \%\Delta P|$ ou
EPD = $|(\Delta Q / Q) / (\Delta P / P)|$ ou
EPD = $|(\Delta Q / \Delta P) \cdot (P / Q)|$

Ao preço de 20, calculamos a EPD da seguinte maneira:

EPD = $|(60 / -30) \cdot (20 / 80)|$
EPD = $|-1/2|$ (demanda inelástica)

Ou seja, a Elasticidade-Preço da Demanda (EPD) é igual a 1/2. em módulo. Isso mostra que a esse preço a demanda é inelástica. Assim, uma variação percentual do preço levou a uma variação percentual da quantidade equivalente a 1/2 vez a variação percentual do preço.

Ao preço de 50, temos:

EPD = $|(-60 / 30) \cdot (50 / 20)|$
EPD = $|-5|$ (demanda elástica)

Ou seja, a Elasticidade-Preço da demanda (EPD) é igual a 5, em módulo. Isso mostra que a esse preço, a demanda é elástica. Assim, uma variação percentual do preço levou a uma variação percentual da quantidade equivalente a 5 vezes a variação percentual do preço.

Podemos observar que uma mesma função demanda apresenta **elasticidades diferentes** ao longo da curva. A variação dos preços é acompanhada de uma variação das elasticidades[4].

Embora **a elasticidade-preço da demanda não seja constante ao longo da curva de demanda**, há uma exceção, que será abordada no item 5.1.4.1.

c) Quando é fornecida uma tabela sem especificar o nível de preço que se deseja saber a elasticidade, determina-se a elasticidade arco (preço médio) da demanda.

Suponhamos que seja dada a mesma tabela mostrada no item (b), mas não é especificado em qual dos pontos (se ao preço de 20 ou ao preço de 50) se deseja determinar a elasticidade.

Preço	Quantidade demandada
20	80
50	20

Assim, será calculada a elasticidade no ponto médio dos dois pontos fornecidos. A fórmula da elasticidade será definida da seguinte maneira:

---

[4] Veremos que a elasticidade pode ser constante ao longo da curva de demanda quando a função for representada por uma hipérbole retangular ou quadrilátera.

$EPD = |\%\Delta Q / \%\Delta P|$

$EPD = |[\Delta Q / (Q_1 + Q_2) / 2] / [\Delta P / (P_1 + P_2) / 2]|$

Podemos observar, pelos valores negritados, que, em vez de pegar uma quantidade (Q_1 ou Q_2) e um preço específico (P_1 ou P_2), calculam-se o ponto médio das quantidades $[(Q_1 + Q_2) / 2]$ e o ponto médio dos preços $[(P_1 + P_2) / 2]$.

Também podemos representar da seguinte maneira:

$EPD = |[(\Delta Q / \Delta P)] \cdot [((P_1 + P_2) / 2) / ((Q_1 + Q_2) / 2)]|$

Substituindo os valores da tabela, temos:

$EPD = |(-60 / 30) \cdot [((20 + 50) / 2) / ((80 + 20) / 2)]|$

$EPD = |-2 \cdot (35 / 50)|$

$EPD = 1{,}4$ (demanda elástica)

O ponto médio entre os dois pontos da curva de demanda está localizado no arco que une esses dois pontos. Por isso é chamado de **elasticidade no arco**.

Vejamos o gráfico da Figura 5.1.

Figura 5.1. Elasticidade no arco é elasticidade do ponto médio entre dois pontos da curva de demanda.

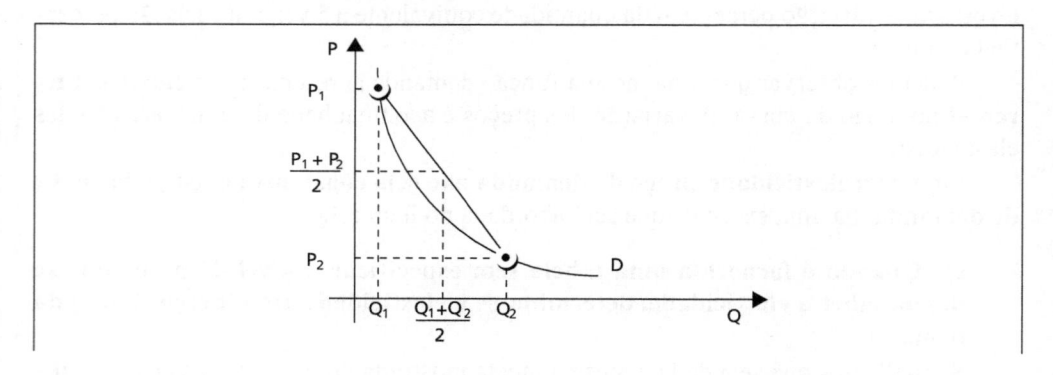

d) Quando é dada a função demanda

Para determinarmos a elasticidade-preço da demanda quando é fornecida a função demanda, devemos derivar a função no ponto que se deseja:

$EPD = |(dQ / dP) \cdot (P / Q)|$

Em que dQ / dP é a derivada da quantidade demandada em função do preço.

Vejamos o seguinte exemplo:

Dada a função demanda: $Qd = 30 - 5p$

Se nos for pedida a elasticidade da demanda no ponto em que o preço é igual a 2 ($p = 2$), a quantidade demandada correspondente será 20 ($Qd = 30 - 5 \cdot 2$) e a elasticidade será:

Sabendo que a derivada da quantidade em função do preço será: $dQ/dP = -5$[5]
Então: EPD = $|-5 \cdot (2/20)|$
EPD = $|-1/2|$
EPD = 1/2 (trata-se de uma demanda inelástica)

5.1.4. Cálculo geométrico da elasticidade-preço da demanda

Quando a função demanda é representada por uma reta, podemos determinar a elasticidade-preço da demanda em um ponto da reta, por meio de algumas relações. Vejamos o gráfico da Figura 5.2.

Figura 5.2. Curva de demanda sendo representada por uma reta. É possível determinar a elasticidade no ponto "E" sobre a curva por meio das relações: $\dfrac{\overline{OD}}{\overline{DA}} = \dfrac{\overline{CB}}{\overline{OC}} = \dfrac{\overline{EB}}{\overline{EA}}$.

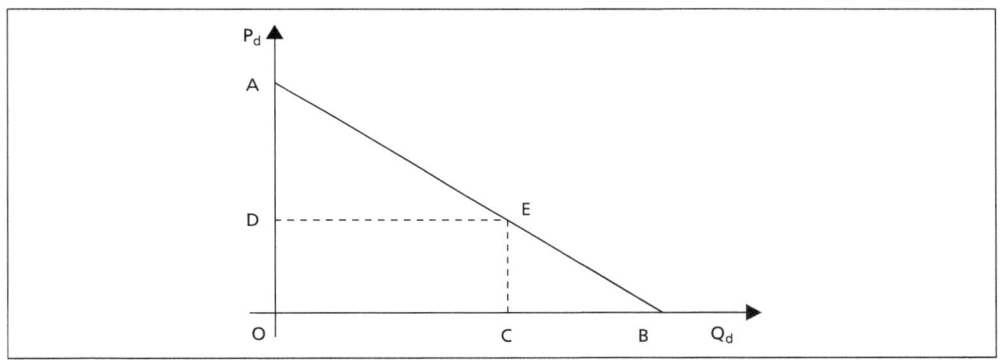

A Elasticidade-Preço da Demanda (EPD) no ponto E é dada pela relação entre os segmentos de reta: $\overline{OD}/\overline{DA}$ ou $\overline{CB}/\overline{OC}$[6] ou $\overline{EB}/\overline{EA}$.

Assim: EPD = $\dfrac{\overline{OD}}{\overline{DA}} = \dfrac{\overline{CB}}{\overline{OC}} = \dfrac{\overline{EB}}{\overline{EA}}$.

Chamando os segmentos de reta por letras minúsculas, temos:

$\overline{EB} = a$
$\overline{EA} = b$
$\overline{OD} = c$
$\overline{DA} = d$
$\overline{CB} = e$
$\overline{OC} = f$

---

[5] A derivada de uma constante na soma é zero. Logo, a derivada de 30 é zero. A derivada de –5p é –5.
[6] Sabendo que a Elasticidade-Preço da Demanda é igual a: EPD = $(P/Q) \cdot (\Delta Q/\Delta P)$. No ponto "E", o preço (P) é dado pelo segmento OD e a quantidade (Q) é dada pelo segmento OC. A inclinação da reta tangente à curva no ponto "E" é dada pela razão entre os segmentos OD e CB. Logo: $\Delta P/\Delta Q = -OD/CB$. Invertendo a fração, temos: $\Delta Q/\Delta P = -CB/OD$.
Portanto: EPD = $(OD/OC) \cdot (CB/OD)$ ou EPD = CB/OC.

O cálculo da Elasticidade-Preço da Demanda (EPD) se dá pelas seguintes relações:

$$EPD = \frac{a}{b} = \frac{c}{d} = \frac{e}{f}$$

Podemos observar no gráfico da Figura 5.3 essas relações descritas:

Figura 5.3. Curva de demanda sendo representada por uma reta. É possível determinar a elasticidade no ponto "E" sobre a curva por meio das relações $\frac{a}{b} = \frac{c}{d} = \frac{e}{f}$.

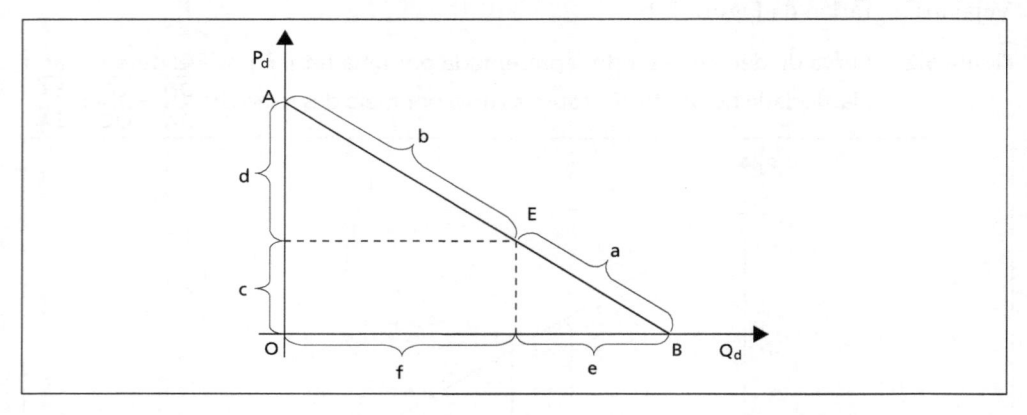

Observamos que a elasticidade não é constante ao longo da reta que representa a demanda. Podemos imaginar outro ponto na mesma reta e perceberemos que a elasticidade varia. Conforme nos aproximamos do **preço proibitivo** (que corresponde ao preço quando a quantidade é zero), a **Elasticidade-Preço da Demanda (EPD) em módulo aumenta**. À medida que nos aproximamos do ponto em que o **preço é zero**, a **EPD em módulo diminui**. Embora a **inclinação da reta de demanda seja constante** ao longo de toda a função, a **elasticidade-preço da demanda varia** ao longo da função.

Por meio do gráfico da Figura 5.4, podemos ver o comportamento da elasticidade-preço da demanda ao longo da curva (reta) de demanda.

Podemos observar o comportamento da elasticidade-preço da demanda nos pontos I, II, III, IV e V:

I → EPD = ∞, demanda perfeitamente elástica

II → EPD > 1, demanda elástica

III → EPD = 1, demanda unitária, ponto médio da curva (reta)

IV → EPD < 1, demanda inelástica

V → EPD = 0, demanda perfeitamente inelástica

Figura 5.4. Elasticidade-Preço da Demanda (EPD) ao longo da curva de demanda. Quanto mais próximo do preço proibitivo, maior a EPD (em módulo). Quanto mais próximo do preço zero, menor a EPD em módulo.

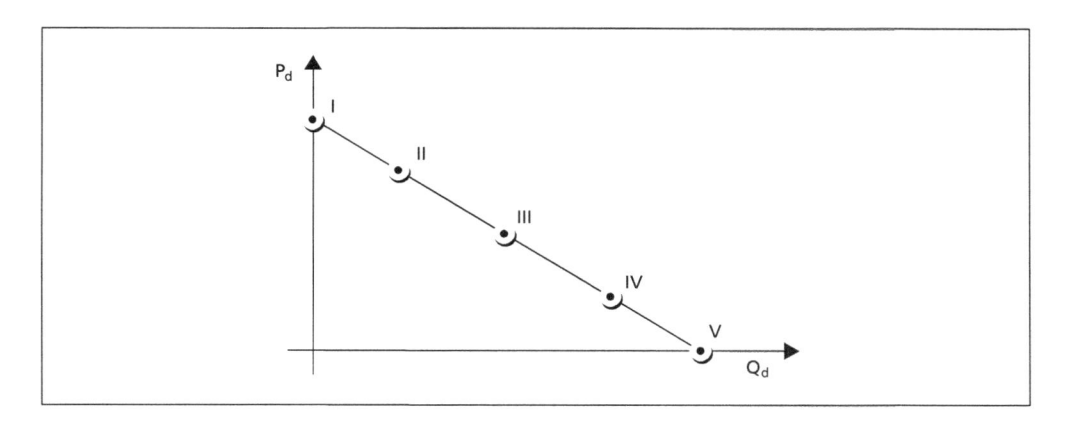

Portanto, qualquer ponto **abaixo do ponto médio (M)** da curva de demanda apresenta elasticidade-preço da demanda menor que 1 (em módulo), ou seja, a **demanda é inelástica**.

Qualquer ponto **acima do ponto médio (M)** da curva de demanda apresenta elasticidade preço da demanda maior que 1 (em módulo), ou seja, a **demanda é elástica**. Podemos constatar isso na Figura 5.5:

Figura 5.5. Ponto M na curva de demanda. M representa o ponto médio, onde a Elasticidade-Preço da Demanda (EPD) em módulo é igual a 1. Acima do ponto M, a EPD, em módulo, é maior que 1. Abaixo do ponto M, a EPD, em módulo, é menor que 1.

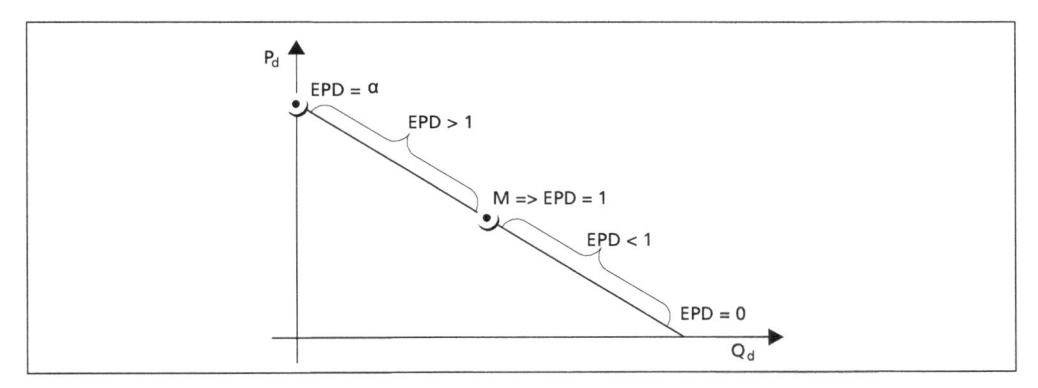

5.1.4.1. Demanda com elasticidade-preço constante

Quando a demanda é representada por uma **hipérbole equilátera**, a Elasticidade-Preço da Demanda **(EPD) é constante** ao longo de toda a função.

Na hipérbole equilátera, representada na Figura 5.7, a elasticidade não varia conforme o preço, ou seja, será constante independentemente do preço. A elasticidade vai ser igual ao **expoente do preço** na função.

Quando a função demanda for representada por **uma hipérbole equilátera ou retangular**, a **elasticidade-preço será constante ao longo de toda a curva** e o seu valor será igual ao expoente do preço da função.

A hipérbole equilátera tem o seguinte formato:

$$Qd = K \cdot p^{-\alpha} \quad \text{ou} \quad Qd = K / p^{\alpha}$$

Em que: Qd = Quantidade demandada
p = preço
K = constante positiva
α = constante positiva = módulo da elasticidade-preço da demanda

Assim, vejamos o seguinte exemplo:
$Qd = 10 \, p^{-2}$
Como $\alpha = 2$, então a elasticidade-preço da demanda[7], em módulo, será igual a 2.

$$EPD = |-2| = 2$$

Graficamente, uma hipérbole equilátera tem o seguinte formato, conforme mostra a Figura 5.6:

Assim, se a função demanda for representada por:

$Qd = 5 / \sqrt{p}$ ou
$Qd = 5 / p^{1/2}$ ou
$Qd = 5 \, p^{-1/2}$

A EPD será igual a –1/2, já que o expoente do preço na função demanda acima é igual a –1/2. Como o módulo da EPD é menor que 1, então a demanda é inelástica e igual, em módulo, a 1/2 ao longo de toda a função.

Figura 5.6. Função demanda sendo representada por uma curva em formato de hipérbole equilátera cuja elasticidade é constante ao longo de toda a curva.

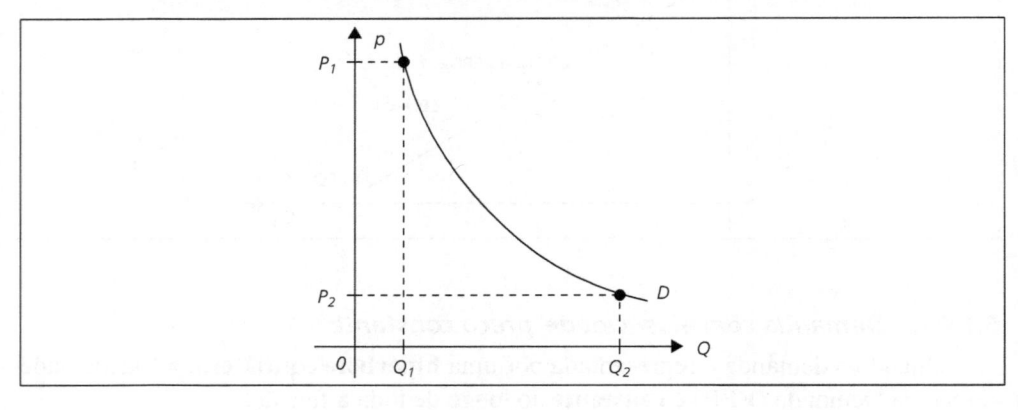

---

[7] Calculando a derivada da quantidade demandada em função do preço da seguinte função demanda $Q = K \cdot p^{-\alpha}$, temos:
$dQ/dP = -\alpha \cdot K \cdot p^{-\alpha-1}$
A Elasticidade-Preço da demanda (EPD) será: $EPD = P/Q \cdot dQ/dP$.
$EPD = (P/K \cdot P^{-\alpha}) \cdot (-\alpha \cdot K \cdot P^{-\alpha-1}) \rightarrow EPD = (P \cdot P^{\alpha}/K) \cdot (-\alpha \cdot K \cdot P^{-\alpha-1}) \rightarrow$
$EPD = (P^{1+\alpha}) \cdot (-\alpha \cdot P^{-\alpha-1}) \rightarrow EPD = -\alpha$

Podemos observar que a função $Q = 3 / p_2 + 5$ não apresenta elasticidade-preço da demanda constante ao longo de toda a função, porque não se trata de uma hipérbole equilátera.

5.1.5. Elasticidade-preço da demanda e inclinação da curva de demanda

A elasticidade-preço da demanda afetará a inclinação da curva de demanda. Assim, quanto mais inclinada for a curva de demanda, mais inelástica será a demanda. Quanto menos inclinada a curva de demanda, mais elástica será a demanda. Podemos observar na Figura 5.7, que a demanda do gráfico (a) é mais inelástica que a demanda do gráfico (b), já que no gráfico (a) a curva de demanda é mais inclinada que a do gráfico (b). Se imaginarmos qualquer alteração no preço e de mesma intensidade nos gráficos (a) e (b), veremos que em (a) a alteração na quantidade demandada, em decorrência dessa alteração no preço, será menor que em (b).

Figura 5.7. A representação de duas curvas de demanda. (a) apresenta uma curva de demanda mais inclinada e (b) uma curva de demanda menos inclinada. Quanto mais inclinada for a função, mais inelástica será a demanda. Nos dois gráficos representados, é possível concluir que em (a) a demanda é mais inelástica e em (b) a demanda é mais elástica, já que uma mesma variação no preço gerou uma redução na quantidade maior no gráfico (b).

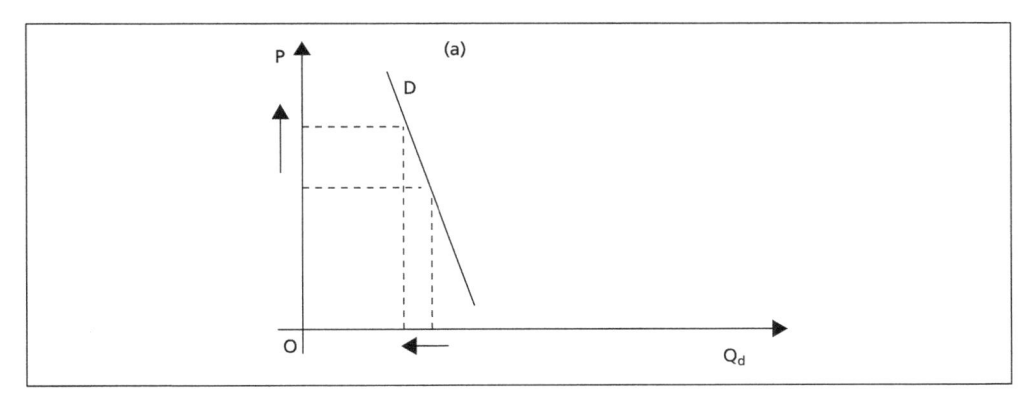

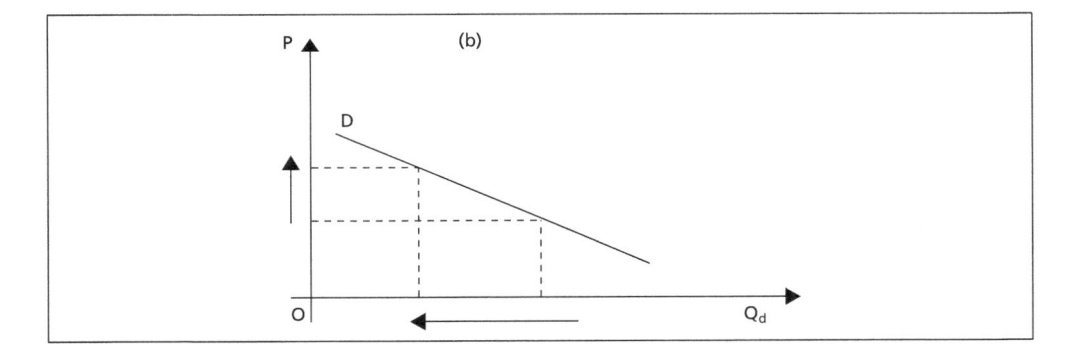

Se a curva de demanda for totalmente inclinada ou vertical, a demanda será perfeitamente inelástica. Observamos que qualquer alteração de preço não será capaz de modificar a quantidade demandada do bem. Logo, a EPD é zero, o que equivale a dizer que a demanda é perfeitamente inelástica ao preço.

Podemos ver isso no gráfico da Figura 5.8.

Figura 5.8. Demanda totalmente inelástica ao preço. A curva de demanda é vertical.

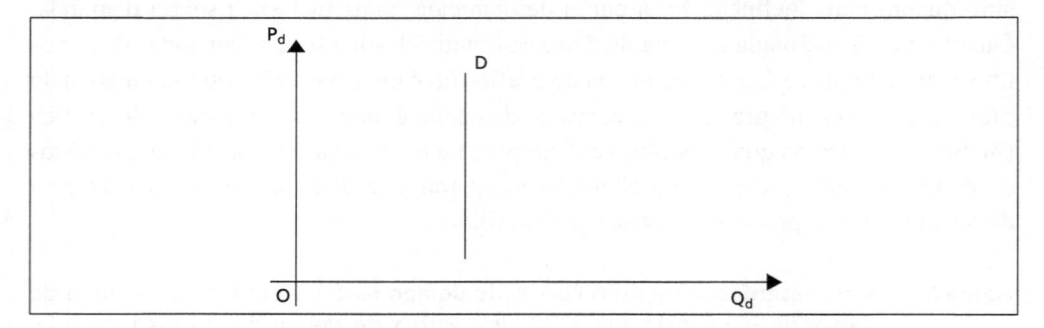

Na Figura 5.9, há outro caso extremo em que a demanda é perfeitamente elástica (EPD = ∞). Qualquer preço acima de P_1, a quantidade demandada será zero. Qualquer preço abaixo de P_1, a quantidade demandada será infinita. Ao preço P_1, os consumidores comprarão qualquer quantidade.

Figura 5.9. Demanda totalmente elástica ao preço. A curva de demanda é horizontal.

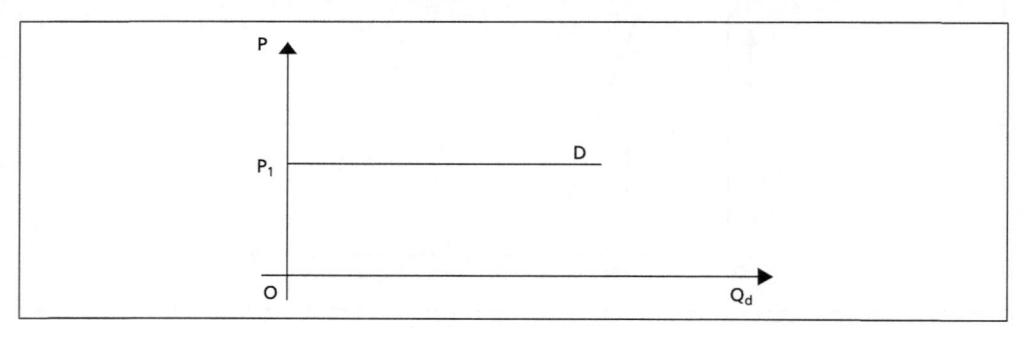

5.1.6. Propriedade da demanda elástica/inelástica/unitária

Algumas propriedades definirão se a demanda é elástica, inelástica ou unitária. Vejamos algumas delas:

5.1.6.1. Propriedade da demanda elástica

a) **%ΔQd > %ΔP**, ou seja, a variação percentual da quantidade demandada deve ser maior que a variação percentual dos preços. Devemos ficar atentos porque caso essas variações não estejam acompanhadas do símbolo de porcentagem (%) ou se não estiverem especificando que há uma variação proporcional ou relativa da quantidade e preço, então, não podemos afirmar que é elástica, inelástica ou unitária. Devemos, portanto, perceber que %ΔQd ≠ ΔQd e %ΔP ≠ ΔP[8].

b) **|EPD| > 1**, ou seja, a EPD em módulo deve ser maior que a unidade.

c) **Receita Total (RT) e Preço (P) são inversamente relacionados**.
Sabendo que: RT = P · Q, se houver uma variação percentual dos preços, a quantidade deve variar percentualmente mais, acarretando uma queda percentual da receita total.
Se pudéssemos representar a intensidade das variações percentuais dos preços e das quantidades por setinhas, perceberíamos que uma variação percentual do preço seria representada por uma setinha menor e em sentido oposto da setinha que representa a variação percentual da quantidade. Multiplicando esse novo preço por essa nova quantidade, geraria uma redução percentual da receita total. Vejamos por meio da função a seguir:

$$\downarrow RT = \uparrow P \cdot Q \downarrow$$

Podemos observar que, quando a demanda é elástica, a Receita Total (RT) e o preço (P) apresentam as setinhas em sentidos opostos. Por isso, dizemos que são inversamente proporcionais. Já a Receita Total (RT) e a Quantidade (Q) apresentam as setinhas em mesmo sentido. Por isso, dizemos que são diretamente relacionadas.
Varian afirma que: "Se a demanda cair muito quando o preço aumentar, a receita cairá. Se a demanda cair só um pouco quando o preço subir, então a receita aumentará. Isso indica que a direção da variação da receita tem a ver com a elasticidade da demanda"[9].

d) **Gastos com consumo e preço são inversamente relacionados**.
Assim como a Receita Total, os Gastos com consumo (G) correspondem à multiplicação de Preços (P) e Quantidades (Q), sendo que, agora, sob o prisma do consumidor e não da firma.
Portanto: G = P · Q.
Se houver uma variação percentual dos preços, a quantidade deve variar percentualmente mais em sentido oposto, acarretando uma queda percentual do gasto total. Vejamos por meio da função a seguir:

$$\downarrow G = P \uparrow \cdot Q \downarrow$$

e) **Receita marginal (Rmg) é positiva**.

Receita marginal (Rmg) é o acréscimo à Receita Total pelo fato de estar produzindo mais uma unidade do bem. Por meio do gráfico da Figura 5.10, que representa a Receita

---
[8] %ΔQ = ΔQ/Q e %ΔP = ΔP/P.
[9] Hal R. Varian, *Microeconomia*: uma abordagem moderna, p. 276.

Total (RT), e da Tabela 5.1, que associa Rmg, RT e Q, podemos perceber que, quando a demanda é elástica, a Receita marginal (Rmg) é positiva[10].

5.1.6.2. Propriedade da demanda inelástica

a) **%ΔQd < %ΔP**, ou seja, a variação percentual da quantidade demandada deve ser menor que a variação percentual dos preços. Devemos ficar atentos porque caso essas variações não estejam acompanhadas do símbolo de porcentagem (%) ou se não estiverem especificando que há uma variação proporcional ou relativa da quantidade e preço, então, não podemos afirmar que é elástica, inelástica ou unitária. Devemos, portanto, perceber que %ΔQd ≠ ΔQd e %ΔP ≠ ΔP.

b) **|EPD| < 1**, ou seja, a EPD em módulo deve ser menor que a unidade.

c) **Receita Total (RT) e Preço (P) são diretamente relacionados**.
Sabendo que: RT = P · Q, se houver uma variação percentual dos preços, a quantidade deve variar percentualmente menos, acarretando um aumento percentual da receita total.
Se pudéssemos representar a intensidade das variações percentuais dos preços e das quantidades por setinhas, perceberíamos que uma variação percentual do preço seria representada por uma setinha maior e em sentido oposto da setinha que representa a variação percentual da quantidade. Multiplicando esse novo preço por essa nova quantidade, geraria um aumento percentual da receita total. Vejamos por meio da função a seguir:

$$\uparrow RT = \uparrow P \cdot Q \downarrow$$

Podemos observar que, quando a demanda é inelástica, a **Receita Total (RT)** e o **Preço (P)** apresentam as setinhas no mesmo sentido. Por isso, dizemos que são **diretamente** relacionadas. Já a **Receita Total (RT) e a Quantidade (Q)** apresentam as setinhas em sentidos opostos. Por isso, dizemos que são **inversamente** relacionadas.

d) **Gastos com consumo e preço são diretamente relacionados**.

Assim como a Receita Total, os Gastos com consumo (G) correspondem à multiplicação de Preços (P) e Quantidades (Q), sendo que sob o prisma do consumidor e não da firma.
Portanto: G = P · Q.
Se houver uma variação percentual dos preços, a quantidade deve variar percentualmente menos e em sentido oposto, acarretando um aumento percentual do gasto total. Vejamos por meio da função a seguir:

$$\uparrow G = \uparrow P \cdot Q \downarrow$$

e) Receita marginal (Rmg) é negativa.

---

[10] Ver tópico 5.1.6.4.

Receita marginal (Rmg) é o acréscimo à Receita Total pelo fato de estar produzindo mais uma unidade do bem. Por meio do gráfico da Figura 5.10, que representa a Receita Total (RT), e da Tabela 5.2, que associa Rmg, RT e Q, podemos perceber que, quando a demanda é inelástica, a Receita marginal é negativa.

5.1.6.3. Propriedade da elasticidade unitária

a) %ΔQd = %ΔP, ou seja, a variação percentual da quantidade demandada deve ser igual à variação percentual dos preços. Devemos ficar atentos porque caso essas variações não estejam acompanhadas do símbolo de porcentagem (%) ou se não estiverem especificando que há uma variação proporcional ou relativa da quantidade e preço, então, não podemos afirmar que é elástica, inelástica ou unitária. Devemos, portanto, perceber que %ΔQd $\neq$ ΔQd e %ΔP $\neq$ ΔP.

b) |EPD| = 1, ou seja, a EPD em módulo deve ser igual a unidade.

c) **Receita Total (RT) não é alterada pela variação do preço.**
Sabendo que: RT = P · Q, se houver uma variação percentual dos preços, a quantidade deve variar percentualmente na mesma intensidade, fazendo com que a Receita Total permaneça constante.
Se pudéssemos representar a intensidade das variações percentuais dos preços e das quantidades por setinhas, perceberíamos que uma variação percentual do preço seria representada por uma setinha de igual tamanho, porém, em sentido oposto da setinha que representa a variação percentual da quantidade. Multiplicando esse novo preço por essa nova quantidade, geraria a mesma receita total. Vejamos por meio da função a seguir:

$$RT_{constante} = P\uparrow \cdot Q\downarrow$$

Observe que, quando a demanda é unitária, a Receita Total (RT) é constante.

d) **Gastos com consumo são constantes.**
Assim como a Receita Total, os Gastos com consumo (G) correspondem à multiplicação de Preços (P) e Quantidades (Q), sob o prisma do consumidor e não da firma. Portanto: G = P · Q.
Se houver uma variação percentual dos preços, a quantidade deve variar percentualmente na mesma intensidade, porém, em sentido oposto, fazendo com que o gasto total permaneça constante. Vejamos por meio da função a seguir:

$$G_{constante} = \uparrow P \cdot \downarrow Q$$

e) **A receita marginal é nula e a receita total é máxima.**
Receita marginal (Rmg) é o acréscimo à receita total pelo fato de estar produzindo mais uma unidade do bem. Por meio do gráfico da Figura 5.10, que representa a receita total, e da Tabela 5.2, que associa Rmg, RT e Q, podemos perceber que, quando a demanda é unitária (Q = 8), a receita marginal é zero e a Receita Total é máxima (RT = 262).

5.1.6.4. Receita marginal positiva, negativa e nula

Falamos nos tópicos 5.1.6.1, 5.1.6.2 e 5.1.6.3 do comportamento da receita marginal quando a demanda era elástica, inelástica e unitária. Analisemos, por meio das Tabelas 5.1 e 5.2, o que ocorre.

Consideremos uma situação em que a quantidade produzida aumenta de 01 até 07. Observamos que, quando a **demanda é elástica**, a Receita Total (RT) aumenta também, já que RT e Q são diretamente (ou positivamente) relacionadas. Quando determinamos a **Receita Marginal**, que corresponde ao acréscimo à Receita Total pelo fato de ter produzido uma unidade a mais de produto, observamos que ela é sempre **positiva** para esse intervalo de produção.

Tabela 5.1. Quando a demanda é elástica (corresponde a quantidade quando varia de 1 a 7), a Quantidade demandada (Q) e Receita Total (RT) mantém uma relação positiva. Assim, quando a Quantidade demandada (Q) aumenta, a Receita Total (RT) aumenta. Também, a Receita marginal (Rmg) é positiva.

Q	01	02	03	04	05	06	07
RT	200	220	238	250	258	261	262
Rmg	–	20	18	12	8	3	1

Considerando uma situação em que a quantidade produzida aumenta de 9 até 14, observamos que, quando a **demanda é inelástica**, a Receita Total (RT) diminui com o aumento da Quantidade (Q), já que RT e Q mantém uma relação inversa (ou negativa). Quando se determina a **Receita Marginal**, que corresponde ao acréscimo à Receita Total pelo fato de ter produzido uma unidade a mais de produto, observamos que é **negativa**.

Tabela 5.2. Quando a demanda é inelástica (corresponde à quantidade quando varia de 9 a 14), a Quantidade demandada (Q) e Receita Total (RT) mantém uma relação negativa. Assim, quando a Quantidade demandada (Q) aumenta, a Receita Total (RT) diminui. Portanto, a Receita marginal (Rmg) é negativa.

Q	08	09	10	11	12	13	14
RT	262	261	258	250	238	220	200
Rmg	0	–1	–3	–8	–12	–18	–20

Observemos a situação em que a quantidade produzida aumenta de 7 até 8. Nesse ponto (quando Q = 8), percebemos que a **demanda apresenta elasticidade unitária**, porque a Receita Total (RT) permanece constante com o aumento da Quantidade demandada (Q). Quando se determina a **Receita Marginal**, que corresponde ao acréscimo à receita total pelo fato de ter produzido uma unidade a mais de produto, observamos que é **zero**. Nesse ponto também, notamos que é quando a **Receita Total (RT)** atinge seu valor mais alto (**ponto de máximo**), ou seja, o valor de 262.

Vejamos essa análise por meio do gráfico da Figura 5.10, que mostra o comportamento da receita total em função da quantidade demandada e sua respectiva elasticidade-preço:

Figura 5.10. Relação entre Receita Total (RT), Receita marginal (Rmg) e Elasticidade-
-Preço da Demanda (EPD). Observamos que quando a RT cresce, a Rmg é
positiva e a EPD, em módulo, é maior que 1, ou seja, é elástica. Quando a
RT atinge seu ponto de máximo, a Rmg é zero e a EPD é igual a 1, ou seja,
a elasticidade é unitária. Quando a RT decresce, a Rmg é negativa e a EPD,
em módulo, é menor que 1, ou seja, é inelástica.

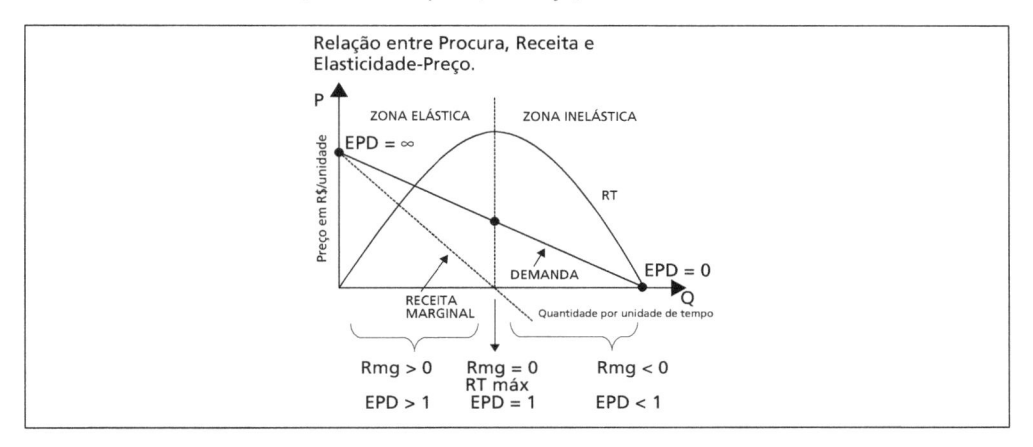

Relação entre Procura, Receita e Elasticidade-Preço.

ZONA ELÁSTICA — ZONA INELÁSTICA
EPD = ∞
RT
DEMANDA
EPD = 0
RECEITA MARGINAL
Quantidade por unidade de tempo

| Rmg > 0 | Rmg = 0 | Rmg < 0 |
| EPD > 1 | RT máx   EPD = 1 | EPD < 1 |

Podemos perceber que quando a **Receita Total**, que está sendo representada pela **parábola** na Figura 5.10, está **crescendo**, a **elasticidade-preço** da demanda é **maior que 1**. Por meio da curva de demanda, que está sendo representada pela linha decrescente cheia do gráfico, é possível ver que a quantidade associada a uma receita total crescente está associada também a uma demanda cuja elasticidade é maior que 1. Observamos que essa mesma quantidade está associada a uma **receita marginal**, representada pela linha decrescente tracejada do gráfico, que, embora decresça à medida que a quantidade aumenta, mantém-se sempre **positiva**.

Podemos perceber também que quando a **receita total** está **decrescendo**, a **elasticidade-preço** da demanda é **menor que 1**. Por meio da curva de demanda é possível ver que a quantidade associada a uma receita total decrescente está associada também a uma demanda cuja elasticidade é menor que 1. Observamos que essa mesma quantidade está associada a uma **receita marginal**, que, além de ser decrescente à medida que a quantidade aumenta, é **negativa**.

Quando a **receita total** atinge seu **ponto de máximo** é justamente quando a **elasticidade-preço da demanda é igual a 1 e a receita marginal é igual a zero**.

Assim, afirma Ferguson: "[...] quando a receita total aumenta, a receita marginal é positiva; quando a receita total cai, a receita marginal é negativa; quando a receita total é constante, a receita marginal é nula. Observe que a receita marginal é zero quando a receita total se encontra em seu ponto de máximo"[11].

Podemos resumir o comportamento da Receita Total (RT), da Receita marginal (Rmg) e da elasticidade-preço da demanda por meio da Tabela 5.3. O sinal positivo (+)

---

[11] C. E. Ferguson, *Microeconomia*, p. 133.

significa que a relação de uma variável com a outra é crescente ou diretamente relacionada. O sinal negativo (–) significa que a relação de uma variável com a outra é decrescente ou inversamente relacionada.

Sabendo que: IP = inversamente proporcional
ID = diretamente proporcional

Tabela 5.3. Quadro comparativo mostrando algumas características da demanda elástica, inelástica e unitária, a sua definição, o valor da elasticidade-preço da demanda, o valor da Receita marginal (Rmg), a relação entre Receita Total (RT) e Preço (P), a relação entre Receita Total (RT) e Quantidade (Q) e o comportamento da Receita Total (RT).

Demanda	Definição	|EPD|	Rmg	RT e P	RT e Q	RT = f(Q)
Elástica	%ΔQ > %ΔP	|EPD| > 1	> 0	(–)	(+)	Crescente
Inelástica	%ΔQ < %ΔP	|EPD| < 1	< 0	(+)	(–)	Decrescente
Elasticidade unitária	%ΔQ = %ΔP	|EPD| = 1	= 0	$RT_{constante}$	$RT_{constante}$	Máxima

5.1.6.4.1. Impacto da mudança de preços na receita total

Vamos representar uma mudança de preço quando a demanda é elástica e quando é inelástica. Percebemos que, quando o aumento do preço ocorre e a demanda é elástica, a receita total diminui e, quando a elevação de preços ocorre e a demanda é inelástica, a receita total aumenta.

Nos gráficos da Figura 5.11 percebemos que, quando a demanda é elástica e o preço sobe de 2 para 3, a quantidade demandada cai de 14 para 6, ou seja, a elevação de preço provoca uma queda na quantidade demandada proporcionalmente maior. Isso faz com que a Receita Total (RT = P · Q) se reduza.

Figura 5.11. Quando a demanda é elástica, uma elevação dos preços provoca uma queda na quantidade demandada proporcionalmente maior, fazendo com que a Receita Total (RT) se reduza.

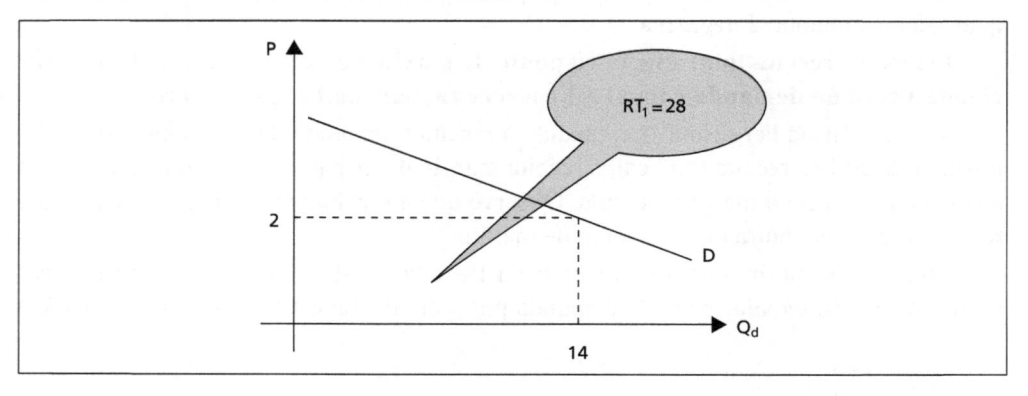

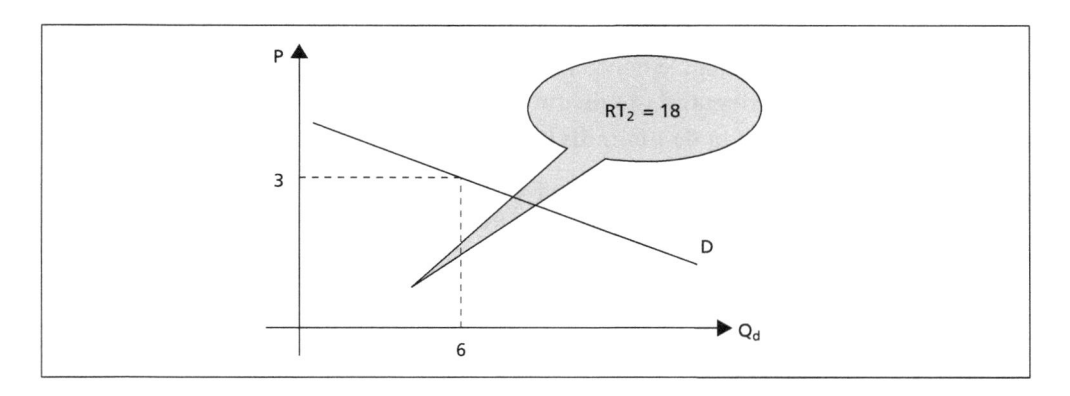

Nos gráficos da Figura 5.12, percebemos que quando a demanda é inelástica e o preço sobe de 2 para 4, a quantidade demandada cai de 4 para 3, ou seja, a elevação de preço provoca uma queda na quantidade demandada proporcionalmente menor. Isso faz com que a Receita Total (RT = P · Q) aumente.

Figura 5.12. Quando a demanda é inelástica, uma elevação dos preços provoca uma queda na quantidade demandada proporcionalmente menor, fazendo com que a Receita Total (RT) aumente.

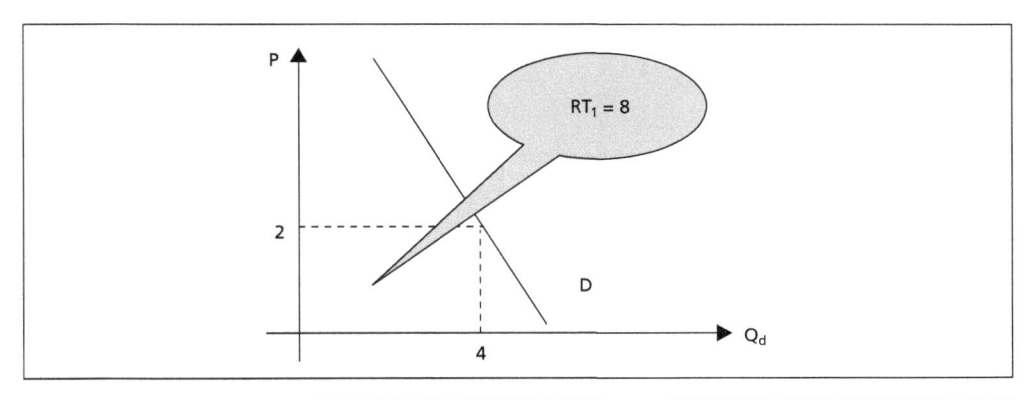

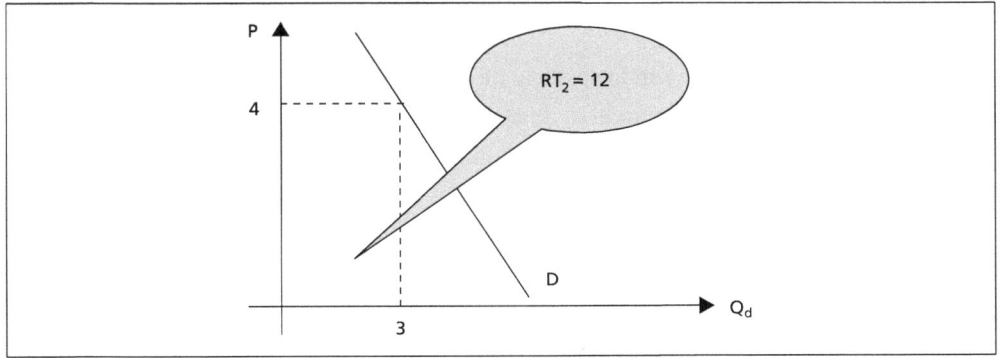

5.2. ELASTICIDADE RENDA DA DEMANDA (ERD)

A Elasticidade Renda da Demanda (ERD) mede o impacto de **uma variação percentual na quantidade demandada de um bem "x" (%ΔQdx)** em relação a **uma variação percentual na renda de um indivíduo (%ΔR)**.

$$ERD = \frac{\text{variação percentual na quantidade demandada de x}}{\text{variação percentual na renda}}$$

ou

$$ERD = \frac{\%\Delta Qdx}{\%\Delta R}$$

Quando ocorre uma variação percentual da renda, pode gerar uma variação percentual da quantidade demandada, ou seja, um aumento percentual do primeiro acarreta um aumento percentual ou uma diminuição percentual do segundo; bem como uma diminuição percentual do primeiro acarreta um aumento ou diminuição percentual do segundo. Portanto, a elasticidade renda da demanda poderá ser uma **relação positiva ou negativa**, o que torna a análise do sinal muito importante. Quando for positiva e maior que um (1), dizemos que o bem é **superior**. Quando for positiva e menor ou igual a um (1), dizemos que o bem é **normal**. Quando for negativa, dizemos que o bem é **inferior**. No caso de a elasticidade renda da demanda ser zero, dizemos que se trata de um **bem saciado ou saturado**.

Portanto:

ERD > 1	→ Bem superior
0 < ERD ≤ 1	→ Bem normal
ERD < 0	→ Bem inferior
ERD = 0	→ Bem saciado ou saturado

Vamos supor essas quatro situações. É possível verificar quando a elasticidade renda da demanda assume um valor negativo, um valor entre zero (exclusive) e um (inclusive), um valor maior que um e um valor igual a zero. Vejamos a seguir:

1.º caso: supondo que a renda se eleve de 1.000 para 1.500 e que isso acarrete uma diminuição da quantidade demandada de 80 para 72.

A variação percentual da quantidade demandada será:

$\%\Delta Qd = \Delta Qd / Qd$

Ou seja:

$$\%\Delta Qd = \frac{72 - 80}{80} = \frac{-8}{80} = -0,1 = -10\% = -10\%$$

A variação percentual da renda será:

$\%\Delta R = \Delta R / R$

Ou seja:

$$\%\Delta R = \frac{1500 - 1000}{1000} = \frac{500}{1000} = 0{,}5 = 50\% = 50\%$$

Logo, a elasticidade renda da demanda será:

$$ERD = \frac{\%\Delta Qd}{\%\Delta R}$$

ERD = –10% / 50%

ERD = –1/5 = –0,2

Significa que uma **variação percentual da renda vai acarretar uma variação percentual na quantidade demandada em sentido oposto**. Quando isso ocorre, independente da intensidade, diz-se que o bem em questão é um **bem inferior**.

2.º caso: supondo que a renda se eleve de 1.000 para 1.500 e que isso acarrete um aumento da quantidade demandada de 80 para 112.

A variação percentual da quantidade demandada será:

%ΔQd = ΔQd / Qd

Ou seja:

$$\%\Delta Qd = \frac{112 - 80}{80} = \frac{32}{80} = 0{,}4 = 40\%$$

A variação percentual da renda será:

%ΔR = ΔR / R

Ou seja:

$$\%\Delta R = \frac{1.500 - 1.000}{1.000} = \frac{500}{1.000} = 0{,}5 = 50\%$$

Logo, a elasticidade renda da demanda será:

$$ERD = \frac{\%\Delta Qd}{\%\Delta R}$$

EPD = 40% / 50%

EPD = 0,8

Significa que **uma variação percentual da renda vai acarretar uma variação percentual na quantidade demandada entre 0% e 100% desse aumento da renda**, ou seja a elasticidade renda da demanda vai oscilar entre zero (exclusive) e um (inclusive). Quando isso ocorre, diz-se que o bem em questão é um **bem normal**.

3.º caso: supondo que a renda se eleve de 1.000 para 1.500 e que isso acarrete um aumento da quantidade demandada de 80 para 160.

A variação percentual da quantidade demandada será:

%ΔQd = ΔQd / Qd

Ou seja:

$$\%\Delta Qd = \frac{160 - 80}{80} = \frac{80}{80} = 1 = 100\%$$

A variação percentual da renda será:

$\%\Delta R = \Delta R / R$

Ou seja:

$$\%\Delta R = \frac{1.500 - 1.000}{1.000} = \frac{500}{1.000} = 0,5 = 50\%$$

Logo, a elasticidade renda da demanda será:

$$ERD = \frac{\%\Delta Qd}{\%\Delta R}$$

ERD = 100% / 50%

ERD = 2

Significa que **uma variação percentual da renda vai acarretar uma variação percentual maior na quantidade demandada**, ou seja, a ERD vai ser maior que 1. Quando isso ocorre, diz-se que o bem em questão é um **bem superior**.

4.º caso: supondo que a renda se eleve de 1.000 para 1.500 e que isso não acarrete um aumento da quantidade demandada, ou seja, a quantidade demandada permanecerá igual a 80.

A variação percentual da quantidade demandada será:

$\%\Delta Qd = \Delta Qd / Qd$

Ou seja:

$$\%\Delta Qd = \frac{0}{80} = 0 = 0\%$$

A variação percentual da renda será:

$\%\Delta R = \Delta R / R$

Ou seja:

$$\%\Delta R = \frac{1.500 - 1.000}{1.000} = \frac{500}{1.000} = 0,5 = 50\%$$

Logo, a elasticidade renda da demanda será:

$$ERD = \frac{\%\Delta Qd}{\%\Delta R}$$

ERD = 0% / 50%

ERD = 0

Significa que quando **uma variação percentual da renda não acarretar uma variação percentual na quantidade demandada**, ou seja, a ERD for igual a zero, trata-se de um **bem saciado ou saturado**.

Observe a Tabela 5.4 com o resumo dos quatro casos descritos:

Tabela 5.4. Elasticidade renda da demanda para bens inferior, normal, superior e saciado.

	Qdx	R	ERD	Classificação
1.º caso	80	1.000		
	72	1.500	–1,5 = –0,2 = –20%	Bem inferior (ERD < 0)
2.º caso	80	1.000		
	112	1.500	4/5 = 0,8 = 80%	Bem normal (0 < ERD ≤ 1)
3.º caso	80	1.000		
	160	1.500	2 = 200%	Bem superior (ERD > 1)
4.º caso	80	1.000		
	80	1.500	0 = 0%	Bem sacado (ERD = 0)

Devemos observar que um bem pode ser **normal até determinado nível de renda** e depois tornar-se **inferior, a partir de um nível de renda maior**. Pensemos, por exemplo, que uma família com determinada renda consuma carne de segunda, porém em quantidade insuficiente. Se sua renda aumentar, provavelmente, consumirá mais desse tipo de carne, tendo em vista que o nível de renda que possui não é suficiente para consumir carne de primeira. Nessa situação, a carne de segunda seria um bem normal já que o aumento da renda provocou o aumento do seu consumo. Contudo, se sua renda aumentar ainda mais, a família poderá então substituir essa carne de segunda por uma carne de primeira. Nessa situação, a carne de segunda torna-se um bem inferior, já que o aumento da renda provocou a redução do consumo de carne de segunda.

5.2.1. Cálculo da elasticidade renda da demanda

Existem várias maneiras de determinar a Elasticidade Renda da Demanda (ERD). A seguir falaremos de algumas.

a) Quando forem dadas variações das quantidades demandadas e variações na renda em valores percentuais.

Calculamos a ERD, fazendo a razão entre elas.

$$ERD = \%\Delta Qd\ /\ \%\Delta R$$

Vejamos o exemplo a seguir:
Dados: $\%\Delta Qd = 10\%$ e $\%\Delta R = 20\%$
Então: $ERD = 10\%\ /\ 20\%$
        $ERD = 0,5$
Como a **$0 < ERD \geq 1$**, trata-se de um **bem normal**.

b) **Quando os dados são fornecidos por meio de uma tabela e se especifica o ponto onde se deseja determinar a ERD.**

Renda	Quantidade demandada
20	80
50	20

ERD = %ΔQ / %ΔR
ERD = (ΔQ / Q) / (ΔR / R)
ERD = (ΔQ / ΔR) · (R / Q)

Quando a **Renda é de 20**, tem-se:
ERD = (–60/30) · (20/80)
ERD = –1/2 (como a ERD < 0, trata-se de bem inferior).

Quando a **Renda é de 50**, tem-se:
ERD = (60/–30) · (50/20) = –5 (como a ERD < 0, trata-se de bem inferior).

c) **Quando é fornecida uma tabela sem o nível de renda que se deseja calcular a elasticidade, determina-se a elasticidade no arco (renda média).**

Renda	Quantidade demandada
20	80
50	20

ERD = %ΔQ / % ΔR
ERD = [ΔQ / $(Q_1 + Q_2)$ / 2] / [ΔR / $(R_1 + R_2)$ / 2]
ERD = [(ΔQ / ΔR)] · [(($R_1 + R_2$) / 2) / (($Q_1 + Q_2$) / 2)]
ERD = (–60/30) · [((20 + 50) / 2)) / ((80 + 20) / 2)]
ERD = –2 · (35 / 50)
ERD = –1,4 (como ERD < 0, trata-se de um bem inferior)

d) **Quando é dada a função de Engel**

Para determinarmos a elasticidade renda da demanda quando é fornecida a função de Engel, que associa a Renda (R) com a Quantidade demandada (Qd) de um bem (Qd = a + bR, em que a e b são constantes), devemos derivar a função no ponto que se deseja:

> ERD = (dQd / dR) · (R/Qd)

5.2.2. Comportamento da curva de demanda quando ocorre uma alteração no nível de renda

Vamos analisar como ocorre o deslocamento da curva de demanda quando há um aumento da renda e o bem em questão é um bem normal, superior ou inferior.

a) Se o bem for normal ou superior

Quando o bem é normal ou superior, havendo um **aumento da renda**, desloca a curva de demanda para a **direita ou para cima**. Vejamos os gráficos da Figura 5.13. Observamos que, embora em ambos os casos a curva se desloque para a direita ou para cima, o deslocamento é maior quando se trata de um bem superior.

Figura 5.13. Quando há um aumento da renda e o bem for normal ou superior, a curva de demanda se desloca para cima ou para a direita. Podemos perceber que o deslocamento é maior quando se trata de um bem superior.

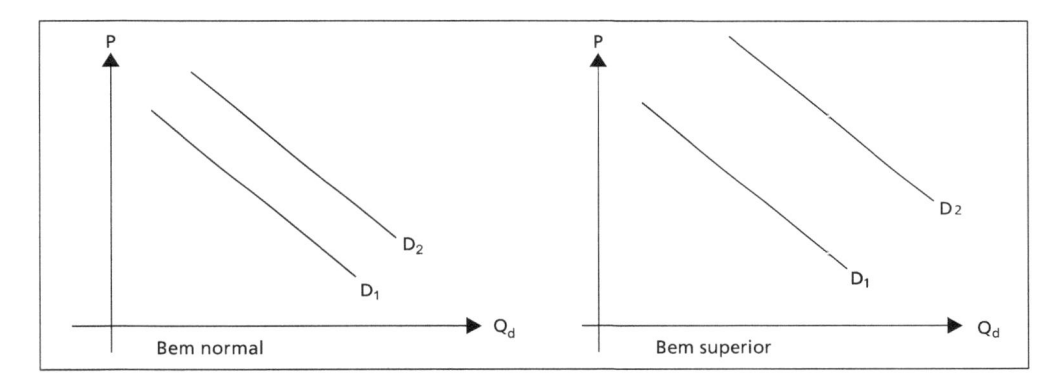

Quando o bem é normal ou superior, havendo uma **redução da renda**, desloca a curva de demanda para **baixo ou para a esquerda**, conforme mostram os gráficos da Figura 5.14. Observamos que quando se trata de um bem superior, o deslocamento é maior.

Figura 5.14. Quando há uma redução da renda e o bem for normal ou superior, a curva de demanda se desloca para baixo ou para a esquerda. Podemos perceber que o deslocamento é maior quando se trata de um bem superior.

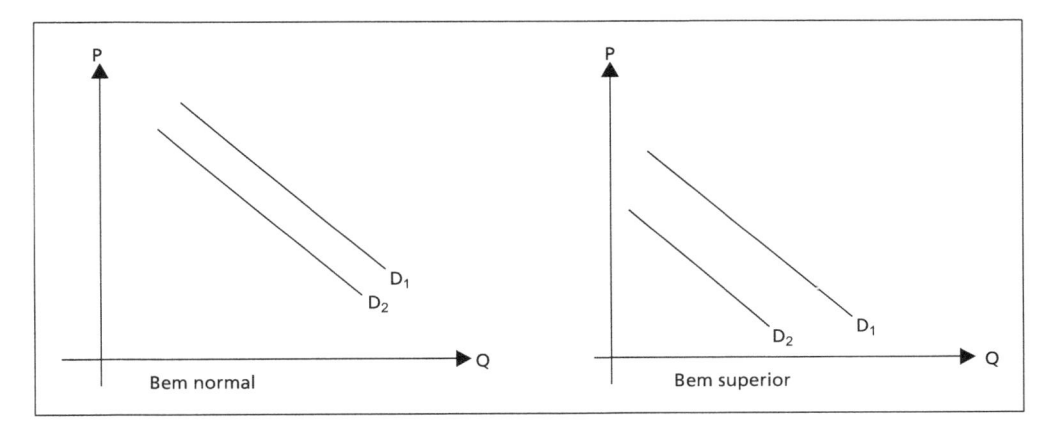

b) Se o bem for inferior

Quando o bem é inferior, havendo um **aumento da renda**, desloca a curva de demanda para a **esquerda ou para baixo**. Vejamos o gráfico da Figura 5.15.

Figura 5.15. Quando há um aumento da renda e o bem for inferior, a curva de demanda se desloca para baixo ou para a esquerda.

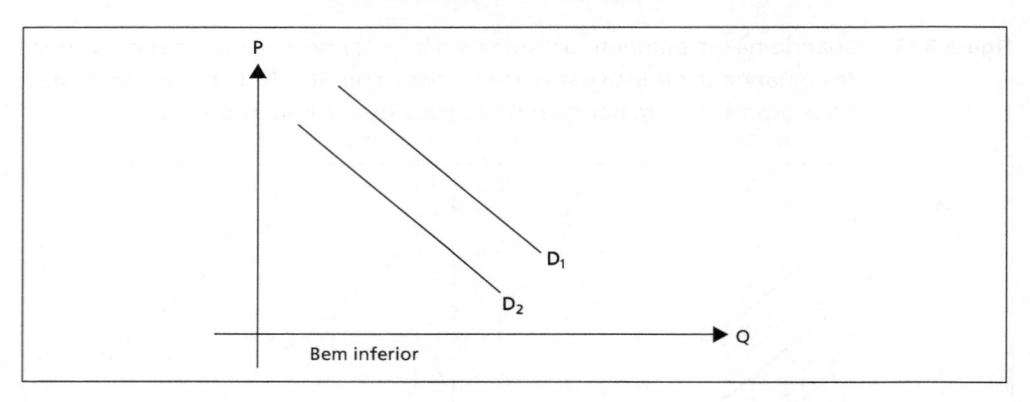

[Gráfico: eixo P (vertical) e Q (horizontal); duas curvas descendentes, D_1 à direita e D_2 à esquerda; rótulo "Bem inferior".]

Quando o bem é inferior, havendo uma **diminuição de renda**, a demanda se desloca para a direita ou para cima. Vejamos a Figura 5.16.

Figura 5.16. Quando há uma redução da renda e o bem for inferior, a curva de demanda se desloca para cima ou para a direita.

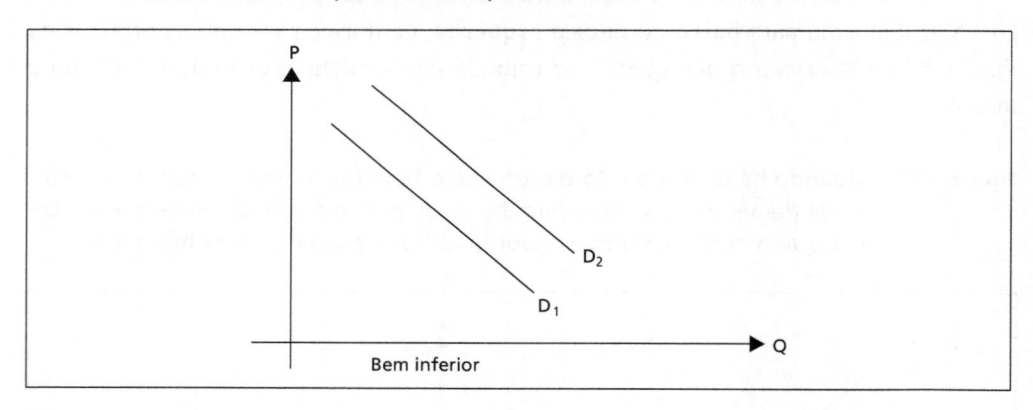

[Gráfico: eixo P (vertical) e Q (horizontal); duas curvas descendentes, D_1 à esquerda e D_2 à direita; rótulo "Bem inferior".]

5.2.3. AGREGAÇÃO DE ENGEL

A Agregação de Engel afirma que as elasticidades renda da demanda por diversos bens somadas darão, como resultado, a unidade quando forem ponderadas pela fração da renda gasta em cada um dos bens.

Pensemos no consumo de dois bens, denominados "A" e "B". A fração da renda destinada ao consumo de cada um desses bens será igual a "$P_A.Q_A/R$" e "$P_B.Q_B/R$", onde, P_A é o preço do bem A, Q_A é a quantidade do bem A, P_B é o preço do bem B, Q_B é a quantidade do bem B e R é a renda.

Multiplicando essas frações por suas respectivas Elasticidade Renda da Demanda (ERD) e, depois, somando-as, o resultado é a unidade. Vejamos:

$$ERD_A \cdot \frac{P_A \cdot Q_A}{R} + ERD_B \cdot \frac{P_B \cdot Q_B}{R} = 1$$

Assim, se a fração da renda destinada ao bem A aumentar mais que proporcionalmente à renda, então, a fração da renda destinada ao bem B, vai aumentar menos proporcionalmente à renda, ou seja, se $ERD_A > 1$, então $ERD_B < 1$. Logo, se um dos bens é superior, o outro terá que ser normal.

Também se o bem A tiver $ERD_A < 0$, então a $ERD_B > 0$, ou seja, se um dos bens for inferior, o outro será normal. Ou seja, se, numa cesta, há dois bens (A,B), se houver um aumento na renda e isso levar a uma redução no consumo de A, então, levará ao aumento no consumo de B.

Já se a $ERD_A = 1$, então $ERD_B = 1$, mostrando que o aumento no consumo dos dois bens será proporcional ao aumento da renda.

Vejamos a tabela resumo a seguir:

AGREGAÇÃO DE ENGEL	
BEM A	**BEM B**
Se: ERD = 1	Então: ERD = 1
Se: ERD > 1	Então: ERD < 1
Se: ERD < 0	Então: ERD > 0

5.3. ELASTICIDADE CRUZADA DA DEMANDA (ECD)

A Elasticidade Cruzada da Demanda (ECD) mede o impacto de uma **variação percentual na quantidade demandada de um bem X (%ΔQdx)** em relação à **variação percentual no preço de um bem Y (%ΔPy)**.

$$ECD = \frac{\text{variação percentual na quantidade demandada de x}}{\text{variação percentual no preço de y}}$$

ou

$$ECD = \frac{\%\Delta Qdx}{\%\Delta Py}$$

Quando ocorre uma variação percentual do preço de Y, pode gerar uma variação percentual da quantidade demandada de X, ou seja, um aumento percentual do primeiro pode acarretar um aumento ou uma diminuição percentual do segundo; bem como uma diminuição percentual do primeiro pode acarretar um aumento ou diminuição percentual do segundo. Portanto, a elasticidade cruzada da demanda poderá ser **positiva ou negativa**, o que torna a análise do sinal muito importante. Quando a elasticidade cruzada da demanda for positiva, dizemos que os bens são **substitutos** entre si. Quando a elasticidade cruzada da demanda for negativa, dizemos que os bens são **complementares** entre si. Se os bens não apresentarem **nenhuma relação** entre si, então a **elasticidade cruzada da demanda será zero**.

Vejamos um exemplo:

Se o preço de "y" (Py) sobe de 100 para 120, levando a um aumento da quantidade demandada de "x", de 10 para 15, então, diz-se que "y" e "x" são bens substitutos e apresentam uma elasticidade cruzada da demanda positiva.

Isso porque, quando o preço de y sobe, sua quantidade demandada cai, conforme afirma a lei da demanda. Caso isso provoque uma elevação da quantidade demandada de "x", dizemos que os bens "x" e "y" são bens substitutos. Podemos observar isso, acompanhando o sentido das setinhas das variáveis a seguir:

Py↑ Qdy↓ Qdx↑ → **bens substitutos**.

Podemos ver que o sentido da setinha do Py e da Qdx é igual, ou seja, a **relação é positiva**. Portanto, quando a ECD for positiva, os bens relacionados são **substitutos**.

Analisemos outro exemplo:

Se o preço de "y" (Py) sobe de 100 para 120, levando a uma redução da quantidade demandada de "x", de 100 para 80, então, diz-se que "y" e "x" são bens complementares e apresentam uma elasticidade cruzada da demanda negativa.

Isso porque, quando o preço de "y" sobe, sua quantidade demandada cai, conforme afirma a lei da demanda. Caso isso provoque uma redução da quantidade demandada de "x", dizemos que os bens "x" e "y" são bens complementares. Podemos observar isso acompanhando o sentido das setinhas das variáveis abaixo:

Py↑ Qdy↓ Qdx↓ → **bens complementares**.

Podemos ver que o sentido da setinha do Py e da Qdx é oposto, ou seja, a **relação é negativa**. Portanto, quando a ECD for negativa, os bens relacionados são **complementares**.

Calculando a elasticidade cruzada da demanda nos dois exemplos acima, temos os resultados apresentados na Tabela 5.5.

Assim, quando o preço de um bem "y" sobe de 100 para 120 acarretando uma elevação da quantidade demandada de um bem x de 10 para 15, a elasticidade cruzada da demanda será:

$ECD = \%\Delta Qdx / \%\Delta Py$

$ECD = \dfrac{(15 - 10) / 10}{(120 - 100) / 100} = \dfrac{0,5}{0,2} = 2,5$

Como a elasticidade cruzada da demanda é **positiva** (ECD > 0), os bens x e y são **substitutos** entre si.

Quando o preço de um bem Y sobe de 100 para 120 acarretando uma queda da quantidade demandada de um bem X de 100 para 80, a elasticidade cruzada da demanda será:

$ECD = \%\Delta Qdx / \%\Delta Py$

$ECD = \dfrac{(80 - 100) / 100}{(120 - 100) / 100} = \dfrac{-0,2}{0,2} = -1$

Como a elasticidade cruzada da demanda é negativa (ECD < 0), os bens x e y são **complementares** entre si.

Vejamos a Tabela 5.5.

Tabela 5.5. Elasticidade de um bem substituto na demanda e complementar na demanda. Observamos que quando os bens são substitutos entre si, a elasticidade cruzada da demanda é positiva. Quando a elasticidade cruzada da demanda é negativa, os bens são complementares entre si.

Py	Qdx
100	10
120	15
ECD = 2,5	
Bem substituto (ECD > 0)	

Py	Qdx
100	100
120	80
ECD = –1	
Bem complementar (ECD < 0)	

5.3.1. Cálculo da elasticidade cruzada da demanda

Para calcularmos a Elasticidade Cruzada da Demanda (ECD), podemos nos deparar com os seguintes casos:

1.º caso: quando é fornecida a variação percentual da quantidade demandada de um determinado bem e a variação percentual do preço de outro bem. Com essas informações, fazemos a relação entre elas, conforme mostra a fórmula abaixo:

$$ECD\ xy = \%\Delta Qx\ /\ \%\Delta Py$$

2.º caso: quando é fornecida uma tabela especificando a alteração do preço de um bem e a alteração da quantidade demandada de outro bem. Calculamos a variação da quantidade demandada do bem x em relação ao ponto escolhido e dividimos pela variação do preço de y em relação ao preço correspondente escolhido.

$$ECD = (\Delta Qdx\ /\ Qdx)\ /\ (\Delta Py/\ Py)\ \text{ou:}$$
$$ECD = (\Delta Qx\ /\ \Delta Py) \cdot (Py\ /\ Qx)$$

5.4. ELASTICIDADE DA DEMANDA NUMA FUNÇÃO DO TIPO COBB-DOUGLAS

Caso a função demanda seja apresentada no formato de uma função de Cobb-Douglas[12], como a seguir:

$$Qdx = K \cdot Px^a\ Py^b\ R^c$$

---

[12] A **Função de Cobb-Douglas** é usada extensamente na economia para representar o relacionamento de uma determinada saída e às diversas entradas (*input* × *output*). Foi proposto inicialmente por Knut Wicksell, matemático-estatístico inglês e testado ao encontro da evidência estatística de construção naval por Paul Douglas e por Charles Cobb, construtores navais, finalmente em 1928 foi publicado um livro didático sobre o desenvolvimento matemático da produção de forma geral, após a construção em um Pool de estaleiros navais dos navios Titanic e Louziânia, estaleiros esses reunidos na Inglaterra (Disponível em: http://pt.wikipedia.org/wiki/Fun%C3%A7%C3%A3o_de_ Cobb-Douglas. Acesso em: 22 mar. 2015).

Dizemos que a Quantidade demandada de um bem "x" (Qdx) é função do preço de "x" (Px), do preço de "y" (Py) e da Renda do consumidor (R). "K" representa uma constante qualquer.

Por meio dessa função, é possível determinar a Elasticidade-Preço da Demanda (EPD), Elasticidade Cruzada da Demanda (ECD) e a Elasticidade-Renda da Demanda (ERD). Basta, para isso, que se analisem os expoentes de cada uma das variáveis consideradas. Assim, temos:

EPD = |a|
ECD = b
ERD = c

Vejamos o seguinte exemplo a seguir:

$$Qdx = 5\ px^{-2}\ py^3\ R^2$$

Logo:
EPD = |–2| → a demanda é elástica, já que EPD > 1, em módulo.
ECD = 3 → o bem "x" é substituto de "y", já que ECD > 0.
ERD = 2 → trata-se de um bem superior, já que ERD > 1.

5.5. ELASTICIDADE-PREÇO DA OFERTA (EPO)

A elasticidade-preço da oferta mede a variação percentual na quantidade ofertada de um bem "x" em decorrência de uma variação percentual no seu preço.

$$EPO = \frac{\text{variação percentual na quantidade ofertada de um bem "x"}}{\text{variação percentual do preço de um bem "x"}}$$

Ou:

$$EPO = \%\Delta Qo\ /\ \Delta P$$

Em que:
%ΔQo = ΔQo / Qo
%ΔP = ΔP / P

Quando ocorre uma variação percentual do preço, isso pode gerar uma variação percentual da quantidade ofertada no mesmo sentido, ou seja, um aumento do primeiro acarreta um aumento do segundo; bem como uma diminuição do primeiro acarreta uma diminuição do segundo. Portanto, a elasticidade-preço da oferta será uma **relação sempre positiva**.

Dizemos que quando essa relação é igual a unidade, a **elasticidade da oferta é unitária**. Quando essa relação é maior que 1, a **oferta é elástica**, e quando essa relação é menor que 1, a **oferta é inelástica**.

Supondo três casos diversos, é possível determinar a elasticidade-preço da oferta e definir se se trata de uma oferta unitária, elástica ou inelástica.

1.º caso: supondo que o preço se eleve de 20 para 22 e que isso acarrete um aumento da quantidade ofertada de 100 para 110.

A variação percentual da quantidade ofertada será:

%ΔQo = ΔQo / Q

Ou seja:

$$\%\Delta Qo = \frac{110 - 100}{100} = \frac{10}{100} = 0{,}1 = 10\%$$

A variação percentual dos preços será:

%ΔP = ΔP / P

Ou seja:

$$\%\Delta P = \frac{22 - 20}{20} = \frac{2}{20} = 0{,}1 = 10\%$$

Logo, a elasticidade-preço da oferta será:

$$EPO = \frac{\%\Delta Qo}{\%\Delta P}$$

EPO = 10% / 10%

EPO = 1

Portanto, a **elasticidade-preço da oferta é unitária**. Isso significa que uma variação percentual dos preços vai acarretar igual variação percentual na quantidade ofertada.

2.º caso: supondo que o preço se eleve de 20 para 24 e que isso acarrete um aumento da quantidade ofertada de 40 para 80.

A variação percentual da quantidade ofertada será:

%ΔQo = ΔQo / Qo

Ou seja:

$$\%\Delta Qo = \frac{80 - 40}{40} = \frac{40}{40} = 1 = 100\%$$

A variação percentual dos preços será:

%ΔP = ΔP / P

Ou seja:

$$\%\Delta P = \frac{24 - 20}{20} = \frac{4}{20} = 0{,}2 = 20\%$$

Logo, a elasticidade-preço da oferta será:

$$EPO = \frac{\%\Delta Qo}{\%\Delta P}$$

EPD = 100% / 20%

EPD = 5

Portanto, a **oferta é elástica**. Isso significa que uma variação percentual dos preços vai acarretar uma variação percentual na quantidade ofertada maior. Nesse exemplo, essa variação percentual na quantidade será cinco vezes maior que a variação percentual do preço.

3.º caso: supondo que o preço se eleve de 20 para 24 e que isso acarrete um aumento da quantidade ofertada 100 para 110.

A variação percentual da quantidade ofertada será:

$\%\Delta Qo = \Delta Qo / Qo$

Ou seja:

$\%\Delta Qo = \dfrac{110 - 100}{100} = \dfrac{10}{100} = 0,1 = 10\%$

A variação percentual dos preços será:

$\%\Delta P = \Delta P / P$

Ou seja:

$\%\Delta P = \dfrac{24 - 20}{20} = \dfrac{4}{20} = 0,2 = 20\%$

Logo, a elasticidade-preço da oferta será:

$EPO = \dfrac{\%\Delta Qo}{\%\Delta P}$

$EPO = 10\% / 20\%$

$EPO = 0,5$

Portanto, a **oferta é inelástica**. Isso significa que uma variação percentual dos preços vai acarretar uma variação percentual na quantidade ofertada menor. Nesse exemplo, essa variação percentual na quantidade será a metade (0,5) da variação percentual do preço.

Segue a Tabela 5.6 com o resumo dos três casos descritos.

Tabela 5.6. Casos em que a oferta é unitária, elástica e inelástica. Quando a elasticidade é 1, a elasticidade-preço da oferta é unitária; quando a elasticidade-preço da oferta é maior que 1, a oferta é elástica; e quando a elasticidade-preço da oferta é menor que 1, a oferta é inelástica.

	Qo (x)	P (x)	EPO	Classificação
1.º caso	100	20		
	110	22	1	Unitária
2.º caso	40	20		
	80	24	> 1	Elástica
3.º caso	100	20		
	110	24	< 1	Inelástica

5.5.1. Casos particulares da elasticidade-preço da oferta

a) Oferta perfeitamente elástica

A oferta será perfeitamente elástica quando a Elasticidade-Preço da Oferta (EPO) tender ao **infinito**. Vamos supor que haja uma variação percentual no preço no valor de

%X e que isso acarrete uma variação percentual infinita na quantidade. Logo, a EPO tenderá ao infinito também. Vejamos a seguir:

$EPO = \dfrac{\%\Delta Qo}{\%\Delta P}$

$EPO = \infty \,/\, X\%$

$EPO = \infty$ (perfeitamente elástica ou infinitamente elástica)

Portanto, a **oferta é perfeitamente (ou infinitamente) elástica**. Isso significa que uma variação percentual dos preços vai acarretar uma variação percentual infinita na quantidade ofertada.

A representação gráfica de uma função oferta perfeitamente elástica é dada por uma reta horizontal. Vejamos na Figura 5.17.

Figura 5.17. Curva de oferta totalmente elástica. Ela é representada por uma reta horizontal.

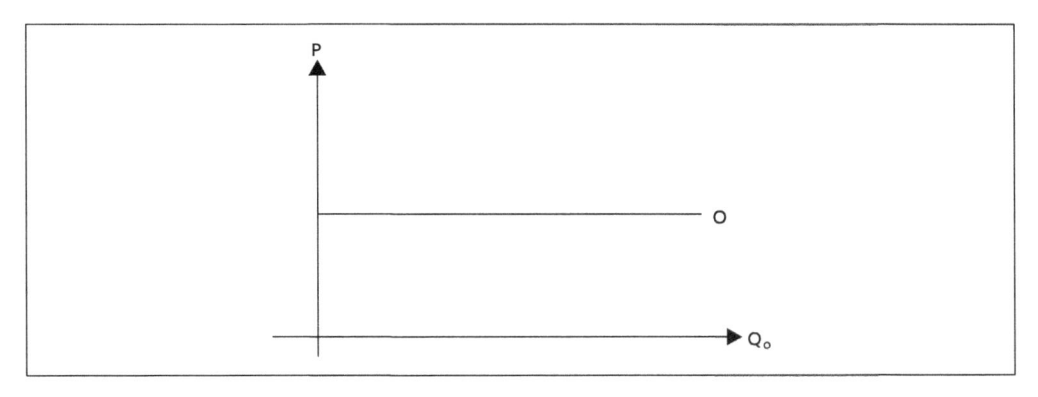

b) **Oferta perfeitamente inelástica**

A oferta será totalmente inelástica quando a Elasticidade-Preço da Oferta (EPO) tender a zero. Vamos supor que haja uma variação percentual no preço ($\%\Delta P$) no valor de %X e que isso não acarrete uma variação percentual na quantidade ofertada ($\%\Delta Qo$). Logo, a EPO será igual a zero. Vejamos a seguir:

$EPO = \dfrac{\%\Delta Qo}{\%\Delta P}$

$EPO = 0 \,/\, X\%$

$EPO = 0$

Portanto, a **oferta é perfeitamente (ou infinitamente) inelástica**. Isso significa que uma variação percentual dos preços não vai acarretar nenhuma variação percentual na quantidade ofertada.

A representação gráfica de uma função oferta perfeitamente inelástica é feita por uma reta vertical. Vejamos na Figura 5.18.

Figura 5.18. Curva de oferta totalmente inelástica sendo representada por uma reta vertical.

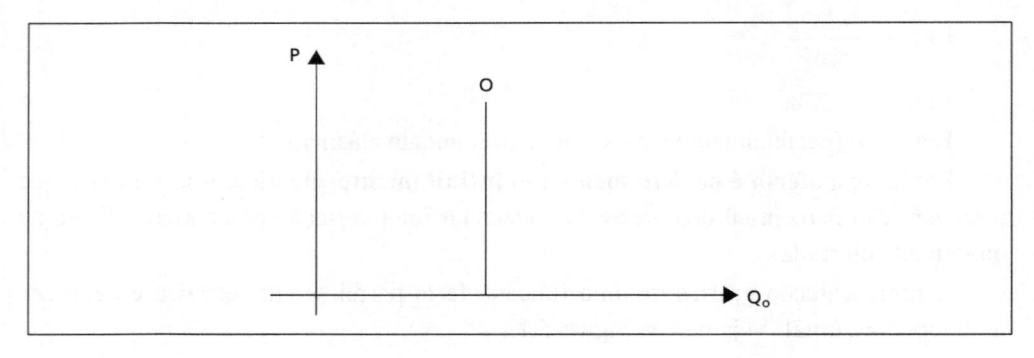

5.5.2. Cálculo da elasticidade-preço da oferta

Podemos calcular a elasticidade-preço da oferta da seguinte maneira:

1. Quando forem dadas a variação da quantidade ofertada e a variação de preço em valores percentuais.

EPO = %ΔQo / %ΔP

Vejamos um exemplo:

Dados: %ΔQo = 10% e %ΔP = 20%

Então: EPO = 10% / 20%

Ou: EPO = 1/2

2. Quando os dados são tabelados e se especifica o ponto onde se deseja determinar a EPO.

Suponhamos que seja dada a tabela abaixo:

Preço	Quantidade ofertada
20	80
50	100

EPO = %ΔQo / %ΔP ou:

EPO = (ΔQo / Qo) / (ΔP / P) ou:

EPO = (ΔQo / ΔP) · (P / Qo)

Escolhendo o preço de 20, temos:

EPO = (20/30) · (20/80)

EPO = 2/3 · 1/4

EPO = 1/6

Logo, quando o preço for igual a 20, a oferta é inelástica, já que EPO < 1.

Vejamos ao preço de 50:
EPO = (–20/–30) · (50/100)
EPO = 2/3 · 1/2
EPO = 1/3

Logo, quando o preço for igual a 50, a oferta é inelástica, já que EPO < 1. Percebemos que, quando varia o preço, a elasticidade também varia, ou seja, a **elasticidade não é constante** ao longo da curva de oferta.

Porém, há uma exceção quando a curva de oferta linear **corta a origem dos eixos**. Nessa situação, a elasticidade-preço da oferta é **constante e igual a unidade**. Esse assunto poderá ser visto no item 5.5.3.

3. **Quando é fornecida uma tabela e não se especifica o nível de preço que se deseja saber a elasticidade, determina-se a elasticidade no arco (preço médio).**

Quando não se especifica qual a elasticidade a ser calculada, determinamos no ponto médio dos dois pontos dados. Assim, a elasticidade será calculada no arco formado por esses dois pontos. Vejamos a Figura 5.19.

Figura 5.19. Determinação da elasticidade entre dois pontos: elasticidade no arco.

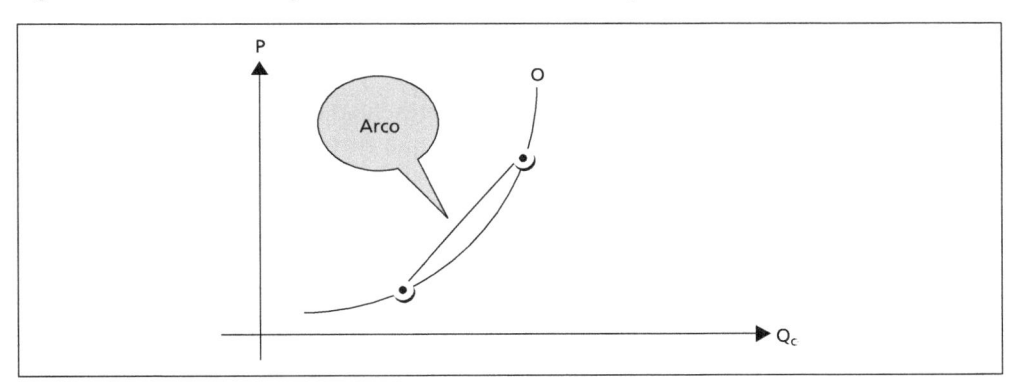

Supondo a mesma tabela do item anterior:

Preço	Quantidade ofertada
20	80
50	100

Não sendo informado qual o ponto (p = 20 ou p = 50) que se deseja determinar a elasticidade-preço da oferta, deve-se calcular pelo ponto médio. Vejamos a seguir:

EPO = %ΔQo / %ΔP
EPO = [ΔQo / **(Qo$_1$ + Qo$_2$) / 2**] / [ΔP / **(P$_1$ +P$_2$) / 2**]
EPO = [(ΔQo / ΔP)] · [((**P$_1$ + P$_2$**) / 2) / ((**Qo$_1$ + Qo$_2$**) / 2)]
EPO = (20/30) · [((20 + 50) / 2) / ((80 + 100) / 2)]
EPO = (2/3) · (35/90)
EPO = 70/270
EPO = 7/27

Portanto, como a elasticidade no arco é menor que a unidade, a oferta é inelástica.

4. Quando é fornecida a função oferta linear.

Quando é dada a função oferta linear, determina-se a elasticidade-preço da oferta, derivando a função no ponto que se deseja:

EPO = (dQo / dP) · (P/Qo)

Vejamos o exemplo a seguir:

Dada a função oferta:

$$Qo = -30 + 5p$$

No ponto onde o preço é igual a 10 (p = 10), a Quantidade ofertada será igual a 20 (Qo = 20). Derivando a função oferta (dQo/dP), chega-se ao valor de 5. Portanto, a elasticidade-preço da oferta será:

EPO = (dQo / dP) · (P/Qo)

EPO = 5 · (10/20)

EPO = 5/2

EPO = 2,5

Portanto, trata-se, nesse exemplo, de uma oferta elástica, já que EPO > 1.

5.5.3. Elasticidade na função oferta linear

Se a função oferta for linear, ou seja, for representada por uma reta, apresentará elasticidade-preço da oferta **maior que 1** sempre que cortar o eixo das ordenadas (p) **acima da origem**. Apresentará elasticidade-preço da oferta **menor que 1** sempre que cortar o eixo das ordenadas (p) **abaixo da origem**. Apresentará elasticidade preço da oferta **constante e igual a 1**, sempre que cortar na **origem dos eixos**. Vamos observar a Figura 5.20.

Figura 5.20. Elasticidade da curva de oferta linear. Quando a reta corta a ordenada num ponto acima da origem dos eixos, a elasticidade-preço da oferta é maior que a unidade. Se cortar na origem dos eixos, a elasticidade-preço da oferta é igual a unidade e se cortar abaixo da origem dos eixos, a elasticidade é menor que a unidade.

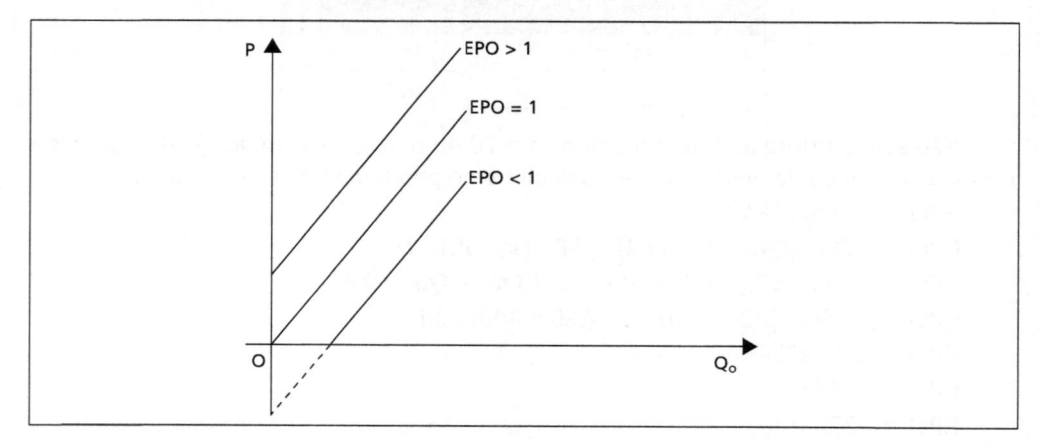

5 ▪ Elasticidade

Percebemos que, quando:

> **EPO > 1**, a função oferta corta a ordenada num ponto acima de zero, dizemos que a oferta é elástica.
> **EPO = 1**, a função oferta corta a ordenada na origem dos eixos, dizemos que a elasticidade da oferta é unitária.
> **EPO < 1**, a função oferta corta a ordenada abaixo da origem dos eixos, dizemos que a oferta é inelástica.

Devemos observar que quando se afirma que a EPO > 1 **não significa que seja constante ao longo de toda a curva de oferta**. Afirma-se apenas que será elástica ao longo de toda a função oferta. Assim, a elasticidade ao longo da função oferta pode ser 2 para determinado preço, 3 para outro preço, 4 para um terceiro preço e assim por diante. O importante que deve ser entendido é que sempre será maior que a unidade. Isso pode ser visto na Figura 5.21.

Figura 5.21. Quando a curva de oferta linear corta o eixo das ordenadas acima da origem, a elasticidade-preço da oferta é sempre maior que a unidade, porém, não é constante.

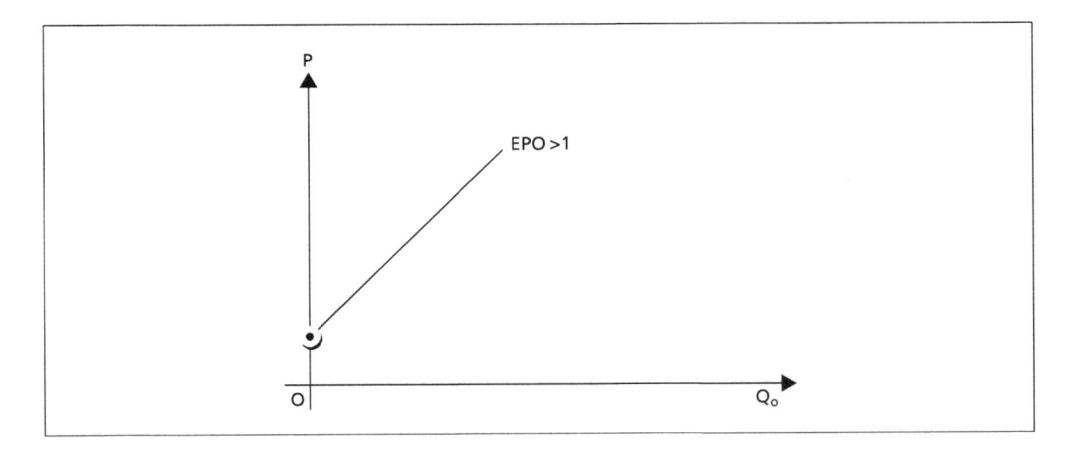

Quando se afirma que a EPO < 1 **não significa que seja constante ao longo de toda a curva de oferta**. Afirma-se apenas que será inelástica ao longo de toda a função oferta. Assim, a elasticidade ao longo da função oferta pode ser 1/2 para determinado preço, 1/3 para outro preço, 1/4 para um terceiro preço e assim por diante. O importante que deve ser entendido é que sempre será menor que a unidade. Vejamos a Figura 5.22.

Figura 5.22. Quando a curva de oferta linear corta o eixo das ordenadas abaixo da origem, a elasticidade-preço da oferta é sempre menor que a unidade, porém não é constante.

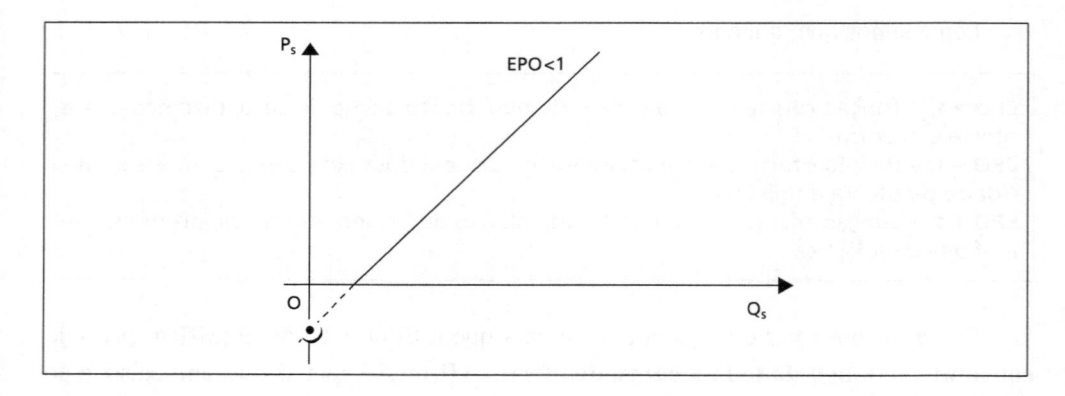

[Figura: curva de oferta linear com EPO<1, cortando o eixo Qs em ponto positivo]

Quando se afirma que a EPO = 1, significa que **será constante e igual a 1 ao longo de toda a curva de oferta**, independentemente do preço que se esteja tomando como referência. Por meio da Figura 5.23, podemos perceber que, independentemente da inclinação da função oferta, quando ela parte da origem dos eixos, a elasticidade será constante e igual à unidade.

Figura 5.23. Quando a curva de oferta é linear e corta a origem dos eixos, sua elasticidade é constante e igual a unidade, independentemente da inclinação da reta de oferta.

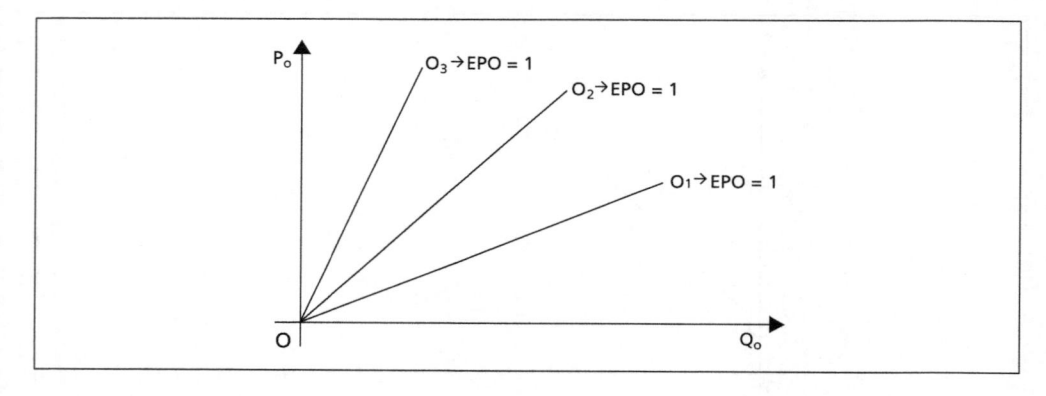

[Figura: três retas de oferta O_1, O_2, O_3 partindo da origem, todas com EPO = 1]

Vamos, por meio dos exemplos de funções a seguir, constatar o que afirmamos acima. Tomemos três exemplos de função: a primeira (Qo = 2p) corta a origem dos eixos e, portanto, apresenta elasticidade unitária. A segunda (Qo = –10 + 2p) corta o eixo das ordenadas num ponto positivo e apresenta uma demanda elástica. A terceira (Qo = 10 + 2p) corta o eixo das ordenadas num ponto negativo e apresenta uma demanda inelástica.

a) Dada uma função oferta que passa pela origem dos eixos:

Qo = 2p

Vamos atribuir a essa função dois pontos distintos e determinar a quantidade ofertada correspondente.

p	Qo
10	20
20	40

Calculando a elasticidade no ponto onde o preço é igual a 10, temos:

$$\text{EPO} = \frac{\Delta Qo / Qo}{\Delta P / P} = \frac{20/20}{10/10} = 1 \to \text{elasticidade unitária}$$

b) Dada uma função que corta o eixo das ordenadas acima do ponto de origem:

$$Qo = -10 + 2p$$

Vamos atribuir a essa função dois pontos distintos e determinar a quantidade ofertada correspondente.

p	Qo
10	10
20	30

Calculando a elasticidade no ponto onde o preço é igual a 10, temos:

$$\text{EPO} = \frac{\Delta Qo / Qo}{\Delta P / P}$$

$$\text{EPO} = \frac{20/10}{10/10} \to \text{EPO} = 2 \to \text{oferta elástica}$$

c) Dada uma função que corta o eixo das ordenadas abaixo do ponto de origem:

$$Qo = 10 + 2p$$

Vamos atribuir a essa função dois pontos distintos e determinar a quantidade ofertada correspondente.

p	Qo
10	30
20	50

Calculando a elasticidade no ponto onde o preço é igual a 10, temos:

$$\text{EPO} = \frac{\Delta Qo / Qo}{\Delta P / P}$$

$$\text{EPO} = \frac{20/30}{10/10} = 2/3 \to \text{oferta inelástica}$$

5.5.4. Elasticidade na função oferta não linear

As empresas trabalham dentro de uma capacidade produtiva. Quando os preços sobem dentro de um intervalo em que a quantidade produzida está **distante da capacidade produzida máxima**, torna-se mais fácil aumentar a produção e, portanto, a oferta é **mais elástica**. À medida que a produção vai se aproximando da **capacidade produtiva máxima**, uma elevação dos preços não permitirá um grande aumento da quantidade produzida e, portanto, a oferta torna-se **mais inelástica**.

Imaginemos uma situação em que o preço de determinado produto suba de 2 para 3. Isso fará com que a empresa expanda seu produto, por exemplo, de 200 para 400, considerando que a empresa esteja operando de maneira ociosa, ou seja, sem utilizar plenamente toda a sua capacidade produtiva. Percebemos que a variação do preço em valores percentuais (50%) foi inferior à elevação da quantidade ofertada em valores percentuais (100%). Logo, a oferta nesse trecho é elástica. Numa segunda situação, vamos supor que o preço suba de 6 para 7. Como, nesse intervalo de preço, por suposição, a empresa já opera muito próximo da sua capacidade máxima de produção, ela não conseguirá expandir muito sua produção. Digamos que consiga aumentar seu produto de 600 para 650. Percebemos que a variação do preço em valores percentuais (16%) foi superior à elevação da quantidade ofertada em valores percentuais (8,3%). Logo, a oferta nesse trecho é inelástica. Assim, numa mesma curva de oferta, podemos estar em um trecho elástico ou em um trecho inelástico. Vejamos a Figura 5.24.

Figura 5.24. Curva de oferta não linear. Quando o preço sobe de 2 para 3, a quantidade ofertada aumenta de 200 para 400, ou seja, nesse trecho, a oferta é elástica. Quando o preço sobe de 6 para 7, a quantidade ofertada sobe de 600 para 650, ou seja, nesse trecho a oferta é inelástica, já que a capacidade produtiva está próxima do seu limite.

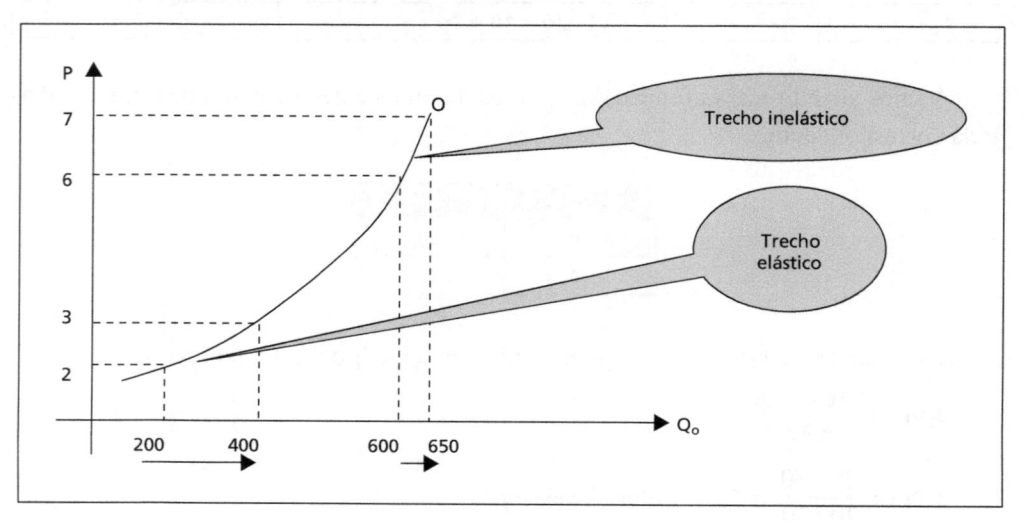

5.5.5. Fatores que afetam a Elasticidade-Preço da Oferta (EPO)

a) Preço de estocagem

Quanto maiores forem os custos de estocagem, menos elástica será a oferta. Isso ocorre porque, quando os preços sobem, a quantidade ofertada aumenta. Contudo, se essa quantidade ofertada precisar ficar estocada e o custo de estoque for alto, o produtor tenderá a expandir menos sua produção, fazendo com que a elasticidade-preço da oferta seja menor.

b) Disponibilidade de bens substitutos no processo de produção

Quanto maior a quantidade de bens substitutos do processo de produção, mais elástica tende a ser a oferta. Numa situação em que não existem bens substitutos no processo de produção, a oferta tenderá a ser mais inelástica ao preço. Assim, se os recursos utilizados na produção de um determinado produto puderem ser utilizados na produção de outro produto (dito, aqui, de substituto), então, a oferta do primeiro torna-se mais elástica. Pensemos, no exemplo, em um agricultor que plante feijão. Caso o preço do feijão caia, ele poderá plantar soja utilizando os mesmos insumos (capital, mão de obra) que estava usando na produção do feijão. Assim, a redução de feijão será maior com a queda do preço, fazendo com que a oferta seja mais elástica ao preço.

c) Horizonte de tempo

Geralmente, a oferta é mais elástica no longo prazo porque, no curto prazo, as empresas têm menos possibilidades de ampliar suas instalações para aumentar a quantidade ofertada mediante uma elevação dos preços, por exemplo. Logo, mesmo o preço subindo, as empresas não poderão, no curto prazo, responder muito a essa elevação.

A exceção se dá quando se trata da oferta de cobre secundário, originário da sucata e bens duráveis.

Os aumentos de preços do cobre, no curto prazo, levam à conversão de sucata em nova oferta. Assim, no curto prazo, a oferta de cobre secundário (que é a oferta originada da sucata) aumenta consideravelmente. No longo prazo, torna-se mais difícil encontrar mais sucata à medida que o seu estoque passa a ser consumido, fazendo com que a oferta de cobre secundário diminua. Portanto, a oferta de cobre secundário é mais elástica no curto prazo que no longo prazo.

Também os bens duráveis, como automóveis, geladeiras, televisores ou bens de capital adquirido pela indústria, que podem ser reciclados para incrementar a oferta caso os preços sejam aumentados, tendem a ser mais elásticos no curto prazo e mais inelásticos no longo prazo. Isso porque, por exemplo, eu posso deixar para comprar um carro por um ano, mas não posso deixar de abastecer com combustível o meu automóvel por esse período.

d) Característica do processo de produção

Quanto mais fácil é o deslocamento dos fatores produtivos (mão de obra, capital, matéria-prima) para a produção, mais elástica é a oferta.

5.5.6. Deslocamento da oferta e receita total

Quando algum fator provoca o deslocamento da curva de oferta para a direita ou para baixo, o preço de equilíbrio tende a diminuir e a quantidade de equilíbrio tende a aumentar. Aí poderíamos nos deparar com os seguintes questionamentos: a Receita Total (RT) irá aumentar ou diminuir? Os produtores estarão em melhor situação ou não? A resposta para essas perguntas só pode ser dada depois de conhecer a **elasticidade da demanda**.

Assim, digamos, por exemplo, que o preço inicial era 6 e a quantidade de equilíbrio no mercado era 20. Suponhamos que as expectativas favoráveis dos empresários fizessem a oferta aumentar, deslocando-a para a direita ou para baixo, conforme mostra a Figura 5.25. Isso provocaria uma redução do preço e aumento da quantidade de equilíbrio. Digamos que o novo preço de equilíbrio caísse para 4 e a nova quantidade de equilíbrio aumentasse para 22. Podemos perceber que a queda de preço foi da ordem de 33,33% e o aumento da quantidade de equilíbrio foi de 10%. Isso prova que a **demanda é inelástica**, já que, com a redução do preço, o consumo pelo bem aumentou em proporção menor que a queda do preço. Nesse caso, a receita total para o produtor deverá ser menor, o que o deixa em pior situação. Já para o consumidor, a situação melhorou, porque pode comprar uma quantidade maior a um preço menor, gastando menos ($G\downarrow = P\downarrow \cdot Q\uparrow$).

Figura 5.25. Deslocamento da curva de oferta para baixo e para a direita, reduzindo o preço e aumentando a quantidade de equilíbrio. Como a demanda é inelástica, a receita para o produtor se reduziu.

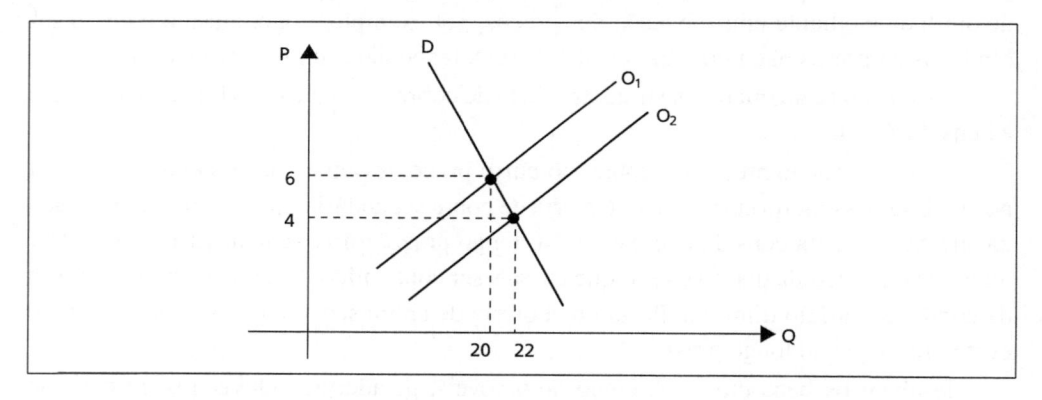

Suponhamos, agora, que o preço inicial era 6 e a quantidade de equilíbrio no mercado era 20 e que as expectativas favoráveis fizessem a oferta aumentar, deslocando-a para a direita ou para baixo, conforme mostra a Figura 5.26. Isso provocaria uma redução do preço e aumento da quantidade de equilíbrio. Digamos que o novo preço de equilíbrio caísse para 4 e a nova quantidade de equilíbrio aumentasse para 40. Podemos perceber que a queda de preço foi da ordem de 33,33% e o aumento da quantidade de equilíbrio foi de 100%. Isso prova que a **demanda é elástica**, já que, com a redução do preço, o consumo pelo bem aumentou em proporção maior que a queda do preço. Nesse caso, a receita total para o produtor deverá aumentar, o que o deixa em melhor situação.

Também para o consumidor, a situação melhorou, já que pode comprar uma quantidade maior a um preço menor, muito embora seu gasto aumente ($\uparrow G = P\downarrow \cdot Q\uparrow$).

Figura 5.26. Deslocamento da curva de oferta para baixo e para a direita, reduzindo o preço e aumentando a quantidade de equilíbrio. Como a demanda é elástica, a receita para o produtor aumenta.

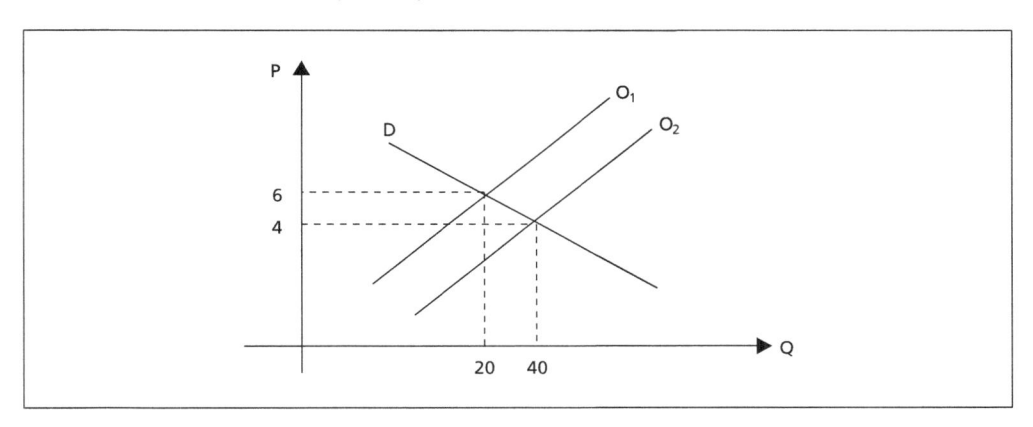

Por meio dessa análise, podemos entender as consequências quando o governo aumenta a **proibição do uso de drogas** no intuito de reduzir seu consumo. O impacto dessa política recai mais sobre os vendedores, deslocando a curva de oferta para cima ou para a esquerda. A curva de demanda não se altera. A consequência é uma elevação de preços e uma redução da quantidade de equilíbrio. Como o mercado de drogas convive com uma **demanda inelástica**, a elevação percentual dos preços tende a ser maior que a redução percentual da quantidade demandada, o que faz com que a receita total dos vendedores de drogas aumente. Assim, a política de combate a drogas pode provocar **aumento da criminalidade**, já que, agora, os consumidores deverão pagar mais para poder consumir a droga. O melhor seria se o governo adotasse uma **política educacional** que conscientizasse as pessoas a não consumirem drogas. Com isso, a curva de demanda se deslocaria para baixo ou para a esquerda, reduzindo seu preço e quantidade de equilíbrio. A curva de oferta não sairia do lugar. Assim, o uso de drogas **cairia** e, por conseguinte, **a criminalidade**. Os partidários da política de maior proibição do uso de drogas alegam que, no curto prazo, realmente, a demanda é inelástica, mas que, no **longo prazo**, ela tende a ser **mais elástica**, porque desencorajaria a experiência de experimentar o uso da droga.

5.6. QUESTÕES

1. (CESGRANRIO — EPE — 2015) Considere a relação de elasticidade-preço da demanda de um produto. A demanda desse produto será:
  a) perfeitamente elástica se sua elasticidade-preço for igual a zero.
  b) mais elástica se não houver produtos substitutos no mercado.
  c) mais elástica se o referido produto for extremamente essencial ao consumidor.
  d) mais elástica a longo prazo.
  e) mais inelástica se o produto for de luxo.

2. (CEBRASPE — SEFAZ-RS — 2018) Para um mercado hipotético, que opera em concorrência perfeita, as quantidades demandadas e ofertadas bem como os respectivos preços, em unidades monetárias (UM), estão descritos na tabela a seguir:

Preço	Demanda	Oferta
10	7	3
20	6	4
30	5	5
40	4	6

Com relação a essa economia, assinale a opção correta:
   a) Ao preço de 20 UM, a elasticidade-preço da oferta, em valor absoluto, será igual a 0,5, sendo, portanto, inelástica.
   b) Ao preço de 30 UM, a elasticidade-preço da demanda será maior que a elasticidade-preço da oferta, em valores absolutos.
   c) Ao preço de 30 UM, a elasticidade-preço da demanda, em valor absoluto, será igual 0,5, sendo portanto, inelástica.
   d) O preço de equilíbrio será de 35 UM.
   e) Se o preço for fixado em 40 UM, haverá excesso de demanda.

3. (CEBRASPE — CODEVASF — 2021) Uma consultoria especializada foi contratada para estimar a demanda de um determinado produto. A consultoria estima que a demanda seja dada por $P = -1/5 \cdot Q + 10$, em que P = preço do produto e q = quantidade demandada.
Acerca dessa situação hipotética, julgue o item subsequente.
Se o preço reduzir de R$ 5 para R$ 3, haverá uma resposta proporcional de demanda correspondente à redução do preço.
   ( ) Certo   ( ) Errado

4. (VUNESP — Prefeitura de Ilhabela/SP — 2020) Quando se diz que um consumidor cuja renda é constante tem a demanda por um bem com elasticidade unitária, isso quer dizer que:
   a) por mais que o preço aumente, o consumidor comprará sempre a mesma quantidade.
   b) o consumidor sempre gasta o mesmo montante, não importando o preço.
   c) o consumidor não aceita qualquer aumento de preço.
   d) não há bens substitutos ou complementares.
   e) um aumento de $ 1 no preço implica uma queda de uma unidade consumida.

5. (CEBRASPE — 2024 — SEPLAG-CE) No que concerne a aspectos relativos à economia, julgue o item a seguir.
A elasticidade-preço da demanda mede o quanto a quantidade demandada responde a variações no preço, ou seja, a demanda por um bem é elástica nos casos em que a quantidade demandada responde substancialmente a variações no preço, como é o caso dos bens que dispõem de substitutos próximos.

6. (FGV — 2024 — Pref SJC/Ciências Econômicas) Considere os seguintes dois pontos de uma curva de demanda:
A: Preço = 2, Quantidade = 100
B: Preço = 4, Quantidade = 80
A elasticidade preço da demanda, obtido pelo método do ponto médio, será igual a
   a) -0,2.
   b) -0,5.
   c) -1/3.
   d) -1/6.
   e) 0,2.

7. (Instituto Verbena — 2024 - CM Anápolis/Economia) A elasticidade é uma importante análise para a estratégia de curto, médio e longo prazo das empresas. A elasticidade preço da demanda é definida como
   a) o preço de equilíbrio, dado a demanda.
   b) a quantidade de equilíbrio, dado o preço.
   c) a variação da demanda, dada a variação do preço.
   d) a variação do preço, dada a variação da demanda.

8. (FGV — 2024 — CM-SP/Economia) Suponha que um determinado bem tenha preço inicial de R$ 2,00 e quantidade demandada igual a 10 unidades. Após o preço aumentar para R$ 3,00, a quantidade demandada passa a ser igual a 12 unidades.
Logo, em relação à elasticidade e o tipo de bem, pode-se concluir que
   a) a elasticidade é igual a -0,4 e o bem é normal.
   b) a elasticidade é igual a 0,4 e o bem é inferior, com efeito renda menor que efeito substituição.
   c) a elasticidade é igual a 0,4 e o bem é de Giffen.
   d) a elasticidade é igual a 2,5 e o bem é de Giffen.
   e) a elasticidade é igual a 0,5 e o bem é inelástico em relação ao preço.

9. (CEBRASPE — 2024 — Economista/CAGEPA) A demanda por um bem é inelástica
   a) quando o bem é necessário.
   b) quando a curva de demanda é linear.
   c) quando há disponibilidade de substitutos próximos.
   d) quando a concorrência é elevada.
   e) em horizontes de tempo longos.

10. (CESGRANRIO — 2024 — IPEA) Um consumidor, maximizador de sua função utilidade, gasta toda a sua renda comprando, a preços de mercado, quantidades positivas de 10 bens. Os preços são todos positivos, e 9 deles diminuem em 10%, sendo que, no caso de um dos bens, o bem Z, o preço não se altera. Na sua nova posição de equilíbrio maximizador de utilidade, o consumidor compra a mesma quantidade de Z que comprava inicialmente, antes da mudança de preços.
Logo, o(a)
   a) bem Z não tem complementos entre os demais bens que o consumidor compra.
   b) bem Z não tem substitutos entre os demais bens que o consumidor compra.
   c) gasto do consumidor comprando os demais bens, que não Z, aumentou após a alteração dos preços.
   d) elasticidade-renda real da demanda do consumidor pelo bem Z é não negativa.
   e) renda real do consumidor aumentou em 10%, devido à alteração dos preços.

GABARITO

1. "d". No longo prazo, o consumidor tem mais tempo de ajustar seu consumo, substituindo produtos cujos preços se elevaram. Portanto, no longo prazo, a demanda é mais elástica. A alternativa "d" está correta. Quando a demanda é perfeitamente elástica, sua elasticidade preço é igual ao infinito. A alternativa "a" está incorreta. Quanto mais substitutos tiver um bem, mais elástica será a demanda pelo bem. A alternativa "b" está incorreta. A demanda será menos elástica se o referido produto for extremamente essencial ao consumidor, já que a elevação do preço não fará o consumidor alterar seu consumo. A alternativa "c" está incorreta. Se o produto for de luxo, é fácil para o consumidor abrir mão dele. Assim, se o preço subir, o consumidor alterará o consumo do bem. A demanda nesse caso é mais elástica, e a alternativa "e" está incorreta.

2. "a". Calculando a Elasticidade-Preço da Oferta (EPO) ao preço de 20 UM, temos:

Preço	Oferta
20	4
30	5

EPO = %ΔQo / %ΔP
EPO = (5 − 4)/4 / (30 − 20)/20

EPO = 1/4 / 1/2
EPO = 1/2 = 0,5
A alternativa "a" está correta.
Ao preço de 30 UM, a Elasticidade-Preço da Demanda (EPD) e a da Oferta (EPO) serão:

Preço	Demanda	Oferta
30	5	5
40	4	6

EPD = %ΔQd /%ΔP
EPD = (4 − 5)/4 / (40 − 30)/30
EPD = −1/5 / 1/3 = −0,6
EPO = %ΔQo / %ΔP
EPO = (6 − 5)/5 / (40 − 30)/30
EPO = 1/5 / 1/3

EPO = 3/5 = 0,6
Em valores absolutos, a EPD e a EPO são iguais. A alternativa "b" está incorreta. A Elasticidade--Preço da Demanda (EPD) ao preço de 30 UM é igual, em valores absolutos, a 0,6. Portanto, é inelástica. A alternativa "c" está incorreta.

O preço de equilíbrio é aquele que iguala a demanda e a oferta e isso ocorre quando o preço é igual a 30 UM e a demanda e a oferta são iguais a 5. A alternativa "d" está incorreta. Se o preço for fixado em 40 UM, a demanda será de 4 e a oferta de 6. Logo, haverá excesso de oferta de 2 unidades. A alternativa "e" está incorreta.

3. "certo". Para que haja um resposta proporcional de demanda a redução do preço, a elasticidade preço da demanda (EPD) deverá ser igual a unidade, ou seja:
EPD = |%ΔQd / %ΔP|
Se %ΔQd = %ΔP
Então: EPD = 1
Verifiquemos qual é a elasticidade preço da demanda:
EPD = |%ΔQd / %ΔP|
Dada a função demanda: P = −1/5 · Q + 10
Quando P = 5 → Qd = 25
Quando P = 3 → Qd = 35
Logo: EPD = |(ΔQd / Qd) / (ΔP/P)|
EPD = (10 /25) / (2/5) → EPD = 1
O item está certo.

4. "b". Quando a demanda apresenta elasticidade unitária, o gasto do consumidor permanece constante porque qualquer elevação percentual do preço será compensada por uma redução percentual igual da quantidade demandada. A alternativa "b" está correta. Se o preço aumentar o consumidor reduzirá a quantidade comprada na mesma proporção da elevação do preço. A alternativa "a" está incorreta. O consumidor irá reduzir o consumo se o preço subir. A alternativa "c" está incorreta. Quando a elasticidade cruzada da demanda for positiva, os bens são substitutos. Quando a elasticidade cruzada da demanda for negativa, os bens são complementares. Mas o enunciado se refere a elasticidade preço da demanda e não a elasticidade cruzada da demanda. A alternativa "d" está incorreta. A elasticidade preço da demanda analisa a variação em valores percentuais e não em valores absolutos. A alternativa "e" está incorreta.

5. "certo". A Elasticidade Preço da demanda (EPD) é a relação entre a variação percentual da quantidade demandada e a variação percentual do preço, ou seja:
EPD =| %ΔQd / %ΔP|
Se a elasticidade preço da demanda for maior que "1", significa que %ΔQd > %ΔP e a demanda é elástica. Isso mostra que a variação nos preços provocou um aumento, em valores percentuais, maior na demanda. Isso pode ocorrer, quando o produto apresenta substitutos próximos, fa-

zendo com que, na situação de elevação de preço de determinado produto, o consumidor passe a demandar outro produto que substitua esse bem. A questão está certa.

6. "c".

EPD = QB – QA / (QA + QB)/2
      PB – PA / (PA + PB)/2
EPD = 80 – 100 / (100 + 80) /2
      4 – 2 / (4 + 2) / 2
EPD = -20 / 90
      2 / 3
EPD = -1/3

7. "c". A Elasticidade Preço da demanda (EPD) é a relação entre a variação percentual da quantidade demandada e a variação percentual do preço, ou seja:

EPD = $|\%\Delta Qd / \%\Delta P|$

Embora a alternativa não inclua o termo "percentual" e por falta da alternativa melhor, assinalamos a "c".

8. "c". Montando uma tabela, temos:

Instante	Quantidade demandada	Preço
1	10	2,00
2	12	3,00

EPD = $\%\Delta Qd / \%\Delta P$

EPD = (12-10)/10 / (3-2)/2
EPD = 2/10 / ½
EPD = 0,4

Podemos observar que o preço subiu e a quantidade demandada aumentou também, o que contraria a lei da demanda. Portanto, trata-se de um bem de Giffen.

9. "a". Quando a demanda é inelástica significa que uma elevação percentual do preço provocará uma redução menos que proporcional da quantidade demandada. Um dos motivos para que isso ocorra é quando o bem é necessário, ou seja, o consumidor não consegue não consumi-lo. A alternativa "a" está correta. Uma demanda linear (representada por uma reta) apresenta elasticidade diferente ao longo da reta. Portanto, quanto mais próxima do preço zero, menos elástica é a demanda; e, quanto mais próximo do preço proibitivo, mais elástica é a demanda. A alternativa "b" está incorreta. Quando há disponibilidade de bens substitutos próximos, mais elástica é a demanda. A alternativa "c" está incorreta. Quando a concorrência é elevada, significa que é mais fácil substituir o produto caso seu preço se eleve, ou seja, a demanda é mais elástica. A alternativa "d" está incorreta. Quanto maior for o horizonte de tempo, mais elástica é a demanda. A alternativa "e" está incorreta.

10. "d". Embora em valores nominais a renda não tenha variado, em valores reais ela aumentou, já que 9 dos bens diminuíram de valor e o 10º não alterou. Logo, o consumidor tem condições de comprar uma quantidade maior dos bens. Como a quantidade do bem Z não se alterou, significa que a Elasticidade Renda da Demanda para o bem Z é igual a zero e o bem é um bem saciado ou saturado. A alternativa "d" está correta. Não é possível afirmar que o bem Z não tem complementar ou substituto entre os demais bens, já que o enunciado não diz qual dos demais produtos terá a demanda alterada ou não. As alternativas "a" e "b" estão incorretas. Também não é possível afirmar que o gasto do consumidor aumentou porque não foi fornecida a informação a respeito das quantidades demandadas de cada produto depois da redução do preço. A alternativa "c" está incorreta. Como o preço do bem Z não se alterou e não sabemos a quantidade demandada de cada um dos bens, não é possível dizer qual foi o aumento real da renda. A alternativa "e" está incorreta.

5.7. MATERIAL SUPLEMENTAR

QUESTÕES DE CONCURSOS
> http://uqr.to/1yare

6
INCIDÊNCIA TRIBUTÁRIA SOBRE AS EMPRESAS

Quando o governo tributa[1] as empresas, isso pode gerar um impacto sobre os preços e as quantidades de equilíbrio. Esse impacto, que é o efeito sobre o preço dos produtos e sobre os níveis de consumo e de produção, dependerá de alguns fatores, destacando-se as **elasticidades-preço da demanda e da oferta** e a **estrutura de mercado**. Neste capítulo falaremos de que maneira as elasticidades da demanda e da oferta determinam o ônus tributário que recairá sobre consumidores e produtores. Nos Capítulos 15, 16, 17, 18 e 20, que abordam as estruturas de mercado e o impacto de cada imposto, trataremos como os agentes econômicos reagem à tributação.

Quando o governo cobra tributos sobre as vendas, o produtor sente-se menos atraído para produzir, já que o seu negócio fica menos lucrativo a qualquer preço dado, o que provoca o deslocamento da **curva de oferta para cima ou para a esquerda**. Como o tributo não é cobrado dos consumidores, a curva de demanda, a qualquer preço dado, não sai do lugar. Podemos perceber isso no gráfico da Figura 6.1:

Figura 6.1. Deslocamento da curva de oferta para cima ou para a esquerda em decorrência da cobrança de um tributo sobre vendas.

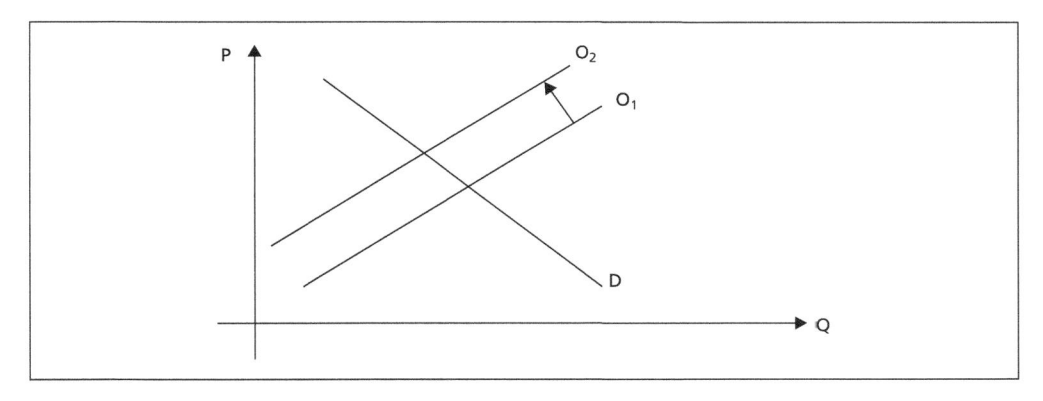

Quando o governo cobra um tributo do produtor, este tenderá a repassar esse custo para o preço dos produtos[2]. Mas, para tanto, é necessário saber se o consumidor estará

---

[1] Trataremos, para facilitar a análise, de tributos e impostos como palavras sinônimas.
[2] A incidência tributária se refere a tributos indiretos, já que os tributos diretos não transferem carga tributária.

disposto a aceitar essa elevação de preços ou se tenderá a diminuir o consumo do produto numa proporção maior que a elevação do preço, o que provocaria uma redução da receita do produtor. Dependendo da elasticidade da curva de demanda, essa questão poderá ser respondida.

Também, quando o governo tributa, é necessário saber se o produtor não reagirá, diminuindo demasiadamente a sua produção. Para tanto, é necessário conhecer a elasticidade da curva de oferta.

A questão é saber, portanto, **quem arcará com o maior ônus tributário**: se será o consumidor ou o produtor.

Diante das curvas de demanda e oferta, se a **demanda for menos elástica** que a oferta, sobre o **consumidor** incidirá uma **carga tributária maior** quando comparada com a carga tributária que recairá sobre o produtor. Se a curva de **oferta for menos elástica** que a de demanda, sobre o **produtor** incidirá uma **carga tributária maior** quando comparada com a carga tributária que incidirá sobre o consumidor. Em outras palavras, arcará com o **maior ônus tributário quem for dono da curva mais inelástica**.

Assim, se, por exemplo, houver uma carga tributária sobre medicamentos, provavelmente o consumidor será mais penalizado que o produtor porque a curva de demanda por remédios é mais inelástica que a curva de oferta, já que para o consumidor é muito difícil substituir o consumo do remédio por outro bem. Já, se for o caso de bens de luxo, quem mais vai arcar com o ônus do imposto será provavelmente o produtor, já que a curva de oferta é mais inelástica que a curva de demanda.

Portanto, quanto mais inelástica a demanda, mais recairá sobre o consumidor o imposto e, quanto mais inelástica a oferta, mais recairá sobre o produtor o imposto.

Podemos concluir que, se a curva de demanda for vertical, ou seja, se a demanda for totalmente inelástica, conforme mostra o gráfico (a) da Figura 6.2 ou, se a curva de oferta for horizontal, ou seja, a oferta for perfeitamente elástica, o consumidor arcará totalmente com o imposto e o preço do produto deverá subir na totalidade do imposto. Assim, se o preço inicial (p_1) for de 10 e o valor do imposto (T) for de 2, o preço final do produto (p_2) será igual a 12.

Também, se a curva de demanda for horizontal, ou seja, a demanda for totalmente elástica, conforme mostra o gráfico (b) da Figura 6.2, ou, se a curva de oferta for vertical, ou seja, a oferta for perfeitamente inelástica, o produtor arcará totalmente com o imposto e o preço do produto não subirá. Assim, se o preço inicial (p_1) for de 10 e o valor do imposto (T) for de 2, o preço final do produto (p_2) permanecerá igual a 10.

Figura 6.2. No gráfico (a) a curva de demanda é totalmente inelástica. Uma incidência tributária recai totalmente sobre os consumidores, fazendo com que os preços subam na totalidade do tributo. No gráfico (b) a curva de demanda é totalmente elástica. Uma incidência tributária recai totalmente sobre os produtores, fazendo com que o preço permaneça constante.

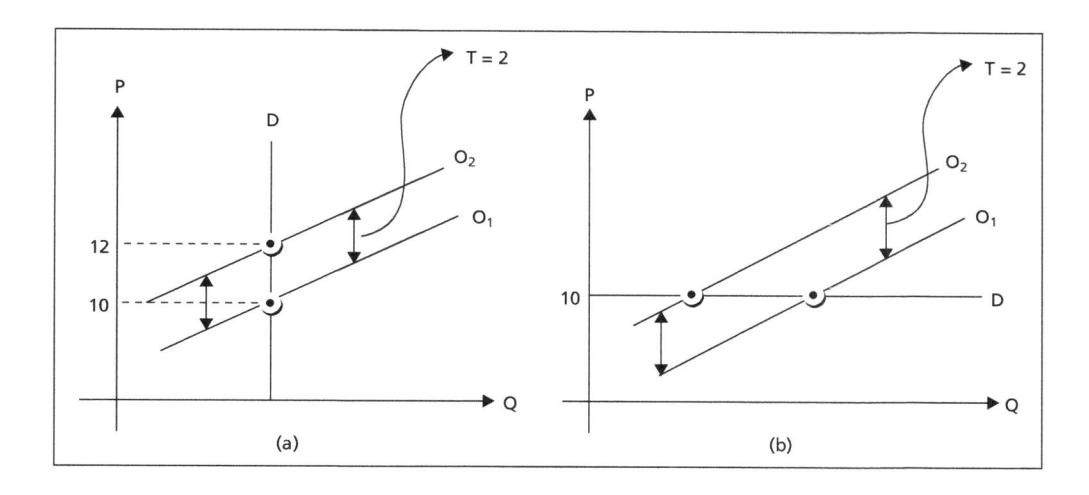

6.1. INCIDÊNCIA TRIBUTÁRIA E A REPRESENTAÇÃO GRÁFICA DAS FUNÇÕES DEMANDA E OFERTA

A seguir, são representadas diversas curvas de oferta e demanda. Por meio da análise de cada exemplo, é possível visualizar sobre qual dos agentes econômicos, consumidores ou produtores, a carga tributária mais incidirá.

a) Suponhamos uma representação gráfica em que seja possível visualizar uma curva de demanda mais inelástica (mais íngreme). Como a função demanda tem a declividade maior, recairá sobre o consumidor o pagamento da maior parte do imposto. Vejamos a Figura 6.3.

Figura 6.3. Uma curva de demanda mais inelástica que a curva de oferta. O consumidor arcará com o maior ônus tributário.

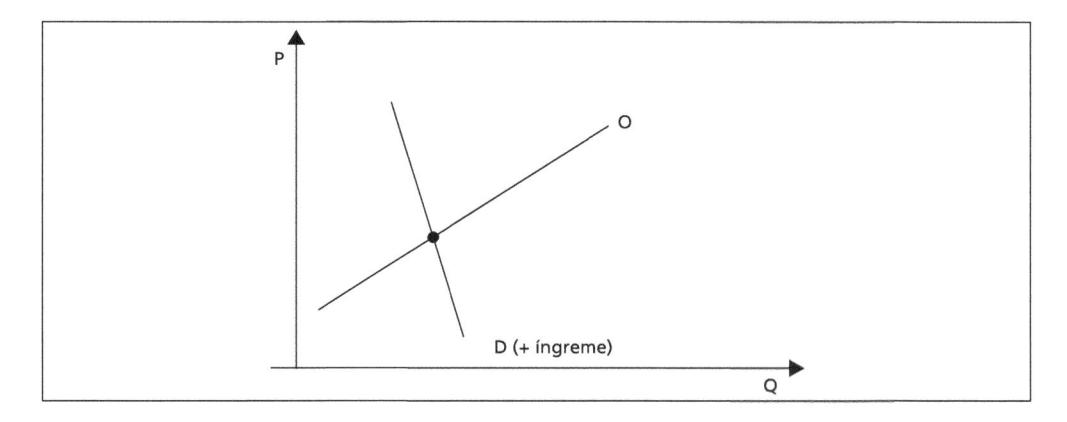

b) Suponhamos uma representação gráfica em que seja possível visualizar uma curva de oferta totalmente inelástica. Como a função oferta é vertical, recairá sobre o produtor o pagamento de todo o imposto. Vejamos a Figura 6.4.

Figura 6.4. Uma curva de oferta totalmente inelástica. O produtor arcará com todo o ônus tributário.

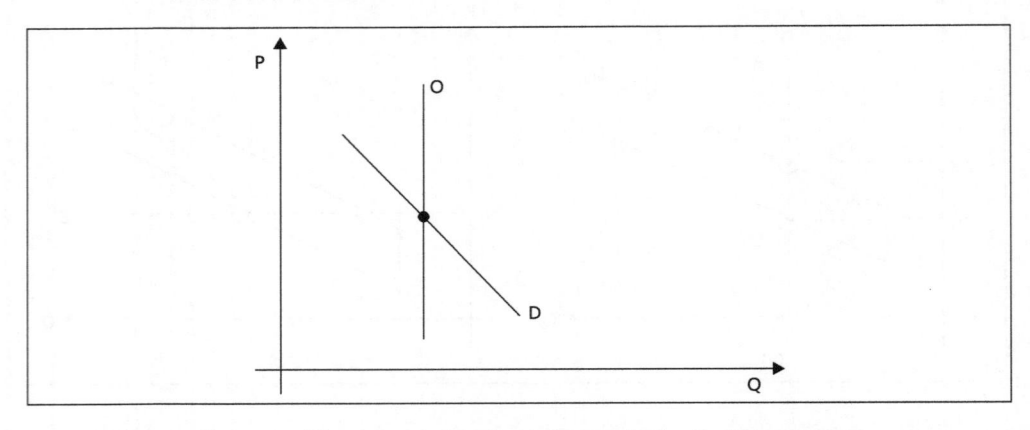

Varian explica que: "Se a curva de oferta for vertical e deslocarmos essa curva para cima, não mudaremos nada no diagrama. A curva de oferta apenas se deslocará ao longo de si mesma, mas teremos ainda a mesma quantidade ofertada do bem, com ou sem imposto. Nesse caso, os demandantes determinam o preço de equilíbrio do bem e estarão dispostos a pagar certa quantidade, p*, pela oferta disponível do bem, com ou sem imposto. Assim, eles acabam por pagar p* – t. Todo o imposto é pago pelo ofertante"[3].

c) Suponhamos uma representação gráfica em que seja possível visualizar uma curva de oferta totalmente elástica. Como a função oferta é horizontal, recairá sobre o consumidor o pagamento de todo o imposto. Vejamos a Figura 6.5a.

Figura 6.5a. Uma curva de oferta totalmente elástica. O consumidor arcará com todo o ônus tributário.

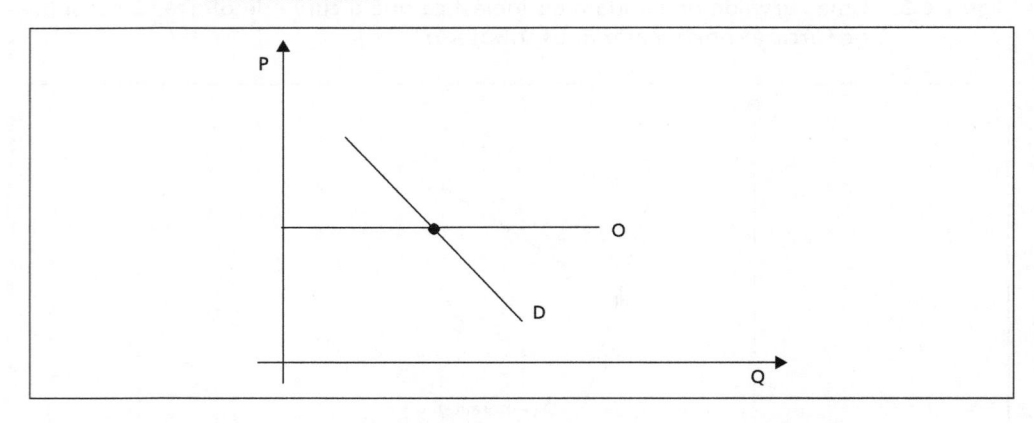

Conforme explica Varian: "No caso de uma curva de oferta perfeitamente elástica, é fácil ver que o preço para o consumidor aumenta exatamente na grandeza do imposto. O preço da oferta é exatamente o mesmo de antes do imposto e os demandantes acabam

---

[3] Hal R. Varian, *Microeconomia*: uma abordagem moderna, p. 302.

por pagar o imposto em sua totalidade. Se você pensar no significado da curva de oferta horizontal, verá que ela não é difícil de entender. A curva de oferta horizontal significa que a indústria está disposta a ofertar qualquer quantidade do bem a um preço, p*, e zero quantidade a qualquer preço menor. Portanto, para que alguma quantidade do bem seja vendida no equilíbrio, os ofertantes têm de receber p* por isso. Isso determina, com efeito, o preço de oferta de equilíbrio, sendo o preço de demanda p* − t'*[4]. Vejamos isso no gráfico da Figura 6.5b.

Figura 6.5b. Quando a curva de oferta é horizontal e há incidência de um tributo, t*, o produtor continua a receber p* e o consumidor paga p* + t. Logo, o ônus tributário recai integralmente sobre o consumidor.

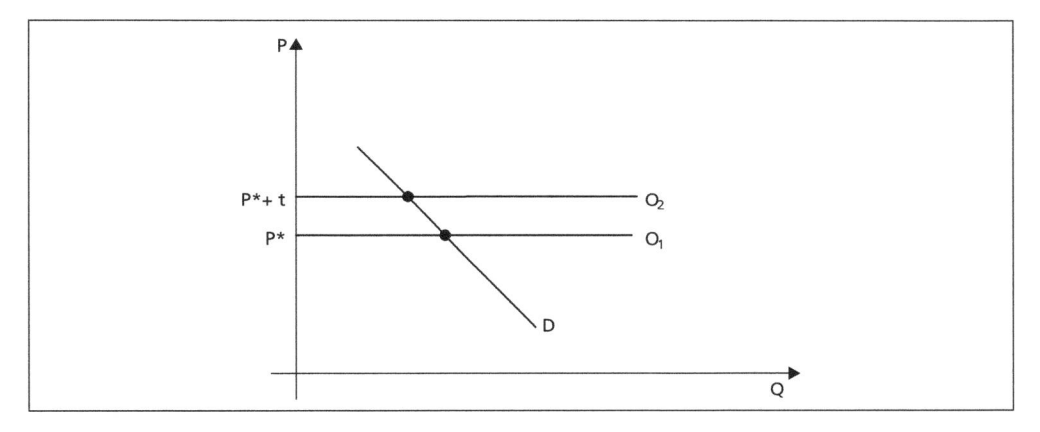

d) Suponhamos uma representação gráfica em que seja possível visualizar uma curva de oferta mais íngreme que a curva de demanda. Como a função oferta é mais inelástica, recairá sobre o produtor o pagamento de maior parte o imposto. Vejamos a Figura 6.6.

Figura 6.6. Uma curva de demanda mais elástica que a curva de oferta. O produtor arcará com o maior ônus tributário.

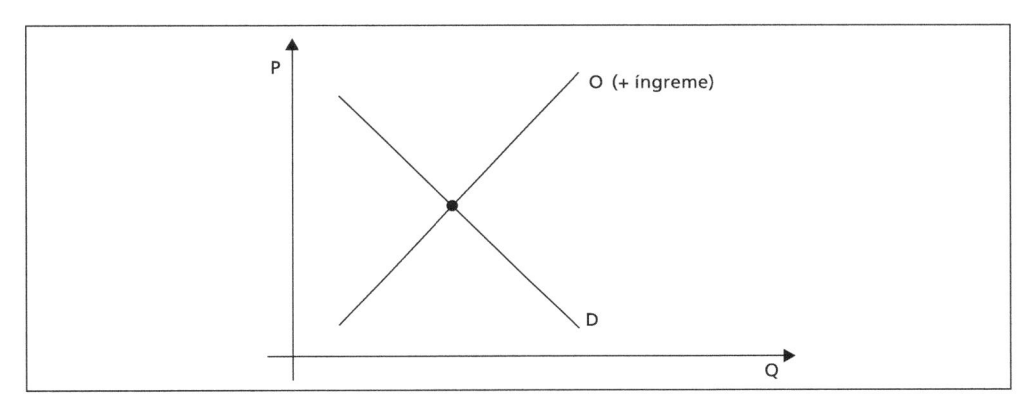

---

[4] Hal R. Varian, *Microeconomia*: uma abordagem moderna, p. 302.

e) Suponhamos uma representação gráfica em que seja possível visualizar uma curva de demanda totalmente inelástica. Como a função demanda é vertical, recairá sobre o consumidor o pagamento de todo o imposto. Vejamos a Figura 6.7.

Figura 6.7. Uma curva de demanda totalmente inelástica. O consumidor arcará com todo o ônus tributário.

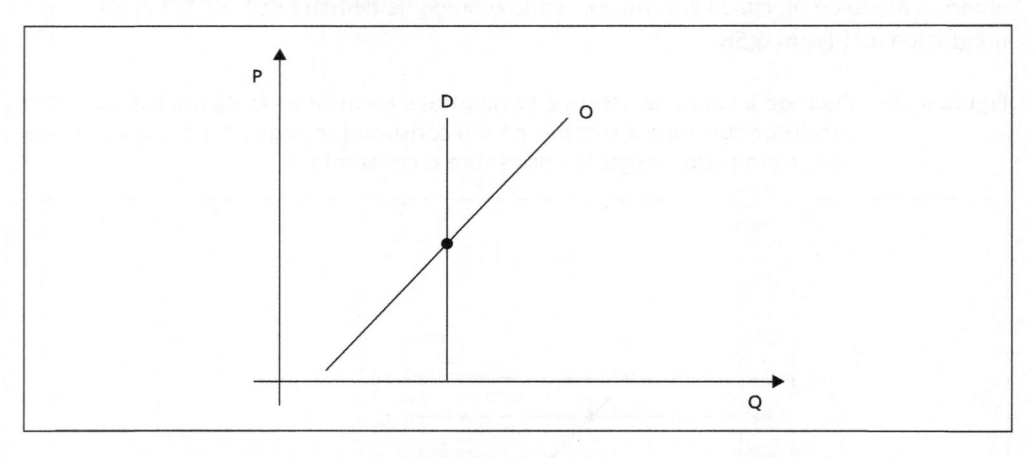

f) Suponhamos uma representação gráfica em que seja possível visualizar uma curva de demanda totalmente elástica. Como a função demanda é horizontal, recairá sobre o produtor o pagamento de todo o imposto. Vejamos a Figura 6.8.

Figura 6.8. Uma curva de demanda totalmente elástica. O produtor arcará com todo o ônus tributário.

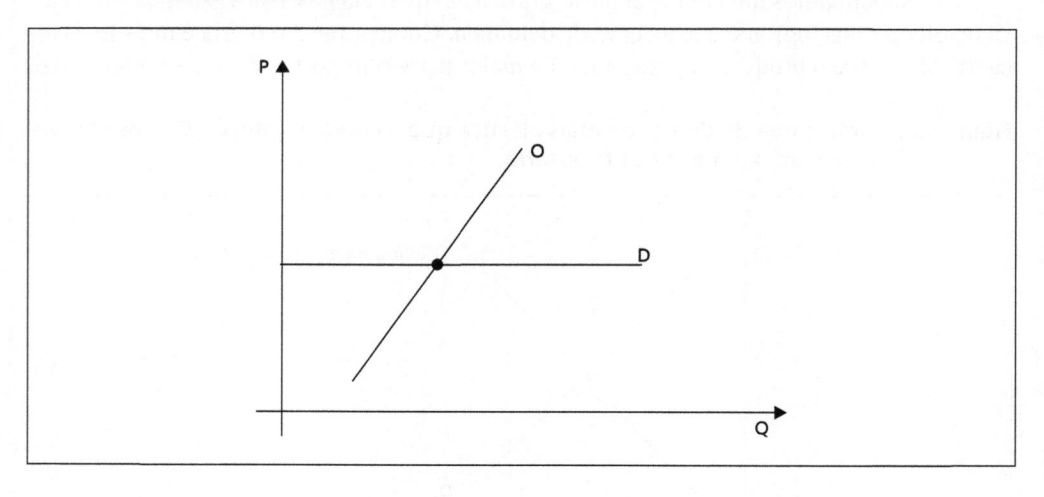

6.2. INCIDÊNCIA TRIBUTÁRIA E AS FUNÇÕES DEMANDA E OFERTA

Supondo, agora, que, em vez de serem apresentadas graficamente as curvas de demanda e oferta, sejam, apenas, dadas as próprias funções. O primeiro passo é analisar qual é o ângulo que essas funções formam com a horizontal, ou seja, deve ser analisado o **coeficiente angular da função**. Aquela que apresentar um **ângulo maior**, em módulo, será a mais vertical e, por conseguinte, a **mais inelástica**.

Vejamos as seguintes funções, sabendo que P é o Preço do produto, Qo é a Quantidade ofertada e Qd é a Quantidade demandada.

a) P = 10 + **3**Qo e P = 50 – **4**Qd

A função oferta apresenta o coeficiente angular igual a 3.

A função demanda apresenta o coeficiente angular, em módulo, igual a 4.

Portanto, a demanda tem um coeficiente angular maior, o que significa que é mais vertical que a curva de oferta, ou seja, a demanda é mais inelástica que a oferta. Assim, o consumidor arcará com a maior parcela do ônus tributário.

b) P = 20 + Qo e P = 10 – **2**Qd

A função oferta apresenta o coeficiente angular igual a 1.

A função demanda apresenta o coeficiente angular, em módulo, igual a 2.

Portanto, a demanda tem um coeficiente angular maior, o que significa que é mais vertical que a curva de oferta, ou seja, a demanda é mais inelástica que a oferta. Assim, o consumidor arcará com a maior parcela do ônus tributário.

c) Qo = 8 + **4**P   e   Qd = 10 – **6**P

Para determinar o ângulo que a função faz com a horizontal, é necessário que se invertam as funções de maneira que o preço esteja em função da quantidade, e não a quantidade em função do preço. Assim, temos:

$$Qo = 8 + 4P \to P = -2 + \frac{Qo}{4}$$

$$Qd = 10 - 6P \to P = \frac{5}{3} - \frac{Qd}{6}$$

Com as funções invertidas, podemos determinar o ângulo que cada uma delas faz com a horizontal:

A função oferta apresenta o coeficiente angular igual a 1/4.

A função demanda apresenta o coeficiente angular, em módulo, igual a 1/6.

Portanto, a oferta tem um ângulo maior, o que significa que é mais vertical, ou seja, a oferta é mais inelástica que a demanda. Assim, o produtor arcará com a maior parcela do ônus tributário.

d) Qo = **5** + 5P   e   Qd = **20** – 4P

Para determinar o ângulo que a função faz com a horizontal é necessário que se invertam as funções de maneira que o preço esteja em função da quantidade, e não a quantidade em função do preço. Assim, temos:

$$Qo = 5 + 5P \to P = -1 + \frac{Qo}{5}$$

$$Qd = 20 - 4P \to P = 5 - \frac{Qd}{4}$$

Com as funções invertidas, podemos determinar o ângulo que cada uma faz com a horizontal:

A função oferta apresenta o coeficiente angular igual a 1/5.

A função demanda apresenta o coeficiente angular, em módulo, igual a 1/4.

Portanto, a demanda tem um coeficiente angular maior, o que significa que é mais vertical, ou seja, a demanda é mais inelástica. Assim, o consumidor arcará com a maior parcela do ônus tributário.

6.3. INCIDÊNCIA TRIBUTÁRIA EM VALORES PERCENTUAIS SOBRE O CONSUMIDOR E PRODUTOR POR MEIO DA DECLIVIDADE DAS FUNÇÕES

Até o momento, foi determinado quem arcaria com o maior ônus tributário, se o consumidor ou o produtor. Resta saber agora qual é a porcentagem desse ônus recairá sobre cada um dos agentes econômicos.

Dados:

CTC = Carga Tributária do Consumidor

CTP = Carga Tributária do Produtor

É possível determinarmos a **Carga Tributária do Consumidor (CTC)** calculando a razão entre a declividade da curva de demanda e a soma da declividade da curva de demanda com a curva de oferta.

Assim, temos:

> CTC = declividade demanda / declividade da demanda + declividade da oferta

É possível determinarmos a **Carga Tributária do Produtor (CTP)** calculando a razão entre a declividade da curva de oferta e a soma da declividade da curva de demanda com a curva de oferta.

Assim, temos:

> CTP = declividade oferta / declividade da demanda + declividade da oferta

Vejamos os seguintes exemplos:

a) $P = 50 + 2Q_o$
   $P = 60 - 3Q_d$

A função oferta apresenta o coeficiente angular igual a 2.

A função demanda apresenta o coeficiente angular, em módulo, igual a 3.

Logo:

CTC = 3/2 + 3 → CTC = 3/5 → CTC = 0,6 → CTC = 60%

CTP = 2/2 + 3 → CTC = 2/5 → CTP = 0,4 → CTP = 40%

Assim, se o tributo for 100, o consumidor arcará com o ônus de 60%, ou seja, pagará 60 e o produtor arcará com o ônus de 40%, ou seja, pagará 40. A carga tributária, em valores absolutos, será definida multiplicando-se o valor do tributo pela quantidade consumida/vendida de equilíbrio.

b) P = 10 + 5Q
   P = 20 − 2Q

A função oferta apresenta o coeficiente angular igual a 5.
A função demanda apresenta o coeficiente angular, em módulo, igual a 2.

CTC = 2/2 + 5 → CTC = 2/7 → CTC = 0,2857 → CTC = 28.57%
CTP = 5/2 + 5 → CTP = 5/7 → CTP = 0,7143 → CTP = 71,43%

Assim, se o tributo for de 100, o consumidor arcará com o ônus de 28,57%, ou seja, pagará 28,57 e o produtor arcará com o ônus de 71,43%, ou seja, pagará 71,43. A carga tributária, em valores absolutos, será definida multiplicando-se o valor do tributo pela quantidade consumida/vendida de equilíbrio.

c) Qo = 7 + 2P
   Qd = 5 − 3P

Como as funções estão sendo apresentadas com a quantidade em função do preço, devemos invertê-las, para que seja apresentado o preço em função da quantidade. Assim, temos:

$$P = \frac{-7}{2} + \frac{Qo}{2}$$

$$P = \frac{5}{3} - \frac{Qd}{3}$$

A função oferta apresenta o coeficiente angular igual a 1/2.
A função demanda apresenta o coeficiente angular, em módulo, igual a 1/3.

CTC = (1/3) / [(1/3) + (1/2)] → CTC = (1/3) / (5/6) → CTC = 2/5 → CTC = 0,4 → CTC = 40%
CTP = (1/2) / [(1/3) + (1/2)] → CTP = (1/2) / (5/6) → CTP = 3/5 → CTP = 0,6 → CTP = 60%

Assim, se o tributo for de 100, o consumidor arcará com o ônus de 40%, ou seja, pagará 40 e o produtor arcará com o ônus de 60%, ou seja, pagará 60. A carga tributária, em valores absolutos, será definida multiplicando-se o valor do tributo pela quantidade consumida/vendida de equilíbrio.

6.4. INCIDÊNCIA TRIBUTÁRIA EM VALORES PERCENTUAIS SOBRE O CONSUMIDOR E PRODUTOR POR MEIO DA ELASTICIDADE DAS FUNÇÕES

Quando, no lugar da função demanda e função oferta, forem dadas as elasticidades nos pontos das respectivas funções, podemos calcular a carga tributária do consumidor e do produtor da seguinte maneira:

Para determinar a **Carga Tributária do Consumidor** (CTC) em valores percentuais, devemos fazer a razão entre a Elasticidade-Preço da Oferta (EPO) e a soma das

Elasticidades-Preço da Oferta (EPO) e da Demanda (EPD), em módulo. Assim, temos:

$$CTC = \frac{EPO}{EPO + EPD}$$

Para determinar a **Carga Tributária do Produtor (CTP)** em valores percentuais, devemos fazer a razão entre a Elasticidade-Preço da Demanda (EPD), em módulo, e a soma das Elasticidades-Preço da Oferta (EPO) e da Demanda (EPD), em módulo. Assim, temos:

$$CTP = \frac{EPD}{EPO + EPD}$$

Devemos ficar atentos ao fato de que, na **carga tributária do consumidor**, colocamos no numerador a **elasticidade da curva de oferta**. Na **carga tributária do produtor**, colocamos no numerador a **elasticidade da curva de demanda**.

Com base nas explicações anteriores, podemos determinar a Carga Tributária do Consumidor (CTC) e do Produtor (CTP) em valores percentuais. Então, vejamos:

a) EPO = 4   e   EPD = –8

CTC = 4/(4 + 8) → CTC = 4/12 → CTC = 1/3 → CTC = 33,33%
CTP = 8/(4 + 8) → CTP = 8/12 → CTP = 2/3 → CTP = 66,67%

Percebemos que a carga tributária recai mais sobre o produtor porque este apresenta uma elasticidade menor, ou seja, a oferta é mais inelástica[5] ou menos elástica (EPO = 4) que a demanda.

b) EPO = 6   e   EPD = –3

CTC = 6/(6 + 3) → CTC = 6/9 → CTC = 2/3 → CTC = 66,67%
CTP = 3/(6 + 3) → CTC = 3/9 → CTP = 1/3 → CTP = 33,33%

Percebemos que a carga tributária recai mais sobre o consumidor porque este apresenta uma elasticidade menor, ou seja, a demanda é mais inelástica[6] ou menos elástica (EPD = 3) que a oferta.

c) EPO = 3   e   EPD = –3

CTC = 3/(3 + 3) → CTC = 3/6 → CTC = 1/2 → CTC = 50% e
CTP = 3/(3 + 3) → CTC = 3/6 → CTC = 1/2 → CTP = 50%

---

[5] Dizer que é mais inelástica não quer dizer que seja inelástica. Apenas está havendo uma comparação entre as elasticidades. Assim, quando dizemos que ela é mais inelástica, significa dizer que é menos elástica também.

[6] Dizer que é mais inelástica não quer dizer que seja inelástica. Apenas está havendo uma comparação entre as elasticidades. Assim, quando dizemos que ela é mais inelástica, significa dizer que é menos elástica também.

Portanto, a carga tributária recai igualmente para consumidores e produtores, ou seja, a metade do tributo será paga pelo consumidor e a outra metade pelo produtor, já que a elasticidade da demanda é igual à elasticidade da oferta.

6.5. IMPOSTO SOBRE VENDA (IMPOSTO ESPECÍFICO, *AD VALOREM*, *LUMP SUM TAX*)

Quando o governo cobra um tributo sobre vendas, esse tributo pode incidir sobre a quantidade produzida ou sobre o valor da mercadoria. Quando ocorre com base na quantidade, dizemos que o imposto (ou tributo) é do tipo **específico ou unitário**. Quando é baseado no valor da mercadoria, dizemos que o imposto é *ad valorem*. Nessa segunda situação, podemos distinguir também quando o imposto é **por dentro** ou **por fora**. O governo pode também cobrar o imposto do tipo *Lump Sum Tax* ou *per capita*, que é um valor fixo que, quando cobrado da empresa,[7] vai incidir independentemente da quantidade produzida ou do preço da mercadoria. Vamos, a seguir, analisar cada um dos casos.

6.5.1. Imposto específico ou unitário

O imposto **específico ou unitário** é aquele imposto cujo **valor fixo** incide sobre a **unidade vendida ou quantidade produzida**, independentemente do valor da mercadoria.

O imposto específico representa um custo de produção e, portanto, desloca a curva de oferta para cima ou para a esquerda.

Vejamos um exemplo, antes e depois da incidência do imposto específico (T).

Suponhamos que uma função oferta, antes do imposto, tenha o seguinte formato:

$$Q_o = -20 + 5p \quad (I)$$

Agora, vamos supor que haja a incidência de um tributo no valor de 5 (T = 5). A nova curva de oferta será assim representada:

$Q_o = -20 + 5(p - T)$
$Q_o = -20 + 5(p - 5)$
$Q_o = -20 + 5p - 25$

$$Q_o = -45 + 5p \quad (II)$$

Percebemos que nessa nova curva de oferta, quando há incidência de um tributo, o valor de (p – 5) representa o valor que o ofertante vai receber pela mercadoria, ou seja, o preço de mercado (p) subtraído do tributo.

Observemos as funções (I) e (II) acima. O que as diferencia é o seu intercepto, ou seja, o ponto em que a função oferta intercepta com o eixo das abscissas. Na função (I)

---

[7] Quando o governo cobra um imposto *lump sum tax* das famílias, o valor vai ser independente da renda do consumidor.

o intercepto é igual a −20 e na função (II), o intercepto é igual a −45. O coeficiente angular ou a declividade de ambas é igual a 5. Portanto, quando há incidência de um imposto do tipo específico ou unitário, **a curva de oferta se desloca paralelamente para cima ou para a esquerda**.

No gráfico da Figura 6.9, é possível observarmos que a **declividade** das curvas de oferta é a **mesma, alterando** apenas o **intercepto** com a horizontal. Vemos também que o Preço recebido pelo ofertante ou produtor (Pp) é igual ao Preço depois do imposto (Pdi) subtraído do Tributo (T).

Figura 6.9. Deslocamento da curva de oferta paralelamente para cima ou para a esquerda quando há incidência de um tributo do tipo específico ou unitário. As duas curvas de oferta apresentam a mesma inclinação com interceptos diferentes. O Preço do produtor (Pp) é igual ao Preço de equilíbrio depois do imposto (Pdi) subtraído do valor do Tributo (T).

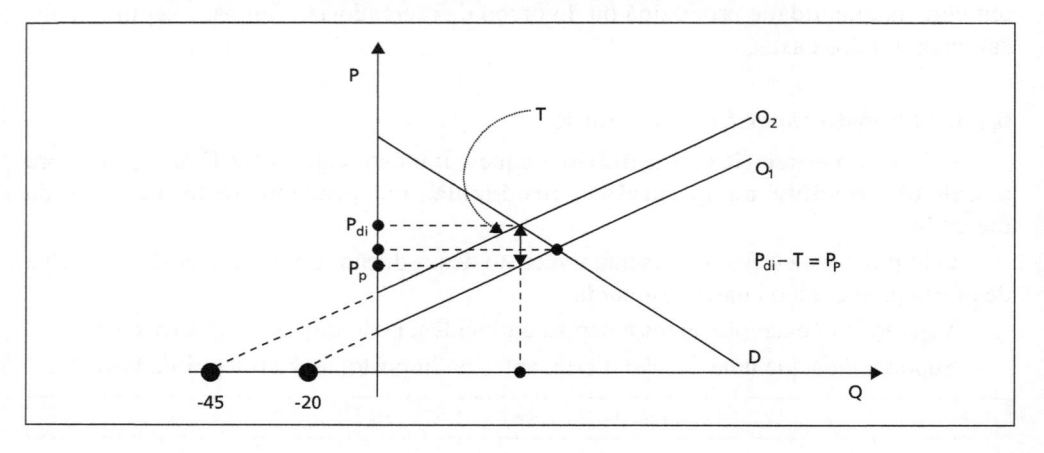

Portanto, o preço que o produtor vai receber (Pp) será aquele que o consumidor vai pagar depois do imposto (Pdi) subtraído do imposto (ou tributo) pago para o governo, ou seja:

$$Pp = Pdi - T$$

Devemos perceber, portanto, que o que **separa as duas curvas de oferta** ($O_1 \rightarrow O_2$) é o **tributo**.

O imposto específico é um **imposto pró-cíclico**[8] porque, independentemente do nível de produção, o imposto é um valor fixo sobre a quantidade produzida.

---

[8] O imposto é pró-cíclico quando está a favor do ciclo econômico, seja ele de crescimento ou recessão. Assim, se a economia está crescendo, o imposto sobrecarrega cada vez menos a produção, estimulando seu crescimento. Se a economia está em recessão, ou seja, produzindo menos, o imposto sobrecarrega mais a produção, acelerando a recessão. Os impostos pró-cíclicos são regressivos porque oneram mais, em valores percentuais, quem aufere menos renda, e oneram menos, em valores percentuais, quem aufere mais renda.

6.5.2. Imposto *ad valorem*

O **imposto *ad valorem*** é aquele cuja **alíquota fixa** é aplicada sobre o **valor** de cada unidade vendida. Embora a alíquota seja fixa em valores percentuais, em valor absoluto, o imposto aumenta conforme aumenta o preço. O efeito gráfico de um imposto *ad valorem* é o de uma curva de oferta que se tornará mais íngreme ou vertical.

O imposto *ad valorem* representa um custo de produção e, portanto, desloca a curva de oferta para cima, embora, agora, não paralelamente.

Vejamos um exemplo, antes e depois da incidência do imposto *ad valorem* (T).

Suponhamos uma função oferta antes do imposto no seguinte formato:

$$Qo = -20 + 5p \qquad (I)$$

Quando ocorre a incidência de um tributo no valor de 5% do preço (T = 5% p), a nova curva de oferta será assim representada:

$Qo = -20 + 5 (p - T)$
$Qo = -20 + 5 (p - 0{,}05p)$
$Qo = -20 + 5 (0{,}95p)$

$$Qo = -20 + 4{,}5p \qquad (II)$$

Observando as funções (I) e (II) acima, percebemos que o que diferencia uma da outra é a sua declividade, que passou de 5 para 4,75. O intercepto de –20 é igual para as duas funções, explicando o porquê de elas não se deslocarem paralelamente, mas partirem do mesmo ponto. Vejamos a representação gráfica dessas funções na Figura 6.10.

Figura 6.10. Deslocamento da curva de oferta para cima ou para a direita quando há a incidência de um imposto *ad valorem*. As duas curvas de oferta apresentam inclinações diferentes com o mesmo intercepto (= –20). O Preço do produtor (Pp) é igual ao Preço depois do imposto (Pdi) subtraído do valor do tributo (T).

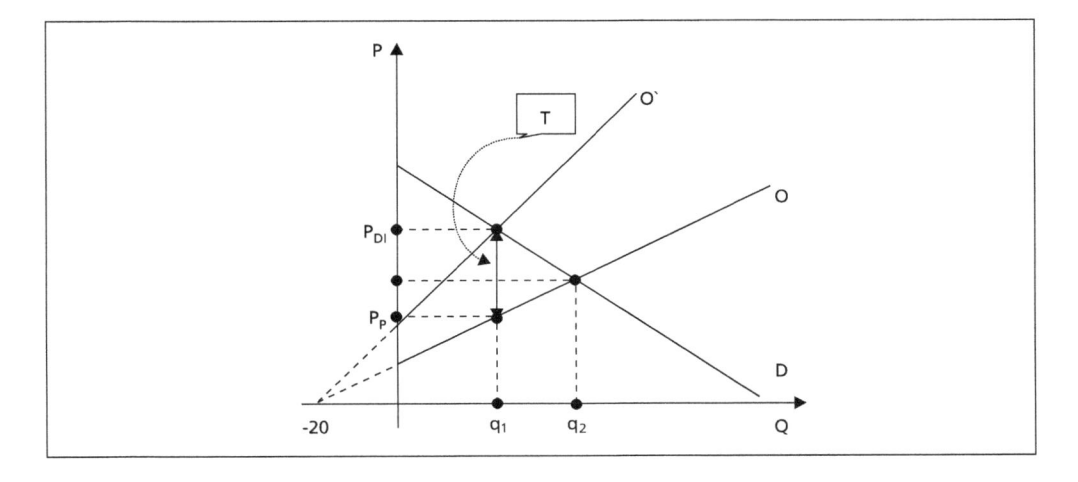

Devemos ficar atentos ao fato de as curvas de oferta estarem sendo apresentadas com a **quantidade em função do preço**, e não o preço em função da quantidade. Dessa maneira, a declividade da função deve ser analisada em relação ao eixo das ordenadas (ou no eixo dos preços). Por meio do gráfico da Figura 6.11, podemos perceber que, de fato, quando ocorre a tributação do tipo *ad valorem*, a declividade, em relação ao eixo das ordenadas, diminui.

Figura 6.11. Dada uma função oferta Qo = a + bP, quando há a incidência de um imposto do tipo *ad valorem*, o ângulo que a curva faz com a vertical diminui. Podemos perceber que, antes da incidência do imposto, a tangente do ângulo era igual a 5. Depois da incidência do imposto, a tangente do ângulo passou a ser 4,75.

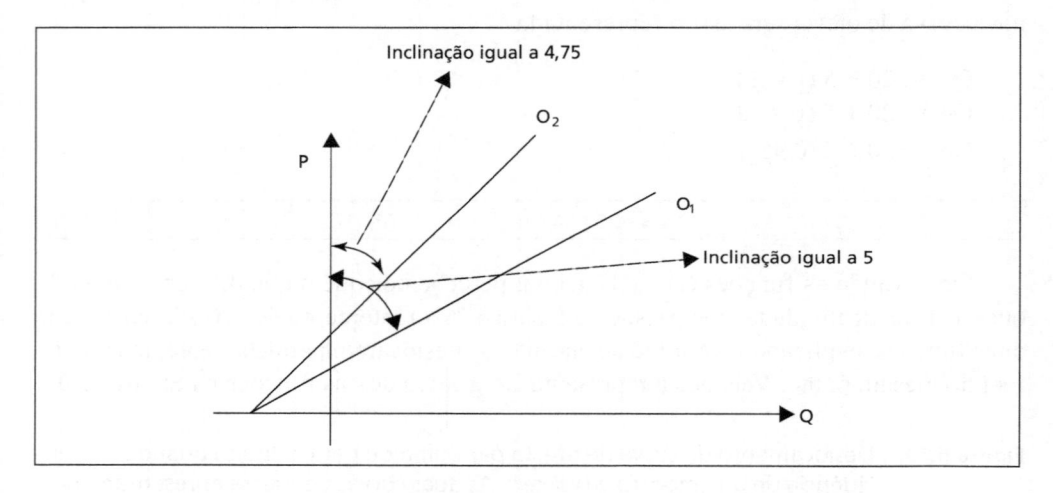

Quando a curva de oferta se desloca devido à incidência de um imposto do tipo *ad valorem*, percebemos que a **distância entre as duas curvas** é cada vez maior. Isso se dá porque, embora, em **valores percentuais o tributo seja constante**, em **valores absolutos ele aumenta** à medida que aumenta o preço. Portanto, assim como quando ocorre o imposto do tipo específico, o que **separa as duas curvas** de oferta na incidência de um imposto *ad valorem* é o **tributo**. Podemos ver pelas setinhas representadas no gráfico da Figura 6.12 que o que separa a curva de oferta "O_1" da curva de oferta "O_2" é o tributo T, que em valores percentuais é constante e, em valores absolutos, é crescente à medida que a produção aumenta.

Figura 6.12. Quando há a incidência de um imposto *ad valorem*, a curva de oferta se desloca para cima ou para a esquerda. O que separa a curva de oferta original, O_1, da curva de oferta depois do imposto, O_2, é o tributo, T, que em valores percentuais é constante e, em valores absolutos, cresce à medida que a produção aumenta.

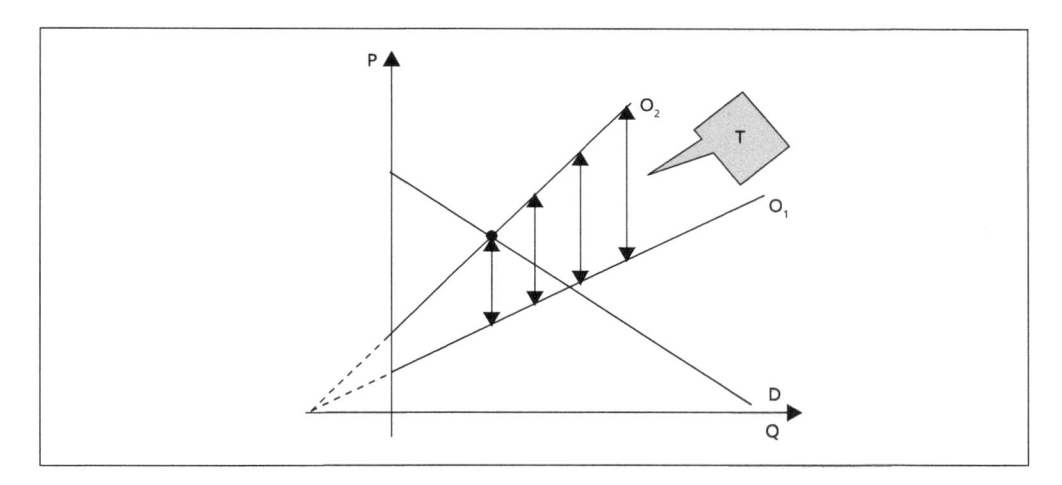

O imposto *ad valorem* é um imposto **anticíclico**[9], ou seja, vai desestimular a produção à medida que ela aumenta.

A incidência do imposto *ad valorem* pode ser por dentro e por fora. Vejamos o comportamento de cada um deles nos itens 6.5.2.1 e 6.5.2.2.

6.5.2.1. Imposto ad valorem *por dentro e por fora*

O **imposto *ad valorem* é por dentro** quando o imposto é uma porcentagem do preço de venda (ou do preço final) em que já está incluído o imposto.

Vamos supor que haja incidência de um imposto do tipo *ad valorem* por dentro de 20%. Assim, vejamos como ele se comporta, considerando:

Preço de venda antes do imposto (P_1) = 100,00

Imposto *ad valorem* por dentro = $0{,}2\, P_2$

Preço de venda depois do imposto = P_2

Podemos observar que o imposto sobre vendas está incidindo sobre o preço final p_2, que é o preço com o imposto já incluído.

Sabemos que o preço do produto somado ao imposto determinará o preço final do produto, ou seja:

Preço de venda antes do imposto + imposto = preço de venda depois do imposto

$P_1 + T = P_2$
$100{,}00 + 0{,}2\, P_2 = P_2$

---

[9] O imposto é anticíclico quando está na contramão do ciclo econômico, seja ele de crescimento ou recessão. Assim, se a economia está crescendo, o imposto sobrecarrega cada vez mais a produção, desestimulando seu crescimento. Se a economia está em recessão, ou seja, produzindo menos, o imposto sobrecarrega menos a produção, contendo a recessão. Os impostos anticíclicos são progressivos, porque oneram menos, em valores percentuais, quem aufere menos renda, e oneram mais, em valores percentuais, quem aufere mais renda.

$100{,}00 = P_2 - 0{,}2\, P_2$
$100{,}00 = 0{,}8\, P_2$
$P_2 = 100{,}00/0{,}8$
$P_2 = 125{,}00$

Ou seja:

Preço final $(P_2) = \dfrac{\text{preço antes do imposto } (P_1)}{(1 - T)}$

Imposto *ad valorem* por dentro:	$P_2 = P_1 / (1 - T)$ ou $P_1 = P_2 \cdot (1 - T)$

Podemos entender que:

P_1 = é o valor recebido pelo produtor
P_2 = é o preço pago pelo consumidor

Se nenhuma informação adicional for dada, devemos considerar a incidência de um imposto do tipo *ad valorem* por dentro, quando houver a cobrança de um imposto sobre vendas do tipo *ad valorem*.

O **imposto *ad valorem* é por fora** quando o imposto é uma porcentagem do preço de venda antes de computado o imposto.

Vamos supor que haja incidência de um imposto *ad valorem* por fora de 20%. Assim, vejamos como ele se comporta, considerando:

Preço de venda antes do imposto $(P_1) = 100{,}00$
Imposto *ad valorem* por fora $= 0{,}2\, P_1$
Preço de venda depois do imposto $= P_2$

Podemos observar que o imposto sobre vendas está incidindo sobre o preço inicial, ou seja, antes do imposto, P_1.

Sabemos que o preço do produto somado ao imposto determinará o preço final do produto, ou seja:

Preço de venda antes do imposto + imposto = preço de venda depois do imposto

$P_1 + T = P_2$
$100{,}00 + 0{,}2\, P_1 = P_2$
$100{,}00 + 0{,}2 \cdot 100{,}00 = P_2$
$100{,}00 + 20{,}00 = P_2$
$P_2 = 120{,}00$

Ou seja: Preço final (P_2) = Preço antes do imposto $(P_1) \cdot (1 + T)$.

6 ◼ Incidência Tributária sobre as Empresas

Imposto *ad valorem* por fora:	$P_2 = P_1 (1 + T)$ ou $P_1 = P_2 / (1 + T)$

Podemos entender que:

P_1 = é o valor recebido pelo produtor

P_2 = é o preço pago pelo consumidor

6.5.3. Imposto *lump sum tax* ou imposto *per capita*

O imposto do tipo ***lump sum tax***, também conhecido por **imposto *per capita***, é um **imposto fixo** que **independe da quantidade produzida e do preço** da mercadoria. Portanto, funciona como um **custo fixo** para empresa, não alterando o seu custo marginal[10] e, por conseguinte, não deslocando a curva de oferta.

Observemos uma situação em que não há a incidência do imposto do tipo *lump sum tax*. Podemos acompanhar pela Tabela 6.1. À medida que aumentamos a quantidade (Q) produzida de 10 para 14, o Custo Fixo (CF) permanece constante, já que o custo fixo é aquele que existe independentemente da quantidade produzida. Já o Custo Variável (CV) aumenta à medida que a produção aumenta. O Custo Total (CT), que é a soma do Custo Fixo (CF) e do Custo Variável (CV), também é crescente. O Custo Marginal (Cmg), que é o acréscimo do Custo Total (ΔCT) pelo fato de estar produzindo uma unidade a mais de produto (ΔQ), também cresce à medida que a quantidade aumenta.

Tabela 6.1. Comportamento do Custo Fixo (CF), Custo Variável (CV), Custo Total (CT) e Custo marginal (Cmg) quando a produção aumenta, antes da incidência do imposto *lump sum tax*.

Quantidade (Q)	Custo Fixo (CF)	Custo Variável (CV)	Custo Total (CT) = Custo Fixo (CF) + Custo Variável (CV)	Custo Marginal (Cmg) = $\Delta CT/\Delta Q$
10	100	200	300	—
11	100	220	320	20
12	100	250	350	30
13	100	300	400	50
14	100	380	480	80

Com a incidência de um imposto do tipo *lump sum tax*, por exemplo no valor de 20, os custos fixos vão subir de 100 para 120. Assim, vejamos a Tabela 6.2. Observamos que embora o Custo Fixo (CF) e o Custo Total (CT) aumentem, o Custo marginal permanece constante (Cmg). Como a curva de oferta é um trecho da curva de Custo marginal,

---

[10] Veremos no Capítulo 15 que a curva de oferta é um trecho ascendente da curva de custo marginal em mercados perfeitamente competitivos.

então, podemos afirmar que a curva de oferta não se desloca. Logo, o preço e a quantidade de equilíbrio não se alteram.

Tabela 6.2. Comportamento do Custo Fixo (CF), Custo Variável (CV), Custo Total (CT) e Custo marginal (Cmg) quando a produção aumenta, depois da incidência do imposto *lump sum tax*.

Quantidade (Q)	Custo Fixo (CF)	Custo Variável (CV)	Custo Total (CT) = Custo Fixo (CF) + Custo Variável (CV)	Custo Marginal (Cmg) = $\Delta CT/\Delta Q$
10	100 + 20 = 120	200	300 + 20 = 320	
11	100 + 20 = 120	220	320 + 20 = 340	20
12	100 + 20 = 120	250	350 + 20 = 370	30
13	100 + 20 = 120	300	400 + 20 = 420	50
14	100 + 20 = 120	380	480 + 20 = 500	80

O imposto do tipo *lump sum tax* também pode incidir sobre o **consumidor**. O montante cobrado é **fixo em valores absolutos** e independente da renda e do consumo do indivíduo. Como o valor é fixo e igual para todos os consumidores, a renda é reduzida igualmente para todos, fazendo com que ele **não interfira na eficiência econômica das trocas** e não desestimulando o trabalho árduo.

EXEMPLO:

Vejamos um exemplo da aplicação de um tributo específico, *ad valorem* por dentro, *ad valorem* por fora e *per capita*.

Suponhamos que a demanda e a oferta se comportem conforme mostrado nas funções a seguir: Qd = 100 – 10P; onde Qd = quantidade demandada e P = preço

Qo = -20 + 30P; onde Qo = quantidade ofertada e P= preço

Se não fosse instituído nenhum tributo, o ponto de equilíbrio do preço seria:

100 – 10P = -20 +30P

P = 3

Se fosse instituído um tributo do tipo **específico** no valor de 80 (T=80), o novo preço de equilíbrio seria de:

$Qo_2 = -20 + 30 (P - T)$

$Qo_2 = -20 + 30 (P - 80)$

$Qo_2 = -2420 + 30 P$

Igualando com a função demanda que não se alterou, teremos:

-2420 + 30P = 100 – 10P → **P = 63**, ou seja, o preço se elevou em 60 (= 63 – 3)

Se fosse instituído um tributo do tipo ***advalorem* por dentro** no valor de 80% (T=0,8), o novo preço de equilíbrio seria de:

$Qo_2 = -20 + 30 (P - T)$

$Qo_2 = -20 + 30 (P - 0,8P)$

$Qo_2 = -20 + 6 P$

Igualando com a função demanda que não se alterou, teremos:

-20 + 6P = 100 − 10P → **P = 7,5**, ou seja, o preço se elevou em 4,5 (= 7,5 − 3)

Se fosse instituído um tributo do tipo *advalorem* **por fora** no valor de 80% (T=0,8), o novo preço de equilíbrio seria de:

Qo_2 = -20 + 30 P /(1+ T)

Qo_2 = -20 + 30 P/ 1,8

Qo_2 = -20 + 16,67 P

Igualando com a função demanda que não se alterou, teremos:

-20 + 16,67P = 100 − 10P → **P = 4,5**, ou seja, o preço se elevou em 1,5 (= 4,5 − 3)

Se fosse instituído um tributo do tipo *per capita* no valor de 80, nem a função demanda nem a função oferta se alterariam e o preço do produto permaneceria inalterado

6.6. CARGA TRIBUTÁRIA DO CONSUMIDOR E PRODUTOR REPRESENTADAS GRAFICAMENTE

Vamos representar, a seguir, duas situações. A primeira vai mostrar o equilíbrio entre a demanda e a oferta **sem incidência tributária**. Podemos observar no gráfico da Figura 6.13 o equilíbrio entre preço e quantidade antes da cobrança de imposto, em que P_{AI} é o preço de equilíbrio antes do imposto e Q_{AI} é a Quantidade de equilíbrio antes do imposto.

Figura 6.13. Equilíbrio entre oferta e demanda antes da incidência do imposto. P_{AI} representa o Preço de equilíbrio antes do imposto e Q_{AI}, a Quantidade de equilíbrio antes do imposto.

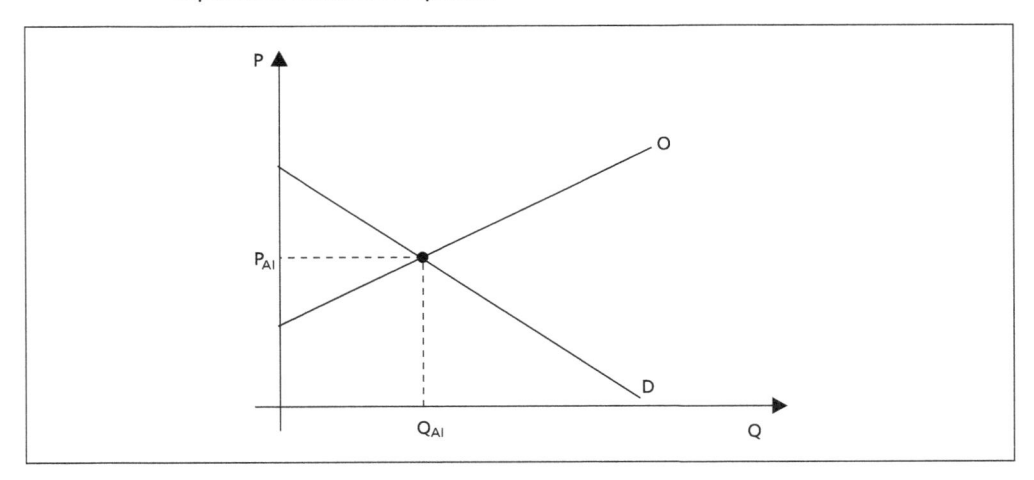

A segunda situação vai levar em consideração a **incidência de um tributo** do tipo **específico ou unitário**. Sabemos que quando ocorre um imposto específico (T), o produtor encara isso como custo, então sua curva de oferta de desloca para a esquerda ou

para cima. Com isso, um novo preço e quantidade de equilíbrio se formam. Assim, temos P_{di}, que é o Preço depois do imposto, e Q_{di}, que é a Quantidade depois do imposto. Esse preço, P_{di}, é o preço que o consumidor irá pagar pelo produto final, sendo que esse valor não ficará com o produtor. Desse valor (P_{di}), o produtor terá que descontar o Tributo (T) que deverá repassar para o governo. O que sobra para ele é o P_p, Preço do produtor. Perceba, no gráfico da Figura 6.14, que a distância entre P_{di} e P_p é o tributo.

Figura 6.14. Equilíbrio entre demanda e oferta depois da incidência do tributo. O preço que os consumidores irão pagar será P_{di}, Preço depois do imposto. Depois de descontados os Tributos (T), os produtores ficarão com Pp, Preço do produtor.

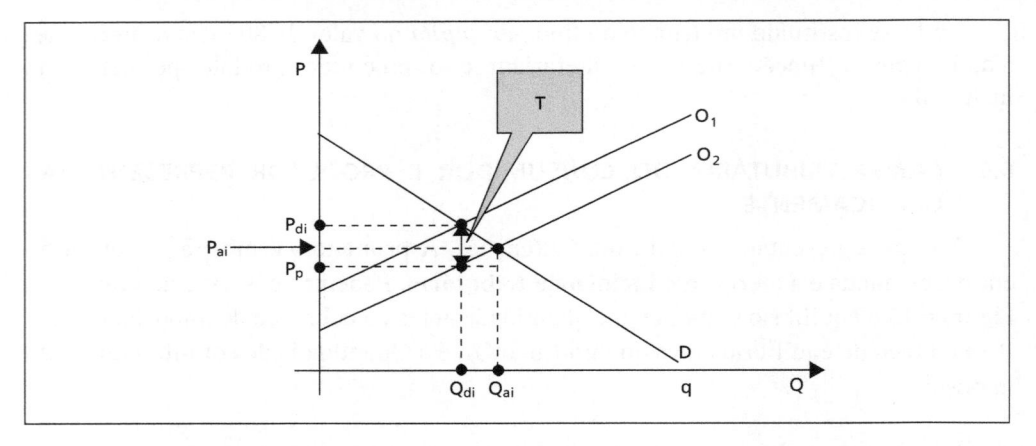

É importante que observemos que, com o imposto, a quantidade cai (passa de Q_{ai} para Q_{di}), e o preço sobe (passa de P_{ai} para P_{di}).

Podemos perceber que o ônus tributário pode recair para o consumidor ou para o produtor ou para ambos, de tal maneira que o total da arrecadação tributária do governo (RTG) será constituído pela soma da Carga Tributária paga pelos Consumidores (CTC) e da Carga Tributária paga pelos Produtores (CTP).

$$RTG = CTC + CTP$$

A Carga Tributária do Consumidor (CTC) vai ser a parcela do tributo paga pelo consumidor, calculada pela diferença de Preço depois do imposto (P_{di}) e antes do imposto (P_{ai}), multiplicada pela Quantidade consumida depois do imposto (Q_{di}).

$$CTC = (P_{di} - P_{ai}) \cdot Q_{di}$$

A Carga Tributária do Produtor (CTP) vai ser a parcela do tributo paga pelo produtor, calculada pela diferença de preço antes do imposto (P_{ai}) e o Preço do produtor (P_p), multiplicada pela Quantidade consumida depois do imposto (Q_{di}).

$$CTP = (P_{ai} - P_p) \cdot Q_{di}$$

Por meio do gráfico da Figura 6.15, podemos verificar a carga tributária que vai recair sobre o consumidor e a carga tributária que vai recair sobre o produtor.

Figura 6.15. Identificação gráfica da Carga Tributária do Consumidor (CTC) e da Carga Tributária do Produtor (CTP) com a incidência de um imposto específico.

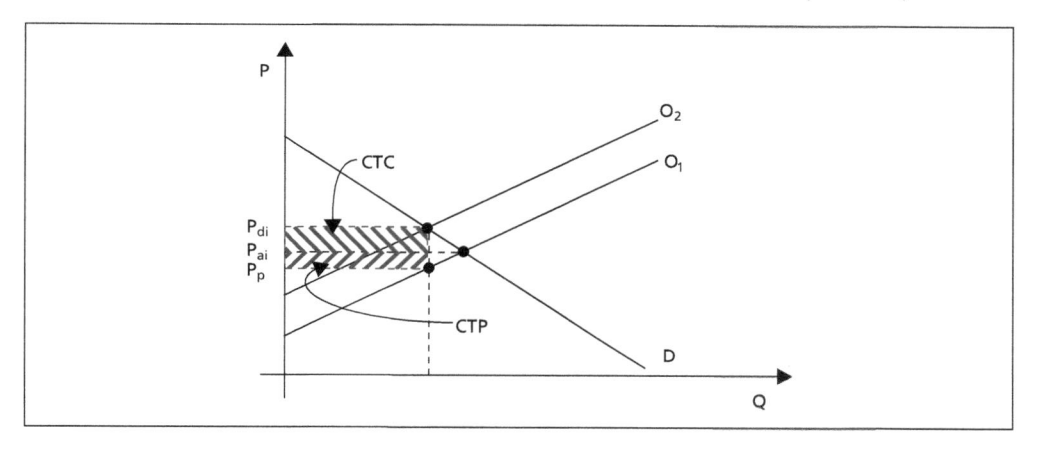

Podemos, ainda, verificar qual a Receita Total do Governo (RTG), que corresponde à soma da Carga Tributária do Consumidor (CTC) e da Carga Tributária do Produtor (CTP). No gráfico da Figura 6.16, podemos identificar a RTG pela área hachurada.

Figura 6.16. Identificação da Receita Total do Governo (RTG), que é a soma da Carga Tributária do Consumidor (CTC) e da Carga Tributária do Produtor (CTP).

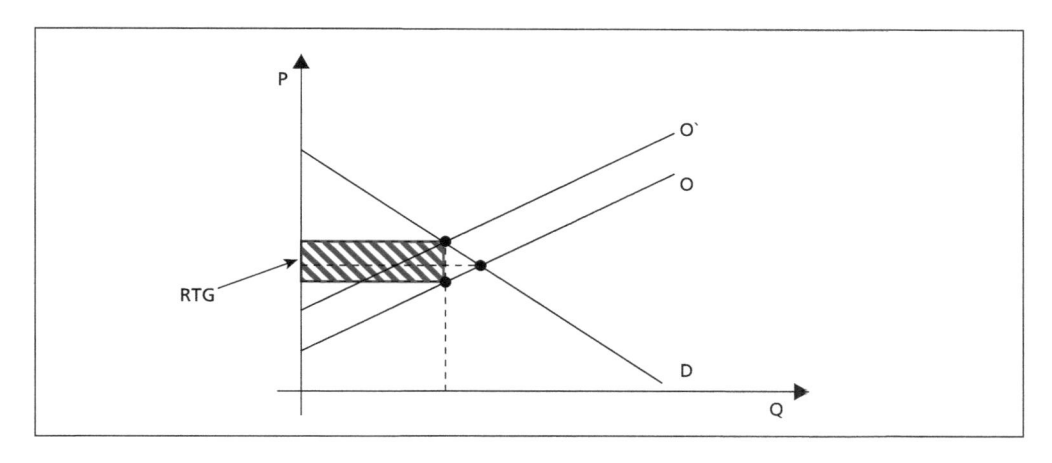

Quando ocorre a incidência de um imposto do tipo ***ad valorem***, a oferta vai se retrair, mas não mais paralelamente como ocorreu quando houve a incidência de um imposto específico, já que o coeficiente angular da função agora vai se alterar. Mas a análise da Carga Tributária do Consumidor (CTC) e do Produtor (CTP), assim como o cálculo da Receita Total do Governo (RTG), serão muito semelhantes.

Podemos observar no gráfico da Figura 6.17 a Carga Tributária do Consumidor (CTC) e a Carga Tributária do Produtor (CTP), bem como a Receita Total do Governo (RTG). Percebemos que a CTC é calculada pela diferença entre o P_{di} e P_{ai} multiplicada por Q_{di} e a CTP é calculada pela diferença entre o P_{ai} e Pp multiplicada por Q_{ai}. A Receita do Governo é a soma da CTC e CTP.

Figura 6.17. Identificação gráfica da Carga Tributária do Consumidor (CTC) e da Carga Tributária do Produtor (CTP) com a incidência de um imposto *ad valorem*.

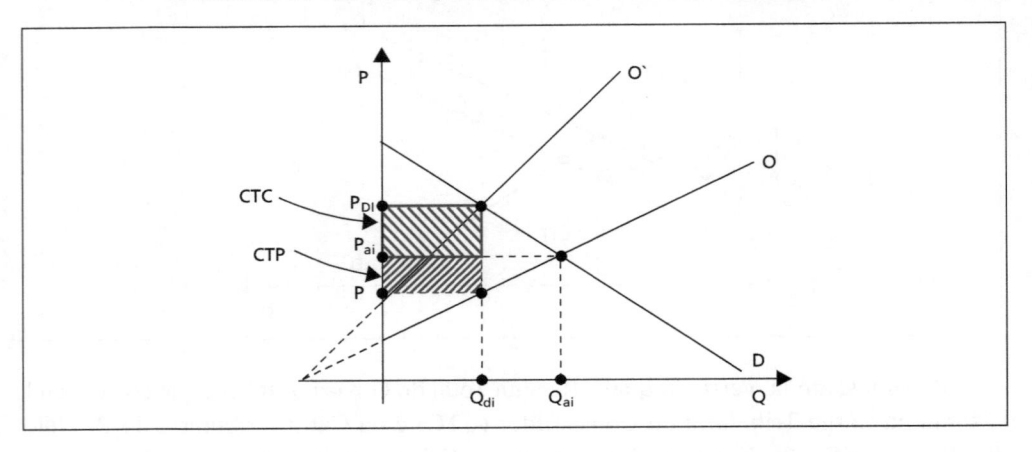

6.7. QUESTÕES

1. (FCC — ICMS-SP — 2013) Em um determinado mercado em concorrência perfeita, na ausência de impostos sobre vendas, as funções de demanda e de oferta são descritas pelas seguintes funções lineares:

Qd = 3.600 − 8P
Qo = − 400 + 12P

Em que: Qd = quantidade demandada; Qo = quantidade ofertada; P = preço de mercado.
Se o Governo instituir um imposto específico no valor de R$ 10,00 por unidade vendida para o bem transacionado nesse mercado, então:
  a) o ônus do pagamento do imposto recairá apenas sobre os produtores.
  b) a quantidade transacionada no mercado diminuirá 4,8% após a incidência do imposto.
  c) o preço de mercado passará a ser R$ 208,00 após a incidência do imposto.
  d) o ônus do pagamento do imposto recairá, em sua maior parte, sobre os consumidores.
  e) a arrecadação do imposto corresponderá a R$ 19.200,00.

2. (VUNESP — PMSP — 2015) Num mercado em concorrência perfeita, a demanda de um bem é dada por Q_D = 100 − 10p e sua oferta é dada por Q_S = 30p − 20. O aumento do preço, em reais, quando se institui uma alíquota de 80% (por fora) no preço do bem vendido ao consumidor é de:
  a) R$ 0,80.
  b) R$ 2,40.
  c) R$ 0,00.
  d) R$ 2,00.
  d) R$ 1,50.

3. (FCC — Manaus Prev. — Economista — modificada — 2015 — adaptada) Admita-se uma situação de equilíbrio de um mercado em concorrência perfeita. Caso o governo decida pela aplicação de um imposto sobre o bem ou serviço negociado nesse mercado, é correto afirmar:

a) A elasticidade-preço da demanda é mais importante do que a elasticidade-preço da oferta na determinação do rateio da cunha fiscal, pois a reação do consumidor a um preço maior é o único fator relevante.
b) O mercado em questão sofrerá um aumento na quantidade de equilíbrio, uma vez que o tributo implicará um preço mais elevado, de maneira que os ofertantes ficarão dispostos a vender mais de seus bens e serviços no mercado.
c) A magnitude da cunha fiscal só pode ser aferida a partir do conhecimento estrito das elasticidades-preço da demanda e da oferta, uma vez que ambas as medidas são determinantes do rateio da incidência tributária entre consumidores e ofertantes.
d) O imposto não gera efeitos substanciais na quantidade negociada no mercado, pois os agentes econômicos entendem que o governo deve gastar esse valor, necessariamente, no aprimoramento das condições socioeconômicas do país, o que ocasiona uma melhoria da eficiência produtiva e da renda em escala nacional.
e) Uma elasticidade-preço da oferta muito baixa, necessariamente, impõe sobre os consumidores desse mercado um fardo fiscal muito grande, porque o ofertante não disponibilizará mais bens quando o preço subir, piorando o nível de bem-estar dos consumidores.

4. (FCC — SEFAZ-PI — 2015) Considere a elasticidade-preço da demanda e da oferta de um bem qualquer e as formas de incidência tributária na economia de um país:
 I. Quando a oferta de um bem é mais elástica à variação do preço do que a demanda (preço inelástica), a incidência tributária recai mais pesadamente sobre os produtores do que sobre os consumidores.
 II. Quando a oferta de um bem é mais elástica à variação do preço do que a demanda (preço inelástica), a incidência tributária recai mais pesadamente sobre os consumidores do que sobre os produtores.
 III. Quando a demanda por um bem é mais elástica à variação do preço do que a oferta (preço inelástica), a incidência tributária recai mais pesadamente sobre os consumidores do que sobre os produtores.
 IV. Quando a demanda por um bem é mais elástica à variação do preço do que a oferta (preço inelástica), a incidência tributária recai mais pesadamente sobre os produtores do que sobre os consumidores.

Está correto o que se afirma APENAS em:
a) I e II.
b) I e III.
c) II e III.
d) II e IV.
e) I e IV.

5. (CESGRANRIO — BNDES — 2011) Suponha que o governo crie um novo imposto de R$ 10,00 por unidade vendida no mercado do bem Y. Os vendedores vão fazer a coleta fiscal para o governo.
A figura a seguir mostra as curvas de demanda (D) e de oferta (S) do bem Y, antes do imposto; a oferta é totalmente inelástica.

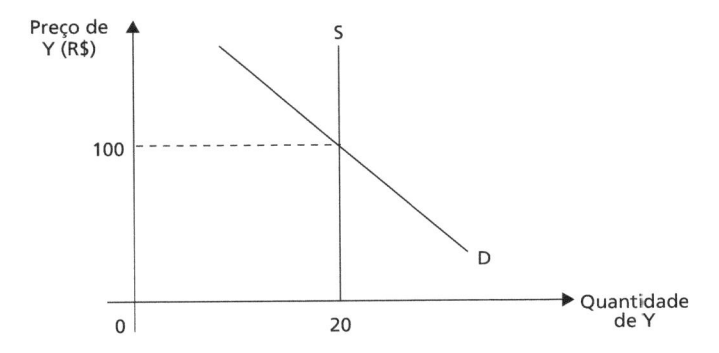

Após a vigência do imposto, o preço pago pelos compradores aos vendedores e a receita obtida pelo governo com o imposto, ambos expressos em reais, serão, respectivamente,
a) 90 e 200.
b) 90 e 210.
c) 100 e 200.
d) 110 e 190.
e) 110 e 200.

6. (VUNESP — Prefeitura de Francisco Morato — 2019) Em um determinado mercado em concorrência perfeita, as funções de demanda e de oferta são descritas pelas seguintes funções lineares:

Qd = 900 − 3 P
Qo = − 300 + 5 P
Em que:
Qd = quantidade demandada
Qo = quantidade ofertada
P = preço de mercado

O governo institui um imposto específico no valor de R$ 10,00 por unidade vendida para o bem transacionado nesse mercado. É correto afirmar que:
a) o ônus do pagamento do imposto recairá apenas sobre os consumidores.
b) a arrecadação do imposto corresponderá, em R$, a 4.500,00.
c) os produtores arcarão com 37,5% do ônus do pagamento do imposto.
d) a quantidade transacionada no mercado diminuirá 10% após a incidência do imposto.
e) o preço de mercado passará a ser R$ 457,50 após a incidência do imposto.

7. (VUNESP — Prefeitura de SBC — 2018) Utilize as informações a seguir para responder à questão.
As retas de demanda e oferta de um bem X em um mercado de concorrência perfeita são as seguintes:

Qd = 16.000 − 4P
Qs = − 2.000 + 6P

O governo decide intervir no mercado estabelecendo um imposto específico de 200 unidades monetárias sobre a venda do bem X.
A porcentagem do imposto específico que será paga pelos consumidores por cada unidade transacionada no mercado será de:
a) 20%.
b) 30%.
c) 40%.
d) 50%.
e) 60%.

8. (FCC — SEF-SC — 2018) O governo decide criar um imposto sobre um determinado produto. Considerando-se a elasticidade com relação ao preço, se a demanda for:
a) menos elástica do que a oferta, a carga tributária recairá proporcionalmente entre os compradores e os produtores.
b) menos elástica do que a oferta, a carga tributária recairá principalmente sobre os produtores.
c) menos elástica do que a oferta, a carga tributária recairá principalmente sobre os compradores.
d) mais elástica do que a oferta, a carga tributária incidirá principalmente sobre os compradores.
e) mais elástica do que a oferta, a carga tributária incidirá somente sobre os compradores.

6 ◙ Incidência Tributária sobre as Empresas

9. (CEBRASPE — 2024 — MPO) A respeito dos tributos, de sua perda de eficiência (deadweight-loss) e da equidade, julgue o item que se segue.
Em um mercado monopolista, a instituição de um imposto unitário a ser recolhido pela firma não aumenta a de-adweight-loss, uma vez que toda perda de bem-estar pelos consumidores é absorvida pela firma.
( ) Certo   ( ) Errado

10. (CEBRASPE — 2024 — TCE-PR) A imposição de um tributo tem um efeito duplo sobre o equilíbrio de mercado de concorrência perfeita: varia o preço, mas também a quantidade transacionada. Esse duplo efeito implica que ambos, consumidores e produtores, paguem uma parcela do total de tributos recolhidos pelo Estado. Normalmente, a capacidade de repasse da carga tributária de um agente para o outro vai depender da capacidade de reação do primeiro agente à variação do preço causada pelo tributo. Considerando-se um bem cuja demanda seja uma curva decrescente em função do preço, se ε indica a elasticidade-preço da oferta desse bem, é correto afirmar que o produtor consegue repassar a totalidade dos tributos aos consumidores quando se observa

a) $0<\varepsilon<1$
b) $\varepsilon=0$
c) $\varepsilon \to \infty$
d) $1<\varepsilon<2$
e) $\varepsilon=1$

GABARITO

1. "d". Para determinar a Carga Tributária do Consumidor (CTC) e a Carga Tributária do Produtor (CTP) devemos analisar o coeficiente angular das funções demanda e oferta em módulo. Como a função está invertida, devemos considerar o ângulo invertido. Assim:

$Qd = 3.600 - 8P \to$ ângulo = 8 $\to$ ângulo invertido = 1/8
$Qo = -400 + 12P \to$ ângulo = 12 $\to$ ângulo invertido = 1/12

Como o ângulo invertido da função demanda é maior que o da oferta, então a demanda é uma função mais vertical e, portanto, mais inelástica. Como quem arca com o maior ônus tributário é o dono da curva mais inelástica, então, o consumidor arcará com o maior ônus tributário. A alternativa "a" está incorreta e a "d" está correta.
A quantidade transacionada antes do imposto é:
$Qd = 3.600 - 8P$
$Qo^1 = -400 + 12P$
Igualando as duas funções, temos:
$Qd = Qo^1$
$3.600 - 8P = -400 + 12P$
$20P = 4.000 \to P = 200$ e $Q^1 = 2.000$
A quantidade transacionada depois do imposto é:
$Qd = 3.600 - 8P$
$Qo^2 = -400 + 12(P - 10)$
Igualando as duas funções, temos:
$Qd = Qo^1$
$3.600 - 8P = -400 + 12(P - 10)$
$3.600 - 8P = -400 + 12P - 120$
$20P = 4120 \to P^2 = 206$ e $Q^2 = 1.952$
A quantidade variou em valores percentuais: $(Q^2 - Q^1)/Q^1 = -48/2.000 = -2,4\%$ e o preço após o imposto (P^2) passou a ser 206. As alternativas "b" e "c" estão incorretas.
A arrecadação do imposto corresponde ao valor tributado multiplicado pela quantidade transacionada (Q^2). Logo, a arrecadação será igual a: $10 \cdot 1.952 = 19.520$. A alternativa "e" está incorreta.

2. "e". Primeiro, devemos encontrar o preço de equilíbrio, antes da instituição do imposto, igualando a função demanda e a função oferta dadas na questão:

$Q^D = Qs$
$100 - 10p = 30p - 20$
$40p = 120 \to p = 3$
Essa questão traz a hipótese de um imposto *ad valorem* por fora (e não por dentro, como é mais usualmente cobrado nos exercícios). Portanto, a nova curva de oferta será:
$Qs^2 = 30p / (1 + 0,8) - 20$
Devemos igualá-la com a curva de demanda dada na questão para encontrarmos o novo preço de equilíbrio.
$Q^D = Qs^2$
$100 - 10p = 30 \, p/1,8 - 20$
$180 - 18p = 30 \, p - 36$
$48 \, p = 216$
$p^2 = 4,5$
Portanto, a variação do preço será de 1,5 (= 4,5 – 3).

3. "c". Para determinar o ônus tributário que recairá sobre o consumidor e o produtor, precisamos conhecer as elasticidades das curvas de demanda e de oferta. Ambas são igualmente importantes para a repartição da cunha fiscal. A alternativa "c" está correta e a "a" está incorreta, portanto. Quando ocorre uma tributação sobre vendas, há um desestímulo à produção, reduzindo a quantidade vendida. A alternativa "b" está incorreta. O imposto sobre vendas gera ineficiência à medida que reduz a quantidade produzida e eleva o preço de equilíbrio. A alternativa "d" está incorreta. Quando a oferta é muito inelástica, o produtor deverá arcar com a maior parcela do ônus tributário. A alternativa "e" está incorreta.

4. "d". Quando a oferta de um bem é mais elástica à variação do preço do que a demanda (preço inelástica), a incidência tributária recai mais pesadamente sobre os consumidores, já que o ônus tributário recai sobre o agente cuja curva é mais inelástica. O item "I" está incorreto. Quando a oferta de um bem é mais elástica que a demanda (preço inelástica), a incidência tributária recai mais pesadamente sobre os consumidores do que sobre os produtores. O item "II" está correto. Quando a demanda por um bem é mais elástica à variação do preço do que a oferta (preço inelástica), a incidência tributária recai mais pesadamente sobre os produtores. O item "III" está incorreto. Quando a demanda por um bem é mais elástica do que a oferta, a incidência tributária recai mais sobre os produtores. O item "IV" está correto.

5. "c". Como a curva de oferta (S) é totalmente inelástica ao preço, então, os produtores irão arcar com todo o ônus tributário imposto pelo governo. Assim, o consumidor não arcará com nenhum ônus tributário e o preço do produto não sofre alteração. Portanto, a receita do governo (RG) será: $RG = T \cdot Q$; em que "T" é o valor do tributo e "Q" a quantidade produzida. Logo, $RG = 10 \cdot 20 = 200$.

6. "c".
Primeiro, precisamos inverter as funções demanda e oferta e achar o coeficiente angular de cada uma delas.
Demanda $\to Q^D = 900 - 3 \, P$ ou $P = 300 - Q^{d/3} \to$ coeficiente angular = 1/3
Oferta $\to Q^o = -300 + 5 \, P$ ou $P = -60 + Q^{o/5} \to$ coeficiente angular = 1/5
Logo, a Carga tributária do Consumidor (CTC) e do produtor (CTP) serão:

$CTC = \dfrac{1/3}{1/3 + 1/5} = 5/8$

$CTC = \dfrac{1/5}{1/3 + 1/5} = 3/8$

Como o tributo (T) é de 10, então o Consumidor arcará com 6,25 (5/8 × 10) que corresponde a 62,5% do tributo e o produtor arcará com 3,75 (3/8 × 10) que corresponde a 37,5% do tributo. A alternativa "c" está correta. Logo, tanto consumidor como produtor arcarão com o ônus tributário. A alternativa 'A" está incorreta.
A arrecadação do imposto corresponde ao valor do tributo (= 10) multiplicado pela quantidade depois do imposto (Q^{di}). Vejamos o gráfico a seguir:

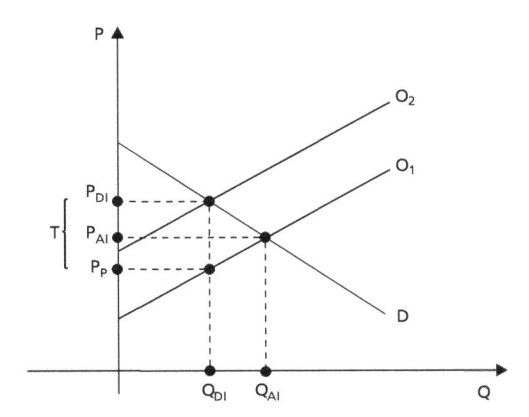

Para encontrar Q^{di} devemos igualar a curva de Oferta 2 (O^2) com a curva de demanda. Logo:
$Q^o = -300 + 5(P - 10)$
$Q^D = 900 - 3P$
$-300 + 5P - 50 = 900 - 3P \to 8P = 1.250 \to p = 156,25$ e $Q = 431,25$
A arrecadação do governo (RG) será igual a:
$RG = 431,25 \cdot 10 \to RG = 4.312,50$. A alternativa "b" está incorreta.
Achamos a quantidade antes do imposto (Q^{ai}) igualando a curva de Demanda com a curva de Oferta 1. Vejamos:
$Q^o = -300 + 5P$
$Q^D = 900 - 3P$
$-300 + 5P = 900 - 3P \to 8P = 1.200 \to p = 150$ e $Q = 450$
Logo a quantidade que era 450 passou para 431,25, ou seja, reduziu em 4,17% [(431,25 – 450)/450]. A alternativa "d" está incorreta.
Depois da incidência do imposto, o preço (P^{di}) passou para 156,25. A alternativa "e" está incorreta.

7. "e".

A Carga Tributária do Consumidor (CTC) quando as funções demanda e oferta são lineares é:

$$CTC = \frac{\text{Coeficiente angular da função demanda}}{\text{Coeficiente angular da função demanda + Oferta}}$$

Como a função demanda está com a quantidade em função do preço, devemos utilizar o coeficiente angular invertido. Assim:

$$EPDj = \frac{1/4}{1/4 + 1/6} = 3/5 = 0,6 = 60\%$$

8. "c". O ônus tributário irá recair mais forte sobre a curva mais inelástica (ou menos elástica). Assim se a demanda é menos elástica que a oferta, os consumidores arcarão com o maior ônus tributário que os produtores. A alternativa "c" está correta e as alternativas "a" e "b" estão incorretas. Se a curva de Demanda for mais elástica que a oferta, a carga tributária incidirá principalmente sobre os produtores. As alternativas "d" e "e" estão incorretas.

9. "errado". Imposto unitário ou específico é o imposto que recai sobre a quantidade produzida. Dependendo da elasticidade do consumidor e do produtor, o imposto deverá recair em maior proporção sobre cada um deles. Quanto mais inelástica for a demanda ou a oferta, mais deverá recair o ônus tributário, ou seja, pagará mais do imposto aquele que for mais inelástico. Com isso, é gerado uma ineficiência na economia, provocando uma redução da quantidade de equilíbrio e uma elevação dos preços. Essa ineficiência é medida pelo deadweight-loss ou peso morto. Portanto, a questão está incorreta.

10. "c". Quando a empresa consegue repassar toda a carga tributária para o consumidor é porque a oferta é totalmente (ou perfeitamente ou infinitamente) elástica. Logo a Elasticidade da oferta tende ao infinito ($\varepsilon \to$), já que a curva de demanda é decrescente. Caso não fosse dito que a curva de demanda é decrescente, outra forma do consumidor absorver todo ônus tributário seria a demanda ser totalmente inelástica.

6.8. MATERIAL SUPLEMENTAR

QUESTÕES DE CONCURSOS
> http://uqr.to/1yarf

7
INCIDÊNCIA TRIBUTÁRIA SOBRE AS FAMÍLIAS

Quando o governo tributa[1] as famílias ou os consumidores, isso pode gerar um impacto sobre os preços e as quantidades de equilíbrio. O impacto dessa tributação desloca a curva de demanda do bem. A curva de oferta não será afetada.

Como o tributo sobre o consumidor torna o bem menos atraente, a quantidade demandada, a qualquer preço dado, irá diminuir, fazendo com que a curva de demanda se desloque para baixo ou para a esquerda, ou seja, de D_1 para D_2, conforme mostra a Figura 7.1.

Figura 7.1. Com a incidência de um tributo cobrado dos consumidores, a curva de demanda se desloca para baixo ou para a esquerda.

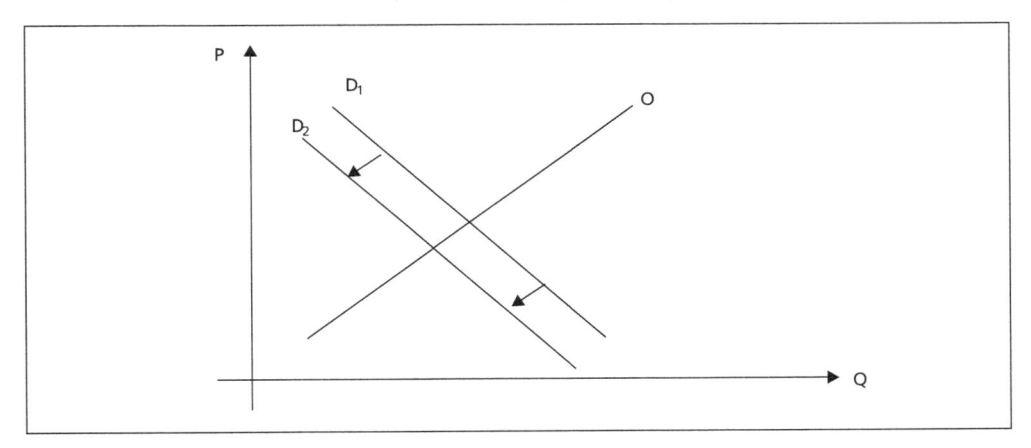

A curva de demanda se desloca no montante exato do Tributo (T), ou seja, a intensidade do deslocamento da curva de Demanda 1 (D_1) para a curva de Demanda 2 (D_2) vai ser exatamente igual ao Tributo cobrado (T). Nesse exemplo, estamos considerando o tributo do tipo específico ou unitário, o que provoca o deslocamento da curva de demanda de forma paralela. Na Figura 7.2, podemos ver por meio das setinhas verticais que a distância entre as duas curvas de demanda é igual ao tributo cobrado.

---

[1] Trataremos, para facilitar a análise, tributos e impostos como palavras sinônimas.

Figura 7.2. Um Tributo (T) sobre os consumidores desloca a curva de demanda para a esquerda ou para baixo na mesma intensidade do Tributo (T).

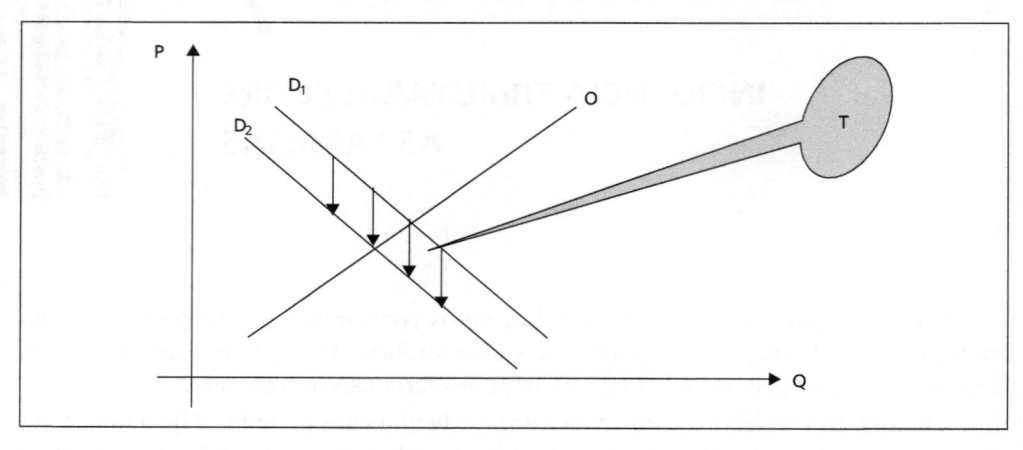

Podemos observar que a incidência do tributo reduz o mercado, ou seja, a nova quantidade de equilíbrio diminui e o preço sobe. O ônus desse tributo será dividido entre compradores e vendedores. Esse impacto, que é o efeito sobre o preço dos produtos e sobre os níveis de consumo e de produção, dependerá das **elasticidades-preço da demanda e da oferta**, assim como falamos da incidência de tributos sobre o produtor no Capítulo 6. Assim, o maior **ônus tributário** recairá sobre o agente econômico (consumidor ou produtor) que possuir a curva mais **inelástica**. Se o consumidor for dono de uma curva de demanda mais elástica, recairá sobre o produtor o maior ônus tributário. Também, se o produtor for dono de uma curva de oferta mais elástica, recairá sobre o consumidor o maior ônus tributário. Podemos compreender melhor por meio da Figura 7.3. Antes da incidência do tributo, o Preço de equilíbrio era P_{ai} (preço antes do imposto ou tributo) e a Quantidade de equilíbrio era Q_{ai} (quantidade antes do imposto ou tributo). Depois que ocorreu a incidência do tributo, o novo preço de equilíbrio passou para P_p (preço que o produtor receberá) e a quantidade de equilíbrio passou para Q_{di} (quantidade depois do imposto ou tributo). O preço que os consumidores passaram a pagar foi P_{di} (preço depois do imposto ou tributo). Podemos observar que o tributo será repartido entre produtores e consumidores. O ônus do produtor é a diferença entre P_{ai} e Pp multiplicada pela Q_{di}, a que damos o nome de **Carga Tributária do Produtor** (CTP). Já o ônus do consumidor é a diferença entre o P_{di} e o P_{ai} multiplicada pela Q_{di}, a que damos o nome de **Carga Tributária do Consumidor** (CTC).

Logo:

$$CTP = (P_{ai} - P_p) \cdot Q_{di}$$
$$CTC = (P_{di} - P_{ai}) \cdot Q_{di}$$

Figura 7.3. Com a incidência de um tributo cobrado sobre os consumidores, o preço pago por eles aumentará de P_{ai} (preço antes do imposto ou tributo) para P_{di} (preço depois do imposto ou tributo). O preço recebido pelas empresas cairá de P_{ai} para P_p (preço recebido pelo produtor). Isso comprova que o tributo que recaiu sobre os consumidores teve seu ônus repartido entre eles e os produtores.

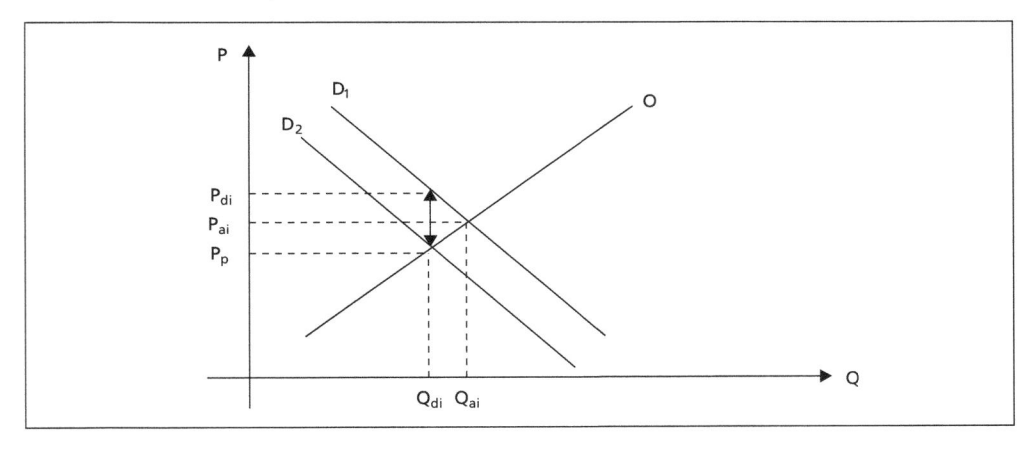

Se compararmos os impostos cobrados dos produtores, visto no Capítulo 6, com os impostos cobrados dos consumidores, neste capítulo, veremos que a única diferença está em **quem envia o dinheiro para o governo**. A **cunha fiscal**, que é a diferença entre P_{di} e P_p, será igual, independentemente de o imposto ser cobrado dos compradores ou produtores.

Façamos essa comparação graficamente. No gráfico (a) da Figura 7.4 representaremos a cobrança de um tributo sobre os consumidores e no gráfico (b) da mesma figura representaremos a cobrança de um tributo de igual intensidade sobre os produtores.

Figura 7.4. O imposto cobrado sobre o produtor ou sobre o consumidor produz uma cunha entre o preço que os consumidores irão pagar pelo produto e o preço recebido pelos vendedores em tamanhos iguais, o que pode ser demonstrado nos gráficos (a) e (b). Em ambos também gera uma redução da quantidade produzida.

A) IMPOSTO COBRADO DO CONSUMIDOR DESLOCA A CURVA DE DEMANDA PARA BAIXO OU PARA A ESQUERDA.

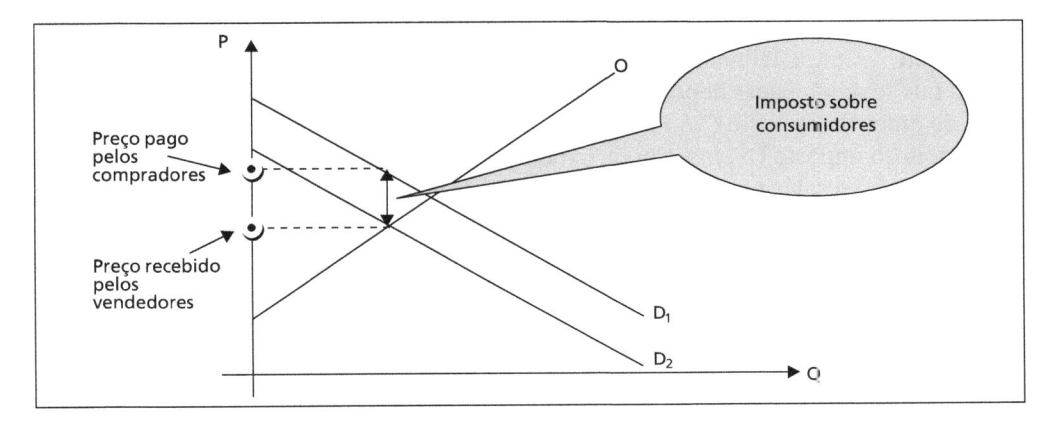

B) IMPOSTO COBRADO DO PRODUTOR DESLOCA A CURVA DE OFERTA PARA CIMA OU PARA A ESQUERDA.

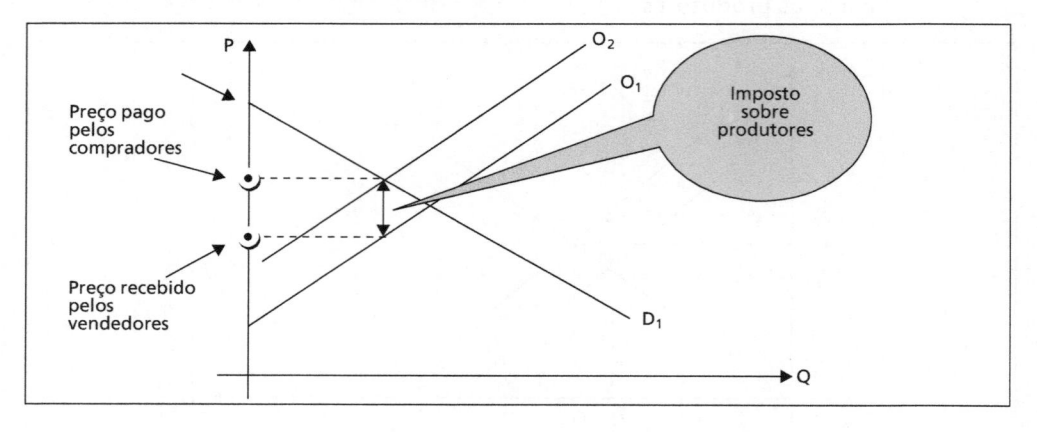

7.1. O ÔNUS DE UM IMPOSTO SOBRE A FOLHA DE PAGAMENTO

Quando o governo cobra um imposto (ou tributo) sobre a folha de pagamento, faz com que o salário que o empregador paga (W_{pp} = salário pago pelo produtor) seja superior ao salário que o trabalhador recebe (W_{di} = salário recebido pelo trabalhador depois do imposto). Essa diferença é denominada **cunha fiscal ($W_{pp} - W_{di}$)**, que corresponde ao tamanho do imposto (ou tributo). Essa cunha fiscal faz com que o salário que o trabalhador recebe, W_{di}, seja menor que aquele que recebia antes do imposto (ou tributo), W_{ai}, e o salário que a empresa paga, W_{pp}, seja maior que o que pagaria antes da incidência do imposto (ou tributo), W_{ai}. Isso comprova que o ônus de um imposto (ou tributo) sobre a folha de pagamento é repartido entre a empresa e o empregado.

Montemos um gráfico em que, agora, no lugar do preço do bem, representemos o preço da mão de obra que é o salário, W. E no lugar da quantidade do bem, representemos a quantidade de mão de obra demandada e ofertada, N. Esse gráfico pode ser visualizado na Figura 7.5.

Podemos ver que, independentemente de o governo cobrar o imposto do trabalhador, da empresa ou mesmo de ambos, a divisão do ônus tributário será a mesma. Logo, o governo não tem como determinar o ônus do imposto entre trabalhadores e empresa. O que ele pode determinar é quem (se empresa ou empregado) vai enviar o dinheiro para ele.

Assim, a Carga Tributária que caberá ao Produtor (CTP) será a diferença entre o salário que terá que pagar depois da introdução do imposto (W_{pp}) e o salário que estava pagando antes do imposto (W_{ai}) multiplicada pela quantidade de empregados contratados depois do imposto (N_{di}). A Carga Tributária que caberá ao Empregado (CTE) será a diferença entre o salário que estava recebendo antes da introdução do imposto (W_{ai}) e o salário que está recebendo depois do imposto (W_{di}) multiplicada pelo número de empregados contratados depois do imposto (N_{di}).

Assim:

$$CTP = (W_{pp} - W_{ai}) \cdot N_{di}$$
$$CTE = (W_{ai} - W_{di}) \cdot N_{di}$$

Figura 7.5. Quando o governo cobra um imposto (ou tributo) sobre a folha de pagamento, o ônus desse tributo será repartido entre a empresa e o empregado. O ônus do empregador é a diferença entre W_{pp} e W_{ai}. O ônus do empregado é a diferença entre W_{ai} e W_{di}.

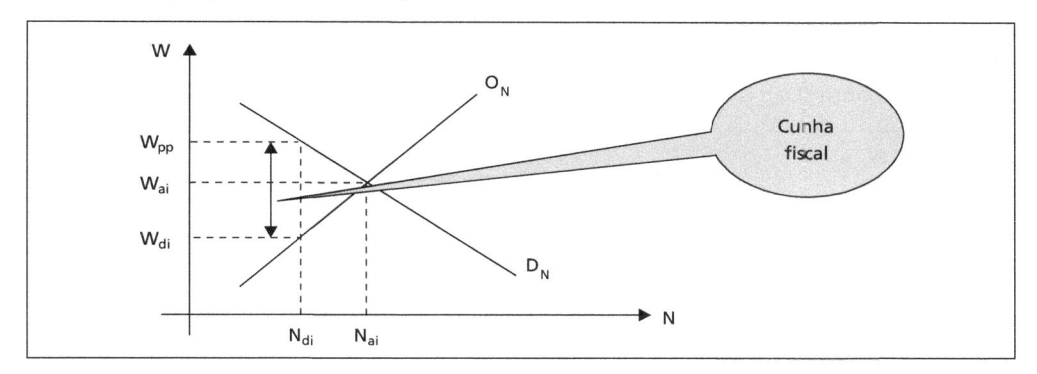

Dependendo da **elasticidade** da curva de demanda por mão de obra e da curva de oferta por mão de obra, o ônus tributário pode incidir mais sobre a empresa ou mais sobre o trabalhador.

Não esqueçamos que, no mercado de trabalho, o dono da curva de demanda por mão de obra é a empresa e o dono da curva de oferta por mão de obra é o trabalhador, conforme o item 1.4 do Capítulo 1.

Vejamos, primeiramente, um gráfico em que a **Demanda por mão de obra (D_N) seja menos elástica (ou mais inelástica) que a Oferta de mão de obra (O_N)**. Podemos perceber que a Demanda por mão de obra (D_N) está mais vertical ou mais íngreme que a oferta por mão de obra (O_N). Nessa situação, o ônus recai mais sobre a empresa do que para o empregado. Podemos perceber que a diferença entre W_{pp} e W_{ai} é maior que a diferença entre W_{ai} e W_{di}.

Figura 7.6. Quando a demanda por mão de obra é mais inelástica que a oferta de mão de obra, o ônus tributário recai mais sobre o empregador ($W_{pp} - W_{ai}$).

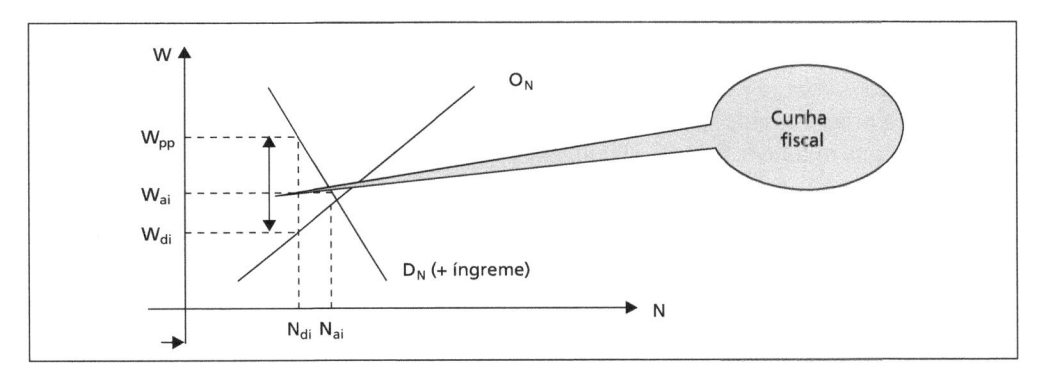

Vejamos, agora, um gráfico em que a **Demanda por mão de obra (D_N) seja mais elástica (ou menos inelástica) que a Oferta de mão de obra (O_N)**. Podemos perceber que a Demanda por mão de obra (D_N) está mais horizontal ou menos íngreme que a Oferta por mão de obra (O_N). Nessa situação, o ônus recai menos sobre a empresa que para o empregado. Podemos perceber que a diferença entre W_{pp} e W_{ai} é menor que a diferença entre W_{ai} e W_{di}.

Figura 7.7. Quando a oferta de mão de obra (O_N) é mais inelástica que a demanda de obra (D_N), o ônus tributário recai mais sobre o empregado ($W_{ai} - W_{di}$).

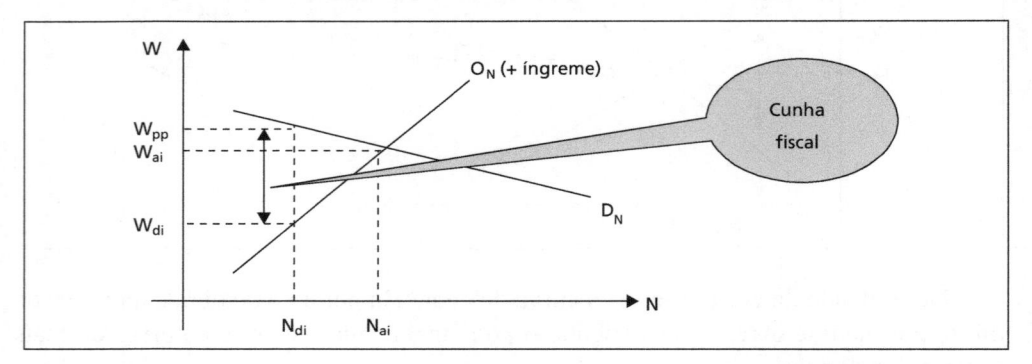

Mas podemos perceber que a **cunha fiscal é igual em ambas as situações**, ou seja, com a demanda por mão de obra menos elástica que a oferta por mão de obra e com a demanda por mão de obra mais elástica que a oferta por mão de obra. A diferença está apenas na **repartição do ônus tributário**. Assim, se a demanda por mão de obra for mais inelástica, o empregador arcará com o maior ônus tributário. Se a demanda por mão de obra for mais elástica, o empregado arcará com o menor ônus tributário. Logo, a **curva mais inelástica fará com que o agente arque com o maior ônus tributário**.

Portanto:

> Quanto mais inelástica é a curva de Demanda por mão de obra (D_N), mais os empregadores arcarão com o ônus tributário.
> Quanto mais inelástica é a curva de Oferta por mão de obra (O_N), mais os trabalhadores arcarão com o ônus tributário.

7.2. IMPOSTO DE RENDA

Quando é cobrado um imposto sobre a renda (ou sobre o salário), isso possibilita aumentar a progressividade[2] do sistema tributário, na medida em que quem ganha mais, além de pagar mais em valores absolutos, pagará proporcionalmente mais também. A desvantagem é que a cobrança de um imposto sobre a renda pessoa física desestimula o trabalho árduo.

O imposto de renda pode ser **geral ou parcial**. Geral é quando se consideram todas as fontes de renda (salários, juros, aluguéis e lucros) e com a mesma escala no pagamento do tributo. Parcial é quando algumas fontes de renda ficam isentas do pagamento do tributo.

---

[2] Considerando a existência de alíquotas crescentes com a renda.

O imposto de renda pode também ser **uniforme ou cedular**. Quando é uniforme, são aplicadas as mesmas escalas de taxas aos diferentes tipos de renda. Quando é cedular, as escalas de taxas são diferenciadas de acordo com o tipo de renda.

Admitindo que o imposto geral consegue dar um tratamento mais uniforme ao contribuinte e, por conseguinte, agir com maior neutralidade, minimizando o desestímulo ao trabalho árduo, e considerando que o nível de renda consegue refletir a capacidade (ou habilidade) de pagamento individual do contribuinte, então um imposto de renda geral e uniforme seria mais adequado que um imposto parcial e cedular.

Segundo Rezende[3]: "A maior eficiência do imposto geral e progressivo sobre a renda em relação a outras alternativas implica, admitir como verdadeiras as seguintes suposições:

a) Que diferentes categorias de rendimento são variáveis homogêneas no que se refere ao esforço e ao custo financeiro envolvido na sua percepção;
b) Que o nível de renda pode ser considerado um bom indicador da capacidade individual de contribuição;
c) Que a utilidade marginal da renda é decrescente e assume valores equivalentes para indivíduos diversos, de tal forma que uma curva de utilidade marginal para a comunidade pode ser obtida pela agregação dos valores individuais correspondentes; e
d) Que as distorções provocadas a longo prazo pela inflação e pelo crescimento econômico sejam adequadamente compensadas por reajustamentos periódicos na escala do imposto."

Dizemos que as categorias de rendimento (trabalho, capital, terra e empreendimento) são iguais no sentido do esforço em auferir renda (salários, juros, aluguéis e lucros), por hipótese. Sabemos que a percepção de iguais níveis de renda pode se dar mediante diferentes **esforços de trabalho**. Por exemplo, um trabalhador assalariado de grande qualificação apresenta um esforço de trabalho bem superior ao rendimento proveniente de ganhos de capital, em que o esforço de trabalho se aproxima de zero. Assim, se o imposto é uniforme, geral e com taxas progressivas sobre a renda, o **sacrifício tributário** do trabalhador qualificado é bem maior que daquele que apresenta ganho de capital, tornando o imposto regressivo sob o ponto de vista do esforço de trabalho necessário para obtenção daquela renda. Para que o imposto fosse considerado **progressivo**, ele deveria ter uma carga tributária que variasse **diretamente com a renda e inversamente com o esforço de trabalho**.

Com relação aos **custos envolvidos** na percepção do rendimento, sabemos também que, dependendo do tipo de rendimento, o custo pode ser diferente. Por exemplo, um trabalhador assalariado, que tem seus custos bancados pelas empresas, apresenta um custo menor na execução de suas atividades que o custo proveniente de aluguéis, em que os custos necessários para evitar a depreciação do patrimônio são muito altos.

---

[3] Fernando Rezende, *Finanças públicas*, p. 174.

Para homogeneizar essas situações, o imposto de renda permite deduções desses custos, fazendo com que o imposto de renda incida apenas sobre o montante líquido. Mas nem sempre é possível. Por exemplo, para as pessoas físicas, é difícil muitas vezes estimar as despesas necessárias para percepção dos rendimentos.

7.3. QUESTÕES

1. (ESAF — AFRF — 2003) Sob o ponto de vista da distribuição da incidência tributária, indique a opção errada.
a) Um imposto sobre os vendedores desloca a curva de oferta para cima, em montante maior ao do imposto.
b) Quando um bem é tributado, compradores e vendedores partilham o ônus do imposto.
c) A única diferença entre tributar o consumidor e tributar o vendedor está em quem envia o dinheiro para o governo.
d) A incidência tributária depende das elasticidades-preço da oferta e da demanda.
e) O ônus do imposto tende a recair sobre o lado do mercado que for menos elástico.

2. (FCC — Tribunal de Contas do Estado de São Paulo — 2008) O imposto que menos afeta a eficiência dos mercados em concorrência perfeita, ou seja, aquele que melhor atende ao princípio da neutralidade é o imposto:
a) em que cada cidadão paga uma parcela fixa em unidades monetárias, qualquer que seja a sua renda.
b) que incide sobre a renda de cada cidadão de forma proporcional.
c) sobre vendas a varejo, com alíquotas fixas para todo o tipo de mercadoria.
d) sobre vendas a varejo, com alíquotas menores para os produtos considerados essenciais para a comunidade.
e) sobre o valor adicionado, do tipo multiestágio, com alíquotas fixas para cada setor da economia.

3. (FUNDEP — ARISB MG — 2019) Os impostos são um importante instrumento de política que afeta a vida da população. Todos os governos, desde o federal até os municipais, usam impostos para levantar receitas que financiam os projetos públicos, como estradas, saneamento, educação e saúde.
Considerando essa temática, é correto afirmar:
a) A incidência tributária é a maneira com a qual os benefícios de um imposto são divididos entre os participantes do mercado.
b) A incidência tributária se refere à forma como o ônus tributário é distribuído entre os agentes que participam da economia.
c) Um imposto estimula a atividade produtiva.
d) O imposto, quando cobrado do consumidor, afeta a oferta da economia.

GABARITO

1. "a". Um imposto sobre vendas desloca a curva de oferta para cima ou para a esquerda em um montante igual ao imposto cobrado.

2. "a". O imposto *lump sum tax* ou imposto *per capita* não gera ineficiência na economia nem desestimula o trabalho árduo, porque funciona como um custo fixo. Assim, nem a curva de oferta, nem a curva de demanda se deslocam e, portanto, não alteram preço e quantidade de equilíbrio. A alternativa "a" está correta. O imposto que incide sobre a renda de forma proporcional é um imposto *ad valorem* e gera ineficiência na economia. A alternativa "b" está incorreta. Um imposto sobre vendas com alíquotas fixas é do tipo *ad valorem* e gera ineficiência na economia. A alternativa "c" está incorreta. Um imposto sobre vendas com alíquotas que é seletivo também é do tipo *ad valorem*. Embora seja mais justo, mesmo assim, gera ineficiência na economia. A alternativa "d" está incorreta. Impostos sobre valor adicionado com alíquotas fixas são do tipo *ad valorem*. Embora gerem menos ineficiência, não são neutros. A alternativa "e" está incorreta.

3. "b". A incidência tributária mostrará qual será o ônus para o consumidor e para o produtor. A alternativa "b" está correta. A incidência de tributos gera ônus para o consumidor e produtor e, não, benefícios. A alternativa "a" está incorreta. Um imposto desestimula a atividade produtiva, ou seja, gera ineficiência. A alternativa "c" está incorreta. O imposto, quando cobrado do consumidor, afeta a demanda e não a oferta da economia. A alternativa "d" está incorreta.

8
EXCEDENTE DO CONSUMIDOR E DO PRODUTOR

Excedente é o preço máximo e mínimo que o consumidor ou vendedor estão dispostos a pagar ou receber por uma quantidade de produto para não sair do mercado subtraído do preço que efetivamente estão pagando ou recebendo pelo produto. É a medida do bem-estar da sociedade. Observemos que os excedentes do consumidor e do produtor não são uma ação, e sim uma intenção, ou seja, são medidas que marcam o quanto o consumidor está disposto a pagar por um produto ou um vendedor está disposto a vender um produto, mas não, necessariamente, estão pagando ou vendendo.

8.1. EXCEDENTE DO CONSUMIDOR

O Excedente do Consumidor (EC) é o valor que o consumidor está disposto a pagar por determinado bem (também chamado de **preço reserva**) subtraído do preço que efetivamente paga por ele. Portanto, o EC está ligado à **curva de demanda** de um produto.

Na Figura 8.1, visualizaremos o EC. O preço máximo que o consumidor está disposto a pagar por determinada mercadoria seria P_2, mas o preço que efetivamente ele paga é P_1. A diferença entre P_2 e P_1 multiplicada pela quantidade, Q_1, é o EC.

Figura 8.1. EC é a área formada pela diferença entre P_2 e P_1, multiplicada pela quantidade (Q_1).

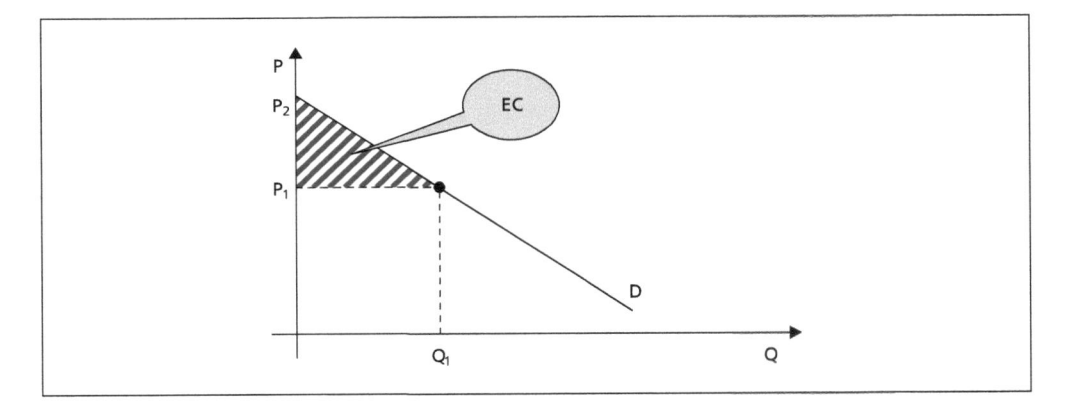

Observamos que, quando o **preço cai**, aumenta o bem-estar do consumidor e a área que representa o **EC aumenta**. Assim, o EC passa a ser a área representada pela diferença entre o preço que o consumidor está disposto a pagar pela mercadoria, P_2, subtraído do preço que efetivamente ele paga pela mercadoria, P_3, multiplicado pela quantidade, Q_2 (ver Figura 8.2).

Figura 8.2. Quando o preço do produto cai, o excedente do consumidor aumenta. Ele passa a ser representado pela área formada pela subtração de P_2 por P_3, multiplicada por Q_2.

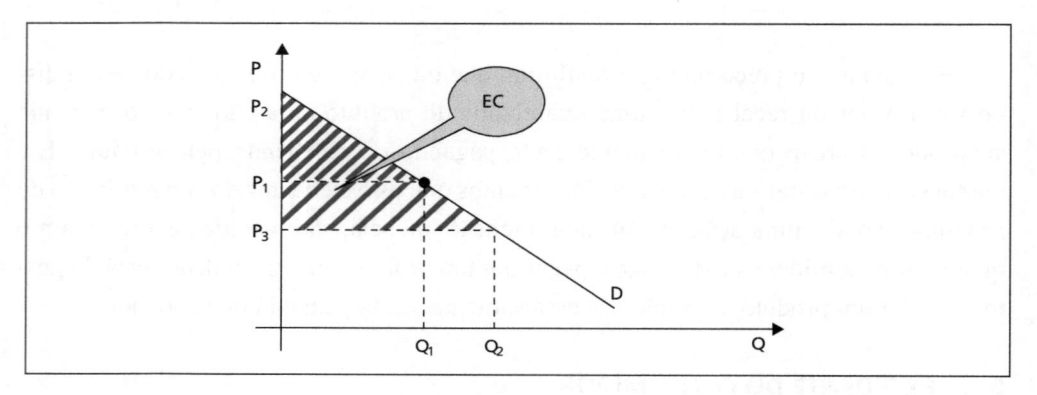

Portanto, a área total abaixo da curva de demanda e acima do preço é a soma dos excedentes do consumidor de todos os consumidores que fazem parte do mercado daquele bem.

A área do retângulo formado por A, B, C, D da Figura 8.3 representa o aumento do EC que se encontravam no mercado. A área do triângulo C, D, E representa o EC dos novos consumidores.

Figura 8.3. A área ABCD representa o acréscimo do excedente dos consumidores que estavam no mercado e a área do triângulo CDE representa o excedente dos novos consumidores que adentraram o mercado em decorrência de uma queda do preço.

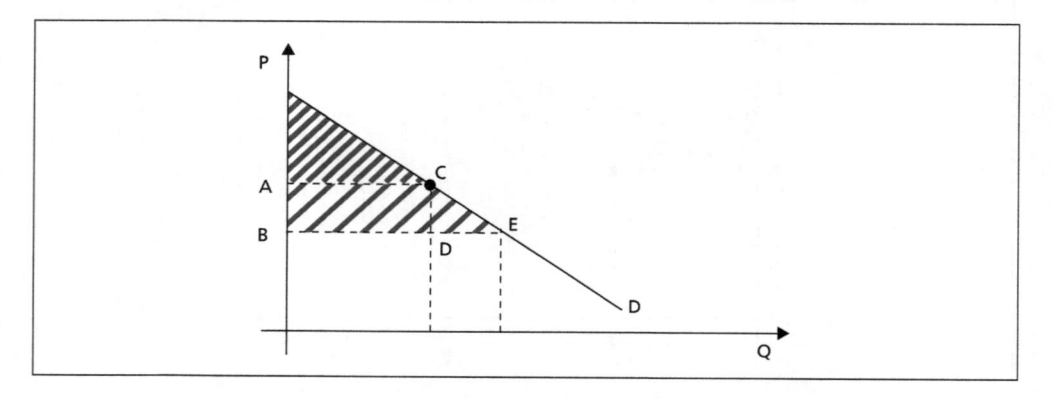

O EC reflete o **bem-estar econômico**, considerando que são respeitadas as preferências do consumidor. Portanto, quanto maior for o EC, maior será o bem-estar. Contudo, quando nos referimos ao consumo, por exemplo, de drogas, em que a disposição para pagar por elas é alta, o EC não é uma boa medida de bem-estar, tendo em vista que os usuários de drogas não têm em mente seu próprio bem-estar.

Vejamos um exemplo da disposição de pagar por determinado produto em um mercado formado por cinco consumidores, Maria, José, João, Marta e Pedro. De acordo com a Tabela 8.1, podemos ver que Maria está disposta a pagar 120 pelo produto, José, 100, João, 80, Marta, 60, e Pedro, 50.

Tabela 8.1. Disposição de cinco consumidores em pagar por determinado bem no mercado.

Consumidor	Disposição para pagar
Maria	120
José	100
João	80
Marta	60
Pedro	50

A Tabela 8.1 mostra que cada um dos consumidores gostaria de comprar por um preço abaixo da sua **disposição para pagar** pelo bem, assim como não estariam dispostos a pagar um valor acima da sua disposição e também seria indiferente em comprar ou não o produto se o preço estivesse igual a sua disposição para pagar.

Se um único bem for oferecido por 30, todos os consumidores estariam dispostos a pagar pelo produto, o que faria com que ele subisse de preço. Quando o preço alcançar o valor de 100, José, João, Maria e Pedro retiram-se do mercado, porque não estão dispostos a pagar mais por ele, ou seja, não há excedente do consumidor para nenhum deles. Portanto, quem compraria o produto seria Maria, porque ela apresenta um EC de 20, que é a diferença entre o preço que estaria disposta a pagar, que é 120, subtraído do preço do produto, que é 100, multiplicada pela quantidade de produto que é 1. Portanto, o benefício que Maria obteria por sua participação no mercado é igual a 20, já que estaria disposta a pagar 120 por um produto que custa apenas 100. Esse benefício é a medida do **Excedente do Consumidor (EC)**.

Caso haja mais uma unidade do produto, seu preço subirá até o valor de 80, que é quando restam apenas Maria e José com disposição para pagar, os demais não estão dispostos a pagar mais que 80 pelo produto. O excedente de José será de 20, porque estará disposto a pagar 100, mas está pagando efetivamente 80. O excedente de Maria será 40, porque estará disposta a pagar 120, mas está pagando efetivamente 100. Logo, o excedente do consumidor total será de 60, que corresponde à soma dos excedentes de José, 20, e da Maria, 40.

Podemos montar uma **escala de demanda** na Tabela 8.2 e uma **curva de demanda** com base no excedente do consumidor na Figura 8.4. Se o preço estiver acima de 120, nenhum dos consumidores se dispõe a adquirir o bem; entre 100 e 120, apenas Maria se dispõe a adquirir o bem; entre 80 e 100, Maria e José se dispõem a comprar o bem; entre

60 e 80, Maria, José e João se dispõem a adquirir o bem; entre 50 e 60, Maria, José, João e Marta se dispõem a adquirir o bem e se estiver abaixo de 50, todos os cinco consumidores se dispõem a comprar o bem.

Tabela 8.2. Escala de demanda dos consumidores Maria, José, João, Marta e Pedro.

Preço do bem	Consumidores	Quantidade demandada
Mais de 120	Nenhum	0
Entre 100 e 120	Maria	1
Entre 80 e 100	Maria e José	2
Entre 60 e 80	Maria, José e João	3
Entre 50 e 60	Maria, José, João e Marta	4
Abaixo de 50	Maria, José, João, Marta e Pedro	5

Representando graficamente, encontramos a curva de demanda para esse produto. A **altura da curva de demanda** representa a disposição de pagamento dos consumidores, ou seja, o valor que os consumidores atribuem ao bem (ver Figura 8.4). A disposição de pagar 120 por 1 bem é de apenas um consumidor; de pagar 100 por 2 bens é de dois consumidores e de pagar 80 por 3 bens é de três consumidores; assim por diante.

Figura 8.4. A altura da curva de demanda mede o valor que os compradores atribuem ao bem de acordo com a sua disposição para pagar.

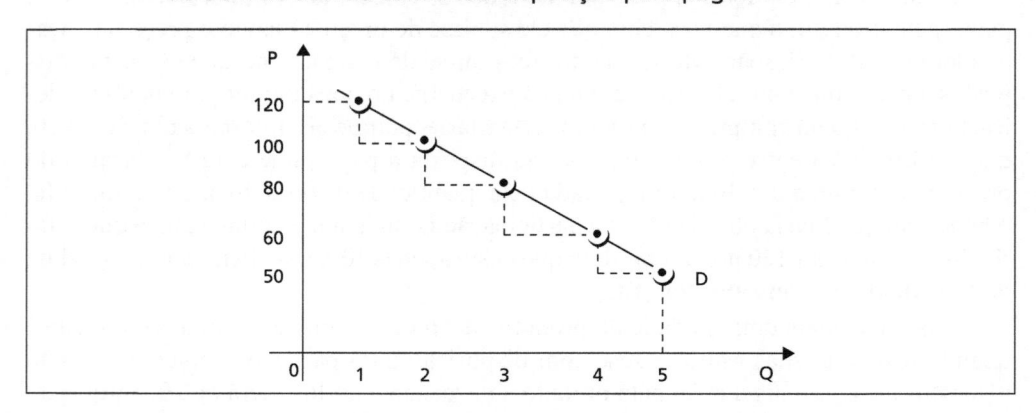

Vejamos um exemplo de como calcular o excedente do consumidor.

Suponha que a função Demanda seja dada por:

$Qd = 200 - 20P$; onde Qd = quantidade demandada e P = o preço do produto.

Vamos determinar o Excedente do Consumidor quando o preço for igual a 5. Nesse ponto, a quantidade demandada será 100 ($Qd = 200 - 20.5$)

Montando uma tabela com dois pontos aleatórios, podemos representar graficamente a função a seguir:

Qd	P
0	10
200	0

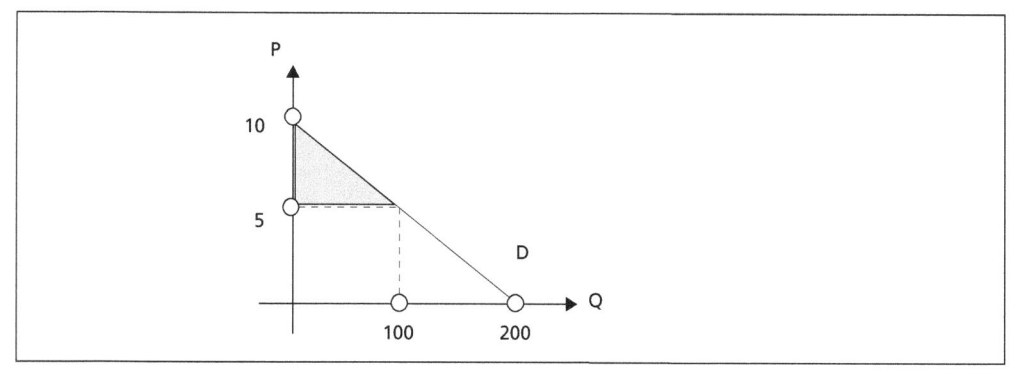

O Excedente do Consumidor (EC) corresponde a área do triângulo hachurada, ou seja:

EC = 100 . (10 -5) / 2 → EC = 250

8.2. EXCEDENTE DO PRODUTOR

O Excedente do Produtor (EP) é a quantia que o produtor está **disposto a vender** determinado bem, que será **subtraída** do preço que efetivamente **está pagando.** Portanto, o excedente do produtor está ligado à **curva de oferta** de um produto.

Na Figura 8.5 podemos ver que o preço mínimo que o produtor está disposto a vender determinada mercadoria seria P_4, mas o preço que efetivamente está vendendo é P_1. A diferença entre P_1 e P_4 multiplicada pela quantidade (Q_1), é o EP.

Figura 8.5. EP é a área formada pela diferença entre P_1 e P_4, multiplicada pela quantidade (Q_1).

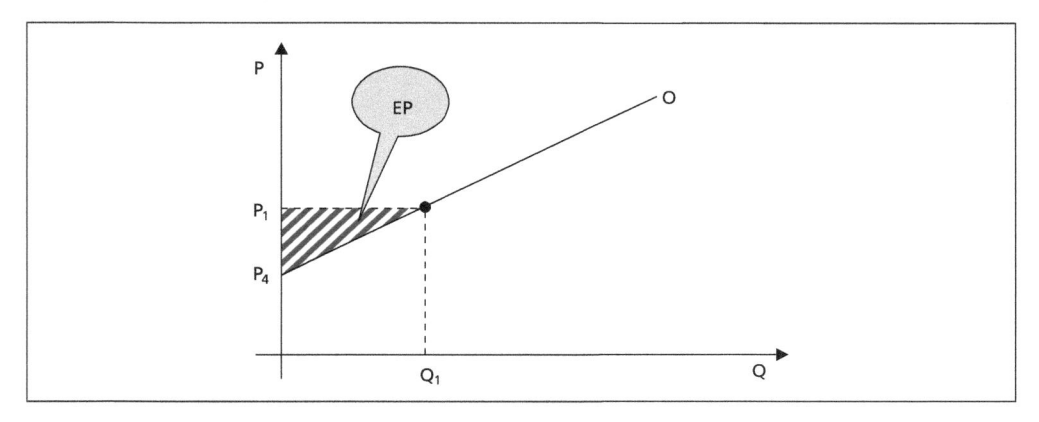

Observamos que, quando o **preço sobe**, aumenta o bem-estar do produtor e a área que representa o **EP, aumenta.** Assim, o EP passa a ser a área representada pela diferença entre o novo preço do mercado, P_5, subtraído do preço que o produtor está disposto a vender sua mercadoria, P_4, multiplicado pela quantidade (Q_2) (ver Figura 8.6).

Figura 8.6. Quando o preço do produto sobe, o excedente do produtor aumenta. Ele passa a ser representado pela área formada pela subtração de P_5 por P_4, multiplicada por Q_2.

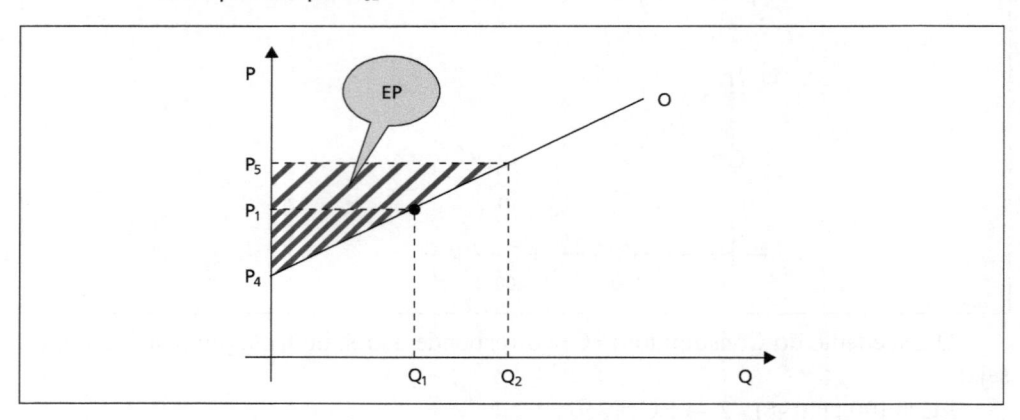

Portanto, a área total acima da curva de oferta e abaixo do preço é a soma dos excedentes do produtor de todas as empresas que fazem parte do mercado daquele bem.

A área do retângulo formado por A, B, C, D da Figura 8.7 representa o aumento do EP que se encontravam no mercado. A área do triângulo C, D, E representa o EP das novas empresas que entraram o mercado.

Figura 8.7. Excedente do Produtor: a área ABCD representa o acréscimo do excedente das empresas que estavam no mercado e a área do triângulo CDE representa o excedente das novas empresas que adentraram o mercado em decorrência de uma elevação do preço.

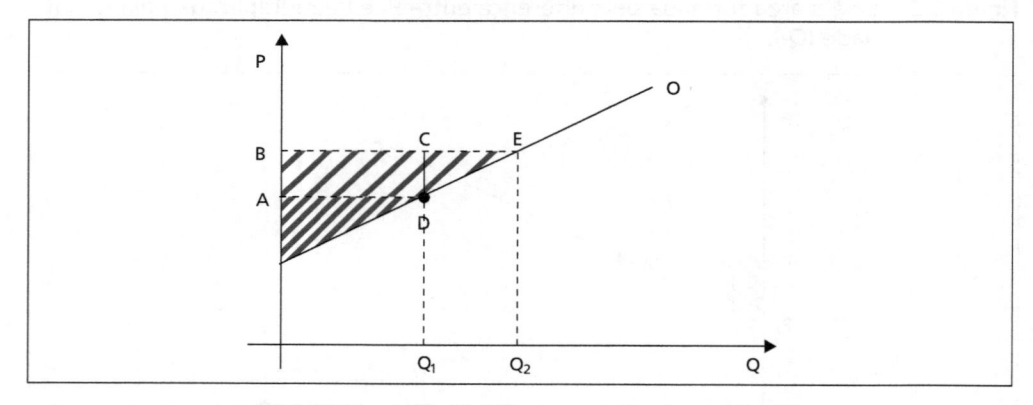

Vejamos um exemplo da disposição de vender determinado produto em um mercado formado por cinco empresas, A, B, C, D e E. De acordo com a Tabela 8.3, podemos ver que A está disposta a vender seu produto por 120, B, por 100, C, por 80, D, por 60 e E, por 50.

Tabela 8.3. Disposição para vender determinado bem no mercado de cinco empresas A, B, C, D, E.

Empresa	Custo de produção = disposição de vender o bem
A	120
B	100
C	80
D	60
E	50

A Tabela 8.3 mostra que cada uma das empresas gostaria de vender o bem por um preço acima da sua **disposição**, assim como não estariam dispostas a vender por um valor abaixo da sua disposição e também seria indiferente em vender ou não o produto se o preço estivesse igual a sua disposição.

Se o mercado deseja pagar pelo único bem o valor de 30, nenhuma empresa estaria disposta a vender o produto, o que faria com que ele subisse de preço. Quando o preço alcançar o valor de 60, as empresas A, B, C, D retiram-se do mercado, porque não estão dispostas a vender o produto por esse preço, como não há excedente do produtor para nenhuma dessas empresas e o preço não cobre os custos de produção. Como a empresa E é capaz de vender seu produto por 50, e o mercado está disposto a pagar 60, então ela recebe um excedente do produtor de 10. Portanto, quem venderia o produto a esse preço seria apenas a empresa E, já que ela apresenta um EP de 10, ou seja é a diferença entre o preço que o mercado está disposto a pagar, 60, subtraído do preço que a empresa está disposta a receber pelo produto, 50, multiplicada pela quantidade de produto, 1. Portanto, o benefício que a empresa E obtém por sua participação no mercado é igual a 10, sendo que está disposta a receber 50 por um produto que o mercado paga 60. Esse benefício é a medida do **EP**.

Caso haja mais uma unidade do produto e que uma única empresa não seja capaz de oferecer mais de uma unidade do bem, então o seu preço subirá até o valor de 80, que é quando restam apenas as empresas D e E com disposição para vender, porque os demais não estão dispostos a vender por menos de 80 o produto. O excedente da empresa D será de 20, já que está disposta a vender por 60, mas está vendendo efetivamente por 80. O excedente da empresa E será 30, porque está disposta a vender por 50, mas está vendendo efetivamente por 80. Logo, o excedente do produtor total será de 50, que é a soma do excedente da empresa D (= 20) com o excedente da empresa E (= 30).

Podemos montar uma **escala de oferta** e uma **curva de oferta** com base no excedente do produtor. Assim, se o preço estiver acima de 120, todas as empresas se dispõem a vender o bem; entre 100 e 120, apenas as empresas B, C, D, E se dispõem a vender o bem; entre 80 e 100, as empresas C, D, E se dispõem a vender o bem; entre 60 e 80, as empresas D e E se dispõem a vender o bem; entre 50 e 60, apenas a empresa E se dispõe a vender o bem e abaixo de 50, nenhuma das cinco empresas se dispõem a vender o bem. Veja a Tabela 8.4:

Tabela 8.4. Escala de oferta das empresas A, B, C, D, E.

Preço do bem	Empresas	Quantidade ofertada
Mais de 120	A, B, C, D, E	5
Entre 100 e 120	B, C, D, E	4
Entre 80 e 100	C, D, E	3
Entre 60 e 80	D, E	2
Entre 50 e 60	E	1
Abaixo de 50	—	0

Representando graficamente, encontramos a curva de oferta do produto. A **altura da curva de oferta** representa a disposição de venda das empresas, ou seja, os custos dos vendedores. O preço da curva representa o **custo da empresa marginal**, ou seja, aquela que sai do mercado se o preço cai (ver Figura 8.8). A disposição de vender 5 bens por 120 é de todas as empresas; 4 bens por 100 é de quatro empresas; 3 bens por 80 é de três empresas, e assim por diante.

Figura 8.8. A altura da curva de oferta mede o valor que os vendedores dispõem para vender seu produto ou os custos dos produtores.

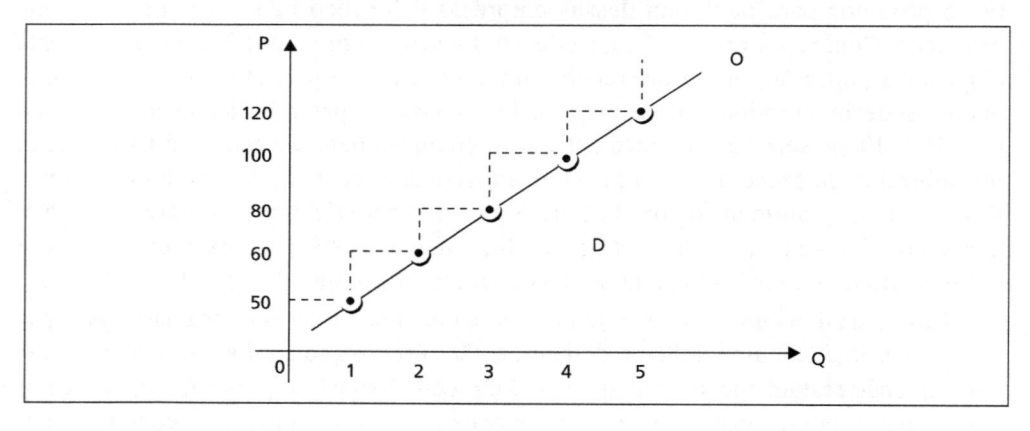

O EP é a área abaixo do preço e acima da curva de oferta. Vimos que a altura da curva de oferta mede os custos de produção e a diferença entre o preço do produto e seu custo de produção.

Vejamos um exemplo de como calcular o excedente do produtor.

Suponha que a função Oferta seja dada por:

$Q_o = -100 + 40P$; onde Q_o = quantidade ofertada e P = o preço do produto.

Vamos determinar o Excedente do Produtor quando o preço for igual a 5. A esse preço, a quantidade ofertada será 100 ($Q_o = -100 + 40.5$).

Montando uma tabela com dois pontos aleatórios, podemos representar graficamente a função a seguir:

Qo	P
0	2,5
100	5,0

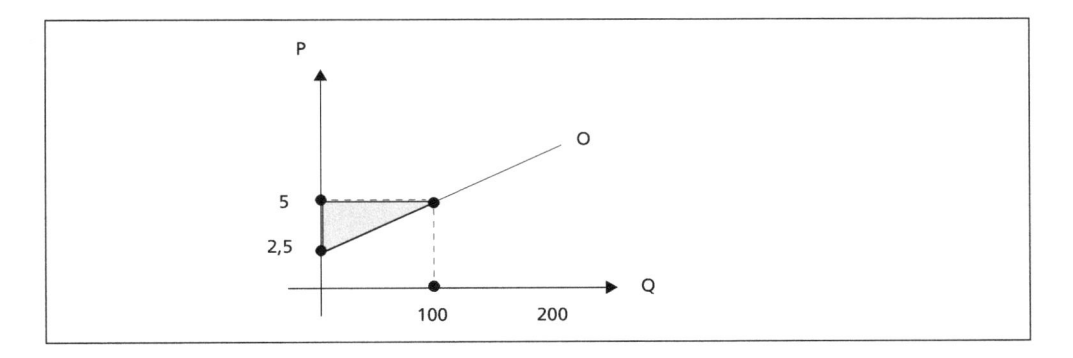

O Excedente do Produtor (EP) corresponde a área do triângulo hachurada, ou seja:
EP = 100 . (5 – 2,5) / 2 → EP = 125

8.3. EFICIÊNCIA NO MERCADO

Para estudar o bem-estar dos consumidores e produtores, podemos utilizar o excedente do consumidor e do produtor. Assim, se um **planejador social benevolente**[1] tiver a intenção de maximizar o bem-estar econômico da sociedade como um todo, deverá usar a medida do excedente total.

A medida do excedente total é a soma do excedente do produtor e do excedente do consumidor. Veja a seguir as definições do EC e EP:

Excedente do consumidor = valor que os consumidores estão dispostos a pagar pelo produto – valor que efetivamente estão pagando pelo produto.

Excedente do produtor = valor efetivamente recebido pelos produtores – valor que os produtores estão dispostos a receber pelo produto (= custo para o produtor).

Sabendo que o valor que efetivamente os consumidores estão pagando pelo produto é igual ao valor que efetivamente os produtores estão recebendo pelo produto, o excedente total será:

Excedente total = valor que os consumidores estão dispostos a pagar pelo produto – valor que efetivamente estão pagando pelo produto + valor efetivamente recebido pelos produtores – valor que os produtores estão dispostos a receber pelo produto (= custo para o produtor).

---

[1] O planejador social benevolente é um personagem hipotético com as características de ditador onisciente, onipotente e bem-intencionado que tem a intenção de maximizar o bem-estar econômico.

Ou seja:

> Excedente total = valor que os consumidores estão dispostos a pagar pelo produto – valor que os produtores estão dispostos a receber pelo produto (= custo para o produtor).

Em outras palavras, podemos dizer que o excedente total em um mercado é o valor que os consumidores atribuem ao produto de acordo com sua disposição em pagar por ele, subtraído do custo total dos produtores que ofertam o bem (ver a Figura 8.9).

Figura 8.9. A soma do EC e EP determina o excedente total da economia.

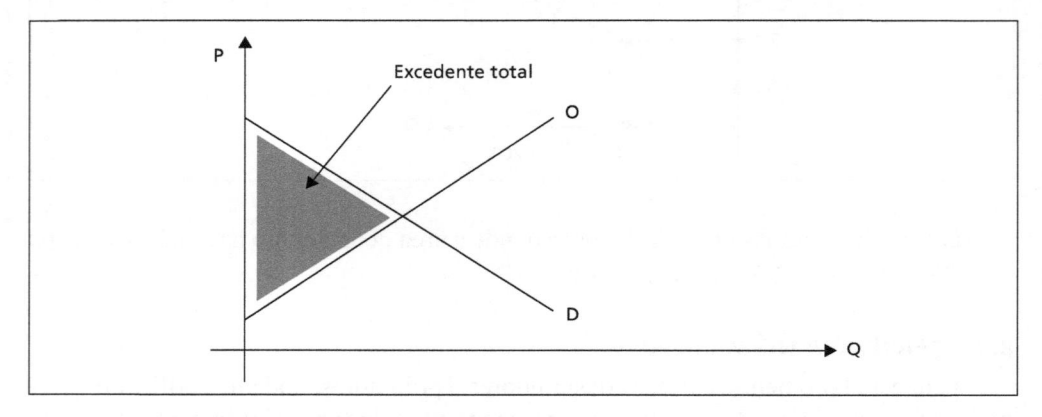

Assim, quanto **maior o excedente total** na economia, **maior a sua eficiência** na alocação dos recursos, de forma que, quando o produto não está sendo vendido ao menor custo ou quando os consumidores não compram um bem que atribuem maior valor, dizemos que a alocação de recursos está sendo ineficiente.

Mas, ao falarmos em **eficiência**, não necessariamente estamos falando em **equidade**. A equidade ou justiça social refere-se à justa distribuição, gerando semelhante bem-estar econômico entre os participantes do mercado. Portanto, a economia pode ser eficiente, ou seja, produzir o máximo possível, sem necessariamente ser equânime, ou seja, distribuindo igualmente esse produto.

O **planejador social benevolente** deverá levar em consideração tanto a eficiência quanto a equidade no mercado. Por ora, analisemos esse planejador preocupado apenas em promover uma maior eficiência. Assim, no **equilíbrio entre a oferta e a demanda** é onde os recursos são alocados de forma mais eficiente, já que o preço determinará quais consumidores e produtores participarão do mercado. Os consumidores que atribuem ao produto um valor maior que o preço (segmento AE da curva de demanda na Figura 8.10) vão optar por comprá-lo, enquanto os consumidores que atribuem ao produto um valor menor que o preço (segmento EC da curva de demanda na Figura 8.10) vão optar por não comprá-lo. Também, os vendedores que apresentam custos inferiores ao preço (segmento BE da curva de oferta na Figura 8.10) vão optar por produzi-lo e os vendedores que apresentam custos superiores ao preço (segmento ED da curva de oferta na Figura 8.10) vão optar por não produzi-lo.

8 ◼ Excedente do Consumidor e do Produtor

Figura 8.10. A maior eficiência no mercado se dá na maximização do excedente total, ou seja, no cruzamento da curva de oferta com a curva de demanda que pode ser visto no ponto de equilíbrio "E" do gráfico. Assim, o preço de equilíbrio determinará quais os consumidores e produtores participarão do mercado.

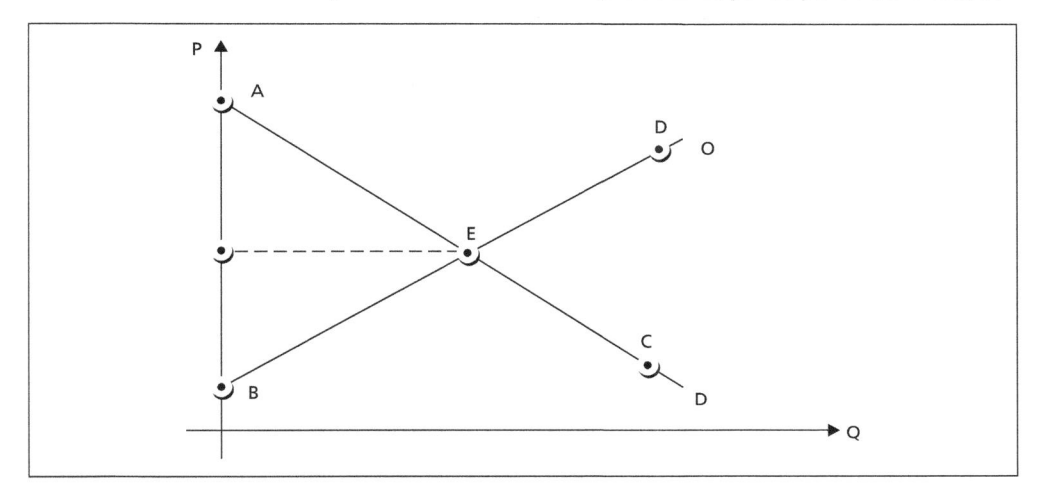

Na Figura 8.11 podemos ver que, no livre mercado, a oferta de bens será alocada aos consumidores que atribuem ao produto o maior valor medido pela sua disposição a pagar e a demanda de bens será alocada aos produtores que podem ofertá-lo ao menor custo. Logo, o planejador social benevolente, no livre mercado, não consegue aumentar o bem-estar econômico alterando a quantidade do bem, já que se diminuir a quantidade para A, o valor para o comprador marginal (representado pela distância AC) torna-se maior que o custo para o vendedor marginal (representado pela distância AB). Se elevar a quantidade até o ponto H, o valor para o comprador adicional (representado pela distância HF) é inferior ao custo para o produtor adicional (representado pela distância HD).

Figura 8.11. No equilíbrio de mercado, que ocorre na intersecção da demanda com a oferta, é onde acontece a maximização do excedente do consumidor e do produtor.

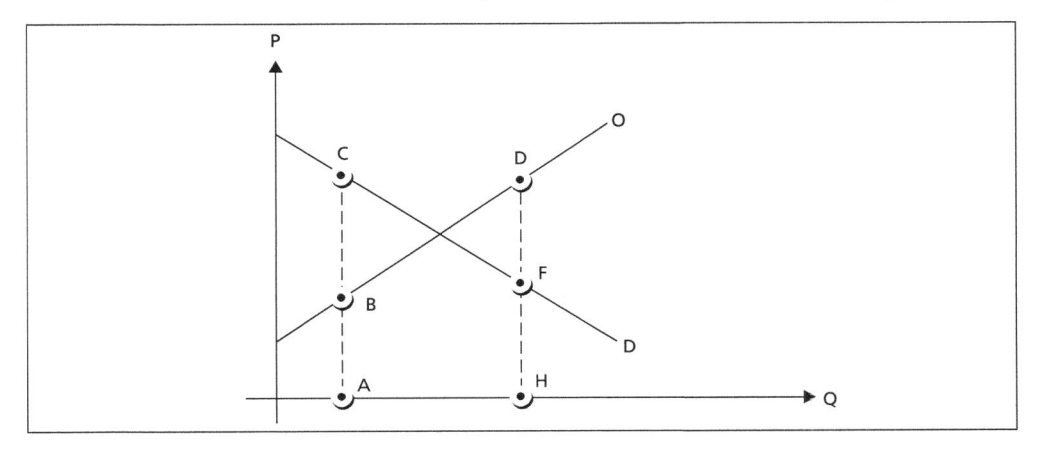

Vejamos um exemplo de como calcular o excedente Total.

Suponha que a função Oferta e Demanda sejam dada por:

Qo = -100 + 40P ; onde Qo = quantidade ofertada e P = o preço do produto.

Qd = 200 - 20P ; onde Qd = quantidade demandada e P = o preço do produto.

Montando uma tabela com dois pontos aleatórios, podemos representar graficamente a função a seguir:

Qo	P
0	2,5
100	5,0

Montando uma tabela com dois pontos aleatórios, podemos representar graficamente a função a seguir:

Qd	P
0	10
200	0

Representando as duas funções graficamente, temos:

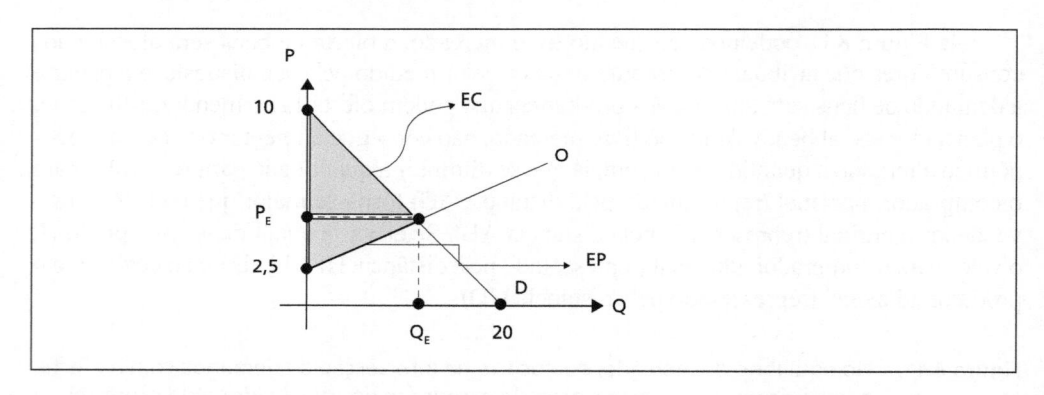

Vamos calcular o Excedente do Consumidor (EC) e o Excedente do Produtor (EP) no ponto de equilíbrio entre a oferta e a demanda. Observe que, diferentemente dos exemplos dados anteriormente, quando calculamos os Excedentes do Consumidor e do Produtor quando o preço era 5, agora, vamos calcular esses excedentes no ponto de equilíbrio da demanda e da oferta. Para tanto, precisamos saber qual o preço de equilíbrio (PE) e a quantidade de equilíbrio (QE):

$Qd = 200 - 5p$ ⎫ $Qd = Qo$
$Qo = -100 + 40p$ ⎭ $200 - 5p = -100 + 40p$ → $45p = 300$ → $p = 6,67$ e $Q = 166,67$

Logo: PE = 6,67 e QE = 166,67

O Excedente Total (ET) é a soma do Excedente do Produtor (EP) com o Excedente do Consumidor (EC).

ET = EP + EC
ET = [166,67 . (6,67 − 2,5) / 2] + [166,67 . (10 - 6,67) / 2 → ET = 347,50 + 277,50
→ ET = 625

8.4. QUESTÕES

1. (FCC — SEFAZ-PI — 2015) Considere um diagrama no qual representa-se uma reta de demanda por um bem em um mercado qualquer. O preço do bem é medido no eixo y e a quantidade demandada, no eixo x. O intercepto da reta no eixo y é dado pelo ponto A. Admitindo-se que B representa o ponto de equilíbrio de mercado em que o preço P_1 está associado a uma quantidade demandada Q_1, encontramos o excedente do consumidor por meio da área do triângulo ABC. Portanto, quando o preço cai de P_1 para P_2, a quantidade demandada aumenta de Q_1 para Q_2, e o excedente do consumidor é dado pela área do triângulo ADE. Alternativamente, quando o preço sobe de P_1 para P_3, a quantidade demandada diminui de Q_1 para Q_3, e o excedente do consumidor é encontrado pela área do triângulo AFG. Sobre o excedente do consumidor é correto afirmar:
   a) Uma queda do preço de mercado implica uma diminuição do excecente do consumidor (área BCGF) e se dá em parte porque os consumidores já existentes agora pagam menos e em parte porque novos consumidores entram no mercado ao preço mais baixo.
   b) Uma elevação do preço de mercado gera uma elevação do excedente do consumidor (área BCED) e se dá em parte porque os consumidores já existentes agora pagam mais e em parte porque novos consumidores entram no mercado ao preço mais alto.
   c) Um aumento do preço de mercado gera uma redução no excedente do consumidor (área BCGF), em parte porque os consumidores já existentes agora pagam mais e em parte porque novos consumidores entram no mercado ao preço mais alto.
   d) Um aumento do preço de mercado gera uma redução no excedente do consumidor (área BCGF) porque demanda se tornou mais elástica em relação à renda.
   e) A queda do preço de mercado implicará uma diminuição do excedente do consumidor (área BCED) proporcionalmente maior quanto menor for a elasticidade-preço da demanda por esse bem.

2. (VUNESP — Câmara Municipal de SP — 2008) A demanda de mercado por um bem é Qd = 30 − p e a oferta é Qs = 2p, em que Qd é a quantidade demandada e Qs é a quantidade ofertada; e p é o preço do bem. Pode-se afirmar que o preço e a quantidade de equilíbrio serão, respectivamente:
   a) 20 e 10.
   b) 27 e 3.
   c) 15 e 30.
   d) 15 e 15.
   e) 10 e 20.

3. (VUNESP — Câmara Municipal de SP — 2008) Para as mesmas funções demanda e oferta, os excedentes do consumidor e do produtor serão, respectivamente:
   a) 200 e 100.
   b) 100 e 50.
   c) 0 e 100.
   d) 150 e 75.
   e) 75 e 150.

4. (CESGRANRIO — SECAD — Economista-TO — 2004) Analise o gráfico que representa o Excedente do Consumidor e do Produtor, em um mercado equilibrado, e identifique a afirmativa verdadeira sobre esse assunto.

Preço

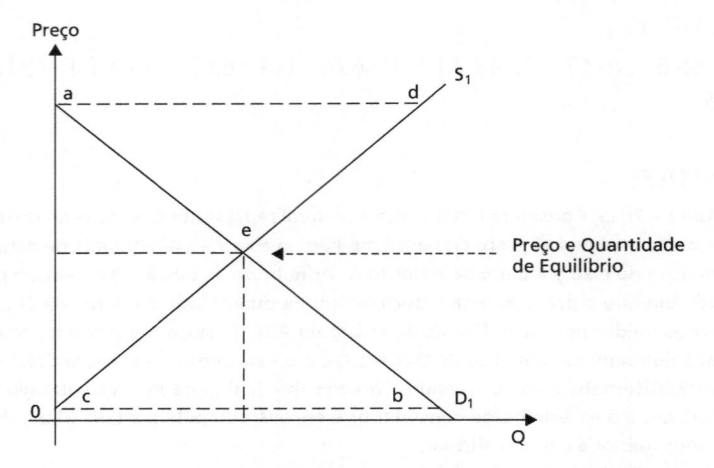

[Gráfico: curvas de oferta S_1 e demanda D_1 com equilíbrio no ponto e; pontos a, d no topo, c, b na base, indicando Preço e Quantidade de Equilíbrio]

a) Quando um mercado está em equilíbrio, o preço determina os compradores e vendedores que participam do mercado.
b) Os compradores que atribuem ao bem um valor superior ao do seu preço (segmento ae) optam por não comprar o bem.
c) Os compradores que atribuem ao bem um valor inferior ao do seu preço (segmento eb) optam por comprar o bem.
d) Os fabricantes de produtos cujos custos são inferiores ao preço (segmento ce) optam por não produzir e vender o bem.
e) Os fabricantes de produtos cujos custos são superiores ao preço (segmento ed) optam por produzir o bem.

5. (FCC — TCE-SP — 2008) É correto afirmar que:
   a) Um aumento no preço do bem Y, complementar de X, deslocará a curva de demanda de X para a direita.
   b) O gasto total dos consumidores com a aquisição de um bem X, cuja curva de demanda é linear, atinge o máximo quando a elasticidade-preço da demanda for igual a zero.
   c) O bem X é um bem normal, se a proporção da renda gasta em sua aquisição aumenta à medida que diminui a renda do consumidor.
   d) O preço de equilíbrio será 10 em um mercado de concorrência perfeita, caso as funções de demanda e oferta sejam, respectivamente por:
   Qd = 800 − 4p (Qd = quantidade demandada)
   Qo = 400 (Qo = quantidade ofertada)
   e) Se a curva de demanda de um bem X for representada pela reta Qd = 1000 − 5p, o excedente do consumidor, caso o preço de mercado seja 150, é igual a 6.250.

6. (SMA-RJ — SMTR-RJ — 2016 — adaptada) Suponha que um mercado seja descrito pelas seguintes curvas de demanda e oferta:
$Q_D = 150 - 50P$
$Q_o = 50P$
em que Q_D e Q_o representam as quantidades do produto demandadas e ofertadas respectivamente e P representa o preço do produto. Se for estabelecido uma política de preço máximo, em que o preço passe a ser 1. O excedente do consumidor passará a ser:
   a) 10.
   b) 75.
   c) 50.
   d) 100.

7. (CESGRANRIO — Técnico em Regulação de Petróleo e Derivados, Álcool Combustível e Gás Natural — ANP — Geral — 2016) O valor que um comprador se dispõe a pagar por um bem menos a quantia que realmente paga por ele é um conceito que expõe a definição de:
   a) excedente do produtor.
   b) excedente do consumidor.
   c) receita marginal do produtor.
   d) "peso morto" dos impostos.
   e) eficiência dos mercados monopolistas.

8. (FGV — DPE-RJ — 2014) Em relação aos conceitos de excedente do consumidor e do produtor, analise as afirmativas a seguir:
   I. Se o preço de um bem cair, o excedente do consumidor aumenta por dois canais: aumento do excedente dos consumidores que já compravam o bem e o excedente gerado para os novos consumidores.
   II. Se o preço de um bem cair, o excedente do produtor aumenta por dois canais: aumento do excedente para os produtores que já vendiam o bem e o excedente gerado dos novos produtores.
   III. O excedente total da economia é máximo no ponto de equilíbrio entre oferta e demanda, sem imposição de impostos.

Assinale se:
   a) somente a afirmativa I estiver correta.
   b) somente a afirmativa III estiver correta.
   c) somente as afirmativas I e II estiverem corretas.
   d) somente as afirmativas I e III estiverem corretas.
   e) todas as afirmativas estiverem corretas.

9. (FCC — SEF-SC — 2018) O excedente do consumidor:
   a) agregado é calculado pela diferença entre o preço que um consumidor estaria disposto a pagar por uma mercadoria e o preço que realmente paga.
   b) só pode ser medido em unidades monetárias sob a premissa de que a utilidade marginal do consumidor, associada aos aumentos de renda, permanece constante dentro da faixa de renda em questão.
   c) está sujeito ao impacto das externalidades de rede positivas, mas não ao das negativas.
   d) está sujeito ao efeito cumulativo do consumo, as chamadas externalidades de rede negativas.
   e) varia em proporção inversa à raridade de um bem, fenômeno que denomina-se externalidade de rede positiva.

10. (FCC — ARTESP — 2017) Se a aquisição de uma unidade adicional de um produto vier a aumentar o excedente do consumidor, então:
   a) há condições para que o consumidor encontre seu equilíbrio com aumento da demanda por esse produto.
   b) o consumidor não está obtendo satisfação com a aquisição do produto.
   c) não é possível haver curva de indiferença mais elevada.
   d) não é mais possível aumentar a utilidade do consumidor com a aquisição de uma unidade adicional do produto.
   e) o consumidor está em equilíbrio.

GABARITO

1. "c". Representando graficamente de acordo com os dados do enunciado da questão, temos:

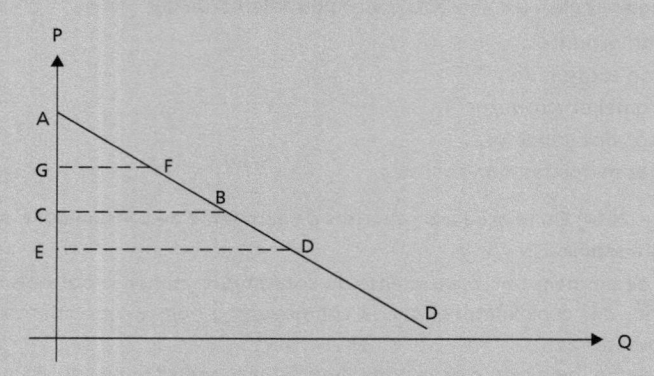

O excedente do consumidor antes da alteração do preço é ABC. Depois que o preço sobe, passa a ser AFG. Percebemos que o consumidor perde de excedente a área correspondente a BCGF. A alternativa "c" está correta e a "b" está incorreta. Uma queda do preço de mercado implica um aumento do excedente do consumidor, porque o excedente passa a ser a área representada por ADE. Logo, o consumidor ganha de excedente a área representada por BCDE. A alternativa "a" está incorreta.

Um aumento do preço de mercado gera uma redução no excedente do consumidor (área BCGF), porque os consumidores já existentes agora pagam mais e em parte porque novos consumidores entram no mercado ao preço mais alto. A alternativa "d" está incorreta. A queda do preço de mercado implicará um aumento do excedente do consumidor (área BCED) proporcionalmente maior, quanto maior for a elasticidade-preço da demanda por esse bem. A alternativa "e" está incorreta.

2. "e". Para encontrar o preço e a quantidade de equilíbrio no mercado, devemos igualar a função demanda com a função oferta. Assim, temos:

$Q_d = Q_s$

$30 - p = 2p \to p = 10$ e $Q = 20$

3. "a". Representando graficamente as funções demanda e oferta, podemos encontrar o excedente do consumidor e produtor. Vejamos:

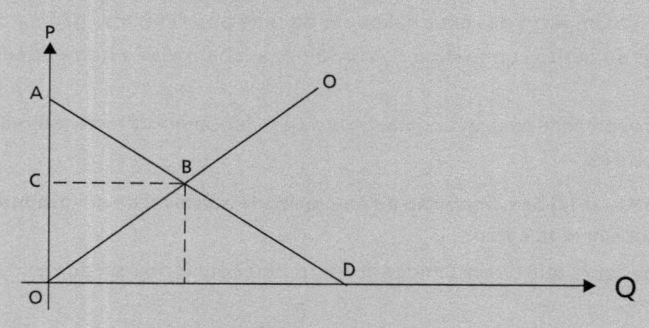

O excedente do consumidor é representado pela área do triângulo ABC. Temos primeiro que achar o valor de "A".

"A" representa uma quantidade demandada igual a "0". Logo:

$Q_d = 30 - p \to 0 = 30 - p \to p = 30$

"C" representa o preço de equilíbrio de "10" e a quantidade de "20".

Então, a área ACB é igual a: 20 · (30 – 10) / 2 = 200
O excedente do produtor é representado pela área do triângulo BCO.
Então, a área BCO é igual a: 20 · (10 – 0) / 2 = 100

4. "a". Quando a demanda é igual à oferta, há um preço e uma quantidade de equilíbrio. A alternativa "a" está correta. Ao valor acima do preço de equilíbrio, os compradores apresentam um excedente que lhes permite adquirir o produto, porém em menor quantidade. A alternativa "b" está incorreta. Ao valor abaixo do preço de equilíbrio, os compradores não adquirem o bem, porque não têm excedente para isso. A alternativa "c" está incorreta. Ao valor abaixo do preço de equilíbrio, os fabricantes de produtos cujos custos são inferiores ao preço (segmento ce) vão produzir e vender o bem, porque apresentam um excedente que lhes permite vender a um preço mais baixo, porém, em menor quantidade. A alternativa "d" esta incorreta. Ao valor acima do preço de equilíbrio, os fabricantes de produtos cujos custos são superiores ao preço (segmento ed) não produzem o bem, porque não têm excedente para isso. A alternativa "e" está incorreta.

5. "e". Um aumento no preço do bem Y, complementar de X, reduzirá a quantidade demandada do bem Y e a demandada pelo bem X. Assim, a curva de demanda se desloca para a esquerda ou para baixo. A alternativa "a" está incorreta. O gasto do consumidor atinge seu máximo quando a elasticidade-preço da demanda de uma curva linear for igual a "um". A alternativa "b" está incorreta. Quando a renda do consumidor diminui e o consumo do bem aumenta, trata-se de um bem inferior. A alternativa "c" está incorreta.

Sendo a curva de demanda representada por Qd = 800 – 4p e a curva de oferta representada por Qo = 400, então, o preço de equilíbrio será:

Qd = Qo

800 – 4p = 400

P = 100. A alternativa "d" está incorreta.

Se a curva de demanda for igual a Qd = 1.000 – 5p e o preço for de P = 150, então a quantidade é igual a Q = 250. Vejamos o gráfico a seguir:

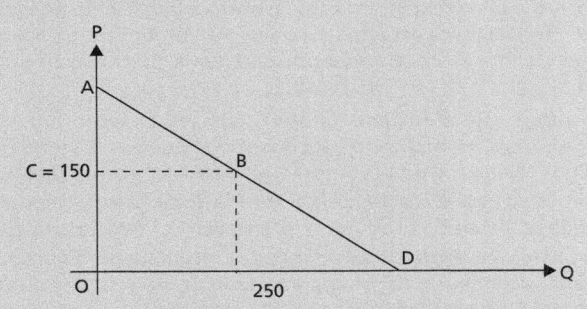

Precisamos determinar o preço no ponto "A". Em "A" a quantidade é igual a "zero", então, devemos substituir esse valor na função demanda:

Qd = 1.000 – 5p

0 = 1.000 – 5p

P = 200

Logo, o excedente do consumidor é igual à área do triângulo ABC. Assim, temos:

Excedente = (200 – 150) · 250 / 2

Excedente = 6.250. A alternativa "e" está correta.

6. "b". Ao preço de "1", a quantidade demandada (Qd) é igual a:

Qd = 150 – 50 · 1

Qd = 100

Excedente do Consumidor

[Gráfico: eixos P e Q, com curva de oferta O e curva de demanda D. Valores marcados: P = 1, 2, 3 e Q = 50. Área do trapézio destacada representa o excedente do consumidor.]

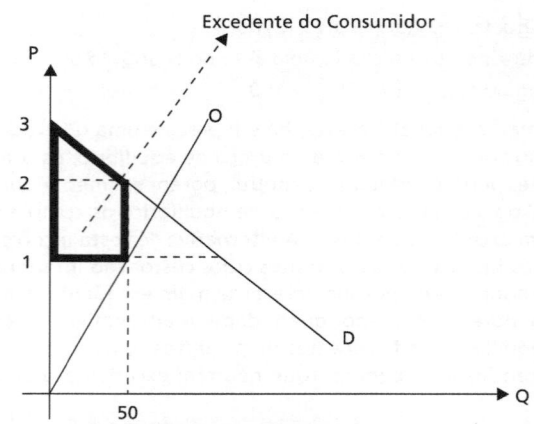

O preço proibitivo é aquele em que a quantidade é "zero", ou seja,
0 = 150 – 50 p
P = 3
Ao preço de "1", a quantidade ofertada será igual a:
Qo = 50 · 1
Qo = 50 (que será a quantidade transacionada no mercado).
A uma quantidade de 50, o preço de demanda será igual a:
Q_D = 150 – 50P
50 = 150 – 50P
P = 2 (esse valor deve ser encontrado com a finalidade de encontrar o valor de um dos lados do trapézio que formará o excedente)
O excedente do consumidor corresponde à área do trapézio destacada em cinza do gráfico, ou seja:
(3-1) + (2-1)] . 50/2 = 75

7. "b". O valor máximo que o consumidor está disposto a pagar pelo produto (preço proibitivo) menos o preço que efetivamente está pagando por ele, multiplicado pela quantidade que está efetivamente demandando, é conceituado por excedente do consumidor. A alternativa "b" é verdadeira.

O preço que o produtor está efetivamente ofertando seu produto subtraído do preço a que estaria disposto a vendê-lo, multiplicado pela quantidade que está sendo efetivamente ofertada, é conceituado por excedente do produtor. A alternativa "a" está incorreta.

Receita marginal do produtor é o acréscimo à receita total pelo fato de estar produzindo ou vendendo uma unidade a mais de produto. A alternativa "c" está incorreta.

Peso morto dos impostos é a perda de excedente do consumidor e do produtor que não se destina a nenhum agente econômico. Representa a perda de bem-estar e a perda de eficiência na economia. A alternativa "d" está incorreta.

Os mercados monopolistas são em regra ineficientes, porque produzem menos e cobram preços mais altos. A alternativa "e" está incorreta.

8. "d". Se o preço de um bem cair, o excedente do produtor cai, porque reduz o excedente para os produtores que já vendiam o bem no mercado. O item "II" está incorreto. Os itens "I" e "II" estão corretos.

9. "b". A curva de demanda é derivada da curva de utilidade do consumidor. A cesta ótima é aquela em que a razão das utilidades marginais dos bens é igual a razão dos preços desses bens. Portanto, o cálculo é feito em unidades monetárias. Para tanto, temos que admitir que a utilidade marginal do consumidor não irá se alterar se houver aumentos de renda. A alternativa "b" está correta.

O excedente do consumidor é um conceito individual e não agregado (que é um conceito macroeconômico). Assim, o excedente do consumidor é calculado pela diferença entre o preço que um consumidor estaria disposto a pagar por uma mercadoria e o preço que realmente paga. A alternativa "a" está incorreta. Quando ocorrem externalidades, sejam positivas ou negativas, afetam o equilíbrio de mercado e, portanto, o excedente do consumidor. A alternativa "c" está incorreta. Quando ocorrem efeitos cumulativos do consumo, podemos estar diante de uma externalidade de rede positiva e, não, negativa. "Externalidade de rede", também designado, efeito de rede, é o efeito que um consumidor de um produto tem sobre o valor do produto para outros consumidores. Um exemplo de externalidade de rede positiva é o caso do telefone, onde um consumidor tem aumento de demanda por telefone quando outros consumidores também têm. Se a demanda do consumidor caísse, teríamos uma externalidade de renda negativa. A alternativa "d" está incorreta. O excedente do consumidor aumenta, quanto mais raro for o bem, ou seja, varia em proporção direta. Contudo, isso não tem a ver com externalidade de rede positiva. A alternativa "e" está incorreta.

10. "a". Se o consumo de uma unidade a mais do produto, eleva o excedente do consumidor, significa que o preço ainda está abaixo do preço máximo que o consumidor estaria disposto a pagar pelo produto. Portanto, o consumidor ainda não está em equilíbrio, já que a utilidade marginal pelo consumo dessa unidade a mais é maior que o preço praticado. Para que retorne ao equilíbrio, haverá um deslocamento da curva de demanda para cima ou para direita. A alternativa "a" está correta. O excedente do consumidor mede o bem-estar do consumidor. Se o EC está aumentando, a satisfação também está aumentando. A alternativa "b" está incorreta. Existem infinitas curvas de indiferença no espaço das mercadorias, mesmo que não contenham a cesta ótima. A alternativa "c" está incorreta. Se a aquisição de uma unidade adicional do produto eleva o excedente do consumidor, então, a utilidade também se elevará. A alternativa "d" está incorreta. No equilíbrio, a relação entre as utilidades marginais e a relação de preços é igual. Como a utilidade marginal está acima do preço, não há equilíbrio, embora, possa caminhar para ele. A alternativa "e" está incorreta.

8.5. MATERIAL SUPLEMENTAR

QUESTÕES DE CONCURSOS
> http://uqr.to/1yarg

9
PESO MORTO NA TRIBUTAÇÃO

Quando o governo tributa as empresas fazendo incidir sobre elas impostos sobre vendas, pode gerar ineficiência[1], ou seja, pode fazer com que elas se sintam menos estimuladas a produzir, reduzindo o tamanho do mercado desse bem. Neste capítulo, poderemos entender de que maneira ocorre essa perda de eficiência.

9.1. INCIDÊNCIA DE UM IMPOSTO SOBRE VENDAS

A incidência de um imposto sobre vendas recai sobre o ofertante e, portanto, desloca a curva de oferta para a esquerda ou para cima.

Com isso, há uma alteração do Excedente do Consumidor (EC) e do Excedente do Produtor (EP). Veja na Figura 9.1 o tamanho do EC e do EP antes e depois da incidência de um imposto sobre vendas.

Figura 9.1. O gráfico (a) mostra o EC, formado pelo triângulo ABD, e o EP, formado pelo triângulo BCD, antes da incidência de impostos sobre vendas. O gráfico (b) mostra o EC, formado pelo triângulo AEG, e o EP, formado pelo triângulo FCH, depois da incidência do imposto sobre vendas.

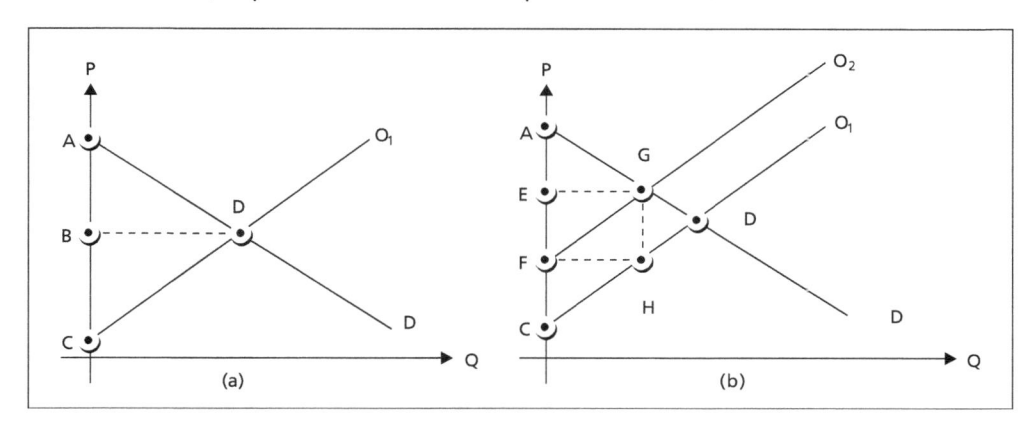

---

[1] O *lump sum tax*, por se tratar de uma taxa *per capita*, funciona como um custo fixo e, portanto, não altera o custo marginal e, por conseguinte, não desloca a curva de oferta. Assim, não gera ineficiência.

Para acharmos o **EC**, fazemos as seguintes perguntas:

> ▫ Qual é o preço do produto (que é aquele que o consumidor está pagando)?
> ▫ Qual é o preço máximo que o consumidor está disposto a pagar?
> ▫ Qual é a quantidade que o consumidor está adquirindo ao preço do produto?

O **gráfico (a)** corresponde à situação **antes da incidência do imposto**, os pontos que respondem a essas três perguntas:

▫ Qual é o preço do produto? Resposta: B.

▫ Qual é o preço máximo que o consumidor está disposto a pagar? Resposta: A.

▫ Qual é a quantidade que o consumidor está adquirindo ao preço do produto? Resposta: D.

Unindo esses três pontos que respondem a essas três perguntas, temos o **triângulo ABD**, que representa o **EC**.

O **gráfico (b)** corresponde à situação **depois da incidência do imposto**, os pontos que respondem a essas três perguntas:

▫ Qual é o preço do produto? Resposta: E.

▫ Qual é o preço máximo que o consumidor está disposto a pagar? Resposta: A.

▫ Qual é a quantidade que o consumidor está adquirindo ao preço do produto? Resposta: G.

Unindo esses três pontos que respondem a essas três perguntas, temos o **triângulo AEG**, que representa o **EC**.

Para acharmos o **EP**, fazemos as seguintes perguntas:

> ▫ Qual é o preço que o produtor estará recebendo pelo produto?
> ▫ Qual é o preço mínimo que o produtor está disposto a vender seu produto?
> ▫ Qual é a quantidade que o produtor está vendendo ao preço do produto?

O **gráfico (a)**, os pontos que respondem a essas três perguntas:

▫ Qual é o preço que o produtor estará recebendo pelo produto? Resposta: B.

▫ Qual é o preço mínimo que o produtor está disposto a vender seu produto? Resposta: C.

▫ Qual é a quantidade que o produtor está vendendo ao preço do produto? Resposta: D.

Unindo esses três pontos que respondem a essas três perguntas, temos o **triângulo BCD**, que representa o **EP**.

No **gráfico (b)**:

▫ Qual é o preço que o produtor estará recebendo pelo produto? Resposta: F.

▫ Qual é o preço mínimo que o produtor está disposto a vender seu produto? Resposta: C.

■ Qual é a quantidade que o produtor está vendendo ao preço do produto? Resposta: H.

Unindo esses três pontos que respondem a essas três perguntas, temos o **triângulo FCH**, que representa **o EP**.

Vemos, portanto, que, com o deslocamento da função oferta para a esquerda ou para cima, devido à incidência de tributos sobre venda, tanto o excedente do consumidor quanto o excedente do produtor são reduzidos.

Observe que a perda de excedente do consumidor, somada à perda de excedente do produtor, corresponde à área representada nas Figuras 9.2 (a) e (b) pelo trapézio EGDHF.

Ainda analise que o retângulo EFGH representa a **receita do governo** pelo fato de ter tributado as empresas (ver Figura 9.2 (c)). A distância GH representa o valor do imposto sobre vendas e a distância FH ou EG representa a quantidade de produto que está sendo produzida e consumida na economia. Portanto, o imposto multiplicado pela quantidade produzida é a receita do governo.

Podemos ver que a perda de excedente do consumidor e a do produtor são maiores que a receita do governo, ou seja, o trapézio EGDHF, que é a perda de excedentes, é maior que o retângulo EGHF, que é a receita do governo. Essa diferença pode ser percebida pela área representada pelo triângulo GDH (ver Figura 9.2 (d)). A essa área que representa a perda de excedente do consumidor e do produtor e que não se transforma em receita do governo, damos o nome de peso morto ou *dead weight less*. Ele é uma medida de distorção ou ineficiência em decorrência de uma interferência do governo. Ele é a medida da perda de bem-estar, ou seja, uma forma de ineficiência econômica que deve ser levada em consideração quando políticas, como a imposição de impostos, são elaboradas e implementadas.

Figura 9.2. A incidência de um imposto sobre vendas, a perda de excedente do consumidor e do produtor, a receita do governo e o peso morto.

A) IMPOSIÇÃO DE UM IMPOSTO SOBRE VENDAS DA MAGNITUDE DO SEGMENTO GH DESLOCA A CURVA DE OFERTA PARA CIMA OU PARA A ESQUERDA (DE O_1 PARA O_2), REDUZINDO O EXCEDENTE DO CONSUMIDOR E DO PRODUTOR.

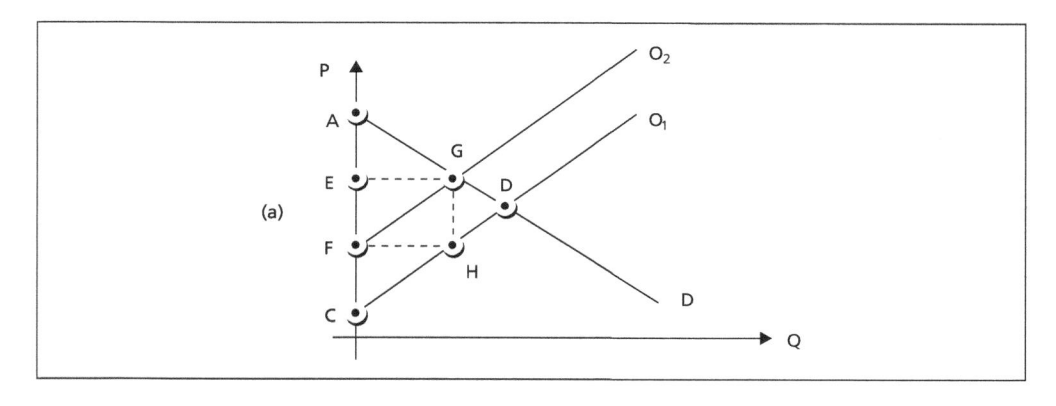

B) A ÁREA HACHURADA (EGDHF) REPRESENTA A PERDA DE EXCEDENTE DO CONSUMIDOR E DO PRODUTOR.

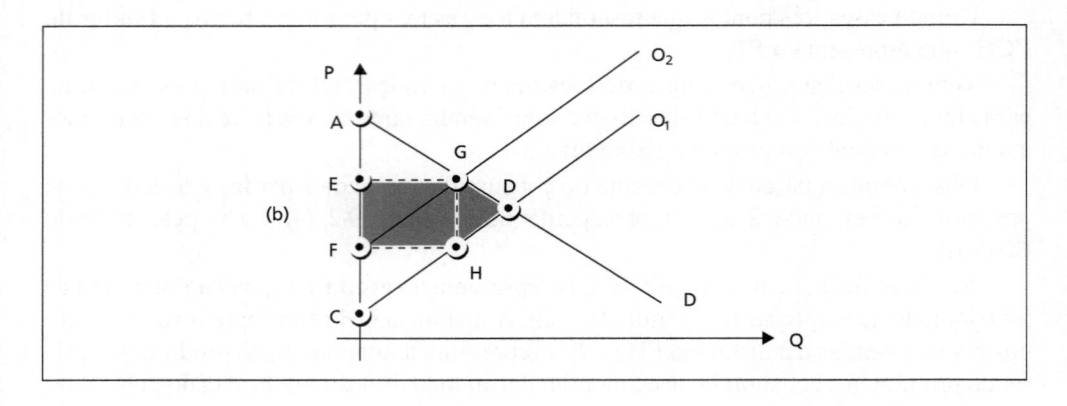

C) A ÁREA HACHURADA (EGHF) REPRESENTA A RECEITA DO GOVERNO.

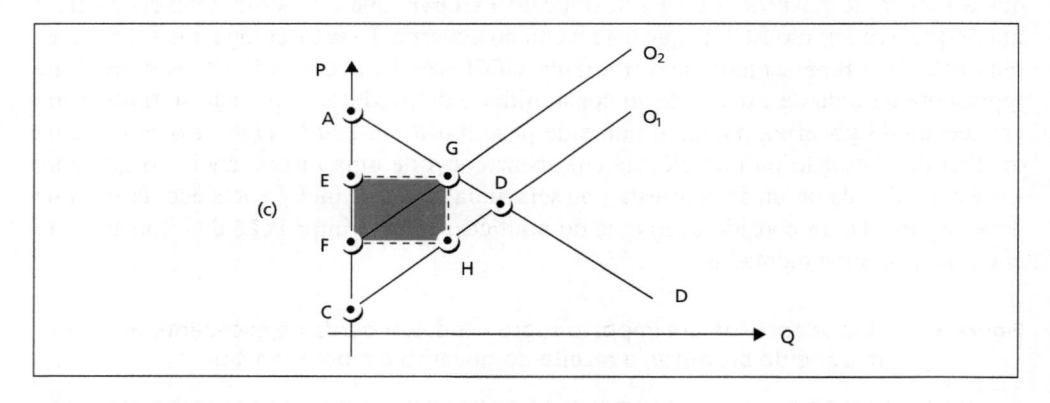

D) A ÁREA HACHURADA (GDH) REPRESENTA A PERDA DE EFICIÊNCIA NA ECONOMIA DENOMINADA PESO MORTO.

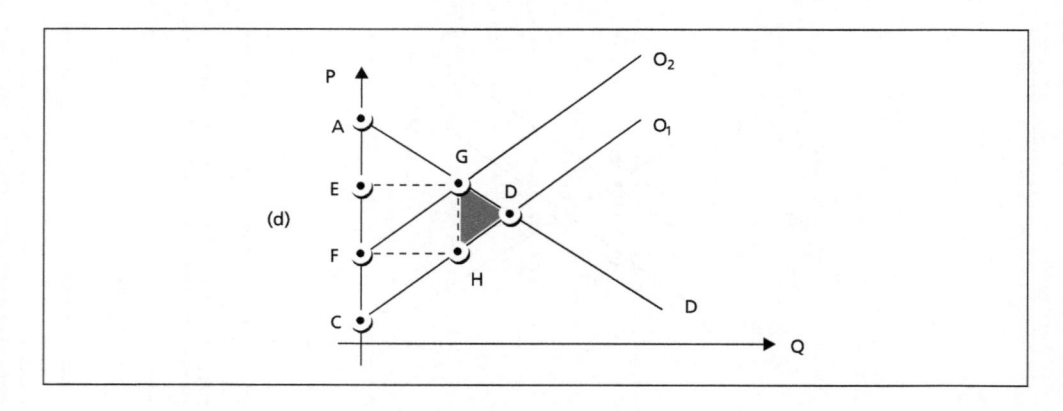

A **alíquota marginal do tributo** (ΔT/ΔR) é capaz de determinar o peso morto de um imposto sobre a renda, ou seja, podemos calcular a variação acarretada no nível de renda e produto (ΔR) em decorrência de uma variação nos tributos (ΔT).

Vimos que o peso morto representava a ineficiência gerada ou diminuição do produto (ΔR) em decorrência de uma variação na tributação (ΔT). Logo, a tributação marginal do imposto é capaz de medir o peso morto gerado.

Existem impostos que têm a característica de agirem de maneira mais neutra, ou seja, de maneira a minimizar ou não gerar peso morto. Podemos citar o *lump sum tax* ou imposto *per capita*. Ele funciona como um custo fixo e, portanto, não desloca a curva de custo marginal e, consequentemente, a curva de oferta.

9.2. ELASTICIDADE DAS CURVAS DE DEMANDA E OFERTA E PESO MORTO

O peso morto gerado pela tributação desencoraja a realização de transações que seriam vantajosas para os compradores e vendedores porque eleva o preço que os consumidores pagariam pelo produto e reduz o valor que os produtores receberiam por eles. Mas para sabermos a intensidade com que esses preços se elevam para os consumidores ou se reduzem para os produtores e, portanto, definir o peso morto, precisamos conhecer a elasticidade da curva de oferta e de demanda.

Vejamos primeiro uma situação em que a **oferta** é menos elástica na Figura 9.3 (a) e depois mais elástica na Figura 9.3 (b), mantendo-se constante o valor do imposto (T) cobrado e o comportamento da curva de demanda.

Figura 9.3. Peso morto gerado quando a curva de oferta é mais inelástica (a) e mais elástica (b). Observamos que quanto mais elástica é a curva de oferta, maior é o peso morto gerado.

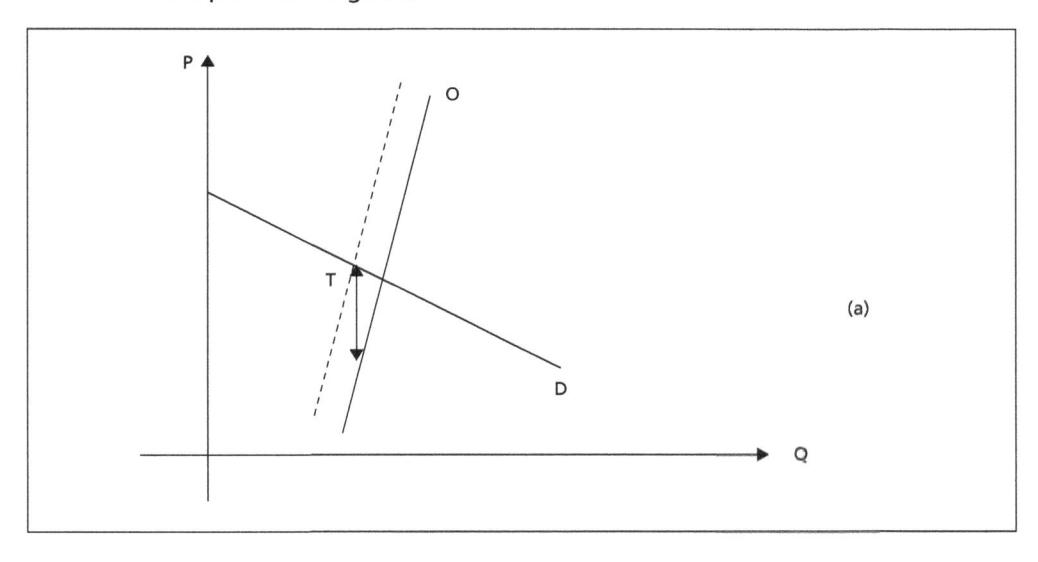

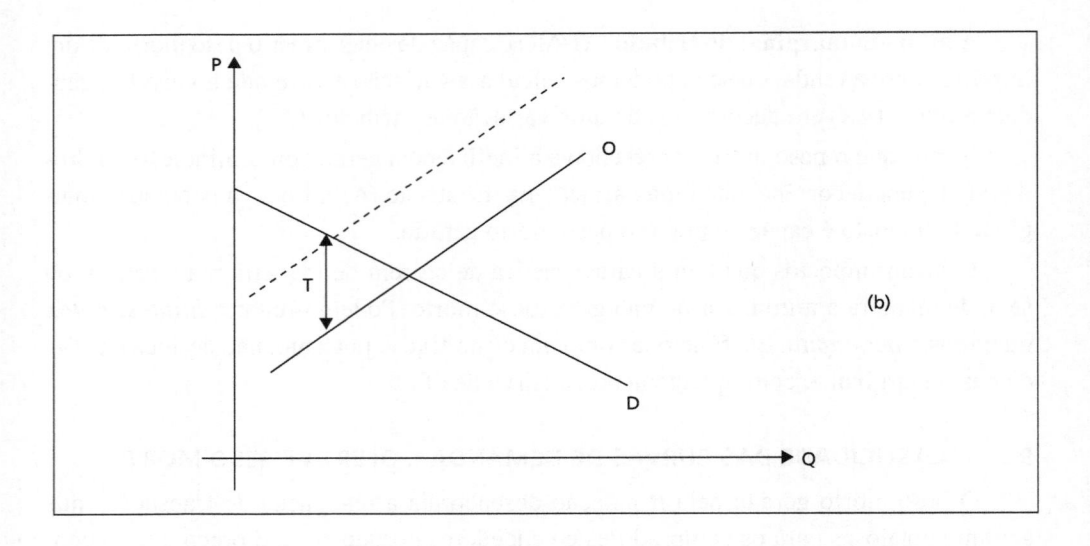

Podemos perceber que quando a curva de oferta é mais elástica (Figura 9.3 (b)), o peso morto gerado é maior do que quando a curva de oferta é menos elástica (Figura 9.3 (a)).

Também uma situação em que a **demanda** é menos elástica na Figura 9.4 (a) e depois mais elástica na Figura 9.4 (b), mantendo-se constante o valor do imposto (T) cobrado e o comportamento da curva de oferta.

Figura 9.4. Peso morto gerado quando a curva de demanda é mais inelástica (a) e mais elástica (b). Observamos que quanto mais elástica é a curva de demanda, maior é o peso morto gerado.

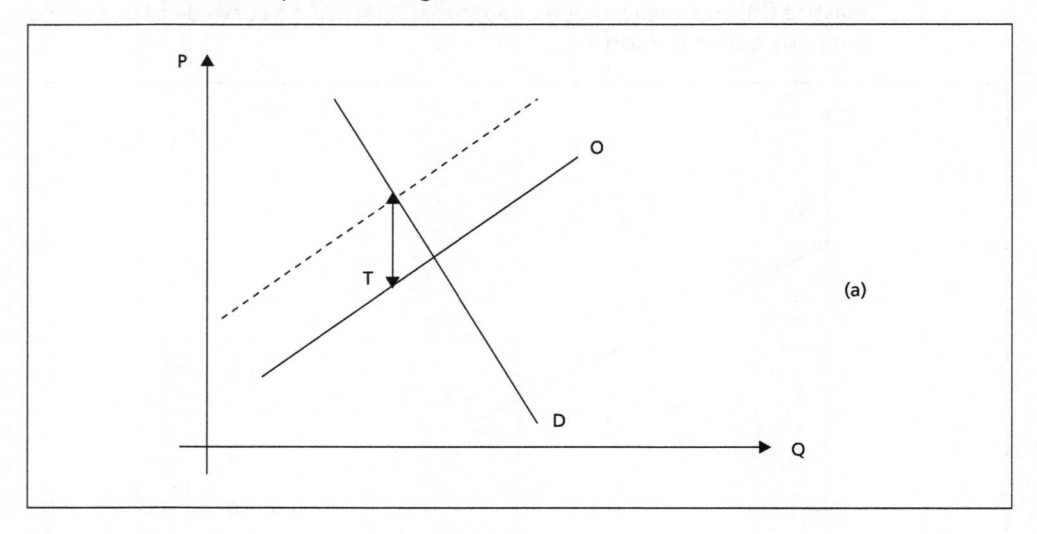

(b)

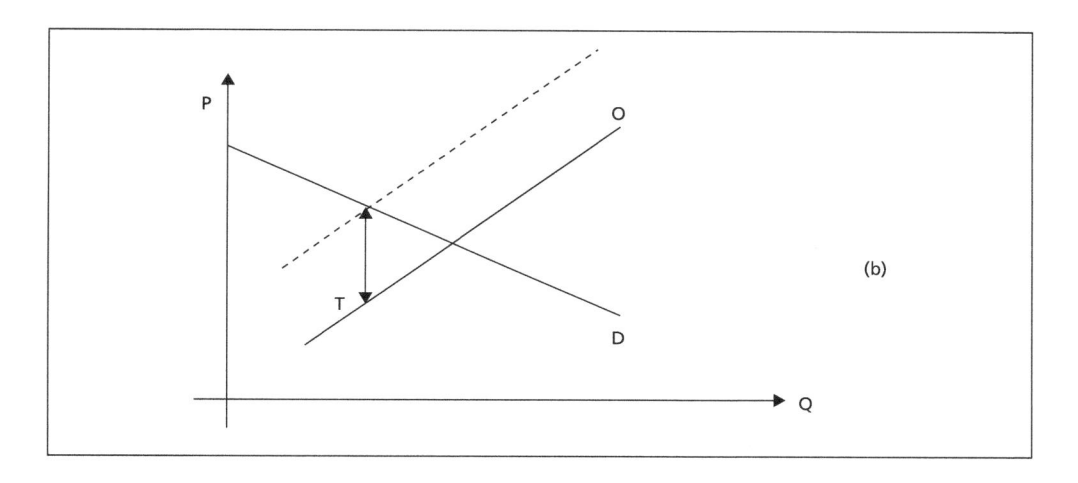

[Gráfico: eixos P e Q, curvas O (oferta) e D (demanda), com indicação de T entre a curva de oferta deslocada e a original]

Podemos perceber que quando a curva de demanda é mais elástica (Figura 9.4 (b)), o peso morto gerado é maior do que quando a curva de demanda é menos elástica (Figura 9.4 (a)).

Concluindo, quanto **mais elástica for a curva de oferta ou a curva de demanda, maior será o peso morto gerado pelo imposto**.

Vamos exemplificar o cálculo do peso morto:

Supondo que a função Demanda e a função Oferta sejam:

$Qd = 200 - 10P$; onde Qd = quantidade demandada e P = preço

$Qo = -100 + 40p$; onde Qo = quantidade ofertada e P = preço

O equilíbrio entre a oferta e demanda ocorre quando:

$Qd = Qo$

$200 - 10P = -100 + 40P \rightarrow 50P = 300 \rightarrow$ **P = 6 e Q = 140**

Supondo que o governo institua um tributo sobre vendas no valor de 5 (T=5). Apesar da função demanda não se alterar, a função oferta será, agora representada da seguinte maneira:

$Qo_2 = -100 + 40(P-5)$

$Qo_2 = -100 + 40P - 200$

$Qo_2 = -300 + 40P$

Para encontrar o novo equilíbrio entre a demanda e a oferta, teremos:

$Qd = Qo_2$

$200 - 10P = -300 + 40P \rightarrow 50P = 500 \rightarrow$ **P = 10 e Q = 100**

Representando isso graficamente, temos:

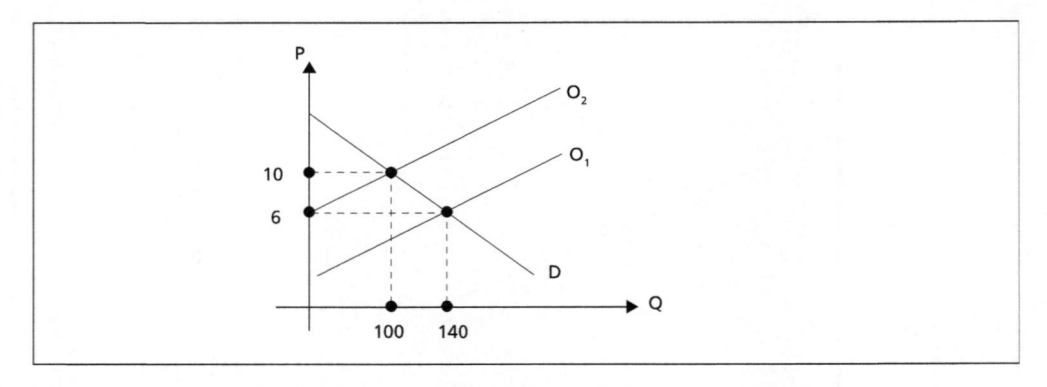

Precisamos definir mais um ponto que é aquele preço cuja quantidade é 100 na curva de oferta 1.

Qo = -100 + 40P → 100 = - 100 + 40P → **P = 5**

Podemos ver o peso morto sendo representado pela área do triângulo hachurado na figura a seguir:

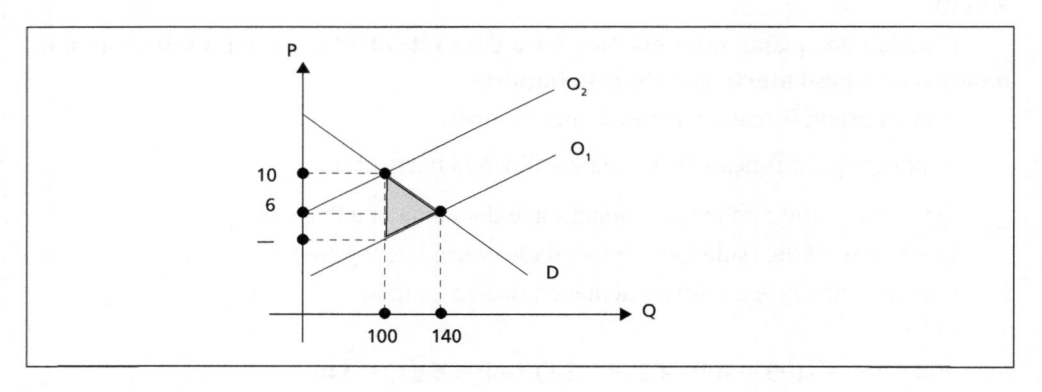

Assim, o Peso morto (PM), ocasionado pela introdução do tributo sobre vendas, será igual a:

Peso Morto= (10 – 5) (140 – 100)/2

PM = 100

Como o peso morto é igual a perda de eficiência na Economia, também podemos calculá-lo subtraindo do Excedente do Consumidor (EC1) e do Produtor (EP1) antes da tributação, o excedente do consumidor (EC2) e produtor (EP2) depois da tributação e a arrecadação do governo (RG).

Então vejamos o que era o excedente do consumidor (EC1) e do produtor (EP1) antes da tributação:

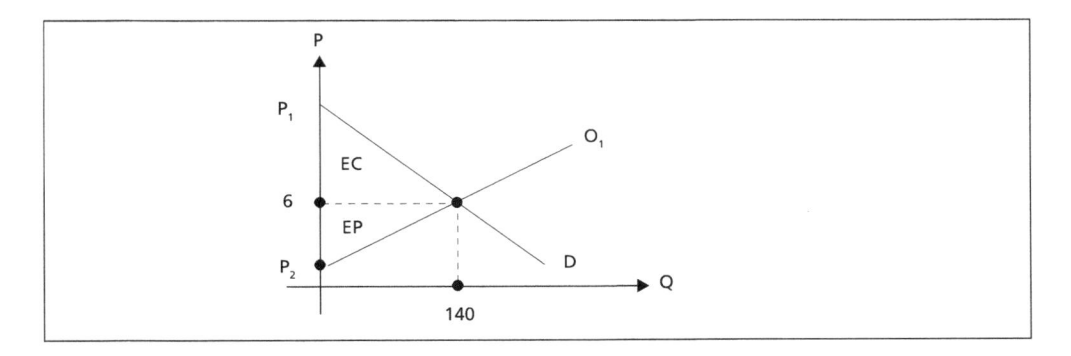

Para calcular o Excedente do Consumidor, precisamos determinar o P_1:
$P_1 \rightarrow Qd = 200 - 10P \rightarrow 0 = 200 - 10P \rightarrow P_1 = 20$
Logo, o Excedente do Consumidor antes da Tributação (EC_1) será de:
$EC_1 = (20-6) \cdot 140/2 \rightarrow EC_1 = 980$

Para calcular o Excedente do Produtor, precisamos determinar o P_2:
$P_2 \rightarrow Qo = -100 + 40p \rightarrow 0 = -100 + 40P \rightarrow P_2 = 2,5$
Logo, o Excedente do Produtor antes da Tributação (EP_1) será de:
$EP_1 = (6 - 2,5) \cdot 140/2 \rightarrow EP_1 = 245$

Agora, vamos calcular o Excedente do Consumidor (EC2) e do Produtor (EP2) depois da tributação sobre vendas.

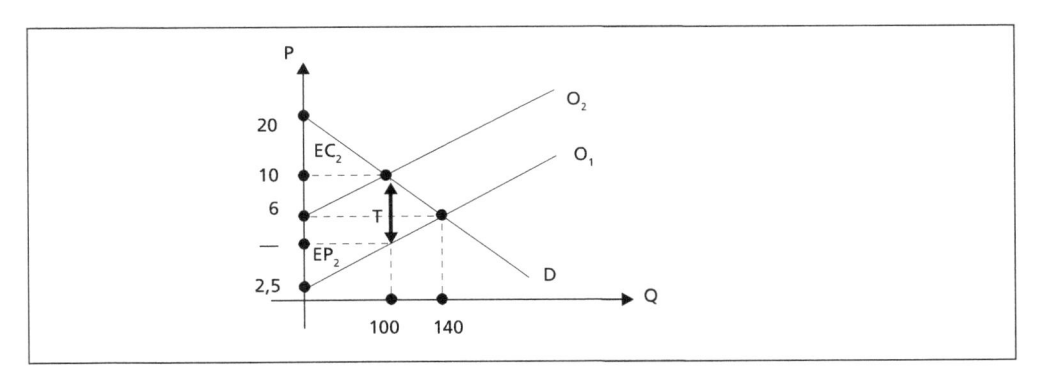

Logo, o Excedente do Consumidor depois da Tributação (EC_2) será de:
$EC_2 = (20-10) \cdot 100/2 \rightarrow \mathbf{EC_2 = 500}$

E o Excedente do Produtor depois da Tributação (EP_2) será de:
$EP_2 = (5 - 2,5) \cdot 100/2 \rightarrow \mathbf{EP_2 = 125}$

A arrecadação do governo (RG) corresponde a área do retângulo cuja área é:
$RG = T \cdot Q_{\text{depois do imposto}}$
$RG = (10-5) \cdot 100 \rightarrow \mathbf{RG = 500}$

Logo, o Peso Morto (PM) será:
PM = $EC_1 + EP_1 - EC_2 - EP_2$ -RG
PM = 980 + 245 − 500 − 125 − 500
PM = 100

9.3. PESO MORTO E ARRECADAÇÃO DO GOVERNO — CURVA DE LAFFER

Nós sabemos que quando o imposto aumenta, o peso morto aumenta também. Porém, conforme essa carga tributária aumenta, a receita do governo só aumenta até certo momento. A partir de determinado valor da alíquota do imposto, o tamanho do mercado se reduz paulatinamente, à medida que a alíquota se eleva. Um dos motivos[2] porque isso ocorre se deve ao fato de as empresas ficarem demasiadamente desestimuladas a produzir devido ao tamanho da carga tributária.

Laffer[3] explicou esse comportamento com a seguinte curva representada na Figura 9.5:

Figura 9.5. Curva de Laffer que associa a receita tributária do governo e a alíquota do imposto. À medida que a alíquota aumenta, a arrecadação do governo aumenta até o ponto denominado "O" ou ponto onde ocorre a carga fiscal ótima. A partir daí, o aumento da alíquota leva a uma redução da receita do governo.

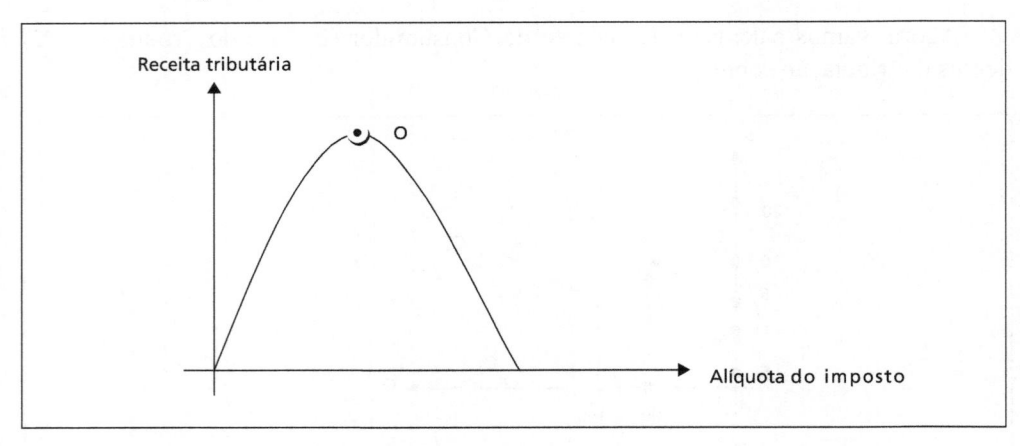

A **curva de Laffer** determina, portanto, a existência de uma relação não linear entre o nível das **alíquotas dos impostos e a arrecadação fiscal**. Inicialmente, maiores alíquotas implicariam maior arrecadação, embora a taxas decrescentes, ou seja, a arrecadação aumentaria, porém cada vez menos, o que justificaria um formato côncavo em relação à

---

[2] Outro motivo seria o aumento da sonegação.
[3] O economista Arthur Laffer, em 1974, desenhou a curva conhecida como curva de Laffer, quando estava em um restaurante com diversos jornalistas e políticos. Reagan, candidato a presidente dos EUA, em sua campanha em 1980, baseou-se na teoria de Laffer para justificar suas pretensões de redução da carga tributária.

origem no primeiro trecho da curva até o ponto "O". No entanto, a partir de certo ponto, uma elevação das alíquotas iria provocar uma **redução da arrecadação** em função do aumento da **evasão fiscal** (sonegação), do desestímulo aos negócios privados e devido à **passagem do efeito renda para o efeito substituição**, ou seja, o excesso de tributação desencorajaria o **trabalho árduo**, fazendo as pessoas substituírem horas de trabalho e, portanto, maior renda, por horas de lazer.

Onde a arrecadação tributária é máxima denomina-se **carga fiscal ótima** — que seria aquela que propicia ao governo o máximo de receita possível, sem que provoque desestímulo ao trabalho e à produção, representado pelo ponto "O" do gráfico da Figura 9.5.

A curva de Laffer não foi elaborada, porém, em cima de uma evidência empírica. Quando o então Presidente da República dos Estados Unidos, Ronald Reagan, baseado nas ideias de Laffer, afirmou que a redução da carga tributária incentivaria aumento da oferta de mão de obra, sua opinião junto com a de Laffer ficou conhecida como **economia do lado da oferta**.

Vejamos, graficamente, na Figura 9.6, como o aumento do tributo aumenta o peso morto e pode levar à redução da receita do governo. Vamos supor uma primeira situação em que haja a incidência de um imposto. Depois, suponhamos um aumento desse imposto. Por último, um aumento demasiado desse imposto. Na primeira situação, suponhamos que o imposto seja pequeno. Na segunda situação, que seja médio e, por fim, na terceira situação, que seja grande.

Figura 9.6. A incidência de um imposto (T) faz gerar peso morto como mostra o gráfico (a). Quando esse imposto (T) aumenta, o peso morto e a arrecadação do governo (RG) aumentam, conforme podemos perceber no gráfico (b). À medida que esse imposto se torna muito grande, o peso morto aumenta ainda mais, porém a receita do governo (RG) diminui, conforme pode ser visto no gráfico (c).

A) INCIDÊNCIA DE UM PEQUENO IMPOSTO (T).

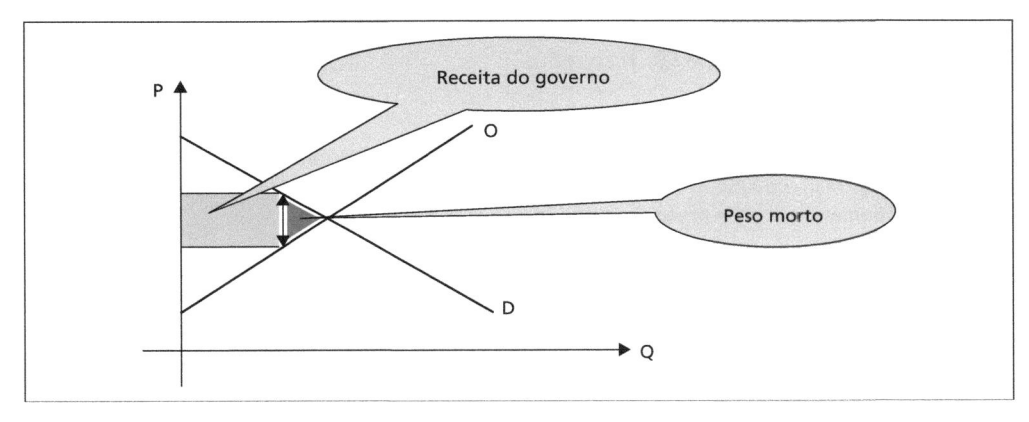

B) INCIDÊNCIA DE UM IMPOSTO (T) MÉDIO.

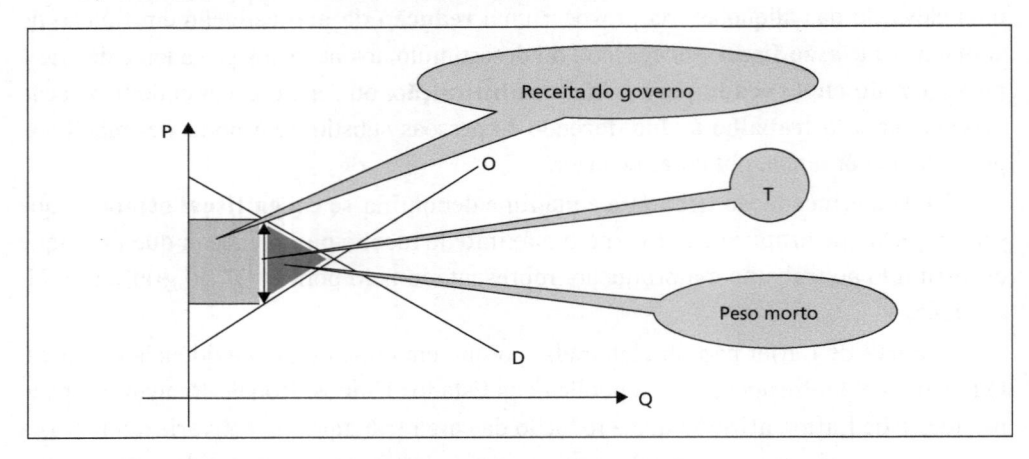

C) INCIDÊNCIA DE UM IMPOSTO (T) GRANDE.

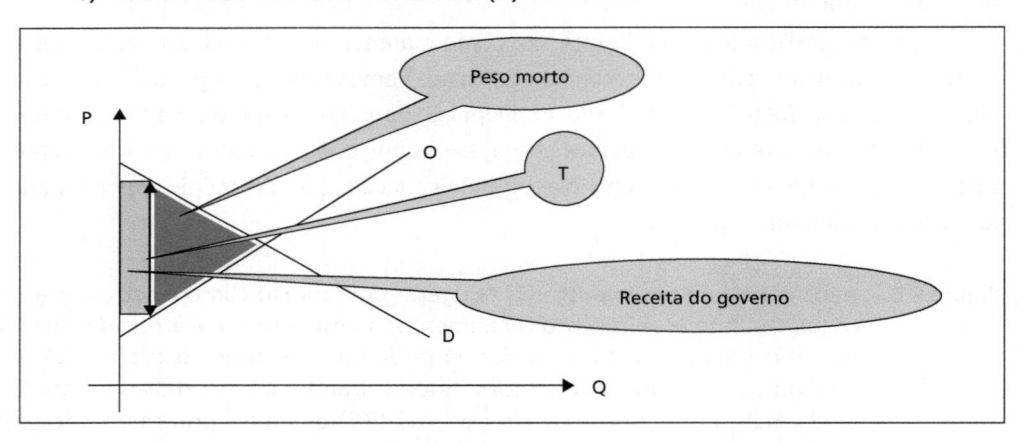

Percebemos que, quando o imposto (T) é pequeno, são gerados um peso morto na economia e uma arrecadação para o governo (RG). À medida que esse imposto (T) aumenta, o peso morto também aumenta junto com a arrecadação do governo (RG). Quando o imposto atinge um patamar elevado, o peso morto é ainda maior, porém a arrecadação ou receita do governo (RG) se reduz.

9.4. QUESTÕES

1. (FCC — ICMS-SP — 2013) A oferta e a demanda de um mercado em concorrência perfeita são representadas, respectivamente, pelas funções a seguir, onde Qo = quantidade ofertada, Qd = quantidade demandada e P = preço de mercado:

Qo = –1.000 + 5P
Qd = 8.000 – 10P

O Governo instituiu um tributo específico sobre vendas no valor de 6 unidades monetárias por produto vendido nesse mercado. Em consequência, haverá o surgimento de um peso morto da tributação, em virtude de os preços de compra e de venda não serem mais iguais. O valor desse peso morto, no novo ponto de equilíbrio de mercado, em unidades monetárias, é:

a) 80.
b) 160.
c) 100.
d) 40.
e) 60.

2. (FCC — SEMPLAN — 2016) Considere que o Município de Floriano-PI deseja estimular a atividade econômica local e, dentre outras medidas, decide conceder mais permissões para ampliar a operação do seu sistema de transporte público de caráter individual. Para ampliar os impactos de tal medida, decide, ainda, reduzir a zero a alíquota de Imposto Sobre Serviços — ISS aplicada a esse sistema. Sobre tais iniciativas, considere:

I. com a redução da alíquota do ISS, a prefeitura espera que, mantendo-se as demais variáveis econômicas constantes, ocorra um deslocamento para a esquerda da curva de demanda agregada do município;

II. supondo-se uma demanda perfeitamente elástica ao preço do serviço, o excedente, gerado pela redução do ISS será totalmente absorvido pela Administração Pública;

III. o chamado peso morto dos tributos deve aumentar proporcionalmente ao aumento esperado da demanda;

IV. com a redução do ISS e com o aumento das permissões de operação, o município espera um aumento da oferta dessa modalidade de transporte e, mantidas constantes as demais variáveis econômicas, uma redução do preço do serviço.

Está correto o que consta em:
a) I e IV, apenas.
b) I, II, III e IV.
c) I, apenas.
d) IV, apenas.
e) II e III, apenas.

3. (CEBRASPE — Auditor de Controle Externo — TCE-RO — Economia — 2019) Em um mercado em que a oferta é dada por p = 10, a demanda é igual a p = 34 — q, em que p e q são, respectivamente, o preço e a quantidade.

Nesse contexto, caso o governo imponha um imposto de 2 unidades monetárias sobre o mercado, o valor arrecadado pelo governo e o valor do peso morto, em unidades monetárias, serão iguais, respectivamente, a:
a) 20 e 2.
b) 20 e 4.
c) 22 e 2.
d) 44 e 2.
e) 44 e 4.

4. (FCC — SJRP — 2019) Considere o gráfico a seguir.

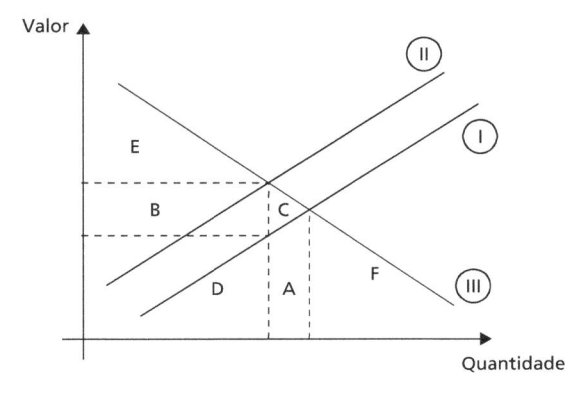

A curva II resulta de um deslocamento para cima da curva de oferta I após a aplicação de um tributo sobre o consumo do bem cujo mercado se analisa. A demanda por esse bem é representada pela curva III. O chamado "peso morto da tributação" é dado pela área:
   a) "C".
   b) "A".
   c) "D" menos a área "B".
   d) "B".
   e) "D" menos a área "A".

5. (FGV — DPE-RJ — 2019) O governo do país hipotético de Puriibesquitão está preocupado com o consumo de cigarros de sua população. A demanda agregada por cigarros nesse país, por maços de cigarro, é dada por $Q_D = 60000 - 2000P$, enquanto a oferta agregada por cigarros, também medida em maços de cigarro, é $Q_S = 4000P$.

Com a intenção de diminuir o consumo de cigarros, o governo resolve adotar um imposto de R$ 3,00 por maço.

Nesse caso, é correto concluir que:
   a) o excedente dos consumidores diminuiu em 5.000 unidades monetárias.
   b) a redução do excedente dos produtores foi exatamente igual à dos consumidores.
   c) o excedente do produtor diminuiu mais do que o do consumidor.
   d) o excedente do consumidor diminuiu mais do que o do produtor.
   e) a perda de peso morto foi de 4.000 unidades monetárias.

6. (FGV — DPE-RJ — 2019) Uma das conclusões da curva de Laffer preconiza que:
   a) existe uma relação entre receitas tributárias e não tributárias.
   b) um aumento nos impostos implica um aumento no retorno da hora adicional de trabalho.
   c) um aumento na taxa de impostos eleva a receita tributária apenas até um determinado ponto.
   d) a taxa de retorno dos impostos é positiva e decrescente entre 0% e 100% do valor da alíquota de impostos.
   e) a informalidade do trabalho é crescente com a alíquota de impostos.

7. (FGV — ALE-RO — 2018) Recorrentemente, a curva de Laffer é utilizada pelos economistas como forma de definir uma política fiscal ótima do ponto de vista da tributação, afim de não onerar demasiadamente o contribuinte ao mesmo tempo em que gera o máximo de arrecadação.

Nesse sentido, considerando o conceito da curva de Laffer, assinale a afirmativa correta.
   a) Um aumento de alíquota a partir de 0% é contraproducente.
   b) Uma redução da arrecadação ocorre quando a derivada da curva de Laffer é positiva.
   c) As evasões tributárias não devem ser consideradas para aumentos adicionais do tributo, pois são inevitáveis.
   d) O fato da curva ser convexa permite obter uma alíquota cuja arrecadação é mínima, devendo ser evitada.
   e) A alíquota tributária aumenta até o ponto em que há estímulo à informalidade, gerando perda de arrecadação.

8. (FCC — SABESP — 2018 — adaptada) Considere as seguintes equações como expressões das curvas de demanda e oferta de etanol, no Brasil, no início do ano de 2018:

$Q_D = 140 - 15p$
$Q_S = 50 + 10p$

Em que Q_D é a quantidade demandada; Q_S é a quantidade ofertada; e p, o preço do etanol.

A adoção pelo governo brasileiro de um imposto específico no valor de R$ 1,00 sobre os combustíveis automotivos, tudo o mais mantido constante, resulta em:
   a) assunção da carga tributária apenas pelos consumidores, devido à relativa inelasticidade-preço da demanda.

b) uma elevação do consumo de combustível, por efeito da elasticidade-renca da demanda.
c) um peso morto equivalente à parte dos excedentes do consumidor e do produtor.
d) uma perda tributária para o governo.
e) assunção da carga tributária apenas pelos produtores, devido à relativa inelasticidade-preço da oferta.

9. (FGV — BANESTES — 2018) Considere um mercado de concorrência perfeita na qual o preço do produto está no seu valor de equilíbrio. A demanda pelo produto é negativamente inclinada e a oferta positivamente inclinada. O governo, insatisfeito com a arrecadação, resolve adotar uma política de taxar a venda desse produto cobrando do vendedor e distribuindo a arrecadação igualmente entre compradores e vendedores.

Nesse caso, é correto afirmar que:
a) o excedente total deverá aumentar com a arrecadação do governo.
b) os compradores e vendedores não serão afetados pela política.
c) a arrecadação levará a uma melhoria de Pareto.
d) a taxação acarretará uma perda de peso morto.
e) mercados competitivos são ineficientes no sentido de Pareto.

10. (VUNESP — Prefeitura de SBC — 2018) Utilize as informações a seguir para responder à questão.

As retas de demanda e oferta de um bem X em um mercado de concorrência perfeita são as seguintes:
$Q_D = 16\,000 - 4P$
$Q_S = -2\,000 + 6P$

O governo decide intervir no mercado estabelecendo um imposto específico de 200 unidades monetárias sobre a venda do bem X.
O valor do peso morto da tributação, em unidades monetárias, nesse mercado equivalerá a:
a) 96.000.
b) 63.800.
c) 57.600.
d) 48.000.
e) 28.800.

GABARITO

1. "e". Em primeiro lugar, precisamos encontrar o Preço (P_1) e a Quantidade (Q_1) de equilíbrio antes da imposição do tributo. Para isso, igualamos a Quantidade demandada (Qd) com a Quantidade ofertada (Qo):

$8.000 - 10P = -1.000 + 5P$
$15P = 9.000 \rightarrow P_1 = 600$ e $Q_1 = 2.000$

Para encontrarmos o Preço (P_2) e a Quantidade (Q_2) de equilíbrio depois co tributo, podemos fazer de duas maneiras: ou igualando a curva de demanda com a nova curva de oferta ou determinando a carga tributária do consumidor.

Vejamos primeiro, igualando a demanda com a nova curva de oferta.
$Qd = 8.000 - 10P$
$Qo = -1.000 + 5(P - 6) \rightarrow Qo = -1000 + 5P - 30 \rightarrow Qo = -1.030 + 5P$
$8.000 - 10P = -1.030 + 5P$
$9.030 = 15P \rightarrow P_2 = 602$ e $Q_2 = 1.980$

Agora pela Carga Tributária do Consumidor:

$$CTC = \frac{\text{coeficiente angular da demanda}}{(\text{coef. angular da demanda} + \text{coef. angular da oferta})}$$

Lembremos que, como a função está invertida, devemos considerar o inverso dos coeficientes angulares.

$$CTC = \frac{1/10}{1/10 + 1/5} = 1/3$$

Como o tributo é de 6, então o consumidor arcará com o ônus de 2 (= 1/3 · 6) e o preço que era 600 passará para 602. Substituindo na função demanda, encontramos uma Quantidade (Q_2) igual a 1.980.

O peso morto corresponde à diferença entre as quantidades depois e antes do imposto, multiplicada pelo tributo e dividida por 2.

Peso morto: $(Q_1 - Q_2) \cdot T / 2 \rightarrow$ que corresponde à área do triângulo ABC hachurado na cor cinza no gráfico abaixo.

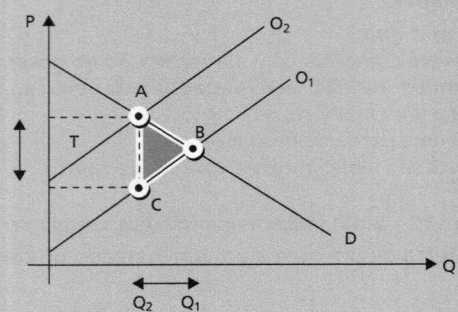

Ou seja: peso morto = (2.000 - 1.980) · 6/2
Peso morto = 60

2. "d". Com a redução da alíquota do ISS, a prefeitura espera que, mantendo-se as demais variáveis econômicas constantes, ocorra um deslocamento para a direita da curva de oferta agregada do município, estimulando a produção e reduzindo o preço. O item "I" está incorreto.

Supondo uma demanda perfeitamente elástica ao preço do serviço, o excedente gerado para o governo pela redução do ISS será zero, já que a alíquota do imposto foi zerada. Além disso, pelo fato de a demanda ser perfeitamente elástica, ou horizontal, não há excedente do consumidor. O item "II" está incorreto.

Não há o chamado peso morto dos tributos, já que a alíquota cai para zero. O item "III" está incorreto.

Com a redução do ISS e com o aumento das permissões de operação, o município espera um aumento da oferta dessa modalidade de transporte, o que provoca um deslocamento da curva de oferta para baixo ou para a direita e, mantidas constantes as demais variáveis econômicas, isso provoca uma redução do preço do serviço. O item "IV" está correto.

3. "d". Como a curva de oferta é totalmente elástica ao preço, o consumidor arcará com todo o ônus tributário. Logo, o preço do produto deverá subir em 2 unidades. Vejamos no gráfico a seguir.
O preço antes do imposto (P_{ai}) será igual ao preço do produtor (P_p) e o preço depois do imposto (P_{di}) será igual ao P_{ai} + T.

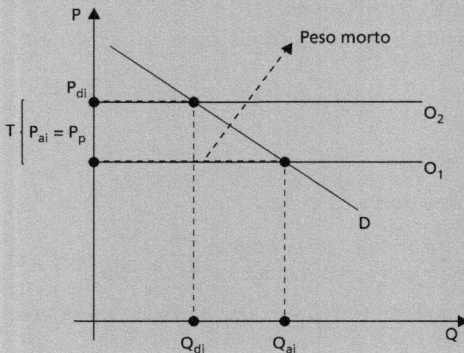

P_{ai} já foi dado pela questão e é igual a 10. Logo P_{di} é igual a 12 (= P_{ai} + T)

Substituindo P_{di} na função demanda, encontramos Qdi:

p = 34 – q

12 = 34 – q

q = 22

Logo, a arrecadação do governo (RG), será:

RG = Qdi · T

RG = 22 · 2

RG = 44

O peso morto (PM) é dado pela área do triângulo marcado no gráfico. Precisamos encontrar a Quantidade antes do imposto (Q_{ai}) primeiro, através da intersecção da curva de Demanda com a Oferta 1.

p = 34 – q

p = 10 e q = 24

Então:

PM = (24 – 22) · 2 / 2 → PM = 2

4. "a". O peso morto é dado pela área do triângulo marcado com a letra "C" pois representa a perda de excedente do consumidor e do produtor que não se transformou em receita do Governo. A alternativa "a" está correta. A área "B" representa a Receita do Governo, que corresponde uma parte da perda de excedente do consumidor e produtor que se destinou ao governo. A área "E" representa o excedente do consumidor depois da incidência do tributo.

5. "d". Precisamos calcular o excedente do consumidor (EC) e do produtor (EP) antes e depois do imposto. Vamos começar calculando os excedentes antes do imposto. Para tanto precisaremos, encontrar o preço e a quantidade de equilíbrio e o intercepto da curva de demanda (ponto A) e oferta (ponto E) no eixo das ordenadas.

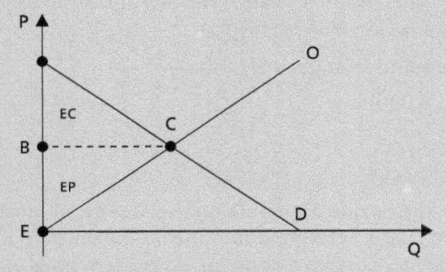

Ponto A → em que a quantidade demandada (Q_D) é zero → QD = 60.000 – 2.000P → 0 = 60.000 – 2.000P → P = 30

Ponto E → em que a quantidade ofertada (Q_O) é zero → Q_S = 4.000P → 0 = 4.000P → P = 0

Ponto B e C → ponto de equilíbrio entre a oferta e demanda antes do imposto → Q_D = 60.000 – 2.000P e Q_S = 4.000P → 60.000 – 2.000P = 4.000P → P = 10 (ponto B) e Q = 40.000 (ponto C)

Para calcular o excedente do consumidor (EC), vamos calcular a área do triângulo ABC.

EC = (30 – 10) · 40.000/ 2

EC = 400.000

Para calcular o excedente do produtor (EP), vamos calcular a área do triângulo BCE.

EP = (10 – 0) · 40.000/2

EP = 200.000

Agora, vamos calcular o excedente do consumidor e do produtor depois que há a incidência do imposto. Vejamos o gráfico a seguir:

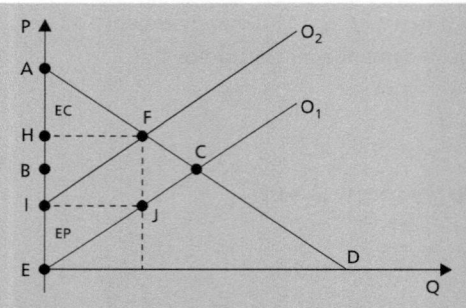

Ponto H, F e J → são determinados pela intersecção das curvas de Demanda e Oferta 2 (O_2). Então:

$$\begin{cases} Q_D = 60.000 - 2.000P \\ Q_S = 4.000(P - 3) \end{cases}$$

60.000 − 2.000P = 4.000P − 12.000 → P = 12 (Ponto H) e Q = 36.000 (pontos F e J)

Ponto I → será o preço da oferta 1 quando a quantidade for 36.000 (ponto J). Então: $Q_S = 4.000P$ → 36.000 = 4.000 · P → P = 9 (ponto I)

Então, o excedente do consumidor (EC_2), depois do imposto, será a área do triângulo AHF. Logo:
EC_2 = (30 − 12) · 36.000/2
EC_2 = 324.000

O Excedente do produtor (EP_2), depois do imposto, será a área do triângulo IJE. Logo:
EP_2 = (9 − 0) · 36.000/2
EP_2 = 162.000

Portanto, o consumidor perdeu 76.000 de Excedente ($EC_1 - EC_2$ = 400.000 − 324.000). A alternativa "a" está incorreta.

O produtor perdeu de excedente 38.000 ($EP_1 - EP_2$ = 200.000 − 162.000). As alternativas "b" e "c" estão incorretas e a alternativa "d" está correta.

O peso morto (PM) é a área do triângulo CFJ, ou seja:
PM = (12 − 9) · (40.000 − 36.000)/2
PM = 6.000.

A alternativa "e" está incorreta.

6. "c". A curva de Laffer afirma que a medida que se eleva a alíquota de um imposto, a arrecadação do governo aumenta até determinado ponto. A partir daí, os agentes econômicos ficam desestimulados a produzir ou passam a sonegar ou partem para a informalidade, reduzindo a arrecadação do governo. Vejamos a curva de Laffer a seguir:

A alternativa "c" está correta.

Na curva de Laffer, existe uma relação entre alíquota do imposto e arrecadação (ou receita) do governo. A alternativa "a" está incorreta. Um aumento nos impostos implica, em um primeiro momento, aumento da arrecadação, mas, depois, a arrecadação diminui. A alternativa "b" está incorreta. A taxa de retorno do imposto é positiva e crescente de 0% até a alíquota ótima. Depois da alíquota ótima, o retorno é decrescente. A alternativa "d" está incorreta. A informalidade do trabalho tende a diminuir com alíquotas baixas. A partir daí, devido a cobrança de alíquotas abusivas, tende a estimular a migração do trabalho formal para o informal. A alternativa "e" está incorreta.

7. "e". A curva de Laffer mostra que à medida que se elevam as alíquotas dos tributos, a arrecadação do governo aumenta até que se atinja a alíquota ótima e a arrecadação máxima. A partir desse ponto, a elevação da alíquota do tributo, provocará redução da arrecadação, devido o aumento da informalidade, o estímulo a sonegação e o desestímulo à produção. A alternativa "e" está correta e a alternativa "c" está incorreta. Um aumento da alíquota a partir de 0% é producente, ou seja, eleva a arrecadação até o ponto onde a arrecadação é máxima ou a alíquota é ótima. A alternativa "a" está incorreta. Uma redução da arrecadação ocorre quando a derivada da curva de Laffer é negativa a partir da alíquota ótima. Entre a origem e a alíquota ótima, a derivada da curva de Laffer é positiva. No ponto onde a arrecadação é máxima, a derivada da curva de Laffer é zero. A alternativa "b" está incorreta. O fato da curva ser côncava permite obter uma alíquota cuja arrecadação é máxima, devendo ser evitada. A alternativa "d" está incorreta.

8. "c". Quando o governo tributa, uma parte do excedente do consumidor e do produtor se transforma em receita do governo e outra parte se transforma em peso morto, reduzindo assim o excedente do consumidor e produtor. A alternativa "c" está correta.

O ônus tributário recairá tanto sobre consumidores (CTC) como sobre os produtores (CTP). Assim, vejamos:

$$CTC = \frac{\text{Expoente invertido da função demanda}}{\text{Expoente invertido da função demanda + da função oferta}} = \frac{1/15}{1/15 + 1/10} = 0,4$$

$$CTP = \frac{\text{Expoente invertido da função oferta}}{\text{Expoente invertido da função demanda + da função oferta}} = \frac{1/10}{1/15 + 1/10} = 0,6$$

Ou seja, o consumidor arcará com 40% do tributo, ou seja, R$ 0,40 e o produtor arcará com 60% do tributo, ou seja, R$ 0,60. As alternativas "a" e "e" estão incorretas.

A tributação reduz a quantidade de equilíbrio. A alternativa "b" está incorreta. Quando o governo cobra tributos, ele tem um ganho. A alternativa "d" está incorreta.

9. "d". Quando o governo cobra um tributo sobre vendas, ele vai gerar peso morto porque uma quantidade menor de produto será demandada e ofertada. Com isso, os consumidores e produtores terão perda de excedente. Uma parte dessa perda irá para o Governo sob a forma de Receita do Governo e a outra parte gerará peso morto. Mesmo que o governo distribua a arrecadação que obteve entre consumidores e produtores, ainda assim, o peso morto será gerado. A alternativa "d" está correta.

Quando o governo tributa, o excedente do consumidor e produtor diminuem. A alternativa "a" está errada. A tributação afeta tanto produtores quanto consumidores que terão seus excedentes diminuídos. A alternativa "b" está incorreta. O equilíbrio entre oferta e demanda em um mercado em concorrência perfeita é um "ótimo de Pareto". A tributação piora o bem-estar e retira da situação de "Ótimo de Pareto". As alternativas "c" e "e" estão incorretas.

10. "d". Para encontrar o peso morto é necessário determinar a área do triângulo CFJ.

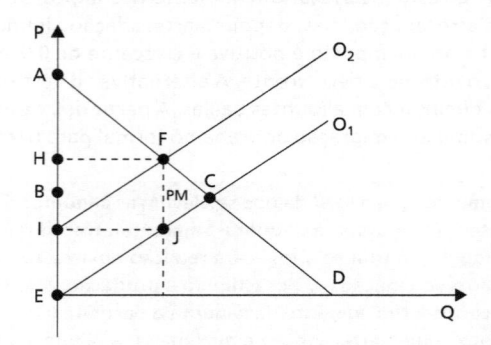

Para encontrar o ponto "C" faremos a intersecção da curva de Demanda com a curva de Oferta antes da tributação (O_1). Logo,

$$\begin{cases} Qd = 16.000 - 4P \\ Qs = -2.000 + 6P \\ 16.000 - 4P = -2.000 + 6P \\ 10P = 18.000 \to P = 1.800 \text{ e } Q_1 = 8.800 \end{cases}$$

Para encontrar o ponto "F" faremos a intersecção da curva de Demanda com a curva de Oferta depois da tributação (O_2). Logo:

$$\begin{cases} Qd = 16.000 - 4P \\ Qs = -2.000 + 6(P - 200) \\ 16.000 - 4P = -2.000 + 6P - 1.200 \to 10P = 19.200 \to P = 1.920 \text{ e } Q2 = 8.320 \end{cases}$$

A área do triângulo CFJ será:
FJ = tributo = 200
A altura do triângulo = diferença das quantidades antes(Q_1) e depois do imposto (Q_2) = 8.800 – 8.320 = 480.

Logo: 200 · 480 / 2 = 48.000.

9.5. MATERIAL SUPLEMENTAR

QUESTÕES DE CONCURSOS
> http://uqr.to/1yarh

10

CONTROLE DE PREÇOS PELO GOVERNO (PREÇOS MÁXIMOS E MÍNIMOS) — TETO DE PREÇOS E PESO MORTO

O governo pode atuar na economia controlando diretamente os preços. Quem compra um produto quer pagar menos por ele. Em compensação, quem vende o bem quer receber mais por ele. Por isso, muitas vezes, o governo pode fixar um valor abaixo do equilíbrio de mercado no intuito de torná-lo mais acessível para a população, bem como pode fixá-lo acima do equilíbrio de mercado para tornar viável e vantajosa a oferta do bem pelas empresas.

Isso se dá porque muitas vezes o produto é essencial para população e, ao preço de mercado, o acesso ao bem seria menor. Então o governo intervém, obrigando um preço máximo com intuito de torná-lo mais acessível a uma parcela maior da população.

Também, o governo pode fixar um preço mínimo quando, a preço de mercado, a receita das empresas é insuficiente para cobrir seus custos, ou quando o valor de equilíbrio do mercado não é atrativo o suficiente para manter a oferta no mercado. Então, o governo fixa um preço acima do equilíbrio entre a oferta e demanda que faça com que as empresas se interessem em ofertar o bem.

Assim, se a força dos consumidores for maior que a dos vendedores, o governo poderá impor um **preço legal máximo** abaixo do preço de mercado pelo qual o bem deverá ser vendido. Como o preço não poderá ultrapassar esse máximo legal, ele será chamado de **preço máximo**.

Por outro lado, se a força dos produtores for maior, o governo poderá impor um **preço mínimo legal**, acima do preço de mercado. Como o preço não poderá ser menor que o mínimo legal, ele será chamado de **preço mínimo**.

10.1. FIXAÇÃO DE PREÇOS MÁXIMOS

Quando o governo fixa um **preço máximo**, ele pode ser **obrigatório** ou **não obrigatório**. Quando o preço máximo estipulado se encontra acima do preço de equilíbrio do mercado, ou seja, acima do equilíbrio entre a oferta e a demanda, ele passa a ser não obrigatório. Mas, ao contrário, quando o preço máximo se encontra abaixo do equilíbrio de mercado, ele se torna obrigatório.

Isso decorre do fato de que como **o preço máximo** estipulado pelo governo está **acima do equilíbrio de mercado**, as empresas estão dispostas a vender o produto a um preço abaixo do estipulado antes da interferência do governo, que seria o preço de equilíbrio de mercado. Como o intuito do governo é proteger o consumidor, possibilitando-o adquirir o produto, garantindo um preço máximo a ser cobrado pelo produtor, caso esse valor esteja acima do de equilíbrio, as forças do mercado tenderão a mover esse preço na direção do equilíbrio, fazendo com que o preço máximo não altere o preço e a quantidade comercializada no equilíbrio da oferta e demanda (ver Figura 10.1).

Figura 10.1. Quando o preço máximo fixado pelo governo é maior que o preço de mercado, ele se torna "não obrigatório" e as forças do mercado tendem a mover esse preço para o equilíbrio da oferta e da procura.

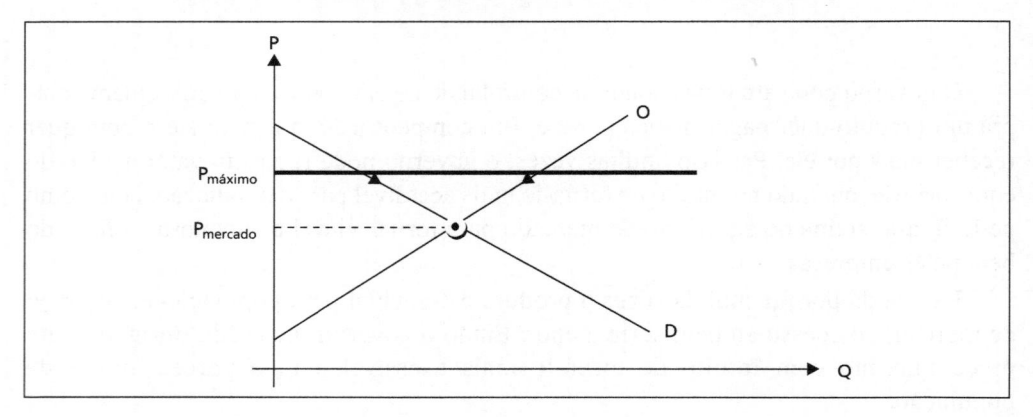

Por outro lado, se **o preço máximo** estipulado pelo governo estiver **abaixo do equilíbrio de mercado**, isso significa que está havendo uma **restrição obrigatória** sobre o mercado. A tendência é que o mercado, pela força da oferta e demanda, busque o equilíbrio, porém, quando o preço de mercado atinge o preço máximo, o governo impede que ele suba. Dessa forma, o preço de mercado se iguala ao preço máximo (ver Figura 10.2).

Figura 10.2. Quando o preço máximo fixado pelo governo é menor que o preço de mercado, ele se torna obrigatório e as forças do mercado tendem a mover esse preço até o preço máximo, já que não podem ultrapassá-lo.

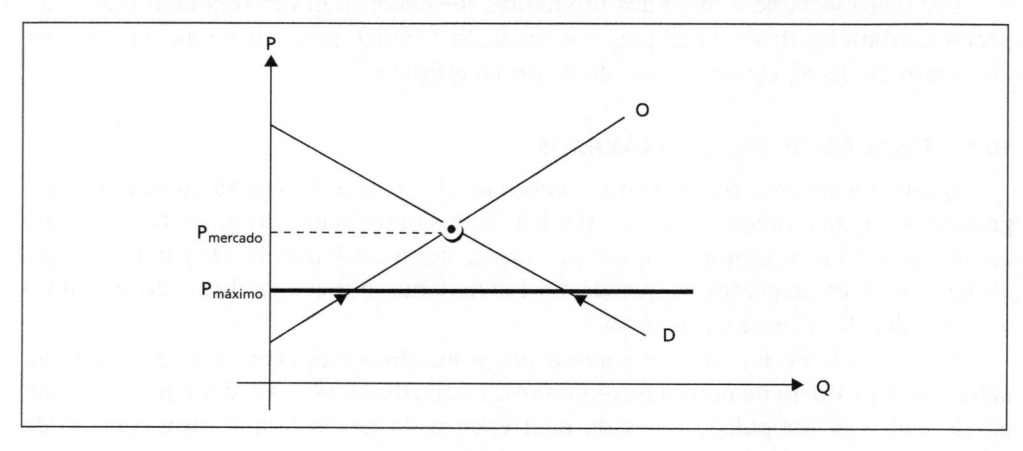

Observamos que, quando o preço máximo estipulado pelo governo está abaixo do preço de mercado, a Quantidade ofertada do bem (Qo) é inferior à Quantidade demandada do bem (Qd), o que provoca uma **escassez** desse produto no mercado. Isso poderá provocar um **racionamento** do produto escasso entre os consumidores em potencial. Essa escassez é medida pela diferença entre a Quantidade demandada (Qd) e a Quantidade ofertada (Qo). Veja, na Figura 10.3, o tamanho dessa escassez.

Figura 10.3. Quando o preço máximo fixado pelo governo é menor que o preço de mercado, isso provoca uma escassez de produto gerando um racionamento de bens entre os consumidores em potencial. Essa escassez é medida pela diferença entre a Quantidade demandada (Qd) e a Quantidade ofertada (Qo).

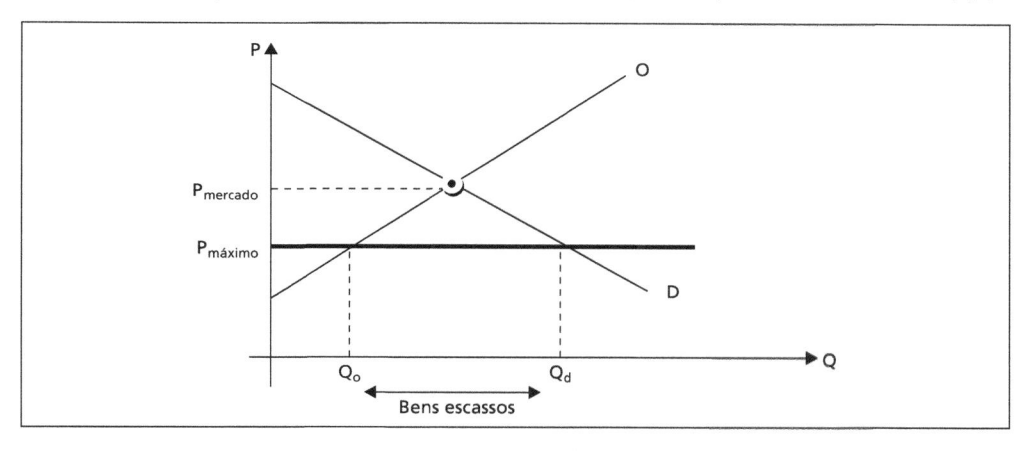

Caso o governo queira garantir o acesso ao bem para uma parcela maior da população ao preço máximo estipulado, ou seja, que a quantidade ofertada (Qo) se iguale à quantidade demandada (Qd) mostrada na Figura 10.3, ele deverá conceder subsídio ao produtor que o estimule a produzir mais, no lugar de produzir apenas Qo. Poderemos compreender melhor essa parte do assunto no Capítulo 11.

10.1.1. Exemplo numérico da fixação de preço máximo abaixo do equilíbrio de mercado

Vamos supor que a demanda e a oferta se comportem conforme as funções demanda e oferta a seguir:

$Qd = 200 - 20P$; onde Qd = quantidade demandada e P = preço

$Qo = -100 + 40P$; onde Qo = quantidade ofertada e P = preço

O preço e a quantidade de equilíbrio seriam:

$Qd = Qo$

$200 - 20P = -100 + 40P \rightarrow P = 5$ e $Q = 100$

Se o governo estipula um preço máximo de 3 ($P_{MÁX} = 3$), então:

$Qd = 200 - 20.3 \rightarrow Qd = 140$

$Qo = -100 + 40.3 \rightarrow Qo = 20$

Logo, haveria uma escassez do produto de 120 (= 140 – 20)

10.2. FIXAÇÃO DE PREÇOS MÍNIMOS

Quando o governo fixa um **preço mínimo**, ele pode ser **obrigatório** ou **não obrigatório**. Quando o preço mínimo estipulado se encontra abaixo do preço de equilíbrio do mercado, ou seja, abaixo do equilíbrio entre a oferta e a demanda, ele passa a ser não obrigatório. Mas, ao contrário, quando o preço mínimo se encontra acima do equilíbrio de mercado, ele se torna obrigatório.

Isso decorre do fato de que se **o preço mínimo** estipulado pelo governo estiver **abaixo do equilíbrio de mercado**, os consumidores estarão dispostos a comprar o produto a um preço acima do estipulado antes da interferência do governo, que seria o preço de equilíbrio de mercado. Como o intuito do governo é proteger o produtor, possibilitando-o vender o produto garantindo um preço mínimo a ser pago pelo consumidor, caso esse valor esteja abaixo do de equilíbrio, as forças do mercado tenderão a mover esse preço na direção do equilíbrio fazendo com que o preço mínimo não altere o preço e a quantidade comercializada no equilíbrio da oferta e da demanda (ver Figura 10.4).

Figura 10.4. Quando o preço mínimo fixado pelo governo é menor que o preço de mercado, ele se torna não obrigatório e as forças do mercado tendem a mover esse preço para o equilíbrio da oferta e da procura.

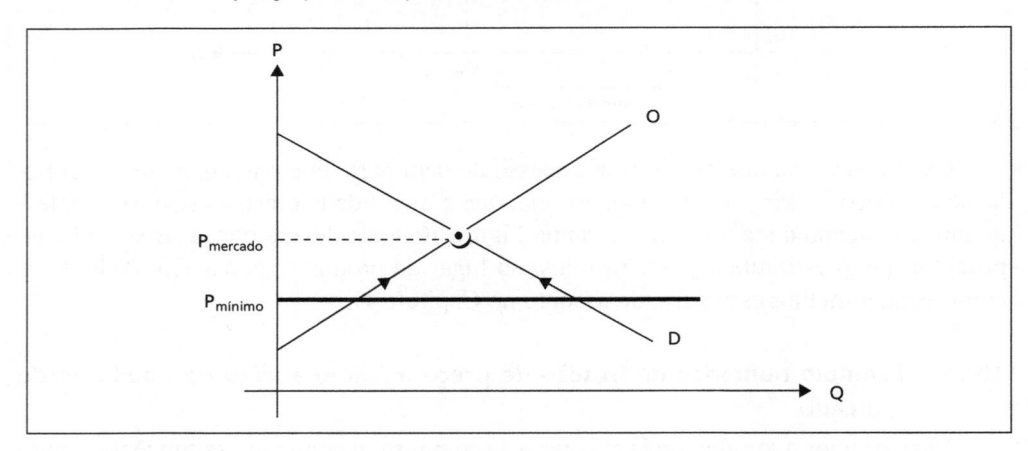

Por outro lado, se **o preço mínimo** estipulado pelo governo está **acima do equilíbrio de mercado**, isso significa que está havendo uma **restrição obrigatória** sobre o mercado. A tendência é que o mercado, pela força da oferta e demanda, busque o equilíbrio, porém, quando o preço de mercado atinge o preço mínimo, o governo impede que ele caia. Dessa forma, o preço praticado no mercado se iguala ao preço mínimo (ver Figura 10.5).

Figura 10.5. Quando o preço mínimo fixado pelo governo é maior que o preço de mercado, ele se torna obrigatório e as forças do mercado tendem a mover esse preço até o preço mínimo, já que não podem reduzi-lo além desse valor.

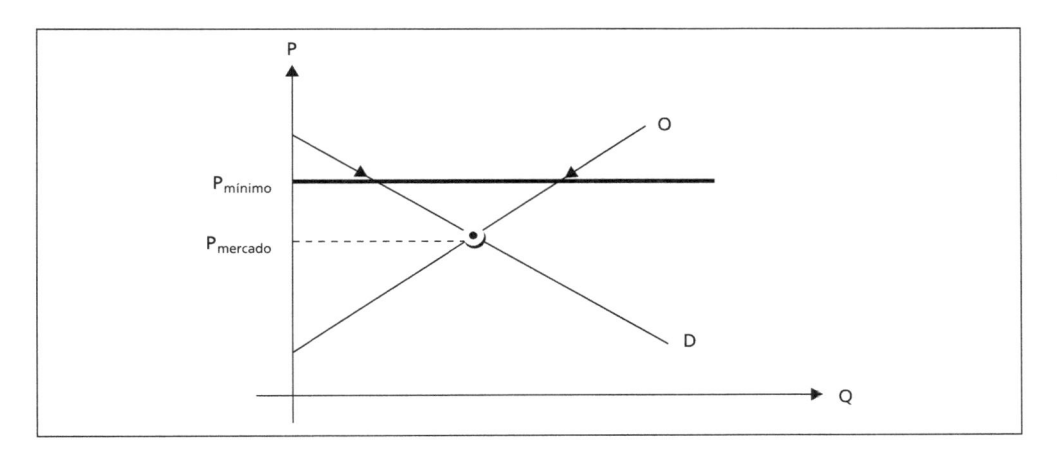

O que observamos é que quando o preço mínimo estipulado pelo governo está acima do preço de mercado, a quantidade ofertada do bem é superior à quantidade demandada do bem, o que provoca um **excedente** desse produto no mercado. Esse excedente é medido pela diferença entre a Quantidade ofertada (Qo) e a Quantidade demandada (Qd) ao preço mínimo (ver Figura 10.6).

Figura 10.6. Quando o preço mínimo fixado pelo governo é maior que o preço de mercado, isso provoca um excedente de produto. Esse excedente é medido pela diferença entre a Quantidade ofertada (Qo) e a Quantidade demandada (Qd).

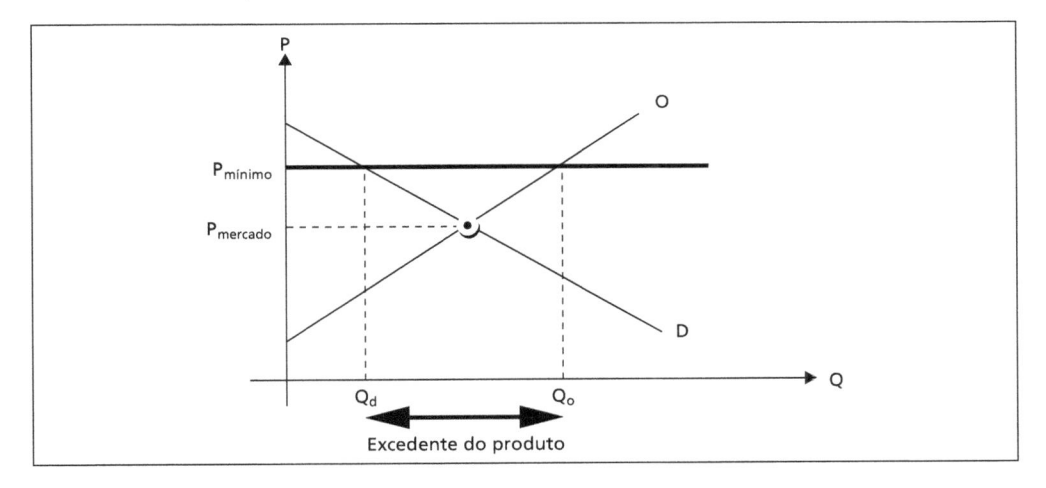

Caso o governo queira garantir que o bem seja ofertado ao nível Qo, ele poderá adotar uma política de compras desse excesso que ora está sendo produzido (Qo − Qd) ou poderá conceder subsídio ao produtor fazendo-o ofertar toda essa quantidade Qo ao preço que o consumidor se dispõe a pagar, e transferindo a diferença entre o preço mínimo e o preço que o consumidor está pagando ao produtor. Poderemos compreender melhor essa parte do assunto no Capítulo 11.

10.2.1 Exemplo numérico da fixação de preço mínimo acima do equilíbrio de mercado

Vamos supor que a demanda e a oferta se comportem conforme as funções demanda e oferta a seguir:

Qd = 200 − 20P; onde Qd =quantidade demandada e P= preço

Qo = -100 + 40P; onde Qo = quantidade ofertada e P= preço

O preço e a quantidade de equilíbrio seriam:

Qd = Qo

200 − 20P = -100 + 40P → P = 5 e Q = 100

Se o governo estipula um preço mínimo de 8 ($P_{Mín}$ = 8), então:

Qd = 200 − 20.8 → Qd = 40

Qo = -100 + 40. 8 → Qo = 220

Logo, haveria um excedente do produto de 180 (= 220 − 40)

10.3. PESO MORTO NA FIXAÇÃO DOS PREÇOS MÁXIMOS

Supondo que o governo fixe um preço máximo para determinado produto e que ele esteja abaixo do preço de equilíbrio, poderemos constatar que essa interferência do governo poderá gerar um peso morto.

Observemos, nas Figuras 10.7 e 10.8, o Excedente do Consumidor (EC) e o Excedente do Produtor (EP) antes e depois da fixação do preço máximo.

Antes da fixação do preço máximo, podemos perceber que o Excedente do Consumidor (EC) é definido pela área (a + b) e o Excedente do Produtor (EP) é definido pela área (c + d + e).

Figura 10.7. Antes da fixação pelo governo de um preço máximo, o Excedente do Consumidor é definido pela área (a + b) e o Excedente do Produtor é definido pela área (c + d + e).

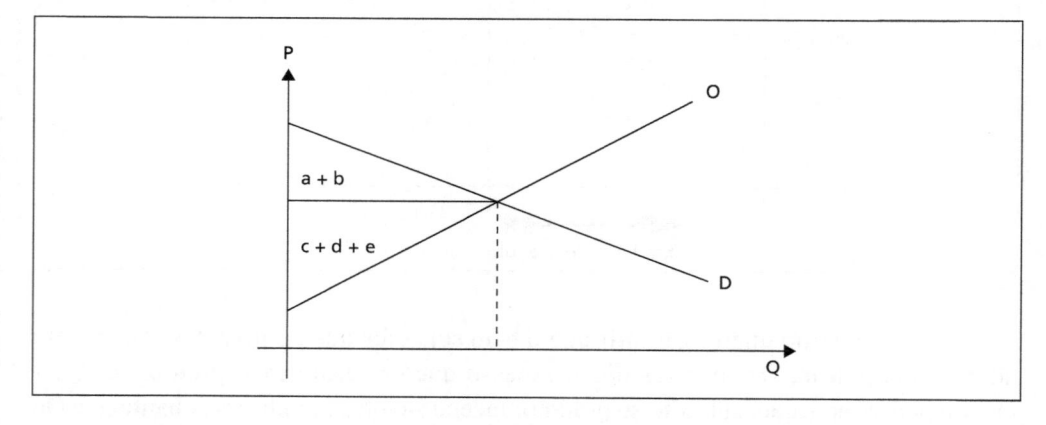

Depois da fixação do preço máximo abaixo do equilíbrio de mercado, podemos perceber que o Excedente do Consumidor (EC) é definido pela área (a + c) e o Excedente do Produtor (EP) é definido pela área (e).

10 ◼ Controle de Preços pelo Governo (Preços Máximos e Mínimos) — Teto de... 233

Figura 10.8. Depois da fixação pelo governo de um preço máximo, o excedente do consumidor será definido pela área (a + c) e o excedente do produtor é definido pela área (e).

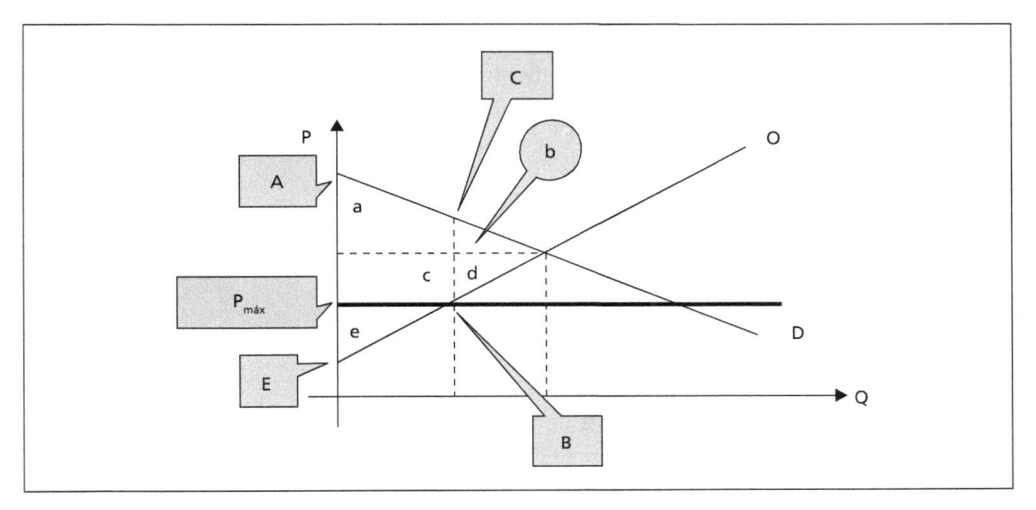

Recordando o cálculo desse novo excedente, devemos responder àquelas três perguntas citadas no Capítulo 9. Vejamos a seguir as perguntas para acharmos o Excedente do Consumidor (EC):

◻ Qual é o preço do produto (que é aquele que o consumidor está pagando)? Resposta: $P_{máx}$.
◻ Qual é o maior preço que o consumidor está disposto a pagar? Resposta: Ponto A.
◻ Qual é a quantidade que o consumidor está adquirindo ao preço do produto? Resposta: Pontos B e C.

Unindo esses quatro pontos que respondem a essas três perguntas, temos o **trapézio** $AP_{máx}BC$, que representa o Excedente do Consumidor **(EC)** e que está sendo representado pelas áreas (a + c).

Para acharmos o Excedente do Produtor **(EP)**, fazemos as seguintes perguntas:

◻ Qual é o preço que o produtor estará recebendo pelo produto? Resposta: $P_{máx}$.
◻ Qual é o menor preço que o produtor está disposto a vender seu produto? Resposta: Ponto E.
◻ Qual é a quantidade que o produtor está vendendo ao preço do produto? Resposta: Ponto B.

Unindo esses três pontos que respondem a essas três perguntas, temos o **triângulo** $P_{máx}BE$, que representa o Excedente do produtor **(EP)** e que está sendo representado pela área (e).

Percebemos, portanto, que o EC passa a ser (a + c) e o EP passa a ser apenas (e). O consumidor perde a área (b), mas ganha a (c). Já o produtor perde a área (c, d). A área (c) que o produtor perde vai para o consumidor. A área (b) que o consumidor perde de excedente e a área (d) que o produtor perde de excedente não se destinam a ninguém. Eles representam o **peso morto** gerado, que nada mais é que a perda de eficiência na economia gerada pela interferência do governo. Essa perda de eficiência gerou perda de bem-estar econômico para produtores e pode gerar perda ou ganho para os consumidores, mas, no todo, ou seja, a soma de excedente de consumidores e produtores será menor depois da imposição do preço máximo. O excedente perdido pelos consumidores e produtores não é capturado por nenhum outro agente, gerando, portanto, peso morto.

Vejamos a Tabela 10.1, na qual são mostrados os excedentes do consumidor e do produtor antes e depois da imposição do preço máximo pelo governo e, depois, a formação do peso morto.

Tabela 10.1. O excedente do consumidor e do produtor antes e depois da imposição de um preço máximo e a formação do peso morto.

	Fixação de preço máximo	
	Excedente do consumidor	Excedente do produtor
Antes da fixação	a + b	c + d + e
Depois da fixação	a + c	e
Peso morto		b + d

Percebemos que, depois da fixação do preço máximo, o consumidor perde (b) de excedente, que se transforma em peso morto, mas ganha (c) do produtor. O produtor perde (c) de excedente, que vai para o consumidor, e (d), que se transforma em peso morto. Logo, o peso morto será constituído das áreas (b + d).

Quando ocorre fixação de preço máximo, observa-se que o consumidor perde (b), mas ganha (c). Para saber se houve um **ganho líquido** para o consumidor que corresponde à diferença entre o que ganhou e perdeu após a intervenção do governo, seria necessário conhecer a área de (b) e de (c) para compará-las e verificar qual a maior. Caso a área (b) seja maior que a área (c), então o consumidor teve uma perda líquida. Caso a área (b) seja menor que a área (c), então o consumidor teve um ganho líquido.

10.3.1. Exemplo numérico do cálculo do peso morto na fixação dos preços máximos abaixo do equilíbrio de mercado

Vamos supor que a demanda e a oferta se comportem conforme as funções demanda e oferta a seguir:

$Qd = 200 - 20P$; onde Qd =quantidade demandada e P= preço

$Qo = -100 + 40P$; onde Qo = quantidade ofertada e P= preço

O preço e a quantidade de equilíbrio seriam:

$Qd = Qo$

$200 - 20P = -100 + 40P \rightarrow P = 5$ e $Q = 100$

Se o governo estipula um preço máximo de 3 ($P_{MÁX} = 3$), então:

$Qd = 200 - 20.3 \rightarrow Qd = 140$

$Qo = -100 + 40.3 \rightarrow Qo = 20$

Logo, haveria uma escassez do produto de 120 (= 140 - 20)

Quando o preço máximo ($P_{Máx}$) = 3, Q_2 = 20 (Q_2 = -100 + 40.3).
Quando Q_2= 20, P_2 =9 (20 =200 – 20P)
Quando Q = 0, P3 = 10 (0 = 200 – 20P)
Quando Q = 0, P4 = 2,5 (0 = -100 + 40P)

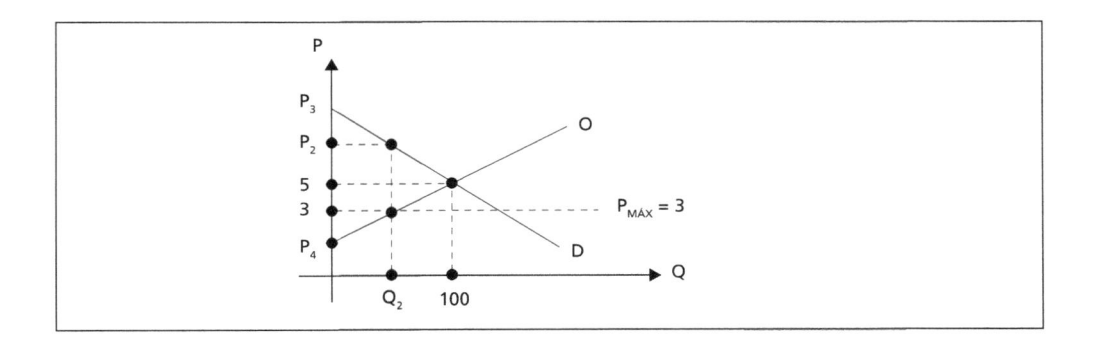

O Excedente do Consumidor antes da fixação do $P_{Máx}$ (EC_1):
EC_1 = (10 – 5) .100 /2 → EC_1 =250
O Excedente do Produtor antes da fixação do $P_{Máx}$ (EP_1):
EP_1 = (5 – 2,5) .100 /2 → EC_1 =125

Excedente Total (ET) = 375 (250 + 125)

O Excedente do Consumidor depois da fixação do $P_{Máx}$ (EC_2):
EC_2 = [(10 – 3) + (9-3)] /2 → EC_1 =130
O Excedente do Produtor depois da fixação do $P_{Máx}$ (EP_2):
EP_2 = (3 – 2,5) . 20 /2 → EC_1 =5

Excedente Total (ET) = 135 (130 + 5)

A perda de Excedente Total será de 240 (= 375 -135). Como, nessa situação, a Perda de Excedente Total vai ser igual ao Peso Morto gerado (já que não haverá nenhuma receita para o governo), então, o peso morto será de 240.

10.3.2. O que determina o tamanho do peso morto

O que determinará o tamanho dessas áreas será a **elasticidade da curva de demanda e a elasticidade da curva de oferta**.

Se a **demanda for suficientemente inelástica**, poderá ocasionar uma perda líquida de excedente para o consumidor, já que o excedente perdido pela quantidade reduzida será maior que o excedente ganho em decorrência de uma queda do preço, já que os consumidores mesmo dispostos a pagar a mais pelo produto não conseguem adquirir o bem ao preço máximo fixado. Dessa forma, a perda do excedente do consumidor será maior que a transferência do excedente do produtor para eles.

Se a curva de oferta for inelástica, o preço máximo aumenta o excedente do consumidor, conforme poderá ser visto no item 10.3.1, sem gerar peso morto.

Portanto, haverá uma **tendência de ganho líquido de excedente para o consumidor quando a demanda é elástica e a oferta relativamente inelástica**.

Veja na Figura 10.9, no gráfico (I) vemos uma curva de oferta mais elástica e no gráfico (II) vemos uma curva de oferta mais inelástica. A curva de demanda é igual para os dois gráficos. Percebemos que no gráfico (I) a área representada por (b) é maior que no gráfico (II), o que mostra que o peso morto gerado pelo consumidor é menor no gráfico (II). Também, no gráfico (I) a área representada por (c) é menor que no gráfico (II), o que mostra que o excedente do produtor que é transferido para o consumidor é maior no gráfico (II). Se compararmos a soma das áreas (c), que corresponde ao ganho de EC, com a área (b), que representa a perda de EC, veremos que o ganho é maior no gráfico (II), em que a oferta é mais inelástica. Logo, quando a oferta é mais inelástica, o consumidor tende a apresentar um ganho líquido de excedente maior.

Figura 10.9. Quando o governo fixa um preço máximo, o consumidor terá tendência de um ganho líquido quanto mais inelástica for a curva de oferta.

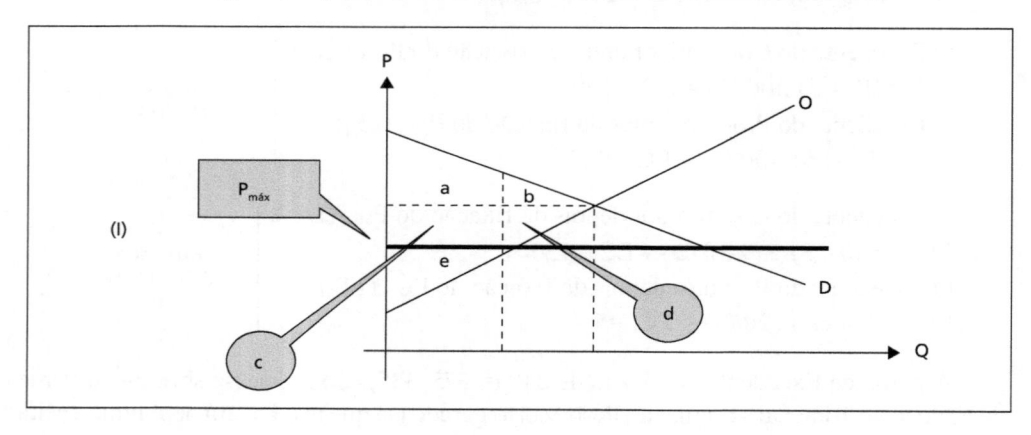

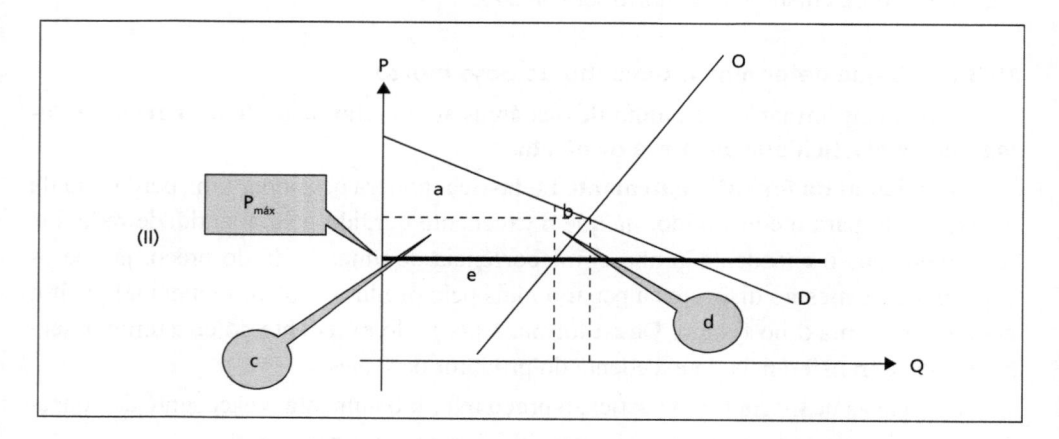

Na Figura 10.10, vemos uma curva de demanda elástica e uma curva de oferta relativamente inelástica. Percebemos que a área representada por (c) é maior que a área representada por (b), ou seja, há um aumento líquido do excedente do consumidor.

Figura 10.10. Se a curva de demanda é elástica e a oferta relativamente inelástica, os consumidores tendem a ter um aumento no seu excedente quando há a fixação de um preço máximo.

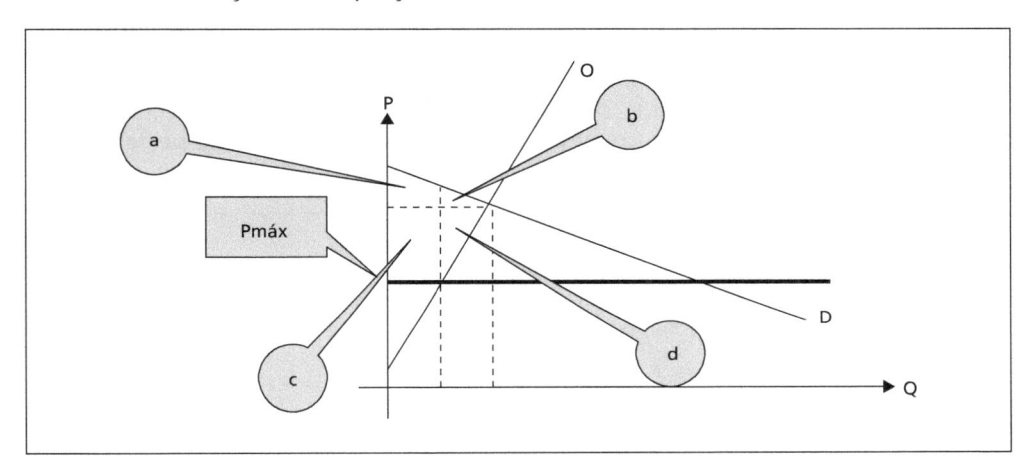

Conforme a demanda se tornará mais inelástica, mantendo-se a curva de oferta relativamente inelástica, o peso morto do consumidor aumentará e o excedente líquido do consumidor diminuirá. Podemos constatar isso na Figura 10.11.

Figura 10.11. Conforme a curva de demanda se torna mais inelástica, o excedente líquido do consumidor se reduz quando há a fixação de um preço máximo.

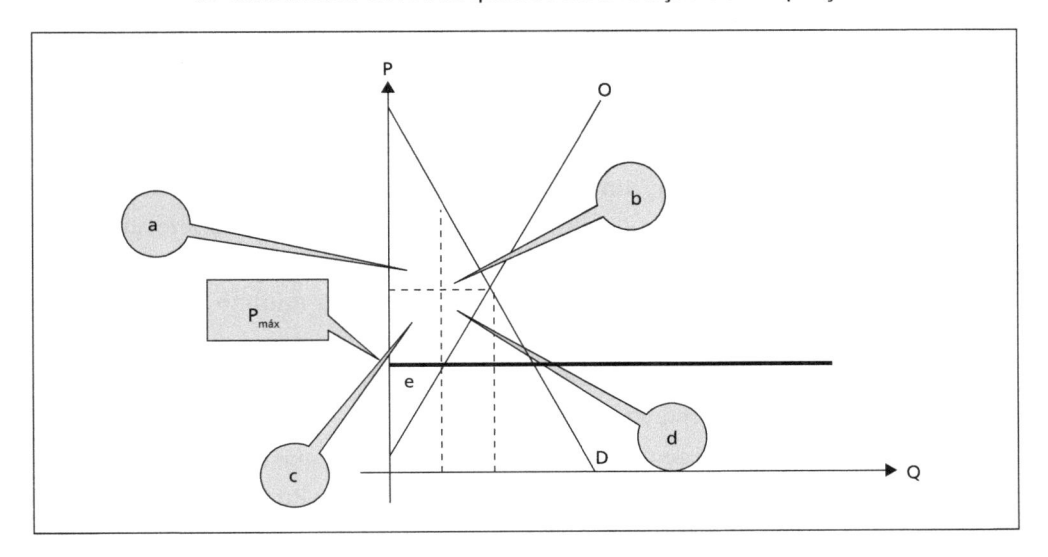

10.3.3. Fixação de preço máximo quando a curva de oferta é totalmente inelástica

Quando o governo fixa um preço máximo abaixo do equilíbrio de mercado, sendo a **curva de oferta totalmente inelástica** ou vertical, o excedente perdido do produtor será totalmente transferido para o consumidor. Assim, o consumidor tem aumento do excedente no valor que corresponde à multiplicação da quantidade de equilíbrio pela diferença entre o preço de equilíbrio e o preço máximo. Logo, toda a receita perdida pelo produtor será transferida para o consumidor. Nesse caso, **não há geração de peso morto** (ver Figura 10.12).

Figura 10.12. Fixação de um preço máximo quando a curva de oferta é perfeitamente inelástica.

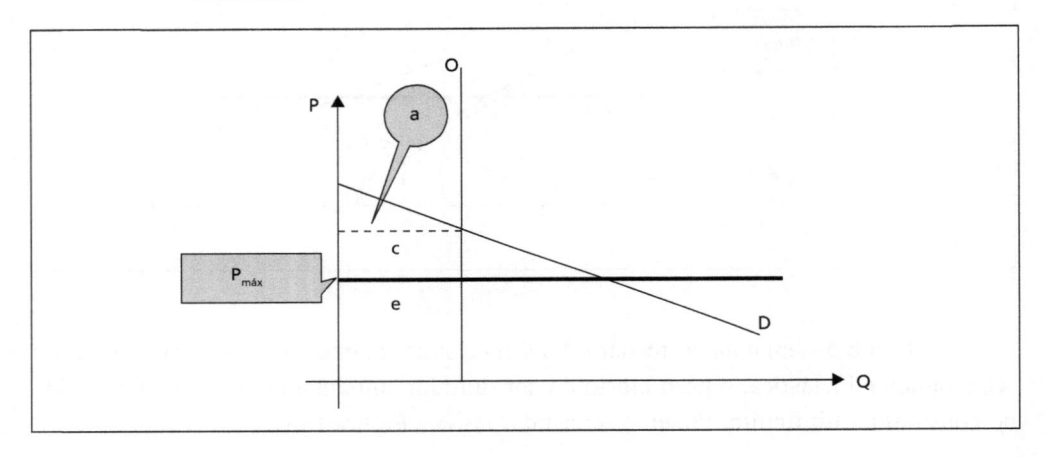

Antes da imposição do preço máximo, o EC era (a) e o EP era (c + e). Depois da imposição do preço máximo, o EC passa a ser (a + c) e o EP passa a ser (e). Logo, os consumidores captam toda a perda de EP e, portanto, não há geração de peso morto.

10.4. PESO MORTO NA FIXAÇÃO DE PREÇOS MÍNIMOS

Supondo que o governo fixe um preço mínimo para determinado produto e que ele esteja acima do preço de equilíbrio, poderemos constatar que essa interferência do governo poderá gerar um peso morto. A presença de um preço mínimo é constatada com mais frequência na agricultura e na fixação de um salário mínimo no mercado de trabalho.

Observemos nas Figuras 10.13 e 10.14 o excedente do consumidor e do produtor antes e depois da fixação do preço mínimo.

Antes da fixação do preço mínimo, podemos perceber que o Excedente do Consumidor (EC) é definido pela área (a + b + c) e o Excedente do Produtor (EP) é definido pela área (d + e) mostrado na Figura 10.13.

10 ◼ Controle de Preços pelo Governo (Preços Máximos e Mínimos) — Teto de... 239

Figura 10.13. Antes da fixação pelo governo de um preço mínimo, o Excedente do Consumidor (EC) é definido pela área (a + b + c) e o Excedente do Produtor (EP) é definido pela área (d + e).

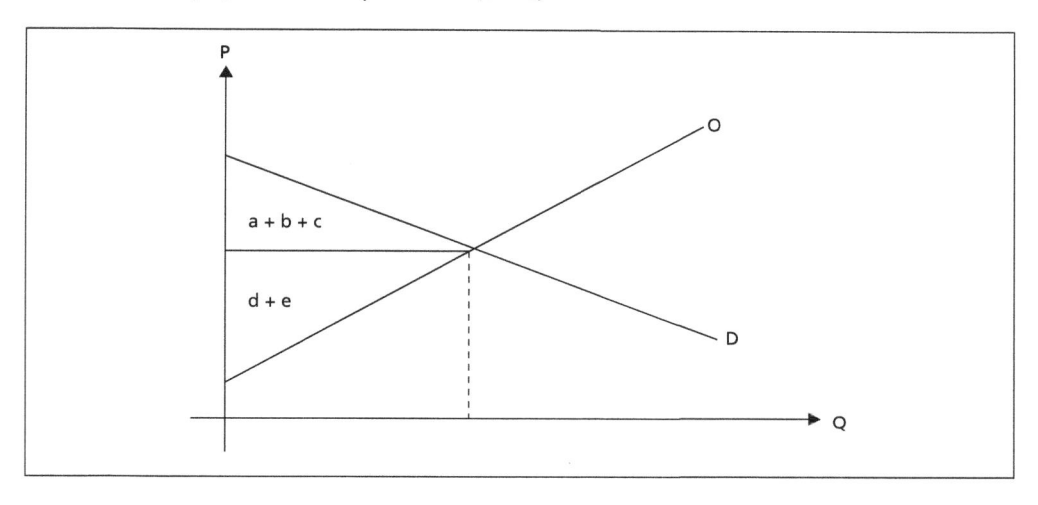

Depois da fixação do preço mínimo, podemos perceber que o EC é definido pela área (a) e o EP é definido pela área (b + d) mostrado na Figura 10.14.

Figura 10.14. Depois da fixação pelo governo de um preço mínimo, o Excedente do Consumidor (EC) será definido pela área (a) e o Excedente do Produtor (EP) é definido pela área (b + d).

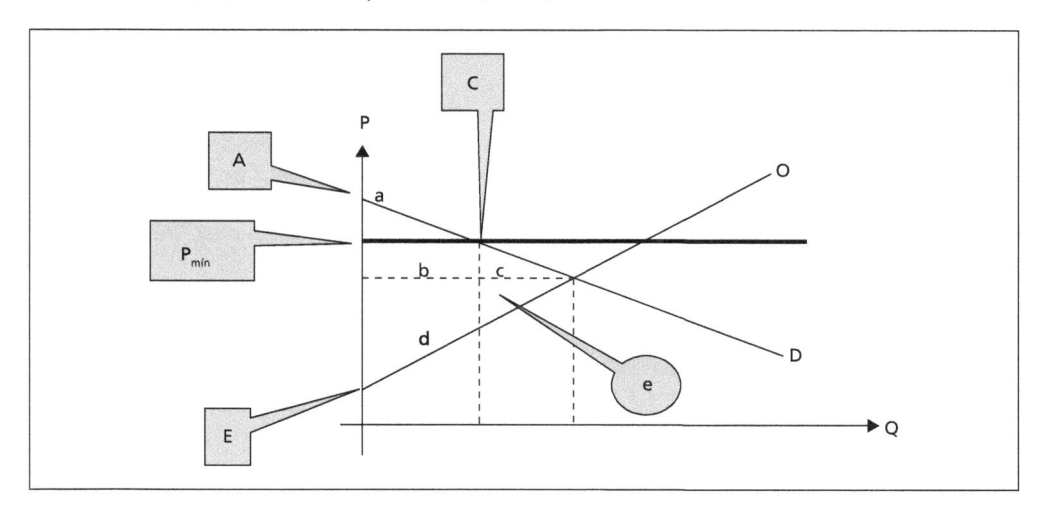

Recordando o cálculo desse novo excedente, devemos responder àquelas três perguntas citadas no Capítulo 9. Vejamos a seguir as perguntas para acharmos o EC:

> ◘ Qual é o preço do produto (que é aquele que o consumidor está pagando)? Resposta: $P_{mín}$.
> ◘ Qual é o maior preço que o consumidor está disposto a pagar? Resposta: Ponto A.
> ◘ Qual é a quantidade que o consumidor está adquirindo ao preço do produto? Resposta: Ponto C.

Unindo esses três pontos que respondem a essas três perguntas, temos o **triângulo** $AP_{mín}C$, que representa o **EC** e que está sendo representado pela área (a).

Para acharmos o **EP** fazemos as seguintes perguntas:

> ◘ Qual é o preço que o produtor estará recebendo pelo produto? Resposta: $P_{mín}$.
> ◘ Qual é o menor preço que o produtor está disposto a vender seu produto? Resposta: Ponto E.
> ◘ Qual é a quantidade que o produtor está vendendo ao preço do produto? Resposta: Ponto C.

Unindo esses três pontos que respondem a essas três perguntas, temos o **triângulo** $P_{mín}EC$, que representa o **EP** e que está sendo representado pela área (b + d).

Percebemos, portanto, que o EC passa a ser (a) e o EP passa a ser apenas (b + d). O consumidor perde a área (b + c). Já o produtor perde a área (e), mas ganha do consumidor a área (b). A área (c), que o consumidor perde de excedente, e a área (e), que o produtor perde de excedente, não se destinam a ninguém. Elas representam o **peso morto** gerado, que nada mais é que a perda de eficiência na economia gerada pela interferência do governo. Essa perda de eficiência gerou perda de bem-estar econômico para os consumidores e pode gerar perda ou ganho para os produtores, mas, no todo, há perda, ou seja, a soma de excedente de consumidores e produtores será menor depois da imposição do preço mínimo. O excedente perdido pelos consumidores e produtores não é capturado por nenhum outro agente, gerando, portanto, peso morto.

Vejamos a Tabela 10.2, na qual são mostrados os excedentes do consumidor e do produtor antes e depois da imposição do preço mínimo pelo governo e, depois, a formação do peso morto.

Tabela 10.2. O Excedente do Consumidor (EC) e do Produtor (EP) antes e depois da imposição de um preço mínimo e a formação do peso morto. Percebemos que, depois da fixação do preço mínimo, o consumidor perde (b + c) de excedente. O (c) se transforma em peso morto e o (b) vai para o produtor. O produtor perde (e) de excedente que se transforma em peso morto. Logo, o peso morto será constituído das áreas (c + e).

	Fixação de preço máximo	
	Excedente do consumidor	Excedente do produtor
Antes da fixação	a + b + c	d + e
Depois da fixação	a	b + d
Peso morto		c + e

Quando ocorre fixação de preço mínimo, observa-se que o produtor perde (e), mas ganha (b). Para saber se houve um **ganho líquido** para o produtor, que corresponde à diferença entre o que ganhou e perdeu após a intervenção do governo, seria necessário conhecer a área de (e) e de (b) para compará-las e verificar qual a maior.

Caso a área (e) seja maior que a área (b), então o produtor teve uma perda líquida. Caso a área (e) seja menor que a área (b), então o produtor teve um ganho líquido. O consumidor tem uma perda relativa às áreas (b) e (c).

Quando o governo fixa um preço mínimo mais elevado que o preço de equilíbrio do mercado, uma parte do excedente do consumidor vai para o produtor, porém, outra parte do excedente do consumidor se transforma em peso morto. Como os consumidores demandam uma quantidade menor do produto devido ao preço estar mais elevado e como, pelo mesmo motivo de os preços estarem mais elevados, os produtores deverão produzir mais, acima da quantidade que os consumidores estão dispostos a comprar, pode ocorrer que os ganhos que tiveram pela elevação do preço não compensem a perda que terão pela redução da quantidade que venderão no mercado. Dessa forma, os produtores poderiam ter uma diminuição do seu bem-estar.

10.4.1. Exemplo numérico do cálculo do peso morto na fixação dos preços mínimo acima do equilíbrio de mercado

Vamos supor que a demanda e a oferta se comportem conforme as funções demanda e oferta a seguir:

$Qd = 200 - 20P$; onde Qd = quantidade demandada e P = preço

$Qo = -100 + 40P$; onde Qo = quantidade ofertada e P = preço

O preço e a quantidade de equilíbrio seriam:

$Qd = Qo$

$200 - 20P = -100 + 40P \rightarrow P = 5$ e $Q = 100$

Se o governo estipula um preço mínimo de 8 ($P_{MÍN} = 8$), então:

$Qd = 200 - 20.8 \rightarrow Qd = 40$

$Qo = -100 + 40.8 \rightarrow Qo = 220$

Logo, haveria uma excesso do produto de 180 (= 220 - 40)

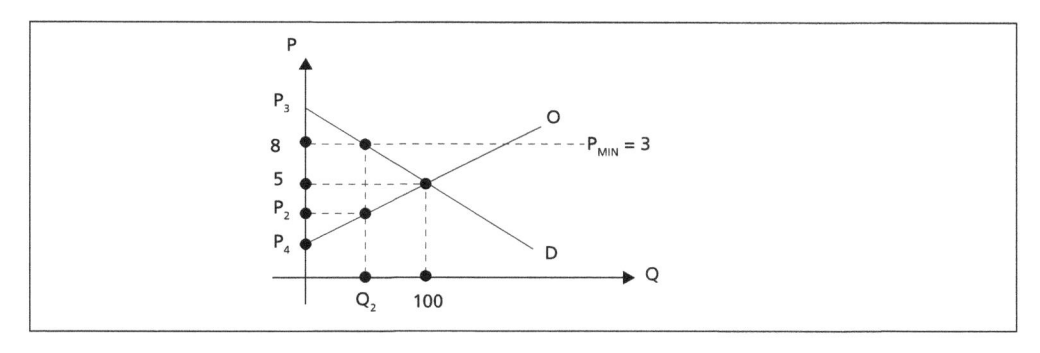

Quando o preço mínimo (P_{Min}) = 8, $Q_2 = 40$ ($Q_2 = 200 - 20.8$).
Quando $Q_2 = 40$, $P_2 = 3,5$ ($40 = -100 + 40P$)
Quando $Q = 0$, $P_3 = 10$ ($0 = 200 - 20P$)
Quando $Q = 0$, $P_4 = 2,5$ ($0 = -100 + 40P$)

O Excedente do Consumidor antes da fixação do $P_{Mín}$ (EC_1):
$EC_1 = (10 - 5) \cdot 100 / 2 \rightarrow EC_1 = 250$
O Excedente do Produtor antes da fixação do $P_{Mín}$ (EP_1):
$EP_1 = (5 - 2,5) \cdot 100 / 2 \rightarrow EC_1 = 125$

Excedente Total
(ET) = 375 (250 + 125)

O Excedente do Consumidor depois da fixação do $P_{Mín}$ (EC_2):
$EC_2 = [(10 - 8) \cdot 40/2 \rightarrow EC_1 = 40$
O Excedente do Produtor depois da fixação do $P_{Mín}$ (EP_2):
$EP_2 = [(8 - 2,5) + (8 - 3,5)] \cdot 40 / 2 \rightarrow EC_1 = 200$

Excedente Total
(ET) = 240 (40 + 200)

A perda de Excedente Total será de 135 (= 375 -240). Como, nessa situação, a Perda de Excedente Total vai ser igual ao Peso Morto gerado (já que não haverá nenhuma receita para o governo), então, o peso morto será de 135.

10.4.2. Elasticidade da demanda e oferta e ganho líquido de excedente

Podemos constatar que haverá **um ganho líquido de excedente para o produtor quanto mais inelástica for a curva de demanda e mais elástica a curva de oferta**.

Veja a Figura 10.15, no gráfico (I) vemos uma curva de oferta mais elástica e no gráfico (II) vemos uma curva de oferta mais inelástica. Percebemos que no gráfico (I) a área representada por (e) é inferior à área representada por (b), o que prova que o peso morto gerado pelo produtor foi inferior ao ganho de excedente proveniente do consumidor para ele, representado pela área (b). Já no gráfico (II) a área representada por (e) é superior à área representada por (b), o que prova que o peso morto gerado pelo produtor foi superior ao ganho de excedente proveniente do consumidor para ele, representado pela área (b). Portanto, no gráfico (I) houve ganho líquido para o produtor e no gráfico (II) houve perda líquida para o produtor.

Figura 10.15. Quando o governo fixa um preço mínimo, o produtor tenderá a ter um ganho líquido quanto mais elástica for a curva de oferta.

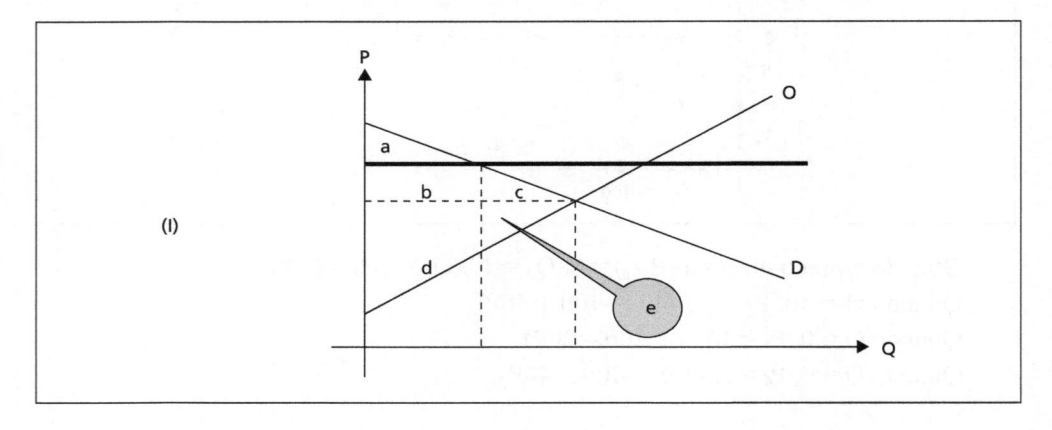

10 ◘ Controle de Preços pelo Governo (Preços Máximos e Mínimos) — Teto de... 243

Observando a Figura 10.16, no gráfico (I) vemos uma curva de demanda mais elástica e no gráfico (II) vemos uma curva de demanda mais inelástica. Percebemos que no gráfico (I) a área representada por (e) é maior que a mesma área no gráfico (II), ou seja, o peso morto gerado pelo produtor quando a demanda é mais elástica é maior. Também, a área (b) do gráfico (I) é menor que a mesma área no gráfico (II), ou seja, o excedente do consumidor que é transferido para o produtor é maior quando a demanda é menos elástica. Portanto, no gráfico (II) o ganho líquido para o produtor foi maior que no gráfico (I).

Figura 10.16. Quando o governo fixa um preço mínimo, o produtor tenderá a ter um ganho líquido quanto mais inelástica for a curva de demanda.

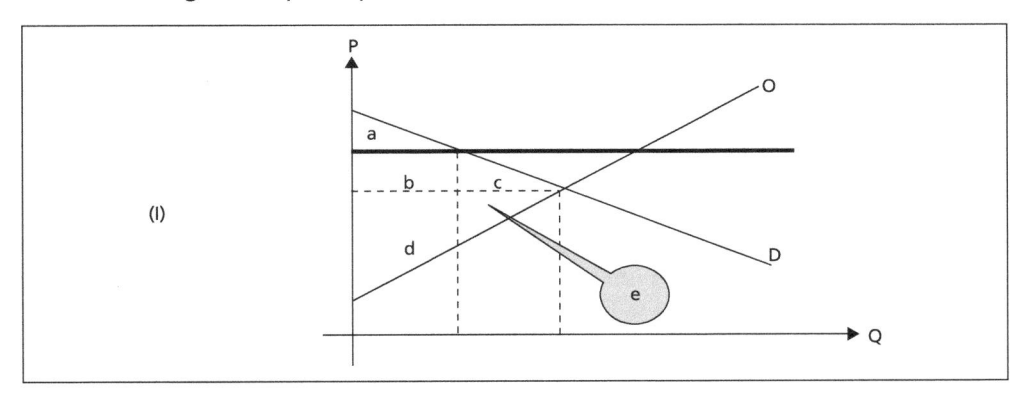

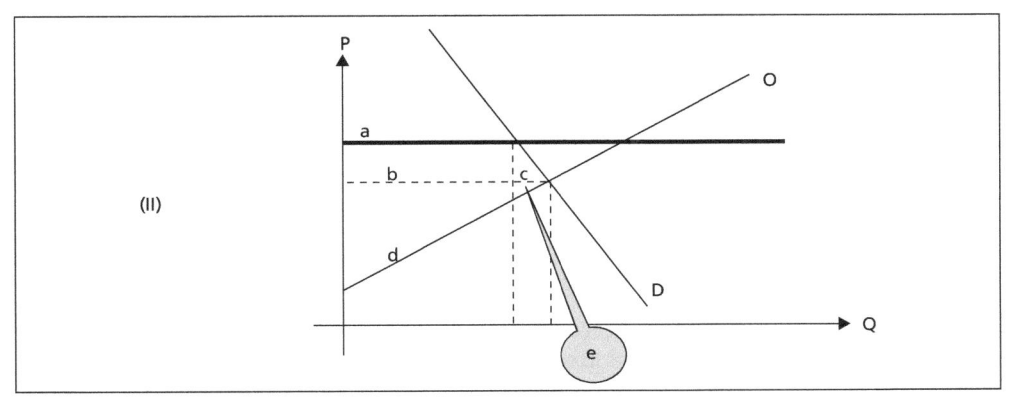

10.5. CONTROLE DO GOVERNO SOBRE O SALÁRIO MÍNIMO

Quando o governo fixa um salário mínimo ($W_{mín}$) acima do salário de equilíbrio do mercado (W_E), haverá um aumento da Quantidade ofertada de mão de obra (Q_{oN}) e uma redução da Quantidade demandada de mão de obra (Q_{dN}). Esse excedente de mão de obra ofertada equivale ao desemprego gerado.

Lembre-se de que, no mercado de trabalho, a oferta é feita pelos trabalhadores e a demanda é feita pelas empresas.

Podemos acompanhar esse raciocínio no gráfico da Figura 10.17.

Figura 10.17. Quando o salário mínimo ($W_{mín}$) é fixado acima do salário de equilíbrio entre a oferta e demanda de mão de obra, gera desemprego.

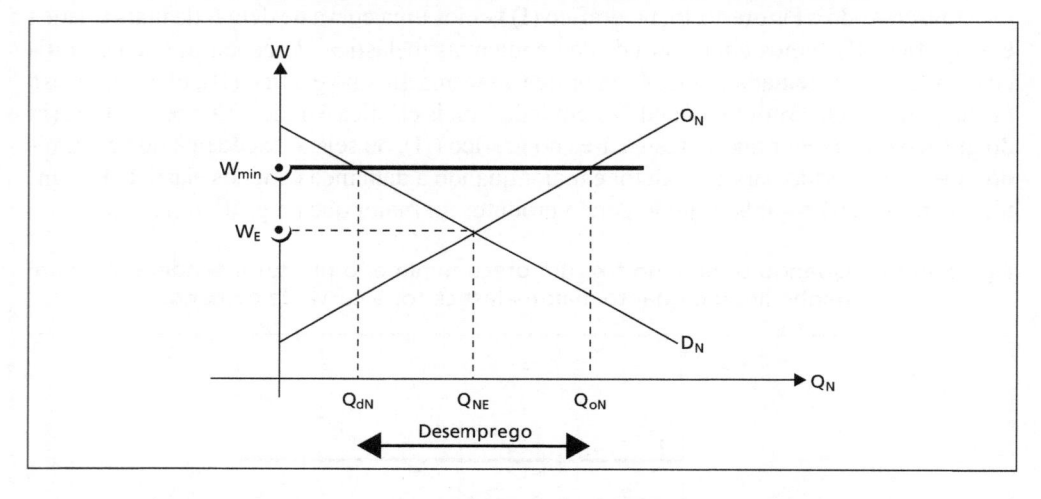

Percebemos que, quando o governo intervém, controlando preços e fixando-os fora do equilíbrio de mercado, pode causar danos ao agente a quem está interessado em defender. Assim, quando fixa um salário mínimo acima do equilíbrio entre oferta e demanda, proporciona aumento de renda de alguns trabalhadores, porém, provoca a existência de desemprego para outros trabalhadores.

10.6. QUESTÕES

1. **(FCC – TCE-CE – 2015)** Considere a tabela abaixo que mede a oferta e a demanda de gasolina.

Preço por litro de gasolina ofertada	Quantidade demandada	Quantidade ofertada
$ 2	18	3
$ 4	14	4
$ 6	10	5
$ 8	6	6
$ 10	2	8

Caso o governo venha a fixar um preço máximo de $ 10 para a gasolina, a quantidade de gasolina que será realmente comprada será igual a:

a) 10 litros de gasolina.
b) 18 litros de gasolina.
c) 2 litros de gasolina.
d) 14 litros de gasolina.
e) 6 litros de gasolina.

2. (VUNESP — Câmara Municipal de SP — 2008) Para o mercado dado pelas seguintes funções: Qs = 2p; Qd = 30 — p; onde Qs = quantidade ofertada, Qd = quantidade demandada e p = preço, se o preço for tabelado em 5, o peso morto, isto é, a perda de bem-estar da sociedade será:
   a) 50.
   b) 75.
   c) 100.
   d) 150.
   e) zero.

3. (CEBRASPE — Polícia Federal — 2004) Julgue o item a seguir:

Políticas efetivas de fixação do salário nominal mínimo exigem que ele seja fixado acima do salário de equilíbrio do mercado de trabalho, porém essa política salarial poderá causar desemprego, especialmente no segmento não qualificado do mercado de trabalho.
   ( ) Certo   ( ) Errado

4. (CEBRASPE — Carreira Diplomática — 2010) A análise das demandas individual e de mercado constitui um dos pilares da teoria microeconômica. Acerca desse assunto, julgue C ou E.
A fixação de um preço mínimo para determinado produto agrícola resulta em excedentes agrícolas, que serão tanto mais elevados quanto mais inelástica for a curva de oferta de mercado do produto beneficiado por esse tipo de política.
   ( ) Certo   ( ) Errado

5. (FGV — TCM-SP — 2015) Na década de 1960, o governo dos Estados Unidos passou a regular o preço do gás natural. Suponha que, naquele período, as curvas de demanda e de oferta do gás natural no país fossem dadas, respectivamente, por $Q_D(P) = 14,8 — 1,6P$ e $Q_S(P) = 2,8 + 0,4P$, medidas em mil pés cúbicos de gás natural. Caso a regulação adotada por parte do governo dos Estados Unidos fosse um controle de preço que estipulasse um preço máximo por mil pés cúbicos de gás natural dado por $P_{MÁX}$ = 3 unidades monetárias, então o mercado de gás natural seria caracterizado por um excesso de:
   a) oferta de 5 mil pés cúbicos de gás natural.
   b) demanda de 5 mil pés cúbicos de gás natural.
   c) oferta de 6 mil pés cúbicos de gás natural.
   d) demanda de 6 mil pés cúbicos de gás natural.
   e) oferta de 7 mil pés cúbicos de gás natural.

6. (IADES — Diplomata — 2021) Em um pequeno país, o mercado de maçãs funciona em equilíbrio sob concorrência perfeita. Em determinada data, o quilo da maçã é vendido, em todo o país, por $ 5. Considere nulos os custos de transação e os custos de menu. De acordo com essa situação hipotética, julgue (C ou E) o item a seguir.
Um mês depois da data do texto, uma epidemia assolou o país e reduziu a população em 40%. Para evitar uma crise no setor de maçãs, o governo fixou o preço das maçãs em $ 5 por quilo. Com isso, conclui-se que a quantidade semanal vendida de maçãs será a mesma de antes da epidemia.
   ( ) Certo   ( ) Errado

7. (INSTITUTO ÁGUIA — CEAGESP — 2018) A empresa A definiu a sua política de preços ao consumidor final para o exercício de 2017. Ao verificar os detalhes da política de preços foi possível verificar que todos os preços de mercado estão inferiores aos preços marginais de reserva. Com base nessa política de preços é correto afirmar que:
   a) A empresa está estimulando o consumidor a reduzir o consumo de seus produtos.

b) A empresa está estimulando o consumidor a aumentar o consumo de seus produtos.
c) A empresa não está estimulando nem o aumento e nem a redução do consumo dos seus produtos.
d) A empresa está estimulando o consumidor a escolherem outras marcas.

8. (IBADE — IPM-JP — 2018)

Segundo livros de microeconomia, com relação ao equilíbrio de mercado, é tido que uma forma mais usual de que o governo possa interferir nos mercados é por meio da cobrança de impostos. Todavia, tem-se que determinadas políticas do governo são usadas para criar um deslocamento do equilíbrio de mercado de um ponto para outro. Tem-se como exemplo, a cobrança de um imposto e a concessão de um subsídio que podem alterar a posição de equilíbrio de mercado, criando um(a):

a) distorção entre o preço pago pelos consumidores e o preço recebido pelos produtores. Alega-se que somente processos inflacionários podem ser corrigidos com políticas de preços máximo ou mínimo, a depender do caso.
b) distorção entre o preço pago pelos consumidores e o preço recebido pelos produtores. Alega-se que processos inflacionários ou deflacionários podem ser corrigidos com políticas de preços máximo ou mínimo, a depender do caso.
c) equilíbrio ainda mais preciso entre o preço pago pelos consumidores e o preço recebido pelos produtores. Alega-se que processos inflacionários ou deflacionários podem ser corrigidos com políticas de preços máximo ou médio, a depender do caso.
d) distorção entre o preço pago pelos consumidores e o preço recebido pelos produtores. Alega-se que somente processos deflacionários podem ser corrigidos com políticas de preços mediano ou mínimo, a depender do caso.
e) entre o preço pago pelos consumidores e o preço recebido pelos produtores. Alega-se que nenhum processo (inflacionário ou deflacionário) pode ser corrigido com política de preço máximo ou mínimo, a depender do caso.

9. (CEBRASPE — 2024 — TCE-PR) Na representação gráfica de um equilíbrio de mercado, as áreas delimitadas pelas curvas de oferta (S) e de demanda (D) e, ocasionalmente, pelos eixos coordenados servem de referência para avaliar se deter-minada política ou intervenção no mercado aumenta ou reduz o bem-estar dos consumidores e dos produtores.

O gráfico a seguir ilustra como ocorre uma política de controle de preços que impõe um preço máximo pelo qual o pro-duto pode ser vendido: em um mercado totalmente livre, o equilíbrio ocorreria ao preço p*, sendo transacionadas q* unidades; sob o regime de preço máximo, o equilíbrio ocorre ao preço pm, para qm unidades do produto, sendo, neste caso, a demanda maior que a quantidade ofertada, de modo que serão transacionadas apenas as unidades que as empresas decidirem ofertar.

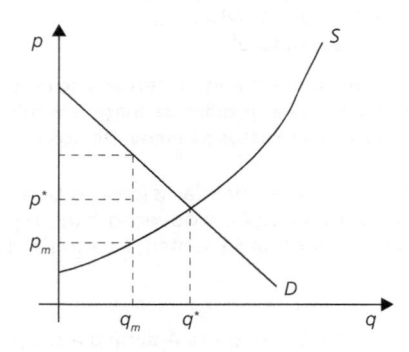

Com base nessas informações, e considerando-se as regiões identificadas pelos algarismos romanos de I a V no gráfico, é correto afirmar que, após a execução da política de preço máximo, o excedente do consumidor será dado pela área defini-da por

a) I.
b) II.
c) II + IV.
d) I + II + III.
e) III + V.

10. (CEBRASPE — 2024 — SEFAZ-AC) Certo mercado opera em concorrência perfeita. As quantidades demandadas e ofertadas, bem como os respectivos preços, são descritos na tabela seguinte.

preço (R$)	demanda (quantidade)	oferta (quantidade)
60	11	7
80	10	8
100	9	9
120	8	10

Com base nessas informações, assinale a opção correta.
a) O preço de equilíbrio de mercado é igual a R$ 80,00.
b) A elasticidade-preço da demanda quando o preço é igual a R$ 80,00 é, em módulo, igual a 0,80, logo, por essa razão, a demanda é inelástica ao preço.
c) Se o governo decidir estabelecer uma política pública de fixar o preço máximo de compra em R$ 80,00, haverá escassez de produto.
d) A elasticidade-preço da demanda quando o preço é igual a R$ 120,00 é, em módulo, igual a 0,60, logo, por essa razão, a demanda é inelástica ao preço.
e) A elasticidade-preço da demanda quando o preço é igual a R$ 100,00 é, em módulo, igual a 0,55, logo, por essa razão, a demanda é elástica ao preço.

GABARITO

1. "e". A quantidade que equilibra a oferta e a demanda é igual a 6 e, a esse nível, o preço de equilíbrio é $ 8. Como o governo fixou o preço máximo acima do equilíbrio, ele se torna não obrigatório. Isso decorre do fato de que como o preço máximo estipulado pelo governo está acima do equilíbrio de mercado, as empresas estão dispostas a vender o produto a um preço abaixo do estipulado antes da interferência do governo, que seria o preço de equilíbrio de mercado. Como o intuito do governo é proteger o consumidor, possibilitando-o adquirir o produto garantindo um preço máximo a ser cobrado pelo produtor, caso esse valor esteja acima do de equilíbrio, as forças do mercado tenderão a mover esse preço na direção do equilíbrio, fazendo com que o preço máximo não altere o preço e a quantidade comercializada no equilíbrio da oferta e demanda.

2. "b". Vejamos o gráfico a seguir:

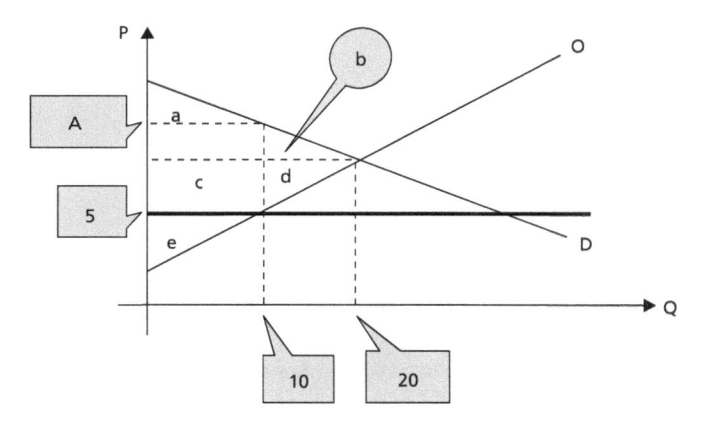

Primeiro, vamos determinar o Preço (P) e a Quantidade (Q) de equilíbrio. Para tanto, devemos igualar as funções demanda e oferta.
Qd = Qo
30 − p = 2p
P = 10 e Q = 20
Ao preço de 5, a quantidade ofertada é de:
Qo = 2p
Qo = 10
Para achar o peso morto, que corresponde à área "b" e "d" do gráfico, precisamos encontrar o valor de "A". Então, vamos substituir a quantidade, Q = 10, na curva de demanda.
Qd = 30 − p
10 = 30 − p
P = 20
O peso morto será:
(20 − 5) · (20 − 10) / 2 = 75

3. "certo". Quando o governo fixa um salário-mínimo acima do equilíbrio entre oferta e demanda, proporciona aumento de renda de alguns trabalhadores, porém, provoca a existência de desemprego para outros trabalhadores, especialmente para os menos qualificados.

4."errado". Quanto mais inelástica for a curva de oferta, menores serão os excessos de oferta e, portanto, menores serão os excedentes agrícolas.

5. "d". Ao preço de 3, temos:
Qd = 14,8 − 1,6 · 3 → Qd = 10
Qs = 2,8 + 0,4 · 3 → Qs = 4
Logo, haverá um excesso de demanda de 6 unidades (Qd − Qs = 10 − 4).

6. "errado". Com a redução da população, a demanda por maçãs deverá reduzir, deslocando a curva de demanda para baixo ou para esquerda (de D_1 para D_2). Com isso, o preço e a quantidade de maçã de equilíbrio se reduzem (do ponto 1 para o ponto 2). Se o governo fixar o preço da maçã no valor antes da pandemia, ou seja, em R$ 5,00, a quantidade demandada será menor (ponto 3) que a quantidade ofertada de maçãs (ponto 1), fazendo com que sobre maçãs no mercado, já que a quantidade demandada está menor que a ofertada. Se o governo estipular esse preço mínimo de R$ 5, mas, não fiscalizar nem exigir seu cumprimento, a tendência é que o mercado se ajuste ao novo equilíbrio com preços e quantidades menores (ponto 2) que no ponto 1. Mas, se o governo garantir de forma permanente o preço de 5, terá de adotar uma política de subsídios ou uma política de compras desse excesso de maçãs. Portanto, a quantidade semanal vendida de maçãs será a mostrada no ponto 3, inferior a quantidade antes da pandemia, mostrada pelo ponto 1.

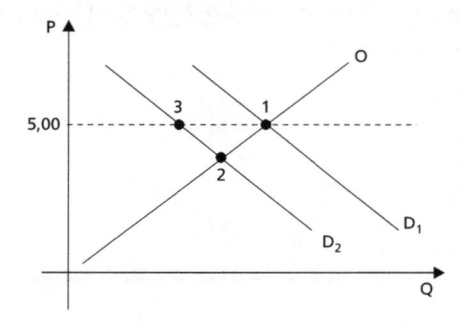

7. "b". O preço marginal de reserva é o preço máximo que o consumidor está disposto a pagar por uma unidade a mais do produto. Se o preço de mercado está abaixo do preço marginal de reserva, então, significa que se o produtor elevar o preço do produto, ainda conseguirá vendê-lo. Então, a solução é estimular a demanda, fazendo com que a curva de demanda se desloque para direita ou para cima, elevando o preço do produto.

8. "b". Quando o governo cobra um tributo ou concede um subsídio, ele pode gerar peso morto na economia. Vejamos os gráficos (I) e (II) a seguir. O gráfico (I) retrata o peso morto (PM) depois da cobrança de um tributo e o (II) retrata o peso morto (PM) depois da concessão de um subsídio.

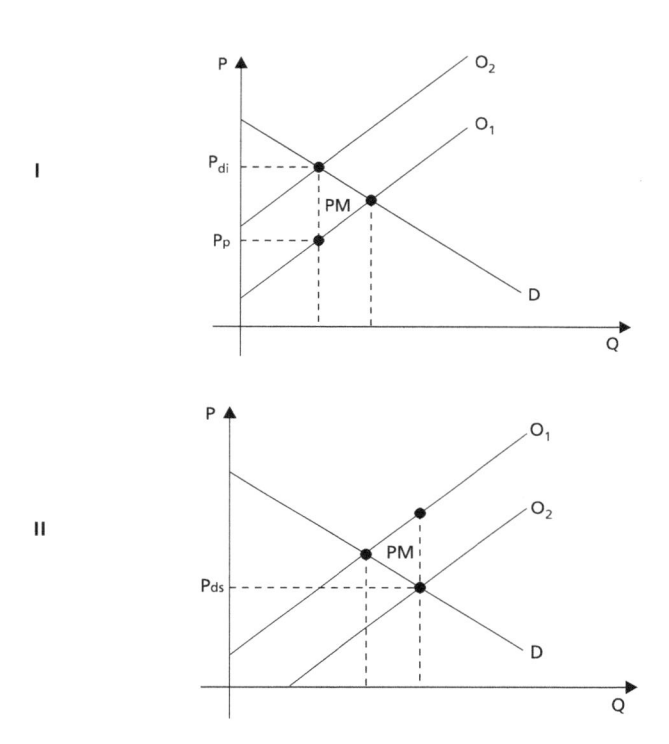

Quando o governo cobra um tributo (gráfico I), os consumidores e produtores arcarão com o ônus tributário, de tal maneira que o preço que o consumidor pagará pelo produto será P_{di} e o preço que o produtor vai receber pelo produto será P_p. A diferença entre P_{di} e P_p é o tributo. Como o produtor vai receber menos que recebia antes do tributo e o consumidor vai pagar mais que pagava sem o tributo, a quantidade demandada e ofertada vai diminuir, ficando abaixo da quantidade de equilíbrio antes do tributo, gerando ineficiência econômica que é medida pelo peso morto (PM).

Quando o governo concede subsídio (gráfico II), os consumidores e produtores se beneficiarão do subsídio, de tal maneira que o preço que o consumidor pagará será Pds e o preço que o produtor vai receber será PP. A diferença entre PP e Pds é o subsídio. Como o produtor vai receber mais que recebia antes do subsídio e o consumidor vai pagar menos que pagava antes do subsídio e esses valores serão bancados pelo governo, a quantidade irá aumentar e gerar um custo social que é medida pelo peso morto (PM).

Essas distorções geradas serão pagas e recebidas tanto pelos consumidores quanto pelos produtores, de tal maneira que se a demanda for mais elástica, o produtor arcará com o maior ônus e se a oferta for mais elástica, o consumidor arcará com o maior ônus.

Políticas de preços máximos ou mínimos são adotados pelo governo para tornar o produto mais acessível a população ou para tornar viável e vantajosa a oferta do bem pelas empresas ou para conter processos inflacionários e deflacionários. Quando o país se encontra em processo inflacionário, o governo poderá fixar um preço máximo abaixo do equilíbrio para conter a elevação de preços. Em processo deflacionário, o governo poderá fixar um preço mínimo acima do equilíbrio para conter a queda do mesmo. A alternativa "b" está correta e a "e" está incorreta.

Existem outros mecanismos para se conter uma inflação e uma deflação, como, por exemplo, políticas fiscais, monetárias, comerciais, cambiais, etc. Também não existe política de preços medianos. As alternativas "a" e "d" estão incorretas. Com os tributos e subsídios, o preço que o produtor recebe e o consumidor paga ficam distantes. A alternativa "c" está incorreta.

9. "d". Em um mercado totalmente livre onde o equilíbrio ocorreria ao preço p*, e a quantidade transacionada seria q* unidades, o excedente do consumidor seria medido por I, II, e parte de IV. O excedente do produtor seria medido por III, V e a parte restante do IV. Com a fixação do preço máximo, o excedente do consumidor passa a ser I, II e III e o excedente do produtor passa a ser V. A área IV vai ser o peso morto gerado. A alternativa correta é a "d".

10. "c". Se o governo decidir estabelecer uma política pública de fixar o preço máximo de compra em R$ 80,00, a quantidade demandada será 10 e a quantidade ofertada será 8. Logo, haverá escassez de oferta de 2. A alternativa "c" está correta.

O preço de equilíbrio é aquele cujas quantidades demandada e ofertada são iguais e isso ocorre quando o preço é igual a 100. A alternativa "a" está incorreta.

Calculando a Elasticidade preço da demanda (EPD) quando o preço é 80, temos:

P	Qd
80	10
100	9

EPD = %ΔQd / %ΔP
EPD = (9 -10)/10
    (100-80)/80

EPD = -1/10 / 20/80
EPD = -0,4

Logo a demanda é inelástica quando o preço for 80. A alternativa "b" está incorreta.
Calculando a Elasticidade preço da demanda (EPD) quando o preço é 120, temos:

P	Qd
120	8
100	9

EPD = %ΔQd / %ΔP
EPD = (9 - 8)/8
    (100-120)/120

EPD = 1/8 / -20/120
EPD = -0,75

Logo a demanda é inelástica quando o preço for 120. A alternativa "d" está incorreta.
Calculando a Elasticidade preço da demanda (EPD) quando o preço é 100, temos:

P	Qd
100	9
120	8

EPD = %ΔQd / %ΔP
EPD = (8 - 9)/9
    (120-100)/100

EPD = -1/9 / 20/100
EPD = - 0,55

Logo a demanda é inelástica quando o preço for 100. A alternativa "d" está incorreta.

10.7. MATERIAL SUPLEMENTAR

QUESTÕES DE CONCURSOS
> http://uqr.to/1yari

11
POLÍTICA DE COMPRAS E SUBSÍDIOS

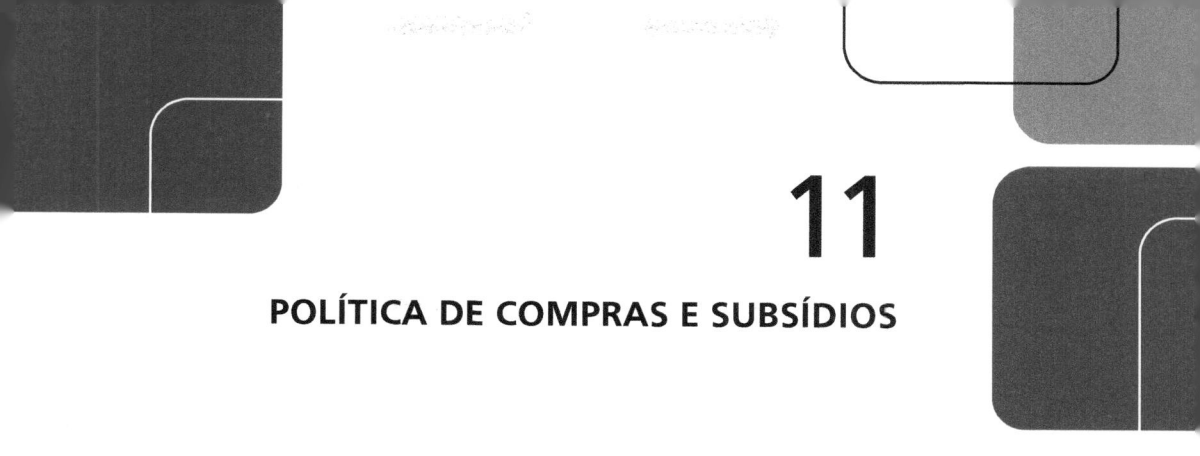

Quando o governo estabelece um preço mínimo para um produto, a quantidade ofertada desse produto tende a ser maior do que a quantidade demandada, porque, estando o preço mínimo acima do preço de equilíbrio de mercado, o produtor se sente estimulado a produzir mais e o consumidor se sente desestimulado a consumir.

Assim, se o governo tem por objetivo dar uma garantia de renda ao produtor, que pode ser, por exemplo, um agricultor, ele deverá assumir uma das seguintes medidas: ou comprar o excesso de produto, que corresponde à diferença entre a quantidade ofertada e a quantidade demandada àquele preço, ou conceder subsídio ao produtor que lhe permita vender a quantidade ofertada ao preço que o consumidor está disposto a pagar.

Assim, as medidas adotadas pelo governo podem ser:

a) **Política de Compras**: quando o governo compra o excedente que corresponde à diferença da quantidade ofertada e à quantidade demandada ao preço mínimo.
b) **Política de Subsídios**: quando o governo paga ao agricultor a diferença entre o preço mínimo prometido e o preço que o consumidor se dispõe a pagar para ter aquela quantidade.

11.1. POLÍTICA DE COMPRAS

Quando o governo estipula o **preço mínimo (pm)** acima do equilíbrio de mercado, o produtor tende a ofertar a Quantidade ofertada (Qo), já que é vantajoso para o produtor ofertar uma quantidade maior tendo em vista um preço maior, e o consumidor tende a consumir Qd, já que, a um preço maior, o consumidor tende a demandar uma quantidade menor do produto. Com isso, percebemos que a Qo é maior que a Quantidade demandada (Qd), acarretando um **excedente de produção**, que é a diferença entre Qo e Qd ao pm. Como o interesse do governo é proteger o produtor, ele poderá, então, adotar uma política de compras desse excesso impedindo que o produtor fique com esse prejuízo. Para tanto, o governo deverá comprar o excedente de produção (Qo — Qd) pelo pm. Vejamos a Figura 11.1.

Figura 11.1. Quando o governo fixa um preço mínimo (pm) acima do equilíbrio de mercado, ele gera um excedente de produção, que é a diferença da quantidade ofertada (Qo) pela quantidade demandada (Qd). Devido a isso, ele pode adotar uma política de compras que consiste em comprar esse excedente, representado pela área hachurada no gráfico.

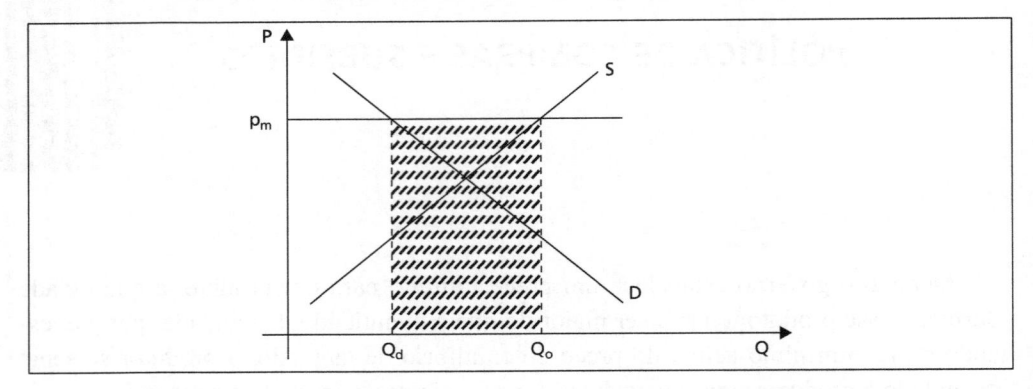

Podemos observar que, quando o governo adota uma **política de compras**, ele apresenta um **gasto** que corresponde à diferença da Quantidade ofertada e à Quantidade demandada (Qo – Qd) multiplicada pelo preço mínimo (pm) estipulado por ele.

> Gasto do Governo = (Qo – Qd) · pm

11.2. POLÍTICA DE SUBSÍDIOS

Quando o governo estipula o **preço mínimo** acima do equilíbrio de mercado, o produtor tende a ofertar a quantidade Qo, já que é vantajoso para o produtor ofertar uma quantidade maior que a de equilíbrio entre a oferta e a demanda, tendo em vista que o preço é maior. O consumidor, contudo, só estará disposto a adquirir essa quantidade ofertada apenas se puder pagar apenas o que estiver disposto (Pc). Como o interesse do governo é proteger o produtor e permitir que a população tenha acesso ao bem, ele poderá, então, adotar uma política de subsídio, que consiste em o governo pagar ao produtor a diferença do preço mínimo estipulado por ele (pm) e o preço que o consumidor está disposto a pagar para adquirir a quantidade ofertada total total (Qo).

Portanto, quando o governo adota uma política de subsídio, ele deixa o consumidor adquirir a quantidade produzida, ao preço compatível com aquele nível de Produção (Pc) e depois paga a diferença (Pm – Pc) para o produtor. Podemos ver no gráfico da Figura 11.2, que o subsídio do governo consiste na área hachurada.

Figura 11.2. Quando o governo fixa um preço mínimo (Pm) acima do equilíbrio de mercado, para que a população possa adquirir toda a quantidade ofertada (Qo), ele pode ter que adotar uma política de subsídio, permitindo dar acesso à população a toda quantidade ofertada ao preço que eles se dispõem a comprar, ou seja, pc. Para garantir que o produtor receba o preço pm estipulado por ele, deverá conceder um subsídio que corresponde à diferença entre Pm e Pc para toda a quantidade demandada (Qd). Assim, o subsídio corresponde à área hachurada no gráfico.

11 ■ Política de Compras e Subsídios

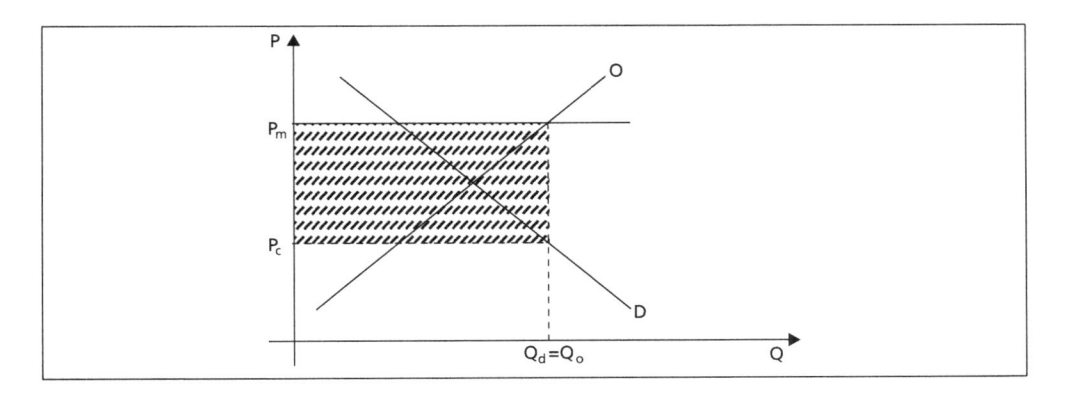

[Gráfico: Curvas de oferta (O) e demanda (D) com preço mínimo P_m acima do preço P_c, área hachurada entre P_m e P_c até quantidade $Q_d = Q_o$.]

Podemos observar que, quando o governo adota uma **política de subsídio**, ele apresenta um **gasto** que corresponde à diferença do preço mínimo (Pm) e o preço que os consumidores se dispõem a pagar por toda a quantidade ofertada (Pc) multiplicada por essa Quantidade ofertada (Qo) ou demandada (Qd).

> Gasto do Governo = (Pm – Pc) · Qd

11.3. POLÍTICA DE COMPRAS OU POLÍTICA DE SUBSÍDIOS? QUAL É A MELHOR?

Quando o governo pensa em adotar a política de compras ou subsídios, ele deverá optar por aquela que lhe proporcione o menor gasto. Assim, se a política de compras apresentar um menor gasto que a política de subsídios, ele optará pela política de compras. Do contrário, se a política de compras apresentar um gasto maior que a política de subsídios, ele optará pela política de subsídios.

Para tanto, precisamos analisar a elasticidade da curva de demanda (ou oferta) para saber qual das políticas deve ser adotada.

Se a demanda for mais elástica, isso significa que a adoção de um preço mínimo acima do preço de equilíbrio fará com que o consumidor reduza mais a quantidade demandada pelo produto, gerando um excedente maior de produção na economia. Se o governo adotar a política de compras, terá que comprar esse excedente maior de produção. Em contrapartida, como há uma redução grande de consumo do produto, se o governo optar pela política de subsídio, ele terá que conceder subsídio apenas sobre a quantidade consumida, que é menor. Portanto, nessa situação, o governo terá um gasto menor se adotar a política de subsídio. Vejamos, por meio da representação gráfica da Figura 11.3, e poderemos constatar que a área que representa uma política de compras é maior que a de subsídio quando a demanda é mais elástica, o que torna a política de subsídio menos custosa para o governo.

Figura 11.3. Política de compras e política de subsídio quando a demanda é elástica. Observamos que o gasto do governo é maior quando este adota uma política de compras. Logo, a melhor política a ser adotada pelo governo no sentido de reduzir gastos é a política de subsídio.

A) POLÍTICA DE COMPRAS QUANDO A DEMANDA É MAIS ELÁSTICA.

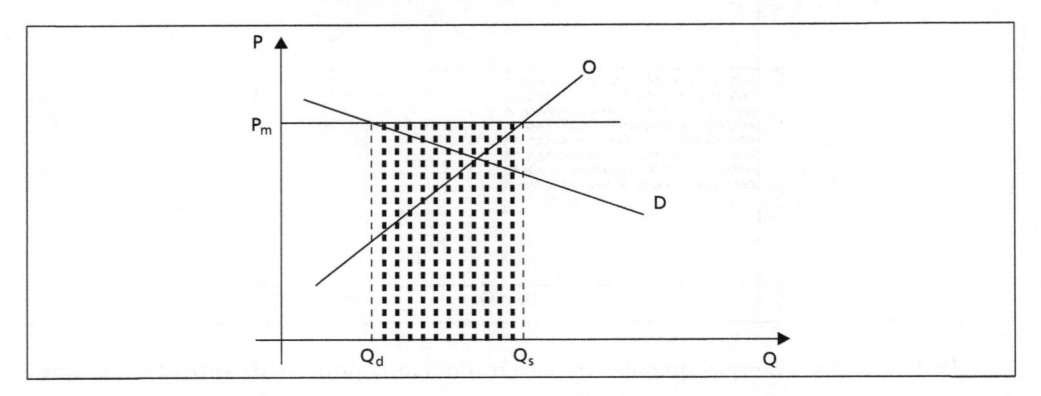

B) POLÍTICA DE SUBSÍDIO QUANDO A DEMANDA É MAIS ELÁSTICA.

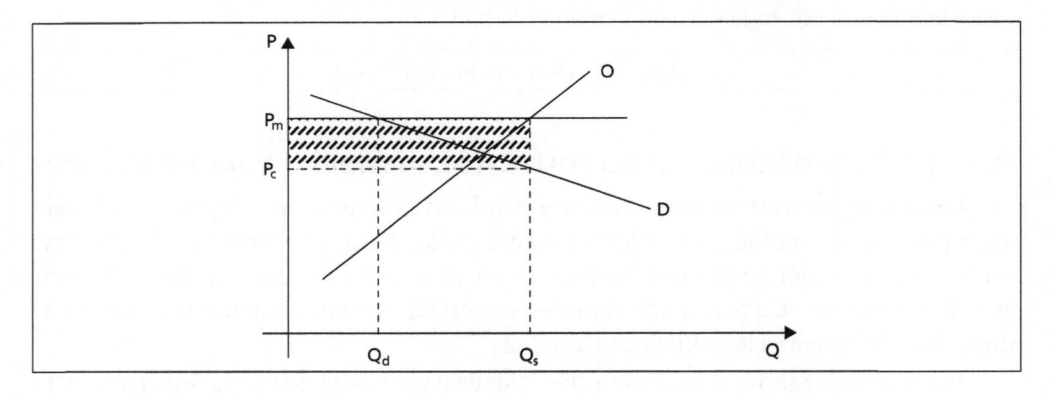

Se a demanda for menos elástica, isso significa que a adoção de um preço mínimo acima do preço de equilíbrio fará com que o consumidor reduza menos a quantidade demandada pelo produto, gerando um excedente menor de produção na economia. Se o governo adotar a política de compras, terá que comprar esse excedente menor de produção. Em contrapartida, como há uma redução pequena de consumo do produto, se o governo optar pela política de subsídio, ele terá que conceder subsídio sobre toda a quantidade consumida, que é maior. Portanto, nessa situação, o governo terá um gasto maior se adotar a política de subsídio. Por meio da representação gráfica da Figura 11.4, poderemos constatar que a área que representa uma política de compras é menor que a de subsídio quando a demanda é mais elástica, o que torna a política de subsídio menos custosa para o governo.

Figura 11.4. Política de compras e política de subsídio quando a demanda é inelástica. Observamos que o gasto do governo é menor quando este adota uma política de compras. Logo, a melhor política a ser adotada pelo governo no sentido de reduzir gastos é a política de compras.

A) POLÍTICA DE COMPRAS QUANDO A DEMANDA É INELÁSTICA.

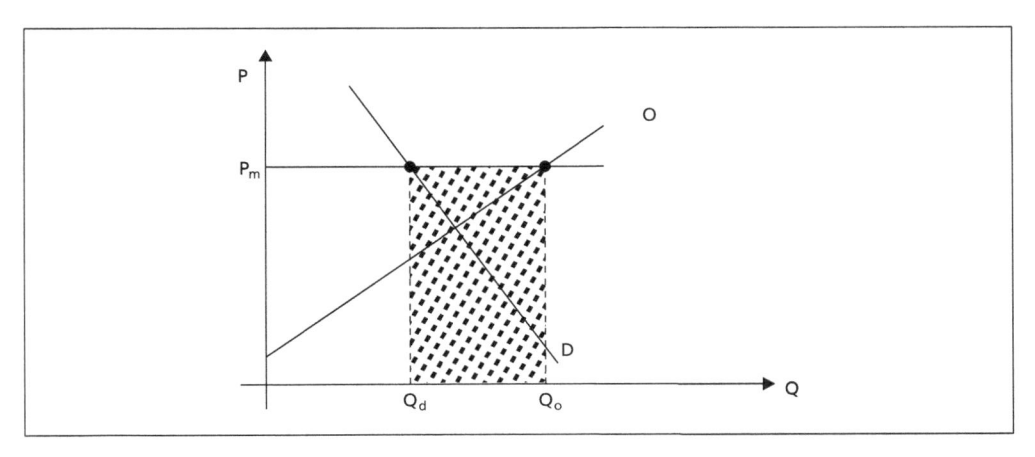

B) POLÍTICA DE SUBSÍDIOS QUANDO A DEMANDA É INELÁSTICA.

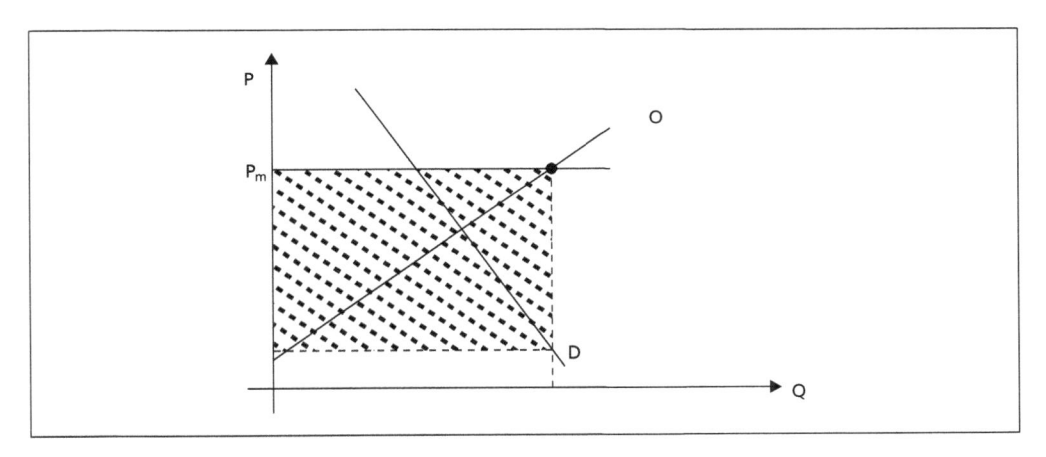

Concluímos, portanto, que quanto **mais elástica** for a curva de demanda, o governo tenderá a adotar uma **política de subsídio**. E, quanto **mais inelástica** for a curva de demanda, o governo tenderá a adotar uma **política de compras**.

11.4. QUESTÕES

1. (CEBRASPE — Polícia Federal — 2004) Julgue o próximo item, relativo ao estabelecimento de quotas e preços máximos e mínimos.

Quando o governo adota uma política de preços mínimos para determinado produto, com vistas à garantia de renda e ao estímulo da produção, ao optar pela política de compra, pagará ao produtor a diferença entre o preço pago pelo consumidor no mercado e o preço mínimo definido.

( ) Certo   ( ) Errado

2. (Elaborada pela autora) A política de subsídio será preferível à política de compras para o governo, quando:
   a) a demanda for mais elástica.
   b) a demanda for mais inelástica.
   c) a demanda for unitária.
   d) a oferta for unitária.

3. (Elaborada pela autora) Assinale a alternativa correta com relação à política de compras e política de subsídio que o governo adota quando fixa um preço mínimo obrigatório:
   a) A Política de Compras corresponde à compra do excedente gerado pela diferença da quantidade ofertada e a quantidade demandada ao preço mínimo.
   b) A Política de Subsídios corresponde ao valor pago ao agricultor calculada pela diferença entre o preço mínimo prometido e o preço de equilíbrio no mercado, que o consumidor se dispõe a pagar para ter aquela quantidade.
   c) O governo optará pela política que dispenderá maior soma de recursos.
   d) O governo será indiferente em optar por qualquer uma das políticas.
   e) A política de compras é sempre preferível à política de subsídios.

4. (FCC — ARSETE — 2016) Se entender ser necessário estabelecer ação para garantir a renda de produtores agrícolas, em face de um produto inelástico, o governo:
   a) poderá somente pagar subsídio aos produtores, garantindo receita equivalente ao preço mínimo.
   b) fracassará em sua intenção, pois nesse caso o preço de mercado é sempre inferior ao preço mínimo estabelecido.
   c) poderá comprar o excedente de oferta a um preço mínimo estabelecido ou pagar subsídio aos produtores, garantindo receita equivalente ao preço mínimo, escolha que o governo fará a partir de avaliação, inclusive orçamentária.
   d) fracassará em sua intenção, pois os agentes econômicos não alteram seus planos em função de perdas atuais de receita.
   e) poderá somente comprar o excedente de oferta a um preço mínimo estabelecido.

GABARITO

1. "errado". Quando o governo adota uma política de preços mínimos, ao optar pela política de compra, pagará ao produtor a diferença entre a quantidade produzida pelo produtor e a quantidade demandada pelo consumidor. Se tivesse optado pela política de subsídio, teria que pagar a diferença entre o preço mínimo definido e o preço correspondente, na curva de demanda, da quantidade ofertada.

2. "a". A Política de Subsídio será preferível à política de compras quando o governo precisar dispender menos recursos subsidiando do que precisaria dispender se adotasse uma Política de Compras. Assim, para ele precisar subsidiar pouco, precisaria que o consumidor adquirisse pouco do produto mediante um preço mínimo maior que o preço de equilíbrio, ou seja, seria necessário que a demanda fosse elástica.

3. "a". A Política de Compras consiste em o governo comprar a diferença entre o que foi produzido e o que foi demandado ao preço mínimo fixado pelo governo. A alternativa "a" está correta.

A Política de Subsídios ocorre quando o governo paga ao agricultor a diferença entre o preço mínimo prometido e o preço que o consumidor se dispõe a pagar para ter aquela quantidade. A alternativa "b" está incorreta. O governo optará pela política que dispenderá menor soma de recursos. As alternativas "c" e "d" estão incorretas. O governo deverá optar pela Política de Subsídio quanto mais elástica for a curva de demanda e/ou oferta, e deverá optar pela Política de Compras quanto menos elástica for a curva de demanda e/ou oferta.

4. "c". Quando o governo estabelece um preço mínimo para garantir uma renda aos produtores, ele poderá optar pela Política de Compras ou pela Política de Subsídios. Se adotar a Política de Compras, terá que comprar o excedente (a diferença entre o que foi ofertado e o que foi demandado) pagando o preço mínimo que estipulou. Se optar pela Política de Subsídio, terá que pagar a diferença do preço mínimo estipulado e o preço que os consumidores pagam no mercado pela quantidade ofertada. Dependendo da disponibilidade orçamentária do governo, ele poderá optar pela política que lhe dê o menor gasto. Sendo o produto inelástico, significa que os consumidores não reduzirão a quantidade demandada devido a um preço mínimo mais elevado que o preço de equilíbrio, o que fará com que o governo opte pela Política de Compras. Caso haja disponibilidade orçamentária, o governo poderá optar pelo subsídio, mesmo sabendo que o gasto será maior, no intuito de permitir um maior acesso ao bem.

12

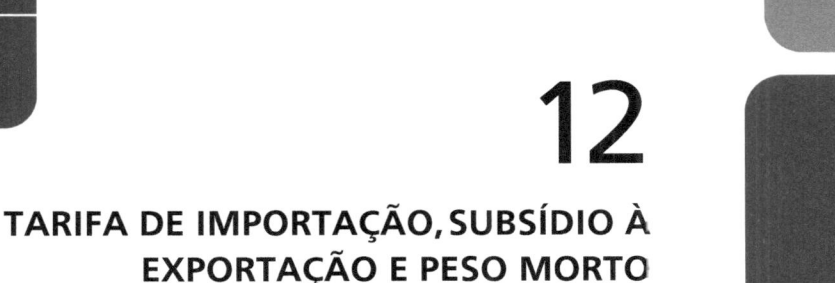

TARIFA DE IMPORTAÇÃO, SUBSÍDIO À EXPORTAÇÃO E PESO MORTO

Supondo que a economia seja aberta a transações com o exterior, caso o preço externo esteja mais elevado que o preço interno, então o país tenderá a se tornar **exportador** do produto em questão. Ao contrário, se o preço externo de determinado bem estiver mais baixo que o interno, o país deverá se tornar um **importador** daquele produto. Percebemos que o preço interno vai refletir o **custo de oportunidade** do produto, já que mostra quanto o consumidor terá de renunciar para obter uma unidade do produto.

Partindo do pressuposto, na nossa análise, de que o país seja uma **pequena economia** e, portanto, não tenha forças para interferir nos preços externos, e considerando que o país em análise seja um **tomador de preços**, fazendo com que adote o preço externo como dado, quando ele vende seu produto a esse preço, ele se torna um exportador, e, quando compra a esse preço, passa a ser um país importador.

Vamos ver o que acontece com o bem-estar econômico de um país quando este se torna exportador e importador de um produto.

12.1. BEM-ESTAR ECONÔMICO DE UM PAÍS EXPORTADOR

Vejamos o que acontece com o **bem-estar econômico** de um país quando ele se torna **exportador** de determinado produto. Vamos representar, na Figura 12.1, o excedente do consumidor e produtor quando não há transações com o exterior (I) e depois, quando esse país se torna exportador do produto considerado (II).

Quando não há transações com o exterior, o excedente do consumidor[1] corresponde às áreas (a + b + c), e o excedente do produtor corresponde às áreas (d + e).

Quando o preço no exterior (P_{ext}) está acima do preço praticado internamente (P_E), o país se torna um exportador. Com isso, o preço interno do produto, que antes era P_E, passa a ser o preço praticado externamente (P_{ext}). Assim, o excedente do consumidor passa a ser a área (a), e o excedente do produtor passa a ser (b + c + d + e + f).

Percebemos que **o consumidor perde excedente** correspondente à área (b + c), e o **produtor ganha excedente** correspondente à área (b + c + f). Logo, se somarmos os excedentes dos consumidores com o dos produtores, perceberemos que o **bem-estar econômico do país aumenta** em valor correspondente à área (f). Por meio da Tabela

---

[1] Para saber como calcular o excedente do consumidor e do produtor, vá ao Capítulo 9 — Peso morto na tributação.

12.1, podemos visualizar isso. Embora o consumidor tenha ficado em pior situação, o produtor melhorou seu bem-estar. Como o ganho do produtor supera a perda do consumidor, o bem-estar econômico desse país melhora.

Figura 12.1. No gráfico (I), visualizamos o excedente do consumidor (a + b + c) e o excedente do produtor (d + e) antes de o país realizar transações com o exterior. No gráfico (II), percebemos que o consumidor passa a ter como excedente apenas a área (a), e o produtor passa a ter como excedentes as áreas (b + c + d + e + f), depois que o país se torna um exportador.

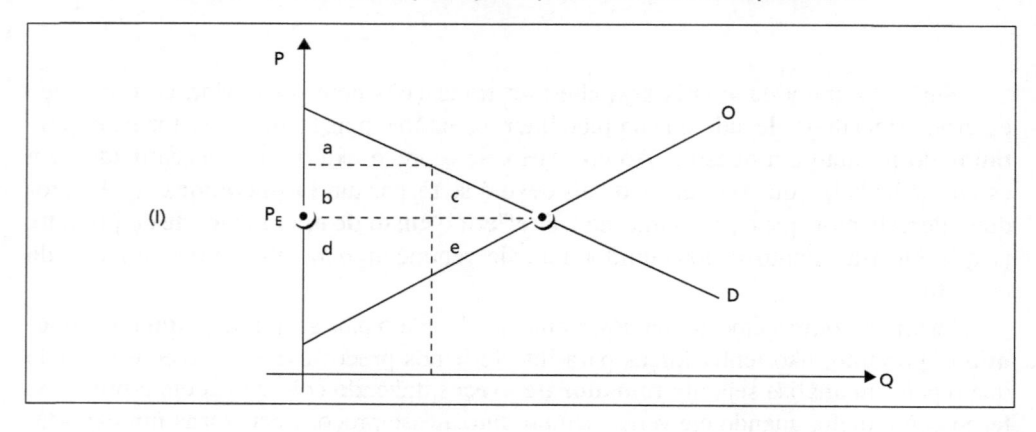

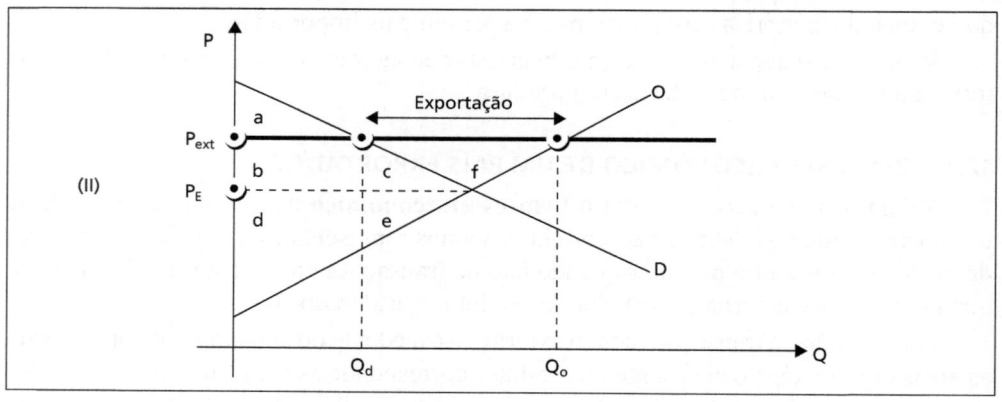

Tabela 12.1. Perda e ganho de excedente do consumidor e produtor de um país exportador.

	Antes de realizar transações com o exterior — exportar	Depois de realizar transações com o exterior — exportar	Perda (–) ou ganho (+) de excedente
Excedente do consumidor	a + b + c	a	–b, –c
Excedente do produtor	d + e	b + c + d + e + f	+b, +c, +f
Excedente total	a + b + c + d + e	a + b + c + d + e + f	+f

No gráfico (II) da Figura 12.1, percebemos que, à medida que o preço interno se iguala ao preço externo, a Quantidade demandada (Qd) e a Quantidade ofertada (Qo) se tornam diferentes. Essa diferença corresponde ao **total exportado** por esse país. A linha, totalmente elástica, representando o preço externo (P_{ext}) é também a **demanda do resto do mundo**. Como o país considerado é pequeno, pode vender a quantidade que quiser de produto ao preço externo.

12.2. BEM-ESTAR ECONÔMICO DE UM PAÍS IMPORTADOR

Vejamos o que acontece com o **bem-estar econômico** de um país quando ele se torna **importador** de determinado produto. Vamos representar, na Figura 12.2, o excedente do consumidor e produtor quando não há transações com o exterior (I) e depois, quando esse país se torna importador do produto considerado (II).

Quando não há transações com o exterior, o excedente do consumidor[2] corresponde às áreas (a + b), e o excedente do produtor corresponde às áreas (c + d + e).

Quando o preço no exterior está abaixo do preço praticado internamente (P_E), o país se torna um importador. Com isso, o preço interno do produto, que antes era P_E, passa a ser o preço praticado externamente (P_{ext}). Assim, o excedente do consumidor passa a ser a área (a + b + c + d + f), e o excedente do produtor passa a ser (e).

Percebemos que o **consumidor ganha excedente** correspondente à área (c + d + f) e o **produtor perde excedente** correspondente à área (c + d). Logo, se somarmos os excedentes dos consumidores com os dos produtores, perceberemos que o bem-estar econômico do país aumenta em valor correspondente à área (f). Por meio da Tabela 12.2, podemos visualizar isso. Embora o produtor tenha ficado em pior situação, o consumidor melhorou seu bem-estar. Como o ganho do consumidor supera a perda do produtor, o bem-estar econômico desse país melhora.

Figura 12.2. No gráfico (I), visualizamos o excedente do consumidor (a + b) e o excedente do produtor (c + d + e) antes de o país realizar transações com o exterior. No gráfico (II), percebemos que o consumidor passa a ter como excedente a área (a + b + c + d + f), e o produtor passa a ter como excedentes as áreas (e), depois que o país passa a realizar transações com o exterior.

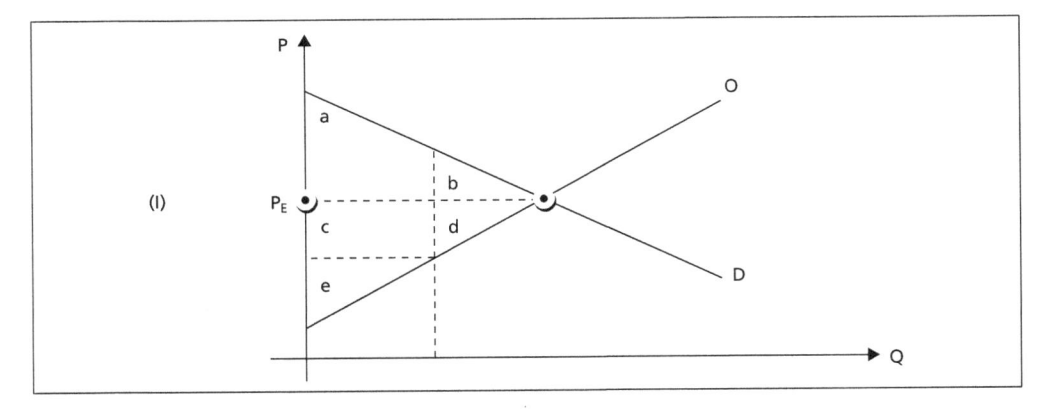

---

[2] Para saber como calcular o excedente do consumidor e do produtor, vá ao Capítulo 9 — Peso morto na tributação.

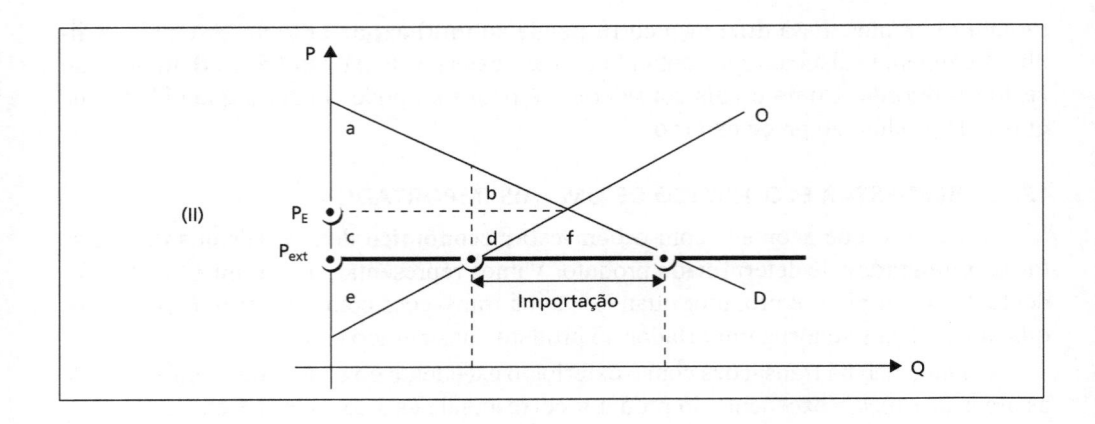

(II) [Gráfico com eixos P e Q, curvas de oferta (O) e demanda (D), preços P_E e P_{ext}, áreas a, b, c, d, e, f, e faixa "Importação"]

Tabela 12.2. Perda e ganho de excedente do consumidor e produtor de um país importador.

	Antes de realizar transações com o exterior	Depois de realizar transações com o exterior	Perda (–) ou ganho (+) de excedente
Excedente do consumidor	a + b	a + b + c + d + f	+c, +d, +f
Excedente do produtor	c + d + e	e	–c, –d
Excedente total	a + b + c + d + e	a + b + c + d + e + f	+f

No gráfico (II) da Figura 12.2, percebemos que, à medida que o preço interno se iguala ao preço externo, a quantidade demandada e a quantidade ofertada se tornam diferentes. Essa diferença corresponde ao **total importado** por esse país. A linha, totalmente elástica, representando o preço externo (P_{ext}), representa também a **oferta do resto do exterior**. Como o país considerado é pequeno, pode comprar a quantidade que quiser de produto ao preço externo.

Percebemos que, embora o **bem-estar econômico desse país tenha melhorado**, os produtores tiveram perda de excedente. Devido a isso, eles podem cobrar do governo que este imponha um imposto (ou tarifa) de importação ou uma cota de importação que permita a eles ter uma melhoria de bem-estar. Vejamos o que acontece se o governo impuser uma tarifa de importação primeiro e, depois, veremos as consequências da imposição de uma cota de importação.

12.3. IMPOSIÇÃO DE UM IMPOSTO DE IMPORTAÇÃO E O PESO MORTO

Vejamos, primeiro, o gráfico da Figura 12.3, que mostra o total importado (M) quando o preço externo se encontra abaixo do preço de equilíbrio do mercado. Vimos, no item 12.2, que a importação gera uma redução de bem-estar para os produtores. Estes poderão fazer *lobby* perante o governo, exigindo a imposição de uma tarifa[3] de importação que proteja o mercado interno dos produtos importados.

---

[3] Popularmente, designa-se o imposto de importação de tarifa de importação.

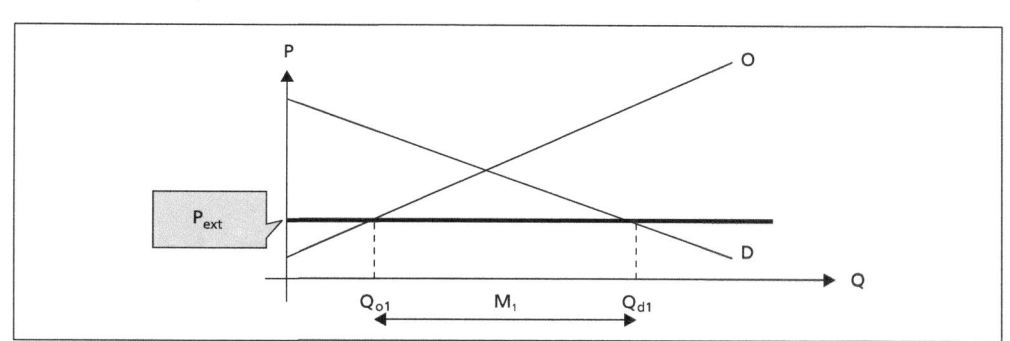

12 ■ Tarifa de Importação, Subsídio à Exportação e Peso Morto

Figura 12.3. Quando o preço externo está abaixo do preço de equilíbrio interno, o país importa M.

Observemos que, como o preço externo é inferior ao de equilíbrio do mercado interno, então as empresas do país irão ofertar uma Quantidade (Qo_1) inferior à Quantidade demandada (Qd_1) do mercado por aquele preço, obrigando uma importação de "M_1".

Nessa situação, podemos calcular os excedentes do consumidor e do produtor. Vejamos o gráfico da Figura 12.4.

Podemos perceber que o excedente do consumidor é composto pelas áreas (a + c + b + d + e + f), e o excedente do produtor é composto pela área (g).

Figura 12.4. O excedente do consumidor (a + c + b + d + e + f) e do produtor (g) quando há importação.

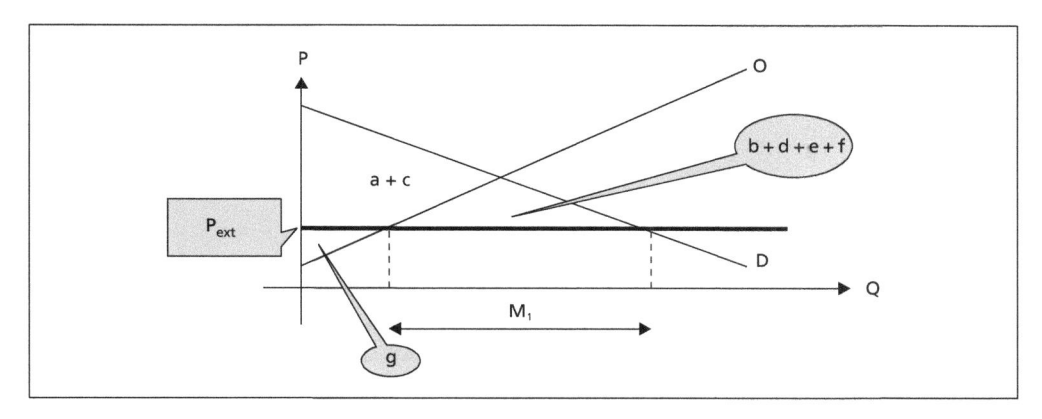

Caso o governo queira fixar um imposto de importação no valor "T", o preço externo (P_{ext}) se eleva ao montante T, passando a valer (P_{ext} + T). Com isso, **a curva de oferta do resto do mundo se desloca paralelamente e para cima no montante do imposto T**. Como o produto externo, para entrar no país, apresenta um preço mais elevado, os consumidores internos reduzem a quantidade demandada de Qd_1 para Qd_2. Porém, devido a essa elevação do preço, o produtor interno se sente mais atraído para produzir. Assim, a quantidade ofertada se elevará de Qo_1 para Qo_2. Com isso, a importação M_1 se reduz para M_2. Podemos acompanhar isso por meio da Figura 12.5.

Figura 12.5. A imposição de um imposto de importação no montante "T" desloca a curva de oferta do resto do mundo para cima. Com isso, a Quantidade ofertada se eleva de Qo_1 para Qo_2, e a Quantidade demandada se reduz de Qd_1 para Qd_2. Consequentemente, o total importado cai de M_1 para M_2.

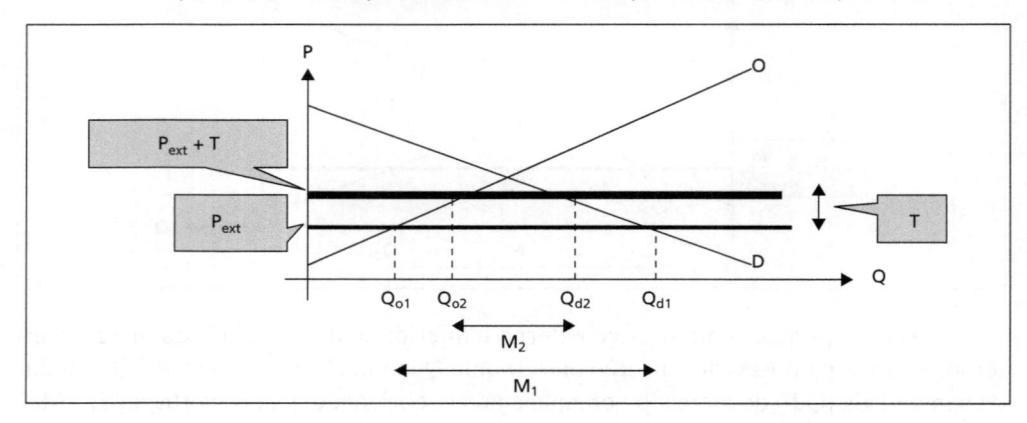

Depois da imposição do imposto "T", o excedente do consumidor passará para a área (a + b), e o excedente do produtor passará para (c + g). Percebemos que a área (d + e + f) representa a perda de excedente do consumidor que se transformou em **receita para o governo (e) e peso morto (d + f)**. Vejamos na Figura 12.6 a representação de todas essas áreas.

Figura 12.6. Com a imposição de um imposto de importação, o excedente do consumidor passa a ser a área (a + b), e o excedente do produtor passa a ser (c + g). A área (e) vai representar a receita do governo, e as áreas (d + f) vão representar o peso morto.

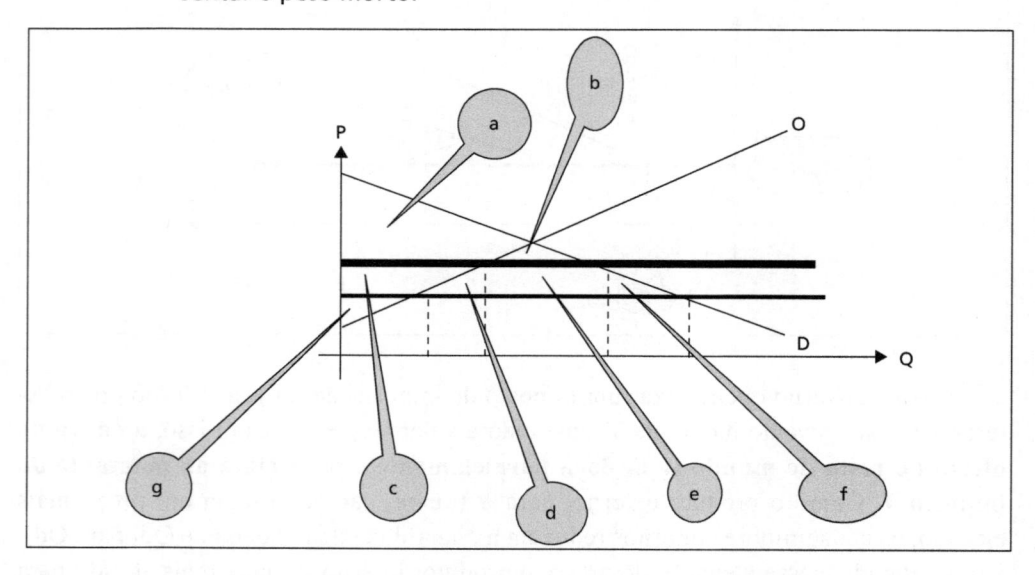

Observe que, com a instituição do tributo, o excedente do consumidor, que antes era (a + b + c + d + e + f), passou a ser (a + b), ou seja, o consumidor perde de excedente (c + d + e + f). Ocorre que (c) que o consumidor perde destina-se ao produtor que, depois do aumento do imposto, passa a ter um excedente de (c + g), diferentemente de antes do aumento do imposto, que era de (c). A área (e) que o consumidor perde de excedente corresponde à arrecadação do governo. A área (d + f) corresponde ao peso morto, que é a perda de excedente do consumidor que não é destinada a nenhum setor da economia. A **área (d) representa a superprodução; a área (f), o subconsumo**. Juntas, representam a perda de eficiência na economia. Percebemos, portanto, que a cobrança desse imposto afastou a alocação dos recursos do seu ponto ótimo.

Para uma maior visualização, podemos mostrar, na Tabela 12.3, o excedente do consumidor e do produtor antes e depois da tarifa de importação.

Tabela 12.3. Excedente do consumidor e do produtor antes e depois da Tarifa de importação (T).

	Antes da tarifa de importação	Depois da tarifa de importação	Perda (–) ou ganho (+) de excedente
Excedente do consumidor	a + b + c + d + e + f	a + b	–c, –d, –f
Excedente do produtor	g	g + c	+c
Excedente total	a + b + c + d + e + f + g	a + b + c + g	–d, –e, –f
Somando o excedente total com a receita do governo, tem-se o peso morto.			
Receita do governo			+ e
Peso morto			d, f

Vejamos um exemplo numérico:

Vamos supor que a função demanda e a função oferta tenham o seguinte comportamento:

$Q_d = 100 - 10P$; onde Q_d = Quantidade demandada e P = Preço

$Q_o = -20 + 30P$; onde Q_o = Quantidade ofertada e P = Preço

O preço e a quantidade de equilíbrio nesse mercado será de:

$Q_d = Q_o \rightarrow 100 - 10P = -20 + 30P \rightarrow P = 3$ e $Q = 70$

Se o país abrir as portas para o comércio internacional e o preço externo desse produto for igual a 2 (Pext = 2), o mercado interno terá que negociar o produto a esse preço porque senão os consumidores importarão tudo que demandarem. Mas, ao preço de 2, abaixo do preço de equilíbrio de mercado, os ofertantes só se interessam em ofertar a quantidade de 40 ($Q_o = -20 + 30.2$) e os consumidores, como o preço está abaixo do equilíbrio de mercado, demandarão a quantidade de 80 ($Q_d = 100 - 10 \cdot 2$). Logo, como a oferta interna é de apenas 40 unidades e os consumidores demandam 80 unidades, então, essa diferença (=80-40) deverá ser importada (M_1).

Se o governo, como medida de proteção ao mercado interno, decidir cobrar um tributo no valor de 0,5 (T=05) para elevar o preço do produto importado e, com isso, reduzir a importação e aumentar a quantidade ofertada no mercado interno, o preço do produto importado subirá para 2,5 (Pext = 2,5). A esse preço mais elevado, as empresas nacionais irão se sentir estimuladas a ofertar mais e a oferta passará a ser de 55 (Qo = -20 + 30.2,5). Como o preço está mais elevado, os consumidores demandarão apenas 75 (Qd = 100 – 10 · 2,5). Logo, a importação (M_2) cairá para 20 (= 75 – 55). Vejamos todos esses valores representados no gráfico a seguir:

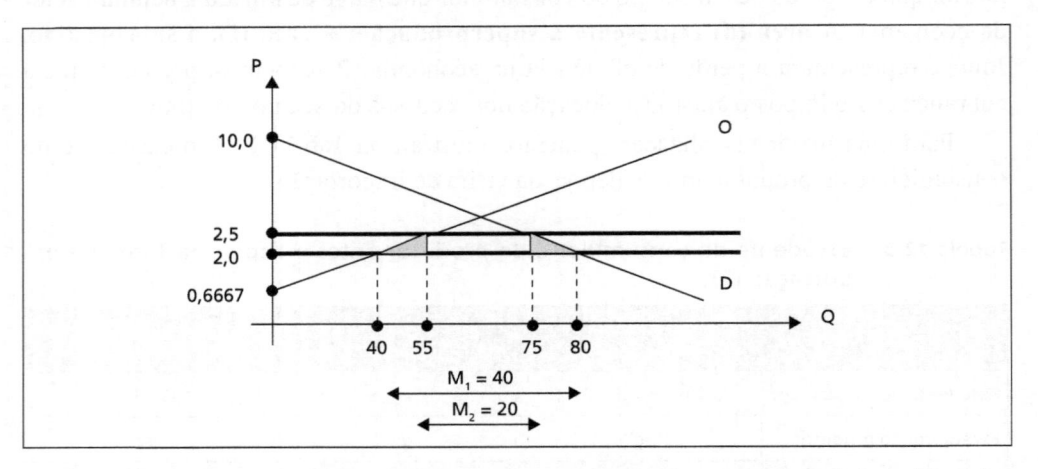

O peso morto gerado está representado na figura pelos dois triângulos hachurados.

Logo, o peso morto será de:

Peso Morto = [(55-40) · (2,5 -2,0)/2] + [(80-75) · (2,5 – 2,0)/2]
Peso Morto = 3,75 + 1,25 → Peso Morto = 5

Poderíamos calcular o peso morto, verificando qual foi a perda de Excedente do Consumidor (EC), o ganho de Excedente do Produtor (EP) e a Receita do Governo (RG). Então, vejamos:

O Excedente do Consumidor entes (EC_1) e depois (EC_2) da Tributação (T) será:

EC_1 = 80 · (10 – 2)/2 → EC_1 = 320
EC_2 = 75→(10 -2,5)/2 → EC_2 = 281,25

Ou seja, o consumidor perde 38,75 (= 320 – 281,25) de excedente com a tributação.

Em compensação, o produtor ganha 23,75 (= 50,42 – 26.67) de excedente. Vejamos o Excedente do Produtor antes (EP_1) e depois (EP_2) da tributação.

EP_1 = 40 · (2-0,6667)/2 → EP_1 = 26,67
EP_2 = 55 · (2,5 – 0,6667)/2 → EP_2 = 50,42

A Receita do Governo (RG) será:
RG = (75-55) · (2,5-2) → RG = 10

Logo o peso morto será de:
Peso Morto = (EC_1 – EC_2) – (EP_2 – EP_1) – RG

Peso Morto = (320 − 281,25) − (50,42 − 26,67) − 10
Peso Morto = 5

12.4. IMPOSIÇÃO DE COTAS DE IMPORTAÇÃO E PESO MORTO

Quando o governo impõe **cotas de importação**, ele está limitando a quantidade de determinado produto que pode ser importada. A diferença entre impor uma tarifa de importação e impor uma cota de importação é que, no primeiro caso, parte da perda de excedente do consumidor, representada pela aérea (e), destina-se à receita do governo, enquanto, no segundo caso, esse mesmo valor vai se destinar ao **dono da cota**. Veremos que em ambas as situações os **preços internos se elevam, limitam o total importado** e geram o mesmo **peso morto**. Vejamos a Figura 12.7, que mostra uma cota de importação. Podemos ver que, à medida que o governo impõe a cota de importação, o nível de produtos importados diminui de M_1 para M_2. Isso provoca uma elevação de preços de P_{ext} para Pc (Preço depois da imposição da cota).

Figura 12.7. Quando o governo impõe cotas de importação, o preço interno se eleva para Pc e o nível de importação cai de M_1 para M_2.

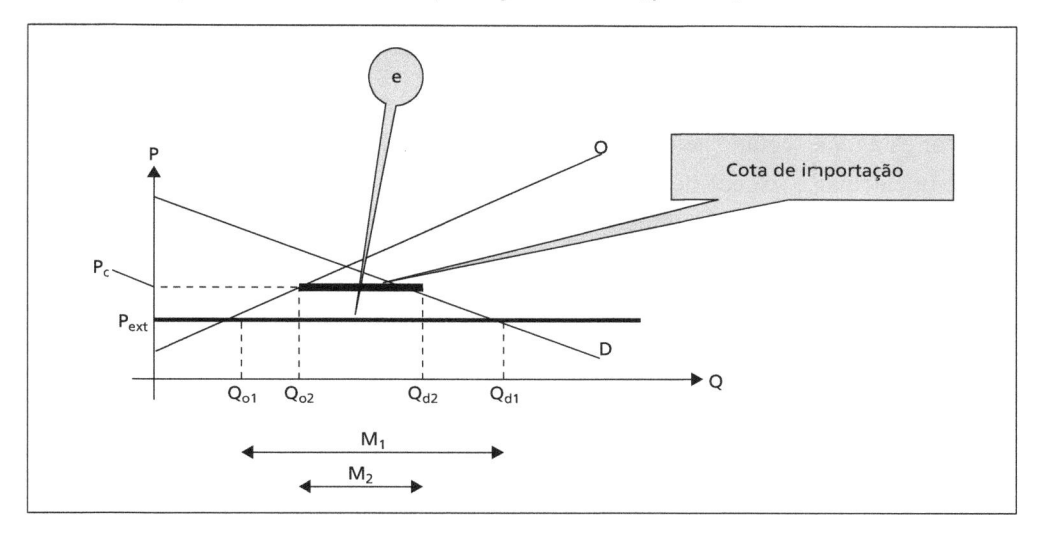

12.5. SUBSÍDIO ÀS EXPORTAÇÕES E PESO MORTO

O governo pode conceder **subsídios**[4] aos produtos exportados com intuito de aumentar as exportações, à medida que esses produtos, sendo negociados a preços mais baratos lá fora, ganham competitividade externa. Assim como a tarifa de importação e as cotas de importação, o subsídio às exportações também gera peso morto.

---

[4] Subsídio é uma concessão monetária, caracterizada como renúncia de receita, feita pelo governo à produção de determinados produtos de uma atividade econômica com o objetivo de tornar acessíveis os preços de determinados produtos ou para estimular as exportações do país.

Vejamos, primeiro, na Figura 12.8, o excedente do consumidor e do produtor antes da concessão do subsídio às exportações.

Figura 12.8. Excedente do consumidor e do produtor antes da incidência do subsídio. O excedente do consumidor é representado pela área (a + b + m), e o excedente do produtor é representado pela área (f + g + h + i + j).

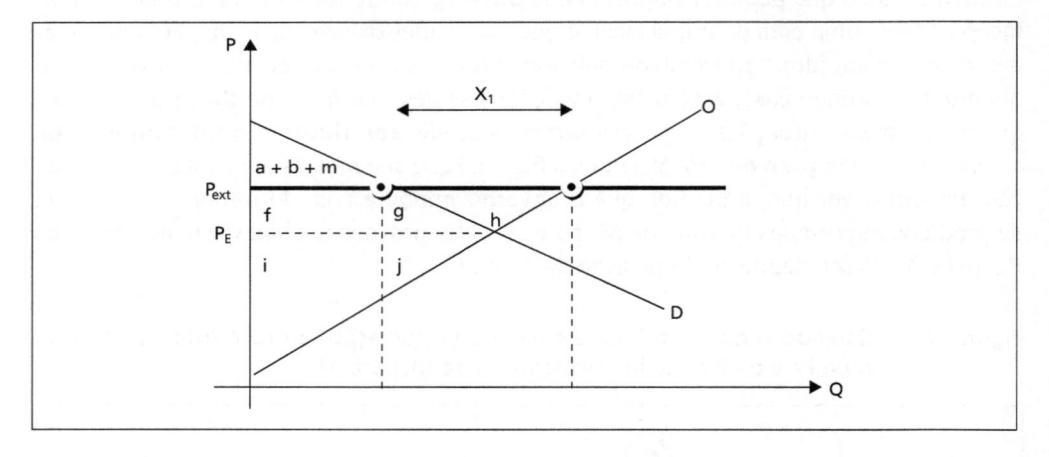

O excedente do consumidor está representado pela área (a + b + m). O excedente do produtor está representado pela área (f + g + h + i + j). O total exportado é X_1.

Para calcular o excedente do consumidor e produtor, devemos fazer aquelas perguntas básicas citadas no Capítulo 9. Assim, atribuindo pontos no gráfico da Figura 12.8, podemos responder às questões. Acompanhe pela Figura 12.9.

- ☐ Qual é o preço do produto (que é aquele que o consumidor está pagando)? Resposta: P_{ext}.
- ☐ Qual é o preço máximo que o consumidor está disposto a pagar? Resposta: A.
- ☐ Qual é a quantidade que o consumidor está adquirindo ao preço do produto? Resposta: B.

Logo, o **excedente do consumidor é $AP_{ext}B$**, que está representado pela área (a + b + m).

- ☐ Qual é o preço que o produtor estará recebendo pelo produto? Resposta: P_{ext}.
- ☐ Qual é o preço mínimo que o produtor está disposto a vender seu produto? Resposta: D.
- ☐ Qual é a quantidade que o produtor está vendendo ao preço do produto? Resposta: C.

Logo, **o excedente do produtor é $P_{ext}CD$**, representado pela área (f + g + h + i + j).

Figura 12.9. Determinação do excedente do consumidor e do produtor. O excedente do consumidor é a área representada pela união dos pontos $AP_{ext}B$. O excedente do produtor é a área representada pela união dos pontos $P_{ext}CD$.

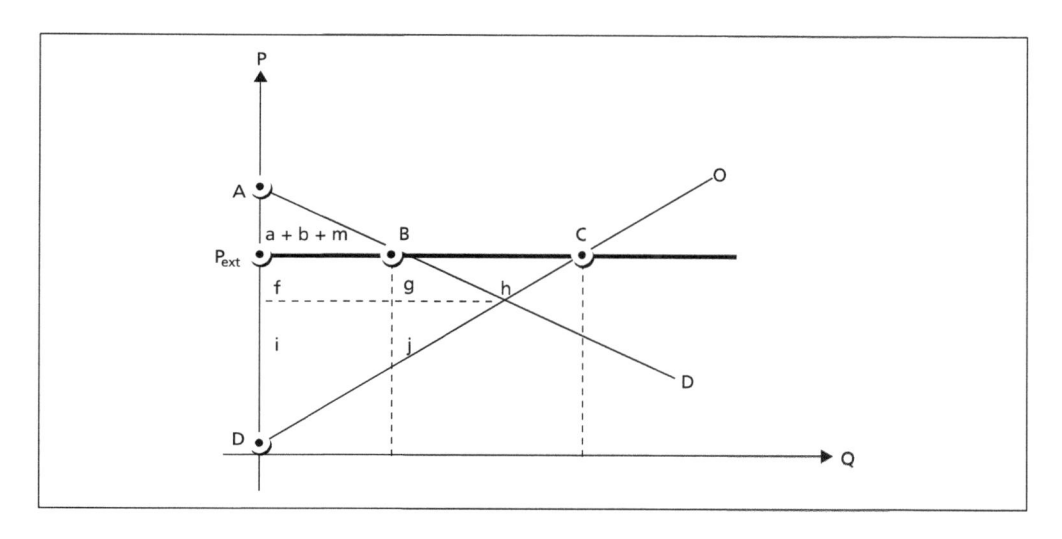

12 ■ Tarifa de Importação, Subsídio à Exportação e Peso Morto   271

Depois da concessão do subsídio, o preço que o exportador estará recebendo pelo produto é (P_{ext} + S), em que S representa o total do subsídio concedido pelo governo. Mas esse subsídio é concedido apenas para produtos exportados. Logo, externamente, o produtor vende seu produto por P_{ext}, mas recebe por ele o valor (P_{ext} + S). No caso de o produtor vendê-lo internamente, o preço que aplicará às suas vendas será ($P_{ext + S}$), já que não receberá do governo esse subsídio para vendas domésticas. Com o novo preço, o excedente do consumidor passa a ser representado apenas pela área (a). O excedente do produtor passa a ser a área (b + m + c + d + e + f + g + h + i + j). Vejamos a Figura 12.10.

Figura 12.10. Com a introdução do subsídio, o excedente do consumidor cai para a área representada por (a) e o excedente do produtor aumenta para a área representada por (b + m + c + d + e + f + g + h + i + j).

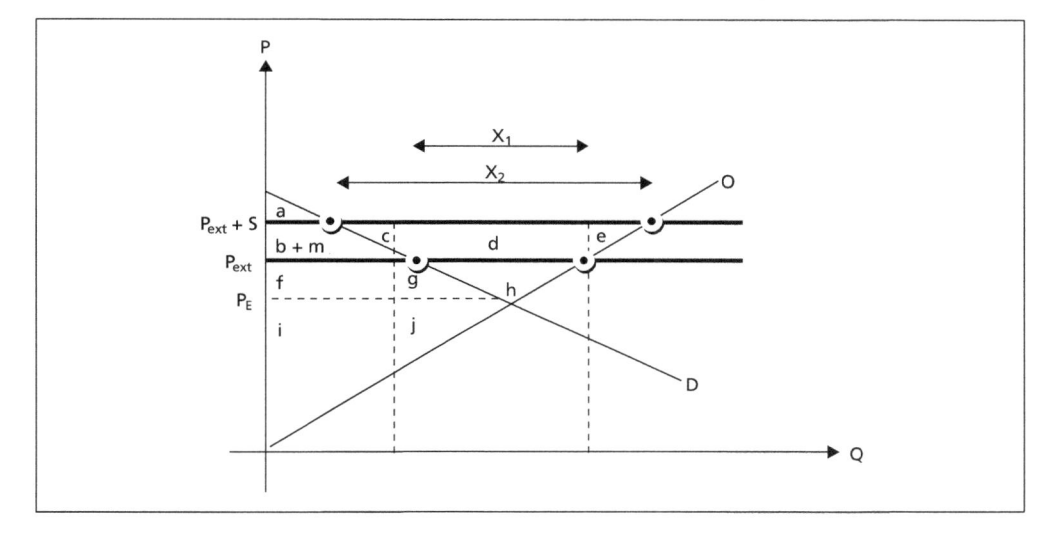

Vamos atribuir pontos no gráfico da Figura 12.11 e responder às mesmas perguntas feitas antes da introdução do subsídio.

Portanto, **depois da introdução do subsídio**:

> ☐ Qual é o preço do produto (que é aquele que o consumidor está pagando)? Resposta: (P_{ext} + S).
> ☐ Qual é o preço máximo que o consumidor está disposto a pagar? Resposta: A.
> ☐ Qual é a quantidade que o consumidor está adquirindo ao preço do produto? Resposta: E.

Logo, o **excedente do consumidor é união dos pontos A(P_{ext} + S)E**, que está representado pela área (a).

> ☐ Qual é o preço que o produtor estará recebendo pelo produto? Resposta: (P_{ext} + S).
> ☐ Qual é o preço mínimo que o produtor está disposto a vender seu produto? Resposta: G.
> ☐ Qual é a quantidade que o produtor está vendendo ao preço do produto? Resposta: F.

Logo, **o excedente do produtor é a união dos pontos (P_{ext} + S)FG**, que está sendo representada pela área (b + m + c + d + e + f + g + h + i + j).

Figura 12.11. Com a introdução do subsídio, o excedente do consumidor passa a ser representado pela união dos pontos A(P_{ext} + S)E, e o excedente do produtor passa a ser representado pela união dos pontos (P_{ext} + S)FG.

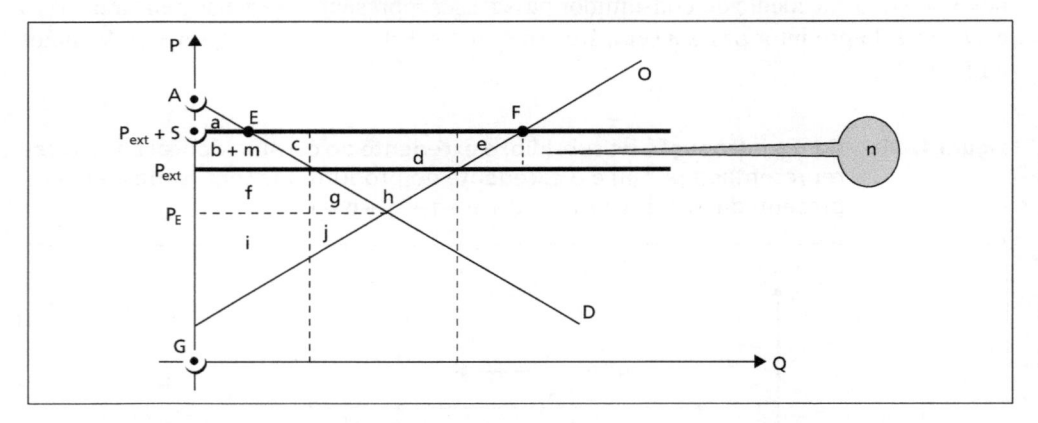

Percebemos que, com a introdução do subsídio, o produtor receberá pelo seu produto o preço externo mais o subsídio concedido pelo governo, representado por (P_{ext} + S). Com isso, o preço interno passará a ser esse também. Dessa forma, com preços mais elevados, a quantidade demandada pelos consumidores diminui, e a quantidade ofertada pelas empresas aumenta. Assim, o consumidor perde de excedente a área (b + m + c), e o produtor ganha de excedente a área (b + m + c + d + e). O subsídio que o governo fornece e, portanto, representa um gasto para o governo é a área representada, na Figura 12.12, por (m + c + d + e + n).

O subsídio corresponde à unidade de subsídio multiplicada pela quantidade exportada, que pode ser visto no gráfico da Figura 12.12 pela área pintada de cinza.

12 ◘ Tarifa de Importação, Subsídio à Exportação e Peso Morto

Figura 12.12. O subsídio concedido pelo governo corresponde à unidade de subsídio multiplicada pela quantidade exportada. Esse custo corresponde à área pintada de cinza.

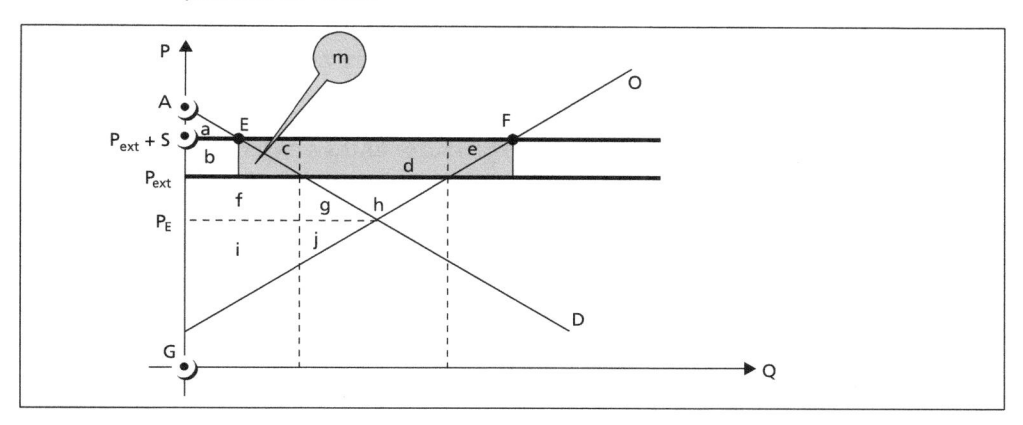

O peso morto do subsídio é representado pela área dos dois triângulos (m + n) da Figura 12.13. A área do triângulo (m) representa parte da transferência aos produtores que é paga duas vezes, uma pelo consumidor quando perde esse excedente e a outra pelo custo do subsídio. Como o produtor só recaptura uma vez essa área, a outra é o peso morto gerado. O triângulo (n) representa a perda de eficiência na produção, que é, portanto, computada como peso morto. Podemos observar isso no gráfico da Figura 12.13.

Figura 12.13. O peso morto gerado quando há incidência de subsídio à exportação é representado pelas áreas dos triângulos (m + n).

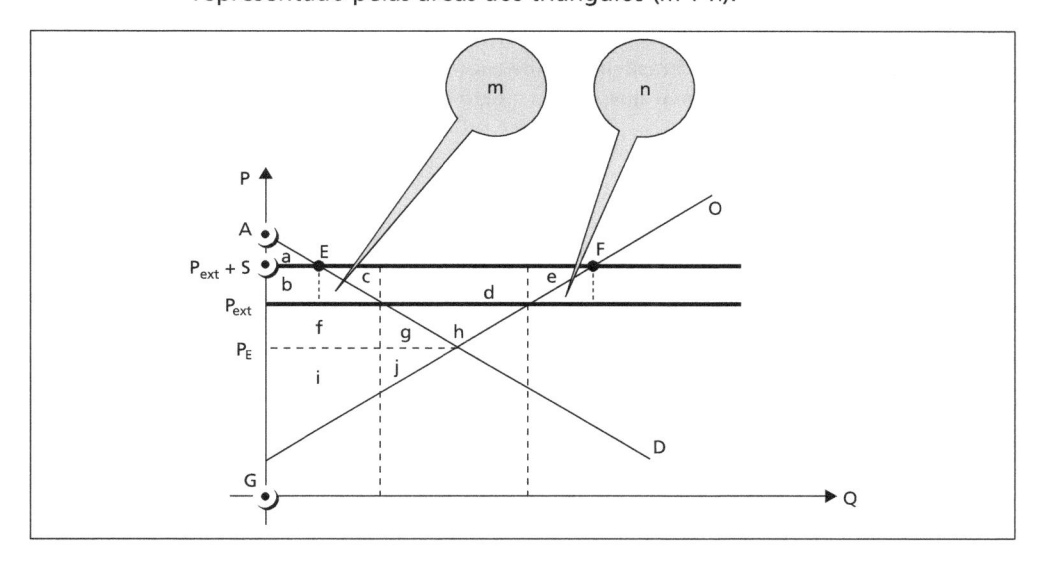

Montando uma tabela, podemos enxergar o peso morto gerado. Vejamos a Tabela 12.4. Percebemos que o consumidor perde (b + m) de excedente que vai para o produtor. O produtor ganha de excedente (b + m + c + d + e). Quando somamos as perdas e os ganhos

de excedentes do produtor e consumidor, encontramos um ganho de excedente total de (c + d + e). Como o custo do governo com o subsídio é (m + c + d + e + n), então, o peso morto gerado é o que o governo apresenta de custo e que não vai para nenhum agente econômico, ou seja, (m + n). Observe que a área (m) entra em duplicidade. A primeira vez quando o consumidor transfere excedente para o produtor, e a segunda vez quando o governo concede subsídio. Mas o produtor só captura uma vez. A outra vira peso morto.

Tabela 12.4. Excedente do consumidor e do produtor antes e depois do Subsídio de exportação (S).

	Antes do subsídio à exportação	Depois do subsídio à exportação	Perda (–) ou ganho (+) de excedente
Excedente do consumidor	a + b + m	a	–b, –m
Excedente do produtor	f + g + h + i + j	b + m + c + d + e + f + g + h + i + j	+b, +m, +c, +d, +e
Excedente total	a + b + m + f + g + h + i + j	a + b + m + c + d + e + f + g + h + i + j	+c, +d, +e
Somando o excedente total ao custo do governo, tem-se o peso morto.			
Custo do governo			–m, –c, –d, –e, –n
Peso morto			m, n

12.6. QUESTÕES

1. (FGV – ICMS-RJ – 2007) Suponha que o mercado brasileiro de gás natural possa ser representado pelas seguintes equações de demanda e oferta, respectivamente:

QD = 240 – P
QS = P

Notação: QD é a quantidade demandada (em m^3), QS é a quantidade ofertada (em m^3) e P é o preço (em dólar). Suponha ainda que o preço internacional de equilíbrio do metro cúbico de gás seja 60 dólares. Caso o governo brasileiro decida cobrar uma tarifa fixa de 10 dólares por metro cúbico importado, pode-se afirmar que o peso morto gerado por essa política será:
   a) 140 dólares.
   b) 110 dólares.
   c) 100 dólares.
   d) 120 dólares.
   e) 130 dólares.

2. (FGV – ICMS-RJ – 2009) O preço internacional de uma cesta de produtos siderúrgicos é de R$ 1.500,00 a tonelada e o preço em uma economia fechada (autarquia) é de R$ 2.000,00 a tonelada. A demanda no país por produtos siderúrgicos é alta e o produtor nacional desses produtos é pequeno em relação ao mercado internacional. Sobre o impacto de políticas que afetam o fluxo de comércio, assinale a alternativa correta.
   a) Impor uma tarifa de R$ 500,00 a tonelada não gera prejuízo para os consumidores.
   b) Impor uma tarifa de R$ 500,00 a tonelada protege o consumidor doméstico das perdas geradas pela concorrência desleal.
   c) Impor uma tarifa de R$ 500,00 a tonelada protege o produtor doméstico da concorrência internacional, em detrimento dos consumidores, tanto os intermediários como os finais.
   d) Impor uma cota de importação zero combinada, necessariamente, com uma tarifa de R$ 500,00 a tonelada evita a entrada dos produtos internacionais mais competitivos.
   e) Impor uma cota de exportação zero coíbe importações.

3. (FGV — ICMS-RJ — 2010) Com relação às *cotas de importação*, analise as afirmativas a seguir.
   I. É uma restrição direta sobre a quantidade de algum bem que pode ser importado.
   II. Ela sempre eleva o preço doméstico do bem importado.
   III. Sua utilização em lugar de tarifas de importação transfere renda do governo para os que recebem as licenças de importação.

Assinale:
   a) se somente a afirmativa I estiver correta.
   b) se somente a afirmativa II estiver correta.
   c) se somente a afirmativa III estiver correta.
   d) se somente as afirmativas I e II estiverem corretas.
   e) se todas as afirmativas estiverem corretas.

4. (CEBRASPE — Carreira Diplomática — 2009) Uma pequena economia apresenta demanda interna por certo bem descrita por Q = 1000 — 25 P, em que Q e P representam, respectivamente, quantidade (número de unidades) e preço do bem (em R$). Quando não há intercâmbio comercial com o resto do mundo, são consumidas 250 unidades do bem, entendendo o governo ser a oferta interna do bem insuficiente para permitir a satisfação de uma demanda potencialmente maior, haja vista que o preço praticado internacionalmente, no valor de R$ 10, é inferior ao observado no país. Nessa situação hipotética, para atender a uma demanda de 650 unidades, o governo deveria aplicar a tarifa *ad valorem* de importação correspondente a:
   a) 10%.
   b) 20%.
   c) 30%.
   d) 40%.
   e) 50%.

5. (CEBRASPE — Carreira Diplomática — 2009) Considere uma pequena economia com as curvas, abaixo representadas, da oferta e da demanda internas de certo bem internacionalmente comercializado ao preço de R$ 14. Considere, ainda, que o governo cogite aplicar cada uma ou uma combinação das seguintes medidas de política comercial afetas ao bem: livre comércio, apoio ao produtor mediante subsídios à produção ou imposição de quota de importação ou de tarifa de importação.

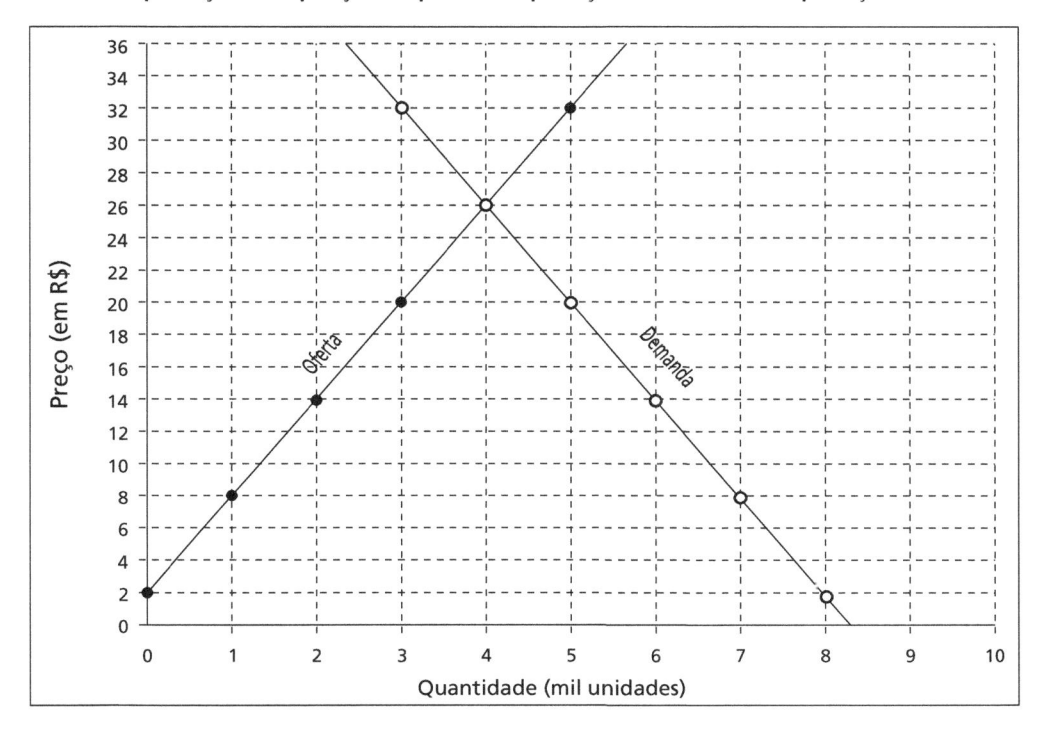

Com base nessas condições hipotéticas, julgue (C ou E) os itens seguintes.
I. ( ) Em livre-comércio com o resto do mundo, sem qualquer intervenção do governo, o preço do bem em equilíbrio seria de R$ 26, e a demanda do bem, na referida economia, equivaleria a 4 mil unidades.
II. ( ) Caso o governo imponha apenas uma quota de importação de 2 mil unidades do referido bem, a parte da demanda atendida pela oferta interna será superior, em mil unidades, à parte provida pela importação.
III. ( ) Caso o governo imponha apenas uma tarifa específica de importação, equivalente a R$ 6 por unidade importada, serão importadas 4 mil unidades, e o preço do bem em equilíbrio será de R$ 14.
IV. ( ) Caso o governo opte por manter o livre-comércio e, ao mesmo tempo, por apoiar o produtor doméstico mediante a provisão de subsídios específicos à produção doméstica equivalentes a R$ 12 por unidade, a demanda total será de 6 mil unidades, e a parte produzida internamente, 2 vezes superior à parte importada.

6. (CEBRASPE — Carreira Diplomática — 2011) Julgue o item subsequente, relativo a conceitos da economia internacional.

A imposição de tarifas, além de transferir recursos dos consumidores para o governo, conduz ao aumento dos preços dos bens domésticos e eleva a ineficiência na economia.
( ) Certo   ( ) Errado

7. (FGV — ALBA — 2014) No dia 02/08/2013, o Ministério da Fazenda divulgou a seguinte notícia: *"As tarifas de importação de 14 setores voltarão ao patamar médio de 8% e 12%, a partir de 1.º de outubro. A decisão, apresentada pelo ministro da Fazenda, tem a pretensão de gerar maior competitividade no mercado dos insumos básicos e permitir que a indústria de importação tenha custo mais baixo. Entre os setores abrangidos pela medida estão o de produtos siderúrgicos, químicos e têxteis, derivados de petróleo, material de transporte, vidros e artigos de borracha e plástico. O nível atual dessas tarifas está em torno de 25%, desde a sua elevação em setembro de 2012."*
(http://www.brasil.gov.br/economia_e_emprego/2013/08/tarifa_de_importacaosera_reduzida_para_aumentar_a_competitividade, acessado em 22/03/2014.)

Em termos de bem-estar essa medida tende a:
a) elevar o excedente do produtor interno devido ao peso morto causado pela superprodução provocada pela redução da tarifa.
b) elevar a receita do governo, pois as importações crescerão, o que compensará a redução da tarifa.
c) elevar o excedente da economia, pois o ganho de excedente dos consumidores supera a perda de excedente de produtores internos e do governo.
d) reduz o excedente do consumidor devido ao excesso de demanda que pressiona os preços internos.
e) gera um peso morto pois o preço com tarifa se aproxima do preço mundial, o que gera perda de competitividade para os produtores internos.

8. (FCC — ARSETE — 2016) Caso um país decida reduzir a tarifa *ad valorem* até então existente sobre uma mercadoria específica, como resultado, haverá:
a) elevação do preço interno da mercadoria.
b) redução da quantidade demandada, no país, da mercadoria.
c) redução do excedente do consumidor, se o preço cair.
d) elevação do excedente dos produtores, se o preço se mantiver inalterado.
e) redução da arrecadação do governo.

12 ▪ Tarifa de Importação, Subsídio à Exportação e Peso Morto

9. (CEBRASPE — CODEVASF — 2021)
Com relação às políticas fiscal e monetária e às demais políticas econômicas, julgue o item seguinte.
Mercados que justificam a imposição de tarifas são aqueles com baixa e positiva elasticidade-preço cruzada da demanda.
( ) Certo ( ) Errado

10. (FCC — ARSETE — 2016) Caso um país decida reduzir a tarifa *ad valorem* até então existente sobre uma mercadoria específica, como resultado, haverá:
a) elevação do preço interno da mercadoria.
b) redução da quantidade demandada, no país, da mercadoria.
c) redução do excedente do consumidor, se o preço cair.
d) elevação do excedente dos produtores, se o preço se mantiver inalterado.
e) redução da arrecadação do Governo.

GABARITO

1. "c". Podemos ver, no gráfico a seguir, que o peso morto corresponde à área "a" + "b". Para tanto, precisamos determinar o Valor de Q_{o1}, Q_{o2}, Q_{d1} e Q_{d2}.

Ao preço externo (P_{ext}) de 60, a quantidade ofertada (Q_{o1}) e a quantidade demandada (Q_{d1}) são iguais a:
$Qd = 240 - P \rightarrow Qd = 240 - 60 \rightarrow Q_{d1} = 180$
$Qo = P \rightarrow Q_{o1} = 60$

Quando há a incidência de um tributo no valor de 10, o preço externo sobe para 70 e a nova quantidade demandada (Q_{d2}) e a nova quantidade ofertada (Q_{o2}) passam a ser:
$Qd = 240 - p \rightarrow Qd = 240 - 70 \rightarrow Q_{d2} = 170$
$Qo = P \rightarrow Q_{o2} = 70$

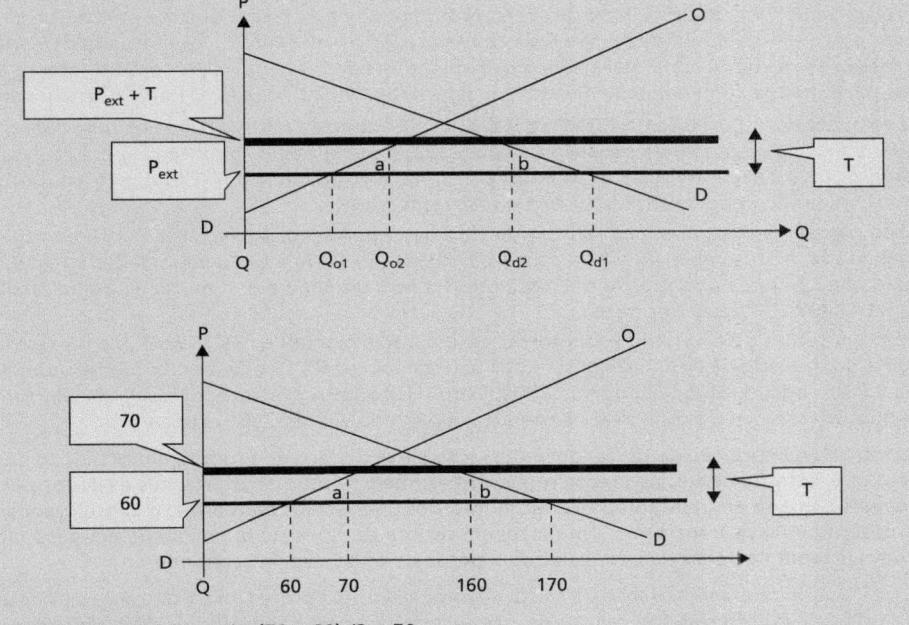

A área de "a" é: $(70 - 60) \cdot (70 - 60) / 2 = 50$
A área de "b" é: $(170 - 160) \cdot (70 - 60) / 2 = 50$
Peso morto = a + b = 100

2. "c". Como o preço internacional é de R$ 1.500,00, se houver a imposição de uma tarifa de R$ 500,00 e o Brasil resolver importá-lo, o preço ficará em R$ 2.000,00, o mesmo preço interno, vendido por uma autarquia. Dessa maneira, a autarquia fica protegida de uma concorrência internacional, já que os preços internos e externos são iguais, porém o consumidor perde, já que poderia estar pagando R$ 1.500,00 caso impostasse, em vez de pagar os R$ 2.000,00. A alternativa "c" está correta. Impor uma tarifa de R$ 500,00 a tonelada gera prejuízo para os consumidores, já que poderia estar pagando R$ 1.500,00 pelo produto, no lugar de R$ 2.000,00. A alternativa "a" está incorreta. Impor uma tarifa de R$ 500,00 a tonelada protege o produtor doméstico e, não, o consumidor doméstico das perdas geradas pela concorrência desleal. A alternativa "c" está incorreta. Se a cota de importação é zero, isso implica que não será possível importar o produto, o que torna desnecessária a imposição de tarifa para limitar a importação. Além do que, como o produtor interno é pequeno e a demanda pelo produto é alta, mesmo havendo restrições a importações, não podemos dizer que o produto não entrará no país. A alternativa "d" está incorreta. Cotas de exportações não afetam as importações. A alternativa "e" está incorreta.

3. "e". Cota de importação é uma limitação imposta para produtos importados que dá ao cotista o direito de importar apenas determinada quantidade de produto. Como há limitação de importação, o preço do produto importado sobe ao patamar do produto nacional, e a diferença de preço praticada interna e externamente fica com o dono da cota. Diferentemente da tarifa, que é receita para o governo, quando este impõe uma cota, sua receita é zero.

4. "a". Para uma demanda de 650 unidades, o preço interno deve ser:
Q = 1.000 − 25P
650 = 1.000 − 25P → P =14
Para proteger o produtor interno, os produtos importados devem chegar ao país por esse preço. Para tanto, deve ser cobrada uma tarifa de importação de 40%, já que o preço externo é 10.
Assim, o produto chegaria no país por 14 (= 10 + 40% · 10).

5. E, C, E, C. Na intersecção da curva de oferta e demanda, podemos verificar que o preço de equilíbrio é de R$ 26 e a quantidade de equilíbrio é de 4.000 unidades. Mas só seria possível praticar esse preço e quantidade se não fosse possível importar. Com o livre comércio e com os preços de R$ 14 praticados no exterior, o produtor doméstico terá que vender seu produto a esse preço, mas a quantidade ofertada cairá para 2.000, enquanto a quantidade demandada a esse preço de R$ 14 aumentará para 6.000 unidades. Logo, a importação será a diferença entre essa quantidade demandada e ofertada, ou seja, 4.000 (6.000 − 2.000). O item "I" está incorreto.

Uma quota de importação de 2.000 faz com que os produtores internos ofertem uma quantidade de 3.000 e a demanda pelo produto seja de 5.000. Nessa situação, o preço cai para 20. Logo, os produtores internos atendem a demanda com uma quantidade maior (3.000) que a quantidade que está sendo importada (2.000). O item "II" está correto.

Caso o governo imponha uma tarifa específica de importação, equivalente a R$ 6 por unidade importada, o preço externo subirá para R$ 20 (= R$ 14 + R$ 6) e serão importadas apenas 2.000 unidades, já que a quantidade ofertada interna será de 3 mil e a quantidade demandada, de 5 mil. O item "III" está incorreto.

Com um subsídio de R$12, os produtores continuarão a receber os R$ 26 pelo produto e ofertarão a quantidade de 4.000. O consumidor pagará apenas R$ 14 e demandará uma quantidade de 6.000. Logo, terão que importar 2.000, já que o produtor ofertará apenas 4.000. Portanto, a produção interna será duas vezes o produto importado. O item "IV" está correto.

6. "certo". A imposição de tarifas de importação eleva o preço do produto importado, o que faz com que, internamente, os preços se elevem também, já que os ofertantes externos perdem competitividade em relação ao ofertante interno. Com preços mais altos, o consumidor perde excedente, que se transforma, em parte, em receita do governo e, em parte, em peso morto, que representa a perda de bem-estar ou a perda de eficiência na economia.

7. "c". Quando há uma redução da tarifa de importação, os preços internos caem, aumentando o excedente do consumidor, reduzindo a receita do governo e reduzindo o peso morto gerado. Apesar de os produtores perderem excedente, devido à redução dos preços internos, essa perda de excedente é menor que o ganho de excedente dos consumidores. A alternativa "c" está correta e a "d" está incorreta.

12 ▪ Tarifa de Importação, Subsídio à Exportação e Peso Morto

Ocorre redução do excedente do produtor interno devido à redução do preço do produto interno, fazendo com que o produtor interno oferte uma quantidade menor de produto. A alternativa "a" está incorreta.

Ocorre redução da receita do governo devido à redução da alíquota de importação. A alternativa "b" está incorreta.

A redução da tarifa de importação reduz o peso morto. A alternativa "e" está incorreta.

8. "e". A receita do governo é calculada multiplicando a quantidade demandada ou ofertada pelo valor do tributo. Se o tributo sobre o produto importado diminui, então a arrecadação do governo deverá diminuir. A alternativa "e" está correta. O subsídio poderá reduzir o preço interno da mercadoria. A alternativa "a" está incorreta. Com a possível recução do imposto, a quantidade demandada, no país, da mercadoria deverá aumentar. A alternativa "b" está incorreta. Se o preço cair, haverá aumento do excedente do consumidor. A alternativa "c" está incorreta. O excedente dos produtores deverá se reduzir se o preço se mantiver inalterado, porque o produto importado ficará mais barato, o que deslocará a demanda para o produto importado. A alternativa "d" está incorreta.

9. "certo". Quando a elasticidade cruzada da demanda é positiva, significa que o bem em questão, tem substituto no consumo. Se essa elasticidade é baixa, significa que, havendo a cobrança de uma tarifa, o consumidor não vai deslocar consideravelmente o consumo do bem tarifado para o consumo do bem não tarifado. Assim, a cobrança da tarifa não vai modificar consideravelmente a demanda pelo bem tarifado, o que justifica a imposição da tarifa. O item está correto.

10. "e". Quando o governo reduz uma tarifa de importação, seja ad valorem ou específica, ele está diminuindo sua arrecadação. A alternativa "e" está correta. Se está havendo uma redução da tarifa, os preços dos produtos importados ficam mais baratos, o que, provoca uma queda dos preços internos. A alternativa "a" está incorreta. Com os preços maios baratos, a quantidade demandada aumenta. A alternativa "b" está incorreta. Com o preço mais baixo, o excedente do consumidor aumenta. A alternativa "c" está incorreta. Se os produtores internos não reduzirem seus preços, os consumidores irão demandar mais produtos importados que tiveram seus preços reduzidos com a queda da tarifa. Com isso, o excedente dos produtores vai reduzir. A alternativa "d" está incorreta.

12.7. MATERIAL SUPLEMENTAR

QUESTÕES DE CONCURSOS
> http://uqr.to/1yarj

13

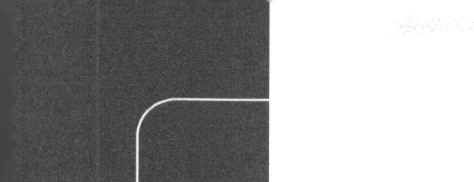

TEORIA ELEMENTAR DA PRODUÇÃO NO CURTO PRAZO

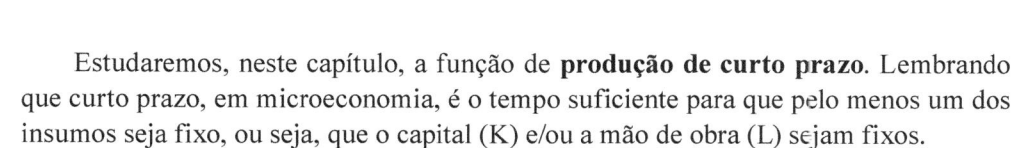

Estudaremos, neste capítulo, a função de **produção de curto prazo**. Lembrando que curto prazo, em microeconomia, é o tempo suficiente para que pelo menos um dos insumos seja fixo, ou seja, que o capital (K) e/ou a mão de obra (L) sejam fixos.

Entendemos que a **função produção** é aquela que mostra a **relação entre a quantidade de insumos, trabalho (L) ou capital (K) e o Produto Total (PT)**.

Assim, no curto prazo, temos a função produção representada da seguinte forma:

PT = f (L)   (I)

ou

PT = f (K)   (II)

A primeira função produção (I) mostra que a quantidade produzida é função da mão de obra ou trabalho (L), considerando o fator capital (K) constante, e a segunda função (II) mostra que a quantidade produzida é função do capital (K), considerando o fator mão de obra (L) constante.

Vejamos alguns exemplos de função produção de curto prazo:

PT = 10 $L^{1/2}$

PT = 5 $K^{1/3}$

Antes de uma análise do comportamento de uma função produção, vejamos alguns conceitos básicos.

13.1. PRODUTO MÉDIO E MARGINAL DA MÃO DE OBRA E DO CAPITAL

Precisamos, antes de dar início ao estudo da função produção, definir alguns conceitos básicos.

Em primeiro lugar, definimos o **Produto médio da mão de obra (PmeL)** como a relação do Produto Total (PT) pela quantidade de mão de obra empregada na produção (L).

$$PmeL = \frac{PT}{L}$$

Definimos o **Produto médio do capital (PmeK)** como a relação entre o Produto Total (PT) e a quantidade de capital empregada na produção (K).

$$PmeK = \frac{PT}{K}$$

Definimos o **Produto Marginal da Mão de obra (PmgL)** como o aumento que ocorre no Produto Total (ΔPT) em decorrência do acréscimo de uma unidade de mão de obra (ΔL).

$$PmgL = \frac{\Delta PT}{\Delta L}$$

Definimos o **Produto Marginal do capital (PmgK)** como o aumento que ocorre no Produto Total (ΔPT) em decorrência do acréscimo de uma unidade de capital (ΔK).

$$PmgK = \frac{\Delta PT}{\Delta K}$$

13.2. LEI DOS RENDIMENTOS FÍSICOS MARGINAIS DECRESCENTES[1]

A Lei dos Rendimentos Físicos Marginais decrescente ou Lei dos Rendimentos Marginais decrescentes ou, simplesmente, Lei dos Rendimentos decrescentes vai descrever uma situação de **curto prazo**, em que um dos fatores produtivos vai permanecer constante, enquanto o outro aumenta paulatinamente.

Vamos considerar o capital (K) como um insumo fixo e a mão de obra ou trabalho (L) como um insumo variável. Observemos o comportamento do Produto Total (PT), do Produto marginal da mão de obra (PmgL) e do Produto médio da mão de obra (PmeL), diante da alteração do fator trabalho (L) por meio do exemplo mostrado na Tabela 13.1.

Podemos ver que, conforme o número de trabalhadores (L) aumenta, a Produção Total (PT) aumenta até que o 7.º funcionário tenha sido empregado no processo produtivo, ou seja, empregando o 7.º funcionário, a produção se mantém constante e o emprego de mais uma unidade de mão de obra, ou seja, o 8.º trabalhador, acarretará uma diminuição da Produção Total (em que a produção total cai de 132 para 128).

Isso ocorre porque, na medida em que se emprega mais "uma unidade" de mão de obra, até o terceiro trabalhador, a **Produção (PT) cresce a taxas crescentes**, ou seja, cresce cada vez mais e o Produto marginal da mão de obra (PmgL) é positivo e crescente. A partir do 4.º trabalhador até o 6.º, o **Produto Total (PT) cresce, porém a taxas decrescentes**, ou seja, cresce cada vez menos, porque o Produto marginal da mão de obra (PmgL) é positivo, porém decrescente. Isso significa que, apesar de a contribuição para produção total, pela contratação de mais uma unidade de mão de obra, ter sido positiva, ela foi cada vez menor (vejamos o Produto marginal da mão de obra a partir do 4.º funcionário). Até o sexto trabalhador, ela é positiva, indicando que a contribuição faz aumentar o produto total. Com o emprego do 7.º trabalhador, a **Produção (PT) não aumenta**, significando que a contribuição desse trabalhador a mais para a produção total é igual a zero. Nesse ponto, o Produto marginal da mão de obra é zero. A partir daí, a **PT tende a cair** porque o Produto marginal da mão de obra do 8.º trabalhador é

---

[1] Também chamada de lei das proporções variáveis.

negativo (-4), significando que esse 8.º trabalhador contribui negativamente para o PT. A esse comportamento, descrito neste parágrafo, dá-se o nome de Lei dos Rendimentos Físicos Marginais decrescentes[2].

Assim afirma Ferguson: "É importante notar que primeiramente a curva se eleva lentamente, em seguida mais rapidamente, e depois de novo lentamente, até alcançar finalmente um máximo, começando depois a decrescer. As razões para esta curvatura repousam no familiar princípio dos rendimentos físicos marginais decrescentes"[3].

Esquematizando, podemos dizer que a Lei dos Rendimentos Físicos Marginais Decrescentes afirma que a adição de "um" do fator de produção variável, mantendo-se constante o outro fator, tem como resultado:

1) Inicialmente o Produto Total (PT) cresce e o Produto marginal da mão de obra (PmgL) é positivo e crescente.
2) Depois o Produto Total (PT) cresce e o Produto marginal da mão de obra (PmgL) torna-se positivo e decrescente.
3) Depois o Produto Total (PT) mantém-se constante e o Produto marginal da mão de obra (PmgL) torna-se zero.
4) Depois o Produto Total (PT) é decrescente e o Produto marginal da mão de obra (PmgL) torna-se negativo.

Tabela 13.1. Comportamento do Produto Total (PT), Produto médio da mão de obra (PmeL) e Produto marginal da mão de obra (Pmg) à medida que um dos insumos, trabalho (L), aumenta, permanecendo o outro, Capital (K), constante.

Número de capital (K)	Número de trabalhadores (L)	Produção Total (PT)	Produção média da mão de obra (PmeL)	Produção marginal da mão de obra (PmgL)
3	1	20	20	20
3	2	48	24	28
3	3	78	26	30
3	4	104	26	26
3	5	122	24,4	18
3	6	132	22	10
3	7	132	18,85	0
3	8	128	16	-4

Analisando o comportamento do Produto médio da mão de obra, podemos observar que, quando o Produto marginal da mão de obra (PmgL) é maior que o Produto médio da mão de obra (PmeL), este último se eleva. Quando o Produto marginal da mão

---

[2] Não devemos confundir a Lei dos Rendimentos Físicos marginais decrescentes (curto prazo) com Rendimentos decrescentes de escala (longo prazo), assunto a ser visto quando tratarmos de Produção no longo prazo, no Capítulo 25.
[3] C.E. Ferguson, *Microeconomia*, p. 151.

de obra (PmgL) é igual ao Produto médio da mão de obra (PmeL), este último se mantém constante. E quando o PmgL é menor que o PmeL, este último se reduz. Vejamos alguns exemplos práticos mostrados na Tabela 13.1.

Produção média (PmeL)	Produção marginal (PmgL)
20	20
24	28

Quando o Produto marginal da mão de obra (28) é maior que o Produto médio da mão de obra (20), eleva o Produto médio da mão de obra de 20 para 24.

Produção média (PmeL)	Produção marginal (PmgL)
24	28
26	30

Quando o Produto marginal da mão de obra (30) é maior que o Produto médio da mão de obra (24), eleva o Produto médio da mão de obra de 24 para 26.

Produção média (PmeL)	Produção marginal (PmgL)
26	30
26	26

Quando o Produto marginal da mão de obra (26) é igual ao Produto médio da mão de obra (26), o Produto médio da mão de obra mantém-se constante e igual a 26.

Produção média (PmeL)	Produção marginal (PmgL)
26	26
24,4	18

Quando o Produto marginal da mão de obra (18) é menor que o Produto médio da mão de obra (26), reduz o Produto médio da mão de obra de 26 para 24,4.

Produção média (PmeL)	Produção marginal (PmgL)
24,4	18
22	10

Quando o Produto marginal da mão de obra (10) é menor que o Produto médio da mão de obra (24,4), reduz o Produto médio da mão de obra de 24,4 para 22.

Produção média (PmeL)	Produção marginal (PmgL)
22	10
18,85	0

Quando o Produto marginal da mão de obra (0) é menor que o Produto médio da mão de obra (22), reduz o Produto médio da mão de obra de 22 para 18,85.

Produção média (PmeL)	Produção marginal (PmgL)
18,85	0
16	−4

Quando o Produto marginal da mão de obra (-4) é menor que o Produto médio da mão de obra (18,85), reduz o Produto médio da mão de obra de 18,85 para 16.

Graficamente, podemos observar a Figura 13.1:

☐ Quando o Produto marginal da mão de obra (PmgL) é maior do que o Produto médio da mão de obra (PmeL), este último é crescente.
☐ Quando o Produto marginal da mão de obra (PmgL) e o Produto médio da mão de obra (PmeL) são iguais, o PmeL é máximo.
☐ Quando o Produto marginal da mão de obra (PmgL) for menor que o Produto médio da mão de obra (PmeL), este último é decrescente.

Figura 13.1. Curvas de Produto Total (PT), Produto Marginal da mão de obra (PmgL) e Produto médio da mão de obra (PmeL). No ponto (A) de inflexão do PT, o PmgL é máximo. No ponto (B), o PT cresce a taxas decrescentes e o PmgL é decrescente. No ponto (C) de máximo do PT, o Produto marginal (Pmg) é zero. No ponto de máximo do PmeL, este será igual ao PmgL.

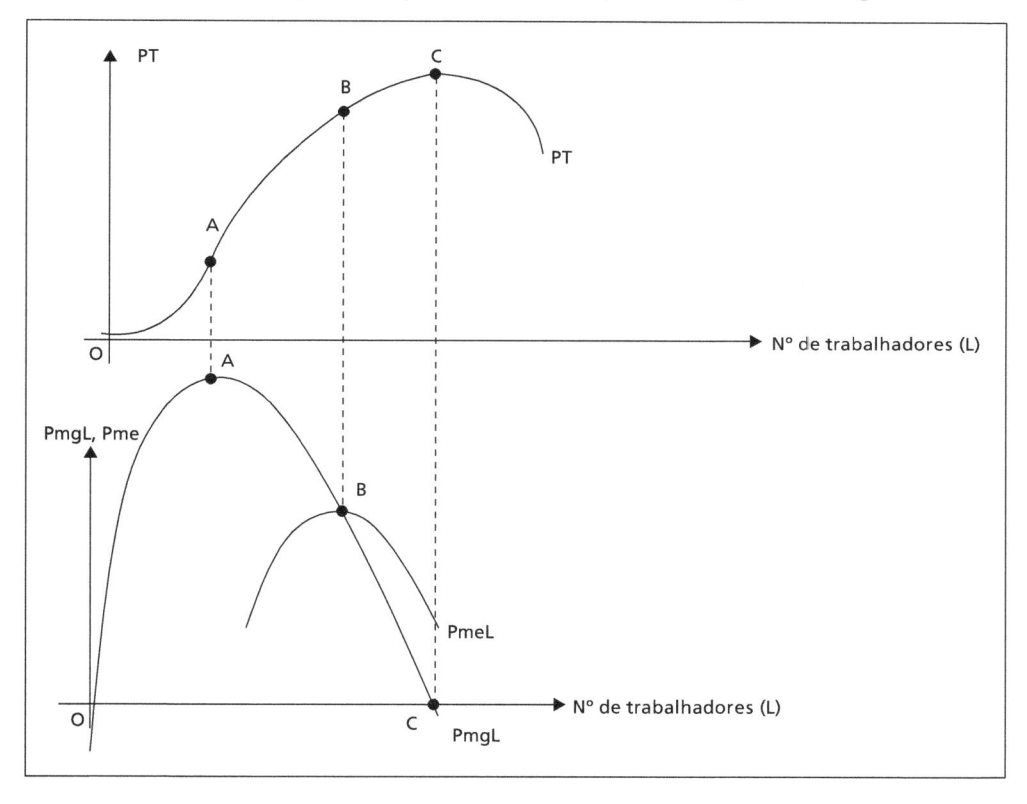

Analisando as curvas de Produto marginal da mão de obra e o Produto médio da mão de obra com a curva de Produto Total (PT), podemos observar também que:

☐ Primeiro, a produção cresce a taxas crescentes (até o ponto A), depois a taxas decrescentes (até o ponto C) e depois decresce (a partir de C).

■ C é ponto de máximo do Produto Total (PT) e onde o Produto Marginal da mão de obra (PmgL) é igual a zero.

■ A é o ponto de inflexão[4] da curva de Produto Total (PT) e onde o Produto marginal da mão de obra (PmgL) é máximo.

■ Quando o Produto Total (PT) é máximo, o Produto marginal da mão de obra (PmgL) é zero.

■ Se o Produto marginal da mão de obra é positivo (PmgL > 0), o Produto Total (PT) é crescente.

■ Se o Produto marginal da mão de obra é negativo (PmgL < 0), o Produto Total (PT) é decrescente.

■ Se o Produto marginal da mão de obra é igual a zero (PmgL = 0), o Produto Total (PT) é máximo.

■ Quando o Produto médio da mão de obra é igual ao Produto marginal da mão de obra (PmeL = PmgL), o PmeL é máximo no ramo descendente do PmgL.

■ Quando o Produto marginal da mão de obra é negativo (PmgL < 0), o Produto médio da mão de obra (PmeL) é decrescente, mas não significa que, quando PmeL for decrescente, PmgL será menor que zero.

■ Se o Produto marginal da mão de obra (PmgL) é decrescente, o Produto médio da mão de obra (PmeL) pode ser decrescente ou crescente.

■ Se o Produto médio da mão de obra (PmeL) é decrescente, o Produto marginal da mão de obra (PmgL) é decrescente.

■ Se Produto médio da mão de obra (PmeL) é decrescente, o Produto marginal da mão de obra (PmgL) pode ser positivo ou negativo.

■ Quando o Produto marginal da mão de obra é igual a zero (PmgL = 0), o Produto médio da mão de obra (PmeL) é decrescente e PT é máximo.

■ No ponto C, o Produto marginal da mão de obra (PmgL) = 0, o Produto Total (PT) é máximo e PmgL < PmeL.

Analisando os trechos entre os pontos, observamos que:

■ $\overline{OA}$ → Produto marginal da mão de obra (PmgL) é crescente e positivo, o Produto Total (PT) cresce a taxas crescentes e Produto marginal da mão de obra é maior que o Produto médio da mão de obra (PmgL > PmeL).

■ $\overline{AB}$ → Produto marginal da mão de obra (PmgL) é decrescente e positivo, o Produto Total (PT) cresce a taxas decrescentes, o Produto marginal da mão de obra é menor que o Produto médio da mão de obra (PmgL < PmeL).

---

[4] Em cálculo diferencial, um ponto de inflexão ou simplesmente inflexão é um ponto sobre uma curva na qual a curvatura (a derivada 2.ª ordem) troca o sinal. A curva muda de uma curvatura côncava para baixo (negativa) para côncava para cima (positiva) ou vice-versa.

■ $\overline{BC}$ → Produto marginal da mão de obra (PmgL) é decrescente e positivo, o Produto Total (PT) cresce a taxas decrescentes, PmgL < PmeL e PmeL é decrescente.

O Produto médio da mão de obra (PmeL) é, geometricamente, dado pela inclinação da linha reta que une a origem à curva de Produto Total (PT). Ela atinge seu máximo quando se iguala ao Produto marginal da mão de obra (PmgL). Vejamos o gráfico da Figura 13.2.

Figura 13.2. A inclinação da linha que une um ponto localizado na curva de Produto Total (PT) até a origem dos eixos define o Produto médio da mão de obra (PmeL).

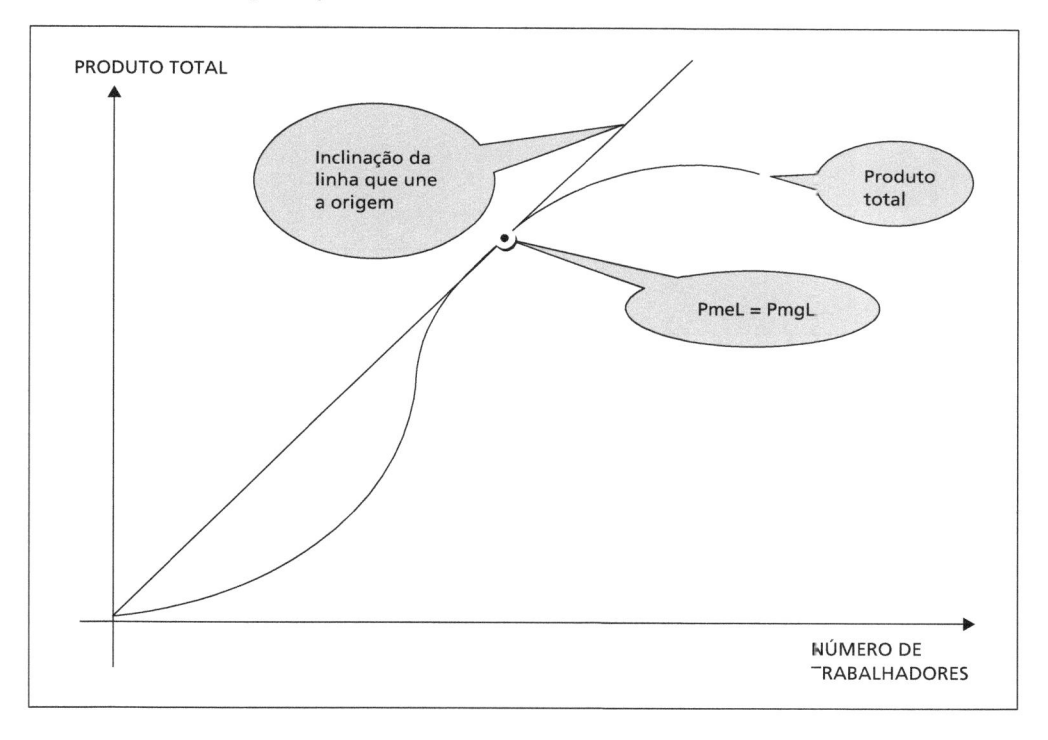

O Produto marginal da mão de obra (PmgL) corresponde à inclinação da reta tangente à curva de Produto Total (PT). Conforme aumentamos o número de trabalhadores, o Produto marginal da mão de obra (PmgL) diminui e a função Produto total (PT) vai ficando mais horizontal. Vejamos a Figura 13.3.

Figura 13.3. A tangente no ponto localizado na curva de Produto Total (PT) define o Produto marginal da mão de obra (PmgL). Quando essa tangente coincide com a linha que une o ponto à origem dos eixos, então o PmgL será igual ao Produto médio da mão de obra (PmeL).

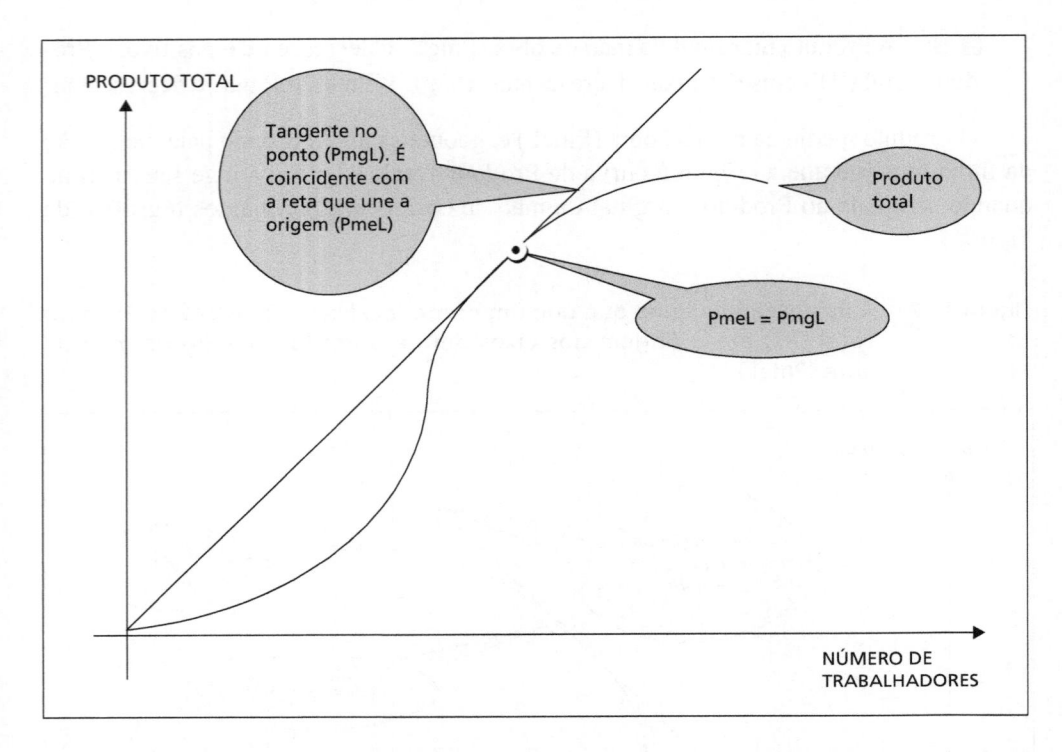

[Figura: gráfico do Produto Total com tangente no ponto (PmgL) coincidente com a reta que une a origem (PmeL), indicando PmeL = PmgL]

Vejamos o trecho do Produto Total (PT) em que o Produto marginal da mão de obra (PmgL) vai diminuindo à medida que aumentamos a quantidade de trabalhadores. Percebemos que a tangente no ponto também diminui, já que o PmgL é igual à tangente no ponto da curva de PT. Esse trecho corresponde ao trecho que vai do ponto A ao ponto C do gráfico do produto total da Figura 13.3. Vejamos na Figura 13.4.

Figura 13.4. A inclinação da curva de Produto Total (PT) é igual ao Produto Marginal da Mão de obra (PmgL). Podemos ver que, conforme novos trabalhadores são contratados, a inclinação no ponto na curva de PT diminui. Portanto, o Produto marginal da mão de obra diminui também.

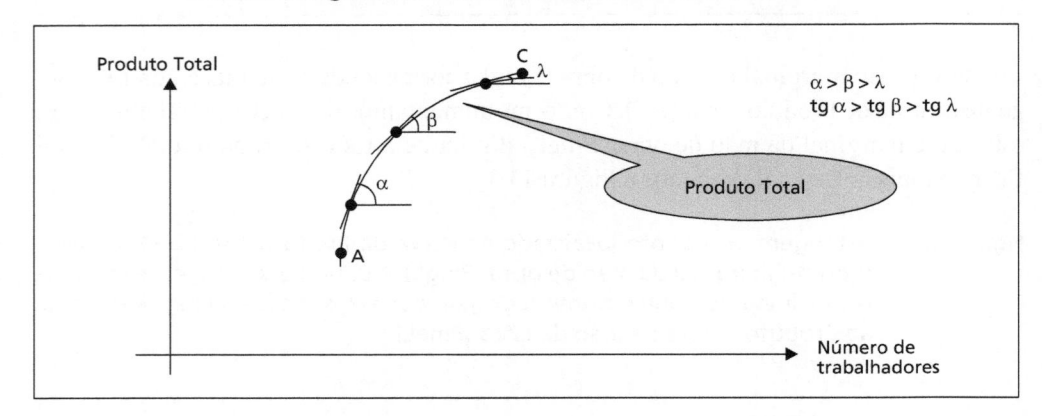

[Figura: curva de Produto Total com pontos A, B, C e ângulos α, β, λ, onde $\alpha > \beta > \lambda$ e $tg\, \alpha > tg\, \beta > tg\, \lambda$]

13 ■ Teoria Elementar da Produção no Curto Prazo

13.3. QUESTÕES

1. (CESPE — TCE-SC — 2016) A respeito de aspectos da teoria do consumidor, produtividades média e marginal e estruturas de mercado, julgue o item seguinte.

Em uma firma que opera com capital constante no curto prazo, aumento na quantidade de trabalho faz que o produto marginal e o produto médio do trabalho cresçam e depois tendam a cair. Nesse processo, enquanto o produto médio cresce, o produto marginal é maior que o médio; e, enquanto o produto médio diminui, o produto marginal é menor que o produto médio.

( ) Certo ( ) Errado

2. (FUNIVERSA — ADASA — 2009) Fundamentado na Lei dos Rendimentos Decrescentes, a qual atua no curto prazo e em que há dois fatores de produção, sendo o Fator fixo K (capital) e o Fator variável N (mão de obra), é correto afirmar que:

a) quando a Produtividade Média do fator variável mão de obra (PMeN) aumenta, atinge o seu ponto de máximo e depois decresce e chega a ter uma produtividade média negativa desse fator variável.

b) quando a Produtividade Marginal do fator variável mão de obra (PMgN) aumenta, atinge o seu ponto de máximo e depois decresce, passando pelo eixo zero de origem e chega a ter uma produtividade marginal negativa desse fator variável.

c) quando o Produto Total (PT) aumenta, atinge o seu ponto de máximo de produção e depois continua crescendo.

d) quando a Produtividade Marginal do fator variável mão de obra (PMgN) aumenta, atinge o seu ponto de máximo e depois decresce e ao passar pelo eixo zero de origem, a produtividade marginal desse fator variável, torna-se a crescer.

e) quando o Produto Total (PT) atingir o seu máximo de produção, a Produtividade Marginal do fator variável mão de obra (PMgN) é um.

3. (FCC — PGE-MT — 2016) A lei dos retornos marginais decrescentes afirma:

a) O produto total cai à medida que mais do insumo é adicionado à produção.

b) A receita total cai quando o produto aumenta, mantendo a tecnologia fixa.

c) A utilidade cai quando mais do bem é consumido.

d) A quantidade demandada do bem cai quando o preço sobe.

e) O produto marginal, a partir de um dado momento, cai à medida que mais insumo é empregado.

4. (FUNDATEC — IRGA — 2013) Entender a lei de rendimentos crescentes/decrescentes, bem como custos, é de importância fundamental para a administração da atividade de produção agrícola. A esse respeito, assinale, entre as afirmações abaixo, a alternativa incorreta.

a) Ocorrem rendimentos decrescentes quando a produção adicional obtida decresce à medida que aumenta o uso de determinado fator de produção, mantendo-se fixos os demais insumos.

b) A lei de rendimentos decrescentes descreve um produto marginal declinante e, necessariamente, um produto marginal negativo.

c) Inovações e consequente aumento da produtividade da mão de obra podem permitir um maior volume de produção por meio de mesmos insumos.

d) A produção obtida por um fator de produção variável, como a mão de obra, é sempre crescente quando o produto marginal por unidade de mão de obra for positivo.

e) Quando o produto marginal for menor que o produto médio, o produto médio é decrescente.

5. (PUC-PR — COPEL — 2009) Em uma estrutura fixa de produção trabalhavam 15 operários. A empresa foi contratando, sucessivamente, um trabalhador adicional por vez, até chegar a 22 operários. O produto marginal do último trabalhador foi igual a zero.

Mantendo fixas as quantidades dos demais fatores de produção, o que ocorrerá se a empresa adicionar mais um trabalhador na produção?
   I. A produção total diminuirá.
   II. O produto médio por trabalhador diminuirá.
   III. O produto marginal do trabalhador adicional será negativo.
   IV. O produto médio por trabalhador aumentará.

Marque a alternativa correta:
   a) Apenas as afirmações I e III são verdadeiras.
   b) Apenas as afirmações I e II são verdadeiras.
   c) Apenas as afirmações II e III são verdadeiras.
   d) As afirmações I, II e III são verdadeiras.
   e) Apenas a afirmação IV é verdadeira.

6. (FADESP — UEPA — 2020)
A função de produção de curto prazo Q = f(L), na qual Q representa a quantidade de produto obtido e L, a quantidade de trabalho empregado no processo produtivo, apresenta, inicialmente, rendimentos físicos marginais crescentes. Funções com essa característica apresentam 3 regiões, denominadas de estágios da produção. Em relação a esses estágios é correto afirmar que:
   a) a fronteira entre os estágios I e II está localizada no ponto da função de produção onde a produtividade marginal é máxima.
   b) o estágio II da função de produção caracteriza-se por apresentar produtividade média do trabalho crescente.
   c) no estágio III da função de produção a produtividade marginal do trabalho é negativa.
   d) o estágio I corresponde à região relevante da função de produção.

7. (FUNDATEC — Prefeitura de POA — 2020)
A microeconomia oferece às empresas um conhecimento útil para elas poderem organizar eficientemente a produção. Sobre esse tema, e considerando-se a produção que combina quantidades fixas de capital com quantidades variáveis de mão de obra, assinale a alternativa incorreta:
   a) Observa-se que o produto marginal é sempre positivo quando o volume de produção é crescente.
   b) O conceito de produto marginal da mão de obra refere-se à variação do produto total que resulta do aumento de uma unidade adicional de mão de obra.
   c) Quando o produto marginal for menor do que o produto médio, o produto médio é decrescente.
   d) Quando o produto médio atingir o seu valor máximo, o produto marginal também atinge o seu valor máximo.
   e) Quando o produto total alcança o seu valor máximo, o produto marginal é igual a zero.

8. (Instituto Verbena — 2024 — CM) Considere que uma empresa adquire um equipamento e um funcionário para pro-duzir determinado bem. A produtividade é a medida entre o que se produz, dividido pelo número de colaboradores e equipamentos. Caso a empresa decida contratar um segundo funcionário e mantendo inalterado o número de equipa-mentos, qual teoria econômica explica o movimento que ocorrerá logo em seguida com a produtividade?

a) Teoria da Maximização de Lucros.
b) Teoria dos Rendimentos Decrescentes.
c) Teoria dos Rendimentos Crescentes.
d) Teoria da Maximização de Custos.

9. (FGV — 2024 — Pref SJC) Em relação à função de produção, avalie se as afirmativas a seguir são verdadeiras (V) ou falsas (F).
i. ( ) O produto marginal de um insumo fornece o aumento da quantidade produzida a partir do acréscimo de uma unidade desse insumo.
ii. ( ) Existem fatores de produção cujas quantidades utilizadas não se alteram no processo produtivo.
iii. ( ) Rendimento crescente de escala ocorre quando o aumento na produção é mais do que proporcional ao aumento dos fatores de produção.

As afirmativas são, respectivamente,
a) V, V e V.
b) V, V e F.
c) V, F e V.
d) F, V e V.
e) F, V e F.

10. (CEBRASPE — 2024 — Economista CAGEPA) A produção total gerada por determinado insumo de produção alcança seu ponto máximo quando
a) a inclinação da curva tangente à curva de produção total é negativa.
b) o seu produto marginal é maior que o seu produto médio.
c) o seu produto marginal é igual ao seu produto médio.
d) o seu produto médio é igual a zero.
e) o seu produto marginal é igual a zero.

GABARITO

1. "certo". No curto prazo, tanto o produto marginal quanto o produto médio são crescentes e depois decrescentes. Podemos ver no gráfico a seguir que, quando o produto marginal é maior que o médio, o médio cresce (setinhas pretas) e, quando o produto marginal é menor que o produto médio, o produto médio decresce (setinhas cinzas).

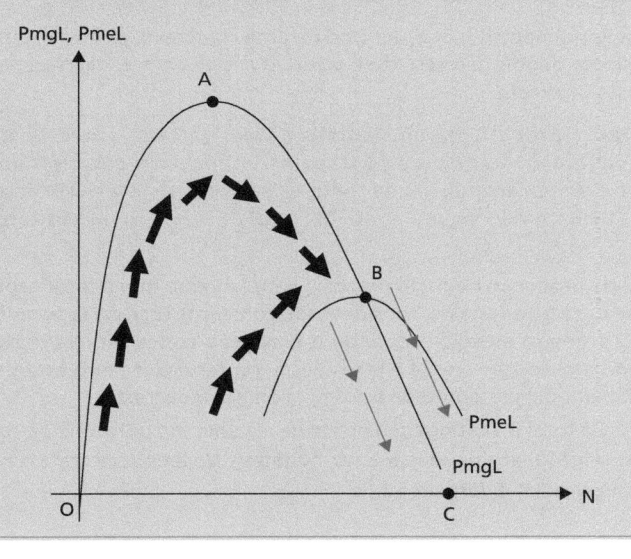

2. "b". Quando a Produtividade Marginal do fator variável mão de obra (PMgN) aumenta, o produto total cresce a taxas cada vez maiores, depois, o produto marginal atinge o seu ponto de máximo e depois decresce, fazendo o produto total crescer a taxas decrescentes. Depois, o produto marginal passa pelo eixo zero de origem (eixo das abscissas) e chega a ter uma produtividade marginal negativa desse fator variável. A partir desse ponto, o produto total é decrescente. A alternativa "b" está correta.

A Produtividade Média do fator variável mão de obra (PMeN) aumenta, atinge o seu ponto de máximo e depois decresce, mas nunca chega a ter uma produtividade média negativa desse fator variável. A alternativa "a" está incorreta.

O Produto Total (PT) aumenta, atinge o seu ponto de máximo de produção e depois decresce. A alternativa "c" está incorreta.

A Produtividade Marginal do fator variável mão de obra (PMgN) aumenta, atinge o seu ponto de máximo e depois decresce e, ao passar pelo eixo zero de origem, a produtividade marginal desse fator variável continua a decrescer. A alternativa "d" está incorreta.

Quando o Produto Total (PT) atingir o seu máximo de produção, a Produtividade Marginal do fator variável mão de obra (PMgN) é zero. A alternativa "e" está incorreta.

3. "e". A Lei dos Retornos (ou Rendimentos) Marginais Decrescentes afirma que, mantendo um dos insumos fixos, à medida que se aumenta o insumo variável, o produto total, a princípio, cresce a taxas crescentes porque o produto marginal é positivo e crescente, depois, o produto total cresce a taxas decrescentes porque o produto marginal é positivo e decrescente e, depois, o produto total decresce porque o produto marginal é negativo e decrescente. A alternativa "e" é verdadeira e a alternativa "a" é falsa.

A Lei dos Rendimentos Marginais Decrescentes se refere à produção e não à receita. Mas mesmo assim, considerando um Preço (P) constante, a Receita Total (RT = P · Q) aumenta conforme o produto total (Q) aumenta e diminui conforme o produto total diminui. A alternativa "b" está incorreta.

A Utilidade se refere à teoria do consumidor e não à teoria da produção de curto prazo. Mas mesmo assim, a utilidade cresce à medida que o consumo aumenta, muito embora cresça a taxas cada vez menores, já que a Utilidade marginal é decrescente. A alternativa "c" está incorreta.

Embora a quantidade demandada diminua quando o preço aumenta, respeitando a Lei da demanda, ela não tem associação com a Lei dos Rendimentos Marginais Decrescentes. A alternativa "d" é incorreta.

4. "b". A Lei dos Rendimentos Marginais Decrescentes descreve, primeiro, um produto marginal crescente e positivo, depois decrescente e positivo e, por último, decrescente e negativo. A alternativa "b" está incorreta.

5. "d". Depois que o produto marginal atinge o valor de zero, o acréscimo de mais uma unidade do fator variável (mão de obra ou trabalhador) faz com que o produto marginal fique negativo e decrescente, levando a uma redução do produto total. O produto médio também se reduz muito embora não fique negativo. Logo, os itens I, II, III são corretos e o item IV é incorreto.

6. "c". A função de produção de curto prazo, Q = f (L) mostra que o fator capital (K) é constante e o fator mão de obra (L) é variável, considerando constante uma certa tecnologia. Ela passa por três estágios. O primeiro estágio é quando a produção cresce a taxas crescentes. O segundo estágio é quando a produção cresce a taxas decrescentes e o terceiro estágio é aquele que depois da produção atingir seu ponto de máximo, começa a decrescer.

Quando a produção total (PT) atinge seu ponto de máximo (no ponto "C") e começa, a partir dali, a decrescer, o Produto marginal passa a ser negativo. Vejamos no gráfico a seguir a partir do ponto C. A alternativa "c" é verdadeira.

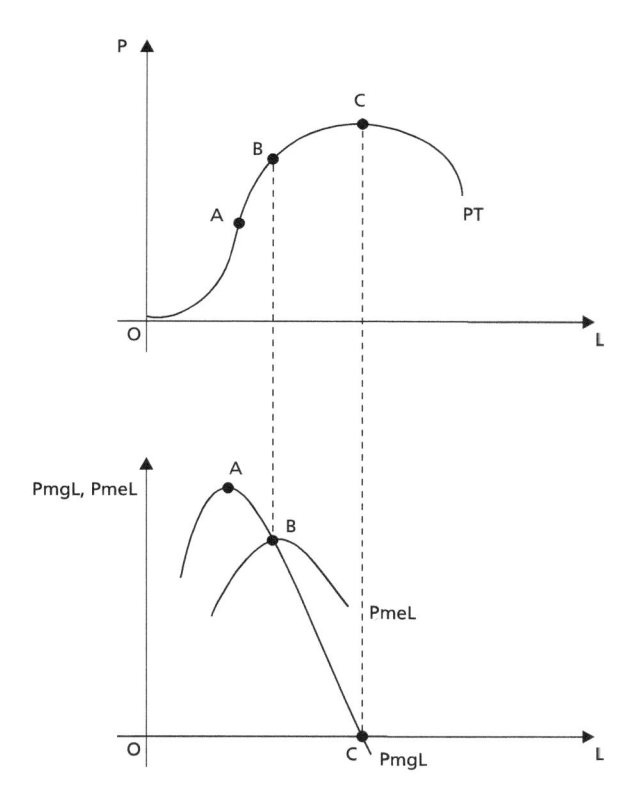

O estágio I vai da origem (O) até o ponto A, onde o produto total cresce a taxas crescentes e o produto marginal é crescente. O estágio II vai do ponto A até o ponto C, em que o produto total (PT) cresce a taxas decrescentes e o produto marginal decresce. No ponto A, o produto marginal é máximo. Entre os estágios I e II, o produto marginal é crescente, atinge seu ponto de máximo e, depois, é decrescente. A alternativa "a" está incorreta. No estágio II, o Produto médio (PmeL) é crescente, atinge seu ponto de máximo e, depois, é decrescente. A alternativa "b" está incorreta. O estágio relevante da função produção é o "II" em que ocorre a Lei dos Rendimentos Físicos Marginais Decrescentes. A alternativa "d" está incorreta.

7. "d".

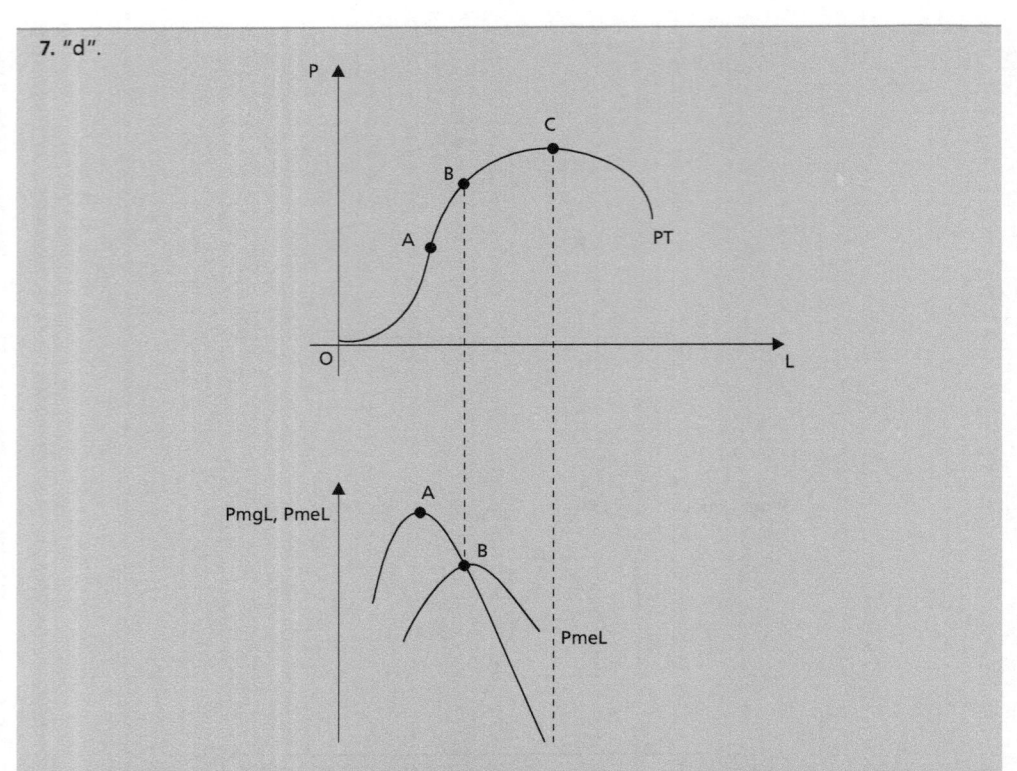

Observemos os dois gráficos acima. Quando o produto médio atinge o seu valor máximo (no ponto B do 2.º gráfico), o produto marginal está no seu trecho decrescente. A alternativa "d" está incorreta.

Observamos que o produto marginal é sempre positivo, embora seja crescente e, depois, decrescente, quando o produto total é crescente, que corresponde o trecho, no gráfico, da origem (O) até o ponto "c". A alternativa "a" está correta. O conceito de produto marginal da mão de obra (Pmg_L) refere-se à variação do produto total (ΔPT) que resulta do aumento de uma unidade adicional de mão de obra (ΔL), ou seja: $Pmg_L = \Delta PT/ \Delta L$. A alternativa "b" está correta. Quando o produto marginal for menor do que o produto médio (a partir do ponto B do 2.º gráfico), o produto médio é decrescente. A alternativa "c" está correta. Quando o produto total alcança o seu valor máximo (ponto "C" do 1.º gráfico), o produto marginal é igual a zero (Ponto "C" do 2.º gráfico).

8. "b". Quando se altera apenas um dos fatores produtivos que, nesse caso, é a mão de obra, mantendo-se o capital fixo, estamos no curto prazo. Nessa situação, à medida que elevamos apenas o fator variável (a mão de obra), ocorre o que chamamos de Lei dos Rendimentos Físicos Marginais Decrescentes ou Lei dos Rendimentos Marginais decrescentes ou Lei dos Rendimentos Decrescentes. Essa Lei afirma que, na medida em que elevamos um fator de produção mantendo o outro fixo, a produção aumenta, mas aumenta cada vez menos até o ponto no qual deixa de aumentar e passa a decrescer. A alternativa "b" está correta.

9. "a". O produto marginal do insumo mão de obra (PmgL) ou o produto marginal do insumo capital (PmgK) fornece o aumento da quantidade produzida (ΔQ) a partir do acréscimo de uma unidade desse insumo ou ΔL ou ΔK. Assim, $PmgL = \Delta Q/\Delta L$ e $PmgK=\Delta Q/\Delta K$. O item "i" está correto.

Existem fatores de produção cujas quantidades utilizadas não se alteram no processo produtivo e, quando isso ocorre, dizemos que estamos no curto prazo. O item "ii" está correto.

Rendimento crescente de escala ocorre no longo prazo quando os dois insumos, K e L, variam.

> Quando o aumento na produção é mais do que proporcional ao aumento dos fatores de produção, dizemos que ocorre economia de escala ou Rendimento crescente de escala. O item "iii" está correto.

10. "e". Quando o produto marginal (Pmg) não contribuir em mais nada para o crescimento do produto total, ou seja, quando o Pmg = 0, o produto total alcança seu valor mais alto. A alternativa "e" está correta. Quando a curva tangente à curva de produção total é negativa significa que o produto marginal é negativo e a produção total está diminuindo. A alternativa "a" está incorreta. O produto marginal é maior que o produto médio quando primeiro o produto total cresce e cresce cada vez mais (cresce a taxas crescentes) e, depois, cresce e cresce cada vez menos (cresce a taxas decrescentes), mas não atinge seu ponto máximo. A alternativa "b" está incorreta. Quando o produto marginal é igual ao produto médio, o produto total está crescendo a taxas decrescentes e o produto médio é máximo. A alternativa "c" está incorreta. O produto médio, que é a razão do produto total pela quantidade do insumo (PT/L), poderá ser decrescente, mas não zero. A alternativa "d" está incorreta.

13.4. MATERIAL SUPLEMENTAR

QUESTÕES DE CONCURSOS
> http://uqr.to/1yark

14

CUSTOS DE PRODUÇÃO NO CURTO PRAZO E LONGO PRAZO

14.1. CUSTO IMPLÍCITO E CUSTO EXPLÍCITO

As empresas, quando produzem, incorrem em custos. Esses custos podem ser implícitos ou explícitos. O **custo implícito** é aquele em que não há desembolso em dinheiro. Pensemos numa situação em que o prédio da sua empresa seja de sua propriedade. Nessa situação, a sua empresa não pagará um aluguel a você mesmo, ou seja, nenhum dinheiro muda de mão. Mas, se você resolvesse alugar o prédio no lugar de utilizá-lo para sua empresa, poderia ter uma renda. Portanto, essa desistência de receber aluguel de si mesmo incorre em custos implícitos, que, embora não entrem na contabilidade da empresa, numa análise econômica serão computados. O **custo explícito** é aquele em que há desembolso de dinheiro para o pagamento dos insumos ou fatores de produção (salários, juros, aluguéis, lucros) utilizados na produção.

Os **economistas**, ao estudarem como as empresas tomam suas decisões de produção, levam em consideração os custos implícitos e os custos explícitos. Já os **contadores**, que focam a entrada e saída de recursos financeiros das empresas, levam em consideração apenas os custos explícitos. Assim, o lucro, para os economistas, é a diferença entre a Receita Total (RT) e os Custos Totais (CT), tanto os custos implícitos quanto os custos explícitos. A esse lucro dá-se o nome de **lucro econômico**. Já para os contadores, o lucro é a diferença entre a Receita Total (RT) e os custos explícitos e, a esse lucro dá-se o nome de **lucro contábil**. Logo, a diferença entre o lucro econômico e o lucro contábil são os custos implícitos. Vejamos a seguir:

Lucro econômico = Receita Total − Custos Totais (custos implícitos e custos explícitos)
Lucro contábil = Receita Total − Custos Explícitos

Logo:

Lucro Econômico − Lucro Contábil = Custos Implícitos

14.2. CUSTO FIXO, CUSTO VARIÁVEL E CUSTO TOTAL NO CURTO PRAZO

Entendemos por **Custo Fixo (CF)** o custo que independe da quantidade produzida, ou seja, se a empresa produzir pouco ou muito, ela deverá incorrer com esse custo em um valor constante. É, portanto, o custo que a empresa incorre mesmo que a produção seja nula.

Podemos pensar, como exemplo, no aluguel do prédio utilizado na produção de um determinado bem. Independentemente da quantidade produzida, o aluguel do prédio será constante.

Entendemos por **Custo Variável (CV)** o custo que depende da quantidade produzida. Caso não haja produção, o CV será nulo. O CV é, portanto, uma função crescente da quantidade produzida.

Podemos pensar, como exemplo, na utilização de matéria-prima na produção de determinado bem. Quanto mais se produz, mais matéria-prima se utiliza.

No curto prazo, o **Custo Total** (CT) será a soma do Custo Fixo (CF) com o Custo Variável (CV).

> CUSTO TOTAL (CT) = CUSTO FIXO (CF) + CUSTO VARIÁVEL (CV)

Representando graficamente, temos os seguintes comportamentos do CF, do CV e do CT, mostrados no gráfico da Figura 14.1:

Os **Custos Fixos são constantes**, ou seja, são representados por uma linha reta paralela ao eixo das quantidades.

Os **Custos Variáveis e os Custos Totais crescem a taxas decrescentes e depois a taxas crescentes**, o que faz com que suas curvas tenham, a princípio, a concavidade voltada para baixo e, em seguida, a concavidade se volte para cima.

Portanto, o que separa o Custo Total do Custo Variável é o Custo Fixo. Podemos perceber isso pela setinha de dupla ponta que está sendo mostrada no gráfico da Figura 14.1, que representa o tamanho do Custo Fixo.

A curva de Custo Total parte da curva de Custo Fixo, e a curva de Custo Variável parte da origem dos eixos.

Figura 14.1. O Custo Fixo (CF) é constante independentemente da quantidade produzida. O Custo Variável (CV) e o Custo Total (CT) são crescentes à medida que a quantidade produzida aumenta. O que separa a curva de Custo Total (CT) e Custo Variável (CV) é o Custo Fixo (CF).

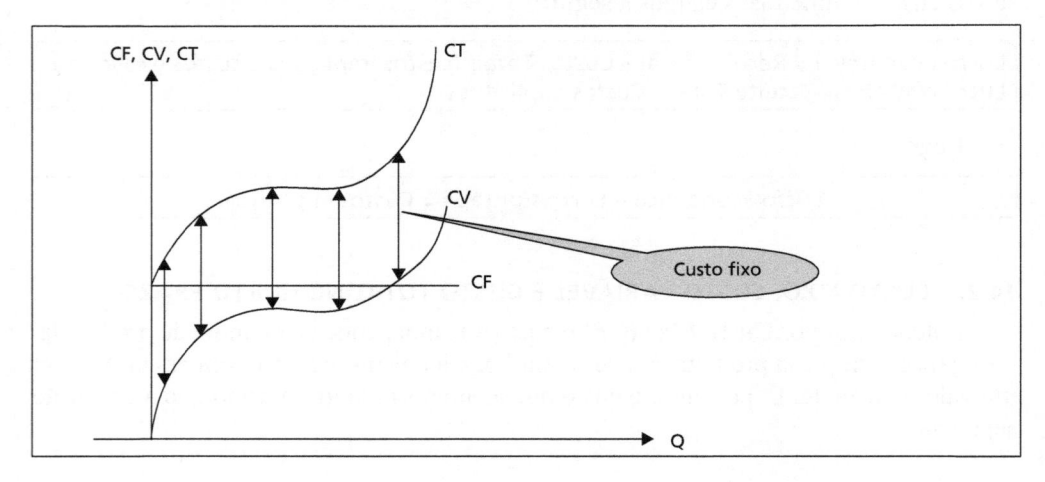

14.3. CUSTO FIXO MÉDIO, CUSTO VARIÁVEL MÉDIO, CUSTO TOTAL MÉDIO E CUSTO MARGINAL NO CURTO PRAZO

O **Custo Fixo médio** (CFme) é o Custo Fixo (CF) dividido pela quantidade produzida (Q). O **Custo Variável médio** (CVme) é o Custo Variável dividido pela quantidade produzida. O **Custo Total médio** ou **Custo médio** (Cme) é a razão entre o Custo Total (CT) e a Quantidade produzida (Q).

Sabemos que o Custo Total (CT) é a soma do Custo Fixo (CF) e do Custo Variável (CV), ou seja:

CT = CF + CV

Se dividirmos os dois lados da função pela quantidade produzida (Q), temos:

$$\frac{CT}{Q} = \frac{CF}{Q} + \frac{CV}{Q}$$

Logo:

Cme = CFme + CVme

Logo, definimos o Custo Médio ou Custo Total médio (Cme) pela soma do Custo Fixo médio (CFme) e Custo Variável médio (CVme).

O **Custo Marginal** (Cmg) mede a variação no Custo Total (ΔCT) pela adição de uma unidade na Quantidade produzida (ΔQ).

$$Cmg = \Delta CT / \Delta Q$$

Vejamos na Tabela 14.1 o comportamento do Custo Fixo (CF), Custo Variável (CV), Custo Total (CT), Custo Fixo médio (CFme), Custo Variável médio (CVme), Custo médio (Cme) e Custo marginal (Cmg).

Tabela 14.1. O comportamento dos custos de produção (CF, CV, CT, CFme, CVme, Cme e Cmg) à medida que a quantidade produzida aumenta.

Quantidade produzida (Q)	Custo Fixo (CF)	Custo Variável (CV)	Custo Total (CT = CF + CV)	Custo Fixo médio (CFme = CF/Q)	Custo Variável médio (CVme = CV/Q)	Custo médio (Cme = CFme + CVme)	Custo marginal (Cmg = ΔCT/ΔQ)
0	200	–	200	∞	–	∞	–
1	200	20	220	200	20	220	20
2	200	32	232	100	16	116	12
3	200	42	242	66,67	14	80,67	10
4	200	52	252	50	13	63	10
5	200	60	260	40	12	52	8
6	200	72	272	33,33	12	45,34	12
7	200	91	291	28,58	13	41,56	19
8	200	112	312	25	14	39	21
9	200	144	344	22,22	16	38,20	32
10	200	180	380	20	18	38	36
11	200	218	418	18,18	19,8	38	38
12	200	260,8	460,8	16,66	21,74	38,40	42,8

13	200	320	520	15,38	24,6	40	59,2
14	200	396,4	596,4	14,28	28,32	42,6	76,4
15	200	499	699	13,34	33,26	46,6	102,6
16	200	649	849	12,5	40,50	53	149
17	200	837	1037	11,76	48,76	61	189
18	200	1078	1278	11,11	59,88	71	241
19	200	1396	1596	10,52	73,48	84,4	318
20	200	1800	2000	10	90	100	404

Observamos que, conforme a quantidade produzida aumenta, o **custo fixo** permanece constante e igual a 200. Já o **Custo Fixo médio (CFme)**, que é a razão entre o Custo Fixo (CF) e a Quantidade produzida (Q), diminui à medida que aumenta a quantidade produzida. Isso se dá porque, à medida que se divide o Custo Fixo (CF) pela Quantidade produzida (Q), a relação assume valores cada vez menores. Mas cabe uma importante observação: o Custo Fixo médio (CFme) nunca será zero, no curto prazo.

Podemos representar o custo fixo médio no gráfico da Figura 14.2.

Figura 14.2. O Custo Fixo médio (CFme) é uma função decrescente, ou seja, à medida que a Quantidade produzida (Q) aumenta, o Custo Fixo médio diminui.

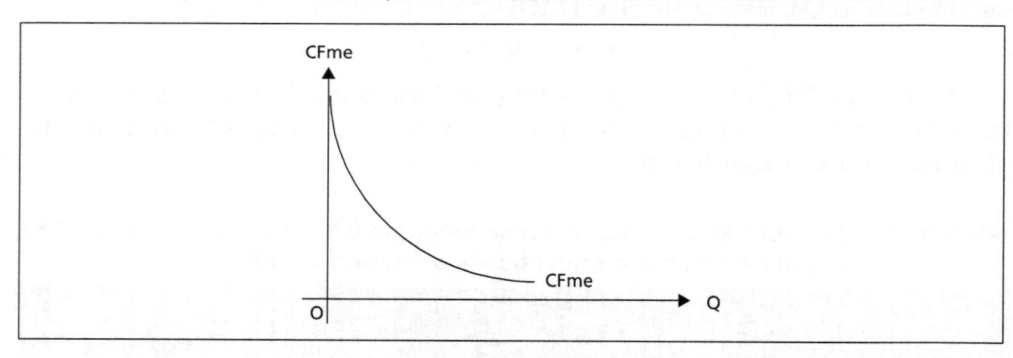

Atenção! Não confundir Custo Fixo com Custo Fixo médio. O primeiro é constante independentemente da quantidade produzida, e o segundo diminui à medida que a quantidade produzida aumenta.

O **Custo Variável (CV)** é sempre crescente, contudo, percebemos que até a quantidade igual a cinco (Q = 5), ele cresce, porém cada vez menos, ou seja, cresce a taxas decrescentes. A partir da 5.ª unidade, ele passa a crescer cada vez mais, ou seja, cresce a taxas crescentes.

O **Custo Variável médio (CVme)**,[1] que é a relação entre o Custo Variável (CV) e a Quantidade produzida (Q), é, a princípio, decrescente até produzir 6 unidades. A

---

[1] A combinação de produto marginal crescente e depois decrescente faz com que a curva de Custo Variável médio (CVme) tenha o formato de U. A representação da curva de Custo Variável médio (CVme) nesse formato conforma uma curva típica. Caso essa curva seja representada por uma

partir da 6.ª, o CVme começa a crescer. Podemos notar que quando o Custo Variável médio assume o menor valor, ou seja, o valor de 12, a quantidade produzida é igual a 6 unidades. Nesse nível de produção, o Custo Variável médio (CVme) é igual ao Custo marginal (Cmg).

O **Custo Total (CT)** é sempre crescente, contudo, percebemos que até a Quantidade igual a cinco (Q = 5), ele cresce, porém cada vez menos, ou seja, cresce a taxas decrescentes. A partir da 5.ª unidade, ele passa a crescer cada vez mais, ou seja, cresce a taxas crescentes.

O **Custo médio (Cme)**, que é a relação entre o Custo Total (CT) e a Quantidade produzida (Q), é, a princípio, decrescente até produzir 11 unidades. A partir da 11.ª, o Cme começa a crescer. Podemos notar que quando o Custo médio assume o menor valor, ou seja, o valor de 38, a quantidade produzida é igual a 11 unidades. Nesse nível de produção, o Custo médio (Cme) é igual ao Custo marginal (Cmg).

O **Custo marginal (Cmg)**, que é a relação entre a variação do Custo Total (ΔCT) e a variação na quantidade produzida (ΔQ), é, a princípio, decrescente até produzir a quinta (5.ª) unidade. A partir daí, passa a ser crescente. Podemos perceber que o Custo marginal (Cmg) vai ser igual ao Custo Variável médio (CVme) no ponto de mínimo desta última, ou seja, quando o CVme = Cmg = 12 e a Quantidade produzida (Q) for igual a 6. Também, o Custo marginal (Cmg) vai ser igual ao Custo médio (Cme) no ponto de mínimo desta última, ou seja, quando o Cme = Cmg = 38 e a Quantidade produzida (Q) for igual a 11.

Observamos que, enquanto o Custo marginal (Cmg) é menor que o Custo médio (Cme), o Custo médio é decrescente.

Vejamos o exemplo a seguir:

Cme	Cmg
116	12
80,67	10

Ou seja, quando o Custo marginal (Cmg) é igual a dez (10) será menor que o Custo médio (Cme), que é igual a cento e dezesseis (116). Logo, o Cme decresce de 116 para 80,67.

Também, quando o Custo marginal (Cmg) é maior que o Custo médio, o Custo médio é crescente.

Vejamos o exemplo a seguir:

Cme	Cmg
38,40	42,8
40	59,2

---

curva (ou reta) apenas crescente, podemos justificar pelo fato da presença do produto marginal decrescente, que faz com que o CVMe cresça quando a produção aumenta.

Ou seja, quando o Custo marginal (Cmg) é igual a cinquenta e nove vírgula dois (59,2) será maior que o Custo médio (Cme), que é igual a trinta e oito vírgula quarenta (38,40). Logo, o Cme cresce de 38,40 para 40.

Também, quando o Custo Marginal (Cmg) é igual ao Custo médio (Cme), então o Custo médio se mantém constante.

Vejamos o exemplo a seguir:

Cme	Cmg
38	36
38	38

Ou seja, quando o Custo marginal (Cmg) é igual a trinta e oito (38) e o Custo médio (Cme) também, este último permanece constante e igual a 38.

Vamos representar graficamente o comportamento do Custo Variável médio (CVme), do Custo médio (Cme) e do Custo marginal (Cmg) na Figura 14.3:

Figura 14.3. O Custo marginal (Cmg) é decrescente a princípio e depois assume valores crescentes. O Custo Variável médio (CVme) e o Custo médio (Cme) são decrescentes, a princípio, e depois são crescentes. Quando o Cme é crescente, o Cmg é crescente. Quando o CVme é crescente, o Cmg é crescente. Quando o CVme é decrescente, o Cmg poderá ser crescente ou decrescente. Quando o Cme é decrescente, o Cmg poderá ser crescente ou decrescente.

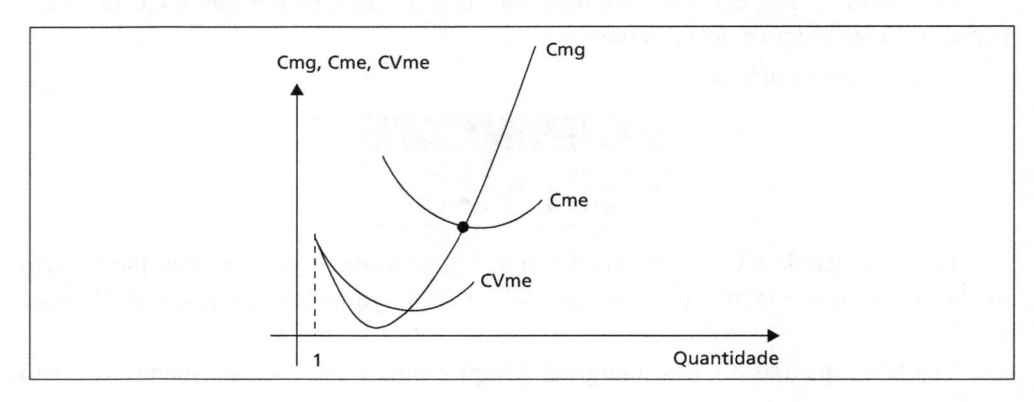

Podemos visualizar as seguintes relações no gráfico da Figura 14.3:

■ O Custo marginal (Cmg) intercepta as curvas de Custo Variável médio (CVme) e Custo médio (Cme) no ponto de mínimo destas.

■ Cme = CVme + CFme. Portanto, o que separa a curva de Custo médio (Cme) da Curva de Custo Variável médio (Cvme) é o Custo Fixo médio (CFme).

■ No curto prazo, o Custo Variável médio (CVme) se aproxima cada vez mais do Custo médio (Cme) sem nunca o tocar nem jamais a ultrapassar, já que o que as separa é o Custo Fixo médio (CFme), que assume um valor maior que zero.

■ Quando a Quantidade produzida (Q) tender ao infinito, o Custo Fixo médio (CFme) tende a zero e o Custo médio (Cme) tende para o Custo Variável médio (CVme).

■ Quando Custo médio (Cme) é crescente, o Custo marginal (Cmg) também é crescente e maior que o Custo médio (Cme), porém, quando o Custo marginal (Cmg) é crescente, nem sempre o Custo médio (Cme) é crescente.

■ Quando o Custo Variável médio (CVme) é crescente, o Custo marginal (Cmg) é crescente e maior que o Custo Variável médio (CVme), mas quando Custo marginal (Cmg) é crescente nem sempre o Custo Variável médio (CVme) é crescente.

14.4. RELAÇÃO ENTRE O CUSTO MÉDIO E O CUSTO MARGINAL COM O PRODUTO MÉDIO E PRODUTO MARGINAL NO CURTO PRAZO

Graficamente, as representações do Custo médio (Cme) e do Custo marginal (Cmg) em relação ao Produto médio (Pme) e o Produto marginal (Pmg), de curto prazo, são invertidas. Vejamos os gráficos da Figura 14.4:

Figura 14.4. Relação entre o Produto marginal (Pmg) e o Produto médio (Pme) com o Custo marginal (Cmg) e o Custo médio (Cme).

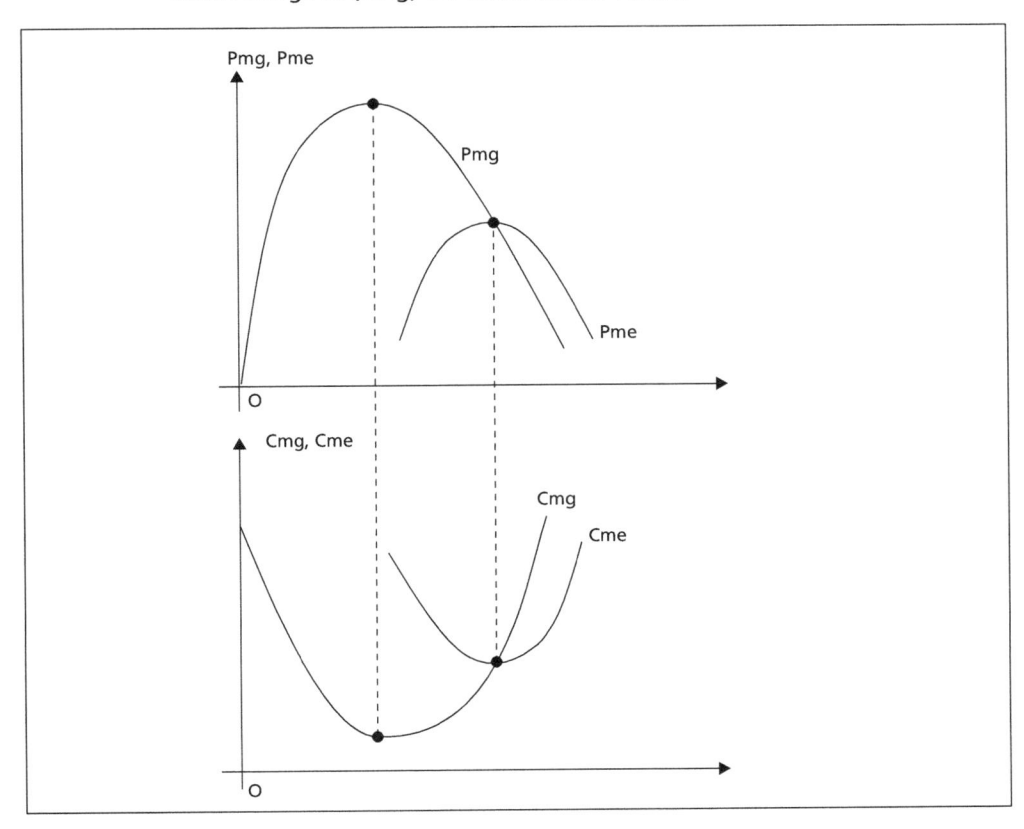

Quando o Produto médio (Pme) e o Produto marginal (Pmg) são crescentes, o Custo médio (Cme) e o Custo marginal (Cmg) são decrescentes. Quando o Produto médio (Pme) e o Produto marginal (Pmg) são decrescentes, o Custo médio (Cme) e o Custo marginal (Cmg) são crescentes.

Quando o Produto marginal (Pmg) atinge seu valor máximo, o Custo marginal (Cmg) é mínimo. Quando o Produto médio (Pme) atinge seu valor máximo, o Custo médio (Cme) é mínimo. Quando o Produto marginal (Pmg) cruza o Produto médio (Pme), o Custo marginal (Cmg) cruza o Custo médio (Cme).

14.5. CUSTOS DE PRODUÇÃO NO LONGO PRAZO

No longo prazo, consideramos que todos os insumos (capital, K, e trabalho, L) são variáveis. Portanto, todos os custos são também variáveis.

O produtor opera no curto prazo, mas planeja no longo prazo.

Segundo Ferguson: "O longo prazo, em outras palavras, refere-se àquele tempo no futuro quando mudanças no produto podem ser conseguidas de maneira mais ou menos vantajosa para os empresários. Por exemplo, no curto prazo, o produtor é capaz de expandir sua produção, somente operando na sua capacidade instalada com mais horas por dia. Isto, é claro, requer pagamento de horas extras aos trabalhadores. No longo prazo, pode ser mais econômico instalar uma capacidade produtiva adicional e voltar ao dia normal de trabalho"[2].

O **Custo Total de Longo Prazo (CT_{LP})** nasce da origem dos eixos, porque, como não há Custo Fixo, ele será igual ao Custo Variável. Vejamos o gráfico da Figura 14.5. O Custo Total de Longo Prazo (CT_{LP}) será a envoltória inferior das curvas de Custo Total de curto prazo (CT_{cp}).

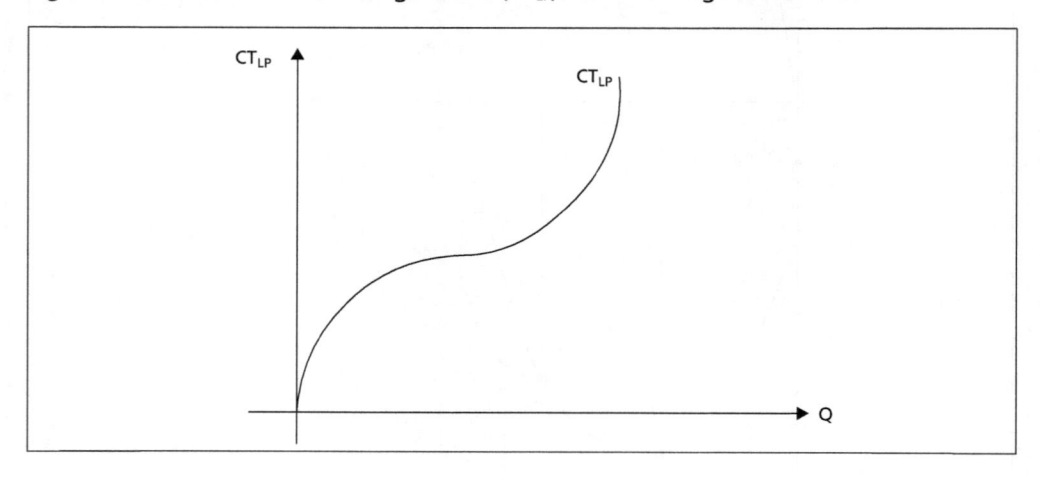

Figura 14.5. Custo Total de Longo Prazo (CT_{LP}) nasce na origem dos eixos.

---

[2] C. E. Ferguson, *Microeconomia*, p. 147.

14 ◼ Custos de Produção no Curto Prazo e Longo Prazo

O Custo Médio de Longo Prazo (Cme_{LP}) é a **envoltória** dos Custos médios de curto prazo (Cme_{cp}). Assim como a curva de Custo médio de curto prazo (Cme_{cp}), a curva de Custo médio de Longo prazo (Cme_{LP}) será em **formato em "U"** e será muito **mais plana** que a de curto prazo. As curvas de Custo médio de curto prazo (Cme_{cp}) estarão na curva de Custo médio de Longo Prazo (Cme_{LP}), ou seja, acima dela. Observe o gráfico da Figura 14.6. O ponto "P" representa a escala ótima de produção, em que o custo médio de produção de longo prazo é mínimo.

Segundo Varian: "Definimos o curto prazo como o período em que alguns dos fatores de produção têm de ser utilizados numa quantidade fixa. No longo prazo, todos os fatores têm liberdade para variar. A função custo de curto prazo é definida como o custo mínimo para alcançar um dado nível de produto, mediante apenas o ajuste dos fatores de produção variáveis. A função custo de longo prazo fornece o custo mínimo de alcançar um dado nível de produto pelo ajuste de todos os fatores de produção"[3].

Figura 14.6. A curva de Custo médio de Longo Prazo (Cme_{LP}) é a envoltória das curvas de Custo médio de curto prazo (Cme_{CP}).

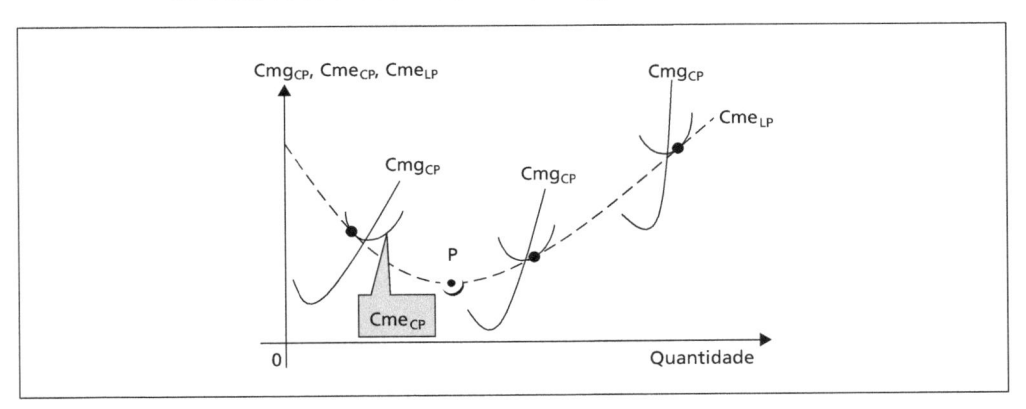

O formato em "U" da curva de custo médio de longo prazo evidencia três situações. A primeira é aquela na qual o custo médio de longo prazo é representado por um trecho da curva que é decrescente, ou seja, em que os custos são decrescentes. Nesse trecho, há **rendimento crescente de escala ou economia de escala**. A segunda é aquela na qual o Cme_{LP} é representado por um trecho da curva em que ela se apresenta horizontal ou constante, ou seja, em que os custos são constantes. Nesse trecho, há **rendimento constante de escala**. A terceira é aquela na qual o custo médio de longo prazo é representado por um trecho da curva que é crescente, ou seja, em que os custos são crescentes. Nesse trecho, há **rendimento decrescente de escala ou deseconomia de escala**. Vejamos a Figura 14.7:

---

[3] Hal R. Varian, *Microeconomia*: uma abordagem moderna, p. 388.

Figura 14.7. Curva de custo médio de longo prazo.

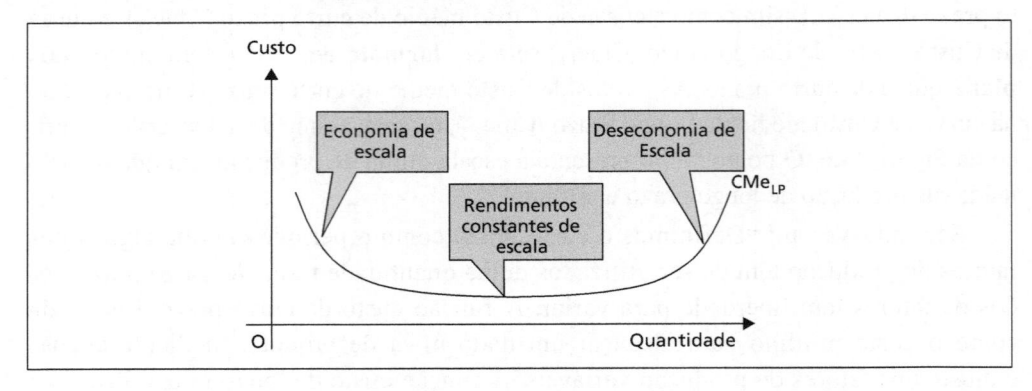

[Figura: curva de CMe_{LP} em forma de U, mostrando regiões de Economia de escala, Rendimentos constantes de escala e Deseconomia de Escala]

A curva de Custo marginal de Longo Prazo (Cmg_{LP}) é determinada pela união dos pontos que formam pela perpendicular ao ponto de intersecção do Custo médio de Curto prazo (Cme_{cp}) com a curva de Cme_{LP} até a curva de Cmg_{cp}. Assim, para se determinar a Cmg_{LP}, partimos do ponto onde o Cme_{LP} intercepta com Cme_{CP}, traçamos uma vertical até encontrar com Cmg_{CP}, unimos os pontos de intercessão e achamos a Cmg_{LP}.

No primeiro momento o Cmg_{LP} é decrescente, e, portanto, o rendimento marginal é crescente. Em seguida, o Cmg_{LP} é crescente e, portanto, o rendimento marginal é decrescente. O Cmg_{LP} cruza o Cme_{LP} no ponto de mínimo desta última. Vejamos a Figura 14.8.

Figura 14.8. A curva de Custo marginal de Longo prazo (Cmg_{LP}) é determinada pela união dos pontos formados pela intersecção da vertical que parte da tangente da curva de custo médio de curto prazo (Cme_{cp}) com a curva de Custo médio de longo prazo (Cme_{LP}) até a curva de Custo marginal de curto prazo (Cmg_{cp}).

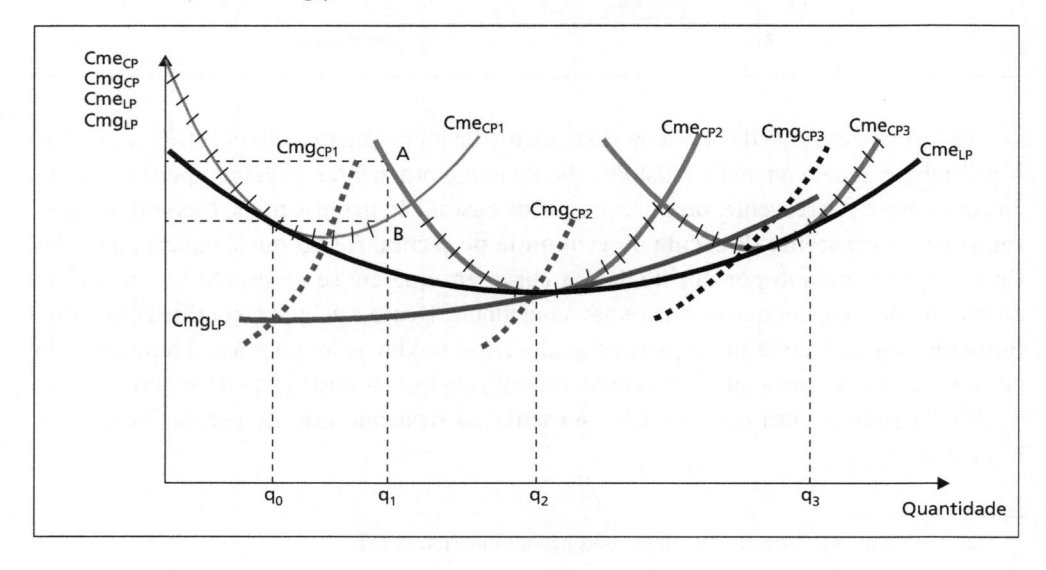

[Figura: gráfico com curvas Cme_{CP}, Cmg_{CP}, Cme_{LP}, Cmg_{LP}, Cme_{CP1}, Cmg_{CP1}, Cme_{CP2}, Cmg_{CP2}, Cme_{CP3}, Cmg_{CP3}, com pontos A e B marcados e quantidades q_0, q_1, q_2, q_3 no eixo Quantidade]

14.6. QUESTÕES

1. (VUNESP — Desenvolve — 2014) O custo variável médio de uma empresa é dado pela função CVme = q2 − aq + b, enquanto o custo fixo é c, sendo q a quantidade produzida e a, b e c são constantes.
   a) CT = $q^3 - aq^2 + bq$
   b) CT = $q^3 - aq^2 + bq + c$
   c) CT = $q^3/3 - (a/2) q^2 + bq$
   d) CT = $q^3/3 - (a/2)q^2 + bq + c$
   e) CT = $q^3 - aq^2 + c$

2. (CESGRANRIO — CEFET — 2014) Uma empresa tem custo total (CT) dado pela expressão CT = 10 + 2q + 0,1q2, em que q representa a quantidade produzida, todas as variáveis sendo expressas em unidades adequadas.

Deduz-se, então, que o custo:
   a) marginal é 5, quando q = 3.
   b) total médio mínimo ocorre, quando q = 10.
   c) total é 12, quando q = 3.
   d) fixo médio mínimo ocorre, quando q = 3.
   e) variável médio mínimo é 3.

3. (CESGRANRIO — CEFET — 2014) Uma empresa atua em certo mercado, vendendo uma quantidade de seu produto a qual equaliza o custo marginal ao preço de mercado. Vende 500 unidades por período, seu custo marginal sendo de R$ 10,00/unidade, e seu custo médio sendo de R$ 6,00/unidade. Deduz-se que seu lucro por período, em R$, é de:
   a) 1.000.
   b) 2.000.
   c) 3.000.
   d) 4.000.
   e) 5.000.

4. (IBFC — IBGE — 2021) Assinale a alternativa que está de acordo com a Teoria dos Custos de Produção e mostra corretamente a diferença entre curto prazo e longo prazo para a produção.
   a) O curto prazo é um período de tempo no qual não tem fator que limita a expansão da produção. No longo prazo todos os fatores utilizados na produção são variáveis.
   b) O curto prazo é um período de tempo no qual pelo menos um fator de produção é fixo. No longo prazo alguns fatores limitam a expansão da produção.
   c) O curto prazo é um período de tempo no qual pelo menos um fator de produção é variável. No longo prazo um fator de produção é fixo, e todos os demais fatores variáveis.
   d) O curto prazo é um período de tempo que não tem fator fixo. No longo prazo não tem fator variável.
   e) O curto prazo é um período de tempo no qual pelo menos um fator de produção é fixo. No longo prazo a empresa pode alterar a quantidade de qualquer fator utilizado na produção.

5. (FGV — TJ-RO — 2021) Uma firma tem custo médio descrito pelo gráfico a seguir.

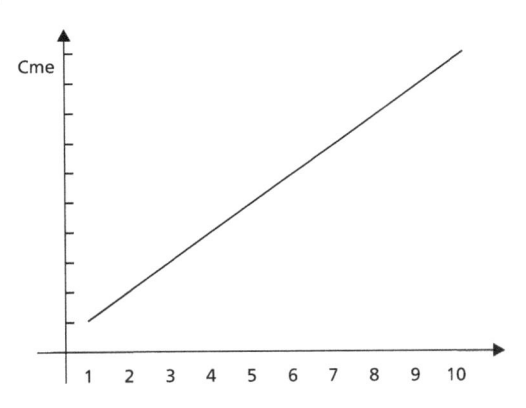

Ou seja, no eixo-x temos a quantidade do bem produzido, no eixo-y temos o custo médio, e o gráfico de custo médio é linear com inclinação constante e positiva.
Assim, pode-se inferir que:
   a) o custo médio é maior do que o marginal.
   b) o custo marginal é igual ao médio.
   c) a firma apresenta retornos crescentes de escala.
   d) a firma apresenta retornos constantes de escala.
   e) o custo médio é menor do que o marginal para qualquer nível de produção.

6. (FGV — TJ-RO — 2021) Considerando uma função custo dada por $C(q) = 25 + 0,5q$, é correto afirmar que:
   a) o custo marginal é constante.
   b) o custo médio é constante.
   c) o custo fixo é decrescente com a produção q.
   d) o custo médio é crescente.
   e) o custo marginal é decrescente.

7. (IBFC — EBSERH — 2020) Sobre uma análise das curvas de custo marginal, custo médio e custo variável, assinale a alternativa correta.
   a) A curva de custo marginal é crescente, as curvas de custo médio e custo variável também são crescentes.
   b) A curva de custo marginal é decrescente, a curva de custo médio é crescente, ao passo que a curva de custo variável médio é decrescente.
   c) A curva de custo marginal é crescente, ela intercepta as curvas de custo variável e custo médio nos seus pontos mínimos.
   d) A curva de custo marginal é crescente, ela intercepta somente a curva de custo variável médio em seu ponto mínimo, pois o custo médio é sempre maior que o custo marginal.
   e) A curva de custo marginal é crescente, tanto a curva do custo médio como a do custo variável médio são crescentes.

8. (FGV — 2024 — CM-SP/Economia) O gráfico a seguir representa curvas de custos em que o eixo vertical indica seu valor e o eixo horizontal, o nível de produção.

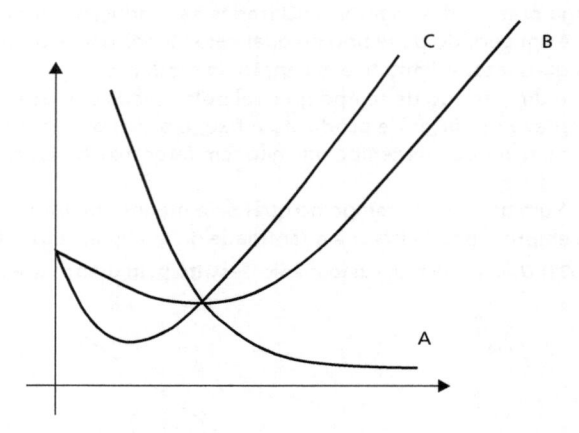

Assinale a opção que fornece corretamente o nome de cada curva indicada pelas letras A, B e C e também a localização da curva de custo médio (CM).
(Considere as seguintes siglas: CF = Custo Fixo, CFM = Custo Fixo Médio, CV = Custo Variável, CVM = Custo Variável Médio, CMg = Custo Marginal e CT = Custo Total).
   a) A = CFM, B = CVM, C = CMg e CM está à direita de CVM.
   b) A = CFM, B = CVM, C = CMg e CM está acima de CVM.
   c) A = CFM, B = CMg, C = CVM e CM está à direita de CVM.

d) A = CMg, B = CVM, C = CFM e CM está à esquerda de CVM.
e) A = CFM, B = CVM, C = CMg e CM está entre CVM e CMg.

9. (FGV — 2024 — Pref SJC/Ciências Econômicas) Na teoria dos custos, há medidas de custo tais como: custo fixo, custo variável, custo total, além de suas variações de mensuração (em termos médios, marginais etc.). Considerando que não haja distinção entre curto e longo prazo, uma relação verdadeira envolvendo uma ou mais dessas medidas estabelece que
   a) o custo fixo médio é não crescente com o nível de produção.
   b) o custo total supera o custo variável para qualquer nível de produção.
   c) o custo total é constante para determinados intervalos de produção.
   d) o custo total médio apresenta a mesma inclinação do custo marginal.
   e) o custo variável médio iguala o custo marginal quando a produção tende a zero.

10. (CEBRASPE — 2024 — ANTT/Economia) Para produzir uma quantidade q de seu produto, uma firma em concorrência perfeita tem um custo total C dado por C=1.200+30q+3q2.
A respeito dessa situação hipotética, julgue o item a seguir.
Os custos são inicialmente decrescentes, mas, a partir da produção de 10 unidades, passam a ser crescentes.
   ( ) Certo   ( ) Errado

GABARITO

1. "b". O Custo Total (CT) é a soma do Custo Fixo (CF) e do Custo Variável (CV), ou seja:
CT = CF + CV
O Custo Variável médio (CVme) é a razão do Custo Variável (CV) pela quantidade produzida (q).
Logo:
CVme = CV/q
Logo:
$q^2 - aq + b = CV/q$
$CV = q^3 - aq^2 + bq$
Dado que: CF = c
Então: $CT = q^3 - aq^2 + bq + c$

2. "b". O custo médio mínimo ocorre quando o Custo médio (Cme) for igual ao Custo marginal (Cmg). Assim, quando q = 10,
Cmg = 2 + 0,2q → Cmg = 2 + 0,2 · 10 → Cmg = 4
Cme = CT/q → Cme = (10 + 2q + 0,1 q²)/ q →
Cme = (10 + 2 · 10 + 0,1 · 10²)/10 → Cme= 4. A alternativa "b" está correta.
Quando q = 3, Cmg = 2 + 0,2 · 3 → Cmg = 2,6. A alternativa "a" está incorreta.
Quando q = 3, CT = 10 + 2 · 3 + 0,1 · 3² → CT = 16,9. A alternativa "c" está incorreta.
O custo fixo é igual a 10 (podemos determinar o custo fixo olhando a função custo total, que é a soma do custo fixo (= 10) e do custo variável (= 2q + 0,1q²). O Custo Fixo médio (CFme) é igual a CFme = CF/q e é uma função decrescente que não tem ponto de mínimo. A alternativa "d" está incorreta.
O custo variável médio será mínimo quando for igual ao custo marginal. Quando q = 3:
CVme = CV /q → CVme= (2q + 0,1q²)/q → CVme = (2 · 3 + 0,1 · 3²)/3 → CVme = 2,3
Cmg = 2 + 0,2q → Cmg = 2 + 0,2 · 3 → Cmg = 2,6
Como CVme ≠ Cmg, então, quando q = 3 não é o ponto de mínimo do CVme. A alternativa "e" está incorreta.

3. "b". Dado que o Custo marginal (Cmg) é igual ao preço (P), então:
Cmg = P = 10
Então a Receita Total (RT) é igual a: RT = P · Q → RT = 10 · 500 → RT = 5.000
O Custo médio (Cme) é igual a 6 → Cme = 6
Cme = CT/Q → 6 = CT/500 → CT = 3.000
Logo, o Lucro (L) será:

L = RT − CT
L = 5.000 − 3.000 → L = 2.000

4. "e". Curto prazo é o tempo suficiente para que pelo menos um dos fatores produtivos seja fixo. Longo prazo é tempo suficiente para que todos os fatores produtivos sejam variáveis. A alternativa "e" está correta.

5. "e". Quando o Custo médio de produção é crescente, o Custo marginal é maior que o custo médio. Vejamos no gráfico a seguir na parte negritada:

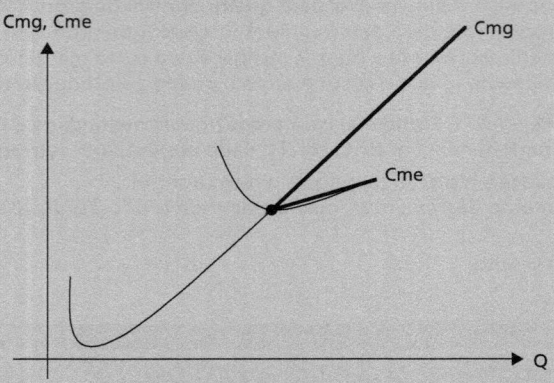

A alternativa "e" está correta e as alternativas "a" e "b" estão erradas. Quando o custo médio é crescente, no longo prazo, o Rendimento é decrescente de escala. As alternativas "c" e "d" estão incorretas.

6. "a". Derivando a função de Custo Total (C) em função da quantidade produzida, temos o Custo marginal (Cmg):

$dC/dq = Cmg = 0{,}5$

Logo, independentemente da quantidade produzida (q), o Custo marginal (cmg) será igual a 0,5. A alternativa "a" está correta e a "e" está incorreta.

O Custo médio (Cme) é igual a: $Cme = (25/q) + 0{,}5$, ou seja, conforme a quantidade (q) aumenta, o Custo médio (Cme) diminui. As alternativas "b" e "d" estão incorretas. O Custo Fixo (=25) é sempre constante independente da quantidade produzida. A alternativa "c" está incorreta.

7. "c". A curva de Custo marginal é decrescente e, depois, crescente, mas, o trecho mais importante para a nossa análise é quando ela é crescente. As curvas de custo variável médio e custo médio são decrescentes e crescentes. Quando essas duas curvas cruzam a curva de custo marginal, é no ponto de mínimo dessas duas curvas. Vejamos no gráfico a seguir:

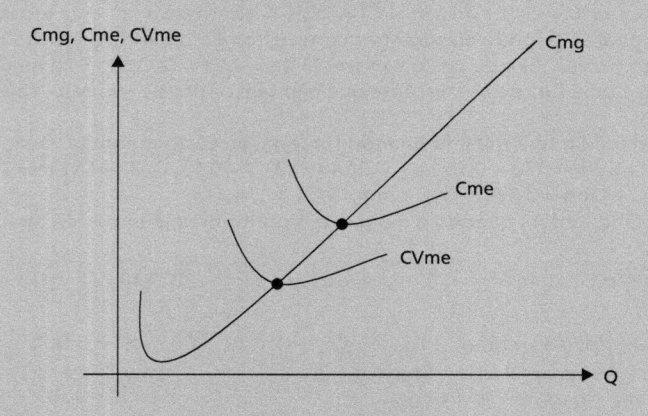

A alternativa "c" está correta e as alternativas "a", "b", "d" e "e" são incorretas.

8. "b". No curto prazo, o Custo Fixo Médio é uma função que, à medida que a quantidade produzida aumenta, ele diminui, mas nunca chega a ser zero. Ele está sendo representado pela curva A. O Custo Variável Médio é uma função que decresce, atinge o ponto de mínimo e depois cresce. Quando ele atinge o ponto de mínimo, ele coincide com o Custo Marginal. Portanto, a curva B está representando o Custo Variável Médio. O Custo Marginal é uma função que decresce e depois cresce, sendo menor que o Custo Variável Médio até o ponto de mínimo deste último. Depois disso, ele fica maior que o Custo Variável Médio. A curva C está representando a curva de Custo Marginal. Como o Custo Médio é a soma do Custo Fixo Médio e o Custo Variável Médio e o Custo Fixo Médio é maior que zero, então o Custo Médio será maior que o Custo Variável Médio. A alternativa "b" está correta.

9. "e". No curto prazo, o custo fixo médio é sempre decrescente. No longo prazo, não se fala em custo fixo. A alternativa "a" está incorreta. O custo total é a soma do custo fixo e o custo variável. Se o custo fixo for zero, como no longo prazo, o custo total será igual ao custo variável. Se o custo fixo for maior que zero, que ocorre no curto prazo, o custo total será maior que o custo variável. A alternativa "b" está incorreta. O custo total será crescente porque o custo variável é crescente. O que é constante é o custo fixo. A alternativa "c" está incorreta. O custo total médio é uma função decrescente e depois crescente, assim como o custo marginal. Porém, quando o custo total médio decresce, o custo marginal é menor que ele. Quando o custo total médio cresce, o custo marginal é maior que ele. Quando as duas funções se encontram é no ponto de mínimo do custo total médio. Logo, a inclinação deles é diferente. A alternativa "d" está incorreta. Quando a produção tende a zero, tanto o custo variável médio quanto o custo marginal partem do mesmo ponto, ou seja, são iguais. A alternativa "e" está correta.

10. "errado". Observe que tanto o custo fixo (=1200) quanto o custo variável (30q+3q²) acrescentam valores ao custo total. Percebemos isso porque os sinais da função são sempre positivos. Logo, para qualquer q, o custo será sempre crescente. A questão está errada.

14.7. MATERIAL SUPLEMENTAR

QUESTÕES DE CONCURSOS
> http://uqr.to/1yarl

15

TEORIA DOS MERCADOS: CONCORRÊNCIA PERFEITA

Mercado é o local onde se encontram vendedores/produtores e compradores/consumidores de determinado bem. Dependendo de qual seja a estrutura de mercado existente, isso moldará os preços dos produtos e suas respectivas quantidades a serem produzidas e demandadas.

Vejamos, neste capítulo, o mercado em concorrência perfeita.

15.1. MERCADO EM CONCORRÊNCIA PERFEITA

O mercado em concorrência perfeita é aquele composto por um grande número de pequenos vendedores, ou firmas, que não têm o poder de, isoladamente, determinar ou influenciar o preço do produto, ou seja, não apresenta o que chamamos de "poder de mercado".

São características do mercado em concorrência perfeita:

■ A existência de **inúmeros compradores e vendedores**, o que faz com que eles, **isoladamente**, não consigam impactar significativamente o preço no mercado. Os compradores e vendedores da firma individual são **tomadores de preço**, ou seja, não afetam o preço de mercado. Portanto, uma firma isolada não pode alterar o preço, muito embora todas as firmas juntas possam. Assim, a firma individual poderá vender, ao preço determinado pelo mercado, a quantidade que desejar, o que justifica não querer abaixar o preço do seu produto, já que o preço do produto não depende da quantidade vendida ou produzida. Também não elevará o preço, porque isso fará o consumidor procurar outro vendedor que venda ao preço determinado pelo mercado, que é mais baixo. Assim, independentemente da quantidade a ser produzida ou vendida, o preço do produto não se alterará e a receita total auferida vai ser proporcional a esse volume (ou quantidade) produzido ou vendido.

■ A comercialização de **produtos homogêneos**, ou seja, não há diferenciação do produto que as empresas produzem ou vendem.

■ A **perfeita mobilidade das empresas**[1] e dos fatores de produção, ou seja, as empresas podem entrar ou sair do mercado sem que haja nenhuma barreira para

---

[1] Na análise dos mercados competitivos, para que as firmas sejam tomadoras de preço, não necessariamente precisa haver livre mobilidade das empresas.

isso. O único limitador será o custo de produção. Também, todos os produtores têm acesso às tecnologias e aos insumos necessários à produção.

☐ Ferguson expande o conceito de livre mobilidade para os recursos quando afirma: "A codição de perfeita mobilidade é exata. Primeiro, significa que o trabalho deve ser móvel, não apenas geograficamente, mas também entre funções e cargos. Por sua vez, a última afirmação implica que os requisitos para trabalho qualificado são poucos, simples e fáceis de aprender. A seguir, a livre mobilidade significa que os insumos não são monopolizados por um proprietário ou produtor. Finalmente, livre mobilidade significa que novas empresas (ou novo capital) podem entrar e sair de uma atividade sem dificuldades... Em resumo, a livre mobilidade dos recursos requer livre e fácil entrada e saída de novas firmas em uma atividade — uma condição muito difícil de verificar-se na prática"[2].

☐ A perfeita **simetria de informações**, ou seja, tanto compradores como vendedores conhecem todas as condições de mercado e, portanto, não se deixam enganar uns aos outros.

15.2. CURVA DE DEMANDA DA FIRMA NUM MERCADO EM CONCORRÊNCIA PERFEITA

O Preço (P_E) e a Quantidade (Q_E) de Equilíbrio (E) são determinados pelo mercado pela intersecção da curva de demanda com a curva de oferta, e a firma ou empresa individual toma esse preço para si. Observe a Figura 15.1:

Figura 15.1. O mercado (que é a soma de todas as firmas juntas) em concorrência perfeita determina o Preço e a Quantidade de Equilíbrio (P_E, Q_E) pela intersecção das curvas de demanda e oferta. A firma, tomadora de preço, toma esse preço de equilíbrio como "dado". Assim, na firma, a curva de demanda será totalmente elástica.

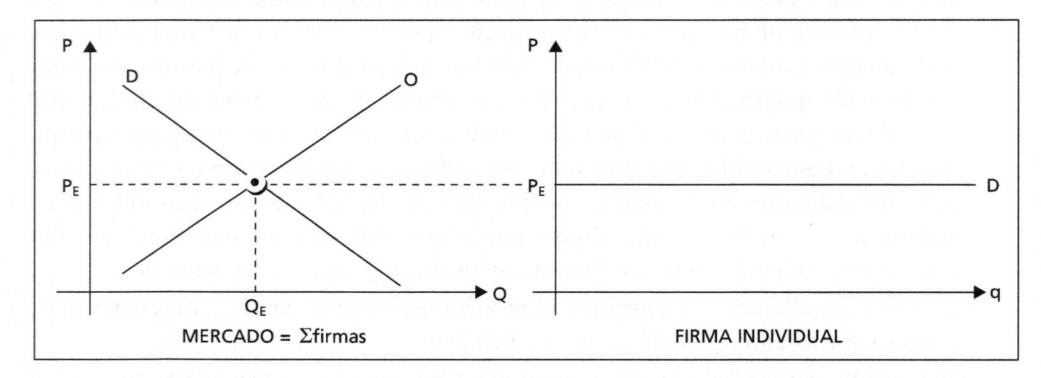

Observe que a curva de demanda para uma firma é perfeitamente ou totalmente elástica. Ela tem um formato horizontal.

---

[2] C. E. Ferguson, *Microeconomia*, p. 278.

Logo, a demanda individual de uma firma em mercado competitivo será uma fatia da demanda de mercado. A Quantidade de Equilíbrio do Mercado (Q_E) será a soma das quantidades das firmas individuais (q).

15.3. RECEITA MÉDIA DA FIRMA EM CONCORRÊNCIA PERFEITA

Sabendo que a Receita Média (Rme) é definida como a relação entre a Receita Total (RT) e a Quantidade (Q) produzida e que a Receita Total é igual a multiplicação do Preço (P) pela Quantidade (Q), tem-se:

Rme = RT / Q e RT = P · Q

Logo:

Rme = P · Q / Q

Rme = P

Logo, a firma em concorrência perfeita apresenta **a Receita média igual ao preço**.

Vejamos esse exemplo:

Dados que o Preço (P) é igual a 10 e a Quantidade produzida (Q) é igual a 20, então a Receita Total (RT) será igual a 200. A Receita média (Rme), que é a relação da Receita Total e a Quantidade, será igual a 10, ou seja, será igual ao preço.

P = 10 e Q = 20

Como a RT = P · Q, então: RT = 200 e Rme = RT/Q, então, Rme = 200/20 ou Rme = 10

Portanto: **P = Rme** = 10

15.4. RECEITA MARGINAL DA FIRMA EM CONCORRÊNCIA PERFEITA

Sabendo que a Receita Marginal (Rmg) é definida como a relação entre a variação da Receita Total (ΔRT) e a variação na Quantidade produzida (ΔQ) e que a Receita Marginal é a derivada primeira da Receita Total, então, a Receita marginal (Rmg) é igual ao preço (P):

RT = P · Q

Rmg = dRT/dQ = P

Vejamos esse exemplo:

Dado que o preço (P) é igual a 10, então a função Receita Total, que é preço (P) vezes quantidade (Q), será igual a 10Q. A Receita marginal (Rmg), que é a derivada primeira da Receita Total (RT), será igual a 10.

P = 10

RT = P · Q

RT = 10 · Q

Rmg = dRT/dQ

Rmg = 10

Portanto: **P = Rmg** = 10

Podemos observar, na Figura 15.2, a função Demanda, Receita Marginal e Receita Média.

Figura 15.2. Firma em concorrência perfeita, em que o preço é igual à Receita marginal (Rmg) e à Receita Média (Rme).

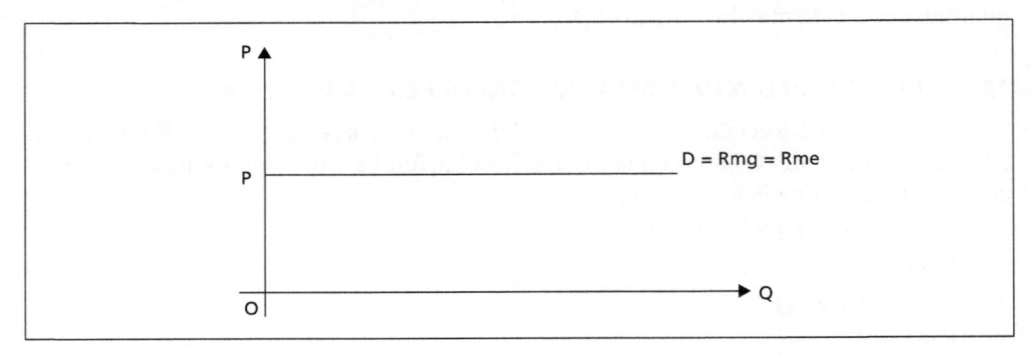

```
P
│
│
│
P│─────────────────── D = Rmg = Rme
│
│
│
O└──────────────────► Q
```

A firma em concorrência perfeita apresenta uma curva de demanda totalmente elástica ao preço e tem, portanto, o formato horizontal. Esse preço (p) será sempre igual a Receita marginal (Rmg), diferentemente de outros mercados, que têm o Preço (P) superior à Receita marginal (Rmg). Isso faz com que, no mercado em concorrência perfeita, o preço assuma o menor valor quando comparado aos demais mercados.

Analisando a Tabela 15.1, podemos perceber que, à medida que a quantidade produzida aumenta a preços constantes e iguais a 10 unidades, a Receita Total (RT = P · Q) aumenta sempre em 10 unidades, o que demonstra que a Receita Média (Rme) e Marginal (Rmg) são também constantes e igual ao Preço (P).

Tabela 15.1. Firma em concorrência perfeita: à medida que a quantidade produzida aumenta, a Receita Média e Marginal permanecem constantes e iguais ao preço.

Quantidade produzida (Q)	Preço (P)	Receita Total (RT)	Receita Média (Rme)	Receita Marginal (Rmg)
1	10	10	10	10
2	10	20	10	10
3	10	30	10	10
4	10	40	10	10
5	10	50	10	10

15.5. MAXIMIZAÇÃO DO LUCRO NA CONCORRÊNCIA PERFEITA

Na firma em Concorrência Perfeita, a maximização do lucro vai se dar no ponto onde o Custo Marginal igualar a Receita Marginal, ou seja, quando o acréscimo de receita derivada da produção adicional de um bem igualar ao acréscimo ao custo total derivado da produção adicional desse mesmo bem.

Logo, a maximização do lucro na Concorrência Perfeita se dá quando:

$$Cmg = Rmg$$

Como a Receita marginal se iguala ao preço na firma em concorrência perfeita, então a maximização do lucro na Concorrência perfeita se dá também quando:

> **Cmg = P**

Devemos ficar atentos que, em **todos os mercados**, a maximização do lucro vai se dar quando o Custo marginal (Cmg) se igualar à Receita Marginal (Rmg), ou seja, quando **Cmg = Rmg**. Mas apenas na **concorrência perfeita** podemos dizer que a maximização do lucro se dará também quando o Custo marginal (Cmg) for igual ao preço (P), ou seja, **Cmg = P**.

Demonstrando matematicamente, temos:

Sabendo que o Lucro Total (LT) é calculado fazendo a subtração da Receita Total (RT) do Custo Total (CT), temos:

LT = RT − CT

Sabendo também que a Receita Total (RT) = P · Q, então temos:

LT = (P · Q) − CT

Para maximizar o lucro, deve-se derivar o Lucro Total (LT) em função da Quantidade produzida (Q) e igualá-la a zero.

Assim, temos:

dLT/dQ = 0

Como: dLT/dQ = P − dCT/dQ

Então: P − dCT/dQ = 0

Logo: p = dCT/dQ

Assim: p = Cmg

Vejamos a Tabela 15.2, a seguir, para entender melhor como se dá essa maximização do lucro:

Supondo que:

P = 40 e Cmg = 4 · Q, então, podemos perceber que, conforme a quantidade produzida (Q) aumenta, a Receita Total (RT) aumenta, já que o preço é constante e a Receita Total é o preço vezes a quantidade. A **Receita Marginal** é dada pelo acréscimo da Receita total, pelo fato de se estar produzindo uma unidade a mais de produto. Podemos observar que ela é **constante** e **igual ao preço** e igual a 40. Com a função de **Custo Marginal** dada e igual a Cmg = 4 · Q, podemos determinar o Custo marginal de cada unidade a mais de produção. Percebemos que, para essa função, ela tem um comportamento sempre crescente. Podemos verificar que, quando o nível de produção é igual a 10 unidades (Q = 10), o custo marginal é igual a receita marginal e igual a 40. Quando olhamos o comportamento do **lucro por unidade produzida**, percebemos que ele é decrescente, podendo assumir valores negativos, ou seja, a cada unidade produzida, o lucro dessa unidade a mais é menor. Para determinar o **Lucro Total** (LT), deve-se somar o lucro por cada unidade produzida. Assim, por exemplo, para determinar o lucro ao se produzir 10 unidades, devemos somar o lucro ao se produzir a 1.ª unidade com a 2.ª unidade com a 3.ª unidade... com a 10.ª unidade (Lmg1 + Lmg2 + Lmg3 + Lmg4 + ... Lmg10), ou seja, o Lucro Total, se produzir 10 unidades é

(LT) = 180, que é o maior valor para o Lucro Total (LT). Portanto, enquanto a Rmg for maior que o Cmg, o aumento da quantidade produzida vai provocar um aumento do lucro.

Nesse ponto, em que o lucro total é máximo, é justamente onde a receita marginal ou preço são iguais ao custo marginal. Isso poderá ser constatado na Tabela 15.2:

Tabela 15.2. A tabela mostra o comportamento da Receita Total (RT), Receita marginal (Rmg), Custo marginal (Cmg), Lucro por unidade produzida e Lucro Total (LT) à medida que a Quantidade produzida (Q) aumenta, dados o Preço (P) igual a 40 e a função Custo marginal (Cmg) igual a 4Q (Cmg = 4Q).

Quantidade produzida (Q)	Preço (P)	Receita Total (RT = P · Q)	Rmg	Custo Marginal Cmg = 4Q	Lucro por cada unidade produzida (Lmg = Rmg – Cmg)	Lucro total (LT)
1	40	40	40	4	36	36
2	40	80	40	8	32	68 (=36+32)
3	40	120	40	12	28	96 (=36+32+28)
4	40	160	40	16	24	120 (=36+32+28+24)
5	40	200	40	20	20	140 (=36+32+28+24+20)
6	40	240	40	24	16	156 (=36+32+28+24+20+16)
7	40	280	40	28	12	168 (=36+32+28+24+20+16+12)
8	40	320	40	32	8	176 (=36+32+28+24+20+16+12+8)
9	40	360	40	36	4	180 (=36+32+28+24+20+16+12+8+4)
10	40	400	40	40	0	180 (=36+32+28+24+20+16+12+8+4+0)
11	40	440	40	44	–4	176 (=36+32+28+24+20+16+12+8+4+0–4)
12	40	480	40	48	–8	168 (=36+32+28+24+20+16+12+8+4+0–4–8)

15.6. LUCRO SUPRANORMAL OU EXTRAORDINÁRIO NA CONCORRÊNCIA PERFEITA

Uma firma em concorrência perfeita, no **curto prazo**, pode obter lucro supranormal, também chamado de lucro extraordinário.

Na Figura 15.3, a seguir, é possível se perceber o ponto onde ocorre a maximização do lucro na concorrência perfeita, ou seja, o ponto em que a **Rmg = Cmg** ou **p = Cmg**. Nesse ponto, será produzida a quantidade que maximiza o lucro, $Q_{máx}$.

Figura 15.3. A maximização do lucro na concorrência perfeita vai ocorrer no ponto em que o Custo marginal (Cmg) é igual a Receita marginal (Rmg). Nesse ponto, a firma irá produzir a quantidade que maximiza o lucro ($Q_{máx}$).

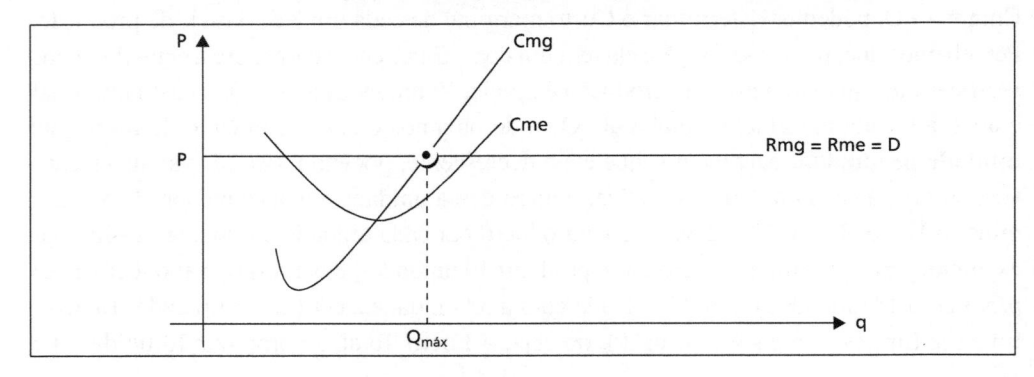

15 ■ Teoria dos Mercados: Concorrência Perfeita 319

Para produzir $Q_{máx}$, haverá um Custo Médio de produção (Cme). Na Figura 15.4, podemos visualizar, na parte hachurada, o tamanho desse **Custo Total (CT)**, que é calculado pela multiplicação da $Q_{máx}$ pelo Cme.

Figura 15.4. Quando é produzida a Quantidade que maximiza o lucro ($Q_{máx}$), é gerado um Custo Total (CT), que pode ser visualizado pela parte hachurada do gráfico.

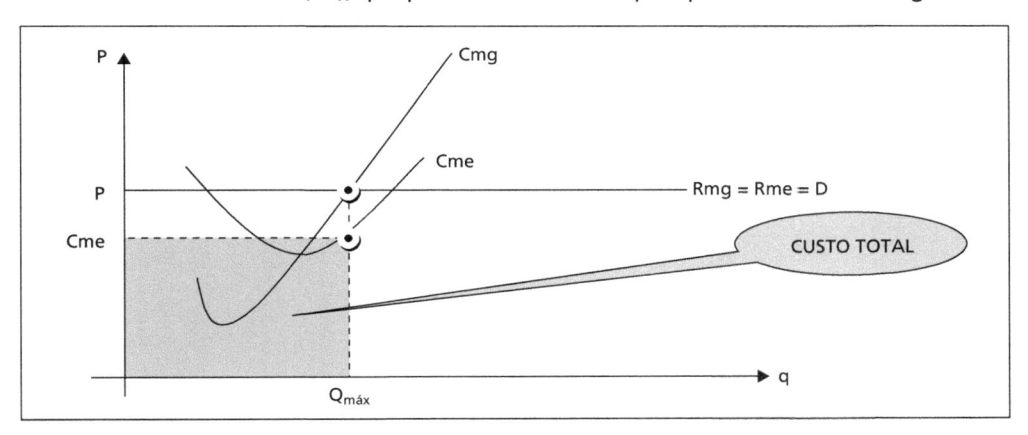

O lucro extraordinário ou supranormal pode ser visualizado subtraindo-se da Receita Total ($RT = P \cdot Q_{máx}$) o Custo Total ($CT = Cme \cdot Q_{máx}$). Podemos visualizar isso na Figura 15.5.

Figura 15.5. Quando é produzida a Quantidade que maximiza o lucro ($Q_{máx}$), são gerados uma Receita Total ($RT = P \cdot Q_{máx}$) e um Custo Total ($CT = Cme \cdot Q_{máx}$). Subtraindo o CT da RT, obtém-se o Lucro Extraordinário ou Supranormal, que pode ser visualizado pela parte hachurada do gráfico.

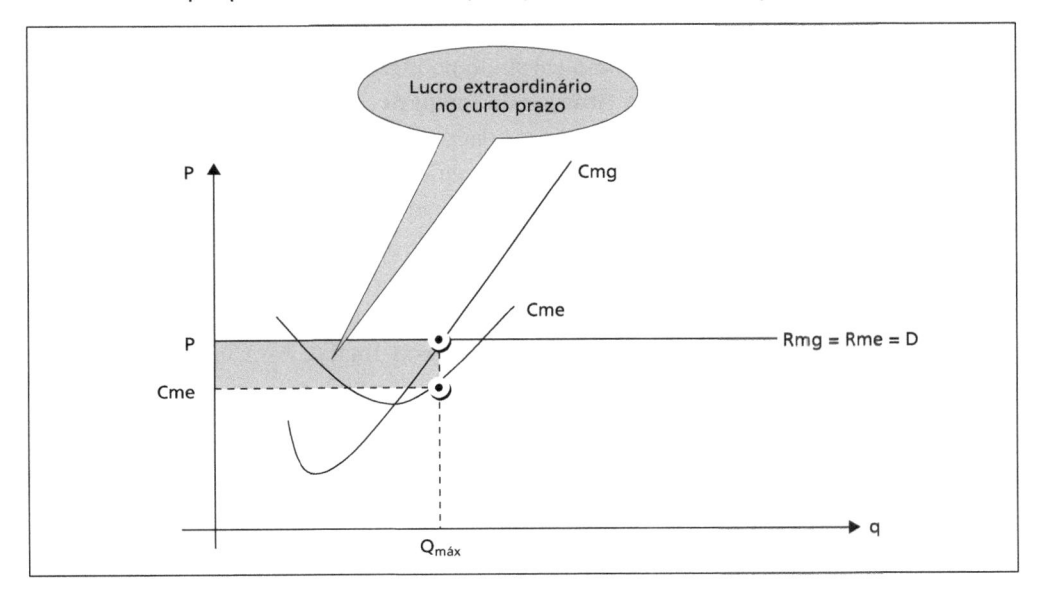

Quando uma firma em concorrência perfeita gera lucro extraordinário, novas firmas terão incentivo em entrar nesse mercado, fazendo com que a oferta do bem ou serviço aumente. Isso provoca um deslocamento da curva de oferta para baixo ou para a direita (de O_1 para O_2). Assim, um novo ponto de equilíbrio se forma no mercado com preços mais baixos (de P_1 para P_2) e quantidade produzida maior (de Q_1 para Q_2). Vejamos na Figura 15.6.

Figura 15.6. Quando a firma em concorrência perfeita apresenta lucro extraordinário, novas empresas se estimularão a entrar no mercado, fazendo com que a curva de oferta se desloque para baixo ou para a direita, reduzindo o preço de equilíbrio.

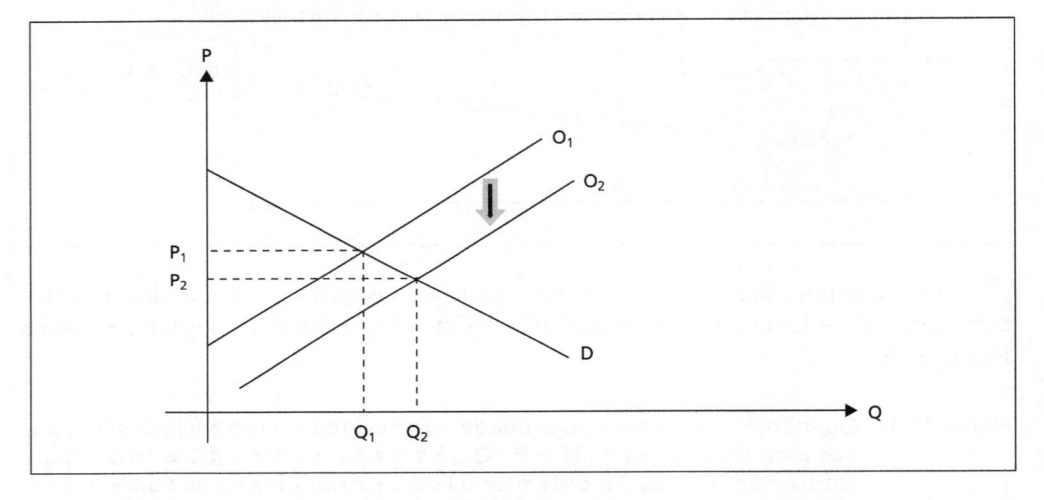

Esse processo de entrada de novas firmas no mercado ocorre até o ponto em que o lucro supranormal desaparece. Assim, a curva de oferta se desloca para baixo ou para a direita à medida que novas firmas vão entrando no mercado. Quando o lucro supranormal desaparecer, estaremos numa situação de **longo prazo**. Vejamos, na Figura 15.7, o comportamento do mercado e da firma em concorrência perfeita quando novas firmas entram no mercado. A curva de Oferta3 (O_3) representa o deslocamento da curva de Oferta, que faz com que o lucro supranormal desapareça.

No ponto em que ocorre a maximização do lucro de uma firma em concorrência perfeita no longo prazo, ou seja, quando o Custo Marginal (Cmg) se iguala à Receita marginal (Rmg), a firma estará operando com o Custo médio mínimo. Podemos perceber que a Receita Total (RT = $P_3 \cdot Q_{máx}$) é igual ao Custo Total (CT = Cme $\cdot Q_{máx}$). Logo, o lucro supranormal ou extraordinário desaparece.

Figura 15.7. No Longo Prazo, a entrada de novas firmas no mercado em busca de Lucro Supranormal faz com que o preço de equilíbrio do mercado caia até P_3. A firma tomadora de preço vai ter, a esse novo preço P_3, sua Receita Total ($P_3 \cdot Q_{máx}$) equiparada ao seu Custo Total (Cme $\cdot Q_{máx}$), fazendo com que o Lucro extraordinário desapareça.

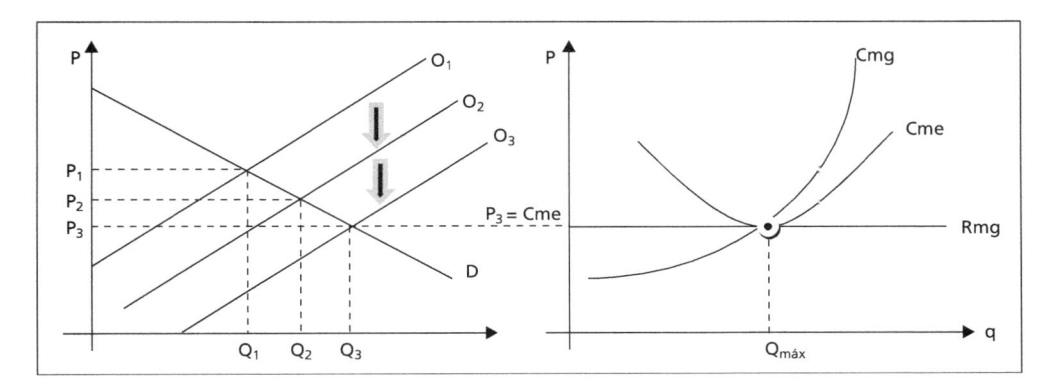

Portanto, no Longo Prazo (LP), na Concorrência Perfeita, P = RMg = Cmg (LP) = Cme_{min}(LP).

É importante saber que, quando o Lucro Extraordinário desaparece, não significa que a firma não terá mais lucro, já que há lucro normal, que consta da participação do empreendimento como fator de produção no processo produtivo. Esse lucro Normal está embutido nos custos de produção e, portanto, está sendo englobado pelos custos médios.

15.7. CURVA DE OFERTA DE CURTO PRAZO NUMA FIRMA COMPETITIVA

A curva de oferta numa firma em concorrência perfeita, no curto prazo, é definida pelo trecho ascendente da curva de Custo Marginal (Cmg) a partir da intersecção desta com a curva de Custo Variável Médio (CVme). Também podemos dizer que a curva de oferta de uma firma em concorrência perfeita, no curto prazo, é definida pelo trecho ascendente da curva de Custo Marginal (Cmg) a partir do Custo Variável Médio mínimo ($CVme_{mínimo}$). Vejamos a Figura 15.8. A curva de oferta é representada pelo trecho negritado da curva de Custo Marginal.

Figura 15.8. A curva de oferta da firma em concorrência perfeita é c trecho ascendente da curva de custo marginal a partir da intersecção do custo marginal com o custo variável médio.

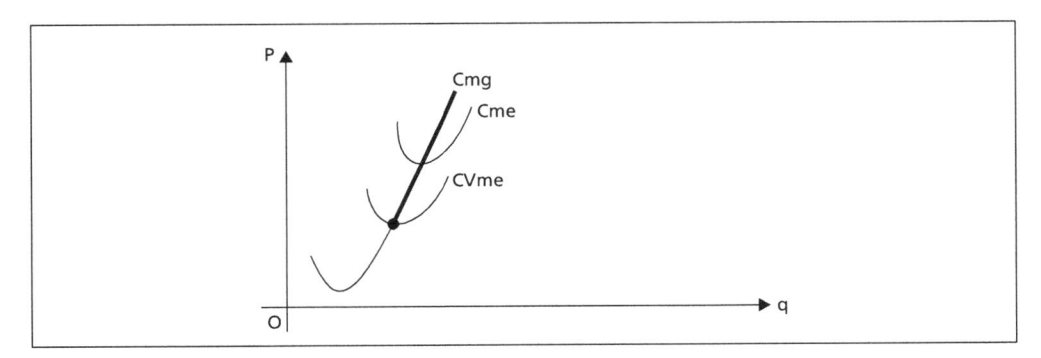

Por que a curva de oferta é o trecho ascendente da curva de custo marginal, a partir do custo variável médio mínimo? Vejamos algumas situações.

1.ª situação: consideremos que o preço do produto esteja em um patamar acima do custo médio, ou seja, acima da intersecção do custo médio com o custo marginal.

$$P > Cme$$

Nessa situação, percebemos que haverá lucro extraordinário, que corresponde à área que se encontra hachurada na Figura 15.9. Portanto, se há lucro extraordinário, haverá oferta.

Figura 15.9. Quando o Preço (P) se encontra acima do Custo Médio (Cme), haverá lucro extraordinário e a firma terá interesse em ofertar o produto.

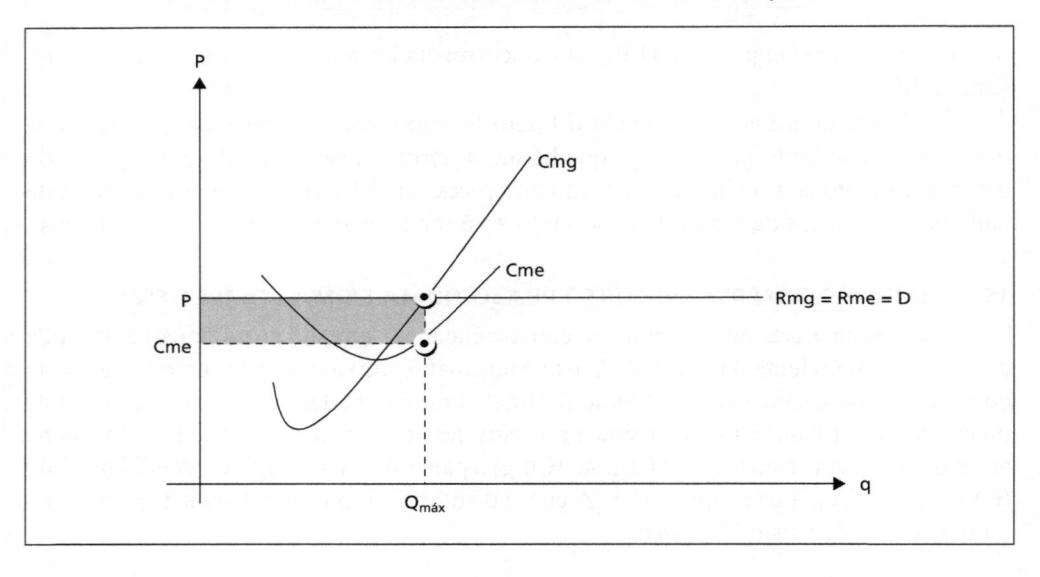

2.ª situação: consideremos que o preço do produto esteja em um patamar igual ao do custo médio mínimo, ou seja, na intersecção do custo médio com o custo marginal.

$$P = Cme$$

Nessa situação, percebemos, na Figura 15.10, que não haverá lucro extraordinário, já que a Receita Total (RT = P · $Q_{máx}$) é igual ao Custo Total (CT = P · Cme). Mas, apesar de a firma não gerar lucro supranormal, ela deverá continuar a ofertar o produto, já que o lucro normal, que está embutido nos custos de produção, persevera, além do fato de o preço estar conseguindo cobrir todos os custos de produção (tanto os fixos como os variáveis).

Figura 15.10. Quando o Preço (P) é igual ao Custo Médio (Cme), não haverá lucro extraordinário, mas a firma continuará a ofertar o produto.

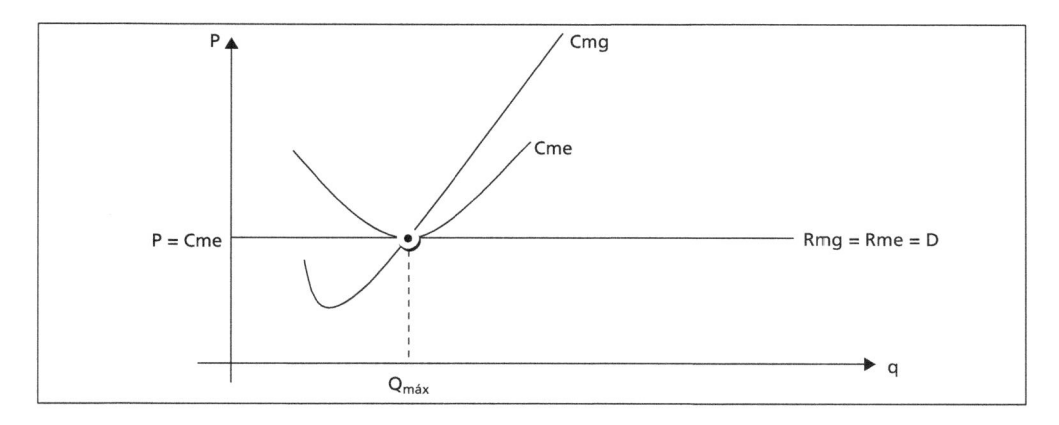

3.ª situação: consideremos que o preço do produto esteja em um patamar abaixo do custo médio mínimo, porém, acima do custo variável médio mínimo.

$$CVme < P < Cme$$

Nessa situação, percebemos que, além de não haver lucro extraordinário, já que a Receita Total ($RT = P \cdot Q_{máx}$) é menor que o Custo Total ($CT = P \cdot Cme$), haverá **prejuízo** que pode ser visualizado, na Figura 15.11, pela área hachurada. Apesar de a firma ter prejuízo, ela deverá continuar a ofertar o produto no curto prazo, já que o preço consegue cobrir todos os custos variáveis e parte dos custos fixos. E se a empresa tem a intenção de permanecer no mercado, então terá que arcar com os custos fixos, produzindo ou não. Então, para a firma, é melhor produzir e ter parte dos seus custos fixos cobertos do que não produzir e ter que arcar sozinha com esses custos fixos.

Figura 15.11. Quando o Preço (P) se encontra entre o Custo médio (Cme) e o Custo Variável médio (CVme), haverá prejuízo, mas a firma, no curto prazo, continuará a ofertar o produto.

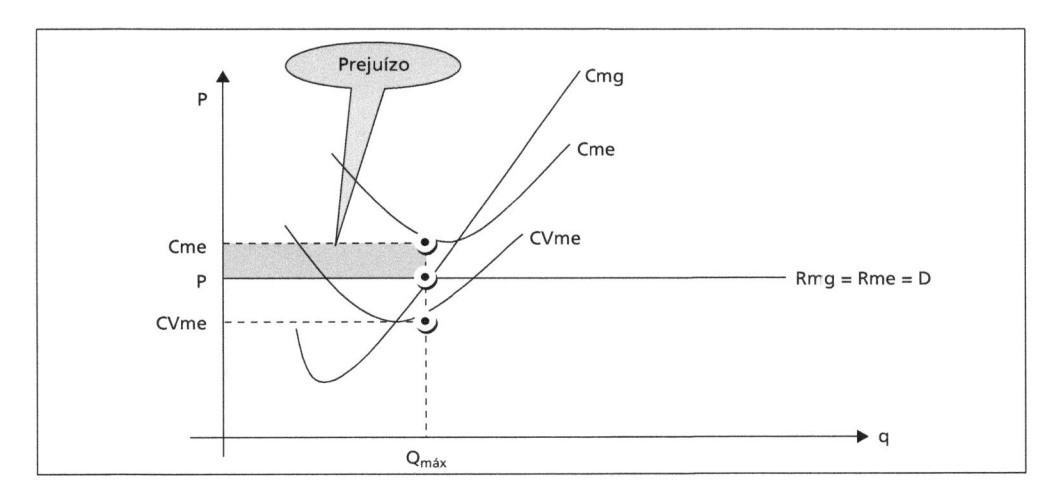

4.ª situação: consideremos que o preço do produto seja igual ao custo variável médio mínimo.

$$P = CVme$$

Nessa situação, percebemos que, além de não haver lucro extraordinário, já que a Receita Total ($RT = P \cdot Q_{máx}$) é menor que o Custo Total ($CT = P \cdot Cme$), haverá **prejuízo**, que pode ser visualizado na Figura 15.12 pela área hachurada. Mas, apesar da firma ter prejuízo, ela deverá continuar a ofertar o produto no curto prazo, já que o preço consegue cobrir todos os custos variáveis, embora não cubra nada dos custos fixos. Dizemos que nessa situação ocorre o **prejuízo máximo**. E se a empresa tem a intenção de permanecer no mercado, então terá que arcar com os custos fixos, produzindo ou não. Logo, para a firma é melhor produzir, mesmo tendo que arcar sozinha com os custos fixos, porque, nesse intervalo de tempo, pode acontecer de o mercado se aquecer, elevando o preço, e o prejuízo diminuir, ou, até mesmo, surgir lucro extraordinário.

Figura 15.12. Quando os preços são iguais aos custos variáveis médios, a firma em concorrência perfeita continuará a ofertar o produto, já que o preço será capaz de cobrir todos os custos variáveis, embora tenha deixado descoberto todo o custo fixo.

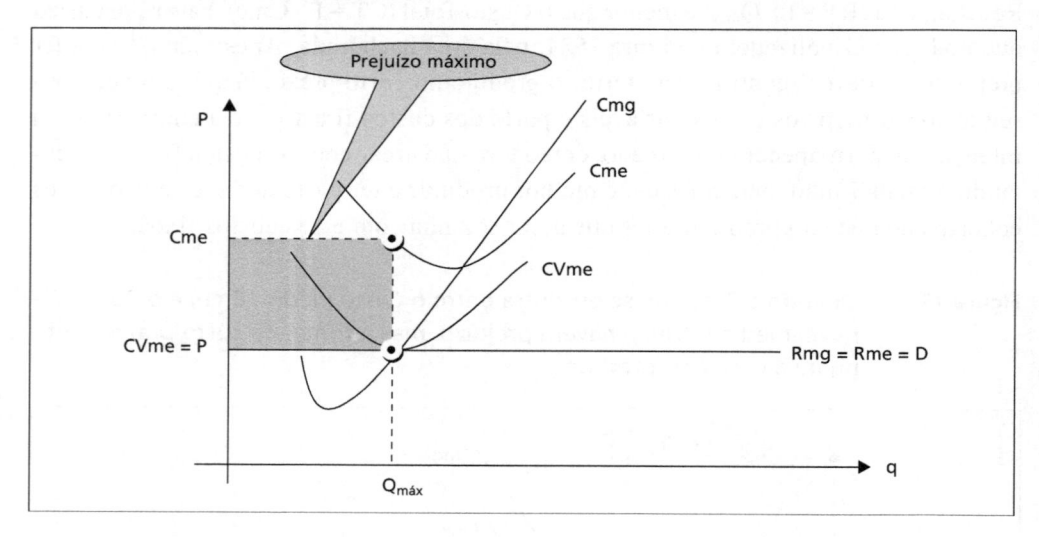

5.ª situação: consideremos que o preço do produto esteja abaixo do custo variável médio.

$$P < CVme$$

Nessa situação, os preços não conseguem cobrir nada dos Custos Fixos, que são representados graficamente pelo retângulo hachurado superior [$CF = (Cme - Cvme) \cdot Q_{máx}$], e ainda deixam descobertos parte dos custos variáveis, que são representados graficamente pelo retângulo hachurado inferior [parte $CV = (CVme - P) \cdot Q_{máx}$] da Figura 15.13. Nessa situação, a empresa deverá optar por **paralisar as atividades temporariamente**.

Paralisar a atividade refere-se a uma decisão de curto prazo e consiste em ter que arcar ainda com os custos fixos. É uma situação diferente da **saída permanente** da empresa do mercado. Esta é uma decisão de longo prazo em que deixa de pagar tanto os custos fixos quanto os variáveis.

Assim, a decisão de paralisar as atividades temporariamente ocorrerá se:

$$RT < CV$$
$$RT/Q < CV/Q$$
$$P < CVme$$

Figura 15.13. Quando o preço está abaixo do Custo Variável médio (CVme), não é mais interessante a firma em concorrência perfeita ofertar o produto, já que o preço não consegue cobrir nada dos custos fixos e nem a totalidade dos custos variáveis. Nessa situação, a firma optará por paralisar a oferta do produto.

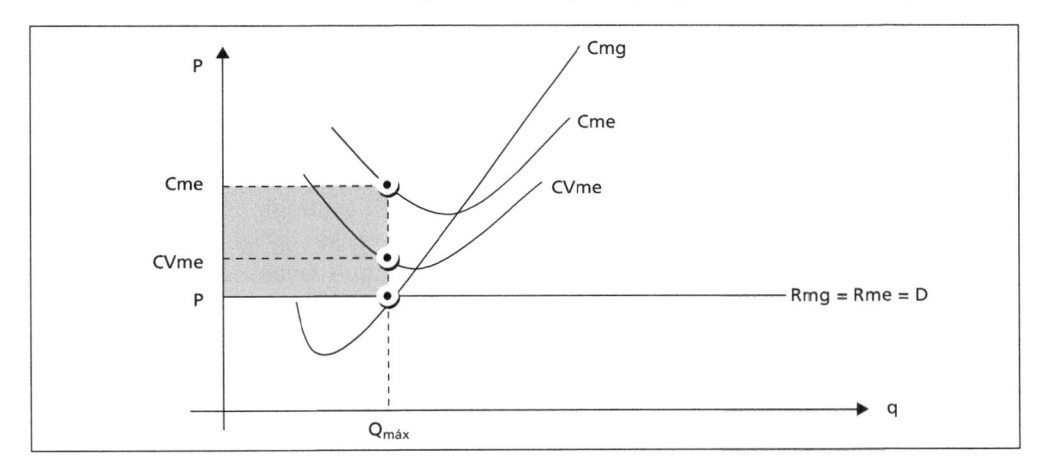

Concluindo, podemos dizer, então, que a **curva de oferta de curto prazo da firma em concorrência perfeita nasce a partir do ponto Mínimo do Custo Variável médio**.

15.8. CURVA DE OFERTA DE LONGO PRAZO NUMA FIRMA COMPETITIVA

No longo prazo, não há Custo Fixo (CF) nem Custos Fixos médios (CFme). Assim, o Custo Variável médio (CVme) e o Custo médio (Cme) serão iguais para a análise de decisão da empresa de **sair ou ficar no mercado**. Essa decisão ocorrerá se a Receita Total (RT) for menor que o Custo Total (CT), se a Receita média (RT/Q) for menor que o Custo médio (CT/Q) ou se o Preço (P) for menor que o Custo médio (Cme):

$$RT < CT$$
$$RT/Q < CT/Q$$
$$P < Cme$$

Logo, a **oferta da firma em concorrência perfeita no longo prazo será a parte ascendente da curva de custo marginal acima do Custo médio (Cme)**. Podemos constatar isso na Figura 15.14. A curva de oferta de longo prazo é representada pela parte da curva de custo marginal negritada.

Figura 15.14. Curva de oferta de longo prazo na concorrência perfeita. A curva de oferta é o ramo ascendente da curva de Custo marginal (Cmg) a partir do ponto de mínimo da curva de Custo médio (Cme).

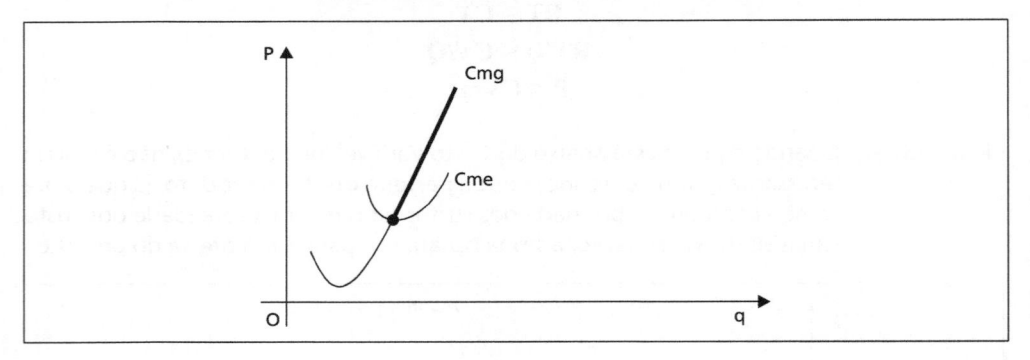

Como vimos, o equilíbrio, no longo prazo, vai ocorrer no ponto em que o custo marginal de longo prazo se iguala ao preço. Nesse processo, a empresa terá que ajustar a quantidade de fatores produtivos (insumos) que possibilite atingir esse nível de produção. Ocorre que, no nível ótimo de produção, a curva de custo marginal que está sendo considerada é a curva de custo marginal de curto prazo, que deverá se igualar ao preço. No longo prazo, **com a mudança do preço, a combinação de fatores produtivos (insumos) que serão utilizados também sofrerá alteração** com o objetivo de reduzir custos, o que faz com que a oferta se altere, no longo prazo, deslocando a curva de custo marginal de curto prazo para outra curva de custo marginal de curto prazo. Por isso, dizemos que a **curva de oferta de longo prazo não coincide com a curva de custo marginal de longo prazo** acima do custo médio mínimo.

15.9. CURVA DE OFERTA DA INDÚSTRIA NO CURTO PRAZO EM CONCORRÊNCIA PERFEITA

Em microeconomia, o termo **indústria** significa mercado ou a soma das empresas que exploram o mesmo negócio. Logo, podemos considerar a indústria como o somatório das firmas.

$$\text{Indústria} = \sum \text{firmas}$$

Quando falamos em **curto prazo** da indústria, estamos nos referindo ao espaço de tempo suficiente para que o **número de empresas (ou firmas) seja constante**, já que, num intervalo de tempo curto, é difícil empresas entrarem e saírem do mercado.

Supondo que a demanda pelo bem aumente, isso provocará elevação dos preços e da quantidade produzida. Quando se produz mais, é necessária a utilização de mais fatores produtivos. Assim, podemos supor duas situações: a primeira, em que os preços dos fatores de produção permanecem constantes e a segunda, em que os fatores de produção tem seus preços elevados.

1.ª situação: os **Preços dos Fatores de Produção permanecem constantes**, então os custos da indústria serão a soma dos custos das firmas. Assim, a curva de oferta da indústria será a soma horizontal das curvas de oferta das firmas. Representamos as curvas de oferta das firmas por O_1 e O_2, e a curva de oferta da indústria por $O_1 + O_2$, conforme mostra a Figura 15.15.

Figura 15.15. A curva de oferta da indústria no curto prazo, representada por $O_1 + O_2$, quando os preços dos fatores produtivos são constantes, é a soma horizontal das curvas de oferta das firmas, representadas por O_1 e O_2.

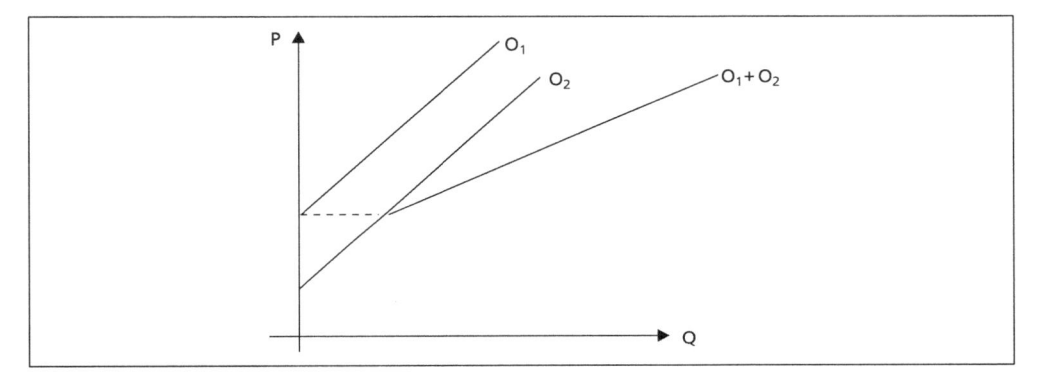

Se considerarmos que no mercado há 100 empresas idênticas e que, portanto, cada uma produz a mesma quantidade, então a quantidade ofertada da indústria será 100 vezes maior que a da firma.

2.ª situação: os preços dos fatores de produção sobem, então as curvas de Custo Marginal (Cmg) de cada firma vão para cima e a curva de oferta da indústria será mais inclinada.

15.10. CURVA DE OFERTA DA INDÚSTRIA A LONGO PRAZO EM CONCORRÊNCIA PERFEITA

Repetindo, em microeconomia, o termo "**indústria**" significa mercado ou a soma das empresas que exploram o mesmo negócio. Logo, podemos considerar a indústria como o somatório das firmas.

$$\text{Indústria} = \sum \text{firmas}$$

Quando falamos em **longo prazo** na indústria, estamos nos referindo ao espaço de tempo suficiente para que o **número de empresas (ou firmas) varie**, já que, num intervalo de tempo mais longo, as empresas se ajustam às mudanças nas condições do mercado, entrando ou saindo dele.

Se as firmas que estão no mercado apresentarem lucros extraordinários, isso servirá de estímulo para que novas firmas entrem no mercado, aumentando a oferta e a quantidade ofertada do produto, reduzindo os preços e os lucros. Também, se as firmas que estão no mercado apresentarem prejuízo, muitas delas sairão do mercado, reduzindo a oferta e a quantidade ofertada, aumentando o preço e o lucro. No final do processo, as empresas que permanecerem no mercado apresentarão lucro supranormal igual a zero. Nessa situação, o preço será igual ao Custo médio mínimo (Cme_{min}).

Quando se produz ao menor Custo médio (Cme), diz-se que se está produzindo numa **escala eficiente**.

Supondo que todas as firmas que pertencem ao mercado possuam os mesmos custos de produção, podemos representar o equilíbrio de longo prazo de cada uma dessas empresas como o que se apresenta na Figura 15.16 (a). Percebemos que o **preço é igual ao Custo marginal (Cmg) e Custo médio mínimo (Cme_{min})** e o lucro extraordinário é zero. Nesse ponto, não há incentivo para que novas firmas entrem no mercado nem para as que estão nele saiam. Logo, é possível determinarmos a **curva de oferta do mercado (ou da indústria) no longo prazo**, que é uma curva totalmente **elástica** ao preço (ou horizontal), mostrada na Figura 15.16 (b). Preços acima desse ponto gerariam lucro extraordinário e provocariam a entrada de novas firmas no mercado e aumento da quantidade ofertada. Também, preços abaixo desse ponto, provocariam prejuízo e a saída de empresas, reduzindo a quantidade ofertada. Assim, o número de firmas se ajusta no mercado de tal maneira que consiga atender adequadamente a demanda de mercado. E esse número de firmas operará onde o:

$$Cmg = Cme_{mínimo} = P$$

Assim, afirma Varian: "Um caso de interesse particular é aquele em que a tecnologia de longo prazo da empresa apresenta retornos constantes de escala. Aqui, a curva de oferta de longo prazo será a curva de custo marginal de longo prazo, a qual, no caso de custo médio constante, coincide com a curva de custo médio de longo prazo. Dessa forma, temos a situação [...] em que a curva de oferta de longo prazo é a linha horizontal em Cmín, o nível do custo médio constante"[3].

Figura 15.16. No longo prazo, haverá entrada e saída de firmas no mercado até o ponto em que o preço (P) se iguala ao Custo marginal (Cmg) e ao Custo médio mínimo ($Cme_{mín}$), conforme mostra o gráfico (a). A indústria (ou mercado) no longo prazo apresenta uma curva de oferta horizontal ou perfeitamente elástica ao preço, conforme mostra o gráfico (b).

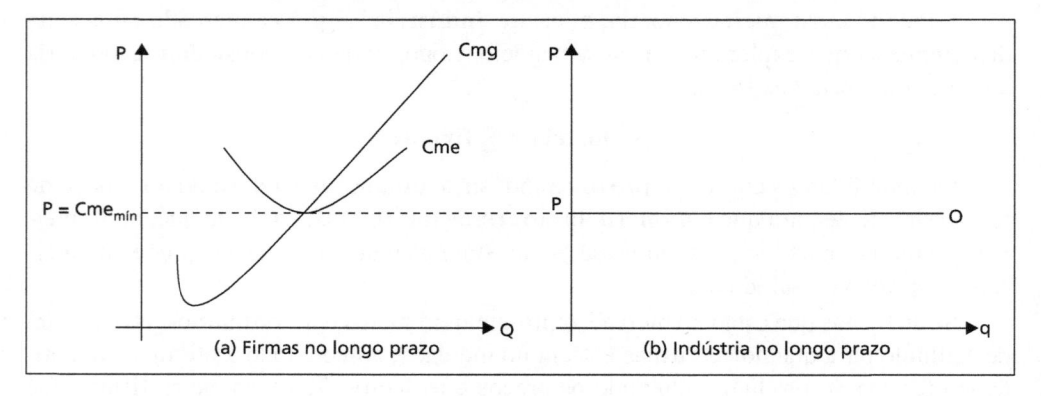

---

[3] Hal R. Varian, *Microeconomia*: uma abordagem moderna, p. 427.

Portanto, no longo prazo, a indústria pode se deparar com duas situações. Na primeira, consideramos que os custos são constantes e iguais para todas as firmas, conforme mostrado acima, e a segunda, quando os custos de produção são diferentes para cada firma e/ou crescentes. Assim, vejamos:

1.ª situação: quando os custos são constantes e iguais para todas as firmas. No longo prazo, os preços são iguais ao Custo médio mínimo e ao Custo marginal (P = Cme_{minimo} = Cmg) e a curva de oferta é uma linha horizontal com altura igual ao custo médio mínimo, conforme demonstramos acima.

2.ª situação: quando os custos de produção são crescentes e/ou diferentes para as firmas que compõem o mercado. Os custos de produção se tornam crescentes quando os insumos ou fatores produtivos são insuficientes para atender a demanda de mercado. Assim, o aumento da quantidade ofertada leva a um aumento dos custos de produção e, por conseguinte, a um aumento nos preços. Também quando os custos são diferentes para cada firma, aquelas que apresentam menores custos entrarão no mercado com mais facilidade. Aquelas que apresentam maiores custos precisam ser encorajadas a entrarem no mercado, e isso só se dará a preços mais altos. Assim, vejamos, na Figura 15.17, o formato da curva de oferta da indústria (mercado) quando os custos são crescentes ou diferentes para cada firma que pertence ao mercado.

Como no longo prazo a facilidade de entrar e sair do mercado é maior que no curto prazo, a **curva de oferta de longo prazo é mais elástica** (mais horizontal) que a curva de oferta de curto prazo.

Assim afirma Varian: "No curto prazo, a empresa tem alguns fatores com oferta fixa; no longo prazo, esses fatores são variáveis. Portanto, quando o preço da produção varia, a empresa tem mais escolhas para promover ajustes no longo prazo do que no curto prazo. Isso sugere que a curva de oferta de longo prazo reagirá mais ao preço — será mais elástica — do que a curva de oferta de curto prazo."[4]

Figura 15.17. A curva de oferta de longo prazo é crescente quando os custos de produção são crescentes ou diferentes para cada firma do mercado.

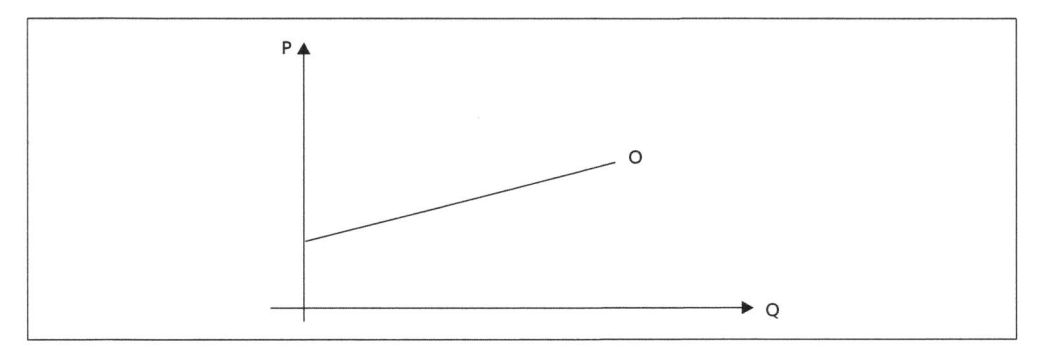

A curva de oferta de longo prazo será crescente, porque, quanto maior é a Quantidade (Q), maior é o custo médio da indústria.

---

[4] Hal R. Varian, *Microeconomia*: uma abordagem moderna, p. 425.

Quadro-resumo da CONCORRÊNCIA PERFEITA

	Firma no curto prazo	Firma no longo prazo	Indústria no curto prazo	Indústria no longo prazo
No equilíbrio	p = Cmg = Rmg = Demanda	p = Cmg = Rmg = Demanda = Cme mínimo	P = Cmg = Rmg = Demanda	P = Cmg = Rmg = Demanda = Cme mínimo
Oferta	é o trecho ascendente da Cmg acima do CVme	é o trecho ascendente da Cmg acima do Cme	1. Se p_{FP} constante: será a soma horizontal dos Cmg das firmas 2. Se $p_{FP}\uparrow$: será mais inclinada que Cmg da firma	1. Se p_{FP} constante: será a linha horizontal na altura do Cme mínimo 2. Se $p_{FP}\uparrow$: a curva será crescente
Lucro supranormal	sim	não	sim	não

15.11. QUESTÕES

1. (IBFC — IBGE — 2021) Pense numa estrutura de mercado que mostra uma concentração de empresas cada vez maior, por exemplo em março de 2019: América Móvil, controladora da operadora de telecom Claro, comprou a operação da Nextel no Brasil por 905 milhões de dólares. Diante desta notícia e das diferentes estruturas de mercado, considere se para a procura do mercado é melhor ter mais ou menos concorrência e qual a consequência desta quantidade de concorrentes para o consumidor.

(Link: https://economia.estadao.com.br/noticias/geral,dona-daclaro-anuncia-compra-da-nextel-brasil-por-us-905-milhoes,70002759281)

A respeito do proposto, assinale a alternativa correta.
a) Maior concorrência é melhor para o consumidor pois diminui a oferta de bens e evita aumento de preço.
b) Maior concorrência é melhor para o consumidor pois aumenta a oferta de produto e evita a escassez.
c) Menor concorrência é melhor para o consumidor pois poucos produtores vão se preocupar em ser eficiente e oferecer um produto mais barato para o consumidor.
d) Menor concorrência é melhor para o consumidor pois poucos produtores vão evitar faltar produto e ter variações no preço final.
e) A quantidade de concorrentes não é determinante para preço a quantidade pois toda empresa ao buscar maximizar lucro seu vai ser eficiente e colocar o menor preço possível.

2. (IADES — Diplomata — 2021) Em um pequeno país, o mercado de maçãs funciona em equilíbrio sob concorrência perfeita. Em determinada data, o quilo da maçã é vendido, em todo o país, por $ 5. Considere nulos os custos de transação e os custos de menu. De acordo com essa situação hipotética, julgue (C ou E) o item a seguir.
Se um novo morador migrar para o país e não houver choques exógenos de oferta e de demanda, pagará o preço de $ 5 por quilo de maçã que adquirir.
( ) Certo   ( ) Errado

3. (IADES — Diplomata — 2021) Em um pequeno país, o mercado de maçãs funciona em equilíbrio sob concorrência perfeita. Em determinada data, o quilo da maçã é vendido, em todo o país, por $ 5. Considere nulos os custos de transação e os custos de menu. De acordo com essa situação hipotética, julgue (C ou E) o item a seguir.

Uma nova mercearia que venda maçãs no pequeno país não terá incentivos para vender as frutas por menos que $ 5 por quilo, pois obterá lucros menores do que conseguiria caso mantivesse o preço no nível de equilíbrio.
( ) Certo   ( ) Errado

4. (TCU — FGV — 2022) Em uma indústria perfeitamente competitiva, sem barreiras à entrada e à saída, e com potenciais entrantes, cada firma tem uma estrutura de custos idêntica, não afetada pela entrada de novas firmas, e igual a $c(q) = 75 + q + 3q^2$, para $q > 0$ e $c(0) = 0$, onde q é a quantidade produzida por cada firma. A demanda inversa de mercado é dada por $p(q) = 141 - 0,5Q$, em que Q é a quantidade demandada e p o preço. Então:
   a) o preço de equilíbrio é igual a 15.
   b) cada firma oferta duas unidades no longo prazo
   c) a curva de oferta de longo prazo da indústria será igual a $p(q) = 6Q + 1$
   d) caso a demanda inversa de mercado se altere para $p(q) = 161 - 0,5Q$, oito firmas entram na indústria no novo equilíbrio de longo prazo
   e) caso o governo decida instituir um imposto de três unidades monetárias por unidade vendida, o impacto tributário recai totalmente nos consumidores e a perda de peso morto da economia no longo prazo é igual a 18.

5. (CESGRANRIO — 2024 — CNU) As empresas que operam em mercados perfeitamente competitivos são incapazes de extrair lucros econômicos extraordinários ("lucros de monopólio"), no longo prazo, porque
   a) impõem barreiras à entrada de competidores rivais.
   b) existe total liberdade de entrada e saída de competidores rivais nesses mercados.
   c) produzem bens diferenciados.
   d) considerando-se os bens produzidos, suas curvas de demanda individuais são infinitamente inelásticas com relação aos preços de mercado.
   e) considerando-se os bens produzidos, suas curvas de demanda individuais são negativamente inclinadas com relação aos preços de mercado.

6. (CEBRASPE — 2024 — SEFAZ-AC) Considerando que uma firma opere em concorrência perfeita com função custo total $C(q) = 0,4q^2 - 10q + 30$ e com preço igual a 10 unidades monetárias, assinale a opção que corresponde à quantidade de unidades produzidas por essa firma.
   a) 20.
   b) 25.
   c) 30.
   d) 35.
   e) 40.

7. (CEBRASPE — 2024 — Economista CAGEPA) A respeito do equilíbrio da firma, assinale a opção correta.
   a) Uma empresa deve encerrar suas atividades quando o preço de mercado é inferior ao custo variável médio.
   b) Em mercados competitivos, o equilíbrio de longo prazo ocorre quando o lucro contábil das firmas é igual a zero.
   c) Uma empresa competitiva se defronta com uma curva de demanda com inclinação negativa.
   d) A maximização de lucros de uma empresa competitiva ocorre no ponto em que a receita marginal é igual ao custo total médio.
   e) O excedente do produtor, dado pela diferença entre o preço de mercado de um bem e o seu custo marginal, é igual ao lucro.

8. (CEBRASPE — 2024 — FINEP) Segundo a teoria econômica tradicional, um mercado em concorrência perfeita é carac-terizado por
   a) ausência dos custos de transação e externalidades.
   b) assimetria de informação.

c) produto heterogêneo.
d) pequeno número de compradores e vendedores.
e) barreiras à entrada e à saída dos fatores de produção.

9. (CEBRASPE — 2024 — ANTT/Economia) Uma empresa sob concorrência perfeita produz diariamente x unidades de determinado produto a um custo total de C = 3x2 + 17x + 768 unidades monetárias.
Acerca dessa situação hipotética, julgue o item seguinte, sabendo que a curva de oferta de empresas sob concorrência perfeita coincide com a curva de custo marginal a partir do ponto em que o custo médio é mínimo.
A curva de oferta da referida empresa se inicia em x = 16.
( ) Certo   ( ) Errado

10. (FGV — 2024 — ALEP/Economista) Assinale a opção que aponta uma propriedade de um mercado de concorrência perfeita.
a) O excedente social, soma dos excedentes dos consumidores e produtores, é máximo no equilíbrio de mercado.
b) A instituição de um imposto gera peso morto, mas a soma dos excedentes é mantida.
c) O lucro econômico é positivo no longo prazo.
d) O oferta de longo prazo de uma indústria é constante para quaisquer tipos de custos.
e) No ponto de equilíbrio, o preço é menor que o custo marginal.

GABARITO

1. "b". A maior concorrência aumenta o número de empresas a ofertar o produto, aumentando a eficiência, ou seja, reduzindo preços e aumentando a quantidade de produto, evitando, assim, que faltem produtos na economia. Essa situação traz benefícios para o consumidor. A alternativa "b" está correta e a "a" está incorreta. Maior concorrência é melhor para o consumidor pois muitos produtores vão se preocupar em ser eficiente e oferecer um produto mais barato para o consumidor. A alternativa "c" está incorreta. Maior concorrência é melhor para o consumidor pois muitos produtores vão evitar faltar produto e o preço final vai cair. A alternativa "d" está incorreta. A quantidade de concorrentes é determinante para preço a quantidade pois toda empresa ao buscar maximizar lucro vai ser necessariamente eficiente e pode colocar o menor preço possível. A alternativa "e" está incorreta.

2. "certo". Em um mercado em concorrência perfeita a entrada de um novo comprador não impacta o preço do produto no mercado. Os consumidores são tomadores de preços e esses preços são determinados no mercado.

3. "certo". Num mercado em concorrência perfeita, um vendedor isolado não tem o poder de afetar o preço do produto no mercado. Assim, a firma individual poderá vender, ao preço determinado pelo mercado, a quantidade que desejar, o que justificaria não querer baixar o preço do seu produto, já que, se baixasse, teria que vender uma quantidade menor. Também, não elevaria o preço, porque isso faria o consumidor procurar outro vendedor que venda ao preço determinado pelo mercado, que é mais baixo.

4. "d".

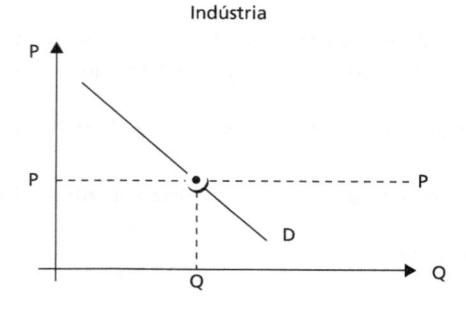

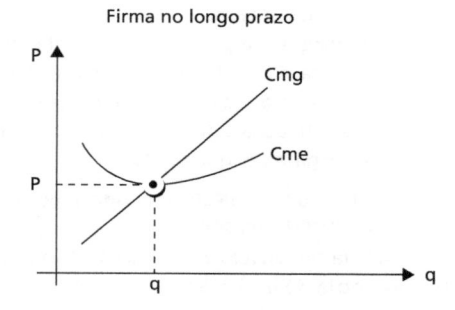

No longo prazo, a quantidade que maximiza o lucro da firma em concorrência perfeita, ocorre quando o Custo marginal (Cmg) se iguala com o Custo médio (Cme). Logo:
Cmg = Cme
O Cmg é a derivada primeira do Custo Total (CT) em função da quantidade (q). Logo:
Cmg = 1 + 6q (curva de oferta da firma, e não da indústria, a partir do cruzamento do Cmg com o Cme)
A alternativa "c" está incorreta.
O Custo médio (Cme) é igual ao Custo Total (CT) dividido pela quantidade (q). Logo:
Cme = 75/q + 1 + 3q
Cmg = Cme
1 + 6q = 75/q + 1 + 3q
q = 5
A alternativa "b" está incorreta.
Como o Preço (P) é igual ao Cmg ou Cme quando q = 5, então:
P = Cmg
P = 1 + 6 · 5
P = 31
A alternativa "a" está incorreta.
A esse preço, determinamos a quantidade (Q) da indústria, substituindo na função demanda da indústria:
P = 141 – 0,5 Q
31 = 141 – 0,5 Q
Q = 220
Como cada firma produz 5 (q = 5) e a indústria produziu 220 (Q = 220), então, há 44 firmas no mercado (= 220/5).
Se a curva de demanda de mercado for: P = 161 – 0,5Q, então:
31 = 161 – 0,5Q
Q = 260
Como cada firma produz 5 (q = 5) e a indústria produziu 260 (Q = 260), então, há 52 firmas no mercado (= 260/5). Como tinham 44 firmas anteriormente, então entraram 8 novas firmas (= 52 – 44).
A alternativa "d" está correta.
Para que o impacto de um imposto recaísse integralmente sobre o consumidor, a curva de demanda deveria ser totalmente inelástica ou a curva de oferta ser totalmente elástica, o que não é o caso. A alternativa "e" está incorreta.

5. "b". Como não existem barreiras à entrada de novas firmas no mercado em concorrência perfeita, elas entram para abocanhar parte do lucro extraordinário do curto prazo. Isso faz com que o preço caia, reduzindo o lucro até zerá-lo. A alternativa "b" está correta e a "a" está incorreta. Os bens produzidos no mercado em concorrência perfeita são homogêneos. A alternativa "c" está incorreta. A firma individual apresenta uma curva de demanda perfeitamente elástica em relação aos preços. As alternativas "d" e "e" estão incorretas.

6. "b". Dada a função de Custo Total: C = 0,4q2 – 10q + 30
Determinamos o Custo Marginal: Cmg = 0,8q – 10
Dado o preço igual a P=10
A quantidade que maximiza o lucro é aquela onde Cmg = P
Logo:
0,8q – 10 = 10
q = 25

7. "a". Quando o preço que está sendo cobrado não cobre nem os custos fixos nem os custos variáveis juntos, então deve encerrar suas atividades. A alternativa "a" está correta.
Em mercados competitivos, o equilíbrio de longo prazo ocorre quando o preço é igual ao custo médio mínimo, de modo que o lucro extraordinário das firmas seja igual a zero. A alternativa "b" está incorreta.
Uma empresa competitiva se defronta com uma curva de demanda horizontal ou perfeitamente elástica aos preços. A alternativa "c" está incorreta.
A maximização de lucros de uma empresa competitiva ocorre no ponto em que o preço é igual

ao custo marginal. No longo prazo, isso ocorre quando o custo total médio é mínimo e igual ao preço. A alternativa "d" está incorreta.

O excedente do produtor é dado pela diferença entre o preço de mercado de um bem e o preço mínimo pelo qual o produtor estaria disposto a vender seu produto. A alternativa "e" está incorreta.

8. "a". Um mercado em concorrência perfeita é caracterizado pela ausência de custos de transação e externalidades, pela total simetria de informações, por competir com produtos homogêneos, possuir inúmeros compradores e vendedores e inexistência à entrada e à saída dos fatores de produção.

9. "certo". Dado o Custo total: $C = 3x^2 + 17x + 768$,
Então o Custo Marginal será de: $Cmg = 6x + 17$
E o Custo Médio será de: $Cme = 3x + 17 + 768/x$
Igualando o Cmg com o Cme, temos:
$6x + 17 = 3x + 17 + 768/x$
$3x^2 = 768$
$x = 16$

10. "a". A maximização do lucro em um mercado em concorrência perfeita ocorre no encontro da curva de demanda e de oferta. Nesse ponto, o excedente do consumidor e do produtor são máximos. A alternativa "a" está correta.

A instituição de um imposto gera peso morto, fazendo com que a soma dos excedentes do consumidor e do produtor diminua. A alternativa "b" está incorreta.

O lucro econômico é zero no longo prazo porque novas firmas entram no mercado em busca do lucro de curto prazo, fazendo com que o preço caia e o lucro desapareça no longo prazo. A alternativa "c" está incorreta.

O oferta de longo prazo de uma indústria fica mais inclinada, no curto prazo, quando os custos sobem. No longo prazo, a curva de oferta da indústria fica crescente quando os custos sobem, diferenciando da curva de oferta horizontal quando os custos são fixos. A alternativa "d" está incorreta.

No ponto de equilíbrio, o preço é igual ao custo marginal. A alternativa "e" está incorreta.

15.12. MATERIAL SUPLEMENTAR

QUESTÕES DE CONCURSOS
> http://uqr.to/1yarm

16

ESTRUTURA DE MERCADO: MONOPÓLIO

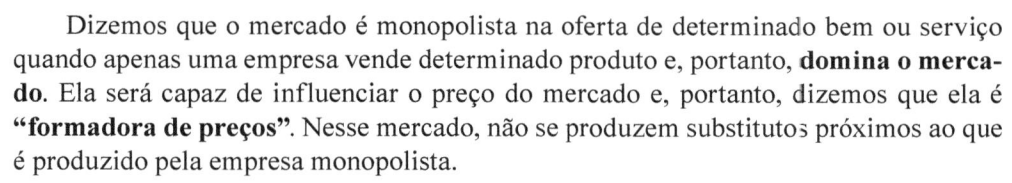

Dizemos que o mercado é monopolista na oferta de determinado bem ou serviço quando apenas uma empresa vende determinado produto e, portanto, **domina o mercado**. Ela será capaz de influenciar o preço do mercado e, portanto, dizemos que ela é **"formadora de preços"**. Nesse mercado, não se produzem substitutos próximos ao que é produzido pela empresa monopolista.

No monopólio, o Preço (P) cobrado pelo produto será maior que o Custo marginal (Cmg). Quanto maior for essa diferença, maior será o **poder de mercado** do monopolista.

Dizemos que o monopólio é puro quando a empresa produz um bem que não tem substituto perfeito.

Uma das características do monopólio é a existência de **barreiras à entrada de novas firmas**, ou seja, novas empresas não conseguem entrar no mercado. Isso se dá porque os insumos ou recursos necessários à produção do bem ou serviço é propriedade de apenas uma empresa, porque há concessão governamental a uma única empresa na oferta do produto[1] ou porque os custos são mais baixos quando apenas uma empresa fornece o bem no lugar de muitas empresas, que seria o caso da existência de monopólios naturais, assunto a ser visto a seguir.

16.1. MONOPÓLIO NATURAL

O monopólio natural é um tipo de monopólio que apresenta **rendimentos crescentes de escala** para toda faixa relevante de produção e **custos médios decrescentes**, ou seja, **Custos marginais (Cmg) menores que os Custos médios (Cme)**.

Quando uma única empresa consegue ofertar o produto[2] a um custo menor que várias empresas ofertando, então dizemos que a formação do monopólio natural é necessária. Nesse caso, o governo não deverá estimular a concorrência, porque isso

---

[1] Podemos citar a concessão de patentes, por exemplo, para alguns medicamentos e direitos autorais. Ambos trazem custos e benefícios. Os custos seriam a existência de preços mais altos, próprio do monopólio. O benefício seria incentivar a pesquisa, a produção de mais livros, de medicamentos etc.

[2] A oferta de um produto (que pode tomar a forma de bem ou serviço) por um monopolista natural é, normalmente, um produto essencial para a população e o seu custo representa uma grande participação no orçamento do consumidor. Daí a necessidade de os custos médios serem reduzidos para que o consumidor possa fazer uso desse produto a custos menores.

acarretaria elevação de custos por unidade vendida e, consequentemente, a elevação de preços.

Podemos citar, como exemplo, a distribuição de água numa cidade. Para a prestação desse serviço, é necessária a construção de uma rede de tubulações por toda a cidade, gerando custos fixos altos e, portanto, custos totais altos. Se apenas uma empresa domina esse mercado, ela conseguirá diluir esses custos por vários consumidores, fazendo com que os custos médios sejam cada vez menores, à medida que aumenta o número de usuários. Caso esse serviço seja dominado por várias empresas, esses custos serão diluídos por menos usuários por empresa, o que eleva o custo médio de produção quando comparado ao do monopólio natural. Portanto, o custo médio é menor se apenas uma empresa atender a esse mercado.

Caso uma nova empresa deseje entrar no mercado dominado por um monopólio natural, sabe que não conseguirá ter o mesmo custo médio da empresa monopolista, já que teria que repartir o mercado com esta última, elevando os custos médios. Isso faz com que a entrada de novas empresas não seja algo interessante.

Para que um monopólio natural pudesse evoluir para um mercado mais competitivo, seria necessário um aumento do mercado, com novos consumidores.

16.2. A CURVA DE DEMANDA, A RECEITA MÉDIA E A RECEITA MARGINAL NO MONOPÓLIO

Como no monopólio só há um vendedor, a curva de demanda da firma é também a **curva de demanda do mercado**, que relaciona inversamente preços e quantidades. Diferentemente da firma em concorrência perfeita, que tem a curva de demanda totalmente elástica ao preço (ou horizontal), a **curva de demanda do monopólio é negativamente inclinada**. Podemos analisar isso no gráfico da Figura 16.1. Assim, caso o monopolista queira expandir suas vendas, terá que baixar seu preço. Também, caso queira elevar seus preços, terá que reduzir suas vendas.

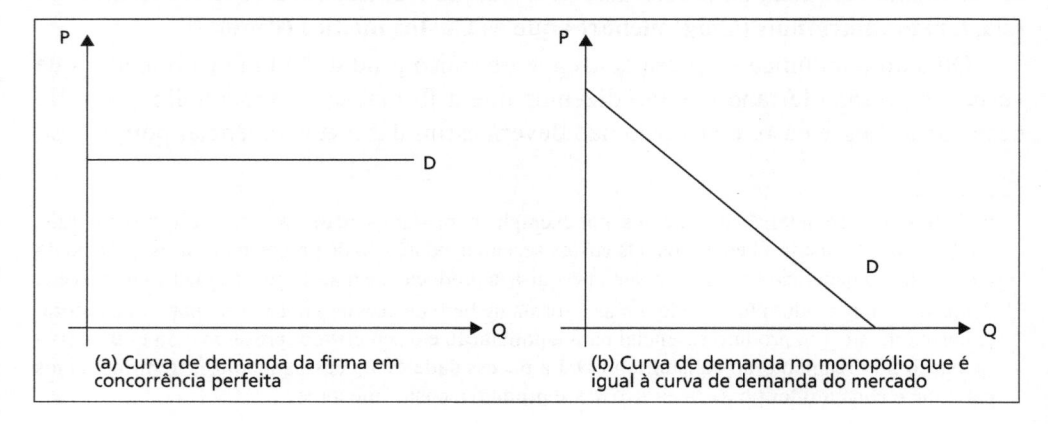

Figura 16.1. Curva de Demanda da firma em concorrência perfeita e no monopólio.

(a) Curva de demanda da firma em concorrência perfeita

(b) Curva de demanda no monopólio que é igual à curva de demanda do mercado

Podemos ver, na Tabela 16.1, o comportamento de um monopolista, caso queira alterar o preço (P) de seu produto. Assim, à medida que o monopolista abaixa seu Preço (P), a Quantidade (Q) aumenta, e vice-versa.

A Receita Total (RT) é calculada pela multiplicação do Preço (P) pela quantidade (Q). A Receita marginal (Rmg) é calculada pelo acréscimo na receita total, pelo fato de se aumentar em "um" a quantidade. Podemos perceber que, no monopólio, a **Receita marginal (Rmg) é menor que o Preço (P), logo, a curva de Receita marginal fica abaixo da curva de demanda**. A Receita média (Rme) é calculada pela razão entre receita total e quantidade. Observamos que a **Receita média (Rme) é igual ao Preço (P)**, logo a **curva de demanda também é a curva de receita média**.

Tabela 16.1. No monopólio, conforme os preços se reduzem, a quantidade demandada aumenta. A receita total se eleva até o ponto em que a receita marginal atinge o valor de zero. A partir daí, a receita total começa a cair. Podemos observar que a receita marginal é menor que o preço e a receita média é igual ao preço.

Q	P	RT = P · Q	Rmg = ΔRT / ΔQ	Rme = RT / Q
1	10	10		
2	9	18	8	9
3	8	24	6	8
4	7	28	4	7
5	6	30	2	6
6	5	30	0	5
7	4	28	–2	4
8	3	24	–4	3
9	2	18	–6	2

Representando graficamente, podemos ver a curva de receita marginal, a curva de receita média e a curva de demanda na Figura 16.2. Concluímos, portanto, que a curva de receita média coincide com a curva de demanda e que a curva de **receita marginal fica abaixo da curva de demanda**. O coeficiente linear da função demanda e receita marginal são iguais, o que faz com que partam do mesmo ponto. O coeficiente angular da curva de receita marginal é o dobro da curva de demanda. Isso faz com que a distância da curva de receita marginal em relação à origem seja idêntica à distância da curva de receita marginal em relação à demanda.

Figura 16.2. Representação gráfica da curva de Demanda, Receita Média e Receita Marginal. Observamos que a Receita Média é igual à Demanda e a Receita Marginal possui o mesmo coeficiente linear da curva de demanda e o dobro do coeficiente angular.

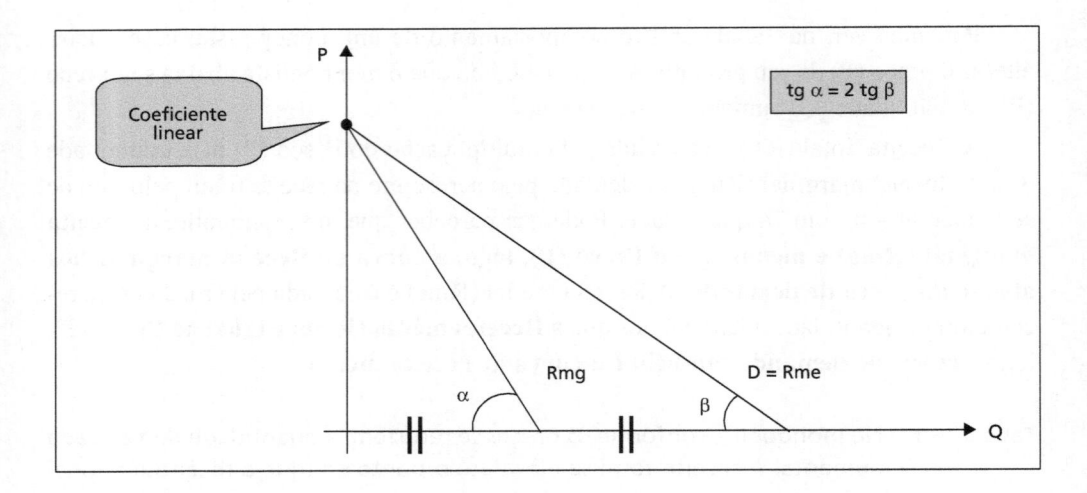

[Figura: curva de demanda D = Rme e Rmg partindo do mesmo coeficiente linear no eixo P, com ângulos α (Rmg) e β (D), sendo tg α = 2 tg β]

Vejamos, por meio de um exemplo, o comportamento da curva de Receita marginal em relação à curva de demanda.

Dada uma função demanda como a seguir:

P = 20 – 2Q

Sabendo que a Receita Total (RT) é igual a multiplicação de Preço (P) pela Quantidade (Q), temos:

RT = P · Q

RT = (20 – 2Q) Q

RT = 20Q – 2Q^2

Para encontrarmos a Receita marginal (Rmg), devemos derivar a Receita Total (RT) em função da Quantidade (Q). Logo:

Rmg = 20 – 4Q

Percebemos que o coeficiente linear da função demanda é igual ao da função receita marginal e igual a 20. Também o coeficiente angular da função demanda é igual a 2 e o da receita marginal é igual a 4, ou seja, a receita marginal tem o dobro do coeficiente angular da função demanda.

16.3. A MAXIMIZAÇÃO DO LUCRO NO MONOPÓLIO

A maximização do lucro do monopolista vai ocorrer no nível de produção em que a Receita marginal (Rmg) é igual ao Custo marginal (Cmg). A determinação do Preço do monopolista (Pm) se dá pela intersecção dessa quantidade de equilíbrio com a curva de demanda do mercado.

Logo, a maximização do lucro do monopolista se dá quando:

Cmg = Rmg

Vejamos no gráfico da Figura 16.3 essa representação:

Figura 16.3. A maximização do lucro do monopolista se dá pela intersecção do Custo marginal (Cmg) com a Receita marginal (Rmg). Nesse ponto, será definida a quantidade ótima a ser produzida. Os consumidores estarão dispostos a pagar o Preço (Pm) para adquirir essa Quantidade (Qm)

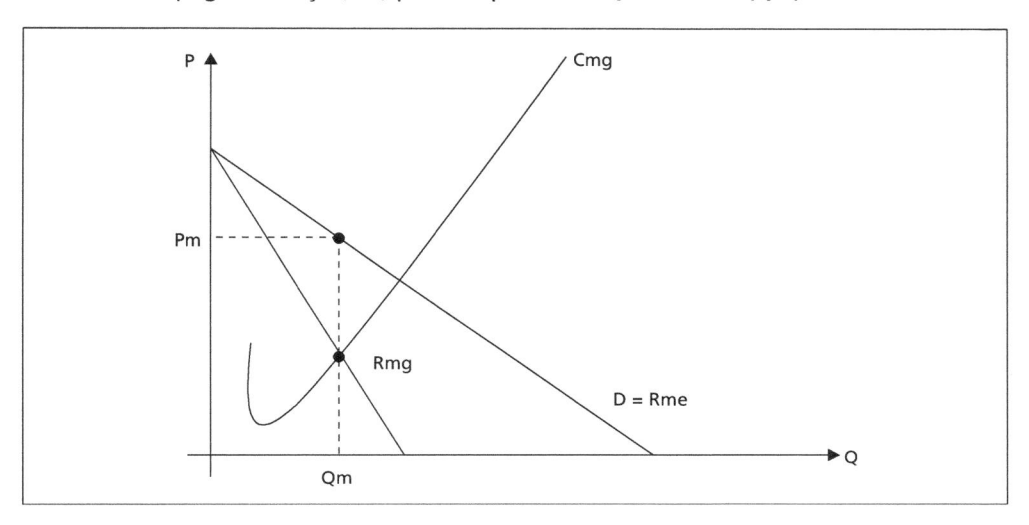

Para determinar a Receita Total do monopolista (RT), deve-se multiplicar o Preço do monopolista (Pm) pela Quantidade que maximiza o lucro do monopolista (Qm). Podemos visualizar a Receita Total (RT) no gráfico da Figura 16.4, pela área hachurada.

Figura 16.4. A Receita Total do monopolista (RT) é calculada pela multiplicação da Quantidade que maximiza o lucro do monopolista (Qm) pelo Preço do monopolista (Pm). Podemos visualizar pela área hachurada do gráfico.

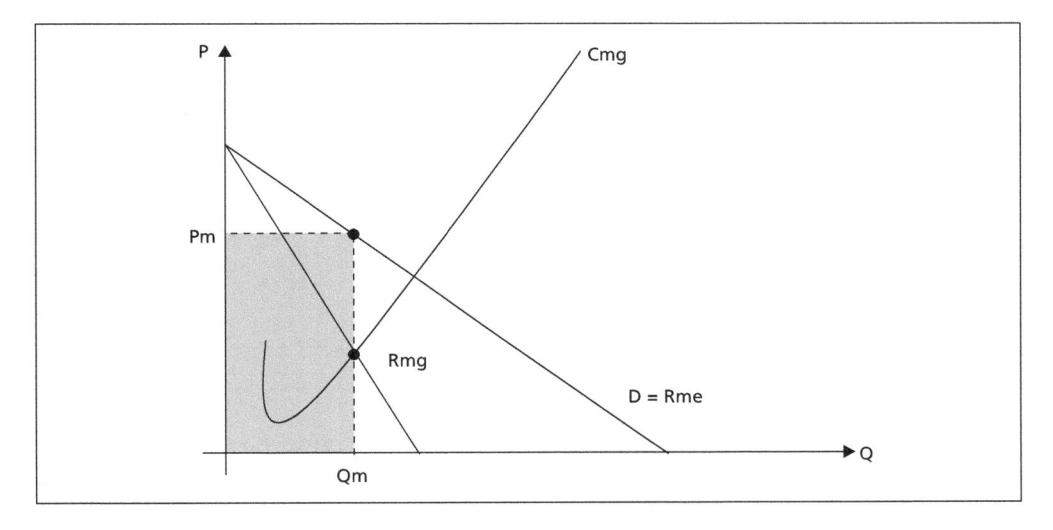

No nível de produção, que torna o lucro do monopolista máximo (Qm), determina-se o custo total pela intersecção dessa Quantidade com o Custo médio (Cme). Podemos verificar isso olhando a área hachurada do gráfico da Figura 16.5.

Figura 16.5. O Custo Total (CT) para o monopolista produzir Qm está representado no gráfico pela área hachurada. O Custo Total (CT) é calculado pela multiplicação da Quantidade (Qm) pelo Custo médio (Cme).

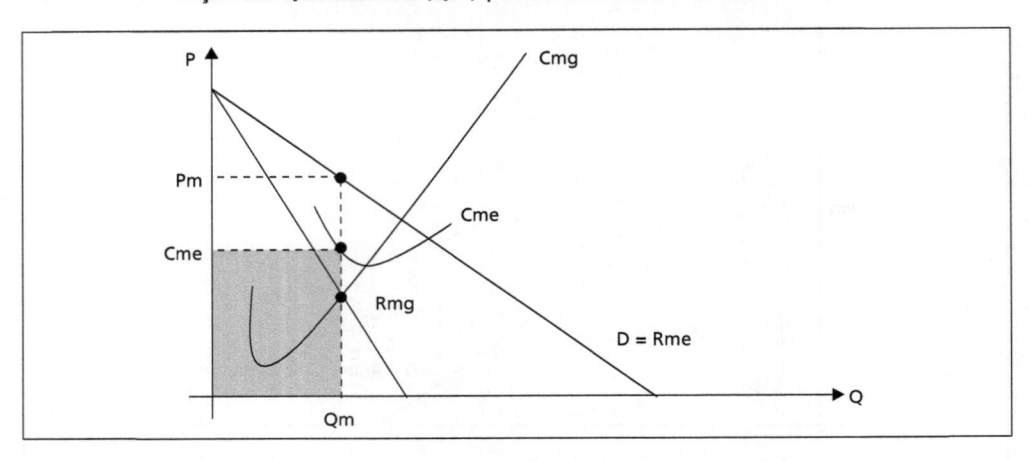

Para se determinar o Lucro extraordinário do monopolista, devemos subtrair da Receita Total (RT) o Custo Total (CT). Podemos visualizar isso na parte hachurada do gráfico da Figura 16.6.

Figura 16.6. O lucro extraordinário do monopolista está representado pela parte hachurada do gráfico. O lucro do monopolista se dá pela diferença entre a Receita Total (RT) e o Custo Total (CT).

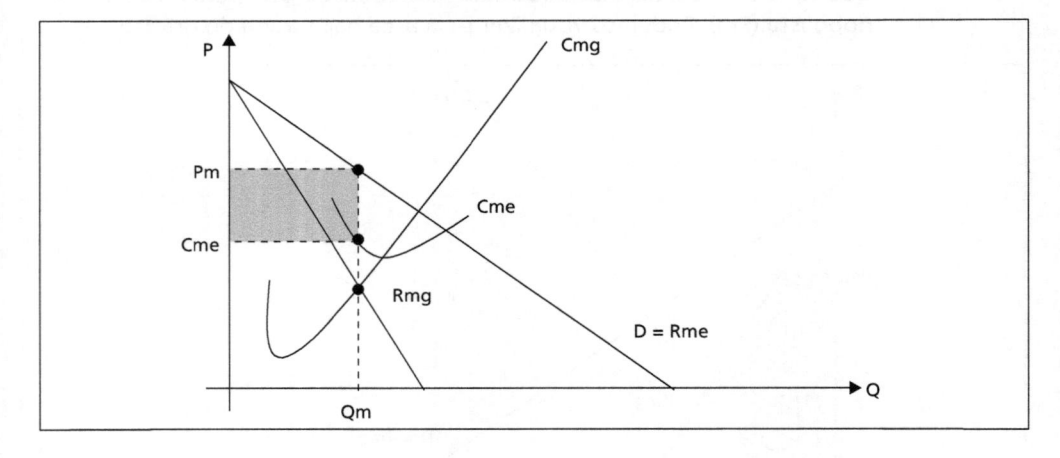

O **lucro extraordinário do monopolista vai existir tanto no curto quanto no longo prazo**, já que novas firmas não conseguirão entrar no mercado em busca desse lucro extraordinário, o que provocaria, se fosse o caso, a queda nos preços.

Como o Lucro (L) é definido pela diferença entre Receita Total (RT) e Custo Total (CT), temos:

$$L = RT - CT$$

Se dividirmos a Receita Total (RT) e o Custo Total (CT) pela Quantidade produzida (Q) e depois multiplicarmos a subtração dessas duas variáveis (Receita Total (RT) e Custo Total (CT)) pela mesma quantidade (Q), a função não é alterada. Vejamos:

$$L = (RT/Q - CT/Q)\, Q$$

Mas a Receita Total (RT) dividida pela Quantidade (Q) é o Preço (P) e o Custo Total dividido pela Quantidade é o Custo médio (Cme). Logo, temos:

$$\mathbf{L = (P - Cme) \cdot Q}$$

16.4. O MONOPOLISTA OPERA SEMPRE NO RAMO ELÁSTICO DA CURVA DE DEMANDA

O monopolista vai determinar uma quantidade a ser produzida no ramo da curva de demanda, que é elástico, e daí será determinado o preço a ser cobrado pelo produto.

Podemos ver na Figura 16.7 que a quantidade que maximiza o lucro do monopolista (Qm) está associada a um Preço (Pm). O ponto que toca a curva de demanda apresenta uma elasticidade, em módulo, maior que a unidade; logo, a demanda é elástica.

Figura 16.7. A quantidade que maximiza o lucro do monopolista (Qm) toca a função demanda para definir o preço, no seu ramo elástico, ou seja, quando a elasticidade é maior, em módulo, que 1.

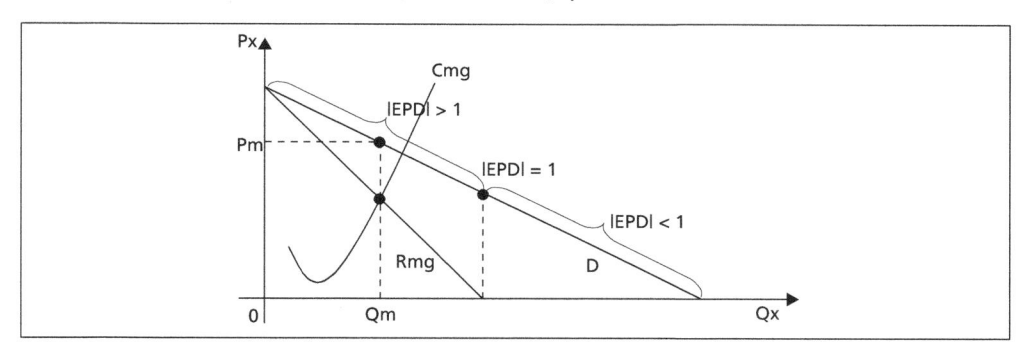

Por que o monopolista atuará sempre no ramo elástico da curva de demanda? Vejamos a resposta:

Sabendo que a Receita Total é Preço (P) multiplicado pela Quantidade (Q), temos:

$$RT\downarrow = P\downarrow \cdot Q\uparrow$$

Derivando a função RT em relação à Quantidade (Q), encontramos a Receita marginal (Rmg).

$dRT/dQ = Rmg$

$Rmg = P + (dP/dQ) \cdot Q$

Dividindo tudo por P, temos:

$Rmg/P = (P/P) + (dP/dQ) \cdot (Q/P)$

$Rmg/P = 1 + 1/EPD$

$Rmg = P \cdot (1 + 1/EPD)$ ou $Rmg = P \cdot (1 - 1/|EPD|)$

Ou seja, a Receita Marginal é igual ao preço multiplicado por um mais o inverso da elasticidade-preço da demanda (que é sempre um valor negativo), ou a Receita Marginal é igual ao preço multiplicado por um menos o inverso do módulo da elasticidade-preço da demanda (que, em módulo, será sempre um valor positivo).

Percebemos, portanto, que, no monopólio, o preço (P) é sempre superior a Receita Marginal (Rmg).

O monopolista opera no ramo elástico da demanda, porque, se operar no ramo inelástico, a **Receita Total (RT) diminuirá caso resolva reduzir o preço**.

Vejamos o caso de vir a cair o preço, sendo a demanda inelástica.

RT↓ = P↓ · Q↑

Observamos que uma redução do preço levou ao aumento da quantidade em proporção menor que a queda do preço, levando à redução da Receita Total.

Enquanto o monopolista estiver no ramo inelástico da demanda, sempre poderá aumentar seu lucro diminuindo a quantidade produzida já que a quantidade demandada vai variar menos que proporcionalmente às variações do preço. Assim, com a elevação do preço, em decorrência da quantidade produzida, haverá aumento do seu lucro ou da sua Receita.

Quanto mais elástica for a curva de demanda com a qual o monopolista se defronta, mais próximo estará o Preço (P) da Receita marginal (Rmg) e mais parecido com a concorrência perfeita estará.

A firma em concorrência perfeita, em que o preço é determinado pelo mercado e a Elasticidade-Preço da Demanda (EPD) tende ao infinito (∞), a receita marginal é igual ao preço. Vejamos:

Rmg = P · (1 – 1 / |EPD|)
Rmg = P · (1 – 1 / |∞|)
Rmg = P · (1 – 0)
Rmg = P

Na Figura 16.8, podemos perceber que o Preço do monopolista (Pm) é superior ao Preço na concorrência perfeita (Pcp) e a Quantidade produzida do monopolista (Qm) é inferior à Quantidade da concorrência perfeita (Qcp).

Figura 16.8. No monopólio, o Preço (Pm) é maior que a Receita Marginal (Rmg). Quanto maior essa diferença, maior é o poder do monopolista.

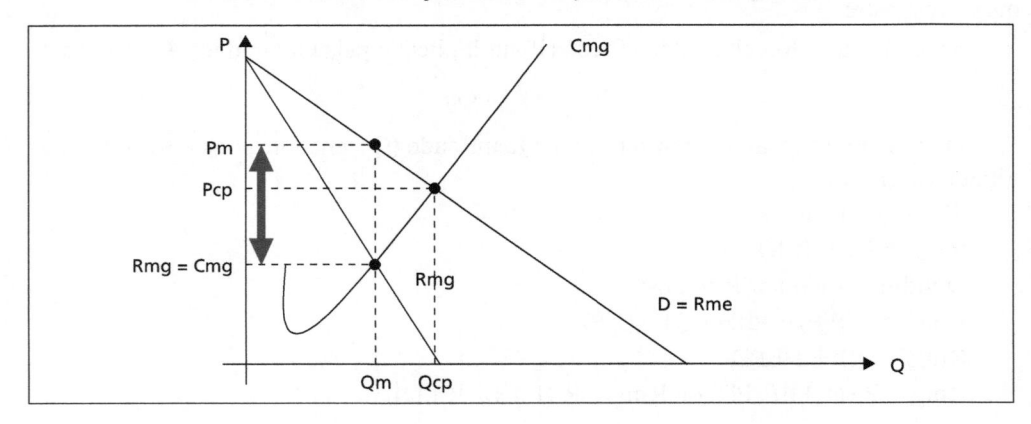

Observamos que o **Preço do monopolista (Pm)** é superior à **Receita marginal (Rmg)** ou ao **Custo marginal (Cmg)**. Quanto maior for essa diferença, maior será o **poder do monopolista**. Também, quanto **mais elástica** (mais horizontal) for a curva de demanda, menor será o poder do monopólio (a diferença entre o preço do monopolista, Pm, e o Custo Marginal, Cmg, será menor), e, quanto **mais inelástica** (mais vertical) for a curva de demanda, maior será o poder do monopólio (a diferença entre o preço do monopolista, Pm, e o Custo marginal, Cmg, é maior). Podemos comparar a Figura 16.8 com a Figura 16.9. No gráfico da figura anterior, a demanda é mais inelástica e a diferença entre o Preço do monopolista (Pm) e o Custo marginal (Cmg) é maior que a do gráfico da Figura 16.9, cuja demanda é mais elástica e a diferença entre Pm e Cmg é menor.

Figura 16.9. Quando a Demanda é mais elástica, a diferença entre o Preço (Pm) e o Custo marginal (Cmg) é menor, e, portanto, menor será o poder do monopolista.

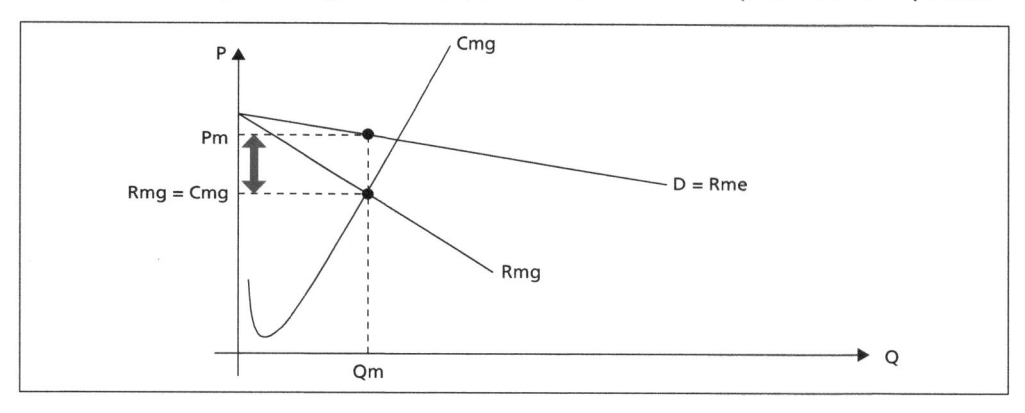

Sabemos que a quantidade que maximiza o lucro do monopolista é aquela em que o Custo marginal (Cmg) se iguala à Receita marginal (Rmg).

Logo, se:

$Rmg = P \cdot (1 - 1 / |EPD|)$

Então, podemos dizer também que:

$Cmg = P \cdot (1 - 1 / |EPD|)$

Ou:

$$P = \frac{Cmg}{1 - 1 / |EPD|}$$

O monopolista vai definir o preço do seu produto fixando uma margem em relação ao custo marginal de produção. A essa margem damos o nome de **Markup**. Vejamos no item a seguir.

16.4.1. *Markup*

Definimos o *Markup* como a **relação entre Preço e Custo marginal (P/Cmg)**. Quanto maior o *markup*, maior será a diferença entre o preço que o monopolista fixou e o custo de produção.

Vimos anteriormente que:

$$P = \frac{Cmg}{1 - 1/|EPD|}$$

Então:

$$\frac{P}{Cmg} = \frac{1}{1 - 1/|EPD|}$$

Logo, o *markup* é:

$$Markup = \frac{1}{1 - 1/|EPD|}$$

Ou:

$$Markup = \frac{P}{Cmg}$$

Assim, se a Elasticidade-Preço da Demanda em módulo (|**EPD**|) **se eleva, o *markup* diminui**, ou seja, o monopolista terá pouco poder de elevar o preço a um valor mais alto que o custo marginal. Também, se a Elasticidade-Preço da Demanda em módulo (|**EPD**|) **diminui, o *markup* aumenta**, ou seja, o monopolista terá maior poder de elevar o preço em relação ao custo marginal.

16.4.2. Índice de Lerner do poder de monopólio

O índice de Lerner (L) é utilizado para medir o poder do monopólio, ou seja, o poder que tem a empresa monopolista de estipular o preço de seu produto acima do custo marginal de produção.

O índice de Lerner (L) se situa entre 0 e 1, e, quanto maior ele for, maior será o poder do monopólio.

Sabemos que a quantidade que maximiza o lucro do monopolista é aquela em que o Custo marginal (Cmg) se iguala à Receita marginal (Rmg).

Logo, se:

$Rmg = P \cdot (1 - 1/|EPD|)$

Então, podemos dizer também que:

$Cmg = P \cdot (1 - 1/|EPD|)$

Ou:

$Cmg = P - P/|EPD|$

$Cmg - P = -P/|EPD|$

$P - Cmg = P/|EPD|$

$$\frac{P - Cmg}{P} = \frac{1}{|EPD|}$$

Definimos o índice de Lerner por:

$$L = (P - Cmg)/P$$

Ou:

$$L = 1 / |EPD|$$

Logo, quanto mais elástica for a demanda, menor será o índice de Lerner e menor o poder do monopolista. Também, **quanto menos elástica (ou mais inelástica) for a demanda, maior será o índice de Lerner e maior o poder do monopolista**.

16.5. O MONOPÓLIO EM DECORRÊNCIA DE UMA PATENTE

Quando uma empresa descobre algum invento, pode ser concedida a ela uma patente, que permite que somente ela produza aquele bem por determinado período de tempo. Quando a patente expira, então novas empresas entrarão rapidamente no mercado, podendo torná-lo perfeitamente competitivo para aquele tipo de produto.

Assim, supondo o custo marginal de produção constante, então, podemos representar a curva de Custo marginal (Cmg) horizontal. Assim, **enquanto vigora a patente**, o monopolista vai definir a quantidade ótima a ser produzida, pelo encontro das curvas de Custo marginal e Receita marginal. De acordo com essa quantidade, a demanda definirá o Preço do produto para o monopolista (Pm). Percebemos que o **Preço (Pm) é maior que o Custo Marginal (Cmg)**. Quando a **patente é quebrada**, novas firmas entram no mercado, tornando-o competitivo. Dessa forma, a Quantidade concorrencial (Qcp) que maximiza o lucro dessas empresas vai ser alcançada no ponto em que Custo marginal (Cmg) intercepta a curva de Demanda ou do Preço (P). Percebemos que, nesse ponto, o **Preço concorrencial (Pcp) é igual ao custo marginal**. Vamos conferir no gráfico da Figura 16.10.

Figura 16.10. Supondo o custo marginal constante, o monopolista, detentor de uma patente, vai definir a quantidade que maximiza seu lucro pela intersecção do Custo marginal (Cmg) com a Receita marginal (Rmg). O Preço do monopolista (Pm) será definido pela resposta da demanda dos consumidores a essa Quantidade produzida (Qm). Expirando o prazo da patente, novas firmas entram no mercado, tornando-o competitivo. Assim, o Preço (Pcp) se iguala ao Custo Marginal (Cmg) e a Quantidade aumenta para Qcp.

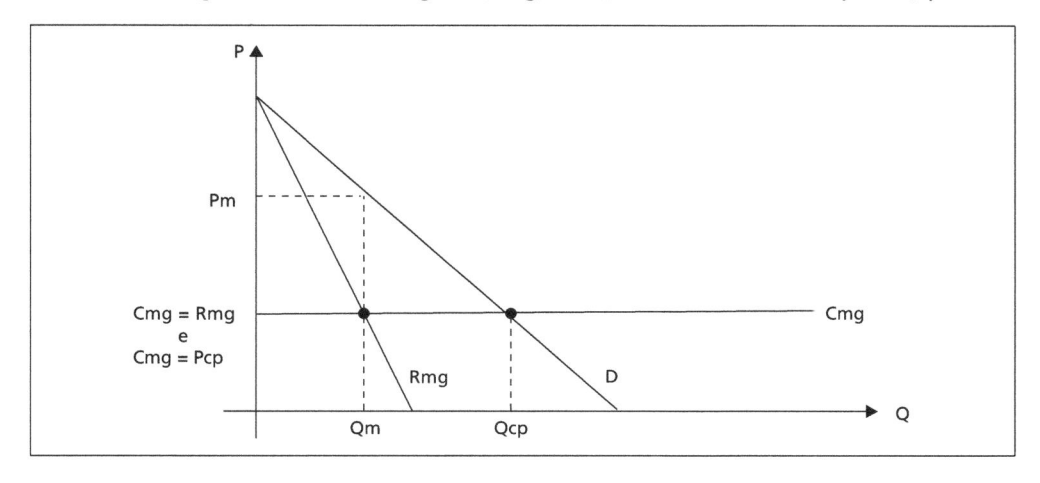

16.6. A PERDA DE EFICIÊNCIA DO MONOPÓLIO — PESO MORTO

O monopolista é, por natureza, ineficiente, na medida em que, ao cobrar preços mais elevados, é obrigado a produzir uma quantidade menor. Façamos uma comparação dos Excedentes do Consumidor (EC) e do Produtor (EP) quando o mercado é concorrencial e, depois, monopolista. Vamos analisar os gráficos da Figura 16.11. Percebemos que, no monopólio, o consumidor perde a área (i) e (ii) de seu excedente. O produtor perde a área (iii) de seu excedente, mas ganha a área (i), que pertencia ao consumidor. O saldo final, que representa a perda de excedente nesse mercado, é representado pelas áreas (ii) e (iii). Essa perda de eficiência do monopolista é chamada de **peso morto**, que representa a perda de bem-estar do mercado, que inclui o bem-estar dos consumidores e do produtor. Quando os consumidores perdem a área (i), eles estarão transferindo essa perda de excedente para o produtor, que passa a ter esse ganho. Portanto, essa transferência de excedente dos consumidores para o produtor não afeta o excedente total do mercado. Vai mostrar apenas que, do excedente total, os consumidores ficarão com uma fatia menor e o produtor ficará com uma fatia maior. O peso morto vai mostrar que os benefícios que o produtor monopolista teve serão menores que os custos impostos aos consumidores. Percebemos que o peso morto gerado pelo monopólio se assemelha ao peso morto gerado pela imposição de um imposto. A diferença é que, quando o governo tributa, ele obtém uma receita por isso. No caso do monopólio, a empresa irá receber um lucro. Se o monopolista conseguisse elevar o preço do seu produto sem reduzir a quantidade produzida, não geraria peso morto, porque toda a perda de excedente do consumidor seria transferida para o produtor.

Figura 16.11. Gráfico (a): na concorrência perfeita, a quantidade e o preço de equilíbrio do mercado são determinados quando o Custo Marginal é igual ao preço (Demanda). Nesse ponto, é definido o Excedente do Consumidor (EC) e o Excedente do Produtor (EP) e a quantidade produzida será socialmente eficiente. Gráfico (b): no monopólio, a quantidade que maximiza o lucro se dá quando o Custo marginal é igual à Receita marginal. Ele vai produzir menos que a quantidade socialmente eficiente. Produzindo essa quantidade, o preço será encontrado pela disposição dos consumidores em pagar por isso, que é encontrado na curva de Demanda. Notamos que, no monopólio, quando comparado com a concorrência perfeita, o consumidor perde uma parte do seu Excedente, correspondente às áreas (i) e (ii). O produtor perde excedente correspondente à área (iii), mas ganha a área (i), perdida pelo consumidor. Logo, as áreas (ii) e (iii) vão corresponder à perda de eficiência do monopólio, ou seja, o peso morto.

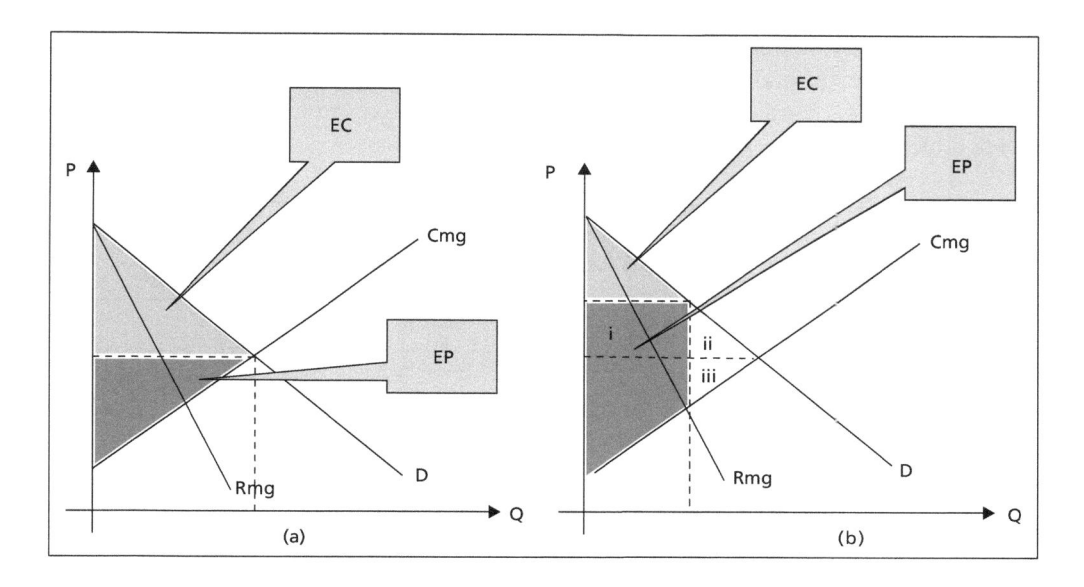

Segundo Varian, o peso morto "fornece uma medida de quão pior está a situação das pessoas que pagam o preço de monopólio em vez de pagar o preço competitivo. O ônus resultante do monopólio, assim como o ônus provocado por um imposto, mede o valor da produção perdida mediante o cálculo do valor de cada unidade da produção perdida ao preço que as pessoas estariam dispostas a pagar por elas".[3]

16.7. DISCRIMINAÇÃO DE PREÇOS

O monopolista pode ter a característica de discriminar preços, ou seja, cobrar preços diferentes de acordo com determinadas características. A discriminação de preços aumenta o lucro do monopolista, porque, caso contrário, ele não optaria por discriminar preços, caso pudesse. Vejamos os tipos de discriminação de preços.

16.7.1. Discriminação de preços de 1.º grau ou discriminação perfeita de preços

Quando o monopolista tem conhecimento do excedente de cada consumidor, ou seja, sabe qual a disposição que cada consumidor tem para pagar pelo produto, então ele pode cobrar preços diferentes para cada um desses consumidores. Nesse caso, ele está promovendo uma discriminação de 1.º grau. Logo, cada consumidor irá pagar o valor que corresponde a sua disposição para pagar e o monopolista vai se **apropriar de todo o seu excedente**. Assim, quando o monopolista é discriminador de 1.º grau, ele gera um **mercado eficiente**. Vejamos os gráficos da Figura 16.12. No gráfico (a), vemos uma situação em que o monopolista não consegue discriminar preços e, portanto, o Preço cobrado (Pm) é único para toda produção. É possível ver o excedente do Consumidor (EC), o Excedente do Produtor (EP) e o peso morto gerado. Já no gráfico (b), o

---

[3] Hal R. Varian, *Microeconomia*: uma abordagem moderna, p. 466.

excedente do consumidor desaparece e o produtor se apropria de todo esse excedente. Assim, o excedente total será o lucro da empresa. Concluindo, podemos dizer que a discriminação de 1.º grau eleva o excedente total, já que o peso morto desaparece, aumenta o lucro e reduz o excedente do consumidor.

Figura 16.12a. Quando o monopolista não consegue discriminar preço, então o Preço é único (Pm). Daí resulta um peso morto e o monopolista não consegue se apropriar de todo o Excedente do Consumidor (EC).

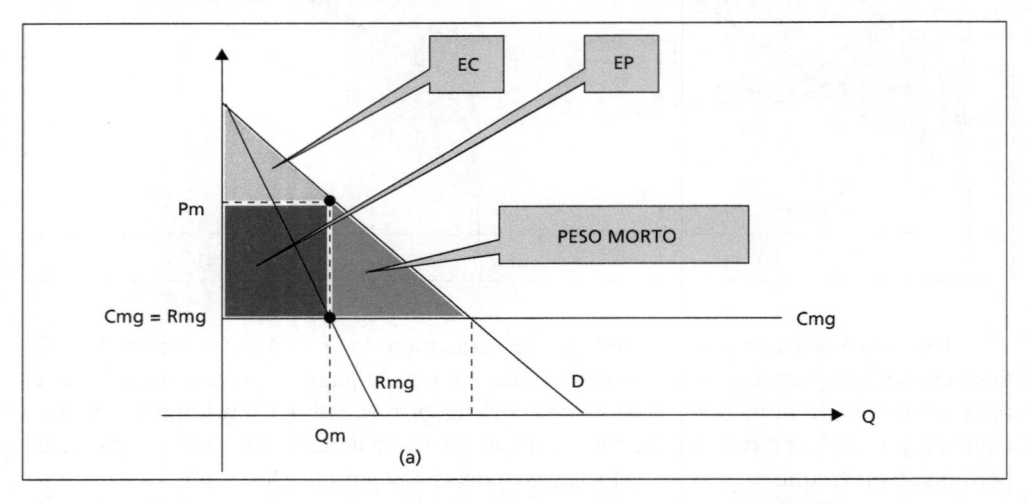

Figura 16.12b. Quando o monopolista apresenta uma discriminação de preços perfeita, ele se apropria de todo o excedente do consumidor e consegue produzir uma quantidade eficiente. Dessa forma, o peso morto desaparece e o consumidor perde todo o seu excedente, que vai para o produtor sob a forma de lucro.

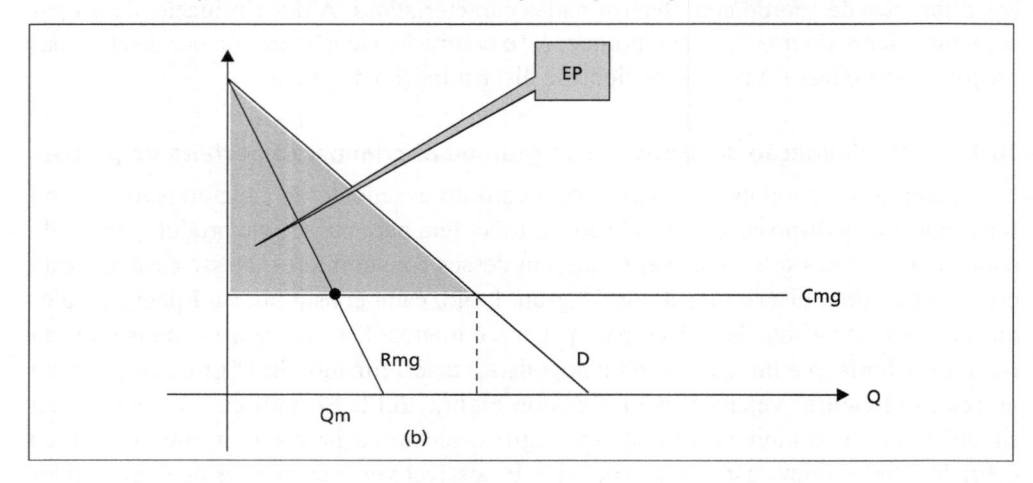

16.7.2. Discriminação de preços de 2.º grau

Quando o monopolista cobra o preço de acordo com a **quantidade comprada pelo consumidor**, diz-se que há discriminação de 2.º grau. Por exemplo, quando a empresa oferece preços menores a consumidores que compram uma grande quantidade de seu produto, ou quando os preços são cobrados para quem compra uma menor quantidade como é o caso do valor cobrado por faixa de consumo de energia, o que faz com que maiores consumidores de energia paguem mais.

16.7.3. Discriminação de preços de 3.º grau

Quando o monopolista cobra preços diferentes de acordo com as **características do consumidor, independentemente da quantidade consumida** por essas pessoas, dizemos que está havendo discriminação de 3.º grau. Por exemplo, quando cobra meia passagem no ônibus para estudantes, quando cobra preços mais baixos para crianças e pessoas idosas no ingresso de cinema, quando dá desconto em preços de passagens aéreas de ida e volta para viajante que pernoite o final de semana na cidade de destino[4] etc.

Assim, o mercado é dividido em segmentos de acordo com a elasticidade-preço da demanda, de tal maneira que o preço será mais alto quando os consumidores apresentam demanda menos elástica, bem como, o preço será mais baixo quando os consumidores apresentarem uma demanda mais elástica.

16.7.4. Tarifa em duas partes

Outra maneira do monopolista se apropriar de todo o excedente do consumidor é cobrando uma tarifa inicial (ou tarifa de entrada) quando vender um determinado bem ou serviço. Depois que os consumidores pagarem essa tarifa inicial, então, pagarão um valor a mais por cada unidade de produto adquirida. Assim, o monopolista cobra do indivíduo uma tarifa de acesso para poder consumir, independentemente da quantidade consumida, mais o preço por unidade consumida. Dessa forma, o monopolista produz uma quantidade economicamente eficiente, não gerando peso morto.

Vejamos o seguinte exemplo: suponhamos que um monopolista deseja cobrar uma tarifa em duas partes dos seus consumidores e possui um Custo Total (CT) igual a: $CT = 30 + 10Q$, em que Q é a quantidade produzida. Se houver 50 consumidores idênticos que definam uma curva de demanda agregada do monopolista igual a $Q = 50 - P$, em que P é a taxa de participação (ou utilização), a tarifa de entrada (T) que o consumidor deverá cobrar e a taxa de participação (P) por unidade consumida que capture todo o excedente dos consumidores serão iguais a:

Dado que o $CT = 30 + 10Q$

Então, o Custo marginal (Cmg) será: $Cmg = 10$ (I)

Dado: $Q = 50 - P$

Então $P = 50 - Q$ (II)

---

[4] Dar descontos em passagens aéreas para quem pernoita no final de semana na cidade de destino faz com que esse bilhete se destine a clientes que viajam por motivos pessoais e não profissionais. Essas pessoas são, justamente, as que têm menor disposição de pagar por uma passagem aérea, e o desconto incentiva a compra.

O monopolista maximiza o lucro igualando o Cmg (I) ao Preço (taxa de participação) (II).

Logo: $10 = 50 - Q$

Portanto: $Q = 40$

Substituindo em (II), temos: $P = 10$

Observe a Figura 16.13. Ela mostra a taxa de participação (T) cobrada pelo monopolista. Calculando essa taxa, através da área do triangulo APB temos:

Ponto A → $Q = 0$ → $P = 50 - Q$ → $P = 50 - 0$ → $P = 50$

Ponto P → $P = 10$

Ponto B → $Q = 40$

Área do triângulo APB = $(50 - 10) \cdot 40 / 2$ → APB = 800

Como há 50 consumidores, então, cada consumidor deverá arcar com uma tarifa de entrada de T = 16 (=800/50)

Para calcular a Receita Total e o lucro do monopolista, temos:

A Receita Total (RT) do monopolista será a tarifa de entrada paga pelos 50 consumidores que é igual a 800, somada a quantidade vendida (=40) multiplicada pelo preço constante (=10).

Logo: RT = $(10 \cdot 40) + 800$ → RT = 1200

O lucro do Monopolista será a diferença da Receita Total (RT) e o Custo Total (CT), ou seja:

L = RT − CT

L = $1200 − (30 + 10Q)$

L = $1200 − (30 + 10 \cdot 40)$ → L = 770

Figura 16.13. Tarifa (T) em duas partes para consumidores idênticos: o monopolista cobra uma tarifa de acesso independente da quantidade consumida pelo consumidor mais um preço constante por unidade consumida.

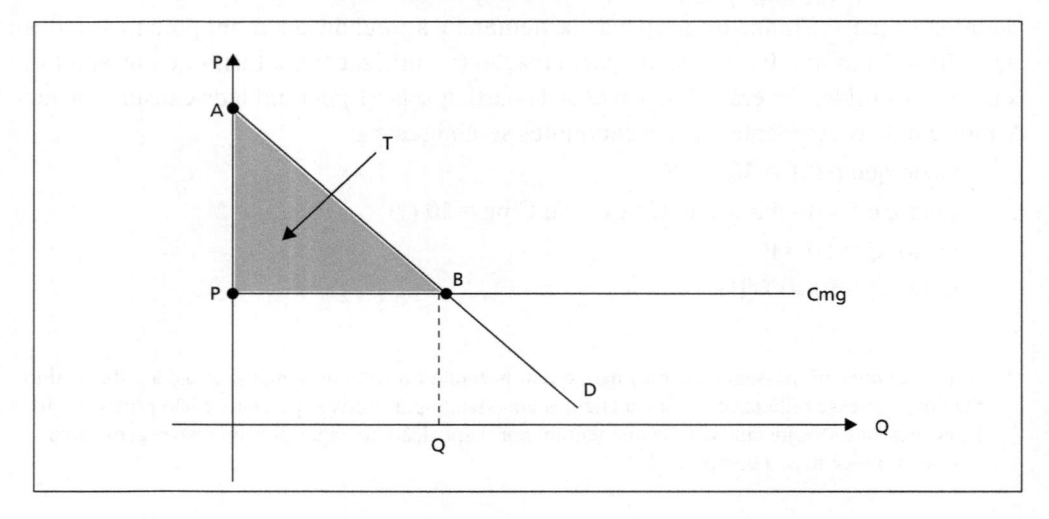

Caso haja dois grupos de consumidores com duas demandas diferentes, o monopolista vai definir apenas uma taxa de entrada e uma taxa de utilização. Para o monopolista garantir um lucro máximo, terá de fixar uma taxa de utilização (P_1) acima do seu custo marginal (Cmg) e cobrar uma taxa de entrada (T), mostrada na área hachurada da Figura 16.14, que corresponde ao excedente do consumidor de menor demanda. Dessa forma, não perderia o consumidor de menor demanda (D_1) e garantiria seu lucro máximo. Porque se o monopolista cobrasse uma taxa de utilização (P_1) igual ao custo marginal (Cmg), teria de cobrar uma taxa de entrada maior que o excedente do consumidor de menor demanda (D1) e consequentemente o perderia. Com uma taxa de utilização P_1, maior que o Custo marginal (Cmg), o monopolista teria um lucro (L) igual a; $L = 2T + (P_1 - Cmg)(Q_1 + Q_2)$. Percebemos que o lucro do monopolista é mais que o dobro do triângulo ABC que corresponderia o excedente do consumidor de menor demanda (D_1) se $P_1 = Cmg$.

Figura 16.14. Tarifa (T) em duas partes para consumidores com demandas diferentes. A taxa de utilização (P_1) é maior que o custo marginal (Cmg). A taxa de entrada (T) é igual ao excedente do consumidor de menor demanda (D_1). O lucro do monopolista seria igual a $L = 2T + (P_1 - Cmg)(Q_1 + Q_2)$.

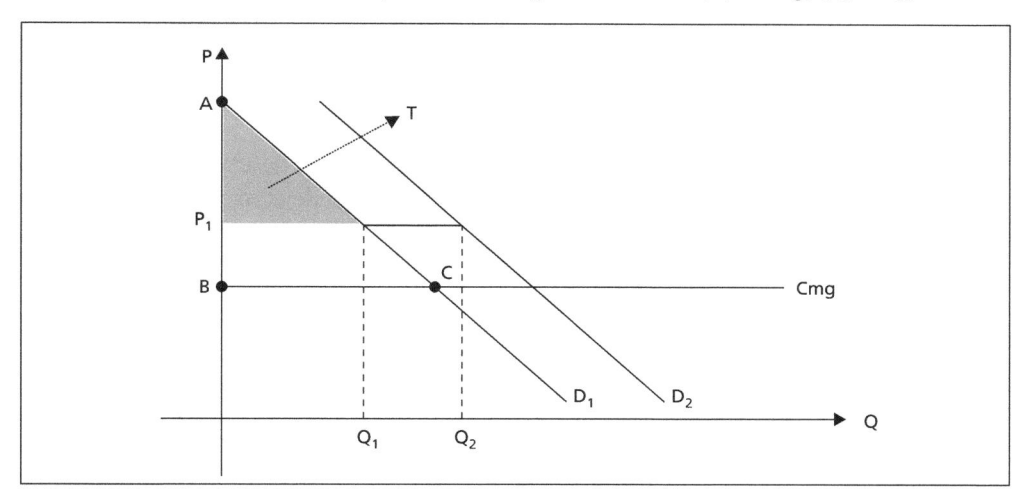

Por analogia, se houvesse muitos consumidores com demandas diferentes, o Lucro do monopolista seria igual a: $L = nT + (P - Cmg) \cdot Q(n)$, em que n é o número de consumidores.

16.8. NO MONOPÓLIO NÃO SE DEFINE CURVA DE OFERTA

Como o monopolista pode discriminar preços, então poderá vender cada unidade produzida a um preço diferente, dependendo do mercado, da característica do consumidor ou da quantidade adquirida pelo comprador. Assim, as **quantidades estarão associadas a diferentes preços**. Então, em vez de definir uma curva de oferta, define-se uma nuvem de pontos.

Podemos observar, no gráfico da Figura 16.15, que a mesma quantidade Q_1 é vendida ao preço P_1 e P_2, a mesma quantidade Q_2 é vendida ao preço P_3, P_4 e P_5, e assim por diante, o que faz com que não seja possível definir uma curva de oferta.

Figura 16.15. O monopolista discriminador de preços pode vender seu produto a preços diferentes, o que faz com que não se defina uma curva de oferta, mas, sim, uma nuvem de pontos.

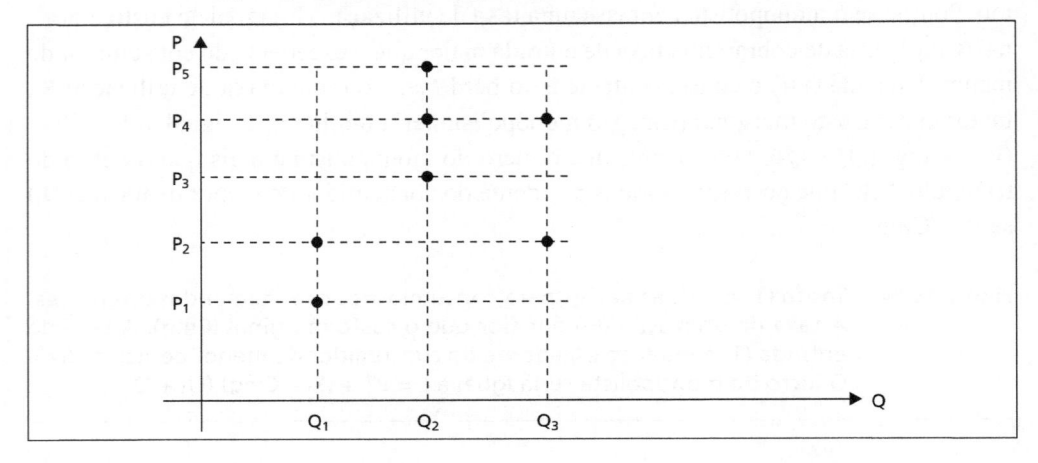

16.9. REGULAÇÃO DO GOVERNO NOS MONOPÓLIOS

Como o monopólio produz menos que o produto socialmente desejado e cobra um preço superior ao custo marginal, o governo poderá intervir tentando aumentar a concorrência no mercado, impedindo, por exemplo, fusões de empresas ou criando leis antitruste. Pode, também, transformar a empresa privada em empresa pública ou regular o comportamento do monopólio. Vejamos como ocorre a regulação no caso de monopólio.

16.9.1. Regulação do monopólio pelo tabelamento ideal (P = Cmg)

O governo pode regular o monopólio estipulando um **tabelamento ideal**, que seria exigir que o monopolista cobrasse o preço da concorrência perfeita e, com isso, produzisse uma quantidade socialmente eficiente.

Na concorrência perfeita, o preço e a quantidade serão definidos pela intersecção do Custo marginal (Cmg) com o Preço (P) na curva de Demanda. O arranjo eficiente de mercado é aquele em que o monopolista se comporta como um mercado em concorrência perfeita. Assim, o monopolista deverá produzir a Quantidade (Qcp) ao Preço (Pcp) da concorrência perfeita. Para isso, deverá definir seu preço e quantidade na intersecção do preço com o custo marginal.

$$P = Cmg$$

Vejamos a Figura 16.16, que mostra o tabelamento ideal estipulado pelo governo para o monopolista, que consiste na produção Qcp e o preço Pcp, de maneira a ser eficiente como na concorrência perfeita.

16 ◘ Estrutura de Mercado: Monopólio

Figura 16.16. O governo pode estipular um tabelamento ideal para o monopolista obrigando-o a produzir a Quantidade (Qcp) ao Preço (Pcp), que correspondem ao preço e à quantidade da concorrência perfeita.

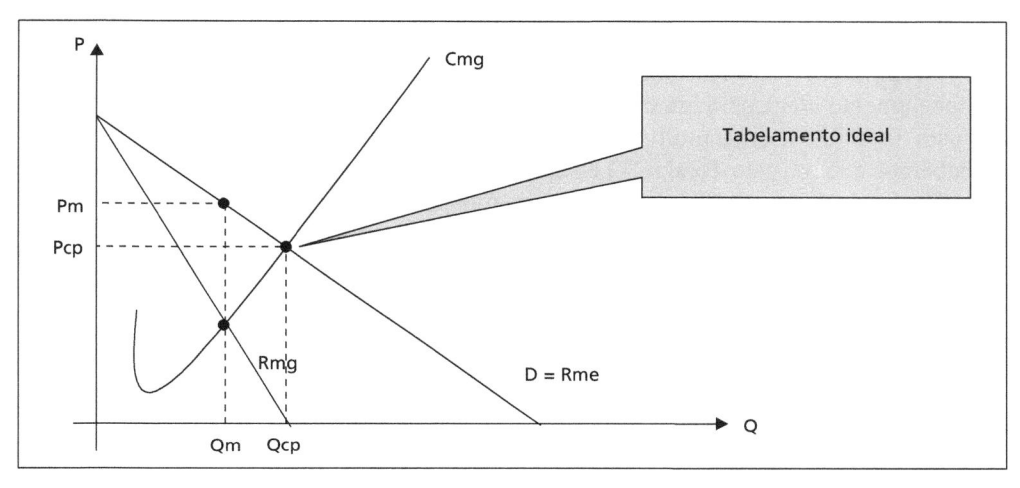

O tabelamento ideal não elimina necessariamente o lucro extraordinário do monopolista. Observe o gráfico da Figura 16.17. A parte hachurada do gráfico mostra o lucro extraordinário do monopolista quando o governo estipula o tabelamento ideal.

Caso o governo queira, além do tabelamento ideal, eliminar ou diminuir esse lucro extraordinário, ele deve cobrar um tributo sobre o lucro e transferir recursos do monopolista para si. A cobrança desse imposto sobre o lucro do monopolista não gera ineficiência.

Figura 16.17. Quando o governo estipula um tabelamento ideal para o monopolista, este poderá ter lucro extraordinário.

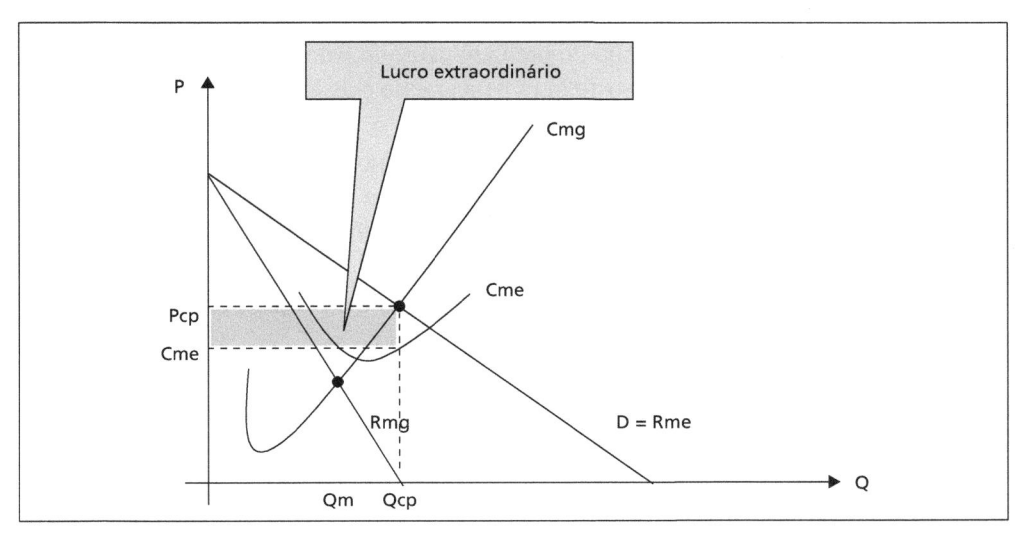

16.9.2. Regulação do monopólio natural (P = Cme)

O monopólio natural apresenta custo médio decrescente e maior que o custo marginal. Assim, se o governo estipular um tabelamento ideal, o monopolista natural terá prejuízo e abandonará o mercado. Vejamos, graficamente, essa situação na Figura 16.18.

Podemos ver que a Receita Total (RT) do monopolista, quando o governo impõe um tabelamento ideal, será igual à multiplicação da Quantidade (Qcp) pelo Preço (Pcp). O Custo Total (CT) será a multiplicação da Quantidade (Qcp) pelo Custo médio (Cme). Percebemos que o Custo Total (CT) é superior à Receita Total (RT). A diferença da Receita Total pelo Custo Total determina o tamanho do prejuízo do monopolista natural.

Figura 16.18. Quando o governo estipula um tabelamento ideal ao monopolista natural, este terá prejuízo e abandonará o mercado.

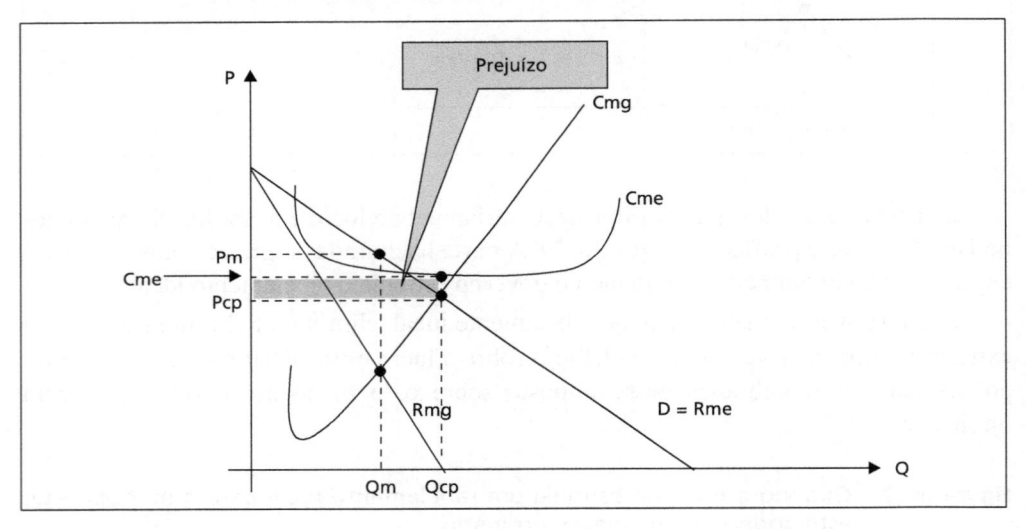

Para que o monopolista natural não abandone o mercado, o governo poderá conceder um **subsídio** do mesmo tamanho do prejuízo causado pelo tabelamento. Para tanto, o governo terá que cobrar um imposto para bancar esse subsídio, o que provocará peso morto na economia.

Outra solução seria o governo permitir que o monopolista natural cobrasse o **Preço (Pme)** igual ao **Custo médio (Cme)**, ou seja, permitisse um **tabelamento com Preço máximo (Pma)**, o que faria com que o lucro econômico fosse igual a zero. Esse tipo de regulação funciona como um imposto sobre o produto.

Na Figura 16.19, podemos ver a Quantidade (Qma) e o Preço (Pma) determinados pelo cruzamento da Demanda com o Custo médio (Cme).

Percebemos que, quando a regulação se dá pelo custo médio, o lucro econômico (ou extraordinário) é zero, porque a Receita Total (RT) será igual ao Custo Total (CT). Assim, temos:

RT = Qma · Pma
CT = Qma · Cme

Como Pme = Cme, então, RT = CT
Logo, o Lucro econômico = 0

Figura 16.19. Uma segunda opção do governo é estipular o tabelamento com preço máximo, que consiste em permitir que o monopolista natural defina seu Preço (Pma) pelo Custo médio. Assim, a Quantidade produzida (Qma) é menor que o determinado pelo cruzamento do Custo marginal (Cmg) com a Demanda (Qcp), porém, maior do que o monopolista desejaria (Qm) para maximização dos seus lucros.

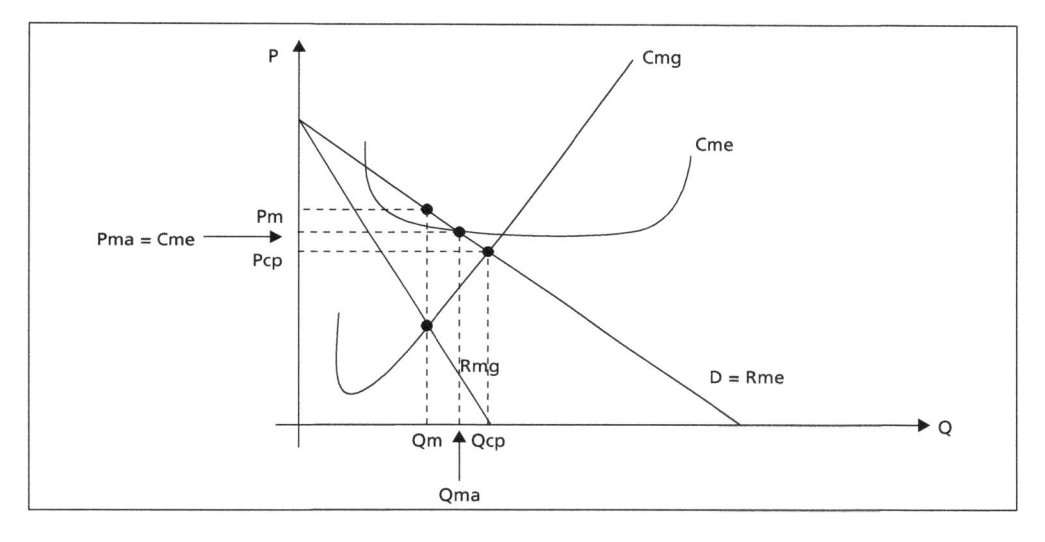

O problema da regulação do preço pelo custo marginal ou pelo custo médio é que o monopolista não tem incentivos a reduzir custos, já que isso não representa maiores lucros, porque sabe que, se reduzir os custos, o regulador baixará o preço. Na prática, o órgão regulador vai permitir que o monopolista fique com parte dessa redução dos custos, aumentando seus lucros. Mas essa prática[5] desvia a regulação do preço pelo custo marginal (ou médio).

---

[5] O método alternativo para determinar preço seria por meio da regulamentação pela taxa de retorno, *que consiste em fixar o preço com base* na taxa de retorno esperada da empresa. Assim, o preço (P) seria a soma dos Custos Variáveis (CV) acrescidos dos custos relativos à Depreciação (D), aos custos com pagamentos de Tributos (T) e ao retorno do capital (sK), divididos pela Quantidade produzida (Q):

$$P = \frac{CV + D + T + sK}{Q}$$

Ou o Preço (P) seria a soma dos Custos Variáveis médios (CVme) acrescidos da soma da Depreciação (D) com os Tributos (T) e o retorno do capital (sK) divididos pela Quantidade produzida (Q).
$P = CVMe + (D + T + sK)/Q$
Em que:
s = taxa de retorno permitida e K = estoque de capital da empresa.

Podemos concluir que, quando o governo concede **subsídio** ao monopolista, ele **não gera ineficiência**, já que a quantidade e o preço permanecem os mesmos da concorrência perfeita. Porém, quando o governo permite um **tabelamento mínimo**, gera **ineficiência**, já que o preço (Pme) sobe acima do preço da Concorrência Perfeita (Pcp) e a Quantidade (Qme) cai e se situa abaixo da quantidade da Concorrência Perfeita (Qcp).

> Resumindo:
> Para maximizar o lucro do monopolista: Rmg = Cmg
> Tabelamento ideal: Cmg = P
> Tabelamento mínimo: Cme = P

16.10. MONOPÓLIO COM VÁRIAS INSTALAÇÕES

Se o monopolista tiver duas fábricas, por exemplo, denominadas de fábrica "a" e fábrica "b", a maximização do lucro será aquela em que os custos marginais de cada fábrica forem iguais a sua Receita marginal.

Assim:

$Rmg = Cmg_a$

$Rmg = Cmg_b$

Então:

> $Rmg = Cmg_a = Cmg_b$

Assim, afirma Ferguson: "Um monopolista com muitas fábricas maximiza o lucro produzindo aquela quantidade à qual o custo marginal do monopólio iguala a receita marginal. A melhor alocação da produção entre as várias fábricas requer que cada uma delas produza aquela quantidade de produto para a qual o custo marginal da fábrica é igual ao valor comum de custo marginal do monopólio e a receita marginal ao nível do equilíbrio da produção"[6].

Para determinar as quantidades ótimas para a Fábrica "a" (Qa) e para a Fábrica "b" (Qb), devemos primeiro fazer a soma horizontal da curva de Custo marginal da fábrica "a" (Cmg_a) com a curva de Custo Marginal da fábrica "b" (Cmg_b); e assim, determinamos a curva de Custo marginal Total (Cmg T).

$Cmg\ T = Cmg_a + Cmg_b$

A quantidade ótima que maximiza o lucro é aquela na qual o Custo marginal Total se iguala com a Receita marginal (CmgT = Rmg). Essa intersecção vai definir a Q_{total} (Qt) das duas fábricas e o preço a ser cobrado (Pm).

Nesse nível de Receita marginal (Rmg) define-se a Quantidade a ser produzida pela fábrica "a" (Qa) e pela fábrica "b" (Qb).

Dessa forma, $Qa + Qb = Q_{total}$

Vejamos a Figura 16.20:

---

[6] C. E. Ferguson, *Microeconomia*, p. 338.

Figura 16.20. Monopólio com duas instalações, "a" e "b". A quantidade ótima que maximiza o lucro é aquela na qual o Custo marginal Total se iguala com a Receita marginal (CmgT = Rmg). Essa intersecção vai definir a Q_{total} (Qt) das duas fábricas e o preço a ser cobrado (Pm). Nesse nível de Receita Marginal (Rmg), define-se a Quantidade a ser produzida pela fábrica "a" (Qa) e pela fábrica "b" (Qb).

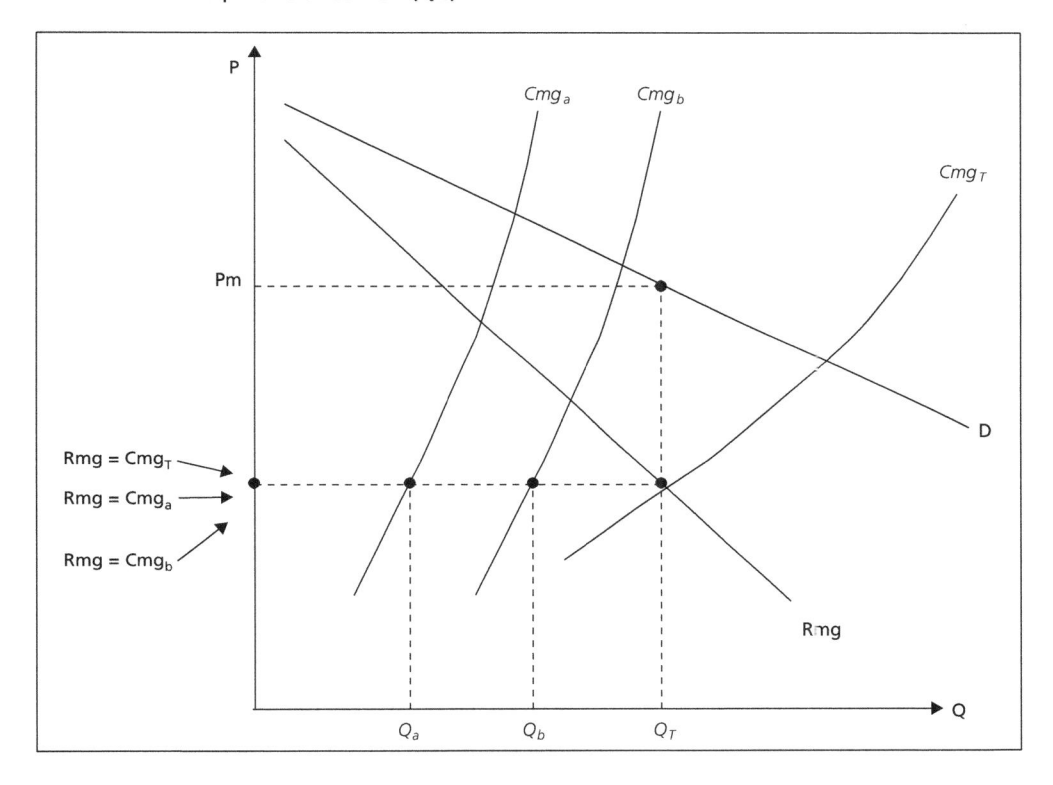

16.11. MONOPÓLIO COM DISCRIMINAÇÃO DE PREÇOS (DISCRIMINAÇÃO DE TERCEIRO GRAU)

Um monopolista discriminador de preços maximiza seu lucro quando as receitas marginais para cada mercado forem iguais ao seu custo marginal.

$Rmg_1 = Rmg_2 = Cmg$

Como:

$Rmg_1 = P_1 (1 - 1/|EPD_1|)$

$Rmg_2 = P_2 (1 - 1/|EPD_2|)$

Então:

$P_1 (1 - 1/|EPD_1|) = P_2 (1 - 1/|EPD_2|)$

$$\frac{P_1}{P_2} = \frac{(1 - 1/|EPD_2|)}{(1 - 1/|EPD_1|)}$$

Imaginemos que o mercado 1 apresente Elasticidade-Preço da Demanda (EPD_1) igual, em módulo, a dois ($EPD_1 = |-2|$), e o mercado 2 apresente Elasticidade-Preço da Demanda (EPD_2) igual, em módulo, a quatro ($EPD_1 = |-4|$). Logo, o mercado 2 é mais elástico que o mercado 1. Substituindo, na fórmula acima, temos:

$$\frac{P_1}{P_2} = \frac{(1 - 1/|-4|)}{(1 - 1/|-2|)}$$

$$\frac{P_1}{P_2} = 1{,}5$$

Logo, o preço do produto no mercado 1 (P_1) será 1,5 maior que no mercado 2 (P_2). Podemos perceber que, pelo fato de o mercado 1 ter uma demanda mais inelástica, o preço pago por ele será mais alto.

Segundo Ferguson: "Se o mercado agregado para um produto de um monopolista pode ser dividido em dois submercados com elasticidades-preço diferentes, o monopolista pode praticar, lucrativamente, a discriminação dos preços. O produto total é determinado igualando-se o custo marginal com a receita marginal agregada do monopólio. O produto é alocado entre os submercados de modo a igualar a receita marginal em cada submercado com a receita marginal agregada no ponto Cmg=Rmg. Finalmente, o preço em cada submercado é determinado diretamente pela curva de demanda do sub mercado, fornecendo a alocação das vendas no mesmo"[7].

Observe o gráfico da Figura 16.21. Como o monopolista discrimina preços, no mercado 1 será cobrado o preço P_1 e no mercado 2 será cobrado o preço P_2, sendo P_1 maior que P_2.

Para determinar a Receita Marginal (Rmg), devemos fazer a soma horizontal das Receitas marginais do mercado 1 com as do mercado 2 ($Rmg = Rmg_1 + Rmg_2$).

O cruzamento da Receita Marginal (Rmg) com o Custo marginal (Cmg) determinará a Quantidade total (Qt), que corresponde à soma da Quantidade ofertada no mercado 1 (Q_1) e no mercado 2 (Q_2).

Para determinar P_1, encontra-se a Q_1 pela intersecção da Rmg_1 com o Cmg. O preço compatível com Q_1 será aquele definido pela curva de demanda D_1.

Para determinar P_2, encontra-se a Q_2 pela intersecção da Rmg_2 com o Cmg. O preço compatível com Q_2 será aquele definido pela curva de demanda D_2.

Podemos ver na Figura 16.21 que o mercado 1 apresenta uma demanda mais inelástica e, portanto, pagará um preço mais alto pelo produto que o mercado 2.

Figura 16.21. Mercado monopolista discriminador de 3.º grau. A soma das Receitas marginais dos mercados 1 e 2 ($Rmg_1 + Rmg_2$) determina a Receita marginal (Rmg). A intersecção desta última com o Custo marginal (Cmg) determina a Quantidade total a ser ofertada nesses dois mercados (Qt = Q_1 + Q_2). A esse Custo marginal (Cmg), o mercado 1 produzirá Q_1, que é encontrado pela intersecção do Cmg com a Rmg_1. A essa Quantidade 1 (Q_1), o

---

[7] C. E. Ferguson, *Microeconomia*, p. 345.

preço (P₁) é encontrado na curva de Demanda 1 (D₁). Também, ao Custo marginal (Cmg), o mercado 2 produzirá Q₂, que é encontrada pela intersecção do Cmg com a Rmg₂. A essa Quantidade 2 (Q₂), o preço (P₂) é encontrado na curva de demanda 2 (D₂).

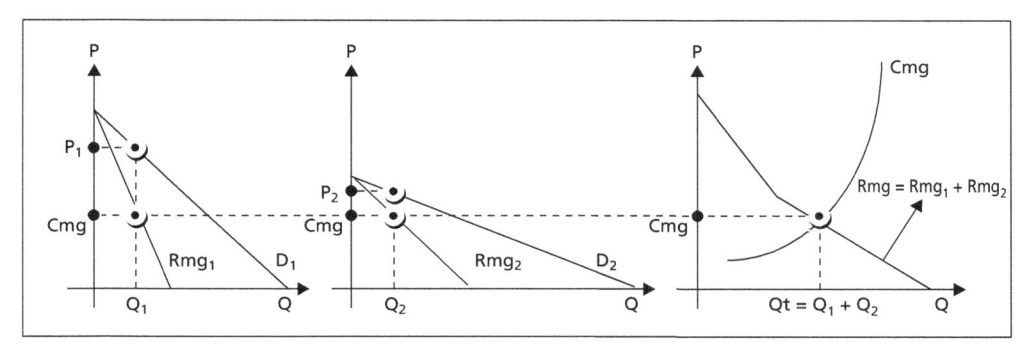

16.12. EFEITO DE UM IMPOSTO SOBRE O MONOPÓLIO

Caso o governo cobre um imposto sobre vendas da empresa monopolista, pode ocorrer que a variação do preço seja maior que o próprio imposto.

Suponhamos uma **curva de Custo marginal constante (Cmg)**. A maximização do lucro do monopolista vai ocorrer quando o Custo marginal (Cmg) for igual à Receita marginal (Rmg). Caso seja cobrado um imposto do tipo específico[8] (t), a curva de custo marginal irá se deslocar para cima no montante "t". Assim, a maximização do monopolista vai ocorrer no ponto em que a **Receita marginal (Rmg) for igual à nova curva de Custo Marginal (Cmg + t)**. Com isso, o preço que maximiza o lucro deverá subir.

Supondo que a Elasticidade-Preço da Demanda (EPD) seja igual, em módulo, a dois (EDP = |–2|), então:

$$P = \frac{Cmg}{1 - 1/|EPD|}$$

$$P = \frac{Cmg}{1 - 1/|-2|}$$

$$P = 2\,Cmg$$

Com o imposto, o Cmg aumenta "t", então:

$$P = \frac{Cmg + t}{1 - 1/|EPD|}$$

$$P = \frac{Cmg + t}{1 - 1/|-2|}$$

$$P = 2\,(Cmg + t)$$

$$P = 2Cmg + 2t$$

Ou seja, o preço se eleva em duas vezes mais que o imposto "t".

---

[8] Imposto específico é aquele que incide sobre a quantidade produzida.

Assim, para o monopolista, dependendo da inclinação da curva de demanda, o preço do produto (P_2), após a incidência do imposto, pode ser superior à soma do preço antes do imposto (P_1) com o próprio imposto (T), ou seja, $P_2 > P_1 + T$. Podemos observar isso no gráfico da Figura 16.22.

Figura 16.22. A incidência de um imposto específico "t" sob o monopolista eleva o preço do monopolista. Se a elasticidade-preço da demanda for igual ao módulo de dois e o Custo marginal (Cmg) for constante, o preço se elevará em duas vezes o valor do tributo.

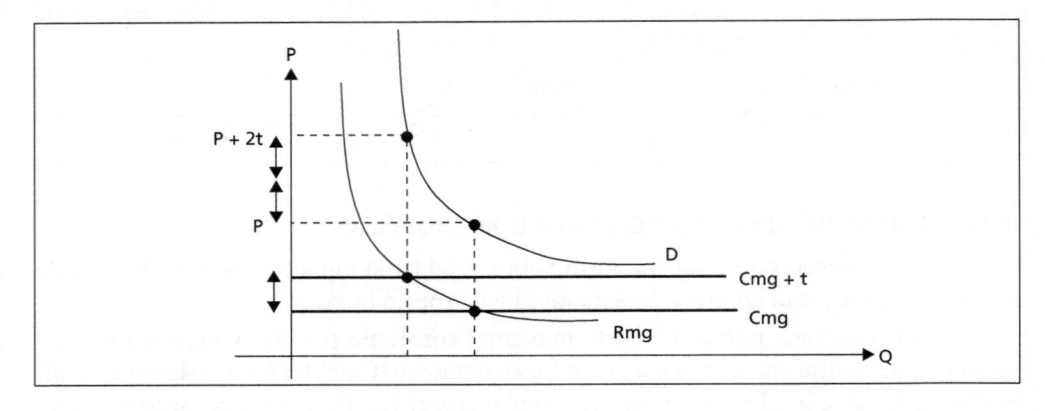

Varian reforça essa ideia ao comentar: "Em geral, o imposto pode aumentar o preço em mais ou menos que o valor do imposto. Como um exemplo fácil, veja o caso do monopolista que se depara com uma curva de demanda de elasticidade constante. Teremos, então,

$$P = \frac{c+t}{1 - 1/|EPD|}$$

de modo que

$$\frac{\Delta P}{\Delta t} = \frac{1}{1 - 1/|EPD|}$$

que certamente é maior do que 1. Nesse caso, o monopolista repassa aos preços mais do que o valor do imposto"[9].

16.13. QUESTÕES

1. (CEBRASPE — 2024 — Economista CAGEPA) Considerando que uma firma monopolista tenha que reduzir o preço de determinado produto para vender mais, julgue os itens a seguir.
   I. A curva de custo marginal é menor do que a curva de receita marginal.
   II. A curva de demanda é a mesma que a curva de receita marginal.
   III. A curva de custo marginal se iguala a curva de receita marginal.
Assinale a opção correta.

---

[9] Hal R. Varian, *Microeconomia*: uma abordagem moderna, p. 462-463.

a) Apenas o item I está certo.
b) Apenas os itens I e II estão certos.
c) Apenas os itens II e III estão certos.
d) Apenas os itens II e III estão certos.
e) Todos os itens estão certos.

2. (CESGRANRIO — 2024 — IPEA) Uma empresa maximizadora de lucro produz petróleo e exporta parte da produção, tomando o preço internacional de petróleo como dado. Também vende outra parte da produção no mercado interno, onde é monopolista. Os compradores dos mercados, externo e interno, são separáveis, permitindo à empresa vender internamente petróleo a preço diferente do praticado no mercado externo (usando-se a taxa de câmbio adequada, para fazer a comparação).
Em uma situação como essa, a empresa NÃO
a) equalizaria seu custo marginal ao preço internacional do petróleo.
b) equalizaria seu custo marginal à receita marginal de venda no mercado interno.
c) praticaria um preço no mercado interno menor do que o preço internacional de petróleo.
d) maximizaria seu lucro se praticasse no mercado interno um preço maior do que o preço internacional de petróleo.
e) teria lucro positivo se vendesse no mercado interno a um preço abaixo do internacional.

3. (FGV — 2024 — CAM DEP) Considere um produtor monopolista que tem as seguintes informações:
A) Função de demanda do seu produto:
Q = 14 – 2P
B) Função custo de produção:
C = 2Q^2 - 18Q + 50
em que:
Q = quantidade de unidades produzidas do bem;
P = Preço do bem em reais R$;
C = Custo total.
Avalie se para que esse monopolista maximize seu lucro:
I. a quantidade ótima a ser produzida será Q = 5;
II. o preço cobrado pelo monopolista para maximizar lucro será P = R$ 4,25;
III. o preço cobrado pelo monopolista será maior do que num mercado perfeitamente competitivo.
Está correto o que se afirma em
a) I e II, apenas.
b) I e III, apenas.
c) II e III, apenas.
d) I, II e III.
e) I, apenas.

4. (FCC — 2024 — MPE-AM/Economista) Dentro do arcabouço microeconômico das análises das estruturas de mercado, a respeito do conceito de "peso morto", afirma-se:
I. É fenômeno exclusivo dos mercados em concorrência perfeita.
II. Faz com que a quantidade transacionada seja maior que a quantidade esperada para se obter o ótimo social.
III. Ocorre, pois, quando um monopólio cobra um preço superior ao custo marginal, nem todos os consumidores que atribuem ao bem valor superior ao custo o compram.
IV. Ocorre quando o monopolista decide produzir e vender a quantidade em que as curvas de receita marginal e custo marginal se cruzam.
Está correto o que se afirma APENAS em
a) III e IV.
b) I, II e IV.
c) I e III.
d) II e III.
e) II e IV.

5. (CEBRASPE — 2024 — INPI) Com base na teoria microeconômica de estrutura de mercados, julgue o próximo item.

Assim como no mercado monopolista, as firmas que atuam no mercado de concorrência perfeita maximizam o lucro no ponto de igualdade entre a receita marginal e o custo marginal; porém, no equilíbrio de longo prazo, as firmas em concorrência perfeita sempre vão auferir um lucro econômico igual a zero, enquanto o lucro econômico da firma monopolista poderá ser positivo.

( ) Certo   ( ) Errado

6. (FGV — 2024 — Pref SJC) O monopólio é considerado uma estrutura de mercado imperfeita, na qual apenas uma empresa atua nesse segmento. Uma característica do nível ótimo de produção (que maximiza lucro) do monopolista é que

a) a empresa define o preço igual ao custo marginal.
b) a empresa nunca opera na parte inelástica da curva de demanda.
c) a curva de custo marginal deve cruzar a de receita marginal de cima para baixo.
d) a curva de oferta do monopolista não depende da curva de demanda do mercado.
e) o preço será um markup constante do custo marginal.

7. (FGV — 2024 — Consultor Técnico Legislativo (CM-SP)/Economia) Em relação ao mercado monopolista, não é correto afirmar que

a) o monopolista nunca opera na parte inelástica da demanda.
b) o nível de produção que maximiza lucro é no ponto em que a receita marginal igual com o custo marginal.
c) o monopolista define o markup como o quanto o preço está acima do custo marginal.
d) o monopolista escolhe o preço igual ao custo marginal se a demanda for perfeitamente elástica.
e) o monopolista sempre opera com lucros positivos.

8. (CEBRASPE — 2024 — INPI/Economia) Com base na teoria microeconômica de estrutura de mercados, julgue o próximo item.

Considere-se que uma empresa monopolista apresente as seguintes condições econômicas:
• curva de receita média: $P = 500 - 0{,}01Q$, em que Q representa a produção média e P, o preço por unidade;
• função custo: $C = 50Q + 50.000$;
• função linear da demanda: $P = a - bQ$, em que a e b representam parâmetros da função;
• função de receita marginal: $RMg = a - 2bQ$.
Nessa situação, a quantidade produzida capaz de maximizar os lucros da referida empresa é igual a 22.500 unidades.

( ) Certo   ( ) Errado

9. (CEBRASPE — 2024 — INPI/Economia) À luz da teoria microeconômica, julgue o próximo item.

Um monopolista discriminador de preços de terceiro grau que faz discriminação entre grupos de indivíduos, mas não discrimina indivíduos dentro dos respectivos grupos, cobra preços mais altos dos grupos com demanda mais elástica.

( ) Certo   ( ) Errado

10. (CEBRASPE — 2024 — ANTT/Economia) Uma companhia aérea é a única que vende passagens com destino a certa cidade. Como monopolista nesse mercado, ela vende q passagens pelo preço p = 1.600 − 2,5q. O custo do voo por passageiro é dado por CM = 100 + 5q. A lotação máxima do voo é de 160 passageiros.

Tendo como referência essa situação hipotética, julgue o item seguinte.

i. O lucro máximo é obtido com menos de 50% da lotação máxima do voo.
( ) Certo   ( ) Errado
ii. O custo total de um voo lotado é de 144.000 unidades monetárias.
( ) Certo   ( ) Errado

GABARITO

1. "a". A maximização do lucro do monopolista ocorre quando a Rmg = Cmg. Nesse ponto, define-se a quantidade (QMAX) a ser produzida e, com base nisso, define-se o preço PMAX a ser cobrado pelo monopolista. Se o monopolista precisa reduzir o preço e, por conseguinte, elevar a quantidade produzida, significa que ele não está operando no ponto onde ocorre a maximização do lucro (está operando em P, Q), ou seja, ele está operando em um ponto onde a quantidade (Q) que ele está produzindo é inferior àquela onde ocorre a maximização do lucro. Logo, quantidades menores que aquela que maximiza o lucro apontam para uma receita marginal superior ao custo marginal. Observe a figura abaixo representada. O item I está correto. No monopólio, a receita marginal é menor que o preço (demanda). O item II está incorreto. Quando o custo marginal se iguala à receita marginal, a quantidade produzida é aquela que maximiza o lucro. Portanto, não faz sentido alterar o preço cobrado. O item III está incorreto.

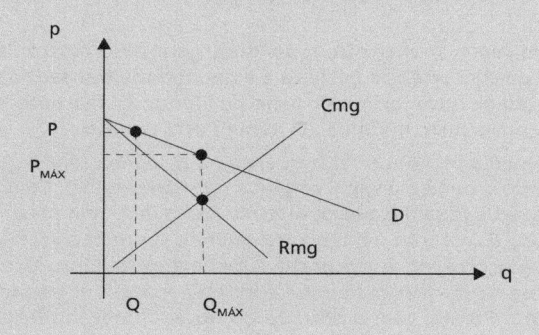

2. "c". Como, no mercado interno, a empresa é monopolista e, no mercado externo, ela está num mercado em concorrência perfeita, então os preços internos serão maiores que os externos. Como os mercados são separáveis, o consumidor interno não iria demandar o produto externamente pelo fato de estar mais barato. A alternativa "c" está correta. Se o preço do petróleo no mercado internacional é dado, então a empresa, ao exportar o produto se depara com um mercado em concorrência perfeita. Já, no mercado interno, a empresa é monopolista. Logo, no mercado internacional, a empresa igualaria seu custo marginal ao preço dado, já que se trata de concorrência perfeita. A alternativa "a" está incorreta. No mercado interno, a quantidade que maximiza o lucro vai se dar quando igualamos o Custo marginal com a Receita marginal, já que se trata de um monopólio. A alternativa "b" está incorreta. A maximização do lucro, no mercado interno, se dá igualando a receita marginal com o Custo marginal. Portanto, no mercado interno, o preço é maior que no mercado internacional onde a maximização do lucro se dá quando o preço é igual ao custo marginal. A alternativa "d" está incorreta. Se a empresa vendesse internamente a um preço inferior ao do preço externo, não podemos afirmar que o lucro seria positivo ou negativo porque os mercados interno e externo são distintos. A alternativa "e" está incorreta.

3. "b". Para calcular a quantidade que maximiza o lucro do monopolista, precisamos igualar o Custo marginal com a Receita Marginal. Assim, temos:

Dado: $Q = 14 - 2P$

Invertendo a função, temos: $P = 7 - Q/2$

Logo, a Receita marginal será: $Rmg = 7 - Q$

Dado: $C = 2Q^2 - 18Q + 50$

Então, o custo marginal será: $Cmg = 4Q - 18$

Igualando a Receita marginal com o Custo marginal, temos:

$Rmg = Cmg$

$7 - Q = 4Q - 18$

$5Q = 25 \rightarrow Q = 5$

$P = 7 - 5/2 \rightarrow P = 4,5$

O item I está correto e o item II está incorreto.

Se o mercado fosse perfeitamente competitivo, a maximização do lucro se daria quando o Custo marginal (Cmg) fosse igual ao preço. Assim:

Dados: $P = 7 - Q/2$ e $Cmg = 4Q - 18$, temos:

$P = Cmg$

$7 - Q/2 = 4Q - 18$

$25 = 4,5Q \rightarrow Q = 5,55$

$P = 7 - 5,55/2 \rightarrow P = 4,22$. Logo, o preço, na concorrência perfeita, é menor. O item III está correto.

4. "a". O peso morto decorre da ineficiência de mercado que pode ocorrer em qualquer estrutura de mercado. O item I está incorreto. O surgimento de um peso morto faz com que a quantidade transacionada seja menor que a esperada, gerando ineficiência na economia. O item II está incorreto.

O monopolista é, em regra, ineficiente e, por isso, gera peso morto. Isso ocorre porque seu preço é maior que o da concorrência perfeita e a quantidade transacionada é menor. O item III está correto. A quantidade que maximiza o lucro do monopolista é determinada no cruzamento da receita marginal com o custo marginal. O item IV está correto.

5. "certo". Tanto no mercado monopolista quanto no da concorrência perfeita, a maximização do lucro ocorre quando o custo marginal é igual à receita marginal. Como, na concorrência perfeita, a receita marginal é igual ao preço, dizemos também que a maximização do lucro nessa estrutura de mercado, e somente nela, ocorre quando o preço é igual ao custo marginal. Na concorrência perfeita ocorre, no curto prazo, lucro extraordinário. Ocorre que, como não há barreiras à entrada de novas firmas no mercado, elas acabam entrando para abocanhar uma parte do lucro gerado. Porém, com a entrada de novas firmas, a oferta aumenta, fazendo o preço cair e o lucro extraordinário desaparecer no longo prazo. Já no monopólio, como existe barreira à entrada de novas empresas, o lucro extraordinário desaparecer do curto prazo persevera no longo prazo. A questão está correta.

6. "b". No monopólio, a empresa vai sempre atuar no ramo elástico da curva de demanda porque, se operar no ramo inelástico, a Receita Total diminuirá caso resolva reduzir o preço. A alternativa "b" está correta. No monopólio, a quantidade que maximiza o lucro do monopolista será aquela em que a receita marginal é igual ao custo marginal. A alternativa "a" está incorreta. A curva de custo marginal deve cruzar a de receita marginal de baixo para cima. A alternativa "c" está incorreta. No monopólio não se define curva de oferta porque o monopolista é discriminador de preços. A alternativa "d" está incorreta. O markup é a relação entre Preço e Custo Marginal (P/Cmg). A alternativa "e" está incorreta.

7. "e". Há casos, como no monopólio natural, em que os custos fixos são muito altos, impossibilitando que seja gerado lucro positivo para o monopolista. A alternativa "e" está incorreta.

O monopolista opera sempre no ramo elástico da curva de demanda porque, caso contrário, o preço seria uma proporção negativa do Custo marginal o que não é possível, dado que $P = Cmg / (1 - 1/|EPD|)$. A alternativa "a" está correta. A maximização do lucro do monopolista ocorrerá quando a quantidade produzida for definida pela intersecção do custo marginal e a receita marginal. A alternativa "b" está correta. Markup é a relação entre preço e custo marginal. A alternativa "c" está correta. Se a demanda for perfeitamente elástica, o monopolista vai definir a quantidade que maximiza seu lucro como uma firma de concorrência perfeita, ou seja, igualando o custo marginal ao preço. A alternativa "d" está correta.

8. "certo". O monopólio vai maximizar seu lucro quando a Receita marginal for igual ao custo marginal. Logo:

Dado: $P = 500 - 0,01Q$, definimos a Receita marginal como $Rmg = 500 - 0,02Q$

Dado: $C = 50Q + 50.000$, definimos o Custo marginal como $Cmg = 50$

Igualando o Cmg com a Rmg, temos:

$Cmg = Rmg$

$50 = 500 - 0,02Q$

$Q = 22.500$.

9. "errado". O monopolista que discrimina preço cobra preços mais altos dos grupos de demanda mais inelástica porque ele sabe que, mesmo subindo o preço, esse grupo não vai reduzir consideravelmente a quantidade demandada do bem ou serviço.

10. i. "errado". O monopolista maximiza o lucro produzindo a quantidade que é encontrada com o cruzamento do Custo marginal com a Receita marginal.
Dado: P = 1600 – 2,5q, então: Rmg = 1600 – 5q
Dado: CM = 100 + 5q, então; CT = 100q + 5q2
Logo, o Custo marginal será: Cmg = 100 + 10q
Igualando a Rmg com o Cmg, temos:
Rmg = Cmg
1600 – 5q = 100 + 10q
15q = 1500 → q = 100
Se a lotação é de 160 passageiros, o lucro máximo será obtido com 62,5% (=100/160) da lotação.
O item "i" está errado.
ii. "certo". CT = 100q + 5q2
CT = 100. 160 + 5 . 1602
CT = 144.000
O item "ii" está correto.

16.14. MATERIAL SUPLEMENTAR

QUESTÕES DE CONCURSOS
> http://uqr.to/1yarn

17

ESTRUTURA DE MERCADO: CONCORRÊNCIA MONOPOLÍSTICA

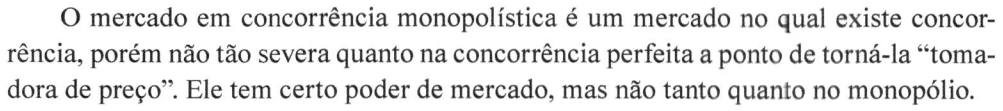

O mercado em concorrência monopolística é um mercado no qual existe concorrência, porém não tão severa quanto na concorrência perfeita a ponto de torná-la "tomadora de preço". Ele tem certo poder de mercado, mas não tanto quanto no monopólio.

Na concorrência monopolística, há **muitas firmas que produzem bens semelhantes**, mas não homogêneos. E são essas pequenas diferenciações que fazem esse mercado ter certo poder de monopólio.

As características do mercado em concorrência monopolística são, portanto:

- Existência de **muitos vendedores**, porém, cada um é pequeno em relação ao mercado, o que faz com que haja um número limitado do produto a disposição no mercado.
- Os produtos ofertados são **heterogêneos**, porém apresentam similaridades e possuem substitutos próximos entre si.
- Há **livre mobilidade de empresas** no mercado. As empresas entrarão e sairão do mercado até que o lucro supranormal seja zero.

17.1. CONCORRÊNCIA MONOPOLÍSTICA NO CURTO PRAZO

Na concorrência monopolística, cada firma **terá sua própria curva de demanda**, já que os produtos são diferentes. Essa curva, assim como no monopólio, terá **inclinação descendente**. Sobre essa curva, cada firma se comportará como um monopolista, ou seja, produzirá até o ponto em que **Receita marginal (Rmg) se iguale ao Custo marginal (Cmg)**. Assim, produzem uma quantidade que maximiza seu lucro e usam a curva de demanda para encontrar o preço associado a essa quantidade. Se, nesse ponto, o preço estiver acima do Custo médio (Cme), haverá lucro supranormal ou extraordinário, o que atrairá novas firmas para esse mercado, fazendo com que a **demanda dessa firma seja reduzida** até que o lucro supranormal tenha desaparecido. Podemos constatar isso nas Figuras 17.1 e 17.2. Se o preço estiver abaixo do Custo médio (Cme), haverá um prejuízo, o que levará à saída de firmas desse mercado, até o ponto em que o prejuízo tenha desaparecido. Então, enquanto houver lucro supranormal ou prejuízo, estamos numa situação de curto prazo. Quando os lucros ou prejuízos desaparecerem, estaremos numa situação de longo prazo.

Figura 17.1. No curto prazo, a firma em concorrência monopolística maximiza seu lucro produzindo a quantidade encontrada quando se iguala o Custo marginal (Cmg) com a Receita marginal (Rmg). A curva de demanda identifica o preço condizente com a quantidade. O preço, estando acima do custo médio, fará com que a receita total seja maior que o custo total, gerando um lucro extraordinário ou supranormal.

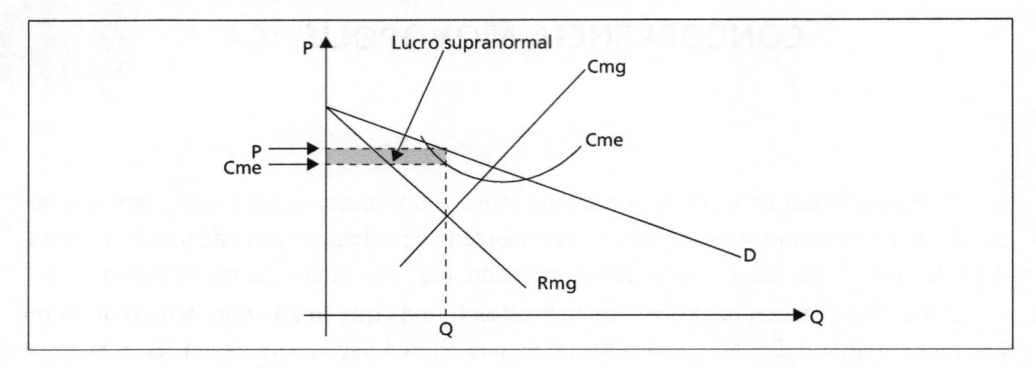

Figura 17.2. No longo prazo, o lucro extraordinário desaparece, porque novas firmas entram no mercado, reduzindo a demanda para cada empresa que está no mercado.

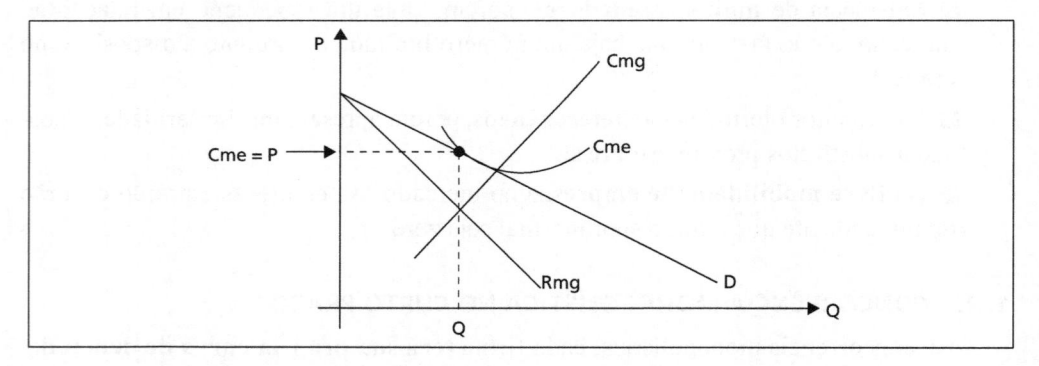

Percebemos que, no **curto prazo**, tanto a concorrência perfeita, o monopólio e a concorrência monopolística podem operar com **lucro extraordinário**.

Assim, afirma Ferguson: "A teoria da concorrência monopolista é uma teoria essencialmente de 'longo prazo'. No curto prazo não há, virtualmente, diferença entre a análise do monopólio e da concorrência monopolística. Cada produtor de um produto diferenciado se comporta de maneira a maximizar o lucro... Porém, outras firmas estão livres para produzir um produto proximamente relacionado; a entrada nesse grupo de produção não é fechada. Se uma ou algumas firmas obviamente gozarem de uma situação altamente próspera, outras firmas iniciarão a produção de um produto proximamente relacionado. Elas entrarão no grupo de produção e sua entrada terá repercussões no mercado não tão diferente da entrada de firmas concorrentes perfeitas no setor"[1].

---

[1] C. E. Ferguson, *Microeconomia*, p. 354.

17.2. CONCORRÊNCIA MONOPOLÍSTICA NO LONGO PRAZO

Na concorrência monopolística, quando ocorre lucro supranormal ou extraordinário, há um incentivo para que novas firmas entrem no mercado. Isso provoca uma redução da demanda para as empresas que já estão no mercado, deslocando a curva de demanda para a esquerda ou para baixo, reduzindo o lucro supranormal dessas empresas, até o ponto que desapareça.

Também quando ocorre prejuízo, há incentivo para que as empresas que estão no mercado saiam dele, aumentando a demanda para as empresas que ficaram no mercado, deslocando a curva de demanda para cima ou para a direita, reduzindo o prejuízo dessas empresas, até o ponto que ele desapareça.

Quando o **lucro extraordinário ou o prejuízo desaparece**, estamos numa situação de longo prazo. Podemos perceber na Figura 17.2 que a curva de Demanda (D) tangencia a curva de Custo médio (Cme) no mesmo ponto em que a Receita marginal (Rmg) se iguala ao Custo marginal (Cmg). Mas cabe uma observação importante: diferentemente da concorrência perfeita, a maximização do lucro da firma em concorrência monopolística, no longo prazo, **não ocorre onde o custo médio é mínimo**, assim como o **preço é superior ao custo marginal**. A empresa em concorrência monopolística opera, portanto, na **parte descendente do Cme** e apresenta um *Markup* **maior que zero**.

Vejamos a comparação entre **concorrência perfeita e concorrência monopolística** na Tabela 17.1. Percebemos que, pelo fato de na concorrência monopolística, no longo prazo, a empresa não produzir no custo médio mínimo, torna a **produção ineficiente**, ou seja, a empresa funciona de maneira **ociosa**. Ela poderia aumentar a produção e, com isso, reduzir o custo médio, porém, teria que baixar o preço para vender a produção adicional e isso geraria uma redução do seu lucro. Por isso, ela continua ofertando uma quantidade com **custo médio "não mínimo"**, operando com capacidade ociosa. Nos dois modelos de mercado, existem muitas empresas pequenas operando, mas somente na concorrência monopolística ocorre o *markup* positivo, fazendo com que o **Custo marginal seja diferente do preço** e **a produção não esteja em escala eficiente**.

Tabela 17.1. Comparação entre concorrência perfeita e concorrência monopolística no longo prazo.

Equilíbrio da firma no longo prazo							
Concorrência perfeita	Muitas empresas	Rmg = Cmg = P	P = Cmg	Markup = 0	Cme mínimo	Lucro extraordinário zero	Produz em escala eficiente
Concorrência monopolística	Muitas empresas	Rmg = Cmg ≠ P	P > Cmg	Markup > 0	Cme não é mínimo	Lucro extraordinário zero	Produz abaixo da escala eficiente

Podemos fazer também, uma tabela comparando a **concorrência monopolística com o monopólio**. Percebemos que em ambos os mercados, o equilíbrio da empresa no longo prazo ocorrerá onde a Receita marginal (Rmg) é igual ao Custo marginal (Cmg), e, devido ao *Markup*, o Preço (P) será maior que o Cmg. Em ambos os mercados, a produção se dará de forma ineficiente, ou seja, produzirão abaixo da escala eficiente, já que operarão no Custo médio (Cme) "não mínimo". A diferença entre eles se dá pelo fato de, no monopólio, no longo prazo, o **lucro extraordinário** perseverar, enquanto na **concorrência monopolística, no longo prazo, ele desaparecer**.

Tabela 17.2. Comparação entre monopólio e concorrência monopolística no longo prazo.

				Equilíbrio da firma no longo prazo				
Monopólio	Uma empresa	Rmg = Cmg ≠ P	P > Cmg	Markup > 0	Cme não é mínimo	Lucro extraordinário > zero	Produz abaixo da escala eficiente
Concorrência monopolística	Muitas empresas	Rmg = Cmg ≠ P	P > Cmg	Markup > 0	Cme não é mínimo	Lucro extraordinário zero	Produz abaixo da escala eficiente

17.3. REGULAÇÃO DA CONCORRÊNCIA MONOPOLÍSTICA

Como vimos anteriormente, a empresa em concorrência monopolística gera ineficiência, porque opera onde o custo médio não é mínimo. Assim, se aumentasse a sua produção, poderia diminuir os custos médios, mas seria obrigada a reduzir também o preço, o que geraria redução dos seus lucros. Portanto, opta por produzir menos gerando **ineficiência** na economia e, portanto, um **peso morto**. Com isso, mantém um *markup* dos Preços (P) em relação ao Custo marginal (Cmg) positivo, diferente do que seria necessário num mercado que opera em escala eficiente, cujo *markup* é zero.

Como no longo prazo a empresa monopolística opera com lucro supranormal igual a zero, caso o governo a obrigue a reduzir o seu preço ao nível do custo marginal, no intuito de produzir mais, fará com que ela opere com prejuízo. Com isso, o governo terá de conceder um subsídio do tamanho desse prejuízo para mantê-la no mercado. E esse subsídio seria bancado com a cobrança de tributos, o que pode fazer com que o governo opte por tolerar a ineficiência do mercado em concorrência monopolística no lugar de elevar a carga tributária.

17.4. QUESTÕES

1. (FCC — SEFAZ-PI — 2015) A teoria econômica define as estruturas de mercado de acordo com o grau de homogeneidade dos bens comercializados, o número de compradores e vendedores e sua influência sobre a quantidade transacionada de bens e serviços e os seus preços, e a presença de barreiras à entrada e saída etc. Nesse sentido, considere:

   I. os bens ofertados para a venda são homogêneos entre si.
   II. um único comprador influencia o preço de mercado e a quantidade demandada do bem ou serviço.
   III. um pequeno grupo dominante de vendedores determina a quantidade a ser ofertada no mercado.
   IV. numerosos vendedores competem nesse mercado e buscam auferir provisoriamente lucros de monopólio por meio de diferenciações em relação a seus concorrentes, os quais conseguem copiar tais inovações com baixo custo após um curto período.
   V. informações sobre as condições de mercado são completas e perfeitas.

É correto afirmar, em relação aos itens apresentados, que:

a) I e II refletem um mercado em concorrência monopolística e III reflete um oligopólio.
b) I e V exprimem traços da concorrência perfeita; IV descreve adequadamente a concorrência monopolística.
c) I, II e V representam um monopólio.
d) I, III e IV descrevem um oligopsônio; IV e V delimitam, por sua vez, a concorrência perfeita.
e) III, IV e V descrevem os mesmo tipo de mercado.

2. (CESGRANRIO — ANP — 2016) Uma característica do mercado em concorrência monopolística é que:
a) se trata de um mercado atomizado, ou seja, individualmente, vendedor e comprador não possuem condições de influenciar o mercado.
b) são os produtos vendidos diferenciados e complementares entre si.
c) são os produtos vendidos complementares entre si, mas não são diferenciados.
d) existe a possibilidade de capacidade ociosa na produção.
e) é menor o preço de equilíbrio do que o custo marginal para o produtor.

3. (FGV — SEN — Consultoria 2012) Sobre as estruturas de mercado e o comportamento das firmas, avalie as afirmativas abaixo:
I. Em concorrência perfeita, as firmas possuem lucro econômico igual a zero no longo prazo.
II. Em mercados competitivos, competição monopolística e monopólios, as firmas maximizam o seu lucro escolhendo a quantidade produzida no ponto onde a receita marginal iguala o custo marginal.
III. Empresas operam no longo prazo com lucro menor do que zero, desde que a receita seja superior ao custo variável.

Assinale:
a) se somente a afirmativa I estiver correta.
b) se somente a afirmativa II estiver correta.
c) se somente a afirmativa III estiver correta.
d) se as afirmativas I e II estiverem corretas.
e) se as afirmativas I e III estiverem corretas.

4. (CEBRASPE — SEFAZ-RS — 2018) A respeito dos resultados clássicos de microeconomia, julgue os itens seguintes.
I. Sob concorrência perfeita, o custo marginal é igual à receita marginal, sendo a última independente do preço de mercado.
II. Preços relativos de produtos não influenciam na determinação da demanda do consumidor.
III. Em concorrência monopolística, a renda do consumidor é a variável relevante para descrever as escolhas de demanda do consumidor.
IV. Multiplicando-se todos os preços da economia por um escalar a > 0, a demanda do consumidor não se altera.

Assinale a opção correta:
a) Apenas o item I está certo.
b) Apenas o item III está certo.
c) Apenas os itens I e IV estão certos.
d) Apenas os itens II e III estão certos.
e) Apenas os itens II e IV estão certos.

5. (FUNDATEC — Prefeitura de Porto Alegre/RS — 2020)
As empresas que operam em mercados perfeitamente competitivos e empresas que operam em mercados sob concorrência monopolística podem enfrentar condições iguais ou diferentes quanto à condição de entrada, forma de demanda, entre outros aspectos. Analise os itens abaixo, relacionando a Coluna 1 à Coluna 2.

Coluna 1
1. Característica apenas do mercado perfeitamente competitivo.
2. Característica apenas do mercado sob concorrência monopolística.
3. Característica de ambos os mercados (concorrência perfeita e concorrência monopolística).

Coluna 2
( ) Existem muitas empresas.
( ) A entrada de novas empresas não é limitada.
( ) Os produtos são diferenciados.
( ) A maximização do lucro ocorre em um nível de produção no qual o custo marginal é igual ao preço.
( ) A curva de demanda tem inclinação descendente.

A ordem correta de preenchimento dos parênteses, de cima para baixo, é:
a) 1 – 2 – 1 – 2 – 3.
b) 2 – 3 – 2 – 3 – 1.
c) 2 – 1 – 3 – 1 – 2.
d) 3 – 3 – 2 – 1 – 2.
e) 3 – 3 – 3 – 2 – 2.

6. (VUNESP — Prefeitura de Ilhabela/SP — 2020)
Suponha que há muitas fábricas de chocolate, mas o chocolate não é um bem homogêneo, de modo que diferentes consumidores podem preferir diferentes marcas de chocolate. Esse tipo de estrutura de mercado é chamado de:
a) concorrência perfeita.
b) monopólio.
c) oligopólio.
d) duopólio.
e) concorrência monopolística.

7. (CEBRASPE — 2024 — ANTT/Economia) Apesar de o modelo de concorrência perfeita ser o fundamento para os estudos de equilíbrio de mercado, o estudo de mercados reais apresenta outras estruturas, em geral envolvendo a fuga de um ou mais pressupostos da concorrência perfeita. Acerca dessas estruturas de mercado, julgue o item a seguir.

O mercado de calçados é um caso de concorrência imperfeita, podendo o diferencial de preços entre calçados ser motiva-do pela qualidade e pela marca.
( ) Certo   ( ) Errado

8. (FCC — 2024 — Agente Técnico (MPE AM)/Economista)
Os mercados falham na presença de concorrência ....I...., ou seja, quando firmas podem atuar num mercado *específico de modo a fixar* ....II.... acima dos custos ....III.... de produção. Em tais estruturas de mercado, os preços estarão ....IV.... e as quantidades produzidas ....V.... daqueles associados ao nível de ....VI..... .
(Manual de Economia dos Professores da USP. 4.ed. 2003. p. 233)

Completam respectivamente e com correção teórica as lacunas I, II, III, IV, V e VI:
a) imperfeita – seus preços – marginais – acima – abaixo – eficiência.
b) perfeita – seus preços – marginais – abaixo – acima – mercado.
c) imperfeita – suas quantidades – médios – estáveis – abaixo – eficiência.
d) monopolista – seu markup – médios – abaixo – acima – produção.
e) perfeita – suas quantidades – médios – acima – acima – mercado.

17 ■ Estrutura de Mercado: Concorrência Monopolística

9. (Instituto Verbena – 2024 – CM Anápolis/Economia) Observe a tabela a seguir.

N.°	Número de empresas	Produto	Preços	Barreira de Entrada
1	Grande	Homogêneo	O mercado que define	Baixa
2	Única	Sem substitutos	A empresa tem poder para definir	Grande
3	Pequeno	Homogêneo ou diferenciado	Preços homogêneos	Grande
4	Grande	Diferenciado	Pouca margem de manobra	Baixa

Qual dos tipos de mercado acima caracteriza-se como concorrência monopolística?
 a) 1.
 b) 2.
 c) 3.
 d) 4.

10. (CEBRASPE — 2024 — Especialista em Regulação de Serviços Públicos de Telecomunicações/Economia) Acerca da teoria microeconômica e do equilíbrio de mercado, julgue o item que se segue.
No modelo de concorrência monopolista, o lucro econômico é positivo tanto no curto quanto no longo prazo, sendo o preço, no longo prazo, igual ao custo médio de produção.
 ( ) Certo   ( ) Errado

GABARITO

1. "b".
I. Os bens ofertados para a venda são homogêneos entre si na concorrência perfeita.
II. Um único comprador influencia o preço de mercado e a quantidade demandada do bem ou serviço no monopsônio.
III. Um pequeno grupo dominante de vendedores determina a quantidade a ser ofertada no mercado no oligopólio.
IV. Numerosos vendedores competem nesse mercado e buscam auferir provisoriamente lucros de monopólio por meio de diferenciações em relação a seus concorrentes, os quais conseguem copiar tais inovações com baixo custo após um curto período. Trata-se de característica da concorrência monopolística.
V. Informações sobre as condições de mercado são completas e perfeitas — trata-se de característica da concorrência perfeita.

2. "d". Na concorrência imperfeita, a firma não produz no custo médio mínimo e, portanto, funciona de forma ociosa. A alternativa "d" está correta.
Na concorrência monopolística, a firma tem certo poder de mercado e, portanto, tem condições de influenciar o mercado. A alternativa "a" está incorreta.
Os produtos são diferenciados com substitutos próximos entre si. As alternativas "b" e "c" estão incorretas.
O preço é maior que o custo marginal. A alternativa "e" está incorreta.

3. "d". Em concorrência perfeita, as firmas possuem lucro econômico igual a zero no longo prazo, já que novas firmas entram no mercado, reduzindo o preço do produto. O item "I" está correto.
Em mercados competitivos, competição monopolística e monopólios, as firmas maximizam o seu lucro escolhendo a quantidade produzida no ponto onde a receita marginal iguala o custo marginal. Como na concorrência perfeita o preço é igual a receita marginal, então podemos dizer também que, nesse mercado, as firmas maximizam o seu lucro escolhendo a quantidade produzida no ponto onde o preço iguala o custo marginal. O item "II" está correto.
Empresas operam no curto prazo, e não no longo prazo, com prejuízo, desde que o preço esteja acima do custo variável médio. O item "III" está incorreto.

4. "c". Sob concorrência perfeita, a quantidade que maximiza o lucro da firma é encontrada quando igualamos o custo marginal com a receita marginal. Também a firma em concorrência perfeita tem a receita marginal igual ao preço de mercado.

Preço relativo é diferente de preço absoluto. Enquanto esse último estabelece a quantidade de moeda necessária para adquirir um bem ou um serviço, o preço relativo é um quociente do preço absoluto entre dois bens, de tal maneira que o preço de um dos bens afeta o preço relativo do outro bem. Assim, considerando o preço do bem 1 como P_1 e o preço do bem 2 como P_2, o preço relativo é dado pelo coeficiente de P_1 e P_2, ou seja, P_1/P_2 é o preço relativo do bem 1 expresso em unidades do bem 2. Assim, se o bem 1 vale 100 reais e o bem 2 vale 25 reais (que são os preços absolutos dos bens 1 e 2), podemos dizer que o bem 1 vale 4 vezes o bem 2 (que é o preço relativo). A decisão de consumo vai se basear nos preços relativos, já que o agente econômico se baseia nas diferenças de preços dos bens. Assim, dependendo do preço de um dos bens, o agente pode se decidir pelo consumo do outro bem. Portanto, os preços relativos são mais relevantes que os preços absolutos na decisão de consumo.

Como, em concorrência monopolística, os produtos não são homogêneos, as firmas passam a ter poder de mercado, ou seja, podem cobrar preços diferentes para os seus produtos. Dessa forma, a variável relevante será o preço do produto.

Caso, por exemplo, o preço dos bens dobre e a renda do consumidor dobre também, o poder de compra do consumidor permanece constante. Logo, a demanda não se altera.

5. "d". Tanto no mercado em concorrência perfeita quanto no mercado em concorrência monopolística, há a presença de muitas empresas ofertantes, bem como não existe barreira à entrada de novas firmas. Na concorrência perfeita, os produtos são homogêneos, mas, na concorrência monopolística, os produtos são heterogêneos com substitutos próximos entre si. Na concorrência perfeita, a maximização do lucro ocorre quando o Custo marginal é igual ao preço. Na concorrência monopolística, o preço é maior que o custo marginal e a maximização do lucro se dá quando o custo marginal se iguala a receita marginal. Na concorrência perfeita, a firma possui uma curva de demanda horizontal ou perfeitamente elástica ao preço. Já na concorrência monopolística, a firma apresenta uma curva de demanda descendente.

6. "e". Na concorrência monopolística, há muitas firmas que produzem bens semelhantes, mas não homogêneos. E são essas pequenas diferenças que fazem esse mercado ter certo poder de monopólio sobre o consumidor. A alternativa "e" está correta.

7. "certo". O mercado de calçados é um mercado caracterizado pela concorrência monopolística (concorrência imperfeita), onde existem muitos vendedores, os produtos são heterogêneos, porém com similaridades, ou seja, com substitutos próximos entre si. O que pode diferenciá-los, por exemplo, é a qualidade do produto ou a marca. Além disso, há livre mobilidade de empresas no mercado. A questão está certa.

8. "a". Se os mercados falham, eles necessariamente devem estar na presença de concorrência imperfeita, ou seja, quando firmas podem atuar num mercado específico de modo a fixar seus preços acima dos custos marginais, já que, na concorrência perfeita, preços são iguais aos custos marginais de produção. Em tais estruturas de mercado, os preços estarão acima e as quantidades produzidas abaixo da concorrência perfeita. Estes últimos estão associados ao nível de eficiência . A alternativa correta é a "a".

9. "d". A concorrência Monopolística é caracterizada por ter um grande número de empresas que comercializam produtos diferenciados e cuja barreira de entrada de novas firmas é baixa. Possuem também pouca margem de manobra dos preços devido à grande elasticidade do consumidor. O n. 4 aponta para essa estrutura de mercado. A alternativa "d" é a correta. A concorrência perfeita é caracterizada por ter um grande número de empresas que comercializam produtos homogêneos e cuja barreira de entrada de novas firmas é baixa. O preço cobrado pela firma é definido pelo mercado. O n. 1 aponta para essa estrutura de mercado. A alternativa "a" é incorreta. O monopólio é caracterizado por ter uma única empresa que oferta produtos sem substitutos e, por isso, ela define o preço a ser cobrado. Além disso, nessa estrutura de mercado, existe uma grande barreira à entrada de novas firmas. O n. 2 aponta para

essa estrutura de mercado. A alternativa "b" está incorreta. No oligopólio, há um pequeno número de empresas que dominam o mercado produzindo bens homogêneos ou não, mas praticando os mesmos preços. Existe também uma grande barreira à entrada de novas firmas. O n. 3 representa essa estrutura de mercado. A alternativa "c" está incorreta.

10. "errado". No modelo de concorrência monopolista, o lucro econômico é positivo no curto prazo, mas é zero no longo prazo, sendo o preço, no longo prazo, maior que o custo médio mínimo de produção e, por isso, ele é ineficiente.

17.5. MATERIAL SUPLEMENTAR

QUESTÕES DE CONCURSOS
> http://uqr.to/1yaro

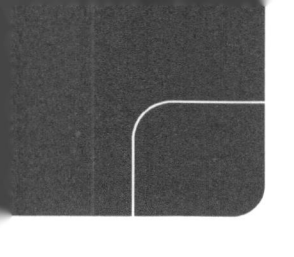

18

ESTRUTURA DE MERCADO: MERCADOS — OLIGOPÓLIO

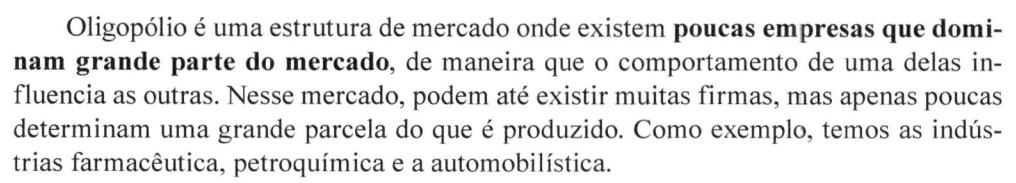

Oligopólio é uma estrutura de mercado onde existem **poucas empresas que dominam grande parte do mercado**, de maneira que o comportamento de uma delas influencia as outras. Nesse mercado, podem até existir muitas firmas, mas apenas poucas determinam uma grande parcela do que é produzido. Como exemplo, temos as indústrias farmacêutica, petroquímica e a automobilística.

Como o comportamento de uma das empresas pode afetar as outras, elas devem agir **estrategicamente**, já que o seu lucro não dependerá, por exemplo, apenas da quantidade/preço que produz, mas, sim, da quantidade/preço que outras empresas produzem.

Caso as empresas oligopolistas cooperem umas com as outras de maneira a agirem como monopólio, todas elas se beneficiam. Mas, como a empresa oligopolista está preocupada apenas com o seu lucro, não haverá incentivo para manter o resultado de monopólio.

Assim como Ferguson, sustentaremos o principal aspecto desse mercado: "As firmas são interdependentes; as políticas de uma afetam direta e perceptivelmente as outras. Consequentemente, a concorrência não pode ser impessoal"[1].

No oligopólio, as empresas podem produzir bens homogêneos (iguais) ou heterogêneos (que apresentam diferenças). No caso de produzirem produtos homogêneos, o que se chama de oligopólio puro, as empresas deverão competir entre si por meio de preços ou de quantidade. Se produzirem produtos heterogêneos, as empresas poderão competir de outras maneiras, por exemplo, fazendo propaganda.

18.1. EXEMPLO DE DUOPÓLIO

Vejamos um exemplo de duopólio, ou seja, um mercado dominado por duas empresas apenas.

Suponhamos que, numa cidade, apenas João e Maria produzam laranjas e eles vendem determinada quantidade de laranjas pelo preço que o mercado está disposto a pagar. Se João e Maria venderem um total de 100 sacas de laranja, o preço de cada saca será de 110. Caso resolvam vender 200 sacas de laranja, o preço cairá para 100 a saca e assim por diante.

---

[1] C. E. Ferguson, *Microeconomia*, p. 370.

Montando a Tabela 18.1, percebemos que a associação entre a quantidade de laranjas que são vendidas e os preços conforma uma curva de demanda decrescente, onde preços e quantidades se relacionam negativamente. Completando a tabela, podemos determinar a Receita Total (RT) que corresponde à multiplicação da Quantidade de sacas de laranjas (Q) pelo Preço (P). Supondo que João e Maria não tenham Custos (CT) nenhum no plantio nem na coleta da laranja, então podemos dizer que a Receita Total (RT) será igual ao Lucro Total (LT) e o Custo marginal (Cmg) será igual a zero.

Tabela 18.1. Quantidade (Q) de sacas de laranjas vendidas no mercado formado por um duopólio e seu respectivo Preço (P). Sendo o Custo Total (CT) nulo, o Lucro (L) será igual à Receita Total (RT).

Quantidade de sacas de laranja (Q)	Preço da saca de laranja (P)	Receita Total (RT = P · Q)	Custo Total (CT)	Custo marginal (Cmg)	Lucro Total (LT)
0	120	0	0	0	0
100	110	11.000	0	0	11.000
200	100	20.000	0	0	20.000
300	90	27.000	0	0	27.000
400	80	32.000	0	0	32.000
500	70	35.000	0	0	35.000
600	60	36.000	0	0	36.000
700	50	35.000	0	0	35.000
800	40	32.000	0	0	32.000
900	30	27.000	0	0	27.000
1.000	20	20.000	0	0	20.000
1.100	10	11.000	0	0	11.000
1.200	0	0	0	0	0

Caso a Tabela 18.1, representasse um **mercado em concorrência perfeita**, a quantidade ótima a ser produzida seria de 1.200 sacas de laranja, já que, a essa quantidade, o Preço (P) se iguala ao Custo marginal (Cmg).

Caso essa mesma Tabela 18.1 representasse o **monopólio,** a produção seria de 600 sacas ao preço de 60, porque é nessa quantidade que o lucro é máximo (= 36.000). Podemos perceber que, nesse nível de produção, o preço (= 60) é superior ao custo marginal (= 0).

Caso João e Maria fizessem um acordo onde determinassem o preço e a quantidade a produzir, dizemos que eles estariam fazendo um **conluio**. Se eles agissem conforme esse acordo, dizemos que eles estariam formando um **cartel**[2]. E, quando formam um

---

[2] Cartel consiste em acordar, combinar, manipular ou ajustar com o concorrente, sob qualquer forma, bem como, promover, obter ou influenciar a adoção de conduta comercial uniforme ou concertada entre concorrentes. (Lei n.º 12.529, de 30 de novembro de 2011) Os fatores que podem favorecer a formação de um cartel são: 1. A Concentração do Mercado, ou seja, em mercados oligopolizados, pois é mais fácil coordenar e monitorar os membros do grupo. 2. Quando os pro-

cartel, eles passam a agir como uma única empresa, ou seja, como um monopólio. Portanto, um cartel consiste numa organização onde os membros são independentes entre si, mas produzem o mesmo bem e se juntam com o intuito de elevar o preço, limitar a produção ou dividir o mercado entre si. Assim, além do nível de produção a ser definido, o cartel determina a quantidade a ser produzida por cada um dos membros que o compõem. Caso João e Maria consigam fazer esse conluio, então eles produzirão e definirão os preços de acordo com o monopólio.

Mas nem sempre é possível formar um cartel devido a problemas na repartição do lucro, bem como devido à legislação vigente, que proíbe acordos entre os membros do oligopólio (ou duopólio).

Então, supondo que Maria e João **não conseguissem fazer um conluio**, eles deveriam decidir separadamente a quantidade de laranjas a ofertar no mercado, o que faria com que o resultado monopolista não fosse atingido.

Suponhamos que, num primeiro momento, Maria e João ofertassem a mesma quantidade de laranjas. Como vimos anteriormente, no equilíbrio monopolista, eles venderiam juntos 600 sacas de laranja, sendo 300 sacas cada um deles. O lucro total de 36.000 seria repartido em 18.000 para cada um.

Mas como cada um pensa separadamente, pode acontecer de João resolver ofertar 400 sacas de laranjas no lugar de 300. Assim, a oferta total seria de 700 sacas, sendo 400 de João e 300 de Maria. A oferta de 700 sacas ao preço de 50 produz um lucro total de 35.000, sendo que João receberia 20.000 (400 × 50) e Maria 15.000 (300 × 50). Podemos ver que João estaria numa situação melhor vendendo 400 sacas (lucro = 20.000) do que vendendo 300 sacas (lucro = 18.000). Embora o lucro total do mercado diminua, de 36.000 para 35.000, João teria um lucro maior devido à sua participação maior no mercado.

Ocorre, porém, que Maria também teria esse pensamento, o que faria com que ela passasse a ofertar 400 sacas de laranjas também. Sendo assim, a oferta total no mercado

---

dutos são homogêneos, como commodities, por exemplo, já que os produtos são substituíveis e as empresas podem se concentrar apenas no controle de preço e quantidade sem a preocupação com características específicas. 3. Quando existem elevadas Barreiras à Entrada de outras empresas no mercado devido a altos custos iniciais, regulamentações rígidas ou necessidade de expertise específica. 4. Em mercados onde há maior estabilidade da demanda, já que as empresas têm menos incentivo para competir agressivamente, o que facilita a coordenação de preços e produção em um cartel. 5. Quando ocorre maior transparência do Mercado, facilitando o acesso à informações sobre preços e produção das concorrentes, é mais fácil monitorar o cumprimento das regras do cartel. 6. Quando os Custos de Produção são parecidos, pois têm incentivos semelhantes em termos de preços e margens de lucro, evitando conflitos. 7. Quando há baixo nível de fiscalização e as penalidades são fracas. 8. Quando há uma cultura de cooperação, por exemplo, por meio de associações comerciais, facilitando a comunicação e, portanto, a formação de cartéis. 9. Quando há uma visão mais de longo prazo, ou seja, as empresas se coordenam para manipular preços e quantidades visando aumentar seus lucros de maneira sustentada ao longo do tempo, o que envolve uma expectativa de benefícios contínuos.

seria de 800 sacas de laranjas, e o preço seria de 40. Com isso, o lucro total seria de 32.000; e João e Maria repartiriam esse lucro, ficando cada um com 16.000.

Caso João queira elevar a produção para 500 sacas, o mercado ofertará 900 sacas (500 de João e 400 de Maria). A esse nível de produção, o preço cai para 30. Com isso, o lucro de João será de 15.000 (500 × 30), abaixo do lucro obtido quando produzia apenas 400 sacas. Portanto, para João, não é interessante aumentar a produção para 500 sacas.

Portanto, quando João e Maria produzirem, cada um, 400 sacas, estarão em equilíbrio.

Percebemos que, se eles cooperassem entre si, agindo como monopolistas, estariam em melhor situação, mas como o **oligopolista persegue seu próprio interesse**, no intuito de capturar uma parcela maior do mercado, quando a quantidade produzida aumenta, o preço cai. Assim, o preço no equilíbrio do oligopólio vai ficar abaixo do preço no equilíbrio monopolista, porém acima do preço do equilíbrio da concorrência perfeita. Também, a quantidade no equilíbrio do oligopólio vai se situar acima da quantidade no equilíbrio do monopólio e abaixo da quantidade no equilíbrio da concorrência perfeita.

18.2. JOGOS REPETITIVOS × JOGOS NÃO REPETITIVOS

Vejamos que se João e Maria formassem um cartel e resolvessem produzir como no monopólio, eles combinariam de cada um produzir 300 sacas de laranja. Caso eles fossem ao mercado **apenas uma vez** vender essa quantidade de laranjas cada um, nenhum deles teria incentivos em respeitar o acordo. Isso porque, se um deles aumentasse a oferta para 400, seu lucro aumentaria.

Porém, se eles fossem ao mercado ofertar suas laranjas de maneira **repetitiva**, ou seja, se eles fossem toda semana vender sacas de laranjas, eles sabem que, se desrespeitarem o acordo, na semana seguinte o outro desrespeitaria também, fazendo com que a produção se elevasse para 800 sacas e o lucro caísse. Assim, optariam por uma estratégia que fizesse com que voltassem ao resultado cooperativo depois de um resultado não cooperativo.

Portanto, concluímos que, em **"jogos repetitivos"**, que estamos chamando aqui de idas ao mercado vender laranjas, os **participantes tendem a cooperar** com mais facilidade que em "jogos" que não se repetem.

18.3. OLIGOPÓLIO DE COURNOT — CONCORRÊNCIA VIA QUANTIDADE

No oligopólio, as empresas determinarão o Preço que irão cobrar (P) ou a Quantidade que irão produzir (Q). Como não podem controlar as duas variáveis ao mesmo tempo, terão que escolher uma delas, e o mercado ajustará a outra. O oligopólio de Cournot é um modelo em que as firmas vão competir entre si alterando as quantidades.

Uma das premissas desse modelo de Oligopólio de Cournot é que as empresas entram **simultaneamente** no mercado e que levam em consideração a produção de seus concorrentes. Acreditam também que a concorrência não altera a quantidade produzida.

Vamos supor um duopólio composto por apenas duas firmas idênticas denominadas "A" e "B" e que produzem **bens homogêneos (oligopólio puro)** e conheçam a curva de demanda do mercado. Chamaremos a produção da empresa "A" de q_A e a produção da empresa "B" de q_B.

Também, chamaremos o Custo Total da empresa "A" de CT_A e o Custo Total da empresa "B" de CT_B, bem como Custo marginal da empresa "A" de Cmg_A e Custo marginal da empresa "B" de Cmg_B.

Sabendo que a demanda do mercado se comporta da seguinte maneira:

$P = a - bQ$, onde "Q" é a quantidade demandada no mercado, ou seja, $Q = q_A + q_B$

O preço de demanda linear do mercado será $p \cdot (q_A + q_B)$, o que significa dizer que o preço de mercado é função das quantidades produzidas nas duas empresas.

Assim, a receita total da empresa "A" será o preço de mercado multiplicado pela quantidade produzida pela empresa "A" (q_A):

$$RT_A = p \cdot q_A$$

E a receita total da empresa "B" será o preço de mercado multiplicado pela quantidade produzida pela empresa "B" (q_B):

$$RT_B = p \cdot q_B$$

A maximização dos lucros de cada uma das empresas vai se dar quando o Custo marginal (Cmg) for igual à Receita marginal (Rmg).

Cmg = Rmg

Considerando o Custo marginal igual a zero e que a Receita marginal é a derivada da Receita total em relação a quantidade produzida pela empresa (dRT/dq), então, temos:

$Rmg_A = dRT_A / dq_A = 0$

$Rmg_B = dRT_B / dq_B = 0$

Sabendo que o preço de demanda se define por:

$P = a - b(q_A + q_B)$[3]

Então: $RT_A = [a - b(q_A + q_B)] \cdot q_A$

$RT_A = aq_A - bq_A^2 - bq_B q_A$

$Rmg_A = a - 2bq_A - bq_B$

$a - 2bq_A - bq_B = 0$

$$q_A = \frac{a - b\, q_B}{2b} \quad (I)$$

---

[3] Supondo que cada empresa só pode escolher uma vez o seu nível de produção e, portanto, não poderá variar. Assim, esse modelo será utilizado na situação em que as empresas já estejam em equilíbrio.

Por analogia[4], determinamos o valor de q_B e chegamos a:

$$q_B = \frac{a - b\, q_A}{2b} \quad \text{(II)}$$

Montando duas equações com duas variáveis, podemos encontrar o valor de q_A e q_B:

$$q_A = \frac{a - b\left(\frac{a - bq_A}{2b}\right)}{2b}$$

$$q_A = \frac{a - \frac{ab - b^2 q_A}{2b}}{2b}$$

$$q_A = \frac{2ab - ab + b^2 q_A}{4b^2}$$

$$q_A = \frac{2a - a + bq_A}{4b}$$

$$q_A = \frac{a + bq_A}{4b}$$

$4bq_A = a + bq_A$

$4bq_A - bq_A = a$

$3bq_A = a$

$q_A = a/3b$

Assim:

$q_A = a/3b$ e $q_b = a/3b$ e

$$q_A + q_B = 2a/3b$$

Substituindo os valores de q_A e q_B na função de demanda, temos:

$P = a - b \cdot (q_A + q_B)$

$P = a - b\,(2a/3b)$

$P = a - 2a/3$

$$P = a/3$$

Percebemos que as quantidades q_A e q_B são iguais porque os custos das duas firmas são os mesmos e iguais a zero e a função demanda é linear.

---

[4] $RT_B = [a - b(q_A + q_B)] \cdot q_B$
$RT_B = aq_B - bq_A q_B - bq_B^2$
$Rmg_B = a - bq_A - 2bq_B$
$a - bq_A - 2bq_B = 0$

Concluímos que, sendo o produto homogêneo, no **duopólio de Cournot, considerando o Custo marginal igual a zero para ambas as empresas, o Preço (P) será igual a a/3 e a Quantidade (Q = q_A + q_B) será igual a 2a/3b**.

Podemos ver a curva de reação da empresa "A" no gráfico da Figura 18.1. A curva de reação da empresa A representa a quantidade produzida por A que maximiza seus lucros de acordo com o que ela projeta que a empresa B irá produzir. Quanto mais a empresa B produz, menos a empresa A deverá produzir. Logo, essa projeção é decrescente. Ela representa a função (I) descrita acima (sabendo que: $a - 2bq_A - bq_B = 0$ quando igualamos a Receita marginal (Rmg) ao Custo marginal (Cmg) que é zero). Percebemos que, quando q_A é zero, q_B é igual a a/b. Também, quando q_B é zero, q_A é igual a a/2b.

Figura 18.1. Curva de reação da empresa "A", cuja função é descrita por $q_A = \dfrac{a - b q_B}{2b}$.

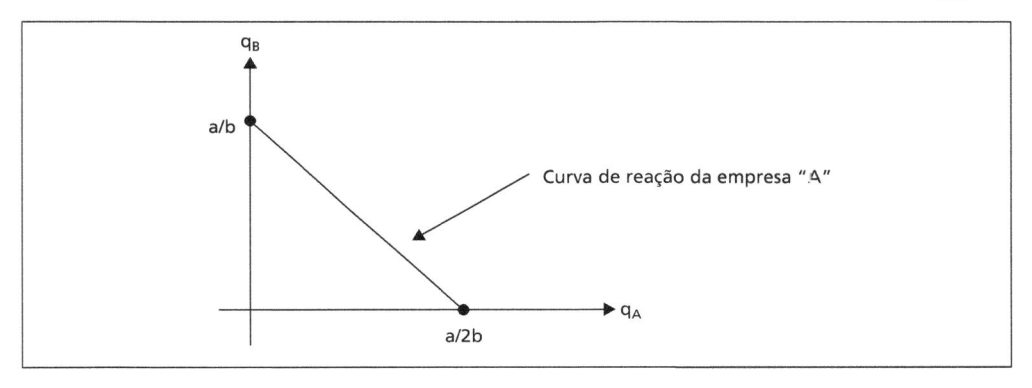

Podemos ver a curva de reação da empresa "B" no gráfico da Figura 18.2. Ela representa a função (II) descrita acima (sabendo que: $a - bq_A - 2bq_B = 0$ quando igualamos a Receita marginal (Rmg) ao Custo marginal (Cmg) que é zero). Percebemos que, quando q_A é zero, q_B é igual a a/2b. Também, quando q_B é zero, q_A é igual a a/b.

Figura 18.2. Curva de reação da empresa "B", cuja função é descrita por $q_B = \dfrac{a - b q_A}{2b}$.

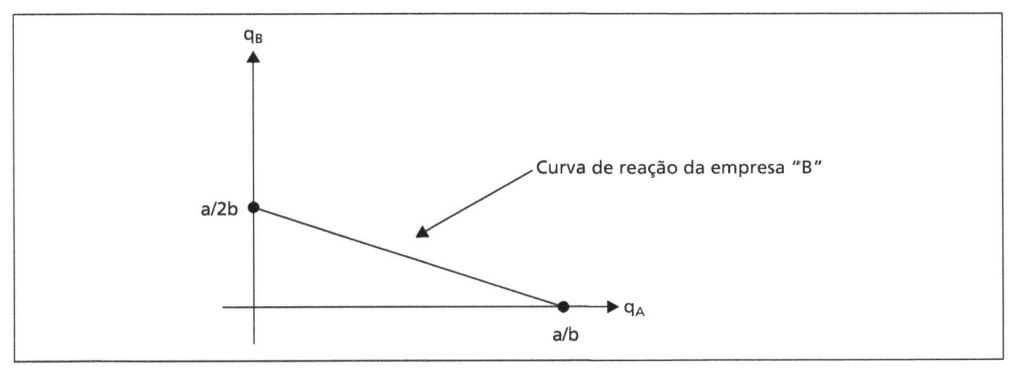

Juntando as duas curvas de reação, temos o que é mostrado na Figura 18.3. Quando as duas curvas de reação se cruzam, ocorre o equilíbrio no par de ordenadas (a/3b,

$a/3b)^5$. Nesse ponto, cada empresa estima a produção de sua concorrente e maximiza seu lucro. A curva de reação da empresa A mostra o nível de produção q_A em função de q_B. A curva de reação da empresa B mostra o nível de produção q_B em função de q_A.

Figura 18.3. Quando as curvas de reação da empresa "A" e "B" se cruzam, ocorre o equilíbrio de Cournot.

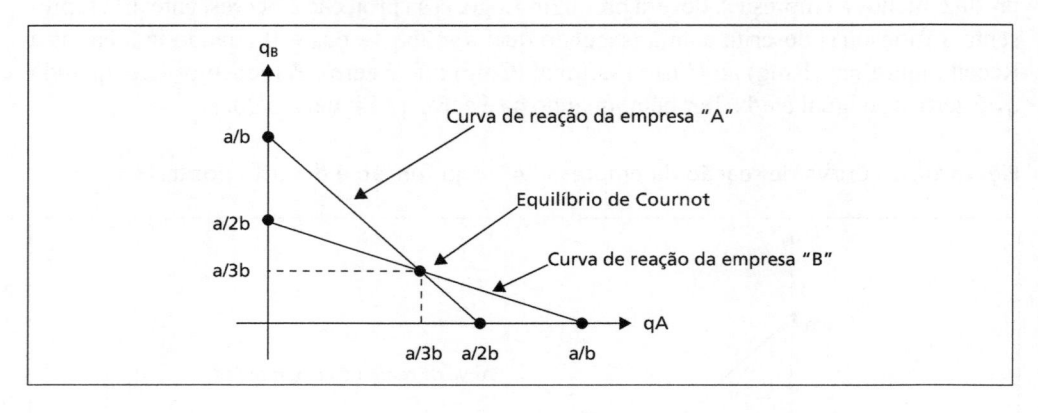

---

[5] Se os custos marginais das empresas A e B fossem diferentes de zero, porém iguais para ambas as firmas, como consideramos, então, as curvas de reação de cada empresa seriam diferentes. Vamos supor que o Custo marginal de cada uma das empresas seja igual a "c", ou seja, diferente de zero. Sabendo que a Receita Total (RT) é igual ao preço vezes a quantidade de cada empresa e que o preço (P) é igual a $P = a - b(q_A + q_B)$, temos:
$RT_A = P \cdot q_A \rightarrow RT_A = [a - b(q_A + q_B)] \cdot q_A$
$RT_B = P \cdot q_B \rightarrow RT_B = [a - b(q_A + q_B)] \cdot q_B$
Logo, a Receita marginal de cada uma das empresas será:
$Rmg_A = a - 2bq_A - bq_B$
$Rmg_B = a - 2bq_B - bq_A$
Para maximizar o lucro de cada empresa, devemos Igualar a Receita Marginal (Rmg) ao Custo Marginal (Cmg). Logo:
$a - 2bq_A - bq_B = c$
$a - 2bq_B - bq_A = c$
daí, determinamos que a função reação da empresa A é:
$$q_A = \frac{a-c}{2b} - \frac{q_B}{2}$$
E a função reação da empresa B é:
$$q_B = \frac{a-c}{2b} - \frac{q_A}{2}$$
Resolvendo o sistema formado pelas duas equações reações, encontramos a quantidade produzida por cada uma das empresa: $q_A = q_B = \frac{(a-c)}{3b}$. Logo, a quantidade total $(Q) = \frac{2 \cdot (a-c)}{3b}$.
Substituindo na função preço, temos:
$$P = a - b(q_A + q_B) \rightarrow P = \frac{a+2c}{3}$$

Se as empresas **não competirem** entre si e formarem uma **coalizão**, elas vão produzir de maneira a maximizar o lucro total e, depois, dividirão esse lucro em partes iguais.

Logo, a receita Total (RT) das empresas A e B juntas será:

$RT = P \cdot Q$

Onde $Q = q_A + q_B$ e $P = a - bQ$.

Logo: $RT = (a - bQ) \cdot Q$

$RT = aQ - bQ^2$

A Receita Marginal (Rmg) é a derivada da Receita Total (RT) em função da quantidade produzida (Q). Logo:

$Rmg = a - 2bQ$

Considerando o Custo Marginal (Cmg) igual a zero, temos, na maximização do lucro:

$Rmg = Cmg$

$Rmg = 0$

$a - 2bQ = 0$

$Q = a/2b$

Logo; $q_A = Q/2 \rightarrow$ **$q_A = a/4b$**

$q_B = Q/2 \rightarrow$ **$q_B = a/4b$**

EXEMPLO 1:

Vamos analisar um exemplo numérico do modelo de Cournot, supondo que **os custos das empresas sejam iguais a zero**.

Vamos supor que a Demada de mercado seja definida da seguinte maneira:

$Qd = 9 - P$

Onde: Qd = Quantidade demandada no mercado que é soma das quantidades produzidas pela firma A e pela firma B e P o preço do produto no mercado.

Vamos supor que os custos das duas empresas que formam o duopólio sejam iguais a zero. Chamando os custos totais (CT) de cada firma de CT_A e CT_B, temos:

$CT_A = 0$;

$CT_B = 0$

Invertendo a função demanda, temos: $P = 9 - Q$ ou

$P = 9 - (q_A + q_B)$ (I)

Calculando a Receita Total da firma A, temos:

$RT_A = P \cdot q_A$ (II)

Substituindo a equação (I) em (II), temos:

$RT_A = [9 - (q_A + q_B)] \cdot q_A$

$RT_A = 9q_A - q_A2 - q_A q_B$

Logo, a Receita Marginal (Rmg_A) que é a derivada da RT_A em função da quantidade da empresa A (q_A) é igual a:

$Rmg_A = 9 - 2q_A - q_B$

Percebemos que a Receita da empresa depende tanto da quantidade que ela produz como também da quantidade que a empresa B produz.

Determinando o Custo marginal da empresa A, devemos derivar o Custo Total da empresa A (CT_A) em função da quantidade da empresa A.

$Cmg_A = 0$

A quantidade que maximiza o lucro da empresa A é aquele em que igualamos a Receita Marginal da empresa A (Rmg_A) com o Custo Marginal da empresa A (Cmg_A). Logo:

Rmg A = CmgA

$9 - 2q_A - q_B = 0$

$qA = (9 - q_B) / 2$; essa função é a função reação da empresa A e ela mostra que, dependendo da quantidade que B vai produzir, a empresa A vai produzir determinada quantidade que maximiza seu lucro.

Como os custos totais da empresa A são iguais aos custos totais da empresa B, podemos, por analogia, chegar à seguinte curva de reação da empresa B:

$q_B = (9 - q_A) / 2$

Montando um sistema de duas equações e duas incógnitas, temos:

$$\begin{cases} q_A = (9 - q_B) / 2 \\ q_B = (9 - q_A) / 2 \end{cases}$$

Substituindo uma função na outra, encontramos que a quantidade produzida pela empresa A e B são iguais a 3 ($q_A = q_B$). Logo, a quantidade de mercado (Q) é igual a 6 ($q_A + q_B$).

Substituindo Q = 6, na função Demanda (P = 9 – Q), temos P = 3.

Podemos observar que podemos utilizar a fórmula apresentada na determinação das quantidades produzidas no oligopólio de Cournot quando o custo marginal é igual a zero, ou seja:

$q_A + q_B = 2a/3b$, ou seja, $q_A + q_B = 2.9/3.1 \rightarrow q_A + q_B = 6$

Também, para determinar o preço (P), podemos usar a fórmula: P = a/3, ou seja: P =9/3 = 3

Para determinarmos o lucro de cada uma das empresas, temos:

$L_A = RT_A - CT_A \rightarrow L_A = q_A \cdot P - 0 \rightarrow L_A = 3 \cdot 3 \rightarrow L_A = 9$

$L_B = RT_B - CT_B \rightarrow L_B = q_B \cdot P - 0 \rightarrow L_B = 3 \cdot 3 \rightarrow L_B = 9$

O Lucro das duas empresas juntas é de 18 ($L_A + L_B$)

EXEMPLO 2:

Vamos analisar, agora, um exemplo numérico do modelo de Cournot parecido com o anterior. Agora, **os custos das empresas serão iguais, porém, diferentes de zero**.

Vamos supor que a Demanda de mercado seja definida da seguinte maneira:

Qd = 11 – P

Onde: Qd = Quantidade demandada no mercado que é soma das quantidades produzidas pela firma A e pela firma B e P o preço do produto no mercado.

Vamos supor que os custos das duas empresas que formam o duopólio sejam iguais, porém diferentes de zero. Chamando os custos totais (CT) de cada firma de CT_A e CT_B, temos:

$CT_A = 2q_A$;

$CT_B = 2q_B$

Invertendo a função demanda, temos: $P = 11 - Q$ ou

$P = 11 - (q_A + q_B)$ (I)

Calculando a Receita Total da firma A, temos:

$RT_A = P \cdot q_A$ (II)

Substituindo a equação (I) em (II), temos:

$RT_A = [11 - (q_A + q_B)] \cdot q_A$

$RT_A = 11q_A - q_A2 - qAq_B$

Logo, a Receita Marginal (Rmg_A) que é a derivada da RT_A em função da quantidade da empresa A (q_A) é igual a:

$Rmg_A = 11 - 2q_A - q_B$

Percebemos que a Receita da empresa depende tanto da quantidade que ela produz como também da quantidade que a empresa B produz.

Determinando o Custo marginal da empresa A, devemos derivar o Custo Total da empresa A (CT_A) em função da quantidade da empresa A.

$Cmg_A = 2$

A quantidade que maximiza o lucro da empresa A é aquele em que igualamos a Receita Marginal da empresa A (Rmg_A) com o Custo Marginal da empresa A (Cmg_A). Logo:

$Rmg\,A = Cmg A$

$11 - 2q_A - q_B = 2$

$q_A = (9 - q_B)/2$; essa função é a função reação da empresa A e ela mostra que, dependendo da quantidade que B vai produzir, a empresa A vai produzir determinada quantidade que maximiza seu lucro.

Como os custos totais da empresa A são iguais aos custos totais da empresa B, podemos, por analogia, chegar à seguinte curva de reação da empresa B:

$q_B = (9 - q_A)/2$

Montando um sistema de duas equações e duas incógnitas, temos:

$q_A = (9 - q_B)/2$

$q_B = (9 - q_A)/2$

Substituindo uma função na outra, encontramos que a quantidade produzida pela empresa A e B são iguais a 3 ($q_A = q_B$). Logo, a quantidade de mercado (Q) é igual a 6 ($q_A + q_B$).

Substituindo $Q = 6$, na função Demanda ($P = 11 - Q$), temos $P = 5$.

Podemos observar que podemos utilizar a fórmula apresentada na determinação das quantidades produzidas no oligopólio de Cournot quando o custo marginal é diferente de zero (nota de rodapé 5), ou seja:

$q_A + q_B = 2(a-c)/3b$, ou seja, $q_A + q_B = 2 \cdot (11-2)/3 \cdot 1 \rightarrow q_A + q_B = 6$

Também, para determinar o preço (P) podemos usar a fórmula: $P = a + 2c/3$, ou seja: $P = 11 + 2.2/3 = 5$

Para determinarmos o lucro de cada uma das empresas, temos:

$L_A = RT_A - CT_A \rightarrow L_A = q_A \cdot P - 2q_A \rightarrow L_A = 3.5 - 2.3 \rightarrow L_A = 9$

$L_B = RT_B - CT_B \rightarrow L_B = q_B \cdot P - 2q_B \rightarrow L_B = 3.5 - 2.3 \rightarrow L_B = 9$

O Lucro das duas empresas (L_A e L_B) juntas é de 18 ($= L_A + L_B$)

Devemos observar que, embora o lucro das duas empresas tenha sido igual nos dois exemplos, isso não necessariamente ocorre. Essa coincidência decorreu da escolha dos valores que formaram as funções de demanda e de custo.

18.4. OLIGOPÓLIO DE STACKELBERG — MODELO DE LIDERANÇA-QUANTIDADE

O oligopólio de Stackelberg é um modelo em que as firmas vão competir entre si alterando as quantidades, porém, diferentemente do modelo de Cournot, uma das empresas, nesse modelo de Stackelberg, entra primeiro no mercado, tomando a dianteira. A que entra primeiro denomina-se **"Líder"** e vai se antecipar às ações das demais, denominadas **"seguidoras"**. Acredita também que, **durante o ajuste para o equilíbrio, a sua produção deverá influenciar a produção da firma concorrente**. Isso ocorreria porque a empresa aprenderia com isso e, ao tomar sua decisão futura, levaria em conta esse aprendizado. Mas, nesse modelo, apenas uma das firmas tem conhecimento de que modificar sua produção poderia influenciar a tomada de decisão da outra empresa. A outra permaneceria com o pensamento de Cournot, ou seja, acreditando que a produção de sua concorrente é "um dado" no qual não teria influência alguma. Assim, uma das empresas determinará sua produção antes que a outra determine. Esse modelo, mostra a vantagem de ser o primeiro a tomar a decisão. Podemos pensar, como exemplo, no caso de uma empresa que produz produtos farmacêuticos. Ela detém a patente do medicamento que produz. Caso ela queira entrar no mercado de medicamentos genéricos, ela não terá dificuldade, já que detém a patente. Já as demais empresas só poderão entrar no mercado quando a patente desse medicamento for quebrada.

Assim, considerando um duopólio, chamaremos a primeira (a que acredita que sua produção influencia a do seu concorrente) de **empresa líder** e a segunda (que não acredita que pode influenciar a produção da concorrente) de **empresa satélite ou seguidora**.

Chamando a empresa líder de "A" e a empresa satélite de "B", sabemos que a quantidade produzida pela empresa "B" (q_B) vai ser influenciada pela quantidade produzida pela empresa "A" (q_A). Assim, temos:

$$q_B = g(q_A)$$

A empresa "A" deverá produzir "q_A" de maneira a maximizar seu lucro, mas lembrando que está sujeita à função de reação da firma "B" ($q_B = g(q_A)$).

O lucro da empresa "A" (LT_A) é sua Receita Total (RT_A) subtraída do seu Custo Total (CT_A), ou seja:

$LT_A = RT_A - CT_A$

Onde $RT_A = p \cdot q_A$ e $CT_A = CT_A(q_A)$, logo, $LT_A = p \cdot q_A - CT_A(q_A)$

Considerando que o Custo Total da empresa "A" (CT_A) seja zero[6], então o Lucro Total da empresa "A" (LT_A) será igual à Receita Total da empresa "A" (RT_A):

$LT_A = p \cdot q_A$ (I)

Como vimos no modelo de Cournot, temos que:

$p = a - b \cdot (q_A + q_B)$ (II)

Substituindo a função (II) na (I), temos:

$LT_A = aq_A - bq_A^2 - bq_Aq_B$

O problema com que a empresa "A" se depara é o de maximizar seu lucro (LT_A) sujeito à curva de reação da empresa "B". Assim, temos duas funções:

$$\begin{cases} LT_A = aq_A - bq_A^2 - bq_Aq_B & (III) \\ q_B = a - \dfrac{bq_A}{2b} & (IV)^7 \end{cases}$$

Depois de substituirmos a função (IV) na função (III), devemos fazer a derivada primeira do lucro em função da quantidade produzida de "A" (q_A) e o resultado, iremos igualar a zero (onde o lucro será maximizado), obtendo a quantidade a ser produzida pela empresa "A". Assim, encontraremos:

$$q_A = a / 2b \quad (V)$$

Substituindo (V) em (IV), encontramos a quantidade a ser produzida pela empresa "B", ou seja:

$$q_B = a / 4b$$

---

[6] Supondo que o Custo total de cada empresa seja diferente de zero e igual a:
$CT_A = c \cdot q_A$ e $CT_B = c \cdot q_B$, então o $Cmg_A = Cmg_B = c$
A Receita marginal (Rmg) da empresa B será igual à do modelo de Cournot, ou seja:
$Rmg_B = a - 2bq_B - bq_A$
Igualando a Rmg_B com o Cmg_B, temos:
$a - 2bq_B - bq_A = c$
Logo, a função reação da empresa B será:
$q_B = \dfrac{a-c}{2b} - \dfrac{q_A}{2}$ (I)
O lucro da empresa A (líder) é igual a Receita Total (RTA) menos o Custo Total (CTA):
$L_A = aq_A - 2bq_A^2 - bq_Aq_B - cq_A$ (II)
Substituindo a função (I) em (II), derivando a função Lucro e igualando a zero, estaremos maximizando o lucro da empresa A. Dessa forma, encontraremos a função reação da empresa A (líder):
$q_A = \dfrac{a-c}{2b}$ (III)
Substituindo (III) em (I), encontramos a função reação da empresa B (seguidora):
$q_B = \dfrac{a-c}{4b}$
Logo, a quantidade total produzida ($Q = q_A + q_B$) será igual a:
$Q = \dfrac{3 \cdot (a-c)}{4b}$
E o preço será: $P = \dfrac{a+3c}{4}$

[7] Conforme a equação (II) do item 18.3.

A Quantidade a ser produzida no mercado ($Q = q_A + q_B$) será igual a $3a/4b$ e o Preço (P) será igual a $a/4$, considerando um Custo marginal igual a zero.

$P = a - b \cdot Q$
$P = a - b \cdot (q_A + q_B)$
$P = a - b \cdot (a/2b + a/4b)$
$P = a - b \cdot 3a/4b$
P = a/4

Podemos observar que $q_A = 2q_B$ se as funções demanda e custo forem lineares.

Podemos ver no gráfico da Figura 18.4 a quantidade produzida pela empresa "A", denominada de líder, e a quantidade produzida pela empresa "B", denominada de seguidora. O equilíbrio de Stackelberg se dá quando a líder produz $a/2b$ e a seguidora produz $a/4b$. Como a empresa líder foi a primeira a determinar o nível de produção, então, ela se beneficiou. Isso ocorre porque ela determina um "fato consumado", obrigando a empresa seguidora a produzir menos que a líder. Isso ocorre porque se a empresa seguidora resolver produzir mais, levará a queda do preço, fazendo com que tanto ela quanto a líder apresentem perdas.

Figura 18.4. Equilíbrio de Stackelberg ocorre quando a empresa líder produz $a/2b$ e a seguidora produz $a/4b$.

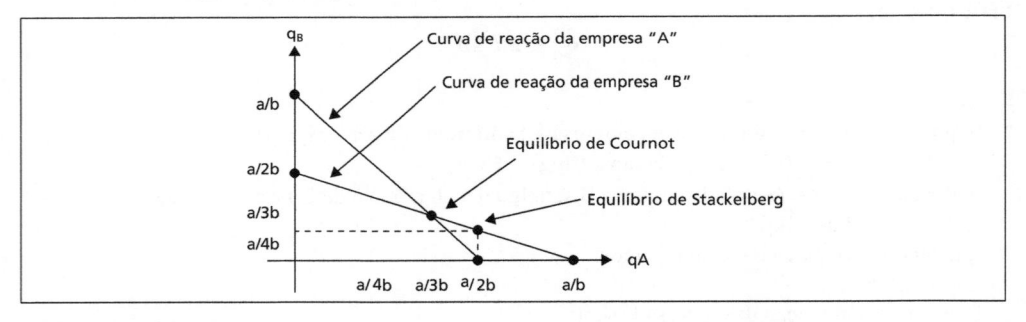

EXEMPLO 1:

Vamos analisar um exemplo numérico do modelo de Stackelberg, supondo que **os custos das empresas sejam iguais a zero.** Consideraremos a empresa A, a líder, e a empresa B, a seguidora.

Vamos supor que a Demanda de mercado seja definida da seguinte maneira:

$Q = 9 - P$

Onde: Q = Quantidade demandada no mercado que é soma das quantidades produzidas pela empresa líder, A, e pela empresa seguidora, B, e P o preço do produto no mercado.

Vamos supor que os custos das duas empresas que formam o duopólio sejam iguais a zero. Chamando os custos totais (CT) de cada empresa de CT_A e CT_B, temos:

$CT_A = 0$;
$CT_B = 0$
Invertendo a função demanda, temos: $P = 9 - Q$ ou
$P = 9 - (q_A + q_B)$ (I)

Calculando a Receita Total da firma A, temos:

$RTA = P \cdot q_A$ (II)

Substituindo a equação (I) em (II), temos:

$RT_A = [9 - (q_A + q_B)] \cdot q_A$

$RT_A = 9q_A - q_A^2 - q_A q_B$ (I)

A empresa líder sabe como a seguidora vai agir e conhece a função reação da seguidora (que é igual a do modelo de Cournot), ou seja:

$q_B = (9 - q_A) / 2$ (II)

A empresa líder (A), como entrou primeiro no mercado, sabe quanto a empresa seguidora (B) vai produzir para maximizar o lucro dela, de acordo com o que a líder vai produzir. E, com base nisso, a empresa líder vai maximizar seu lucro num nível ainda maior.

Assim, substituindo a função (II) em (I), temos:

$RT_A = 9q_A - q_A^2 - q_A (9 - q_A)/2$

$RT_A = 9q_A - q_A^2 - 4{,}5 q_A + 0{,}5 q_A^2$

$RT_A = 4{,}5 q_A - 0{,}5 q_A^2$

Logo, a Receita Marginal (Rmg_A) que é a derivada da RT_A em função da quantidade da empresa A (q_A) é igual a:

$RmgA = 4{,}5 - q_A$

Como o Custo Total é zero, então o Custo marginal da empresa A, também será zero.

$Cmg_A = 0$

A quantidade que maximiza o lucro da empresa A é aquele em que igualamos a Receita Marginal da empresa A (Rmg_A) com o Custo Marginal da empresa A (Cmg_A). Logo:

$Rmg A = CmgA$

$4{,}5 - q_A = 0$

$q_A = 4{,}5$

Como: $q_B = (9 - q_A)/2$; então: $q_B = 2{,}25$

Como a demanda e o custo são funções lineares, podemos observar que $q_A = 2 \cdot q_B$

A quantidade produzida pelas empresas A e B juntas é igual a 6,75 (= $q_A + q_B$). Logo, a quantidade de mercado (Q) é igual a 6,75 (= $q_A + q_B$).

Substituindo Q = 6,75 na função Demanda (P = 9 - Q), temos P = 2,25.

Para determinarmos o lucro de cada uma das empresas A e B (líder e seguidora), temos:

$L_A = RT_A - CT_A \rightarrow L_A = P \cdot q_A - 0 \rightarrow L_A = 2{,}25 \cdot 4{,}5 \rightarrow L_A = 10{,}125$

$L_B = RT_B - CT_B \rightarrow L_B = P \cdot q_B - 0 \rightarrow L_B = 2{,}25 \cdot 2{,}25 \rightarrow L_B = 5{,}0625$

O Lucro das duas empresas (L_A e L_B) juntas é de 15,1875 (= $L_A + L_B$)

EXEMPLO 2:

Vejamos, agora, um exemplo numérico do modelo duopólio de Stackelberg considerando que **os custos das duas empresas (líder e seguidora) sejam diferentes de zero, porém iguais** entre si.

Vamos supor que a Demanda de mercado seja definida da seguinte maneira:

$Qd = 11 - P$

Onde: Qd = Quantidade demandada no mercado, que é soma das quantidades produzidas pela firma A e pela firma B, e P o preço do produto no mercado.

Vamos supor que os custos das duas empresas que formam o duopólio sejam iguais, porém diferentes de zero. Chamando os custos totais (CT) de cada firma de CT_A e CT_B, temos:

$CT_A = 2q_A$;

$CT_B = 2q_B$

Invertendo a função demanda, temos: $P = 11 - Q$ ou

$P = 11 - (q_A + q_B)$ (I)

Calculando a Receita Total da firma A (líder), temos:

$RTA = P \cdot q_A$ (II)

Substituindo a equação (I) em (II), temos:

$RTA = [11 - (q_A + q_B)] \cdot q_A$

$RTA = 11q_A - q_A^2 - q_A q_B$ (I)

A empresa líder sabe como a seguidora vai agir e conhece a função reação da seguidora (que é igual a do modelo de Cournot), ou seja:

$q_B = (9 - q_A) / 2$ (II)

A empresa líder (A), como entrou primeiro no mercado, sabe quanto a empresa seguidora (B) vai produzir para maximizar o lucro dela, de acordo com o que a líder vai produzir. E, com base nisso, a empresa líder vai maximizar seu lucro num nível ainda maior.

Assim, substituindo a função (II) em (I), temos:

$RT_A = 11q_A - q_A^2 - q_A (9 - q_A)/2$

$RT_A = 11q_A - q_A^2 - 4{,}5 q_A + 0{,}5 q_A^2$

$RT_A = 6{,}5 q_A - 0{,}5 q_A^2$

Logo, a Receita Marginal (Rmg_A) que é a derivada da RTA em função da quantidade da empresa A (q_A) é igual a:

$RmgA = 6{,}5 - q_A$

Determinando o Custo marginal da empresa A, devemos derivar o Custo Total da empresa A (CTA) em função da quantidade da empresa A.

$Cmg_A = 2$

A quantidade que maximiza o lucro da empresa A é aquela em que igualamos a Receita Marginal da empresa A (RmgA) com o Custo Marginal da empresa A (CmgA). Logo:

$Rmg\,A = CmgA$

$6{,}5 - q_A = 2$

$q_A = 4{,}5$

Como: $q_B = (9 - q_A)/2$; então: $q_B = 2,25$

Como a demanda e o custo são funções lineares e estes últimos são iguais para as duas empresas, podemos observar que $q_A = 2 \cdot q_B$.

A quantidade produzida pelas empresas A e B juntas é igual a 6,75 (= qA + qB). Logo, a quantidade de mercado (Q) é igual a 6,75 (= qA + qB).

Substituindo Q = 6,75 na função Demanda (P = 11 − Q), temos P = 4,25.

Para determinarmos o lucro de cada uma das empresas A e B (líder e seguidora), temos:

$L_A = RT_A - CT_A \rightarrow L_A = P \cdot q_A - 2q_A \rightarrow L_A = 4,25 \cdot 4,5 - 2 \cdot 4,5 \rightarrow L_A = 10,125$

$L_B = RT_B - CT_B \rightarrow L_B = P \cdot q_B - 2q_B \rightarrow L_B = 4,25 \cdot 2,25 - 2 \cdot 2,25 \rightarrow L_B = 5,0625$

O Lucro das duas empresas (L_A e L_B) juntas é de 15,1875 (= $L_A + L_B$)

Devemos observar que, embora o lucro das duas empresas tenha sido igual nos dois exemplos, isso não necessariamente ocorre. Essa coincidência decorreu da escolha dos valores que formaram as funções de demanda e de custo.

18.5. OLIGOPÓLIO DE BERTRAN — CONCORRÊNCIA VIA PREÇOS

Vimos acima dois modelos de oligopólio que as firmas competem via quantidades, mas, no oligopólio, as empresas podem competir via preços também. Assim, elas **fixam preços** e o mercado determinará a quantidade a ser produzida.

O oligopólio de Bertrand é semelhante ao oligopólio de Cournot, exceto pelo fato de considerar que a concorrência é agora feita pelos preços em vez de ser feita pelas quantidades. Bertrand argumenta que as empresas podem preferir definir os preços e só depois ajustar a sua produção às intenções de consumo dos consumidores para o preço fixado.

Assim, quando uma empresa ajusta o seu preço, ela vai prever o que a rival vai fazer e, com isso, passar a se comportar de acordo com o preço que deseja praticar para obter o máximo de lucro possível.

O modelo de oligopólio de Bertran pode supor que os produtos são homogêneos ou heterogêneos, além de considerar que haja ou não restrição de capacidade produtiva. Vejamos cada uma dessas situações.

18.5.1. As empresas que participam do oligopólio produzem bens homogêneos e não há restrição de produção, ou seja, cada empresa consegue atender todo o mercado.

Partindo do pressuposto de que o duopólio (duas empresas oligopolistas) produza ou venda **produtos idênticos** ou **homogêneos**, a empresa "A" fixará seu preço prevendo o preço que a empresa "B" fixará seu. Essas empresas deverão fixar um par de preços de maneira que cada preço seja uma escolha que maximize seu lucro, considerando **"dado" o preço fixado pela outra empresa**.

Supõe-se, num primeiro momento, que o preço fixado por cada uma das empresas seja superior ao custo marginal de cada empresa, já que, caso os preços fossem menores que o custo marginal, as empresas reduziriam a sua produção para ter mais lucros, o que provocaria elevação dos preços.

Caso a empresa "A" resolva reduzir seu preço para abocanhar uma parcela maior do mercado, atraindo consumidores, poderá se apoderar de todos os clientes da empresa "B", supondo que a empresa "B" mantenha seu preço fixo. Contudo, a empresa "B" pode ter esse mesmo pensamento e reduzir seu preço também. Nesse processo de redução de preços, elas tenderão a levar o preço ao patamar em que ele se iguale ao custo marginal, obtendo um **equilíbrio competitivo**.

Melhor seria que as empresas desse duopólio fizessem um conluio, combinando preços. Na medida em que não conseguem cumprir um acordo, ou simplesmente não o fazem, ambas as empresas tendem a ter preços bem menores que teriam se se unissem.

Vejamos um exemplo:

Vamos supor que a Demanda de mercado seja definida da seguinte maneira:

$Q = 11 - P$

Onde: Q = Quantidade demandada no mercado que é soma das quantidades produzidas pela firma A e pela firma B e P o preço do produto no mercado.

Vamos supor que os custos das duas empresas que formam o duopólio sejam iguais, porém diferentes de zero. Chamando os custos totais (CT) de cada firma de CT_A e CT_B, temos:

$CT_A = 2q_A$;

$CT_B = 2q_B$

Invertendo a função demanda, temos: $P = 11 - Q$ ou

O preço final do produto será aquele em que o preço (P) se iguala ao Custo Marginal (Cmg).

O Custo Marginal (Cmg) é igual a derivada do Custo total em função da quantidade (q).

Logo: Cmg = 2 e o P = 2.

Perceba que, se a empresa A vender o produto por um preço igual a 4 e a empresa B vender por 3, a empresa A não conseguirá vender nenhuma unidade do seu produto, obrigando-a a reduzir o seu preço. Então, nessa competição, ambas vão baixando seu preço até o limite em que ele se iguale ao Custo Marginal, que ocorre quando P = 2.

Ao preço de 2, a Quantidade demandada será igual a:

$Q = 11 - P \to Q = 11 - 2 \to Q = 9$. Onde $q_A = q_B = 4{,}5$

O Lucro (L) de cada empresa será:

$L_A = RT_A - CT_A \to L_A = P \cdot q_A - 2q_A \to L_A = 2 \cdot 4{,}5 - 2 \cdot 4{,}5 \to L_A = 0$

$L_B = RT_B - CT_B \to L_B = P \cdot q_B - 2q_B \to L_B = 2 \cdot 4{,}5 - 2 \cdot 4{,}5 \to L_B = 0$

Podemos observar que, assim como na concorrência perfeita, o lucro extraordinário é zero.

18.5.2. As empresas que participam do oligopólio produzem bens homogêneos, mas há restrição de produção, ou seja, cada empresa não consegue atender todo o mercado sozinha.

Pensemos num exemplo prático para entender uma situação em que duas empresas oligopolistas (duopólio), que produzem bens homogêneos, só conseguem produzir uma quantidade limitada de bens/serviços, ou seja, uma empresa sozinha não consegue atender toda a demanda do mercado.

Vamos supor que a Demanda de mercado seja definida da seguinte maneira:

$Q = 11 - P$

Onde: Q = Quantidade demandada no mercado que é soma das quantidades produzidas pela firma A e pela firma B e P o preço do produto no mercado.

Vamos supor que os custos das duas empresas que formam o duopólio sejam iguais, porém diferentes de zero. Chamando os custos totais (CT) de cada firma de CT_A e CT_B, temos:

$CT_A = 2q_A$;

$CT_B = 2q_B$

Supondo duas firmas oligopolistas que só têm capacidade de produzir 4 unidades de produto cada uma. Sendo assim, as duas empresas juntas só têm capacidade de atender o mercado em 8 unidades (= 4+4). Logo, a uma quantidade de 8, o preço a ser cobrado será de:

$Q = 11 - P \rightarrow 8 = 11 - P \rightarrow P = 3$

Mas por que isso acontece? Pensemos numa situação que a empresa A vende seu produto a 5 a unidade e a empresa B vende seu produto a 6 a unidade. O que vai acontecer? Como a empresa A vende mais barato, ela irá vender todas as suas 4 unidades ao preço de 5. Os consumidores comprarão da empresa B apenas a quantidade residual ao preço de 6. E qual é essa quantidade residual? Vejamos como será a demanda residual: $Q = 7 - P$. Logo, ao preço de 6, a quantidade demandada será de 1 ($Q = 7 - 6$).

Logo o lucro da empresa A e B será de:

$L_A = RT_A - CT_A \rightarrow L_A = P.q_A - 2q_A \rightarrow L_A = 5.4 - 2.4 \rightarrow L_A = 12$

$L_B = RT_B - CT_B \rightarrow L_B = P.q_B - 2q_B \rightarrow L_B = 6.1 - 2.1 \rightarrow L_B = 4$

Como o lucro da empresa B é menor, ela resolve reduzir seu preço para abocanhar uma fatia maior do mercado. Vamos supor que a empresa B reduza seu preço para 4, mas a empresa A continue vendendo por 5.

Como a empresa B está vendendo a um preço menor o seu produto, ela irá vender todas as 4 unidades que tem capacidade de produzir ao preço de 4. Os consumidores comprarão da empresa A apenas a quantidade residual ao preço de 5. E qual é essa quantidade residual? Vejamos como será a demanda residual: $Q = 7 - P$. Logo, ao preço de 5, a quantidade demandada será de 2 ($Q = 7 - 5$).

Logo, o lucro da empresa A e B será de:

$L_A = RT_A - CT_A \rightarrow L_A = P.q_A - 2q_A \rightarrow L_A = 5.2 - 2.2 \rightarrow L_A = 6$

$L_B = RT_B - CT_B \rightarrow L_B = P.q_B - 2q_B \rightarrow L_B = 4.4 - 2.4 \rightarrow L_B = 8$

Como o lucro da empresa B é maior, a empresa A resolve reduzir seu preço para abocanhar uma fatia maior do mercado. E assim, as empresas vão reduzindo seu preço até o valor de 3 cada uma. Nessa situação, elas conseguem maximizar a quantidade produzida que é o limite de produção de cada empresa, ou seja, 4 unidades. Vejamos o lucro de cada uma das empresas:

$L_A = RT_A - CT_A \rightarrow L_A = P.q_A - 2q_A \rightarrow L_A = 3.4 - 2.4 \rightarrow L_A = 4$

$L_B = RT_B - CT_B \rightarrow L_B = P.q_B - 2q_B \rightarrow L_B = 3.4 - 2.4 \rightarrow L_B = 4$

Podemos perceber que as empresas não têm incentivo para reduzir ainda mais os preços, ou seja, vender a um preço abaixo de 3, porque elas têm uma capacidade produtiva limitada a 4 unidades cada uma. Sendo assim, mesmo a um preço menor que 3, elas só conseguirão vender 4 unidades. Portanto, não faz sentido reduzir o preço abaixo de 3.

18.5.3. As empresas que participam do oligopólio produzem bens heterogêneos.

Pensemos num exemplo prático para entender uma situação em que duas empresas oligopolistas (duopólio), que produzem bens heterogêneos.

Cada empresa que participa do duopólio vai ter uma demanda individual diferente. Assim, por exemplo, supondo que as demandas individuais sejam:

$q_A = 100 - 2p_A + p_B \rightarrow$ demanda individual da empresa A

Podemos perceber que o preço do produto da empresa B (p_B) age de forma oposta ao preço da empresa A (p_A), ou seja, quanto maior p_B, maior será a quantidade demandada da empresa A (q_A) e, quanto maior o preço da empresa A (p_A), menor será a quantidade demandada da empresa A (q_A).

$q_B = 100 - 2p_B + p_A \rightarrow$ demanda individual da empresa B

Podemos perceber que o preço do produto da empresa B (p_B) age de forma oposta ao preço da empresa A (p_A), ou seja, quanto maior p_B, menor será a quantidade demandada da empresa B (q_B) e, quanto maior o preço da empresa A (p_A), maior será a quantidade demandada da empresa B (qB).

Vamos supor que os custos (C) das duas empresas sejam os seguintes:

$CA = q_A$

$CB = q_B$

Então, para calcular o lucro (L) da empresa A, teremos:

$LA = RT_A - C_A$

$LA = p_A.q_A - q_A$

$LA = p_A.q_A - q_A$

$LA = p_A.(100 - 2p_A + p_B) - (100 - 2p_A + p_B)$

$LA = 100\, p_A. - 2p_A^2 + p_A p_B - 100 + 2p_A - p_B$

Para maximizar o lucro da empresa A, devemos derivar a função de lucro da empresa A (LA) em relação ao preço da empresa A (pA) e igualar a zero.

$100 - 4p_A + p_B + 2 = 0$

$p_A = (102 + p_B) / 4$

Por analogia, temos que:

$P_B = (102 + p_A) / 4$

Como os custos são iguais e a demanda apresenta a mesma fórmula funcional, podemos dizer que $p_A = p_B$.

Logo: $p = (102 + p)/4 \to p = 34$

Assim, $q_A = q_B = 100 - 2p + p \to q_A = q_B = 100 - p \to q_A = q_B = 66$

O lucro de cada uma das empresas oligopolistas (L) será:

$L = RT - C$, onde RT = Receita total da empresa e C é o custo total da empresa

$L = p.q - q$

$L = 34.66 - 66$

$L = 2.178$

18.6. OLIGOPÓLIO DE EDGEWORTH — CONCORRÊNCIA VIA PREÇOS

Assim como no modelo de Bertrand, no oligopólio de Edgeworth a concorrência é via preços. O que diferencia esse modelo de Edgeworth é que ele acredita que, mesmo que seu concorrente baixe o preço a nível inferior ao seu, suas vendas não cairão a zero. Isso porque seu concorrente só irá produzir a quantidade que maximiza seu lucro, deixando um mercado residual a ser explorado.

Supondo um duopólio que produza **bens homogêneos**, que **não haja custo de produção**, que a curva de demanda do mercado seja do tipo linear (representado por uma reta), que as produções das duas empresas sejam iguais e **insuficientes para atender o mercado** porque existe uma capacidade limitada de produção de cada empresa e que as empresas não enxerguem que sua decisão está inter-relacionada com a decisão da sua concorrente, podemos representar um modelo desenvolvido por Edgeworth em que no eixo horizontal colocaremos as quantidades produzidas pelas empresas "A" e "B", sendo as quantidades de "A" representadas no lado direito a partir a origem "O" (pontos C, D, E) e as quantidades de "B" (pontos C', D', E') representadas no lado esquerdo. As linhas FE e FE' representam a metade da demanda total do mercado.

Vejamos a Figura 18.5. Supondo que o limite de produção da empresa "A" seja OD e o limite de produção da empresa "B" seja OD' e que, num primeiro momento, elas produzam o máximo de suas capacidades, o preço que o mercado estaria disposto a pagar seria igual a P_1. As duas empresas sempre se orientarão no intuito de produzir sua capacidade produzida e consideram o **preço estabelecido pela empresa concorrente como constantes**.

Agora, imaginemos que a empresa "A" resolva subir o preço de seu produto para P_2. A quantidade que conseguirá vender a esse preço P_2 será "C". Perceba que a empresa "A" só consegue vender essa quantidade a esse preço porque a empresa "B" não conseguiu satisfazer totalmente o mercado. Dessa forma, a empresa "A" está funcionando como uma monopolista. Ocorre que a empresa "B" poderá querer elevar seu preço a um nível um pouco inferior ao da empresa "A" e assim vender toda a sua produção "D"'. Mas, para isso, é preciso que a empresa "A" permaneça com os seus preços no nível de um monopolista. Ocorre que a empresa "A" percebe também que, se baixar seus preços a um nível inferior ao que a empresa "B" está praticando, poderá abocanhar o mercado e vender toda a sua produção D.

Assim, elas vão reduzindo seus preços até o valor igual a P_1, em que cada empresa produzirá seu limite D e D'. Quando chegarem nesse ponto, uma das empresas perceberá que poderá subir o preço acima de P_1, e o mecanismo descrito acima irá se repetir até que o preço novamente retorne a P_1, fazendo com que os preços oscilem constantemente e não se defina um ponto de equilíbrio.

Figura 18.5. No modelo de oligopólio de Edgeworth, os preços serão instáveis e não há equilíbrio.

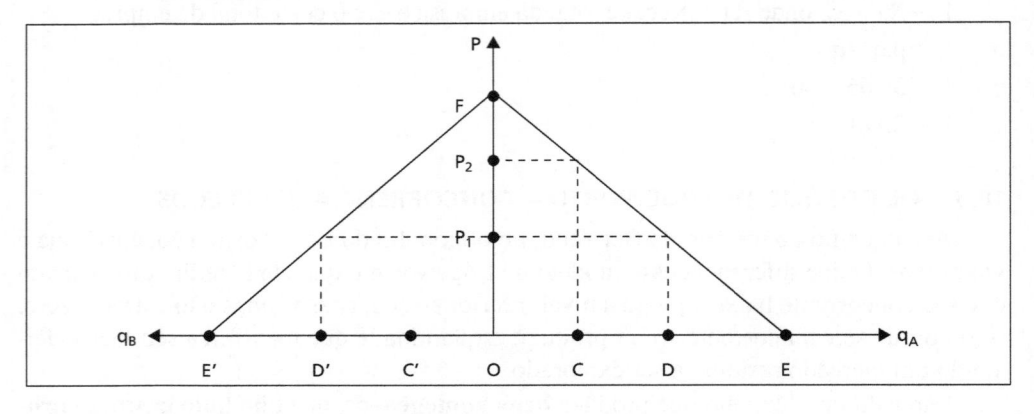

18.7. OLIGOPÓLIO COM DEMANDA QUEBRADA DE SWEEZY

O modelo de demanda quebrada de Sweezy explica porque, no oligopólio, os **preços tendem a ser estáveis**.

Uma empresa num mercado oligopolizado sabe que, se resolver subir os preços dos seus produtos, provavelmente deixará de vender, já que as outras empresas do mercado atenderão a demanda com produtos homogêneos.

Se resolver baixar o preço de seus produtos, as outras firmas farão o mesmo, o que fará com que a quantidade a mais que conseguirá vender não compense a queda do preço.

Esse modelo é representado por uma curva de demanda que apresenta uma quina, onde, acima dessa quina, a curva de demanda é mais elástica e, abaixo desse ponto, a curva de demanda é mais inelástica. Vejamos a Figura 18.6. Podemos perceber que, se a empresa subir o preço acima do preço de equilíbrio P_E, vai se deparar com uma curva de demanda mais elástica, fazendo com que aquilo que ganharia com a elevação do preço fosse menor do que perderia com a redução da quantidade.

Vejamos o cálculo da Receita Total (RT) quando o preço sobe e a **demanda é elástica**. As setinhas representam a intensidade da elevação do Preço (P) e da queda da Quantidade (Q). Podemos perceber que a Receita Total (RT) diminui se o preço (P) subir porque a Quantidade (Q) cai em maior proporção.

$$\downarrow RT = \uparrow P \cdot Q \downarrow$$

Podemos perceber também que, se a empresa reduzir o preço abaixo do preço de equilíbrio P_E, vai se deparar com uma curva de demanda mais inelástica, fazendo com que aquilo que perderia com a redução do preço fosse maior do que ganharia com o aumento da quantidade.

Vejamos o cálculo da Receita Total (RT) quando o preço cai e a **demanda é inelástica**. As setinhas representam a intensidade da queda do preço (P) e da elevação da quantidade (Q). Podemos perceber que a Receita Total (RT) diminui se o preço (P) cair porque a Quantidade (Q) sobe em menor proporção.

$$\downarrow RT = \downarrow P \cdot Q \uparrow$$

Portanto, não é vantajoso para a empresa oligopolista não respeitar o preço (P_E), conforme mostra a Figura 18.6. Por isso, os preços tendem a ser estáveis.

Figura 18.6. Em um modelo de demanda quebrada de Sweezy, o preço (P_E) tende a ser estável.

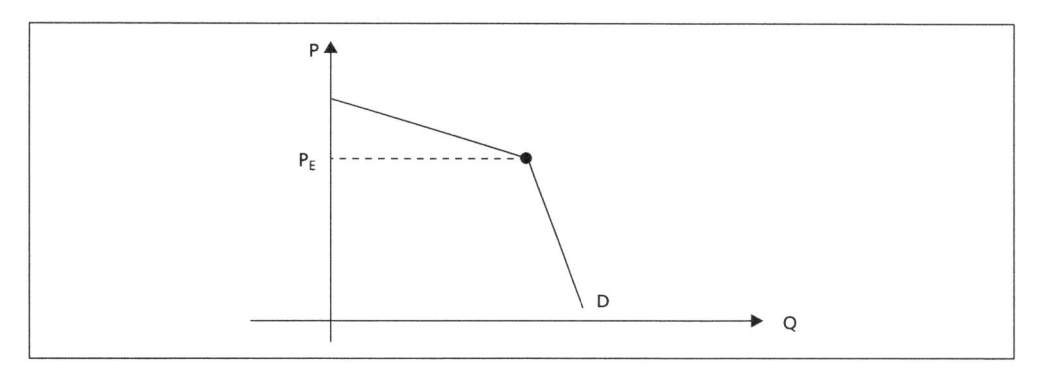

18.8. QUESTÕES

1. (FGV — TCM-SP — 2015) Considere um modelo de Cournot no qual duas firmas, A e B, produzem um produto homogêneo: palha de aço. A firma A tem função custo total dada por $C_A(q_A) = 4\,q_A$, enquanto a firma B tem função custo total dada por $C_B(q_B) = 2q_B$. A demanda inversa desse mercado por palha de aço é representada pela função $P(Q) = 39 - Q$, onde $Q = q_A + q_B$. Identifica-se, portanto, que a produção total Q desse mercado é dada por:

a) 18.
b) 20.
c) 22.
d) 24.
e) 26.

2. (FGV — TCM-SP — 2015) Considere um mercado duopolista no qual duas firmas competem via Stackelberg. A curva da demanda inversa do mercado é dada por $P(Q) = 200 - Q$, em que $Q = q_L + q_S$ é a produção total no mercado. Suponha que as firmas são homogêneas, o que significa que as curvas de custo total de ambas são expressas por $C_i(q_i) = 50\,q_i$ para $i = L, S$. Diante desse contexto de um duopólio de Stackelberg, a produção da firma líder que maximiza seu lucro é:

a) 10.
b) 25.
c) 46.

d) 61.
e) 75.

3. (CEBRASPE — Carreira Diplomática — 2014) Com relação a características dos mercados e comportamento de produtores e consumidores, julgue em Certo (C) ou Errado (E) os itens subsequentes.
   a) Em um mercado em que há muitos produtores e muitos consumidores de tal modo que um produtor isoladamente não pode fixar o preço de seu produto, é a igualdade entre receita e custo marginais que determinará a quantidade que o produtor deverá produzir para maximizar o lucro.
   b) Entre as condições que contribuem para impedir a entrada de produtores concorrentes em um mercado monopolista, inclui-se a capacidade do produtor de diferenciar seu produto, criando e mantendo, por exemplo, uma imagem de tradição e estabilidade, ou mesmo, inversamente, de renovação e inovação.
   c) Mercados com poucos atores, em que a interdependência de ações é uma característica marcante, podem ser representados como um jogo, cujo resultado, associado a uma estratégia, é denominado *playoff*. Considera-se relativamente mais fácil utilizar a forma estratégica em situações em que um jogador (empresa) deva agir sem o conhecimento da ação de seu concorrente.
   d) Uma das características de um mercado competitivo ou de concorrência perfeita é a homogeneidade do produto, ainda que as marcas acentuem diferenças nas qualidades do produto; nesse caso, os consumidores irão preferir marcas de menor preço.

4. (CEBRASPE — 2024 — INPI) À luz da teoria microeconômica, julgue o próximo item.
Considere-se um modelo de Cournot com cinco empresas, em que a função demanda inversa seja dada por $P(Q)= 185 \rightarrow Q/2$, em que Q representa a quantidade total consumida. Considere-se, também, que as funções custos de cada empresa sejam idênticas e iguais a $c(qi) = 5qi$, em que qi representa a quantidade produzida pela empresa i. Nessa situação hipotética, o preço de equilíbrio de mercado é igual a 35.
   ( ) Certo   ( ) Errado

5. (Instituto AOCP — 2024 — SEAP-PR)/Economista) Em microeconomia, o estudo da forma como os mercados estão organizados, identifica as firmas de acordo com a estruturas de mercado que ela está inserida. Assinale a alternativa que expressa características do oligopólio.
   a) Estrutura de mercado onde existem muitos vendedores que produzem bens homogêneos.
   b) Existência de produtos homogêneos e impossibilidade de praticar conluios.
   c) Predominância de apenas uma empresa.
   d) Existência de muitas empresas que produzem produtos diferenciados.
   e) Atuação de poucas grandes empresas que produzem bens diferenciados ou homogêneos, dominando a maior parte do mercado.

6. (CEBRASPE — 2024 — TCE-PR) Modelos de oligopólio são elaborados com a intenção de explicar como as relações entre grandes competidores dentro de um mercado afetam a quantidade produzida, o preço final do produto e o bem-estar dos agentes. Dois modelos simples que oferecem percepções interessantes sobre o tema são o duopólio de Cournot e o duopólio de Stackelberg.
Considere que duas firmas, A e B, produzam certo produto com custo marginal constante e igual a 5 unidades monetárias por unidade produzida para as duas firmas, bem como que a demanda do mercado seja tal que os consumidores se dispõem a pagar $p=8-0,01(q_A+q_B)$ quando as firmas A e B produzem as quantidades q_A e q_B, respectivamente. Assuma que a informação é geral e perfeita entre todos os agentes.
   i. Considerando-se que as firmas mencionadas no texto estarão no duopólio de Cournot se decidirem simultaneamente o quanto produzir, é correto afirmar que, nesse caso, a produção total será de
   a) 200 unidades, sendo 125 da firma A e 75 da firma B.
   b) 300 unidades, sendo 150 de cada firma.

c) 300 unidades, sendo 200 da firma A e 100 da firma B.
d) 200 unidades, sendo 100 de cada firma.
e) 250 unidades, sendo 125 de cada firma.

ii. Se as firmas mencionadas estiverem em um duopólio de Stackelberg, em que a firma A seja a líder, então a produção total das duas firmas será
a) igual à observada no duopólio de Cournot, e a firma A produzirá a maior parte.
b) menor que a observada no duopólio de Cournot, e a firma A produzirá a maior parte.
c) maior que a observada no duopólio de Cournot, e a firma B produzirá a maior parte.
d) menor que a observada no duopólio de Cournot, e a firma B produzirá a maior parte.
e) maior que a observada no duopólio de Cournot, e a firma A produzirá a maior parte

7. (CEBRASPE — 2024 — Especialista em Regulação de Serviços Públicos de Telecomunicações/Economia) Acerca da teoria microeconômica e do equilíbrio de mercado, julgue o item que se segue.
Considere um modelo de Cournot com três empresas em que a demanda de mercado seja dada por P= 63 − 3Q, sendo P o preço e $Q = q_1 + q_2 + q_3$ a quantidade total de itens produzidos pelas três empresas, em que q_i representa a quantidade de itens produzidos pela empresa i, com i = 1, 2 ou 3. Nesse caso, se a função custo das empresas for $c(q_i)= 3q_i$, então o preço de equilíbrio será igual a 18.
( ) Certo   ( ) Errado

8. (CESGRANRIO - 2024 — IPEA) Dentre os principais fatores que favorecem à Coordenação Oligopolista de maneira a viabilizar a formação de cartéis, destacam-se:
a) a presença de associações patronais; a presença de canais de distribuição similares; a abrangência geográfica de mercados indefinida.
b) a facilidade para detecção de desvios de conduta; a repetição sistemática da interação entre firmas do cartel; a preferência por lucros imediatos em relação a lucros futuros.
c) a existência de produtos substitutos; os anúncios públicos de preços; as condições estáveis da demanda.
d) a existência de contatos entre rivais em outros mercados; os reduzidos diferenciais de eficiência entre as empresas; o caráter crível da ameaça de punição ao desvio de condutas.
e) as barreiras estruturais à entrada; a homogeneidade de produto; a elevada Elasticidade-Preço da Demanda.

9. (FGV — 2024 — CAM DEP) Para os governos e para os reguladores, conhecer as estruturas de mercado é fundamental para que possam criar políticas públicas e regras que promovam a alocação de recursos de maneira mais eficiente.
Relacione as estruturas de mercado às respectivas descrições.
1. Monopólio.
2. Oligopólio.
3. Concorrência monopolística.
( ) Há poucas barreiras à entrada de novas empresas. Cada empresa tem algum poder sobre o preço do seu produto devido à diferenciação, mas esse poder é baixo. Existem muitos vendedores, cada um uma pequena parcela do mercado.
( ) Existe apenas uma empresa que oferece o produto no mercado. Essa empresa tem bastante poder para determinar o preço do seu produto. Existem barreiras significativas à entrada de novas empresas no mercado.
( ) O mercado é controlado por poucas empresas, cada uma com substancial parcela do mercado. Existem muitas barreiras à entrada no mercado e os produtos podem ser homogêneos ou diferenciados.
Assinale a opção que indica a relação correta, na ordem apresentada.
a) 3 – 1 – 2.
b) 3 – 2 – 1.
c) 2 – 3 – 1.
d) 2 – 1 – 3.
e) 1 – 3 – 2.

10. (FGV — 2024 — CM SP/Economia) Em relação às características do mercado oligopolista, analise os itens a seguir:
I. Há poucas empresas com poder de mercado.
II. Há barreiras à entrada, incluindo as naturais (economias de escala) e as não naturais (estratégias corporativas).
III. No modelo de Cournot com função demanda dada por p = a – bq, em que "p" é o preço, "q" é a quantidade e "a" e "b" são constantes positivas, e com custo marginal nulo, o preço de equilíbrio será igual a p = b/3.

Está correto o que se afirma em
a) I, apenas.
b) I e II, apenas.
c) I e III, apenas.
d) II e III, apenas.
e) I, II e III.

GABARITO

1. "d". Resolução:

Dada a função Demanda de mercado: $P = 39 - Q$; e sabendo que $Q = q_A + q_B$, então: $P = 39 - (q_A + q_B)$.

Os Custos marginais das duas empresas são: $Cmg_A = 4$ e $Cmg_B = 2$. Encontramos esses valores derivando a função de Custo Total.

E o Custo Fixo é zero, $CF = 0$.

A maximização do Lucro se dá quando a Derivada do Lucro em função da quantidade da firma se iguala a zero. Logo:

Maximização do Lucro da firma A (L_A) → $dL_A / dq_A = 0$

Maximização do Lucro da firma B (L_B) → $dL_B / dq_B = 0$

O Lucro da firma A é a diferença entre a Receita Total e o Custo Total:

$L_A = RT - CT$

Como $RT = P \cdot q_A$

Então: $L_A = P \cdot q_A - 4 \cdot q_A$

Como: $P = 39 - (q_A + q_B)$

Então: $L_A = [39 - (q_A + q_B)] \cdot q_A - 4 \cdot q_A$

$L_A = 39 q_A - q_A^2 - q_B \cdot q_A - 4 \cdot q_A$

$L_A = 35 q_A - q_A^2 - q_B \cdot q_A$

Derivando o Lucro Total em função da quantidade, temos:

$dL_A / dq_A = 35 - 2q_A - q_B$

Igualando a zero, temos:

$0 = 35 - 2q_A - q_B$

Isolando q_A, temos a função de reação da firma A:

$q_A = \dfrac{35 - q_B}{2}$ → função de reação da firma A

O Lucro da firma B é a diferença entre a Receita Total e o Custo Total:

$L_A = RT - CT$

Como $RT = P \cdot q_B$

Então: $L_B = P \cdot q_B - 2 \cdot q_B$

Como: $P = 39 - (q_A + q_B)$

Então: $L_B = [39 - (q_A + q_B)] \cdot q_B - 2 \cdot q_B$

$L_B = 39 q_B - q_B^2 - q_B \cdot q_A - 2 \cdot q_B$

$L_B = 37 q_B - q_B^2 - q_B \cdot q_A$

Derivando o Lucro Total em função da Quantidade, temos:

$dL_B / dq_B = 37 - 2q_B - q_A$

Igualando a zero, temos:
$0 = 37 - 2q_B - q_A$
Isolando q_B, temos a função de reação da firma B:
$q_B = \dfrac{37 - q_A}{2} \rightarrow$ função de reação da firma B

Inserindo a função de reação da firma B na função de reação da firma A, temos:
$q_A = \dfrac{35 - [(37 - q_A)/2]}{2}$
$q_A = 11$
Substituindo na função de reação da firma B, temos:
$q_B = 13$
A quantidade de mercado ($Q = q_A + q_B$) será igual a 24 (= 11 + 13).

2. "e". Dadas as seguintes informações:
$C_L = 50\ q_L \rightarrow$ função de custo total da empresa líder (L)
$C_S = 50\ q_S \rightarrow$ função de custo total da empresa seguidora (S)
$P = 200 - Q \rightarrow$ função demanda de mercado, que pode ser representada também por:
$P = 200 - (q_L + q_S)$
Podemos encontrar a função lucro da empresa líder:
$L_L = RT - CT$
$L_L = P \cdot q_L - Cmg_L \cdot q_L$
$L_L = [200 - (q_L + q_S)] \cdot q_L - 50 \cdot q_L$
$L_L = 200\ q_L - q_L^2 - q_L\ q_S - 50 \cdot q_L$
$L_L = 150\ q_L - q_L^2 - q_L q_S$ (I)
A função de reação da empresa seguidora (S) é:
$L_S = P \cdot q_S - Cmg_S \cdot q_S$
$L_S = [200 - (q_L + q_S)] \cdot q_S - 50\ q_S$
$L_S = 150\ q_S - q_L q_S - q_S^2$
Derivando o lucro da empresa S (L_S) em função da quantidade de S (q_S) e igualando a zero, temos:
$0 = 150 - q_L - 2q_S$
Isolando q_S, temos:
$2q_S = 150 - q_L$
$q_S = \dfrac{150 - q_L}{2}$ (II)
Substituindo (II) em (I), temos:
$L_L = 150\ q_L - q_L^2 - q_L \cdot (\dfrac{150 - q_L}{2})$
$L_L = 150\ q_L - q_L^2 - 75\ q_L + \dfrac{q_L^2}{2}$
$L_L = 75\ q_L - \dfrac{q_L^2}{2}$
Maximizando o lucro da empresa A, devemos derivar o Lucro da empresa líder (L_L) em função da Quantidade da empresa líder (q_L) e igualar a zero.
$0 = 75 - q_L$
$q_L = 75 \rightarrow$ quantidade da empresa líder

3. C, C, E, E. A firma em concorrência perfeita é tomadora de preço, ou seja, ela não consegue, sozinha, determinar o preço do seu produto. Quem determinará será o mercado que é composto de todas as firmas juntas. A firma definirá a quantidade ótima a produzir no mercado, no ponto onde a Receita marginal (= preço) for igual ao custo marginal. A alternativa "a" está certa. O monopolista se mantém no mercado como único produtor porque existe uma barreira a entrada de novas empresas. A alternativa "b" está certa. Em um oligopólio é mais difícil utilizar a forma estratégica em situações em que um jogador (empresa) deva agir sem o conhecimento da ação de seu concorrente. A alternativa "c" está errada. Se os produtos são homogêneos, não pode haver diferenças na qualidade. A alternativa "d" está errada.

4. "certo". Dado: $P = 185 - Q/2 \rightarrow P = 185 - (q_1+q_2+q_3+q_4+q_5)/2$
Chamando $q_2 + q_3 + q_4 + q_5$ de q_x, temos: $P = 185 - (q_1 + q_x)/2$
Dado: $C_1 = 5q_1$
Então, o Lucro (L1) da Firma 1, será:
$L_1 = RT_1 - C_1$, onde $RT_1 = P \cdot q_1$

$L_1 = [\ 185 - (q_1 + q_x)\ ] \cdot q_1 - \dfrac{5q_1}{2}$

O Lucro da firma 1 será máximo quando a derivada do Lucro em função da quantidade produzida por igual a zero. Logo:
$dL_1 = 185 - q_1 - q_x - 5$
$dq_1\ 2$
$0 = 180 - q_1 - q_x/2$
Sabendo que $q_1 = q_2 = q_3 = q_4 = q_5$, então $q_x = 4\ q_1$
$0 = 180 - q_1 - 4q_1/2$
$q_1 = 60$
Como $Q = 5 \cdot q_1 \rightarrow Q = 300$
$P = 185 - 300/_2 \rightarrow P = 35$
A questão está certa.

5. "e". No oligopólio, há poucas empresas com grande poder de mercado que produzem bens homogêneos ou heterogêneos. A alternativa "e" está correta. A Estrutura de mercado onde existem muitos vendedores que produzem bens homogêneos chama-se concorrência perfeita. A alternativa "a" está incorreta.

No oligopólio, os produtos podem ser homogêneos ou heterogêneos e podem praticar conluios. A alternativa "b" está incorreta.

Quando há apenas uma empresa, temos um monopólio. A alternativa "c" está incorreta. Na concorrência monopolística, há a presença de inúmeras empresas que produzem bens heterogêneos, mas que apresentam similaridades e possuem substitutos próximos. A alternativa "d" está incorreta.

6. i. "d". Dados: $Cmg = 5$, então $CT = 5q$
O Lucro da firma A (L_A) será:
$L_A = RT_A - CT_A$
$L_A = P \cdot q_A - 5\ q_A$
$L_A = [8 - 0,01(q_A + q_B)] \cdot q_A - 5q_A$
$L_A = 8q_A - 0,01q_A2 - 0,01\ q_Aq_B - 5q_A$
Para maximizar o lucro, devemos: $dL_A/dq_A = 0$
$dL_A/dq_A = 3 - 0,02q_A - 0,01q_B$
$0 = 3 - 0,02q_A - 0,01q_B$
$q_A = 150 - qB/2$ (I)
logo: $q_B = 150 - qA/2$ (II)
Substituindo (II) em (I) ou simplesmente substituindo em (I) o q_B por q_A, já que $q_A=q_B$, temos:
$q_A = 100$ e $q_B = 100$
ii. "e". O Lucro da firma A (L_A) será:
$L_A = RT_A - CT_A$
$L_A = P \cdot q_A - 5\ q_A$
$L_A = [8 - 0,01(q_A + q_B)] \cdot q_A - 5q_A$
$L_A = 8q_A - 0,01q_A^2 - 0,01\ q_Aq_B - 5q_A$
$L_A = 3q_A - 0,01q_A^2 - 0,01\ q_Aq_B$ (I)
A função reação da empresa B será:

$qB = 150 - q_A/2$ (II)
Substituindo (II) em (I), temos:
$L_A = 3q_A - 0,01q_A^2 - 0,01\ q_A (150 - q_A/2)$
$L_A = 1,5q_A - 0,01q_A^2 /2$
$dL_A/dq_A = 1,5 - 0,01q_A$

$0 = 1{,}5 - 0{,}01 q_A$
$q_A = 150$
$q_B = 150 - 150/2 \to q_B = 75$
$q_A + q_B = 225$

7. "certo".
$P = 63 - 3Q \to P = 63 - 3(q_1 + q_2 + q_3) \to$ chamando $q_2 + q_3 = q_x$, temos:
$P = 63 - 3(q_1 + q_x) \to$ sabendo que $q_1 = q_2 = q_3$
$C = 3q$
O lucro da firma 1 será:
$L_1 = RT_1 - CT_1$
$L_1 = P.q_1 - 3q_1$
$L_1 = [63 - 3(q_1 + q_x)]q_1 - 3q_1$
$L_1 = 60q_1 - 3q_1^2 - 3q_x q_1$
$0 = 60 - 6q1 - 3q_x$
$q_1 = 10 - q_x/2 \to$ sabendo que: $q_x = 2q_1$
$q_1 = 10 - 2q_1/2$
$2q_1 = 10$
$q_1 = 5 \to$ logo $q_2 = 5$ e $q3 = 5 \to$ logo: $Q = 15$
$P = 63 - 3.15 \to P = 18$
A questão está certa.

8. "d". O cartel consiste em acordar, combinar, manipular ou ajustar com o concorrente, sob qualquer forma, bem como, promover, obter ou influenciar a adoção de conduta comercial uniforme ou concertada entre concorrentes. Os fatores que podem favorecer a formação de um cartel são:
1. A Concentração do Mercado, ou seja, em mercados oligopolizados, pois é mais fácil coordenar e monitorar os membros do grupo.
2. Quando os produtos são homogêneos, como commodities, por exemplo, já que os produtos são substituíveis e as empresas podem se concentrar apenas no controle de preço e quantidade sem a preocupação com características específicas.
3. Quando existem elevadas Barreiras à Entrada de outras empresas no mercado devido a altos custos iniciais, regulamentações rígidas, ou necessidade de expertise específica.
4. Em mercados onde há maior estabilidade da demanda já que as empresas têm menos incentivo para competir agressivamente, o que facilita a coordenação de preços e produção em um cartel.
5. Quando ocorre maior transparência do Mercado facilitando o acesso à informações sobre preços e produção das concorrentes, é mais fácil monitorar o cumprimento das regras do cartel.
6. Quando os Custos de Produção são parecidos pois têm incentivos semelhantes em termos de preços e margens de lucro, evitando conflitos.
7. Quando há baixo nível de fiscalização e as penalidades são fracas.
8. Quando há uma cultura de cooperação, por exemplo, por meio de associações comerciais, facilitando a comunicação e, portanto, a formação de cartéis.
9. Em um cartel, as empresas se coordenam para manipular preços e quantidades visando aumentar seus lucros de maneira sustentada ao longo do tempo, o que envolve uma expectativa de benefícios contínuos e uma visão mais de longo prazo.

Portanto, a existência de contatos entre rivais em outros mercados se enquadra no item 5 acima. Os reduzidos diferenciais de eficiência entre as empresas se enquadram no item 6 acima. O caráter crível da ameaça de punição ao desvio de condutas são fatores se encaixam no item 7. Portanto, a alternativa "d" está correta. A presença de associações patronais (item 8 acima) e a presença de canais de distribuição similares são fatores que favorecem a formação de cartel, mas a abrangência geográfica de mercados indefinida (item 5 acima) não favorecem. A alternativa "a" está incorreta. A facilidade para detecção de desvios de conduta dificulta a formação de cartel (item 7 acima), a repetição sistemática da interação entre firmas favorece o cartel (item 5 acima) e a preferência por lucros imediatos em relação a lucros futuros não favorece o cartel (item 9). A alternativa "b" está incorreta. A existência de produtos substitutos pode inviabilizar o cartel (item 2 acima). Os anúncios públicos de preços (item 5) e as condições estáveis da demanda (item 4) favorecem o cartel. A alternativa "c" está incorreta. As barreiras estruturais à entrada (item 3) e a homogeneidade (item 2) de produto são fatores que estão presentes em um cartel. A elevada Elasticidade-Preço da Demanda não deve estar presente no cartel porque senão os consumidores deixariam de comprar o produto cujo preço foi estipulado pelo oligopólio. A alternativa "e" está incorreta.

9. "a".
Na concorrência monopolística, há poucas barreiras à entrada de novas empresas. Cada empresa tem algum poder sobre o preço do seu produto devido à diferenciação, mas esse poder é baixo. Existem muitos vendedores, cada um com uma pequena parcela do mercado.

No monopólio existe apenas uma empresa que oferece o produto no mercado. Essa empresa tem bastante poder para determinar o preço do seu produto. Existem barreiras significativas à entrada de novas empresas no mercado.

No oligopólio, o mercado é controlado por poucas empresas, cada uma com substancial parcela do mercado. Existem muitas barreiras à entrada no mercado e os produtos podem ser homogêneos ou diferenciados.

A alternativa "a" está correta.

10. "b". No mercado oligopolista, há poucas empresas com grande poder de mercado para determinar preços ou quantidades a serem produzidas. O item I está correto. No oligopólio, há barreiras à entrada de novas firmas devido a economias de escala e estratégias corporativas. O item II está correto. No modelo de Cournot, com custo marginal nulo, o preço de equilíbrio é $a/3$. O item III está incorreto.

18.9. MATERIAL SUPLEMENTAR

QUESTÕES DE CONCURSOS
> http://uqr.to/1yarp

19

FALHAS DE MERCADO

Quando as **forças da oferta e demanda** alocam recursos, elas o fazem com eficiência. Quando o preço e a quantidade estão em pontos distantes do equilíbrio da oferta e da demanda (poder de mercado), o mercado se torna ineficiente.

Também quando o **bem-estar** em um mercado depende de outros fatores que não sejam o valor para os consumidores e o custo para os empresários, ou seja, quando as decisões de compradores e vendedores afetam terceiros que não são partícipes desse mercado (externalidades), fazendo com que não se levem em consideração os efeitos colaterais dessa ação, o mercado se torna ineficiente do ponto de vista da sociedade como um todo.

Assim, tanto o **poder de mercado** como uma **externalidade**, citados acima, são exemplos de fatores que geram o que nós chamamos de **falha de mercado**, o que faz com que o mercado, quando não regulado, não consiga alocar os recursos com eficiência.

Muitas vezes, quando o **governo** age, os resultados do mercado podem ser melhorados e, com isso, minimizar essas falhas de mercado.

As falhas de mercado impedem que se alcance o **Ótimo de Pareto**. Uma situação econômica é ótima no sentido de Pareto se não for possível melhorar a situação, ou a utilidade de um agente, sem degradar a situação ou utilidade de qualquer outro agente econômico. Um ótimo de Pareto, porém, não tem necessariamente um aspecto socialmente benéfico ou aceitável. Por exemplo, a concentração de rendimento ou recursos num único agente pode ser ótima no sentido de Pareto, mas não ser justa.

Vejamos, a seguir, alguns exemplos de falhas de mercado.

19.1. INFORMAÇÕES ASSIMÉTRICAS

Dizemos que um mercado sofre de assimetria de informação quando um dos lados do mercado tem mais informações que o outro e isso faz com que um dos agentes seja passivo de manipulação. Quando o lado da oferta e da demanda tem a mesma informação, então dizemos que não há assimetria de informação.

Usamos o termo "mercado de limão" (gíria norte-americana) quando significa coisa ruim. No Brasil, usamos o termo "abacaxi". Usamos o termo "mercado de ameixa" (gíria norte-americana) quando significa coisa boa. No Brasil, usamos o termo "filé".

19.1.1. Relação agente-principal

Entendemos por **agente** o indivíduo empregado ou contratado pelo principal para atuar em algo de interesse do principal. E entendemos por **principal** o indivíduo que emprega ou contrata um agente para atuar em seu interesse. O agente é, portanto, atuante e o principal é afetado pelo agente.

Para que o principal consiga que o agente faça alguma coisa para ele, deve haver um **contrato**, e esse contrato deve trazer incentivos que satisfaçam duas restrições:

1. **Restrição de participação** ou racionalidade individual, ou seja, só se participa do contrato se a utilidade de participar for maior que a de não participar.
2. **Restrição de compatibilidade do incentivo** — a utilidade de esforçar-se no cumprimento do contrato deve ser maior que a utilidade de não se esforçar.

Mas, na relação agente-principal pode surgir um problema a que denominamos **problema agente-principal**.

O problema agente-principal ocorre quando o principal não consegue monitorar todas as ações dos agentes, e estes como são criativos, porém egoístas, acabam por perseguir seus próprios interesses em detrimento dos interesses do principal.

Suponhamos o exemplo de um professor que é contratado para ministrar disciplina de história. O professor é o agente e o diretor da escola é o principal. Se o professor, ao invés de ensinar história, começa a tratar de política dentro das suas convicções, dá-se início a um problema agente-principal, já que o professor, com interesse em alcançar mais adeptos para sua corrente política partidária, começa a perseguir seus interesses em detrimento do interesse do principal, que era o de ensinar a disciplina de história.

Assim, o agente e o principal se relacionam por meio das transações de mercado. O *principal* depende da ação do agente ou de uma informação que apenas o agente detenha (**informação privilegiada**). Essa relação se depara com dois problemas que envolvem a organização das firmas e sua relação com o mercado. Assim, podem afetar o nível de investimentos, a utilização de recursos, o nível de produto, renda e emprego. Os dois problemas são: a **seleção adversa** e o **risco moral**.

19.1.2. Seleção adversa

Quando um dos lados do mercado não conhece a qualidade, o tipo, pode incorrer em seleção adversa. É um problema de assimetria de informação **pré-contratual**.

Vamos imaginar a compra/venda de um carro usado. Quem está comprando não sabe a real situação do carro, mas quem está vendendo, sim.

No mercado de carros usados, conhecido como "mercado de limões", não se sabe se o carro está em bom estado ou não. Pode-se ter o conhecimento da média, mas, individualmente, não se conhece. Então, ao preço médio, os vendedores de carro "ameixa" não vão querer vendê-lo ao preço médio, já que sabem que seus carros valem mais que isso. Isso fará com que saiam do mercado. Mas os vendedores de carro "limão" vão querer vender nesse mercado. Logo, o carro que tende a permanecer no mercado, àquele preço, são os carros "limão".

Outro exemplo é quando se contrata mão de obra. Quem contrata, não conhece as verdadeiras habilidades e qualidades do contratado, mas quem está sendo contratado conhece. Também, no Programa de Demissão Voluntária (PDV), quem adere é, geralmente, o melhor funcionário, já que sabe que facilmente encontrará outro emprego para se recolocar no mercado. Já o mau funcionário sabe que, se perder aquele emprego, poderá ter dificuldades de se recolocar no mercado. Por isso, não adere ao PDV. Logo, tendem a permanecer na empresa os piores funcionários.

Também na contratação de seguro-saúde. Quem está vendendo o seguro-saúde não sabe com segurança se a saúde do segurado é frágil ou não, muito embora o segurado, na maioria das vezes, afirma que não. Assim, irá aderir quem mais tem problemas de saúde.

Para evitar uma seleção adversa, pode o contratado ou o vendedor sinalizar que a informação é verdadeira. A isso se dá o nome de **sinalização**[1], que é o mecanismo de minimizar a seleção adversa.

O dono de um carro usado que deseja vendê-lo pode sinalizar que ele está em bom estado de funcionamento, dando uma garantia para o novo proprietário do carro. O funcionário que está sendo contratado para o novo emprego pode trazer cartas de recomendação sinalizando que o que diz é verdade. Na contratação de um plano de saúde, se o segurado aceita uma carência maior, é porque está sinalizando que não está doente.

A Educação é uma sinalização da qualidade no mercado de trabalho.

Devido a essa falha de mercado, os juros praticados pelos bancos quando concedem empréstimos ficam mais altos. Isso se deve ao fato do banco não poder ter certeza dos bons e dos maus pagadores, uma vez que os pedidos de empréstimos que se fazem nessas condições (juros altos) envolvem usualmente projetos com risco elevado.

Outros fatores que podem minimizar a seleção adversa, além da sinalização, seriam a existência da **padronização**, da **reputação**, da emissão de **certificados** e **garantias**.

Às vezes, pelo fato de um tipo de bem ou serviço ser consumido por clientes que apresentam alta rotatividade e baixa fidelidade, como, por exemplo, a utilização de restaurantes à beira da estrada, levam os ofertantes a não se preocuparem com a qualidade do seu produto. Dessa forma, o consumidor, para se resguardar disso, pode procurar consumir um produto que leve uma **marca** porque apresentam produtos **padronizados**, que independente de qualquer fator, a qualidade na oferta do bem ou serviço será a mesma. A padronização consiste, portanto, na adoção de uma medida ou especificação para uniformizar o produto.

A **reputação** consiste na avaliação social com relação a uma organização ou pessoas. Ela cria um vínculo de confiança entre o público e empresa. Assim, por exemplo, como o vendedor, na maioria das vezes, conhece mais do produto que vende que o consumidor, poderá, na hora da venda, ocultar informações que seriam necessárias. Se a empresa possui uma boa reputação no mercado, esse risco é menor.

---

[1] Outros fatores que minimizam a seleção adversa é a padronização, a reputação, os certificados e as garantias.

Um dos problemas que a empresa encontra ao abrir um negócio é o tempo que precisará para se consolidar no mercado e gerar uma reputação para sua marca. Uma solução para isso, seria optar por franquias que já trazem uma marca consolidada e uma boa imagem, além de oferecer serviços de marketing padronizado e centralizado, que poderá ser utilizado pelo franqueado para manter ou ampliar a sua reputação.

As **garantias** do produto são encontradas, frequentemente, na oferta de bens duráveis. Elas permitem que o consumidor substitua ou conserte seu produto caso tenha apresentado algum defeito. Essas garantias respeitam um prazo de validade que são dimensionadas pelas empresas com base na estimativa da vida útil média dos seus produtos.

Os **certificados** de qualidade, emitidos por uma organização independente, além de ser um ótimo sinalizador para o consumidor, eles mostram que a empresa apresenta melhorias na forma de gestão que pode levar ao aumento da produtividade, padronização dos produtos e processos, aumento da segurança e garantia de padrão de qualidade. O certificado é uma maneira do ofertante que possui produtos de alta qualidade, mostrar aos consumidores que, de fato, eles são de ótima qualidade e os consumidores acreditarão, já que a marca apresenta credibilidade. Portanto, a certificação é uma maneira de comunicar que as características de determinado produto se enquadram dentro de determinadas normas pré-definidas.

Segundo Nassar, 1999, "A certificação entra em cena quando: a padronização torna-se insuficiente para atender as necessidades dos agentes e consumidores; a padronização passa a ser muito complexa, exigindo certificados que comprovem os padrões estabelecidos; e quando a padronização refere-se aos detalhes de um processo de produção".

19.1.3. Risco moral (*moral hazard*)

Quando um dos agentes modifica sua **conduta**, sua **ação**, pode-se incorrer em risco moral. Isso porque um dos agentes age sem que o a outra parte possa prever, influenciando no pagamento devido a um evento. É um problema de assimetria de informação **pós-contratual.** É, portanto, a possibilidade de alteração do comportamento individual após a assinatura do contrato.

Pensemos quando se contrata um plano de saúde. Suponhamos que a saúde de quem contrata o plano seja boa, mas, a partir do momento em que assina o contrato, passa a ficar displicente com relação a sua saúde, necessitando utilizar muitas vezes o plano de saúde. Nesse caso, deparamos com o problema de risco moral, porque se trata de uma questão de ação, de comportamento, pós-contratual.

Também na contratação de mão de obra pode ocorrer de o novo funcionário preencher todos os requisitos necessários para a vaga, mas, depois de ser contratado, modificar sua conduta, faltando ao serviço, chegando atrasado, postergando trabalho, entre outras ações. Nesse caso, depara-se com o risco moral.

Para evitar o risco moral, podem-se oferecer **mecanismos de incentivo**, por exemplo, dar desconto para a renovação do seguro-saúde para quem tiver feito pouco uso dele, estimulando o segurado a cuidar da sua saúde.

No caso da conduta do funcionário, a empresa pode dar incentivos quando passar a distribuir lucros para os funcionários da empresa, fazendo com que eles trabalhem com mais afinco, a fim de fazer com que a empresa obtenha maiores lucros. Pode também pagar um salário eficiência, que consiste em um salário maior para trabalhadores mais produtivos, estimulando o trabalho árduo por parte desses últimos.

O risco moral altera a alocação de recursos de maneira eficiente, além de alterar o comportamento das pessoas.

19.2. CUSTOS ALTOS E RISCOS PESADOS

Quando o custo envolvido no projeto é alto e o risco de retorno também, isso pode levar o produtor a se desinteressar pelo serviço. Cabe ao governo oferecer parcerias, especialmente com empresas estatais, para minimizar os custos e riscos, bem como conceder subsídios e isenções, entre outras coisas.

19.3. EXTERNALIDADES

Quando a ação de um agente provoca impacto no bem-estar de outro agente que não participou dessa ação e este último não recebe nenhum tipo de compensação por isso, dizemos que foi gerada uma externalidade.

Quando é gerada uma externalidade, tanto compradores como vendedores não consideraram os efeitos de suas ações sobre terceiros e, por isso, produzem ineficiência no mercado, já que o equilíbrio não maximiza o benefício total para a sociedade. Isso porque os agentes, tanto consumidores quanto produtores, ao negligenciarem os efeitos de suas ações ao consumirem ou produzirem, levarão a um equilíbrio não eficiente.

Os impactos de uma externalidade podem ser positivos ou negativos. São externalidades positivas aquelas que aumentam o bem-estar dos agentes que não participam da ação, enquanto as negativas reduzem esse bem-estar.

Quando há externalidade, o equilíbrio de mercado não maximiza o benefício total para a sociedade. Caberá ao governo interferir de modo a minimizar ou acabar com essa falha de mercado e, assim, minimizar os custos para a sociedade.

A externalidade gerada pode ocorrer tanto no consumo quanto na produção.

Dizemos que ocorre **externalidade positiva** no consumo quando os benefícios sociais superam os benefícios privados. Quando os benefícios privados superam os benefícios sociais, dizemos que ocorre uma **externalidade negativa** no consumo.

Quando os custos privados são superiores aos custos sociais, dizemos que ocorre uma **economia externa ou externalidade positiva.** Do contrário, quando os custos sociais superam os custos privados, dizemos que há uma **deseconomia externa** ou **externalidade negativa**.

As externalidades no consumo produzem Benefícios Privados (BP) e Sociais (BS). As externalidades na produção geram Custos Privados (CP) e Sociais (CS).

Vejamos alguns exemplos de externalidades positivas e negativas no consumo e na produção:

Externalidade negativa no consumo:

Ouvir música em alto volume incomodando os vizinhos. O Benefício Privado (BP) é maior que o Benefício Social (BS). Os ganhos são auferidos apenas pelo agente que o provoca ou financia.

Externalidade negativa na produção:

Produção que provoca poluição no meio ambiente. O Custo Privado (CP) é menor que o Custo Social (CS). Quem sofre a externalidade negativa não é recompensado.

Externalidade positiva no consumo:

A restauração de imóvel antigo. O benefício privado (BP) é menor que o benefício social (BS). Quem é beneficiado pela externalidade positiva não paga por essa vantagem, ou seja, as pessoas que apreciarão a beleza de um imóvel antigo restaurado não arcam com nenhum custo. O proprietário, contudo, só terá incentivos ao restaurar o imóvel se receber algum benefício do governo.

Externalidade positiva na produção:

Empresa que investe em pesquisa e desenvolvimento. O Custo Privado (CP) é maior que o Custo Social (CS). Sobre quem recai a externalidade positiva, apresenta custos inferiores quando comparados com quem gera essa externalidade positiva.

Diante dessas externalidades, o governo deverá agir no intuito de proteger aqueles que foram lesados pela externalidade negativa, bem como dar incentivos para aqueles que geraram a externalidade positiva. Na Tabela 19.1, podemos ver como o governo pode agir para desestimular a externalidade negativa e estimular a externalidade positiva.

Tabela 19.1. Externalidades positivas e negativas e ação do governo.

Externalidades			Exemplo	Ação do governo Exemplo
No consumo (BP ≠ BS)	Positiva	BP < BS	Restaurar casa antiga onde mora	Conceder ao proprietário do imóvel isenção fiscal de determinado tributo
No consumo (BP ≠ BS)	Negativa	BP > BS	Consumir cigarro em ambiente público fechado	Cobrar multa de quem fumar em ambiente público fechado
Na produção (CP ≠ CS)	Positiva	CP > CS	Empresa investe em pesquisa a favor da cura do câncer	Conceder patentes por determinado tempo sobre os medicamentos descobertos para a empresa que investiu em pesquisa
Na produção (CP ≠ CS)	Negativa	CP < CS	Produzir e poluir um rio no processo de produção	Cobrar uma carga tributária maior da empresa poluidora

Sabemos que a **curva de demanda** indica o valor que a última unidade de determinado produto tem para quem está comprando e a **curva de oferta** indica o custo que a última unidade de determinado produto vendido tem para quem está produzindo. Sem intervenção do governo, o **preço** será o responsável pelo ajuste da demanda e da oferta porque revela os verdadeiros benefícios no consumo e custos na produção. Quando os preços não externalizam os custos, então os **custos sociais e privados** são diferentes; e quando os preços não externalizam o benefício, os **benefícios sociais e privados** são diferentes. Ou seja, quando ocorre uma externalidade positiva ou economia externa e quando ocorre uma externalidade negativa ou deseconomia externa, dizemos que há uma **falha de mercado** que não está sendo corrigida pelo preço. Se o mercado é competitivo, não existe externalidade no consumo nem na produção porque o benefício privado é igual ao benefício social e o custo privado é igual ao custo social e, portanto, os preços estão internalizando o benefício e o custo, ou seja, os preços estão revelando os benefícios no consumo e os custos na produção. Nessa situação, há a maximização do excedente do consumidor e do produtor e o mercado é eficiente.

Quando ocorre uma **externalidade negativa** na produção, o **custo social** de produção é maior que o **custo privado** de produção, ou seja, para cada unidade do bem ou serviço produzido, o custo social será a soma do custo privado mais o custo gerado sobre as pessoas atingidas pela externalidade que chamamos de **custo externo**.

Representando graficamente, podemos ver que o **custo social (custo privado + custo externo)**, é representado por uma reta paralela à curva de oferta (custo privado) deslocada mais para a esquerda. Vejamos a Figura 19.1.

Quando a **curva de oferta (custo privado) intercepta a curva de demanda**, determina-se a Quantidade (Q_M) e o Preço de mercado (P_M). Mas esse ponto está refletindo apenas os **custos privados** de produção. Quando a **curva de demanda intercepta a curva de custo social**, determinam-se a Quantidade (Q_O) e o Preço ótimos (P_O), que representam o ponto de vista da sociedade como um todo e envolvem os **custos privados e sociais**.

Caso a produção seja menor que Q_O, o valor do produto para o consumidor, que é medido pela altura da curva de demanda, é maior que o custo social, que é medido pela altura da curva de custo social. Também, em uma produção superior a Q_O, o custo social é maior que o valor pago pelos consumidores. Podemos perceber, portanto, que, produzindo Q_M, o custo social será superior ao valor que os consumidores atribuem ao produto.

Para elevar o bem-estar econômico, é necessário reduzir a produção de Q_M até Q_O, que representa uma quantidade abaixo do equilíbrio de mercado (Q_M). Portanto, para que a curva de oferta se desloque para a esquerda ou para cima, aumentando o bem-estar social, o governo (planejador social benevolente) poderá, por exemplo, tributar a empresa num montante que desloque a curva de oferta até o custo social, fazendo com que a **externalidade negativa gerada seja internalizada** pelo tributo e, consequentemente, pelo preço.

Dessa forma, o tributo será no montante do custo externo gerado. Ele fará com que os produtores repensem em suas ações e levem em conta os custos externos que terão que arcar em forma de tributo e que fazem com que os preços subam. Assim, os consumidores teriam um incentivo para consumirem menos e para que a quantidade ofertada se reduza de Q_M para Q_O.

Concluímos que, com externalidades negativas, o mercado deseja produzir (Q_M), que é mais que a quantidade socialmente desejável (Q_O). Para resolver esse problema, o governo deverá tributar as empresas.

Segundo Ferguson: "Em certos casos, o custo marginal que governa o comportamento dos empresários maximizadores do lucro não é o mesmo que o custo marginal para a sociedade como um todo. Baseados nas definições óbvias, podemos dizer que o custo privado não se iguala ao custo social. Na concorrência perfeita, a maximização do lucro implica que o preço se iguale ao custo privado marginal. Contudo, o bem-estar social máximo é atingido apenas se o custo privado marginal também se igualar ao custo social marginal, quando então o benefício social marginal será igual ao custo social marginal"[2].

Figura 19.1. Em caso de externalidade negativa, o custo social é maior que o custo privado, fazendo com que a quantidade socialmente ótima seja Q_O. Para tanto, o governo deverá tributar as empresas no montante do custo externo.

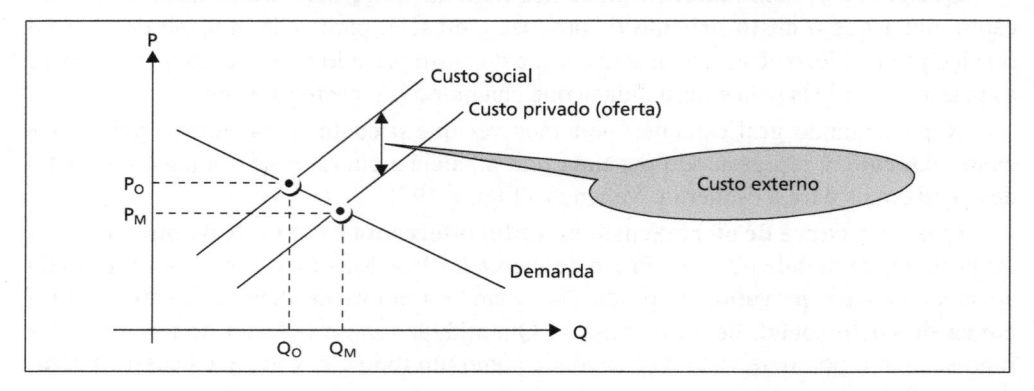

Quando ocorre uma **externalidade positiva** no consumo, o **valor social** do produto é maior que o **valor privado**, ou seja, para cada unidade do bem ou serviço consumido, o valor social será a soma do valor privado mais o benefício gerado sobre as pessoas devido à externalidade que chamamos de **benefício externo**.

Representando graficamente, podemos ver que o **valor social (valor privado + benefício externo)** é representado por uma reta paralela à curva de demanda (benefício privado) deslocada mais para a direita. Vejamos a Figura 19.2.

Quando a **curva de demanda (benefício privado) intercepta a curva de oferta**, determinamos a quantidade (Q_M) e o preço de mercado (P_M). Mas esse ponto está refletindo apenas os **benefícios privados** do consumo do produto. Quando a **curva de oferta (custo privado) intercepta a curva de valor social**, determina-se a quantidade (Q_O) e o preço ótimos (P_O), que representam o ponto de vista da sociedade como um todo e envolvem os **benefícios privados e sociais**.

Caso a produção seja menor que Q_O, o valor do produto para o consumidor, que é medido pela altura do valor social, é maior que o custo privado (oferta), que é medido pela altura da curva de oferta. Também, em uma produção superior a Q_O, o custo privado (oferta) é maior que o valor social pago pelos consumidores. Podemos perceber, portanto, que, produzindo Q_M, o valor social será superior ao custo privado para as empresas.

Para se elevar o bem-estar econômico, é necessário se elevar a produção de Q_M até Q_O, que representa uma quantidade acima do equilíbrio de mercado (Q_M). Portanto, para

---

[2] C. E. Ferguson, *Microeconomia*, p. 548.

que a curva de demanda se desloque para a direita ou para cima, aumentando o bem-estar social, o governo (planejador social benevolente) poderá, por exemplo, conceder um subsídio num montante que desloque a curva de demanda até o benefício social, fazendo com que a **externalidade positiva gerada seja internalizada** pelo subsídio e, consequentemente, pelo preço.

Dessa forma, o **subsídio** será no montante do **benefício externo** gerado. Concluímos que, com externalidades positivas, o mercado produz menos que a quantidade socialmente desejável (Q_O). Para resolver esse problema, o governo deverá conceder subsídio, provocando o deslocamento de Q_M para Q_O.

Segundo Ferguson: "A demanda representa a avaliação social marginal ou o benefício social marginal derivados de uma unidade adicional do bem em questão. Ou seja, a demanda por cada bem mostra o preço ou o custo marginal do recurso que os consumidores estão dispostos a pagar por uma unidade adicional. Na concorrência perfeita, o preço iguala o custo marginal, e, felizmente, o custo marginal constitui o custo marginal do recurso em que uma sociedade deve incorrer, a fim de obter uma unidade adicional. Assim, através do costumeiro argumento marginal o bem-estar social é máximo quando o custo social marginal se iguala ao benefício social marginal, ou quando o sacrifício em termos de recursos que os consumidores estão dispostos a fazer seja exatamente igual ao sacrifício que a sociedade deve fazer para garantir uma unidade adicional de produto"[3].

Figura 19.2. Em caso de externalidade positiva, o valor social é maior que o valor privado, fazendo com que a quantidade socialmente ótima seja Q_O. Para tanto, o governo deverá conceder subsídio no montante do benefício externo.

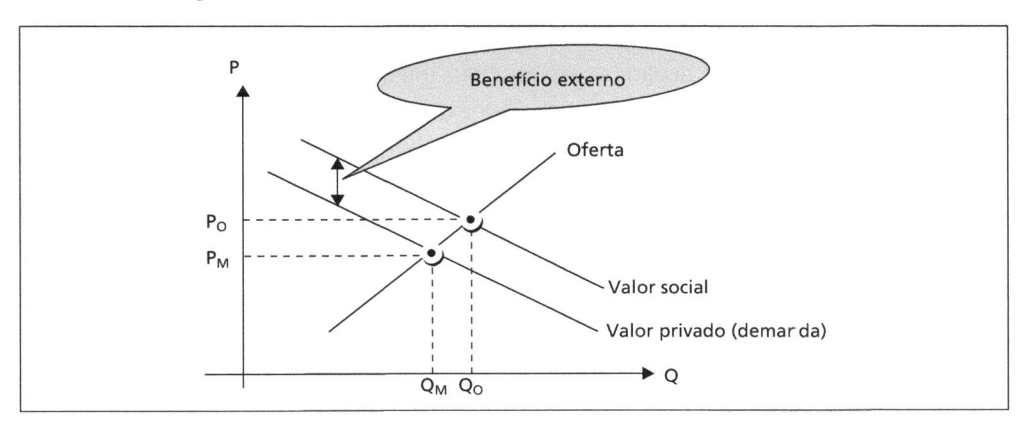

Num mercado em concorrência imperfeita, os Benefícios Privados (BP) são diferentes dos Benefícios Sociais (BS) e os Custos Privados (CP) são diferentes dos Custos Sociais (CS). Já num mercado em concorrência perfeita, tanto o BP é igual ao BS como o CP é igual ao CS.

---

[3] C. E. Ferguson, *Microeconomia*, p. 548.

19.3.1. Imposto de Pigou

O imposto de Pigou[4] ou **imposto corretivo** é aquele usado para corrigir os efeitos de externalidades negativas. Um imposto corretivo ideal é aquele que se iguala ao custo externo.

19.3.1.1. Regulação do governo: Imposto de Pigou ou determinação máxima para poluir

Quando ocorre uma externalidade, o governo deve intervir para evitar uma externalidade negativa e incentivar uma externalidade positiva.

Quando, por exemplo, empresas poluem, o governo pode cobrar um **imposto de Pigou** para reduzir a emissão de poluentes e, dessa maneira, internalizar uma externalidade. Assim, quanto mais essas empresas produzem bens e serviços, mais elas poluem. Se for cobrado um imposto por cada m^3 de poluente, as empresas tenderão a poluir menos, mas, também, produzirão menos. Assim, se o intuito for reduzir o grau de poluição a zero, isso pode significar o fechamento das empresas que poluem.

O governo também pode instituir um nível máximo de poluição para determinada fábrica, **regulamentando** um nível de poluição, quando não há informações seguras sobre os custos a serem acarretados para as empresas pelo controle da poluição, o que dificulta o trabalho do órgão regulador na hora de cobrar um imposto. Também, quando a Fábrica tiver atingido o limite máximo de poluição imposta pelo governo, não terá estímulo para reduzir ainda mais a poluição, causando prejuízos ao meio ambiente.

O imposto de Pigou ou imposto corretivo ideal deveria ser igual ao custo externo gerado pela externalidade negativa, assim como um **subsídio corretivo ideal** deveria ser igual ao benefício externo gerado por uma externalidade positiva.

O imposto de Pigou pode reduzir a poluição a um custo menor para a sociedade, já que a regulamentação define o nível de poluição e o imposto de Pigou incentiva as empresas a reduzir a poluição.

Vejamos o caso de duas fábricas que poluam o ambiente: fábrica "A" e fábrica "B". Suponhamos que o governo institua um imposto de Pigou para ambas no intuito de incentivá-las a reduzir a poluição.

Caso o custo para reduzir a poluição seja baixo para a empresa "A", ela tenderá a reduzir a poluição para não precisar pagar o imposto.

Caso o custo para reduzir a poluição seja alto para a empresa "B", ela tenderá a pagar o imposto, já que apresentará um grande dispêndio para reduzir a poluição. Vejamos a Tabela 19.2.

---

[4] Imposto de Pigou, em homenagem a Arthur Pigou, economista nascido em 1877 e falecido em 1959.

Tabela 19.2. Um imposto de Pigou aloca a poluição na fábrica que se defronta com o maior custo para reduzi-la.

	Custo de redução da poluição	Opção
Fábrica "A"	Baixo	Reduzir a poluição para não pagar o imposto.
Fábrica "B"	Alto	Pagar o imposto já que o custo é alto para reduzir a poluição.

Tanto o imposto quanto a regulação conseguem reduzir a poluição, muito embora o imposto aja de maneira mais eficiente. Isso porque, com a regulação, é estipulada às fábricas a redução uniforme da poluição, ou seja, cada fábrica ficaria obrigada a reduzir uma totalidade "X" de poluição. Contudo, os custos de redução para as duas fábricas podem ser diferentes. Assim, se ocorresse a cobrança de um imposto, no lugar da regulação, a empresa cujo custo de redução da poluição fosse menor optaria por reduzi-la. Já a empresa cujo custo de redução da poluição fosse maior optaria por reduzir menos a poluição e pagar mais do imposto. Dessa maneira, o **imposto de Pigou estaria cobrando um preço pelo direito de poluir**. Assim, para aquela fábrica que apresenta maior custo para reduzir a poluição, será alocado, pelo imposto corretivo, uma maior poluição. Logo, a redução da poluição será atingida, por meio do imposto de Pigou, a um menor custo total, quando comparada à Regulação.

É importante frisar que o imposto de Pigou, diferentemente de outros impostos, **não gera peso morto** porque não reduz o excedente do consumidor e produtor num valor superior ao imposto cobrado. O imposto de Pigou, além de acarretar uma receita para o governo, ainda aumenta a eficiência da economia, já que desloca a alocação de recursos para um ponto mais próximo do ótimo social.

Vejamos na Figura 19.3 um gráfico comparativo de um imposto de Pigou que estabelece o preço da poluição e a concessão de uma licença para poluir que estabelece a quantidade de poluição permitida.

Na primeira situação, temos o **imposto corretivo**, onde é apresentada a curva de **demanda pelo direito de poluir** e o valor do imposto corretivo ou imposto de Pigou. Observamos que a demanda pelo direito de poluir é representada por uma curva decrescente, mostrando que, quanto maior o preço a ser pago pelo direito de poluir, menor será a quantidade de poluição produzida. O imposto corretivo que mostrará o preço da produção, ou seja, a **oferta pelo direito de poluir**, é totalmente elástico, ou horizontal. A intersecção da demanda pelo direito de poluir e da oferta pelo direito de poluir determinará a quantidade de poluição (Q_E) dado o preço do imposto corretivo (P_E).

Figura 19.3. O imposto corretivo ou imposto de Pigou (P_E) estabelece um preço para poluir e a demanda determina a quantidade de poluição (Q_E).

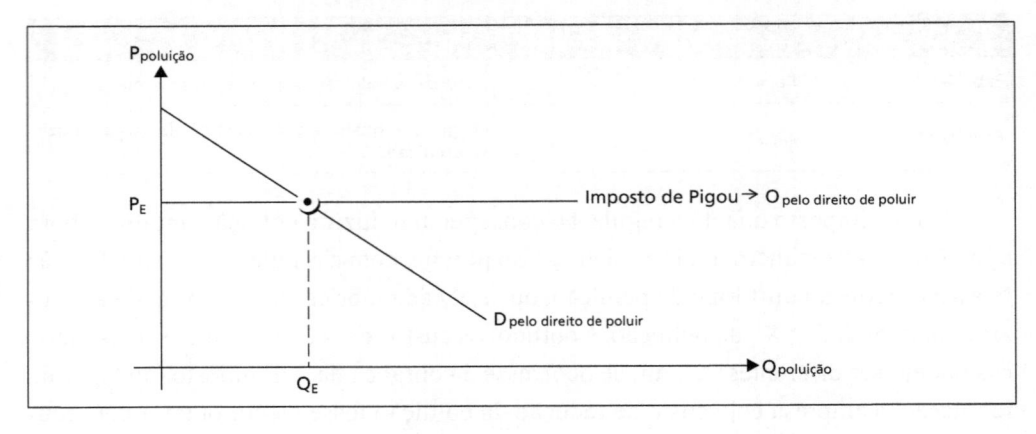

Quando o governo não conhece a curva de benefício da poluição da empresa (curva de demanda pelo direito de poluir), não é possível determinar a magnitude da taxa pigouviana que induzisse a empresa a poluir de acordo com o padrão estabelecido. Nessa situação, um sistema de **permissão para poluir** (licença para poluir) apresenta uma vantagem sobre o imposto de Pigou, ou seja, o governo ou a autoridade ambiental passa a ter uma certeza maior sobre o nível de poluição que haverá. Vejamos, graficamente, na Figura 19.4 que, no caso da licença de poluição, a curva de oferta, que representa a oferta de licença de poluição, é totalmente inelástica ao preço, ou seja, é uma curva vertical. Ela determina uma licença de poluição constante (Q_E). A demanda por direito de poluir se comporta da mesma maneira quando tratamos no imposto de Pigou, ou seja, é uma função decrescente. A intersecção da oferta com a demanda determinará o preço da poluição (P_E) que irá expressar a magnitude da licença.

Figura 19.4. A licença de poluição estabelece a quantidade de poluição (Q_E) e a demanda determina o preço da poluição (P_E).

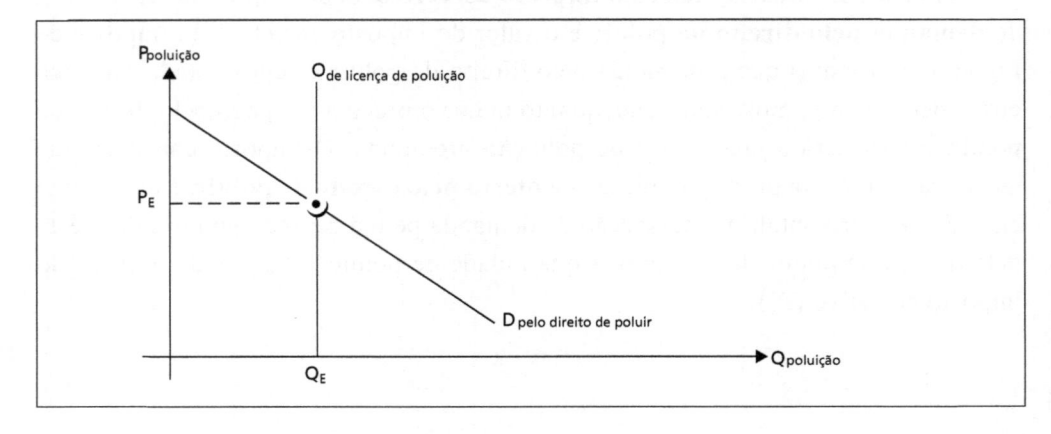

19.3.1.1.1. Licenças negociáveis para poluir

Suponhamos que a autoridade ambiental oferte uma licença de poluição para a fábrica "A" e para a fábrica "B" no valor de 500 unidades para cada uma. A fábrica "B" deseja aumentar sua poluição em 100 unidades e a fábrica "A" se sujeita a reduzir a poluição em um montante de 100 unidades, desde que a fábrica "B" lhe remunere no valor de "X" reais. Isso **aumentaria a eficiência**, já que as duas fábricas melhorariam de situação, muito embora o volume de poluição total permanecesse o mesmo. Logo, a negociação da licença para poluir aumentaria o bem-estar social. Assim, a licença para poluir torna-se um **recurso escasso**, e a oferta e a demanda determinarão o preço dessa licença, sabendo que, quanto maior for o custo para reduzir a poluição, maior será o preço da licença para poluir. Assim, a empresa "A" que apresenta um baixo custo de redução da poluição passaria a ofertar a licença para poluir, enquanto a fábrica "B" que apresenta um alto custo de redução da poluição passaria a demandar a licença para poluir. Sendo assim, considerando o mercado livre de direitos de poluição, a alocação final seria eficiente, independentemente da alocação inicial.

19.3.2. Teorema de Coase

O teorema de Coase busca resolver as externalidades do mercado e afirma que, quando o **mercado privado** resolve entre si e sem custos de transação, problemas de externalidades negativas, por meio de um acordo onde todos ganhem, o resultado será eficiente, mesmo que os direitos de propriedade não especifiquem tal acordo e sabendo que a distribuição inicial dos direitos não impossibilita que o mercado atinja um resultado eficiente, embora ela não seja irrelevante, ou seja, o resultado das transações será eficiente independentemente de como estejam alocados os direitos de propriedade. Assim, mesmo sem interferência do governo é possível se atingir a eficiência econômica na presença de externalidades. Para tanto, essa externalidade deve atingir um número pequeno de pessoas e os **direitos de propriedade devem estar bem definidos** independente de quem o possua. Com isso, o custo da negociação entre as partes será insignificante e as informações necessárias sobre os custos e benefícios do acordo serão mais claras. Essa livre negociação entre as partes trará um resultado eficiente e elimina com a externalidade. Quando os direitos de propriedade não estão definidos, as partes podem não conseguir negociar entre si um acordo, devido à falta de informações a respeito dos custos e benefícios, gerando incerteza. Assim, os custos de um acordo poderiam ultrapassar os custos de intervenção do governo, o que incentivaria a entrada desse último para minimizar essa externalidade.

Pensemos num exemplo em que um proprietário "X" de uma fazenda resolve cercar seu terreno. Ao colocar a cerca, seu vizinho "Y" acredita que a sua localização está invadindo sua propriedade. O ato de cercar a fazenda traz a "X" um benefício, mas para "Y" gera uma externalidade negativa. Qual seria o resultado socialmente eficiente? Para responder essa pergunta, um planejador social deverá analisar a intensidade do benefício para "X" e a intensidade do custo para "Y". Se o benefício for maior que o custo, será eficiente manter a cerca onde está.

Segundo o teorema de Coase, o mercado privado poderá chegar a um resultado eficiente da seguinte maneira: o proprietário "Y" poderá oferecer um valor monetário a "X" para modificar a cerca de lugar. O proprietário "X" aceitará a proposta se o valor for maior que o benefício de deixar a cerca no local onde está. Assim, "X" e "Y" negociarão o preço até se atingir um resultado eficiente, que é aquele em que tanto "X" como "Y" estarão em melhor situação.

Suponhamos que o benefício de "X" manter a cerca onde está seja igual a 1.000 e que o custo de "Y" seja de 1.400. Se "Y" oferecer um pagamento de 1.100 para "X" para que ele modifique o local da cerca, este aceitará e ambos ficarão em melhor situação e o resultado atingido terá sido eficiente.

Suponhamos, contudo, que o benefício de "X" manter a cerca onde está seja igual a 1.400 e que o custo de "Y" seja de 1.000. Nesse caso, "X" recusaria qualquer valor inferior a 1.400 e "Y" não ofereceria qualquer valor acima de 1.000. Assim, a cerca permaneceria onde está e o resultado também seria eficiente.

Mesmo que a lei garantisse a "X" o direito de manter a cerca onde está ou garantisse a "Y" o direito de modificar o local da cerca, isso não retira do mercado a capacidade de atingir um resultado eficiente. Portanto, a distribuição inicial dos direitos não afeta a condição de se atingir a eficiência. Assim, se a lei garantisse que "X" mantivesse a cerca no local, nada impediria que "Y" oferecesse um valor a "X" para que ele retirasse a cerca do local. Se o benefício para "X" retirá-la for maior que o custo de "Y" em mantê-la, os dois proprietários chegarão a um acordo de retirar a cerca do local. Percebe-se, contudo, que a distribuição inicial dos diretos foi relevante, já que ela determina a distribuição do bem-estar econômico. O fato de "X" ter o direito de manter a cerca é que determinou que "Y" pagasse a "X" para retirá-la do local e não vice-versa.

Muitas vezes, contudo, as partes não conseguem resolver entre si um problema de externalidade devido aos **custos de transação** gerados para resolvê-lo. Suponhamos que o proprietário "X" resida fora da cidade onde está localizada a sua fazenda. Qualquer acordo que possa ter que fazer terá o custo de deslocamento ou terá que pagar a alguém para ser seu representante legal, por exemplo. Assim, se o benefício de resolver a externalidade for menor que o custo de transação gerado, eles poderão optar por não resolver o problema. Suponhamos, também, que o número de proprietários das fazendas seja muito grande. Seria muito dispendioso coordenar todas essas pessoas para um objetivo em comum, o que poderia não chegar a um acordo eficiente.

19.4. MERCADOS IMPERFEITOS

Mercado imperfeito é todo aquele que se diferencia da concorrência perfeita. São eles, o monopólio, monopsônio, oligopólio, oligopsônio e concorrência monopolística. Nesses mercados, em regra, perde-se eficiência porque os preços são mais elevados e a quantidade ofertada de bens é menor. Para tanto, o governo deverá estimular a entrada de novas empresas no mercado[5] ou deve regular o setor por meio das agências

---

[5] Com exceção do monopólio natural, que opera com custos médios decrescentes ou rendimentos crescentes de escala. Ver item 19.5.4.

reguladoras e de defesa da concorrência (CADE — Conselho Administrativo de Defesa Econômica). Nesses mercados, pelo fato de uma das partes ter menos poder de barganha, o bem-estar é reduzido.

19.5. TIPOS DE BENS

Podemos classificar os bens em bens públicos, semipúblicos ou privados, assim como recursos comuns e bens ofertados por monopólio natural. Vejamos cada um deles e o Federalismo de Tibout na oferta de bens públicos.

19.5.1. Bens públicos

Bens públicos são bens de **consumo coletivo** que têm por principal característica a **impossibilidade de excluir** determinados indivíduos de seu consumo. Portanto, **não têm preço**. O preço é quem determina as decisões dos compradores e vendedores do bem e serviço e, dessa decisão, resulta numa alocação eficiente dos recursos. Quando não existe preço, a força que aloca esses recursos não existe. Dessa forma, não é possível se garantir que a quantidade produzida e a quantidade demandada estejam sendo feitas a contento. Portanto, caberá ao governo intervir e minimizar essa falha de mercado.

Podemos dizer, então, que bens públicos são aqueles que **não respeitam o princípio da exclusão**, ou seja, todos deverão ter acesso ao seu consumo independente da sua capacidade de pagamento. Logo, há a impossibilidade de excluir um indivíduo do consumo do bem público. Também apresentam **consumo não rival**, que significa que o consumo por um indivíduo não diminui a quantidade nem impede de ser consumida pelos demais indivíduos. Isso se deve ao fato de o **custo marginal** de prover aquele bem ou serviço para um indivíduo a mais ser igual a zero, ou seja, o custo marginal é nulo. São bens **não divisíveis**, ou seja, não é possível repartir entre os usuários uma fração daquele bem.

Podemos citar como exemplo de **bens públicos tangíveis** as praças, as ruas, a iluminação pública e de **bens públicos intangíveis**, a defesa nacional, os serviços de despoluição, o serviço da justiça, o controle de inundação, o serviço de meteorologia, sirene de tornado, entre outros.

Geralmente, os bens públicos são oferecidos pelo Estado, o que não impede que o setor privado ofereça também. Portanto, o fato de serem bens públicos não guarda relação com o ente que o produz ou com o grau de essencialidade dele, mas sim pelo fato de serem **"não excludentes" e "não rivais"**. O princípio da não exclusão do bem público leva à falha de mercado, porque, como não se pode medir o quanto cada um se beneficiou do bem público, não é possível repartir o ônus em forma de tributo. Isso impossibilita a cobrança de forma totalmente justa do preço em forma de impostos que cada um deverá pagar. Também, passam a existir os **caronas ou *free riders*** que são aqueles que se beneficiam do bem público sem pagar por isso, alegando não utilizá-lo ou não necessitar dele. Para que o mercado não gere uma falha é necessário que haja exclusão daqueles que não pagam, o que é de difícil operacionalização. Antes que o nível ótimo de produção seja revelado, os indivíduos não terão interesse em **revelar suas preferências** com receio de ter que pagar mais pelo bem ou serviço ou financiar o bem público. Isso se agrava quanto **maior for o número de agentes envolvidos** na provisão do bem público, já que, mais fácil se torna ocultar as preferências. Para Giambiagi e Além, os bens públicos são considerados falhas de mercado porque "os bens públicos, uma vez produzidos, beneficiarão a todos os indivíduos, se fossem chamados a 'precificar' sua preferência através de 'lances', tendessem a subavaliar os benefícios gerados pelo bem público, a fim de reduzir suas contribuições. Além disso, o fato de não se poder individualizar o consumo permite que algumas pessoas — os 'caronas' — possam agir de má-fé, alegando que não querem ou não precisam ter acesso ao consumo e, desta forma, negando-se a pagar por ele, ainda que acabem usufruindo do benefício do bem público"[6].

Portanto, como os bens públicos são não excludentes, impede que o mercado privado[7] os oferte. Por esse motivo, os bens públicos puros podem ser financiados pelos impostos, caso se constate que os **benefícios totais excedem os custos totais**. Giambiagi e Além afirmam quando tratam dos caronas: "É por essa razão que a responsabilidade pela provisão de bens públicos recai sobre o governo, que financia a produção desses bens através da cobrança compulsória de impostos"[8]. Dessa maneira deixará todos em melhor situação. Contudo, a medida dos benefícios é difícil de ser calculada porque as pessoas beneficiadas pelo bem público tendem a exagerar nos benefícios trazidos, para que o bem público seja rapidamente ofertado, e as pessoas prejudicadas pelo bem público tendem a exagerar nos custos para evitar a oferta do bem público. Isso faz com que a oferta eficiente do bem público fique mais difícil.

Existem algumas situações particulares dos bens públicos. Vejamos: o conhecimento geral é um bem público, mas, na medida em que determinado conhecimento é patenteado, ele deixa de ser "não excludente", já que, para fazer uso dele, deverá pagar para o dono da **patente**. A patente serve para estimular o destino de recursos por parte das empresas, no desenvolvimento de novos conhecimentos, já que, não havendo patente, as empresas tendem a pegar carona no conhecimento desenvolvido por outras empresas.

Outro exemplo interessante é o da praia. Sabemos que ela é um bem público, mas, a partir do momento em que está lotada (saturada), ela deixa de ser um bem público puro porque, se alguma pessoa se retirar dela, outra pessoa poderá entrar, sendo beneficiada por isso. Também é o caso das estradas. Elas são bens públicos. Porém, na medida em que passam a ter pedágios, mantendo-se sem congestionamento, elas excluem alguns indivíduos de utilizá-la, embora permaneçam "não rivais" e, portanto, deixam de ser bens públicos puros.

Já que falamos em bens públicos, podemos descrever, também, o bens semipúblicos, bens privados, recursos comuns e monopólios naturais.

19.5.2. Bens semipúblicos ou meritórios

Bem semipúblico é um caso intermediário entre bem público e bem privado em que o bem ou serviço guarda a característica de rivalidade e exclusão e é ofertado de maneira eficiente pelo mercado, mas o Estado passa a ofertar para que todos tenham

---

[6] Fabio Giambiagi e Ana Cláudia Além, *Finanças públicas*: teoria e prática no Brasil, p. 25.
[7] Não confundir mercado privado com setor privado.
[8] Fabio Giambiagi e Ana Cláudia Além, *Finanças públicas*: teoria e prática no Brasil, p. 25.

acesso. Também podem ser chamados de **bens meritórios**[9], derivados da palavra "mérito", que são bens que apresentam alguma característica de bens privados, ou seja, podem ser divisíveis, excludentes ou rivais. Os exemplos mais pontuais de bens meritórios são a saúde e a educação. Apesar de estarem encaixados no **princípio da exclusão**, o seu consumo, seja individual ou coletivo, gera altos benefícios sociais, externalidades positivas, e leva em consideração valores morais e éticos necessários à sociedade, o que faz com que sejam total ou parcialmente oferecidos pelo setor público. Assim, como são de grande utilidade para a sociedade, não seria desejável que algumas pessoas não tivessem acesso a ele por falta de capacidade de pagamento. Percebemos que, por exemplo, a educação, apresenta até determinado ponto, a característica de não rivalidade (característica de bem público). Ocorre que, a partir do momento em que a sala de aula está cheia ou a escola lotada, só poderá receber mais um aluno se outro aluno sair, fazendo com que prevaleça a característica de rivalidade (característica de bem privado). Portanto, esse tipo de serviço guarda até certo ponto a característica de "não rivalidade" e depois de "rivalidade" e, por isso, é chamado de semipúblico.

19.5.3. Bem privado

São bens que guardam a característica de serem excludentes, rivais e divisíveis, ou seja, só tem acesso a eles quem puder pagar, bem como seu uso por alguém impede ou reduz a possibilidade de outra pessoa utilizar, e o seu uso pode ser fracionado entre os consumidores.

Devemos lembrar que a utilidade ou satisfação em consumir mais uma unidade do bem tende a se reduzir à medida que adquirimos mais dele.

A teoria da utilidade define que, à medida que a renda aumenta, a utilidade total de cada novo bem ou serviço consumido pelo indivíduo aumenta, porém, cada vez menos, pois a utilidade marginal é decrescente. Utilidade marginal é o acréscimo à utilidade total pelo fato de se consumir mais "uma unidade" do produto.

Vejamos o seguinte exemplo: imaginemos que estamos no deserto, onde o recurso "água" é de difícil acesso. À medida que se vai adquirindo (ou comprando) uma unidade de copo de água, o grau de satisfação (ou utilidade) por esse copo a mais (utilidade marginal) vai diminuindo, e a utilidade total, embora cresça, vai crescendo a taxas cada vez menores. Assim, observemos a Tabela 19.3. No quinto copo de água, a satisfação (utilidade total) não cresce mais, o que faz o consumidor parar de beber o copo de água, ou seja, quando a utilidade marginal for zero.

Tabela 19.3. À medida que se consome uma unidade a mais do copo de água, a utilidade marginal diminui. Isso faz com que a utilidade total aumente, porém a taxas cada vez menores. Quando se consome o quinto copo de água, a utilidade marginal é zero, fazendo com que a utilidade total não aumente.

---

[9] Por outro lado, temos os bens demeritórios, que são aqueles em que o governo irá inibir com a cobrança de pesados impostos. Exemplos de bens demeritórios são o consumo de cigarros e bebidas alcoólicas. O governo pode também instituir uma proibição direta quando, por exemplo, quer inibir em 100% a utilização de drogas.

Quantidade de copos de água	Utilidade total	Utilidade marginal
0	0	0
1	100	100
2	180	80
3	230	50
4	250	20
5	250	0

19.5.4. Monopólios naturais

Monopólio natural é um tipo específico de monopólio onde só há uma empresa que oferta um bem ou serviço, mas apresenta **custos fixos elevados e retornos crescentes de escala,** ou seja, os custos de produção de uma unidade do bem ou serviço diminuem conforme aumenta a quantidade produzida. O monopólio natural se forma porque uma só empresa produzindo gera custos (médios) mais baixos para formação de preços de venda do que várias empresas produzindo. Isso ocorre porque os investimentos necessários são muito elevados e os custos marginais são muito baixos, o que gera uma **economia de escala,** na qual a existência de mais de uma empresa levaria a incorrer em custos médios superiores ao do monopolista. No monopólio natural, tanto os **custos médios como os custos** marginais são decrescentes para toda faixa de produção. Isso porque, no monopólio natural, os custos médios são decrescentes e superiores ao custo marginal, fazendo com que estes últimos sejam decrescentes também. Logo, quanto maior o nível de produção, menores serão os custos médios e marginais. E para que esses custos sejam os menores possíveis é necessário que apenas uma empresa oferte o bem ou serviço e assim absorva todo o mercado para si, produzindo uma grande quantidade de bens e serviços. Ocorre que, pelo fato de ser um monopólio, pode fazer com que a empresa incorra em lucros abusivos por meio da cobrança de preços elevados. Por isso, o governo deve intervir para evitar esses abusos, já que o monopólio natural detém **atividades estratégicas** para a sociedade, como serviços de energia elétrica, água, gás, telefonia etc. Para sanar essa **falha de mercado,** a **regulação** dos monopólios naturais deve evitar uma perda ainda maior de bem-estar social. Essa regulação pode se dar, por exemplo, na fixação de um teto de preços.

19.5.5. Recursos comuns

Os recursos comuns são **não excludentes,** muito embora sejam **rivais.** Pelo fato de serem rivais, há a preocupação com a quantidade que os indivíduos usarão desses recursos. São exemplos de bens comuns os recursos ambientais, pois, pelo fato de não se deter o direito de propriedade sobre eles, não se pode excluir os consumidores de terem acesso a ele. Mas a sua utilização causa externalidade para outras pessoas, devido à poluição ou extinção de alguma espécie animal, por exemplo.

Para compreendermos isso, podemos falar da parábola conhecida por Tragédia dos Comuns.

19.5.5.1. Tragédia dos comuns[10]

Quando os **recursos são finitos** e são colocados à disposição para um livre acesso de uma demanda irrestrita, pode ocorrer a **superexploração** desses recursos. Com isso, o recurso fica estruturalmente condenado. Surge um conflito, onde de um lado estão os interesses individuais e de outro o bem comum.

A tragédia dos comuns conta a parábola de pastores que colocavam seus animais em terra pública. Como o lucro que cada pastor tinha estava associado ao número de ovelhas que possuía, eles acreditavam que, colocando um animal a mais na terra pública, seus lucros aumentariam e a pastagem necessária para todo o rebanho da comunidade se reduziria muito pouco. Ocorre que, se todos os pastores pensassem dessa forma, a terra ficaria superpopulosa e, pelo seu uso intensivo, começaria a perder a capacidade de se recuperar, ficando estéril. Assim, a criação de ovelhas tornar-se-ia inviável, levando à tragédia dos comuns. Portanto, quando um pastor usa esse recurso comum, ele reduz a possibilidade de outro pastor utilizá-la. Gera, portanto, uma **externalidade negativa**. Cabe ao governo **regular** a utilização desse recurso, **cobrar impostos** pela sua utilização ou, até mesmo, **privatizar** o recurso comum, já que, tornando-se um bem privado, há incentivo em se preservar já que colhe os benefícios desse esforço.

Como exemplo da tragédia dos comuns, podemos citar a degradação do meio ambiente, onde a utilização da água e do ar de maneira excessiva e inadequada gera uma externalidade negativa que é a poluição.

Também os animais selvagens, os peixes, frutos do mar e baleias são recursos comuns. Como, em regra geral, qualquer pessoa pode caçá-los ou pescá-los, seu uso excessivo pode prejudicar ou acabar com a população desses animais. Cabe ao governo exigir **licenças** e reduzir a **duração das estações de caça e pesca**.

Para resumir, podemos formar a Tabela 19.4 que associa a cada tipo de categoria a característica de ser excludente ou não, de ser rival ou não.

Tabela 19.4. Associação das categorias de bens em excludentes ou não e rivais ou não.

	Excludente	Não excludente
Rival	Bens privados	Recursos comuns
Não rival	Monopólios naturais	Bens públicos

19.5.6. Tabela comparativa dos tipos de bens

Vejamos, na Tabela 19.5, a comparação dos tipos de bens:

---

[10] A expressão provém originalmente de uma observação feita pelo matemático amador William Forster Lloyd sobre posse comunal da terra em aldeias medievais, em seu livro de 1833 sobre população. O conceito foi estendido e popularizado por Garrett Hardin no ensaio *The Tragedy of the Commons*, publicado em 1968 na revista científica *Science*. Todavia, a teoria propriamente dita é muito antiga.

Tabela 19.5. Características dos tipos de bens.

Tipo de bem	Características	Exemplos
Bens públicos	Não rival e não excludente	Praça pública, praia, segurança pública, estrada sem pedágio e sem congestionamento.
Bens semipúblicos	Não rival/rival e excludente	Educação, saúde, vacinação.
Bens privados	Rival e excludente	Aparelho de televisão, aparelho celular, roupas, estrada com congestionamento e pedágio.
Monopólio natural	Não rival e excludente	Metrô, estradas com pedágio e sem congestionamento.
Recursos comuns	Rival e não excludente	Meio ambiente, estradas sem pedágios e congestionadas.

19.5.7. Federalismo de Tiebout

O modelo de federalismo de Tiebout, elaborado em 1956, com base em hipóteses bastante restritivas, afirmava que a competição entre as localidades geraria maior eficiência econômica na provisão de bens públicos.

Para tanto, o modelo partia da premissa de que:

■ Deveria haver grande número de localidades que iriam competir entre si.

■ Os consumidores iriam escolher a localidade que apresentasse, de acordo com suas preferências, a melhor combinação entre impostos e bens públicos. A concorrência entre as localidades faria com que o consumidor **"votasse com os pés"**, o que significa dizer que o consumidor iria se deslocar para a localidade que oferecesse o bem público de sua preferência.

■ Houvesse **mobilidade perfeita dos cidadãos**, ou seja, não houvesse custos nessa mudança de localidade, como custos de moradia, transporte etc., que superasse os benefícios da relocalização. Assim, haveria migração às localidades cujas decisões governamentais fossem tomadas mais eficientemente, fazendo com que essas localidades ajustassem sua carga tributária e a oferta de bens públicos de maneira mais eficiente possível. Dessa forma, a localização da população seria determinada pelo consumo de bens públicos.

■ Houvesse perfeita informação **(simetria de informações)** dos bens oferecidos e dos tributos cobrados por cada uma das localidades e, a partir dessas informações, os consumidores decidiriam onde morar.

■ Não houvesse **transbordamento horizontal** (*spillovers*), de tal maneira que cada localidade teria o número populacional que garantisse a oferta de bens públicos ao custo mínimo.

Para Tiebout, haveria impossibilidade de se determinar um nível eficiente de gasto público de acordo com os mecanismos de mercado, a nível nacional, mas, a nível local, isso seria possível. Portanto, os bens públicos poderiam ser ofertados pelas localidades, que correspondessem a pequenas regiões geográficas, que, no Brasil, podemos considerar os municípios.

O que justificaria a oferta de bens públicos pelas pequenas localidades seria o fato de:
1) Possibilitar uma **maior concorrência entre as localidades**, o que levaria a uma maior eficiência. Essa eficiência é tanto alocativa quanto produtiva, ou seja, há a produção ótima de bens e serviços, bem como essa produção se dá ao menor custo.
2) Possibilitar ter maior conhecimento das preferências do consumidor, já que **as revelações das preferências dos consumidores são maiores** em localidades menores. Quando o consumidor revela suas preferências, ele está mostrando o que ele espera que a administração pública oferte. Como um bem público tem a característica de ser não excludente, ou seja, não tem preço, nem sempre é possível conhecer as preferências do consumidor pelo fato de ele não revelá-las com medo de ter que pagar a mais por isso. Espera, com isso, ser um *free rider* (carona), ou seja, utilizar o bem público sem contribuir financeiramente com isso. Nas pequenas localidades, isso se torna mais difícil. Assim, nas localidades onde as preferências são mais reveladas, a eficiência aumenta.

Mas nem sempre os bens públicos serão ofertados pelas localidades. Eles serão ofertados pelas localidades quando:
1) Houver **limitadas economias de escala** ou quando os **custos forem baixos**. Isso significa dizer que, se houver rendimento crescente de escala, é melhor que o bem público seja ofertado em nível nacional ou regional, assim como, quando os custos para ofertar o bem forem altos, os custos médios são decrescentes à medida que são ofertados em maiores escalas, o que faz com que devam ser ofertados em nível nacional ou regional.
2) Quando os impostos mantêm um forte vínculo com o benefício, ou seja, o contribuinte vê o bem ou o serviço em troca da sua contribuição tributária. Assim, os impostos cobrados serão baseados no **princípio do benefício** no lugar do princípio da capacidade de pagamento, o que impossibilita a distribuição de renda.
3) Quando não houver **transbordamento de externalidades**, ou seja, se, ao ofertar um bem público, a localidade gera externalidades positivas para si e para outras localidades, é melhor que ele seja ofertado pelo governo regional ou nacional. Isso porque, se for ofertado a nível local, tende a gerar uma suboferta, fazendo com que o bem ou serviço seja ofertado aquém do desejado pela população. Pensemos no exemplo de um município ofertar cursos superiores com alta qualidade. Isso atrairia estudantes dos municípios vizinhos. Chegaria um momento em que esse município que oferta esse tipo de serviço não conseguiria atender a todos satisfatoriamente. Por esse motivo, deve ser ofertado a um nível mais alto, ou seja, a nível regional ou nacional.
4) Fácil mobilidade de residentes entre as localidades.

Assim, bens públicos como defesa nacional, construção de infraestrutura regional ou nacional permaneceriam a cargo do governo regional ou nacional.

O modelo de Tiebout se assemelha ao da concorrência perfeita, fazendo com que as condições do teorema do bem-estar seja satisfeita e que não gere falhas de mercado.

19.6. DESEMPREGO E INFLAÇÃO

O livre funcionamento do sistema de mercado não soluciona problemas como altos níveis de desemprego e inflação. Então, o Estado deve agir utilizando políticas que visem estabilidade de preços e pleno emprego.

Estar desempregado é quando o trabalhador, que não tem emprego, procura-o e não o encontra. Uma das causas do **desemprego** é quando as empresas não ofertam o produto por falta de demanda e por isso são obrigadas a dispensar seus funcionários, já que de nada adiantaria produzir se não tem para quem vender. Cabe ao governo estimular a demanda por meio, por exemplo, de uma política fiscal ou monetária expansionista e assim expandir a produção e, consequentemente, a geração de emprego. Outra atitude que minimiza esse problema é o desenvolvimento de programas que estimulem o emprego, como, por exemplo, o programa Primeiro Emprego adotado pelo governo. Assim afirma Giambiagi e Além: "O livre funcionamento do sistema de mercado não soluciona problemas como a existência de altos níveis de desemprego e inflação. Neste caso, há espaço para a ação do Estado no sentido de implementar políticas que visem à manutenção do funcionamento do sistema econômico o mais próximo possível do pleno emprego e da estabilidade de preços"[11].

A **inflação** é definida como uma elevação generalizada e persistente de preços. Quando a demanda está superior à oferta de bens e serviços, isso pode incorrer em elevação de preços. O governo, para conter essa inflação, poderá reprimir a demanda utilizando a política fiscal e monetária restritivas, por meio, por exemplo, do controle dos gastos públicos, da elevação dos tributos, do controle de crédito e do aumento da taxa de juros e assim corrigir essa falha de mercado. Portanto, a estabilização de preços e a criação de empregos geram externalidades positivas. A primeira permite a retomada do consumo possibilitando a geração e aumento da produção e do emprego.

19.7. MERCADOS INCOMPLETOS

Um mercado incompleto pode ocorrer em países em desenvolvimento onde o sistema financeiro não é muito desenvolvido e, portanto, não oferece recursos para empresas investirem. No Brasil, por exemplo, o BNDES[12] tem cumprido, em parte, essa função. Nos mercados incompletos, os custos de produção do bem são inferiores ao que os consumidores estariam dispostos a pagar, fazendo com que os produtores tenham o poder de manipular preços. Mesmo assim, os bens e serviços não são ofertados.

Os mercados incompletos decorrem de atividades de alto risco, prazos de retorno do investimento muito longos, falhas nos mecanismos de financiamento do setor em pauta ou mesmo ausência de coordenação entre setores interdependentes.

O Estado poderia, para minimizar o problema do mercado incompleto, implementar um **mercado de Lindhal**, no qual cada pessoa contribui exatamente com a disposição marginal a pagar pelo bem público ao nível ótimo de provisão.

---

[11] Fábio Giambiagi e Ana Cláudia Além, *Finanças públicas*: teoria e prática no Brasil, p. 28.
[12] BNDES — Banco Nacional de Desenvolvimento Econômico e Social.

19.8. COMO CORRIGIR FALHAS DE MERCADO

Para corrigir falhas de mercado, o Estado deve intervir. Sua atuação deve ser de acordo com o tipo de falha de mercado que ocorrer. Assim, caso ocorram externalidades, monopólios, bem como a existência de mercados incompletos, o governo deverá **tributar**, conceder **subsídios** ou algum **incentivo fiscal**, ofertar **crédito** ou até mesmo conceder proteção por mecanismos **tarifários** da importação de bens e serviços. Já no caso de bens públicos, meritórios e bens relacionados com infraestrutura que precisam de um período longo de investimento para existirem, o Governo deve atuar **ofertando-os**. No caso de estruturas de mercado diferentes da de concorrência perfeita, como monopólio, oligopólio, concorrência monopolística, o governo pode se utilizar de **políticas de regulação**.

19.9. QUESTÕES

1. (CEBRASPE — SEFAZ-RS — 2018) A respeito de falhas de mercado e de bens públicos, assinale a opção correta.
   a) Um bem é denominado público se é rival e excludente.
   b) Um bem é denominado comum se é não rival e não excludente.
   c) Se o benefício social de determinada ação for de 30 unidades e o benefício privado for de 20 unidades e se o custo marginal for expresso por 10 + 2a, em que a é o nível da ação, então haverá deficiência de 5 unidades na produção socialmente ótima.
   d) Sendo o benefício social de determinada ação expressa por 400 – 10a e o custo social igual a 100 + 20a, em que a é o nível da ação, então o nível ótimo da ação será a = 20 unidades.
   e) Uma rodovia livre de pedágio é considerada um bem público.

2. (CEBRASPE — SEFAZ-CE — 2021) Considerando as principais teorias que dão suporte à atuação e às definições do Estado, julgue o item a seguir.
A alocação eficiente dos recursos produtivos garante maior equidade social.
   ( ) Certo   ( ) Errado

3. (CEBRASPE — SEFAZ-CE — Contábil-Financeiro da Receita Estadual — 2021) Considerando os problemas microeconômicos clássicos, julgue o item a seguir.
Na presença de falhas de mercado, o problema de free-riders (carona) tende a ocorrer, com maior frequência, em grupos menores.
   ( ) Certo   ( ) Errado

4. (IDECAN — IF-RR — 2020) Considerando as características de um bem público em Economia, assinale a alternativa correta.
   a) É não excludente, rival e indivisível.
   b) É excludente, rival e divisível.
   c) É excludente, não-rival e indivisível.
   d) É não excludente, não-rival e divisível.
   e) É não excludente, não-rival e indivisível.

5. (FUNDATEC — Prefeitura de Porto Alegre/RS — 2020) Nas economias modernas, há ocasiões nas quais as empresas podem não oferecer bens e serviços, porque não conseguem cobrar por eles um preço adequado. Isso justifica a presença dos governos em substituição às empresas na produção daqueles bens e serviços. Assinale a alternativa INCORRETA sobre esse tema.
   a) Ninguém pode ser excluído na possibilidade de desfrutar um bem público.
   b) Bens públicos oferecem benefícios às pessoas a um custo marginal positivo.
   c) Bens públicos são não rivais e não exclusivos no consumo.
   d) Os mercados privados não conseguem oferecer eficientemente um bem público, como um programa para eliminar mosquitos.

e) O consumo de um bem privado coloca-se em posição rival ao seu consumo por outros indivíduos.

6. (CEBRASPE — SEFAZ-CE — 2021) Considerando as principais teorias que dão suporte à atuação e às definições do Estado, julgue o item a seguir.
Na presença de benefícios externos, a alocação de mercado é ineficiente, o que justifica a intervenção do Estado.
( ) Certo   ( ) Errado

7. (FGV — TJ-RO — 2021) Considere uma situação caracterizada pela presença de uma externalidade negativa.
Nesse contexto, tem-se que o custo marginal social:
a) será igual ao benefício privado.
b) será igual ao custo marginal privado.
c) não tem relação significativa com o custo marginal privado.
d) ficará aquém do custo marginal privado.
e) excederá o custo marginal privado.

8. (FGV — TJ RO — 2021) Com relação ao conceito de externalidades, analise as afirmativas a seguir.
I. O Estado deve intervir com a imposição de impostos para reduzir a quantidade privada de externalidades positivas.
II. Externalidades negativas podem ser definidas como as ações de um agente que afetam negativamente outros agentes.
III. Um exemplo de externalidade positiva é a educação que eleva o bem-estar da sociedade e, por isso, pode ser provida também pelo Estado.
Está correto somente o que se afirma em:
a) I.
b) II.
c) III.
d) I e III.
e) II e III.

9. (Instituto AOCP — Prefeitura de Betim/MG — 2020) Assinale a alternativa que apresenta a falha de mercado segundo a qual as ações de um agente do sistema econômico ou indivíduo afetam os demais, de forma direta ou indireta.
a) As externalidades.
b) A falha de competição.
c) As falhas de informação.
d) Os mercados incompletos.
e) A existência de bens públicos

10. (FCC — AL-AP — 2020) As falhas de mercado impedem que se obtenha a máxima eficiência na alocação dos recursos da economia. Nesse sentido,
a) mercados incompletos são caracterizados pela inexistência de demanda pelo bem, impedindo a sua viabilização.
b) a presença de informação assimétrica pode ocasionar o problema do risco moral nos mercados de seguros de automóveis.
c) um bem não rival pode ser subofertado em virtude de o custo marginal de produção do bem exceder o seu benefício marginal social.
d) a poluição do meio ambiente não pode ser considerada uma falha de mercado, na medida em que ela não afeta as decisões das firmas e dos consumidores.
e) externalidades positivas, como a arborização de ruas ou a vacinação da população contra doenças transmissíveis, são eficientemente ofertadas pelos mercados, dados os claros benefícios sociais que elas geram.

11. (TCU — FGV — 2022) Ao determinar o modelo regulatório mais adequado, uma restrição surge quando as firmas a serem reguladas declaram custos excessivos não observáveis pelo regulador com o objetivo de obter preços regulados maiores do que seus custos reais, ou quando o regulador pode subestimar os custos reais das firmas ou calcular equivocadamente a elasticidade-preço da demanda por seus produtos. Nesse caso, o regulador está diante do (a):

a) desregulação, em que o regulador mantém seu controle pelas atividades da firma
b) presença de externalidades, em que o regulador deve implementar um imposto pigouviano sobre a produção da firma
c) problema de perigo moral (moral hazard), em que o regulador evitaria assegurar a recuperação dos custos e fornecer renda informacional
d) provisão ineficiente de um bem público, em que a implementação prática da solução de Lindahl pelo regulador impede a existência de caronas
e) problema de seleção adversa, em que o regulador precisa desenhar mecanismos para que as firmas revelem informações sobre suas estruturas de custos.

GABARITO

1. "c". Se o benefício social de determinada ação for de 30 unidades e o benefício privado for de 20 unidades e se o custo marginal for expresso por 10 + 2a, em que a é o nível da ação, então haverá deficiência de 5 unidades na produção socialmente ótima. Vejamos:

$Cmg = 10 + 2a$

Igualando o benefício social ao custo marginal primeiro e, depois, o benefício privado ao custo social, encontramos dois valores para "a". Vejamos:

$30 = 10 + 2a \rightarrow a = 10$
$20 = 10 + 2a \rightarrow a = 5$

Logo a diferença é de 5 unidades (= 10 – 5). A alternativa "c" está correta.

Um bem é denominado público se é não rival e não excludente. A alternativa "a" está incorreta.

Um bem é denominado recurso comum se é rival e não excludente. A alternativa "b" está incorreta.

Igualando o benefício social de determinada ação expressa por 400 – 10a e o custo social de 100 + 20a, então o nível ótimo da ação será a = 10 unidades. Vejamos:

$400 - 10a = 100 + 20a$
$a = 10$

A alternativa "d" está incorreta.

Uma rodovia livre de pedágio é considerada não excludente, desde que não possua outro fator que exclua alguém de sua utilização. Para ser considerado bem público deve ser não excludente e não rival. Então essa estrada deveria ser sem pedágio e sem congestionamento (não rival) para ser considerada bem público. A alternativa "e" está incorreta.

2. "errado". O conceito de eficiência é diferente do conceito de equidade. Ser eficiente é produzir o máximo ao menor preço. Nessa situação, ocorre o Ótimo de Pareto, onde não serão mais realizadas trocas, já que não é possível melhorar a situação de um indivíduo, sem piorar a de outro. Contudo, a eficiência não garante a equidade, ou seja, não garante a justiça social, já que, pode haver uma produção máxima que ficará concentrada nas mãos de poucos, ou seja, pode haver concentração de renda.

3. "errado". Os *free riders*, ou caronas, são aqueles que se beneficiam de um bem público e não pagam por isso alegando que não utilizam ou não precisam daquele bem público. Quando o grupo é menor, é mais fácil de verificar se há caronas, já que a provisão do bem público será financiada por aqueles que não são caronas, sobrecarregando financeiramente mais estes. Como o grupo é pequeno é mais fácil ter conhecimento das preferências dos consumidores e se torna mais difícil não revelar suas preferências, o que dificulta a existência dos *free riders*.

4. "e". A característica de um bem público é ser não excludente (ou seja, ninguém está impedido de usá-lo), não rival (o fato de alguém utilizá-lo não impede que outra pessoa o utilize) e indivisível (ou seja, não é capaz de ser fracionado sem perder a identidade).

5. "b". Os Bens públicos oferecem benefícios às pessoas a um custo marginal igual a zero. A alternativa "b" está incorreta. Os bens públicos são não excludentes, ou seja, ninguém pode ser impedido de ter acesso ao bem público. A alternativa "a" está correta. Além de não excludentes, os bens públicos são não rivais, ou seja, o consumo do bem público por alguém, não impede que outra pessoa o consuma. A alternativa "c" está correta. O mercado privado não consegue oferecer eficientemente um bem público porque como o custo gerado por mais um usuário é próximo de zero, surgem os caronas que se utilizam do bem público sem declararem que usam e, por isso, não pagam por ele. A alternativa "d" está correta. Um bem privado é rival porque a aquisição de um bem privado, impede que outra pessoa o adquira. A alternativa "e" está correta.

6. "Certo". Uma externalidade positiva (que geram benefícios externos) é um exemplo de falha de mercado e, por isso, cabe a intervenção do Estado. Como a externalidade é positiva, então, o benefício social é maior que o benefício privado. Cabe ao Estado intervir concedendo subsídios, por exemplo.

7. "e". Uma externalidade negativa na produção, gera um custo marginal privado menor que um custo marginal social. Por exemplo, imaginemos que uma fábrica polua um rio. O custo marginal para a empresa em poluir o rio é mínimo. Porém, a sociedade que ficará sem água potável, em decorrência da poluição, terá um custo marginal social muito alto. A alternativa "e" está correta e as alternativas "b", "c" e "d" estão erradas. Um custo marginal social é maior que o benefício privado gerado pela externalidade negativa. A alternativa "a" está incorreta.

8. "e".
I. (F) O Estado deve intervir subsidiando, para estimular a quantidade privada de externalidades positivas.
II. (V) Externalidades negativas ou deseconomias externas podem ser definidas como as ações de um agente que afetam negativamente outros agentes. Por exemplo, uma empresa que polui um rio: os custos sociais são maiores que os custos privados.
III. (V) Um exemplo de externalidade positiva é a educação que eleva o bem-estar da sociedade que passa a se desenvolver em diversas áreas do conhecimento, levando desenvolvimento para todos. Por isso, pode ser provida também pelo Estado para garantir o acesso de todos.

9. "a". Define-se externalidade como a ação de um agente sobre outro. A externalidade tanto pode ser positiva quanto negativa e o seu impacto não é internalizado nos preços. É um exemplo de falha de mercado e, por isso, o governo deve agir subsidiando ou tributando. A alternativa "a" está correta. As alternativas "b", "c", "d" e "e", embora sejam exemplos de falhas de mercado, não respondem à definição exposta no enunciado. Estão, portanto, incorretas.

10. "b". A presença de informação assimétrica pode ocasionar o problema do risco moral, que é pós-contratual e está ligado à mudança de comportamento do agente econômico. Nos mercados de seguros de automóveis, por exemplo, o agente sabendo que seu carro está assegurado, pode passar a ter menos cuidado com ele, expondo-o a maior sinistralidade. A alternativa "b" está correta. Mercados incompletos são caracterizados pela inexistência de oferta do bem, impedindo o seu consumo. A alternativa "a" está incorreta. Quando um bem é não rival, a sua utilização por um consumidor, não diminui ou não impede a possibilidade de outro utilizá-lo. Assim, se ele for ofertado e aparecerem os "free riders" (ou caronas), o produtor não tem como obrigá-los a pagar pela oferta do produto, o que faz com que o bem/serviço seja sub ofertado. Se o custo marginal exceder o benefício social, o produto não terá interesse em ofertar o produto. Para ser sub ofertado o custo marginal (oferta) deverá ser menor que o benefício social (demanda). A alternativa "c" está incorreta. A poluição do meio ambiente é um exemplo de externalidade negativa e é considerada uma falha de mercado, na medida em que ela afeta as decisões das firmas e dos consumidores. A alternativa "d" está incorreta. A arborização de ruas ou a vacinação da população contra doenças transmissíveis são exemplos de bens públicos e não são eficientemente ofertadas pelos mercados, devido o problema dos caronas. A alternativa "e" está incorreta.

11. "c". O risco moral é um exemplo de assimetria de informação pós-contratual. Essa questão trata, justamente, disso, ou seja, ao aceitar, da empresa regulada, a informação dos seus custos, a empresa reguladora, pelo fato de não conseguir dimensionar esses custos, poderá acabar por definir um preço maior que os verdadeiros custos. Também pode, pela falta de conhecimento, subestimar os custos da empresa regulada ou visualizar a elasticidade preço da demanda de forma errada. A alternativa "c" está correta.

Quando o regulador não detém as informações necessárias para regular a empresa que deverá ser regulada, dizemos que ela está se deparando com uma assimetria de informação e esse problema deverá ser resolvido para que possa haver a regulamentação. Portanto, não se deve desregular. A alternativa "a" está incorreta.

A questão trata de assimetria de informação e, não, de externalidades. Ambas são falhas de mercado, porém, são coisas distintas. A alternativa "b" está incorreta.

A solução de Lindahl afirma que a quantidade do bem público deve ser aquela em que a soma do benefício marginal deve ser igual ao custo marginal de prover o bem. Mas o enunciado da questão fala justamente da falta da empresa reguladora em possuir informações simétricas com relação a empresa regulada. Portanto, como poderia aplicar a solução de Lindahl, se não tem o conhecimento do benefício marginal ou do custo marginal? A alternativa "d" está incorreta.

A assimetria de informação do tipo "seleção adversa" é pré-contratual, ou seja, ocorre antes de se assinar o contrato, mas, a questão mostra um problema de assimetria pós-contratual. A alternativa "e" está incorreta.

19.10. MATERIAL SUPLEMENTAR

QUESTÕES DE CONCURSOS
> http://uqr.to/1yarq

20

IMPACTO SOBRE O CONSUMIDOR E A INDÚSTRIA DE CADA TIPO DE IMPOSTO

Nos Capítulos 6 e 7, falamos de que maneira as elasticidades da demanda e da oferta determinavam o ônus tributário que recai sobre consumidores e produtores. Neste capítulo, veremos o impacto sobre o consumidor e a indústria, seja na concorrência perfeita[1], no monopólio ou oligopólio, de cada tipo de imposto.

20.1. IMPOSTO DE RENDA SOBRE PESSOA FÍSICA

O **imposto de renda** que recai sobre a **pessoa física** é um imposto direto e progressivo[2]. Quando o consumidor tem sua renda tributada, faz com que a renda disponível (para consumo ou poupança) se reduza. Havendo uma redução no consumo, a demanda por bens e serviços diminui, fazendo com que o novo ponto de equilíbrio seja alcançado a um nível de preço e quantidade menor. Vejamos o gráfico da Figura 20.1.

Figura 20.1. Quando há incidência do imposto de renda sobre pessoa física, a renda disponível diminui, a demanda se retrai e o preço e a quantidade de equilíbrio diminuem.

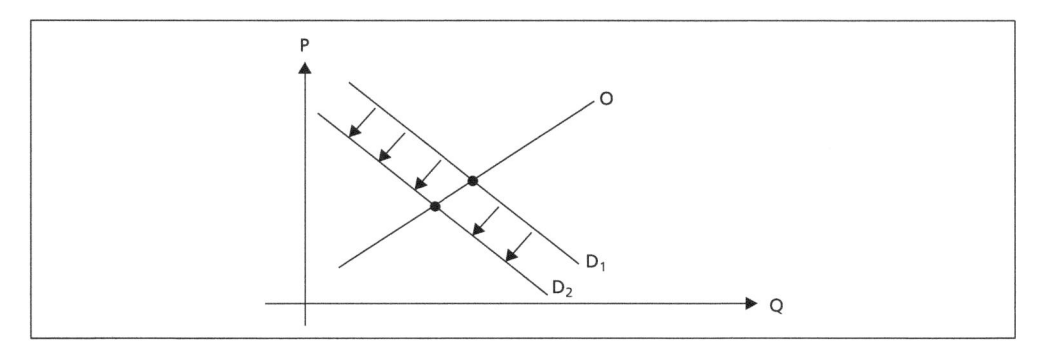

---

[1] Independentemente de o governo cobrar imposto sobre o produtor ou consumidor, o preço do produto depois do imposto, a repartição do ônus tributário e a quantidade depois do imposto serão as mesmas. A diferença é qual das curvas vai de deslocar. No caso de recair sobre o consumidor, as curvas de demanda e receita marginal se deslocariam para baixo ou para a esquerda. No caso do produtor, que está sendo representada neste capítulo, a curva que se desloca é a curva de oferta para a esquerda ou para cima.

[2] Imposto progressivo é aquele em que quem tem maior renda paga mais tributos em valores absolutos e em valores relativos, e quem percebe uma menor renda paga menos tributos em valores absolutos e em valores relativos.

20.2. INCIDÊNCIA TRIBUTÁRIA SOBRE O MERCADO EM CONCORRÊNCIA PERFEITA

Em um **mercado em concorrência perfeita**, tratado no Capítulo 15, existe perfeita simetria de informações, inúmeros vendedores e compradores, perfeita mobilidade de empresas e o produto é homogêneo, ou seja, não há diferenciação entre o bem e serviço produzidos pelas firmas.

Vejamos de que maneira um **imposto específico** (ou unitário), **um imposto** *ad valorem* e um imposto do tipo *lump sum* (ou *per capita*) podem afetar o equilíbrio desse mercado.

20.2.1. O imposto específico (ou unitário) sobre vendas num mercado em concorrência perfeita

A incidência de um imposto específico num mercado em concorrência perfeita aumenta o custo marginal, deslocando a curva de oferta para cima ou para a esquerda e, por conseguinte, desloca-a paralelamente, já que ela é um trecho da curva de custo marginal. Consequentemente, eleva o preço e reduz a quantidade de equilíbrio. Vejamos a Figura 20.2. Quanto mais elástica for a oferta ou mais inelástica a demanda, maior será a elevação dos preços, já que o produtor deverá arcar com a menor parcela do imposto.

Figura 20.2. Um imposto específico sobre vendas desloca a curva de oferta paralelamente para a esquerda, aumentando o preço e reduzindo a quantidade produzida.

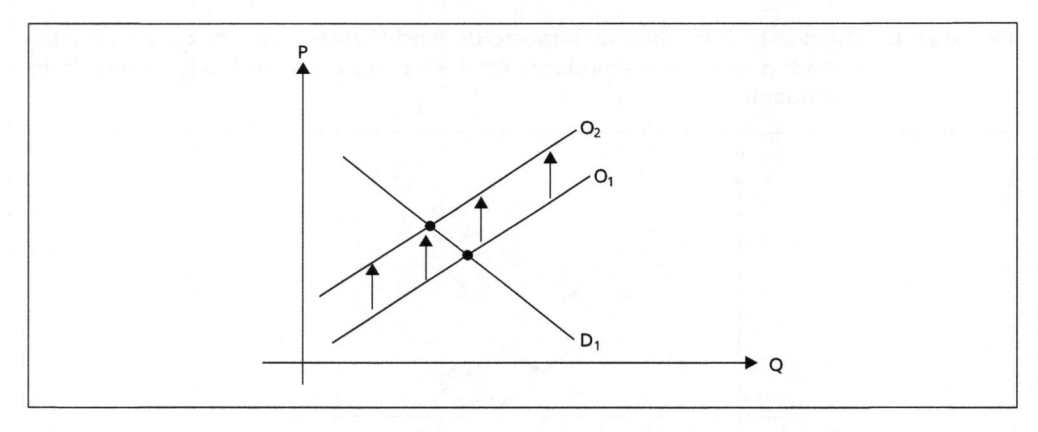

No gráfico da Figura 20.3, podemos ver a Receita do Governo (RG) com a incidência do imposto do tipo específico. Ela corresponde à área do retângulo hachurado de cinza, abaixo.

Figura 20.3. Arrecadação do governo com o imposto específico sobre vendas: desloca a curva de oferta, aumentando o preço e reduzindo a quantidade produzida. A área hachurada mostra a receita do governo.

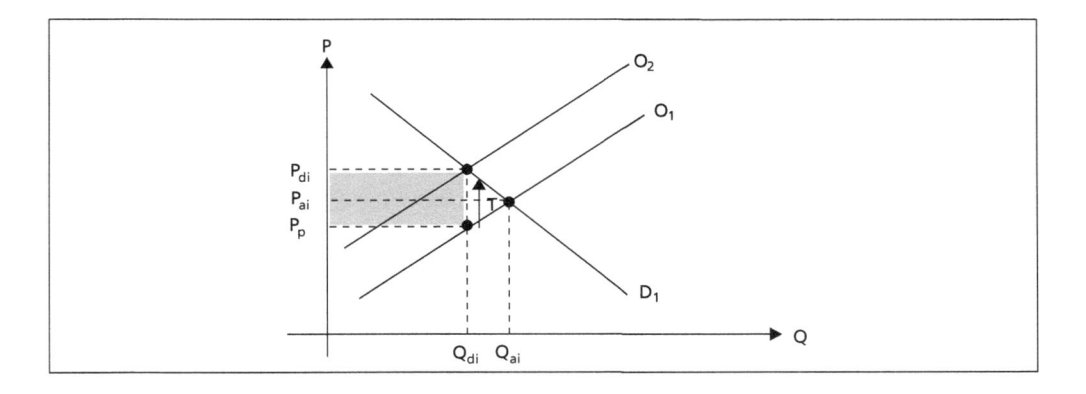

20.2.2. O imposto *ad valorem* sobre vendas num mercado em concorrência perfeita

A incidência de um imposto do tipo ***ad valorem***, num mercado em concorrência perfeita, aumenta o custo marginal, deslocando-a para cima ou para a esquerda e, por conseguinte, desloca a curva de oferta, porém não mais paralelamente, como ocorria com a incidência de um imposto do tipo específico. A consequência é a elevação do preço e redução da quantidade de equilíbrio. Vejamos a Figura 20.4.

Figura 20.4. Um imposto *ad valorem* sobre vendas desloca a curva de oferta para a esquerda, porém não mais paralelamente, aumentando o preço e reduzindo a quantidade produzida.

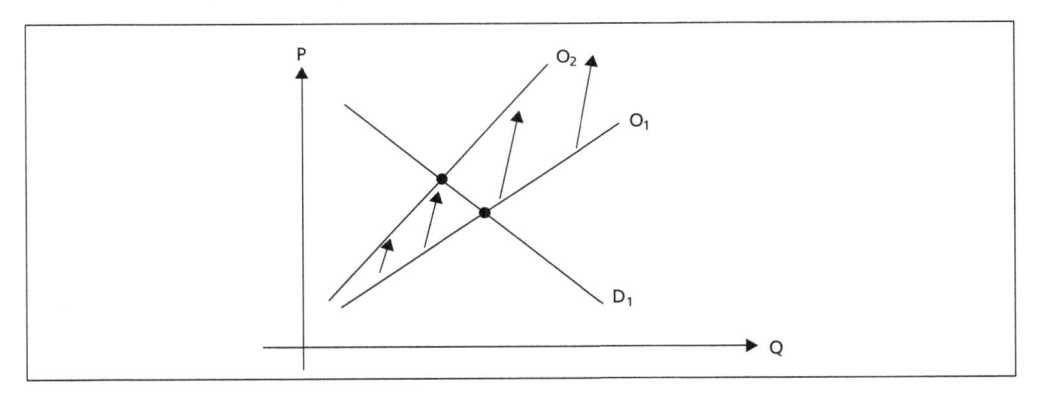

No gráfico da Figura 20.5, podemos ver a receita do governo com a incidência do imposto do tipo *ad valorem*. Ela corresponde à área do retângulo hachurado de cinza, a seguir.

Figura 20.5. Arrecadação do governo com o imposto *ad valorem* sobre vendas: desloca a curva de oferta para cima ou para a esquerda, aumentando o preço e reduzindo a quantidade produzida. A área hachurada mostra a receita do governo.

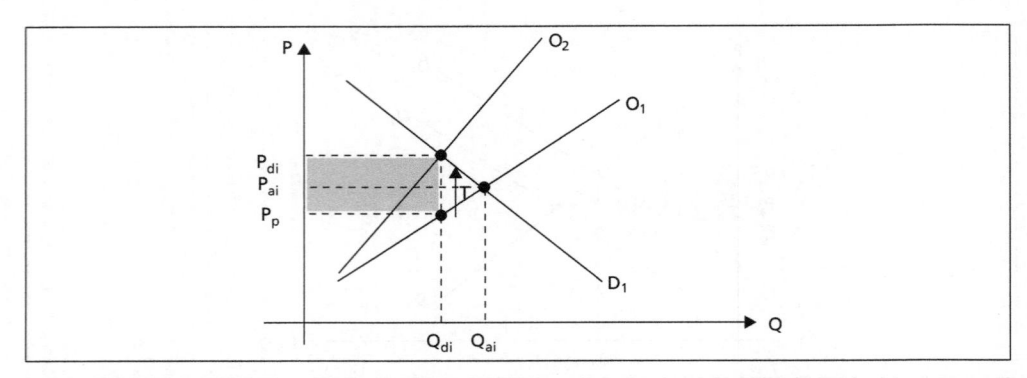

Conclusão: considerando a mesma receita (= $P_{di} \cdot Q_{di}$), na concorrência perfeita, com a incidência de um imposto específico ou *ad valorem*, a arrecadação do governo será igual também. Veremos mais adiante que no monopólio isso não ocorre.

20.2.3. Incidência de um imposto *per capita* (ou imposto *lump sum* ou global) na concorrência perfeita

Um imposto do tipo *lump sum tax* funciona como um custo fixo e, portanto, não altera a curva de custo marginal. Logo, não alterará o nível de produção da firma. Como o custo médio aumenta, então haverá queda do lucro da firma, no curto prazo.

Observemos, o gráfico da Figura 20.6. Calculando o lucro antes e depois da instituição do imposto *per capita* temos:

Receita Total (RT) = $P \cdot Q_1$

Custo Total$_1$ (CT$_1$) = Cme$_1 \cdot Q_1$

Custo Total$_2$ (CT$_2$) = Cme$_2 \cdot Q_1$

Lucro Total$_1$ = RT − CT$_1$

Lucro Total$_2$ = RT − CT$_2$

Podemos perceber que o lucro da firma diminui (passa de Lucro Total$_1$ para Lucro Total$_2$), mas a quantidade produzida e o preço permaneceram os mesmos. Não gerou, portanto, ineficiência na economia, e o ônus tributário recairá integralmente sobre o produtor.

Figura 20.6. O imposto *lump sum* não gera ineficiência no curto prazo porque não altera o Preço (P) e a Quantidade produzida (Q$_1$).

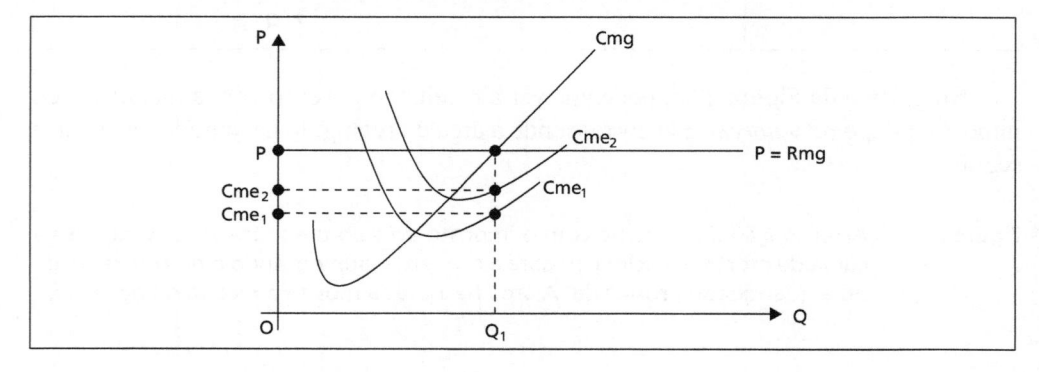

No curto prazo, a firma continuará no mercado, mas, no longo prazo, dependendo da redução dos lucros, poderá sair do mercado.

Se ela sair do mercado, a curva de oferta do mercado se desloca para a esquerda, reduzindo a quantidade produzida e aumentando o preço. Vejamos o gráfico da Figura 20.7.

Figura 20.7. No longo prazo, com a incidência de um imposto *lump sum*, a firma poderá deixar o mercado, reduzindo a oferta do mercado. Com isso, a curva de Oferta se desloca para a esquerda ou para cima, reduzindo a Quantidade (de Q_1 para Q_2) e elevando o Preço (de P_1 para P_2).

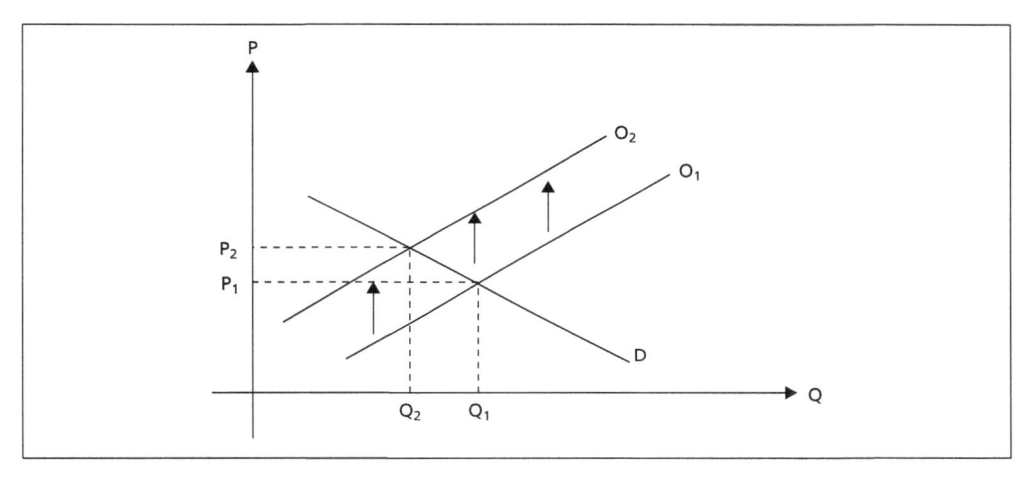

20.3. INCIDÊNCIA TRIBUTÁRIA NO MONOPÓLIO

Vamos analisar o que ocorre, no **monopólio**, se houver incidência de **um imposto específico** (ou unitário), **de um imposto *ad valorem* e de um imposto *per capita*** (ou *lump sum tax* ou global).

20.3.1. Incidência de um imposto específico (ou unitário) sobre vendas no monopólio

No monopólio só existe um produtor e, portanto, ele é o próprio mercado daquele produto. A quantidade que maximiza o lucro do monopolista (Q_{ai}) é aquela determinada pela intersecção do custo marginal com a receita marginal. Com esse nível de produção, o consumidor está disposto a pagar o preço determinado pela curva de demanda (P_{ai}). Vejamos o gráfico da Figura 20.8. Nessa situação, não está havendo a cobrança do imposto específico e, com isso, determinamos **o preço e a quantidade antes do imposto (P_{ai} e Q_{ai})**.

Figura 20.8. Antes da cobrança de um imposto específico, a Quantidade que maximizava o lucro do monopolista é Q_{ai} e o Preço a ser cobrado é P_{ai}.

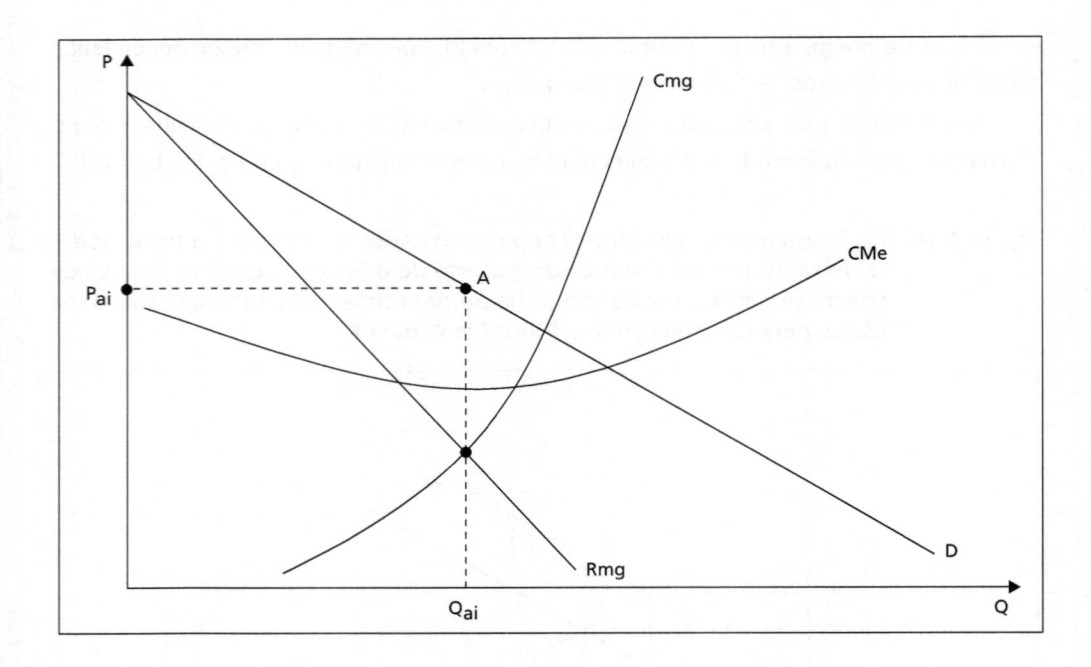

O Custo médio para produzir a Quantidade antes do imposto é Cme. Assim, podemos definir o **lucro do monopolista** pela área hachurada do gráfico da Figura 20.9.

Figura 20.9. Lucro do monopolista antes da incidência do imposto. O lucro do monopolista corresponde à área do retângulo hachurado de cinza.

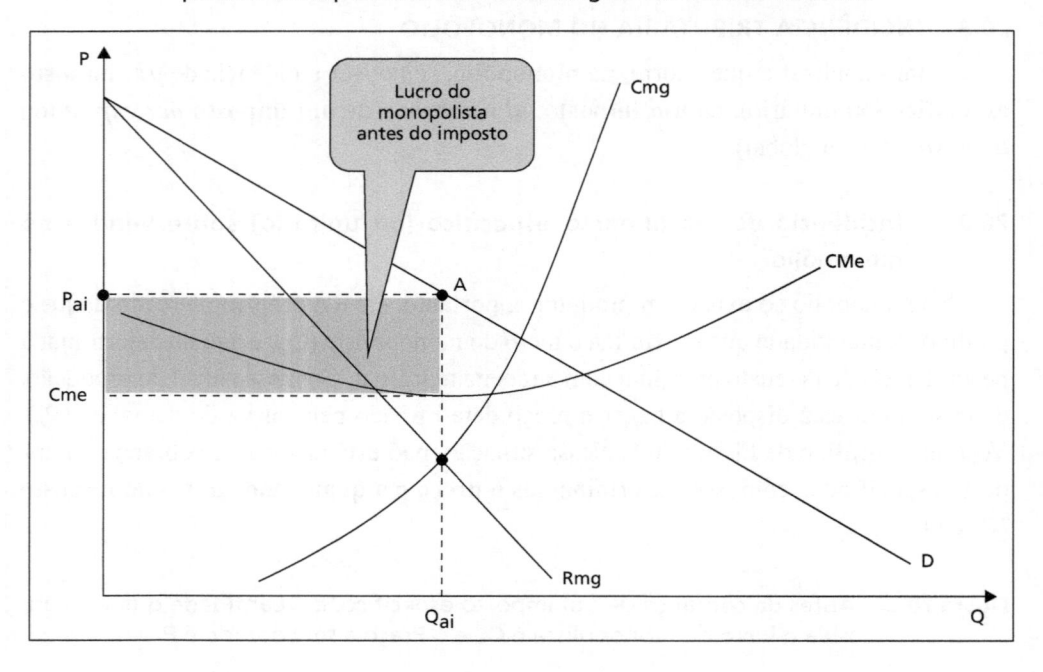

20 ◼ Impacto sobre o Consumidor e a Indústria de cada Tipo de Imposto

Um **imposto específico** sobre as vendas eleva o custo marginal, deslocando-o para cima ou para a esquerda porque o imposto específico funciona como um **custo variável**. Isso provoca um aumento de preços de P_{ai} para P_{di} (Preço depois do imposto), que corresponde a parcela do imposto que foi repassada ao consumidor. Também provoca uma queda na quantidade produzida de Q_{ai} para Q_{di} (Quantidade depois do imposto). Vejamos o gráfico da Figura 20.10.

Figura 20.10. Incidência de um imposto específico no monopólio. O imposto desloca a curva de Custo marginal (Cmg) paralelamente para cima ou para a esquerda, elevando o preço do produto de P_{ai} para P_{di} e reduzindo a quantidade de Q_{ai} para Q_{di}.

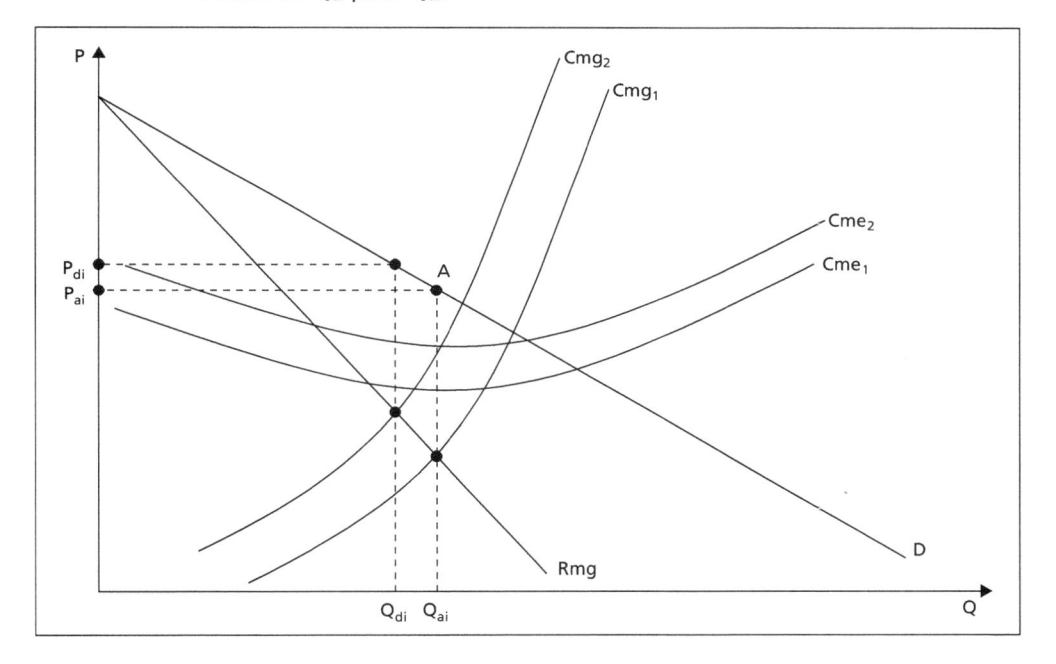

O imposto será repassado aos preços em duas situações:

1.ª) se o **custo marginal tiver declividade positiva**, ou seja, for crescente, menor será a parcela do tributo repassada ao consumidor; e

2.ª) se o **custo marginal for horizontal**, maior será a parcela repassada ao consumidor. Porém cabe uma observação: mesmo que a curva de custo marginal seja totalmente elástica aos preços, ou seja, totalmente horizontal, o monopolista vai absorver uma parte do imposto.

Com o imposto específico, o Custo médio (para se produzir a Quantidade depois do imposto, Q_{di}) se eleva de Cme_1 para Cme_2. Assim, podemos definir o **lucro do monopolista** pela área hachurada do gráfico da Figura 20.11.

Figura 20.11. Como o imposto específico funciona como um custo variável, ele desloca o custo marginal para a esquerda e o custo médio para cima. Isso faz com que a Quantidade produzida depois do imposto seja Q_{di} e o preço seja P_{di}.

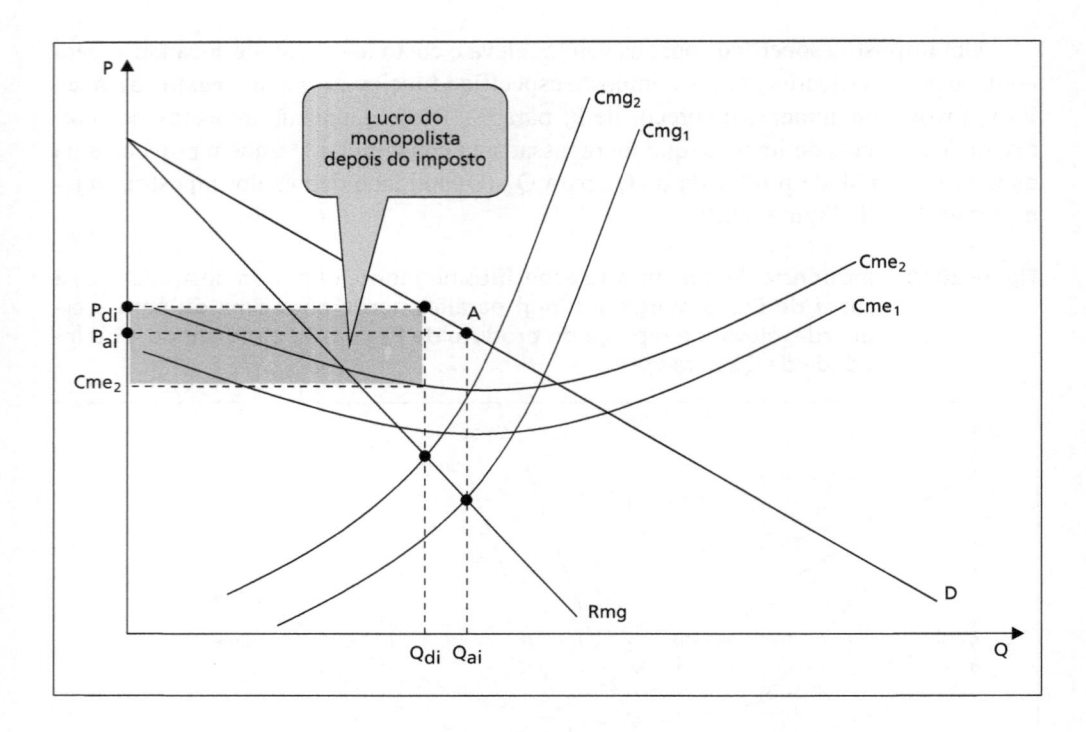

No ponto onde ocorre a maximização do lucro do monopolista, depois que ocorre a incidência do imposto específico, há **redução dos lucros**. Vejamos a representação, abaixo, com a comparação do lucro nas duas situações: antes e depois do imposto específico. É possível verificarmos que o lucro do monopolista se reduz quando há a incidência do imposto específico, mesmo sabendo que ele repassa parte desse tributo ao consumidor. Essa representação do lucro do monopolista, antes e depois do imposto, corresponde aos lucros dos gráficos das Figuras 20.9 e 20.11.

Lucro do monopolista antes do imposto específico

Lucro do monopolista depois do imposto específico

20.3.2. Incidência de um imposto *ad valorem* sobre vendas no monopólio

O efeito provocado pelo imposto específico ou unitário afeta o monopolista de maneira diferenciada do imposto *ad valorem*. A aplicação do imposto unitário resulta num **menor nível de arrecadação** para o governo do que a imposição de um **imposto *ad valorem***. Vejamos a comparação por meio dos dois gráficos da Figura 20.12. No gráfico (a), a área hachurada representa a arrecadação do governo com o imposto específico. A área hachurada do gráfico (b) representa a arrecadação do governo com o imposto *ad valorem*.

20 ◘ Impacto sobre o Consumidor e a Indústria de cada Tipo de Imposto 443

Figura 20.12. Arrecadação do governo quando o imposto é específico (a) e arrecadação do governo quando o imposto é *ad valorem* (b).

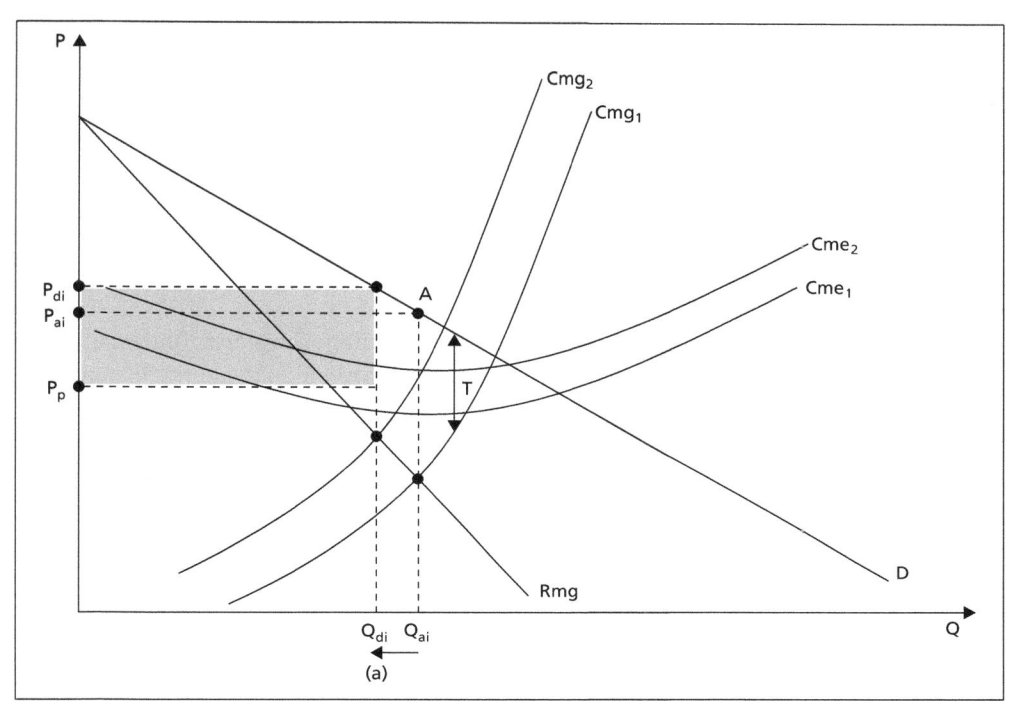

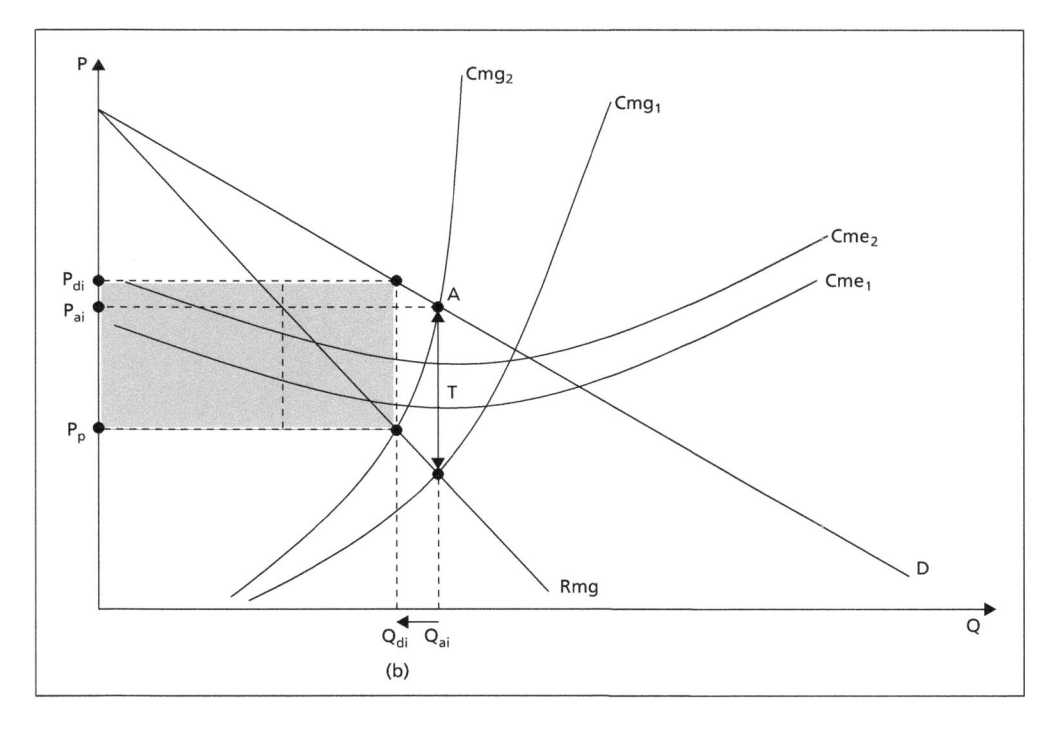

Vejamos a arrecadação do governo extraída dos dois gráficos da Figura 20.12. Percebemos que, quando o imposto é do tipo específico, a arrecadação do governo é menor do que quando o tributo é do tipo *ad valorem* para determinado efeito no preço e na quantidade produzida.

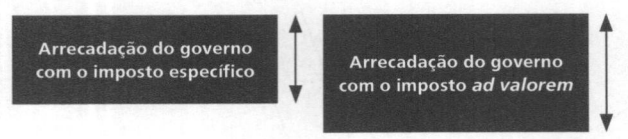

Arrecadação do governo com o imposto específico ↕	Arrecadação do governo com o imposto *ad valorem* ↕

20.3.3. Incidência de um imposto *per capita* (ou imposto *lump sum* ou global) no monopólio

O **imposto *per capita*** ou do tipo *lump sum tax* ou imposto global funciona como um **custo fixo** e, portanto, não altera a curva de custo marginal, não alterando a quantidade a ser produzida nem o preço. Mas o custo médio aumenta de Cme_1 para Cme_2. Assim, o lucro do monopolista vai reduzir de ACDF para ABEF. Podemos perceber isso no gráfico da Figura 20.13. Logo, o ônus do imposto recai apenas sobre o monopolista. Ele não vai elevar os preços no intuito de transferir parte do imposto porque isso implicará menores quantidades vendidas e redução nos lucros.

Figura 20.13. Um imposto do tipo *lump sum* ou imposto *per capita* reduz o lucro do monopolista de ACDF para ABEF, mas não altera a quantidade e o preço.

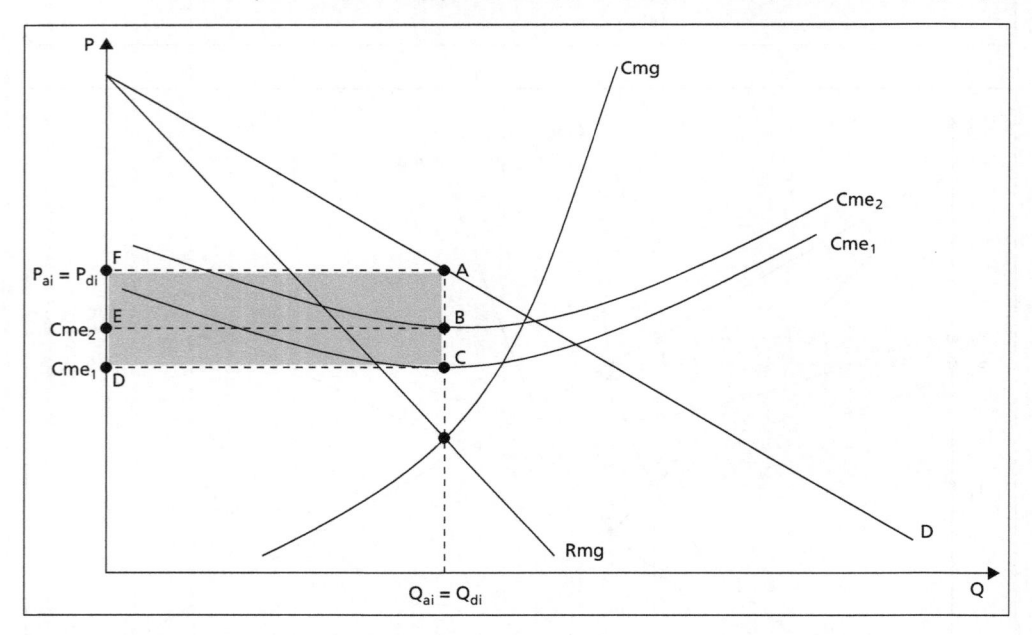

20.4. IMPOSTO SOBRE O LUCRO

Independentemente de nos referirmos a um regime em concorrência perfeita ou monopólio, a conclusão que tiraremos da incidência de um imposto sobre o lucro não será alterada.

20 ◼ Impacto sobre o Consumidor e a Indústria de cada Tipo de Imposto   445

Quando ocorre a incidência de um **imposto sobre o lucro**[3] das empresas, isso não afeta as decisões de produção no **curto prazo**, já que esse tipo de imposto funcionará para a empresa como um custo fixo e, portanto, não afetará a curva de custo marginal. Mas o custo médio se eleva, provocando o deslocamento da curva de **custo médio para cima**. Percebemos que o lucro bruto também não se altera (ACDF). O que se modifica é o **lucro líquido** (ABEF) em poder das empresas. O nível de produção ($Q_{ai} = Q_{di}$) que maximiza o lucro permanece o mesmo, antes e depois do imposto.

Vejamos o gráfico da Figura 20.14.

Figura 20.14. O imposto sobre o lucro do monopolista desloca a curva de Custo médio (Cme) para cima, mas as decisões de produção da empresa não se alteram. Assim, a quantidade produzida que maximiza o lucro será a mesma, antes e depois do imposto ($Q_{ai} = Q_{di}$). O lucro líquido em poder das empresas passará de ACDF para ABEF.

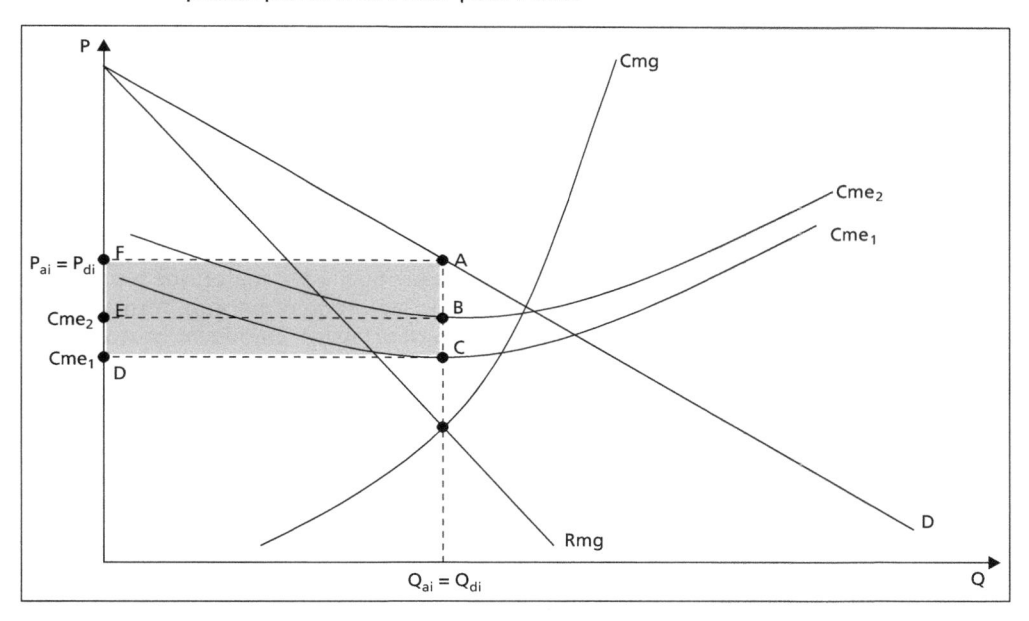

Porém, **no longo prazo**, a empresa poderá preferir investir em setores cujo imposto sobre o lucro seja menor ou substituindo fatores menos taxados no processo produtivo. Portanto, no longo prazo, a empresa tenderá a sair do mercado.

Assim afirma Rezende: "É claro que as conclusões anteriores de que um imposto sobre o lucro não afeta as decisões sobre o volume ótimo de produção referem-se a uma situação de curto prazo. A longo prazo, a empresa pode reagir a uma taxação dos rendimentos do capital (lucros) transferindo recursos para outros setores, ou substituindo capital por outros fatores no processo de produção"[4].

---

[3] Estamos considerando um imposto de renda (lucro) uniforme, ou seja, o imposto é aplicado numa escala igual para diferentes fontes de renda.
[4] Fernando Rezende, *Finanças públicas*, p. 199.

Segundo o **modelo neoclássico**, portanto, no curto prazo, como o imposto sobre o lucro não afeta a curva de custo marginal, então não altera a quantidade produzida, já que a quantidade que maximiza o lucro se dá na interseção da curva de Custo marginal (Cmg) com a Receita marginal (Rmg). Um imposto sobre o lucro apenas reduz o lucro líquido da empresa, já que a quantidade não se altera.

Opondo-se ao **pensamento neoclássico**, existem casos que tornam possível a transferência para o consumidor de um imposto sobre o lucro, como o modelo de *markup* e o modelo de Krzyzaniak-Musgrave. Vejamos esses modelos.

O **modelo de *markup*** (margem de lucro) afirma que o empresário, num primeiro momento, incorpora aos custos médios uma taxa de retorno livres de impostos que considera justa para manter sua atividade. No gráfico da Figura 20.15 podemos identificar a nova curva de Custo médio (Cme_2). Ela representa, portanto, o Custo médio (Cme_1) somado com o lucro líquido desejado. A diferença entre o Custo médio 2 (Cme_2) e o Custo médio 1 (Cme_1) multiplicada pela quantidade produzida 2 (Q_2) vai ser o lucro que o empresário considera justo, representado pela área **PGHF**.

Considerando um modelo neoclássico, em concorrência perfeita, percebemos que o lucro bruto é formado pela área **PACD** e o lucro líquido pela área **PABE**.

A empresa, que pratica o *markup*, produz Q_2, superior ao do modelo neoclássico que produz Q_1. O lucro do *markup* é, porém, menor que o do modelo da teoria marginalista.

Figura 20.15. Pelo modelo de *markup*, a empresa produzirá Q_2, maior que a produção do modelo neoclássico, Q_1. Já o lucro do modelo *markup*, formado pela área PGHF, é menor que do modelo neoclássico, cujo lucro bruto é PACD e o lucro líquido é PABE).

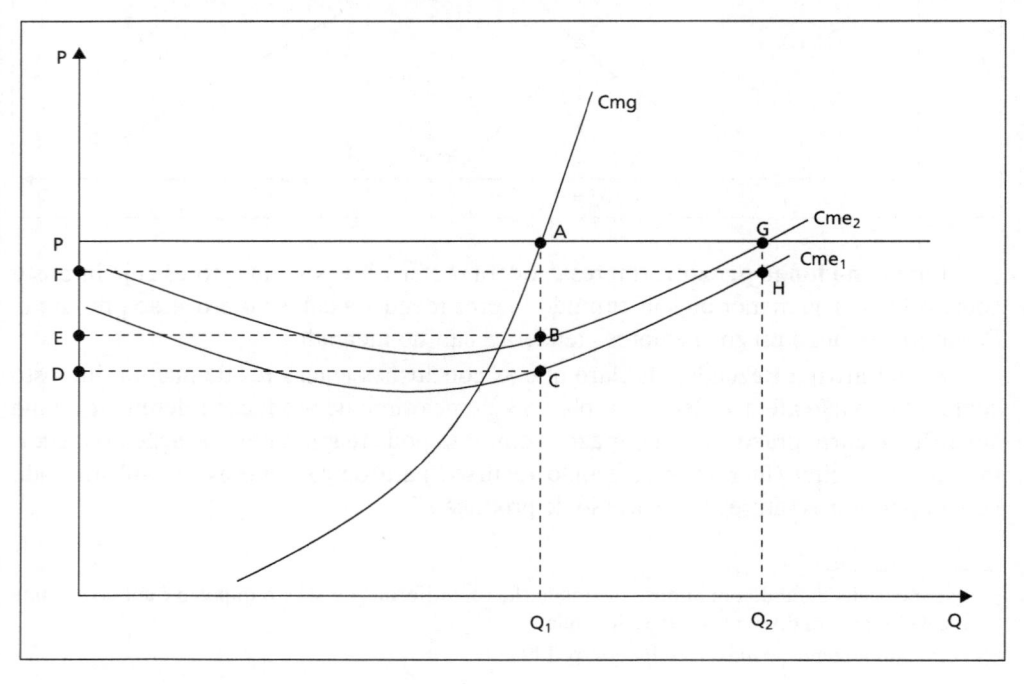

Em um segundo momento, supondo a introdução de um imposto sobre o lucro, a curva de **Custo médio se desloca para cima**, de Cme_2 para Cme_3, já que, agora, com o tributo, os custos totais se elevam. Vejamos no gráfico da Figura 20.16. O lucro líquido da firma em concorrência perfeita pelo modelo neoclássico diminui para a área representada por **PAIK**. A quantidade produzida pelo **modelo *markup*** cai para Q_3. Como o empresário, neste último modelo, deseja manter seu "lucro normal" inalterado, deverá ajustar o preço e/ou a quantidade produzida. Considerando a **concorrência perfeita**, onde o preço (Ponto P) é constante para a firma e determinado pelo mercado, então as firmas reduzirão a produção para Q_3, a oferta agregada do mercado diminuirá, o que fará com que o preço de mercado suba. O aumento desse preço dependerá da elasticidade da demanda pelo produto.

Se o mercado for de **concorrência imperfeita**, pode ocorrer de algumas empresas manterem o mesmo nível de produção Q_2, compensando o imposto com uma elevação ainda maior do preço.

Percebemos que, no modelo *markup*, as empresas transferem para o consumidor parte do ônus do tributo, seja por meio da elevação dos preços, seja diminuindo a quantidade produzida que leva à redução da oferta e à consequente elevação do preço. A empresa não conseguirá, porém, transferir ao consumidor 100% do imposto devido à existência de bens substitutos no consumo e pelo fato das firmas em concorrência tornarem a demanda ainda mais elástica.

Figura 20.16. A incidência de um imposto sobre lucro supondo o modelo de *markup* eleva o Custo médio até Cme_3, reduzindo a produção para Q_3. Considerando que todas as firmas reduzirem sua produção para Q_3, a oferta do mercado se reduzirá e o preço se elevará.

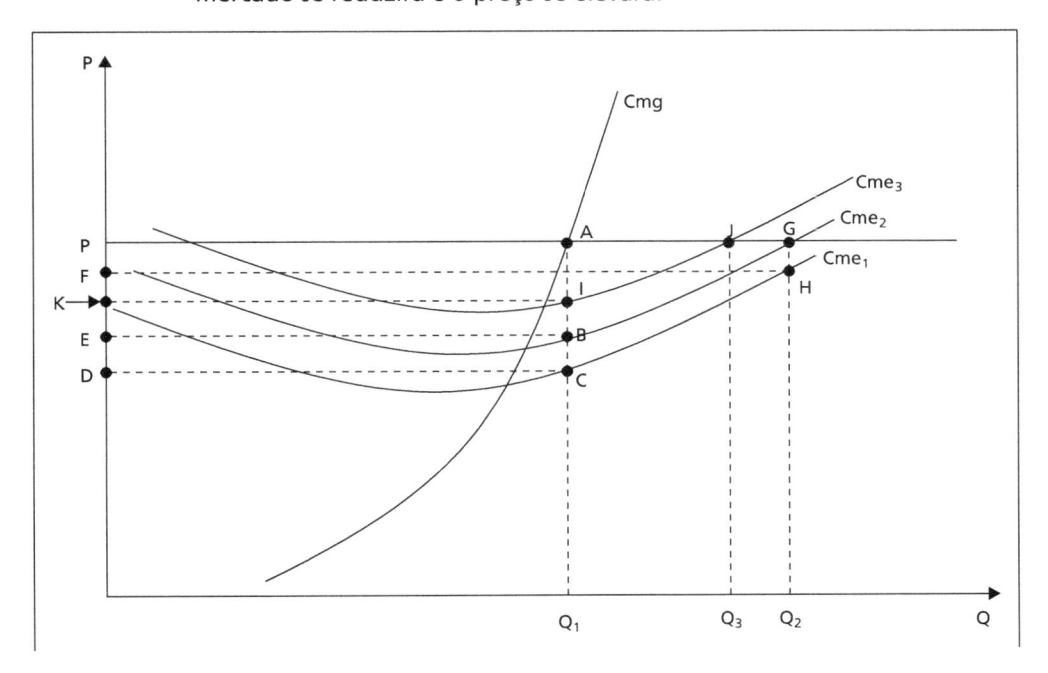

O **modelo de Krzyzaniak-Musgrave** incorpora ao modelo de *markup* a **expectativa** de maiores impostos, o que faz com que o imposto sobre o lucro, quer exista, quer seja apenas uma suposição, faça parte do custo total, o que acarreta uma mudança nos preços e na quantidade produzida. Esse modelo pressupõe uma **transferência direta nos preços**, o que provocaria uma elevação do preço de P para P_1. Nesse modelo, não há limite de transferência do imposto para o consumidor final, podendo, inclusive, **transferir um valor superior ao do próprio imposto,** o que provocaria um aumento do lucro líquido depois da imposição do imposto. Vejamos a Figura 20.17.

Figura 20.17. O modelo de Krzyzaniak-Musgrave incorpora, aos custos totais, a expectativa de mais impostos, elevando o Custo médio de Cme_2 para Cme_3. Como há transferência direta de preços, o Preço se eleva de P para P_1.

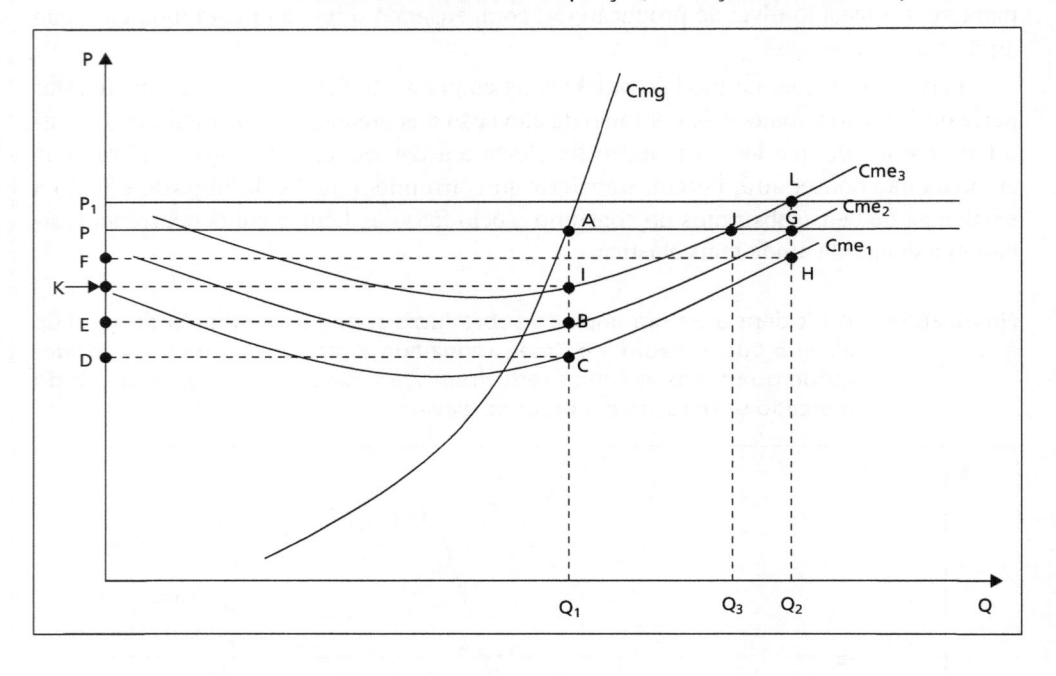

20.5. EFEITO DE UM IMPOSTO ESPECÍFICO NO OLIGOPÓLIO

Como não existe uma teoria única a respeito da repartição do ônus tributário, no caso de uma estrutura de **mercado oligopolista**, não podemos afirmar qual dos agentes econômicos, produtores ou consumidores arcariam com o maior ônus tributário, no caso de incidência de um imposto específico. Isso se deve ao fato de uma empresa oligopolista sabe que, se repassar parte do seu tributo ao consumidor, o preço de seu produto se elevará. Caso sua concorrente não aja da mesma maneira, ela tenderá a perder mercado. Por outro lado, o oligopolista pode acreditar também que, se elevar o preço do seu produto, seu concorrente fará o mesmo. Dessa maneira, seria possível repassar o ônus tributário para seu cliente.

20.6. EFEITO DA AUSÊNCIA DE IMPOSTOS

Na **concorrência perfeita**, a ausência de imposto permite que se atinja o **ótimo de Pareto**, que é uma situação em que, saindo dela, algum dos agentes econômicos piora de situação mesmo que o outro melhore. Portanto, na concorrência perfeita, sem imposto, a eficiência é a maior possível, muito embora uma produção máxima não garanta uma justa distribuição de renda. Portanto, a não intervenção do governo pode **priorizar a eficiência** em detrimento da equidade.

Assim afirma Varian: "A eficiência de Pareto é algo desejável — se houver algum modo de melhorar um grupo de pessoas, por que não o fazer? A eficiência, contudo, não é o único objetivo da política econômica. Por exemplo, a eficiência não tem quase nada a dizer sobre distribuição de renda ou justiça econômica"[5].

É bom observar, contudo, que, se ocorrer alguma **falha de mercado**, uma das saídas do governo é tributar para devolver ao mercado o equilíbrio da concorrência perfeita, onde o custo social se iguala ao custo privado e o benefício social se iguala ao benefício privado e, com isso, aumentar a eficiência.

No mercado onde ocorre a **concorrência imperfeita**, a ausência de impostos pode acarretar a formação de monopólio e oligopólios, gerando ineficiência econômica e redução do bem-estar econômico. Por isso, a imposição de um tributo num mercado em concorrência imperfeita pode melhorar o bem-estar social, na medida em que pode atenuar alguma falha de mercado.

20.7. QUESTÕES

1. (FCC — MANAUSPREV — 2015 — Adaptada) Admita-se uma situação de equilíbrio de um mercado em concorrência perfeita. Caso o governo decida pela aplicação de um imposto sobre o bem ou serviço negociado nesse mercado, é correto afirmar:
    a) A elasticidade-preço da demanda é mais importante do que a elasticidade-preço da oferta na determinação do rateio da cunha fiscal, pois a reação do consumidor a um preço maior é o único fator relevante.
    b) O mercado em questão sofrerá um aumento na quantidade de equilíbrio, uma vez que o tributo implicará um preço mais elevado, de maneira que os ofertantes ficarão dispostos a vender mais de seus bens e serviços no mercado.
    c) A magnitude da cunha fiscal só pode ser aferida a partir do conhecimento estrito das elasticidades-preço da demanda e da oferta, uma vez que ambas as medidas são determinantes do rateio da incidência tributária entre consumidores e ofertantes.
    d) O imposto não gera efeitos substanciais na quantidade negociada no mercado, pois os agentes econômicos entendem que o governo deve gastar esse valor, necessariamente, no aprimoramento das condições socioeconômicas do país, o que ocasiona uma melhoria da eficiência produtiva e da renda em escala nacional.
    e) Uma elasticidade-preço da oferta muito baixa, necessariamente, impõe sobre os consumidores desse mercado um fardo fiscal muito grande, porque o ofertante não disponibilizará mais bens quando o preço subir, piorando o nível de bem-estar dos consumidores.

---

[5] Hal R. Varian, *Microeconomia*: uma abordagem moderna, p. 309.

2. (ESAF — ANAC — 2016) Admitindo que o governo busque aumentar sua arrecadação em T unidades monetárias e que as funções indiferença dos consumidores sejam estritamente convexas, então, para um conjunto de bens normais,

   a) um tributo sobre a renda mudaria os preços relativos, mas não alteraria a restrição orçamentária do consumidor.
   b) um tributo sobre a quantidade consumida de um dado bem deixaria o consumidor em melhor situação, dado que ele aumentaria o esforço para auferir mais renda.
   c) um tributo sobre a quantidade consumida deixaria o consumidor em melhor situação quando comparado com um tributo sobre a renda.
   d) sob condições específicas, o tributo sobre a renda deixaria o consumidor com um nível de satisfação maior do que um tributo sobre a quantidade consumida.
   e) a escolha ótima do consumidor não se altera, independentemente do tipo de tributo adotado.

3. (FCC — ICMS-SP — 2013) De acordo com a análise microeconômica tradicional, é correto afirmar que a instituição de um imposto específico sobre o produto de um mercado monopolista, cuja curva de demanda tem elasticidade-preço, em módulo, maior que zero, terá como consequência:

   a) o aumento do preço de mercado exatamente igual ao valor do imposto instituído.
   b) o aumento do preço de mercado que poderá ser maior ou menor que o imposto instituído.
   c) o aumento do bem-estar dos consumidores.
   d) nenhuma modificação no preço e na quantidade vendida pelo monopólio.
   e) o repasse integral do imposto para os consumidores.

4. (ESAF — AFRF — 2002) Uma abordagem do controle social dos monopólios é baseada no controle indireto, por meio da taxação. Indique a única opção incorreta em relação à taxação dos monopólios.

   a) A única forma de taxação dos monopólios é o imposto sobre os lucros.
   b) Permite-se que o monopolista fixe qualquer nível de preço e de produção que deseje e, então, taxa-se aquela parte do lucro operacional que foi considerada excessiva.
   c) A lógica que fundamenta a aplicação de imposto sobre os lucros do monopolista é bastante simples.
   d) O preço que maximiza os lucros do monopolista não muda com a aplicação do imposto sobre os lucros excessivos e o vendedor absorve todo o impacto do imposto.
   e) O que torna o imposto sobre os lucros excessivos do monopolista diferente da regulação direta é que esse imposto transfere uma parte dos ganhos do monopólio para o governo.

5. (ESAF — AFRF — 1998) Ao analisar os efeitos da tributação sobre os bens e fatores sob as condições do mercado perfeito, é necessário avaliar os efeitos da aplicação do imposto unitário e do *ad valorem* sobre as diversas indústrias no mercado competitivo. Marque a afirmativa falsa.

   a) Os efeitos da aplicação do imposto unitário podem afetar tanto o consumidor, quanto o produtor.
   b) Os tributos unitários e *ad valorem* podem ser aplicados no caso de monopólio.
   c) Os tributos *ad valorem* incidem sobre o valor da operação.
   d) A elasticidade não afeta a distribuição do ônus tributário entre o consumidor e o produtor, no caso da aplicação do imposto unitário.
   e) Os tributos unitários incidem sobre cada unidade de produto.

GABARITO

1. "c". O ônus tributário recairá sobre o dono da curva que for mais inelástica. Por isso, é importante se ter o conhecimento das elasticidades da curva de demanda e da curva de oferta. A alternativa "c" está correta e a "a" está incorreta. O mercado em questão sofrerá uma redução na quantidade de equilíbrio, uma vez que o tributo implicará um preço mais elevado, de maneira que os ofertantes ficarão dispostos a vender menos de seus bens e serviços no mercado. As alternativas "b" e "d" estão incorretas. Uma elasticidade-preço da oferta muito baixa, necessariamente, impõe sobre os produtores desse mercado um fardo fiscal muito grande. A alternativa "e" está incorreta.

2. "d". Um tributo sobre a quantidade consumida (tributo específico) deixaria o consumidor em pior situação porque isso provoca um deslocamento da curva de oferta para cima ou para a esquerda, elevando o preço e reduzindo a quantidade produzida e consumida. Já um tributo sobre a renda do consumidor provoca uma redução da sua renda disponível, deslocando a curva de demanda para baixo ou para a esquerda, provocando uma redução do preço e da quantidade consumida. A alternativa "d" está correta e as alternativas "c" e "e" estão incorretas. Um tributo sobre a renda reduziria a renda disponível e, portanto, alteraria a restrição orçamentária, o que provocaria uma redução da demanda. A alternativa "a" está incorreta. Um tributo sobre a quantidade consumida (tributo específico) deixaria o consumidor em pior situação, já que o preço se elevaria e a quantidade reduziria. A alternativa "b" está incorreta.

3. "b". Quando ocorre a incidência de um imposto, o ônus tributário será repartido entre produtor e consumidor, elevando o preço, em um valor menor que o imposto instituído. O Modelo de Krzyzaniak-Musgrave pressupõe uma transferência direta nos preços, o que provocaria uma elevação do preço. Nesse modelo, não há limite de transferência do imposto para o consumidor final, podendo, inclusive, transferir um valor superior ao do próprio imposto. A alternativa "b" está correta e as alternativas "a" e "e" estão incorretas. Com a elevação do preço, a quantidade se reduz, reduzindo o bem-estar para os consumidores. As alternativas "c" e "d" estão incorretas.

4. "a". Sobre o monopólio pode haver incidência de tributos específicos, *ad valorem* e do tipo *lump sum tax* sobre vendas, bem como imposto sobre lucro. A alternativa "a" está incorreta.

5. "d". A repartição do ônus tributário dependerá da elasticidade das curvas de demanda e oferta. A curva mais inelástica arcará com o maior ônus tributário. A alternativa "d" está incorreta.

21
TEORIA DO CONSUMIDOR

A teoria do consumidor é uma parte da ciência econômica que analisa o agente econômico enquanto **consumidor**. Para isso, ela terá que verificar como os consumidores tomam decisões em relação ao que comprar, pois sua escolha em adquirir mais de um bem poderá representar comprar menos de outro bem, considerando que ele esteja decidido a gastar toda a sua renda. Dessa forma, o consumidor se depara com o que chamamos de *trade-off*.

Assim, o comportamento do consumidor será analisado em três etapas:

1. Devemos analisar a **preferência do consumidor**, ou seja, saber se ele prefere "A" a 'B', ou se prefere "B" a "A" ou se é indiferente entre "A" e "B".
2. Devemos constatar o fato dos consumidores possuírem uma **renda limitada** e partiremos do princípio que eles estarão dispostos a gastar toda a sua renda.
3. Diante dos itens 1 e 2, devemos conciliar as preferências do consumidor com sua restrição orçamentária.

21.1. O ESPAÇO DAS MERCADORIAS

O espaço das mercadorias ou cestas de consumo é o espaço no qual ocorrem todas as combinações possíveis de cestas de consumo que um consumidor pode formar, mas que não necessariamente irá adquirir. Vai mostrar, portanto, as possibilidades de formação de cestas de bens.

Por meio do gráfico da Figura 21.1, podemos constatar que o **espaço das mercadorias** é toda a área representada pelo 1.º quadrante dos eixos "X" e "Y". Percebemos que as mercadorias, aqui denominadas de "X" e "Y", só poderão assumir valores positivos. Tomando como exemplo o ponto "A", vemos que representa uma cesta possível de consumo composta por determinadas quantidades de mercadorias "X" e "Y".

Figura 21.1. Cesta de consumo "A" localizada no espaço das mercadorias.

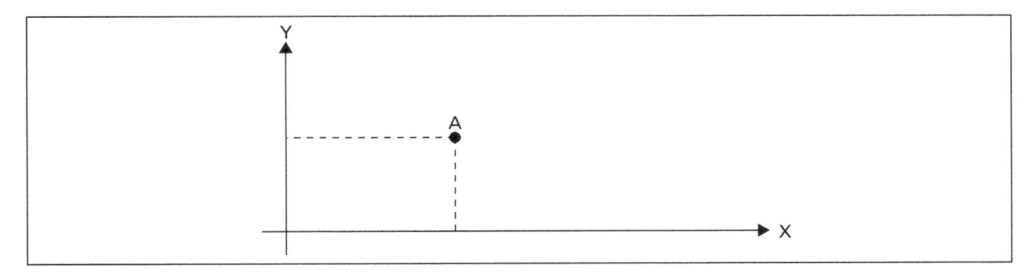

21.2. PREFERÊNCIAS DO CONSUMIDOR

Quando o consumidor é capaz de ordenar as cestas de consumo dentro do espaço das mercadorias e compara essa ordem em pares, significa que ele apresenta preferências.

É necessário que três premissas sejam respeitadas nas preferências do consumidor. Vejamos:

◻ O consumidor pode comparar e ordenar hierarquicamente todas as cestas de bens disponíveis no mercado.

◻ Se o consumidor prefere a cesta "A" no lugar da "B" e a cesta "B" no lugar da "C", então prefere a cesta "A" no lugar da "C".

◻ O consumidor sempre prefere levar uma quantidade maior de alguma mercadoria no lugar de uma quantidade menor, ou seja, "quanto mais, melhor".

Quando o consumidor tem uma preferência **bem-comportada**, dizemos que ela é monótona e convexa.

Ter uma preferência **monótona** significa dizer que uma cesta com mais bens é preferível a outra com menos bens. Ter uma preferência **convexa** significa dizer que uma cesta de bens intermediária entre a cesta A e a cesta B é preferível a essas duas. Assim, as pessoas estariam mais dispostas a trocar o bem em abundância e menos dispostas a trocar o bem em menor quantidade[1].

Na teoria do consumidor, o agente econômico é **racional** no que tange às suas preferências. Ser racional significa dizer que suas preferências são completas, reflexivas e transitivas.

Ter preferência **completa** significa dizer que o consumidor é capaz de comparar e ordenar suas preferências de tal forma a poder dizer se prefere a cesta "A" a "B" (A > B), ou se prefere a cesta "B" a "A" (B > A), ou se "A" é indiferente a "B" (A~B). Também podemos utilizar outro linguajar quando nos referimos a cestas de bens indiferentes, ou seja, dizemos que a cesta "A" é fracamente preferível à cesta "B" (A ≥ B), ou "B" é fracamente preferível à cesta "A" (B ≥ A). O símbolo ≥ significa que **prefere fracamente**. A indiferença entre as cestas implica uma preferência fraca, mas não uma preferência estrita. O símbolo > significa que o consumidor tem **preferência estrita**, ou seja, não há a possibilidade de haver indiferença entre uma cesta de bens e outra.

Assim:

→ **Preferência estrita:** A é estritamente preferida a B se o consumidor claramente prefere A a B. Essa preferência dá um contexto de disparidade.

→ **Preferência fraca:** A é fracamente preferível a B se o consumidor considera A tão boa quanto ou melhor que B. Essa preferência dá um contexto de similaridade.

→ **Indiferença:** A é indiferente a B quando o consumidor considera as duas cestas igualmente desejáveis. Essa preferência dá um contexto de igualdade.

---

[1] Ao longo deste capítulo, explicaremos que a convexidade ocorre pelo fato de a Taxa marginal de Substituição (TmgS) de um bem pelo outro ser decrescente.

Ter preferência **reflexiva** significa dizer que uma cesta é tão boa quanto ela mesma, ou seja, se pegarmos duas cestas idênticas, elas serão indiferentes para nós. Logo A~A ou B~B.

Ter preferência **transitiva** significa dizer que se a cesta "A" é preferível à cesta "B" e a cesta "B" é preferível à cesta "C", então a cesta "A" é preferível à cesta "C". Assim, temos: se A > B e B > C, então, A > C.

21.3. CURVAS DE INDIFERENÇA

As curvas de indiferença vão mostrar as **combinações de bens** que trazem ao consumidor a mesma **satisfação** ou a mesma **utilidade**. Assim, por exemplo, se o consumidor está igualmente feliz em consumir uma cesta de bens com 5 bananas e 3 maçãs e outra cesta de bens com 4 bananas e 5 maçãs, então, dizemos que essas duas cestas de bens estão na mesma curva de indiferença e apresentam a mesma utilidade.

Vasconcellos e Oliveira definem uma curva de indiferença da seguinte forma: "uma curva de indiferença é a representação gráfica de um conjunto de cestas de mercadorias que têm a propriedade de ser diferentes entre si"[2].

Representamos, na Figura 21.2, três curvas de indiferença: I_1, I_2, I_3.

Cada curva apresenta todas as combinações de dois bens ("X" e "Y") que geram o mesmo grau de satisfação e mesma utilidade para o consumidor e, portanto, este é indiferente em possuir uma cesta de bens que esteja em qualquer ponto sobre a mesma curva. Logo, as cestas representadas pelos pontos "A", "B" ou "C" apresentam o mesmo grau de satisfação ou a mesma utilidade e, portanto, são indiferentes para o consumidor.

Figura 21.2. Curva de indiferença: cestas de bens situadas na mesma curva de indiferença apresentam o mesmo grau de satisfação ou utilidade no seu consumo. Portanto, as cestas "A", "B" e "C" apresentam a mesma utilidade já que pertencem à mesma curva de indiferença.

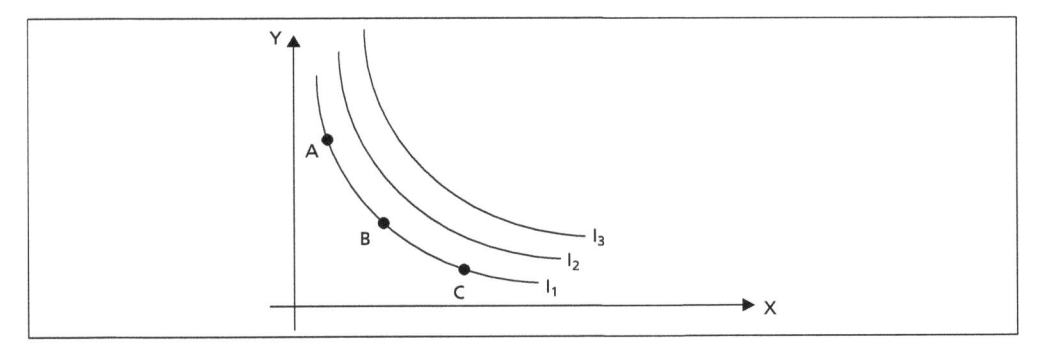

A curva I_1 (assim como I_2 e I_3) é uma curva de indiferença que apresenta todas as combinações de dois bens ("X" e "Y") que geram o mesmo grau de satisfação para um

---

[2] Marco Antonio Sandoval de Vasconcellos & Roberto Guena de Oliveira, *Manual de microeconomia*, p. 41.

consumidor. A curva I_2 permite que o consumidor consuma mais dos dois bens ("X" e "Y") quando comparada a I_1 e, portanto, apresenta um maior grau de satisfação para o consumidor. A curva I_3 permite que o consumidor consuma mais dos dois bens quando comparada a I_1 e a I_2 e, portanto, apresenta um maior grau de satisfação para o consumidor que as demais.

A utilidade da cesta "A" é igual à utilidade da cesta "B", que é igual à utilidade da cesta "C". Ligando esses três pontos, conformamos uma curva à qual damos o nome de curva de Indiferença (I).

$A \equiv B \equiv C \rightarrow$ estão na curva de Indiferença$_1$ (I_1)

Curvas de indiferença são curvas no espaço das mercadorias que fazem parte da abordagem ordinal, assunto a ser visto no item 21.4.1.

21.4. UTILIDADE TOTAL

Numa curva de indiferença, temos diversas combinações de dois bens que proporcionam ao consumidor o mesmo grau de satisfação ou utilidade. Portanto, a utilidade de qualquer ponto situado na mesma curva de indiferença é a mesma.

Segundo Varian, "A função Utilidade é um modo de atribuir um número a cada possível cesta de consumo, de modo que se atribuam às cestas mais preferidas números maiores que os atribuídos às menos preferidas"[3].

Podemos ver na Figura 21.3, que, quando abrimos mão do bem "Y" em prol de mais do bem "X", ou seja, quando caminhamos do ponto "B" para o ponto "A", mantemos a mesma satisfação, ou seja, a utilidade no ponto "A" (U_A) é igual à utilidade no ponto "B" (U_B). Quando se caminha do ponto "A" para o ponto "C", a satisfação aumenta, ou seja, a utilidade no ponto "A" (U_A) é menor que a utilidade no ponto "C" (U_C).

Pensemos numa função Utilidade (U) do tipo: $U = \sqrt{X \cdot Y}$.

Suponhamos que a cesta A seja composta de: $X = 4$ e $Y = 4$, logo:

$U_A = \sqrt{X \cdot Y} = \sqrt{4 \cdot 4} = \sqrt{16} = 4$.

Suponhamos que a cesta B seja composta de: $X = 2$ e $Y = 8$, logo:

$U_B = \sqrt{X \cdot Y} = \sqrt{2 \cdot 8} = \sqrt{16} = 4$.

Suponhamos que a cesta C seja composta de: $X = 5$ e $Y = 5$, logo:

$U_C = \sqrt{X \cdot Y} = \sqrt{5 \cdot 5} = \sqrt{25} = 5$.

Representando as curvas de indiferença na abordagem cardinal com as suas respectivas Utilidades (U), teremos o gráfico conforme a Figura 21.3.

---

[3] Hal R. Varian, *Microeconomia*: uma abordagem moderna, p. 51.

Figura 21.3. As cestas A e B apresentam a mesma utilidade e, portanto, devem pertencer à mesma curva de indiferença. A cesta C apresenta uma utilidade maior e, portanto, deve pertencer a uma curva de indiferença mais para a direita.

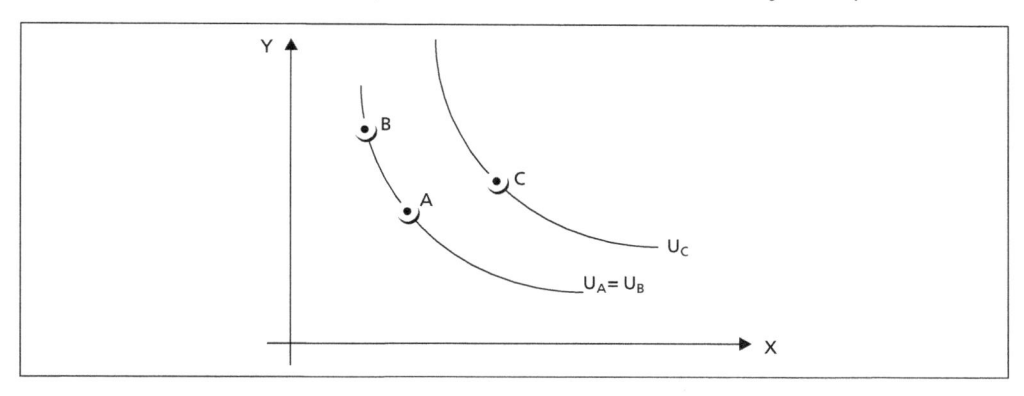

Assim, a função utilidade é uma função que associa a utilidade ou a satisfação em se possuir uma determinada cesta de bens.

Vejamos o exemplo de uma função utilidade dada por:

$U = 3X + 2Y$

Se a cesta de bens for composta de 2 de "X" e de 4 de "Y", então a utilidade será igual a:

$U = 3 \cdot 2 + 2 \cdot 4$

$U = 14$.

21.4.1. Utilidade cardinal e utilidade ordinal

A **utilidade ordinal** é aquela que não é preciso medir a satisfação dada pelas cestas, mas, simplesmente, **ordenar** de acordo com a preferência entre elas. Ela é uma medida de adequação dos meios. Imaginemos duas cestas de bens, como as seguintes:

- Cesta 1: cesta (4,3) proporciona a satisfação μ_1, ou seja, é composta de 4 do produto "X" e 3 do produto "Y".
- Cesta 2: cesta (1,2) proporciona a satisfação μ_2, ou seja, é composta de 1 do produto "X" e 2 do produto "Y".

Não precisamos medir numericamente os valores das duas utilidades (μ_1 e μ_2), mas sabe-se que $\mu_1 \; \sigma \; \mu_2$ porque μ_1 tem uma cesta com maior quantidade de ambos os bens. Podemos, pois, ordenar a utilidade da cesta "1" e a utilidade da cesta "2", de forma que: $U_1 \; \sigma \; U_2$, já que $\mu_1 \; \sigma \; \mu_2$.

Devemos considerar, porém, que não existe ponto de saciedade, ou seja, uma cesta com mais bens é sempre melhor que uma cesta com menos bens.

Esses valores de utilidade encontrados não mostram uma medida de satisfação, mas sim, uma medida de comparação com a utilidade no consumo de outra cesta de bens, descrevendo as preferências.

A **utilidade cardinal** é aquela que mede a satisfação do consumidor **numericamente** ou por medidas cardinais. Ela é uma medida da satisfação. Assim, a utilidade cardinal traz uma **medida** do grau de felicidade que o consumidor tem ao adquirir determinada cesta de bens.

Assim, por exemplo, a Utilidade (U) pode ser representada:

$$U = 5 \text{ utiles}$$

Por meio da utilidade cardinal é possível medir o ganho de satisfação e felicidade que o consumidor tem ao passar de uma cesta de consumo para outra. Pensemos, por exemplo, que o consumidor tem as seguintes utilidades quando consome as cestas "A", "B" e "C" respectivamente: $U_A = 1$, $U_B = 2$ e $U_C = 4$. Ao passar do consumo da cesta "A" para a cesta "B", ele tem um aumento de felicidade igual a 1 util ($U_B = 2$ subtraída $U_A = 1$). Quando passa do consumo da cesta "B" para "C", ele tem um aumento de satisfação igual a 2 utiles ($U_C = 4$ subtraída $U_B = 2$). Logo, o grau de satisfação de passar da cesta "B" para a "C" é o dobro do grau de satisfação de passar da cesta "A" para a "B".

Como a satisfação é algo subjetivo, esta abordagem tornou-se um tanto inadequada. Utilizaremos, portanto, ao longo do nosso estudo, a utilidade ordinal.

Assim afirma Varian: "Conhecer a ordem de grandeza de preferência não ajuda em nada na descrição da escolha. Como a utilidade cardinal não é necessária para descrever o comportamento de escolha e não há formas convincentes de atribuir utilidades cardinais, só levaremos em consideração a utilidade ordinal"[4].

Antes, porém, faz-se necessário, na função utilidade cardinal, abordar a função utilidade aditiva, assunto que trataremos a seguir.

21.4.1.1. Função utilidade aditiva

A **função utilidade aditiva** é a contribuição dada ao consumo de um bem à utilidade percebida por um consumidor e **depende apenas da quantidade desse bem**, isto é, independe das quantidades consumidas dos outros bens. Embora seja um tanto irreal essa suposição, já que, na prática, a quantidade consumida de outro bem interfere, sim, no consumo do bem em questão[5], a função utilidade aditiva é assim expressa:

$$U(q_1, q_2, q_3 \ldots q_n) = u_1(q_1) + u_2(q_2) + u_3(q_3) \ldots + u_n(q_n)$$

Ou seja, a utilidade em se consumir determinada quantidade dos bens "1", "2", "3" ... "n" é igual à soma da utilidade em se consumir o bem "1" somada à utilidade em se consumir o bem "2", somada... à utilidade em se consumir o bem "n".

---

[4] Hal R. Varian, *Microeconomia*: uma abordagem moderna, p. 54.
[5] Pensemos numa situação em que o indivíduo possua determinada satisfação ao consumir arroz. Ocorre que essa satisfação depende da quantidade de feijão que tenha à sua disposição, já que esse típico consumidor só come arroz se for com feijão. Então, não podemos acreditar que a satisfação desse consumidor ao adquirir arroz será a mesma tendo ou não feijão.

21.5. PRINCÍPIO DAS UTILIDADES MARGINAIS DECRESCENTES

A **utilidade marginal** é o acréscimo à utilidade total pelo fato de se consumir mais "uma unidade" de determinado produto, ou simplesmente, a derivada primeira da utilidade total em relação ao bem consumido.

Na medida em que se consome mais "um" de um bem, a utilidade total aumenta, porém a taxas cada vez menores, porque a utilidade marginal é decrescente, embora positiva.

Pensemos no seguinte exemplo: suponha que uma pessoa esteja num deserto com muita sede. Quando ela se depara com copos d'água, a satisfação em beber esses copos d'água é muito grande, o que deixa essa pessoa muito feliz. À medida que ela consome cada copo d'água, a satisfação por cada copo d'água bebido é cada vez menor (observe o comportamento da utilidade marginal) muito embora seja positiva. Isso faz com que a Utilidade Total (UT) seja crescente até que se atinja o pico (a utilidade total máxima), que corresponde à satisfação (ou utilidade) igual a 240 e à utilidade marginal (Umg) igual a zero (= 0). Caso o consumidor decida consumir mais que 5 copos d'água, a Utilidade marginal (Umg) será negativa e fará com que a utilidade total diminua (passe a decrescer). Nessa situação, teríamos um ponto de saciedade que seria o equivalente ao consumo de 5 copos d'água. A tabela abaixo ajuda a entender esse comportamento.

Quantidade de copos d'água	Utilidade Total (UT)	Utilidade marginal (Umg)
0	0	0
1	100	100
2	180	80
3	230	50
4	240	10
5	240	0
6	220	–20

Quando construímos essa tabela, supusemos uma utilidade cardinal e que "ela se baseia na ideia intuitiva de que valorizamos mais uma unidade adicional daquilo que é relativamente escasso e menos uma unidade adicional daquilo que é relativamente abundante"[6], o que justifica valorizarmos cada vez menos o copo d'água à medida que tomamos mais uma unidade dele.

Representando graficamente o comportamento da Utilidade Total (UT) e da Utilidade marginal (Umg), podemos perceber que, quando o consumidor chega ao **ponto de saciedade**, a Utilidade Total (UT) é máxima e a Utilidade marginal (Umg) é zero. Vejamos a Figura 21.4.

---

[6] Marco Antonio Sandoval de Vasconcellos & Roberto Guena de Oliveira, *Manual de microeconomia*, p. 60.

Figura 21.4. No consumo do quinto copo d'agua, a Utilidade Total (UT) é máxima e a Utilidade marginal (Umg) é zero. O quinto copo d'água representa o ponto de saciedade.

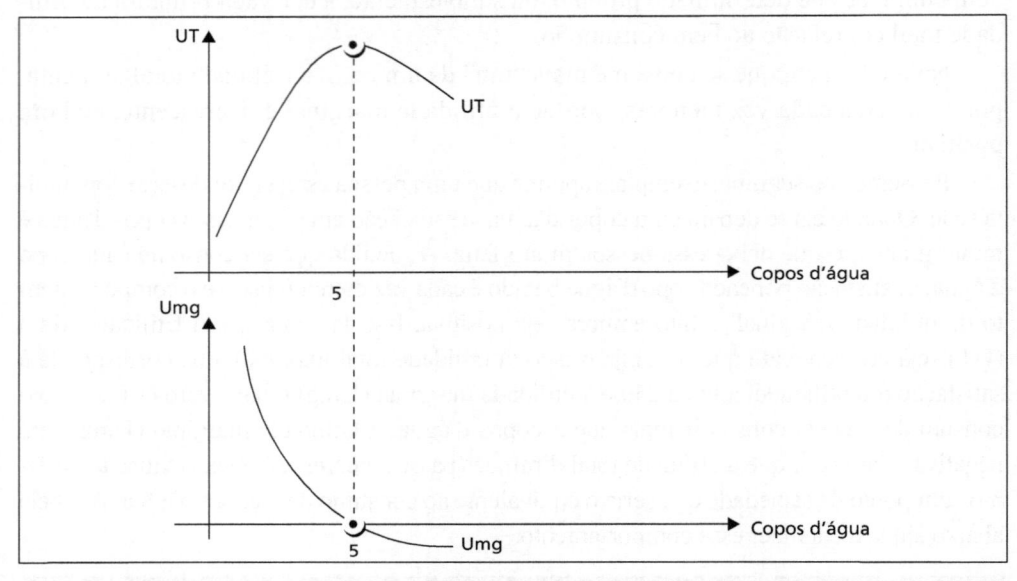

Nesse exemplo que demos, supusemos que havia um ponto de saciedade que seria o consumo de 5 copos d'água. Vejamos, agora, no gráfico na Figura 21.5, o comportamento da Utilidade Total (UT) e da Utilidade marginal (Umg) numa situação em que não haja ponto de saciedade.

Figura 21.5. A Utilidade Total (UT) e a Utilidade marginal (Umg) quando não há ponto de saciedade.

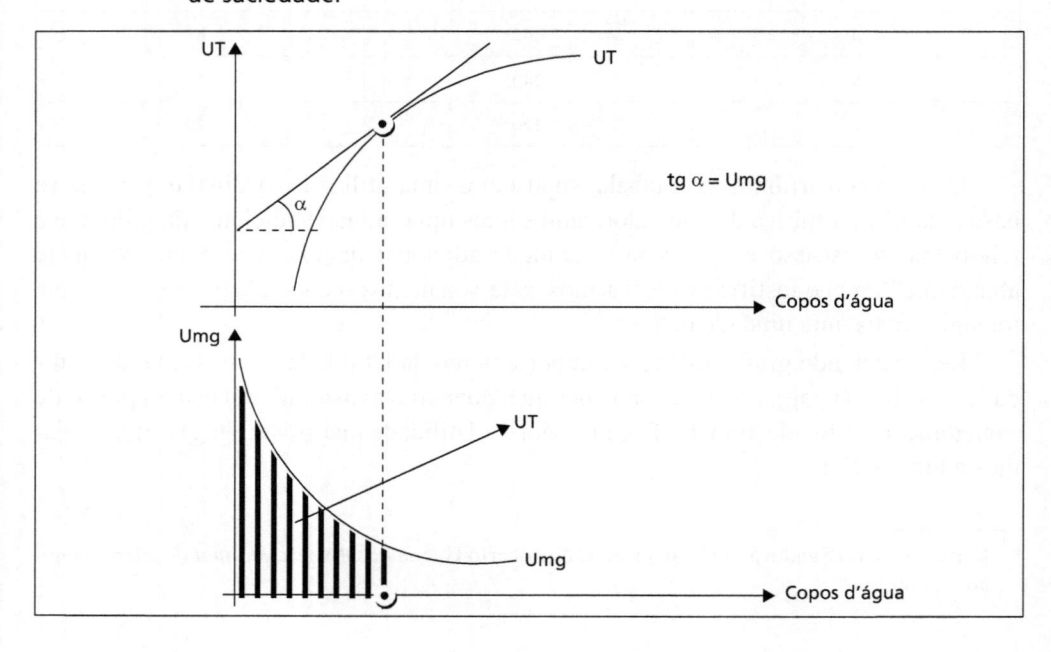

Assumindo que a curva de indiferença seja convexa, devemos também assumir a hipótese de que a função utilidade é estritamente quase côncava.

A função utilidade é estritamente quase côncava para qualquer ponto desde que:

$U(X_1, Y_1) \leq U(X_2, Y_2) \Rightarrow U(\varepsilon X_1 + (1 - \varepsilon) X_2, \varepsilon Y_1 + (1 - \varepsilon) Y_2) > U(X_1, Y_1)$.

Sabendo que $0 < \varepsilon < 1$.

Supondo que $\varepsilon = 0,5$ e que X_1, Y_1, X_2, Y_2 assumam os valores mostrados abaixo, temos:

$U(4, 6) \leq U(6, 3) \Rightarrow U(0,5 \cdot 4 + 0,5 \cdot 6 , 0,5 \cdot 6 + 0,5 \cdot 3) > U(4, 6)$.

Ou:

$U(4, 6) \leq U(6, 3) \Rightarrow U(5 , 4,5) > U(4, 6)$.

Representando no gráfico da Figura 21.6, fica mais fácil visualizar.

Figura 21.6. Uma cesta de bens intermediária de duas outras cestas de bens é preferível a essas duas e, portanto, encontra-se numa curva de indiferença mais à direita.

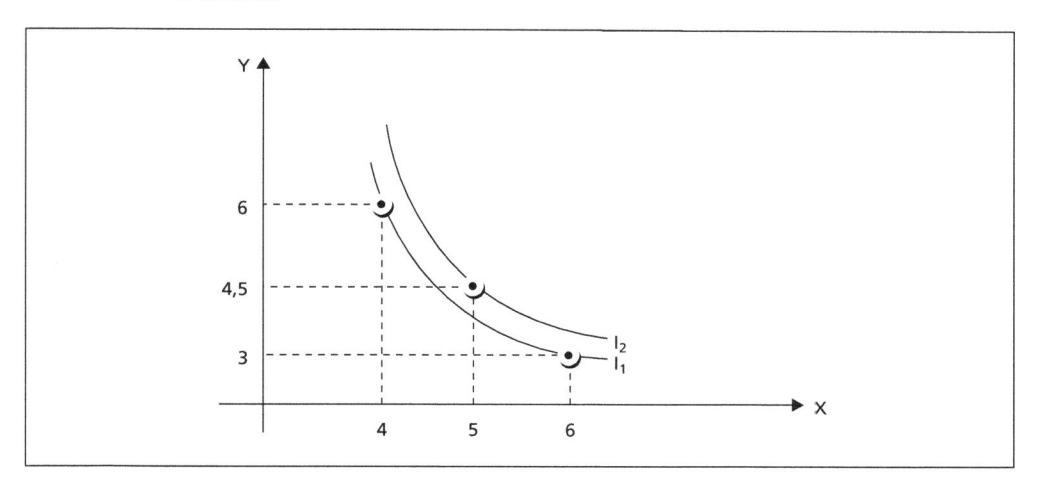

Partindo do pressuposto que as curvas de indiferença são convexas para a origem, então, representando três cestas de bens em três curvas de indiferença distintas que apresentam as utilidades totais iguais a U_1, U_2 e U_3, sendo U_2 entre U_1 e U_3, ao unirmos os pontos que definem essas cestas, conformamos uma curva de utilidade total estritamente quase côncava. Imaginemos que esses três pontos que apresentam as utilidades 1, 2 e 3 tenham sido encontrados respeitando a hipótese citada acima de que: $U(X_1, Y_1) \leq U(X_2, Y_2) \Rightarrow U(\varepsilon X_1 + (1 - \varepsilon) X_2, \varepsilon Y_1 + (1 - \varepsilon) Y_2) > U(X_1, Y_1)$. Podemos conferir isso na Figura 21.7:

Figura 21.7. Respeitando a hipótese de que $U(X_1, Y_1) \leq U(X_2, Y_2) \Rightarrow U(\varepsilon X_1 + (1 - \varepsilon) X_2, \varepsilon Y_1 + (1 - \varepsilon) Y_2) > U(X_1, Y_1)$, então os pontos localizados em cada uma das curvas de indiferença que apresentam as utilidades U_1, U_2 e U_3, quando unidos, conformam uma curva de utilidade total estritamente quase côncava.

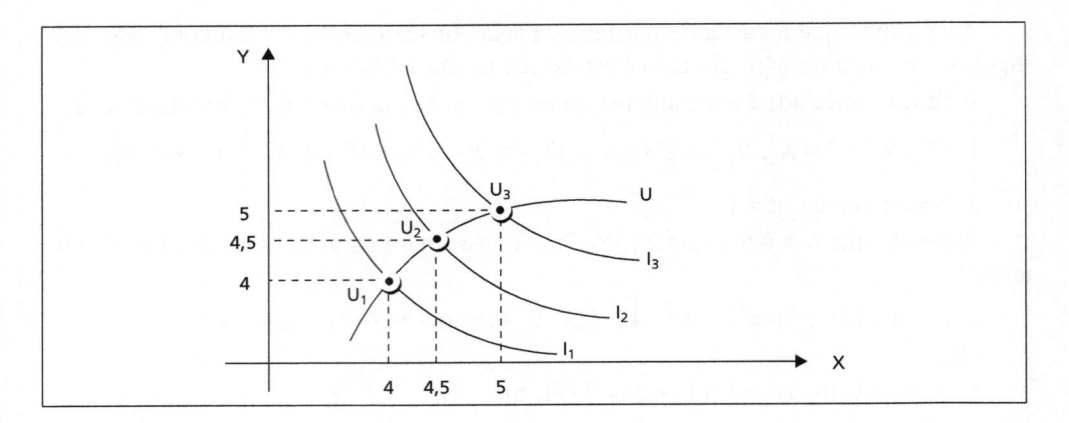

Se, por outro lado, considerássemos que as curvas de indiferença fossem côncavas, então, a função utilidade seria estritamente quase convexa.

21.6. CARACTERÍSTICAS DA CURVA DE INDIFERENÇA

Considerando as preferências bem-comportadas, as curvas de indiferença apresentam as seguintes características:

1) São **negativamente inclinadas**, já que o consumidor que desejar consumir mais do bem "X" deverá abrir mão de certa quantidade do bem "Y" para manter-se na mesma curva de indiferença e, portanto, manter o mesmo grau de satisfação. A inclinação negativa baseia-se no princípio de que é sempre preferível "mais a menos", ou seja, que as preferências são **monótonas**. Assim, se reduzirmos a quantidade consumida de um dos bens, temos que, obrigatoriamente, aumentar a quantidade do outro bem para nos mantermos na mesma curva de indiferença. Vejamos a Figura 21.8.

Figura 21.8. As curvas de Indiferença (I) são negativamente inclinadas porque, à medida que se deseja aumentar a quantidade de um dos bens, deve-se diminuir a quantidade do outro para manter-se com o mesmo grau de satisfação.

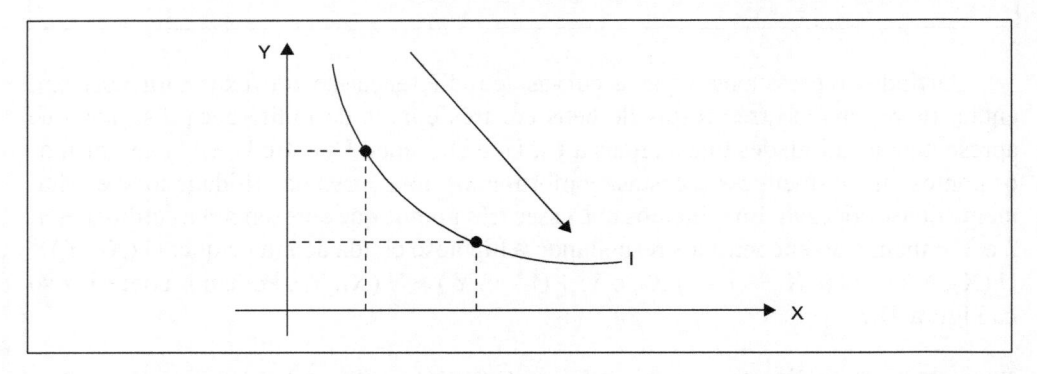

2) São **convexas para a origem**. Isso se deve ao fato de que uma cesta de bens mais diversificada é preferível a outras duas mais concentradoras de um dos bens. Vejamos a hipótese de duas cestas de bens ("A" e "B") que deem ao consumidor a mesma

satisfação: A:(10,2) e B:(2,10). Essas duas cestas, por apresentarem a mesma utilidade, estarão na mesma curva de indiferença (I_1). Caso o consumidor queira diversificar mais a sua cesta com, por exemplo, C:(6,6), essa nova cesta (C) se situará numa curva de indiferença mais à direita (I_2), já que traz mais satisfação.

Figura 21.9. Uma cesta de bens mais diversificada é preferível a outras menos diversificadas. Portanto, a cesta de bens C deve estar em uma curva de indiferença mais à direita que a curva de indiferença que contenha as cestas A e B.

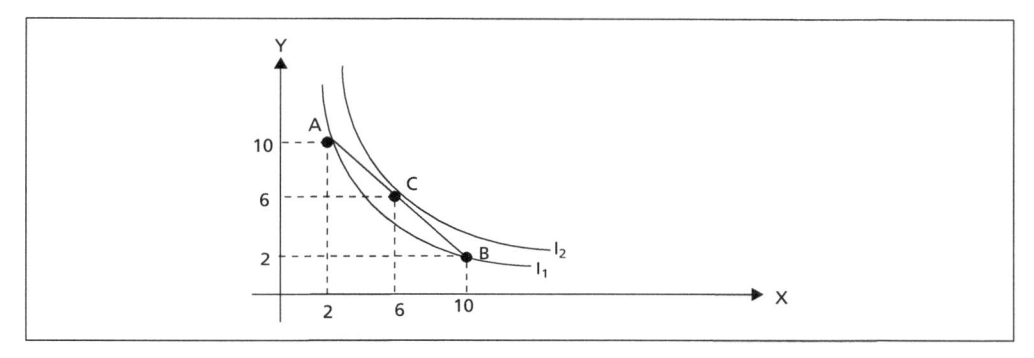

Se a curva de indiferença fosse côncava para a origem, isso mostraria que uma cesta mais diversificada traria menos satisfação ao consumidor. Vejamos o exemplo de duas cestas de bens A:(2,6) e B:(6,2). Uma cesta C que contivesse C:(4,4) estaria localizada numa curva de indiferença mais à esquerda, mostrando que a satisfação seria menor, o que não representaria uma situação real para um consumidor com preferência bem-comportada. Nessa situação, o consumidor tenderia a se especializar em um dos bens de consumo.

Figura 21.10. Se as curvas de indiferença fossem côncavas para a origem, fariam com que uma cesta mais diversificada apresentasse um grau de satisfação menor que cestas menos diversificadas, ou seja, indicaria preferência pela especialização.

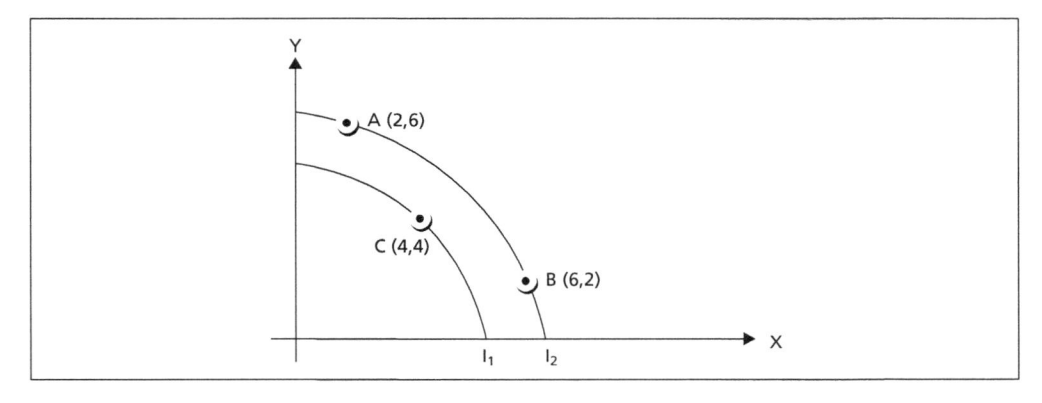

Assim, com esse mesmo exemplo, é de se esperar que o consumo de uma cesta de bens mais diversificada seja preferível às cestas mais especializadas, fazendo com que a primeira cesta (mais diversificada) seja preferível e, portanto, pertença a uma curva de indiferença mais distante da origem. Vejamos a Figura 21.11.

Figura 21.11. Uma cesta mais diversificada (4,4) está localizada numa curva de indiferença mais distante da origem que cestas mais especializadas (6,2) e (2,6).

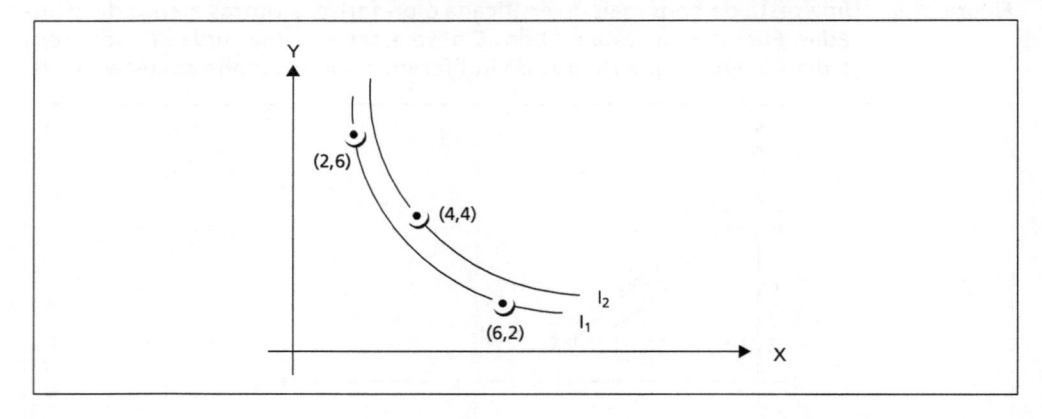

3) São **densas**, ou seja, entre as duas curvas podem-se traçar infinitas curvas de indiferença, como mostra a Figura 21.12.

Figura 21.12. Entre duas curvas de indiferença (I_1 e I_2) podemos traçar infinitas curvas de indiferença.

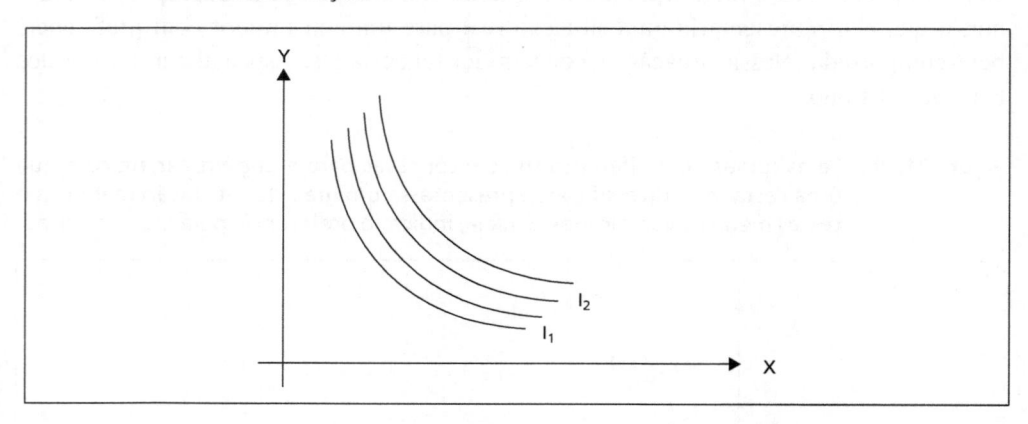

4) Quanto **mais longe da origem, maior o grau de satisfação**. Vejamos duas cestas de bens "A" e "B" com as seguintes quantidades de bens: A:(3,3) e B:(4,3). Localizando esses pontos no eixo cartesiano, podemos verificar, conforme mostra a Figura 21.13, que eles pertencem a curvas de indiferença diferentes, já que a cesta "B" possui uma quantidade maior do bem "X" que a cesta "A" e a mesma quantidade do bem "Y". Logo, ter a cesta "B" traz maior satisfação que possuir a cesta "A". Como a cesta "B" está numa curva de indiferença mais à direita, podemos afirmar que, quanto mais distante da origem estiver a curva de indiferença, maior o grau de satisfação.

Figura 21.13. Quanto mais distante a curva de indiferença estiver da origem dos eixos, maior o grau de satisfação. Podemos observar que o ponto A: (3,3), que está na curva de indiferença$_1$ (I_1), apresenta uma satisfação menor que o ponto B: (4,3), pertencente à curva de Indiferença$_2$ (I_2).

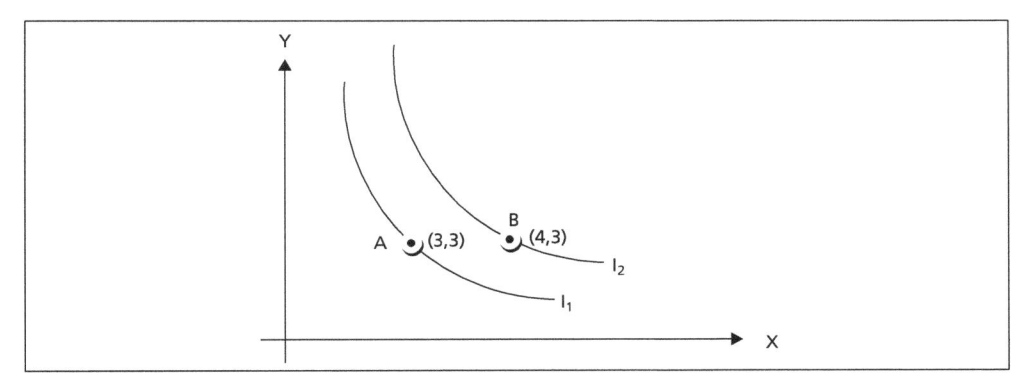

5) As **curvas de indiferença não se cruzam**. Caso isso ocorresse, estaria sendo violado o princípio da transitividade. Vejamos na Figura 21.14. Podemos constatar que as cestas "A" e "B" pertencem à curva de Indiferença I_1 e, portanto, apresentam o mesmo grau de satisfação (A~B). As cestas "A" e "C" pertencem à curva de Indiferença I_2 e, portanto, apresentam o mesmo grau de satisfação (A~C). Pelo princípio da transitividade, as cestas "B" e "C" deveriam apresentar o mesmo grau de satisfação, mas percebemos que não estão na mesma curva de indiferença, o que viola o princípio citado.

Figura 21.14. Percebemos que A~B e A~C já que "A" e "B" estão na mesma curva de indiferença e "A" e "C" estão na mesma curva de indiferença. Porém, C > B, já que "C" está numa curva de indiferença superior a B. Portanto, ocorre uma incongruência, já que "B" deveria ser indiferente a C pelo princípio da transitividade das preferências. Logo, se elas se cruzassem, este princípio seria ferido.

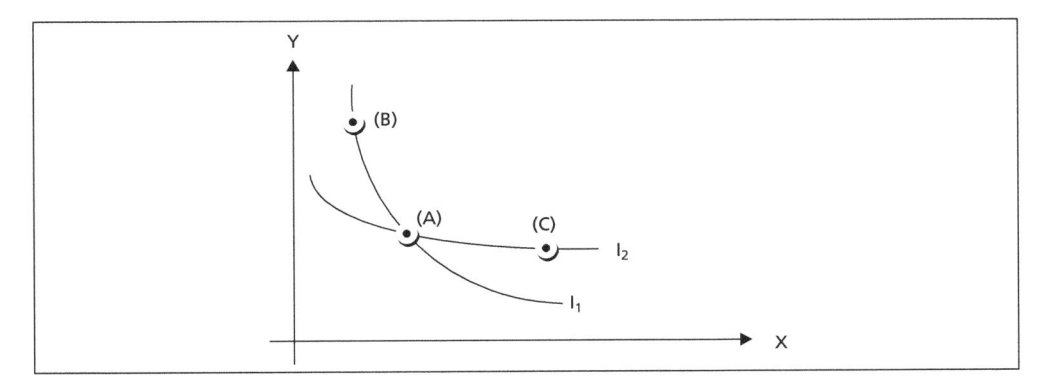

21.7. TAXA MARGINAL DE SUBSTITUIÇÃO (TMGS)

A **Taxa marginal de Substituição (TmgS)** mede quanto um consumidor está disposto a reduzir de um bem qualquer para ampliar o consumo de uma unidade do outro bem.

Portanto, a TmgS para preferências bem-comportadas será negativa. Por esse motivo, analisaremos a TmgS, para preferências monótonas e convexas, sempre em módulo.

Se dissermos que $|TmgS_{Y,X}| = 5$, significa que o consumidor estará disposto a desistir de 5 unidades do bem "Y" para obter 1 unidade do bem "X". Também se dissermos que $|TmgS_{Y,X}| = 8$, significa dizer que, para obter 1 unidade a mais de "X", deve-se sacrificar 8 unidades de "Y".

Em outras palavras, a taxa marginal de substituição nos diz quanto o consumidor deve sacrificar de "Y" para obter uma unidade a mais de "X" de maneira a ficar na mesma curva de indiferença.

$$|TmgS_{Y,X}| = \Delta Y / \Delta X$$

Vejamos na Figura 21.15. A tangente no ponto A ($Tg\theta_A$) é igual à relação da variação de "Y" pela variação de "X".

$$Tg\theta_A = \Delta Y_A / \Delta X_A$$

Fazendo uma interpretação geométrica, podemos constatar que a taxa marginal de substituição em um ponto localizado numa curva de indiferença é igual à tangente no ponto. Logo:

$$Tg\theta_A = TmgS_A$$

Figura 21.15. A tangente em um ponto ($Tg\theta_A$) da curva de indiferença é igual à Taxa marginal de Substituição ($TmgS_A$) nesse ponto.

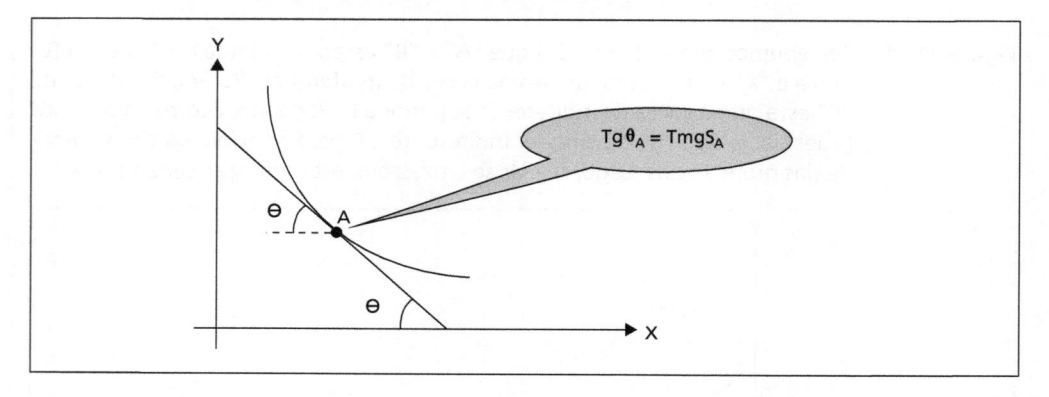

É importante verificar, porém, que a Taxa marginal de Substituição (TmgS) não é constante numa curva de indiferença, já que, em outros pontos localizados na mesma curva de indiferença, a tangente é diferente da do ponto "A".

A Taxa marginal de Substituição (TmgS) é decrescente à medida que se substitui "Y" por "X", assim como a tangente no ponto (Tg) diminui à medida que descemos na curva de indiferença.

Podemos observar o gráfico da Figura 21.16, onde está sendo representada uma curva de indiferença bem-comportada e, portanto, convexa para a origem. À medida que se aumenta em uma unidade o bem "X", estamos cada vez menos dispostos a abrir mão do bem "Y". Vejamos quando caminhamos do ponto "A" para o ponto "B". Para aumentarmos em uma unidade do bem "X", tivemos que abrir mão de uma determinada quantidade do bem "Y". Quando caminhamos do ponto "B" para o "C", aumentamos novamente em uma unidade do bem "X", mas a quantidade do bem "Y" do qual tivemos que abrir mão é menor do que quando caminhamos de "A" para "B". Quando caminhamos do ponto "C" para o ponto "D", aumentamos mais uma vez em uma unidade a quantidade do bem "X", mas, para isso, tivemos que abrir mão de uma quantidade de "Y". Percebemos que a quantidade de "Y" que tivemos que reduzir quando caminhamos de "C" para "D" é menor que a quantidade que tivemos que reduzir quando caminhamos de "B" para "C".

Percebemos, portanto, que conforme se tem mais de "X" e menos de "Y", vai se estar menos disposto a abrir mão de "Y". Portanto, a $TmgS_{Y,X}$ é decrescente à medida que se caminha da esquerda para a direita na mesma curva de indiferença.

Figura 21.16. À medida que aumentamos em uma unidade a quantidade do bem "X", temos que reduzir a quantidade do bem "Y" para nos mantermos na mesma curva de indiferença. Percebemos que cada vez estamos menos dispostos a abrir mão de "Y" para ter "X". Em outras palavras, a taxa marginal de substituição é decrescente à medida que nos deslocamos da esquerda para a direita na curva de indiferença.

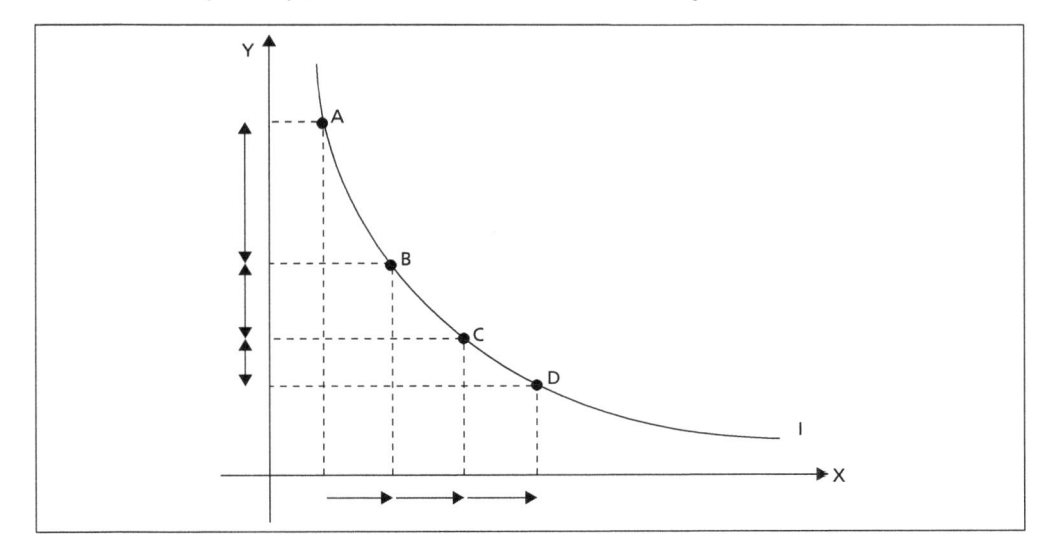

Sabendo que a taxa marginal de substituição é a relação entre a variação das quantidades dos bens, se dividirmos essas variações pelas variações na utilidade total, a fração não se altera. Vejamos:

$TmgS_{Y,X} = \Delta Y / \Delta X$ ou:

$TmgS_{Y,X} = \dfrac{\Delta Y / \Delta UT}{\Delta X / \Delta UT}$ ou:

$$TmgS_{Y,X} = \frac{\Delta UT / \Delta X}{\Delta UT / \Delta Y}$$ logo:

$$TmgS_{Y,X} = \frac{UmgX}{UmgY}$$

Ou seja, a taxa marginal de substituição de "Y" por "X" é igual à utilidade marginal de "X" pela utilidade marginal de "Y".

Devemos perceber, contudo, que, ao longo da curva de indiferença, a tangente no ponto se modifica e, portanto, a taxa marginal de substituição também se altera.

Vejamos a Figura 21.17. Marcamos três pontos "A", "B" e "C" e, na mesma curva de indiferença, três tangentes. Sobre o ponto "A", passa a tangente de α. Sobre o ponto "B", passa a tangente de β. Sobre o ponto "C", passa a tangente de θ. Percebemos que a tangente no ponto "B" é maior que no ponto "A" e "C". Também, a tangente no ponto "A" é maior que no ponto "C". Logo, a tangente no ponto, à medida que descemos a curva de indiferença, torna-se cada vez menor. Como a tangente no ponto é igual à taxa marginal de substituição no ponto, então podemos afirmar que, à medida que nos deslocamos da esquerda para a direita na curva de indiferença, a taxa marginal de substituição diminui.

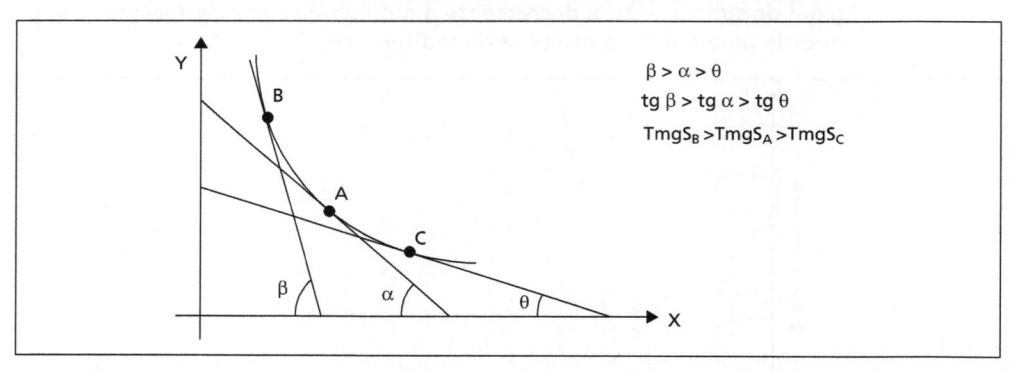

Figura 21.17. À medida que nos deslocamos da esquerda para a direita na mesma curva de indiferença, a taxa marginal de substituição diminui.

Conforme vimos, a TmgS = $\Delta Y/\Delta X$ e TmgS = UmgX/UmgY. Logo: $\Delta Y/\Delta X$ = UmgX/UmgY. Isso acontece porque conforme nos deslocamos sobre a mesma curva de Indiferença, a Utilidade permanece a mesma. Quando nos deslocamos para direita na mesma curva de indiferença, a quantidade do bem X aumenta e a quantidade do bem Y diminui. Também a variação da Utilidade do bem X quando ele aumenta subtraída da variação da Utilidade do bem Y quando ele diminui deve igualar-se a zero, ou seja:

UmgX · ΔX - UmgY · ΔY = 0

Onde (UmgX · ΔX) representa o que ganhamos de utilidade ao aumentar o consumo de X e (UmgY · ΔY) representa o que perdemos de utilidade ao reduzir o consumo do bem Y.

Logo:
UmgX · ΔX = UmgY · ΔY
Ou seja:
UmgX /UmgY = $\Delta Y/\Delta X$

21.8. CURVAS DE INDIFERENÇA QUE NÃO SÃO BEM-COMPORTADAS

Curvas de indiferença que não são bem-comportadas são aquelas que podem ser não convexas e/ou não monótonas. Vejamos algumas a seguir.

21.8.1. Bens complementares perfeitos

Quando os bens são complementares perfeitos, o consumidor só irá consumir o bem "X" conjuntamente com "Y". Podemos pensar o caso do consumo de um sapato pé esquerdo (bem "Y") e pé direito (bem "X"). O consumidor, quando se dirige a uma sapataria, só irá comprar o pé direito do sapato se comprar o pé esquerdo. O grau de satisfação de um consumidor em comprar um pé direito do sapato e um pé esquerdo é idêntico ao de comprar um pé direito e dois esquerdos e idêntico a comprar um pé direito e três esquerdos. Também o grau de satisfação de um consumidor em comprar um pé direito do sapato e um pé esquerdo é idêntico ao de comprar dois pés direitos e um esquerdo e idêntico a comprar três pés direitos e um esquerdo.

Porém, a satisfação aumenta se o consumidor adquire dois pés direitos do sapato e dois pés esquerdos, muito embora este último grau de satisfação seja igual ao consumo de dois pés direitos e três esquerdos ou dois pés direitos e quatro esquerdos, assim como três pés direitos e dois esquerdos ou quatro pés direitos e dois esquerdos.

Portanto, só há aumento de satisfação se houver um aumento na proporção dos dois bens.

Assim, a curva de indiferença terá a **forma em L ou forma de ângulo reto ou forma de cantoneira** pendurada na função

$$Y = aX / b.$$

Em que "a" e "b" são números positivos que indicam as proporções nas quais os bens estão sendo consumidos.

A Taxa marginal de Substituição de pé esquerdo por pé direito ($TmgS_{Y,X}$) será infinita na parte vertical do L, já que qualquer quantidade que varie de sapato pé esquerdo não provocará alteração nenhuma no pé direito. Como a $TmgS_{Y,X}$ é a relação das variações de quantidades de "Y" por "X", então qualquer valor dividido por zero é infinito.

Na parte vertical do L $\rightarrow TmgS_{Y,X} = \infty$

A Taxa marginal de Substituição de pé esquerdo por pé direito ($TmgS_{Y,X}$) na parte horizontal do L será zero, já que não haverá qualquer variação na quantidade de sapato pé esquerdo, enquanto o pé direito poderá variar para qualquer quantidade. Como a $TmgS_{Y,X}$ é a relação das variações de quantidades de "Y" por "X", então zero dividido por qualquer valor é zero.

Na parte horizontal do L $\rightarrow TmgS_{Y,X} = 0$

Quando os bens são complementares perfeitos, a **proporção dos bens é fixa**. No caso dos pés direito e esquerdo do sapato, essa proporção é igual a um (1). Mas, considerando outro exemplo, poderíamos ter uma proporção igual a dois (2). Para isso, basta imaginar que você só come arroz com feijão e feijão com arroz, ou seja, você não consome um desses produtos isoladamente. Imaginemos que, para cada duas porções de arroz, você adquira uma porção de feijão. Logo, a proporção entre os bens será dois de arroz para um de feijão, ou seja, igual a dois.

A função utilidade de bens complementares perfeitos é:

$$U(X,Y) = \min \{aX, bY\}$$

Lembrando que "a" e "b" são números positivos que indicam as proporções nas quais os bens estão sendo consumidos. Vejamos a Figura 21.18:

Figura 21.18. Bens complementares perfeitos: as curvas de indiferença têm o formato em L[7].

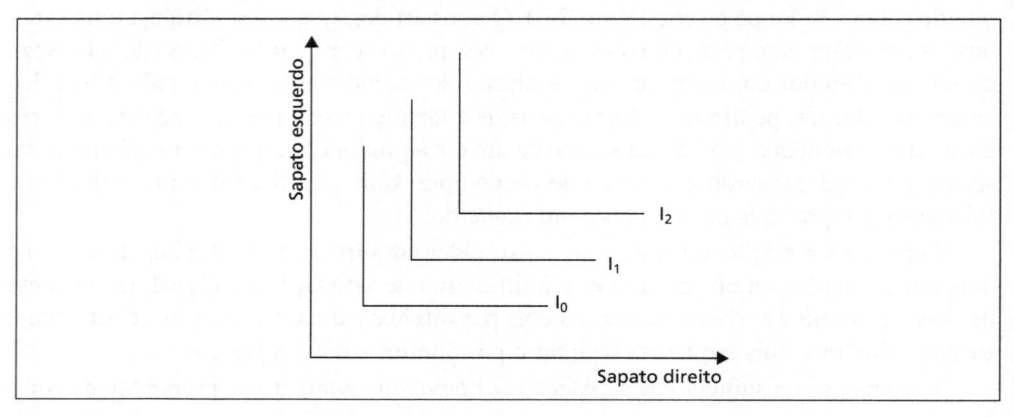

Nesse exemplo, consideramos que os bens complementares se apresentavam na proporção de um para um. Assim, cestas de bens que proporcionassem as seguintes Utilidades (U) seriam equivalentes em grau de satisfação, porque a utilidade é calculada pelo menor valor que está entre parênteses.

Cesta 1 → U(2,2) = mín {2,2} = 2
Cesta 2 → U(3,2) = mín {2,2} = 2

Se a proporção entre os bens complementares não fosse um para um, a função utilidade continuaria com o mesmo formato. Imaginemos que um indivíduo consome um quilo de feijão (X) para dois quilos de arroz (Y). Nesse caso, sua função utilidade será:

U(1,2) = mín {1 · X, 1/2 · Y}

Se ele consumir um quilo de feijão e dois quilos de arroz, então:

U(1,2) = mín {1 · 1, 1/2 · 2} = mín {1, 1} = 1

Mesmo que o consumidor aumentasse a quantidade para mais um quilo de feijão, sua utilidade não mudaria, já que só consome um quilo de feijão com dois quilos de arroz. Logo, esse acréscimo de feijão não traria mais satisfação para o consumidor. Vejamos isso na função utilidade:

$$U(2,2) = \min \{1 \cdot 2, 1/2 \cdot 2\} = \min \{2, 1\} = 1$$

---

[7] Marco Antonio Sandoval de Vasconcellos & Roberto Guena de Oliveira, *Manual de microeconomia*, p. 47.

21.8.2. Bens substitutos perfeitos

Quando os bens são substitutos perfeitos, o consumidor é indiferente em consumir um ou outro bem.

No nosso exemplo, consideramos o consumo de duas marcas de refrigerantes: Coca-Cola (bem "X") e Pepsi (bem "Y"). Supondo que o consumidor é totalmente indiferente em consumir um ou outro refrigerante, então as curvas de indiferença são retas paralelas e a função utilidade é representada por:

$$U(X,Y) = aX + bY$$

Em que "a" e "b" são números positivos que representam o valor que os bens "X" e "Y" têm para o consumidor.

Como, no nosso exemplo, o consumidor atribui valores iguais aos bens "X" e "Y", então a função utilidade nesse caso é $U(X,Y) = X + Y$

Se o consumidor quisesse substituir um bem pelo outro a uma taxa diferente de um para um, então a função utilidade seria diferente. Suponhamos que o consumidor só estivesse disposto a substituir duas unidades do bem "Y" por uma unidade do bem "X". Isso significa que o bem "X" é duas vezes mais valioso que o bem "Y". Pensemos no caso de moedas de 1 real (bem "X") e cinquenta centavos (bem "Y"). O consumidor só estará disposto abrir mão de 1 real se for em troca de duas moedas de cinquenta centavos. Logo, a função utilidade seria igual a: $U(X,Y) = 2X + Y$.

A **inclinação da curva de indiferença** é dada pela relação $-a/b$. Logo, no caso dos refrigerantes, a inclinação é igual a -1 e, no caso das moedas, a inclinação é -2, conforme mostram as Figuras 21.19 e 21.20.

Dado dois bens substitutos perfeitos, a taxa marginal de substituição entre eles (que é igual à inclinação da curva de indiferença) é, portanto, constante, muito embora não precise ser igual a -1 como vimos acima.

Figura 21.19. Bens substitutos perfeitos. Quando o valor atribuído a dois bens substitutos perfeitos for igual, então, a taxa marginal de substituição é constante e igual a (–)1, e as curvas de indiferença são linhas retas paralelas com inclinação igual a (–)1[8].

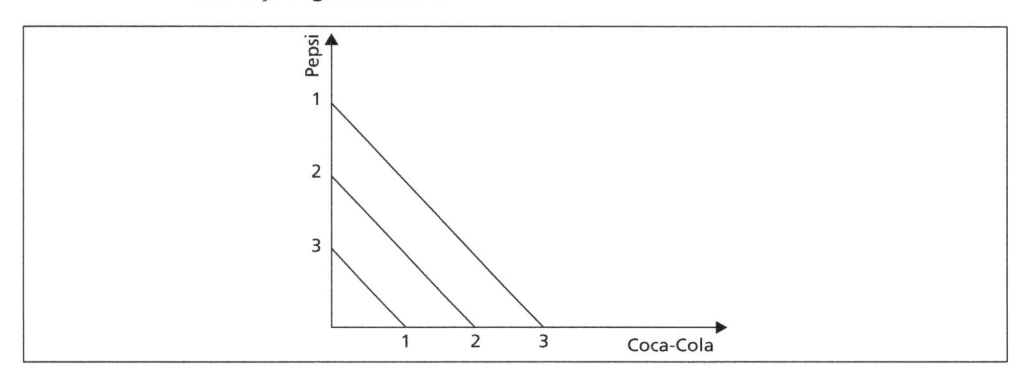

---

[8] Marco Antonio Sandoval de Vasconcellos & Roberto Guena de Oliveira, *Manual de microeconomia*, p. 46.

Figura 21.20. Bens substitutos perfeitos. Quando os valores atribuídos a dois bens substitutos perfeitos forem diferentes, sendo o bem "X" duas vezes mais valioso que o "Y", então, a taxa marginal de substituição é constante e igual a (–)2, e as curvas de indiferença são linhas retas paralelas com inclinação igual a (–)2.

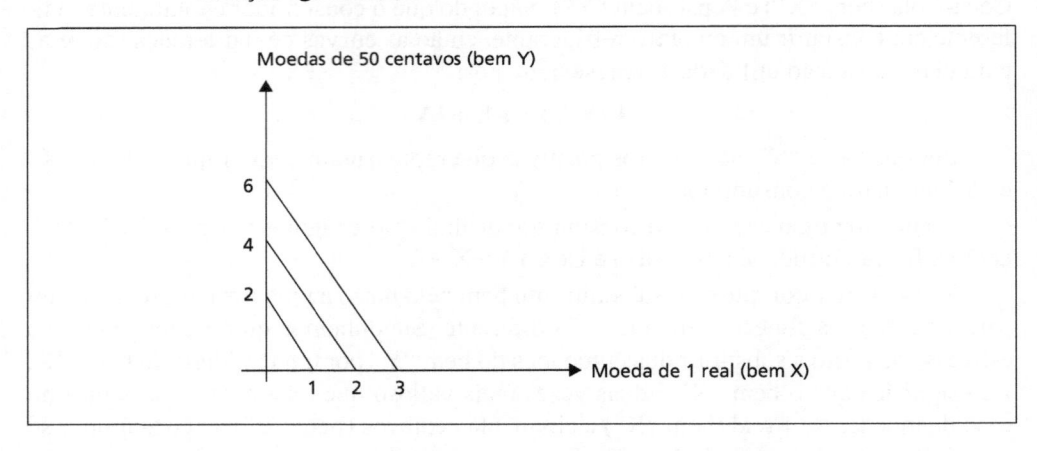

[Gráfico: eixo vertical "Moedas de 50 centavos (bem Y)" com marcações 2, 4, 6; eixo horizontal "Moeda de 1 real (bem X)" com marcações 1, 2, 3; retas paralelas com inclinação –2.]

Varian completa afirmando: "...a função de utilidade $v(x_1, x_2) = (x_1 + x_2)^2 = x_1^2 + 2x_1x_2 + x_2^2$ representará também as preferências no caso de substitutos perfeitos, como ocorreria com qualquer outra transformação monotônica de $u(x_1, x_2)$"[9].

21.8.3. Bens neutros

Quando um dos bens (ou "X" ou "Y") for neutro, significa dizer que o aumento do seu consumo não aumenta a satisfação do consumidor.

Suponhamos dois bens: livros (bem "Y") e CDs (bem "X"). Caso o consumo do bem "Y" não traga ao consumidor nenhum ganho de satisfação, dizemos, então, que o bem "Y" (livros) é neutro. Porém, quanto mais o consumidor adquire CDs (bem "X"), maior é a sua satisfação, já que CD não é um bem neutro.

Assim, **as curvas de indiferença são retas verticais**, paralelas ao eixo do bem neutro ("Y" — livros). Elas mostram que, à medida que aumenta a quantidade de CDs (bem "X" que não é neutro), o consumidor passa de uma curva de indiferença que proporciona uma menor satisfação para outra que proporciona maior satisfação, ou seja, caminha da esquerda para a direita. No entanto, o aumento de livros (bem "Y" que é neutro) não tira o consumidor da curva de indiferença em que está, ou seja, não é capaz de aumentar sua satisfação. Vejamos a Figura 21.21.

Portanto, a função utilidade será **U(X,Y) = f(X)**, no caso de "Y" (livros) ser o bem neutro. **A taxa marginal de substituição,** quando o bem neutro está no eixo das ordenadas, **é infinita**.

---

[9] Hal R. Varian, *Microeconomia*: uma abordagem moderna, p. 57.

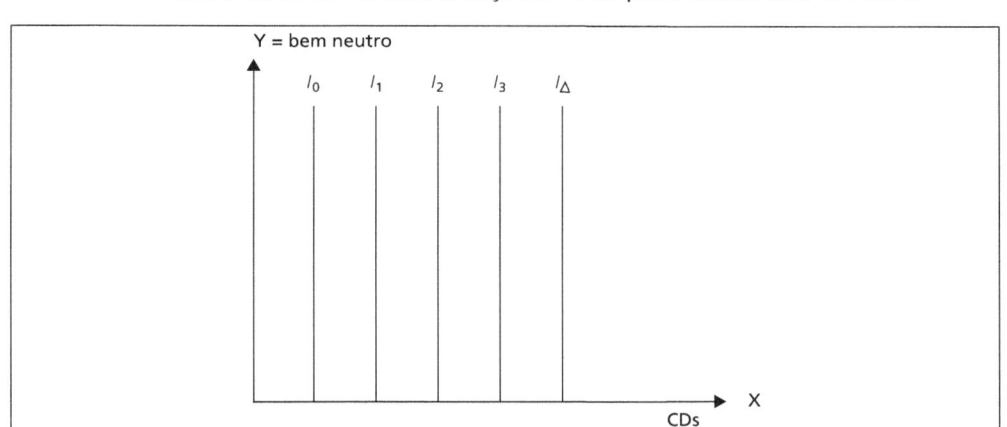

Figura 21.21. Curvas de indiferença de um bem neutro. Como o bem neutro são os livros, então as curvas de indiferença são retas paralelas ao eixo dos livros[10].

Caso o consumo do bem "X" não traga ao consumidor nenhum ganho de satisfação, dizemos, então, que o bem "X" (CDs) é neutro. Porém, quanto mais o consumidor adquire livros (bem "Y"), maior é a sua satisfação, já que livro não é um bem neutro.

Assim, **as curvas de indiferença são retas horizontais**, paralelas ao eixo do bem neutro ("X" — CDs). Elas mostram que, à medida que aumenta a quantidade de livros (bem "Y" que não é neutro), o consumidor passa de uma curva de indiferença que proporciona uma menor satisfação para outra que proporciona maior satisfação, ou seja, caminha de baixo para cima. No entanto, o aumento de CDs (bem "X" que é neutro) não tira o consumidor da curva de indiferença em que está, ou seja, não é capaz de aumentar sua satisfação. Vejamos a Figura 21.22.

Caso o bem neutro seja o "X" (CDs), a função utilidade será $U(X,Y) = f(Y)$. **A taxa marginal de substituição,** quando o bem neutro está no eixo das abscissas, **é zero**.

Figura 21.22. As curvas de indiferença quando um dos bens é neutro são formadas por retas paralelas ao eixo cujo bem é neutro.

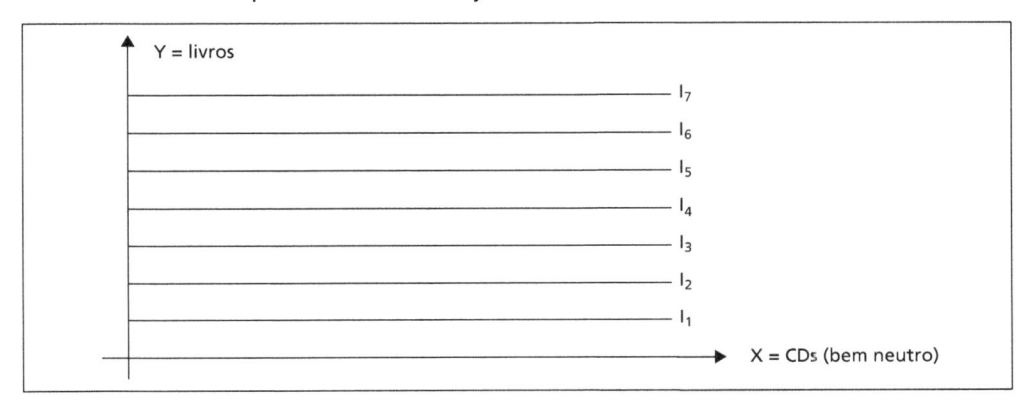

---

[10] Marco Antonio Sandoval de Vasconcellos & Roberto Guena de Oliveira, *Manual de microeconomia*, p. 48.

21.8.4. Bens saciados

Um bem saciado é aquele cujo aumento no consumo causa insatisfação. As curvas de indiferença são círculos em volta do ponto de saciedade e a utilidade do consumidor aumenta à medida que os círculos se aproximam da cesta do ponto de saciedade e diminuem quando o consumidor se afasta do ponto de saciedade. Vejamos a Figura 21.23.

Figura 21.23. Curvas de indiferença de um bem saciado[11].

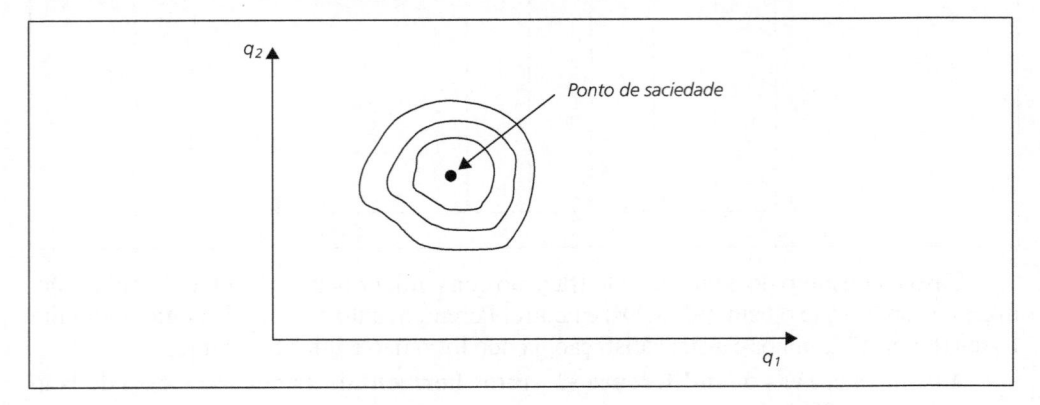

Segundo Varian: "Nesse caso, as curvas de indiferença têm inclinação negativa quando o consumidor tem 'muito pouco' ou 'demais' de ambos os bens e inclinação positiva quando tem 'demais' de um dos bens. Quando ele tem demais de um dos bens, esse bem torna-se um 'mal' — a redução do consumo do bem 'mal' leva-o para mais perto de seu 'ponto de satisfação', se ele tiver demais de ambos os bens, os dois serão 'males', e a redução do consumo de ambos o conduzirá para mais perto de seu ponto de saciedade. Consideremos, por exemplo, que os dois bens sejam bolo de chocolate e sorvete. Deve haver uma quantidade ótima de bolo de chocolate e de sorvete que desejaríamos comer por semana. Qualquer quantidade a menos ou a mais nos deixaria piores"[12].

21.8.5. Um mal ou desbem

Um mal ou um desbem é o bem que, quando se consome, faz com que a satisfação do indivíduo diminua. E o consumidor só estará disposto a conviver com o desbem se puder adquirir junto com ele um bem. Assim, a curva de indiferença terá **inclinação positiva**, significando que um aumento na quantidade de um mal deve ser compensado pelo aumento na quantidade do outro bem. Imaginemos que o consumidor, para ter mais chocolates ("X"), terá de conviver com mais embalagens ("Y"). Para manter o consumidor na mesma curva de indiferença, será preciso ter mais chocolate para compensar o fato de ter que tolerar mais embalagem ("Y"). Caso o consumidor consiga ter a mesma quantidade de chocolate ("X") e tiver que tolerar menos embalagem, então ele mudará

---

[11] Marco Antonio Sandoval de Vasconcellos & Roberto Guena de Oliveira, *Manual de microeconomia*, p. 49.

[12] Hal R. Varian, *Microeconomia*: uma abordagem moderna, p. 40.

de curva de indiferença mais para baixo ou para a direita, onde estaré mais feliz. Imaginemos uma cesta "A" localizada na curva de Indiferença I_3. Se eu passar da cesta "A" para a cesta "B", localizada na curva de indiferença I_4, percebemos que houve um aumento do bem "X" e uma redução do bem "Y" que é um desbem. Logo, na cesta "B" eu apresento maior utilidade. Vejamos a Figura 21.24.

Figura 21.24. Curvas de indiferença que representam um desbem ou um mal.

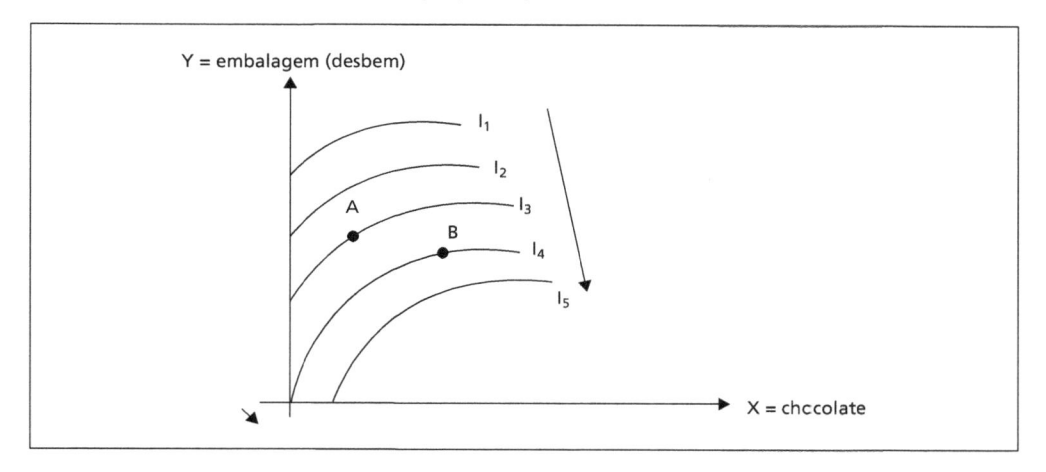

Caso o desbem estivesse no eixo das abscissas, então as curvas de indiferença representariam aumento de satisfação quando se deslocassem para cima ou para a esquerda.

A função utilidade de um desbem é assim representada:

$$U(X,Y) = X/Y$$

Em que "X" seria o chocolate, e "Y", a embalagem. Observamos que, quando se aumenta "X", a Utilidade (U) aumenta e, quando se eleva "Y", a Utilidade (U) se reduz.

21.9. FUNÇÃO UTILIDADE DO TIPO COBB-DOUGLAS

Uma **função utilidade do tipo Cobb-Douglas** é aquela que apresenta o seguinte formato:

$$U(X,Y) = A\, X^\alpha\, Y^\beta$$

Em que A, α e β são constantes positivas, e X e Y são os bens considerados. Vejamos alguns exemplos de funções do tipo Cobb-Douglas:

$U(X,Y) = 5 \cdot X^3 \cdot Y^2$ onde $A = 5$, $\alpha = 3$ e $\beta = 2$
$U(X,Y) = X \cdot Y$ onde $A = 1$, $\alpha = 1$ e $\beta = 1$

A função de Cobb-Douglas é representada graficamente por uma hipérbole e apresenta uma preferência bem-comportada.

21.10. RESTRIÇÃO ORÇAMENTÁRIA

Dissemos no início deste capítulo que devemos constatar o fato de os consumidores possuírem uma renda limitada e partiremos do princípio de que eles estarão dispostos a gastar toda a sua renda. Com base nisso, falaremos a respeito dessa restrição orçamentária.

A restrição orçamentária é o conjunto de cestas que custam exatamente a renda do consumidor. São essas as cestas de bens que esgotam sua renda.

Suponhamos que o consumidor possua uma Renda (R) no valor de 100 e que pretenda gastar toda essa sua renda no consumo de dois bens "X" e "Y". Se o preço do bem "X" (P_X) for igual a 1 e o preço do bem "Y" (P_Y) for igual a 2, então podemos montar uma tabela que expresse diversas possibilidades de consumo. Vejamos a Tabela 21.1.

Tabela 21.1. Com uma Renda (R) de 100 e sabendo que os preços dos bens "X" e "Y" que pretende consumir são de 1 e 2, a tabela mostra algumas das diversas combinações possíveis de consumo.

Cestas de bens	Quantidade de X	Quantidade de Y	Preço de X (P_X)	Preço de Y (P_Y)	Renda (R)
1	0	50	1	2	100
2	20	40	1	2	100
3	40	30	1	2	100
4	60	20	1	2	100
5	100	0	1	2	100

Para a construção da tabela, utilizamos a seguinte função que expressa a restrição orçamentária do consumidor:

$$R = (X \cdot P_X) + (Y \cdot P_Y)$$

Se dividirmos os dois membros da função pelo Preço de "Y" (P_Y) e isolarmos a quantidade de "Y", temos:

$$Y = R/P_Y - (P_X/P_Y) \cdot X$$

Essa função representa a quantidade de "Y" que deverá ser abandonada para que se possa consumir mais de "X". Sua representação gráfica é feita por uma reta, onde R/P_Y é o coeficiente linear (o ponto que toca o eixo das ordenadas) e (P_X/P_Y) é o coeficiente angular (inclinação da reta ou tangente da reta). Vejamos no gráfico da Figura 21.25:

Figura 21.25. A Restrição orçamentária (R) tem o formato de uma reta. Seu coeficiente linear é R/P_Y e seu coeficiente angular é P_X/P_Y.

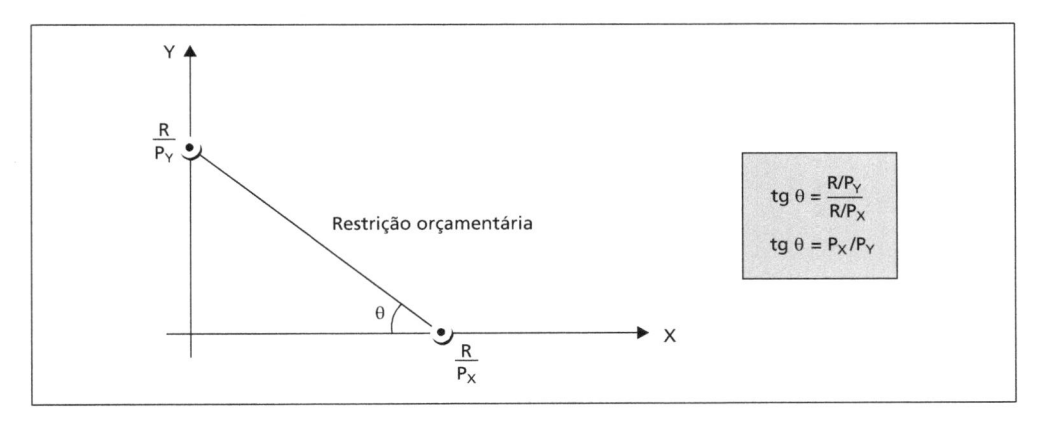

```
        Y
        |
   R/P_Y•
        |  \
        |    \
        |      \   Restrição orçamentária
        |        \
        |          \
        |        θ   •_____ X
        |           R/P_X

              tg θ = (R/P_Y) / (R/P_X)
              tg θ = P_X / P_Y
```

Como pudemos comprovar, a **inclinação da restrição orçamentária (R) é a razão entre os preços dos bens**, ou seja,

$$Tg\theta = \frac{R/P_Y}{R/P_X} = P_X/P_Y$$

Não devemos confundir, contudo, restrição orçamentária com **conjunto orçamentário** do consumidor.

As cestas de consumo que o consumidor pode adquirir são aquelas cujo custo não é maior que a Renda, ou seja, o conjunto orçamentário é formado por todas as cestas que podem ser adquiridas dentro de determinados preços e da renda do consumidor. Esse conjunto de cestas que o consumidor pode adquirir aos preços P_1 e P_2 e a Renda (R) é denominado conjunto orçamentário do consumidor. A reta orçamentária é o conjunto de cestas que custam exatamente a renda, R.

Logo:

$$R = (X \cdot P_X) + (Y \cdot P_Y) \rightarrow \textbf{restrição orçamentária}$$
$$R \geq (X \cdot P_X) + (Y \cdot P_Y) \rightarrow \textbf{conjunto orçamentário}$$

21.10.1. Efeito de uma ampliação na renda

Caso haja um **aumento da renda**, permanecendo o preço dos bens "X" e "Y" constantes, a reta que representa a restrição orçamentária se desloca para cima ou para a direita, conforme mostra a Figura 21.26.

Figura 21.26. O aumento da renda, desloca a reta de Restrição orçamentária (R) para cima ou para a direita.

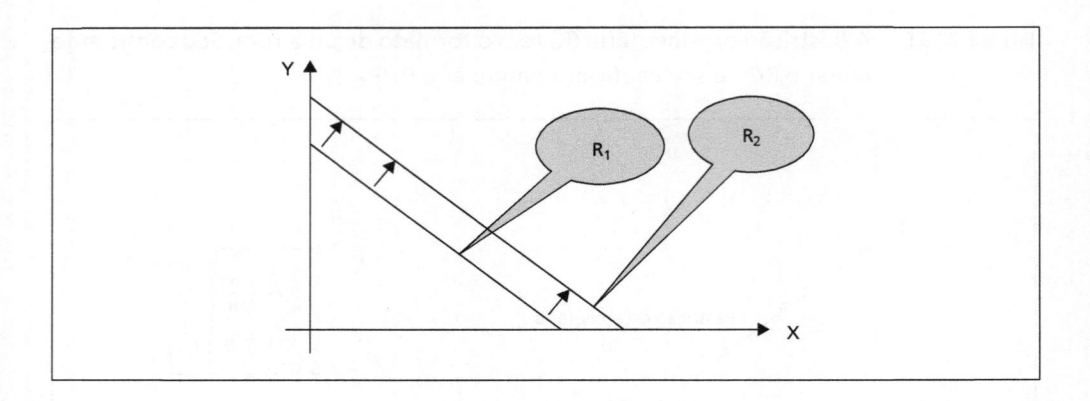

21.10.2. Efeito de uma redução de preços do produto "X"

Caso haja queda no preço do bem "X", permanecendo constantes o preço do bem "Y" e a Renda do consumidor (R), o consumidor poderá adquirir uma maior quantidade do bem "X" e a Restrição orçamentária (R) ficará menos inclinada, conforme mostra a Figura 21.27.

Figura 21.27. Caso o preço do bem "X" caia, a restrição orçamentária fica menos inclinada.

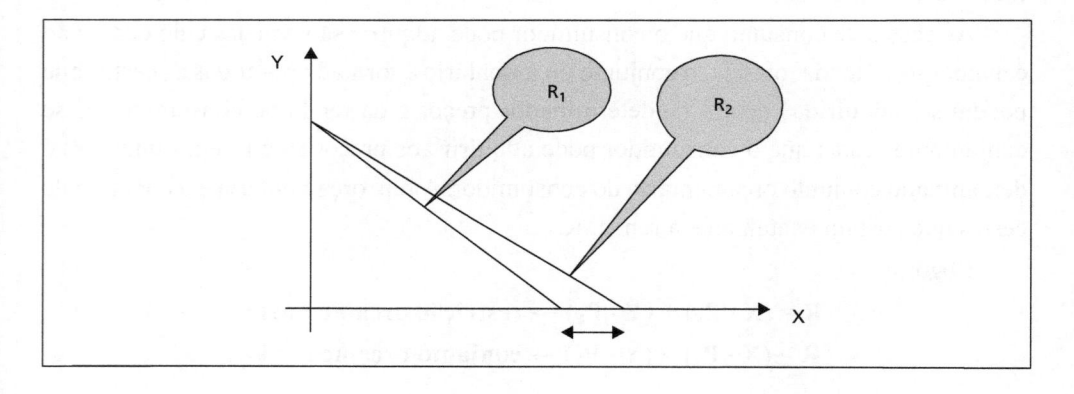

21.10.3. Efeito de uma redução de preços do produto "Y"

Caso haja queda no preço do bem "Y", permanecendo constantes o preço do bem "X" e a Renda do consumidor (R), o consumidor poderá adquirir uma maior quantidade do bem "Y" e a Restrição orçamentária (R) ficará mais inclinada. Vejamos a Figura 21.28.

Figura 21.28. Caso o preço do bem "Y" caia, a restrição orçamentária fica mais inclinada.

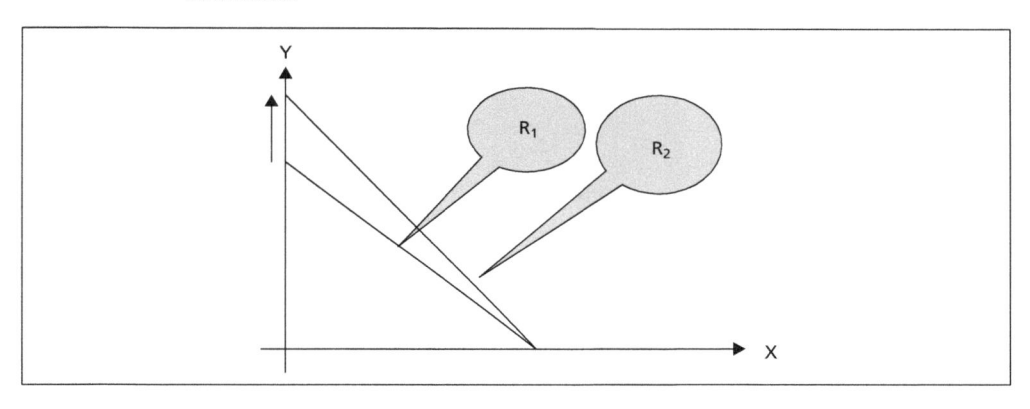

21.10.4. Efeito de uma redução de preços dos produtos "X" e "Y" na mesma intensidade

Caso os preços do bem "X" e do bem "Y" se reduzam na mesma intensidade, mantendo-se a Renda constante (R_1), a Restrição Orçamentária irá se deslocar paralelamente para cima ou para a direita. Vejamos a Figura 21.29. Com a mesma renda em valores nominais, é possível, agora, comprar mais de "X" e de "Y".

Figura 21.29. Caso os preços dos bens "X" e "Y" caiam na mesma intensidade, a restrição orçamentária (R) se desloca paralelamente para cima ou para a direita.

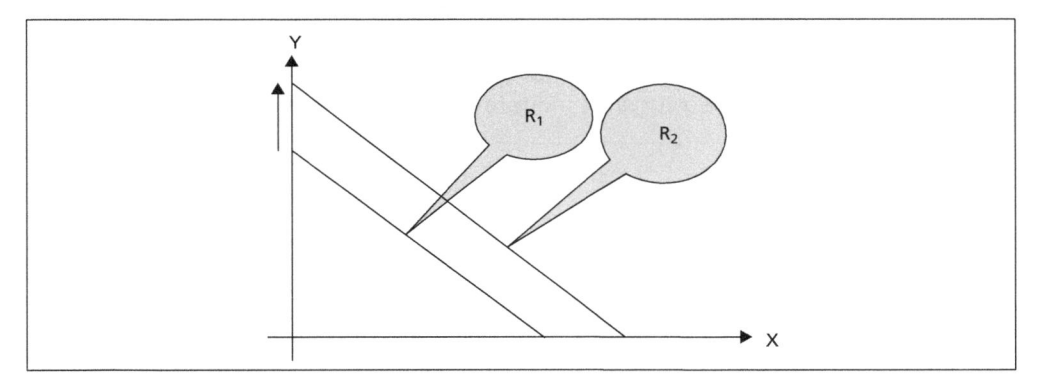

21.10.5. Efeito de uma redução de preços dos produtos "X" e "Y" e da renda na mesma intensidade

Caso os preços dos bens "X" e "Y" se reduzam na mesma intensidade que a redução da renda, o consumidor vai se encontrar na mesma situação, ou seja, não possibilitará ao consumidor adquirir mais do bem "X" e "Y". Assim, a Restrição orçamentária (R_1) não se deslocará, sendo coincidente com a Restrição orçamentária (R_2), conforme podemos ver na Figura 21.30.

Figura 21.30. Uma redução da Renda (R) na mesma intensidade da redução dos preços dos bens "X" e "Y" não desloca a restrição orçamentária.

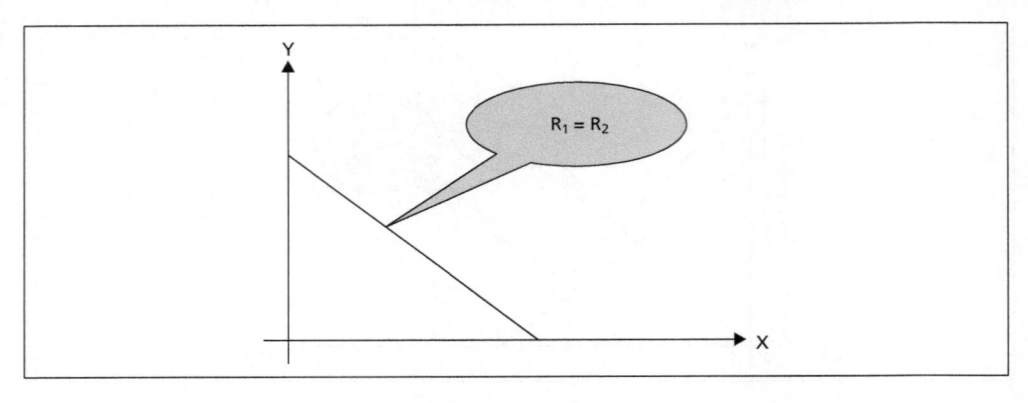

$R_1 = R_2$

21.11. O EQUILÍBRIO DO CONSUMIDOR

Depois de ter analisado a **preferência do consumidor** e de ter constatado que o consumidor possui uma renda limitada, devemos conciliar essa preferência com sua **restrição orçamentária** de tal maneira a proporcionar a esse consumidor o máximo de satisfação possível. Nesse ponto, encontraremos o **equilíbrio do consumidor**.

Portanto, o equilíbrio do consumidor ocorre no ponto em que a **restrição orçamentária tangencia a curva de indiferença mais distante da origem dos eixos**.

Ele corresponde à cesta de bens que maximiza a utilidade do consumidor sujeita à restrição orçamentária trazendo-lhe a maior satisfação. No gráfico da Figura 21.31, podemos ver a cesta ótima do consumidor.

Figura 21.31. A cesta ótima do consumidor é aquela em que a Restrição orçamentária (R) tangencia a curva de indiferença mais distante da origem.

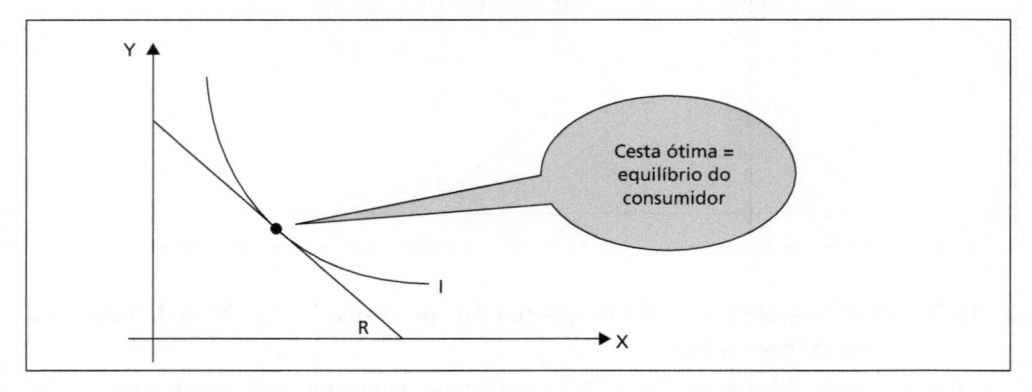

Cesta ótima = equilíbrio do consumidor

Nós sabemos que a restrição orçamentária intercepta vários pontos de diversas curvas de indiferença. A cesta ótima do consumidor será aquela que dará a maior satisfação compatível com sua renda. Logo, encontraremos esse ponto na curva de indiferença mais distante da origem que intercepta a Restrição Orçamentária. Esse ponto será aquele em que a restrição orçamentária tangencia a curva de indiferença que apresenta a maior utilidade. Podemos ver na Figura 21.32 que a Restrição orçamentária (R) intercepta os pontos que representam as cestas de bens "A", "B" e "D". Todas elas são possíveis de serem adquiridas. Contudo a cesta "A" pertence a uma curva de indiferença mais distante da origem que as cestas "B" e "D". Logo, ela traz mais satisfação ao consumidor e, portanto, será a escolhida. Se o consumidor adquirir a cesta "C", não estará utilizando toda a sua renda, o que contraria a hipótese de que o consumidor está disposto a gastá-la totalmente. A cesta "E" não é factível porque, embora pertença a uma curva de indiferença mais distante, a renda do consumidor é insuficiente para adquiri-la.

Figura 21.32. Embora a restrição orçamentária intercepte os pontos "A", "B" e "D", a cesta ótima será a "A", que corresponde à cesta localizada na curva de indiferença I_2 e proporciona ao consumidor a maior satisfação que concilia com a sua Renda. As cestas "B" e "D", embora sejam factíveis, proporcionam uma utilidade menor porque estão em uma curva de indiferença (I_1) abaixo da do ponto "A" (que está na I_2). A cesta "E" não é factível porque o consumidor não tem renda suficiente para adquiri-la. Se o consumidor consumir a cesta "C", não estará utilizando toda a sua renda disponível.

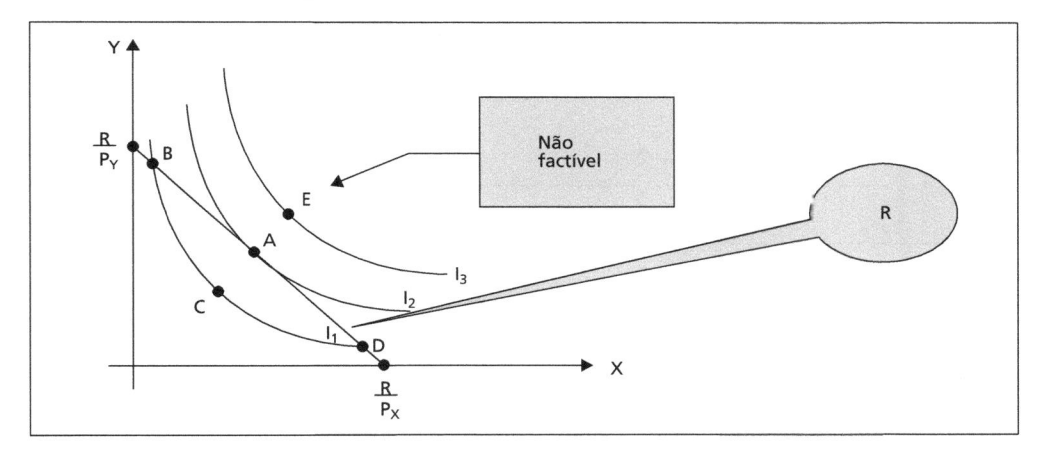

21.12. O PROBLEMA DO CONSUMIDOR

O problema do consumidor será escolher a cesta que lhe proporcione a maior satisfação, ou seja, escolher a **cesta que maximize a sua utilidade dentro de uma restrição orçamentária**.

Observamos na figura acima que "B", "C", "D" (pertencentes a I_1) dão menor utilidade que "A" (pertencente a I_2). Por isso, embora a restrição orçamentária, R, intercepte os pontos "A", "B" e "D", a escolha do consumidor será o ponto "A", que apresenta uma utilidade maior (pertencente a I_2) que os pontos "C" e "D", que apresentam uma utilidade menor (pertencente a I_1). No ponto "A", a curva de indiferença está mais distante da origem que a curva de indiferença dos pontos "B", "C" e "D".

A tangente da restrição orçamentária se define por:

$$tg\ \alpha = \frac{R/P_Y}{R/P_X}$$

$$tg\ \alpha = \frac{P_X}{P_Y}$$

Como a Restrição orçamentária (R) tangencia o ponto "A" pertencente à curva de Indiferença$_2$ (I$_2$), então a tangente da restrição orçamentária também será a tangente no ponto "A".

Logo, a tangente no ponto "A" será igual à relação de preços entre os bens "X" e "Y". Vejamos a Figura 21.33.

Figura 21.33. A tangente no ponto "A" é igual à tangente da restrição orçamentária e, portanto, igual à relação de preços entre os bens.

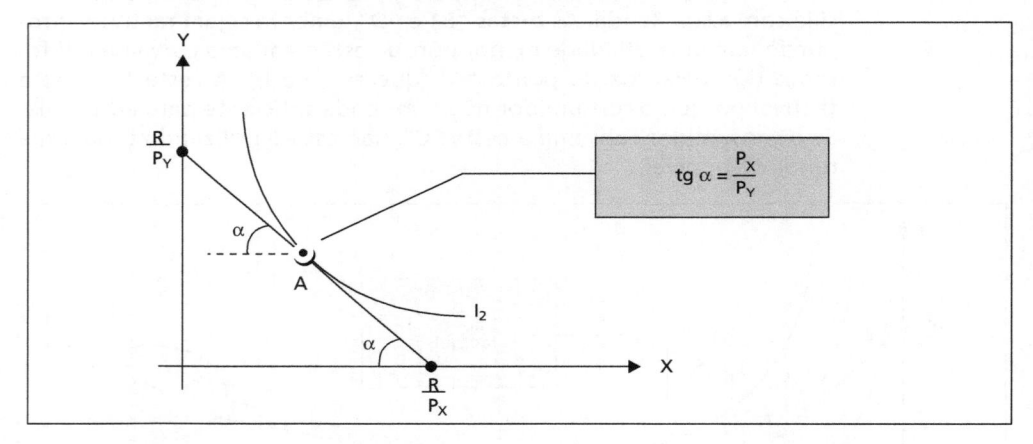

Vimos no item 21.7 deste capítulo que a Taxa marginal de Substituição de "Y" por "X" (TmgS$_{Y,X}$) se define pela relação das utilidades marginais dos bens, ou seja:

$$TmgS_{Y,X} = Umg_X / Umg_Y$$

Mas essa taxa marginal de substituição de "Y" por "X" não é constante ao longo da curva de indiferença, ou seja, à medida que nos deslocamos da esquerda para a direita, a TmgS$_{Y,X}$ diminui. Logo, no ponto "A":

$$TmgS_{YA,XA} = Umg_{XA} / Umg_{YA}$$

Mas também vimos que a taxa marginal de substituição é igual à tangente no ponto. E, como a tangente no ponto A é igual à tangente da restrição orçamentária, podemos dizer que, no ponto A e **somente no ponto "A"**, a taxa marginal de substituição de Y por X será igual à relação das utilidades marginais dos bens no ponto A e também será igual à relação de preços entre os bens:

$$\mathbf{TmgS_{YA,XA} = Umg_{XA} / Umg_{YA} = P_X / P_Y}$$

Como a tangente da restrição orçamentária na cesta ótima é coincidente com a taxa marginal de substituição na cesta ótima, podemos resumir da seguinte maneira:

Somente na cesta ótima → $TmgS_{Y,X} = P_X / P_Y$

Em qualquer cesta → $TmgS_{Y,X} = Umg_X / Umg_Y$

Somente na cesta ótima → $Umg_X / Umg_Y = P_X / P_Y$

Vejamos a cesta ótima mostrada na Figura 21.34.

Figura 21.34. A cesta ótima será aquela em que a Taxa marginal de Substituição de "Y" por "X" ($TmgS_{Y,X}$) será igual à relação das utilidades marginais no ponto ($UmgX_A/UmgY_A$) e também à relação de preços dos bens (P_X/P_Y).

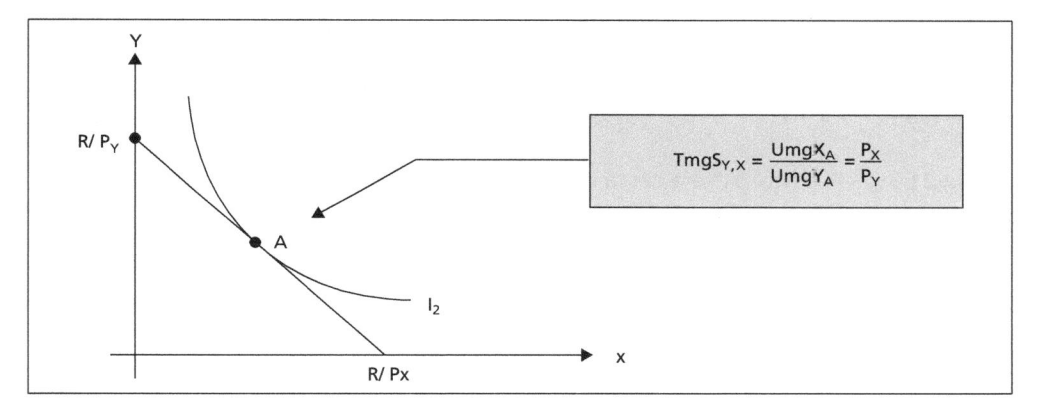

Portanto, a escolha ótima do consumidor está sujeita às seguintes condições:

- ser factível;
- $Umg_X / Umg_Y = P_X / P_Y$.

Vimos que apenas na cesta ótima a relação entre as utilidades marginais seria igual à relação dos preços dos bens. Vamos comprovar isso atribuindo outros dois pontos "M" e "N" localizados na mesma curva de Indiferença (I_2) onde está localizado o ponto "A".

No ponto "A" a tangente que passa por ele (tg α) é coincidente com a tangente da Restrição orçamentária (R). No ponto "M", a tangente que passa por ele (tg β) é maior que a tangente da restrição orçamentária (tg α). No ponto "N", a tangente que passa por ele (tg θ) é menor que a tangente da restrição orçamentária.

Como a tangente no ponto é igual à Taxa marginal de Substituição no ponto (TmgS), então, podemos construir as seguintes relações:

$TmgS_M$ = tg β

$TmgS_A$ = tg α

$TmgS_N$ = tg θ

E também:

$TmgS_M = tg\ \beta >$ tangente da restrição orçamentária

$TmgS_A = tg\ \alpha =$ tangente da restrição orçamentária

$TmgS_N = tg\ \theta <$ tangente da restrição orçamentária

Como a tangente da restrição orçamentária é igual à relação de preços dos bens, então:

$TmgS_M = tg\ \beta > P_X/P_Y$

$TmgS_A = tg\ \alpha = P_X/P_Y$

$TmgS_N = tg\ \theta < P_X/P_Y$

Logo, resumindo, temos:

$TmgS_M > P_X/P_Y$
$TmgS_A = P_X/P_Y \rightarrow$ cesta ótima
$TmgS_N < P_X/P_Y$

Figura 21.35. A cesta "A" é a cesta ótima do consumidor, em que a Taxa marginal de Substituição no ponto "A" (TmgS$_A$) é igual à relação de preços dos bens (P$_X$/P$_Y$). Qualquer cesta de bens que esteja acima e na mesma curva de indiferença do ponto A tem uma TmgS maior que a relação de preços dos bens (P$_X$/P$_Y$). Qualquer cesta de bens que esteja abaixo e na mesma curva de indiferença do ponto A tem a TmgS menor que a relação de preços dos bens (P$_X$/P$_Y$).

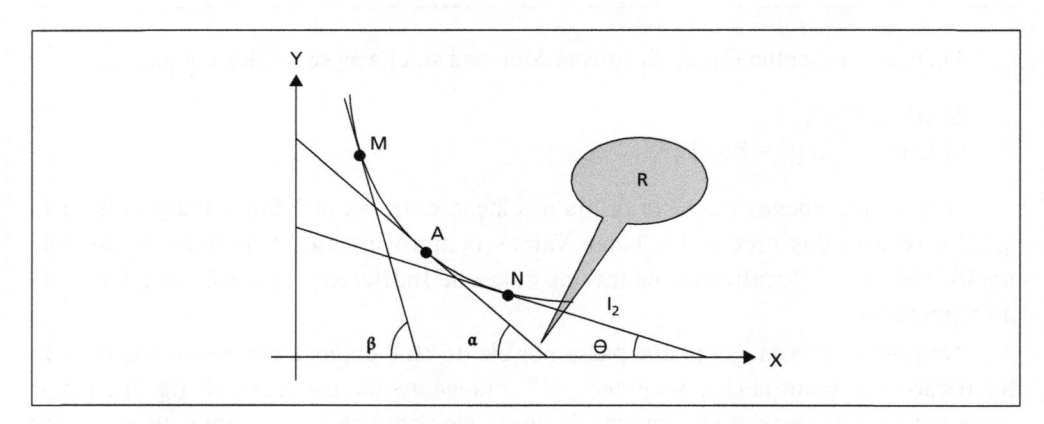

21.13. CÁLCULO DA CESTA ÓTIMA

Existem três maneiras de calcular a cesta ótima. A primeira e a mais complicada é o método dos multiplicadores de Lagrange. A segunda é utilizando a condição de equilíbrio do consumidor, e a terceira é um método simplificado que funciona em função de utilidade do tipo Cobb-Douglas. Vejamos cada uma delas.

21.13.1. Cálculo da cesta ótima pelo método dos multiplicadores de Lagrange (L)

Pelo método dos multiplicadores de Lagrange (L)[13], devemos maximizar a função utilidade fornecida pela questão subtraída de uma variável lambda (λ) multiplicada pela restrição orçamentária.

Sabendo que a restrição orçamentária é dada por:
R = $P_X \cdot X + P_Y \cdot Y$ ou
0 = $P_X \cdot X + P_Y \cdot Y - R$

Temos:

$$L = U(X,Y) - \lambda (P_X \cdot X + P_Y \cdot Y - R)$$

Imaginemos que o problema tenha fornecido os seguintes dados:
$P_X = 1$
$P_Y = 2$
R = 10
U (X,Y) = X $\cdot$ Y

Logo,
L = X $\cdot$ Y $- \lambda$ (1 $\cdot$ X + 2 $\cdot$ Y $-$ 10)

Derivando L em função de X e igualando a zero, temos:
$$\frac{d_L}{d_X} = Y - \lambda = 0 \rightarrow Y = \lambda \quad (I)$$

Derivando L em função de Y e igualando a zero, temos:
$$\frac{d_L}{d_Y} = X - 2\lambda = 0 \rightarrow X = 2\lambda \quad (II)$$

Derivando L em função de λ e igualando a zero, temos:
$$\frac{d_L}{d\lambda} = -X - 2Y + 10 = 0 \quad (III)$$

Substituindo a equação (I) e (II) na (III), temos:
$-2\lambda - 2\lambda + 10 = 0 \rightarrow \lambda = 2,5$

Logo:
X = 5
Y = 2,5

Logo, a cesta ótima será composta de 5 unidades de "X" e 2,5 unidades de "Y".

---

[13] O método consiste em introduzir uma variável nova (λ, normalmente), chamada de multiplicador de Lagrange. A partir disso, estuda-se a função de Lagrange, assim definida:
$\Lambda(x, y, \lambda) = f(x,y) - \lambda \cdot (g(x,y) - c)$.
O método dos multiplicadores de Lagrange permite encontrar extremos (máximos e mínimos) de uma função de uma ou mais variáveis suscetíveis a uma ou mais restrições.

21.13.2. Cálculo da cesta ótima utilizando a condição de equilíbrio do consumidor

Outra maneira de se determinar a cesta ótima é pela condição de equilíbrio do consumidor, que consiste em igualar a relação das utilidades marginais com a relação de preços dos bens, ou seja:

$$\frac{Umg_X}{Umg_Y} = \frac{P_X}{P_Y} \quad \text{(I)}$$

Vejamos o mesmo exemplo dado no item 21.13.1, ou seja:
$P_X = 1$
$P_Y = 2$
$R = 10$
$U(X,Y) = X \cdot Y$

Derivando U em função de X, achamos a Umg_X:

$$Umg_X = \frac{dU}{d_X} = Y$$

Derivando U em função de Y, achamos a Umg_Y:

$$Umg_Y = \frac{dU}{d_Y} = X$$

Substituindo esses valores na fórmula (I), temos:

$$\frac{Y}{X} = \frac{1}{2} \rightarrow X = 2Y \quad \text{(II)}$$

Construindo a função restrição orçamentária, temos:
$R = P_X \cdot X + P_Y \cdot Y$
$10 = 1 \cdot X + 2 \cdot Y \quad \text{(III)}$
Substituindo (II) em (III), temos:
$10 = 1 \cdot 2Y + 2Y \rightarrow Y = 2,5 \quad \text{e} \quad X = 5$

Logo, a cesta ótima será composta de 5 unidades de "X" e 2,5 unidades de "Y".

21.13.3. Cálculo da cesta ótima utilizando o método simplificado numa função do tipo Cobb-Douglas

Podemos calcular a cesta ótima utilizando o método simplificado quando a função utilidade for do tipo Cobb-Douglas.

Sabemos que a uma função utilidade do tipo Cobb-Douglas é dada por:
$U = A \, X^\alpha \, Y^\beta$

Para se determinar a quantidade ótima de "X" e "Y", podemos utilizar o seguinte cálculo:

$$X = \frac{\alpha}{(\alpha + \beta)} \cdot \frac{R}{P_X}$$

$$Y = \frac{\beta}{(\alpha + \beta)} \cdot \frac{R}{P_Y}$$

Vejamos o mesmo exemplo dado no item 21.13.1, ou seja:
$P_X = 1$
$P_Y = 2$
$R = 10$
$U(X,Y) = X \cdot Y$

$$X = \frac{1}{(1+1)} \cdot \frac{10}{1} = 5$$

$$Y = \frac{1}{(1+1)} \cdot \frac{10}{2} = 2,5$$

Logo, a cesta ótima será composta de 5 unidades de "X" e 2,5 unidades de "Y".
A utilidade quando a cesta for composta de X = 5 e Y = 2,5 é igual a:
$U_{máx} = 5 \cdot 2,5 = 12,5$

21.13.4. GASTO DO CONSUMIDOR NUMA FUNÇÃO UTILIDADE DO TIPO COBB-DOUGLAS

Dada uma função Utilidade do tipo Cobb-Douglas, ou seja, que tenha o formato: $U(X,Y) = A \cdot X^\alpha Y^\beta$, podemos definir que o gasto do consumidor com cada um dos bens será igual à relação dos expoentes α e β da função.

Assim, vejamos alguns exemplos:

a) $U(X,Y) = 10 \cdot X \cdot Y$

Como os expoentes α e β são iguais a "1", o gasto com os dois bens será igual. Vejamos:

Se Px = 1, Py = 2 e R= 10, onde Px= Preço do bem "X", Py = Preço do bem "Y" e R = Renda do consumidor, então, na cesta ótima, a quantidade dos bens "X" e "Y" serão:

$X^* = (\alpha/\alpha+\beta) \cdot R/Px \rightarrow X^* = \frac{1}{2} \cdot 10/1 \rightarrow X^* = 5$
$Y^* = (\beta/\alpha+\beta) \cdot R/Py \rightarrow Y^* = \frac{1}{2} \cdot 10/2 \rightarrow Y^* = 2,5$

Ou seja, na cesta ótima, o consumidor adquirirá 5 unidades do bem X e 2,5 do bem Y.

O gasto (G=P.Q) com cada um dos bens será:
Gx = 1 · 5 → Gx = 5
Gy = 2 · 2,5 → Gy = 5

Como os expoentes de "X" e "Y" foram iguais, os gastos com os dois bens também foram iguais.

b) $U(X,Y) = 5 \cdot X^2 \cdot Y^3$

Como os expoentes $\alpha = 2$ e $\beta = 3$, o gasto com o bem "Y" será 1,5 vez maior que o gasto com o bem "X". Vejamos:

Se Px = 1, Py = 2 e R= 10, onde Px= Preço do bem "X", Py = Preço do bem "Y" e R = Renda do consumidor, então, na cesta ótima, a quantidade dos bens "X" e "Y" serão:

$X^* = (\alpha/\alpha+ \beta) \cdot R /Px \rightarrow X^* = 2/5 \cdot 10/1 \rightarrow X^* = 4$

$Y^* = (\beta/\alpha+ \beta) \cdot R /Py \rightarrow Y^* = 3/5 \cdot 10/2 \rightarrow Y^* = 3$

Ou seja, na cesta ótima, o consumidor adquirirá 4 unidades do bem X e 3 do bem Y.

O gasto (G=P.Q) com cada um dos bens será:

$Gx = 1 \cdot 4 \rightarrow Gx = 4$

$Gy = 2 \cdot 3 \rightarrow Gy = 6$

Como os expoentes de "Y" é 1,5 vez maior que o expoente de "X", os gastos com "Y" serão 1,5 vez maiores que os gastos com "X".

c) $U(X,Y) = 2.X^3.Y^4$

Como os expoentes $\alpha= 3$ e $\beta= 4$, o gasto com o bem "Y" será 33% maior que o gasto com o bem "X". Vejamos:

Se Px = 1, Py = 2 e R= 10, onde Px= Preço do bem "X", Py = Preço do bem "Y" e R = Renda do consumidor, então, na cesta ótima, a quantidade dos bens "X" e "Y" serão:

$X^* = (\alpha/\alpha+ \beta) \cdot R /Px \rightarrow X^* = 3/7 \cdot 10/1 \rightarrow X^* = 30/7$

$Y^* = (\beta/\alpha+ \beta) \cdot R /Py \rightarrow Y^* = 4/7 \cdot 10/2 \rightarrow Y^* = 20/7$

Ou seja, na cesta ótima, o consumidor adquirirá 30/7 unidades do bem X e 20/7 do bem Y.

O gasto (G=P.Q) com cada um dos bens será:

$Gx = 1 \cdot 30/7 \rightarrow Gx = 30/7$

$Gy = 2 \cdot 20/7 \rightarrow Gy = 40/7$

Como os expoentes de "Y" é 33% maior que o expoente de "X", os gastos com "Y" serão 33% maiores que os gastos com "X".

d) $U(X,Y) = 3.X^5.Y^6$

Como os expoentes $\alpha= 5$ e $\beta= 6$ o gasto com o bem "Y" será 20% maior que o gasto com o bem "X". Vejamos:

Se Px = 5, Py = 12 e R= 6, onde Px= Preço do bem "X", Py = Preço do bem "Y" e R = Renda do consumidor, então, na cesta ótima, a quantidade dos bens "X" e "Y" serão:

$X^* = (\alpha/\alpha+ \beta) \cdot R /Px \rightarrow X^* = 5/11 \cdot 66/5 \rightarrow X^* = 6$

$Y^* = (\beta/\alpha+ \beta) \cdot R /Py \rightarrow Y^* = 6/11 \cdot 66/12 \rightarrow Y^* = 3$

Ou seja, na cesta ótima, o consumidor adquirirá 6 unidades do bem X e 3 do bem Y.

O gasto (G=P.Q) com cada um dos bens será:

$Gx = 5 \cdot 6 \rightarrow Gx = 30$

$Gy = 12 \cdot 3 \rightarrow Gy = 36$

Como os expoentes de "Y" é 20% maior que o expoente de "X", os gastos com "Y" serão 20% maiores que os gastos com "X".

21.14. UTILIDADE MARGINAL DA MOEDA

Uma cesta de bens com dois bens, "X" e "Y", atinge o ponto ótimo quando:

$$\frac{Umg_X}{Umg_Y} = \frac{P_X}{P_Y}$$

Ou, escrevendo de outra forma:

$$\frac{Umg_X}{P_X} = \frac{Umg_X}{P_Y}$$

Isso significa dizer que a utilidade é máxima quando a restrição orçamentária é alocada de maneira que a **relação entre as utilidades marginais dos bens e seus preços seja igual**. Logo, a utilidade marginal por cada real gasto é igual para os bens "X" e "Y".

A Utilidade marginal da Moeda (Umg_M) é a relação entre a Utilidade marginal de um bem e o Preço desse bem (Umg_{BEM} / P_{BEM}) ou o acréscimo da utilidade total quando se gasta um a mais de moeda.

Isso significa dizer que o ponto ótimo é aquele onde a utilidade marginal da moeda em gastar com o bem "X" é igual à utilidade marginal da moeda em gastar com o bem "Y", ou seja, quando a utilidade marginal da moeda for constante.

21.15. EQUILÍBRIO DO CONSUMIDOR EM CASOS PARTICULARES

Existem situações em que a escolha ótima do consumidor não vai se dar onde a relação das utilidades marginais dos bens for igual à relação de preços desses bens, como dito a partir do item 21.12 deste capítulo. Vejamos esses casos particulares.

21.15.1. Solução de canto para bens substitutos perfeitos

Suponha que dois bens sejam substitutos perfeitos, ou seja, o consumidor é indiferente em consumir um ou o outro bem. Se um desses bens tiver um preço menor que o outro, o consumidor deverá adquirir tudo que sua renda permitir desse bem mais barato e nada do bem mais caro.

Suponhamos que os preços dos bens "X" e "Y" e a Renda (R) do consumidor sejam os seguintes:

$P_X = 1$

$P_Y = 2$

$R = 10$

Se a proporção dos bens é de 1 para 1, então as curvas de indiferença terão uma inclinação igual a (–)1, ou seja, a tangente de α é igual a (–)1. Observemos na Figura 21.36.

Figura 21.36. Bens substitutos perfeitos são representados por linhas retas paralelas. Se a proporção entre eles for de 1 para 1, então a inclinação (ou tangente de α) será igual a –1.

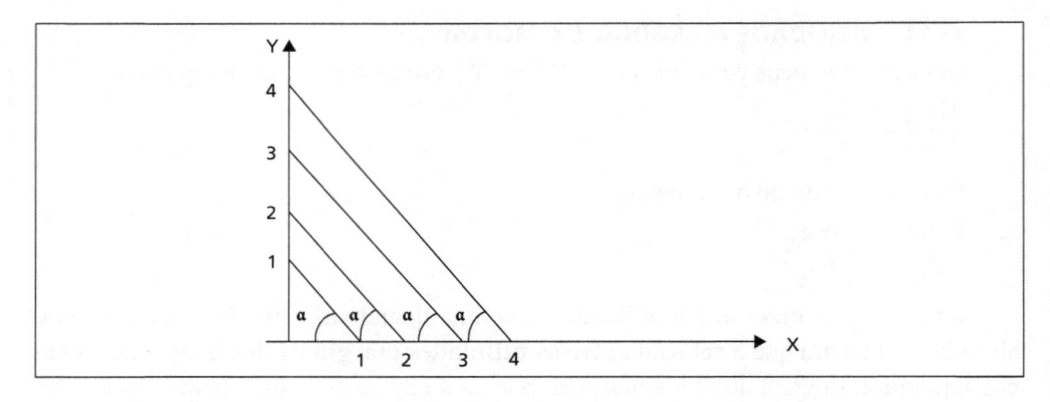

[Figura: curva de indiferença linear com interceptos Y=4 e X=4, mostrando ângulos α nos pontos x=1,2,3,4]

Sendo a inclinação da curva de indiferença constante e igual a (–)1, já que a tangente é igual a (–)1, tg α = (–)1, então a taxa marginal de substituição será igual a (–)1 também.

A tangente da restrição orçamentária (tg β) se dá pela relação entre os preços de "X" e "Y". Logo, a tangente da restrição orçamentária será igual a –1/2.

tg $\beta = -P_X/P_Y = -1/2$

Observemos que a tangente da curva de indiferença (que é a TmgS) é diferente da tangente da restrição orçamentária. Vejamos o gráfico da Figura 21.37. Também a restrição orçamentária tangencia a curva de indiferença nos pontos (10,0) e (0,5). Como o ponto (10,0) pertence a uma curva de indiferença mais distante da origem, então essa será a cesta ótima.

Figura 21.37. A cesta ótima numa solução de canto tem a TmgS$_{Y,X}$ diferente da relação de preços entre os bens.

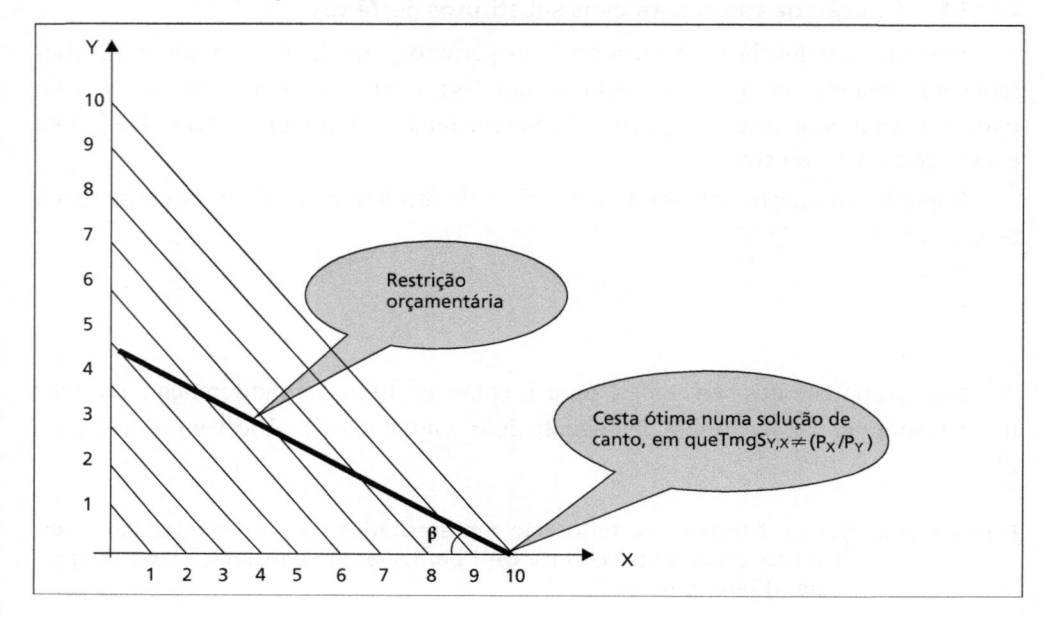

[Gráfico: restrição orçamentária de (0,4.5) a (10,0) com curvas de indiferença; cesta ótima numa solução de canto, em que TmgS$_{Y,X} \neq (P_X/P_Y)$]

É importante, portanto, que se perceba que a cesta ótima em caso de bens substitutos perfeitos não apresenta a característica de ter a Taxa marginal de Substituição (TmgS = tg α) igual à tangente da restrição orçamentária (tg β). Logo:

$$Tmg_{Y,X} \neq P_X/P_Y.$$

21.15.2. Solução ótima em bens complementares perfeitos

Bens complementares são aqueles que são consumidos juntos e em proporções constantes. No caso do pé de sapato direito ("X") e pé de sapato esquerdo ("Y") vimos que essa proporção era sempre 1 para 1. Assim, X = Y

Sabendo que a restrição orçamentária é assim descrita:

$R = P_X \cdot X + P_Y \cdot Y$ ou:

Como X = Y, então:

$R = P_X \cdot X + P_Y \cdot X$ ou:

$R = X \cdot (P_X + P_Y)$

Logo:

$X = R/(P_X + P_Y)$ e

$Y = R/(P_X + P_Y)$

Isso nos leva a deduzir que, como os dois bens são sempre consumidos juntos, é como se eles se tornassem um só e o consumidor gastasse toda a sua renda nesse único bem cujo preço fosse a soma de $(P_X + P_Y)$.

Nessa situação o equilíbrio do consumidor não ocorrerá onde a TmgS é igual à relação de preços dos bens.

Vejamos o Equilíbrio do consumidor (E) graficamente na Figura 21.38:

Figura 21.38. Solução ótima quando os bens são complementares perfeitos.

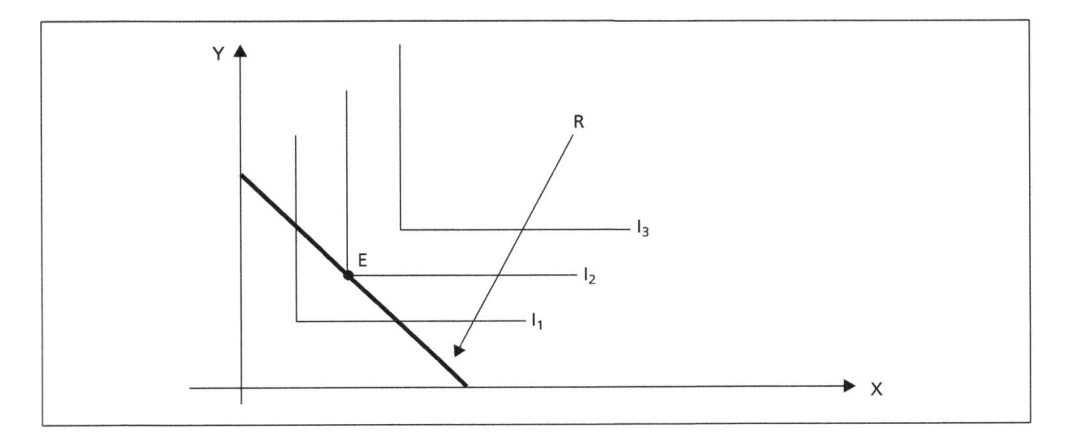

21.15.3. Solução de canto em curvas de indiferença côncavas

Estudamos que o consumidor prefere a diversificação no lugar da especialização, o que justificaria as curvas de indiferença serem convexas para a origem. Mas pode ocorrer de o consumidor preferir a **especialização** de um dos bens. Nessa situação, as curvas de indiferença seriam **côncavas** para a origem dos eixos.

Assim, as curvas de indiferença côncavas em relação à origem geram solução de canto. Observemos a Figura 21.39. Percebemos que, com a restrição orçamentária, o consumidor pode adquirir as cestas "A" e "B". Contudo, a cesta "A" está numa curva de indiferença mais distante da origem e, por isso, traz mais satisfação. Conclusão: o consumidor irá escolher a cesta "A", que é uma escolha de fronteira ou de canto. Nesse ponto, também a Taxa marginal de Substituição (TmgS) é diferente da relação de preços dos bens.

Figura 21.39. A restrição orçamentária tangencia as curvas de indiferença nos pontos "A" e "B", mas a cesta ótima será "A", já que se encontra numa curva de indiferença mais externa. Portanto, ocorre uma solução de canto, em que o bem "X" será abandonado e a cesta ótima será concentrada apenas no bem "Y".

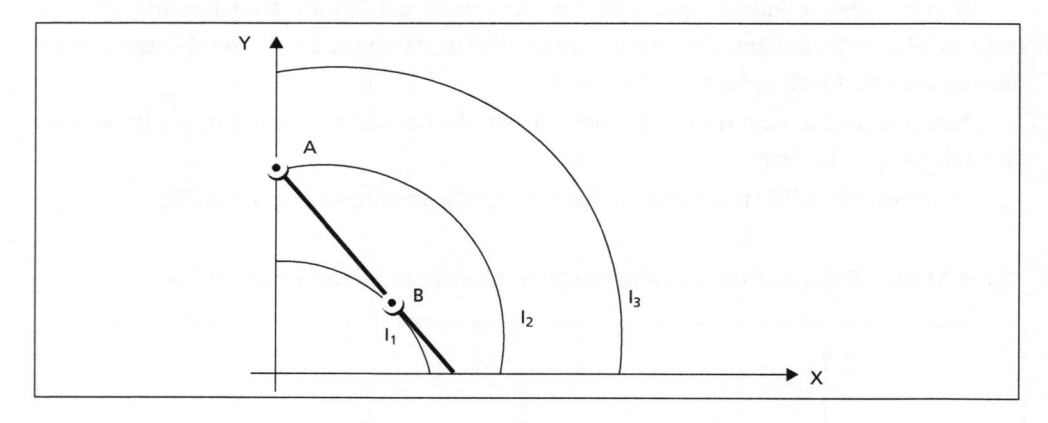

Varian exemplifica ao dizer: "Se você tem dinheiro para comprar sorvete e azeitonas, mas não gosta de consumi-los juntos, gastará todo o seu dinheiro em um ou em outro"[14].

21.16. QUESTÕES

1. (IBFC — IBGE — 2021) A Teoria do Consumidor deseja explicar como é o comportamento do consumidor. O gráfico a seguir destaca a linha de restrição orçamentária:

---

[14] Hal R. Varian, *Microeconomia*: uma abordagem moderna, p. 42.

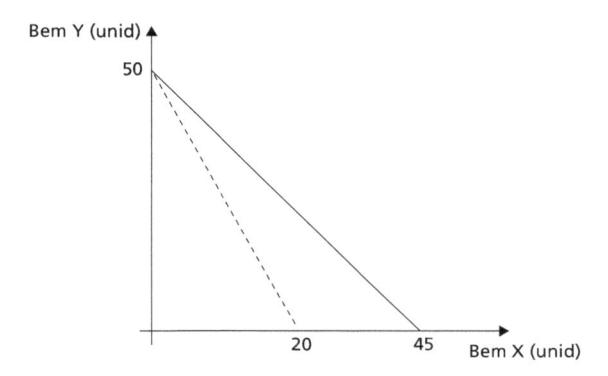

A linha pontilhada representa a restrição orçamentária do consumidor na situação inicial. A linha cheia representa a restrição depois de uma alteração nos preços relativos (ou seja, na relação Px/Py), assinale a alternativa que apresenta corretamente o que aconteceu para a linha de restrição se mover.
   a) O bem X ficou mais caro.
   b) O bem Y ficou mais caro.
   c) O bem X ficou mais barato.
   d) O bem Y ficou mais barato.
   e) Os dois bens aumentaram de preço.

2. (FCC — SEF-SC — 2018) No tocante aos subsídios, considere:
   I. Observando-se os efeitos de um subsídio sobre a oferta e o consumo, ele pode ser considerado um imposto negativo.
   II. O efeito de um subsídio é o da redução da quantidade produzida.
   III. Nem sempre compradores e vendedores se apropriam igualmente dos benefícios de um subsídio.
   IV. Um subsídio de quantidade não afeta a inclinação da reta orçamentária de um consumidor que o recebe.
Está correto o que se afirma em:
   a) I e III, apenas.
   b) II e IV, apenas.
   c) I e IV, apenas.
   d) II e III, apenas.
   e) I, II, III e IV.

3. (FGV - 2024 — Câmara Municipal-SP/Economia) Considere duas cestas de consumo x e y. Um indivíduo é indiferente entre essas duas cestas se, e somente se,
   a) x é fracamente preferível a y e y não é fracamente preferível a x.
   b) x é fracamente preferível a y e y é fracamente preferível a x.
   c) x é estritamente preferível a y e y é estritamente preferível a x.
   d) x é fracamente preferível a y ou y é fracamente preferível a x.
   e) x é estritamente preferível a y ou y é estritamente preferível a x.

4. (FGV — 2024 — Pref SJC/Ciências Econômicas) Considere três cestas de consumo quaisquer x, y e z que assumem valores não negativos (conjunto de consumo). Considere que o consumidor possui preferências racionais e que ele ao comparar as cestas informa que:

x~y
y fracamente preferível a z

Ao utilizar essas duas comparações e o fato de as preferências serem racionais, é correto concluir que
a) x~z.
b) y é preferível a x.
c) z é fracamente preferível a x.
d) y~z.
e) x é fracamente preferível a z.

5. (FGV — 2024 — Câmara Municipal-SP/Economia) Dois bens (x e y) são ditos complementares perfeitos para um indivíduo quando as suas preferências podem ser representadas por uma função de utilidade U(x,y) da seguinte forma:
(Considere a e b constantes reais positivas)
a) min {ax, y}.
b) max {ax, y}.
c) ax + y.
d) $x^a y^b$.
e) x + v(y).

6.(Instituto Consulplan — 2024 — DPE-PR/Economia) Analise o gráfico, o qual se refere à demonstração de uma Curva de Indiferença, e considere as informações adicionais.

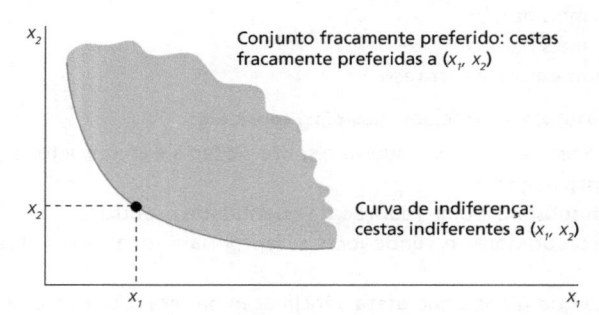

(Varian, Hal R., 1947- 9. Ed. Microeconomia: Uma Abordagem Moderna – 9. Ed. – Rio De Janeiro: Elsevier, 2015. Adaptado.)

Informações Adicionais
- Na figura, estão ilustrados dois eixos que representam o consumo dos bens 1 e 2 por um consumidor.
- Considerando uma determinada cesta de consumo (x1, x2), a área sombreada mostra todas as cestas de consumo que são preferidas a (x_1, x_2). Trata-se de cestas que são pelo menos tão boas quanto a cesta (x_1 e x_2).
- As cestas situadas nos limites do conjunto – as cestas para as quais o consumidor é apenas indiferente a (x_1, x_2) – formam a curva de indiferença.

Considerando as informações disponibilizadas anteriormente e conhecimentos adicionais sobre Curva de Indiferença, assinale a afirmativa INCORRETA.
a) As curvas de indiferença são um modo de descrever preferências.
b) A curva de indiferença traçada através de uma cesta de consumo consiste em todas as cestas de bens que deixam o consumidor indiferente à cesta dada.
c) Um princípio importante sobre as curvas de indiferenças está no fato de que aquelas que representam níveis distintos de preferência não podem se cruzar.
d) A vantagem de se usar curva de indiferença para descrever preferências é que ela mostra as cestas que o consumidor percebe como diferentes entre si, efetuando a distinção entre as cestas melhores das piores.

7. (Instituto Consulplan – 2024 – DPE-PR/Economia) Sobre a teoria do consumidor, mais especificamente sobre o conceito de Restrição Orçamentária, conforme demonstrado na figura disponibilizada, analise as afirmativas a seguir.

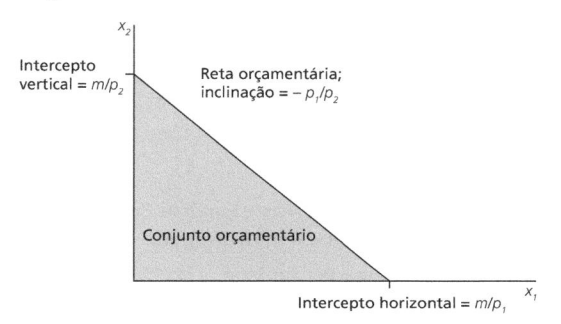

(Varian, Hal R., 1947 – 9. Ed. Microeconomia: Uma Abordagem Moderna – 9. Ed. – Rio De Janeiro: Elsevier, 2015.)

I. Da expressão: $p_1x_1 + p_nx_n \leq m$ é possível concluir apenas que a quantidade de dinheiro gasto com o bem 1, p_1x_1 mais a quantidade de dinheiro gasto em todos os outros bens, representadas por p_nx_n, não pode ser maior que a quantidade total de dinheiro que o consumidor tem para gastar, representado por m.

II. A reta orçamentária é o conjunto de cestas que custam exatamente m. São essas as cestas de bens que esgotam a renda do consumidor.

III. O conjunto orçamentário é formado por todas as cestas que podem ser adquiridas dentro de determinados preços e da renda do consumidor.

Está correto o que se afirma em
a) I, II e III.
b) I, apenas.
c) I e III, apenas.
d) II e III, apenas.

8. (CEBRASPE – 2024 – Especialista em Regulação de Aviação Civil (ANAC)/Qualquer Área de Formação/"Área 3") Considerando a teoria microeconômica clássica, julgue o item a seguir.

A função utilidade $U(x_1, x_2) = x_1 + 6x_2$ representa bens complementares.
( ) Certo   ( ) Errado

9. (CEBRASPE – 2024 – Economista – CAGEPA) O gráfico abaixo descreve diversas possibilidades de escolha do consumidor pelos produtos A e B, bem como suas curvas de indiferença (C_1, C_2, e C_3) e sua restrição orçamentária (linha em negrito).

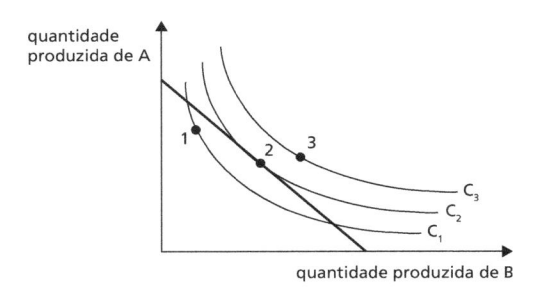

À luz dos dados acima apesentados e considerando a teoria de preferência do consumidor, assinale a opção correta.

a) A combinação 2 representa a escolha de menor utilidade para o consumidor, dada sua restrição orçamentária.
b) O consumidor é indiferente às combinações 1, 2 e 3.
c) Todos os pontos de C1 são passíveis de escolha pelo consumidor, dada sua restrição orçamentária.
d) A combinação 1 é preferível em relação às combinações 2 e 3.
e) A combinação 3 é preferível em relação às combinações 1 e 2, mas é inacessível ao consumidor, dada sua restrição orçamentária.

10. (CEBRASPE — 2024 — Especialista em Regulação de Serviços Públicos de Telecomunicações/Economia) Em relação à teoria do consumidor, julgue o item a seguir.

Respeitadas as hipóteses da teoria ordinal da utilidade, é possível representar, na mesma curva de indiferença, as duas cestas de bens (x_1, y_1) e (x_2, y_2), em que $x_1 > x_2$ e $y_1 > y_2$.
( ) Certo   ( ) Errado

GABARITO

1. "c". Quando a restrição orçamentária mudou da linha pontilhada para a linha cheia, percebemos que se o consumidor optar por consumir apenas o bem Y, nas duas situações, ele continua consumindo a mesma quantidade do bem Y, o que demonstra que o preço de Y não se alterou. Porém, quando ocorre o deslocamento da restrição orçamentária, se o consumidor consumir apenas o bem X, poderá aumentar o consumo do bem X, mostrando que ele está mais barato.

2. "a".
I. (V) O imposto recai sobre o consumo, desestimulando-o, já que há elevação do preço do produto. O subsídio incide sobre o consumo, estimulando-o, já que há queda do preço do produto. Portanto, o subsídio tem sentido contrário do imposto e pode ser considerado um imposto com sinal trocado, o item "I" é verdadeiro.
II. (F) O efeito de um subsídio é o do aumento da quantidade produzida, já que o produtor recebe, do governo, um valor para estimulá-lo a produzir mais. O item II está incorreto.
III. (V) Assim como os tributos, os subsídios serão repartidos para consumidores e produtores, a depender da elasticidade da curva de demanda e da oferta. O item "III" está correto.
IV. (F) Um subsídio afeta a inclinação da reta orçamentária (R) de um consumidor que o recebe, já que o preço do produto diminui, o que possibilita ao consumidor, comprar mais dele (Qx_1 para Qx_2). Vejamos no gráfico a seguir. Quando o preço do bem X cai, o consumidor pode adquirir uma quantidade maior do bem subsidiado (passa de Qx_1 para Qx_2). Supondo que o bem "X" seja o subsidiado, podemos perceber que a inclinação da restrição orçamentária se altera. O item IV está incorreto.

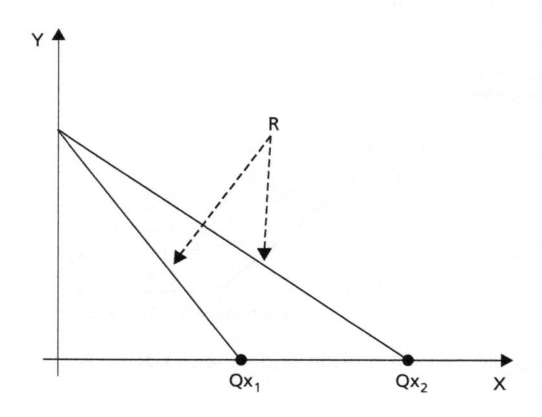

3. "b". Um indivíduo é indiferente entre duas cestas quando há um contexto de similaridade entre as cestas de tal maneira que uma é fracamente preferível a outra e vice-versa. A alternativa "b" está correta e as alternativas "a" e "d" estão incorretas. Quando não há a possibilidade de haver indiferença entre duas cestas de bens, dizemos que elas são estritamente preferíveis. Logo, as alternativas "c" e "e" estão incorretas.

4. "e". Se X é indiferente a Y e Y é fracamente preferível a Z, então, X será fracamente preferível a z. A alternativa "e" está correta. Para X ser indiferente a Z, Y deveria ser indiferente a Z também, o que não ocorre, já que ele é fracamente preferível a Z. A alternativa "a" está incorreta. Se X é indiferente a Y, então, Y é indiferente a X. A alternativa "b" está incorreta. Dizer que X é fracamente preferível a Z não significa dizer que Z seja fracamente preferível a X. A alternativa "c" está incorreta. O enunciado já disse que Y é fracamente preferível a Z, então não podemos dizer que Y é indiferente a Z. A alternativa "d" está incorreta.

5. "a". A função utilidade para bens complementares perfeitos é: $U(X,Y) = \min\{aX, bY\}$, onde "a" e "b" são números positivos que indicam as proporções nas quais os bens estão sendo consumidos. Logo, a alternativa "a" está correta e a "b" está incorreta. A função utilidade para bens substitutos perfeitos é: $U(X,Y) = aX + bY$, onde "a" e "b" são números positivos que representam o valor que os bens "X" e "Y" têm para o consumidor. As alternativas "c" e "e" estão incorretas. A função Utilidade do tipo Cobb-Douglas apresenta o seguinte formato: $U(X,Y) = A X^\alpha Y^\beta$, onde A, α e β são constantes positivas. A Alternativa "d" está incorreta.

6. "d". A vantagem de se usar curva de indiferença para descrever preferências é que ela mostra as cestas que proporcionam ao consumidor o mesmo grau de satisfação ou utilidade, deixando-o indiferente às cestas que estão sobre a curva. Portanto, a utilidade de qualquer cesta situada na mesma curva de indiferença é a mesma. Caso haja uma cesta fora da curva de indiferença citada, ou seja, sobre outra curva de indiferença, significa que a preferência é diferente daquela que está sobre a curva, mostrando, portanto, que curvas de indiferença diferente não podem se cruzar. A alternativa "d" é a única incorreta. As alternativas "a", "b" e "c" estão corretas.

7. "a". A restrição orçamentária do consumidor pode ser expressa da seguinte maneira: $m = p_1x_1 + p_nx_n$. Já o conjunto orçamentário que consiste no conjunto de cestas que podem ser adquiridas é expressa por: $m \geq p_1x_1 + p_nx_n$. Na primeira situação, a renda está sendo totalmente exaurida no consumo de X_1 e X_2. Já, na segunda situação, isso não necessariamente acontece. Os itens I, II e III estão corretos.

8. "errado". A função utilidade que tem seu formato como a função a seguir: $U(X,Y) = aX + bY$, onde "a" e "b" são números positivos que representam o valor que os bens "X" e "Y" têm para o consumidor, é uma função que representa bens substitutos perfeitos. A função utilidade que representa bens complementares perfeitos é dada por: $U(X,Y) = \min\{aX, bY\}$. A questão está errada.

9. "e". A combinação 3 é preferível em relação às combinações 1 e 2. Mas. a cesta 3 não será possível de ser consumida porque não há renda para isso. Mas isso não impede o consumidor preferi-la. A alternativa "d" está incorreta e a "e" está correta.

A combinação 1 representa a escolha de menor utilidade para o consumidor, já que está contida na curva de utilidade C_1 mais próxima à origem dos eixos. A alternativa "a" está incorreta.

O consumidor prefere a cesta 3 à 2 e prefere a 2 à 1. Percebemos que a cesta 3 está na curva de indiferença C_3 que se encontra mais distante da origem e a cesta 1 se encontra na curva de indiferença C_1, mais próxima da origem dos eixos. Quanto mais longe estiver a curva de indiferença em relação à origem dos eixos, maior é a preferência do consumidor. A alternativa "b" está incorreta.

As cestas de C_1, abaixo da Restrição Orçamentária, são passíveis de serem consumidas. Contudo, como o consumidor tende a maximizar as suas preferências, ele escolherá a cesta 2 que está contida na curva de indiferença C_2 porque, além de trazer mais satisfação ao consumidor, ainda é compatível com a sua restrição orçamentária. A alternativa "c" está incorreta.

10. "errado". Pela teoria ordinal da utilidade, o consumidor é capaz de ordenar as cestas de consumo dentro do espaço das mercadorias e comparar essa ordem em pares de acordo com as suas preferências. Uma preferência bem-comportada é monótona, ou seja, para o consumidor, uma cesta com mais bens é preferível a outra com menos bens. Logo, se o consumidor se deparar com duas cestas, (X_1, Y_1) e (X_2, Y_2), onde $x_1 > x_2$ e $y_1 > y_2$, então o consumidor vai preferir a cesta (X_1, Y_1), já que ela tem uma maior quantidade dos dois bens, X e Y. Logo, a cesta (X_1, Y_1) estará numa curva de indiferença mais distante da origem que a cesta (X_2, Y_2), que estará numa curva de indiferença mais próxima da origem.

21.17. MATERIAL SUPLEMENTAR

QUESTÕES DE CONCURSOS
> http://uqr.to/1yarr

22

EFEITO RENDA, EFEITO SUBSTITUIÇÃO E EFEITO TOTAL

Quando o preço de um dos bens diminui, digamos o bem "X", isso faz com que o consumidor fique mais estimulado a consumir esse bem "X" e, por conseguinte, substitua o consumo do bem "Y" por esse bem "X". A isso damos o nome de **efeito substituição**.

Também, quando o preço do bem "X" diminui, o consumidor se sente mais empoderado, ou seja, passa a ter um aumento no seu poder de compra, fazendo com que permita consumir mais dos dois bens, "X" e "Y"[1]. A isso damos o nome de **efeito renda**.

O **efeito total** em decorrência da alteração no preço de um dos bens será a soma do efeito substituição com o efeito renda.

Vasconcellos e Oliveira afirmam que "o efeito substituição indica o impacto de uma variação no preço de um bem sobre sua quantidade demandada descontando a alteração no poder aquisitivo gerado por essa variação de preço. O efeito renda indica o impacto dessa alteração no preço sobre essa quantidade demandada que é explicada pela alteração no poder aquisitivo"[2].

Já Ferguson afirma que: "O efeito total de uma variação no preço pode ser decomposto em um efeito substituição e um efeito renda. O efeito substituição é a variação na quantidade demandada atribuída exclusivamente a uma variação no preço relativo. O efeito substituição é sempre negativo. O efeito renda é a variação na quantidade demandada atribuída exclusivamente a uma variação na renda real. Para os bens normais ou superiores, o efeito renda é positivo"[3].

Neste capítulo, iremos estudar o efeito substituição, efeito renda e efeito total pelos critérios de Hicks e Slutsky.

22.1. EFEITO RENDA E EFEITO SUBSTITUIÇÃO PELO CRITÉRIO DE HICKS[4]

Supondo que o preço do bem "X" caia, isso gera um impacto que será decomposto em dois efeitos: efeito substituição e efeito renda. O **efeito substituição** é causado

---

[1] Se "X" e "Y" são bens normais.
[2] Marco Antonio Sandoval de Vasconcellos & Roberto Guena de Oliveira, *Manual de microeconomia*, p. 88.
[3] C. E. Ferguson, *Microeconomia*, p. 70.
[4] John Hicks era inglês e foi prêmio Nobel em economia.

pela alteração dos preços relativos, alterando a taxa marginal de substituição entre os bens "Y" e "X" e o **efeito renda** devido à variação do poder aquisitivo total da renda.

Essa decomposição, em efeito renda e efeito substituição, é meramente hipotética porque, na prática, com uma variação no preço do bem, o consumidor simplesmente escolhe a cesta de bens que mais lhe dê satisfação mediante sua restrição orçamentária. Mas se torna útil imaginar que uma alteração no preço provoque uma variação na restrição orçamentária, primeiro com um giro (efeito substituição) e depois com um deslocamento (efeito renda).

Dependendo do tipo de bem que consideramos para "X", esses efeitos se comportarão de maneiras diferentes. Utilizando o critério de Hicks, vejamos uma primeira situação em que o bem "X" seja **normal ou superior**, uma segunda situação em que ele seja um bem **inferior** e a terceira situação em que ele seja um bem de **Giffen**.

Vejamos o gráfico da Figura 22.1. Podemos observar que o efeito substituição causa um **giro na restrição orçamentária em torno da curva de indiferença que passa pela cesta original**. Assim, representamos uma nova reta orçamentária (que chamaremos de reta orçamentária 2), mas que mantém os mesmos preços relativos que a reta orçamentária final (que chamaremos de reta orçamentária 3), ou seja, as duas terão a mesma inclinação (as restrições orçamentárias 2 e 3), porém, com um nível de renda da restrição orçamentária 2 menor que a 3, supondo queda dos preços. Essa nova reta orçamentária (restrição orçamentária 2) vai permitir ao consumidor comprar uma cesta de bens (ponto 2) que lhe proporcione o **mesmo bem-estar** da cesta original (ponto 1), muito embora o poder aquisitivo dessa reta não permita adquirir a cesta original (podemos ver que a cesta 1 do gráfico está acima da restrição orçamentária 2). Logo, o efeito substituição vai manter **constante a utilidade**, mas não o poder aquisitivo. Esse efeito fornece ao consumidor a possibilidade de retornar à sua antiga curva de indiferença (I_1), mas não ao seu nível original de consumo (cesta 1). Observamos também que o Efeito Substituição (ES) provoca alteração na Taxa marginal de Substituição (TmgS), ou seja, a TmgS no ponto 1 é maior que a TmgS no ponto 2.

Já o efeito renda é um movimento no qual a inclinação permanece constante, e a renda e o poder aquisitivo variam, ou seja, mantém a restrição orçamentária 3 com a mesma inclinação da restriçao orçamentária 2 cujos preços relativos são iguais a um nível de renda diferente.

Portanto, o efeito substituição mantém o consumidor sobre a mesma curva de indiferença. O efeito renda desloca o consumidor para outra curva de indiferença. Assim, quando caminhamos do ponto 1 para o ponto 2, haverá uma variação na taxa marginal de substituição sem mudança no bem-estar do consumidor. Mas, quando caminhamos de 2 para 3, a taxa marginal de substituição permanece a mesma (observe que a declividade da tangente no ponto é igual nos dois pontos), enquanto o bem-estar do consumidor é maior no ponto 3.

22 ◼ Efeito Renda, Efeito Substituição e Efeito Total

Figura 22.1. Efeito Substituição (ES) e Efeito Renda (ER) de Hicks: o efeito substituição provoca um giro da restrição orçamentária em volta da mesma curva de indiferença (I_1), e o efeito renda é um movimento no qual a inclinação permanece constante, porém, com um nível de renda diferente.

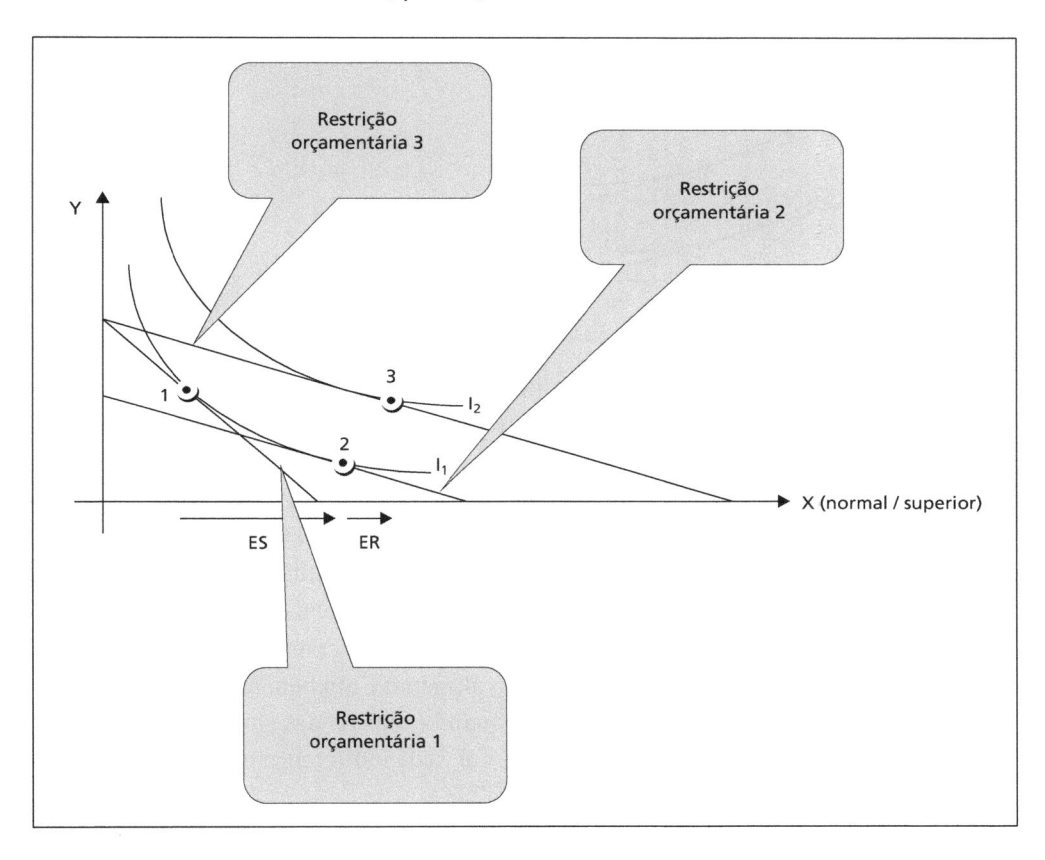

22.1.1. Efeito substituição, efeito renda e efeito total para um bem normal ou superior

Caso ocorra uma redução do preço do bem "X", sendo ele um bem normal ou superior, mantendo-se constante o preço do bem "Y", ocorrem dois efeitos: o Efeito Substituição (ES) e o Efeito Renda (ER). O primeiro diz que, quando o preço do bem "X" cai, a sua quantidade demandada aumenta. O segundo diz que, quando o preço do bem "X" cai, o consumidor tem um aumento de poder aquisitivo, fazendo com que sua renda em valores reais aumente e a demanda pelo bem "X" aumente também. Vejamos o esquema abaixo:

Efeito Substituição (ES): Px↓ Qx↑

Efeito Renda (ER): Px↓ R↑ Qx↑

Representando graficamente, podemos ver a Figura 22.2.

Figura 22.2. Efeito Substituição (ES) e Efeito Renda (ER) para um bem normal ("X"). O efeito substituição é negativo e o efeito renda é positivo. O efeito renda reforça o efeito substituição.

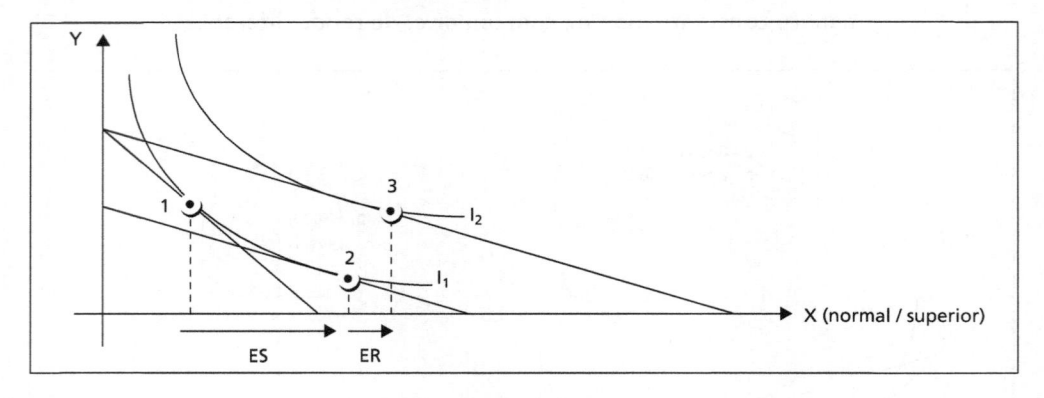

Se o bem é normal ou superior, o **efeito substituição é negativo** (já que uma queda no preço eleva a quantidade) e o **efeito renda é positivo** (já que uma queda do preço leva a um aumento da renda, elevando a quantidade). Podemos analisar também ligando o ponto 1 ao ponto 2. Percebemos que, da esquerda para a direita, a união desses dois pontos é representada por uma reta decrescente ou negativamente inclinada. Ligando o ponto 2 ao ponto 3, percebemos que, da esquerda para a direita, a união desses dois pontos é representada por uma reta crescente ou positivamente inclinada.

Assim, reforçam Pindyck & Rubinfeld: "o aumento no consumo de alimento, [...] é a medida do efeito renda, que é positivo, pois o alimento é um bem normal (os consumidores adquirem maiores quantidades do bem quando suas rendas aumentam). Por refletir o movimento feito pelo consumidor de uma curva de indiferença para a outra, o efeito renda mede a variação de seu poder aquisitivo"[5].

No exemplo dado, observamos que o efeito substituição é superior ao efeito renda. Contudo, se a representação tivesse deslocado o ponto 3 mais para a direita, o efeito substituição poderia ser igual ou até mesmo inferior ao efeito renda.

Portanto, se o bem for normal ou superior, o Efeito Substituição (ES) poderá ser maior, menor ou igual ao efeito renda (ER).

Bem normal → ES > ER ou ES = ER ou ES < ER

Também podemos constatar que o efeito substituição tem o mesmo sentido do efeito renda, ou seja, **o efeito renda reforça o efeito substituição**.

O efeito total, que é a soma do efeito substituição e do efeito renda, afirma que, tratando-se de um bem normal, quando o preço cai, a quantidade aumenta (do ponto 1 para o ponto 3).

---

[5] Robert S. Pindyck & Daniel L. Rubinfeld, *Microeconomia*, p. 100.

Assim afirma Ferguson: "Um bem normal ou superior é aquele cujo efeito-renda é positivo. Um efeito-renda positivo reforça um efeito-substituição negativo. Portanto, para um bem normal ou superior, a quantidade demandada sempre varia inversamente com o preço. A lei da demanda é aplicada a todos os bens normais ou superiores"[6].

22.1.2. Efeito substituição, efeito renda e efeito total para um bem inferior

Caso ocorra uma redução do preço de "X", sendo ele um bem inferior, mantendo-se constante o preço de "Y", ocorrem dois efeitos: o Efeito Substituição (ES) e o Efeito Renda (ER). O primeiro diz que, quando o preço do bem "X" cai, a sua quantidade demandada aumenta. O segundo diz que, quando o preço do bem "X" cai, o consumidor tem um aumento de poder aquisitivo, fazendo com que sua renda em valores reais aumente e a demanda pelo bem "X" diminua, já que "X" é um bem inferior. Vejamos o esquema abaixo:

Efeito Substituição (ES): Px↓ Qx↑

Efeito Renda (ER): Px↓ R↑ Qx↓

Representando graficamente, podemos ver a Figura 22.3:

Figura 22.3. Efeito Substituição (ES) e Efeito Renda (ER) para um bem inferior ("X"). O efeito substituição é negativo e o efeito renda é negativo. O efeito renda atenua o efeito substituição.

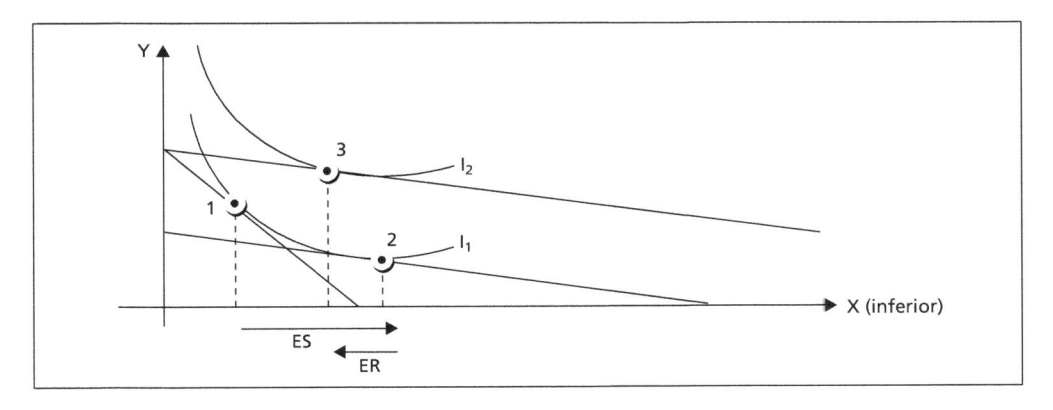

Se o bem é inferior, o **efeito substituição é negativo** (já que uma queda no preço eleva a quantidade) e o **efeito renda é negativo** (já que uma redução do preço leva a um aumento da renda e a uma redução da quantidade demandada do bem). Podemos ligar o ponto 1 ao ponto 2. Percebemos que, da esquerda para a direita, a união desses dois pontos é representada por uma reta decrescente ou negativamente inclinada. Ligando o ponto 2 ao ponto 3, percebemos que, da esquerda para a direita, a união desses dois pontos é representada por uma reta decrescente ou negativamente inclinada.

---

[6] C. E. Ferguson, *Microeconomia*, p. 69.

Assim, reforçam Pindyck & Rubinfeld: "Um bem é inferior quando o efeito renda é negativo: quando a renda aumenta, o consumo cai"[7].

Observamos que o efeito substituição é superior ao efeito renda. Portanto, se o bem for inferior:

Bem inferior → ES > ER

Também podemos constatar que o efeito substituição tem sentido contrário ao efeito renda, ou seja, **o efeito renda atenua o efeito substituição**.

O efeito total, que é a soma do efeito substituição e do efeito renda, afirma que, tratando-se de um bem inferior, quando o preço cai, a quantidade aumenta (do ponto 1 para o ponto 3). Portanto, não contraria a lei da Demanda que afirma que, quando o preço de um bem cai, sua quantidade demandada aumenta.

Segundo Varian: "Vimos que o efeito renda pode ser positivo ou negativo, conforme o bem seja normal ou inferior. E o efeito substituição? [...] O efeito substituição sempre se move em sentido contrário ao do movimento de preços. Dizemos que o efeito substituição é negativo porque a variação na demanda devida ao efeito substituição é oposta à variação no preço: se este aumentar, diminui a demanda do bem por causa do efeito substituição"[8].

22.1.3. Efeito substituição, efeito renda e efeito total para um bem inferior do tipo bem de Giffen

Caso ocorra uma redução do preço de "X", sendo ele um **bem de Giffen**, mantendo-se constante o preço de "Y", ocorrem dois efeitos: o Efeito Substituição (ES) e o Efeito Renda (ER). O primeiro diz que, quando o preço do bem "X" cai, a sua quantidade demandada aumenta. O segundo diz que, quando o preço do bem "X" cai, o consumidor tem um aumento de poder aquisitivo, fazendo com que sua renda, em valores reais, aumente e a demanda pelo bem "X" caia (devemos lembrar que um bem de Giffen é um bem inferior). Vejamos o esquema abaixo:

Efeito Substituição (ES): $Px\downarrow\ Qx\uparrow$

Efeito Renda (ER): $Px\downarrow\ R\uparrow\ Qx\downarrow$

Representando graficamente, podemos ver a Figura 22.4:

Figura 22.4. Efeito Substituição (ES) e Efeito Renda (ER) para um bem de Giffen ("X"). O efeito substituição é negativo e o efeito renda é negativo. O efeito renda suplanta o efeito substituição.

---

[7] Robert S. Pindyck & Daniel L. Rubinfeld, *Microeconomia*, p. 100.
[8] Hal R. Varian, *Microeconomia*: uma abordagem moderna, p. 136-137.

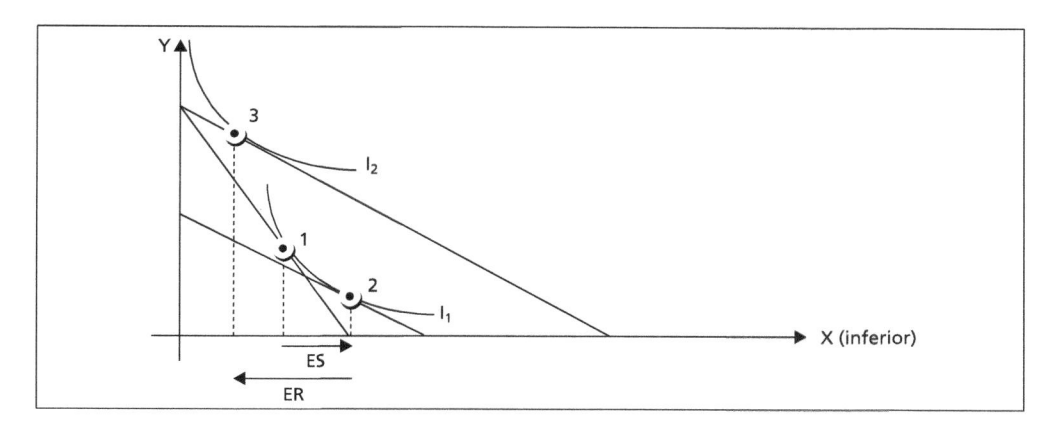

Se o bem é de Giffen, o **efeito substituição é negativo** (já que uma queda no preço eleva a quantidade) e o **efeito renda é negativo** (já que uma queda do preço leva a um aumento da renda, reduzindo a quantidade demandada do bem). Podemos ligar o ponto 1 ao ponto 2. Percebemos que, da esquerda para a direita, a união desses dois pontos é representada por uma reta decrescente ou negativamente inclinada. Ligando o ponto 2 ao ponto 3, percebemos que, da esquerda para a direita, a união desses dois pontos é representada por uma reta decrescente ou negativamente inclinada também.

Observamos que o efeito substituição é inferior ao efeito renda. Portanto, se o bem for de Giffen:

Bem de Giffen → ES < ER

Também podemos constatar que o efeito substituição tem sentido contrário ao efeito renda, e **o efeito renda neutraliza o efeito substituição.**

O efeito total, que é a soma do efeito substituição e do efeito renda, afirma que, tratando-se de um bem de Giffen, quando o preço cai, a quantidade cai (do ponto 1 para o ponto 3). Portanto, contraria a lei da Demanda que afirma que, quando o preço de um bem cai, sua quantidade demandada aumenta.

Assim, reforçam Pindyck & Rubinfeld: "[...] a ocorrência de bens de Giffen raramente é de interesse prático pois requer um efeito renda negativo de grande magnitude"[9].

Portanto, quando dizemos que o bem é de Giffen, devemos respeitar pelo menos duas condições:

- **o efeito renda deve ser maior que o efeito substituição**; e
- **o efeito renda deve ser negativo**.

Uma das condições anteriores isoladamente não é condição suficiente para dizer que se trata de um bem de Giffen, já que, afirmando-se apenas que o efeito renda deve ser maior que o efeito substituição, pode-se estar tratando também de um bem normal ou superior. Afirmando-se apenas que o efeito renda é negativo, pode-se estar tratando de um bem inferior que não necessariamente é um bem de Giffen, já que nem todo bem inferior é de Giffen, embora todo bem de Giffen seja inferior.

---

[9] Robert S. Pindyck & Daniel L. Rubinfeld, *Microeconomia*, p. 100.

22.1.4. Compensação de Hicks

A compensação de Hicks afirma que haverá uma variação na renda do consumidor que fará com que a cesta de consumo escolhida depois da alteração do preço e a cesta de consumo antes dessa alteração sejam indiferentes para o consumidor.

Portanto, a **demanda compensada de Hicks**, também chamada de demanda Hicksiana, é uma função que determinará a quantidade demandada de um bem quando os preços sofrem alteração considerando uma compensação na renda do consumidor para que este permaneça com o mesmo nível de utilidade.

22.2. EFEITO RENDA E EFEITO SUBSTITUIÇÃO PELO CRITÉRIO DE SLUTSKY

A principal diferença entre o modelo de Hicks e o modelo de Slutsky é que o primeiro considera que o efeito substituição mantém constante a utilidade do consumidor, variando o poder aquisitivo. Dessa forma, rolamos a reta orçamentária em torno da curva de indiferença que pertence à cesta original. O modelo de Slutsky considera que o efeito substituição altera a utilidade do consumidor, mas mantém o poder aquisitivo. Dessa forma giramos a reta orçamentária em volta da cesta original (1).

Diferentemente do critério de Hicks que mantém, com o efeito substituição, constante a utilidade, o modelo de Slutsky mantém constante o poder aquisitivo, já que permite ao consumidor adquirir tanto a cesta 1 como a 2. Vejamos a representação gráfica na Figura 22.5.

Figura 22.5. Efeito Substituição (ES) e Efeito Renda (ER) de Slutsky: o efeito substituição provoca um giro da restrição orçamentária em volta da cesta 1, e o efeito renda é um movimento no qual a inclinação permanece constante, porém, com um nível de renda diferente.

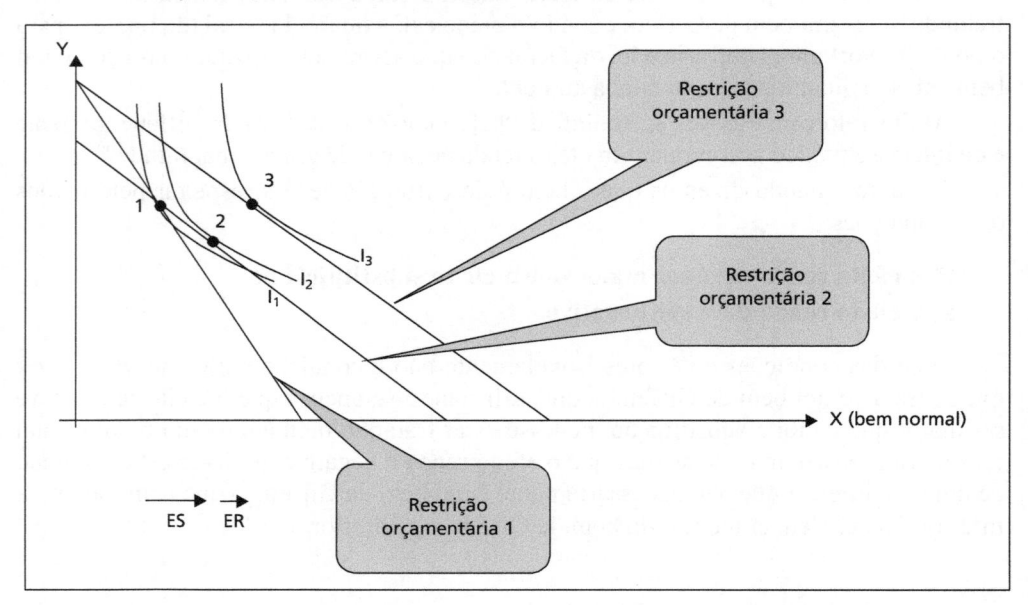

Podemos observar que o efeito substituição causa um **giro na restrição orçamentária em torno da cesta original**. Assim, representamos uma nova reta orçamentária (que chamaremos de reta orçamentária 2), mas que mantém o mesmo poder aquisitivo da reta orçamentária original (que chamaremos de reta orçamentária 1). Essa nova reta orçamentária (restrição orçamentária 2) vai permitir ao consumidor comprar uma cesta de bens (ponto 2) que lhe proporcione um **bem-estar diferente** da cesta original (ponto 1), muito embora o poder aquisitivo dessa reta permita adquirir a cesta original (podemos ver que a cesta 1 do gráfico pertence à restrição orçamentária 2). Logo, o efeito substituição vai manter **constante o poder aquisitivo**, mas não a utilidade. Esse efeito não fornece ao consumidor a possibilidade de retornar à sua antiga curva de indiferença (I_1), mas permite ter acesso ao seu nível original de consumo (cesta 1).

O efeito substituição é, portanto, a recomposição da cesta de consumo dada uma mudança nos preços relativos e mantido o poder de compra original. A **demanda compensada**, ou demanda compensada de Slutsky, é aquela que, diante de uma mudança nos preços, compensa a renda do consumidor buscando produtos alternativos. Assim, percebemos a equivalência de efeito substituição e a variação da demanda compensada. Podemos acompanhar isso no item 22.2.4.

Já o **efeito renda** é um movimento no qual a inclinação permanece constante e a renda e o poder aquisitivo variam, ou seja, mantém a restrição orçamentária 3 com a mesma inclinação da restrição orçamentária 2 cujos preços relativos são iguais a um nível de renda diferente, ou seja, as duas terão a mesma inclinação (as restrições orçamentárias 2 e 3), porém, com um nível de renda da restrição orçamentária 2 menor que a 3, supondo queda dos preços.

Portanto, o efeito substituição não mantém o consumidor sobre a mesma curva de indiferença. O efeito renda também desloca o consumidor para outra curva de indiferença. Portanto, quando caminhamos do ponto 1 para o ponto 2, haverá mudança no bem-estar do consumidor, assim como quando caminhamos de 2 para 3.

Analisamos o efeito renda e o efeito substituição para bens normais. Por analogia ao modelo de Hicks, fica fácil deduzir o comportamento quando o bem é inferior ou de Giffen.

22.2.1. Bens complementares perfeitos — efeito renda e efeito substituição

Quando os bens são **complementares perfeitos**, o efeito substituição, que consiste no giro da restrição orçamentária (de R_1 para R_2) sobre a cesta escolhida, faz com que a escolha ótima permaneça no mesmo ponto da reta orçamentária anterior. Logo, o efeito substituição é zero. O efeito renda deslocará a restrição orçamentária paralelamente (de R_2 para R_3). Portanto, a variação na demanda deve-se apenas ao efeito renda.

Portanto, para **bens complementares perfeitos** o efeito de variação é todo dado pelo efeito renda, já que não faz sentido em se falar em substituir um bem pelo outro, já que bens complementares serão consumidos sempre conjuntamente:

Bens complementares → efeito total = efeito renda

22.2.2. Bens substitutos perfeitos — efeito renda e efeito substituição

Quando os bens são **substitutos perfeitos**, o efeito substituição inclina a restrição orçamentária (R_1 para R_2) e a cesta ótima passa de um eixo para outro (cesta 1 para 2). Essa restrição orçamentária não se desloca. Logo, o efeito renda é zero.

Portanto, para **bens substitutos perfeitos** o efeito total da variação é todo dado pelo efeito substituição, já que os bens serão consumidos separadamente e serão, sempre, substituídos um pelo outro, independentemente do nível de renda:

Bens substitutos perfeitos → efeito total = efeito substituição

Vejamos as representações gráficas da Figura 22.6, citadas nos itens 22.2.1 e 22.2.2. dessas duas situações a seguir:

Figura 22.6. Quando os bens são complementares perfeitos (gráfico a), o efeito total é igual ao efeito renda, já que o efeito substituição é zero. Quando os bens são substitutos perfeitos (gráfico b), o efeito total é igual ao efeito substituição, já que o efeito renda é zero.

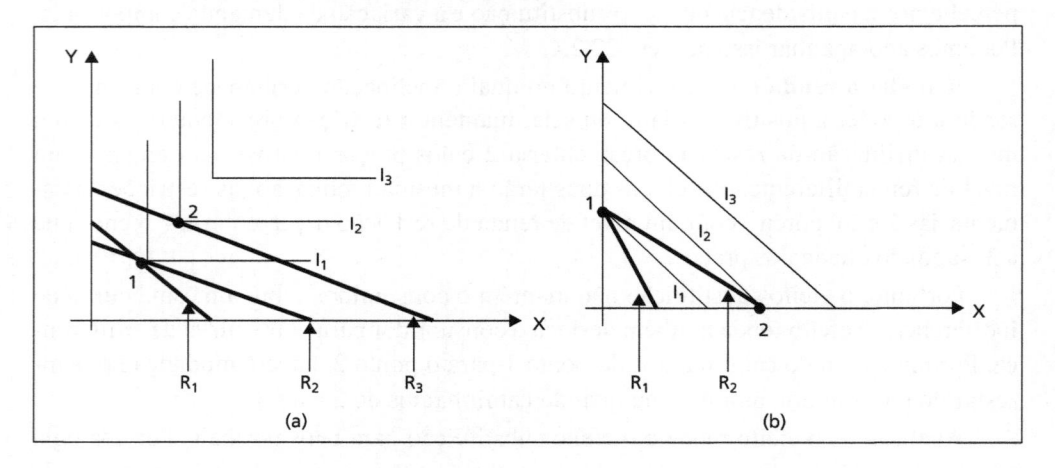

22.2.3. Exemplificando o modelo de Slutsky

Para exemplificar o modelo de Slutsky, imaginemos a seguinte função utilidade: $U(X,Y) = X^{0,4} Y^{0,6}$

E a restrição orçamentária igual a: $R = 4X + 3Y$.

Se R é igual a 180, podemos representar a restrição orçamentária conforme mostra o gráfico da Figura 22.7. Percebemos que ao preço de "Y" igual a 3, o consumidor poderá consumir 60 unidades desse bem (R/Py = 180/3) caso não consuma nada do bem "X". Também, ao preço de "X" igual a 4, o consumidor poderá consumir 45 unidades desse bem (R/Px = 180/4) caso não consuma nada do bem "Y".

Figura 22.7. Restrição orçamentária quando a renda é igual a 180, o preço de "Y" é igual a 3 e o preço de "X" é igual a 4.

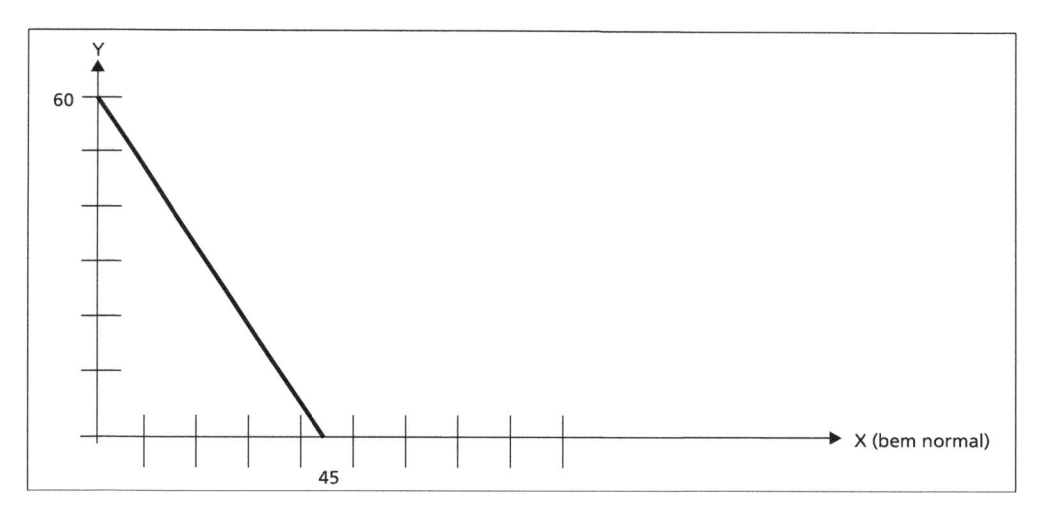

Para determinar a cesta ótima a se consumir, devemos determinar as quantidades de "X" e "Y" que maximizam a satisfação do consumidor ("X*" e "Y*").

Logo:

$$X^* = \frac{0,4}{0,4 + 0,6} \cdot \frac{180}{4} = 18$$

$$Y^* = \frac{0,6}{0,4 + 0,6} \cdot \frac{180}{3} = 36$$

Representando graficamente, temos na Figura 22.8 a representação da cesta ótima.

Figura 22.8. A cesta ótima é aquela composta por 18 unidades do bem "X" e 36 unidades do bem "Y" para uma função utilidade igual a U (X,Y) = $X^{0,4} Y^{0,6}$ dada uma renda de 180 e $P_X = 4$ e $P_Y = 3$.

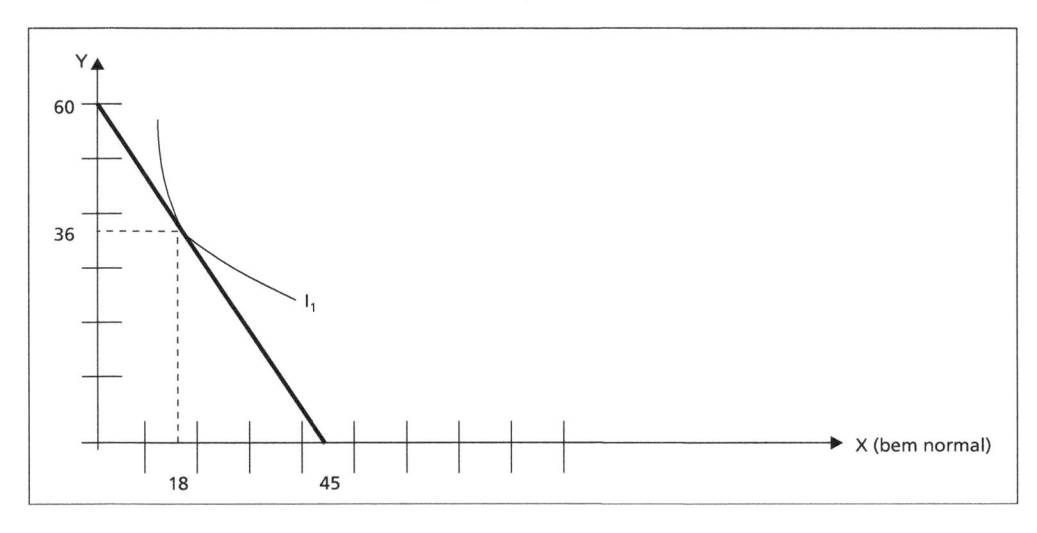

Se o preço do bem "X" cair para 2, e o preço de "Y" permanecer igual a 3, então a restrição orçamentária passará a ser igual a 144. Vejamos:

$R = Px \cdot X + Py \cdot Y$

$R = 2 \cdot 18 + 3 \cdot 36$

$144 = 2X + 3Y$

Percebemos que ao preço de "Y" igual a 3, o consumidor poderá consumir 48 unidades desse bem (R/Py = 144/3) caso não consuma nada do bem "X". Também, ao preço de "X" igual a 2, o consumidor poderá consumir 72 unidades desse bem (R/Px = 144/2) caso não consuma nada do bem "Y".

Representando graficamente, temos na Figura 22.9.

Figura 22.9. Modelo de Slutsky. Quando o preço de "X" cai, a restrição orçamentária altera sua declividade devido ao efeito substituição.

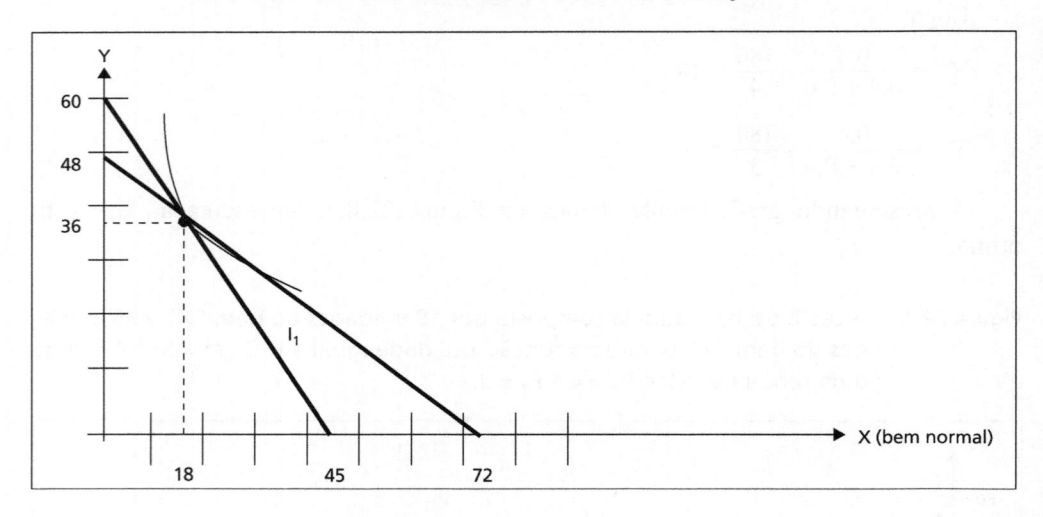

A cesta ótima para a restrição orçamentária citada será:

$$X^* = \frac{0{,}4}{0{,}4 + 0{,}6} \cdot \frac{144}{2} = 28{,}8$$

$$Y^* = \frac{0{,}6}{0{,}4 + 0{,}6} \cdot \frac{144}{3} = 28{,}8$$

Representando graficamente, temos a Figura 22.10:

Figura 22.10. Modelo de Slutsky. Quando o preço do bem "X" cai, devido ao efeito substituição, a quantidade do bem "X" aumenta de 18 para 28,8, e a quantidade do bem "Y" diminui de 36 para 28,8.

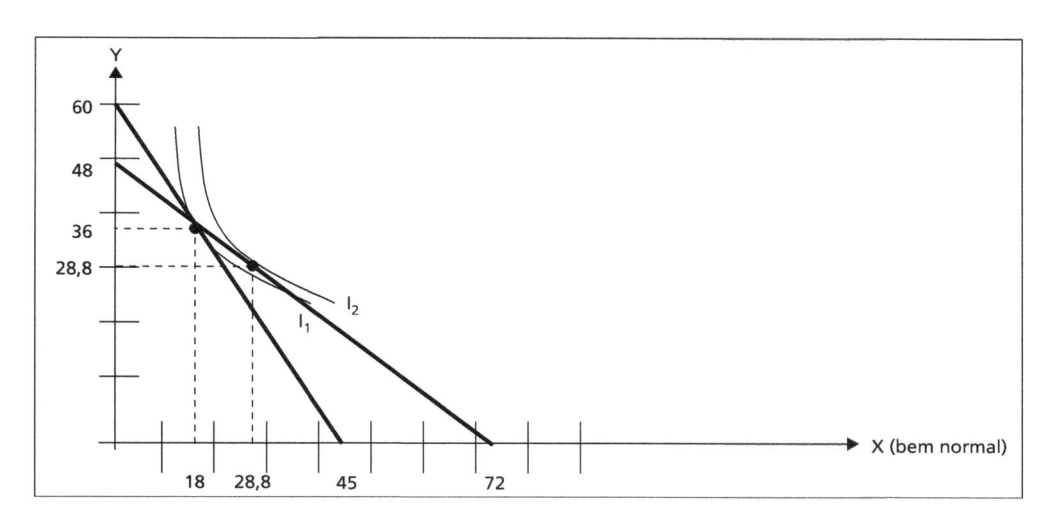

Com a restrição orçamentária de: 180 = 2X + 3Y, percebemos que ao preço de "Y" igual a 3, o consumidor poderá consumir 60 unidades desse bem (R/Py = 180/3) caso não consuma nada do bem "X". Também, ao preço de "X" igual a 2, o consumidor poderá consumir 90 unidades desse bem (R/Px = 180/2) caso não consuma nada do bem "Y". Assim, temos a seguinte representação gráfica mostrada na Figura 22.11.

Figura 22.11. Modelo de Slutsky. O efeito renda desloca a restrição orçamentária para a direita.

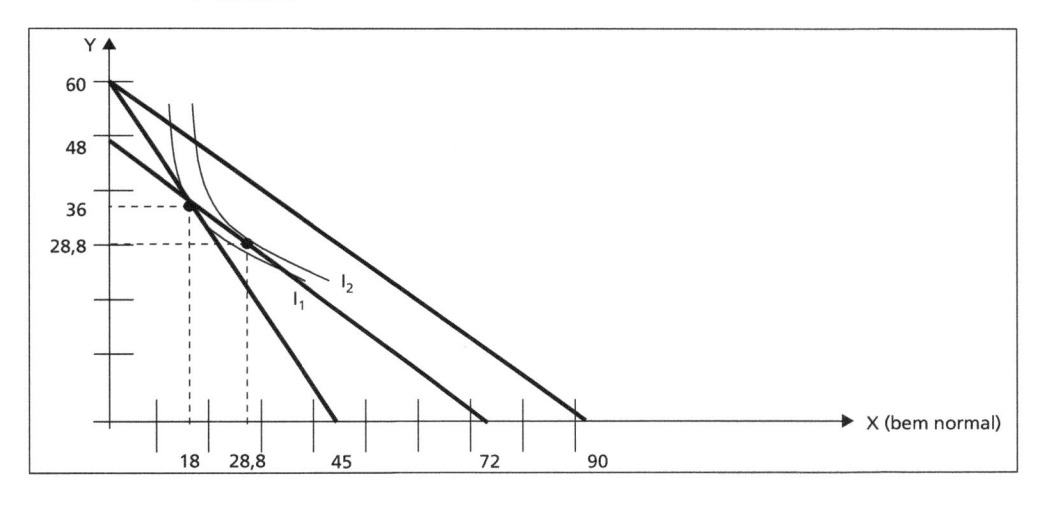

A cesta ótima para a restrição orçamentária citada será:

$$X^* = \frac{0,4}{0,4 + 0,6} \cdot \frac{180}{2} = 36$$

$$Y^* = \frac{0,6}{0,4 + 0,6} \cdot \frac{180}{3} = 36$$

Representando graficamente, temos a Figura 22.12.

Figura 22.12. Modelo de Slutsky. A cesta ótima será aquela composta de 36 unidades de "X" e 36 unidades de "Y", para uma função utilidade igual a $U(X,Y) = X^{0,4} Y^{0,6}$ dada uma renda de 180, $P_X = 2$ e $P_Y = 3$.

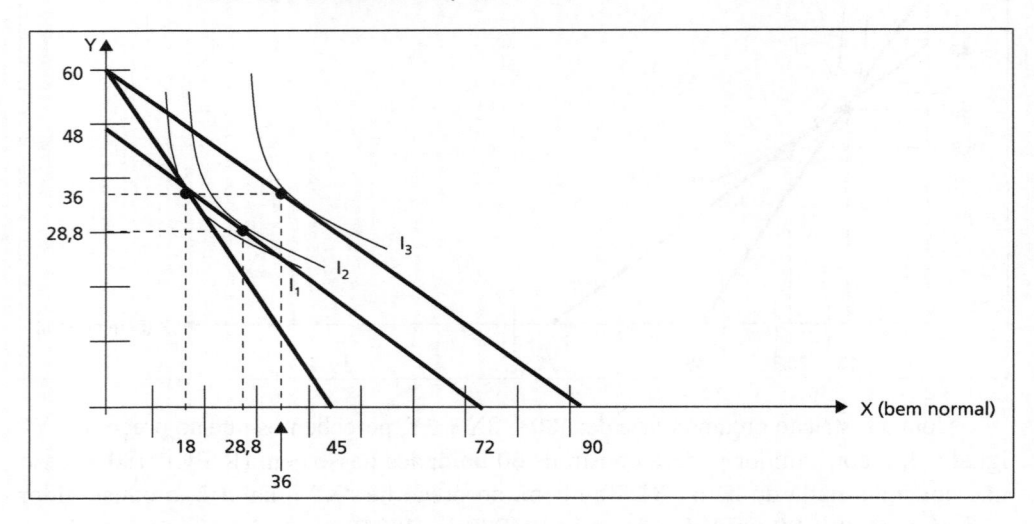

Podemos ver o Efeito Substituição (ES) e o Efeito Renda (ER) sendo representados na Figura 22.13.

Figura 22.13. Efeito Substituição (ES) e Efeito Renda (ER) de Slutsky considerando um bem normal.

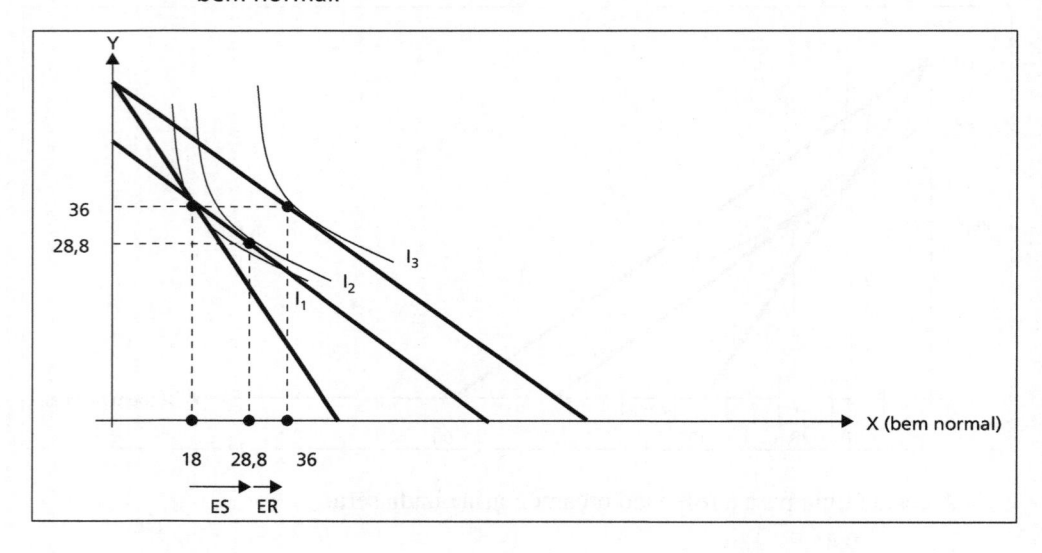

22.2.4. Compensação de Slutsky

A Compensação de Slutsky afirma que haverá uma variação na renda do consumidor que fará com que seja suficiente para comprar a mesma cesta de bens consumida antes e depois da variação no preço.

A demanda **compensada de Slutsky** é uma função que determinará a variação da quantidade demandada de um bem quando os preços sofrem alteração, considerando uma compensação na renda do consumidor, para que mantenha a renda igual ao valor de uma cesta de bens.

Observação: para pequenas variações no preço do bem "X", a compensação de Slutsky se torna cada vez mais próxima da compensação de Hicks, o que faz com que possam ser consideradas iguais.

22.3. QUESTÕES

1. (FGV — IBGE — 2016) Com relação à teoria do consumidor, analise as afirmativas a seguir:
   I. A teoria da utilidade cardinal parte do pressuposto de que o tamanho da diferença de utilidade entre duas cestas é insignificante.
   II. Uma curva de indiferença de um consumidor representa várias cestas de consumo diferentes que fornecem níveis diferentes de utilidade.
   III. Uma função utilidade dada por $u(x_1, x_2) = ax_1 + bx_2$, onde a e b são constantes positivas, e x1 e x2 os dois bens consumidos, representa uma função utilidade para complementares perfeitos.
   IV. Quando o preço de um bem varia, há dois efeitos: o renda e o substituição. O efeito renda é dado pela variação na demanda devido ao aumento do poder aquisitivo.

Sendo V para a(s) alternativa(s) verdadeira(s) e F para a falsa(s), a sequência correta é:
   a) V, V, F, F.
   b) V, F, F, F.
   c) V, F, F, V.
   d) F, F, F, V.
   e) F, F, V, V.

2. (CEBRASPE — TJ-AL — 2012 — Adaptada) Com relação aos efeitos preço, renda e substituição, assinale a opção correta.
   a) No caso de aumento de preço de um bem de Giffen, o efeito substituição negativo domina o efeito renda positivo.
   b) O efeito renda também é considerado como efeito da variação na demanda compensada.
   c) Se houver aumento na renda do consumidor, o efeito renda levará ao aumento da demanda de bens, independentemente de serem bens normais ou inferiores.
   d) O efeito renda desloca-se em sentido contrário ao movimento dos preços.
   e) Um aumento de preço de um bem normal resulta em efeito substituição negativo e um efeito renda positivo.

3. (UFTM — DETRAN-MT — 2015) De acordo com a Teoria do Consumidor, marque V para as afirmativas verdadeiras e F para as falsas.
   a) Para um bem inferior, o efeito-renda é sempre maior que o efeito-substituição.
   b) Para os bens de Giffen, o efeito-renda é sempre maior que o efeito-substituição.
   c) Para os bens normais, o efeito-renda é sempre maior que o efeito-substituição.
   d) Se o preço do bem X decresce e o efeito-substituição é maior que o efeito-renda, X não é um bem de Giffen.

Assinale a sequência correta.
   a) V, F, V, F.
   b) F, V, F, V.
   c) F, F, F, F.
   d) V, V, V, V.

4. (CEBRASPE — MPU — 2010) Um consumidor possui função utilidade dada por U = u(x, y) e restrição orçamentária igual a R = pxx + pyy, em que R representa a renda do consumidor e px e py, ambos positivos, representam, respectivamente, os preços dos bens x e y. Supondo que esse consumidor se encontra em situação de equilíbrio, maximizando sua função utilidade a partir de sua restrição orçamentária, julgue o item seguinte.

Caso ocorra a elevação de px, o bem "X" será um bem normal somente quando o efeito substituição for superior ao efeito renda.
( ) Certo ( ) Errado

5. (ESAF — ANAC — 2016) Suponha que o governo imponha aos consumidores uma quota de consumo para um dado bem. A partir dessa quota, cada unidade adicional do bem é taxada em t unidades monetárias por unidade a mais consumida. Assim, é correto afirmar que:
   a) a reta de restrição orçamentária sofrerá uma quebra no limite dessa quota.
   b) a reta de restrição orçamentária afastar-se-á da origem.
   c) haverá um efeito renda positivo.
   d) a inclinação da reta de restrição orçamentária não sofrerá alteração.
   e) o tributo afeta apenas a renda, mantendo os preços relativos inalterados.

6. (FCC — ICMS-SP — 2013) Em relação à teoria do consumidor, supondo-se curvas de indiferença com inclinações normais, é correto afirmar:
   a) Entre duas curvas de indiferença possíveis, a que representa um nível menor de satisfação do consumidor está situada à direita da outra.
   b) As curvas de indiferença são convexas em relação à origem porque a taxa marginal de substituição de um bem por outro ao longo da mesma é decrescente.
   c) A inclinação da reta orçamentária, em módulo, é maior do que a taxa marginal de substituição de um bem por outro no ponto correspondente à cesta ótima do consumidor.
   d) O efeito-substituição é sempre menor, em módulo, do que o efeito-renda, quando o bem X for inferior.
   e) Se o consumidor prefere a cesta de consumo A à cesta de consumo B e a cesta B, à cesta C, então, pelo princípio da transitividade, não se pode afirmar que o consumidor prefere a cesta A em relação à cesta C.

7. (CEBRASPE — Carreira Diplomática — 2010) A análise das demandas individual e de mercado constitui um dos pilares da teoria microeconômica. Acerca desse assunto, julgue C ou E.
   a) Supondo-se que, no Brasil, o uso de transporte coletivo seja um bem inferior, conclui-se que o efeito renda decorrente do aumento do preço das passagens de ônibus contribui para reforçar o efeito substituição, o que reduz a demanda por esse tipo de transporte.
   b) Campanhas publicitárias bem-sucedidas, além de deslocarem, para cima e para a direita, a curva de demanda de mercado do produto anunciado, contribuem, quando promovem a fidelização do cliente, para tornar essa curva mais preço-inelástica.

8. (CEBRASPE — SEFAZ-RS — 2018) A função $\mu(x_1, x_2) = x_1 x_2^2$, em que x_1 é a quantidade consumida do bem 1 e x_2 é a quantidade consumida do bem 2, é a função utilidade, do tipo Cobb-Douglas, do agente representativo.

Nesse caso, considerando-se que p_1 seja o preço do bem 1 e que p_2 seja o preço do bem 2, então a demanda hicksiana ou compensada do bem 1 é expressa por:
   a) $\dfrac{1}{2^{1/3}} \mu^{1/3} \left[\dfrac{P_2}{P_1} \right]^{2/3}$
   b) $\dfrac{1}{4^{1/3}} \mu^{1/3} \left[\dfrac{P_2}{P_1} \right]^{2/3}$

c) $\dfrac{1}{2^{1/3}} \mu^{1/2} \left[\dfrac{P_2}{P_1}\right]^{1/2}$

d) $\dfrac{1}{4^{1/3}} \mu^{1/2} \left[\dfrac{P_2}{P_1}\right]^{1/2}$

e) $\mu^{1/3} \left[\dfrac{P_2}{P_1}\right]^{2/3}$

9. (CEBRASPE — SEFAZ-RS — 2018 — Adaptada) Julgue os itens a seguir, considerando a classificação microeconômica dos bens.
   I. Se a curva de demanda é positivamente inclinada, então o bem é denominado bem inferior.
   II. Se o efeito renda é maior que o efeito substituição, então o bem é denominado bem de Giffen.
   III. Se a elasticidade-preço da demanda for negativa, os bens são complementares.
   IV. Para bens com demandas lineares, a elasticidade-preço da demanda é constante.

Estão certos apenas os itens:
   a) I e II.
   b) I
   c) II e IV.
   d) I, III e IV.
   e) II, III e IV.

10. (CEBRASPE — 2024 — CAGEPA) Considerando os produtos, A e B, e os efeitos renda e substituição, bem como a formação das curvas de demanda de ambos, assinale a opção correta.
   a) Se A é um bem de Giffen, a inclinação negativa é um pressuposto inviolável de sua curva de demanda.
   b) O efeito renda gera a alteração da taxa marginal de substituição de A por B.
   c) Se A é um bem normal e B é um bem inferior, uma elevação da renda do consumidor irá gerar maior consumo de A e menor consumo de B.
   d) A variação do preço de A gera efeito substituição no consumo de B, sem, contudo, gerar efeito renda.
   e) O efeito substituição gera um deslocamento paralelo da linha de restrição orçamentária, aumentando ou diminuindo o consumo tanto de A quanto de B.

GABARITO

1. "d". A teoria da utilidade cardinal vai medir as preferências do consumidor com base na diferença entre as suas utilidades, o que torna esse cálculo significativo. O item "I" é falso. Numa mesma curva de indiferença, todas as cestas de consumo que estão sobre a curva fornecem a mesma utilidade, mesmo sabendo que as cestas são diferentes. O item "II" é falso. Uma função utilidade dada por u(x₁, x₂) = ax₁ + bx₂ representa uma função utilidade para bens substitutos perfeitos. O item "III" é falso. Quando o preço varia, ocorrem dois efeitos: renda e substituição. O item "III" é verdadeiro.

2. "e". Se o bem for normal, o efeito substituição é negativo (P aumenta e Qd diminui) e o efeito renda é positivo (P aumenta, R diminui, Qd diminui). A alternativa "e" está correta.

No caso de aumento de preço de um bem de Giffen, o efeito renda negativo domina o efeito substituição negativo. A alternativa "a" está incorreta.

Se houver aumento na renda do consumidor, o efeito renda levará ao aumento da demanda de bens, se os bens forem normais e, não, inferiores. A alternativa "c" está incorreta.

O efeito substituição é a recomposição da cesta de consumo dada uma mudança nos preços relativos e mantido o poder de compra original. A demanda compensada, ou demanda compensada de Slutsky, é aquela que frente à mudança nos preços compensa a renda do consumidor buscando produtos alternativos, disto percebemos a equivalência de efeito substituição e a variação da demanda compensada. Assim, o efeito substituição também é considerado como efeito da variação na demanda compensada. A alternativa "d" está incorreta.

Se os bens forem normais, o efeito renda desloca-se em sentido contrário ao movimento dos preços, mas, se os bens forem inferiores, o efeito renda desloca-se no mesmo sentido do movimento dos preços. A alternativa "d" está incorreta.

3. "b". Para um bem inferior, o efeito renda só será maior que o efeito substituição caso se trate de um bem de Giffen. O item "a" é falso, e a alternativa "b" é verdadeira. Para bens normais, o efeito renda pode ser maior, menor ou igual ao efeito substituição. O item "c" é falso. Se o efeito substituição é maior que o efeito renda, não se trata de um bem de Giffen. Porém, se o efeito renda é maior e em sentido oposto ao efeito substituição, então, sim, seria um bem de Giffen. O item "d" é verdadeiro.

4. "errado". Quando um bem é normal, o efeito substituição poderá ser maior, menor ou igual ao efeito renda.

5. "a". Vejamos, graficamente, como ficará a restrição orçamentária quando o bem normal "X" é taxado a partir de determinada quantidade.

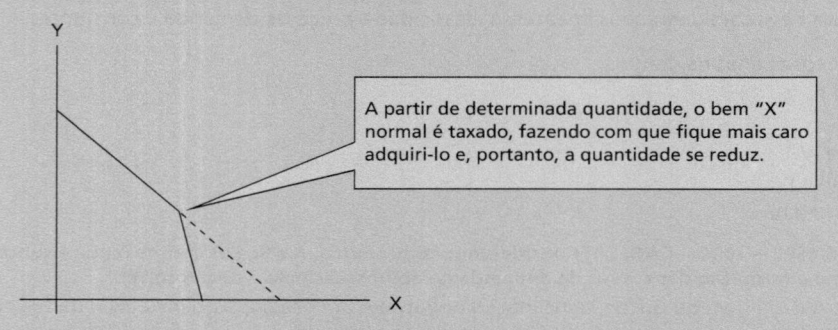

A partir de determinada quantidade, o bem "X" normal é taxado, fazendo com que fique mais caro adquiri-lo e, portanto, a quantidade se reduz.

Podemos perceber que, a partir do momento em que atingimos o limite da cota, a incidência do tributo faz com que fique mais caro adquirir o bem e, portanto, a quantidade se reduz. Com isso, a restrição orçamentária apresenta uma quebra. A alternativa "a" está correta, e as alternativas "b" e "d" estão incorretas. Como o preço estará mais elevado, o poder de compra do consumidor e a quantidade consumida do bem "X" se reduzem, se o bem for normal/superior. Nesse caso, o efeito renda é positivo (P↑, R↓, Qd↓). Mas, se o bem for inferior, o efeito renda é negativo porque, se o preço estiver mais elevado, o poder de compra do consumidor se reduz e a quantidade consumida do bem "X" aumenta (P↑, R↓, Qd↑). Como nada foi dito a respeito do tipo de bem (se é normal ou inferior), então, não podemos afirmar a respeito do efeito renda. Não devemos esquecer que, além do efeito renda, ocorre o efeito substituição, o que fará com que o efeito total, quando ocorrer a elevação do preço, em decorrência do tributo, reduza a quantidade do bem "X". Isso, porém, não ocorre quando se tratar de um bem de Giffen, já que este contraria a lei da demanda. A alternativa "c" está incorreta. O tributo afeta a renda real e os preços relativos, já que o preço do bem "X", em relação ao bem "Y", aumentou. A alternativa "e" está incorreta.

6. "b". As curvas de indiferença são convexas em relação à origem dos eixos e, à medida que nos deslocamos da esquerda para a direita na curva de indiferença, a taxa marginal de substituição diminui. A alternativa "b" está correta. Entre duas curvas de indiferença possíveis, a que representa um nível menor de satisfação do consumidor está situada à esquerda da outra. A alternativa "a" está incorreta. Na cesta ótima, a taxa marginal de substituição é igual à inclinação da restrição orçamentária. A alternativa "c" está incorreta. Quando um bem é inferior, mas não de Giffen, o efeito substituição é maior que o efeito renda. Quando um bem é inferior e também de Giffen, o efeito renda é maior que o efeito substituição. A alternativa "d" está incorreta. Se o consumidor prefere a cesta de consumo A à cesta de consumo B e a cesta B, à cesta C, então, segundo o princípio da transitividade, podemos afirmar que o consumidor prefere a cesta A em relação à cesta C. A alternativa "e" está incorreta.

7. E, C. Supondo-se que, no Brasil, o uso de transporte coletivo seja um bem inferior, mas não de Giffen, conclui-se que o efeito renda (deslocamento do ponto 2 para o 3) decorrente do aumento do preço das passagens de ônibus contribui para reduzir o efeito substituição (deslocamento do ponto 1 para o ponto 2), já que ocorrem em sentidos opostos, o que reduz a demanda por esse tipo de transporte (que passa do ponto 1 para o 3). Vejamos no gráfico a seguir:

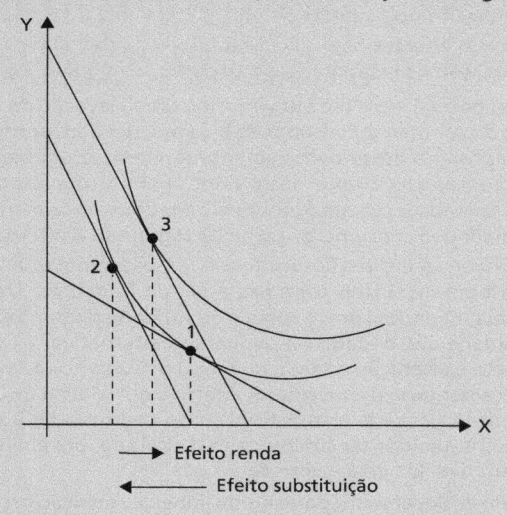

⟶ Efeito renda
⟵ Efeito substituição

A alternativa "a" está errada.

8. "b".

$U = x_1 \cdot x_2^2$
$X_1 = (R/P_1) \cdot (1/3)$
$X_2 = (R/P_2) \cdot (2/3)$
$U = (R/P_1) \cdot (1/3) \cdot (R^2/P_2^2) \cdot (2^2/3^2)$
$U = (R^3 \cdot 2^2)/(P_1 \cdot 3^3 \cdot P_2^2)$
Isolando a Renda (R)
$R^3 = (U \cdot P_1 \cdot 3^3 \cdot P_2^2)/2^2$

$R = \left[\dfrac{U \cdot P_1 \cdot 3^3 \cdot P_2^2}{2^2}\right]^{1/3}$

$R = 3\left[\dfrac{U \cdot P_1 \cdot P_2^2}{2^2}\right]^{1/3}$

$X_1 = \dfrac{3\left[\dfrac{U \cdot P_1 \cdot P_2^2}{2^2}\right]^{1/3} \cdot (1/3)}{P_1}$

$X_1 = \left[\dfrac{U \cdot P_1 \cdot P_2^2}{2^2 \cdot P_1^3}\right]^{1/3}$

$X_1 = \left[\dfrac{U \cdot P_2^2}{2^2 \cdot P_1^2}\right]^{1/3}$

$X_1 = \dfrac{1}{4^{1/3}} \, U^{1/3} \left[\dfrac{P_2}{P_1}\right]^{1/3}$

9. "b". Se a curva de demanda é positivamente inclinada, então o bem é denominado bem de Giffen. Como todo bem de Giffen é um bem inferior, então, quando a demanda é crescente, o bem é inferior. O item "I" está correto.

Para ser considerado bem de Giffen, além do efeito renda ter que ser maior que o efeito substituição, o efeito renda deverá ser negativo, já que um bem normal também pode ter o efeito renda maior que o efeito substituição, muito embora o efeito renda seja positivo. O item "II" está incorreto.

Para ser considerado um bem complementar, a elasticidade cruzada da demanda deve ser negativa, e não a elasticidade-preço da demanda, já que esta última sempre será negativa independentemente de o bem ser complementar ou não. O item "III" está incorreto.

Para bens com demandas lineares, a elasticidade-preço da demanda varia ao longo da reta. O que não varia é a inclinação da reta, ou seja, o coeficiente angular. O item "IV" está incorreto.

10. "c". Se A é um bem normal e B é um bem inferior, uma elevação da renda do consumidor irá gerar maior consumo de A e menor consumo de B, já que um bem normal é aquele que, quando a renda aumenta, o consumo desse bem aumenta também, e um bem inferior é aquele que, quando a renda aumenta, o consumo desse bem diminui (por exemplo, temos o consumo de carne de segunda. Quando o consumidor passa a ter uma renda maior, passa a consumir mais carne de primeira e diminui o consumo de carne de segunda). A alternativa "c" está correta.

Se A é um bem de Giffen, a inclinação positiva é um pressuposto inviolável de sua curva de demanda, já que um bem de Giffen contraria a Lei da Demanda. Dessa forma, a curva tem de ser crescente, ou seja, quando o preço sobe, a quantidade demandada sobe também e quando preço cai, a quantidade demandada cai também. A alternativa "a" está incorreta.

O efeito renda não gera a alteração da taxa marginal de substituição de A por B porque a inclinação da restrição orçamentária é a mesma. A alternativa "b" está incorreta.

A variação do preço de A gera efeito substituição no consumo de B e gera também o efeito renda, pelo fato de o consumidor ter sua renda real alterada, possibilitando alterar o consumo dos dois bens. A alternativa "d" está incorreta.

O efeito renda gera um deslocamento paralelo da linha de restrição orçamentária, aumentando ou diminuindo o consumo tanto de A quanto de B. O efeito substituição gera um deslocamento não paralelo da linha de restrição orçamentária. A alternativa "e" está incorreta.

22.4. MATERIAL SUPLEMENTAR

QUESTÕES DE CONCURSOS
> http://uqr.to/1yars

23

CURVA DE RENDA-CONSUMO, CURVA DE ENGEL, CURVA DE PREÇO-CONSUMO E CURVA DE DEMANDA

Da teoria do consumidor vista no Capítulo 21, derivam conceitos importantes. Vejamos, neste capítulo, alguns deles, ou seja, a curva de renda-consumo, a curva de Engel, a curva preço-consumo e a curva de demanda.

23.1. CURVA DE RENDA-CONSUMO

A **curva de renda-consumo** é o lugar geométrico das combinações ótimas de dois bens mediante a alteração da Renda (R). É também conhecida como **caminho de expansão da renda**. Quando verificamos a ampliação da renda, mantendo-se constante os preços dos bens, deslocamos para a direita a restrição orçamentária, deslocando também o equilíbrio do consumidor. A junção de todos os pontos de equilíbrio determina a curva de renda-consumo. Quando um **bem é normal** ou superior, a curva de renda-consumo é **crescente** (ou possui inclinação positiva). Quando um bem é **inferior**, a curva de renda-consumo é **decrescente** (ou possui inclinação negativa). Vejamos os gráficos das Figuras 23.1 e 23.2.

Figura 23.1. Quando a curva de renda-consumo é crescente, os bens "X" e "Y" são normais ou superiores.

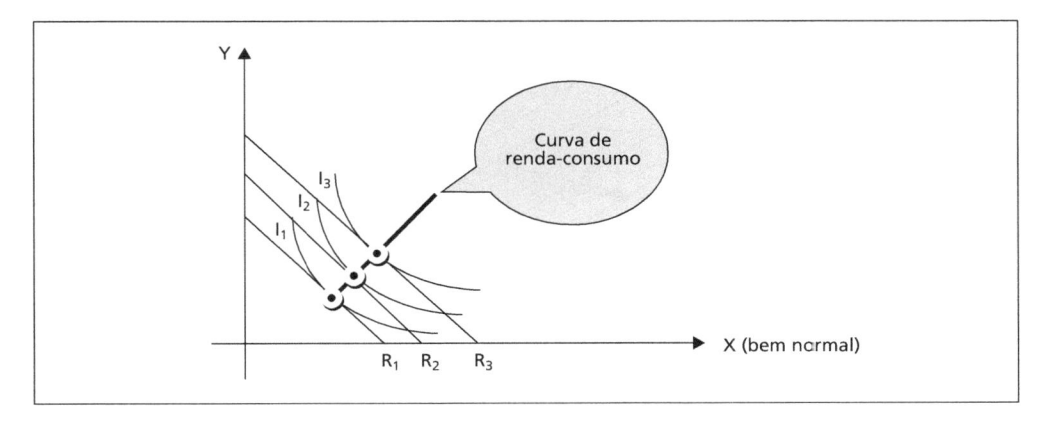

Figura 23.2. Quando a curva de renda-consumo é decrescente, um dos bens é inferior. Nessa situação, o bem x é o inferior.

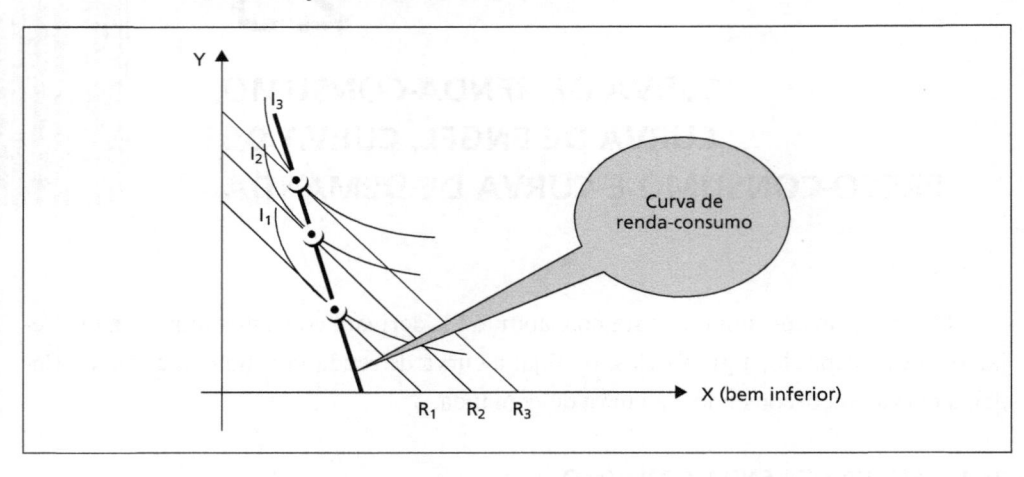

Pode acontecer de um bem, até certo nível de renda, ser considerado um bem normal e, para outro nível de renda, ser considerado um bem inferior. Vamos verificar, na Figura 23.3, o formato da curva de renda-consumo quando o bem tem esse tipo de comportamento. Percebemos que ela passa de uma inclinação positiva para uma inclinação negativa.

Figura 23.3. Quando um bem é normal para determinado nível de renda e inferior para outro nível de renda, a curva de renda-consumo vai ser crescente, a princípio, e decrescente, depois.

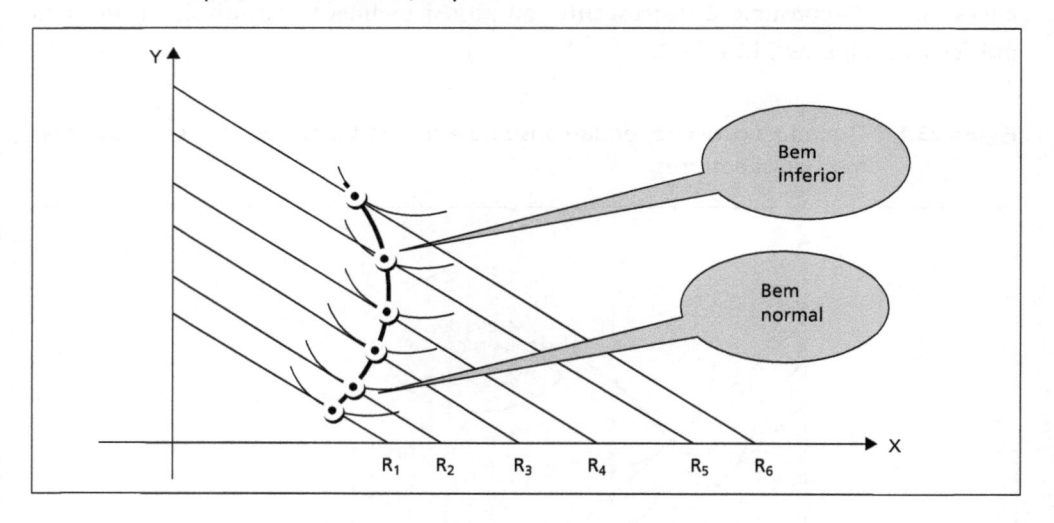

A curva de renda-consumo de **bens substitutos perfeitos** é o eixo horizontal das quantidades do bem X (caso este bem seja mais barato) ou o eixo vertical das quantidades Y (se este for mais barato). Observemos a Figura 23.4.

Figura 23.4. A curva de renda-consumo de bens substitutos perfeitos é o eixo do bem mais barato.

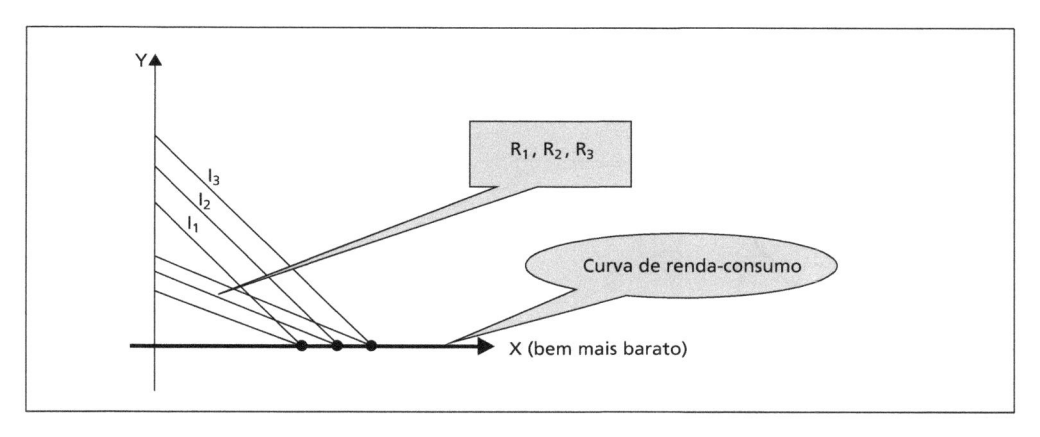

A curva de renda-consumo para **bens complementares perfeitos** é a reta que passa pela origem e na qual estão penduradas as cantoneiras (curvas de indiferença em formato de L). Como o consumidor sempre consumirá uma proporção constante de ambos os bens (X e Y), independentemente dessa quantidade, a curva de renda consumo será a diagonal que passa pela origem. Vejamos a Figura 23.5.

Figura 23.5. Curva de renda-consumo para bens complementares perfeitos.

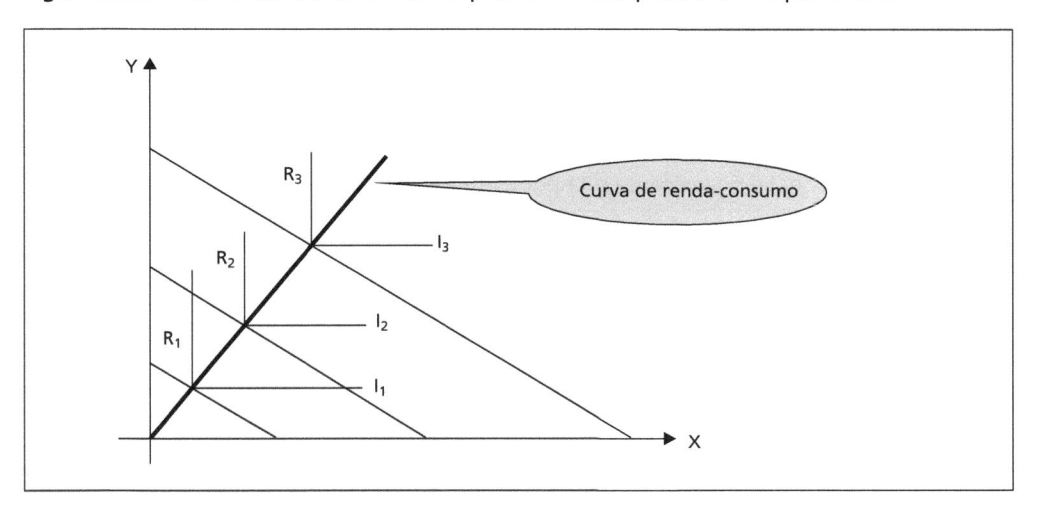

A curva de renda-consumo para bens cuja função utilidade seja do tipo **Cobb-Douglas**, ou seja, $U(X,Y) = X^\alpha Y^{\alpha-1}$, a demanda por "X" será igual a $X = \alpha R/P_x$, a demanda por "Y" será igual a $Y = \alpha R/P_y$. Para valores fixos de P_x e P_y, a função demanda de ambos os bens são funções lineares da renda. Isso faz com que a curva de renda-consumo seja uma reta que passa pela origem. Vejamos a representação da curva de renda-consumo na Figura 23.6.

Figura 23.6. Curva de renda-consumo para bens cuja função utilidade seja do tipo de Cobb-Douglas.

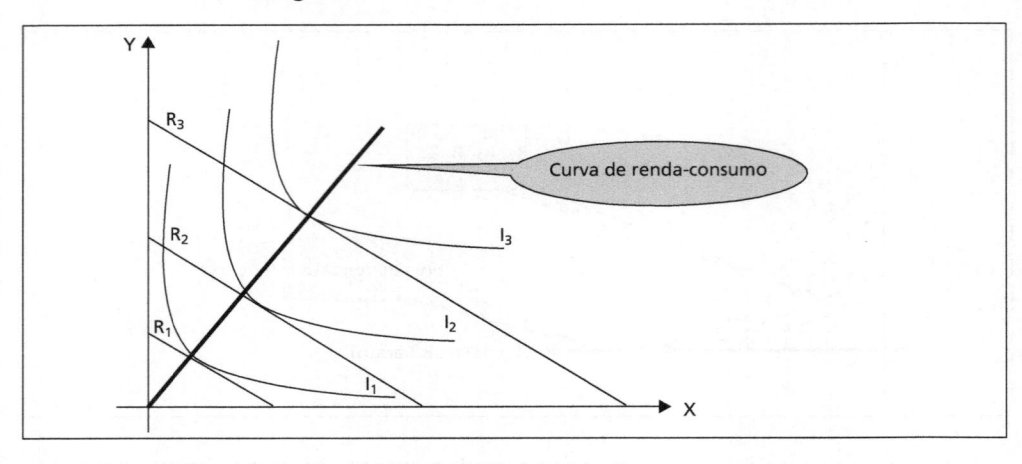

23.2. CURVA DE ENGEL

A partir da curva de renda-consumo se constrói a curva de Engel. Ela relaciona a renda com a quantidade demandada de um dos bens, partindo do pressuposto de que o preço do bem "X" permaneça constante e apenas a renda varie.

Podemos constatar que quando o bem é normal ou superior, a curva de Engel é crescente ou positivamente inclinada, já que um aumento da renda proporciona um aumento da quantidade demandada do bem "X". Também, quando o bem é inferior, a curva de Engel é decrescente ou negativamente inclinada, já que um aumento da renda proporciona uma redução da quantidade demandada. Vejamos os gráficos da Figura 23.7:

Figura 23.7. Curva de Engel. Gráfico (a): quando a curva de Engel é crescente ou positivamente inclinada, o bem "X" é normal ou superior. Gráfico (b): quando a curva de Engel é decrescente ou negativamente inclinada, o bem "X" é inferior.

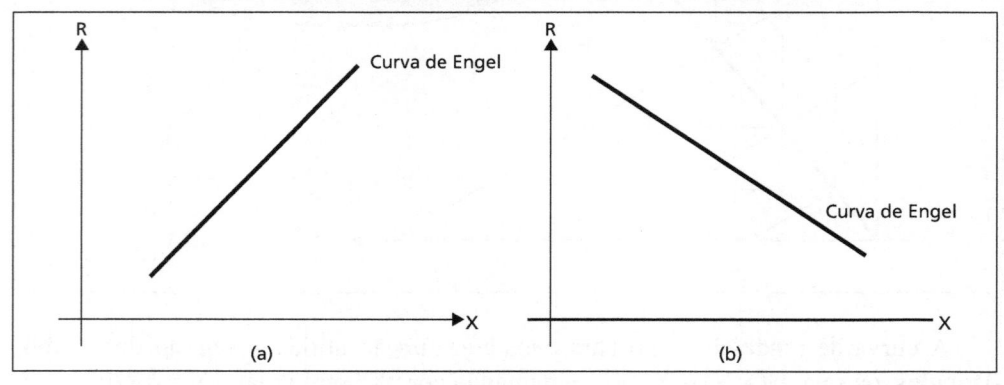

Segundo Varian: "A curva de Engel é um gráfico da demanda de um dos bens como função da renda, com os preços constantes."[1]

---

[1] Hal R. Varian, *Microeconomia*: uma abordagem moderna, p. 96.

Quando a curva de Engel apresenta concavidade voltada para baixo, trata-se de um bem necessário. Quando a convavidade é voltada para cima, trata-se de bem de luxo. Vejamos essas situações nos gráficos da Figura 23.8.

Figura 23.8. Curva de Engel. Gráfico (a): quando a curva de Engel tem a concavidade voltada para baixo, o bem "X" é um bem necessário. (b): quando a curva de Engel tem a concavidade voltada para cima, o bem "X" é um bem de luxo.

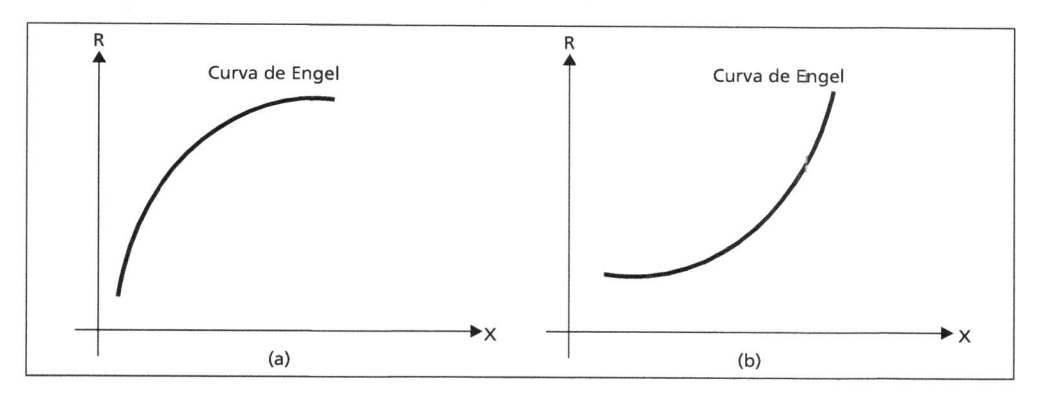

Assim afirma Varian: "As verdadeiras curvas de Engel não têm de ser linhas retas. Em geral, quando a renda aumenta, a demanda por um bem pode aumentar com maior ou menor rapidez do que a do aumento da renda. Quando a demanda aumenta em proporção maior do que a renda, dizemos que esse é um bem de luxo; quando a proporção de aumento é menor do que a da renda, diz-se que é um bem necessário"[2].

Quando os bens são **substitutos perfeitos**, a curva de Engel passa pela origem e a inclinação é a do bem mais barato ("X"). Isso porque, como a demanda pelo bem "X" é a renda dividida pelo preço de "X" (X = R/Px), então a curva de Engel será uma linha reta com inclinação Px. Vejamos a Figura 23.9:

Figura 23.9. Curva de Engel para bens substitutos perfeitos tem inclinação igual ao preço do bem "X".

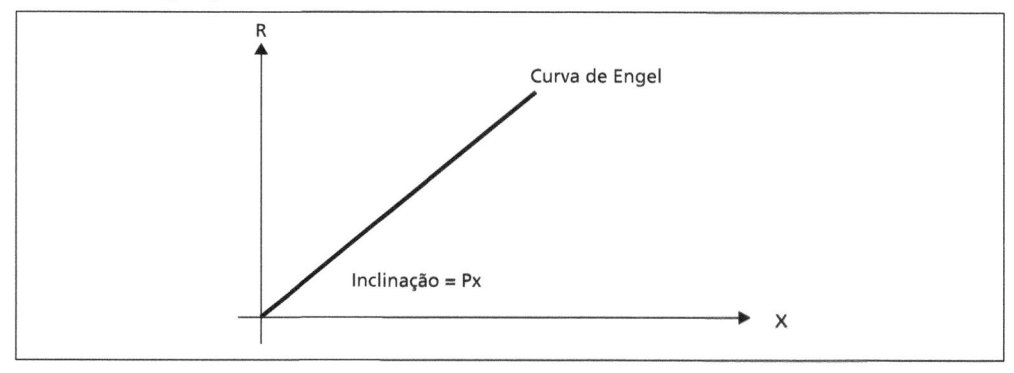

Quando os bens são **complementares perfeitos**, a curva de Engel passa pela origem e a inclinação é a da soma do preço dos bens. Como o consumidor sempre

---

[2] Hal R. Varian, *Microeconomia*: uma abordagem moderna, p. 98.

consome um dos bens com o outro, já que são complementares perfeitos, então a demanda pelo bem "X" é igual à renda dividida pela soma do preço dos dois bens (X = R/Px + Py). Logo, a curva de Engel será uma reta com inclinação (Px + Py). Vejamos a Figura 23.10:

Figura 23.10. Curva de Engel para bens complementares perfeitos tem inclinação igual a soma do preço do bem "X" com o preço do bem "Y".

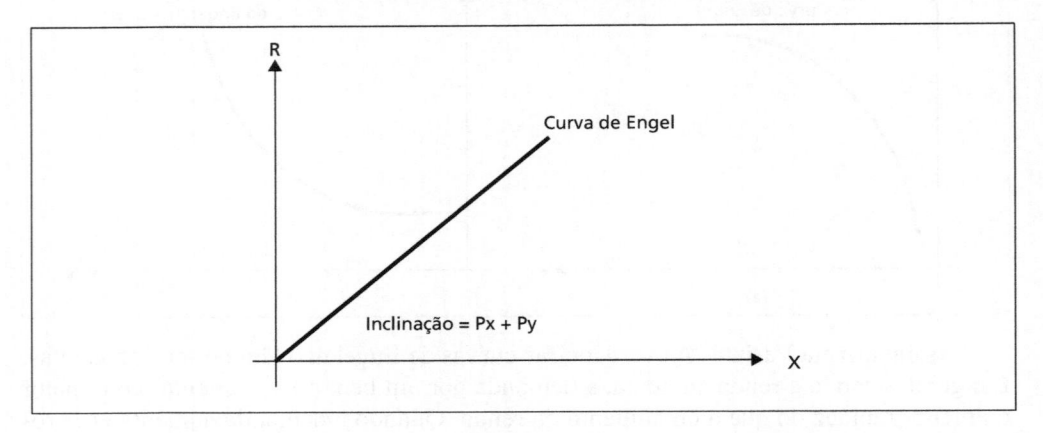

[Gráfico: eixo vertical R, eixo horizontal X, reta crescente "Curva de Engel", com "Inclinação = Px + Py"]

A curva de Engel para bens cuja função utilidade seja do tipo **Cobb-Douglas**, ou seja, $U(X,Y) = X^\alpha Y^{1-\alpha}$, a demanda por "X" será igual a $X = \alpha R/Px$, a demanda por "Y" será igual a $Y = (1-\alpha)R/Py$. Para valores fixos de Px e Py, a função demanda de ambos os bens é função linear da renda. Isso faz com que a curva de Engel seja uma reta com inclinação Px/α. Vejamos a representação da curva de Engel na Figura 23.11.

Figura 23.11. Curva de Engel para bens cuja função utilidade é do tipo Cobb-Douglas apresenta inclinação igual a Px/α.

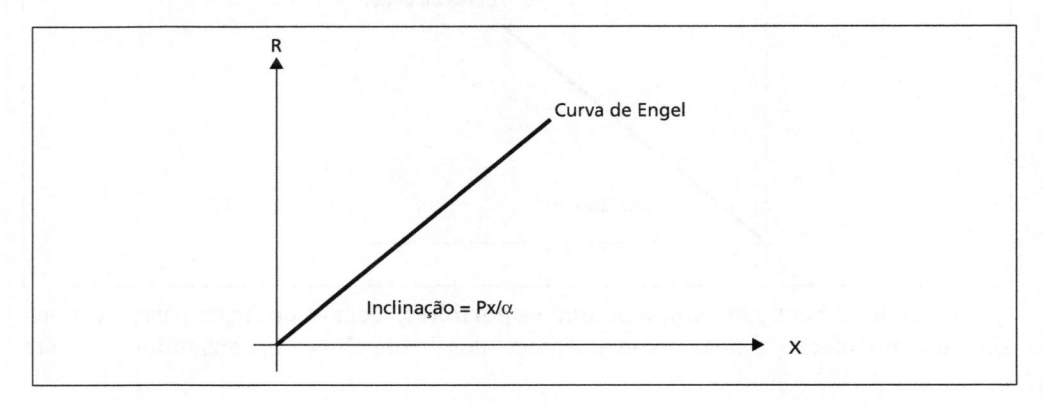

[Gráfico: eixo vertical R, eixo horizontal X, reta crescente "Curva de Engel", com "Inclinação = Px/α"]

23.3. CURVA DE PREÇO-CONSUMO

A curva de preço-consumo é o lugar geométrico das cestas de equilíbrio (ou cestas ótimas) que se obtém quando o preço de um dos bens varia, permanecendo constante o preço do outro e o nível de renda.

Do ponto de vista geométrico, isso significa que a restrição orçamentária vai girar. Quando unimos as cestas ótimas, localizada em cada uma das restrições orçamentárias, obtemos a curva de preço-consumo.

Suponhamos que o preço do bem "X" caia, permanecendo constante o preço do bem "Y" e a renda. Vejamos no gráfico da Figura 23.12 as escolhas ótimas do consumidor à medida que o preço de "X" varia. Percebemos que, à medida que o preço de "X" cai, o consumidor pode adquirir uma quantidade maior de "X" com a sua restrição orçamentária, fazendo com que a inclinação desta última diminua. Representando as escolhas ótimas do consumidor e unindo todos esses pontos, encontramos a curva de preço-consumo.

Figura 23.12. Curva de preço-consumo que representa as escolhas ótimas do consumidor à medida que o preço do bem "X" varia.

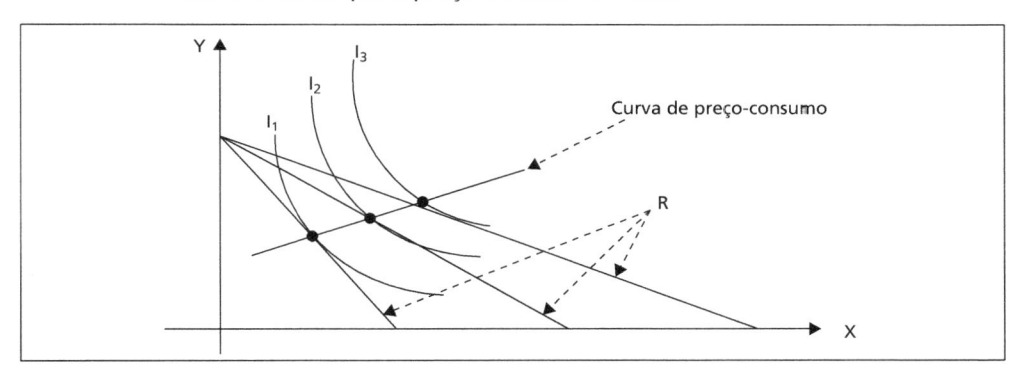

Quando os bens forem **substitutos perfeitos**, a demanda pelo bem "X" é zero, quando $Px > Py$, é igual a qualquer quantidade sobre a restrição orçamentária se $Px = Py$ e é igual a R/Px quando $Px < Py$. Logo, a curva de preço-consumo vai sugerir essas possibilidades. Vejamos o gráfico da Figura 23.13:

Figura 23.13. Curva de preço-consumo para bens substitutos perfeitos.

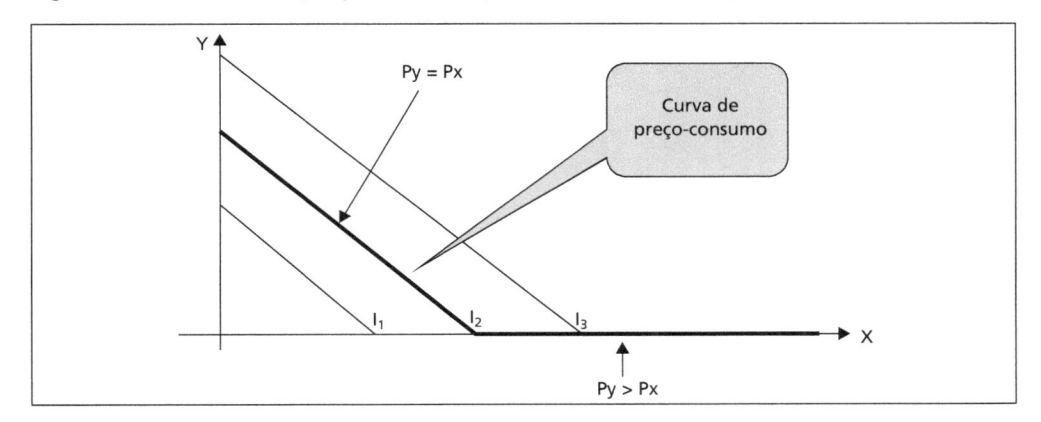

Se os bens forem **complementares perfeitos**, a curva de preço-consumo é uma reta que passa pela origem onde estão penduradas as curvas de indiferença. Vejamos na Figura 23.14.

Figura 23.14. Curva de preço-consumo para bens complementares perfeitos.

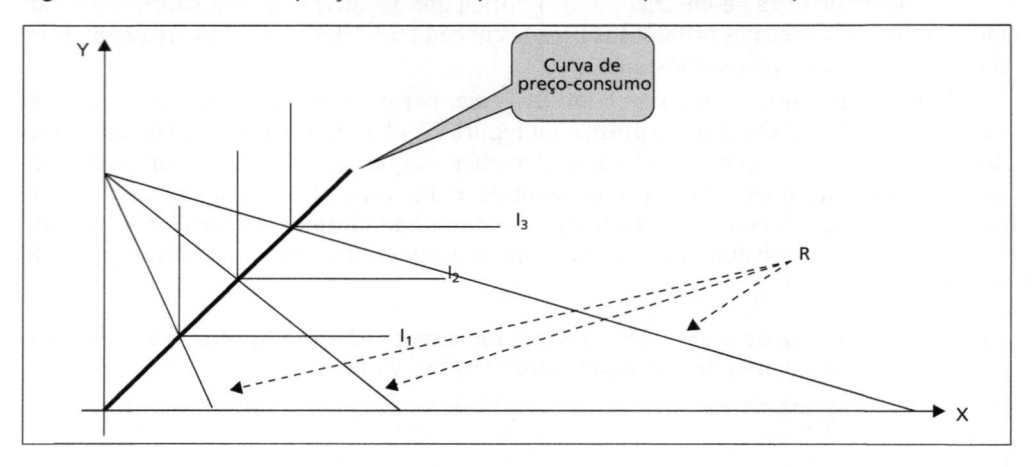

Se dois bens são substitutos (não perfeitos), havendo a queda no preço do bem X, isso provocará aumento na quantidade demandada de "X" e redução na quantidade demandada do bem "Y". Assim, a curva de preço-consumo será negativamente inclinada. Vejamos o gráfico da Figura 23.15.

Figura 23.15. Curva de preço-consumo: se o preço do bem "X" cair e a curva de preço-consumo apresentar inclinação negativa, então, a quantidade de "X" aumenta e a quantidade de "Y" diminui e os bens são substitutos entre si.

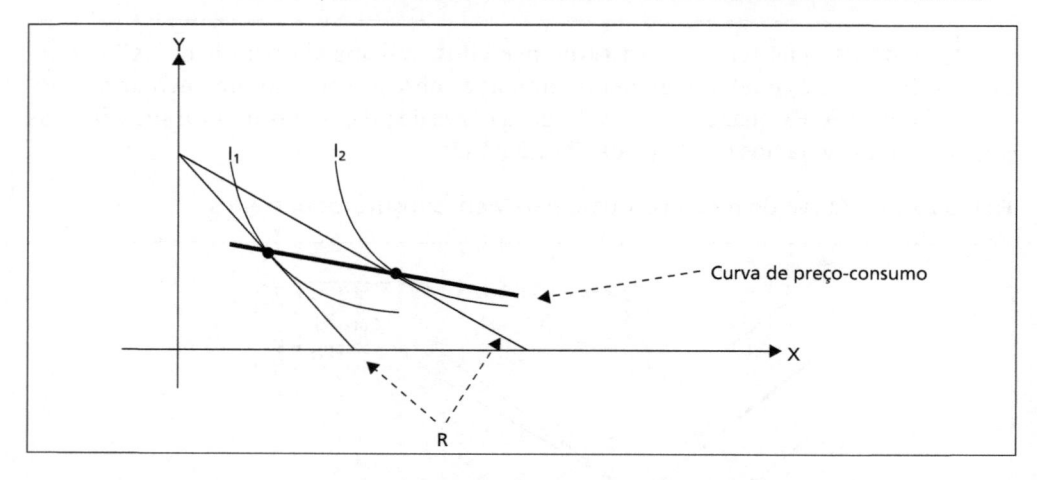

Se dois bens são complementares (não perfeitos), havendo a queda no preço do bem "X", isso provocará aumento na quantidade demandada de "X" e aumento na quantidade demandada do bem "Y". Assim, a curva de preço-consumo será positivamente inclinada. Vejamos o gráfico da Figura 23.16.

Figura 23.16. Curva de preço-consumo: se o preço do bem "X" cair e a curva de preço-consumo apresentar inclinação positiva, então, a quantidade de "X" e "Y" aumentam e os bens são complementares entre si, mas, não necessariamente, perfeitos.

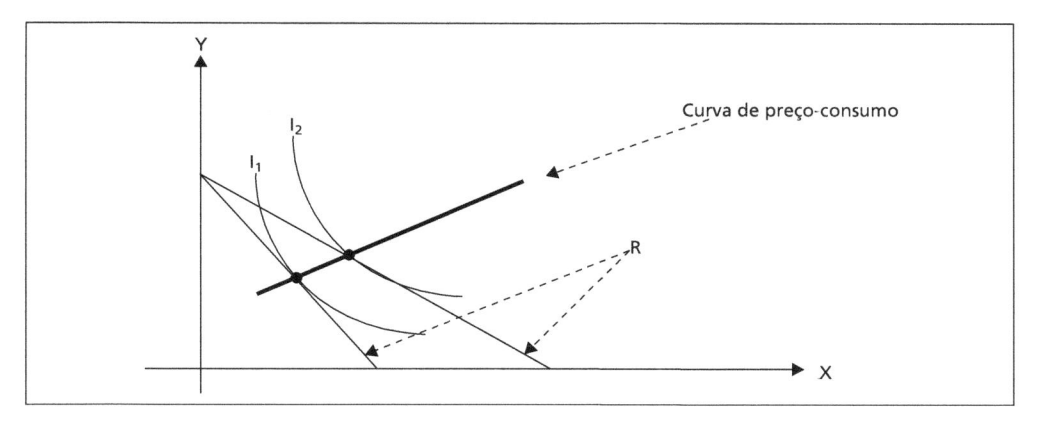

23.4. CURVA DE DEMANDA

A curva de demanda relaciona a quantidade de equilíbrio de um bem com seu respectivo preço e, para isso, partimos da curva de preço-consumo. Assim, considerando o bem "X" e os seus respectivos preços, determinamos a quantidade de bem "X" que será demandada. Podemos representar a curva de demanda como segue na Figura 23.17:

Figura 23.17. Curva de demanda mostra a escolha ótima para o bem "X".

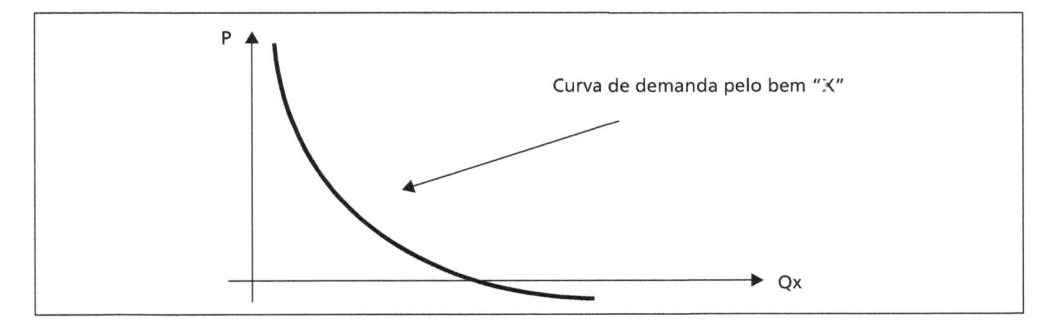

Quando se trata de **bens substitutos perfeitos**, a curva de demanda terá o seguinte comportamento conforme mostra a Figura 23.18. Percebemos que quando o preço do bem "Y" for menor que o preço do bem "X", a quantidade demandada do bem "X" será zero. Quando o preço do bem "Y" for igual ao do bem "X", a quantidade demandada do bem "X" será uma constante. A partir do momento que o preço do bem "X" fica cada vez menor que o do bem "Y", a quantidade demandada de "X" aumenta.

Figura 23.18. Curva de demanda quando o bem "X" é substituto perfeito.

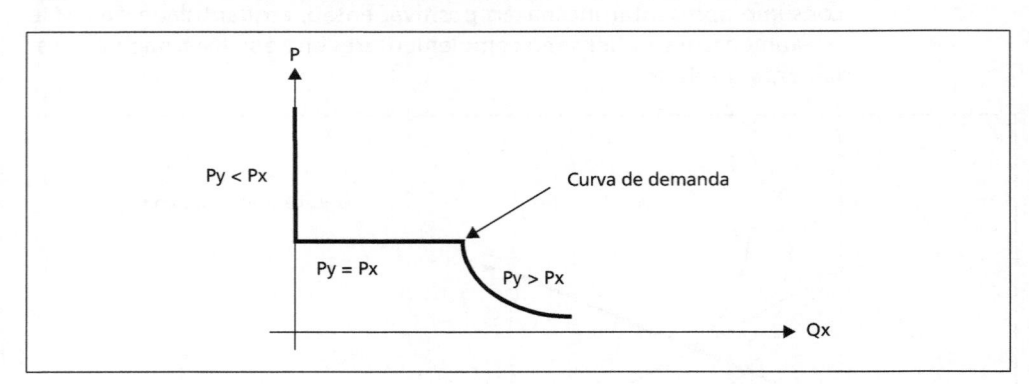

[Gráfico: eixo P vertical, eixo Qx horizontal. Py < Px na parte vertical, Py = Px na horizontal, Py > Px na curva descendente. Curva de demanda indicada.]

Quando se trata de **bens complementares perfeitos**, a curva de demanda terá o comportamento conforme mostra a Figura 23.19. Conforme o preço do bem "X" diminui, a quantidade demandada dele aumenta.

Figura 23.19. Curva de demanda quando o bem "X" é um bem complementar perfeito.

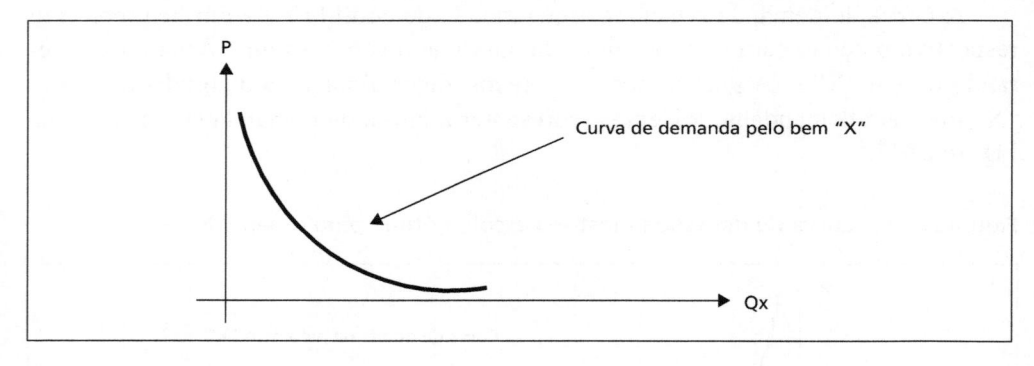

[Gráfico: eixo P vertical, eixo Qx horizontal. Curva de demanda pelo bem "X" decrescente.]

A tabela a seguir apresenta um resumo do comportamento do preço dos bens "X" e "Y" e da Renda do consumidor na construção da curva renda-consumo, da curva de Engel, da curva de preço-consumo e da curva de demanda. Vejamos:

	Px	Py	Renda
Curva renda-consumo	Constante	Constante	Varia
Curva Engel	Constante	–	Varia
Curva de preço-consumo	Varia	Constante	Constante
Curva de demanda	Varia	–	Constante

Observe que nos gráficos da Figura 23.20 o bem q_1 aumenta conforme seu preço se reduz, definindo uma função demanda:

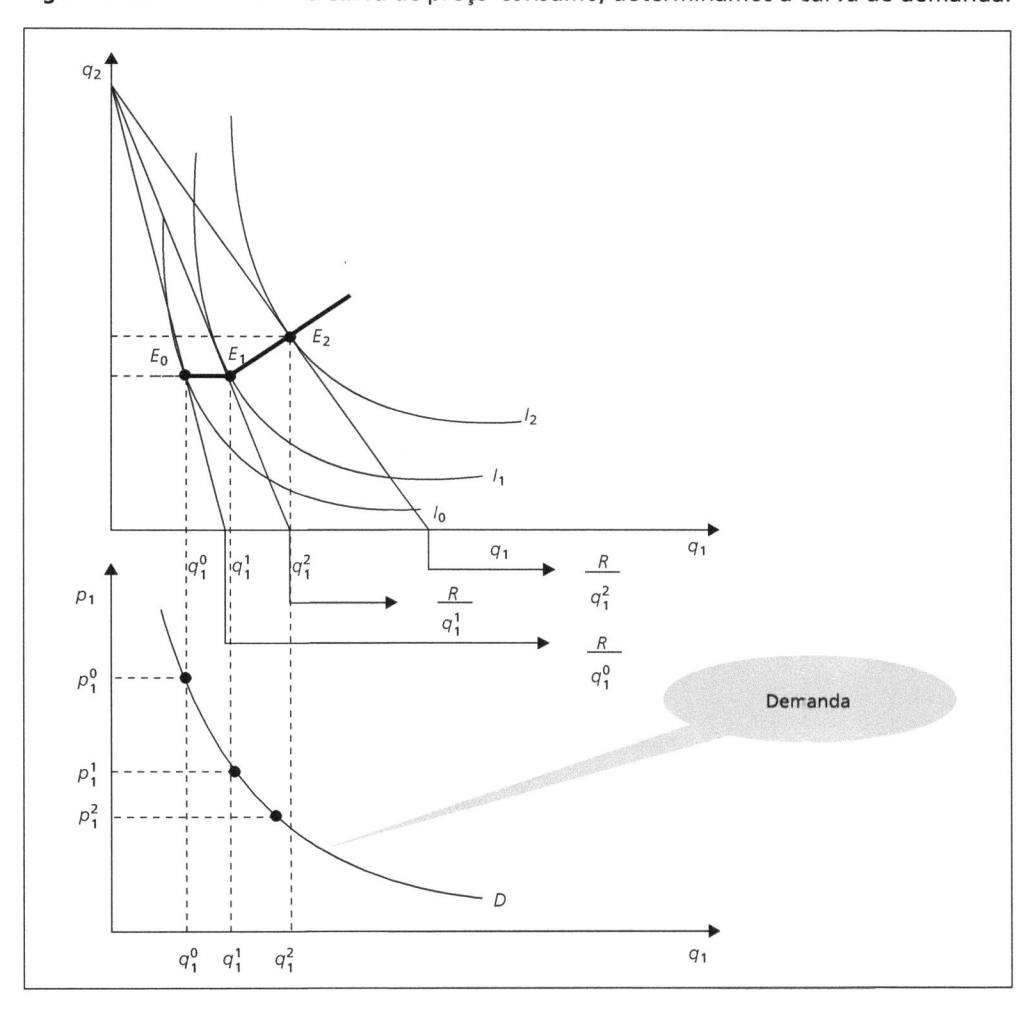

Figura 23.20. Partindo da curva de preço-consumo, determinamos a curva de demanda.

23.5. QUESTÕES

1. (CEBRASPE — MPU — 2010) Um consumidor possui função utilidade dada por $U = u(x, y)$ e restrição orçamentária igual a $R = p_x x + p_y y$, em que R representa a renda do consumidor e px e py, ambos positivos, representam, respectivamente, os preços dos bens x e y. Supondo que esse consumidor se encontra em situação de equilíbrio, maximizando sua função utilidade a partir de sua restrição orçamentária, julgue o item seguinte.

Caso o bem x seja um bem inferior, a curva de Engel desse bem será positivamente inclinada.
( ) Certo   ( ) Errado

2. (ACEP — BNB — 2006) A respeito das Curvas de Engel, é correto afirmar que:
   a) relacionam quantidade consumida com o nível de preço.
   b) a curva de Engel com inclinação descendente aplica-se a todos os bens normais.
   c) a curva de Engel com inclinação ascendente aplica-se a todos os bens inferiores.

d) as curvas de renda-consumo podem ser utilizadas na construção de curvas de Engel.
e) as curvas de Engel não servem para mostrar como as despesas dos consumidores variam entre grupos de renda.

3. (FGV — COMPESA — 2014) Ao longo dos últimos anos, a renda dos brasileiros apresentou um forte crescimento, o que trouxe uma mudança nas suas preferências. Assim, bens e serviços de baixa qualidade foram substituídos pelos de alta qualidade. Logo, bens e serviços de baixa qualidade são bens:
a) normais e sua curva de Engel é decrescente.
b) normais e sua curva de Engel é crescente.
c) inferiores e sua curva de Engel é decrescente.
d) inferiores e sua curva de Engel é crescente.
e) inferiores e sua curva de expansão da renda é crescente.

4. (FGV — Assembleia Legislativa-MT — 2013) Com relação à teoria da demanda no caso de dois bens, assinale V para a afirmativa verdadeira e F para a falsa.
1. A curva de Engel é positivamente inclinada para todo tipo de bem.
2. Ao longo da curva de demanda individual, o consumidor se depara com níveis de utilidade distintos.
3. Um aumento de preço do bem representado no eixo das ordenadas faz com que a curva de demanda individual se torne menos inclinada em termos absolutos.

As afirmativas são, respectivamente,
a) F, V, V.
b) F, V, F.
c) F, F, V.
d) V, F, F.
e) V, V, V.

5. (IDECAN — AGU — 2014) Com relação à função demanda de teoria do consumidor, marque V para a afirmativa verdadeira e F para a falsa.
1. A curva de Engel para um bem inferior é negativamente inclinada.
2. A demanda por um bem derivada de uma função utilidade Cobb-Douglas é uma fração da renda em relação ao preço do mesmo bem.
3. Considerando o efeito do preço de um bem sobre sua própria demanda, o efeito renda pode exatamente igualar o efeito substituição somente se o bem não for inferior.

A sequência está correta em:
a) F, V, F.
b) F, V, V.
c) V, F, V.
d) V, V, F.
e) V, V, V.

6. (CEBRASPE — Polícia Federal — 2000) Julgue o item seguinte:
Ao longo da curva de preço-consumo, a renda nominal permanece constante.
( ) Certo   ( ) Errado

7. (CEBRASPE — Policial Federal — 2004) Julgue o item a seguir.
Para dois bens quaisquer, quando a curva de renda-consumo é positivamente inclinada em toda sua extensão, é correto afirmar que esses produtos são bens normais.
( ) Certo   ( ) Errado

8. (IESES — BAHIAGÁS — 2016) As curvas da oferta e da demanda deslocam-se ao longo do tempo em resposta às mudanças das condições de mercado. Diante desse quadro é correto afirmar:
a) Um aumento no preço do insumo de um determinado bem, tende a deslocar a curva de demanda desse bem para esquerda, diminuindo o preço e a quantidade ofertada.
b) Quando a curva de renda-consumo apresenta uma inclinação positiva, a quantidade demandada aumenta com a renda e, consequentemente, a elasticidade de renda da demanda torna-se positiva.
c) Mesmo com intervenção governamental, a oferta e demanda de uma mercadoria entrarão em equilíbrio, determinando seu preço e quantidade de mercado.
d) Uma redução no preço do bem complementar, se configura como um determinante da oferta, já que modifica a quantidade ofertada do bem relacionado.
e) O preço de equilíbrio de um bem qualquer tende a aumentar, quando ocorre um deslocamento da curva de oferta para direita, mantendo as demais variáveis constantes.

9. (FADESP — UEPA — 2020)
A curva de Engel relaciona a quantidade adquirida de um bem com a renda do consumidor e pode ser obtida a partir da curva de renda-consumo. A respeito da curva de Engel e de sua relação com a curva de renda-consumo é correto afirmar o seguinte:
a) No caso dos bens inferiores, a curva de Engel apresenta declividade positiva.
b) Quando se trata de um bem inferior, a curva de renda-consumo apresenta declividade negativa.
c) O coeficiente de elasticidade-renda da demanda dos bens normais apresenta sinal negativo.
d) No caso dos bens normais, tanto a curva de renda-consumo como a curva de Engel apresentam declividade negativa.

GABARITO

1. "errado". Caso o bem seja inferior, a curva de Engel será negativamente inclinada.

2. "d". A curva de renda-consumo é o lugar geométrico das combinações ótimas de dois bens mediante a alteração da Renda (R). A partir da curva de renda-consumo, se constrói a curva de Engel, que relaciona a renda com a quantidade demandada de um dos bens. A alternativa "a" está correta. A curva de demanda relaciona quantidade consumida com o nível de preço. A alternativa "a" está incorreta. A curva de Engel com inclinação descendente aplica-se a bens inferiores. A alternativa "b" está incorreta. A curva de Engel com inclinação ascendente aplica-se a todos os bens normais. A alternativa "c" está incorreta. As curvas de Engel servem para mostrar como as despesas dos consumidores variam entre grupos de renda. A alternativa "e" está incorreta.

3. "c". Quando a renda aumenta e o consumo do bem diminui, esse bem é classificado de inferior e a curva de Engel, que associa a renda com a quantidade demandada do bem, será decrescente, já que, quando a renda aumenta, seu consumo se reduz e quando a renda se reduz, seu consumo aumenta. A alternativa "c" está correta e as alternativas "a", "b" e "d" estão incorretas. O caminho de expansão da renda, também chamado de curva de renda-consumo, associa o consumo de dois bens mediante a elevação da renda. Quando o bem é inferior, a curva de renda-consumo é decrescente.

4. "a". A curva de Engel é positivamente inclinada para bens normais e negativamente inclinada para bens inferiores. O item "1" está incorreto.
A associação de preços e quantidades mostra níveis diferentes de satisfação. O item 2 está correto. Um preço mais alto associado a uma mesma quantidade faz com que a curva de demanda fique menos inclinada (mais horizontal. $D_1 \to D_2$ no gráfico abaixo). O item 3 está correto.

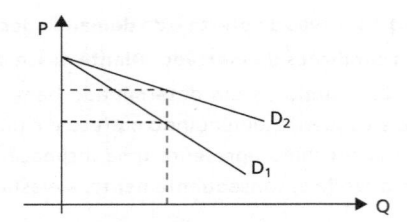

5. "e". A curva de Engel para um bem inferior é decrescente ou negativamente inclinada, mostrando que, quando a renda aumenta, a quantidade demandada do bem diminui, e vice-versa. O item 1 está correto.

Quando dividimos a renda pelo preço do bem, determinamos a quantidade máxima que pode ser adquirida daquele bem com a renda que se possui, considerando que o consumidor consuma apenas aquele bem. À medida que o consumidor vai abrindo mão do consumo desse bem em prol do consumo do outro bem, ele estará destinando apenas uma fração da sua renda ao consumo desse determinado bem. Uma função utilidade do tipo Cobb-Douglas vai apresentar uma cesta ótima na sua intersecção com a restrição orçamentária. Essa cesta ótima vai determinar a quantidade de dois bens que podem ser adquiridos com a renda disponível. Quando o preço do bem varia, a cesta ótima também varia. Assim, a demanda vai associar o preço com essa nova quantidade do bem (que corresponde à fração da renda em relação ao preço), determinando a curva de demanda. O item 2 está correto.

O efeito renda pode ser maior, menor ou igual ao efeito substituição se o bem for normal. Se o bem for inferior (mas não de Giffen), o efeito renda é menor que o efeito substituição. Se o bem for inferior do tipo de Giffen, o efeito renda é maior que o efeito substituição. O item 3 está correto.

6. "certo". A curva de preço-consumo é o lugar geométrico das cestas de equilíbrio (ou cestas ótimas) que se obtém quando o preço de um dos bens varia, permanecendo constante o preço do outro e o nível de renda.

7. "certo". A curva de renda-consumo é o lugar geométrico das combinações ótimas de dois bens mediante a alteração da Renda (R). Quando a curva de renda-consumo é crescente, os bens x e y são normais ou superiores.

8. "b". Quando a curva de renda-consumo apresenta uma inclinação positiva, a quantidade demandada aumenta com a renda. Vejamos o gráfico a seguir:

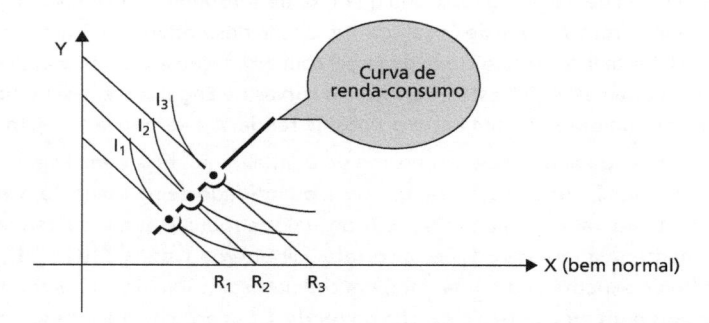

Logo, os bens X e Y são normais. Dessa maneira, a Elasticidade-Renda da Demanda (ERD) é positiva, ou seja:

ERD = %ΔQd/%ΔR.

Quando há uma variação da Renda (R), a Quantidade demandada (Qd) aumenta também e, consequentemente, a elasticidade de renda da demanda torna-se positiva. A alternativa "b" está correta.

Um aumento no preço do insumo de um determinado bem tende a deslocar a curva de oferta desse bem para a esquerda, elevando o preço e reduzindo a quantidade ofertada. A alternativa "a" está incorreta.

Quando ocorre intervenção governamental, a oferta e demanda de uma mercadoria poderão não entrar em equilíbrio. Por exemplo, quando o governo fixa um preço mínimo ou um preço máximo, pode ocasionar um excesso de oferta ou um excesso de demanda. A alternativa "c" está incorreta.

Uma redução no preço do bem complementar na oferta se configura como um determinante da oferta, já que desloca a curva ofertada do bem relacionado. Já uma redução no preço de um bem complementar na demanda se configura como um determinante da demanda, já que desloca a curva de demanda do bem relacionado. A alternativa "d" está incorreta.

O preço de equilíbrio de um bem qualquer tende a diminuir, quando ocorre um deslocamento da curva de oferta para a direita, mantendo as demais variáveis constantes. A alternativa "e" está incorreta.

9. "b".

a) (F) No caso dos bens inferiores, a curva de Engel apresenta declividade negativa, mostrando que conforme a renda aumenta, o consumo do bem diminui e vice-versa, ou seja, a relação entre a renda e o consumo do bem é negativa.

b) (V) Quando se trata de um bem inferior, a curva de renda-consumo apresenta declividade negativa, já que o aumento da renda, reduz o consumo do bem.

c) (F) O coeficiente de elasticidade-renda da demanda dos bens normais apresenta sinal positivo, mostrando que quando a renda aumenta, o consumo do bem normal aumenta também.

d) (F) No caso dos bens normais, tanto a curva de renda-consumo como a curva de Engel apresentam declividade positiva, já que um aumento da renda, eleva o consumo do bem.

24

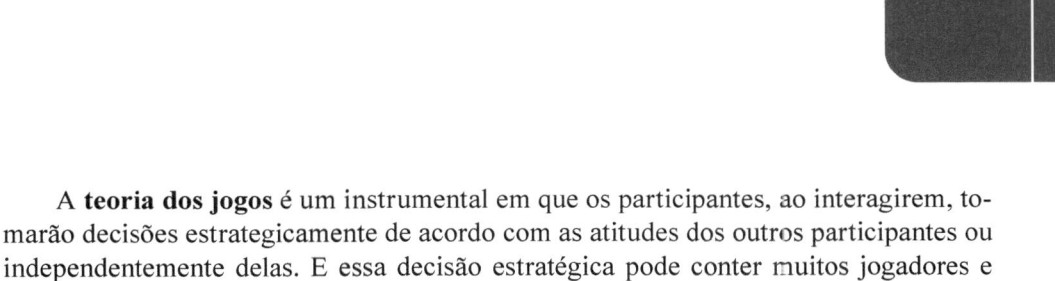

TEORIA DOS JOGOS

A **teoria dos jogos** é um instrumental em que os participantes, ao interagirem, tomarão decisões estrategicamente de acordo com as atitudes dos outros participantes ou independentemente delas. E essa decisão estratégica pode conter muitos jogadores e também muitas estratégias. Para facilitar, contudo, estudaremos a teoria dos jogos considerando dois jogadores e um número finito de estratégias.

As decisões estratégicas vão resultar em *payoffs* (resultados) para cada jogador que representam um valor correspondente a um resultado possível. A estratégia ótima é aquela que vai maximizar o *payoff* (resultado).

Os jogos podem ser de dois tipos: jogo cooperativo e jogo não cooperativo. O **jogo cooperativo** é quando os participantes podem planejar estratégias juntos e, para tanto, negociam e implementam contratos. **Jogo não cooperativo** é quando não é possível negociar e implementar contratos entre os participantes e, por isso, cada um terá que analisar e prever de que maneira seu oponente irá agir mediante suas ações.

24.1. MATRIZ DE *PAYOFF*

Primeiro, vamos entender uma matriz de *payoff* (resultado). A **matriz de ganhos** de um jogo representa os ganhos de cada participante do jogo mediante a estratégia escolhida.

Entendemos como **estratégia dominante** aquela que, independentemente de como o oponente vai agir, será a melhor estratégia a ser tomada.

Vejamos a seguinte matriz de *payoff*. Vamos aprender a compreender cada um dos componentes da matriz. Assim, os números que aparecem na matriz de *payoff* (resultado) abaixo correspondem aos ganhos do jogador A:

		Jogador B	
		Vai agir	Não vai agir
Jogador A	Vai agir	20,	15.
	Não vai agir	12,	10.

Observemos que:

- Se B "agir" e A "agir" → A ganha 20
- Se B "agir" e A "não agir" → A ganha 12

Então, B "agindo" é melhor A "agir", porque ganha 20 no lugar de 12.
Observemos também que:

■ Se B "não agir" e A "agir" → A ganha 15
■ Se B "não agir" e A "não agir" → A ganha 10

Então, B "não agindo" é melhor A "agir", já que ganha 15 no lugar de 10.
Concluímos que a **estratégia dominante para A é "agir"**.

Agora, os números que aparecem na matriz de *payoff* (resultado) abaixo correspondem aos ganhos do jogador B.

		Jogador B	
		Vai agir	Não vai agir
Jogador A	Vai agir	,10	,1
	Não vai agir	,16	,4

Observemos que:

■ Se A "agir" e B "agir" → B ganha 10
■ Se A "agir" e B "não agir" → B ganha 1

Então, se A "agir", é melhor B "agir", já que ganha 10 em vez de 1.
Observemos também que:

■ Se A "não agir" e B "agir" → B ganha 16
■ Se A "não agir" e B "não agir" → B ganha 4

Então, se A "não agir", é melhor B "agir", já que ganha 16 no lugar de 4.
Concluímos, portanto, que a **estratégia dominante para B é "agir"**.
Logo, A e B apresentam estratégias dominantes e o jogo apresenta um **equilíbrio de estratégias dominantes**.

Mostrando a matriz de *payoff* completa, temos o seguinte:

		Jogador B	
		Vai agir	Não vai agir
Jogador A	Vai agir	**20**,*10*	**15**,*1*
	Não vai agir	**12**,*16*	**10**,*4*

Para facilitar a visualização, apresentamos os números em negrito para nos referirmos aos *payoffs* do jogador A e os números em itálico para nos referirmos aos *payoffs* do jogador B.

Assim, para o jogador A se compara 20 com 12 e 15 com 10. Para o jogador B se compara o 10 com 1 e 16 com 4.

Ao falarmos em estratégia dominante, estamos dizendo que há uma escolha ótima de estratégia para cada um dos dois jogadores, independentemente do que o outro faça. Se essas escolhas dominarem as alternativas, então teremos um **equilíbrio de estratégia dominante**.

Havendo uma estratégia dominante para cada jogador, então podemos saber qual será o resultado de equilíbrio do jogo, já que a estratégia dominante é a melhor estratégia, independentemente do que o outro jogador faça.

Mas existe uma diferença entre equilíbrio de estratégia dominante e equilíbrio de Nash. Vejamos:

Equilíbrio de estratégia dominante: *cada jogador vai fazer o que for melhor para ele, independentemente do que o outro jogador faça.*

Equilíbrio de Nash: *o jogador vai fazer o que é melhor para ele dependendo de como o outro jogador vai agir.*[1]

Vejamos uma segunda matriz de *payoff* (resultado) conforme mostra a seguir.

		Jogador B	
		Vai agir	Não vai agir
Jogador A	Vai agir	20,10	15,1
	Não vai agir	12,16	20,4

Observemos que:

- Se B "agir", é melhor A "agir", já que ganha 20 no lugar de 12.
- Se B "não agir", é melhor A "não agir", já que ganha 20 no lugar de 15.

Logo, não há estratégia dominante para A.

Observemos que:

- Se A "agir", é melhor B "agir", já que ganha 10 no lugar de 1.
- Se A "não agir", é melhor B "agir", já que ganha 16 no lugar de 4.

Logo, a estratégia dominante para B é "agir".

Portanto, o jogador A deverá concluir que o jogador B irá "agir". Sendo assim, é melhor que A "aja" também (já que ganhará 20 se "agir" conta 12 se "não agir").

Conclui-se que o jogador A vai fazer o melhor para ele dependendo da decisão de B, ou seja, haverá o equilíbrio de Nash quando B "agir" e A "agir" também. Há, portanto, apenas um **equilíbrio de Nash** nesse exemplo.

Na teoria dos jogos, **pode haver apenas 1 equilíbrio de Nash, pode haver vários equilíbrios de Nash, como pode também não haver nenhum equilíbrio de Nash**.

Pensemos, agora, na seguinte matriz de *payoff* (resultado):

		Jogador B	
		Vai agir	Não vai agir
Jogador A	Vai agir	−20,−20	40,40
	Não vai agir	40,40	−20,−20

---

[1] O equilíbrio de Cournot (visto no capítulo que trata da estrutura de mercado: oligopólio) é um exemplo de equilíbrio de Nash.

Observemos que:

- Se B "agir", é melhor A "não agir", porque ganha 40 no lugar de perder 20.
- Se B "não agir", é melhor A "agir", porque ganha 40 no lugar de perder 20.

Logo, não há estratégia dominante para A.

Observemos que:

- Se A "agir", é melhor B "não agir", porque ganha 40 no lugar de perder 20.
- Se A "não agir", é melhor B "agir", porque ganha 40 no lugar de perder 20.

Logo, não há estratégia dominante para B.

Observemos que, se B anunciar que vai agir, então A "não irá agir" (já que "agindo" perde 20 e "não agindo" ganha 40). Portanto (40,40), no canto inferior esquerdo, é um **equilíbrio de Nash**, em que o jogador A estará fazendo o melhor de si em função do jogador B.

Porém, se B anunciar que "não vai agir", então é melhor A "agir" (já que agindo ganha 40 e "não agindo" perde 20). Portanto, (40,40) no canto superior direito é um **equilíbrio de Nash**, onde o jogador A estará fazendo o melhor de si em função do jogador B.

Dizemos que há um **equilíbrio de Nash, portanto, se a escolha de A for ótima, dada uma escolha de B, e a escolha de B for ótima, dada a escolha de A**. Como um jogador não sabe como o outro vai agir, então ele cria uma expectativa em cima do que ele acredita que o outro jogador vai escolher.

Assim afirma Varian: "Lembre-se de que nenhuma pessoa sabe o que a outra fará quando for obrigada a escolher sua própria estratégia, mas cada pessoa pode ter suas próprias expectativas a respeito de qual será a escolha da outra pessoa. O equilíbrio de Nash pode ser interpretado como um par de expectativas sobre as escolhas da outra pessoa, de modo que, quando a escolha de uma pessoa for revelada, nenhuma delas desejará mudar seu próprio comportamento[2]."

Vimos que nesse exemplo há dois equilíbrios de Nash. Vejamos esses equilíbrios marcados na cor cinza na matriz de *payoff* a seguir:

		Jogador B	
		Vai agir	Não vai agir
Jogador A	Vai agir	−20,−20	40,40
	Não vai agir	40,40	−20,−20

Como **encontrar o equilíbrio de Nash**? Vejamos a resposta analisando o exemplo acima. Primeiro, vamos pegar o resultado (40,40) localizado no canto superior direito. Se A escolher "agir", a melhor escolha para B é "não agir" uma vez que não agindo ganha 40 no lugar de perder 20 se tivesse agido. Agora, voltemos o raciocínio partindo

---

[2] Hal R. Varian, *Microeconomia*: uma abordagem moderna, p. 543.

de B do mesmo resultado (40,40) em que paramos ao analisar o jogador A. Continuando, se o jogador B escolher "não agir", então é melhor o jogador A escolher "agir", já que ganha 40 no lugar de perder 20, caso optasse por "não agir". Percebemos que, se o jogador A escolher "agir", a escolha ótima para B é "não agir". Também se o jogador B escolher "não agir", a escolha ótima de A é "agir". Temos, portanto, um **equilíbrio de Nash**, já que, dada a escolha do outro, cada um faz a sua escolha ótima. Perceba que eu parto do mesmo *payoff* encontrado para o jogador A para o jogador B.

Agora, vamos pegar o resultado (40,40) localizado no canto inferior esquerdo. Se A escolher "não agir", a melhor escolha para B é "agir", uma vez que agindo ganha 40 no lugar de perder 20 se não tivesse agido. Agora, voltemos o raciocínio partindo do jogador B do mesmo resultado (40,40) em que paramos ao analisar o jogador A. Continuando, se o jogador B escolher "agir", então é melhor o jogador A escolher "não agir", já que ganha 40 no lugar de perder 20, caso optasse por "agir". Percebemos que, se o jogador A escolher "não agir", a escolha ótima para B é "agir". Também, se o jogador B escolher "agir", a escolha ótima de A é "não agir". Temos, portanto, um **equilíbrio de Nash**, já que, dada a escolha do outro, cada um faz a sua escolha ótima. Perceba que eu parto do mesmo *payoff* encontrado para o jogador A para o jogador B.

O equilíbrio de Nash dependerá também da racionalidade de cada jogador. Vejamos mais um exemplo:

		Jogador B	
		Vai agir	Não vai agir
Jogador A	Vai agir	0,0	−20,+20
	Não vai agir	−120,0	**+40**,+20

Observemos que:

■ Se B "agir", A vai "agir", porque não ganha nada no lugar de perder 120.
■ Se B "não agir", A "não vai agir", porque ganha 40 no lugar de perder 20.

Logo, não há estratégia dominante para A.
Observe que:

■ Se A "agir", B "não vai agir", porque ganha 20 no lugar de não ganhar nada.
■ Se A "não agir", B "não vai agir", porque ganha 20 no lugar de não ganhar nada.

Logo, a estratégia dominante para B é "não agir".

Então, sabendo que B não vai agir, é melhor A não agir (porque, não agindo, ganha 40, e agindo perde 20).

Logo, A e B "não agindo" é um equilíbrio de Nash.

Vejamos como encontramos o equilíbrio de Nash. Se A escolher "não agir", a melhor escolha para B é "não agir", uma vez que não agindo ganha 20 no lugar de não ganhar nada se tivesse agido. Agora, voltemos o raciocínio partindo de B do mesmo resultado (+40,+20) em que paramos ao analisar o jogador A. Continuando, se o jogador B escolher "não agir", então é melhor o jogador A escolher "não agir", já que ganha 40 no lugar de perder 20, caso optasse por "agir". Percebemos que, se o jogador A escolher "não agir", a escolha ótima para B é "não agir". Também se o jogador B escolher "não agir", a escolha ótima de A é "não agir". Ou seja, tanto o jogador A como o B fizeram suas escolhas ótimas em (40,20). Temos, portanto, um equilíbrio de Nash, já que, dada a escolha do outro, cada um faz a sua escolha ótima.

Acontece que se A acreditar que B **não seja racional** e, portanto, poderá "agir", então é melhor que A também aja (já que "agindo" não ganha nada e "não agindo" perde 120).

Então, o *payoff* (0,0) é chamado de **estratégia maximin** para o jogador A porque maximiza o ganho mínimo, não maximizando, porém, o lucro.

Pensando que cada jogador escolhe uma estratégia definitiva sem alterá-la, podemos encontrar um equilíbrio de Nash em **estratégias puras**. Mas quando atribuímos uma probabilidade para cada escolha e os jogadores se utilizam dessa probabilidade, estaremos falando de **estratégias mistas**. Estratégia mista é, portanto, quando os jogadores fazem escolhas aleatórias com base em probabilidades. Diferentemente das estratégias puras, nas estratégias mistas haverá sempre e pelo menos 1 (um) equilíbrio de Nash.

No jogo de moeda, jogando-se duas moedas, se der 2 caras ou 2 coroas, o jogador A vence. Se der 1 cara e 1 coroa ou 1 coroa e 1 cara, o jogador B vence. Nesse exemplo, estamos trabalhando com probabilidade.

Se for possível se saber a probabilidade de B "agir" (por exemplo, a probabilidade ser de 20%) e de B "não agir" (por exemplo, a probabilidade ser de 80%), podemos determinar uma estratégia que maximize o *payoff* esperado.

Assim se o jogador A "não agir", temos:

$0{,}20 \cdot (-120) + 0{,}80 \cdot (40) =$

$-24 + 32 = 8$

E se o jogador A "agir", temos:

$0{,}20 \cdot (0) + 0{,}80 \cdot (-20) = 0 + (-16) = -16$

Logo, o jogador A escolherá "não agir", já que ganha 8 no lugar de perder 16 se "agisse".

24.2. DILEMA DOS PRISIONEIROS

Um equilíbrio de Nash não produz necessariamente um resultado **eficiente no sentido de Pareto**. Vejamos o exemplo do **dilema dos prisioneiros**.

Supondo que 2 prisioneiros (A e B), ao serem interrogados separadamente a respeito de um crime, são antecipadamente informados de que:

- Se A confessar o crime e B não confessar, A pega um ano de cadeia e B pega 10 anos.

- Se A confessar e B confessar o crime, cada um pega 5 anos de cadeia.
- Se A não confessar e B confessar o crime, A pega 10 anos de cadeia e B pega um ano de cadeia.
- Se A e B não confessarem o crime, cada um pega 2 anos de cadeia.

Vamos mostrar a matriz de *payoff* do dilema dos prisioneiros:

		Jogador B	
		Confessa	Não confessa
Prisioneiro A	Confessa	−5,−5	−1,−10
	Não confessa	−10,−1	−2,−2

Vejamos as estratégias dos prisioneiros, diante das possibilidades:

Primeiro, analisemos o prisioneiro A:

- Se B confessar, então é melhor A confessar também, já que confessando fica 5 anos preso e não confessando fica 10 anos.
- Se B não confessa, então é melhor A confessar, porque se confessar fica 1 ano preso e se não confessar fica 2 anos.

Portanto: **Confessar é estratégia dominante para A**.

Agora analisemos o prisioneiro B:

- Se A confessar, é melhor B confessar também, já que confessando fica 5 anos preso e não confessando fica 10 anos.
- Se A não confessar, é melhor B confessar, porque se confessar fica 1 ano preso e se não confessar fica 2 anos.

Portanto: **Confessar é a estratégia dominante para B.**

Logo, confessar para ambos é um equilíbrio de estratégia dominante. É também um equilíbrio de Nash, já que todo equilíbrio de estratégia dominante é também um equilíbrio de Nash.

Podemos, portanto, dizer que:

Todo equilíbrio de estratégias dominantes é equilíbrio de Nash, mas nem todo equilíbrio de Nash é um equilíbrio de estratégia dominante.

Mas se os prisioneiros forem capazes de se manter firmes e não confessarem, então ambos ficariam em melhor situação, já que permaneceriam presos apenas dois anos cada um. Portanto a estratégia (não confessa/não confessa) é **eficiente no sentido de Pareto** e a estratégia (confessa/confessa) não é eficiente no sentido de Pareto, apesar de ser um equilíbrio de estratégia dominante e um equilíbrio de Nash.

24.2.1. Estratégia *tit-for-tat*

Estratégia *tit-for-tat* ("retaliação equivalente" ou "olho por olho") consiste em uma estratégia em que haverá cooperação por parte de um jogador se o seu oponente também cooperar, mas haverá mudança para uma estratégia não cooperativa se o seu oponente deixar de cooperar. Quando os jogadores repetirem a interação infinitas vezes, o ganho que terão cooperando no longo prazo é maior que o ganho que teriam se não cooperassem no curto prazo, o que compensa cooperarem. Esse é um tipo de estratégia **racional** e estimula, portanto, a cooperação para jogos repetitivos infinitamente.

24.3. QUESTÕES

1. (ESAF — Banco Central do Brasil — 2001) Considere o jogo representado pela matriz de *payoffs* abaixo, na qual A e B são as estratégias disponíveis para o jogador 1 e C e D são as estratégias disponíveis para o jogador 2:

		Jogador 2	
		C	D
Jogador 1	A	1,1	0,0
	B	0,0	2,2

a) O jogo apresenta dois equilíbrios de Nash e dois equilíbrios com estratégias dominantes.
b) A combinação das estratégias B e D é um equilíbrio com estratégias dominantes.
c) O jogo apresenta dois equilíbrios de Nash e nenhum equilíbrio com estratégia dominante.
d) O jogo não apresenta nenhum equilíbrio de Nash e nenhum equilíbrio com estratégias dominantes.
e) A combinação das estratégias A e C é um equilíbrio com estratégias dominantes, mas não é um equilíbrio de Nash.

2. (Provão — 2000) Em um duopólio, as firmas decidem se a qualidade do produto ofertado deve ser alta ou baixa. A tabela abaixo mostra o lucro de cada firma decorrente da sua escolha e da escolha da firma concorrente, onde, em cada célula, tem-se primeiro o lucro da firma A e depois o da firma B. Considere que as decisões são tomadas sequencialmente, de tal modo que primeiro a firma B escolhe a qualidade do produto e depois a firma A.

		Firma B	
		Baixa	Alta
Firma A	Baixa	10,11	9,15
	Alta	11,9	7,8

A(s) situação(ções) de equilíbrio é(são):
a) A firma B escolhe alta e a A, alta.
b) A firma B escolhe alta e a A, baixa.
c) A firma B escolhe baixa e a A, alta.
d) A firma B escolhe baixa e a A, alta; a firma B escolhe alta e a A, baixa.
e) A firma B escolhe baixa e a A, baixa; a firma B escolhe alta e a A, alta

3. (CESGRANRIO — BNDES — 2009) A matriz abaixo representa um jogo com decisões simultâneas de duas pessoas, A e B. Em cada célula da matriz, o valor à esquerda é o retorno monetário de A, e o valor à direita é o de B. Há células não preenchidas ou com incógnitas X, Y, Z e W. Ambos os participantes têm conhecimento de todos os valores nas células e de todas as estratégias possíveis:

I a III para A; e 1 a 3 para B.
O exame da matriz leva à conclusão de que:

Firma A		Firma B		
		1	2	3
	I		1;7	8;1
	II	X;8	Y;9	10;Z
	III			W;0

a) O par de estratégias (II, 3) é um equilíbrio de Nash se Z > 9.
b) Para valores de X suficientemente elevados, o par de estratégias (II, 1) é um Equilíbrio de Nash.
c) Se o par de estratégias (II, 3) for um equilíbrio de Nash, II será uma estratégia dominante para A.
d) Uma mudança de posição da célula (I, 2) para (I, 3) é uma melhoria de Pareto.
e) Haverá um equilíbrio de Nash se Z > 9 e W < 10.

4. (CESGRANRIO — Petrobras — 2012) A matriz abaixo ilustra um jogo não cooperativo de decisões simultâneas entre Maria e João, cada um com três estratégias possíveis (M1, M2 e M3, e J1, J2 e J3). Em cada célula da matriz, há dois números, os quais são os retornos em reais dos jogadores: o número a esquerda é o retorno de João e, à direita, o de Maria. Todas as estratégias e retornos são conhecidos pelos dois jogadores.

João		Maria		
		M1	M2	M3
	J1	1;1	4;3	3;9
	J2	2;2	3;2	4;8
	J3	3;3	2;1	x;x

A incógnita x representa um valor em reais. A combinação de estratégias (J2, M3) é um equilíbrio de Nash se o valor de x for:
a) 3.
b) 5.
c) 7.
d) 9.
e) 11.

5. (FCC — Banco Central do Brasil — 2006) De acordo com a teoria microeconômica tradicional, é correto afirmar que:
a) Num mercado de concorrência perfeita, quando a curva de demanda é completamente inelástica, a incidência de um imposto sobre vendas é integralmente suportada pelo produtor.
b) O preço que maximiza o lucro do monopolista é igual ao custo marginal da *n-ésima* unidade do produto por ele vendida no mercado.
c) A curva de demanda quebrada (*kinked demand curve*) de Sweezy é um modelo cujo objetivo é explicar por que os oligopolistas frequentemente fazem guerras de preços entre si.
d) O conhecido modelo do *dilema dos prisioneiros* na teoria dos jogos explica por que as empresas de um duopólio que agem no mercado, de forma não cooperativa, não conseguem atingir a melhor situação para ambas, apesar de terem estratégias dominantes perfeitamente definidas.
e) O resultado de jogos sequenciais é sempre igual ao de jogos simultâneos, já que está envolvida a mesma matriz de perdas e ganhos para todos os participantes em ambos os casos.

6. (FUNDATEC — Prefeitura de Porto Alegre/RS — 2020) A teoria dos jogos tornou-se uma ferramenta forte em economia para a análise do processo de tomada de decisões pelas empresas e agentes econômicos em geral. Analise as seguintes afirmações sobre esse tema.
   I. Equilíbrio de Nash é um conjunto de estratégias em que cada um dos participantes faz o melhor que pode em função das estratégias dos demais participantes.
   II. Estratégia dominante diz respeito à estratégia bem-sucedida para um participante, independentemente do que possa fazer seu oponente.
   III. Estratégias dominantes são, em geral, estáveis.
Quais estão corretas?
   a) Apenas I.
   b) Apenas II.
   c) Apenas I e II.
   d) Apenas II e III.
   e) I, II e III.

7. (FGV — 2024 — Câmara Municipal-SP/Economia) Suponha que uma empresa, denominada entrante, deve decidir se entra ou não em um determinado mercado que é dominado por outra empresa, denominada dominante. Se a entrante entrar, a dominante deve decidir se inicia uma guerra de preços ou se aceita a entrada da entrante e divide o mercado com ela.
Caso a entrante decida não entrar no mercado, seu lucro será nulo e o lucro da dominante será igual a R$ 300 milhões.
Caso a entrante decida entrar no mercado:
a. o lucro de ambas será R$ 50 milhões, se a dominante decidir revidar com uma disputa de preços;
b. o lucro de ambas será R$ 100 milhões, se a dominante se acomodar (não revidar) e dividir o mercado da entrante.
A solução dessa disputa, por indução retroativa, será:
   a) entrante não entra e dominante não revida.
   b) entrante não entra e dominante revida.
   c) entrante entra e dominante revida.
   d) entrante entra e dominante não revida.
   e) indeterminada em estratégias puras.

8. (CESGRANRIO — 2024 — IPEA) Três empresas maximizadoras de lucro vendem o mesmo produto, cobrando preços iguais. Elas podem diferir em termos de localização, cada uma decidindo ficar ou no centro da cidade ou no subúrbio. O lucro anual de qualquer uma das empresas que se localize no subúrbio será de 13 unidades monetárias (u. m.); mas, se uma empresa se localizar no centro, seu lucro anual será de (20 - 2 C) u. m., onde C é o número dessas empresas localizadas no centro (C pode ser 3,2,1 ou 0).
Sendo assim, conclui-se que, caso as empresas
   a) decidam operar em conjunto, mantendo o mesmo preço que antes e dividindo o lucro total, o lucro total máximo ocorre quando duas se instalarem no subúrbio e uma no centro.
   b) decidam operar independentemente, todas as três vão escolher se localizar no subúrbio.
   c) decidam operar em conjunto, terão um lucro total menor do que se operarem independentemente.
   d) se localizem todas no subúrbio, elas escolheram uma estratégia dominante de localização.
   e) se localizem todas no centro da cidade, estarão em equilíbrio de Nash.

9. (CEBRASPE — 2024 — ANAC) Duas companhias aéreas, X e Y, competem em certo trajeto de ponte aérea e, como resultado, cada uma tem uma receita de R$ 40 milhões por bimestre. Caso uma delas baixe o preço da passagem, conseguirá atrair passageiros da outra companhia, e a nova distribuição fará que a companhia que tiver baixado o preço da passagem ganhe uma receita bimestral de R$ 50 milhões, ao mesmo tempo em que a outra, se não baixar o preço da passagem, terá uma receita bimestral de R$ 20 milhões. Se as duas baixarem os preços simultaneamente, a receita bimestral de cada uma delas será de R$ 30 milhões. Essas interações estão representadas na tabela a seguir, em que os pares ordenados (x, y) mostram a receita da companhia X e da companhia Y, respectivamente, caso as decisões sejam as apresentadas em cada linha e coluna.

		Cia. Y	
		mantém o preço da passagem	baixa o preço da passagem
Cia. X	mantém o preço da passagem	(40, 40)	(20, 50)
	baixa o preço da passagem	(50, 20)	(30, 30)

A partir das informações apresentadas na situação hipotética precedente, e ignorando futuras interações entre as companhias, julgue o item que se segue.

Na situação apresentada, o equilíbrio de Nash é um ótimo no sentido de Pareto.

( ) Certo   ( ) Errado

10. (CEBRASPE — 2024 — Especialista em Regulação de Recursos Hídricos e Saneamento Básico — ANA) O dilema do prisioneiro pode ser estudado em exemplos de competição econômica em que duas firmas podem estabelecer, ou não, relações de cooperação para conquistar maiores lucros, ou mesmo expandir marketshare. O exemplo a seguir apresenta duas firmas, A e B, que buscam maximizar o lucro individual. As firmas podem cooperar ou não, e os pay-offs mostram a lucratividade de cada uma das firmas, de acordo com as respectivas decisões.

firmas		estratégia da firma B	
	decisões	coopera	não coopera
estratégia da firma A	coopera	A e B lucram $ 50	A lucra $ 45 e B lucra $ 54
	não coopera	A lucra $ 54 e B lucra $ 45	A e B lucram $ 48

Em referência à situação hipotética precedente, julgue o item a seguir com base na teoria dos jogos.

i. O resultado "não cooperar, não cooperar" é equilíbrio de Nash forte.

( ) Certo   ( ) Errado

ii. A estratégia dominante é cooperar e, nesse caso, as duas firmas lucrariam $ 50.

( ) Certo   ( ) Errado

GABARITO

1. "c". Vamos montar a mesma tabela negritando os resultados do jogador 1 e deixando em itálico o resultado do jogador 2.

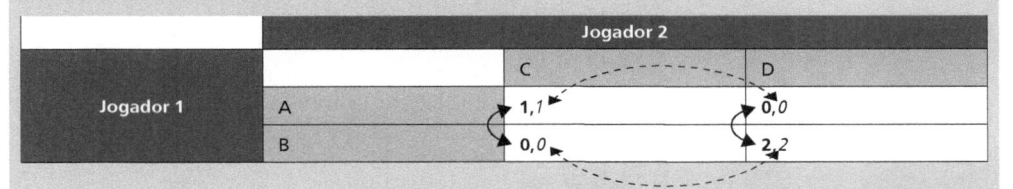

		Jogador 2	
		C	D
Jogador 1	A	1,*1*	0,*0*
	B	0,*0*	2,*2*

Se o jogador 1 jogar em "A", é melhor o jogador 2 jogar em "C" no lugar de "D" porque em "C" ele ganha 1 e em "D" ele ganha "0".

Se o jogador 1 jogar em "B", é melhor o jogador 2 jogar em "D" no lugar de "C" porque em "C" ele ganha 0 e em "D" ele ganha "2".

Portanto, não há estratégia dominante para o jogador 2.

Se o jogador 2 jogar em "C", é melhor o jogador 1 jogar em "A" no lugar de "B" porque em "A" ele ganha 1 e em "B" ele ganha "0".
Se o jogador 2 jogar em "D", é melhor o jogador 1 jogar em "B" no lugar de "A" porque em "A" ele ganha 0 e em "B" ele ganha "2".
Portanto, não há estratégia dominante para o jogador 1.
Agora, se o jogador 1 acredita que o jogador 2 irá jogar em "C", então é melhor ele jogar em "A" porque ganha 1 no lugar de zero (no jogo B). Se o jogador 2 acredita que o jogador 1 irá jogar em "A", então ele jogará em "C" porque ganha 1 no lugar de 0 (jogo D). Logo, o jogo A,C é um equilíbrio de Nash.
Agora, se o jogador 1 acredita que o jogador 2 irá jogar em "D", então é melhor ele jogar em "B" porque ganha 2 no lugar de zero (no jogo A). Se o jogador 2 acredita que o jogador 1 irá jogar em "B", então ele jogará em "D" porque ganha 2 no lugar de 0 (jogo C). Logo, o jogo B,D é um equilíbrio de Nash.
Portanto, nesse jogo há dois equilíbrios de Nash e nenhum equilíbrio de estratégia dominante.

2. "d". Vamos montar a mesma tabela negritando os resultados da firma A e deixando em itálico o resultado da firma B.

		Firma B	
		Baixa	Alta
Firma A	Baixa	**10**,*11*	**9**,*15*
	Alta	**11**,*9*	**7**,*8*

Se a firma B escolhe baixa, é melhor a firma A escolher alta, já que ganha 11 no lugar de 10.
Se a firma B escolhe alta, é melhor a firma A escolher baixa, já que ganha 9 no lugar de 7.
Não há estratégia dominante para A.
Se B acredita que A irá escolher baixa, então é melhor escolher alta, já que ganha 15 no lugar de 11.
Se B acredita que A irá escolher alta, então é melhor escolher baixa, já que ganha 9 no lugar de 8.
Não há estratégia dominante para B.
Vejamos se há equilíbrio de Nash:
Se B acredita que A irá escolher baixa, então é melhor escolher alta, já que ganha 15 no lugar de 11. Fazendo o caminho inverso, agora. Se A sabe que B escolheu alta, então é melhor escolher baixa, já que ganha 9 no lugar de 7. Logo, (9,15) é um equilíbrio de Nash.
Se B acredita que A irá escolher alta, então é melhor escolher baixa, já que ganha 9 no lugar de 8. Fazendo o caminho inverso, agora. Se A sabe que B escolheu baixa, então é melhor escolher alta, já que ganha 11 no lugar de 10. Logo, (11,9) é um equilíbrio de Nash.
Há dois equilíbrios de Nash, portanto: (baixa, alta) e (alta, baixa).

3. "e". Quando mudamos de posição da célula (I, 2) = (1;7) para (I, 3) = (8;1), a firma A muda seu ganho de 1 para 8, mas a firma B tem perdas, já que passa de um ganho de 7 para 1. Logo, só haveria melhoria de Pareto se nenhuma das firmas perdesse. A alternativa "d" está incorreta.
Vejamos se há um equilíbrio de Nash se Z > 9 e W < 10. Vamos atribuir Z = 10 e W = 9.

		Firma B		
		1	2	3
Firma A	I		1;7	8;1
	II	X;8	Y;9	10;10
	III			9;0

Se a firma B acredita que a firma A escolherá a estratégia I, ela escolherá a estratégia 2 (já que ganha 7 no lugar de 1). Mas, se a firma A acredita que a firma B escolherá a estratégia 2, não se pode afirmar se escolherá a estratégia I ou II porque não sabemos o valor de Y.
Logo, não podemos afirmar que (I,2) é equilíbrio de Nash.

Se a firma B acredita que a firma A escolherá a estratégia II, ela escolherá a estratégia 3 (já que ganha 10 no lugar de 8 ou 9). Mas, se a firma A acredita que a firma B escolherá a estratégia 3, então ela escolherá a estratégia II porque ganha 10 no lugar de 8 ou 9.

Logo, (II, 3) é equilíbrio de Nash.

Se a firma B acredita que a firma A escolherá a estratégia III, ela escolherá a estratégia 3, já que não tem outra opção. Mas, se a firma A acredita que a firma B escolherá a estratégia 3, então ela escolherá a estratégia II porque ganha 10 no lugar de 8 ou 9.

Logo, (III, 3) não é equilíbrio de Nash.

A alternativa "e" é a correta.

Se Z > 9, vamos analisar se é um equilíbrio de Nash. Vamos supor que Z seja igual a 10. Vamos montar a tabela, negritando o resultado (II,3) = (10,10)

		Firma B		
		1	2	3
Firma A	I		1;7	8;1
	II	X;8	Y;9	**10;10**
	III			W;0

Se a firma A escolhe a estratégia II, a firma B escolherá a estratégia 3 (ganha 10) no lugar da 1 (que ganha 8) e da 2 (que ganha 9).

Se a firma B escolhe a estratégia 3, não é possível definir a escolha da firma A sem saber o valor de W.

A alternativa "a" está incorreta.

Para valores de X suficientemente elevados, vamos analisar se o par de estratégias (II, 1) é um equilíbrio de Nash. Vamos montar a tabela, negritando o resultado (II,1) atribuindo o valor de 11 para "X".

		Firma B		
		1	2	3
Firma A	I		1;7	8;1
	II	**11;8**	Y;9	10;Z
	III			W;0

Se a firma B escolhe a estratégia 1, a firma A escolherá a estratégia II, já que é a sua única opção.

Se a Firma A escolhe a estratégia II, não é possível dizer que a firma B escolherá a estratégia 1 (que ganharia 8) porque não sabemos o valor de Z.

A alternativa "b" está incorreta.

Para que o par de estratégias (II, 3) seja um equilíbrio de Nash, W deverá ser menor que 8 e Z deverá ser maior que 9. Vamos atribuir Z = 10 e W = 9

		Firma B		
		1	2	3
Firma A	I		1;7	8;1
	II	X;8	Y;9	10;10
	III			9;0

Se a firma B escolhe a estratégia 3, é melhor a firma A escolher a estratégia II (cujo resultado é 10) já que, escolhendo a estratégia I, o resultado é 8 e, escolhendo a estratégia III, o resultado é 9.

Se a firma A escolhe a estratégia II, é melhor que a firma B escolha a estratégia 3 (que ganharia 10) porque, escolhendo 1, ganha 8 e, escolhendo 2, ganha 9.

Logo, (II,3) = (10;10) é um equilíbrio de Nash.

Vejamos, agora, se (II,3) é um equilíbrio de estratégia dominante.
Se a firma B escolhe a estratégia 1, a firma A escolherá a estratégia II porque não tem outra alternativa.
Se a firma B escolhe a estratégia 2, a firma A escolherá a estratégia II se Y for maior que 1.
Se a firma B escolhe a estratégia 3, é melhor a firma A escolher a II (que ganha 10) no lugar de escolher a I (que ganha 8) ou a III (que ganha 9).
Portanto, não podemos afirmar que A tem estratégia dominante sem saber o valor de Y.
A alternativa "c" está incorreta.

4. "a". Para que (J2, M3) seja um equilíbrio de Nash é necessário que x assuma o seguinte valor. Vejamos:
Se João acredita que Maria escolherá M3, então é melhor ele escolher J2 (que ganha 4) no lugar de J1 (que ganha 3) e no lugar de J3 (desde que X seja menor que 4).
Se Maria acredita que João escolherá J2, então é melhor ela escolher M3 (que ganha 8) no lugar de M1 (que ganha 2) e no lugar de M2 (que ganha 2 também).
Portanto, X deverá ser menor que 4. A alternativa correta é "a".

5. "d". O conhecido modelo do *dilema dos prisioneiros* na teoria dos jogos explica que nem todo equilíbrio de Nash é um equilíbrio de estratégias dominantes. A alternativa "d" está correta.

Um mercado de concorrência perfeita, quando a curva de demanda é completamente inelástica, a incidência de um imposto sobre vendas é integralmente suportada pelo consumidor. A alternativa "a" está incorreta.

O preço que maximiza o lucro do monopolista se forma quando, pela intersecção do custo marginal com a receita marginal, determinamos a quantidade que maximiza o lucro. Daí a demanda define o preço que corresponde a essa quantidade. A alternativa "b" está incorreta.

A curva de demanda quebrada (*kinked demand curve*) de Sweezy é um modelo cujo objetivo é explicar por que os oligopolistas não fazem guerras de preços entre si, porque se alterarem para cima ou para baixo terão suas receitas diminuídas. A alternativa "c" está correta.

O resultado de jogos sequenciais é diferente ao de jogos simultâneos, já que os primeiros permitem aos participantes alterarem seus comportamentos diante de cada jogada. Já nos jogos simultâneos, os jogadores não podem reagir diante o resultado de um dos participantes. A alternativa "e" está incorreta.

6. "e".
I. (V) No Equilíbrio de Nash, o jogador vai fazer o que é melhor para ele dependendo de como o outro jogador vai agir.
II. (V) Na Estratégia dominante, cada jogador vai fazer o que for melhor para ele independentemente do que o outro jogador faça.
III. (V) Estratégias dominantes são, em geral, estáveis, já que não depende da decisão do outro jogador, a decisão desse jogador que tem a estratégia dominante.

7. "d". Vamos montar a matriz de Payoff primeiro:

		EMPRESA DOMINANTE	
		REVIDAR	NÃO REVIDAR
EMPRESA ENTRANTE	ENTRA	50 ; 50	100 ; 100
	NÃO ENTRA		0 ; 300

Vamos analisar a empresa dominante:
Se a empresa entrante entrar no mercado, é melhor a dominante não revidar porque ganha 100 no lugar de 50.
Se a empresa entrante não entrar no mercado, a empresa dominante não vai revidar e ganhará 300.
Logo, existe uma estratégia dominante para a empresa dominante que é não revidar.
Vamos analisar, agora, a empresa entrante.

Se a empresa dominante revidar é porque a empresa entrante entrou no mercado.

Se a empresa dominante não revidar, é melhor a empresa entrante entrar porque ganha 100 no lugar de 0.

Logo, existe uma estratégia dominante para a empresa entrante que é entrar no mercado.

Logo, há um equilíbrio de estratégias dominantes (que é também um equilíbrio de Nash) que é a empresa dominante não revidar e a empresa entrante entrar. A alternativa correta é a "D".

8. "e". Se as três empresas ficarem no subúrbio, cada uma receberá 13 unidades monetárias e o lucro total será de 39.

Se uma das empresas se localizar no centro e as demais no subúrbio, o lucro da que ficar no centro será de 18 (20 – 2.1) e o lucro das demais será 13, totalizando 44.

Se duas empresas se localizarem no centro, cada uma terá o lucro de 16 (20 – 2.2) e a que ficar no subúrbio terá lucro de 13, totalizando um lucro de 45.

Se as três empresas se localizarem no centro, cada uma terá um lucro de 14 (20 – 2.3), totalizando um lucro de 42.

Se as três empresas se localizarem no centro da cidade, estratégia será:
a dominante para elas e, portanto haverá um equilíbrio de Nash.
A alternativa "e" está correta.

Portanto, o lucro total máximo ocorre quando duas empresas se localizam no centro e uma no subúrbio. A alternativa "a" está incorreta.

Se todas as empresas se localizarem no subúrbio terão o menor lucro total. A alternativa "b" está incorreta.

Se as três empresas decidem operar em conjunto, estarão formando um conluio que, sendo respeitado, agirão como um monopólio. Portanto, terão um lucro total maior do que se operarem independentemente. A alternativa "c" está incorreta.

Se as três empresas estiverem localizadas no centro, elas escolheram uma estratégia dominante de localização. A alternativa "d" está incorreta.

9. "errado". Se a empresa X decide manter o preço da passagem, é melhor a empresa Y baixar o preço da passagem porque ganha 50 no lugar de 40. A empresa Y baixando o preço da passagem é melhor a empresa X baixar também porque ganha 30 no lugar de 20. Logo (40,40) não é equilíbrio de Nash.

Se a empresa X decide baixar o preço da passagem, é melhor a empresa Y baixar também porque ganha 30 no lugar de 20. A empresa Y baixando o preço da passagem é melhor a empresa X baixar também porque ganha 30 no lugar de 20. Logo (30,30) é equilíbrio de Nash.

Mas, apesar de (baixar o preço, baixar o preço) ser um equilíbrio de Nash, ele não é eficiente no sentido de Pareto, porque se as empresas se mantivessem firmes e não baixassem o preço, ambas estariam em melhor situação, ganhando cada uma 40 ao invés de 30.

A questão está errada.

10.

i. "certo". Vamos montar a matriz de Payoff primeiro:

		FIRMA B	
		COOPERA	NÃO COOPERA
FIRMA A	COOPERA	(50; 50)	(45; 54)
	NÃO COOPERA	(54; 45)	(48; 48)

Se a firma B cooperar, é melhor a firma A não cooperar porque ganha 54 no lugar de 50. Sabendo que a firma A não vai cooperar, então é melhor a firma B não cooperar também porque ganha 48 no lugar de 45. Então (54;45) não é equilíbrio de Nash.

Se a firma B não cooperar, é melhor a firma A não cooperar porque ganha 48 no lugar de 45. A firma A não cooperando, então é melhor a firma B não cooperar também porque ganha 48 no lugar de 45. Então (48; 48) é equilíbrio de Nash.

ii. "errado". Se a firma A coopera é melhor a firma B não cooperar porque ganha 54 no lugar de 50.
Se a firma A não coopera é melhor a firma B não cooperar porque ganha 48 no lugar de 45.
A estratégia dominante da firma B é não cooperar.
Se a firma B coopera, é melhor a firma A não cooperar porque ganha 54 no lugar de 50.
Se a firma B não coopera, é melhor a firma A não cooperar porque ganha 48 no lugar de 45.
A estratégia dominante da firma B é não cooperar.

Logo, o equilíbrio de estratégia dominante é (não cooperar, não cooperar) e as duas firmas ganhariam 48 cada uma.

24.4. MATERIAL SUPLEMENTAR

QUESTÕES DE CONCURSOS
> http://uqr.to/1yart

25

TEORIA ELEMENTAR DA PRODUÇÃO DE LONGO PRAZO

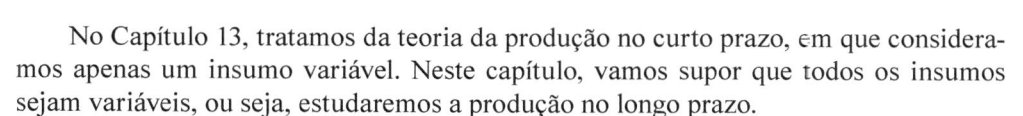

No Capítulo 13, tratamos da teoria da produção no curto prazo, em que consideramos apenas um insumo variável. Neste capítulo, vamos supor que todos os insumos sejam variáveis, ou seja, estudaremos a produção no longo prazo.

Consideramos que a função produção depende de dois insumos: capital (K) e trabalho (L). Vamos supor, agora, que tanto um insumo quanto o outro possam variar livremente, já que longo prazo em microeconomia é o tempo suficiente para que todos os insumos (ou fatores de produção) sejam variáveis.

25.1. RENDIMENTO DE ESCALA

Quando aumentamos os fatores produtivos, mão de obra (L) e capital (K), a produção total aumenta também.

Assim, tem-se a seguinte relação entre os fatores de produção e o volume de produto obtido, ou seja, a quantidade produzida (Q) é função dos insumos capital (K) e mão de obra (L)

$$Q = f(K, L)$$

Considerando uma função de produção do tipo Cobb-Douglas, temos que:

$$Q = w \, K^\alpha \, L^\beta$$

Em que:

w é o grau de desenvolvimento tecnológico; e

α e β são constantes que nos informam a importância relativa da mão de obra e do capital no processo produtivo.

A função de produção de **longo prazo** pode apresentar rendimentos crescentes de escala (economia de escala), rendimentos constantes de escala ou rendimentos decrescentes de escala (deseconomia de escala). Vejamos cada um deles a seguir:

- **Rendimentos crescentes de escala:**[1] ocorrem quando a variação dos fatores de produção causa uma variação mais que proporcional no produto.

---

[1] Rendimento crescente de escala ou economia externa de escala.

Vejamos o exemplo da função:

$$Q = 4 K L$$

Assim, se dobrarmos o valor de K e L, quadruplica-se o valor de Q. Observemos no exemplo a seguir:

Se K = 2 e L = 2; então Q = 16
Se K = 4 e L = 4; então Q = 64

Podemos verificar que ao dobrarmos o fator capital (K) e mão de obra (L), quadruplicamos a produção (Q).

Com rendimentos crescentes de escala ou custos médios decrescentes, ocorre indivisibilidade de produção de tal maneira que a produção pode se tornar mais eficiente caso seja feita por uma única empresa no lugar de várias empresas.

■ **Rendimentos constantes de escala**: ocorrem quando uma variação nos fatores de produção causa uma variação na mesma proporção no produto. Vejamos o exemplo a seguir:

$$Q = 3 K^{0,5} L^{0,5}$$

Se K = 4 e L = 4; então Q = 12
Se K = 8 e L = 8; então Q = 24

Podemos verificar que ao dobrarmos o fator capital (K) e mão de obra (L), duplicamos também a produção (Q).

■ **Rendimentos decrescentes de escala**[2]: ocorrem quando a variação dos fatores de produção causa uma variação menos que proporcional no produto. Nessa situação, os custos médios são crescentes. Por exemplo:

$$Q = 3 K^{0,5} L^{0,25}$$

Se K = 16 e L = 16; então Q = 24
Se K = 256 e L = 256; então Q = 192

Podemos verificar que, ao multiplicarmos os fatores produtivos K e L por 16, a produção fica multiplicada por 8.

Uma maneira rápida de verificar se uma função de produção do tipo Cobb-Douglas apresenta rendimentos crescentes, constantes ou decrescentes de escala é analisar a soma dos expoentes dos fatores produtivos, α e β.

> Se $\alpha + \beta > 1$, então a função apresenta rendimentos crescentes de escala.
> Se $\alpha + \beta = 1$, então a função apresenta rendimentos constantes de escala.
> Se $\alpha + \beta < 1$, então a função apresenta rendimentos decrescentes de escala.

25.2. HOMOGENEIDADE DA FUNÇÃO

Dizemos que uma função é homogênea quando, ao alterarmos os fatores produtivos na proporção de λ (lê-se lambda), o produto total varia o mesmo λ elevado a um expoente.

---

[2] Rendimento decrescente de escala ou deseconomia externa.

Vejamos a seguinte função:
$$Q = (K \cdot L)^{1/2}$$

Podemos observar que essa função de longo prazo apresenta rendimentos constantes de escala, já que a soma dos expoentes de K e de L, $(\alpha + \beta)$, é igual a "1".

Caso haja alteração dos fatores de produção num montante igual a "λ" temos uma nova função produção assim representada:

$$\mathbf{Q' = f(\lambda K, \lambda L)}$$

Ou seja:
$$Q' = (\lambda K \cdot \lambda L)^{1/2}$$
Ou: $\quad Q' = \lambda^{1/2} K^{1/2} \lambda^{1/2} L^{1/2}$
Ou: $\quad Q' = \lambda K^{1/2} L^{1/2}$
Ou: $\quad Q' = \lambda (K L)^{1/2}$
Ou: $\quad \mathbf{Q' = \lambda Q}$

Vemos que foi possível isolar "λ" da função produção original (Q). Com isso, dizemos que a função é homogênea. Como o **expoente de "λ" é "1"**, então **o grau de homogeneidade é "1"**.

Segundo Ferguson: "Homogeneidade linear e rendimentos constantes de escala são termos substitutos quando usados para descrever uma função de produção. Ambos nos levam a um conceito essencial: se todos os insumos são aumentados na mesma proporção, o produto aumenta daquela proporção."[3]

Vejamos uma outra função:
$$Q = K \cdot L$$

Podemos observar que essa função de longo prazo apresenta rendimentos crescentes de escala, já que a soma dos expoentes de K e de L, $(\alpha + \beta)$, é maior que "1".

Caso haja alteração dos fatores de produção num montante igual a "λ" temos uma nova função produção assim representada:
$$\mathbf{Q' = f(\lambda K, \lambda L)}$$

Ou seja:
$$Q' = \lambda K \cdot \lambda L$$
Ou: $\quad Q' = \lambda^2 K \cdot L$
Ou: $\quad \mathbf{Q' = \lambda^2 Q}$

Vemos que foi possível isolar "λ" da função produção original (Q). Com isso, dizemos que a função é homogênea. Como o **expoente de "λ" é "2"**, então **o grau de homogeneidade é "2"**.

Vejamos uma outra função:
$$Q = K^{1/4} \cdot L^{1/4}$$

Podemos observar que essa função de longo prazo apresenta rendimentos decrescentes de escala, já que a soma dos expoentes de K e de L, $(\alpha + \beta)$, é menor que "1".

---

[3] C. E. Ferguson, *Microeconomia*, p. 174.

Caso haja alteração dos fatores de produção num montante igual a "λ" tem-se uma nova função produção assim representada:

$$Q' = f(\lambda K, \lambda L)$$

Ou seja:

$$Q' = (\lambda K)^{1/4} \cdot (\lambda L)^{1/4}$$

Ou: $\quad Q' = \lambda^{1/4} K^{1/4} \lambda^{1/4} L^{1/4}$

Ou: $\quad \mathbf{Q' = \lambda^{1/2} K^{1/4} L^{1/4}}$

Ou: $\quad \mathbf{Q' = \lambda^{1/2} Q}$

Vemos que foi possível isolar "λ" da função produção original (Q). Com isso, dizemos que a função é homogênea. Como o **expoente de "λ" é "1/2", então o grau de homogeneidade é "1/2"**.

Como foi mostrado no Capítulo 14, podemos, por meio da curva de Custo médio de longo prazo (Cme_{LP}), identificar quando há rendimento crescente, decrescente ou constante de escala. Assim, quando o custo médio de longo prazo é decrescente, há rendimentos crescentes de escala. Quando o custo médio de longo prazo é constante, há rendimentos constantes de escala. E quando o custo médio de longo prazo for crescente, há rendimentos decrescentes de escala.

Portanto, quando a curva de **custo médio de longo prazo é horizontal**, conforme mostra a Figura 25.1, a função de produção é homogênea de grau 1. Podemos observar que a curva de Cme_{LP} continua sendo a envoltória das curvas de Cme_{CP}, sendo que no formato de uma reta horizontal. Nessa situação o **Custo médio de Longo prazo (Cme_{LP}) será igual ao Custo marginal de longo prazo (Cmg_{LP})**.

Se nos depararmos com uma produção que apresente rendimentos constantes de escala e os preços dos fatores produtivos não se alterarem, o Custo marginal de longo prazo será horizontal.

Figura 25.1. Quando a curva de custo médio de longo prazo é horizontal, será igual à curva de custo marginal de longo prazo.

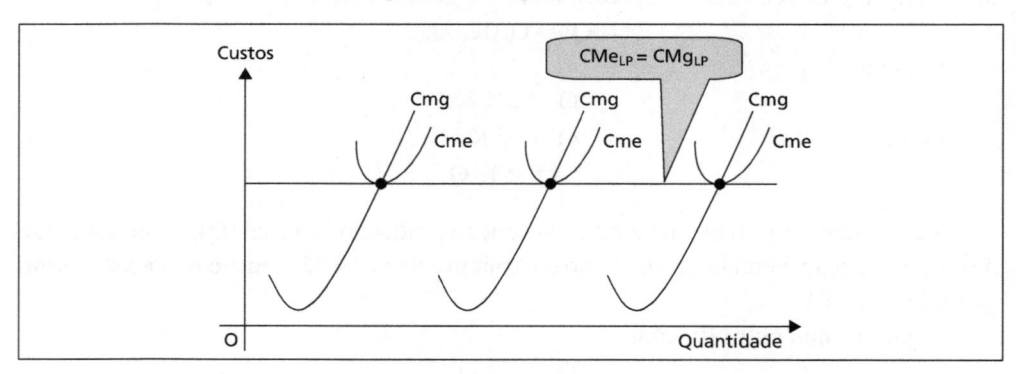

25.2.1. Função Demanda Walrasiana

Conforme definido no Capítulo 2 — Demanda — no item 2.9, vimos que a Demanda Walrasiana é aquela em que a Quantidade demandada (Qd) é expressa como função do Preço do bem (P) e da Renda (R). Assim, temos:

$$Qd = A \cdot R \cdot P^{-1}$$

Em que "A" representa uma constante positiva.

Provamos que se multiplicarmos a Renda (R) e o Preço (P) por uma constante positiva (λ), a Quantidade demandada (Qd) não se altera. Para tanto, a função **Demanda Walrasiana** deve ser **homogênea de grau zero**.

Vejamos:

Consideremos a seguinte função demanda 1:

$Qd_1 = 2\ R/P$

Agora, consideremos que tanto o Preço (P) quanto a Renda (R) sejam multiplicadas por uma constante $\lambda = 2$. Logo, temos a seguinte função demanda 2:

$Qd_2 = 2 \cdot \lambda R / \lambda P$

$Qd_2 = 2 \cdot 2R/2P$

$Qd_2 = 2/2 \cdot 2\ R/P$

$Qd_2 = 1 \cdot Qd_1$

Em que "1" é igual a λ^0.

O expoente do λ é zero. Logo, a função é homogênea de grau zero.

25.3. ESPAÇO DOS INSUMOS

Em um modelo de produção em que os insumos são variáveis, ou seja, é possível alterar o capital (K) e trabalho (L), podemos combinar esses insumos dentro do espaço dos insumos.

O **espaço dos insumos** é, portanto, o espaço onde ocorrem todas as combinações possíveis de fatores produtivos (K, L) que o produtor pode formar para produzir uma determinada quantidade de produto.

Observemos, na Figura 25.2, o espaço dos insumos, hachurado na cor cinza, e o ponto "A", que representa uma cesta possível de fatores de produção composta pelos fatores K (capital) e L (mão de obra). No eixo das abscissas (horizontal) colocamos o fator trabalho ou mão de obra (L) e no eixo das ordenadas (vertical) colocamos o fator capital (K). No ponto "A", temos um nível de produção que será atingido com a utilização de 2 unidades de mão de obra (L) e 2 de capital (ou máquinas, K).

Figura 25.2. Cestas de insumos ou espaço dos insumos.

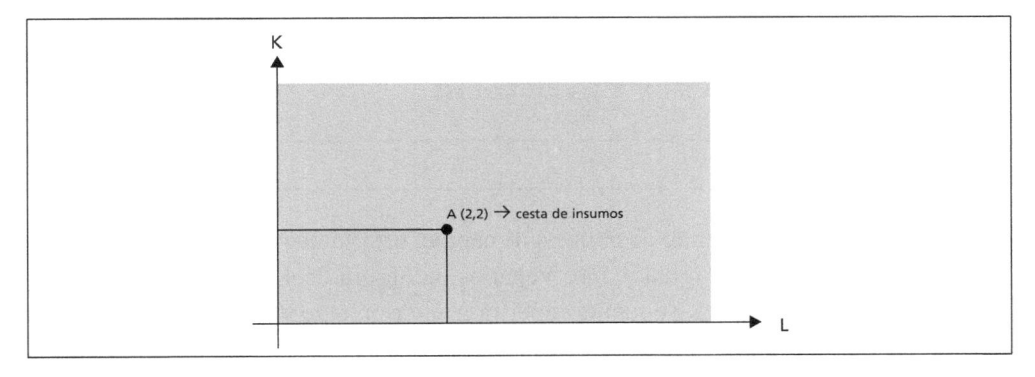

A **função produção** associa cesta de insumos a um nível de produção.

Sabendo que a produção (Q) é função do capital (K) e do trabalho ou mão de obra (L), temos:

$$Q = f(L,K)$$

Assim, por exemplo, se Q (L,K) = 10 L K e a cesta de insumos é igual a (5,3), o nível de produção será:

$Q = 10 \cdot 5 \cdot 3$
$Q = 150$

25.4. ISOQUANTA

Isoquanta é uma curva no espaço de insumos que mostra as possíveis **combinações de insumos, K e L**, que apresentam o **mesmo nível de produção**. Imaginemos uma isoquanta que produza 150 unidades de determinado produto (Q = 150). Todos os pontos, que estão sobre essa isoquanta, apresentarão o mesmo nível de produção, ou seja, 150. Por esse motivo, o nome dessa curva é isoquanta (iso = igual e quanta = quantidade). Assim, o ponto A e o ponto B apresentam um nível de produção igual a 150. A diferença está no fato de que no ponto A são utilizadas 3 unidades de mão de obra e 5 de capital e, no ponto B, são utilizadas 5 unidades de mão de obra e 3 de capital. Observemos a Figura 25.3.

Figura 25.3. Isoquanta que apresenta um nível de produção igual a 150 unidades. Tanto a combinação de 3 de mão de obra e 5 de capital (ponto A) quanto a combinação de 5 de mão de obra e 3 de capital (ponto B) apresentam o mesmo nível de produção igual a 150.

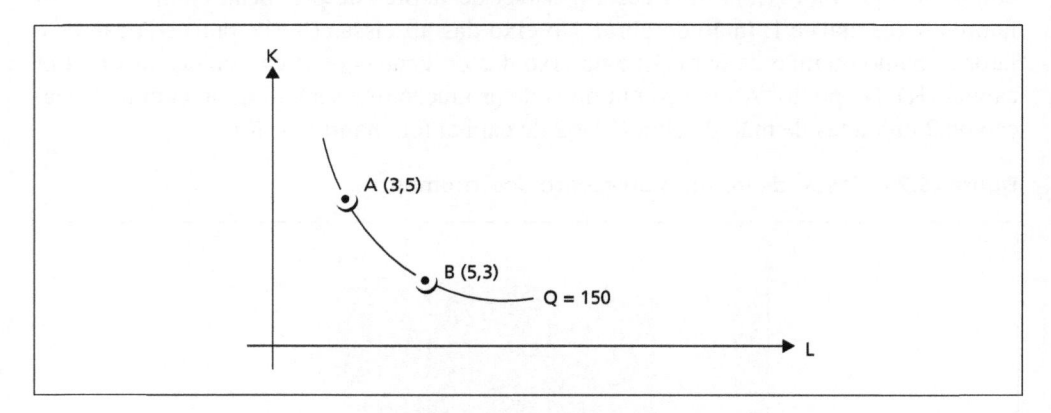

Se utilizássemos 5 de mão de obra e 4 de capital, estaríamos em um ponto acima da isoquanta cuja produção é igual a 150. Vejamos na Figura 25.4. Podemos notar que o ponto C(5,4) pertence a uma isoquanta superior à anterior, cujo nível de produção é, por exemplo, igual a 170 (Q = 170).

Figura 25.4. A cesta "C" pertence a uma isoquanta superior à isoquanta na qual estão as cestas "A" e "B". O ponto "C" apresenta também um nível de produção maior.

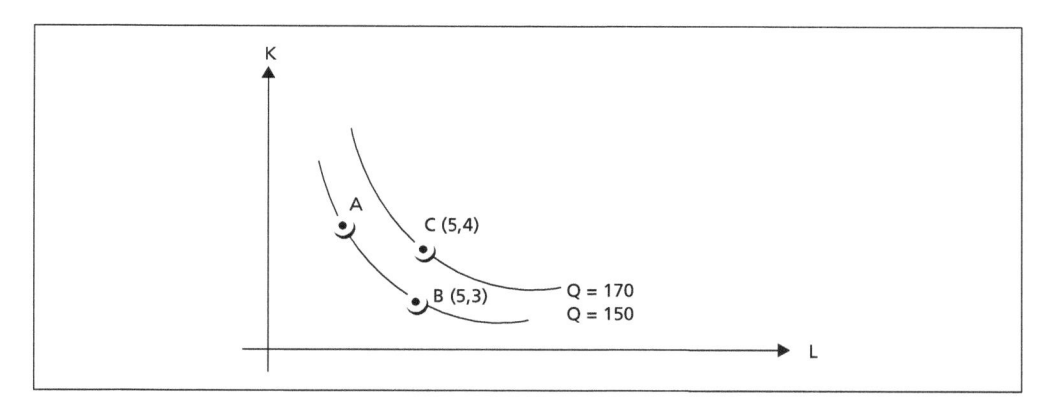

[Gráfico com eixos K e L mostrando pontos A, C (5,4) e B (5,3) em isoquantas Q = 170 e Q = 150]

25.5. CARACTERÍSTICAS DAS ISOQUANTAS CONVEXAS

As isoquantas são, em regra, **convexas para origem dos eixos**. Vejamos a Figura 25.5.

Figura 25.5. Isoquanta convexa para a origem dos eixos.

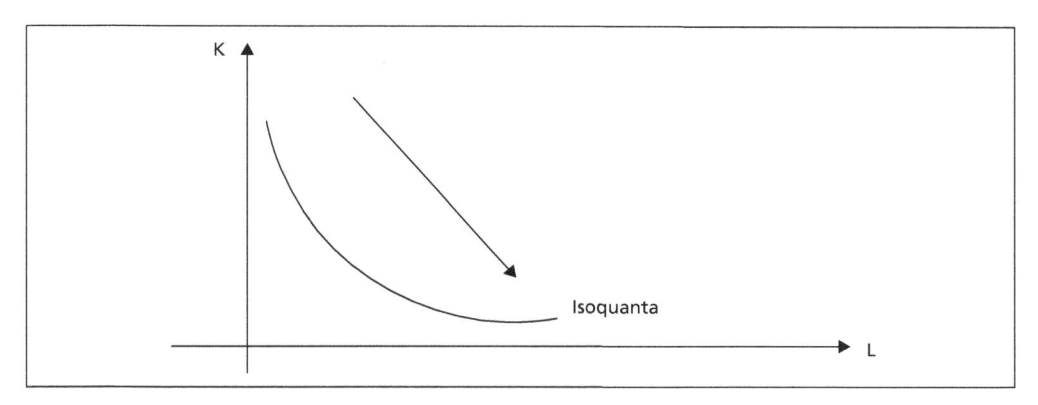

[Gráfico com eixos K e L mostrando uma isoquanta convexa para a origem]

Mas por que uma isoquanta não é côncava para a origem? Se a isoquanta fosse côncava para a origem, o seu formato seria como o da Figura 25.6. Uma cesta de insumos que fosse a média de outras duas cestas estaria numa isoquanta abaixo destas duas últimas e, portanto, a produção seria menor. Isso seria uma contradição, já que o produtor prefere a "diversidade" dos insumos no lugar de concentrar sua cesta em um dos insumos e, portanto, uma cesta de insumos que representasse a média entre duas outras cestas deveria pertencer a uma isoquanta superior. Caso a isoquanta fosse côncava para a origem não representaria situação real, pois a conclusão de maximização implicará abandono de um dos insumos de produção em estudo. Isso poderá ser comprovado mais adiante.

Figura 25.6. Se as isoquantas fossem côncavas para a origem, uma cesta de insumos mais diversificada apresentaria um nível de produção menor, já que pertenceria a uma isoquanta abaixo da primeira, o que não representaria uma situação real.

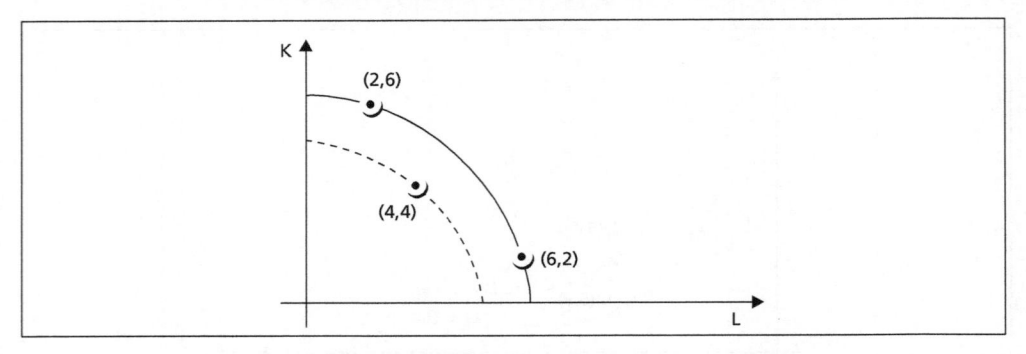

Portanto, uma cesta composta de **insumos mais diversificados** apresenta um nível de produção maior. Podemos notar que uma cesta de insumos com 4 unidades de mão de obra e 4 unidades de capital apresenta um nível de produção maior que uma cesta de insumos com 2 e 6 ou 6 e 2, respectivamente, de mão de obra e capital. Observemos na Figura 25.7.

Figura 25.7. As isoquantas são convexas para a origem. Uma cesta de insumos mais diversificada apresenta um nível de produção maior, já que pertence a uma isoquanta mais à direita, ou seja, acima da primeira.

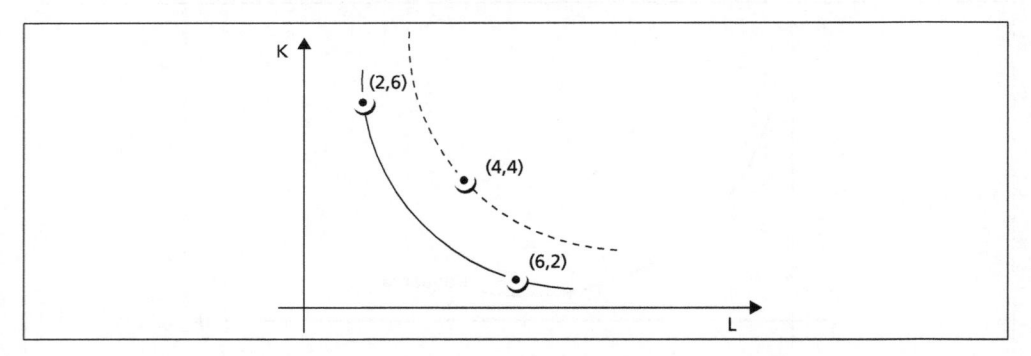

Mais adiante veremos que a isoquanta é convexa para a origem porque apresenta uma taxa marginal de substituição técnica ($TmgST_{L,K}$) de mão de obra (L) por capital (K) decrescente.

As isoquantas convexas apresentam as seguintes características:

- São **negativamente inclinadas** (ou decrescentes), já que o produtor que desejar utilizar mais de um insumo (mão de obra, L, ou capital, K) deverá abrir mão de certa quantidade do outro insumo (capital, K, ou mão de obra, L) para se manter no mesmo nível de produção.
- São **densas**, ou seja, entre as duas isoquantas (Q_1 e Q_2), podemos traçar infinitas isoquantas. Vejamos o gráfico da Figura 25.8.

Figura 25.8. Entre as isoquantas Q_1 e Q_2 podemos traçar infinitas isoquantas. Por isso dizemos que as isoquantas são densas.

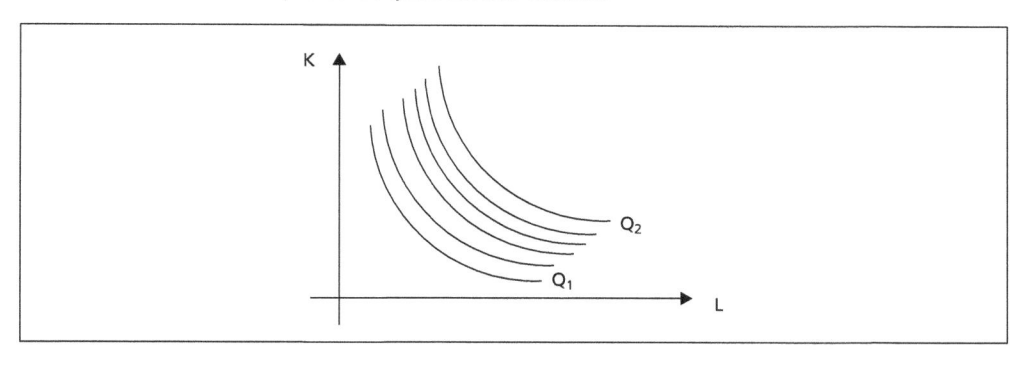

◼ Quanto **mais longe da origem** estiver a isoquanta, maior o nível de produção. Podemos perceber na Figura 25.9 que o nível de produção aumenta de Q_1 para Q_4 quando aumenta, por exemplo, a quantidade do insumo capital (K) mantendo-se fixa a quantidade do insumo mão de obra (L).

Figura 25.9. Quanto mais distante estiver a isoquanta da origem dos eixos, maior o nível de produção.

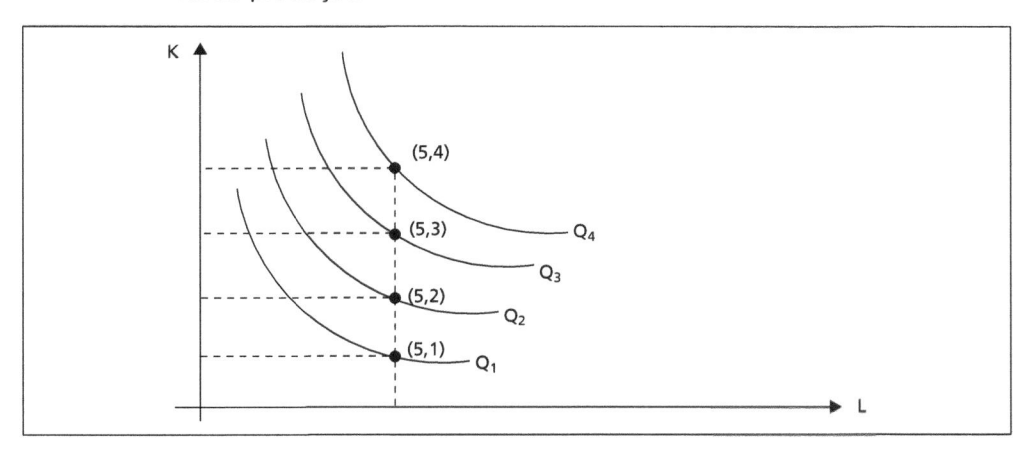

◼ As isoquantas **não podem se cruzar**, para não violar o princípio da transitividade. Na Figura 25.10, percebe-se que "A" e "B" apresentam o mesmo nível de produção e estão, portanto, na mesma isoquanta. "A" e "C" apresentam o mesmo nível de produção e estão, portanto, na mesma isoquanta. Porém, "C" e "B" não estão na mesma isoquanta. Portanto, ocorre uma incongruência, já que "B" deveria ter o mesmo nível de produção de "C". Vejamos:

A e C apresentam o mesmo nível de produção.

A e B apresentam o mesmo nível de produção.

Logo, B e C deveriam apresentar o mesmo nível de produção, o que não ocorre, porque não estão na mesma isoquanta.

Portanto, as isoquantas não podem se cruzar, porque se se cruzassem, estariam ferindo o princípio da transitividade.

Figura 25.10. Se duas isoquantas se cruzassem estariam ferindo o princípio da transitividade.

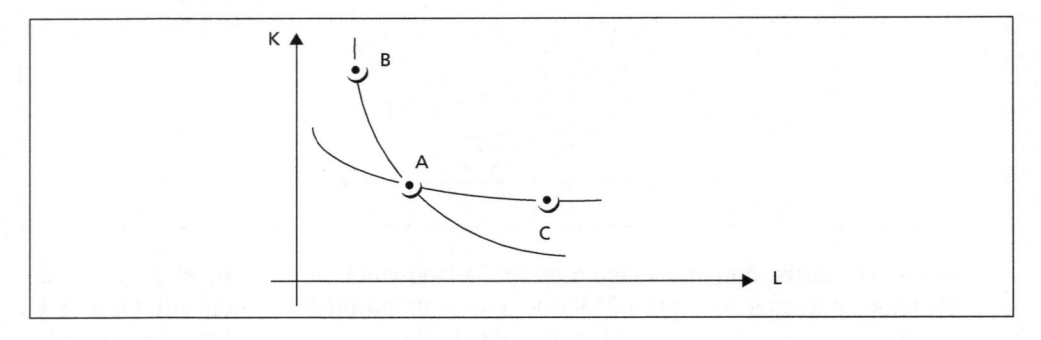

25.6. PRODUTO MARGINAL DO CAPITAL E PRODUTO MARGINAL DO TRABALHO

Produto marginal do capital (PmgK) é a variação do produto total (ΔPT) que ocorre pelo acréscimo de uma unidade de capital (ΔK). É a derivada parcial da função produção em relação ao fator capital K (dPT/dK).

Produto marginal do trabalho ou da mão de obra (PmgL) é a variação do produto total (ΔPT) que ocorre pelo acréscimo de uma unidade de mão de obra (ΔL). É a derivada parcial da função produção em relação ao fator trabalho L (dPT/dL).

25.7. TAXA MARGINAL DE SUBSTITUIÇÃO TÉCNICA (TMGST)

Taxa marginal de Substituição Técnica[4] (TmgS$_{L,K}$) entre mão de obra (L) e capital (K) é a quantidade de capital (K) que será necessária acrescentar para reduzir em uma unidade o insumo mão de obra (L), mantendo-se o mesmo nível de produção, ou seja, mantendo-se na mesma isoquanta.

Para Ferguson: "A taxa marginal de substituição técnica de trabalho por capital descreve à medida em que o capital é substituído por trabalho. Esta proposição parece ser plausível; e não é difícil explicá-la. Naturalmente, o oposto aplica-se quando trabalho é substituído por capital"[5].

Portanto:

TmgST$_{L,k}$ = quantas unidades de K deverão ser acrescentadas para poder reduzir em uma unidade de L, mantendo-se na mesma isoquanta.

Assim:

$$TmgST_{K,L} = - \Delta K/\Delta L$$

---

[4] Usamos a palavra "técnica" para diferenciar a teoria da firma da teoria do consumidor. Na teoria do consumidor utilizamos o termo "taxa marginal de substituição". A taxa marginal de substituição técnica é chamada também de **taxa técnica de substituição**.

[5] C. E. Ferguson, *Microeconomia*, p. 201.

A Taxa marginal de Substituição Técnica (TmgST) é **negativa** porque o aumento de um dos insumos acarreta a diminuição do outro.

Assim, se $|TmgST_{K,L}| = 5$, significa dizer que o produtor precisará acrescentar 5 unidades de capital (K) para poder renunciar uma unidade de mão de obra (L), mantendo-se na mesma isoquanta e, portanto, no mesmo nível de produção.

$$TmgST_{K,L} = +5/-1 = -5$$

Em outras palavras, a TmgST mostra quanto o produtor deve acrescentar de K para poder abrir mão de uma unidade de L de maneira a ficar na mesma isoquanta.

Também, dizer que $|TmgST_{L,K}| = 8$ significa dizer que são necessárias 8 unidades a mais de K para poder sacrificar 1 unidade de L.

$$TmgST_{K,L} = +8/-1 = -8$$

Como a TmgST é negativa, analisaremos sempre em módulo. Assim, os valores serão apresentados em valores positivos.

25.7.1. Interpretação Geométrica da TmgST

Se representarmos um ponto A na isoquanta 1 da Figura 25.11 e traçarmos uma tangente passando por esse ponto, veremos que a tangente será igual a:

$$Tg\theta_A = -\Delta K/\Delta L$$

Como a TmgST também é igual a:

$$TmgST = -\Delta K/\Delta L$$

Então, podemos dizer que a taxa marginal de substituição técnica é igual à tangente no ponto, ou seja:

$$\mathbf{Tg\theta_A = TmgST_A = -\Delta K/\Delta L}$$

Figura 25.11. A tangente no ponto A (tgθ) é igual à taxa marginal de substituição técnica nesse ponto.

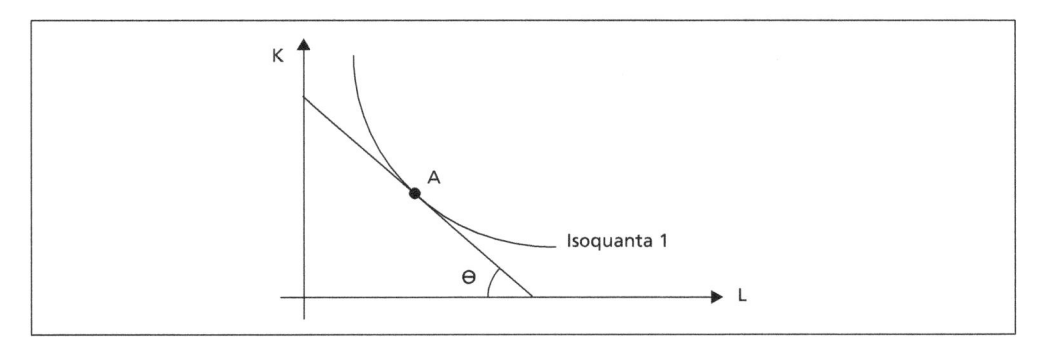

É importante sabermos, porém, que a TmgST não é constante numa mesma isoquanta, já que em outros pontos localizados na mesma isoquanta a tangente é diferente da do ponto A.

A TmgST é decrescente à medida que nos deslocamos da esquerda para a direita na mesma isoquanta, assim como a tangente no ponto. Assim, representando três pontos na isoquanta, A, B e C, na Figura 25.12, e traçando sobre esses pontos três tangentes, tg θ, tg α e tg β, podemos perceber que:

$$\text{tg } \alpha > \text{tg } \theta > \text{tg } \beta$$

Logo: $$\text{TmgST}_B > \text{TmgST}_A > \text{TmgS}_C$$

Figura 25.12. À medida que nos deslocamos da esquerda para a direita sobre a mesma isoquanta, a tangente no ponto bem como a taxa marginal de substituição técnica são decrescentes.

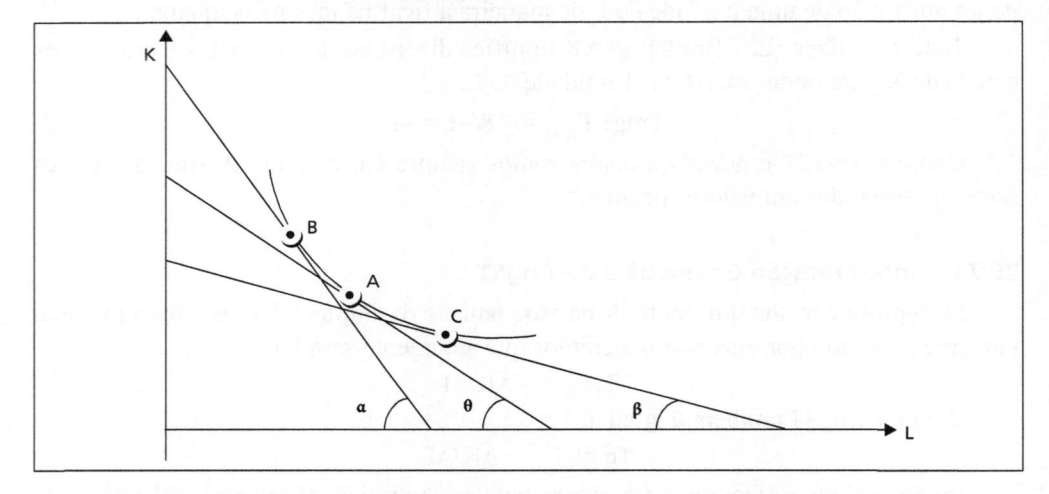

Podemos perceber que quando nos deslocamos da esquerda para a direita na isoquanta, aumentamos a quantidade de mão de obra (L) e diminuímos a quantidade de capital (K). Ocorre que para cada unidade a mais de mão de obra, estamos cada vez menos dispostos a reduzir a quantidade de capital (K), o que faz com que a Taxa marginal de Substituição Técnica (TmgST) seja cada vez menor. Vejamos na Figura 25.13.

Figura 25.13. À medida que nos deslocamos da esquerda para a direita na mesma isoquanta, a Taxa marginal de Substituição Técnica (TmgST) diminui.

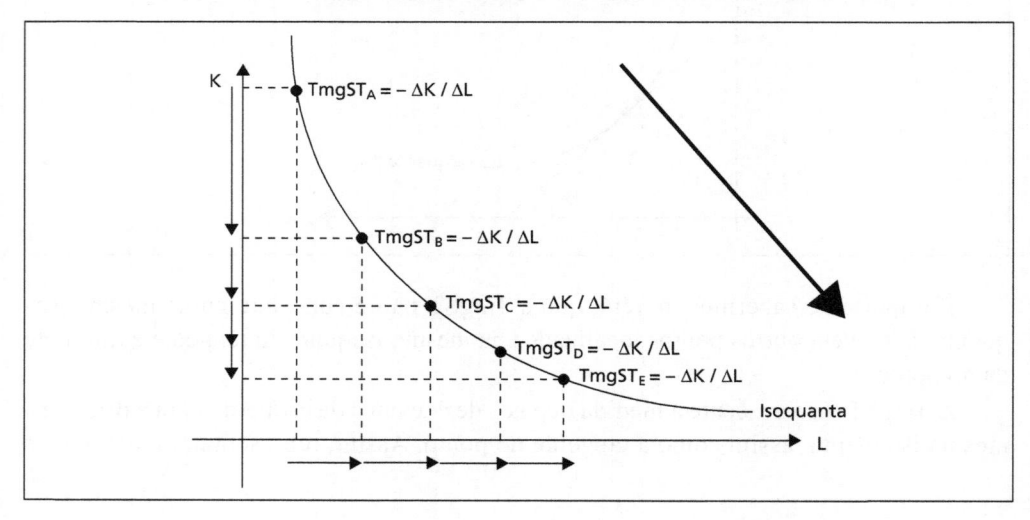

Ou também podemos perceber que quando nos deslocamos da direita para a esquerda na isoquanta, diminuímos a quantidade de mão de obra (L) e aumentamos a quantidade de capital (K). Ocorre que para cada unidade a menos de mão de obra, temos cada vez mais que aumentar a quantidade de capital (K), o que faz com que a Taxa marginal de Substituição Técnica (TmgST) seja cada vez maior quando subimos na curva.

Figura 25.14. À medida que nos deslocamos da direita para a esquerda na mesma isoquanta, a Taxa marginal de Substituição Técnica (TmgST) aumenta.

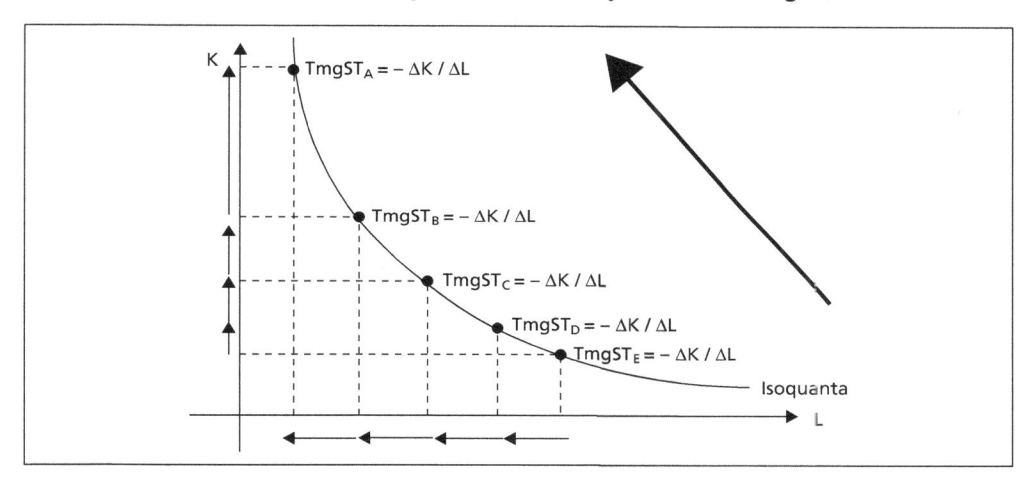

Sabendo que:

TmgST = $-\Delta K/\Delta L$

Se dividirmos ΔK por ΔPT e também ΔL por ΔPT, não alteramos a fração. Em que PT é o Produto Total[6].

$TmgST_{K,L} = -(\Delta K/\Delta PT) / (\Delta L/\Delta PT)$

Se invertermos a fração e a operação, temos:

$TmgST_{K,L} = -(\Delta PT/\Delta L) / (\Delta PT/\Delta K)$

Logo:

$TmgST_{K,L} = - PmgL / PmgK$

Escrevendo em módulo, temos:

$$|TmgST_{K,L}| = PmgL / PmgK$$

Ou seja, o módulo da Taxa marginal de Substituição Técnica de "K" por "L" ($|TmgST_{K,L}|$) é igual à relação entre a Produtividade marginal de L (PmgL) e a Produtividade marginal de K (PmgK).

Logo, podemos complementar o gráfico da Figura 25.15 com mais essa informação.

---

[6] Também podemos representar PT por Q.

Figura 25.15. À medida que nos deslocamos da esquerda para a direita na mesma isoquanta, a Taxa marginal de Substituição Técnica (TmgST) e a relação entre as produtividades marginal da mão de obra e do capital diminuem.

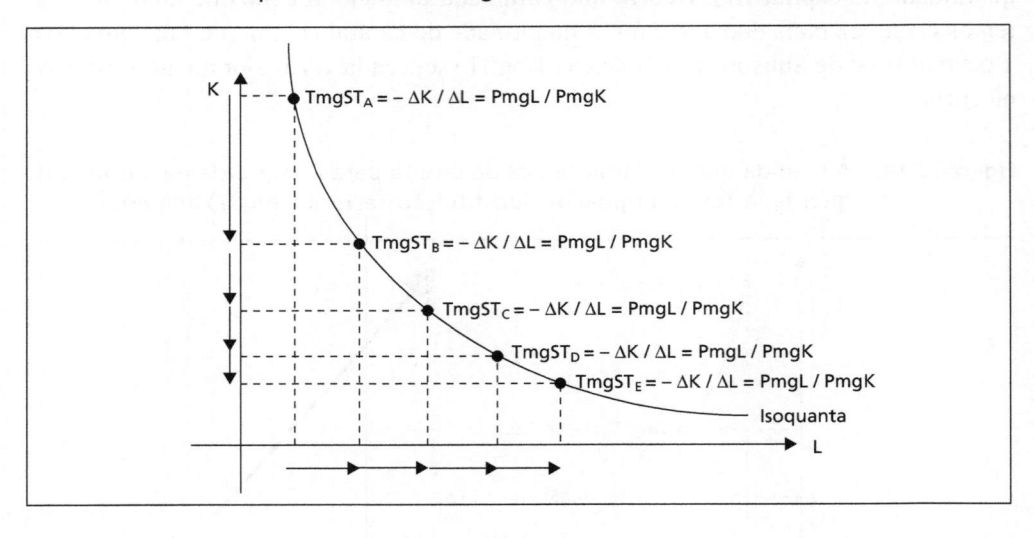

25.8. PRINCIPAIS FUNÇÕES DE PRODUÇÃO E SUAS ISOQUANTAS

A função produção pode ser de vários tipos. A mais comum para trabalharmos é a função de produção do tipo **Cobb-Douglas**, mas existem outras como a função de produção de insumos **substitutos perfeitos e complementares perfeitos**. Todas essas funções e suas respectivas isoquantas poderão ser vistas a seguir:

▣ A função de produção do **tipo Cobb-Douglas**.

A função do tipo Cobb-Douglas tem o seguinte formato:

$$Q(L,K) = A \cdot K^\alpha L^\beta$$

Em que Q é a quantidade produzida ou produto total e A, α e β são constantes positivas.

Essa função é representada por uma isoquanta com formato de uma hipérbole convexa para a origem. Vejamos a Figura 25.16:

Figura 25.16. A função do tipo Cobb-Douglas tem o formato de uma hipérbole convexa para a origem.

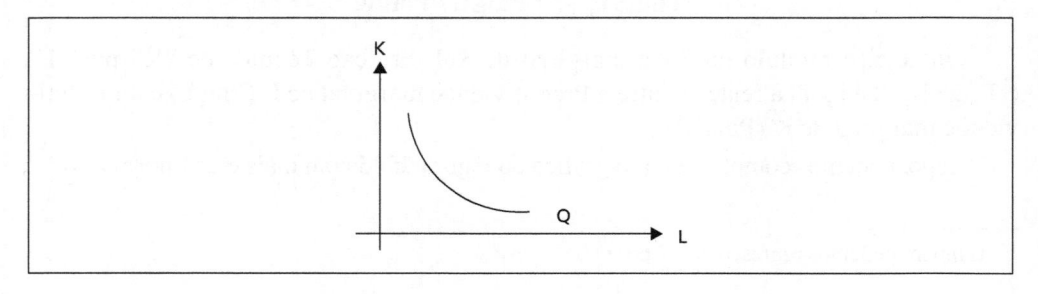

25 ■ Teoria Elementar da Produção de Longo Prazo

■ Função de produção quando os insumos são **substitutos perfeitos**.

Substitutos perfeitos na produção significa que os insumos (L e K) utilizados na produção podem ser perfeitamente substituídos um pelo outro sem que seja alterado o nível de produção (Q).

A função de produção terá o seguinte formato:

$$Q(L,K) = a \cdot K + b \cdot L$$

Sendo a e b valores positivos que indicam o peso que os insumos K e L têm para o processo produtivo.

Nesse caso, a **taxa marginal de substituição técnica será constante**. Como a isoquanta de uma função produção de insumos substitutos perfeitos será representada por retas paralelas e, portanto, possuem inclinação constante (a tangente em qualquer ponto dela é constante), então a **TmgST será constante** também. A **inclinação da isoquanta será igual a relação –a/b**.

Logo, a TmgST é igual a: –a/b.

$$\mathbf{TmgST = -a/b}$$

Vejamos a Figura 25.17.

Figura 25.17. A função produção de insumos substitutos perfeitos é representada por isoquantas cujo formato é de retas paralelas.

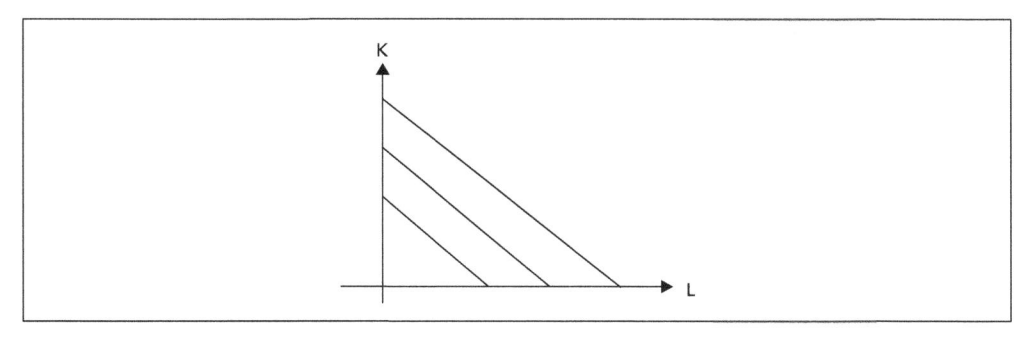

Se os insumos não forem substitutos perfeitos, mas forem substitutos imperfeitos, a isoquanta terá o formato convencional, ou seja, de uma curva convexa para a origem e decrescente.

■ Função produção quando os insumos são **complementares perfeitos** ou quando são utilizados em **proporções fixas**.

Complementares perfeitos na produção significam que os insumos (L e K) utilizados na produção são combinados em **proporções fixas**, mas não necessariamente um para um. A função de produção de bens complementares perfeitos também é conhecida por **função de produção de Leontief** e tem o seguinte formato:

$$Q(L,K) = \min \{aL, bK\}$$

Sendo "a" e "b" valores positivos que indicam as proporções nas quais os insumos estão sendo utilizados na produção.

Na Figura 25.18, podemos ver o formato das isoquantas quando os insumos são complementares perfeitos. As isoquantas são em **forma de ângulo reto ou em forma de cantoneira**, penduradas na função:

$$K = aL/b$$

Em que "a" e "b" são números positivos que indicam as proporções nas quais os insumos estão sendo utilizados no processo produtivo.

Figura 25.18. Isoquantas quando os insumos são complementares perfeitos têm o formato de cantoneira.

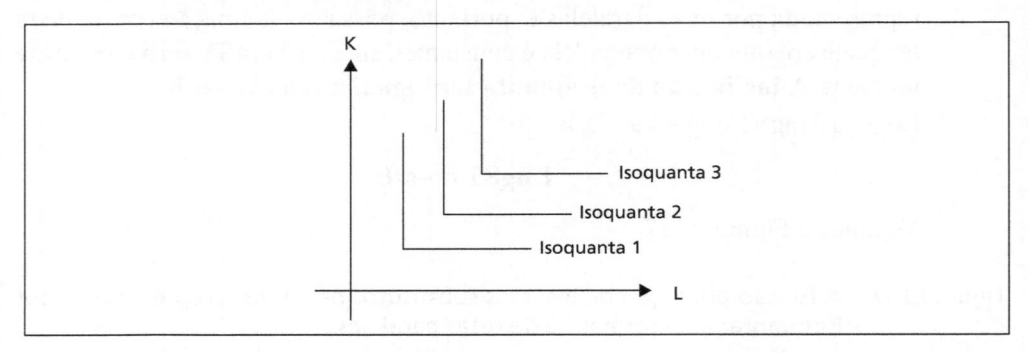

A Taxa marginal de Substituição Técnica de L por K ($TmgST_{L,K}$) será infinita na parte vertical da isoquanta em forma de cantoneira, já que qualquer quantidade que varie do insumo capital (K) não provocará nenhuma alteração na quantidade do insumo mão de obra. Como a TmgST é a relação das variações de quantidades de insumos de capital (K) por mão de obra (L), então qualquer valor dividido por zero é infinito.

Na parte vertical da cantoneira → $\mathbf{TmgST_{K,L} = \infty}$

A Taxa marginal de Substituição Técnica de L por K ($TmgST_{L,K}$) será zero na parte horizontal da isoquanta em forma de cantoneira, já que não há qualquer variação na quantidade do insumo capital (K) quando há variação de qualquer quantidade do insumo mão de obra. Como a TmgST é a relação das variações de quantidades de insumos de capital (K) por mão de obra (L), então o valor de zero dividido por qualquer valor é zero.

Na parte horizontal da cantoneira → $\mathbf{TmgST_{K,L} = 0}$

Uma função de **produção de Leontief** que informe que para produção de um bem são necessários 5 trabalhadores (x), 3 computadores (y), 2 automóveis (w) e 4 toneladas de matéria-prima (z) terá uma função de produção de proporções fixas no seguinte formato:

$$Q = \min \{x/5, y/3, w/2, z/4\}$$

Assim, se tivermos 20 trabalhadores (x), 15 computadores (y), 6 automóveis (w) e 16 toneladas de matéria-prima, qual a quantidade de bens possível de ser produzida?

O número de trabalhadores permite produzir **4 unidades** do bem (20/5). O número de computadores permite produzir **5 unidades** do bem (15/3). O número de automóveis permite produzir **3 unidades** do bem (6/2). As 16 toneladas de matéria-prima permitem produzir **4 unidades** do bem (16/4). Logo, considerando o mínimo de x, y, w e z, poderemos produzir 3 unidades do bem.

Segundo Ferguson: "as funções de produção com proporções fixas, são homogêneas de grau um ... estas funções refletem rendimentos constantes de escala"[7].

25.9. ISOCUSTO

Isocusto é uma reta que contém inúmeras combinações dos insumos capital (K) e mão de obra (L) cujo **custo de produção da firma é constante**.

Assim, vamos supor que uma firma utilize, na sua produção, capital (K) e mão de obra (L). Para cada unidade de mão de obra, a firma precisa remunerar o valor de 1 unidade monetária (preço da mão de obra = salário = *Wage*, em inglês = W = 1) e para cada unidade de capital, a firma precise remunerar o valor de 2 unidades monetária (preço do capital = juros reais = r = 2). Na Tabela 25.1, é possível visualizar várias combinações de capital (K) e mão de obra (L) para um custo de 100 unidades monetárias. Assim, por exemplo, se empregarmos 20 unidades de mão de obra ao preço de 1 e 40 unidades de capital ao preço de 2, o custo da firma será igual a 100 (20 · 1 + 40 · 2 = 100).

Tabela 25.1. Algumas combinações de insumo capital (K) e mão de obra (L) ao custo de 100 unidades monetárias, levando em conta que o preço da mão de obra (W = *Wage* = salário, em inglês) é igual a 1 unidade monetária e o preço do capital (r = juros reais) é igual a 2 unidades monetárias.

Cesta	L	K	W	r	Custo
1	0	50	1	2	100
2	20	40	1	2	100
3	40	30	1	2	100
4	60	20	1	2	100
5	100	0	1	2	100

Portanto, definimos a função isocusto da seguinte maneira:

$$C = (L \cdot W) + (K \cdot r)$$

Em que "W" é o preço da mão de obra ou custo marginal da mão de obra;

e "r" é o preço do capital ou o custo marginal do capital.

Representando, na Figura 25.19, uma isocusto, percebemos que, no intercepto do **eixo das ordenadas** (eixo vertical), temos a quantidade de capital a ser utilizada mediante o custo disponível quando não se utiliza o insumo mão de obra. Essa quantidade de capital (K) será igual à razão entre o custo disponível (C) e o preço do capital (r).

---

[7] C. E. Ferguson, *Microeconomia*, p. 195.

No intercepto do **eixo das abscissas** (eixo horizontal), temos a quantidade de mão de obra (L) a ser utilizada, mediante o custo disponível (C), quando não se utiliza o insumo capital (K). Essa quantidade de mão de obra (L) será igual à razão entre o custo disponível (C) e o preço da mão de obra (W).

Figura 25.19. A isocusto corta o eixo das ordenadas no ponto C/r e corta o eixo das abscissas no ponto C/W.

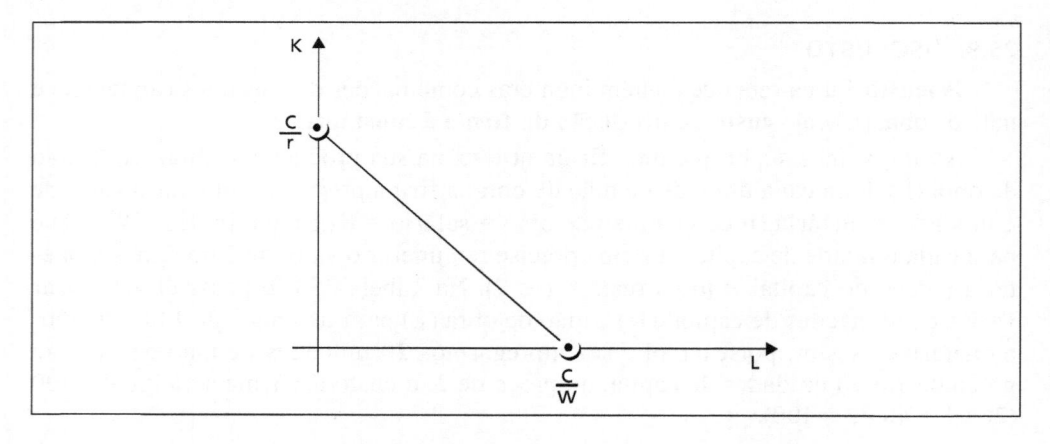

Portanto, se: C = 100 e W = 1, quando K = 0, L = 100, já que C/W = 100.
Também, se: C = 100 e r = 2, quando L = 0, K = 50, já que C/r = 50.
A tangente da isocusto será a relação de preço dos insumos. Vejamos:

$$\text{tg } \theta = \frac{C/r}{C/W} = \frac{W}{r}$$

Vejamos a Figura 25.20.

Figura 25.20. A tangente da isocusto é igual à tangente de θ, que é a relação de preços dos insumos (W/r).

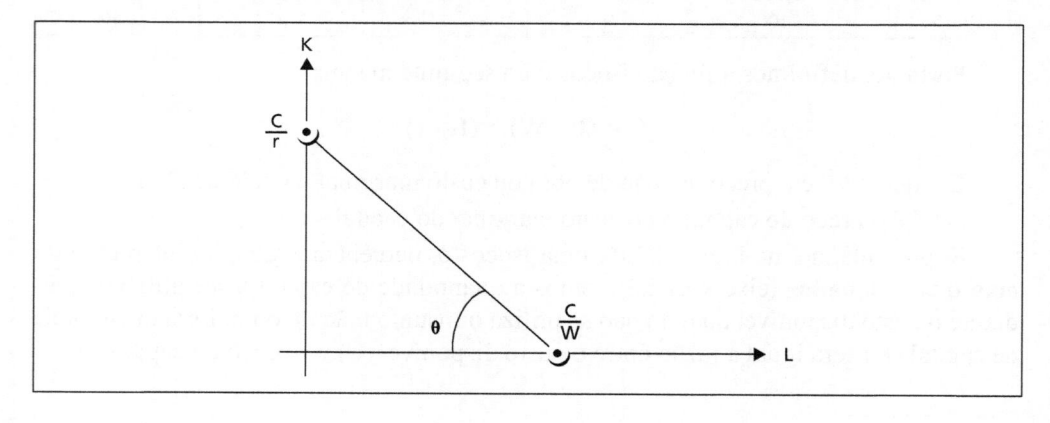

Caso o custo suportado pela firma aumente, então a curva de isocusto se desloca para cima ou para a direita. Vejamos na Figura 25.21. Podemos perceber que quanto mais distante da origem, maior o custo da empresa e maior a quantidade de K e/ou L que poderá ser contratada por ela.

Assim, a Isocusto 1 representa as combinações de K e L que apresentam um custo de 100. A Isocusto 2 representa as combinações de K e L que apresentam um custo de 200. A Isocusto 3 representa as combinações de K e L que apresentam um custo de 300.

Figura 25.21. Isocustos mais distantes da origem apresentam custos de produção maiores.

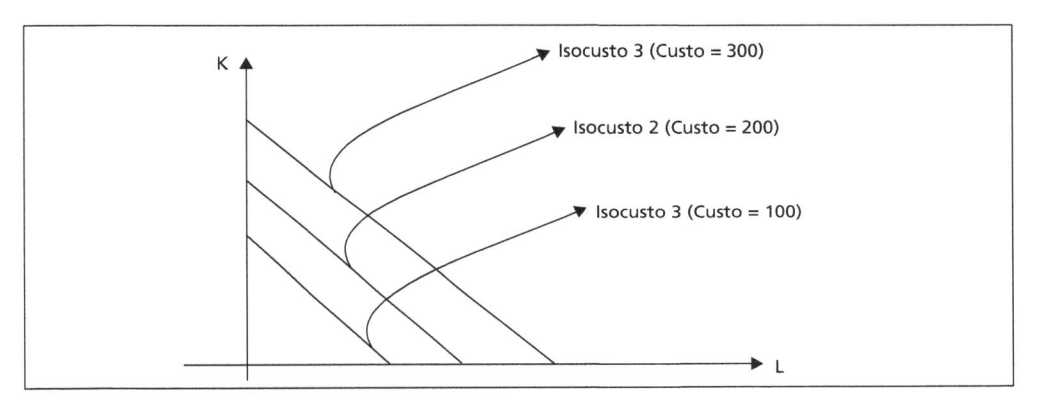

Considerando os preços da mão de obra iguais a 1 (W = 1) e o preço do capital igual a 2 (r = 2), então:

A Isocusto 1 apresenta a seguinte função: $100 = 1L + 2K \rightarrow 2K = 100 - 1L \rightarrow K = 50 - 1/2\ L$.

A Isocusto 2 apresenta a seguinte função: $200 = 1L + 2K \rightarrow 2K = 200 - 1L \rightarrow K = 100 - 1/2\ L$.

A Isocusto 3 apresenta a seguinte função: $300 = 1L + 2K \rightarrow 2K = 300 - 1L \rightarrow K = 150 - 1/2\ L$.

Podemos perceber que o que muda nessas três funções é apenas o intercepto com o eixo das ordenadas (eixo vertical). O coeficiente angular (= ½) é constante para as três, o que faz com que elas sejam paralelas entre si. O coeficiente angular é a tangente da curva, ou seja, sua inclinação. Logo, em **qualquer ponto da Isocusto, a tangente é igual à relação de preços dos insumos (W/r)**.

25.10. O EQUILÍBRIO DA FIRMA NO LONGO PRAZO

O equilíbrio da firma no longo prazo ocorre no ponto em que a **isocusto tangencia a isoquanta mais distante da origem**, ou, dizendo de outra forma, quando a **isoquanta, dado um nível de produção, tangencia a isocusto mais baixa possível**.

A escolha ótima do produtor será a cesta de insumos que maximiza a produção da firma (ou minimiza o custo da firma) sujeita a um custo.

Podemos observar, na Figura 25.22, que o ponto "A" representa o equilíbrio da firma.

Figura 25.22. O equilíbrio da firma ocorre no ponto em que a Isoquanta tangencia a Isocusto.

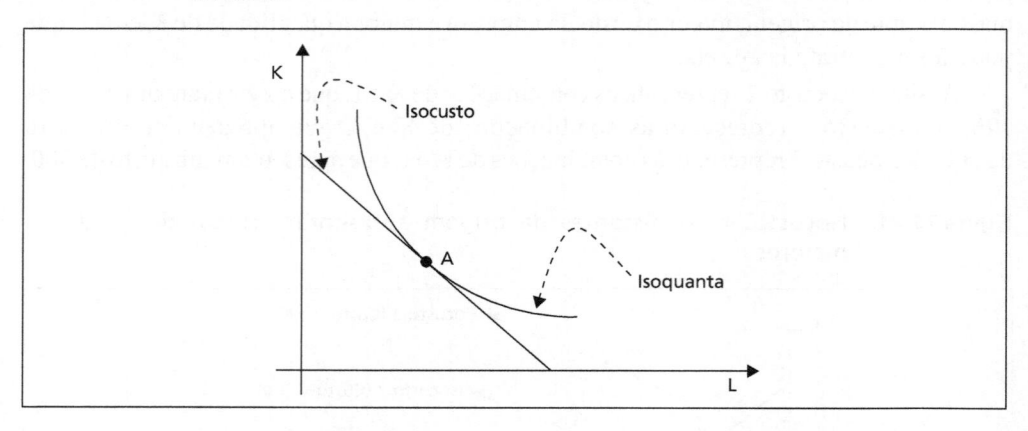

Vejamos, na Figura 25.23, que a isocusto intercepta várias isoquantas. Porém, a isoquanta mais distante da origem e, portanto, a que apresenta maior nível de produção é aquela que maximiza o lucro da firma, ou seja, no ponto "A". Por isso, esse ponto representará a cesta com a combinação de insumos ótimos para a firma. Qualquer outro ponto apresenta um nível de produção menor. Vejamos os pontos B e C. Eles são factíveis, porém estão localizados na Isoquanta 1, que apresenta um nível de produção menor que o ponto A, que pertence à Isoquanta 3. Vejamos, agora, os pontos D e E. Eles também são factíveis, porém estão localizados na Isoquanta 2, que apresenta um nível de produção menor que o ponto A, que pertence à Isoquanta 3. Já o ponto F é não factível, já que a empresa não suporta o custo que representa produzir na Isoquanta 4.

Figura 25.23. O equilíbrio da firma, no longo prazo, vai ocorrer no ponto A. Os pontos B, C, D e E são factíveis, porém apresentam um nível de produção inferior ao do ponto A. O ponto F é não factível.

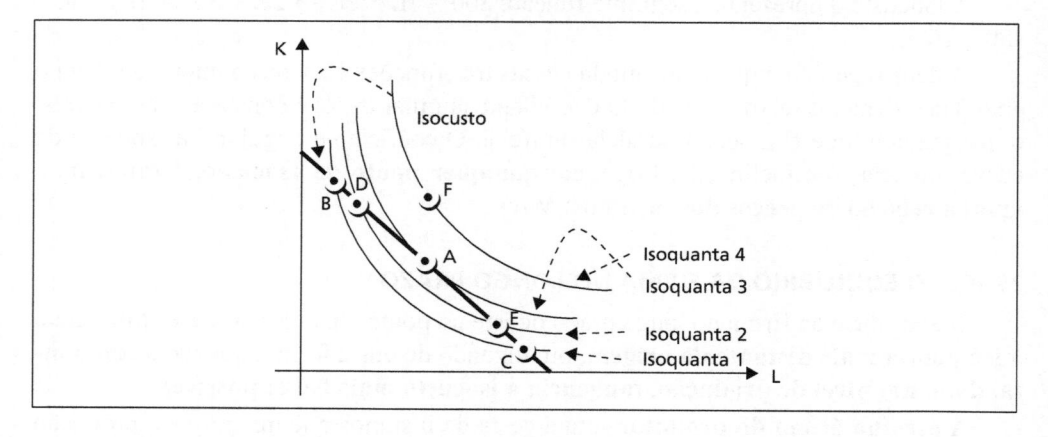

Podemos analisar também, por meio da Figura 25.24, que a isoquanta intercepta várias isocustos. Porém, a isocusto mais próxima da origem e, portanto, a que apresenta menor custo é aquela que maximiza o lucro da firma, ou seja, no ponto "A". Por isso, esse ponto representará a cesta com a combinação de insumos ótimos para a firma. Qualquer outro ponto apresenta um custo de produção maior para o mesmo nível de produção. Vejamos os pontos B e C. Eles estão sobre a mesma isoquanta do ponto A, porém apresentam custos maiores, já que estão em uma isocusto mais distante da origem. Também os pontos D e E estão sobre a mesma isoquanta do ponto A, porém apresentam custos maiores, já que estão em uma isocusto ainda mais distante da origem.

Figura 25.24. O equilíbrio da firma no longo prazo vai ocorrer no ponto A. Os pontos B, C, D e E estão na mesma isoquanta do ponto A, mas apresentam um custo de produção superior ao do ponto A.

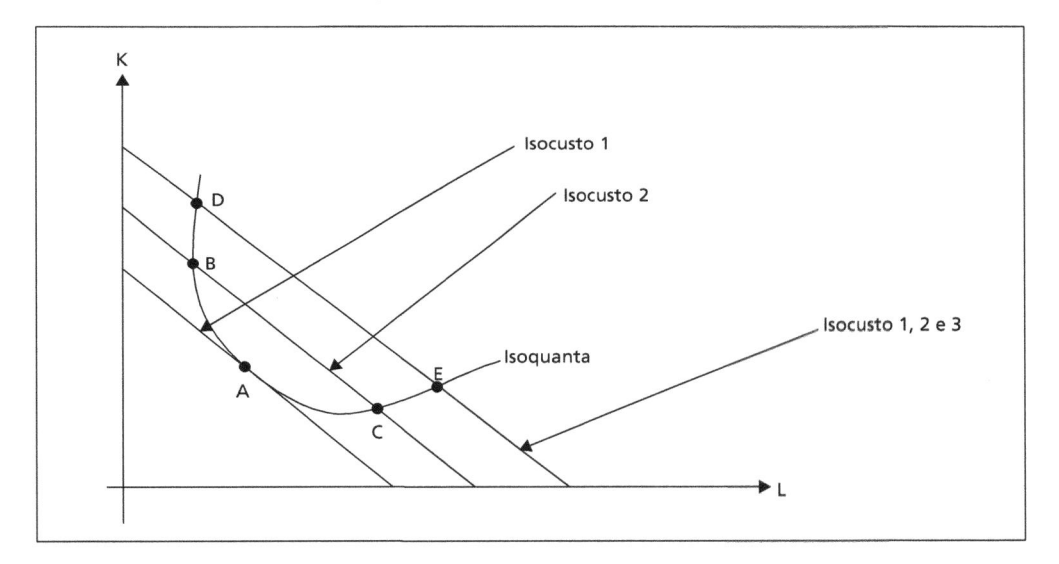

Vimos no tópico 25.7.1 que, ao longo de uma isoquanta, a Taxa marginal de Substituição Técnica (TmgST) ou a tangente no ponto vai diminuindo à medida que nos deslocamos da esquerda para a direita da mesma isoquanta, e, portanto, a relação entre a produtividade marginal da mão de obra e a produtividade marginal do capital (PmgL/PmgK) diminui também.

Vimos no tópico 25.9 que, ao longo de uma isocusto, a tangente, em qualquer ponto, é constante e, portanto, a relação entre o preço dos insumos (W/r) é constante.

Vejamos, agora, o ponto "A" do gráfico da Figura 25.24. A taxa marginal de substituição técnica é igual à relação entre a produtividade marginal da mão de obra e a produtividade marginal do capital nesse ponto (TmsS$_A$ = PmgL$_A$/PmgK$_A$). Também em "A" a tangente que passa pelo ponto é igual à tangente da isocusto. Portanto, a tangente no ponto "A" é igual à relação de preços dos insumos, ou seja, é igual a W/r.

Logo, podemos dizer que **no ponto "A", e apenas nele**, ocorre o equilíbrio da firma no ponto em que os lucros são maximizados.

$$TmgST_A = \frac{PmgL_A}{PmgK_A} = \frac{W}{r} \rightarrow \text{Equilíbrio da firma no longo prazo no ponto em que ocorre a maximização do lucro}$$

Assim, em qualquer ponto da isoquanta, a relação entre a variação do capital e a variação da mão de obra é igual à razão entre as produtividades marginais dos insumos naquele ponto e igual também à tangente no ponto. Vejamos:

Em **qualquer ponto**: $Tg\theta = \Delta K / \Delta L = PmgL / PmgK$

Porém, **apenas no equilíbrio de longo prazo (no ótimo da firma)** essas relações são iguais à razão entre os preços dos insumos:

$$Tg\theta = \Delta K /\Delta L = PmgL / PmgK = W/r$$

25.11. O CÁLCULO DO ÓTIMO DA FIRMA

Para calcularmos o ótimo da firma, podemos nos utilizar de três métodos. O primeiro e mais complicado é o método dos **multiplicadores de Lagrange**. O segundo utiliza a condição de equilíbrio da produção; e o terceiro, o mais simples dos três, é o método simplificado, quando se tratar de uma função produção do tipo Cobb-Douglas.

25.11.1. Cálculo do ótimo da firma pelo método dos multiplicadores de Lagrange (La[8])

Pelo **método dos multiplicadores de Lagrange (La)**, devemos maximizar a função produção (Q) e subtrair de uma variável λ multiplicada pela função Custo Total (CT).

Sabendo que a função custo total é dada por:

$CT = W \cdot L + r \cdot K$ ou
$0 = W \cdot L + r \cdot K - CT$

Temos:

$$La = Q(L,K) - \lambda \cdot (W \cdot L + r \cdot K - CT)$$

Supondo que a função produção e os preços dos insumos sejam iguais a:
$Q = L \cdot K$
$W = 2$
$r = 4$
$CT = 10$

Logo:
$La = L \cdot K - \lambda (2 \cdot L + 4 \cdot K - 10)$

Derivando La em função de L e igualando a zero, temos:

$$\frac{dLa}{dL} = K - 2\lambda \rightarrow K - 2\lambda = 0 \rightarrow K = 2\lambda \text{ (I)}$$

---

[8] Chamaremos o multiplicador de Lagrange de La para diferenciá-lo do fator de produção mão de obra, L.

Derivando La em função de K e igualando a zero, temos:

$\dfrac{dLa}{dK} = L - 4\lambda \rightarrow L = 4\lambda$ (II)

Derivando La em função de λ e igualando a zero, temos:

$\dfrac{dLa}{d\lambda} = 2L + 4K - 10 \rightarrow 0 = 2L + 4K - 10 \rightarrow 10 = 2L + 4K$ (III)

Substituindo a equação (I) e (II) na (III), temos:
$10 = 2 \cdot 4\lambda + 4 \cdot 2\lambda$
$10 = 16\lambda$
$\lambda = 0{,}625$
Logo: $L = 4 \cdot 0{,}625 \rightarrow L = 2{,}5$
$K = 2 \cdot 0{,}625 \rightarrow K = 1{,}25$

Logo, a produção que maximiza o lucro da firma no longo prazo utilizará 2,5 de L e 1,25 de K.

25.11.2. Cálculo do ótimo da firma utilizando a condição de equilíbrio da produção

Outra maneira de determinar o ótimo da firma é pela **condição de equilíbrio da firma**, que consiste em igualar a relação das produtividades marginais com a relação dos preços dos insumos (ou fatores produtivos). Vejamos:

$\dfrac{PmgL}{PmgK} = \dfrac{W}{r}$ (I)

Vejamos o mesmo exemplo dado no item 25.11.1:
$Q = L \cdot K$
$W = 2$
$r = 4$
$CT = 10$

Derivando Q em função de L, achamos a PmgL:

$PmgL = \dfrac{dQ}{dL} = K$

$PmgK = \dfrac{dQ}{dK} = L$

Substituindo esses valores na fórmula (I), temos:

$\dfrac{K}{L} = \dfrac{2}{4} \rightarrow 4K = 2L \rightarrow L = 2K$ (II)

Construindo a função custo total, temos:

$CT = 2L + 4K$
$10 = 2L + 4K$
$5 = L + 2K$ (III)

Substituindo (II) em (III), temos:

5 = 2K + 2K
K = 1,25
Logo: L = 2K → L = 2,5

Assim, a produção ótima é aquela composta de 1,25 de K e 2,5 de L.

25.11.3. Cálculo do ótimo da firma pelo método simplificado

Podemos calcular o ótimo da firma utilizando o **método simplificado** quando a função produção for do tipo Cobb-Douglas.

Sabendo que a função produção do tipo Cobb-Douglas é dada por:

$Q = A L^\alpha K^\beta$

Em que:

A, α, β são constantes positivas.

Para determinar a quantidade ótima de K e L, utilizamos o seguinte cálculo:

$L = \dfrac{\alpha}{(\alpha + \beta)} \cdot \dfrac{C}{W}$

$K = \dfrac{\beta}{(\alpha + \beta)} \cdot \dfrac{C}{r}$

Em que:
C = Custo de produção
W = remuneração do fator trabalho
r = remuneração do fator capital

Vejamos o mesmo exemplo dado nos itens 25.11.1 e 25.11.2, ou seja:

Função produção igual a: Q = K L
Dados: C = 10 e W = 2 e r = 4

Logo, a quantidade ótima de L e K é:

$L = \dfrac{1}{(1 + 1)} \cdot \dfrac{10}{2} = 2,5$

$K = \dfrac{1}{(1 + 1)} \cdot \dfrac{10}{4} = 1,25$

Encontramos o ótimo da firma quando da utilização de 2,5 de L e 1,25 de K. Com essa quantidade de insumos temos a maximização dos lucros.

A produção, quando forem utilizados 2,5 de L e 1,25 de K, será:

Q = L · K
Q = 2,5 · 1,25
Q = 3,125

25.11.4. Determinando uma função de custo de curto prazo através de uma função de custo de longo prazo e uma função de produção de longo prazo.

Vamos determinar uma função de custo de curto prazo, quando teremos o custo como função de apenas um dos insumos, sendo o outro considerado constante, através de um exemplo.

Imaginemos uma função de produção de longo prazo com o seguinte comportamento:

$Q = \sqrt{K.L}$, onde Q = Produto total, K = capital, L= mão de obra

Supondo que o preço da mão de obra (W) seja igual a 2 e o preço do capital (r) seja igual a 10.

Se fixamos uma quantidade de Capital igual a 10 unidades, encontraremos uma função de produção de curto prazo como a seguir:

$Q = \sqrt{K.L}$ ou:
$q^2 = K \cdot L$ ou:
$L = q^2/K$ ou:
$L = q^2/10$ (I)

Sabendo que a função de Custo Total (CT) é:
$CT = r \cdot K + W \cdot L$
$CT = 10K + 2L$ (II)
Substituindo a função (I) em (II), temos:
$CT = 10K + 2\,q^2/10$
Como K foi fixado em 10, temos:
$CT = 10 \cdot 10 + 2\,q^2/10$, ou:
$CT = 100 + q^2/5$

25.12. SOLUÇÃO DE CANTO PARA ISOQUANTAS CÔNCAVAS

Caso a isoquanta seja **côncava** para a origem, ela não representará uma situação real, pois a conclusão de maximização implicará abandono de um dos insumos de produção em estudo e a **especialização** no outro insumo. Vejamos a Figura 25.25. A reta de isocusto intercepta diversas isoquantas, mas o ponto ótimo será a intersecção com a isoquanta mais distante que corresponde ao ponto "A". Mas nesse ponto, apenas o insumo capital (K) estaria sendo utilizado, havendo o **abandono** do insumo mão de obra (L). Quando ocorre uma solução de canto, não se verifica, no ótimo da firma, a igualdade das relações entre a produtividade dos insumos com os seus respectivos preços, ou seja:

$$\frac{PmgL}{PmgK} \neq \frac{W}{r} \rightarrow \textbf{ótimo da firma numa solução de canto}$$

Figura 25.25. Se as isoquantas fossem côncavas para a origem, haveria especialização de um dos fatores e abandono do outro. Nesse caso, a produção estaria utilizando apenas o fator de produção capital (K) e abandonando o fator mão de obra (L).

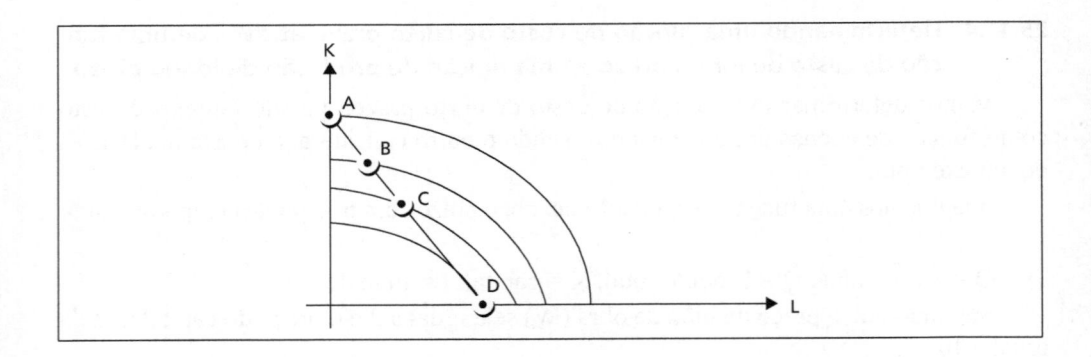

25.13. PRODUTIVIDADE MARGINAL DA MOEDA

Sabendo que o ótimo da firma, no longo prazo, se dá quando:

$$TmgST = \frac{PmgL}{PmgK} = \frac{W}{r}$$

Podemos rearrumá-la da seguinte maneira:

$$\frac{PmgL}{W} = \frac{PmgK}{r}$$

Logo, a produção é maximizada quando o custo total é alocado de maneira que a relação entre as produtividades marginais dos fatores produtivos e seus respectivos preços sejam iguais. Logo, a **produtividade marginal por cada real gasto é igual para o insumo L e K**.

No ponto ótimo da firma, o que se obtém por se usar um dos insumos dividido pelo preço de uma unidade a mais desse insumo é igual para todos os insumos.

25.14. ELASTICIDADE DE SUBSTITUIÇÃO

A **elasticidade de substituição** vai medir a sensibilidade da Taxa marginal de Substituição Técnica de capital por mão de obra ($TmgST_{K,L}$) quando nos movemos da esquerda para a direita sobre a isoquanta.

À medida que descemos numa isoquanta, a relação capital-trabalho vai diminuindo, ou seja, cada vez mais, diminuímos a quantidade de capital (K) e aumentamos a quantidade de mão de obra ou trabalho (L).

Assim, a Elasticidade de Substituição (ES) vai medir a variação em valores percentuais da relação capital-trabalho em relação à variação percentual na Taxa marginal de Substituição Técnica (TmgST), ou seja:

$$ES = \frac{\%\Delta(K/L)}{\%\Delta TmgST}$$

Quando os insumos são **complementares perfeitos**, a ES é igual a zero, já que não há possibilidade de substituição entre os fatores de produção.

Quando os insumos são **substitutos perfeitos**, a ES é igual ao infinito, já que é totalmente possível a substituição de um fator pelo outro.

Quando os insumos pertencem a uma função de produção do tipo **Cobb-Douglas**, a ES é igual a 1.

25.15. RENDIMENTO DE ESCALA E ESPAÇO ENTRE AS ISOQUANTAS

Observando o comportamento das isoquantas quando ocorre rendimento constante de escala, rendimento crescente de escala e rendimento decrescente de escala, temos:

Isoquantas quando ocorrem rendimentos constantes de escala:

Para as mesmas variações no produto, as isoquantas estarão igualmente espaçadas. Vejamos a Figura 25.26.

Figura 25.26. Isoquantas que apresentam rendimentos constantes de escala.

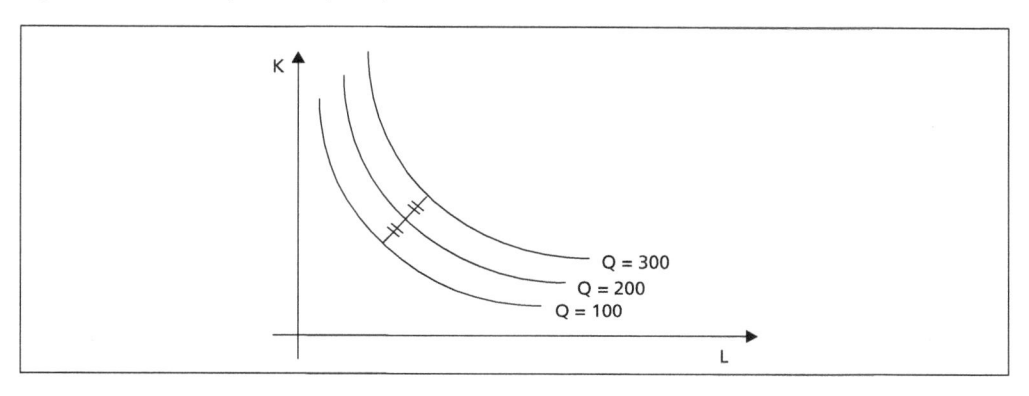

Isoquantas quando ocorrem rendimentos decrescentes de escala:

Para as mesmas variações no produto, as curvas se afastam cada vez mais umas das outras. Vejamos a Figura 25.27.

Figura 25.27. Isoquantas que apresentam rendimentos decrescentes de escala.

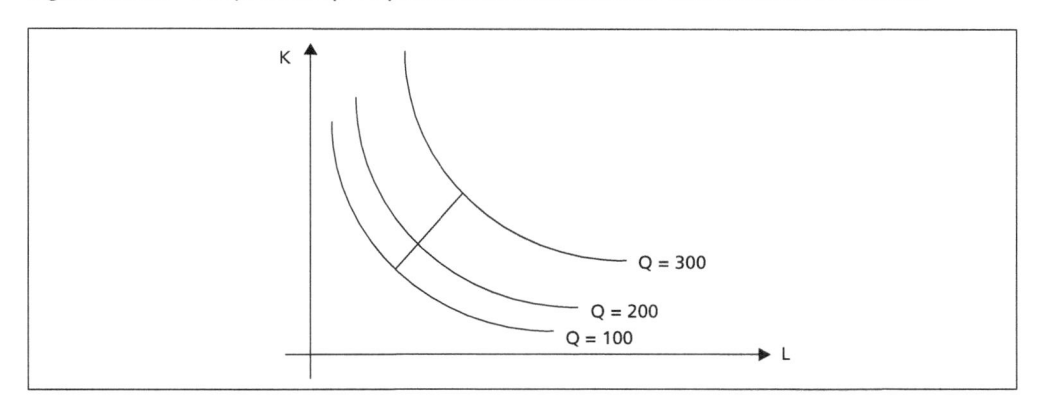

Isoquantas quando ocorrem rendimentos crescentes de escala:

Para as mesmas variações no produto, as curvas se aproximam cada vez mais umas das outras. Vejamos a Figura 25.28.

Figura 25.28. Isoquantas que apresentam rendimentos crescentes de escala.

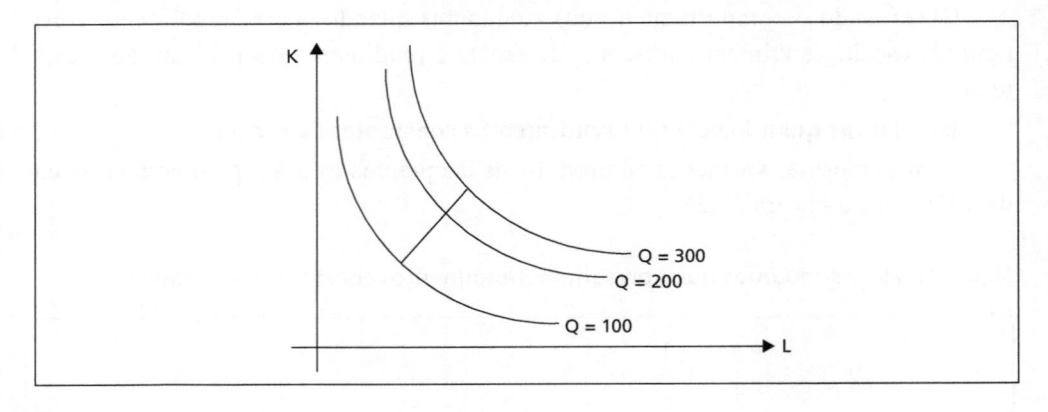

25.16. QUESTÕES

1. (CESGRANRIO — IBGE — 2010) O gráfico a seguir mostra as isoquantas de uma determinada empresa, com dois fatores de produção, K e L, e três níveis de produção, q_1, q_2 e q_3. Considerando o gráfico, afirma-se que:

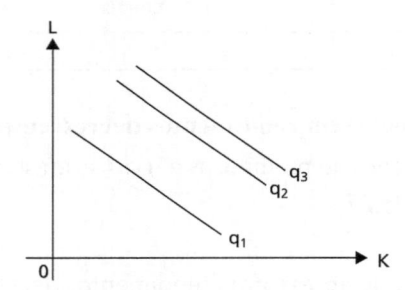

a) $q_1 < q_2$, mas $q_1 > q_3$.
b) K e L são usados em proporções fixas.
c) se $q_1 = 1$, $q_2 = 2$ e $q_3 = 5$, há rendimentos crescentes de escala.
d) a elasticidade de substituição entre K e L é zero.
e) o fator de produção K é inferior.

2. (CEBRASPE — Carreira Diplomática — 2012) Com base na teoria microeconômica, julgue os itens que se seguem como Certo (C) ou Errado (E).

Considere que um consumidor gaste toda a sua renda com a compra de bens e serviços.

a) Nessa hipótese, não é possível que todos os bens da cesta de consumo desse consumidor sejam bens inferiores.
b) Sabendo-se que a função de serviços administrativos de determinado órgão público exige um computador para cada funcionário, conclui-se que as isoquantas entre esses dois insumos são formadas por linhas retas paralelas, cuja inclinação é igual a !
c) Suponha que o aumento substancial dos preços cobrados para o estacionamento de veículos nas grandes cidades eleve a quantidade demandada de corridas de táxi nesses locais. Dessa forma, conclui-se que esse aumento de preços provoca um deslocamento ao longo da curva de demanda por serviços de táxi.

d) Mudanças legislativas que facilitem a entrada de mão de obra estrangeira especializada na área de eletrônica contribuem para deslocar — para baixo e para a direita — a curva de oferta de longo prazo da indústria eletrônica.

3. (IBFC — IBGE — 2021) Ao analisar a Teoria da Firma, temos a expressão escala de produção, que é o ritmo de variação da produção, respeitada certa proporção de combinação entre os fatores. Diante disto, analise as afirmativas abaixo e assinale Verdadeiro (V) ou Falso (F).
( ) Lei dos Rendimentos Crescentes acontece ao aumentar-se a quantidade de um fator variável, permanecendo a quantidade dos demais fatores fixos, a produção, inicialmente, crescerá a taxas crescentes; a seguir, depois de certa quantidade utilizada do fator variável, passará a crescer a taxas decrescentes; continuando o incremento da utilização do fator variável, a produção decrescerá.
( ) Além de identificada como lei dos rendimentos crescentes de escala ocorrem quando a variação na quantidade do produto total é mais do que proporcional à variação da quantidade utilizada dos fatores de produção.
( ) Os rendimentos constantes de escala ocorrem quando a variação do produto total é proporcional à variação da quantidade utilizada dos fatores de produção.
( ) A influência das relações dimensionais é uma causa muito comum de rendimentos decrescentes de escala: se o diâmetro de um tubo é dobrado, o fluxo de água que passa por ele mais do que dobra.

Assinale a alternativa que apresenta a sequência correta de cima para baixo.
a) V, F, F, F.
b) V, V, V, V.
c) F, V, V, F.
d) F, V, F, V.
e) V, F, V, V.

4. (CEBRASPE — SEFAZ-CE — 2021) Considerando os problemas microeconômicos clássicos, julgue o item a seguir.
Na função de produção do tipo Leontief, os fatores de produção são complementos perfeitos e não podem ser substituídos um pelo outro, independentemente do preço.
( ) Certo   ( ) Errado

5. (FGV — TJ-RO — 2021) A curva de isoquanta de uma firma que utiliza apenas capital e trabalho como insumos ilustra:
a) a quantidade de trabalho necessária para produzir um determinado nível de produção com o capital constante.
b) a quantidade de capital necessária para produzir um determinado nível de produção com o trabalho constante.
c) combinações diferentes dos insumos de capital e trabalho que produzirão uma determinada quantidade de produto.
d) a quantidade de capital necessária para acomodar diferentes quantidades de trabalho para produzir uma determinada quantidade de produto.
e) a quantidade de trabalho necessária para acomodar diferentes quantidades de capital para produzir uma determinada quantidade de produto.

6. (FGV — 2024 — Câmara Municipal-SP/Economia) Em relação à função de produção e suas propriedades, avalie se as afirmativas a seguir são verdadeiras (V) ou falsas (F).
i. ( ) A produtividade média é igual ao produto marginal.
ii. ( ) O produto médio atinge seu nível máximo no ponto em que iguala com a produtividade marginal.
iii. ( ) A taxa marginal de substituição técnica entre dois bens é igual a razão de suas produtividades marginais.

As afirmativas são, respectivamente,
a) V – V – V.
b) V – F – V.
c) F – V – V.
d) F – V – F.
e) F – F – F.

7. (FGV - 2024 — Câmara Municipal-SP) A seguir são apresentadas diversas funções de produção f(x,y). Assinale aquela que apresenta retornos crescentes de escala.
a) $x + y$.
b) $x^a y^b$, $a + b = 1$.
c) $x^a y^b$, $a + b > 0$.
d) $x^a y^b$, $a + b > 1$.
e) $x^a y^b$, $a + b < 1$.

8. (CEBRASPE — 2024 — ANTT/Economia) Na avaliação da produtividade de uma firma, a análise de curto prazo é distinta da análise de longo prazo; entre outros fatores distintivos, está o fato de que a primeira é regida pela lei dos rendimentos, enquanto a segunda analisa os retornos de escala. Sabendo desse contexto, e considerando uma empresa que invista um capital de K unidades monetárias, contrate L unidades de mão de obra e tenha uma produção dada por q(K,L)= KL, julgue o item subsequente.

No longo prazo, a empresa apresenta rendimentos decrescentes de escala, pois, ao se multiplicarem por m as quantidades de todos os recursos investidos na produção, o produto será multiplicado por $\sqrt{m}$.
( ) Certo   ( ) Errado

9. (Instituto AOCP — 2024 — SEAP-PR/Economista) A teoria de produção analisa o emprego alternativo dos fatores de produção com o objetivo de produzir bens e serviços por parte das firmas. Um conceito importante nessa análise é a taxa marginal de substituição técnica (TMST). Assinale a alternativa correta a respeito desse termo.
a) Mostra a quantidade de determinado insumo que a empresa deixa de utilizar para consumir mais de outro, sem alterar o nível de produção.
b) É a variação do custo total que resulta de uma unidade adicional de produto.
c) Mostra a quantidade de um insumo que pode ser substituído por outro de modo a manter o mesmo nível de custo.
d) É a taxa na qual o consumidor está disposto a trocar um bem por outro, mantendo o mesmo nível de satisfação.
e) Representa a variação percentual da quantidade produzida quando os preços variam em 1%.

10. (CEBRASPE — 2024 — Economista CAGEPA) Considerando dois insumos, A e B, assinale a opção correta com referência às isoquantas e às linhas de isocustos.
a) A elevação do preço de um dos insumos desloca a linha de isocusto para cima.
b) Os rendimentos marginais de A e B são variáveis ao longo das isoquantas.
c) O ponto ótimo de produção é o ponto de menor custo da linha de isocusto que cruza a isoquanta em dois pontos.
d) As isoquantas representam todas as possíveis combinações de A e B que resultam no mesmo custo de produção.
e) A taxa marginal de substituição técnica de A por B é igual à razão das produtividades médias de B e de A.

GABARITO

1. "c". À medida que as isoquantas se afastam da origem em proporções cada vez menores e com níveis de produção maiores, dizemos que há retorno crescente de escala. A alternativa "c" é verdadeira.

Quanto mais distante da origem for a isoquanta, maior o nível de produção. Logo, $q_1 < q_2$ e $q_3 > q_1$. A alternativa "a" está incorreta. Como as isoquantas são representadas por linhas retas paralelas, os fatores produtivos, K e L, são substitutos perfeitos. Portanto, não são usados em proporções fixas (= bens complementares). A alternativa "b" está incorreta. A taxa marginal de substituição entre os insumos K e L (que é igual à inclinação da curva de indiferença) é constante, muito embora não necessariamente igual a –1. A alternativa "d" está incorreta. A isoquanta é decrescente porque, à medida que se utiliza mais de um dos insumos, reduz-se a utilização do outro insumo. A alternativa "e" está incorreta.

2. C, E, E, C. Considerando que o aumento da renda deverá ser integralmente gasto na aquisição de dois bens, é necessário que pelo menos um deles seja normal ou superior, senão o consumo dos bens seria reduzido e não seria possível gastar a renda integralmente. O item "a" está certo.

Quando os recursos utilizados são complementares perfeitos, as isoquantas devem ser representadas em formato de "L". O item "b" está errado.

A elevação dos preços de estacionamento provoca o deslocamento para cima ou para a direita da demanda por táxi, e não ao longo da curva. O item "c" está errado.

O aumento de mão de obra (fator produtivo) provoca o aumento da oferta de mão de obra e, por conseguinte, o aumento da oferta de produto. Isso provoca o deslocamento da curva de oferta para baixo ou para a direita. O item "d" está certo.

3. "c".
(F) Lei dos Rendimentos Físicos marginais **decrescentes** ou Lei dos Rendimentos marginais **decrescentes** ou, simplesmente, Lei dos Rendimentos **decrescentes**, que ocorre na produção de curto prazo, afirma que, ao aumentar-se a quantidade de um fator variável, permanecendo a quantidade dos demais fatores fixos, a produção, inicialmente, crescerá a taxas crescentes; a seguir, depois de certa quantidade utilizada do fator variável, passará a crescer a taxas decrescentes; e, continuando o incremento da utilização do fator variável, a produção decrescerá.
(V) A lei dos rendimentos crescentes de escala, que corresponde a um tipo de produção de longo prazo, ocorre quando a variação na quantidade do produto total é mais do que proporcional à variação da quantidade utilizada dos fatores de produção, ou seja, se aumentarmos os fatores produtivos, por exemplo em duas vezes, o produto total aumentará mais que duas vezes.
(V) Os rendimentos constantes de escala, que corresponde em um tipo de produção de longo prazo, ocorrem quando a variação do produto total é proporcional à variação da quantidade utilizada dos fatores de produção, ou seja, se aumentarmos os fatores produtivos, por exemplo em duas vezes, o produto total aumentará também em duas vezes.
(F) A influência das relações dimensionais é uma causa muito comum de rendimentos **crescentes** de escala: se o diâmetro de um tubo é dobrado, o fluxo de água que passa por ele mais do que dobra.

4. "certo". A função de produção de bens complementares perfeitos também é conhecida por função de Leontief e tem o seguinte formato:
$Q(L,K) = \min\{aL, bK\}$
A função produção tem o formato em L e os fatores de produção, L (Trabalho) e K (capital) devem ser utilizados em proporções fixas e, portanto, não podem ser substituídos um pelo outro.

5. "c". Cada curva Isoquanta mostra as inúmeras combinações de capital e trabalho que proporciona o mesmo nível de produção. A alternativa "c" está correta.

6. "d". A produtividade média (Pme) é a relação do produto total (PT) por um dos insumos utilizados no processo produtivo, capital (K) ou mão de obra (L). Ou seja: PmeL = PT/L e PmeK = PT/K. Já o produto marginal (Pmg) é a relação entre a variação do produto total devido o acréscimo de um dos insumos, ou seja: PmgL = ΔPT/ΔL ou PmgK = ΔPT/ΔK. Logo, são conceitos diferentes. O item "i" está incorreto.

O produto médio é crescente e depois decrescente. Ele atinge seu nível máximo no ponto em que iguala com a produtividade marginal. O item "ii" está correto.

A taxa marginal de substituição técnica (TmgST) se refere à teoria elementar da produção de longo prazo e não à teoria do consumidor. Logo, a TmgsT ocorre entre dois insumos e não entre dois bens e é igual à razão de suas produtividades marginais. O item "iii" está incorreto.

A alternativa certa é a "d".

7. "d". Retornos ou rendimentos crescentes de escala ocorrem quando a variação dos fatores de produção, L e K, representados no enunciado por x e y, causa uma variação mais que proporcional no produto. Numa função do tipo Cobb-Douglas, quando a soma dos expoentes, a e b, dos dois insumos, x e y, é maior que 1 (um), dizemos que há rendimento crescente de escala. A alternativa "d" é a correta e as alternativas "b", "c" e "e" estão incorretas.

Na função x + y, quando dobramos, por exemplo, a quantidade de x e a quantidade de y, o produto dobra também; logo, a função apresenta retorno constante de escala. Pensemos que x =2 e y= 2, logo o produto será igual a 4. Se dobrarmos x e y, então, teremos x=4 e y= 4 e o produto total igual a 8, ou seja, o produto dobrou também. A alternativa "a" está incorreta.

8. "errado". Podemos perceber que a função produção apresenta rendimentos constantes de escala já que a soma dos expoentes dos insumos, K e L, é igual a 1. Dessa forma, quando aumentamos os fatores de produção, o produto aumenta na mesma proporção. Vejamos: Se K = 2 e L = 2, então q = 2. Se dobrarmos o valor de K e L, termos, k = 4 e L = 4. Dessa forma, o produto q será igual a 4 também, ou seja, aumentou na mesma proporção dos fatores produtivos. Logo, se multiplicarmos os fatores produtivos por m, o produto aumentará em m também. A questão está errada.

9. "a". A Taxa Marginal de Substituição Técnica (TMST) entre mão de obra e capital é a quantidade de capital que será necessária acrescentar para reduzir em uma unidade o insumo mão de obra, mantendo-se o mesmo nível de produção, ou seja, mantendo-se na mesma isoquanta. A TMST é uma terminologia utilizada na teoria da produção de longo prazo. A alternativa "a" está correta.

A variação do custo total que resulta de uma unidade adicional de produto é denominado Custo Marginal. A alternativa "b" está incorreta.

A curva que mostra a quantidade de um insumo que pode ser substituído por outro de modo a manter o mesmo nível de custo é denominada isocusto. A alternativa "c" está incorreta.

A Taxa Marginal de Substituição é, na teoria do consumidor, a taxa na qual o consumidor está disposto a trocar um bem por outro, mantendo o mesmo nível de satisfação. A alternativa "d" está incorreta.

A variação percentual da quantidade produzida ou ofertada quando os preços variam em 1% é denominada elasticidade preço da oferta. A alternativa "e" está incorreta.

10. "b". A medida em que aumentamos a utilização de um insumo, a sua produtividade marginal (PmgL e PmgK) diminui. Logo, ao caminharmos pela isoquanta da esquerda para direita, a produtividade do insumo K, que está no eixo vertical, aumenta, já que K diminui e a produtividade do insumo L, que está no eixo horizontal, diminui, já que L aumenta. A alternativa "b" está correta.

Quando apenas um dos insumos eleva o preço, a inclinação da curva de isocusto se altera. Caso o preço dos dois insumos de elevassem na mesma proporção, a isocusto se deslocaria paralelamente. A alternativa "a" está incorreta.

O ponto ótimo de produção é o ponto em que a isocusto intercepta a isoquanta mais distante da origem dos eixos, em um ponto. A alternativa "c" está incorreta.

As isoquantas representam todas as possíveis combinações de A e B que resultam na mesma quantidade produzida. Já as isocustos representam todas as possíveis combinações de A e B que resultam no mesmo custo de produção. A alternativa "d" está incorreta.

A taxa marginal de substituição técnica de A por B é igual à razão das produtividades marginais (e não médias) de B e de A. A alternativa "e" está incorreta.

25.17. MATERIAL SUPLEMENTAR

QUESTÕES DE CONCURSOS
> http://uqr.to/1yaru

26

TRIBUTOS PROGRESSIVOS, REGRESSIVOS E PROPORCIONAIS

Os tributos podem ter a característica de serem progressivos, regressivos ou proporcionais (conhecidos também como neutros). Antes de explicarmos cada um deles, vamos esclarecer o conceito de Elasticidade Tributo-Renda (ε) e o de tributação média e marginal.

26.1. ELASTICIDADE TRIBUTO-RENDA (ε)

A Elasticidade Tributo-Renda (ε) mostra a sensibilidade da arrecadação tributária em função de uma variação da renda ou produto da economia (PIB), ou seja:

$$\varepsilon = \%\Delta T\ /\ \%\Delta Y$$

em que:

ε = Elasticidade Tributo-Renda.

$\%\Delta T$ = Variação percentual dos tributos.

$\%\Delta Y$ = Variação percentual do nível de renda ou produto da economia (PIB).

Quando há um crescimento econômico, ou seja, quando o PIB[1] cresce, o nível de emprego se eleva, o nível de renda cresce e, por conseguinte, a arrecadação tributária aumenta.

Se o aumento, em valores percentuais, na arrecadação tributária (T), for maior que o aumento percentual da renda ou produto (Y), dizemos que a Elasticidade Tributo-Renda (ε) é maior que a unidade e os tributos são elásticos ao aumento percentual da renda. Vejamos:

Se: $\%\Delta T > \%\Delta Y$

Então: $\varepsilon > 1$

Logo: os tributos (T) são elásticos à variação percentual da renda (Y).

Se o aumento, em valores percentuais, na arrecadação tributária (T), for menor que o aumento percentual da renda ou produto (Y), dizemos que a Elasticidade Tributo-Renda (ε) é menor que a unidade e os tributos são inelásticos ao aumento percentual da renda. Vejamos:

Se: $\%\Delta T < \%\Delta Y$

Então: $\varepsilon < 1$

Logo: os tributos são inelásticos à variação percentual da renda.

---

[1] PIB – Produto Interno Bruto.

Se o aumento, em valores percentuais, na arrecadação tributária (T), for exatamente igual ao aumento percentual da renda ou produto (Y), dizemos que a Elasticidade Tributo-Renda (ε) é unitária. Vejamos:

Se: %ΔT = %ΔY

Então: $\varepsilon = 1$

Logo: os tributos têm elasticidade unitária em relação à variação percentual da renda.

26.2. TRIBUTAÇÃO MÉDIA E MARGINAL EM RELAÇÃO A RENDA

Definimos a Tributação média (Tme) como a relação do total tributado (T) e o total da Renda ou Produto (Y). Logo:

$$Tme = T / Y$$

Definimos a Tributação marginal (Tmg) como a relação entre a variação dos tributos (ΔT) e a variação da Renda (ΔY). Logo:

$$Tmg = \Delta T / \Delta Y$$

Diante dos conceitos descritos nos **itens 26.1** e **26.2**, vejamos a definição de tributos progressivos, regressivos e proporcionais (ou neutros).

26.3. TRIBUTOS PROGRESSIVOS

Os tributos são ditos progressivos quando um aumento no nível de renda (ou produto) leva a um aumento percentual na carga tributária maior que o aumento percentual do nível de renda.

Vejamos um exemplo: suponha que o nível de renda (Y) eleva-se de 100 para 200 e depois para 300 e os tributos (T) a serem pagos pela sociedade e recebidos pelo governo, elevam-se de 30 para 70 e depois para 120, respectivamente. Calculando a Tributação média (Tme) chegamos aos valores 0,30, 0,35 e 0,40, respectivamente. Depois, calculando a Tributação marginal (Tmg) chegamos aos valores de 0,40 (quando a renda aumenta para 200) e 0,50 (quando a renda aumenta para 300). Vejamos a Tabela 26.1 a seguir:

Tabela 26.1. Tributos progressivos: a medida que a renda (Y) aumenta, os tributos (Y) e a Tributação média (Tme) e marginal (Tmg) aumentam também.

Renda (Y)	Tributação (T)	Tributação média (Tme = T / Y)	Tributação marginal (Tmg = ΔT / ΔY)
100	30	30 / 100 = 0,30	–
200	70	70 / 200 = 0,35	(70 – 30) / (200 – 100) = 0,40
300	120	120 / 300 = 0,40	(120 – 70) / (300 – 200) = 0,50

Percebemos que, quando a tributação é progressiva, à medida que a renda aumenta, o tributo, em valores absolutos a ser pago pela sociedade, aumenta também. Além disso, os tributos, em valores relativos, ou seja, os tributos médio e marginal aumentam também. Assim:

$$Y\uparrow T\uparrow Tme\uparrow Tmg\uparrow \rightarrow \textbf{Tributação progressiva}$$

Assim, conforme a renda aumenta, a carga tributária aumenta numa proporção maior, fazendo com que a relação entre tributo e renda, depois do aumento da renda, aumente em relação a essa relação antes do aumento da renda. Vejamos:

$$\frac{T + \Delta T}{Y + \Delta Y} > \frac{T}{Y}$$

Se fizermos algumas manobras matemáticas, teremos:

$$\frac{T + \Delta T}{T} > \frac{Y + \Delta Y}{Y}$$

$$\frac{T}{T} + \frac{\Delta T}{T} > \frac{Y}{Y} + \frac{\Delta Y}{Y}$$

$$1 + \frac{\Delta T}{T} > 1 + \frac{\Delta Y}{Y}$$

$$\frac{\Delta T}{T} > \frac{\Delta Y}{Y}$$

$$\%\Delta T > \%\Delta Y$$

$$\varepsilon > 1$$

Logo: quando os **tributos são progressivos**, eles são **elásticos** a variação percentual da renda e, portanto apresentam elasticidade (ε) maior que a unidade.

Fazendo novas manobras matemáticas, temos:

$$\%\Delta T > \%\Delta Y$$

$$\frac{\%\Delta T}{\%\Delta Y} > 1$$

$$\frac{\Delta T/T}{\Delta Y/Y} > 1$$

$$\frac{\Delta T}{\Delta Y} \cdot \frac{1}{T/Y} > 1$$

$$\frac{\Delta T}{\Delta Y} > \frac{T}{Y}$$

Tmg > Tme

Logo: quando os **tributos são progressivos**, a **Tributação marginal** é maior que a **Tributação média.**

Podemos perceber também que a relação entre carga tributária (Tme ou Tmg) e a renda (Y) é crescente para níveis crescentes de renda. Vejamos a representação gráfica da Figura 26.1.

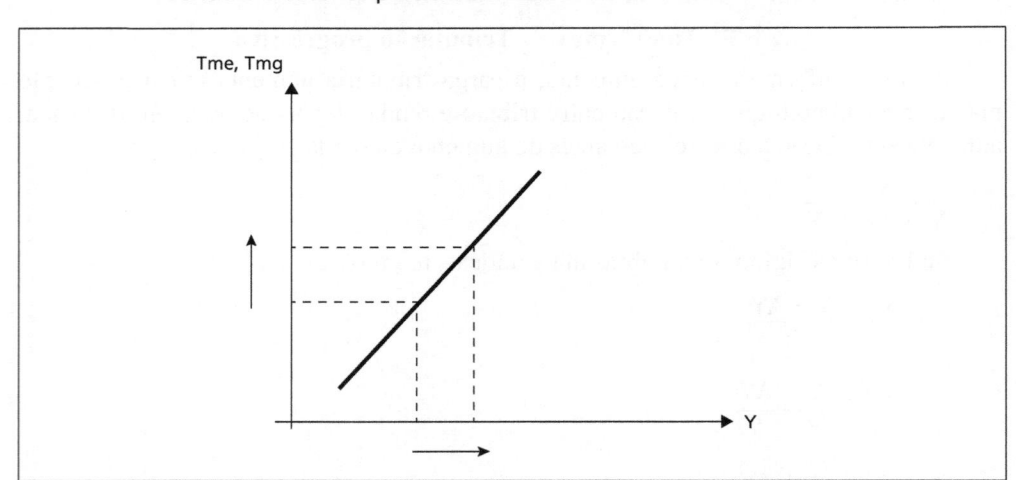

Figura 26.1. Quando os tributos são progressivos, a relação entre a carga tributária e a renda é crescente para níveis crescentes de renda.

[Gráfico: eixo vertical Tme, Tmg; eixo horizontal Y; reta crescente partindo do eixo vertical]

Os tributos progressivos têm a característica de onerar mais as classes de maior renda e onerar menos as classes de menor renda. Portanto, quando a tributação é progressiva, há uma maior **distribuição de renda** na sociedade e, portanto, uma diminuição da **concentração de renda**.

Assim, os tributos progressivos fazem com que quem tem maior renda, pague mais tributos em valores absolutos (T) e em valores relativos (Tme e Tmg), e quem tem menor renda, pague menos tributos em valores absolutos (T) e em valores relativos (Tme, Tmg), o que promove maior **justiça social**.

Pensemos, ao analisar a Tabela 26.1, que o Y represente o produto da economia. Podemos perceber que quando o produto aumenta, ou seja, quando há crescimento econômico, a tributação, tanto em valores absolutos quanto em valores relativos, aumenta também, o que desestimula esse crescimento, ou seja, os tributos progressivos andam em sentido contrário ao ciclo de crescimento e, portanto, dizemos que os tributos progressivos são **anticíclicos**. Não devemos associar essa terminologia a algo bom ou ruim, mas, sim, ao fato de ir a favor ou contra o ciclo em estudo.

Também, podem desestimular o **trabalho árduo**, na medida em que, a carga tributária aumenta proporcionalmente para quem aufere rendas maiores, que podem ter sido provenientes de mais horas de trabalho ao invés de laser. Portanto, a redução no esforço do trabalho será tanto maior, quanto maior for o grau de progressividade que recai sobre o rendimento do trabalho.

Quando um país incorre em inflação, uma das maneiras de contê-la é desestimulando o consumo para que haja menos procura pelo produto e, por conseguinte, uma pressão menor sobre a elevação de preços. Como o nível de consumo é maior para quem ganha renda maior, então, a incidência de tributos progressivos poderá ser um instrumento para conter, numa proporção maior, o consumo dessas famílias que ganham mais e, dessa forma, estabilizar a economia. Por isso, podemos dizer que os tributos progressivos são **estabilizadores automáticos anti-inflacionários**. Com a inflação, a renda nominal aumenta e a tributação também, já que esta é função direta da renda. Contudo, a tributação cresce numa proporção maior que o aumento da renda, fazendo com que a renda disponível diminua, levando a redução da demanda por bens e serviços, pressionando a queda de preços.[2]

Os **impostos diretos** têm a característica de serem progressivos porque incidem sobre a renda, riqueza e patrimônio, de tal forma que quem detenha mais desses recursos, arcará com maior incidência tributária. São exemplos de impostos diretos, cuja alíquota é variável, aumentando conforme aumenta a base de cálculo, ou seja, aumentam na proporção que os valores sobre as quais incidem, aumentam: IPTU, IR, ITR. Uma sociedade cuja carga tributária seja preponderantemente constituída de impostos diretos, tende a ser mais justa.

26.4. TRIBUTOS REGRESSIVOS

Os tributos são ditos regressivos quando um aumento no nível de renda (ou produto) leva a um aumento percentual na carga tributária menor que o aumento percentual do nível de renda.

Vejamos um exemplo: suponha que o nível de renda (Y) eleva-se de 100 para 200 e depois para 300 e os tributos (T) a serem pagos pela sociedade e recebidos pelo governo elevam-se de 30 para 50 e depois para 60, respectivamente. Calculando a Tributação média (Tme) chegamos aos valores 0,30, 0,25 e 0,20, respectivamente. Depois, calculando a Tributação marginal (Tmg) chegamos aos valores de 0,20 (quando a renda aumenta para 200) e 0,10 (quando a renda aumenta para 300). Vejamos a Tabela 26.2 a seguir:

Tabela 26.2 Tributos progressivos: à medida que a renda (Y) aumenta, os tributos (Y) aumentam, mas a tributação média (Tme) e marginal (Tmg) diminuem.

Renda (Y)	Tributação (T)	Tributação média (Tme = T / Y)	Tributação marginal (Tmg = T / Y)
100	30	30 / 100 = 0,30	–
200	50	50 / 200 = 0,25	(50 – 30) / (200 – 100) = 0,20
300	60	60 / 300 = 0,20	(60 – 50) / (300 – 200) = 0,10

Percebemos que, quando a tributação é regressiva, à medida que a renda aumenta, o tributo, em valores absolutos a ser pago pela sociedade, aumenta também, porém, os tributos, em valores relativos, ou seja, os tributos médio e marginal diminuem. Assim:

$$Y\uparrow \; T\uparrow \; Tme\downarrow \; Tmg\downarrow \; \to \textbf{Tributação regressiva}$$

---

[2] O seguro desemprego é considerado um estabilizador antirrecessivo. Ele tem efeito anticíclico sobre a renda disponível. Isso ocorre porque, numa recessão, o desemprego tende a aumentar, agravando ainda mais a crise, já que, sem emprego, o consumo diminui e as empresas reduzem suas vendas. Com o seguro desemprego, essa mão de obra desempregada consegue manter seu nível de consumo, dando um fôlego para que as empresas se reestruturem e saiam da crise, recontratando novamente essa mão de obra.

Assim, conforme a renda aumenta, a carga tributária aumenta numa proporção menor, fazendo com que a relação entre tributo e renda, depois do aumento da renda, diminua em relação a essa relação antes do aumento da renda. Vejamos:

$$\frac{T + \Delta T}{Y + \Delta Y} < \frac{T}{Y}$$

Se fizermos algumas manobras matemáticas, teremos:

$$\frac{T + \Delta T}{T} < \frac{Y + \Delta Y}{Y}$$

$$\frac{T}{T} + \frac{\Delta T}{T} < \frac{Y}{Y} + \frac{\Delta Y}{Y}$$

$$1 + \frac{\Delta T}{T} < 1 + \frac{\Delta Y}{Y}$$

$$\frac{\Delta T}{T} < \frac{\Delta Y}{Y}$$

$\%\Delta T < \%\Delta Y$

$\varepsilon < 1$

Logo: quando os **tributos são regressivos**, eles são **inelásticos** a variação percentual da renda e, portanto, apresentam elasticidade (ε) menor que a unidade.

Fazendo novas manobras matemáticas, temos:

$\%\Delta T < \%\Delta Y$

$$\frac{\%\Delta T}{\%\Delta Y} < 1$$

$$\frac{\Delta T/T}{\Delta Y/Y} < 1$$

$$\frac{\Delta T}{\Delta Y} \cdot \frac{1}{T/Y} < 1$$

$$\frac{\Delta T}{\Delta Y} < \frac{T}{Y}$$

Tmg < Tme

Logo: quando os **tributos são regressivos**, a **Tributação marginal** é menor que a **Tributação média.**

Podemos perceber também que a relação entre carga tributária (Tme ou Tmg) e a renda (Y) é decrescente para níveis crescentes de renda. Vejamos a representação gráfica da Figura 26.2.

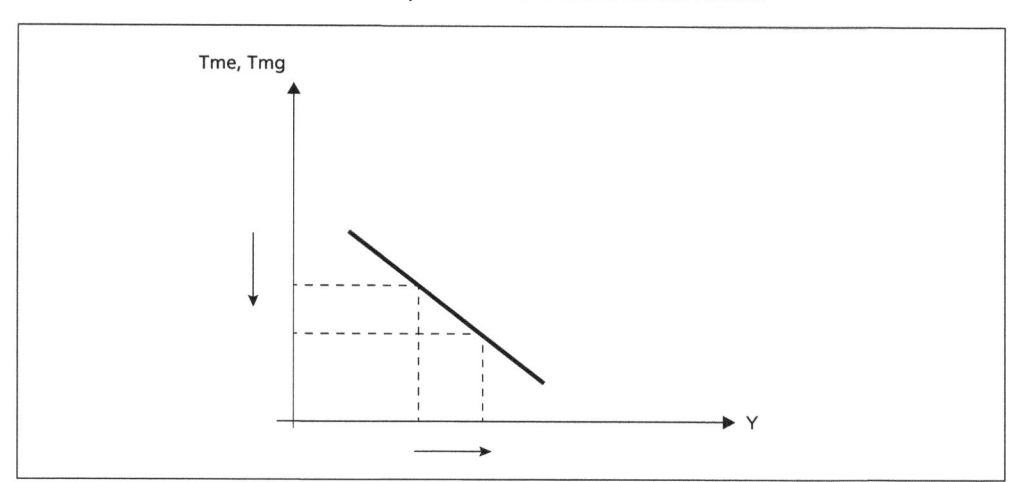

Figura 26.2. Quando os tributos são regressivos, a relação entre a carga tributária e a renda é decrescente para níveis crescentes de renda.

Os tributos regressivos têm a característica de onerarem mais as classes de menor renda e onerarem menos as classes de maior renda. Portanto, quando a tributação é regressiva, há uma piora na **distribuição de renda** na sociedade e, portanto, um aumento da **concentração de renda**.

Assim, os tributos regressivos fazem com que quem tem maior renda, pague mais tributos em valores absolutos (T), mas, pague menos tributos em valores relativos (Tme e Tmg) e quem tem menor renda, pague menos tributos em valores absolutos (T), mas, pague mais tributos em valores relativos (Tme, Tmg), o que promove a **injustiça social**.

Pensemos, ao analisar a Tabela 26.2, que o Y represente o produto da economia. Podemos perceber que quando o produto aumenta, ou seja, quando há crescimento econômico, a tributação, em valores relativos, diminui, o que estimula esse crescimento, ou seja, os tributos regressivos andam no mesmo sentido do ciclo de crescimento e, portanto, dizemos que os tributos regressivos são **pró-cíclicos**. Não devemos associar essa terminologia a algo bom ou ruim, mas, sim, ao fato de ir a favor ou contra o ciclo em estudo.

Também, podem estimular o **trabalho árduo**, na medida em que, a carga tributária diminui para quem aufere rendas maiores, que podem ter sido provenientes de mais horas de trabalho ao invés de laser.

Os **impostos indiretos** têm a característica de serem regressivos porque ao incidirem sobre o consumo afetam com maior intensidade as famílias de menores rendas. Isso ocorre porque essas famílias tendem a consumir uma parcela maior de suas rendas quando comparadas com famílias de maiores rendas. Assim, se consomem uma proporção grande de suas rendas, isso significa que essas rendas estão sendo muito tributadas. Já quem consome uma parcela pequena da renda, haverá incidência do tributo apenas sobre essa pequena parcela. Ou seja, quem ganha menos acaba por pagar proporcionalmente mais tributos e quem ganha mais passa a pagar proporcionalmente menos tributos. Uma sociedade cuja carga tributária seja preponderantemente constituída de impostos indiretos, tende a ser menos justa. São exemplos de tributos indiretos: ICMS, IPI, PIS e COFINS.

Como, no Brasil, há uma predominância de impostos indiretos, dizemos que a carga tributária do país é regressiva.

26.5. TRIBUTOS PROPORCIONAIS OU NEUTROS

Os tributos são ditos proporcionais ou neutros quando um aumento no nível de renda (ou produto) leva a um aumento percentual na carga tributária igual ao aumento percentual do nível de renda.

Vejamos um exemplo: suponha que o nível de renda (Y) eleva-se de 100 para 200 e depois para 300 e os tributos (T) a serem pagos pela sociedade e recebidos pelo governo elevam-se de 30 para 60 e depois para 90, respectivamente. Calculando a Tributação média (Tme) e a Tributação marginal (Tmg) chegamos aos valores 0,30 para todos níveis de renda. Vejamos a Tabela 26.3 a seguir:

Tabela 26.3. Tributos proporcionais ou neutros: à medida que a renda (Y) aumenta, os tributos (Y) aumentam, mas a tributação média (Tme) e marginal (Tmg) permanecem constantes e iguais entre si.

Renda (Y)	Tributação (T)	Tributação média (Tme = T / Y)	Tributação marginal (Tmg = ∆T / ∆Y)
100	30	30 / 100 = 0,30	–
200	60	60 / 200 = 0,30	(60 – 30) / (200 – 100) = 0,30
300	90	90 / 300 = 0,30	(90 – 60) / (300 – 200) = 0,30

Percebemos que, quando a tributação é proporcional ou neutra, à medida que a renda aumenta, o tributo, em valores absolutos a ser pago pela sociedade, aumenta também, porém, os tributos, em valores relativos, permanecem constantes e iguais. Assim:

$$Y\uparrow \ T\uparrow \ Tme_{constante} \ Tmg_{constante} \rightarrow \textbf{Tributação proporcional}$$

Assim, conforme a renda aumenta, a carga tributária aumenta na mesma proporção, fazendo com que a relação entre tributo e renda, depois do aumento da renda, permaneça igual em relação a essa relação antes do aumento da renda. Vejamos:

$$\frac{T + \Delta T}{Y + \Delta Y} = \frac{T}{Y}$$

Se fizermos algumas manobras matemáticas, teremos:

$$\frac{T + \Delta T}{T} = \frac{Y + \Delta Y}{Y}$$

$$\frac{T}{T} + \frac{\Delta T}{T} = \frac{Y}{Y} + \frac{\Delta Y}{Y}$$

$$1 + \frac{\Delta T}{T} = 1 + \frac{\Delta Y}{Y}$$

$$\frac{\Delta T}{T} = \frac{\Delta Y}{Y}$$

$\%\Delta T = \%\Delta Y$

$\varepsilon = 1$

Logo: quando os **tributos são proporcionais ou neutros**, eles apresentam elasticidade unitária, ou seja, igual a 1 (um).

Fazendo novas manobras matemáticas, temos:

$\%\Delta T = \%\Delta Y$

$$\frac{\%\Delta T}{\%\Delta Y} = 1$$

$$\frac{\Delta T/T}{\Delta Y/Y} = 1$$

$$\frac{\Delta T}{\Delta Y} \cdot \frac{1}{T/Y} = 1$$

$$\frac{\Delta T}{\Delta Y} = \frac{T}{Y}$$

Tmg = Tme

Logo: quando os **tributos são proporcionais ou neutros**, a **Tributação marginal** é igual à **Tributação média**.

Podemos perceber também que a relação entre carga tributária (Tme ou Tmg) e a renda (Y) é constante para níveis crescentes de renda. Vejamos a representação gráfica da Figura 26.3.

Figura 26.3. Quando os tributos são proporcionais ou neutros, a relação entre a carga tributária e a renda é constante para níveis crescentes de renda.

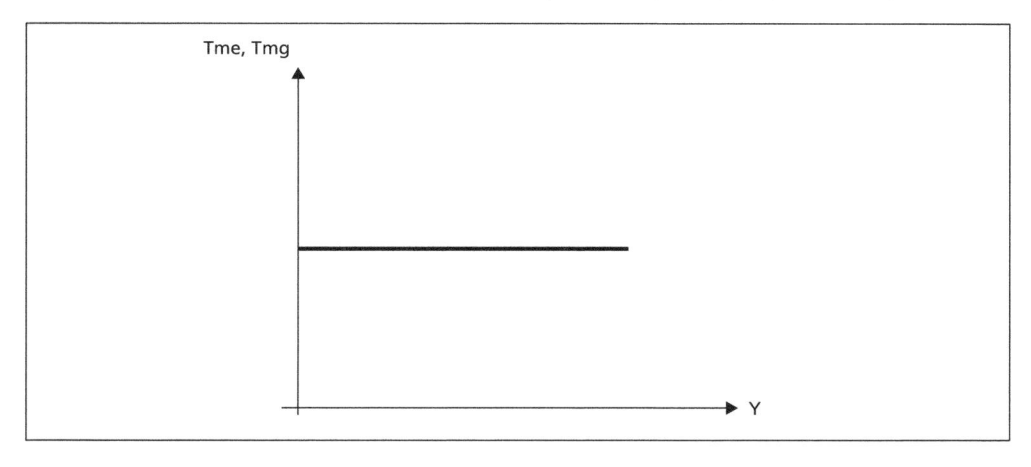

Os tributos proporcionais ou neutros têm a característica de onerarem igualmente as classes de menor e maior renda.

Os tributos proporcionais são neutros sobre a renda do ponto de vista do controle sobre a demanda agregada, pois a renda total, a renda disponível e o gasto em consumo, crescem às mesmas taxas.

26.6. QUESTÕES

1. (FCC — Auditor Público Externo (TCE-RS) — Ciências Econômicas — 2018 — adaptada) Sobre a estrutura tributária brasileira: apresenta carga tributária regressiva — o excesso de impostos diretos, sobretudo os que incidem sobre a renda, faz com que quem tenha menos renda/riqueza arque com a maior parte dos tributos.

( ) Certo ( ) Errado

2. (COMPROV. UFCG — Economista (UFCG) — 2016 — adaptada) Em relação às finanças públicas, julgue os itens:
  a) O Imposto sobre Produtos Industrializados (IPI) pode ser caracterizado como tipicamente indireto.
  b) Em períodos de inflação, um imposto progressivo sobre a renda contribuiria para frear a expansão da renda pessoal disponível e, em consequência, do consumo do setor privado.
  c) Se a alíquota de um imposto sobre vendas não variar segundo o produto vendido, esse imposto será regressivo, do ponto de vista da renda do consumidor.

3. (FCC — Auditor Fiscal da Receita Estadual (SEFAZ RJ) — 2014) Grande parte do debate sobre a política tributária se estabelece em torno do fato de "se os ricos pagam uma parcela justa de impostos". Uma das formas de se avaliar essa questão adequadamente é verificar quanto as famílias de diferentes níveis de renda pagam de tributos, em proporção à renda, no atual sistema tributário.

Nesse sentido, os sistemas tributários podem ser classificados em três tipos, a saber:
  I. Um sistema tributário com imposto em que os contribuintes com altas rendas e aqueles com rendas menores pagam a mesma fração de sua renda.
  II. Um sistema tributário com imposto em que os contribuintes com altas rendas pagam uma fração menor de sua renda que os contribuintes com rendas menores.
  III. Um sistema tributário com imposto em que os contribuintes com altas rendas pagam uma fração maior de sua renda que aqueles com rendas menores.

Os sistemas tributários I, II e III contêm, respectivamente,
  a) imposto proporcional horizontal, imposto regressivo vertical e imposto progressivo vertical.
  b) imposto horizontal proporcional, imposto vertical regressivo e imposto vertical progressivo.
  c) imposto vertical, imposto horizontal e imposto gradual.
  d) imposto proporcional, imposto regressivo e imposto progressivo.
  e) equidade horizontal, equidade regressiva e equidade progressiva.

4. (FUNDATEC — Auditor do Estado (CAGE RS) — 2014) Examine as afirmações abaixo sobre como a carga tributária é imposta aos diversos níveis de renda, e assinale V, para as assertivas verdadeiras, ou F, para as falsas:

( ) Em um sistema de imposto regressivo, as alíquotas marginal e média do imposto aumentam quando a renda se eleva.
( ) Um imposto é progressivo se a elasticidade-renda de sua arrecadação é menor que um.
( ) Um imposto cuja alíquota aumenta à medida que aumenta sua base de cálculo é classificado como progressivo.
( ) Em um sistema de imposto progressivo, as alíquotas média e marginal do imposto aumentam quando a renda se eleva.

A sequência correta de preenchimento dos parênteses, de cima para baixo, é:
  a) ( ) V – V – V – V.
  b) ( ) V – F – F – V.
  c) ( ) V – F – V – F.

d) ( ) F – V – F – V.
e) ( ) F – F – V – V.

5. (IADES — Analista Metroferroviário (METRO-DF) — Administrativa — Economista — 2014) Observe a tabela a seguir, em que se evidencia a participação na carga tributária por tipo de impostos.

País	Imposto sobre a propriedade (%)	Impostos sobre a renda (%)	Impostos sobre bens e serviços (%)	Carga tributária (%)*
Brasil	4,6	23,3	60,2	22,3
EUA	14,5	54,4	20,7	22,8
Japão	12,8	70,7	12,7	21,0
México	0,1	24,8	67,6	16,5

Acerca do sistema tributário brasileiro, assinale a alternativa correta.
a) No sistema tributário brasileiro, paga mais, em termos relativos, quem ganha mais.
b) A arrecadação tributária assenta-se, primordialmente, em impostos diretos.
c) O sistema tributário brasileiro privilegia o consumo.
d) O sistema tributário brasileiro caracteriza-se pela regressividade.
e) É um sistema progressivo, visto que a carga tributária está baseada na cobrança de impostos diretos.

6. (CESGRANRIO — Profissional Básico (BNDES) — Economia — 2013) Os gráficos a seguir mostram, em linha cheia, várias possíveis relações entre o imposto de renda devido pela pessoa física e o seu nível de renda.

A única relação na qual o imposto é progressivo a partir de certo nível de renda é a apresentada no gráfico:

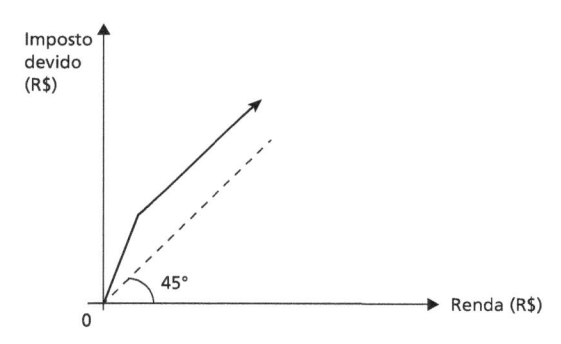

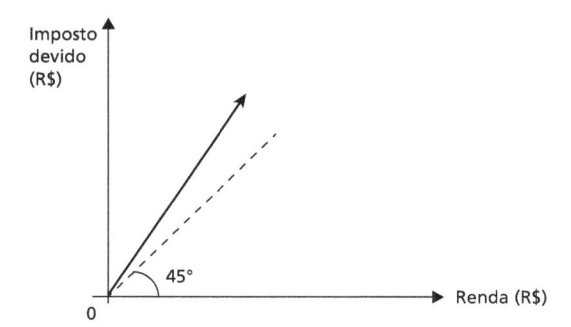

a)

b)

---
* Não inclui contribuições previdenciárias.

c)

Imposto devido (R$) vs Renda (R$) — 45°

d)

Imposto devido (R$) vs Renda (R$) — 45° / 45°

e)

Imposto devido (R$) vs Renda (R$) — 45°

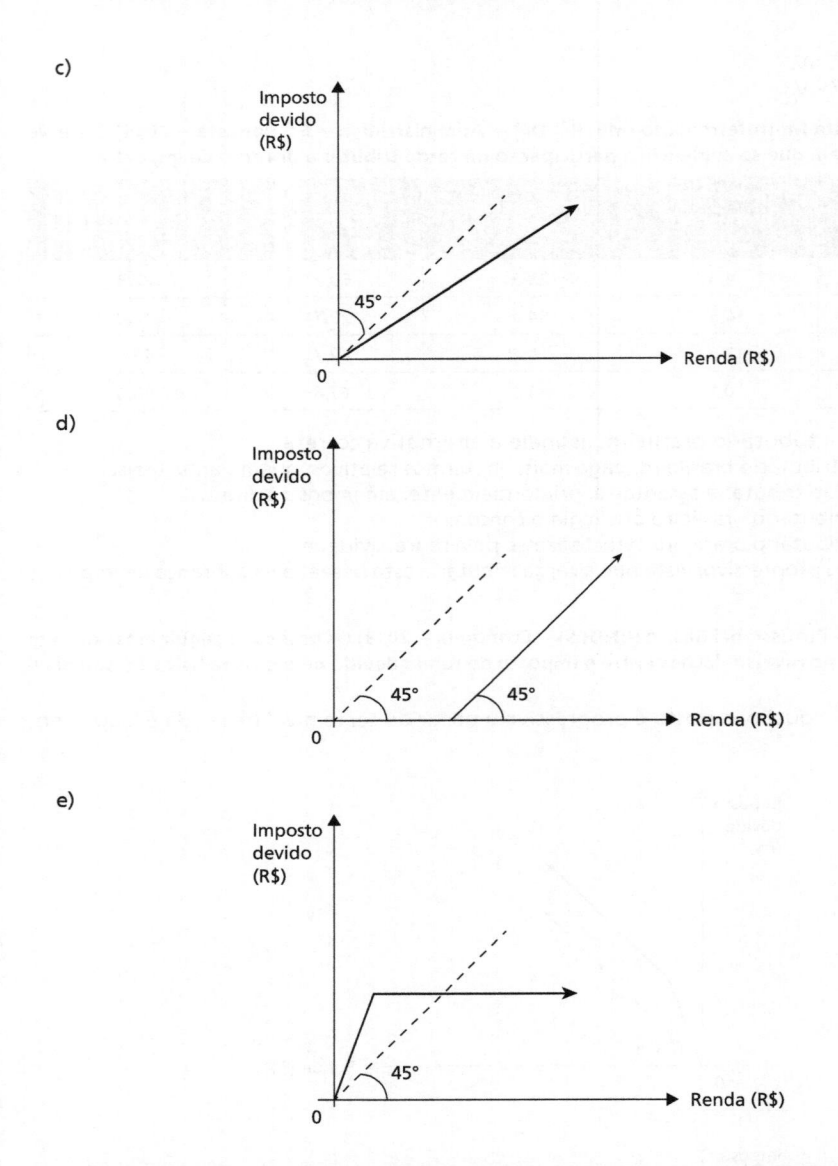

7. (Instituto AOCP — Analista de Gestão Governamental (SEAD GO) — Contabilidade do Tesouro Estadual — 2022) Os impostos do tipo *lump-sum* são aqueles cobrados em um montante fixo por pessoa ou contribuinte, independentemente de qualquer circunstância, pois pessoas com menor renda pagarão o mesmo montante de impostos que as pessoas com maior renda. Esse tipo de imposto é classificado como:
   a) progressivo.
   b) regressivo.
   c) proporcional.
   d) evolutivo.
   e) sucessivo.

8. (Instituto AOCP — Analista de Gestão Governamental (SEAD GO) — Orçamento e Finanças do Tesouro Estadual — 2022 — adaptada) Sobre tipos de tributos, conceitos e classificação, é correto afirmar que

a) um imposto indireto é aquele que incide sobre a renda e o patrimônio, por exemplo, o imposto sobre as grandes fortunas (IGF).
b) um imposto progressivo é aquele que o aumento na contribuição é proporcionalmente maior do que o ocorrido na renda. A relação carga tributária-renda cresce com o aumento da renda, onerando as classes de renda mais alta.
c) o imposto de renda sobre a pessoa física (IRPF) e o imposto de renda sobre a pessoa jurídica (IRPJ) podem ser considerados dois exemplos de impostos regressivos.
d) o imposto sobre circulação de mercadorias e serviços (ICMS) é um imposto direto que incide sobre os preços dos bens e serviços.

9. (VUNESP — Agente Fiscal (Prefeitura de Piracicaba) — Rendas — 2022) Se determinado imposto hipotético fosse cobrado anualmente na forma de pagamento fixo de R$ 1.000,00 por pessoa, independentemente da sua idade, é correto afirmar que tal imposto seria:
a) não cumulativo.
b) progressivo.
c) *ad valorem*.
d) regressivo.
e) proporcional.

10. (FGV — Auditor da Receita Estadual (SEFAZ AP) — 2010) Assinale a alternativa que indique corretamente um exemplo de imposto progressivo sobre a renda.
a) Uma alíquota de imposto sobre a renda de 15% para todos os níveis de renda.
b) Uma alíquota de imposto sobre a renda de 15% para rendas abaixo de 10 mil reais e 10% para rendas acima de 10 mil reais.
c) Uma alíquota de imposto sobre a renda de 15% para rendas acima de 10 mil reais somente.
d) Uma alíquota de imposto sobre a renda T tal que T = 1000/R, se R > 1000 e T = 0,1 caso contrário, R é a renda.
e) Uma alíquota de imposto sobre a renda próxima de 100% para todos os níveis de renda.

11. (FCC — Auditor Fiscal Tributário Municipal (São Paulo) — 2007) Imposto é tributo cuja obrigação tem por fato gerador uma situação independente de qualquer atividade estatal específica, relativa ao contribuinte. Um imposto cuja alíquota vai aumentando conforme vai aumentando sua base de cálculo é classificado como
a) proporcional.
b) regressivo.
c) progressivo.
d) indireto.
e) alternativo.

GABARITO

1. "errado". A carga tributária brasileira é regressiva de fato, porém, devido ao excesso de impostos indiretos que recaem sobre o consumo e não devido aos impostos diretos. Os impostos indiretos incidem mais fortemente sobre as menores rendas. Isso ocorre porque quem ganha menos, tende a gastar uma parcela maior da renda com consumo. Sendo assim, como o consumo é tributado, esse consumidor passa a ser proporcionalmente mais tributado. Já consumidores de alta renda, destinam uma parcela menor de suas rendas para o consumo e apenas essa parcela menor será tributada com impostos indiretos, o que faz com que esses impostos sejam regressivos.

Os impostos diretos têm a característica de serem progressivos por incidirem sobre a renda, patrimônio e riqueza, de tal maneira que, quem possui mais desses recursos, deverá pagar proporcionalmente mais tributos e quem possui menos, deverá pagar proporcionalmente menos tributos.

2. "certo", "certo", "certo". O IPI e ICMS são impostos indiretos que recaem sobre o consumo e, por isso, são regressivos. O item "a" está correto. O imposto progressivo é um estabilizador automático anti-inflacionário, na medida em que, diminuindo o consumo, haverá menor pressão sobre a elevação de preços. Sabendo que o consumo é função direta da renda disponível, quanto menor esta, menor será aquele. Como o maior nível de consumo é de quem tem maiores rendas, então, um imposto que afete mais quem recebe maiores rendas, tende a estabilizar mais rapidamente os preços, já que a renda disponível reduzida, diminui o consumo. Logo, os impostos progressivos atuam nesse sentido. O item "b" está correto.

A característica do imposto regressivo é justamente não possuir uma alíquota diferenciada para cada produto vendido, o que faz com que tanto quem possua renda alta ou baixa, acabe pagando o mesmo valor de tributo pelo produto. Isso faz com que quem ganhe mais, pague uma proporção da sua renda menor em forma de tributos e quem ganha menos, pague uma proporção da sua renda maior em forma de tributos. Portanto, o imposto será regressivo. O item "c" está correto.

3. "d". Dizemos que um imposto tem a característica da equidade horizontal quando contribuintes de iguais capacidades de pagamento ou que se beneficiem igualmente do bem ou serviço público pagam o mesmo valor do tributo. Dizemos que um imposto tem a característica da equidade vertical quando contribuintes com diferentes capacidades de pagamento ou de diferentes acessos ao bem ou serviço público, pagam valores diferentes de tributos. O item "I" se refere ao imposto proporcional ou neutro, o item "II" se refere ao imposto regressivo e o item "III" se refere ao imposto progressivo. A alternativa correta é a "d".

4. "e".
(F) Em um sistema de imposto regressivo, as alíquotas marginal e média do imposto diminuem quando a renda se eleva e a alíquota marginal é menor que a média.
(F) Um imposto é progressivo se a elasticidade-renda de sua arrecadação é maior que um, ou seja, a variação percentual dos tributos aumenta numa proporção maior que a variação percentual da renda.
(V) Um imposto cuja alíquota aumenta à medida que aumenta sua base de cálculo é classificado como progressivo. Temos como exemplo o imposto de renda.
(V) Em um sistema de imposto progressivo, as alíquotas média e marginal do imposto aumentam quando a renda se eleva e a alíquota marginal é maior que a média.

5. "d". O sistema tributário brasileiro é regressivo, com predominância de impostos indiretos, que recaem sobre o consumo, de tal maneira que quem ganha mais, paga proporcionalmente menos tributos em relação a sua renda e quem ganha menos, paga proporcionalmente mais tributos em relação a sua renda.

6. "d". O imposto progressivo é aquele que quem ganha maiores rendas, paga mais tributos em valores absolutos e relativos e quem ganha menores rendas, paga menos tributos em valores absolutos e relativos. No gráfico "d", podemos verificar que até determinado nível de renda, o contribuinte não paga imposto. Somente começará a pagar quando auferir um determinado nível de renda maior, o que representa uma característica do imposto progressivo. A alternativa "d" está correta. No gráfico "a" conforme a renda aumenta, o imposto, em valores absolutos, aumenta, porém, em valores relativos, ele está diminuindo. Para isso, basta verifica que a inclinação da reta muda e diminui conforme a renda aumenta, o que torna o imposto regressivo. A alternativa "a" está incorreta. No gráfico "b", para cada nível de renda, a proporção da renda que é destinada ao consumo é constante. Portanto, o imposto é proporcional ou neutro. A alternativa "b" está incorreta. O gráfico "c", assim como no gráfico "b", para cada nível de renda, a proporção da renda que é destinada ao consumo é constante, muito embora, a proporção do gráfico "c" seja menor que a do gráfico "b". Portanto o imposto é proporcional ou neutro. A alternativa "c" está incorreta. O gráfico "e" mostra que até um determinado nível de renda, o contribuinte pagará uma proporção constante da sua renda em forma de tributos. Mas, a partir de uma determinada renda maior, o contribuinte pagará um valor fixo de tributo, o que significa que, em valores percentuais com a sua renda, estará pagando cada vez menos, tornando o imposto regressivo. A alternativa "e" está incorreta.

7. "b". O imposto *lump-sum* é um valor fixo a ser cobrado por pessoa. Assim, independentemente de o contribuinte receber altas rendas ou baixas rendas, pagará o mesmo valor fixo de tributos. Mas, relativamente, os que auferem rendas altas estarão pagando proporcionalmente menos tributo e quem aufere rendas baixas estará pagando proporcionalmente mais tributos. Por isso, trata-se de um imposto regressivo. A alternativa "b" está correta.

8. "b". Um imposto progressivo é aquele que incide proporcionalmente mais em quem tem maior renda e proporcionalmente menos em quem tem menor renda. Dessa forma, onera mais as pessoas que auferem rendas mais altas. A alternativa "a" está correta. Um imposto direto é aquele que incide sobre a renda, patrimônio e riqueza, como o IPTU, IR, ITR, IPVA, IGF. A alternativa "a" está incorreta. O imposto de renda tanto de pessoa física como de pessoa jurídica é um imposto direto porque incide sobre a renda. A alternativa "c" está incorreta. O ICMS é um imposto indireto que incide sobre o consumo, elevando o preço dos produtos. A alternativa "d" está incorreta.

9. "d". Um valor fixo de tributo que incide sobre o contribuinte independente de qualquer fator, como idade, renda etc., faz com que tanto pessoas de renda alta quanto pessoas de renda baixa, paguem o mesmo valor. Dessa forma, para quem tem renda alta, o imposto é proporcionalmente menor e, para quem tem renda baixa, o imposto é proporcionalmente maior. Logo, ele é regressivo. A alternativa "d" está correta. Imposto não cumulativo ou do tipo IVA é aquele que incide sobre o valor acrescentado a mercadoria. A alternativa "a" não responde o enunciado. Imposto progressivo é aquele onde pessoas de maiores renda pagam proporcionalmente mais tributos em relação a sua renda e pessoas de menores rendas pagam proporcionalmente menos tributos em relação a sua renda. E o enunciado trata, justamente, do contrário. A alternativa "b" está incorreta. Imposto *ad valorem* é aquele que incide sobre o valor da mercadoria. A alternativa não responde ao enunciado. A alternativa "c" está incorreta. Impostos proporcionais são aqueles onde os contribuintes, independente da sua renda, pagam proporcionalmente o mesmo valor de tributo em relação as suas rendas, o que não acontece como relatado no enunciado. A alternativa "e" está incorreta.

10. "c". Uma alíquota de imposto sobre a renda de 15% para rendas acima de 10 mil reais somente é progressiva porque quem ganha abaixo de 10 mil não paga nada e quem ganha acima de 10 mil paga 15%, ou seja, quem ganha menos paga proporcionalmente menos e quem ganha mais paga proporcionalmente mais. A alternativa "c" está correta.

Uma alíquota de imposto sobre a renda de 15% para todos os níveis de renda é proporcional ou neutra. A alternativa "a" está incorreta. Uma alíquota de imposto sobre a renda T tal que T = 1.000/R, se R > 1.000. Suponhamos R = 2.000, então T = 0,5. Se R = 4.000, então, T = 0,25. Se R = 10.000, então, T = 0,1. Se T = 20.000, então T = 0,05. Ou seja, rendas superiores a 1000 apresentam regressividade. Agora, se a renda for inferior a 1000, então, T = 0,1 que é inferior às demais cargas tributárias de rendas superiores até a renda de 10.000, quando torna-se igual. Logo, esse comportamento não é uniforme para impostos progressivos. A alternativa "d" está incorreta. Uma alíquota próxima de 100% para todos os níveis de renda, significa uma transferência total de renda para o governo, o que desestimularia o trabalho e demais fontes de rendimento. Isso representaria um confisco. A alternativa "e" está incorreta.

11. "c". Imposto progressivo é aquele que quem ganha maior renda, paga, em valores absolutos e relativos, mais imposto e, quem ganha menores rendas, paga, em valores absolutos e relativos, menos imposto. A alternativa "c" está correta.

27

FUNÇÕES DA ATIVIDADE FINANCEIRA DO ESTADO – FUNÇÕES DO GOVERNO

Quando o governo exerce a sua atividade financeira[1], acontecem três funções básicas, ou seja: função **alocativa**, função **distributiva** e/ou função **estabilizadora**.

Essas funções têm por característica comum o poder regulatório do Estado, no sentido de fazer com que as desigualdades regionais dentro do país sejam minimizadas, assegurar uma justa distribuição de renda que garanta, no mínimo, que todos tenham acesso aos bens essenciais. Também, podem impedir a formação de monopólios ou estruturas de mercado que concentrem poder. Além disso, podem controlar processos inflacionários ou recessivos na economia, entre outras coisas.

Essas funções podem ocorrer simultaneamente, o que dificulta a identificação de onde começa e de onde termina cada uma delas.

Vejamos, a seguir, as três funções básicas do governo.

27.1. FUNÇÃO ALOCATIVA

Quando o Estado oferta bens e serviços à sociedade porque os mecanismos de mercado não foram capazes de ofertar ou ofertaram de forma ineficiente, dizemos que o Estado está exercendo sua função alocativa. Portanto, um dos motivos para o Estado exercer essa função surge devido às **falhas de mercado**, onde o Estado deve compensar a atuação ineficiente do mercado, alocando recursos produtivos na economia. Dessa forma, pode corrigir distorções que impedem o pleno funcionamento do sistema econômico, como **monopólios** e **externalidades**.

Assim, o Estado pode ofertar **bens e serviços públicos** como, por exemplo, rodovias, segurança pública, iluminação pública; **semipúblicos ou meritórios**, como serviço de saúde e educação, porque se o mercado determinar o preço desses serviços pode levar à exclusão de grande parcela da população que necessita da oferta desse bem tão essencial; como também, ofertar aqueles bens destinados ao **desenvolvimento da nação** como construção de hidrelétricas, do metrô etc. Isso se dá porque quando os **investimentos** necessários são **muito elevados** ou os retornos são de **longa maturação**, pode desestimular sua oferta pelo setor privado e, por isso, o Estado deve complementar a ação do mercado, destinando recursos. Além disso, o Estado pode conceder incentivos

---

[1] A atividade financeira do governo consiste em arrecadar a Receita Pública estimada, inclusive por meio de crédito público, realizar Despesa Pública fixada e, com isso, gerir o Orçamento público.

para promover o desenvolvimento de determinados setores da economia que estejam atuando de forma ineficiente.

Essa função deve respeitar o **princípio da legalidade**[2] e a Lei Orçamentária Anual (LOA), que serve de intermediária para a alocação de recursos.

A Função Alocativa entende a **arrecadação tributária** como um meio para alocar recursos.

27.2. FUNÇÃO DISTRIBUTIVA

Quando o Estado distribui ou redistribui renda considerada mais justa para sociedade, ele está cumprindo sua função distributiva.

O governo funciona como agente **redistribuidor** de renda na medida em que **tributa** segmentos mais ricos da sociedade e **transfere** para os segmentos mais pobres. Portando, na medida em que o governo concede transferências (como o Bolsa Família, pensão, aposentadoria), concede subsídios às empresas (para que os preços dos produtos essenciais baixem), cobra mais tributos de quem ganha mais e fortalece seus gastos (concedendo, por exemplo, saúde e educação gratuitas), ele está atuando no sentido de cumprir sua função distributiva.

A distribuição pessoal de renda pode ser implementada por meio de uma estrutura tributária **progressiva,** onde quem possui maior renda contribui, em valores absolutos e relativos, com mais tributos e quem possui menor renda contribui, em valores absolutos e relativos, com menos tributos.

Quando o mercado busca a **eficiência**, não necessariamente isso traz **equidade**, ou seja, produzir o máximo possível nem sempre vem acompanhado de uma justa distribuição de renda. Isso pode gerar um *trade off*, em que cabe ao Estado intervir, perseguindo um nível produtivo que seja o mais eficiente e equânime possível.

A Função distributiva entende a **arrecadação tributária** como instrumento de justiça social.

27.3. FUNÇÃO ESTABILIZADORA

Quando o Estado tem a preocupação em **estabilizar os preços**, garantir um alto nível de **emprego**, de equilibrar o **Balanço de Pagamentos** e promover um **crescimento econômico**, ele está atuando na sua função estabilizadora.

Segundo o ENAP: "...a função estabilizadora está relacionada às escolhas orçamentárias na busca do pleno emprego dos recursos econômicos; da estabilidade de preços; do equilíbrio da balança de pagamentos e das taxas de câmbio, com vistas ao crescimento econômico em bases sustentáveis."[3]

---

[2] O princípio da legalidade estabelece que a elaboração do orçamento deve observar as limitações legais em relação aos gastos e às receitas e, em especial, ao que se segue quanto às vedações impostas pela Constituição Federal à União, Estados, Distrito Federal e municípios. (Orçamento Público – Conceitos Básicos – ENAP/2014).

[3] Orçamento Público – Conceitos básicos – Módulo 1: Introdução – Escola Nacional de Administração Pública (ENAP), Brasília, 2014.

Por meio da função estabilizadora, a economia pode alcançar a estabilidade e promover, então, a alocação e distribuição de renda na economia.

Para controlar o nível de preços (inflação ou deflação[4]) ou uma recessão[5], o governo deve interferir na **demanda agregada**[6]. Assim, se o governo deseja controlar a inflação, ele deve desaquecer a demanda agregada, aumentando a carga tributária e reduzindo gastos, ou seja, deve adotar uma **política fiscal** restritiva. Também, pode elevar a taxa de juros, reduzindo o acesso ao crédito, ou seja, adotando uma **política monetária** restritiva. Agora, se o intuito for minimizar uma recessão, o governo deve aquecer a demanda agregada, reduzindo carga tributária e elevando seus gastos, ou seja, adotando uma política fiscal expansionista. Pode também, reduzir a taxa de juros, aumentando o crédito, ou seja, praticar uma política monetária expansionista.

Pode atuar também por meio do **câmbio**, valorizando-o ou desvalorizando-o e, dessa forma, estimular a importação ou exportação do país, controlando preços e o Balanço de Pagamentos.

27.4. QUESTÕES

1. (FGV — Auditor de Finanças e Controle do Tesouro Estadual (Sefaz AM) — 2022) A aplicação de políticas econômico-financeiras a fim de ajustar o controle da inflação, melhorar o nível de emprego e promover o crescimento econômico, mediante instrumentos de política monetária, cambial e fiscal ou outras medidas capazes de aumentar ou diminuir o nível da demanda agregada, é denominada função
   a) social.
   b) alocativa.
   c) igualitária.
   d) distributiva.
   e) estabilizadora.

2. (FGV — Auditor de Finanças e Controle do Tesouro Estadual (Sefaz AM) — 2022) Assinale a opção que indica um objetivo direto da função distributiva do Governo.
   a) Combate de desequilíbrios sociais e regionais.
   b) Correção dos efeitos negativos de externalidades.
   c) Correção de imperfeições no sistema de mercado.
   d) Oferecimento de bens e serviços públicos eficientes.
   e) Criação de condições para que bens privados sejam oferecidos no mercado pelos produtores.

3. (FGV — Auditor de Finanças e Controle do Tesouro Estadual (Sefaz AM) — 2022) A política fiscal reflete o conjunto de medidas pelas quais o Governo arrecada receitas e realiza despesas de modo a cumprir as suas funções.

O fornecimento eficiente de bens e serviços públicos, de modo a compensar as falhas de mercado, corresponde à função
   a) alocativa.
   b) igualitária.

---

[4] Inflação é a elevação generalizada e persistente de preços. Deflação é a queda generalizada e persistente de preços.
[5] Recessão é quando a produção da economia diminui.
[6] Demanda agregada é a demanda por bens e serviços de todos os setores da economia: famílias, empresas, governo e o setor externo.

c) estabilizadora.
d) redistributiva.
e) conservadora.

4. (Instituto AOCP — Analista de Gestão Governamental (SEAD GO) — Orçamento e Finanças do Tesouro Estadual — 2022) As seguintes ações: 1) A produção de bens e serviços; 2) A adoção de políticas que interferem na distribuição da renda, e; 3) As políticas de estímulo à renda e controle da inflação; dizem respeito, respectivamente, às seguintes funções do governo:
   a) Alocativa, Assistencialista, Estabilizadora.
   b) Estabilizadora, Distributiva, Alocativa.
   c) Produtora, Alocativa, Distributiva.
   d) Alocativa, Distributiva, Estabilizadora.
   e) Distributiva, Estabilizadora, de Crescimento.

5. (IBFC — Administrador (DETRAN AM) — 2022) O Estado possui três funções econômicas: alocativa, distributiva e estabilizadora. Sobre o assunto exposto, analise as afirmativas a seguir:
   I. A função alocativa se refere à destinação dos recursos do Governo, normalmente previstos em orçamento, para fornecer diferentes bens públicos, como rodovias, iluminação ou segurança, bens semipúblicos ou meritórios, como educação e saúde ou desenvolvimento.
   II. A função distributiva consiste na redistribuição de rendas realizada por meio das transferências, dos impostos e dos subsídios governamentais.

Assinale a alternativa correta.
   a) As afirmativas I e II estão corretas.
   b) As afirmativas I e II estão incorretas.
   c) Apenas a afirmativa I está correta.
   d) Apenas a afirmativa II está correta.

6. (QUADRIX — Analista (CFFa) — Administrativo Financeiro — 2022) Quanto ao papel do Governo na economia, julgue o item.

A política de estabilização, em sua essência, visa levar a economia aos limites das possibilidades de produção, compatibilizando os níveis de produção, emprego, preços e equilíbrio no balanço de pagamentos.
   ( ) Certo   ( ) Errado

7. (CESGRANRIO — 2024 — IPEA) Os programas de transferência de renda são recursos financeiros transferidos diretamente da União para o cidadão que participa de programas sociais específicos. Considerando os programas de transferência de renda, considere as afirmativas abaixo.
   I – Os programas de transferência de renda são importantes para proteger famílias dos riscos associados a acidentes de trabalho, velhice, desemprego, dentre outros riscos sociais de perda de renda ou vulnerabilidade.
   II – O Benefício de Prestação Continuada (BPC) é um programa de transferência de renda de caráter não contributivo e destinado a idosos e pessoas deficientes pobres, sendo o seu recebimento condicionado à participação nos programas sociais assistencialistas do governo federal.
   III – Os programas de transferência de renda podem gerar o alívio imediato de pobreza, mas igualmente ter efeitos sobre outros aspectos da economia, como no mercado de trabalho e no nível de consumo.

Está correto o que se afirma em
   a) I, apenas.
   b) II, apenas.
   c) I e III, apenas.
   d) II e III, apenas.
   e) I, II e III.

8. (FGV — 2024 — CGE-PB/Auditoria Contábil e Finanças Públicas) Dentre as ações governamentais, é correto afirmar que, ao buscar os objetivos almejados no exercício da função alocativa, o governo:

a) regula a prestação de serviços de utilidade pública prestados por concessionárias;
b) incorre em déficit público provocado pelo aumento de gastos como forma de estimular uma economia recessiva;
c) adota uma política monetária de elevação das taxas de juros ao se deparar com um excesso de demanda agregada;
d) adota a política do imposto de renda negativo que implica a transferência de renda para os cidadãos menos favorecidos;
e) impõe alíquotas de impostos mais altos aos bens de luxo e mais baixos aos bens essenciais como forma de redistribuir a renda da sociedade.

9. (CEBRASPE — 2024 — INPI) Acerca do papel do Estado e da atuação do governo nas finanças públicas, julgue o item a seguir.

A distribuição de renda decorrente das dotações dos fatores de produção pode gerar desigualdades na sociedade, cabendo ao governo alterar a estrutura de renda originária do mercado por meio de transferências, impostos e subsídios.
( ) Certo ( ) Errado

10. (FGV — 2024 — Pref SJC/Ciências Econômicas) A função distributiva do setor público é caracterizada por
a) fornecer bens e serviços normalmente não oferecidos pelo mercado.
b) utilizar políticas assistenciais para reduzir a taxa de pobreza do país.
c) controlar a demanda agregada através de políticas fiscais austeras.
d) adotar políticas econômicas com o objetivo de manter estável o valor da moeda.
e) corrigir falhas de mercado, de forma a levar a quantidade de mercado ao nível socialmente desejado.

GABARITO

1. "e". Quando o Governo deseja alterar a demanda agregada por meio das políticas fiscal, monetária e/ou cambial, com o objetivo de controlar a inflação, minimizar uma recessão ou estimular o crescimento econômico e equilibrar o Balanço de Pagamentos, ele está exercendo a função estabilizadora. A alternativa "e" está correta. As três funções clássicas do governo são as funções estabilizadora, alocativa e distributiva. Não se fala em funções social e igualitária. As alternativas "a" e "c" estão incorretas. A função alocativa tem a finalidade de ofertar bens e serviços onde a entidade privada não teve interesse em ofertar. A alternativa "b" está incorreta. A função distributiva tem a finalidade de minimizar as diferenças sociais e regionais por meio de uma justa distribuição de renda. A alternativa "d" está incorreta.

2. "a". A função distributiva tem a finalidade de minimizar as diferenças sociais e regionais por meio de uma justa distribuição de renda. A alternativa "a" está correta. Quando o Estado tenta corrigir falhas de mercado, como uma externalidade ou imperfeições de mercado como é o caso da formação de monopólios, ele está exercendo sua função alocativa. As alternativas "b" e "c" estão incorretas. Também, quando oferta bens e serviços públicos para aumentar a eficiência na economia, ele está exercendo sua função alocativa. A alternativa "d" está incorreta. Quando o Estado complementa a ação do mercado, destinando recursos, ele também está exercendo sua função alocativa. A alternativa "e" está incorreta.

3. "a". Quando o Estado oferta bens e serviços públicos para compensar uma falha de mercado, dizemos que ele está exercendo sua função alocativa. A alternativa "a" está correta. As três funções básicas do governo são as funções alocativas, distributivas (ou redistributivas) e estabilizadora. Não existem as funções igualitária e conservadora. As alternativas "b" e "e" estão incorretas. A função estabilizadora tem a finalidade de estabilizar uma economia que se encontra em processo de inflação, recessão ou desemprego, bem como para equilibrar o Balanço de Pagamentos e o nível de emprego. A alternativa "c" está incorreta. A função (re)distributiva tem a finalidade de transferir renda de quem ganha mais para quem ganha menos por meio da cobrança de tributos e a concessão de transferências. A alternativa "d" está incorreta.

4. "d". Quando o Governo exerce a sua função alocativa, ele estará ofertando bens e serviços na economia. Quando o Governo distribui renda, retirando de quem ganha mais para dar para quem ganha menos, ele está exercendo a sua função distributiva. Quando o Governo estimula, por meio da demanda agregada, o produto, renda e emprego e quando contém a demanda agregada num processo inflacionário, dizemos que ele está exercendo a função estabilizadora. A alternativa correta é a "d".

5. "a". Quando o Governo exerce a sua função alocativa, ele oferta bens e serviços públicos, semipúblicos ou destinados ao desenvolvimento. Os recursos necessários para isso, provém do Orçamento público ou de lei específica/complementar. O item "I" está correto.

Quando o governo exerce sua função distributiva, ele tributa quem ganha mais e transfere para quem ganha menos, bem como concede subsídios para empresas para que estas reduzam os preços dos produtos, especialmente, os essenciais à população. O item "II" está correto.

6. "certo". Quando o Governo exerce sua função estabilizadora, por meio do controle sobre a demanda agregada, utilizando as políticas fiscal, monetário e/ou cambial, é capaz de combater processos inflacionários, recessivos, bem como, equilibrar o Balanço de Pagamentos, nível de renda/produto/emprego da economia. O item está correto.

7. "c". O Benefício de Prestação Continuada (BPC) é um programa de transferência de renda de caráter não contributivo e destinado a idosos e pessoas deficientes pobres. Ele garante um salário mínimo por mês ao idoso com idade igual ou superior a 65 anos ou à pessoa com deficiência de qualquer idade. O seu recebimento não está condicionado à participação nos programas sociais assistencialistas do governo federal. O item II está incorreto. Os itens I e II estão corretos.

8. "a". A função alocativa do governo consiste em corrigir distorções que impedem o pleno funcionamento da economia e garantir que bens e serviços sejam ofertados de forma eficiente. E uma das maneiras de garantir isso é regular a prestação de serviços de utilidade pública que na maioria das vezes são prestados por concessionárias. A alternativa "a" está correta.

Quando o governo incorre em déficit público provocado pelo aumento de gastos como forma de estimular uma economia recessiva ele está adotando a função estabilizadora. A alternativa "b" está incorreta.

Quando o governo adota uma política monetária de elevação das taxas de juros ao se deparar com um excesso de demanda agregada, ele está adotando a função estabilizadora. A alternativa "c" está incorreta.

Quando o governo adota a política do imposto de renda negativo que implica a transferência de renda para os cidadãos menos favorecidos, ele está adotando a função distributiva. A alternativa "d" está incorreta.

Quando o governo impõe alíquotas de impostos mais altos aos bens de luxo e mais baixos aos bens essenciais como forma de redistribuir a renda da sociedade, ele está adotando sua função distributiva. A alternativa "e" está incorreta.

9. "certo". A falta de distribuição de renda numa economia gera desigualdades. Uma das maneiras de combatê-las é conceder transferências de renda para quem mais precisa, subsídios para produtos essenciais para que os preços possam ser reduzidos e cobrar tributos de quem é mais favorecido na sociedade promovendo, dessa forma, uma transferência de quem tem mais para quem tem menos. A questão está certa.

10. "b". Quando o Estado utiliza políticas assistenciais para reduzir a taxa de pobreza do país, ele está cumprindo sua função distributiva. A alternativa "a" está correta.

Quando o Estado fornece bens e serviços normalmente não oferecidos pelo mercado, ele está cumprindo sua função alocativa. A alternativa "a" está incorreta.

Quando o governo controla a demanda agregada através de políticas fiscais austeras, ele está cumprindo sua função estabilizadora. A alternativa "c" está incorreta.

Quando o governo adota políticas econômicas com o objetivo de manter estável o valor da moeda, ele está cumprindo sua função estabilizadora. A alternativa "d" está incorreta.

Quando o Estado corrige falhas de mercado, de forma a levar a quantidade de mercado ao nível socialmente desejado, está cumprindo sua função alocativa. A alternativa "e" está incorreta.

27.5. MATERIAL SUPLEMENTAR

QUESTÕES DE CONCURSOS
> http://uqr.to/1yarv

REFERÊNCIAS

ALBUQUERQUE, Cláudio Manuel de; MEDEIROS, Márcio Bastos; FEIJÓ, Paulo Henrique. *Gestão de finanças públicas*. 2. ed. Brasília: Editora Gestão Pública, 2008.

BAÍDYA, Tara Keshar; AIUBE, Fernando Antônio Lucena; MENDES, Mauro Roberto da Costa. *Introdução à microeconomia*. São Paulo: Atlas, 1999.

BYRNS, Ralph T.; STONE JR., Gerald W. *Microeconomia*. São Paulo: Makron Books, 1996.

FERGUSON, Charles E. *Microeconomia*. 19. ed. Rio de Janeiro: Forense Universitária, 1996.

GIAMBIAGI, Fabio; ALÉM, Ana Cláudia. *Finanças públicas*: teoria e prática no Brasil. 3. ed. Rio de Janeiro: Elsevier, 2008.

KUPFER, David; HASENCLEVER, Lia. *Economia industrial*: fundamentos teóricos e práticos no Brasil. Rio de Janeiro: Elsevier, 2002.

MANKIW, N. Gregory. *Princípios de microeconomia*. São Paulo: Cengage Learning, 2012.

MANSFIELD, Edwin; YOHE, Gary. *Microeconomia*: teoria e aplicações. São Paulo: Saraiva, 2006.

NASCIMENTO, Edson Ronaldo. *Finanças públicas para concursos*. Rio de Janeiro: Editora Ferreira, 2006.

NASCIMENTO, Edson Ronaldo. *Finanças públicas*: união, estados e municípios. 3. ed. Brasília: Vestcon, 2005.

NASSAR, A. M. *Certificação no agronegócio*. Estudo temático apresentado no IX Seminário Internacional PENSA de Agribusiness. 1999. Águas de São Pedro.

PAULANI, Leda Maria; BRAGA, Márcio Bobik. *A nova contabilidade social*. São Paulo: Saraiva, 2000.

PINDYCK, Robert S.; RUBINFELD, Daniel L. *Microeconomia*. São Paulo: Pearson Prentice Hall, 2005.

REZENDE, Fernando Antonio. *Finanças públicas*. 2. ed. São Paulo: Atlas, 2001.

RIANI, Flávio. *Economia do setor público*: uma abordagem introdutória. 5. ed. Rio de Janeiro, 2014.

SAMPAIO, Luiza Maria. *Macroeconomia Esquematizado®*. Coordenação Pedro Lenza. 2. ed. São Paulo: Saraiva, 2016.

SANDRONI, Paulo. *Novíssimo dicionário de economia*. 2. ed. São Paulo: Editora Best Seller, 1999.

TÁMEZ, Carlos André Silva; MORAES JR., José Jayme. *Finanças públicas*: teoria e mais de 350 questões. Rio de Janeiro: Elsevier, 2007.

VARIAN, Hal R. *Microeconomia*: uma abordagem moderna. 9. ed. Rio de Janeiro: Elsevier, 2016.

VASCONCELLOS, Marco Antonio Sandoval de. *Economia*: micro e macro. 3. ed. São Paulo: Atlas, 2002.

VASCONCELLOS, Marco Antonio Sandoval de.; OLIVEIRA, Roberto Guena de. *Manual de microeconomia*. 2. ed. São Paulo: Atlas, 2000.

VICECONTI, Paulo E. V.; NEVES, Silvério das. *Introdução à economia*. 7. ed. São Paulo: Frase Editora, 2005.

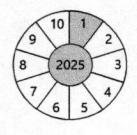